I0763230

Gottwalt Schaper

Eiserne Brücken

Schaper, Gottwalt: Eiserne Brücken
Hamburg, SEVERUS Verlag 2014

ISBN: 978-3-86347-989-3

Druck: SEVERUS Verlag, Hamburg, 2014
Nachdruck der Originalausgabe von 1922

Der SEVERUS Verlag ist ein Imprint der Diplomica Verlag GmbH.

Bibliografische Information der Deutschen Nationalbibliothek:
Die Deutsche Nationalbibliothek verzeichnet diese Publikation in der Deutschen Nationalbibliografie; detaillierte bibliografische Daten sind im Internet über http://dnb.d-nb.de abrufbar.

EISERNE BRÜCKEN

EIN LEHR- UND NACHSCHLAGEBUCH

FÜR

STUDIERENDE UND KONSTRUKTEURE

VON

G. SCHAPER

FÜNFTE VOLLSTÄNDIG NEUBEARBEITETE UND STARK VERMEHRTE AUFLAGE

MIT 1885 TEXTABBILDUNGEN

Vorwort zur ersten Auflage.

Dies Buch verdankt seine Entstehung einer Anregung des Verlages von Wilhelm Ernst & Sohn. Die Bearbeitung war seinerzeit dem im März 1907 verstorbenen Eisenbahn-Bau- und Betriebsinspektor Dircksen übertragen worden, welcher leider nicht über die Aufstellung des Buchgerippes und einzelne Aufzeichnungen hinauskam. Ich war mir bei der Übernahme der weiteren Bearbeitung nach dem Tode von Dircksen der Schwierigkeit der Aufgabe, ein kurzes, aber doch erschöpfendes Buch über eiserne Brücken zu schreiben, wohl bewußt, glaubte aber, mich der an mich herantretenden Aufgabe unterziehen zu müssen und zu dürfen, weil nach meinen in der Konstruktionspraxis und in den Übungen für das Entwerfen eiserner Brücken in der Technischen Hochschule gewonnenen Erfahrungen ein Bedürfnis für ein kurzes, die Konstruktion der eisernen Brücken behandelndes Buch vorlag und mir in meiner Stellung im Ministerium der öffentlichen Arbeiten ein sehr reichhaltiges Material ausgeführter Entwürfe zu Gebote stand. Um den Umfang des Buches möglichst einzuschränken, habe ich die Hängebrücken und die eingespannten Bogenbrücken als äußerst seltene Ausführungen vorläufig aus dem Kreis der Betrachtungen ausgeschaltet. Die Berechnung der eisernen Brücken gehört zwar nicht in den Rahmen des Buches, ich habe aber doch geglaubt, kurze Angaben über die Berechnung einzelner Teile der Brücken, so der Lager, der Knotenpunkte und der Nietverbindungen machen zu müssen.

Das Buch kann in der ersten Auflage bei der Schwierigkeit des Stoffes und der kurzen Zeit, die mir für die Bearbeitung zur Verfügung stand, nicht frei von Mängeln sein, für die ich die Fachgenossen um Nachsicht bitte. Jede Anregung zur Verbesserung wird mir sehr willkommen sein. Allen Fachgenossen, die mich bewußt und unbewußt dadurch, daß ich ihre Entwürfe, ohne ihren Namen zu kennen, benutzen konnte, unterstützt haben, spreche ich hiermit meinen Dank aus. Bei der Bearbeitung der Abbildungen hat mir Herr Ingenieur Plachner wertvolle Dienste geleistet.

Berlin, im Mai 1908.

Schaper.

Vorwort zur zweiten Auflage.

Die freundliche Aufnahme, die die erste Auflage trotz mancher Mängel gefunden hat, setzt mich in den Stand, schon jetzt die zweite Auflage folgen zu lassen. Ich hoffe, daß es mir gelungen ist, die Mängel der ersten Auflage zum großen Teil in der zweiten Auflage zu beseitigen. Sie ist vollständig im Text und in den Abbildungen umgearbeitet und hat eine Erweiterung durch eine Abhandlung über Hängebrücken und eine sehr eingehende Erörterung des wichtigen Gebietes der Knotenpunktausbildung erfahren.

Viele der deutschen Brückenbauanstalten haben mir wieder in dankenswerter Weise manche ihrer Entwürfe für die Bearbeitung der zweiten Auflage zur Verfügung gestellt. Ihre Namen sind bei der Besprechung der einzelnen Entwürfe genannt worden. Dem Oberingenieur der Gesellschaft Harkort, Herrn Rademacher, verdanke ich manchen Verbesserungsvorschlag.

Ich spreche den Wunsch und die Hoffnung aus, daß sich auch die zweite Auflage viele Freunde unter den in der Praxis stehenden Fachgenossen und unter den Studierenden erwerben möge.

Duisburg-Ruhrort, im Dezember 1910.

Schaper.

Vorwort zur dritten Auflage.

Die Fortschritte im Eisenhüttenwesen, in der Walztechnik und in der Durchbildung der baulichen Einzelheiten eiserner Brücken haben auch bei der dritten Auflage eine vollständige Umarbeitung und eine erhebliche Erweiterung notwendig gemacht. Namentlich die Abschnitte über das Material der eisernen Brücken, über die zulässigen Beanspruchungen und über die Hängebrücken sind wesentlich erweitert worden. Dann galt es auch, Mängel im Text und in den Abbildungen auszumerzen. Der schnelle Absatz der beiden ersten Auflagen hat im übrigen bewiesen, daß der Stoff des Buches und namentlich auch die Anordnung des Stoffes den Bedürfnissen der Hochschule und der Praxis entspricht. Die Durchbildung der einzelnen Teile der eisernen Brücken ist nicht durch Beschreibung einzelner ausgeführter Brücken im ganzen erläutert worden, sondern in einzelnen getrennten Abschnitten, ohne dabei den Zusammenhang der einzelnen Teile aus dem Auge zu lassen. Der Studierende wird auf diese Weise besser in die allgemeinen Grundsätze, die bei der Durchbildung der einzelnen Bauteile zu beachten sind, eindringen, und der erfahrene Fachgenosse wird schneller die Einzelheiten finden, die er bei der Durcharbeitung von Entwürfen gebraucht.

Stettin, im März 1914.

Schaper.

Vorwort zur vierten Auflage.

Die dritte Auflage erschien kurz vor dem Weltkriege; bald nach dem Kriege war diese starke Auflage vergriffen. Ich darf dies als ein Zeichen dafür auffassen, daß das Buch im großen und ganzen den Anforderungen, die Konstrukteure und Studierende an ein Buch über die Konstruktion eiserner Brücken stellen müssen, gerecht wird. Ich habe daher von wesentlichen Änderungen und Ergänzungen in der vierten Auflage abgesehen. Dies war auch wegen des Papiermangels und der hohen Kosten für Papier, Druck und die Herstellung von Abbildungen erwünscht.

In Ergänzung der Bemerkung im Vorwort zur dritten Auflage, daß die Durchbildung der einzelnen Teile der eisernen Brücken in einzelnen getrennten Abschnitten erläutert ist, sei noch an einem Beispiel gezeigt, wo die Beschreibungen der einzelnen Teile einer eisernen Brücke zu finden sind. Es handele sich um eine Bogenbrücke für die Überführung einer Eisenbahn. Über die Ausbildung der Hauptträger ist im Abschnitt IX unter D nachzulesen. Die baulichen Einzelheiten der Fahrbahn und der Fahrbahnträger sind im Abschnitt X unter B, die Besonderheiten dieser Brückenteile in demselben Abschnitt unter B. 2. d. und e. behandelt. Der Windverband für Bogenbrücken ist im Abschnitt XI unter B. 4. und der Bremsverband im Abschnitt XII erläutert. Die nötigen Angaben über die Lager und Gelenke findet man im Abschnitt XIII unter A. 2. und 3.

Zu den Abbildungen sei noch bemerkt, daß in den Urzeichnungen alle Einzelheiten, wie z. B. Lichtkanten in Schnitten, mit der größten Sorgfalt behandelt sind. Die Abbildungen geben zwar alle Einzelheiten getreu wieder, aber an vereinzelten Stellen wegen der nötigen Verkleinerung für das unbewaffnete Auge nicht in der erwünschten Schärfe. Unter einer gewöhnlichen Lupe treten aber alle Feinheiten haarscharf hervor, wie beispielsweise die Betrachtung der Einzelheiten der Schnitte der Abb. 1047 auf S. 639 unter einer Lupe zeigt.

Berlin, im November 1919.

Schaper.

Vorwort zur fünften Auflage.

Die vierte Auflage war wider Erwarten trotz der ungünstigen wirtschaftlichen Verhältnisse schon ein Jahr nach ihrem Erscheinen vergriffen. Die Herstellung eines unveränderten Neudruckes dieser Auflage lag daher nahe; sie wurde aber mit Rücksicht darauf, daß die vierte Auflage gegen die dritte keine wesentlichen Änderungen aufweist und im Eisenbrückenbau in den letzten Jahren große Fortschritte zu verzeichnen sind, unterlassen. Die fünfte Auflage ist in allen Teilen neubearbeitet und ganz erheblich erweitert worden. Ihre Bearbeitung fällt zeitlich mit der Entstehung der neuen, unter der Leitung des Verfassers aufgestellten „Grundlagen für das Entwerfen und Berechnen eiserner Eisenbahnbrücken" der deutschen Reichsbahn zusammen. In den ersten Teilen des Buches konnte daher noch nicht die endgültige Fassung dieser „Grundlagen" berücksichtigt werden; diese Teile enthalten vielmehr die ersten Vorschläge für die Fassung der „Grundlagen" und geben somit gewissermaßen ein Bild ihrer Entstehungsgeschichte. Ich hoffe, daß die neue Auflage ebenso wie die früheren Auflagen von den Fachgenossen günstig aufgenommen wird.

Berlin, im Mai 1922.

Schaper.

Inhaltsverzeichnis.

Abschnitt I.
Bestandteile der eisernen Brücken.

Die eisernen Brücken weisen im allgemeinen folgende Bestandteile auf:

1. **Die Fahrbahn und die Fußsteige.** Hierunter sind diejenigen Bauteile zu verstehen, die die Verkehrslasten in geeigneter Weise unmittelbar unterstützen und weiter die Übertragung der Lasten auf die Fahrbahn- und Fußwegträger vermitteln.

2. **Die Fahrbahn- und Fußwegträger,** die die Fahrbahn und die Fußsteige tragen und die Lasten aus dem Verkehr und dem Eigengewicht der Fahrbahn und der Fußsteige an die Hauptträger abgeben. Die Fahrbahnträger bestehen in der Regel aus parallel zu den Hauptträgern laufenden Längsträgern und aus meist rechtwinklig zu den Hauptträgern angeordneten Querträgern. Die Längsträger finden ihre Unterstützung an den Querträgern, diese an den Hauptträgern. Bisweilen, namentlich bei Verwendung von Buckelplatten, werden zwischen den Hauptquerträgern noch Nebenquerträger eingeschaltet, die an den Längsträgern angeschlossen werden.

3. **Die Hauptträger;** diese übertragen die Lasten aus dem Verkehr und dem Eigengewicht auf die Widerlager und Pfeiler, durch die sie weiter dem guten Baugrund zugeführt werden.

4. **Den wagerechten Verband** und **die Querversteifung,** die zur Aufnahme der wagerechten, quer zur Brücke wirkenden Kräfte dienen und die wichtige Aufgabe erfüllen, die Knicklänge gedrückter Teile, namentlich des Obergurtes, in angemessenen Grenzen zu halten. Die Querversteifungen haben im besonderen den Zweck, solche Knotenpunkte der Hauptträger, die nicht Punkte eines wagerechten Verbandes sind, an einem wagerechten Verband anzuschließen und die Auflagerkräfte von wagerechten Verbänden den Pfeilern oder Widerlagern zuzuführen.

5. Bei großen Eisenbahnbrücken mit offener Fahrbahn **den Bremsverband,** der die Brems- und Anfahrkräfte aufnimmt.

6. **Die Auflager,** die die Übertragung der Lasten von den Hauptträgern auf die Widerlager und Pfeiler vermitteln und in der Regel auch die wagerechten Kräfte diesen zuleiten.

Eine eiserne Brücke braucht nur diejenigen von den aufgeführten Bestandteilen aufzuweisen, die ihre Eigenart erfordert. Sie muß aber unbedingt alle die Teile besitzen, die zur einwandfreien Übertragung aller an ihr angreifenden Kräfte auf die Widerlager und Pfeiler erforderlich sind.

Beispiele: Abb. 1 u. 2 stellen eine eingleisige Eisenbahnbrücke ohne Fußsteige in Ansicht, Grundriß und Querschnitt dar. Die Fahrbahn besteht in diesem Falle außer den Schienen nur aus den hölzernen Querschwellen, die die Schienen tragen. Die Fahrbahnträger sind die Längsträger LT und die Querträger QT. Die Hauptträger sind als sogenannte Parallelfachwerkträger ausgebildet. Jeder der beiden Hauptträger erhält ein festes Lager F und ein bewegliches B, letzteres

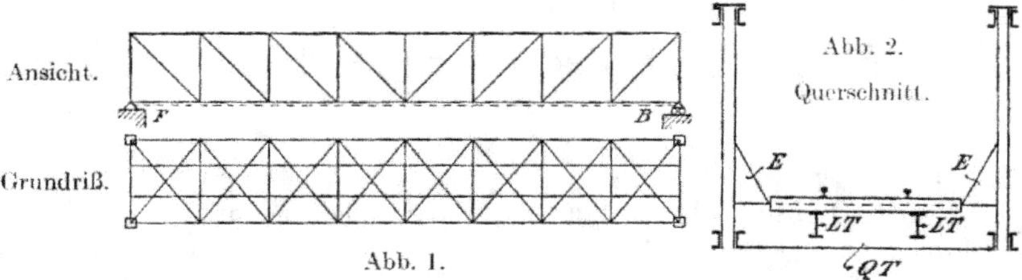

Abb. 1.

hat neben dem Zweck der Lastübertragung auf das Widerlager noch die Aufgabe zu erfüllen, Längenänderungen des Überbaues infolge von Wärmeschwankungen oder infolge der Belastung zu ermöglichen. Es ist nur ein wagerechter Verband in der Ebene der Untergurte vorgesehen. Die Querverbindungen werden von den Querträgern im Verein mit den Eckaussteifungen E und den Pfosten der Hauptträger gebildet. Durch diese Querverbindungen werden sämtliche quer zur Brücke gerichteten wagerechten, auf die Obergurte entfallenden Kräfte auf den unteren wagerechten Verband übertragen, und die freie Knicklänge der Obergurte wird auf die Entfernung der Querverbindungen voneinander eingeschränkt.

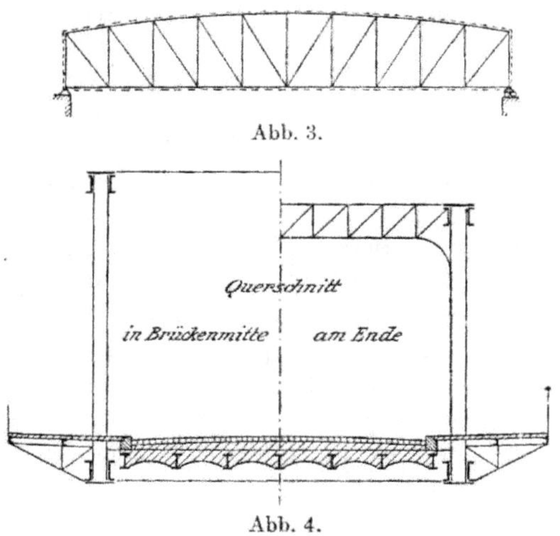

Abb. 3.

Abb. 4.

Anmerkung: Das feste Lager wird durch ein Dreieck, das bewegliche durch ein Dreieck mit zwei Kreisen, die Rollen vorstellen sollen, gekennzeichnet. Die Windverbände werden in den Ansichten der Träger durch gestrichelte Linien dargestellt.

Abb. 3 und 4 zeigen eine Straßenbrücke mit beiderseitigen Fußsteigen in Ansicht und Querschnitten. Die Fahrbahn besteht aus Holzpflaster auf Betonkappen, die sich auf die Fahrbahnträger, die Längs- und Querträger stützen. Die Fußsteige sind aus Eisenbetonplatten gebildet. Diese werden von kleinen Längsträgern getragen, die sich auf konsolartige Verlängerungen der Querträger stützen.

Die Hauptträger sind sogenannte Halbparabelfachwerkträger. Hinsichtlich der Lager gilt dasselbe wie bei Abb. 1. Es sind zwei Verbände zur Aufnahme der wagerechten, quer zur Brücke gerichteten Kräfte angeordnet, der eine in der Ebene der Obergurte, der andere in der der Untergurte.

Querverbindungen sind nur an den beiden Enden der Brücke erforderlich, wo sie als Portale die auf den oberen wagerechten Verband entfallenden Kräfte zu den Lagern leiten.

Abschnitt II.
Einteilung der eisernen Brücken.

A. Man teilt die eisernen Brücken **nach ihrer Bestimmung** ein in:

1. Eisenbahnbrücken,
2. Straßenbrücken,
3. Fußgängerbrücken,
4. Kanalbrücken, die zur Überführung offener Wasserläufe dienen,
5. Brücken, die zum Tragen von Wasser- oder Gasrohren und Kranen usw. dienen.

Oft dient auch ein Überbau zur Überführung von Straßen und Eisenbahnen.

B. Man unterscheidet **nach dem System der Hauptträger und der Stützungsart**:

1. **Einfache Balkenbrücken,** deren Hauptträger auf ihre Unterstützungen bei senkrecht gerichteten Lasten nur senkrechte Drucke ausüben und nur zwei Lager aufweisen, von denen das eine beweglich angeordnet ist, so daß Wärmeschwankungen und Stützensenkungen ohne Einfluß auf den Spannungszustand der Brücke sind. Eine weitere Eigentümlichkeit der Balkenbrücken überhaupt besteht darin, daß sie nur zwei Gurtungen (G_0 und G_u in Abb. 5) aufweisen. Ein Zweigelenkbogen mit Zugband (Abb. 12) ist hinsichtlich der Lagerung dem einfachen Balkenträger gleich, er besitzt aber in dem Zugband eine dritte Gurtung, gehört also nicht zu den einfachen Balkenträgern.

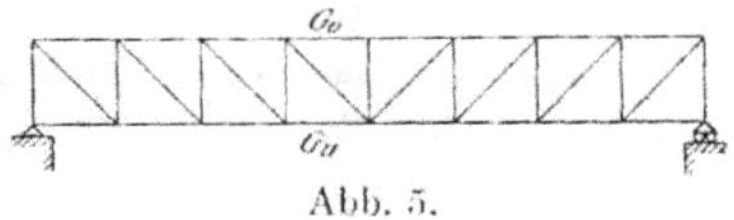

Abb. 5.

2. **Balkenbrücken auf mehreren Stützen ohne Gelenke** (Abb. 6), die ebenfalls auf ihre Pfeiler und Widerlager bei senkrechten Lasten nur senkrechte Auflagerdrucke ausüben. Von den Lagern ist nur eins fest, die anderen sind beweglich, so daß bei gleichmäßiger Erwärmung oder Abkühlung der Hauptträger die Ausdehnung oder Zusammenziehung ohne Behinderung vor sich gehen kann und infolgedessen durch Wärmeschwankungen keine Spannungen in den Hauptträgern hervorgerufen werden. Stützensenkungen beeinflussen dagegen den Spannungszustand der Träger.

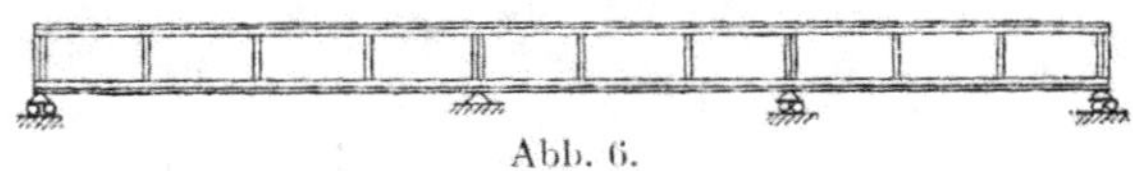
Abb. 6.

3. **Balkenbrücken auf mehreren Stützen mit Gelenken, sogenannte Gerber- oder Auslegerbrücken** (Abb. 7)[1]. Hinsichtlich der Lagerung sind sie den Brücken

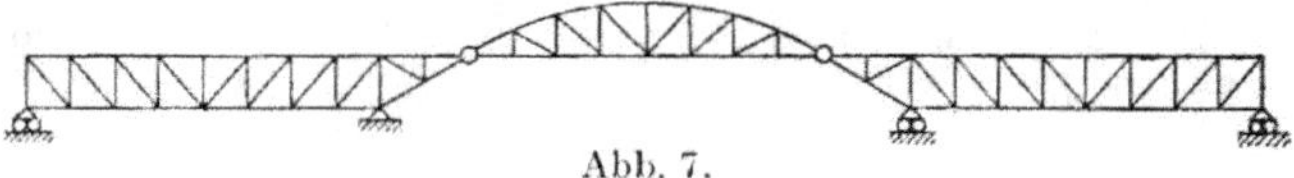

Abb. 7.

auf mehreren Stützen ohne Gelenke gleich. In den Hauptträgern werden Gelenke eingeschaltet (in der Abb. 7 durch kleine Kreise dargestellt), die die statische Eigenschaft der Träger beeinflussen.

4. **Bogenbrücken,** bei denen auch bei senkrechter Belastung Auflagerdrucke hervorgerufen werden, die von der Senkrechten abweichen.

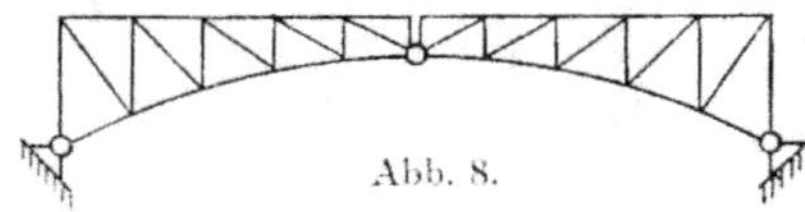

Abb. 8.

Nach der Ausbildung der Bogen unterscheidet man:

a) Dreigelenkbogen (Abb. 8) mit zwei Auflagergelenken und einem Scheitelgelenk;

b) Zweigelenkbogen (Abb. 9) mit zwei Auflagergelenken;

c) Eingespannte Bogen ohne Gelenke (Abb. 10).

Zu 4 gehören auch die sogenannten versteiften Stabbogen (Abb. 11). Der Bogen für sich ist nicht steif, da er in den Punkten, in denen die Ständer anschließen, gelenkige Verbindungen besitzt. Erst durch den darüberliegenden Versteifungsträger wird der Bogen zu einem starren Träger.

5. **Bogenbrücken mit aufgehobenem Horizontalschub,** bei denen der Horizontalschub durch ein Zugband Z, das auch als dritte Gurtung bezeichnet wird, aufgenommen wird. Die Lagerung entspricht der der einfachen Balkenbrücken (Abb. 12).

Zu 5 gehören auch die **versteiften Stabbogen mit aufgehobenem Horizontalschub** (Abb. 13). Der Bogen für sich ist nicht starr, er wird erst durch den untenliegenden Versteifungsträger, der auch den Horizontalschub aufnimmt, zu einem stabilen Gebilde.

Zu 4 und 5. Die Hauptträger der Bogenbrücken können auch über mehrere Öffnungen mit Gelenken und ohne Gelenke durchgehen (Abb. 14).

6. **Hängebrücken,** bei denen die Lasten hauptsächlich von Ketten oder Kabeln aufgenommen werden (Abb. 15). Die Ketten oder Kabel geben ihre Kräfte entweder an die Widerlager oder an die Versteifungsträger ab. Im ersten Falle entsprechen die Hängebrücken den eigentlichen Bogenbrücken, im zweiten Falle den Bogenbrücken mit aufgehobenem Horizontalschub.

C. Weiter lassen sich die Brücken **nach der Gliederung der Hauptträger** einteilen in:

1. **Brücken mit vollwandigen Hauptträgern,** deren Wände aus Walzträgern oder aus vollen biegungsfesten, mit Winkeleisen gesäumten Blechen bestehen (Abb. 6 u. 16).

[1] „Gerberbrücken", nach ihrem Erfinder, dem Altmeister Gerber (†3.1.1912) so genannt.

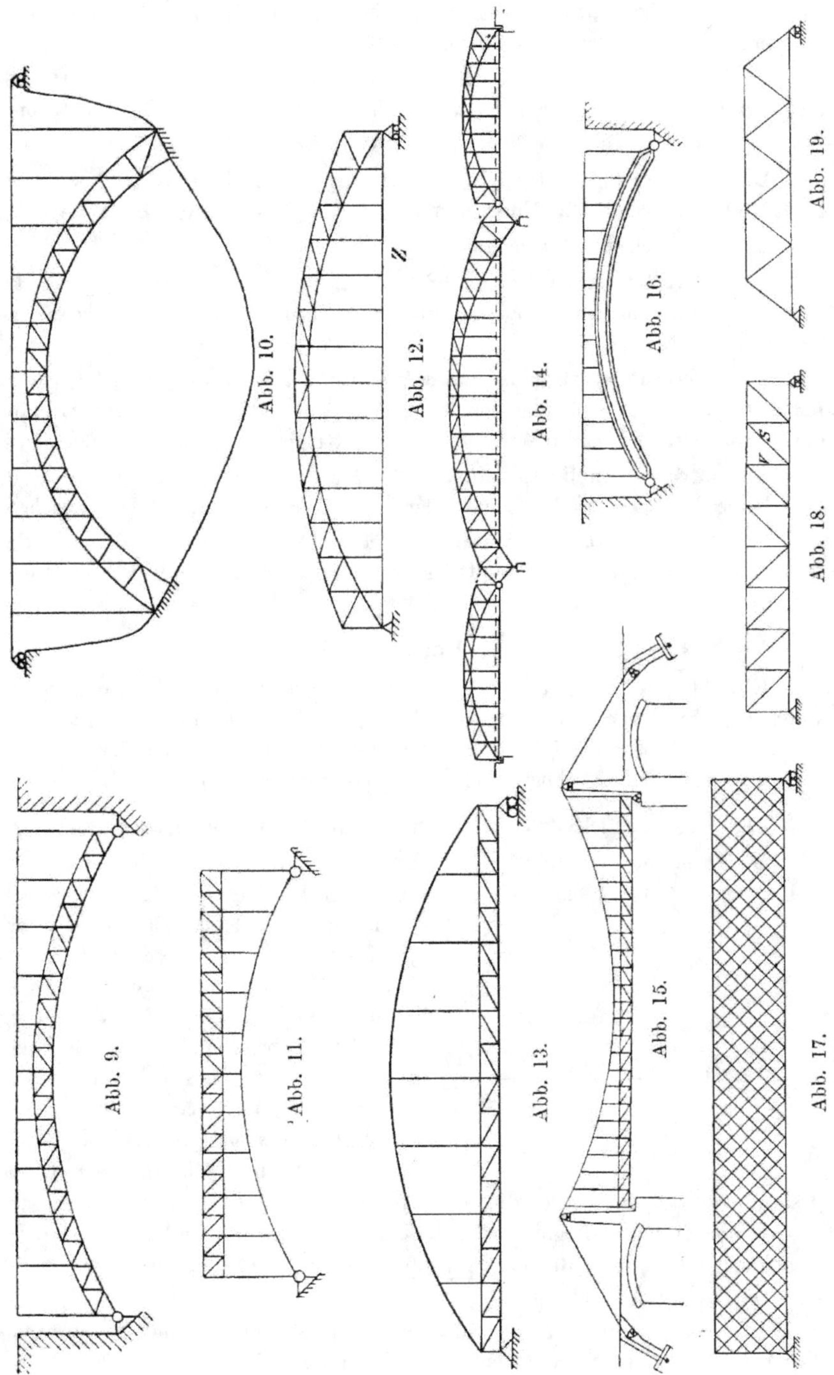

Abb. 9. Abb. 10. Abb. 11. Abb. 12. Abb. 13. Abb. 14. Abb. 15. Abb. 16. Abb. 17. Abb. 18. Abb. 19.

2. **Gitterträgerbrücken,** deren Hauptträgerwandungen außer den Gurtungen aus engmaschigen Netzwerken bestehen (Abb. 17).

3. **Fachwerkbrücken.** Bei diesen werden die Wandungen der Hauptträger aus den Gurtungen und einem weitmaschigen System von Ständern V und Streben S (Abb. 18) oder auch nur aus Streben (Abb. 19) gebildet.

D. Als viertes wichtiges Unterscheidungsmerkmal kann die **statische Bestimmtheit oder statische Unbestimmtheit** der Brücken angeführt werden.

Man unterscheidet hiernach:

1. **Äußerlich statisch bestimmte Brücken,** bei denen die Auflagerdrucke nach den gewöhnlichen Gleichgewichtsbedingungen starrer Körper berechnet werden können.

2. **Äußerlich statisch unbestimmte Brücken,** bei denen diese Gleichgewichtsbedingungen zur Berechnung der Auflagerdrucke nicht genügen, sondern auf die Formänderung der Stützen und der Hauptträger eingegangen werden muß.

3. **Innerlich statisch bestimmte Brücken,** bei denen die gewöhnlichen Gleichgewichtsbedingungen zur Berechnung der Stabkräfte der Hauptträger ausreichen.

4. **Innerlich statisch unbestimmte Brücken.** Bei diesen erfordert die Berechnung der Stabkräfte der Hauptträger die Berücksichtigung der Formänderung der Stützen und der Glieder der Hauptträger.

Anhang zu D.

Obwohl Berechnungsarten der Hauptträger eiserner Brücken nicht in den Rahmen dieses Buches gehören, so soll doch kurz hier angegeben werden, wie die statische Bestimmtheit oder Unbestimmtheit und der Grad der letzteren in den meisten Fällen schnell und sicher festgestellt werden kann.

1. Äußerlich statisch bestimmte und unbestimmte Träger.

Als Grundform eines äußerlich statisch bestimmten Trägers ist der einfache Balken anzusehen, der ein festes und ein bewegliches Lager besitzt. Da es sich um ein ebenes Gebilde handelt, in dessen Ebene sämtliche äußeren und inneren Kräfte fallen, so greift am festen Lager eine Kraft an, die nach der Richtung in dieser Ebene und der Größe unbekannt ist, am beweglichen Lager dagegen eine Kraft, deren Richtung senkrecht zur Bewegungsrichtung des Lagers in die Kraftebene fällt und deren Größe bestimmt werden muß (Abb. 20).

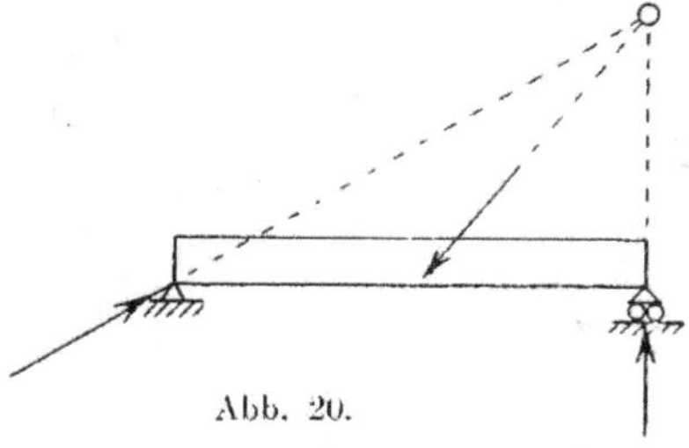

Abb. 20.

Den drei Auflagerunbekannten entsprechen die drei Gleichgewichtsbedingungen: 1 und 2: Die Summe der Kräfte nach zwei zueinander senkrechten Richtungen muß = 0 sein. 3: Die Summe der Momente in bezug auf einen Punkt muß = 0 sein.

Die Auflagerdrucke eines einfachen Balkens sind also mit den gewöhnlichen Gleichgewichtsbedingungen zu berechnen; der Träger ist demnach äußerlich statisch bestimmt. Liegt nun ein Träger vor, dessen Lagerung von der des einfachen Balkens abweicht, so untersucht man, wieviel Auflagergrößen man entfernen muß, um die Lagerung eines einfachen Balkens zu erhalten. Diese Zahl gibt den Grad der statischen Unbestimmtheit an.

Beispiele: a) Zweigelenkbogen (Abb. 21). Der Träger besitzt zwei feste Auflager. Es muß eine Auflagergröße beseitigt, das eine der Lager also beweglich

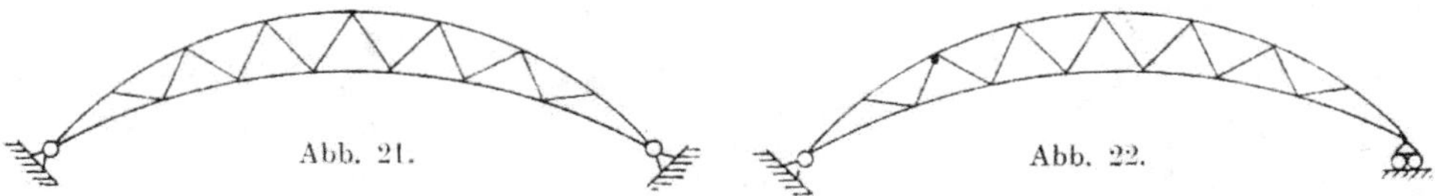

Abb. 21. Abb. 22.

gemacht werden, um zur Lagerung des einfachen Balkens zu gelangen (Abb. 22). Der Träger ist demnach einfach statisch unbestimmt.

b) Dreigelenkbogen (Abb. 23). Die Lagerung ist wie bei dem Zweigelenkbogen. Das Scheitelgelenk liefert jedoch eine neue Bedingung, nämlich, daß die Summe der Momente aus den Kräften links oder rechts des Gelenkes in bezug auf den Gelenkpunkt = 0 sein muß. Der Träger ist also statisch bestimmt.

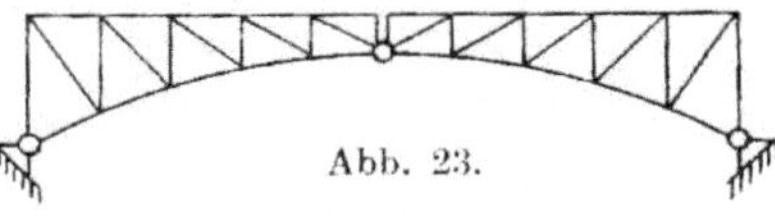

Abb. 23.

Anmerkung: Jedes Gelenk, das die alleinige Verbindung von Trägerteilen darstellt, hebt eine statische Unbestimmtheit auf.

c) Träger auf vier Stützen (Abb. 24). Durch Beseitigung der beweglichen Lager B und C, deren Drucke nur der Größe nach unbekannt sind, geht der

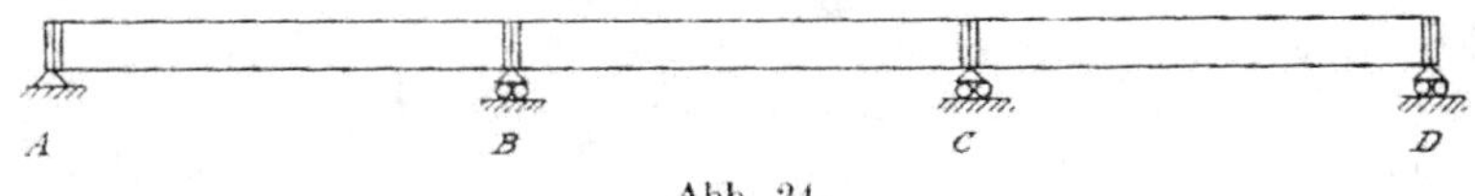

Abb. 24.

Träger in einen einfachen Balken über. Der Träger ist also zweifach statisch unbestimmt.

Abb. 25 stellt denselben Träger mit einem Gelenk in der Mittelöffnung

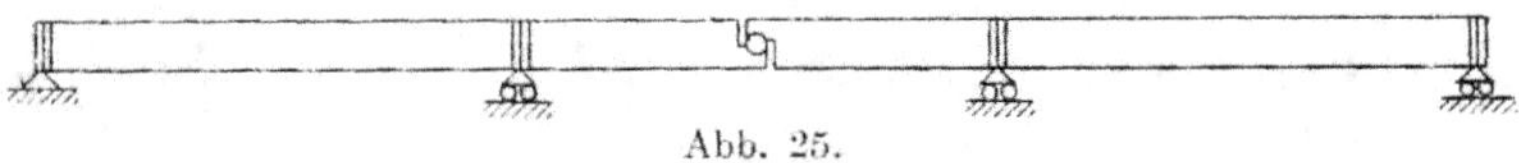

Abb. 25.

dar. Da das Gelenk eine statische Unbestimmtheit aufhebt, so ist dieser Träger einfach statisch unbestimmt.

2. Innerlich statisch bestimmte und unbestimmte Träger.

Als einfachstes statisch bestimmtes Gebilde ist das Dreieck anzusehen, in dessen Ecken Stäbe gelenkförmig verbunden sind (Abb. 26). Bei gegebenen äußeren Kräften sind die Kräfte in den Stäben rechnerisch durch die Gleichgewichtsbedingungen oder zeichnerisch durch einen Kremonaplan zu ermitteln.

Schließt man an ein Dreieck weitere Knotenpunkte derart an, daß sie nur durch zwei Stäbe mit dem fertigen Gebilde verbunden werden, reiht man also Dreieck an Dreieck nach Abb. 27, so wird an der statischen Bestimmtheit nichts geändert. Ein Dreiecksnetz nach der Abb. 27 kann also als die Grundform eines innerlich statisch bestimmten Trägers angesehen werden.

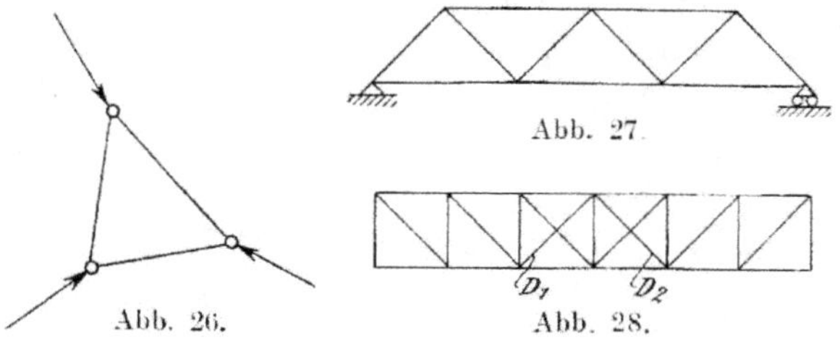

Abb. 26. Abb. 27. Abb. 28.

In dem in Abb. 28 dargestellten Träger müssen die beiden Stäbe D_1 und D_2 entfernt werden, um ein einfaches Dreiecksnetz zu erhalten. Der Träger ist also zweifach statisch unbestimmt.

Abb. 29 zeigt einen Zweigelenkbogen mit Zugband.

Wird das Zugband Z entfernt, so entsteht ein einfaches Dreiecksnetz. Das Zugband Z, das die Auflagerknotenpunkte verbindet, macht den Träger innerlich einfach statisch unbestimmt.

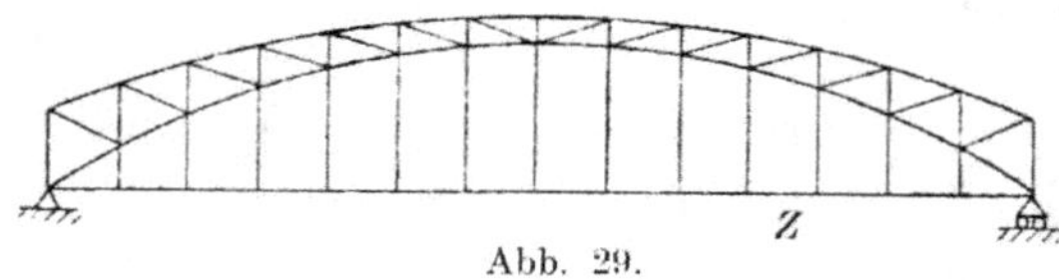

Abb. 29.

Nimmt man aus dem in Abb. 13 dargestellten Träger einen Stab des Stabbogens heraus, so leuchtet ohne weiteres ein, daß hierdurch ein einfaches Dreiecksnetz erhalten wird; denn jeder Knotenpunkt ist nur mit zwei Stäben angeschlossen. Der Träger ist also innerlich einfach statisch unbestimmt.

Nach dem Vorstehenden ist es leicht, sich ein Bild über die statischen Verhältnisse des in Abb. 30 gezeichneten Trägers zu verschaffen. Der Träger hat vier Lager, ein festes und drei bewegliche, ist also hinsichtlich der Lagerung nach dem Vorstehenden äußerlich zweifach statisch unbestimmt. Durch die beiden Gelenke G_1 und G_2 werden aber zwei statische Unbestimmtheiten aufgehoben. Der Träger ist also äußerlich statisch bestimmt. Denken wir uns nun die drei Zugbänder Z_1, Z_2 und Z_3 entfernt, so erhalten wir drei für sich getrennte einfache Dreiecksnetze $A—G_1$, $G_1—G_2$, $G_2—D$. Jedes Zugband macht den zugehörigen Träger einfach statisch unbestimmt. Der ganze Träger ist also innerlich dreimal einfach statisch unbestimmt.

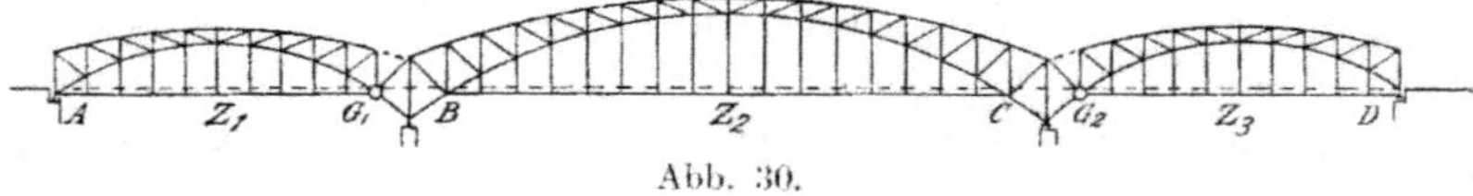

Abb. 30.

E. Weiter teilt man die eisernen Brücken **in gerade und schiefe ein, je nachdem die Verbindungslinie der sich gegenüberliegenden Hauptträger-**

enden im Grundriß mit der Brückenachse einen rechten oder schiefen Winkel bildet (Abb. 31 u. 32).

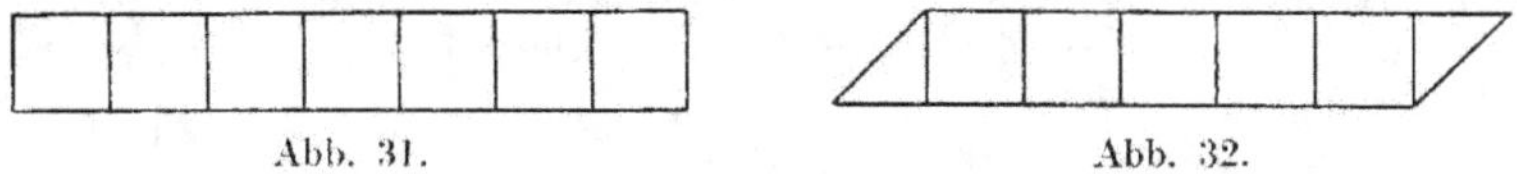

Abb. 31. Abb. 32.

F. Je nach der Lage der Fahrbahn zu den Hauptträgern unterscheidet man Brücken:

1. mit **obenliegender** (Abb. 33),
2. mit **halbversenkter** (Abb. 34),
3. mit **untenliegender Fahrbahn** (Abb. 35).

Die Brücken mit obenliegender Fahrbahn werden auch **Deckbrücken,** die Brücken mit untenliegender Fahrbahn auch **Trogbrücken** genannt.

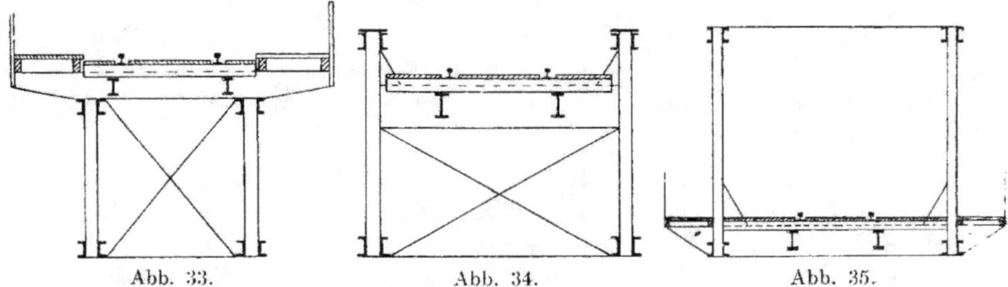

Abb. 33. Abb. 34. Abb. 35.

Die Lage der Fahrbahn hängt hauptsächlich von der zur Verfügung stehenden Bauhöhe ab, unter der man bei Eisenbahnbrücken den Unterschied zwischen Schienenoberkante und dem tiefsten Punkt des eisernen Überbaues und bei Straßenbrücken den Unterschied zwischen Fahrbahnoberkante und dem tiefsten Punkt des eisernen Überbaues versteht.

Bei ausreichender Bauhöhe wird man bestrebt sein, die Fahrbahn über den Hauptträgern nach Abb. 33 anzuordnen, da hierbei eine engere Lage der Hauptträger möglich ist, als bei der Anordnung nach den Abb. 34 und 35, und infolgedessen wegen der kürzeren Länge der Querträger eine Baustoffersparnis erzielt wird. Auch sprechen für die Anordnung der Hauptträger unter der Fahrbahn Schönheitsrücksichten und bei Straßenbrücken der Umstand, daß der Querverkehr auf der ganzen Brücke in keiner Weise behindert wird. Ferner kann die Gesamtbreite der Brücke schmaler gehalten werden, als bei tiefliegender Fahrbahn, da die Hauptträger keinen Raum von der Fahrbahn oder den Gehwegen wegnehmen. Nähere Angaben hierüber finden sich an späterer Stelle.

Nicht selten, namentlich bei starkem, weltstädtischem Verkehr, werden auf einer Brücke mehrere Fahrbahnen übereinander angeordnet. Es entstehen dann zwei- oder auch mehrgeschossige Brücken. Die Gründe für den Bau solcher Brücken sind wirtschaftlicher Natur. Es wird hierbei an Kosten für den eisernen Überbau selbst und für die Pfeiler gegenüber einer Anordnung mit nebeneinander liegenden Fahrbahnen gespart.

G. Die Gestaltung des Brückenquerschnittes wird auch durch die Anzahl der Hauptträger beeinflußt. Man unterscheidet daher **Brücken mit zwei Hauptträgern** (Abb. 35) **und Brücken mit mehr als zwei Hauptträgern** (Abb. 36). Letztere werden fast ausschließlich nur bei oben liegender Fahrbahn verwendet.

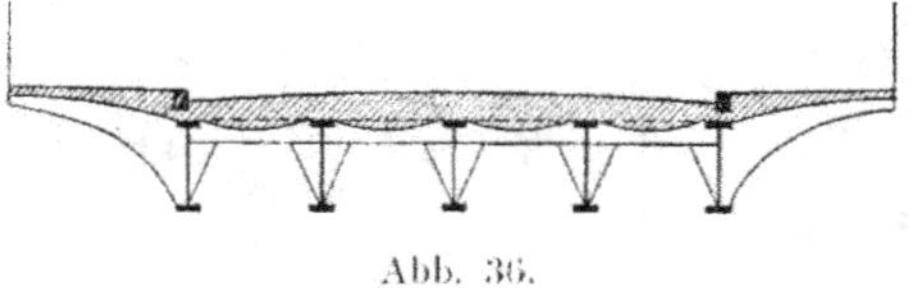

Abb. 36.

H. Bei der Überführung von Eisenbahnen unterscheidet man **Brücken, auf denen die Gleise in der Geraden, und Brücken, auf denen die Gleise in einer Krümmung liegen.** Ist das letztere der Fall, so werden die Hauptträger nur selten auch in der Krümmung der Gleise, sondern in der Regel gerade angeordnet. Bei mehreren Öffnungen zeigt die Mittelachse der Pfeiler in der Regel nach dem Krümmungsmittelpunkt. Zwischen den einzelnen Pfeilern werden die Hauptträger meist gerade und gleichlaufend zu den entsprechenden Sehnen angeordnet. Bei schwachen Krümmungen können beide Hauptträger jedes Überbaues gleich lang ausgebildet werden, bei scharfen Krümmungen wird der innere Hauptträger kürzer als der äußere gemacht.

I. Man unterscheidet schließlich **feste und bewegliche**[1] **Brücken,** je nachdem der Überbau die unter ihm liegende Öffnung dauernd in unveränderlicher Lage oder derart beweglich überbrückt, daß durch eine Hub-, Schub- oder Drehbewegung des Überbaues der Verkehr durch die unter ihm liegende Öffnung ermöglicht wird. Bewegliche Brücken kommen im allgemeinen nur über Wasser vor.

Abschnitt III.

Die Grundeinheiten der eisernen Brücken und die Verbindungsmittel dieser Grundeinheiten und einzelner Teile eiserner Brücken.

A. Grundeinheiten der eisernen Brücken.

Der Baustoff der eisernen Brücken, das Eisen, von dem im nächsten Abschnitt eingehend die Rede ist, muß durch geeignete Vorgänge in passende Formen gebracht werden. Die Grundeinheiten sind in der Hauptsache durch den Walzvorgang erzeugte Bauteile.

Man unterscheidet nach den Festsetzungen des Stahlwerks-Verbandes[2]) Bleche, Stabeisen, Formeisen, Draht und Guß- und Schmiedestücke.

[1]) In diesem Buche werden nur feste Brücken behandelt.

[2]) Vgl. „Eisen im Hochbau". Herausgegeben vom Stahlwerks-Verband A.-G. 5. Auflage, 1920. Verlag von Julius Springer.

Die Bleche werden durch zweiseitigen Walzdruck hergestellt, sie besitzen beim Verlassen der Walze keine ebenen Ränder, sie müssen daher beschnitten werden. Bleche mit Stärken bis zu 5 mm ausschließlich werden Feinbleche, mit Stärken von 5 mm an aufwärts Grobbleche genannt. Die gewöhnliche Stärke der Bleche für eiserne Brücken schwankt zwischen 8 und 25 mm; es werden aber auch Bleche bis zu 60 mm Stärke gewalzt. Die Bleche werden zu Stegblechen, zu Knotenblechen und zu Brückenbelägen benutzt. Sie werden in ganz beträchtlichen Längen und Breiten hergestellt (vgl. „Eisen im Hochbau"). So ist beispielsweise das Knotenblech des ersten Obergurtknotenpunktes des 186 m weit gespannten Überbaues der zweigleisigen Eisenbahnbrücke über den Rhein bei Ruhrort [1]) 15 qm groß und wiegt rd. 2,35 t. Die Feinbleche werden nicht als eigentliche Bauglieder, sondern nur als Futterbleche verwendet.

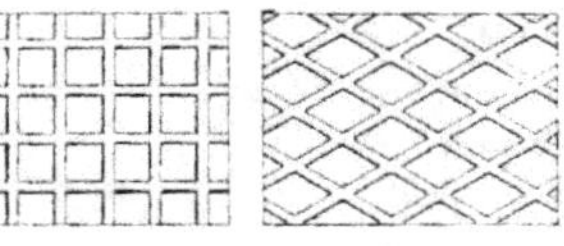

Abb. 37. Abb. 38.

Riffelbleche (Abb. 37 u. 38) sind auf einer Seite mit rechtwinklig oder schiefwinklig sich kreuzenden, 1 bis 2 mm hohen und 4 bis 6 mm breiten Riffeln versehen. Ihre Stärke ausschließlich der Riffeln schwankt zwischen 3 und 30 mm. Sie werden namentlich zur Abdeckung von Fußwegen verwendet.

Buckelbleche, die zur Herstellung der Fahrbahntafel dienen, sind nach der Form eines Klostergewölbes mit $^1/_8$ bis $^1/_{15}$ Stich gepreßte Bleche mit wagerechten Rändern zum Auflagern auf die Fahrbahn-Längs- und Querträger. Von ihnen ist später bei der Besprechung der Fahrbahntafeln noch eingehend die Rede.

Tonnenbleche, die ebenfalls zur Herstellung der Fahrbahntafel dienen, bilden Teile von Zylinderflächen mit $^1/_8$ bis $^1/_{15}$ Stich mit ebenen Rändern zur Auflagerung und Befestigung. Auch von ihnen ist später noch die Rede.

Wellbleche. Von diesen werden nur die sogenannten Träger-Wellbleche im Brückenbau verwendet, auch diese nur in seltenen Fällen als Fußwegtafeln für Fußsteige und Fußgängerbrücken.

Zu den Stabeisen gehören die Flacheisen, die Universaleisen (auch Breitflacheisen genannt), die L-Eisen (Winkeleisen), die ⊥-Eisen (Einfach-T-Eisen), die Z-Eisen (Z-Eisen), die ⌐-Eisen (Quadrant-Eisen), die Handleisten, die Rundeisen, die Quadrateisen und die Rohre.

Zu den Formeisen gehören die I-Eisen (Doppel-T-Eisen), die [-Eisen (U-Eisen) und die ⌒-Eisen (Belag- oder Zoreseisen).

Die Flacheisen und die Universaleisen haben im Gegensatz zu den Blechen beim Verlassen der Walze ebene Seitenflächen und scharfe Kanten. Die Flacheisen werden auf dem Kaliberwalzwerk bis zu einer Breite von 180 mm in den verschiedensten Stärken, die Universaleisen auf dem Universalwalzwerk in Breiten von 180 mm bis zu 1000 mm hergestellt. Die Universaleisen sind also nichts anderes als breitere Flacheisen, ihre Benennung rührt von dem Walzvorgang her. Die Flacheisen erhalten die ebenen Seitenflächen und die scharfen Kanten durch das Kaliber, die Universaleisen durch besondere Vertikalwalzen.

[1]) Zeitschrift für Bauwesen. Jahrgang 1911 u. 1912 und Sonderdruck. Berlin 1912. Verlag von Wilh. Ernst u. Sohn.

Flacheisen und Universaleisen treten als selbständige Bauteile nur selten und dann nur für auf Zug beanspruchte Glieder auf, dagegen werden sie im Zusammenhang mit anderen Grundeinheiten, namentlich mit den Winkeleisen als Stegbleche der Wandungen von Trägern, Gurtstäben und Füllungsgliedern und als Kopf- und Fußplatten von Trägern und Gurtungen verwendet.

Für die übrigen Stabeisen, mit Ausnahme der Rundeisen, der Quadrateisen und der Rohre und für die Formeisen haben der Verband deutscher Architekten- und Ingenieurvereine, der Verein deutscher Ingenieure, der Verein deutscher Eisenhüttenleute und der Verein deutscher Schiffswerften einheitliche Querschnittsformen eingeführt und diese in dem „Deutschen Normalprofil-Buch für Walzeisen zu Bau- und Schiffbauzwecken", erster Band: „Normalprofile [1]) für Walzeisen zu Bauzwecken" (letzte Auflage ist die im Jahre 1908 erschienene 7. verbesserte Auflage) zusammengestellt [2]). Diese Normalprofile werden von fast allen deutschen Walzwerken hergestellt.

Außer diesen Profilen eignen sich auch die Normalprofile für Schiffbauzwecke sehr gut zu Brückenbauzwecken, ebenso verschiedene Sonderprofile, die von einzelnen Walzwerken, namentlich auch vom Façoneisen-Walzwerk von L. Mannstaedt & Co. hergestellt werden. Für kleinere und mittlere Brückenbauten empfiehlt sich die alleinige Verwendung der Normalprofile, die im allgemeinen schneller als die Sonderprofile beschafft werden können; bei großen Brückenbauten lassen sich aber teilweise durch Mitverwendung der Sonderprofile zweckmäßigere Anordnungen treffen als bei alleiniger Benutzung der Normalprofile. Auf dem Konstruktionstisch eines Brückeningenieurs sollten deshalb die Profilbücher unserer bedeutenden Walzwerke nicht fehlen.

Sehr wichtige Grundeinheiten sind die Winkeleisen, die als selbständige Bauteile auftreten und als Verbindungsglieder zwischen senkrecht zueinander liegenden Flacheisen und Blechen dienen. Durch sie wird auch die Verbindung ganzer Bauteile, die rechtwinklig aneinander stoßen, bewirkt, so beispielsweise der Anschluß der Querträger an den Hauptträgern. Die Schenkel der Winkeleisen bilden in der Regel einen rechten Winkel und sind entweder gleich oder ungleich; man unterscheidet danach gleichschenklige und ungleichschenklige Winkeleisen. Die normalen ungleichschenkligen Winkeleisen werden mit dem Schenkellängenverhältnis 1 : 1,5 und 1 : 2 gewalzt, und zwar bis zu Schenkellängen von 100 : 150 bzw. 100 : 200 (mm). Die größte Schenkellänge der normalen gleichschenkligen Winkeleisen beträgt 160 mm. Winkeleisen unter 60 mm Schenkel-

[1]) Die deutschen Normalprofile, unter ihnen namentlich die I-Eisen, sind teilweise verbesserungsbedürftig, sie sind von manchen ausländischen Profilen überholt worden. Bestrebungen zur Verbesserung der deutschen Profile sind schon seit langem im Gange. Neuerdings haben auch Vorschläge zur Neugestaltung der deutschen Profile greifbare Gestalt angenommen, so daß man mit ihrer baldigen Verwirklichung rechnen kann. Vgl. „Die Normalprofile für Formeisen, ihre Entwicklung und Weiterbildung". Von Dr.-Ing. H. Fischmann. Düsseldorf. Verlag Stahleisen. 1916. und „I-Eisen unter besonderer Berücksichtigung der breitflanschigen und der parallelflanschigen I-Eisen". Von Dr.-Ing. R. Sonntag. Verlag des Vereins Deutscher Ingenieure. Berlin 1920.

[2]) Diese Zusammenstellungen finden sich außerdem in der „Hütte", in „Eisen im Hochbau", in den Profilheften der verschiedenen Walzwerke und in dem Anhang dieses Buches.

länge werden im Brückenbau mit Ausnahme der Geländer nicht verwendet. Bezeichnet werden die Winkeleisen in der Regel durch Angabe der Länge beider Schenkel und der Schenkelstärke in mm, also z. B. L 80 · 80 · 10 oder L 120 · 80 · 12.

Die ⊥-Eisen finden im Brückenbau nur im beschränkten Maße Verwendung, eigentlich nur für die Schrägstäbe der Wind- und Bremsverbände. Es werden breitfüßige und hochstegige ⊥-Eisen gewalzt. Bei den breitfüßigen ⊥-Eisen ist der Fuß doppelt so breit, wie der Steg hoch ist, bei den hochstegigen ⊥-Eisen ist der Steg ebenso hoch, wie der Fuß breit ist.

Die Z-Eisen werden im Brückenbau sehr selten verwendet, in der Hauptsache nur als seitliche Abschlußträger von Fahrbahnen.

Die ⌐-Eisen benutzt man nur zu Säulen. Sie bilden den vierten Teil eines Kreisringes mit radial angesetzten Flanschen. Vier ⌐-Eisen bilden den Querschnitt einer Säule. Die günstige Baustoffverteilung macht diesen Querschnitt sehr geeignet zur Aufnahme von großen Druckkräften.

Die Rund- und Quadrateisen werden im allgemeinen nur für untergeordnete Zwecke, z. B. für Geländer benutzt. Bei den Hängebrücken werden die Rundeisen häufig auch zu den Hängestäben verwendet.

Die Rohre werden im Brückenbau nur zu Säulen gebraucht, und zwar namentlich die nahtlosen Mannesmannrohre.

Von den Formeisen sind die wichtigsten und die am meisten gebrauchten die I-Eisen. Ihrer Stoffverteilung nach eignen sie sich vor allem zur Aufnahme solcher Kräfte, die senkrecht zur Trägerachse in die Stegebene fallen und den Träger in dieser Richtung auf Biegung beanspruchen. Bei kleineren Brücken werden sie als Hauptträger, hauptsächlich aber bei fast allen Brücken als Fahrbahnträger verwendet. Ihre Stoffverteilung weist auch auf ihre Verwendung als Druckstäbe von gegliederten Hauptträgern hin. Die deutschen Normalprofile, die bis zu einer Höhe von 60 cm und einer Flanschbreite von 21,5 cm gewalzt werden, sind aber hierzu nur in beschränktem Maße zu gebrauchen, weil ihr Trägheitsmoment in bezug auf die Stegachse zu klein ist, weil ihre Flansche zu schmal sind und sich daher nur mit einer Nietreihe in jeder Flanschhälfte und mit verhältnismäßig kleinen Nieten anschließen lassen und weil die inneren Flanschflächen eine Neigung von 14 v. H. aufweisen und hieraus Schwierigkeiten für eine gute Nietung entstehen. Weit günstiger sind in dieser Hinsicht die breitflanschigen I-Träger, die für beide Hauptachsen große Trägheits- und Widerstandsmomente aufweisen. Sie sind in größerem Maßstabe in Europa zuerst nach dem Verfahren des Amerikaners Grey und nach eigenen Zusatzpatenten von der Differdinger Hütte[1]) auf besonderen Universalwalzwerken hergestellt worden. Sie führen die Bezeichnung Differdinger B-Träger und werden in Höhen von 18 bis 100 cm gewalzt (siehe Anhang). Die Breite der Flansche ist bis zu einer Höhe der Träger von 30 cm gleich der Höhe, bei größeren Höhen gleich 30 cm. Die inneren Flanschflächen zeigen eine Neigung von nur 9 v. H. Der Halbmesser der Ausrundung zwischen Flansch und Steg ist gleich der Stegstärke. In denselben Querschnittsformen werden Breitflanschträger auch vom Stahl-

[1]) Bis vor kurzem Eigentum der Deutsch-Luxemburgischen Bergwerks- und Hütten-Aktiengesellschaft.

werk Thyssen in Hagendingen in Lothringen gewalzt, doch auf dem Kaliberwalzwerk und nur bis zu Höhen von 70 cm. Die neuesten Differdinger Breitflanschträger — DiP-Träger genannt — zeigen ungefähr die gleichen Höhen- und Breitenabmessungen wie die B-Träger, aber Flansche mit vollständig parallelen inneren und äußeren Flächen (siehe Anhang), scharfe, nicht abgerundete Flanschkanten und einen Halbmesser der Ausrundung zwischen Steg und Flansch gleich dem 1.5fachen der Stegstärken. Auf die Querschnittsgestaltung dieser Träger haben wohl die Arbeiten von Dr.-Ing. R. Sonntag ausschlaggebenden Einfluß gehabt. Dr.-Ing. R. Sonntag hat in seinem in der Fußnote auf S. 12 erwähnten Buche in eingehenden Darlegungen, an der Hand von statischen Untersuchungen und auf Grund von umfangreichen und sorgfältigen Formänderungsversuchen überzeugend nachgewiesen, daß die baulich zweckmäßigste und wirtschaftlichste Form der Breitflanschträger diejenige mit vollständig parallelen Flanschflächen ist und daß keinerlei Bedenken gegen diese Form vorliegen. Parallele Flanschflächen erfordern aber unbedingt die Herstellung der Träger auf einem Universalwalzwerk, weil beim Fehlen einer Neigung der inneren Flanschflächen in dem Kaliberwalzwerk den Flanschen kein Druck gegeben werden kann, während auf dem Universalwalzwerk die Flansche durch die Vertikalwalzen den nötigen Druck erhalten. Für Breitflanschträger, die auf dem Universalwalzwerk hergestellt werden, schlägt Sonntag die in der Abb. 39 links dargestellte Form und, soweit die Breitflanschträger noch auf dem Kaliberwalzwerk gewalzt werden, für diese die in der Abb. 39 rechts wiedergegebene Form vor. Die parallelflächigen Breitflanschträger besitzen infolge der größeren Stärke an den Rändern der Flansche eine günstigere Form gegen Biegen und Knicken als die Träger mit geneigten inneren Flanschflächen. Auch entstehen bei parallelflächigen Flanschen beim Nieten und bei Verschraubungen nicht die Schwierigkeiten, die geneigte Flächen verursachen. Bei genügend großem Halbmesser der Ausrundung zwischen Steg und Flansch (Sonntag schlägt vor, den Halbmesser gleich der Flanschstärke zu machen) wird der Übergang zwischen Steg und Flansch vor Überanstrengung geschützt und der Steg gut in den Flansch eingespannt, so daß er gegen örtliche Verdrückungen unter dem Angriff von großen Einzellasten und gegen Ausknicken gesichert ist.

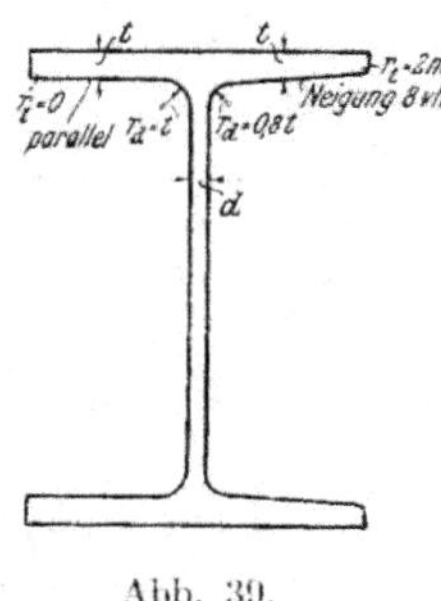

Abb. 39.

Die Erzeugnisse der Differdinger Hütte und des Stahlwerkes Hagendingen sind seit Beendigung des Weltkrieges für Deutschland ausgefallen. Es ist deshalb mit Freuden zu begrüßen, daß jetzt das Peiner Walzwerk auf einem besonderen Universalwalzwerk nach dem Patent von Dr.-Ing. Puppe Breitflanschträger in Höhen von 16 bis 60 cm herstellt. Die Abmessungen dieser Träger, die als P-Träger bezeichnet werden, sind dieselben wie der Di P-Träger. Das Peiner Walzwerk beabsichtigt eine weitere Reihe von Breitflanschträgern zu walzen, bei denen bis zu einer Höhe von 38 cm die Breite der Flansche gleich der Trägerhöhe ist und bei größeren Höhen die Breite der Flansche gleich 38 cm bleibt.

Es ist zu erwarten, daß auch bald schmalflanschige I-Träger mit parallelen

Flanschflächen gewalzt werden und daß die Herstellung der I-Träger auf dem Universalwalzwerk mehr und mehr aufkommt. Denn es steht außer Zweifel, daß die auf dem Universalwalzwerk hergestellten I-Eisen eine gleichmäßigere Festigkeit besitzen als die auf dem Kaliberwalzwerk gefertigten. Auf dem Kaliberwalzwerk erhält der Steg einen weit größeren Walzdruck als die Flansche, er zeigt deshalb eine höhere Festigkeit, aber eine geringere Bruchdehnung als die Flansche. Auf dem Universalwalzwerk werden Steg und Flansche weit gleichmäßiger durchgearbeitet.

Allen I-Eisen haftet die Eigenschaft an, daß die dickeren Flansche die Walze wärmer verlassen als der dünnere Steg. Bei der folgenden Abkühlung müssen daher in den Flanschen Zug- und im Steg Druckspannungen entstehen. Schneidet man ein I-Eisen am Ende in der Mitte des Steges parallel zu den Flanschen auf, so biegen sich die beiden Trägerhälften infolge der Zugspannungen in den Flanschen nach außen auf.

Die Normalprofile der I-Eisen werden durch die Buchstaben N. P. und die Angabe der Höhe in cm, die Breitflanschträger durch ihre Sonderbenennung (B, Di P, P) und die Angabe der Höhe in cm bezeichnet, also z. B. I N. P. 30 und I Di P 40.

Die C-Eisen eignen sich vortrefflich zu Teilen von Gurtungen und Schrägstäben und zu Fahrbahnträgern. Die Normalprofile werden bis zu einer Höhe von 30 cm gewalzt. Bezeichnet werden sie durch die Buchstaben N. P. und die Angabe der Höhe in cm.

Die Belag- oder Zoreseisen werden zur Bildung der Fahrbahntafel und der Tafel von Fußwegen vielfach gebraucht. Für die Fahrbahntafel eignet sich neben den Normalprofilen besonders das Belageisen der Burbacher Hütte $\frac{120}{240}$ mit dem Widerstandsmoment von 90 cm³.

Bei den Hängebrücken tritt als weitere Grundeinheit für die Kabel der gewalzte Draht hinzu.

B. Verbindungsmittel.

Es gilt nun, die Grundeinheiten zu Baugliedern und die einzelnen Bauteile untereinander zu verbinden. Verbindungen durch Schweißung sind bisher im Brückenbau im allgemeinen nicht ausgeführt worden, weil sie zu schwierig herzustellen sind und nicht für zuverlässig genug gehalten werden. Nur bei dem Nachspannen ausgebogener Flacheisenstäbe durch das sogenannte Thermitverfahren[1]) ist bisher eine Art Schweißung angewendet worden. Neuerdings sind aber Bestrebungen im Gange, Stoß- und Knotenpunktsverbindungen auch durch Schweißung herzustellen. Es bedarf aber noch umfangreicher Versuche und langjähriger Erfahrungen, ehe man im Brückenbau zu Schweißverbindungen in größerem Umfange übergehen wird. Es kann jetzt noch als Regel gelten, daß die Grundeinheiten zu Baugliedern ausschließlich durch eine größere Anzahl

[1]) Zentralblatt der Bauverwaltung 1910, S. 158.

kleiner Bolzen, sogenannter Niete (Abb. 40), oder unter Umständen auch durch Schrauben, einzelne Bauglieder unter sich durch Niete oder Schrauben oder durch einzelne größere Bolzen (Abb. 41) verbunden werden. Alle diese Verbindungsmittel legen im allgemeinen die zu verbindenden Teile durch ihren Abscher-

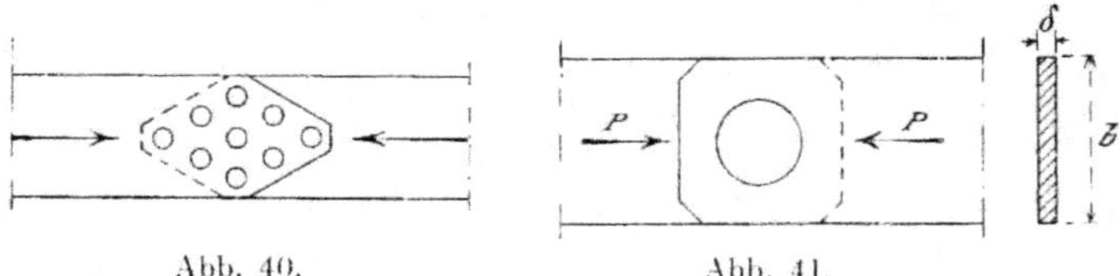

Abb. 40. Abb. 41.

widerstand gegeneinander fest. Da wo Teile durch einen Zugwiderstand miteinander verbunden werden müssen, sind vor allem Schrauben am Platze, es werden aber auch in diesem Falle Niete verwendet. Letztere sind zur Aufnahme von Zugkräften nicht so geeignet wie Schrauben, weil sie durch den Übergang aus der Rotglut in den abgekühlten Zustand bereits erhebliche Anfangszugspannungen besitzen und diese durch die äußeren Zugkräfte noch erhöht werden. Die Erfahrung hat aber gezeigt, daß vorschriftsmäßig ausgebildete und sachgemäß geschlagene Niete auch zur Aufnahme von Zugkräften sich eignen. Man hat nur dafür zu sorgen, daß die Zugbeanspruchungen aus den äußeren Kräften in mäßigen Grenzen bleiben.

Alle Verbindungsmittel müssen die zu verbindenden Teile zu einem einheitlichen Ganzen vereinigen, das nur noch elastischen Formänderungen unterworfen ist. Die Gelenkbolzen werden durch Köpfe und Muttern, die Niete durch Köpfe, von denen der eine bereits vor der Verwendung vorhanden ist und der andere nach dem Einziehen durch Stauchen in der Rotglut gebildet wird, in ihrer Lage erhalten. Die Gelenkbolzen müssen tadellos abgedreht sein und so genau wie irgend möglich[1]) in die Löcher hineinpassen. Die Niete haben in dem Zustand, in dem sie in die Löcher eingebracht werden, einen etwas kleineren Durchmesser als die Löcher. Erst durch Stauchung füllen sie die Löcher ganz aus.

1. Gelenkbolzenverbindung.

Diese Art der Verbindung ist außer bei den Augenstabketten von Hängebrücken und bei den Gelenken von Gerberträgern und Bogenbrücken hauptsächlich in Amerika an den Knotenpunkten gegliederter Träger in Gebrauch.

Die Gelenkbolzenverbindung gestattet bei einer Formänderung des Brückenüberbaues eine Drehung der angeschlossenen Stäbe um den Gelenkbolzen und verhindert, wenn man von der bei der Drehung entstehenden Reibung am Bolzen absieht, das Auftreten von Momenten in der Verbindung.

Sind zwei durch einen Bolzen miteinander verbundene Stäbe auf Druck beansprucht (Abb. 41), so braucht der Stabquerschnitt am Bolzen nicht verstärkt zu werden, weil die Kraft in der dem Stabe zugekehrten Seite des Bolzens an den

[1]) In Amerika darf bei Bolzen mit einem Durchmesser bis zu 90 mm der Unterschied zwischen Loch- und Bolzendurchmesser 0,5 mm, bei Bolzen mit einem Durchmesser über 150 mm der Unterschied 0,8 mm betragen. Dazwischen wäre geradlinig einzuschalten.

letzteren abgegeben wird. Der Bolzen ist so stark zu machen, daß die zugelassene Abscherspannung σ_a und der als zulässig erachtete Lochleibungsdruck σ_l nicht überschritten wird. Für σ_a darf nach den „Vorschriften für das Entwerfen der Brücken mit eisernem Überbau" der früheren preußischen Staatseisenbahnen $^9/_{10}$ des für die Normalspannung im Stabe zugelassenen Wertes σ angenommen werden. Der Lochleibungsdruck σ_l soll bei großen Bolzendurchmessern höchstens den 1,3-fachen Wert von σ erreichen[1]). (Näheres über σ im Abschnitt V).

Setzt man voraus, daß die Kraft P den Bolzenquerschnitt $\frac{\pi d^2}{4}$ gleichmäßig auf Abscheren beansprucht und zur Errechnung des Lochleibungsdruckes die Annahme erlaubt ist, daß die Projektion der Leibungsfläche $= d \cdot \delta$ (d = Bolzendurchmesser, δ = Stärke des Stabes) gleichmäßig gedrückt wird, so müssen die beiden Bedingungen erfüllt sein:

$$1.\quad P < \frac{\pi d^2}{4} \cdot \sigma_a$$

$$2.\quad P < d \cdot \delta \cdot \sigma_l.$$

Setzt man weiter vorläufig voraus, daß die auf Druck beanspruchten Stäbe so kurz sind, daß Flacheisen genügende Knicksicherheit bieten und daß daher für die Querschnittsabmessungen allein die Druckbeanspruchung maßgebend ist, so gilt als dritte Gleichung

$$3.\quad P < b \cdot \delta \cdot \sigma.$$

Bei gegebenen Größen von σ_a, σ_l und σ und bei Annahme von b läßt sich hieraus δ und d leicht errechnen.

Über die Größe des tatsächlich auftretenden Lochleibungsdruckes sind noch einige genaue Angaben nötig[2]) (Abb. 42).

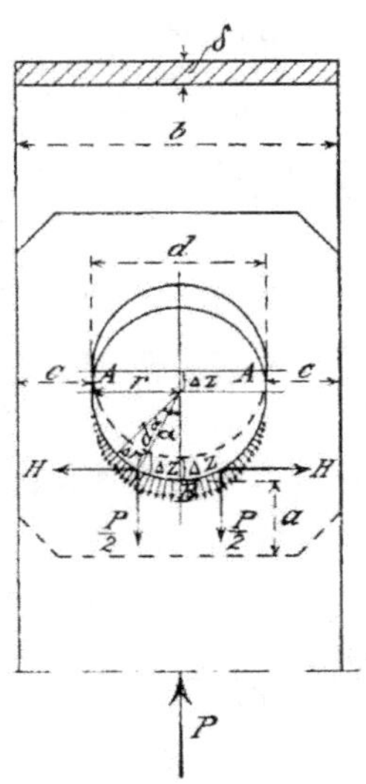

Abb. 42.

Die Kraft P wird eine derartige Formänderung hervorrufen, daß der Bolzen sich um eine Strecke Δz in den Stab eindrückt. Die radial gemessenen Formänderungen Δr nehmen von B nach A von Δz bis o ab.

$$\Delta r = \Delta z \cdot \cos\alpha.$$

Der radiale Lochleibungsdruck σ_r ist der Formänderung proportional, also

$$\sigma_r = k \cdot \Delta r.$$

Hierin ist k ein vom Baustoff abhängiger Wert. Der auf das unendlich kleine Flächenteilchen $r \cdot d\alpha \cdot \delta$ entfallende Druck ist gleich $r \cdot d\alpha \cdot \delta \cdot \sigma_r$. Zerlegt man nun diese kleinen Druckanteilchen in senkrechte und wagerechte Komponenten

$$r \cdot d\alpha \cdot \delta \cdot \sigma_r \cdot \cos\alpha = r \cdot d\alpha \cdot \delta \cdot k \cdot \Delta r \cdot \cos\alpha = r \cdot d\alpha \cdot \delta \cdot k \cdot \Delta z \cdot \cos^2\alpha$$

[1]) Vgl. auch: „Amerikanische Zerreißversuche mit großen Augenstäben." Eisenbau. 1914. S. 342.

[2]) Siehe auch „Handbuch der Ingenieurwissenschaften", 2. Band, Brückenbau, 3. Abteilung, 3. Auflage. S. 74 u. f.

beziehungsweise

$= r \cdot d\alpha \cdot \delta \cdot \sigma_r \cdot \sin\alpha = r \cdot d\alpha \cdot \delta \cdot k \cdot \Delta r \cdot \sin\alpha = r \cdot d\alpha \cdot \delta \cdot k \cdot \Delta z \cdot \cos\alpha \sin\alpha,$

so müssen die Gleichungen bestehen:

$$P = \int_{-\frac{\pi}{2}}^{+\frac{\pi}{2}} r \cdot d\alpha \cdot \delta \cdot k \cdot \Delta z \cos^2\alpha = r \cdot \delta \cdot k \cdot \Delta z \int_{-\frac{\pi}{2}}^{+\frac{\pi}{2}} \cos^2\alpha \cdot d\alpha = r \cdot \delta \cdot k \cdot \Delta z \cdot \frac{\pi}{2}$$

$$H = \int_0^{\frac{\pi}{2}} r \cdot d\alpha \cdot \delta \cdot k \cdot \Delta z \cdot \cos\alpha \cdot \sin\alpha = \frac{r \cdot \delta \cdot k \cdot \Delta z}{2}.$$

Hieraus folgt: $\frac{P}{H} = \pi$ und $H = \frac{P}{\pi} = 0{,}318\,P.$

Macht man die Annahme, daß die Projektion der Leibungsfläche gleichmäßig mit σ_l gedrückt wird, so gilt die Gleichung:

$$\text{a)} \quad P = 2\,r \cdot \delta \cdot \sigma_l.$$

Anderseits ist $\quad P = \delta \cdot r \cdot \Delta z \cdot k \cdot \frac{\pi}{2}.$

Setzt man in diese Gleichung die Beziehung ein:

$$\Delta z \cdot k = \sigma_r \text{ (bei B)},$$

so nimmt sie folgende Form an:

$$\text{b)} \quad P = \delta \cdot r \cdot \sigma_r \text{ (bei B)} \frac{\pi}{2}.$$

Aus den Gleichungen a) und b) folgt:

$$\sigma_r \text{ (bei B)} \frac{\pi}{2} = 2 \cdot \sigma_l$$

$$\sigma_r \text{ (bei B)} = \frac{4}{\pi} \cdot \sigma_l = 1{,}27\,\sigma_l.$$

Es tritt also ein Lochleibungsdruck auf, der gleich dem 1,27 fachen des Wertes ist, der aus der Formel $P = \sigma_l \cdot d \cdot \delta$ errechnet wird. Nach dieser genaueren Berechnung erhält man folgende drei Bedingungen:

$$\text{A} \begin{cases} 1. & P < b \cdot \delta \cdot \sigma \\ 2. & P < \frac{\pi\,d^2}{4} \cdot \sigma_a \\ 3. & P < \delta \cdot d \cdot \frac{\sigma_r}{1{,}27} \end{cases}$$

Hierin bedeutet σ_r den größten zulässigen Lochleibungsdruck, der nach den Ausführungen auf S. 17 höchstens den Wert von $1{,}27 \cdot 1{,}3 \cdot \sigma$ erreichen darf. Aus den drei Gleichungen werden folgende Beziehungen abgeleitet:

$$\text{B} \begin{cases} 1. & \frac{d}{\delta} = \frac{\sigma_r}{\sigma_a} \\ 2. & \frac{d}{b} = \frac{\sigma}{\sigma_r}\,\frac{4}{\pi} = 1{,}27\,\frac{\sigma}{\sigma_r}. \end{cases}$$

Ist der Bolzen zweischnittig beansprucht, so geht Gleichung A. 2. über in

$$P < \frac{2\,\pi\,d^2}{4} \cdot \sigma_a$$

und die Gleichung B. 1. über in $\quad \dfrac{2\,d}{\delta} = \dfrac{\sigma_r}{\sigma_a}.$

Aus den eben angestellten Betrachtungen geht hervor, daß der Stab von zwei Kräften H beansprucht wird, die ihn in der Mitte aufzureißen bestrebt sind (Abb. 42 u. 43).

Gedrückte Stäbe brauchen nach rein rechnerischen Erwägungen nicht über die Bolzenmitte hinausgeführt zu werden (Abb. 43). Bei den auf Zug beanspruchten Stäben wird die Kraft an den Bolzen auf der dem Stabe abgekehrten Seite des Bolzens abgegeben; der Stab muß also auch am Bolzen noch den vollen Querschnitt aufweisen. Man gibt zu dem Zwecke dem gezogenen Stabe die Form des sogenannten Augenstabes (Abb. 44). Würde man den Stab nach Abb. 45 ohne Vergrößerung seiner Stärke am Kopfe ausbilden, so könnte man den Querschnitt des Stabes nicht voll ausnutzen, da der durch das Bolzenloch verminderte Querschnitt A—A für die Beanspruchung maßgebend ist. Wegen der Schwierigkeit der Herstellung vermeidet man oft die Augenstabform und gibt dem Stab die Form der Abb. 45 unter hinreichender Verstärkung seines Kopfes durch Aufnieten von Platten. Die Lochleibung wird bei gezogenen Stäben in derselben Weise beansprucht, wie bei den gedrückten Stäben. Nur liegt hier die beanspruchte Lochleibung auf der der Kraft abgekehrten Seite des Bolzens (Abb. 44). Besonders gefährdet sind die beiden Querschnitte I und II, der erste durch die Kraft P, der zweite durch die Kräfte H.

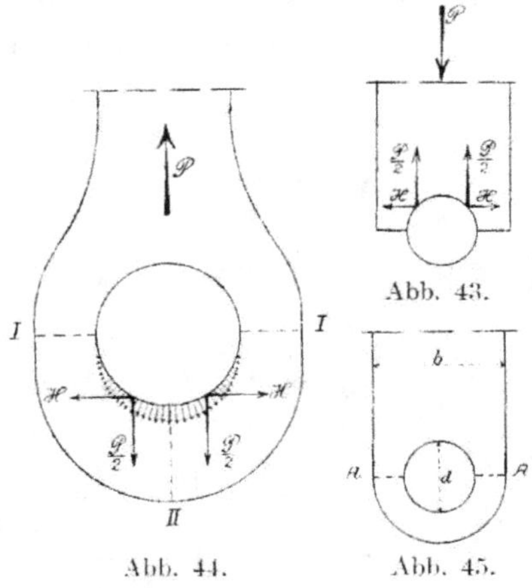

Abb. 44. Abb. 43. Abb. 45.

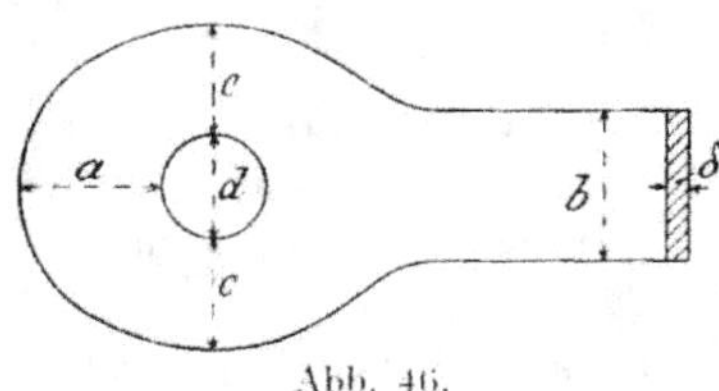

Abb. 46.

Über die Herstellung der Augenstäbe ist im Abschnitt VII nachzulesen. Nachdem die Größen b, d und δ aus den drei Gleichungen A bestimmt sind, findet man die für die Form des Auges wichtigen Abmessungen a und c (Abb. 46) nach den von Winkler angegebenen Formeln:

$$a = {}^1/_2\,b + {}^2/_3\,d$$
$$c = {}^1/_2\,b + {}^1/_3\,d$$

oder nach den Angaben der Gesellschaft Harkort in Duisburg:

$$a = 0{,}9\,b$$
$$c = 0{,}6 - 0{,}625\,b.$$

In Amerika sind folgende Formeln[1]) in Gebrauch:

$$\left.\begin{array}{r}\text{Pencoyd Works}\\ \text{Phönixville Comp.}\end{array}\right\}\; a = c = 0{,}665\,b.$$

$$\text{Baltimore Bridge Comp.: } a = c = 0{,}75\,b.$$

Wie die Formeln zeigen, wird für c durchweg ein größerer Wert als $\frac{b}{2}$ angenommen. Dies ist darin begründet, daß die Zugspannungen in den Querschnitten I (Abb. 44) nicht gleichmäßig verteilt, sondern, wie Versuche gezeigt haben, am Rande kleiner als am Loche sind.

Längere Bolzen werden nicht allein auf Abscheren und Lochleibungsdruck, sondern auch auf Biegung berechnet. Das größte Moment des in der Abb. 47 dargestellten zweischnittig beanspruchten Bolzens ist:

$$M = \frac{1}{4} P(\delta' + \delta) - \frac{P}{2} \cdot \frac{\delta}{4}$$
$$= \frac{1}{4} P\left(\delta' + \frac{\delta}{2}\right).$$

Die Bolzen erhalten entweder auf einer Seite einen Bund und auf der anderen ein Gewinde mit Mutter oder auf beiden Seiten Gewinde mit Muttern. Für die Muttern empfiehlt sich die in Amerika gebräuchliche Ausbildung mit einer Höhlung (Abb. 48), die es gestattet, daß die Muttern auch in dem Falle zur festen

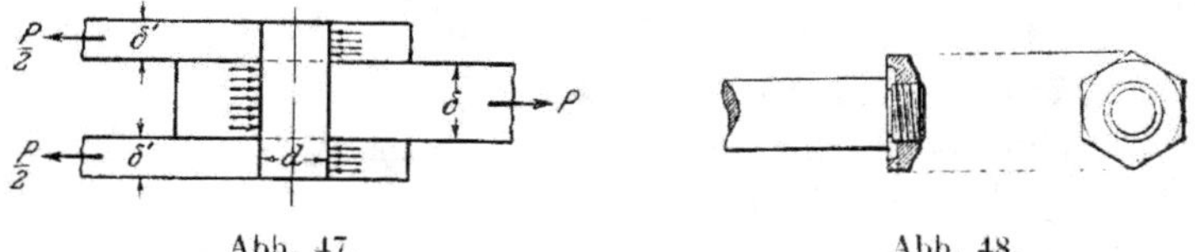

Abb. 47. Abb. 48.

Anlage kommen, daß die Bolzen etwas länger ausgefallen sind, als die Stärke der zu verbindenden Stäbe zusammen beträgt. Die Muttern werden nicht übermäßig fest angezogen, um die Gelenkwirkung durch die infolge der Pressung erzeugte Reibung der nebeneinander liegenden Bleche nicht in Frage zu stellen. Sie müssen gegen Lösen gesichert werden, z. B. durch Splinte, die in ein in der Achsenrichtung gebohrtes, je zur Hälfte in das Gewinde des Bolzens und der Mutter eingreifendes Loch eingetrieben werden.

Weiteres über Bolzenmuttern ist in der Abhandlung über die Hängebrücken nachzulesen.

2. Nietverbindungen.

a) Allgemeines.

Bei den Nietverbindungen wird in den zu verbindenden Teilen nach den im Abschnitt VII angegebenen Regeln eine dem Zweck der Verbindung entsprechende Anzahl Löcher hergestellt und in diese die Niete eingezogen. Die

[1]) Entnommen aus: „Theorie und Konstruktion versteifter Hängebrücken" von Dr.-Ing. Bohny. Leipzig 1905. Verlag von Wilhelm Engelmann.

Niete haben in dem Zustande, in dem sie in die Löcher eingebracht werden, die in der Abb. 49 in ausgezogenen Linien dargestellte Form. Sie werden fabrikmäßig aus Rundeisen durch Pressen des Kopfes im rotglühenden Zustande hergestellt. Der Überstand der Schaftlänge l über die Gesamtstärke δ der zu vernietenden Teile muß so groß sein, daß sich aus dem Überstand der andere, mit gestrichelten Linien bezeichnete Kopf in der vorgeschriebenen Form durch Hämmern oder Pressen bilden läßt. Ist der Überstand zu klein, so fällt auch der Kopf zu klein aus; ist der Überstand zu groß, so kann der Kopf nur schwer vorschriftsmäßig geschlagen werden, und es entsteht ein großer Grat. Der Überstand richtet sich nach dem Nietdurchmesser d und der Gesamtstärke δ der zu vernietenden Teile. Lange Niete werden mehr zusammengestaucht als kurze, erfordern daher auch einen größeren Überstand als diese. Der Überstand schwankt zwischen $^4/_3$ und $^7/_4$ des Nietdurchmessers. Nach Melan muß die Nietschaftlänge $l = 1.1\,(\delta + d)$ sein. Der vorhandene Nietkopf wird Setzkopf, der herzustellende Kopf Schließkopf genannt. Man unterscheidet kalte und warme Nietung. Bei der ersteren wird der Schließkopf in kaltem Zustande hergestellt. Da kalt geschlagene Niete keine unverschiebliche Nietverbindungen geben, so wird die kalte Nietung im Brückenbau grundsätzlich nicht verwendet. Bei der warmen Nietung wird der Schließkopf in hellrot glühendem Zustande gebildet. Der Schaft des kalten, ungeschlagenen Nietes muß einen etwas kleineren Durchmesser erhalten als das Nietloch, damit der warme, ausgedehnte Schaft ohne große Kraftanstrengung durch das Loch getrieben werden kann. Die Niete sind auf ihre ganze Länge im Nietfeuer bis zur Hellrotglut zu erwärmen, dann durch Aufschlagen vom Glühspan zu befreien und schnell in die gehörig gereinigten Löcher einzutreiben. Darauf ist der Schließkopf zu bilden. Dies geschieht durch Hand, durch Preßlufthämmer oder durch bügelförmige Nietmaschinen, die durch Druckluft, Druckwasser oder elektrische Kraft betätigt werden. Der eine Arm des Bügels der Nietmaschinen trägt ein festes Gesenk zur Stützung des Setzkopfes, am andern Arm befindet sich dem Gesenk gegenüber der bewegliche Nietstempel, der an seinem Kopf mit einer dem Nietkopf entsprechenden Höhlung versehen ist. Die Nietmaschinen geben die beste, d. h. gegen Gleiten widerstandsfähigste Nietung, weil sie auch die zu vernietenden Teile fest zusammenpressen und damit die schädliche Federung dieser Teile ausschließen und weil sie den Nietschaft durch einen kräftigen, gleichmäßigen Druck stauchen und den Niet so lange unter diesem Druck halten können, bis die Köpfe die Rotglut verloren haben und den im Schaft durch die Abkühlung entstehenden Zugspannungen widerstehen können. Die Nietmaschinen sind aber wegen ihrer schweren Handhabung nur in der Werkstatt zu verwenden. Auf der Baustelle sind die handlichen Preßlufthämmer in Gebrauch, die ebenfalls eine gute Nietung geben, wenn sie auch in der Güte der Nietung den Nietmaschinen nachstehen. Auch in der Werkstatt werden die Preßlufthämmer viel verwendet. Die am wenigsten zuverlässige Nietung ist die Handnietung, sie soll daher nur auf Ausnahmefälle beschränkt werden; bei ihr wird zunächst der Schaftüberstand durch den sogenannten Stauchhammer breit geschlagen und dann der Schließkopf mit dem Döpper, der unten eine dem Schließkopf entsprechende Höhlung besitzt, und dem Handhammer gebildet. Die Güte der einzelnen Nietverfahren ist durch eingehende Versuche des Deutschen Eisenbau-Verbandes (früher Verein deutscher Brücken- und Eisenbaufabriken genannt) festgestellt worden[1]).

Beim Nieten mit Hand oder mit Preßlufthämmern muß der Setzkopf besonders abgestützt werden. Dies geschieht mit einer sogenannten Nietwinde oder besser noch mit einem Druckluftgegenhalter. Können nicht Teile des zu vernietenden Baugliedes selbst zum Abstützen der Nietwinden oder Druckluftgegenhalter benutzt werden, so lassen sich durch eiserne Bügel oder auch durch angeklemmte Hölzer leicht Stützpunkte für die Nietwinden und Druckluftgegenhalter schaffen. Ist dies nicht möglich, so ist der Setzkopf mit einem schweren eisernen Rundstab, der an dem einen Ende eine der Form des Setzkopfes entsprechende Höhlung besitzt, von zwei Mann anzudrücken. Der Schließkopf ist gut auszuschlagen und so lange zu hämmern, bis die Rotglut verschwunden ist. Ebensolange ist der Setzkopf anzudrücken. Beim Ausschlagen des Schließkopfes ist darauf zu achten, daß die dem Nietloch benachbarte Staboberfläche durch den Döpper nicht beschädigt wird, was bei ungeschickten Nietern nur zu häufig vorkommt. Die gestauchten Nietschäfte müssen die Löcher gut ausfüllen. Durch Herausschlagen einzelner Niete hat man sich hiervon zu überzeugen. Beide Nietköpfe müssen gut anliegen und in der Achse des Nietschaftes sitzen. Sie dürfen keinerlei Risse zeigen. Der Bart des Nietkopfes ist mit Meißel und Hammer zu entfernen. Lose sitzende Niete dürfen nicht verstemmt oder kalt nachgetrieben werden, sondern müssen herausgeschlagen und durch neue ersetzt werden. Die Baustellenniete sind im allgemeinen nicht so gut wie die Werkstättenniete, weil die Niete auf der Baustelle nicht so bequem wie in der Werkstatt geschlagen werden können und in der Werkstatt die Nietmaschinen in weitgehendem Maße verwendet werden können. Deshalb sind in der Werkstatt so viele Niete wie nur irgend möglich zu schlagen.

Beim Schlagen von langen Nietreihen, z. B. beim Aufnieten von Gurtplatten, soll von der Mitte aus nach beiden Seiten hin genietet werden. Würde von beiden Seiten nach der Mitte genietet werden, so würde sich die Gurtplatte in der Mitte leicht werfen können.

Übersteigt die Stärke der zu verbindenden Teile den fünffachen Betrag des Nietdurchmessers, so lassen sich die Niete von der in der Abb. 49 dargestellten Form nur noch schlecht stauchen, und die Bildung des Schließkopfes gelingt nicht vollkommen. Man geht dann bis zu $\delta = 6d$ wohl zu halb versenkten (Abb. 53) und bei genügender Stärke des Teiles, in dem der versenkte Kopf zu sitzen kommt, auch zu ganz versenkten Nieten (Abb. 54) über; besser ist es jedoch, an ihrer Stelle gedrehte Schrauben mit zylindrischem (Abb. 50) oder mit kegel-

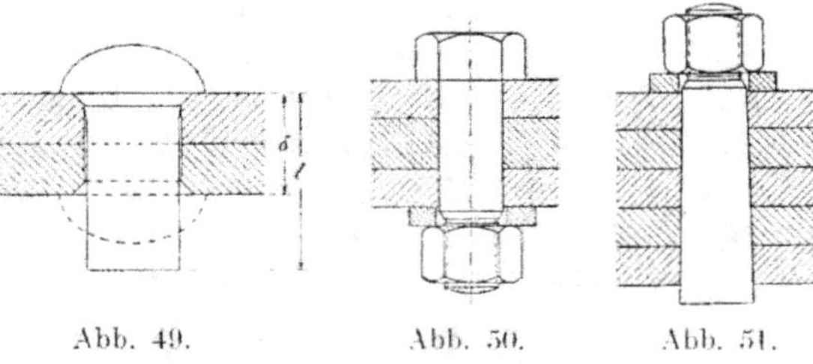

Abb. 49. Abb. 50. Abb. 51.

[1]) Berichte des Ausschusses für Versuche im Eisenbau., Ausgabe B, Heft 1. Berlin, Julius Springer. 1915.

förmigem Schaft (Neigung 1:50) (Abb. 51) zu verwenden, weil versenkte Niete schwer herzustellen sind und erfahrungsgemäß die vernieteten Teile nicht so fest zusammenschließen wie andere Niete. Ist $\delta > 6\,d$, so sind auf jeden Fall Schrauben zu verwenden. Das Gewinde darf auf keinen Fall in die zu verbindenden Eisenteile hineinragen. Durch Unterlagsscheiben ist für die Anlage der Muttern zu sorgen. Werden Schrauben mit kegelförmigem Schaft verwendet, so muß das Loch mit einer dem Schraubenschaft genau entsprechenden Reibahle hergestellt werden und es muß solche Abmessungen aufweisen, daß der Schraubenschaft mit seinem Ende auch bei festem Anziehen der Mutter noch um einige Millimeter über die zu verbindenden Teile hinausragt. Bei Schrauben mit zylindrischem Schaft und mit Kopf ist der Durchmesser des Schaftes um ein geringes stärker zu wählen als der Durchmesser des Schraubenloches und zwar um so viel stärker, daß die Schraube nicht mit der Hand durch das Loch gesteckt werden kann, sondern mit leichten Hammerschlägen durchgetrieben werden muß. Um dies zu erreichen, empfiehlt es sich, vor dem Abdrehen der für einen bestimmten Lochdurchmesser vorgesehenen Schrauben den Durchmesser des Schraubenschaftes durch Versuche festzustellen.

Ganz versenkte Niete verwendet man im Brückenbau, außer in dem eben genannten Falle, für Gleitflächen, die sich eng berühren.

Nach den älteren, bis zum Jahre 1912 gültigen „Besonderen Vertragsbedingungen für die Anfertigung, Lieferung und Aufstellung von größeren zusammengesetzten Eisenkonstruktionen“ der früheren preußischen Staatsbahnen sollten die Nietköpfe in der vollen, halb versenkten und ganz versenkten Form die in den Abb. 52 bis 54 angegebenen Abmessungen haben.

Die in Abb. 52 dargestellte Form des Kopfes mit dem kegelförmigen Übergang vom Schaft zum Kopf ist auf Grund eingehender Versuche gelegentlich

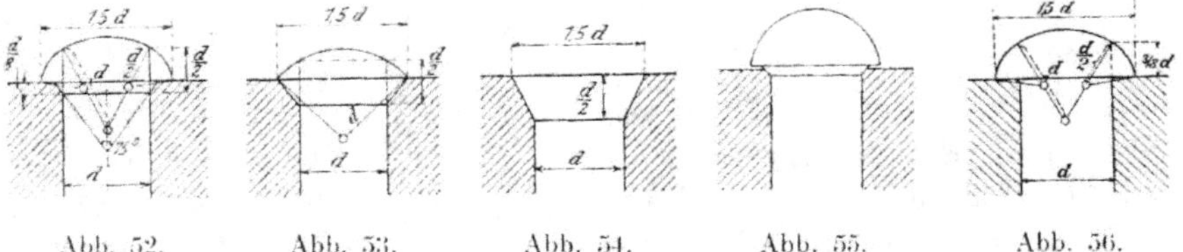

Abb. 52. Abb. 53. Abb. 54. Abb. 55. Abb. 56.

des Baues der alten Weichselbrücke bei Dirschau und der Nogatbrücke bei Marienburg als diejenige ermittelt worden, die in bezug auf Stoffaufwand, gute Herstellung des Schließkopfes und Haltbarkeit die günstigste ist. Der kegelförmige Übergang vom Schaft zum Kopf und die Versenkung am Lochrand müssen beim fertigen Setzkopf tadellos zusammenpassen. Diese Forderung bedingt erstens, daß das Versenk mit einem Fräskopf hergestellt wird, der im Nietloch geführt und dessen Weg begrenzt ist, und zweitens, daß diese Arbeit, falls die Nietlöcher nicht auf der Zulage in den zusammengehörigen Teilen in einem Bohrgange gebohrt sind, erst nach dem Aufreiben, d. h. also in vielen Fällen erst auf der Baustelle und an vielen unzugänglichen Teilen, vorgenommen wird. Es wäre ganz verfehlt, das Versenk vor dem Aufreiben herzustellen, weil es durch das Aufreiben in den meisten Fällen mehr oder weniger einseitig würde. Die Herstellung des Versenkes ist also eine sehr umständliche und zeitraubende Arbeit. Auch wenn diese Arbeit ganz einwandfrei ausgeführt würde, so wäre damit noch keine Gewähr vorhanden, daß Versenk und kegelförmiger Ansatz genau übereinstimmen, weil die Niete Handelsware sind, bei der ein großer Spielraum für die Genauigkeit vorhanden sein muß. Die Versenkung wird trotz größter Sorgfalt häufig nicht zentrisch zum Nietloch ausfallen und oft für den kegelförmigen Ansatz zu klein oder zu groß sein. In den beiden ersten Fällen kommt der Setzkopf nicht zum Aufsitzen (Abb. 55), im letzten Falle füllt der kegelförmige Übergang die Versenkung nicht aus.

Wegen dieser Übelstände und der unbequemen Herstellung des Versenkes hat der Deutsche Eisenbau-Verband im Jahre 1909 über den Wert des Versenkes eingehende Versuche angestellt, die das Ergebnis gehabt haben, daß Niete ohne Versenk auf Abreißen und Abscheren genau so haltbar sind wie die Niete mit Versenk[1]). Auf Antrag des genannten Verbandes haben verschiedene Behörden infolgedessen von der Vorschrift des kegelförmigen Überganges Abstand genommen, unter anderen auch der preußische Minister der öffentlichen Arbeiten. Nach den „Besonderen Vertragsbedingungen für die Anfertigung, Anlieferung und Aufstellung von Eisenbauwerken" der früheren preußischen Staatseisenbahnen vom Jahre 1912 soll der volle Nietkopf die in der Abb. 56 dargestellte Form, also ohne kegelförmigen Übergang, haben. Die Form für den halb versenkten und ganz versenkten Kopf (Abb. 53 u. 54) ist beibehalten worden. Der Durchmesser D des Nietkopfes (Abb. 56) ist gleich dem 1,5fachen des Durchmessers d des Nietschaftes. Die Abmessung entspricht der Forderung, daß der Flächendruck unter dem Nietkopf ungefähr gleich der durch die Abkühlung des Nietes verursachten Zugspannung des Nietschaftes sein soll. Aus der Gleichung

$$\frac{\pi d^2}{4} = \frac{\pi}{4}(D^2 - d^2) \text{ folgt}$$

$$D = d\sqrt{2} = 1{,}414\, d.$$

Die Höhe h des Nietkopfes in der Verlängerung der Mantelfläche des Nietschaftes ist gleich $^3/_8\, d$. Diese Abmessung entspricht ungefähr der Bedingung, daß die Abscherspannung in der Fläche, welche die Verlängerung der Mantelfläche des Nietschaftes in dem Kopf bildet, nur $^2/_3$ der Zugspannung des Nietschaftes betragen soll. Aus der Gleichung

$$\frac{\pi d^2}{4}\sigma = \pi \cdot d \cdot h \cdot \frac{2}{3}\sigma \text{ folgt}$$

$$h = \frac{3}{8} d.$$

Die Bestrebungen des „Normenausschusses der deutschen Industrie" für die Normalisierung von Bauteilen haben auch auf dem Gebiete der Niete schon gute Erfolge gezeitigt. Wenn auch noch keine endgültigen Festsetzungen vorliegen,

[1]) Berichte des Ausschusses für Versuche im Eisenbau. Ausgabe B. Heft 1. Berlin, Julius Springer. 1915.

so sind doch die Vorschläge[1]) für die Vereinheitlichung der Nietformen schon soweit durchgearbeitet, daß mit ihrer Annahme wohl gerechnet werden kann. Die „Normenniete“ für den Eisenbau werden nach der Form ihres Kopfes Halbrundniete, Senkniete und Linsensenkniete genannt. Hier sollen nur die Halbrundniete (Abb. 57) behandelt werden. Die Senkniete und Linsensenkniete entsprechen den schon erwähnten ganz und halb versenkten Nieten. Für die Berechnung und für die Zeichnungen soll der Durchmesser d' des geschlagenen Nietes, also der Lochdurchmesser in mm als Bezeichnung gelten, während für die Bestellung der Niete in den Fabriken und im Handel die Niete nach dem Rohdurchmesser d, d. h. nach dem Durchmesser des ungeschlagenen Nietes, zu benennen sind. Der Kopf wird im Gegensatz zur Korbbogenform des in der Abb. 56 dargestellten Nietkopfes durch einen Kugelabschnitt gebildet; die Kopfhöhe k ist = 0,63 bis 0,65 d, der Kopfdurchmesser D = 1,62 d und der Halbmesser r der Kopfrundung = rd. 0,9 d. Das kleine Versenk ist auch bei den Normennieten fortgefallen; an seine Stelle tritt eine kleine Ausrundung mit einem Halbmesser r_x = 0,05 d, wie sie sich bei der Herstellung der Niete im Gesenk, dessen Kanten stets gebrochen sind, von selbst ergibt. Die Lochränder müssen daher nur genügend abgegratet werden. Der Rohdurchmesser d des Nietschaftes soll am Kopf vorhanden sein, der Schaft darf sich nach dem Ende zu verjüngen und zwar bis 13 mm Durchmesser um $^1/_4$ mm, bei 16 mm Durchmesser um $^1/_2$ mm, von 19 mm Durchmesser an aufwärts um 1 mm. Der Lochdurchmesser ist bis 9 mm Rohdurchmesser 0,5 mm größer als dieser, von 10 mm Rohdurchmesser an aufwärts 1 mm größer als dieser. Auch über die Schaftlänge l des ungeschlagenen Nietes enthalten die Normen Bestimmungen.

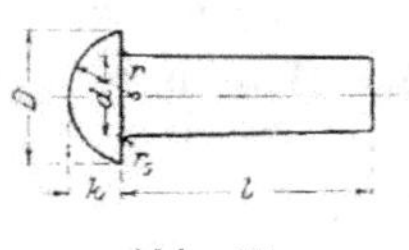

Abb. 57.

Die beim Abkühlen des geschlagenen Nietes im Nietschaft entstehenden Zugspannungen sind nicht unbeträchtlich. Sie sind von dem Unterschied der Wärmegrade des eben geschlagenen Nietes und der Umgebung der vernieteten Teile abhängig. Nimmt man letztere als starr und als dicht aufeinanderliegend und die Wärme des eben geschlagenen Nietes zu 500° und die der Umgebung zu 400° an, so entsteht durch die Abkühlung eine Zugspannung $\sigma = \varepsilon \cdot 100 \cdot E$ kg/qcm, wo ε die Wärmeausdehnungsziffer des Eisens = 0,00001176 und E der Elastizitätsmodul des Eisens = rd. 2000000 ist. σ nimmt also den Wert von 2352 kg/qcm an. Infolge der Elastizität und Federung der vernieteten Teile wird dieser hohe Betrag jedoch bei weitem nicht erreicht.

Durch diese Zugspannungen entstehen unter den Köpfen Druckspannungen, die zwischen den Köpfen und den sie unmittelbar berührenden Teilen und auch zwischen den vernieteten Teilen Reibungswiderstände hervorrufen. Diese würden bei genügender Größe die Zug- oder Druckkräfte der verbundenen Teile allein aufnehmen. Da aber die Größe der Reibungswiderstände wegen der Unsicherheit in der Bestimmung des Unterschiedes der Wärme der eben geschlagenen Niete und der umgebenden Teile und des Einflusses der Federung der vernieteten Teile

[1]) Vgl. „Die neuen Nietnormen“. Von Karig. „Der Bauingenieur“. 1920. S. 302 u. f.

auch nicht annähernd richtig zahlenmäßig erfaßt werden kann, und da erfahrungsgemäß im Laufe des Betriebes viele Niete lose werden, so verzichtet man ganz darauf, den Reibungswiderstand in Rechnung zu stellen. Man weist vielmehr dem Abscherwiderstand der Niete die ganze Kraftaufnahme zu[1]).

Man unterscheidet Kraft- und Heftniete. Die Kraftniete dienen zur Kraftübertragung, die Heftniete zum Fugenschluß. Die Heftniete in gedrückten Teilen haben ferner die Aufgabe, die Knicklänge der Grundeinheiten in angemessenen Grenzen zu halten.

b) Einschnittige und zweischnittige Vernietung.

Man unterscheidet einschnittig (Abb. 58) und zweischnittig (Abb. 59) beanspruchte Niete, kurz auch einschnittige und zweischnittige Niete genannt.

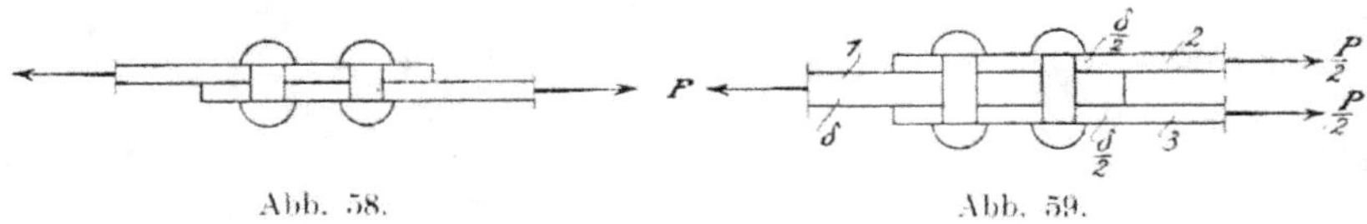

Abb. 58. Abb. 59.

Wir setzen vorläufig voraus, daß bei der in Abb. 58 dargestellten Anordnung beide Bleche die gleiche Stärke δ haben und daß bei der aus Abb. 59 zu ersehenden Anordnung die Bleche 2 und 3 halb so stark sind wie das Blech 1. Der Nietdurchmesser sei d.

Nimmt man an, daß der Querschnitt $\frac{\pi d^2}{4}$ des Nietschaftes gleichmäßig auf Abscheren beansprucht und die Projektion der Leibungsfläche $d \cdot \delta$ gleichmäßig gedrückt wird, und bezeichnet nach diesen Annahmen die zulässige Scherspannung mit σ_a und den zulässigen Lochleibungsdruck mit σ_l, so ist die Tragfähigkeit eines einschnittigen Nietes einerseits unter Berücksichtigung des Abscherwiderstandes $= \frac{\pi d^2}{4} \cdot \sigma_a$ und anderseits unter Berücksichtigung des Lochleibungsdruckes $= d \cdot \delta \cdot \sigma_l$. Hierbei muß man nach den Ausführungen auf S. 18 beachten, daß, wenn hiernach der Lochleibungsdruck den Wert σ_l annimmt, der größte Wert des tatsächlich auftretenden Lochleibungsdruckes $\sigma_r = 1{,}27\ \sigma_l$ ist.

In der Regel wird für den Lochleibungsdruck σ_l der doppelte Wert von dem zugelassen, der für die Abscherbeanspruchung als zulässig erachtet wird. Es kann also $\sigma_l = 2\,\sigma_a$ gesetzt werden. Man kommt dabei zu recht hohen Werten für σ_r, die aber deshalb unbedenklich sind, weil die hohen Beanspruchungen nur an einer kleinen Stelle auftreten und diese durch die Umgebung und die Nietköpfe am Ausweichen gehindert wird.

[1]) Durch Versuche des Deutschen Eisenbau-Verbandes ist festgestellt worden, daß ein Gleiten der verbundenen Teile in den Nietverbindungen schon bei verhältnismäßig geringen Beanspruchungen der Verbindungen eintritt. Die Annahme, daß der Abscherwiderstand der Niete allein die Kräfte aufnehmen muß, ist daher durchaus berechtigt. (Vgl. Berichte des Ausschusses für Versuche im Eisenbau. Ausgabe B. Heft 1. Berlin, Julius Springer. 1915.)

Die Tragfähigkeit eines einschnittigen Nietes ist demnach einerseits $= 2\,\sigma_a \cdot d \cdot \delta$, anderseits $= \frac{\pi\,d^2}{4} \cdot \sigma_a$. Die erforderliche Anzahl von Nieten ist unter Berücksichtigung des kleineren von beiden Werten zu berechnen. Ist $2\,\sigma_a \cdot d \cdot \delta > \frac{\pi\,d^2}{4} \cdot \sigma_a$, d. h. $\delta > \frac{3{,}14}{8}\,d = 0{,}393\,d$, so ist die erforderliche Nietanzahl nach der Abschertragkraft eines Nietes $= \frac{\pi\,d^2}{4} \cdot \sigma_a$ zu berechnen, im Falle, daß $\delta < 0{,}393\,d$ ist, nach der Lochleibungstragkraft $d \cdot \delta \cdot \sigma_l$.

Bei zweischnittiger Vernietung ändert sich die Tragkraft in der Lochleibung nicht, wohl aber die Abscherkraft, weil hier zwei Schnitte in Frage kommen, sie ist $= \frac{2\,\pi\,d^2}{4} \cdot \sigma_a$. Die erforderliche Nietanzahl ist demnach bei zweischnittiger Vernietung nach der Tragkraft $\frac{2\,\pi\,d^2}{4} \cdot \sigma_a$ zu bestimmen, wenn $2\,\sigma_a \cdot d \cdot \delta > \frac{2\,\pi\,d^2}{4} \cdot \sigma_a$, d. h. $\delta > 0{,}785\,d$ ist, dagegen nach der Tragkraft $d \cdot \delta \cdot \sigma_l$, wenn die Bedingung erfüllt ist: $2\,\sigma_a \cdot d \cdot \delta < \frac{2\,\pi\,d^2}{4} \cdot \sigma_a$, d. h. $\delta < 0{,}785\,d$. Es läßt sich kurz folgende Regel aufstellen:

Einschnittige Vernietung.

Ist die Blechstärke δ	so ist für die Berechnung der erforderlichen Nietanzahl maßgebend
$> 0{,}393\,d$	die Abschertragkraft $= \frac{\pi\,d^2}{4} \cdot \sigma_a$
$< 0{,}393\,d$	die Lochleibungstragkraft $= d \cdot \delta \cdot \sigma_l$.

Zweischnittige Vernietung.

Ist die Blechstärke δ	so ist für die Berechnung der erforderlichen Nietanzahl maßgebend
$< 0{,}785\,d$	die Lochleibungstragkraft $= d \cdot \delta \cdot \sigma_l$
$> 0{,}785\,d$	die Abschertragkraft $= 2\,\frac{\pi\,d^2}{4} \cdot \sigma_a$.

In nachstehender Zusammenstellung sind für die verschiedenen Nietdurchmesser die Werte $0{,}393\,d$ und $0{,}785\,d$ angegeben.

d in cm	1,2	1,6	1,8	2,0	2,2	2,3	2,4	2,6	3,0
$0{,}393\,d$	0,47	0,63	0,71	0,786	0,865	0,904	0,943	1,02	1,18
$0{,}785\,d$	0,94	1,26	1,41	1,57	1,73	1,805	1,88	2,04	2,36

Zur Bestimmung, ob die Niete auf Abscheren oder auf Beanspruchung in der Lochleibung zu untersuchen sind, leistet die nachstehend abgebildete Tabelle, die von Dipl.-Ing. Thein angegeben ist, gute Dienste.

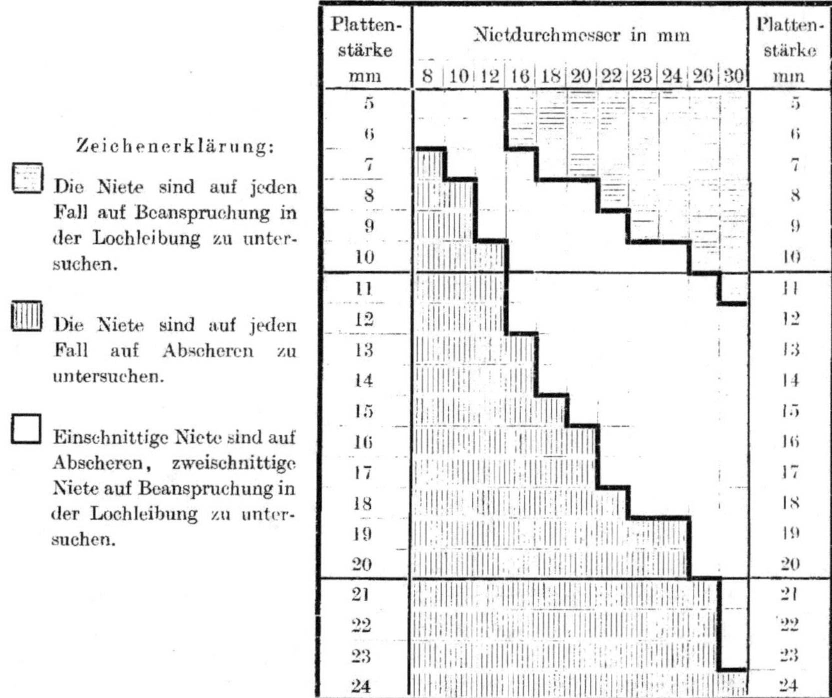

c) Abstände der Niete voneinander und von den Rändern der vernieteten Teile.

Mit Ausnahme eines Sonderfalles, der bei der Abhandlung über die Ausbildung der vollwandigen Träger besprochen wird und eine rechnerische Bestimmung des Nietabstandes erfordert, sind für die Abstände der Niete unter sich und von den Rändern folgende Regeln zu beachten. Die Niete sollen voneinander einen Mindestabstand $v = 2.5\,d$, besser $= 3\,d$ haben, vom Rand in der Kraftrichtung einen Mindestabstand $e = 2\,d$, und vom Rand senkrecht zur Kraftrichtung $a = 1{,}5\,d$ (Abb. 60 bis 63). Anderseits soll der Abstand der Niete vom Rande nicht mehr als 2,5 bis höchstens $3\,d$ betragen, da sonst ein Klaffen der Fugen zu befürchten ist. Aus dieser Bedingung folgt für die einzelnen Nietdurchmesser die Breite der Grundeinheiten, die noch einreihig vernietet werden können (Abb. 60). Ist die Breite von Grundeinheiten z. B. von Flacheisen größer als $5\,d$ bis höchstens $6\,d$, so ist eine zweireihige Vernietung auszuführen (Abb. 61 u. 62). Dabei können die Längsnietreihen unversetzt (Abb. 61) oder derartig gegeneinander versetzt sein, daß die Niete der einen Reihe auf die Lücken der anderen treten (Abb. 62). Bei den unversetzten Nietreihen (Abb. 61) dürfen v_1 und v_2 nicht kleiner als v sein, bei versetzten Nietreihen (Abb. 62) darf v_2 auf das Maß $1{,}5\,d$ eingeschränkt werden. Aus v und v_2 ergibt sich dann ohne weiteres das Maß v_1. Zwei unversetzte Nietreihen erfordern daher breitere Flacheisen als zwei versetzte Nietreihen. Handelt es sich um eine Nietverbindung mit vier

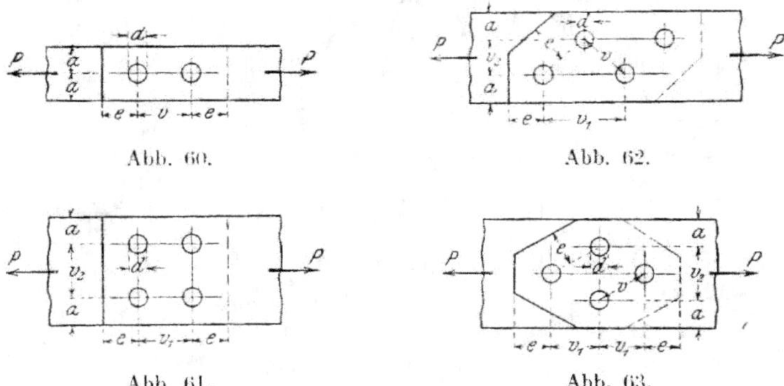

Abb. 60. Abb. 62.

Abb. 61. Abb. 63.

Nieten (Abb. 61 u. 62), so können diese auch in drei versetzten Längsreihen nach Abb. 63 angeordnet werden. v_2 darf nicht kleiner als v und demnach v_1 nicht kleiner als $\sqrt{v^2 - \frac{v^2}{4}} = \frac{v}{2}\sqrt{3}$ gewählt werden.

Für versenkte Niete gelten die angegebenen Regeln mit der Abänderung, daß an die Stelle des Schaftdurchmessers d der mittlere Durchmesser der Versenkung tritt.

Der Abstand der Niete unter sich soll das Maß von $6d$ nicht überschreiten, wenn die Niete Kräfte zu übertragen haben. Bei Heftnieten in gedrückten Stäben kann dieses Maß auf $7\,d$, in gezogenen Gliedern auf $10\,d$ erweitert werden. Größere Abstände sind in gedrückten Stäben wegen der Knickgefahr und in gezogenen Stäben deshalb zu vermeiden, weil sich sonst zwischen den vernieteten Teilen Fugen bilden können, die dem Wasser den Eintritt gestatten. Sind bei breiteren gezogenen Stäben die beiden äußersten Nietreihen an den Rändern nach diesen Regeln gebildet, so kann für die inneren Nietreihen wohl auch eine noch weitere Teilung angeordnet werden. In den Knotenblechen und den Stoßdeckungen wird man die Nietteilung so eng wie möglich wählen, um an Baustoff für diese Teile zu sparen.

In der folgenden Zusammenstellung sind die Werte $1{,}5d$, $2d$, $2{,}5d$, $3d$, $6d$ und $7d$ für verschiedene Nietdurchmesser angegeben.

d in cm	1,2	1,6	1,8	2,0	2,2	2,3	2,4	2,6	3,0
1,5 d	1,8	2,4	2,7	3,0	3,3	3,45	3,6	3,9	4,5
2,0 d	2,4	3,2	3,6	4,0	4,4	4,6	4,8	5,2	6,0
2,5 d	3,0	4,0	4,5	5,0	5,5	5,75	6,0	6,5	7,5
3,0 d	3,6	4,8	5,4	6,0	6,6	6,9	7,2	7,8	9,0
6,0 d	7,2	9,6	10,8	12,0	13,2	13,8	14,4	15,6	18,0
7,0 d	8,4	11,2	12,6	14,0	15,4	16,1	16,8	18,2	21,0

Zur Verbindung von Winkeleisen mit anderen Teilen wird bis zu einer Schenkellänge von 12 cm eine einreihige Nietung (Abb. 64), darüber hinaus eine zweireihige, versetzte Nietung angeordnet (Abb. 65).

Der Abstand w der Nietmittelpunkte vom äußeren Winkelpunkte wird Wurzelmaß genannt; bei zweireihiger Vernietung unterscheidet man zwischen

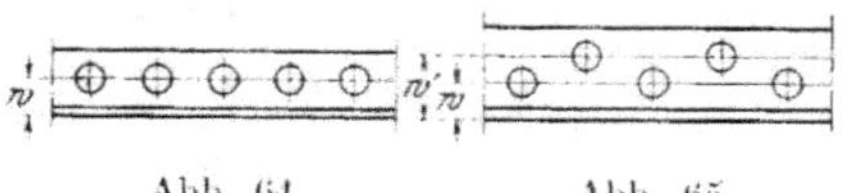

Abb. 64. Abb. 65.

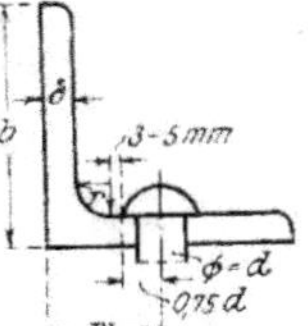

Abb. 66.

innerem und äußerem Wurzelmaß w und w'. Die kleinsten Werte für die Wurzelmaße bei einreihiger Vernietung und für die inneren Wurzelmaße bei zweireihiger Vernietung ergeben sich aus der Forderung, daß zwischen dem Auslauf der Ausrundung des inneren Winkelpunktes und dem Nietkopf noch ein Abstand von 3 bis 5 mm für den Döpper bleiben muß, um den Niet einwandfrei schlagen zu können (Abb. 66). Hieraus und den Bezeichnungen der Abb. 66 ergibt sich

$$w = \delta + r + 0{,}75\,d + 3 \text{ bis } 5 \text{ mm.}$$

In der nachstehenden Zusammenstellung[1]) sind die gebräuchlichen Wurzelmaße und die größten zulässigen Niet- und Schraubendurchmesser für die verschiedenen Schenkellängen der Winkeleisen angegeben.

Wurzelmaße für Winkeleisen.

Schenkellänge b in mm	Wurzelmaß w in mm	Größter zulässiger Niet- oder Schraubendurchmesser in mm	Schenkellänge b in mm	Wurzelmaß w in mm	Größter zulässiger Niet- oder Schraubendurchmesser in mm
a. Einreihige Vernietung (Abb. 64).			80	45	23
30	18	8	90	50	23
35	20	10	100	55	26
40	23	10	110	60	26
45	25	13	120	65	26
50	30	13	b. Zweireihige Vernietung (Abb. 65).		
55	30	16		w w'	
60	35	18	130	50 90	26
65	35	20	140	55 105	26
70	40	20	150	60 110	26
75	40	22	160	60 115	26

In vielen Fällen müssen in beiden Schenkeln von Winkeleisen Niete angeordnet werden. Nach Möglichkeit wird man die Nietreihen in den beiden Schenkeln derart gegeneinander versetzen, daß die Niete der Reihen des einen Schenkels auf die Lücken der Reihen des anderen Schenkels rücken. Die Abb. 67 u. 68 stellen

[1]) Diese und die nächste Zusammenstellung sind einem Heft der Union, Dortmund, entnommen.

diese Anordnung für einreihige und zweireihige Vernietung in Ansicht und Grundriß dar; sie läßt sich aber oft nicht ausführen. Vielmehr muß der in der Längsachse des Winkeleisens gemessene Abstand v (Abb. 69 und 70) zwischen zwei Nieten in den beiden Winkelschenkeln oft so klein wie nur irgend möglich gehalten werden. Das Maß v wird bedingt durch den Durchmesser d' des Döppers, mit dem der Schließkopf gebildet wird; zwischen Döpper und dem Kopf eines senkrecht zur Döpperachse sitzenden Nietes muß ein kleiner Spielraum von 3 bis 4 mm bleiben, damit der Schließkopf einwandfrei geschlagen werden kann. Die folgende Zusammenstellung gibt die kleinsten Werte für v für die verschiedenen Winkeleisen und Nietdurchmesser.

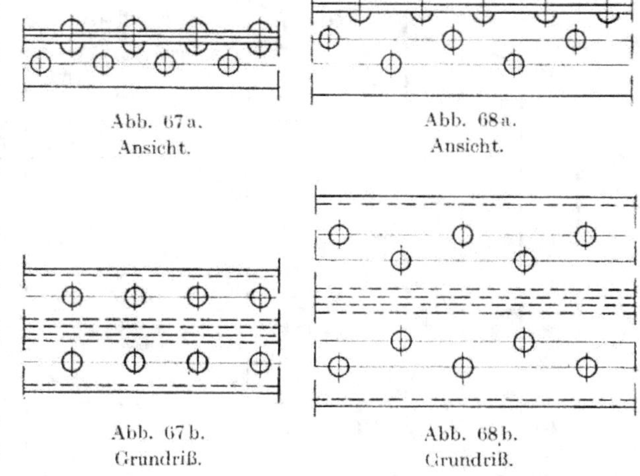

Abb. 67a. Ansicht.

Abb. 68a. Ansicht.

Abb. 67b. Grundriß.

Abb. 68b. Grundriß.

Kleinster zulässiger Abstand v zweier im Winkeleisen sich gegenübersitzender Niete.

Schenkellänge b in mm	Wurzelmaß w u. w' in mm	Nietdurchmesser d in mm: 13	16	18	20	23	26
		v in mm					
45	25	25					
50	30	20					
55	30	20	30				
60	35	10	25	25			
65	35	15	20	25	30		
70	40	0	15	20	25		
75	40	0	15	20	25		
80	45	0	0	0	15	25	
90	50	0	0	0	0	15	
100	55	0	0	0	0	0	20
110	60	0	0	0	0	0	0
120	65	0	0	0	0	0	0
130	50/95	0	0	0	15	25	35
140	55/105	0	0	0	0	15	30
150	60/110	0	0	0	0	0	20
160	60/115	0	0	0	0	0	20
Durchmesser des Döppers d'		35	40	43	45	50	55

Abb. 69. Abb. 70.

Abb. 71. Abb. 72.

Abb. 73. Abb. 74.

Wurzelmaße in den Flanschen und Stegen der ⊏- und I-Eisen-Normalprofile und Längen von Anschlußwinkeln.

Profil-Nr.	Flanschbreite	Wurzelmaß	Größte Flanschbohrung	Länge der Anschlußwinkel eingepaßt	Länge der Anschlußwinkel nicht eingepaßt	Kleinste Werte von w_1 und w_2 in mm bei eingepaßten Anschlußwinkeln und einem Nietdurchmesser von						nicht eingepaßten Anschlußwinkeln und einem Nietdurchmesser von					
	b mm	w mm	d mm	l_1 mm	l_2 mm	10	12	16	20	23	26	10	12	16	20	23	26
⊏ 10	50	30	12	86	64	25	30	—	—	—	—	33	38	—	—	—	—
„ 12	55	30	16	104	84	27	32	37	—	—	—	33	38	42	—	—	—
„ 14	60	35	16	124	100	28	33	38	—	—	—	35	40	44	—	—	—
„ 16	65	35	20	142	114	30	35	40	45	50	55	38	43	47	53	58	63
„ 18	70	40	20	162	134	30	35	40	45	50	55	38	43	47	53	58	63
„ 20	75	40	23	182	154	30	35	40	45	50	55	38	43	47	53	58	63
„ 22	80	45	23	200	170	32	37	42	47	52	57	40	45	49	55	60	65
„ 24	85	45	23	220	184	34	38	44	48	54	58	43	48	52	58	63	68
„ 26	90	50	23	238	200	35	40	45	50	55	60	45	50	54	60	65	70
„ 28	95	50	23	256	214	38	42	48	52	58	62	48	53	57	63	68	73
„ 30	100	55	26	274	230	40	45	50	55	60	65	50	55	59	65	70	75
I 10	50	26	8	90	74	23	28	—	—	—	—	28	33	—	—	—	—
„ 11	54	30	8	98	84	24	29	—	—	—	—	28	33	—	—	—	—
„ 12	58	30	10	108	92	24	29	34	—	—	—	30	34	39	—	—	—
„ 13	62	32	10	118	100	25	30	35	—	—	—	30	35	40	—	—	—
„ 14	66	36	10	128	108	25	30	35	40	—	—	30	36	41	46	—	—
„ 15	70	36	12	136	116	26	31	36	41	—		33	37	42	47	—	—
„ 16	74	38	12	146	126	27	32	37	42	47	—	33	37	42	47	52	—
„ 17	78	40	12	156	134	28	33	38	43	48	—	33	38	43	48	53	—
„ 18	82	44	12	164	140	28	33	38	43	48	—	35	40	45	50	55	—
„ 19	86	46	12	174	150	29	34	39	44	49	—	35	40	45	50	55	—
„ 20	90	48	16	182	160	30	35	40	45	50	55	35	40	45	50	55	60
„ 21	94	50	16	192	168	31	36	41	46	51	56	36	41	46	51	55	61
„ 22	98	52	16	200	174	31	36	41	46	51	56	38	43	48	53	58	63
„ 23	102	54	16	210	184	32	37	42	47	52	57	38	43	48	53	58	63
„ 24	106	58	16	220	190	33	38	43	48	53	57	40	45	50	55	60	65
„ 25	110	60	16	230	200	33	38	43	48	53	58	40	45	50	55	60	65
„ 26	113	62	16	238	208	34	39	44	49	54	59	40	46	51	56	61	66
„ 27	116	62	20	248	216	34	39	44	49	54	59	42	47	52	57	62	67
„ 28	119	64	20	256	224	35	40	45	50	55	60	43	48	53	58	63	68
„ 29	122	66	20	266	234	36	41	46	51	56	61	43	48	54	58	63	68
„ 30	125	68	20	274	240	37	42	47	52	57	62	45	50	55	60	65	70
„ 32	131	70	20	292	256	38	43	48	53	58	63	47	52	57	62	67	72
„ 34	137	76	20	312	274	40	45	50	55	60	65	48	53	58	63	68	73
„ 36	143	78	23	330	290	41	46	51	56	61	66	50	55	60	65	70	75
„ 38	149	82	23	348	306	43	48	53	58	63	68	52	57	62	67	73	77
„ 40	155	84	23	366	324	45	50	55	60	65	70	53	58	63	68	73	78
„ 42½	163	90	23	390	344	47	52	57	62	67	72	55	60	64	70	75	80
„ 45	170	92	26	412	364	49	54	59	64	69	74	58	63	67	73	78	83
„ 47½	178	98	26	436	384	51	56	61	66	71	76	60	65	70	75	80	85
„ 50	185	104	26	456	404	53	58	63	68	73	78	63	68	73	78	83	88
„ 55	200	110	26	500	450	57	62	67	72	77	82	68	73	78	83	88	93

Bei den ⊏- und I-Eisen werden Niete in den Flanschen und Stegen angeordnet. Bei den Normalprofilen der ⊏-Eisen kann in den Flanschen ebenso wie in den Flanschhälften der Normalprofile der I-Eisen nur eine Nietreihe angeordnet werden. Unter dem Wurzelmaß w in den Flanschen versteht man bei den ⊏-Eisen den Abstand des Nietmittelpunktes von der Außenkante des Steges (Abb. 71) und bei den I-Eisen den Abstand der Mittelpunkte zweier sich in den beiden Flanschhälften gegenübersitzender Niete (Abb. 72). Die Werte für w finden sich in vorstehender Zusammenstellung[1]).

Für die Nietanordnung in den Stegen sind zwei Fälle zu unterscheiden, je nachdem die Winkel, mit denen die I- oder ⊏-Eisen an anderen Bauteilen oder andere Bauteile an den I- oder ⊏-Eisen angeschlossen werden, sich dem Steg in ganzer Höhe und den inneren Flanschflächen anschmiegen (Abb. 71 u. 72) oder unten und oben kurz vor der Ausrundung zwischen Steg und Flansch enden (Abb. 73 u. 74). Im ersten Fall heißen die Winkel eingepaßt, im zweiten nicht eingepaßt. Die Längen l_1 der eingepaßten Winkel und die Wurzelmaße w_1, unter denen man die Abstände der Mittelpunkte der äußersten Niete von den äußeren Flanschflächen versteht, ebenso die Längen l_2 der nicht eingepaßten Winkel und die entsprechenden Wurzelmaße w_2 sind für die verschiedenen ⊏- und I-Eisen ebenfalls in der letzten Zusammenstellung angegeben.

d) Verteilung der Kraft auf die einzelnen Niete einer Verbindung.

Die Verteilung der anzuschließenden Kraft auf die einzelnen Niete einer Verbindung läßt sich in den meisten Fällen rechnerisch nicht einwandfrei ermitteln[2]). Hierzu bedarf es des Versuchsweges. Leider liegen aber noch keine Versuche vor, die einen sicheren Schluß auf die Verteilung der anzuschließenden Kraft auf die einzelnen Niete einer Verbindung allgemein zuließen. Die erschöpfende Durchführung solcher Versuche bereitet nicht unerhebliche Schwierigkeiten. Man geht daher bei der Berechnung einer Nietverbindung auch jetzt fast immer noch von der Annahme aus, daß sich die Kraft gleichmäßig auf die Anschlußniete verteilt. Man muß sich bei dieser Annahme aber darüber klar sein, daß sie an ganz bestimmte Voraussetzungen gebunden ist und in den meisten Fällen nicht zutrifft. Z. B. würde bei der in den Abb. 75a u. b in Aufriß und Grundriß dargestellten Verbindung mit neun Nieten in drei unversetzten Längsreihen eine gleichmäßige Kraftverteilung bedingen, daß in jedem der beiden Stäbe, in dem oberen von links, in dem unteren von rechts in jeder der drei Quernietreihen

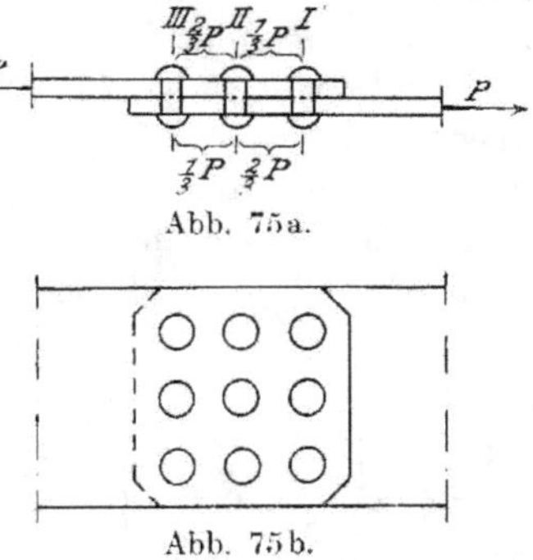

Abb. 75a.

Abb. 75b.

[1]) Entnommen aus dem „Handbuch des Eisenkonstrukteurs", bearbeitet und herausgegeben vom Dortmunder Brückenbau C. H. Jucho in Dortmund.

[2]) Vgl. „Über die Festigkeit von Löt-, Leim- und Nietverbindungen". Von Dr. P. Fillunger. Wochenschrift für den öffentlichen Baudienst. 1919, S. 78.

ein Kräfteabfall von $^1/_3 P$ eintritt (Abb. 75a), daß infolgedessen die übereinanderliegenden Teile der beiden Stäbe zwischen je zwei Quernietreihen mit $^2/_3 P$ und $^1/_3 P$ beansprucht werden und sich entsprechend diesen Kräften ungleich ausdehnen, da sie gleichen Querschnitt besitzen. Da aber die Niete infolge der gleichen Beanspruchung gleiche Formänderungen erleiden, ist eine ungleiche Ausdehnung übereinanderliegender Teile der beiden Stäbe zwischen zwei Quernietreihen nicht möglich. Die Annahme einer gleichmäßigen Verteilung der Kraft auf die Niete der Verbindung ist also nicht zutreffend. Wenn man von der Formänderung der Niete ganz absieht, so kann man annehmen, daß die Kraft von den äußersten beiden Quernietreihen allein aufgenommen wird; denn man kommt bei dieser

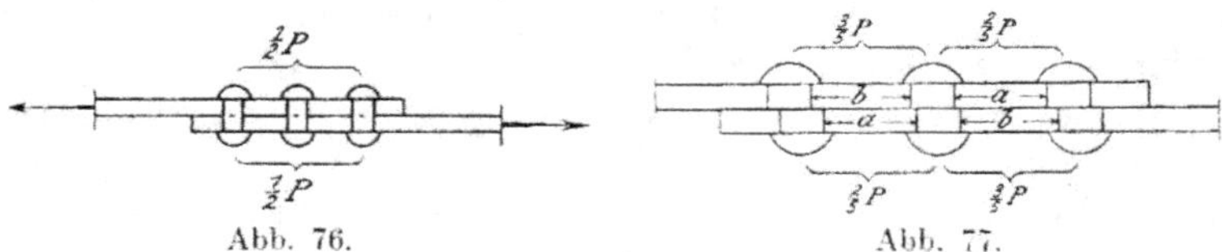

Abb. 76. Abb. 77.

Annahme nicht in Widerspruch mit der Formänderung der übereinanderliegenden Teile der beiden Stäbe (Abb. 76). Nun erleiden aber sicher sämtliche Niete, auch die der mittelsten Querreihe, eine Formänderung. Die Niete der mittelsten Querreihe müssen sich daher auch an der Kraftaufnahme beteiligen. Nimmt man beispielsweise an, daß die äußersten Nietreihen je $^2/_5 P$ erhalten und die mittelste Nietreihe $^1/_5 P$ aufnimmt, so gibt dies einen Belastungszustand, der sich wohl mit der Formänderung der Stabteile und Niete vereinbaren läßt. Die Formänderung der Niete, die in Abb. 77 übertrieben dargestellt ist, bedingt, daß die Entfernungen a kleiner als b sind, ein Ergebnis, das mit der Formänderung der Stabteile a und b infolge der in ihnen herrschenden Zugkräfte in Einklang steht. Bei einer nach der Abb. 75 ausgebildeten Nietverbindung werden also die äußersten Quernietreihen stärker als die mittelste beansprucht.

Vielfach ist die Ansicht verbreitet, daß die sogenannten zugeschärften Verbindungen (Abb. 78) in bezug auf eine gleichmäßige Beanspruchung aller Niete der Verbindung günstiger als die Verbindungen mit unversetzten Längsnietreihen nach Abb. 75 gestellt sind, weil bei ihnen den starken und mit großen Stabkräften behafteten Querschnitten des einen Stabes schwächere und mit kleineren Stabkräften behaftete Querschnitte des anderen Stabes entsprechen. Diese Ansicht ist aber nicht zutreffend, weil bei Annahme gleichmäßiger Verteilung der Kraft auf die Niete

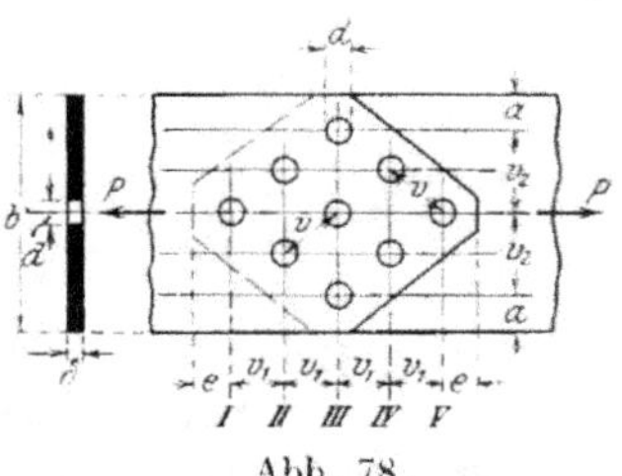

Abb. 78.

die in den übereinanderliegenden Teilen der beiden Stäbe zwischen zwei Quernietreihen herrschenden Zugkräfte ebensowenig wie bei der anderen Anordnung den möglichen Formänderungen entsprechen. Bei gleichmäßiger Kraftverteilung würde zwischen den Schnitten I und II (Abb. 78) im oberen Stab die Kraft $^8/_9 P$ und im unteren $^1/_9 P$ herrschen. Die diesen Kräften entsprechenden Dehnungen der beiden Stabteile müßten aber einander gleich sein, weil die Niete gleiche

Beanspruchungen und daher gleiche Formänderungen erfahren. Dies wäre aber nur möglich, wenn die Querschnitte der übereinanderliegenden Stabteile in demselben Verhältnis wie die Kräfte ständen. Dies ist aber nicht der Fall und auch nicht auszuführen.

Alle diese Betrachtungen zeigen jedenfalls, daß man auf eine gleiche Beanspruchung aller Niete einer Verbindung nicht rechnen darf, daß vielmehr einzelne Niete mehr beansprucht werden als die anderen. Anderseits liegt jedoch die beruhigende Tatsache vor, daß sich die Nietverbindungen, die unter der Annahme gleicher Kraftverteilung auf die einzelnen Niete berechnet sind, durchaus gut bewährt haben. Auch kann man aus den Versuchen, die der Deutsche Eisenbau-Verband mit Nietverbindungen angestellt hat[1]), schließen, daß die Nietverbindungen bei der **Bruchbelastung** als einheitliches Ganzes wirken, in dem annähernd gleiche Beanspruchungen herrschen. Vorbedingung für eine gleichmäßige Inanspruchnahme der Niete ist, daß Niete, die in einer einzigen Längsreihe stehen (Abb. 60), in der Schwerachse des Stabes und Niete, die in mehreren Längsreihen verteilt sind (Abb. 78), symmetrisch zur Schwerachse des Stabes angeordnet sind. Bei einzelnen Winkeleisen, die ohne Beiwinkel angeschlossen sind, fällt die Schwerachse des Winkeleisens nicht mit der Achse des Nietanschlusses zusammen, weil die Projektion des Schwerpunktabstandes vom äußeren Winkelpunkt kleiner als das Wurzelmaß ist. Will man die aus dieser Exzentrizität entspringende Zusatzbelastung der Niete vermeiden, so muß man durch Anordnung eines Beiwinkels und einer entsprechenden Anzahl von Nieten in diesem dafür sorgen, daß die Schwerachse des Stabes und des Nietanschlusses zusammenfallen.

e) Nietlochabzug in den Anschlüssen und Stoßdeckungen gezogener Stäbe und in solchen Stäben selbst zur Bestimmung des nutzbaren Querschnittes.

Während man beim Anschluß und beim Stoß von **gedrückten** Stäben zur Bestimmung des nutzbaren, d. h. für die Beanspruchung des Stabes maßgebenden Querschnittes die Nietlöcher vom vollen Stabquerschnitt nicht abzuziehen braucht, weil die Kraft an die Niete in der vorderen Leibung der Nietlöcher abgegeben wird (Abb. 79), ist es bei **gezogenen** Stäben erforderlich, gewisse Nietlöcher von dem vollen Querschnitt abzuziehen, weil die Kraft erst in der hinteren Lochleibung auf die Niete übertragen wird (Abb. 80). Bei der in der Abb. 80 dargestellten Anordnung muß zur Bestimmung des nutzbaren Querschnittes vom vollen Querschnitt $b \cdot \delta$ die Fläche $2d \cdot \delta$ abgezogen werden, weil für die Übertragung der Kraft P auf die Niete nur der Querschnitt $(b - 2d)\,\delta$ in Frage kommt.

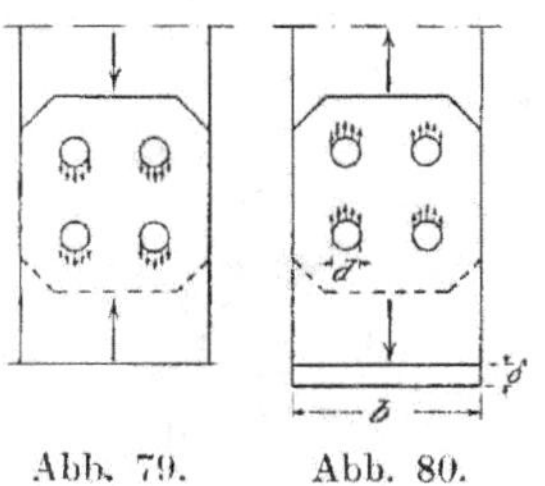

Abb. 79. Abb. 80.

Man wird natürlich beim Anschluß und beim Stoß von gezogenen Stäben die Niete so anordnen, daß der Verlust an Querschnitt durch die Nietlöcher auf das geringste Maß eingeschränkt wird. Handelt es sich z. B. um den Anschluß

[1]) Vgl. Berichte des Ausschusses für Versuche im Eisenbau. Ausgabe B. Heft 1. Berlin, Julius Springer. 1915.

eines gezogenen Flacheisens an einen gleich starken Stab durch neun Niete, so wird man selbstverständlich eine Nietverbindung nach Abb. 75 vermeiden, weil sie den Abzug von drei Nietlöchern erfordert, sondern eine sogenannte zugeschärfte Verbindung nach Abb. 78 anordnen, bei der in den beiden äußersten Querschnitten I und V ein Niet, in den folgenden Querschnitten II und IV zwei Niete und im mittelsten Querschnitt III drei Niete sitzen.

Unter einer gewissen Bedingung, der die folgende Betrachtung gilt, braucht bei einer solchen Anordnung der Niete vom Querschnitt $b \cdot \delta$ des Stabes nur ein Nietloch abgezogen zu werden, um aus der Beziehung:

$$\text{a)} \quad \sigma_{\mathrm{I}} = \frac{P}{\delta\,(b-d)}$$

die größte Spannung im Stabe zu errechnen. Die Bedeutung der einzelnen Größen dieser Gleichung geht aus der Abb. 78 hervor. Wird angenommen, daß die Kraft P sich gleichmäßig auf die n Niete der Verbindung verteilt, so nimmt jeder Niet $\frac{P}{n}$ auf. Durch den Niet im Querschnitt I wird eine Kraft $= \frac{P}{n}$ vom oberen Stab in den unteren überführt, und im Querschnitt II des oberen Stabes herrscht nur noch eine Zugkraft $= \frac{n-1}{n} P$.

Die Spannung im Querschnitt II ist demnach:

$$\sigma_{\mathrm{II}} = \frac{\frac{n-1}{n} P}{\delta\,(b-2\,d)}.$$

Ist nun $\sigma_{\mathrm{I}} > \sigma_{\mathrm{II}}$, so ist die Gleichung a) für die Bestimmung der größten Spannung maßgebend. Die Bedingung $\sigma_{\mathrm{I}} > \sigma_{\mathrm{II}}$ läßt sich folgendermaßen umformen:

$$\frac{P}{\delta\,(b-d)} \gtreqless \frac{\frac{n-1}{n} P}{\delta\,(b-2\,d)}$$

$$(b-2\,d)\,n \gtreqless (b-d)\,(n-1)$$

$$n\,b-(n-1)\,b \gtreqless 2\,n\,d-(n-1)\,d$$

$$b \gtreqless (n+1)\,d.$$

Ist also $b > (n+1)\,d$, so ist die Spannung im Querschnitt I, die aus der Gleichung $\sigma_{\mathrm{I}} = \frac{P}{\delta\,(b-d)}$ errechnet wird, die größte.

Ist dagegen diese Bedingung nicht erfüllt, so ist die Spannung im Querschnitt II: $\sigma_{\mathrm{II}} = \frac{\frac{n-1}{n} P}{\delta\,(b-2\,d)}$ größer als σ_{I} und falls

$$\frac{\frac{n-1}{n} P}{\delta\,(b-2\,d)} < \frac{\frac{n-3}{n} P}{\delta\,(b-3\,d)},$$

$$\text{d. h. } b < \frac{d\,(n+3)}{2}$$

ist, so ist sogar die Spannung im Querschnitt III $= \frac{\frac{n-3}{n} P}{\delta\,(b-3\,d)}$ größer als σ_{II}.

Die Bedingung $b \geqq (n+1)\,d$ lehrt, daß b eine bestimmte Größe nicht unterschreiten und daß die Zahl der Anschluß- oder Stoßniete nicht beliebig vermehrt werden darf, wenn der nutzbare Querschnitt des Stabes durch Abzug nur eines Nietes bestimmt sein soll.

Enthält die Verbindung z. B. neun Niete, wie in Abb. 78, und ist a auf $1{,}5\,d$ und v_2 auf $3\,d$ eingeschränkt, so ist $b = 9\,d$, also $< 10\,d$ und I ist dann nicht der maßgebende Querschnitt.

Ist ein Flacheisen an eine Gurtwandung nach Abb. 81 angeschlossen, so ist neben den eben angestellten Untersuchungen auch noch zu prüfen, ob die

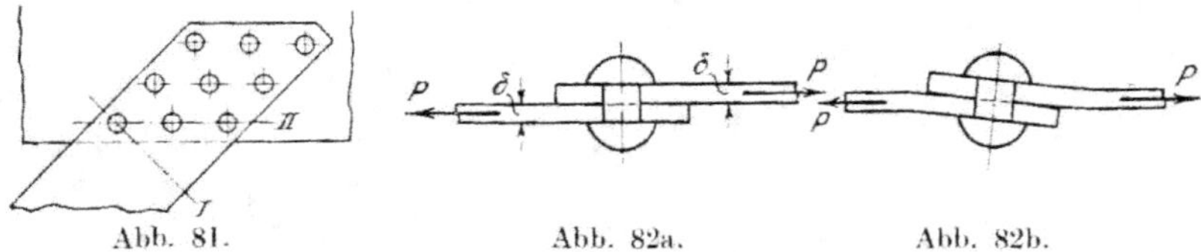

Abb. 81. Abb. 82a. Abb. 82b.

Kraft P im Querschnitt II mit Abzug von drei Nietlöchern nicht größere Spannungen als im Querschnitt I mit Abzug eines Nietloches erzeugt.

Die in den Abb. 75 bis 81 dargestellten Anordnungen zeigen einseitige Anschlüsse. Bei diesen entsteht, wie aus Abb. 82a hervorgeht, ein Biegungsmoment $P \cdot \delta$, welches die Verbindung selbst und die Niete ungünstig beansprucht und eine Formänderung der Verbindung nach Abb. 82b veranlaßt. Besser ist es, die aneinanderstoßenden Stäbe bündig zu legen und sie beiderseitig mit Laschen zu verbinden (Abb. 83). Die Laschen werden beiderseits zugeschärft, um die Stäbe möglichst wenig durch Nietlöcher zu schwächen. Die Stäbe dagegen müssen ohne Zuschärfung in voller Breite aneinanderstoßen, weil bei einer Zuschärfung zwischen den Laschen unzugängliche Stellen entstehen würden. Bei der in der Abb. 83 dargestellten Verbindung sind daher zur Bestimmung des nutzbaren Querschnittes der Laschen je drei Nietlöcher abzuziehen, und der volle Querschnitt beider Laschen ist entsprechend stärker als der volle Querschnitt der Stäbe zu halten.

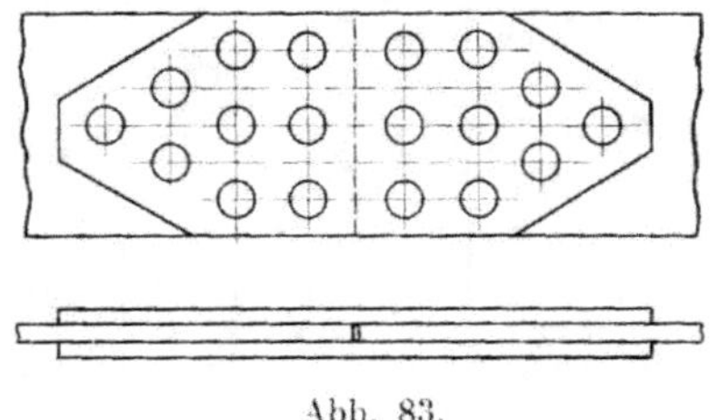
Abb. 83.

In gezogenen, aus verschiedenen Grundeinheiten zusammengesetzten Stäben müssen die Löcher der Heftniete, deren Lage es erfordert, bei der Bestimmung des nutzbaren Querschnittes abgezogen werden, weil in den Löchern keine Zugspannungen übertragen werden können. Aufgabe einer geschickten Durchbildung der Anschlüsse und Stoßdeckungen solcher Stäbe ist es, die Niete so anzuordnen, daß die Stäbe durch die Nietlöcher in den Anschlüssen und Stoßdeckungen nicht mehr als durch die Löcher der Heftniete geschwächt werden.

Bei den gezogenen zusammengesetzten Stäben lassen sich durch einfache Überlegungen leicht die Nietlöcher bestimmen, die zur Ermittlung des nutzbaren Querschnittes abgezogen werden müssen.

Liegt z. B. der in Abb. 84a und b in Querschnitt und Ansicht dargestellte gezogene Untergurtstab vor, so genügt es nicht, die im Schnitt *a—a* oder *c—c* sitzenden Nietlöcher abzuziehen, sondern es ist durchaus erforderlich, beim Abzug in den Stegblechen *b* und in den Winkeleisen die vom Schnitt *a—a* und in den Flacheisen *s* die vom Schnitt *c—c* getroffenen Nietlöcher zu berücksichtigen,

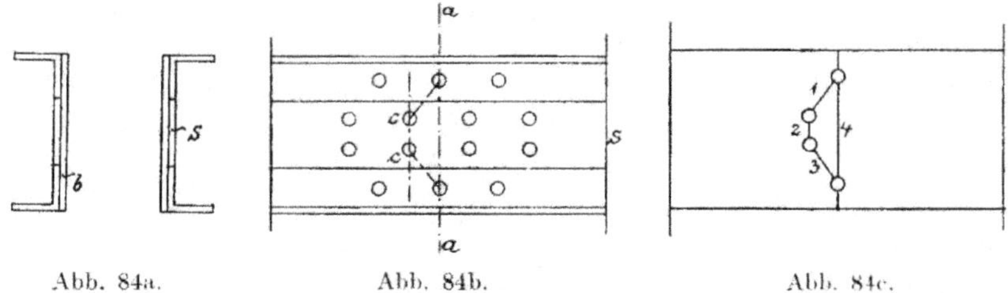

Abb. 84a. Abb. 84b. Abb. 84c.

da die einzelnen Teile des Querschnittes in diesen Schnitten reißen werden[1]). Es kann sogar erforderlich werden, in den Stegblechen *b* auch noch die im Schnitt *c—c* sitzenden Nietlöcher abzuziehen, in dem Falle nämlich, daß das Stegblech im Schnitt *a—c—c—a* ohne die vier Nietlöcher einen kleineren Querschnittsinhalt aufweist, als im Schnitt *a—a* ohne die zwei Nietlöcher. Hierzu sind keine umständlichen Rechnungen erforderlich. Es genügt, mit dem Zirkel die drei Strecken 1, 2 und 3 (Abb. 84c), die von Lochrand zu Lochrand reichen, zu addieren und mit der Strecke 4 zu vergleichen. Ist nun $1 + 2 + 3 < 4$, so tritt der eben angeführte Fall ein. Die Versuche des Deutschen Eisenbau-Verbandes[2]) haben sogar gezeigt, daß für das Stegblech der Schnitt *a—c—c—a* erst dann nicht mehr der gefährlichere ist, wenn $1 + 2 + 3$ im Durchschnitt 25 v. H. größer als 4 ist.

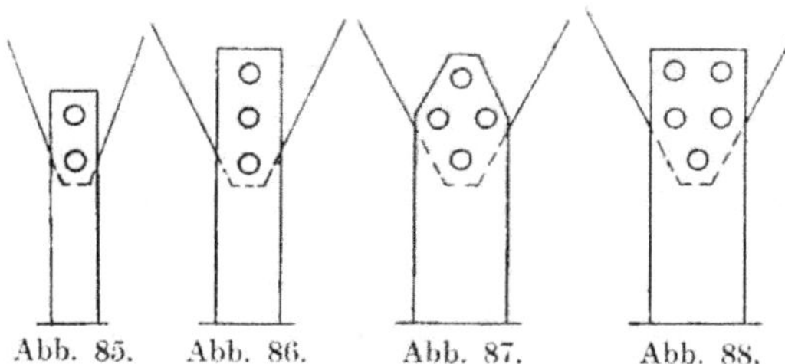

Abb. 85. Abb. 86. Abb. 87. Abb. 88.

Dagegen ist es üblich, in gedrückten Stäben die Löcher der Heftniete nicht abzuziehen, indem man von der Annahme ausgeht, daß die Niete die Löcher ganz ausfüllen und somit eine Übertragung der Druckkraft gewährleistet ist. Diese Annahme ist bei einer tadellos ausgeführten Nietung auch berechtigt.

Knotenbleche erweitern sich nach der dem Stabe abgekehrten Richtung in den meisten Fällen (Abb. 85 bis 88) sehr stark, so daß sie in der Regel ohne Überanstrengung den Abzug von mehr als einem Nietloch vertragen (Abb. 88). Die Abb. 85 bis 88 zeigen den unmittelbaren Anschluß von einem Flacheisen an einem Knotenblech mit zwei bis fünf Nieten.

[1]) Die Überlegung, daß die einzelnen Teile für sich in ihren gefährlichen Querschnitten reißen, wurde vom Verfasser durch Versuche in der Brückenbauanstalt von J. Gollnow & Sohn in Stettin bestätigt gefunden.

[2]) Vgl. Berichte des Ausschusses für Versuche im Eisenbau. Ausgabe B. Heft 1. Berlin, Julius Springer. 1915.

f) Berechnung der erforderlichen Anzahl von Nieten für einen Anschluß oder Stoß[1].

α) Einschnittige Vernietung.

1. Ist die Blechstärke $\delta > 0{,}393\,d$ (vgl. S. 27), so erhält man die erforderliche Nietanzahl n aus der Gleichung:

$$n = \frac{P}{\frac{\pi\, d^2}{4} \cdot \sigma_a}.$$

2. Ist $\delta < 0{,}393\,d$, so wird n berechnet aus der Bedingung

$$n = \frac{P}{d \cdot \delta \cdot \sigma_l}.$$

β) Zweischnittige Vernietung.

1. Ist $\delta < 0{,}785\,d$, so folgt n aus der Bedingung:

$$n = \frac{P}{d \cdot \delta \cdot \sigma_l}.$$

2. Ist $\delta > 0{,}785\,d$, so ergibt sich n aus der Gleichung:

$$n = \frac{P}{\frac{2\pi d^2}{4} \cdot \sigma_a}.$$

Für die einschnittige Vernietung liegt in der Regel der Fall vor, daß $\delta > 0{,}393\,d$ und infolgedessen die Schertragkraft der Niete maßgebend ist. Man verfährt dann häufig so, daß man die nutzbare Querschnittsfläche des Stabes in Nietquerschnitte umrechnet, wobei natürlich auf das Verhältnis der für den Stab und die Niete zugelassenen Spannungen Rücksicht zu nehmen ist. Nach den „Vorschriften für das Entwerfen der Brücken mit eisernem Überbau" der früheren preußischen Staatseisenbahnen sind für die Scherspannung der Niete $^9/_{10}$ der für die anzuschließenden Stäbe bei Außerachtlassung der Windkräfte erlaubten Beanspruchung zugelassen[2].

Hiernach berechnet sich die Nietanzahl, wenn F die Größe des nutzbaren Querschnittes des Stabes bedeutet, nach der einfachen Formel:

$$n = \frac{10\,F}{\frac{9\,\pi\, d^2}{4}}.$$

Die Werte $\frac{9\,\pi\, d^2}{4}$ sind für verschiedene Nietdurchmesser in der folgenden Zusammenstellung, in der noch einmal die im vorstehenden erwähnten Werte zusammengestellt sind, angegeben.

Für die zweischnittige Vernietung ist meist der Lochleibungsdruck für die Bestimmung der erforderlichen Anzahl n der Anschlußniete maßgebend.

[1] Auf Biegung beanspruchte Nietverbindungen sind im Abschnitt IX behandelt.

[2] Die Versuche des Deutschen Eisenbau-Verbandes haben gezeigt, daß die Scherspannung der Anschlußniete nur $\frac{7{,}5}{10}$ der Stabspannung betragen darf, wenn der Stab und die Nietverbindung die gleiche Tragkraft besitzen sollen. (Vgl. Berichte des Ausschusses für Versuche im Eisenbau. Ausgabe B. Heft 1. Berlin, Julius Springer. 1915.)

Man errechnet unter der Annahme, daß für den Druck in der Lochleibung der doppelte Wert der Scherspannung zugelassen ist und die Scherspannung $^9/_{10}$ der Stabspannung betragen darf, n aus der Bedingung:

$$n = \frac{F \cdot \sigma}{d \cdot \delta \cdot \sigma_l} = \frac{F \cdot \sigma}{2\,d \cdot \delta \cdot \sigma_a} = \frac{10\,F}{18\,d \cdot \delta}\,.$$

Die nachstehende Zusammenstellung enthält auch die Werte $18\,d$.

d in cm	1,2	1,6	1,8	2,0	2,2	2,3	2,4	2,6	3,0
0,393 d	0,47	0,63	0,71	0,786	0,865	0,904	0,943	1,02	1,18
0,785 d	0,94	1,26	1,41	1,57	1,73	1,805	1,88	2,04	2,36
1,5 d	1,8	2,4	2,7	3,0	3,3	3,45	3,6	3,9	4,5
2,0 d	2,4	3,2	3,6	4,0	4,4	4,6	4,8	5,2	6,0
2,5 d	3,0	4,0	4,5	5,0	5,5	5,75	6,0	6,5	7,5
3 d	3,6	4,8	5,4	6,0	6,6	6,9	7,2	7,8	9,0
6 d	7,2	9,6	10,8	12,0	13,2	13,8	14,4	15,6	18,0
7 d	8,4	11,2	12,6	14,0	15,4	16,1	16,8	18,2	21,0
$\frac{\pi\,d^2}{4}$	1,13	2,01	2,54	3,14	3,8	4,15	4,52	5,31	7,07
$9\,\frac{\pi\,d^2}{4}$	10,17	18,1	22,86	28,26	34,2	37,35	40,68	47,79	63,63
18 d	21,6	28,8	32,4	36,0	39,6	41,4	43,2	46,8	54,0

Auch wenn rechnerisch zum Anschluß schwacher Stäbe nur ein Niet erforderlich ist, werden doch aus praktischen Gründen mindestens zwei Niete angeordnet, weil ein Nietloch verdornt sein muß, während in das andere ein Niet eingezogen wird.

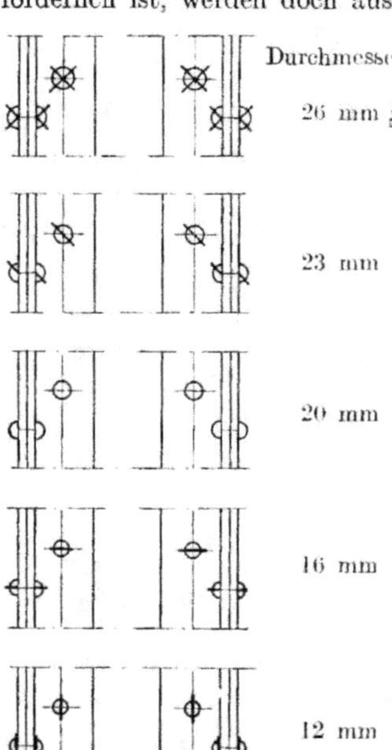

Abb. 89.

g) Gebräuchliche Nietdurchmesser und ihre Bezeichnung.

Zur Verbilligung der Arbeit durch Einschränkung der Anlagen in den Nietfabriken und der Anzahl der Bohrer, Aufreiber und Döpper und zur Verhütung der Verwechslung wenig voneinander verschiedener Durchmesser ist es angezeigt, bestimmte Nietdurchmesser mit größeren Abstufungen festzusetzen und die Anzahl der verschiedenen Durchmesser nach Möglichkeit zu beschränken. Früher herrschte in dieser Beziehung ein großes Durcheinander. Erst den Bestrebungen des Deutschen Eisenbau-Verbandes ist es vor einigen Jahren gelungen, für die gebräuchlichsten Niete der Brücken und Eisenhochbauten eine gewisse Einheitlichkeit zu erzielen. Der genannte Verband schlug vor, für solche Niete nur noch Durchmesser von 12, 16, 20, 23 und 26 mm zu verwenden, wobei unter dem Durchmesser wie üblich der Lochdurchmesser zu verstehen ist. Viele Behörden, so auch der preußische Minister der öffentlichen Arbeiten, haben diesen Vorschlag angenommen. Für die Darstellung dieser Niete auf den Zeichnungen in der Vorder- und Seitenansicht sind die in der Abb. 89 dargestellten Bezeichnungen gewählt worden.

Der Normenausschuß der deutschen Industrie (vgl. S. 24) hat zwar 19 verschiedene Rohdurchmesser, und zwar von 3, 4, 5, 6, 7, 8, 9, 10, 13, 16, 19, 22, 25, 28, 31, 34, 37, 40 und 43 vorgeschlagen, für die gebräuchlichsten Niete ist aber die Anzahl der verschiedenen Durchmesser auf sechs eingeschränkt (d = 13, 16, 19, 22, 25 und 28 mm). Für die kleineren, nur für untergeordnete Bauteile geeigneten und meist kalt zu schlagenden Niete bis zu 10 mm Durchmesser sind Abstufungen von 1 mm, für die stärkeren Niete Abstufungen von 3 mm vorgesehen. Die Normen enthalten auch Sinnbilder für die Bezeichnung der verschiedenen Nietdurchmesser auf den Zeichnungen. Auf diese soll hier nicht eingegangen werden, da es sich noch nicht um endgültige Festsetzungen handelt. Die Normen schlagen vor, als Kreise der Sinnbilder auf Zeichnungen im Maßstab 1 : 5 die Schaftkreise, auf Zeichnungen im Maßstab 1 : 10 und 1 : 20 die Kopfkreise zu wählen.

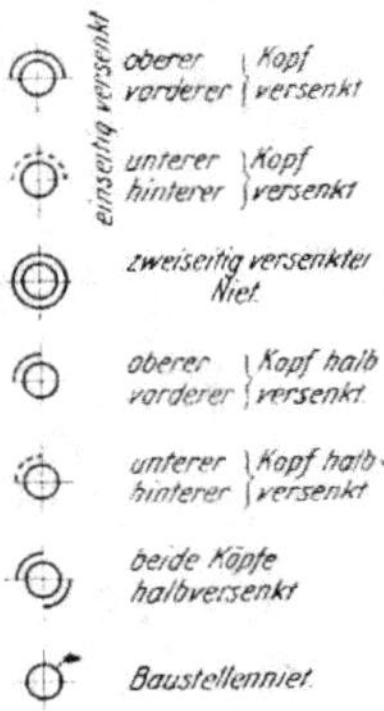

einseitig versenkt: oberer / vorderer Kopf versenkt; unterer / hinterer Kopf versenkt
zweiseitig versenkter Niet
oberer / vorderer Kopf halb versenkt
unterer / hinterer Kopf halb-versenkt
beide Köpfe halbversenkt
Baustellenniet

Abb. 90.

Als Sinnbilder für halb und ganz versenkte Niete und für Baustellenniete sind verschiedene Formen im Gebrauch. Die Union-Dortmund verwendet die in der Abb. 90 dargestellten Sinnbilder.

Es empfiehlt sich zur Vereinfachung der Bearbeitung und zur Verhütung der Verwechslung verschiedener Nietdurchmesser, bei einem Bauwerk möglichst wenig verschiedene Nietdurchmesser zu verwenden. Man wird bei kleineren Bauwerken in vielen Fällen mit zwei, bei größeren mit drei verschiedenen Nietdurchmessern auskommen. Bei einem Überbau mit einer Fahrbahntafel aus Buckelblechen erhalten z. B. die Hauptträger Niete von 26 mm Durchmesser, die Fahrbahnträger solche von 23 mm und die Buckelbleche zu ihrer Befestigung Niete von 16 mm Durchmesser.

h) Zerreißversuche mit Nietverbindungen.

α) Die neueren Versuche des Deutschen Eisenbau-Verbandes mit Nietverbindungen sind in diesem Abschnitt schon wiederholt erwähnt worden. Ihre hauptsächlichsten Ergebnisse sollen hier noch einmal zusammengefaßt werden.

1. Niete ohne kegelförmigen Übergang vom Schaft zum Kopf haben dieselbe Festigkeit gegen Abreißen und Abscheren wie Niete mit solchem Übergang.

2. Nietmaschinen geben hinsichtlich des Widerstandes gegen Gleiten die beste Nietung, die Preßlufthämmer stehen den Nietmaschinen in der Güte der Nietung nach. Die gegen Gleiten am wenigsten widerstandsfähigen Verbindungen gibt die Handnietung.

3. Verbindungen mit zwei Nieten größeren Durchmessers, aber gleichen Gesamtabscherquerschnittes besitzen einen geringeren Gleitwiderstand als Verbindungen mit drei Nieten kleineren Durchmessers.

4. Nietverbindungen mit rechteckigen Nietbildern nach Abb. 75, mit dreieckigen Nietbildern nach Abb. 83 und mit rautenförmigen Nietbildern, bei denen die Querreihen schiefwinklig zur Stabachse stehen, nach Abb. 81 zeigen bei einer gleichen Anzahl gleich starker Niete ungefähr dieselbe Festigkeit.

5. Beim mittelbaren Stoß eines Flacheisens, bei dem das gestoßene Flacheisen von der Decklasche durch ein durchgehendes Flacheisen getrennt ist, erhält letzteres weit höhere Beanspruchungen als die Decklasche.

β) Von den älteren Versuchen mit Nietverbindungen verdienen namentlich die Versuche Dr. H. Zimmermanns aus dem Jahre 1878 Erwähnung. Sie hatten hauptsächlich folgende Ergebnisse:

1. Nietverbindungen, bei denen sich die verbundenen Stäbe unmittelbar berühren (Abb. 91), besitzen größere Festigkeit als Nietverbindungen, bei denen

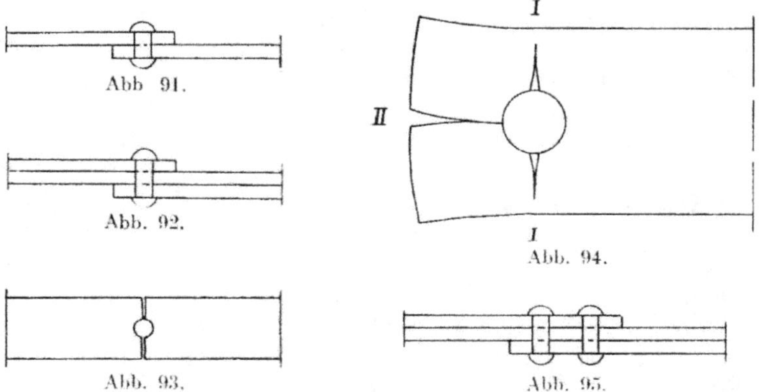

Abb. 91. Abb. 92. Abb. 93. Abb. 94. Abb. 95.

die gestoßenen Stäbe durch durchlaufende Stäbe getrennt sind (Abb. 92). Die Erscheinung erklärt sich dadurch, daß die gestoßenen Teile eine größere Nachgiebigkeit besitzen als die durchlaufenden, und infolgedessen die letzteren stärker beansprucht werden als die ersteren. Der Bruch erfolgte bei Anordnungen nach Abb. 92 durch Zerreißen des durchgehenden Stabes am Nietloch (Abb. 93). Als gefährliche Querschnitte bei der Anordnung nach Abb. 91 erwiesen sich die Querschnitte I und II (Abb. 94). Hierdurch werden die Erörterungen auf S. 19 bestätigt.

2. Wird die Anzahl der Niete, die zwei durch eine durchlaufende Platte getrennte Stäbe verbinden, vergrößert, so wird dadurch die Festigkeit der ganzen Verbindung erhöht (Abb. 95). Erklärung: Durch die Vermehrung der Niete wird die Nachgiebigkeit der gestoßenen Teile vermindert und dadurch die durchlaufende Platte entlastet.

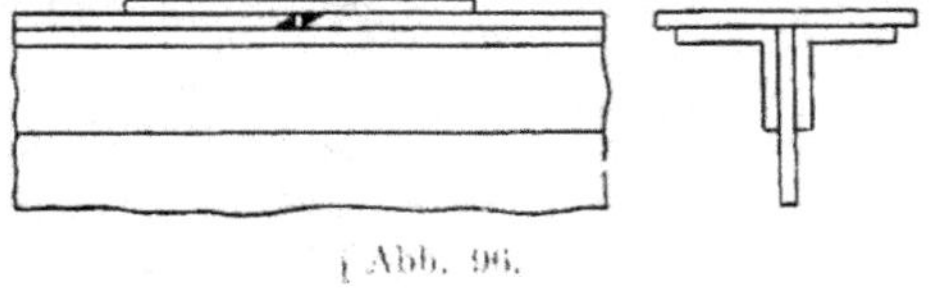
Abb. 96.

Nach den Versuchsergebnissen zu α 5. und β 1. werden z. B. bei der Ausbildung des Stoßes der Kopfplatte eines Blechträgers nach Abb. 96 die wagerechten Winkelschenkel erhebliche Zusatzbeanspruchungen erfahren. Nach β 2. ist es auf jeden Fall erforderlich, die Decklasche mit einer reichlichen Anzahl von Nieten anzuschließen.

3. Schraubenverbindungen.

Außer zur Herstellung von Zugverbindungen (siehe S. 16) und außer dem bei der Beschreibung der Nietverbindungen auf S. 22 schon erörterten Falle werden Schrauben zum Anschluß von flußeisernen Gliedern an gußeisernen Teilen verwendet, weil die Sprödigkeit des Gußeisens die Nietarbeit nicht verträgt. Ferner werden Schrauben für Niete an solchen Stellen angeordnet, die so unzugänglich sind, daß eine tadellose Nietarbeit unmöglich ist. Gut sitzende Schrauben sind schlecht geschlagenen Nieten bei weitem vorzuziehen. Schließlich dienen die Schrauben zur Verbindung solcher Teile, deren gegenseitige Beweglichkeit gewahrt werden muß.

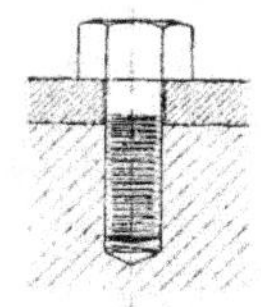

Abb. 97.

Da, wo die Schrauben an die Stelle von Nieten treten, erhalten sie die in den Abb. 50 und 51 dargestellten Formen. Zur Verbindung von Fluß- und Gußeisen dienen Schrauben von der in der Abb. 50 wiedergegebenen Form, ebensolche zur Verbindung solcher Teile, deren gegenseitige Beweglichkeit gewahrt werden muß.

Zur Verbindung von Flußeisen mit Gußeisen und Stahlguß werden auch sogenannte Stiftschrauben verwendet, deren Gewinde in entsprechende Einschnitte in den Teilen aus Gußeisen oder Stahlguß eingreifen (Abb. 97).

Die „Vertragsbedingungen" der früheren preußischen Staatseisenbahnen bestimmen für die Schrauben: „Die Schraubengewinde sind nach Whitworthscher Vorschrift rein auszuschneiden. Die Muttern dürfen weder schlottern, noch zu festen Gang haben. Die Schraubenköpfe und Muttern müssen mit der ganzen Anlagefläche aufliegen. Bei schiefen Anlageflächen sind schräge Unterlagsscheiben zu verwenden."

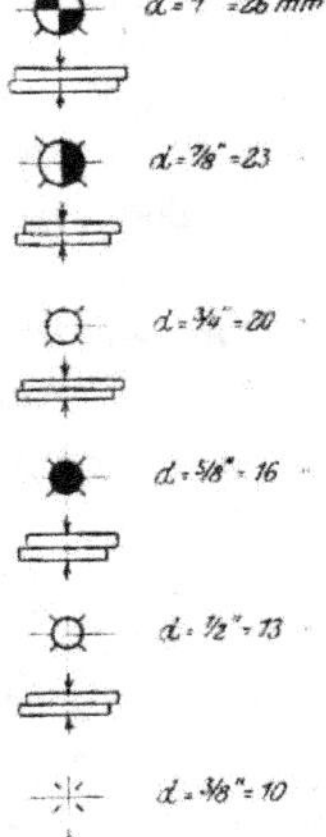

Abb. 98.

Für die Abstände der Schrauben unter sich und von den Rändern sind im allgemeinen die auf S. 28 für die Abstände der Niete gegebenen Regeln maßgebend. Der Mindestabstand der Schrauben unter sich soll aber, wenn d der Schaftdurchmesser ist, $3{,}5 - 4{,}0\,d$ betragen, damit die Muttern bequem angezogen werden können.

Als Sinnbilder für die Schrauben auf den Zeichnungen dienen nach den Angaben der Union-Dortmund die in Abb. 98 wiedergegebenen Bezeichnungen.

Abschnitt IV.

Der Baustoff der eisernen Brücken[1]).

A. Einteilung, allgemeine Eigenschaften und Prüfung des Eisens.

Man unterscheidet Roheisen und weiter verarbeitetes Eisen. Das Roheisen wird eingeteilt in weißes, graues und halbiertes Roheisen, das weiter verarbeitete Eisen in Gußeisen und schmiedbares Eisen. Das schmiedbare Eisen umfaßt das Schweißeisen, den Schweißstahl, das Flußeisen und den Flußstahl.

Alle diese Eisensorten sind kein chemisch reines Eisen, sondern eine Legierung aus Eisen, Kohlenstoff, Mangan, Silicium, Phosphor und Schwefel. Chemisch reines Eisen besitzt nur eine geringe Festigkeit und ist daher zu Bauzwecken ungeeignet.

Unter der Festigkeit des Eisens versteht man seine Widerstandsfähigkeit gegen Zug, Druck, Biegung und Knicken. Mit Zähigkeit bezeichnet man die Eigenschaft des Eisens, kurz vor seiner Zerstörung, namentlich unter der Einwirkung von Zugkräften seine Form erheblich ändern zu können und Bearbeitungen wie Bohren, Nieten, Richten und Biegen ohne Schaden für seine Festigkeit vertragen zu können. Im Gegensatz zur Zähigkeit steht die Sprödigkeit.

Den größten Einfluß auf die Festigkeit des Eisens besitzt der Kohlenstoff. Die Zugfestigkeit des Eisens nimmt mit steigendem Kohlenstoffgehalt zu, um im allgemeinen bei einem Gehalt von etwa 1 v. H. Kohlenstoff ihren Höchstwert zu erreichen. Ebenso nimmt die Härte und die Schmelzbarkeit des Eisens mit wachsendem Kohlenstoffgehalt zu, die Zähigkeit aber ab. Das im Hochofen erzeugte Roheisen ist das kohlenstoffreichste Eisen, es besitzt mehr als 2,3 v. H. Kohlenstoff. Das Schweiß- und Flußeisen sind die kohlenstoffärmsten Eisensorten; beim Flußeisen steigt der Kohlenstoffgehalt etwa nur bis 0,16 v. H. Beim Stahl, der für Bauzwecke verwendet wird, schwankt der Kohlenstoffgehalt zwischen 0,20 v. H. und 0,55 v. H., beim Werkzeugstahl steigt der Kohlenstoffgehalt bis 0,80 v. H. Schweißeisen und Schweißstahl, ebenso Flußeisen und Flußstahl unterscheiden sich nur durch den Kohlenstoffgehalt und die durch ihn bedingte Festigkeit. Auch das Mangan erhöht die Festigkeit des Eisens unter gleichzeitiger Verminderung der Zähigkeit, wenn auch in weit geringerem Maße als der Kohlenstoff. Schwefel und Phosphor schädigen in größeren Beimengungen als 0,06 v. H. die Festigkeitseigenschaften des Eisens erheblich. Schwefel macht das Eisen rotbrüchig, d. h. sehr spröde und brüchig in der dunklen Rotglut, und Phosphor

[1]) Näheres findet man in dem ausgezeichneten Buche: „Gemeinfaßliche Darstellung des Eisenhüttenwesens", herausgegeben vom Verein Deutscher Eisenhüttenleute in Düsseldorf. 10. Auflage 1918 und im „Handbuch der Ingenieurwissenschaften", II. Teil, Der Brückenbau. Dritter Band. S. 66 u. f.

kaltbrüchig, d. h. außerordentlich spröde bei gewöhnlicher Wärme. Zusätze von Nickel, Chrom und Vanadium in bestimmten Mengen erhöhen die Festigkeitseigenschaften des Eisens erheblich.

Unter Schmiedbarkeit versteht man die Eigenschaft des Eisens, in der hellen Rotglut weich und plastisch zu werden und dann ohne Schädigung seiner Festigkeitseigenschaften jeder Formänderung unterworfen werden zu können. In der sogenannten Blauwärme von etwa 300 bis 400° C, bei der das schmiedbare Eisen eine blaue Anlauffarbe zeigt, ist das Eisen außerordentlich spröde und neigt zum Bruch. In der Blauwärme[1]) darf das Eisen daher nicht bearbeitet werden. Mit wachsendem Kohlenstoffgehalt nimmt die Schmiedbarkeit des Eisens ab, bei einem Kohlenstoffgehalt von etwa 1,6 v. H. und mehr hat es seine Schmiedbarkeit vollständig verloren. Ein Mangangehalt bis zu etwa 1 v. H. erhöht die Schmiedbarkeit, setzt diese aber bei größeren Mengen wieder herab. Während der Phosphor die Schmiedbarkeit des Eisens kaum beeinflußt, beeinträchtigt der Schwefel die Schmiedbarkeit bei größeren Mengen sehr, weil er das Eisen rotbrüchig macht.

Die Schweißbarkeit ist die Eigenschaft des Eisens, in getrennten Stücken in der Weißglut durch hohen Druck oder Hammerschläge zu einem Ganzen vereinigt werden zu können. Mit zunehmendem Kohlenstoffgehalt nimmt die Schweißbarkeit ab; Eisen von 1,6 v. H. Kohlenstoffgehalt ist nicht mehr schweißbar. Auch der Mangangehalt vermindert die Schweißbarkeit.

Unter der Härte des Eisens versteht man den Widerstand seiner Oberfläche gegen den Angriff mechanischer Bearbeitung oder gegen das Eindringen fremder Körper. Das chemisch reine Eisen ist sehr weich; mit zunehmender Menge an Nebenbestandteilen, namentlich an Kohlenstoff und Mangan, wächst die Härte. Je nach der vorausgegangenen Wärmebehandlung unterscheidet man Naturhärte, Glashärte und Anlaßhärte. Mit Naturhärte bezeichnet man den Härtegrad, den das Eisen bei langsamer Abkühlung aus dem flüssigen oder dem rotglühenden Zustand erhält. Kühlt man das heiße Eisen etwa bei 750° C plötzlich durch Eintauchen in kaltes Wasser oder Öl ab, so erreicht das Eisen die Glashärte, ein Härtegrad, der weit größer als die Naturhärte ist. Diese Eigenschaft heißt die Härtbarkeit. Bei hohen Wärmegraden ist der Kohlenstoff in gleichmäßig gelöster Form als sogenannte Härtungskohle im Eisen enthalten. Bei allmählicher Abkühlung zerfällt diese Verbindung des Kohlenstoffes mit dem Eisen; der Kohlenstoff scheidet sich teilweise als sogenannte Karbidkohle ab und es entsteht eine kohlenstoffärmere, weichere Eisenmasse. Bei plötzlicher Abkühlung hat der gelöste Kohlenstoff keine Zeit, sich als Karbidkohle abzuscheiden, er bleibt in gelöster Form als Härtungskohle im Eisen zurück; es entsteht ein hartes Eisen. Die Härtbarkeit des Eisens wächst mit steigendem Kohlenstoffgehalt bis zu einer Menge von 1 v. H. Da durch den Vorgang des Härtens das Eisen spröde und infolgedessen für viele Zwecke ungeeignet wird, so pflegt

[1]) Vgl. „Mitteilungen aus dem Material-Prüfungsamt zu Lichterfelde-West" 1917. Heft 1. S. 12. Nach den Mitteilungen an dieser Stelle ist die Ursache der Blaubrüchigkeit des schmiedbaren Eisens nicht in Sprödigkeit, sondern in dem Auftreten von Reckspannungen zu suchen.

man das gehärtete Eisen anzulassen, d. h. es auf ungefähr 200° C zu erwärmen. Bei dieser Wärme wird ein Teil der Härtungskohle in Karbidkohle umgewandelt, und es entsteht ein weicheres, weniger sprödes Eisen. Den dabei erzielten Härtegrad bezeichnet man mit Anlaßhärte. Beim Anlassen verschwinden auch die beim Härten entstandenen inneren Wärmespannungen. Durch Zusätze von Nickel, Chrom und Wolfram kann die Härte des Eisens erheblich gesteigert werden.

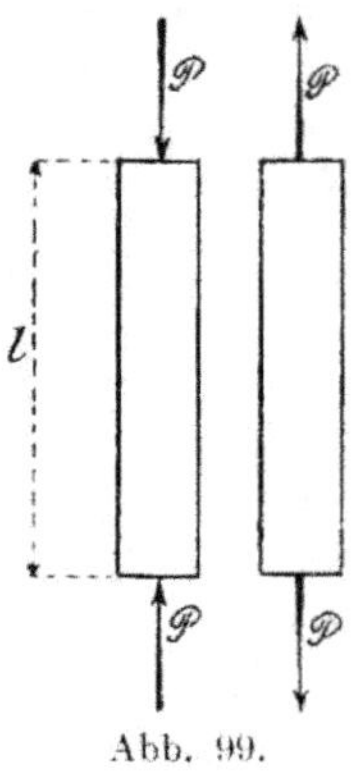
Abb. 99.

Bei dem für die Zwecke des Brücken- und Eisenhochbaues verwendeten Eisen spielt die Härte und Härtbarkeit des Eisens keine, die Schweißbarkeit nur eine untergeordnete Rolle. Bei dem für die genannten Zwecke verwendeten Gußeisen kommt es auf gewisse Zähigkeit und Festigkeit, bei den anderen weiterverarbeiteten Eisensorten auf Schmiedbarkeit, Zähigkeit und Festigkeit an. Beim Flußeisen und Flußstahl ist im allgemeinen mit einer Erhöhung der Festigkeit auch eine Vergrößerung der Härte verbunden, bei diesen Baustoffen kann man daher von der Härte auf die Festigkeit schließen. Durch Bearbeitung in gewöhnlicher Wärme, z. B. durch kaltes Walzen, wird die Festigkeit erhöht, die Zähigkeit aber vermindert. Durch Ausglühen solcher kalt bearbeiteten Teile kann die Festigkeit wieder vermindert und die Zähigkeit wieder erhöht werden.

Unter der Annahme, daß sich zwei Kräfte P (Abb. 99) gleichmäßig über die beiden Endquerschnitte eines Stabes von überall gleichem Querschnittsinhalt F verteilen, erhält man die durch diese Kräfte P in einem Querschnitt hervorgerufene Spannung nach der Formel

$$\sigma = \frac{P}{F}.$$

Die Folge dieser Spannungen ist eine Längenänderung λ der Stablänge l. Die auf die Längeneinheit bezogene Längenänderung $\varepsilon = \frac{\lambda}{l}$ wird Dehnung genannt; sie wird positiv gerechnet, wenn der Stab gezogen, negativ, wenn der Stab gedrückt wird. Die Dehnung ist abhängig von der Größe der Spannung und der Dehnbarkeit des Baustoffes. Bis zu einer bestimmten Grenze gilt für die weiterverarbeiteten Eisensorten mit Ausnahme des Gußeisens das Gesetz, daß die Dehnungen geradlinig mit den Spannungen wachsen. Dies Gesetz läßt sich in der Form niederschreiben:

$$\varepsilon = \alpha \cdot \sigma.$$

Hierin bedeutet α die Dehnungsziffer des betreffenden Baustoffes

$$\alpha = \frac{\varepsilon}{\sigma} = \frac{\lambda}{l} \cdot \frac{1}{\sigma}.$$

Setzt man hierin σ und $l = 1$, so erhält man α als die Längenänderung der Längeneinheit für das Kilogramm Spannung. Die Einführung der Dehnungsziffer und ihre Deutung rührt von Bach her[1]).

[1]) Bach, Elastizität und Festigkeit. Verlag von Julius Springer.

In der technischen Welt ist heute in der Regel noch die Gleichung für die Dehnung in der Form:

$$\varepsilon = \frac{\sigma}{E}$$

in Gebrauch. E ist also der reziproke Wert von α und wird als **Elastizitätsmodul** bezeichnet. Dieser Elastizitätsmodul läßt sich als diejenige Spannung deuten, die einen in seiner Längenrichtung beanspruchten Körper um seine ganze Länge ausdehnt oder zusammendrückt. Bach spricht sich entschieden gegen die Beibehaltung des Elastizitätsmoduls als Begriff in der Festigkeitslehre deshalb aus, weil bei den Körpern, mit denen sich die Festigkeitslehre beschäftigt, solche Ausdehnungen unmöglich sind, und weil man sich unter einer Zusammendrückung um die ganze Länge nichts vorstellen kann. Dagegen ist die Dehnungsziffer α nicht allein ein stets vorstellbarer, sondern auch ein möglicher Begriff. Außerdem spricht für ihre Einführung der Umstand, daß, wie es für eine anschauliche Vorstellung erwünscht ist, dem Baustoff mit größerer Nachgiebigkeit auch eine größere Dehnungsziffer entspricht; wogegen die Tatsache, daß einem nachgiebigeren Baustoff ein kleinerer Elastizitätsmodul entspricht, zu Unklarheiten im Denken Veranlassung gibt.

Wird nach der Belastung durch die Kraft P der Körper entlastet, so gehen die Dehnungen wieder zurück, aber nicht vollständig. Der Körper hat bleibende Dehnungen erlitten, die um so größer sind, je größer die Belastung war. Es gibt keinen vollständig elastischen Körper, bei dem die Dehnungen nach der Entlastung vollständig verschwinden; bei verschiedenen Baustoffen, so auch bei den weiterverarbeiteten Eisensorten, sind jedoch die bleibenden Dehnungen bis zu einer gewissen Grenze der Belastung so verschwindend klein, daß diese Baustoffe unterhalb dieser Grenze als völlig elastisch angesehen werden können.

Hiernach muß unter der **Elastizitätsgrenze** diejenige Spannung verstanden werden, bis zu welcher die bleibenden Dehnungen gegenüber den wieder verschwindenden Dehnungen als unendlich klein angesehen werden können. Diese Grenze ist von dem persönlichen Ermessen des Einzelnen oder von gewissen Abmachungen abhängig[1]) und kann daher nicht durch Versuche ganz allgemein festgestellt werden.

Die **Elastizitätsgrenze** ist nicht zu verwechseln mit der **Proportionalitätsgrenze**, die diejenige Spannung angibt, bis zu der die Dehnungen im geradlinigen Verhältnis zu den Spannungen wachsen[2]).

Bei den weiterverarbeiteten Eisensorten, mit Ausnahme des Gußeisens, liegt nicht weit oberhalb der Proportionalitätsgrenze die sogenannte **Fließ- oder Streckgrenze**, bei der ein gezogener Stab ohne Zunahme der Belastung oder bei ganz geringem Zuwachs erhebliche Längenänderungen erfährt. Die Baustoffprüfungsmaschinen mit Hebel und Laufgewicht zeigen das Erreichen der Streck-

[1]) In neuerer Zeit bezeichnen einzelne Werke, wie z. B. Friedrich Krupp, als Elastizitätsgrenze diejenige Spannung, bei welcher die bleibende Dehnung den Betrag von 0,03 v. H. der Meßlänge des Probestabes erreicht.

[2]) Die Proportionalitätsgrenze und die in der Fußnote 1 erklärte Elastizitätsgrenze liegen bei Schweißeisen, Flußeisen, Schweißstahl und Flußstahl nicht weit voneinander entfernt.

grenze durch Sinken des Hebels an. Handelt es sich um Druckbelastung, so tritt an die Stelle des Streckens ein Zusammenquetschen. Man spricht dann von Fließ- oder Quetschgrenze und versteht darunter diejenige Spannung, bei der der Baustoff verhältnismäßig schnell nachgibt, ohne daß schon eine Zerstörung eintritt. Oft fällt sogar während des Fließens die Spannung ab, um dann wieder zu steigen. Man spricht in diesem Falle von oberer und unterer Fließgrenze. Der Zustand des Fließens hält nicht lange an, bald ist wieder eine Erhöhung der Belastung nötig, um die Längenänderung zu vergrößern. Die Belastung muß so lange zunehmen, bis die Bruchgrenze erreicht ist. Von da ab beginnt unter Spannungsabfall bei Zugbeanspruchung die Einschnürung des Stabes (Abb. 100), bis schließlich die Trennung erfolgt.

Trägt man z. B. für einen gezogenen Flußeisenstab die Spannungen auf der senkrechten und die zugehörigen Dehnungen auf der wagerechten von zwei Koordinatenachsen auf und zieht durch die Endpunkte der einzelnen Größen

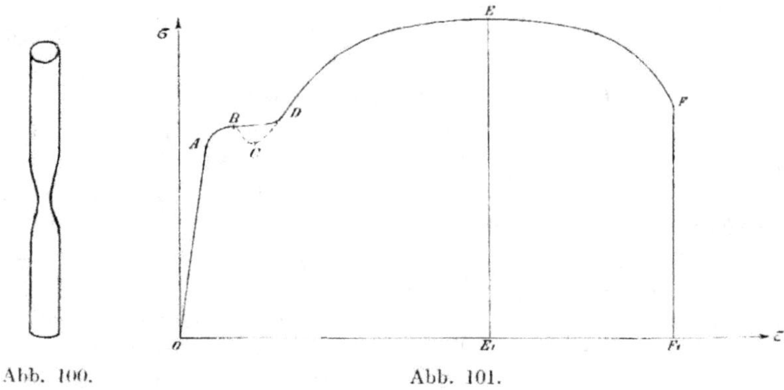

Abb. 100. Abb. 101.

Parallelen zu den Koordinatenachsen, so erhält man durch Verbindung der Schnittpunkte dieser Parallelen die in der Abb. 101[1]) dargestellte Kurve. Von O bis A wachsen die Dehnungen geradlinig mit den Spannungen, von A ab ist der Zuwachs der Dehnungen im Verhältnis zur Zunahme der Spannungen erheblich größer als von O bis A. Bei B beginnt der Stab sich zu strecken. Dies Strecken hält bis D an. Oft fällt die Spannung während des Streckens bis C ab. A gibt die Proportionalitätsgrenze, B die obere und C die untere Streck- oder Fließgrenze an. Die Strecke $E_1 E$ stellt die größte Spannung dar, welche der Stab aufzunehmen imstande ist, die sogenannte Bruchspannung. Nachdem diese Spannung erreicht ist, beginnt der Stab an einer Stelle sich stark einzuschnüren (Abb. 100). Die Spannung fällt dabei stark ab. Wenn die Verlängerung die Größe $O F_1$ und die zugehörige Spannung die Größe $F_1 F$ erreicht haben, tritt die Trennung des Stabes plötzlich und ruckweise ein.

Mit den Längenänderungen des Stabes in der Längenrichtung sind stets Formänderungen in der Querrichtung verbunden. Einer Zunahme der Länge

[1]) Siehe Bach, „Elastizität und Festigkeit".

entspricht eine Verminderung des Querschnittes und einer Zusammendrückung in der Längenrichtung eine Vergrößerung des Querschnittes.

Bei Beanspruchungen, die unterhalb der Streckgrenze liegen, sind die Eisensorten mit größerer Dehnungsziffer dehnbarer als die Eisensorten mit kleinerer Dehnungsziffer. Bei der Bruchspannung ist jedoch die Größe der Dehnungsziffer kein Maß mehr für die Dehnbarkeit; hier ist z. B. das Flußeisen dehnbarer als das Gußeisen.

Die Dehnbarkeit und Formänderungsfähigkeit bei der Bruchspannung ist ein Maßstab für die Zähigkeit der Eisensorte. Zähe Eisensorten schnüren sich vor dem Bruch stark zusammen und erfahren dabei erhebliche Längenänderungen, spröde Eisensorten gehen ohne merkbare Einschnürung und Längenzunahme zu Bruch. Man nimmt daher die Bruchdehnung als Maß für die Beurteilung der Zähigkeit der Eisensorten. Unter der Bruchdehnung versteht man den Unterschied der Länge des zerrissenen und genau wieder zusammengefügten Probestabes gegenüber seiner Anfangslänge in Hundertteilen dieser Länge. Der Inhalt der durch die wagerechte Koordinatenachse und die Kurve (Abb. 101) dargestellten Fläche stellt die Größe der Formänderungsarbeit dar. Bei zähen Baustoffen wird nach Erreichung der Bruchspannung bis zum wirklichen Bruch noch eine große Formänderungsarbeit, bei spröden Baustoffen nur eine verschwindend kleine Formänderungsarbeit geleistet. Bei zähen Baustoffen können daher Erschöpfungszustände nicht unbemerkt bleiben, während spröde Baustoffe ohne merkbare Formänderungen nach dem Erreichen der Bruchspannung plötzlich zu Bruch gehen.

Das Gußeisen besitzt keine Proportionalitätsgrenze und damit auch keinen Festwert für die Dehnungsziffer.

Die verschiedenen Eisensorten müssen ganz bestimmte, den Verwendungszwecken entsprechende Eigenschaften aufweisen. Zu ihrer Feststellung dient eine Reihe von Prüfungsverfahren.

Zur Ermittlung der richtigen Zusammensetzung des Roheisens und seiner Eignung zu den verschiedenen Arten seiner Weiterverarbeitung dient die chemische Analyse. Sie ist auch in vielen Fällen bei der Prüfung des schmiedbaren Eisens ein unentbehrliches Hilfsmittel geworden.

Von den mechanischen Prüfungsverfahren ist das bekannteste und am meisten angewandte die Zerreißprobe. Sie dient vor allem zur Ermittlung der Zugfestigkeit und der Bruchdehnung, daneben auch zur Bestimmung der Proportionalitäts-, Elastizitäts- und Fließgrenze. Die Erfahrung hat gezeigt, daß die Form und die Abmessungen der Versuchsstäbe von maßgebendem Einfluß auf die Einschnürung und die Bruchdehnung sind, daß aber dieser Einfluß ausgeschaltet wird, wenn das Verhältnis der Meßlänge l zur Wurzel aus dem Querschnittsinhalt ($\sqrt{F}$) das gleiche ist. Man erhält also nur in dem Falle mit Versuchstäben, die verschiedene Abmessungen aufweisen, vergleichbare Ergebnisse, wenn der Wert $l : \sqrt{F}$ der gleiche ist. Der Normalprobestab des „Deutschen Verbandes für die Materialprüfungen der Technik" hat eine Meßlänge von 200 mm, einen Querschnittsinhalt von 314 qmm, entweder einen kreisförmigen Querschnitt von 20 mm Durchmesser oder einen rechteckigen

Querschnitt, bei dem das Verhältnis der beiden Seiten zwischen 1 : 1 und 1 : 5 wechseln kann, und einen Wert $l : \sqrt{F} = 11,3$. Will man, um an Baustoff für die Versuchsstäbe zu sparen, die Versuchslänge verkürzen, dabei aber nach den auf dem Verhältnis $l : \sqrt{F} = 11,3$ aufgebauten Bruchdehnungsvorschriften den Stab prüfen, so muß der Querschnitt im Verhältnis $l : \sqrt{F} = 11,3$ verkleinert werden. Sehr kleine Querschnitte sind aber deshalb für Versuchszwecke bedenklich, weil schon ganz geringe Fehler das Ergebnis stark beeinflussen. Es sind deshalb Bestrebungen im Gange, das Verhältnis $l : \sqrt{F}$ herabzusetzen, um die Meßlänge vermindern zu können, ohne zu geringe Querschnitte zu erhalten. Natürlich müssen hierfür die auf dem Wert $l : \sqrt{F} = 11,3$ aufgebauten Bruchdehnungsvorschriften entsprechend geändert werden[1]). Die Probestäbe sind kalt abzutrennen und kalt zu bearbeiten. Auf den Probestäben mit rechteckigem Querschnitt ist die Walzhaut nach Möglichkeit zu belassen. Die Zugfestigkeit erhält man durch Division der bei Beginn der Einschnürung gemessenen Bruchlast P durch den Querschnitt des unbelasteten Stabes. Die Bruchdehnung errechnet man nach den vorstehenden Erklärungen aus der Gleichung $\varepsilon = \frac{l' - l}{l} \cdot 100$, in der l die ursprüngliche Meßlänge und l' die nach genauer Zusammenfügung des zerrissenen Stabes gemessene Länge bedeutet.

Zur Bestimmung der Härte dient die Kugeldruckprobe von Brinell. Eine gehärtete Stahlkugel mit einem Durchmesser $D = 10$ oder 5 oder 2,5 mm wird unter einer Belastung $P = 3000$, 750 oder 187,5 kg je nach der Stärke des zu prüfenden Gegenstandes über 6 mm, 6 bis 3 mm und unter 3 mm in die Oberfläche eingedrückt und der Durchmesser d des Eindruckkreises der Oberfläche gemessen. Der Druck P soll innerhalb 15 Sekunden erzeugt und 15 Sekunden auf der Kugel belassen werden. Die Größe der Oberfläche des Kugeleindrucks wird aus der Gleichung $O = \frac{D\pi}{2}(D - \sqrt{D^2 - d^2})$ berechnet. Die Härtezahl H erhält man dann durch Division der Belastung P durch O

$$H = \frac{P}{O}.$$

Zwischen Härtezahl und Biegungsfestigkeit besteht bei Kohlenstoffstählen die Beziehung $Kz = 0,36\,H$ und bei Chromnickelstählen die Beziehung $Kz = 0,34\,H$. Die Kugeldruckprobe kann an den Werkstücken selbst vorgenommen werden. Durch eine größere Anzahl von Kugeldruckproben kann leicht festgestellt werden, ob das Werkstück von gleichmäßiger Beschaffenheit ist oder nicht.

Die Biegeprobe dient zur Feststellung genügender Zähigkeit. Streifen von 30 bis 50 mm Breite und einer Länge von 300 mm müssen sich mit den Enden so zusammenbiegen lassen, daß an der inneren Biegestelle eine Schleife mit einem lichten Durchmesser gleich der Dicke oder sogar gleich der halben Dicke des Versuchsstückes entsteht, ohne daß an der gezogenen Seite irgendwelche Risse auftreten. An den Probestäben ist die Walzhaut nach Möglichkeit zu belassen; die Kanten sind abzurunden.

[1]) Vgl. „Einfluß der Stablänge auf die Dehnung". Von M. Rudeloff. Forschungsarbeiten. Heft 215. Verein deutscher Ingenieure. Berlin 1919.

Wird bei solchen Probestäben an der Biegestelle auf der Oberfläche der Zugseite ein Kerb, der nur sehr gering zu sein braucht, hergestellt, so geht die Probe in der Regel bald zu Bruch. Dies weist auf die Gefahr hin, die das Vorhandensein einer Kerbe in sich birgt. Zur Feststellung der Widerstandsfähigkeit der Baustoffe gegen die Kerbwirkung ist im Prüfungswesen die sogenannte Kerbschlagprobe eingeführt. Ein in der Mitte eingekerbter Probestab von quadratischem Querschnitt wird in die Bahn eines Pendelhammers gebracht, der ihn mit einem Schlage durchschlägt. Dividiert man die hierbei aufgewandte Schlagarbeit durch den Querschnitt des Probestabes, so erhält man einen zahlenmäßigen Wert für die Kerbzähigkeit des Baustoffes. Der Normalstab der Kerbschlagprobe des „Deutschen Verbandes für die Materialprüfungen der Technik" ist 160 mm lang, hat 120 mm Auflagerentfernung und einen quadratischen Querschnitt von 30 mm Seitenlänge. Der Kerb wird in der Weise hergestellt, daß der Stab zunächst in der Mitte ein Bohrloch von 4 mm Durchmesser erhält und dann die Bohrung nach einer Seite durch Aufsägen geöffnet wird. Das Bohrloch ist so zu legen, daß ein Schlagquerschnitt von 15 mm Höhe, d. h. von 450 qmm Inhalt übrigbleibt. Zum Durchschlagen der Probe bedient man sich in der Regel des Pendelschlagwerks von Charpy. Aus der Steighöhe des Pendelhammers nach dem Durchschlagen der Probe kann man leicht die Schlagarbeit und daraus die Kerbzähigkeit feststellen. Ist die Probe spröde, so wird von der lebendigen Kraft des Hammers beim Durchschlagen der Probe nur wenig aufgezehrt, der Hammer steigt auf der anderen Seite fast bis zu der Höhe, aus der er losgelassen war. Ist die Probe dagegen zähe, so wird die lebendige Kraft des Hammers beim Durchschlagen zum großen Teil verbraucht und der Hammer steigt nach dem Durchschlag nur wenig in die Höhe. Die Schlagarbeit wird gemessen durch das Produkt aus dem Gewicht des Hammers und der Differenz aus Fall- und Steighöhe.

Die chemische Analyse gibt über die Zusammensetzung des Eisens Aufschluß und die mechanischen Prüfungsarten vermitteln uns die Kenntnis von den Eigenschaften der verschiedenen Eisensorten, sie vermögen aber nicht, uns über die Verteilung der einzelnen Bestandteile des Eisens und die Gefügebildung zu unterrichten. Hier leistet die Metallographie wertvolle Dienste. Poliert man den Querschnitt eines Probestückes und ätzt die polierte Oberfläche mit einer Kupferammoniumchloridlösung, so erscheinen auch für das unbewaffnete Auge die Stellen, an denen der Phosphor oder Schwefel angereichert ist, als dunkle Gebilde. Auch die Verteilung des Kohlenstoffes ist dem bloßen Auge schon erkennbar. Beim Betrachten durch das Mikroskop treten die Verunreinigungen, die Seigerungen, die Gefügebildung und die Kohlenstoffverteilung scharf hervor. Die wichtigsten der in den verschiedenen Eisensorten auftretenden Gefügebestandteile sind:

der Ferrit, ein fast kohlenstoffreies reines Eisen,

der Zementit, eine chemische Eisenkohlenstoffverbindung (Eisenkarbid),

der Perlit, ein lamellar oder körnig ausgebildetes Gemenge aus Ferrit und Zementit,

der Martensit, eine Lösung des Kohlenstoffes im Eisen,

der Graphit, d. i. freier Kohlenstoff in kristallisierter Form.

Da der Kohlenstoff je nach der Wärmebehandlung in dieser oder jener Form im Eisen auftritt, so lassen sich durch die Metallographie wichtige Schlüsse auf die vorausgegangene Wärmebehandlung ziehen.

B. Die Herstellungsverfahren und die besonderen Eigenschaften der verschiedenen Eisensorten, ihre Eignung zu den verschiedenen Brückenbauteilen und die besonderen Anforderungen, die an sie gestellt werden.

1. Das Roheisen.

Im weißen Roheisen ist der Kohlenstoff an das Eisen chemisch gebunden. Sein Mangangehalt ist größer als der des grauen Roheisens. Es ist sehr hart, spröde und dickflüssig und daher nicht zu Gießereizwecken geeignet. Es wird fast nur für die Umwandlung in schmiedbares Eisen hergestellt. Es besitzt strahliges Gefüge und ist weder schmied- noch schweißbar. Sein Schmelzpunkt liegt etwa bei 1100° C, sein spezifisches Gewicht ist 7,25.

Im grauen Roheisen ist der Kohlenstoff teilweise als Graphit, der die Farbe dieses Eisens bestimmt, ausgeschieden. Sein Gehalt an Silicium ist größer als der des weißen Roheisens. Es ist weicher und zäher als das weiße Roheisen, leicht flüssig und besitzt die Eigenschaft, sich beim Erkalten etwas auszudehnen. Es eignet sich daher gut zu Gießereizwecken, es wird aber auch zur Umwandlung in schmiedbares Eisen verwendet. Es besitzt körniges Gefüge und ist weder schmied- noch schweißbar. Sein Schmelzpunkt liegt etwa bei 1200° C. sein spezifisches Gewicht ist 7,25.

Das halbierte Roheisen liegt zwischen weißem und grauem Roheisen.

Das Roheisen gelangt aus dem Abstich des Hochofens entweder durch Rinnen in Sandformen oder in eiserne Gußschalen, in denen es zu Masseln in Gestalt von Barren oder Schalen erstarrt, oder in feuerfest ausgekleidete große Pfannen, in denen es flüssig dem Stahlwerk zugeführt wird. Das dem Stahlwerk zugeführte flüssige Roheisen wird neuerdings vielfach zunächst in Mengen von 250 bis 1400 t in einem großen kippbaren Behälter, dem Roheisenmischer, gesammelt. Man erzielt hierdurch eine gute Durchmischung des aus verschiedenen Abstichen und Hochöfen stammenden Eisens und damit ein gleichmäßig zusammengesetztes Roheisen. Durch das ruhige Stehen in den Mischern, die oft auch noch geheizt werden, scheidet sich eine schwefelreiche Schlacke ab. Das Roheisen wird also hierdurch schon für die Weiterverarbeitung vorbereitet.

Für die Praxis genügt die Einteilung des Roheisens in weißes, graues und halbiertes Roheisen nicht, hier wird das Roheisen weiter nach seiner Tauglichkeit für bestimmte Verwendungszwecke eingeteilt in: Hämatit, Gießerei-, Puddel-, Bessemer-, Martin-, Thomasroheisen und Spiegeleisen. Unter Hämatit versteht man sehr phosphorarmes (weniger als 0,1 v. H.) Gießerei-Roheisen, das für besonders stark beanspruchte Gußteile verwendet wird. Spiegeleisen ist ein weißes, manganreiches Roheisen.

2. Das Gußeisen.

Das Gußeisen ist ein durch Umschmelzen mit Koks im Kupolofen gereinigtes graues Roheisen oder auch eine Mischung von solch umgeschmolzenen Roheisen und Hochofenroheisen. Für besonders stark beanspruchte Teile darf nur Hämatit verwendet werden.

Das Gußeisen hat keine Proportionalitätsgrenze und daher auch keine feste Dehnungsziffer; diese nimmt mit wachsender Beanspruchung zu. Infolgedessen sind die Spannungen eines auf Biegung beanspruchten Körpers in den äußersten Fasern tatsächlich bedeutend kleiner, als sie sich nach der Biegungslehre ergeben. Die Dehnungsziffer nimmt von $\frac{1}{1050000}$ bis auf $\frac{1}{750000}$ an der Bruchgrenze zu. Die Zugfestigkeit schwankt zwischen 1200 und 2400 kg/qcm, die Druckfestigkeit zwischen 7000 und 8500 kg/qcm. Das Gußeisen ist weder schmied- noch schweißbar. Sein Schmelzpunkt ist der des grauen Roheisens. Das spezifische Gewicht ist = 7,25.

Die ersten eisernen Brücken waren ganz aus Gußeisen. Die erste eiserne Brücke der Welt ist die 1779 in England zu Coalbrookdale errichtete gußeiserne Bogenbrücke[1]). Später wurde das Gußeisen wegen seiner geringen Zugfestigkeit nicht mehr zu gezogenen Teilen von Brücken, sondern nur noch zu den gedrückten Gliedern verwendet, für die es infolge seiner hohen Druckfestigkeit weit mehr geeignet ist. Hauptträgerglieder erfordern aber wenigstens an den Anschlußpunkten eine gewisse Bearbeitung; hierfür ist das spröde Gußeisen wenig geeignet. Außerdem läßt die Gleichmäßigkeit dieses Baustoffes sehr zu wünschen übrig, weil er nur in gegossener und nicht in weiterbearbeiteter Form vorliegt. Auch hat die Erfahrung gezeigt, daß bei gegossenen Baugliedern von außen nicht sichtbare Fehlerstellen häufig vorkommen. Man verwendet daher heute das Gußeisen überhaupt nicht mehr im Brückenbau. Sogar von der Verwendung zu Lagerteilen und Säulen, bei denen man das Gußeisen noch antrifft, ist man jetzt ganz abgekommen. Die Lagerteile werden neuerdings aus Stahlguß und Säulen aus Walzeisen gebildet.

Bei der Formgebung der Gußstücke ist darauf zu achten, daß die Stärken der einzelnen Teile nicht sehr von einander abweichen, da sonst infolge ungleicher Abkühlung leicht innere Spannungen entstehen, die zu Rissen Veranlassung geben.

Die „Besonderen Vertragsbedingungen für die Anfertigung, Anlieferung und Aufstellung von Eisenbauwerken" der früheren preußischen Staatseisenbahnen bestimmen für die Beschaffenheit der Gußstücke folgendes:

„Die Gußstücke sollen, wenn nicht Hartguß oder andere Eisengußsorten vorgeschrieben sind, aus grauem, weichem Roheisen sauber und fehlerfrei gegossen und langsam abgekühlt sein. Das Gußeisen soll zähe und so weich sein, daß es sich mit Meißel und Feile bearbeiten läßt. Bei gußeisernen Säulen bis zu 400 mm mittlerem Durchmesser und 4 m Länge darf die Wandstärke eines Querschnittes höchstens um 5 mm verschieden sein. Der Querschnitt muß dabei stets mindestens den vorgeschriebenen Flächeninhalt haben. Bei Säulen von

[1]) Vgl. „Die Flußmetalle im Brückenbau". Von Dr.-Ing. E. J. Albrecht. Leipzig. Wilhelm Engelmann. 1914.

größerem Durchmesser und größerer Länge darf der zulässige Unterschied für je 100 mm Mehrdurchmesser und je 1 m Mehrlänge um $^{1}/_{2}$ mm zunehmen. Die Wandstärke soll jedoch in keinem Falle unter 10 mm sein. Säulen sind aufrecht zu gießen, wenn dies der Verdingungsanschlag vorschreibt."

Nach denselben „Vertragsbedingungen" soll das Gußeisen bei der Abnahme folgenden Bedingungen genügen:

„Der Probestab muß unbearbeitet und aus dem Abstich hergestellt sein, der zur Anfertigung der Gußstücke verwendet ist. Er muß bei einem Kreisquerschnitt von 30 mm Durchmesser und 650 mm Länge, auf zwei 600 mm voneinander entfernten Stützen liegend, in der Mitte eine allmählich bis auf 460 kg zunehmende Belastung ertragen, bevor er bricht. Die Durchbiegung darf hierbei nicht weniger als 6 mm betragen."

Gußeisenstücke, und zwar solche aus weißem Roheisen, können durch das sogenannte Temperverfahren schmiedbar gemacht werden. Dies besteht darin, daß die Gußstücke in eisernen Töpfen zusammen mit gekörntem oder gepulvertem Eisenoxyd (Roteisenstein, Hammerschlag) mehrere Tage geglüht werden. Hierbei wird der gebundene Kohlenstoff des weißen Gußeisens durch den Sauerstoff der Zuschlagstoffe in sogenannte Temperkohle umgewandelt, wodurch das Eisen weich, zähe und schmiedbar wird.

3. Das schmiedbare Eisen.

Das schmiedbare Eisen wird durch teilweise Entfernung der Nebenbestandteile des Roheisens wie des Kohlenstoffes, des Siliciums, des Mangans, des Schwefels und des Phosphors gewonnen. Übersteigt bei der Umwandlung des Roheisens in schmiedbares Eisen die Wärme nicht den Schmelzpunkt des durch die Oxydation der Nebenbestandteile gereinigten Eisens, so wird das Enderzeugnis als eine teigige, aus kleinen Kristallen bestehende Masse erhalten, die sehr bald zu einem Klumpen zusammenschweißt. Dies Eisen heißt Schweißeisen oder Schweißstahl, je nachdem es weniger oder mehr Kohlenstoff enthält. Wird bei der Umwandlung des Roheisens die Wärme so hoch getrieben, daß sie den Schmelzpunkt des durch die Oxydation der Nebenbestandteile gereinigten Eisens übersteigt, so wird das Enderzeugnis als eine vollständig flüssige Masse erhalten. Dies Eisen heißt Flußeisen oder Flußstahl, je nachdem es weniger oder mehr Kohlenstoff enthält.

a) Das Schweißeisen und der Schweißstahl.

Diese Eisensorten können durch das sogenannte Herdfrischen oder durch das Puddeln hergestellt werden. Das Herdfrischen ist das älteste Frischverfahren; bei ihm schmilzt man das Roheisen im Holzkohlenfeuer nieder, wobei das schmelzende Metall durch einen die Verbrennung unterhaltenden Luftstrom tropft. Das Herdfrischen ist in Deutschland vollständig verschwunden. In holzreichen Gegenden Schwedens findet es sich aber auch heute noch zur Herstellung bestimmter hochwertiger Eisensorten. Beim Puddelverfahren wird das Roheisen in einem wagerechten Flammofen unter stetigem Umrühren geschmolzen. Das Eisen wird hierbei nicht vom Brennstoff selbst, sondern nur von der Flamme berührt. Daher kann auch Steinkohle als Brennstoff verwendet werden. Die als Enderzeugnis im Puddelofen erhaltenen, noch teigigen, aber schon zusammengeschweißten Klumpen — Luppen genannt — werden unter dem Dampfhammer nach Möglichkeit von der eingeschlossenen Schlacke befreit und fester zusammengeschweißt. Die so bearbeitete Luppe wird dann zu Luppenstäben, auch Rohschienen genannt, ausgewalzt. Eine Anzahl von Rohschienen wird schließlich in Paketen vereinigt, erhitzt, zusammengeschweißt und zu Profilen ausgewalzt. Soll Schweißstahl erzeugt werden, so muß die Entkohlung rechtzeitig abgebrochen werden. Das Schweißeisen hat eine mittlere Dehnungsziffer von $\frac{1}{2\,000\,000}$, die Proportionalitätsgrenze liegt zwischen 1600 und 1800 kg/qcm. Die bündelartige Lagerung der Rohschienen gibt zu einer in der Walzlängsrichtung sehnigen Gefügebildung und damit auch zu nicht unerheblichen Unterschieden in der Zugfestigkeit und Bruchdehnung in der Walzlängs- und Walzquerrichtung Veranlassung. Die Zugfestigkeit des Schweißeisens in der Walzlängsrichtung beträgt 3300 bis 3600 kg/qcm bei 15 bis 10 v. H. Bruchdehnung, dagegen in der Walzquerrichtung nur 2400 bis 3000 kg/qcm bei 5 bis 3 v. H. Bruchdehnung. Das Schweißeisen ist schmiedbar und schweißbar, aber nicht merklich härtbar, sein Schmelzpunkt liegt bei 1800° C, sein spezifisches Gewicht ist 7,8.

Durch seine überlegenen Festigkeitseigenschaften hat es das Gußeisen bald aus dem Brückenbau verdrängt, um dann später dem ihm wieder überlegenen Flußeisen Platz zu machen. Die erste große schweißeiserne Brücke ist die in den Jahren 1846 bis 1850 von Stephenson erbaute Britannia-Brücke über die Menai-Straße im Zuge der Bahnlinie von Chester nach Holyhead. Die letzten großen schweißeisernen Brücken in Deutschland sind die in den Jahren 1891 bis 1894 erbauten Hochbrücken über den Nordostseekanal bei Grünenthal und Levensau. Heute kommen Schweißeisen und Schweißstahl als Baustoff für eiserne Brücken nicht mehr in Frage.

b) Das Flußeisen.

Das Flußeisen wird auf zweierlei Arten gewonnen, erstens durch das sogenannte Birnen- oder Windfrischverfahren und zweitens durch das Herdofen- oder Siemens-Martin-Verfahren.

Bei dem Birnenverfahren wird unter starkem Druck Luft von unten durch flüssiges Roheisen geblasen, wodurch seine Nebenbestandteile oxydiert werden. Die Birnengestalt des Gefäßes, in dem dies geschieht, hat dem Vorgang den Namen gegeben. Das Verfahren erfordert keinen besonderen Brennstoff. Man unterscheidet zwei Arten des Verfahrens:

1. das Bessemer- oder saure Verfahren,
2. das Thomas- oder basische Verfahren.

Das Windfrischverfahren wurde 1855 von Bessemer erfunden. Als feuerfestes Futter der Bessemerbirne wird fast ausschließlich Kieselsäure verwendet. Dies schließt die Bildung einer basischen Schlacke aus, die die Vorbedingung für die Verschlackung der Phosphorsäure ist. Bei dem Bessemerverfahren ist also nur phosphorarmes Roheisen verwendbar; anderseits muß das Roheisen reich an Silicium sein, durch dessen Verbrennung das Bad auf die für die Oxydation aller Nebenbestandteile nötige Wärme gebracht wird.

Für die Länder mit phosphorreichen Eisenerzen, so vor allem auch für

Deutschland, war die Erfindung von Thomas im Jahre 1878 von größter Bedeutung. Thomas ersetzte das saure Futter der Bessemerbirne durch ein basisches Futter, nämlich durch Dolomit, durch das bei Zusatz von Kalk zum flüssigen Eisen die Bildung einer basischen Schlacke und damit die Verschlackung der Phosphorsäure ermöglicht wird. Der Phosphor ist beim basischen Verfahren der wichtigste Brennstoff. Das Thomasverfahren verlangt also geradezu ein phosphorreiches Eisen.

Da beim Thomasverfahren der Phosphor zuletzt von allen Nebenbestandteilen verbrennt, erhält man am Schlusse dieses Verfahrens ein fast ganz entkohltes Eisen. Beim Bessemerverfahren würde es möglich sein, den Vorgang zu unterbrechen, wenn der Kohlenstoff auf einen bestimmten, dem Verwendungszweck des Eisens entsprechenden Gehalt reduziert ist. Da es aber sehr schwer ist, den Entkohlungsgrad richtig zu treffen, so entkohlt man auch beim Bessemerverfahren das Eisen zunächst vollständig. Dem entkohlten Eisenbade wird dann, um ihm den dem Verwendungszwecke entsprechenden Kohlenstoffgehalt zu verleihen, flüssiges mangan- und kohlenstoffreiches Spiegeleisen oder Ferromangan zugesetzt. Dies Verfahren, dem entkohlten Eisenbade den Kohlenstoff wieder zuzuführen, nennt man Rückkohlen. Durch das Mangan der Rückkohlungseinsätze wird außerdem das im Eisenbade gelöste Eisenoxydul, das sich im flüssigen Metall durch die stets erneute Berührung mit dem Sauerstoff des Gebläsewindes bildet, reduziert; das Mangan soll, wie der Hüttenmann sagt, das Bad desoxydieren. Dies ist deshalb erforderlich, weil schon eine geringe Menge Eisenoxydul im Eisen genügt, um dies im hohen Grade rotbrüchig, d. h. spröde in der Hitze zu machen, wodurch eine weitere Verarbeitung unmöglich würde. Durch den Krieg und seine Folgen ist ein großer Mangel an Manganerzen eingetreten. Man steuert diesem Mangel neuerdings mit Erfolg dadurch, daß man zum Desoxydieren statt Ferromangan flüssiges Kalziumkarbid und zum Rückkohlen statt Spiegeleisen reinen Kohlenstoff (Retortengraphit, Holzkohle), der im elektrischen Ofen bis zur Weißglut erhitzt ist, zusetzt.

Das als Einsatz in die Birnen notwendige Roheisen wird meist den Mischern (vgl. S. 52), seltener den Hochöfen unmittelbar oder besonderen Kupolöfen, in denen es umgeschmolzen wird, entnommen.

Beim Siemens-Martin-Verfahren, dessen erfolgreiche Verwendung bis auf das Jahr 1865 zurückgeht, wird das Flußeisen im Martinschen Flammofen mit Siemensscher Regenerativfeuerung, durch welche die Hitze im Ofen bis auf 2000° gesteigert werden kann, erzeugt. Je nachdem die feuerfeste Ausfutterung des Ofens aus Kieselsäure oder Dolomit wie bei den Birnen besteht, unterscheidet man ein saures oder basisches Siemens-Martin-Verfahren. Der Einsatz des Ofens besteht aus Roheisen oder aus Roheisen und Eisenschrott oder aus Roheisen, Eisenschrott und Erzen oder schließlich auch aus Roheisen, Erzen und Kalkzuschlägen. Auch beim Siemens-Martin-Verfahren entkohlt man das Eisen in der Regel zunächst vollständig und rückkohlt und desoxydiert es dann wie beim Birnenverfahren.

Ein Einsatz in die Birnen, den man Charge nennt, umfaßt rd. 20 t Eisen. Eine Charge wird in ungefähr 20 Minuten durchgeblasen. Die Flußeisenerzeugung im Siemens-Martin-Ofen ist weit zeitraubender; eine Siemens-Martin-Charge umfaßt 30 bis 50 t und wird in ungefähr sechs Stunden reif. Bei dem Birnenverfahren findet eine sehr heftige Gasblasenentwicklung statt, die auch nach dem Abguß aus der Birne noch anhält, so daß es in dem erstarrenden Eisen leicht zur Blasenbildung kommt. Berücksichtigt man ferner, daß bei dem langsamen Siemens-Martin-Verfahren die chemische Zusammensetzung des Eisenbades sich besser überwachen und regeln läßt, als bei dem schnellen und gewaltsamen Birnenverfahren, so kann man wohl sagen, daß das Siemens-Martin-Flußeisen noch etwas besser und zuverlässiger als das Birneneisen ist. Namentlich besitzt das Birnen-Flußeisen bei höheren Zugfestigkeiten als 4700 kg/qcm keine so große Zähigkeit wie das Siemens-Martin-Flußeisen. Dies ist der Grund dafür, daß man als obere Grenze der Zugfestigkeit des Flußeisens im allgemeinen 4700 kg/qcm festsetzt. Es empfiehlt sich im allgemeinen nicht, für das Birnen-Flußeisen andere obere Grenzen der Zugfestigkeit vorzuschreiben als für das Siemens-Martin-Flußeisen, weil es sehr schwer ist, die fertigen Erzeugnisse von einander zu unterscheiden.

In neuerer Zeit werden das Flußeisen und der Flußstahl auch im elektrisch geheizten Ofen hergestellt. Diese Art der Flußeisenerzeugung ist teuer, liefert aber ein ausgezeichnetes, festes und zähes Eisen, das nach seiner Herstellungsweise Elektroeisen[1]) genannt wird. Die elektrische Heizung ist deshalb so gut, weil sie auch bei den höchsten Wärmegraden genau geregelt werden kann und weil die hohen Wärmegrade nicht durch einen gasförmigen Brennstoff, sondern allein durch den elektrischen Strom erzeugt werden. Die Elektroöfen werden in Lichtbogenöfen und in Induktionsöfen eingeteilt.

Das flüssige Eisen kommt aus der Birne oder dem Ofen in Gießpfannen, aus denen es in die Blockformen (Kokillen genannt) gegossen wird, und zwar entweder von oben in jede Kokille für sich oder von unten zugleich in mehrere Kokillen, die zu sogenannten Gießgespannen vereinigt sind. Sobald der Mantel der Blöcke erstarrt ist, werden die Kokillen entfernt. Bevor die Blöcke in die Walze kommen, muß auch der Kern der Blöcke festgeworden sein. Würde man hierauf bei gewöhnlicher Außenwärme warten, so würde der Mantel zum Walzen bereits zu kalt sein. Die Blöcke werden deshalb in enge, tiefliegende, mit feuerfestem Mantel ausgekleidete und gut verschließbare Wärmeausgleichgruben gesetzt, in denen sie allmählich gleichmäßig erstarren und nach dem Erstarren noch die nötige Walzwärme von rd. 1000° C in allen Teilen behalten. Einige von diesen Wärmeausgleichgruben werden häufig mit einer Gasfeuerung eingerichtet, um in diesen Tieföfen zu kalt vom Stahlwerk kommende Blöcke oder nach einer Betriebsunterbrechung vom Lager entnommene kalte Blöcke auf die nötige Walzwärme bringen zu können.

Von dem in die Kokillen gegossenen flüssigen Eisen erstarrt zunächst an den kälteren Wänden der Stoff, der den höchsten Schmelzpunkt hat, also das reine Eisen mit geringem Kohlenstoffgehalt. Das stärker verunreinigte Eisen mit dem niedrigeren Schmelzpunkt wird in die Blockmitte gedrängt. Hier steigen

[1]) Vgl. „Der Eisenbau". 1910. Heft I bis III.

die leichtesten Verunreinigungen, das sind die Phosphor- und Schwefellösungen, nach oben und häufen sich unter dem sogenannten Lunker, das ist ein Hohlraum, der sich durch Schrumpfung im Kopf des Blockes bildet.

Der größte Feind eines guten Flußeisens ist der Phosphor. Es soll im allgemeinen nicht mehr als 0,04 v. H. Phosphor enthalten; als allerhöchste Grenze ist 0,07 v. H. anzusehen. Der Phosphor macht das Eisen kaltbrüchig, d. h. außerordentlich empfindlich bei der Bearbeitung im kalten Zustande. Flußeisen von 0,2 v. H. Phosphorgehalt zerspringt wie Glas, wenn man es aus einer gewissen Höhe auf Stein oder Eisen fallen läßt. Einwandfreies Flußeisen soll ungefähr enthalten: 0,06 v. H. Kohlenstoff, 0,01 v. H. Silizium, 0,52 v. H. Mangan, 0,04 v. H. Phosphor und 0,05 v. H. Schwefel.

Das Flußeisen ist ein außerordentlich zäher und fester Baustoff, der sachgemäße Bearbeitungsweisen im kalten Zustande ebenso gut verträgt wie in der Rotglut. In der Blauwärme ist es außerordentlich spröde; in diesem Zustande darf es daher nicht bearbeitet werden. Gegen Verletzungen seiner Oberfläche, d. h. gegen Kerbwirkungen, ist namentlich härteres Flußeisen empfindlich. Beim Stanzen von Löchern, beim Schneiden mit der Schere und bei Ausklinkungen durch Ausklinkmaschinen wird die unmittelbare Umgebung der betroffenen Stellen sehr spröde und zu Ausgangspunkten von Rissen und Anbrüchen. Die schädlichen Wirkungen dieser gewaltsamen Arbeitsweisen lassen sich teilweise wieder durch Abbohren und Abhobeln der unmittelbaren Umgebung auf 1 bis 2 mm Tiefe beseitigen.

Das Flußeisen besitzt im Gegensatz zu dem Schweißeisen in der Walzlängs- und Querrichtung fast gleiche Festigkeiten und Bruchdehnungen. Seine vortrefflichen Festigkeitseigenschaften machen es als Baustoff für gezogene, gedrückte und auf Biegung beanspruchte Glieder der eisernen Brücken und auch für die Niete geeignet.

Das Verdienst, die Überlegenheit des Flußeisens gegenüber dem Schweißeisen und die fast vollständige Gleichwertigkeit des Thomas-Flußeisens und des Siemens-Martin-Flußeisens innerhalb gewisser Festigkeitsgrenzen nachgewiesen zu haben, gebührt Mehrtens[1]). Er führte diesen Nachweis durch umfangreiche Versuche gelegentlich des Baues der Weichselbrücke bei Dirschau und der Nogatbrücke bei Marienburg in den Jahren 1889 bis 1891. Auf Grund dieser Versuche ist die unter seiner Leitung in den Jahren 1890 bis 1893 erbaute Weichselbrücke bei Fordon als die erste Brücke in Deutschland ganz aus Flußeisen und zwar aus Thomas-Flußeisen (6000 t) und basischem Martin-Flußeisen (5000 t) hergestellt worden.

Die „Besonderen Vertragsbedingungen für die Anfertigung, Anlieferung und Aufstellung von Eisenbauwerken" der früheren preußischen Staatseisenbahnen schreiben für das Flußeisen bestimmte Grenzwerte der Zugfestigkeit, kleinste Bruchdehnungen und die Bewährung bei verschiedenen Biege- und Bearbeitungsproben vor, die im folgenden wiedergegeben sind:

[1]) Später Professor des Eisenbrückenbaues an der Technischen Hochschule in Dresden. Gestorben am 9. Januar 1917. Näheres über die Versuche findet man in: „Mehrtens, Eisenbrückenbau. Erster Band." Wilhelm Engelmann, Leipzig 1908.

a) Zerreißproben.

Art des Baustoffes		Zur Walzrichtung	Grenzwerte der Zugfestigkeit in kg/qmm	Kleinste Dehnung in v. H. der Versuchslänge
Formeisen und Bleche	von 4 bis unter 7 mm Dicke	längs	37—46	18
		quer	36—47	15
	von 7 bis 28 mm Dicke	längs	37—44	20
		quer	36—45	17
Nieteisen		längs	36—42	22
Schraubeneisen		längs	38—45	20

b) Biege- und Bearbeitungsproben.

1. Flacheisen, Formeisen, Bleche.

α) Biegeproben:

Kaltprobe. Die Probestäbe sollen, kalt gebogen, eine Schleife mit einem lichten Durchmesser gleich der halben Dicke des Versuchsstückes bilden können, ohne irgendwelche Risse zu zeigen. Härtungsbiegeprobe. Sowohl Längs- als auch Querproben sind hellrotwarm in Wasser von 28° C abzuschrecken und dann so zusammenzubiegen, daß sie eine Schleife mit einem lichten Durchmesser gleich der Dicke des Versuchsstückes bilden. Hierbei dürfen keine Risse entstehen.

β) Rotbruchprobe:

Ein in rotwarmem Zustande auf 6 mm Dicke und etwa 40 mm Breite abgeschmiedeter Probestreifen soll mit einem sich verjüngenden Lochstempel, der 80 mm lang ist und 20 mm Durchmesser am dünnen, 30 mm am dicken Ende hat, im rotwarmen Zustande gelocht werden. Das 20 mm weite Loch soll dann auf 30 mm erweitert werden können, ohne daß ein Einriß entsteht.

2. Nieteisen,

α) Biegeproben:

Rundeisenstäbe sind hellrotwarm in Wasser von etwa 28° C abzuschrecken und dann so zusammenzubiegen, daß sie eine Schleife bilden, deren Durchmesser an der Biegestelle gleich der halben Dicke des Versuchsstückes ist. Hierbei dürfen keine Risse entstehen.

β) Stauchproben:

Ein Stück Nieteisen, dessen Länge gleich dem doppelten Durchmesser ist, soll sich im warmen, der Verwendung entsprechenden Zustande bis auf ein Drittel seiner Länge zusammenstauchen lassen, ohne Risse zu zeigen.

3. Schraubeneisen.

Biegeproben:

Rundeisenstäbe sind hellrotwarm in Wasser von 28° C abzuschrecken und dann so zusammenzubiegen, daß sie eine Schleife bilden, deren Durchmesser an der Biegestelle gleich der Dicke des Versuchsstückes ist. Hierbei dürfen keine Risse entstehen.

Das Flußeisen ist schmiedbar und schweißbar, aber nicht merklich härtbar. Sein Gefüge ist feinkörnig. Die Proportionalitätsgrenze liegt im Mittel bei 2000 kg/qcm, und die niedrigste Streckgrenze kann bei 2500 kg/qcm angenommen werden. Die Dehnungsziffer schwankt zwischen $\frac{1}{2\,000\,000}$ und $\frac{1}{2\,150\,000}$, und das spezifische Gewicht ist 7,85.

c) Der Flußstahl.

Der zu Brückenbauzwecken verwendete Stahl unterscheidet sich vom Flußeisen nur durch den höheren Kohlenstoffgehalt, der ihm eine größere Festigkeit als dem Flußeisen verleiht. Die Herstellungsweise des Flußstahls ist dieselbe wie die des Flußeisens, nur muß beim Rückkohlen des entkohlten Eisenbades mehr Kohlenstoff als beim Flußeisen zugeführt werden. Der zu Brückenbauzwecken verwendete Stahl ist also nichts anderes als hochgekohltes Flußeisen.

Bisher wurde in Deutschland der Flußstahl im Brückenbau hauptsächlich in zwei Formen verwendet: erstens als Stahlguß, auch Stahlformguß genannt, das ist der in Formen gegossene und nicht weiter bearbeitete Flußstahl, und als Schmiedstahl, das ist der gegossene und durch Hämmern oder Pressen weiter bearbeitete Stahlguß. Der Stahlguß wird für Lagerkörper, die keiner weiteren Bearbeitung bedürfen, und der Schmiedstahl für Lagerrollen, Gelenkbolzen und sonstige Formstücke, die einer Bearbeitung, wenn auch einer wenig gewaltsamen, wie dem Abdrehen oder Abhobeln unterworfenen werden müssen und wegen hoher Beanspruchung einen gleichmäßigen Baustoff erfordern, verwendet. Der Stahlguß ist fest, aber weniger zähe und gleichmäßig als der geschmiedete Flußstahl, der Schmiedstahl.

In den Stahlgießereien wird der Flußstahl in der Regel in Martinöfen und Birnen mit kleinerem Fassungsvermögen, als es für die Flußeisenerzeugung üblich ist, hergestellt, und der Roheiseneinsatz für die Birnen wird meist erst in besonderen Kupolöfen eingeschmolzen.

In neuerer Zeit wird der Stahl auch in gewalztem Zustande verwendet, und zwar auch ohne Zusätze von Nickel, Chrom oder Vanadium als einfacher Siemens-Martin-Stahl und als Elektrostahl. Seine Einführung ist dem Bestreben zu verdanken, die höhere Festigkeit des Stahls zur Herabminderung des Eigengewichts der eisernen Brücken auszunutzen. Natürlich ist nur ein solcher Stahl brauchbar, der neben einer hohen Festigkeit eine hohe Streckgrenze und eine große Bruchdehnung besitzt und so zähe ist, daß er jede Bearbeitung gut verträgt. Der Siemens-Martin-Stahl und der Elektrostahl sind teurer als das Flußeisen, der erstere, weil die Chargendauer zur Erzielung größerer Reinheit verlängert werden muß, der letztere wegen der teuren elektrischen Heizung; zur Verteuerung beider Stahlsorten trägt weiter der Umstand bei, daß sie sich wegen ihrer größeren Härte schwerer als Flußeisen walzen und bearbeiten lassen. Trotz des höheren Preises kann der Stahl mit dem Flußeisen schon bei verhältnismäßig kleinen Überbauten wegen der Umstände, daß infolge seiner höheren Festigkeitseigenschaften größere Spannungen zulässig sind, daß dadurch das Eigengewicht herabgemindert wird und daß infolgedessen auch die Kosten für Beförderung und Einbau der Bauteile und für die Gerüste abnehmen, in Wettbewerb treten. Bei Überbauten mit großen Stützweiten ist der Stahl dem Flußeisen wirtschaftlich weit überlegen. Bei sehr großen Stützweiten nehmen außerdem die einzelnen Glieder der Hauptträger bei Verwendung von Flußeisen derartige Abmessungen an, daß die knicksichere Ausbildung der gedrückten Stäbe auf Schwierigkeiten stößt, die Nebenspannungen infolge zu großer Höhe der Querschnitte zu hohe Werte erreichen und die Niete zu lang werden. Bei zweigleisigen Eisenbahnbrücken, die für den Lastenzug B der früheren preußischen Staatseisenbahnen berechnet und als einfache Balkenträger ausgeführt werden, ist als Grenze der Ausführungsmöglichkeit in Flußeisen die Stützweite von 220 m anzusehen. Bei größeren Stützweiten muß der Stahl also schon aus rein konstruktiven Gründen an die Stelle von Flußeisen treten. Da der Stahl ungefähr dieselbe Dehnungsziffer wie das Flußeisen besitzt, wird sich ein Überbau aus Stahl wegen der geringeren, höher beanspruchten Querschnitte mehr durchbiegen als ein Überbau aus Flußeisen mit den gleichen Höhenabmessungen. Man wird daher im allgemeinen einen stählernen Überbau mit größerer Höhe als einen flußeisernen ausführen. Wegen des geringeren Gewichtes werden stählerne Überbauten gegen die dynamischen Einflüsse der Betriebsmittel empfindlicher sein als flußeiserne; bei weit gespannten Überbauten wird dies ohne Belang sein, weil ihr Eigengewicht gegenüber den Verkehrslasten sehr bedeutend ist. Man hat auch geltend gemacht, daß die hohen Festigkeitseigenschaften des Stahls bei den gedrückten Stäben nicht ausgenutzt werden könnten, weil die knicksichere Ausbildung dieser Stäbe zur Erzielung des erforderlichen Trägheitsmomentes bei Stahl und Flußeisen denselben Querschnitt erfordere. Dies trifft aber bei Brückenbauten im allgemeinen nicht zu. Das Verhältnis $\frac{l}{i}$ (Stablänge : kleinster Trägheitshalbmesser) der gedrückten Stäbe der Hauptträger ist in der Regel ein solches, daß die Knickspannung annähernd mit der Streckgrenze zusammenfällt. Infolgedessen ist die Knickspannung bei stählernen Stäben ungefähr so viel höher als bei flußeisernen Stäben, als der Unterschied der Streckgrenzen beider Eisensorten beträgt[1]). Dies ist auch durch Versuche, die das Materialprüfungsamt in Groß-Lichterfelde im Auftrage der „Gutehoffnungshütte" ausgeführt hat, bestätigt worden.

Für die neue Straßendrehbrücke über den Kaiser-Wilhelm-Kanal bei Rendsburg ist ein Siemens-Martin-Stahl von einer Zugfestigkeit von 44 bis 51 kg/qmm, einer Mindeststreckgrenze von 30 kg/qmm und einer geringsten Bruchdehnung von 20 v. H. verwendet worden. Bei der Abnahme dieses Baustoffes und bei der Bearbeitung haben sich keine Anstände ergeben. Die zulässige Beanspruchung ist um 20 v. H. höher als bei Flußeisen gewählt worden. Dieser Stahl ist nur unwesentlich teurer als Flußeisen. Derselbe Baustoff ist auch für den Schwebeträger der kürzlich erbauten Hochbrücke über den Kaiser-Wilhelm-Kanal bei Hochdonn verwendet worden.

Die Oberschlesische Eisenbahn-Bedarf-Aktiengesellschaft Friedenshütte bei Morgenroth, O.-S., bietet drei verschiedene Sorten Siemens-Martin-Stahl an, für welchen sie folgende Festigkeits- und Zähigkeitszahlen gewährleistet[2]).

Festigkeit	Elastizitätsgrenze	Bruchdehnung
50 bis 55 kg/qmm	28 kg/qmm	17 bis 20 v. H.
50 „ 60 „	32 „	16 „ 18 „
60 „ 70 „	36 bis 38 kg/qmm	16 „ 18 „

[1]) Vgl. „Österreichische Versuche mit hochwertigem Eisen für Tragwerke". Von Dr.-Ing. Bohny. Zentralblatt der Bauverwaltung 1916, S. 269.

[2]) „Eisenbau" 1911, S. 194; Aufsatz von R. Sonntag.

Als Elastizitätsgrenze wird hierbei die Spannung angesehen, bei der die bleibenden Dehnungen 0,02 v. H. der Meßlänge des Probestabes erreichen. Diese Stahlsorten sollen 0,25 bis 0,33 v. H. Kohlenstoff, 0,6 bis 1,1 v. H. Mangan und im Höchstfalle 0,04 v. H. Phosphor enthalten.

Die Brückenbauanstalt Gustavsburg bot seinerzeit für die von ihr erbaute Straßenbrücke in Köln (Ersatz für die alte Schiffsbrücke) einen Siemens-Martin-Kohlenstoffstahl mit 0,25 bis 0,30 v. H. Kohlenstoffgehalt, 55 bis 65 kg/qmm Festigkeit, 18 v. H. Bruchdehnung und 34 kg/qmm Fließgrenze an. Es wurde gewährleistet, daß sich Streifen aus diesem Baustoff von 30 bis 50 mm Breite mit abgefeilten Kanten in kaltem Zustande zu einer Schleife mit einem lichten Durchmesser gleich der dreifachen Dicke des Versuchsstückes biegen lassen, ohne Risse zu zeigen.

Auf Grund der eben erwähnten österreichischen Versuche mit hochwertigem Eisen wurde für den neuen im Jahre 1918 fertiggestellten Überbau der Brücke über die alte Donau im Zuge der Kagraner Reichsstraße bei Wien[1]) ein hochwertiger Siemens-Martin-Stahl verwendet. Dieser sollte eine Festigkeit von 5,5 bis 6,5 t/qcm, eine Mindeststreckgrenze von 3,5 t/qcm und eine Gütezahl (Festigkeit in t/qcm $\times$ Bruchdehnung in v. H.) in der Walzrichtung $\geq$ 112 und quer zur Walzrichtung $\geq$ 102 besitzen. Streifen aus diesem Baustoff sollten, ohne Einrisse zu bekommen, eine Biegung über eine Rundung, deren Durchmesser bei Proben aus der Walzlängsrichtung gleich der dreifachen, bei Proben aus der Walzquerrichtung gleich der fünffachen Stabstärke ist, bis zu einem Winkel von 180° aushalten. Winkeleisen sollten sich bis zu einem Winkel von 135°, ohne Einrisse zu bekommen, aufbreiten lassen.

Der von der Alpinen Montangesellschaft in Donawitz gelieferte Baustoff hat bei der Abnahme diese Bedingungen erfüllt, die Gütezahlen sogar erheblich übertroffen. Die Werkstattarbeiten bereiteten im allgemeinen keine Schwierigkeiten; der Verschleiß der Bohrer und Hobel war natürlich größer als bei Flußeisen. Die Niete aus dem hochwertigen Baustoff ließen sich von Hand nicht so stauchen, daß sie das Nietloch ausfüllten; es wurde daher Maschinen- und Preßlufthammernietung grundsätzlich vorgeschrieben. Nach den chemischen Analysen zeigte der Baustoff folgende Zusammensetzung: Kohlenstoff 0,19 bis 0,33 v. H., Silizium 0,15 bis 0,22 v. H., Mangan 1,11 bis 1,39 v. H., Phosphor und Schwefel 0,04 bis 0,065 v. H. Als zulässige Beanspruchung wurde das 1,4 fache des Wertes angenommen, der für Flußeisen zugelassen ist.

Die 17500 t schwere, 298 m weit gespannte Höllentor-Bogenbrücke in Neuyork, die 1917 vollendet worden ist, besteht zum größten Teil aus einem Siemens-Martin-Stahl von 46 bis 53 kg/qmm Zugfestigkeit.

Nach Angaben der Röchlingschen Eisen- und Stahlwerke in Völklingen a. S. kommen für Elektrostahl in der Hauptsache nachstehende drei Sorten in Frage[2]):

[1]) Vgl. „Wochenschrift für den öffentlichen Baudienst" 1919, S. 26 u. f.

[2]) Siehe „Eisenbau" 1911, S. 196; Aufsatz von R. Sonntag.

Elastizitätsgrenze	Festigkeit	Bruchdehnung
1. 35 kg/qmm	50 bis 60 kg/qmm	22 bis 28 v. H.
2. 40 „	60 „ 65 „	22 „ 25 „
3. 45 „	65 „ 70 „	18 „ 23 „

Der Kohlenstoffgehalt schwankt zwischen 0,37 und 0,6 v. H.

Der beste Stahl ist wohl der Tiegelflußstahl. Dieser wird durch Umschmelzen von Roheisen oder schmiedbarem Eisen in kleinen Tiegeln, die aus feuerfestem Ton und Graphit bestehen und in größerer Anzahl in Öfen mit Gasfeuerung eingesetzt werden, gewonnen. Der Tiegelflußstahl ist sehr teuer, im Brückenbau wird er nur für die Drahtkabel der Hängebrücken verwendet und zwar mit einer Festigkeit von 120 bis 150 kg/qmm mit 3 bis 4 v. H. Bruchdehnung. Als bester Rohstoff für diesen Tiegelflußstahl gilt nach den Angaben des Felten und Guilleaume-Karlswerks in Mülheim am Rhein reines schwedisches Holzkohleneisen. Trotz der geringen Bruchdehnung von nur 3 bis 4 v. H. hat sich dieser Drahtkabelbaustoff ausgezeichnet bewährt, vor allem wohl deswegen, weil er nach dem Walzen keiner weiteren Bearbeitung unterworfen wird.

Der Stahl ist schweißbar, schmiedbar und härtbar. Sein Bruch ist feinkörnig.

Die „Besonderen Vertragsbedingungen für die Anfertigung, Anlieferung und Aufstellung von Eisenbauwerken" der früheren preußischen Staatseisenbahnen schreiben für den geschmiedeten, gewalzten oder gegossenen Flußstahl vor:

„Die Zugfestigkeit soll 45 bis 60 kg/qmm, die Dehnung bei geschmiedetem oder gewalztem Stoff mindestens 16 v. H. und bei gegossenem Stoff mindestens 10 v. H. der Versuchslänge betragen."

Die Dehnungsziffer des Stahles schwankt zwischen $\frac{1}{2\,050\,000}$ und $\frac{1}{2\,250\,000}$. Das spezifische Gewicht ist 7,85.

Die Festigkeitseigenschaften des Stahls lassen sich durch Zusätze von Nickel, Chrom und Vanadium noch erheblich verbessern. Namentlich Nickel und Chrom sind schon vielfach als Zusätze zum Stahl für Brückenbauzwecke verwendet worden, weniger Vanadium, dessen sehr hoher Preis seine Verwendung einschränkt. Chrom wird meist nicht als alleiniger Zusatz verwendet, sondern als Zuschlag zum Nickelstahl.

Der bisher für Brückenbauzwecke verwendete Nickelstahl ist ein Siemens-Martin-Stahl mit Nickelzusatz, dessen Höhe in Deutschland zu 0,8 bis 2,5 v. H., in Amerika in der Regel zu 3,25 bis 3,5 v. H. gewählt wird. Das Nickel wird meist dem flüssigen Eisenbade am Ende des Schmelzvorganges zugesetzt. Es verleiht dem Stahl eine hohe Festigkeit, eine hohe Streckgrenze und eine große Bruchdehnung. Das Walzen und die Bearbeitung des Nickelstahls ist wegen seiner größeren Härte schwieriger als bei Flußeisen; dies macht ihn teurer als das Flußeisen, und der hohe Preis des Nickels (3,20 bis 3,40 Mark für 1 kg in der Vorkriegszeit) macht ihn noch teurer als den Siemens-Martin-Stahl und den Elektrostahl. Das Herausschlagen von Nickelstahlnieten hat sich als schwierig erwiesen. Man verwendet deshalb überhaupt keine Nickelstahlniete oder muß sie im Bedarfsfalle mit der Sauerstoff-Wasserstoffflamme wegbrennen. Wie Versuche erwiesen haben, rostet Nickelstahl infolge des Nickelgehaltes schwerer als Flußeisen und Stahl. (Vgl. „Stahl und Eisen" 1911, Nr. 3 u. 5.)

In Amerika ist der Nickelstahl bei den weitgespannten Brücken als Baustoff für die Hauptträger schon vielfach verwendet worden, so bei der Blackwell-Islandbrücke und bei der Manhattanbrücke und neuerdings in ausgedehntem Maße auch bei der Brücke über den St. Lawrence-Strom bei Quebec. Für den Nickelstahl der zuletzt genannten Brücke wurde gefordert: 3.25 v. H. Nickelgehalt, eine Streckgrenze $\geq$ 38,7 kg/qmm, eine Zugfestigkeit von 59,6 bis 66,8 kg/qmm und eine Bruchdehnung $> \frac{1125}{\text{Zugfestigkeit}} = 18.9$ bis 16.8 v. H.

Auch in Deutschland sind schon einige Ausführungen in Nickelstahl zu verzeichnen:

1. Der 118 m weit gestützte Versteifungsträger der Schwebefähre über die Hafeneinfahrt der Staatswerft in Kiel. 2. Die Hüttenbahnbrücke der Gutehoffnungshütte über den Rhein-Herne-Kanal, eine zweigleisige Fachwerkbrücke von 60,57 m Stützweite. 3. Eine eingleisige Eisenbahnbrücke von 31,5 m Stützweite im Zuge der Linie Oberhausen—Dorsten im Bezirk der Eisenbahndirektion Essen. 4. Die Hauptteile der neuen Straßenbrücke über den Rhein in Köln. 5. Die Hauptträger der Hindenburgbrücke in Berlin.

Die Verwendung von Nickelstahl für die Brücken zu 1 bis 3 ist auf Anregungen der „Gutehoffnungshütte", die unter der Führung des Generaldirektors Dr.-Ing. e. h. Reusch und des Direktors Dr.-Ing. Bohny bahnbrechend für die Verwendung von Nickelstahl zu Brückenbauzwecken vorgegangen ist, zurückzuführen. Für den Nickelstahl dieser Brücken wurde vorgeschrieben: Nickelgehalt 2,0 bis 2.5 v. H., Streckgrenze > 35 kg/qmm, Zugfestigkeit = 56 bis 65 kg/qmm und Bruchdehnung > 18 v. H. Dieselben Festigkeitszahlen wurden auch für den Nickelstahl der neuen Straßenbrücke über den Rhein in Köln vorgeschrieben. Der Nickelstahl dieser Brücke besitzt aber einen Nickelgehalt von nur 1,1 v. H. im Mittel und einen Zuschlag von Chrom in Höhe von 0,5 v. H. im Mittel, bei einem mittleren Kohlenstoffgehalt von 0,3 v. H.; er wurde vom Stahlwerk Thyssen in Mülheim a. d. Ruhr geliefert.

Wenn nicht bauliche Gründe die Verwendung von hochwertigem Eisen erfordern (vgl. S. 60), so ist die Verwendung dieses Baustoffs eine Kostenfrage[1]), deren Beantwortung schon bei mittleren Stützweiten zugunsten des hochwertigen Eisens ausfällt.

Schwierig ist vorläufig die Frage, wie Verwechslungen zwischen fertigen Walzerzeugnissen aus Flußeisen und solchen aus hochwertigem Stahl mit Sicherheit vorgebeugt werden kann. Die Hüttenwerke werden mit größter Sorgfalt für die getrennte Lagerung der flußeisernen und stählernen Sorten und vielleicht durch besonders in die Augen springende Farbbezeichnung für die äußere Unter-

[1]) Lehrreiche Ausführungen über die Preise der verschiedenen hochwertigen Stahlsorten findet man in dem schon mehrfach erwähnten Aufsatz von R. Sonntag im „Eisenbau" 1911, S. 187 u. f.

scheidung der verschiedenen Sorten bis zur Verarbeitung zu sorgen haben. Die Abnahmebeamten werden sich nicht allein auf den Ausfall der Festigkeitsproben verlassen dürfen, sondern auch chemische Analysen ausführen müssen. Nickelstahl erkennt man leicht durch Auflösen kleiner Späne in Salzsäure; der Nickelgehalt färbt die Lösung grün.

Abschnitt V.

Zulässige Beanspruchungen der einzelnen Bauteile eiserner Brücken und Standsicherheit der Überbauten.

A. Zulässige Zugbeanspruchung und zulässige Druckbeanspruchung für gedrückte Bauteile, die keiner Zerknickungsgefahr ausgesetzt sind, und zulässige Abscherbeanspruchung und zulässiger Lochleibungsdruck von Anschluß- und Stoßdeckungsnieten.

Durch eine einmalige, allmählich von Null anwachsende Belastung wird das Eisen erst zerstört, wenn die Belastung eine solche Größe angenommen hat, daß die durch sie erzeugten Spannungen die Bruchgrenze erreichen. Wird die Belastung aber sehr oft wiederholt, so genügen schon weit kleinere Belastungswerte, um die Zerstörung herbeizuführen, wenn die Belastung nur genügend oft wiederholt wird und die durch sie hervorgerufenen Spannungen eine gewisse Größe erreichen. Das Verdienst, diese für die eisernen Brücken so wichtige Tatsache bewiesen zu haben, gebührt Wöhler[1], der in den Jahren 1859 bis 1870 seine bekannten Dauerversuche durchführte. Das Wöhlersche Gesetz[2]) läßt sich kurz dahin zusammenfassen, daß die Zerstörung von Eisen bei sehr oft wiederholter Belastung schon bei Spannungen herbeigeführt wird, die weit unter der Bruchgrenze liegen, und daß die Größe des Unterschiedes der Spannungen beim Belastungswechsel von ausschlaggebendem Einfluß auf die Zerstörung ist. Dabei sind bei der Errechnung des Spannungsunterschiedes die Zugspannungen positiv und die Druckspannungen negativ zu rechnen, so daß also der Unterschied zwischen Zug- und Druckspannungen als eine Summe erscheint.

Auf Grund der Ergebnisse der Wöhlerschen Versuche sind Formeln für die zulässige Spannung aufgestellt worden; am bekanntesten ist die von Launhardt-Weyrauch, die sich für Flußeisen in der Form

$$\sigma_z = 800\left(1 + \frac{1}{2}\,\frac{S_{min.}}{S_{max.}}\right)$$

[1]) Damals Obermaschinenmeister der Niederschlesisch-Märkischen Eisenbahn in Frankfurt a. O.

[2]) Vgl. „Mehrtens". Eisenbrückenbau, 1. Bd., S. 126 u. f.

niederschreiben läßt. Hierin bedeutet σ_z die zulässige Beanspruchung, $S_{min.}$ die kleinste und $S_{max.}$ die größte Stabkraft mit ihren Absolutwerten. Das positive Zeichen ist zu nehmen, wenn die Grenzwerte $S_{max.}$ und $S_{min.}$ gleiche, dagegen das negative, wenn sie entgegengesetzte Vorzeichen haben.

Gegen diese Anwendung der Ergebnisse der Wöhlerschen Versuche sind mit Recht von verschiedenen maßgebenden Fachgenossen, so auch von Mohr Bedenken geäußert worden. Die Wöhlerschen Versuche waren Biegungsversuche, und die wiederholten Belastungen folgten in solch kurzen Abständen aufeinander, wie sie bei eisernen Brücken nie vorkommen können. Die Versuche Bauschingers haben dann unzweideutig bewiesen, daß ein Stab, der im gleichen Sinne beliebig oft beansprucht wird, nicht zerstört wird, wenn die Spannungen nur die Elastizitätsgrenze nicht überschreiten, daß also bei Stäben, die unter der Elastizitätsgrenze in gleichem Sinne beansprucht werden, auf den Spannungsunterschied keine Rücksicht genommen zu werden braucht. Weiter haben die Erfahrungen, die mit der außerordentlich großen Zahl der eisernen Brücken der früheren preußischen Staatseisenbahnverwaltung, die ihre Brücken ohne jede Rücksicht auf den Spannungswechsel bisher berechnet hat, gemacht sind, gezeigt, daß auch bei Stäben, die in verschiedenem Sinne beansprucht werden, der Spannungswechsel keinen zerstörenden Einfluß ausüben kann, wenn nur die Spannungen unter der Elastizitätsgrenze liegen. Danach scheint also auch bei Wechselstäben eine Berücksichtigung des Spannungsunterschiedes bei Festsetzung der zulässigen Spannung nicht nötig zu sein.

Überschreiten aber die Spannungen die Elastizitätsgrenze, so geht der Stab bei genügend oft wiederholter Belastung zu Bruch, weil jenseits der Elastizitätsgrenze die bleibenden Dehnungen nicht mehr verschwindend klein sind und sich nach jeder weiteren Belastung vergrößern, der Baustoff also langsam zerstört wird.

Die Versuche Bauschingers haben schließlich gezeigt, daß durch Anstrengungen zwischen Null und einer oberen Grenze, die in der Nähe oder auch über der ursprünglichen Elastizitätsgrenze gelegen ist, aber die Streckgrenze nicht überschreitet, die ursprüngliche Elastizitätsgrenze gehoben wird, daß dies aber bei Anstrengungen, die zwischen Zug und Druck wechseln, nicht der Fall ist. Hiernach liegt ein berechtigter Grund vor, für Stäbe, die nur im gleichen Sinn beansprucht werden, höhere Spannungen zuzulassen als für Stäbe, die auf Zug und Druck beansprucht werden.

Nach alle diesem ist also die Sicherheit einer eisernen Brücke gewährleistet, wenn in den Baugliedern, die nur in gleichem Sinne beansprucht werden, die wirklich auftretenden Spannungen die gehobene Elastizitätsgrenze nicht überschreiten, und in den Baugliedern, die Zug und Druck erleiden, die wirklich auftretenden Spannungen unter der natürlichen Elastizitätsgrenze bleiben. Die natürliche Elastizitätsgrenze (vgl. S. 47) kann als mit der Proportionalitätsgrenze zusammenfallend angenommen werden; als obere Grenze der gehobenen Elastizitätsgrenze kann die Streckgrenze angesehen werden.

Die wirklich auftretenden Spannungen lassen sich durch die Rechnung nicht genau erfassen. Sehr schnell fahrende Verkehrslasten wirken nicht wie Lasten, die allmählich von Null anwachsen, sondern mehr wie Lasten, die plötzlich stoßweise in ganzer Größe auftreten. Bei ihrer Bewegung über Unebenheiten der Fahrbahnoberfläche entstehen weitere Stöße. Auch das Gehen und Laufen von Menschen und Tieren verursacht Stöße. Solche stoßweise wirkenden Lasten haben nicht allein einen erhöhten statischen Einfluß, der sich leicht durch Einführung einer Stoßziffer in der Rechnung berücksichtigen läßt, sondern sie rufen auch Schwingungen hervor, durch welche in den Baugliedern besonders dann große Spannungen entstehen, wenn die Schwingungsdauer und der Zeitabstand, in dem die Lasten oder Stöße aufeinander folgen, einander gleich sind oder das eine ein vielfaches vom anderen ist. Der Einfluß der Schwingungen auf die Spannungen läßt sich nur durch sehr schwierige und weitläufige Rechnungen und auch dann nur unvollkommen feststellen, man läßt ihn daher in den Festigkeitsberechnungen unberücksichtigt. Einflüsse, welche Aufstellungsfehler, ungleichmäßige Kraftaufnahme mehrteiliger Stäbe, die unvermeidbaren, wenn auch nur geringfügigen Unterschiede im Gefüge der einzelnen Bauglieder und die einseitige Sonnenbestrahlung doppelwandiger Stäbe auf die Spannungen ausüben, lassen sich überhaupt nicht durch die Rechnung erfassen. Ist die Fahrbahn so angeordnet, daß sie unter schnellfahrenden Lasten nach unten konvexe Durchbiegungen erleidet, so werden nach unten gerichtete Fliehkräfte hervorgerufen, ein weiterer Umstand, den man in der Regel in der Rechnung außer acht läßt. Die Festigkeitsberechnungen werden meist unter der vereinfachenden Annahme gelenkiger Verbindungen, der alleinigen Lastübertragung des Eigengewichtes und des Windes in den Knotenpunkten und der Unabhängigkeit der Hauptträger von den Fahrbahnträgern durchgeführt. Die Beanspruchungen, die durch die starren Knotenpunktverbindungen, durch die Einwirkung des Eigengewichtes und des Windes auf die Stäbe zwischen den Knotenpunkten, durch die steife Verbindung der Querträger mit den Hauptträgern und durch den Zusammenhang der Fahrbahn mit den Hauptträgern in der Längsrichtung entstehen, werden meist wegen der Schwierigkeit ihrer rechnerischen Feststellung nicht nachgewiesen. Die durch alle diese in der Rechnung nicht berücksichtigten Umstände hervorgerufenen Beanspruchungen werden Nebenspannungen genannt. Im Gegensatz zu ihnen stehen die Hauptspannungen, die unter den erwähnten vereinfachenden Rechnungsannahmen von dem Eigengewicht, den senkrechten Komponenten der Verkehrslasten (mit oder ohne Stoßziffer), den wagerechten Fliehkräften (bei Gleisen in der Krümmung) und den Wärmeschwankungen hervorgerufen werden. Zu den Neben- und Hauptspannungen treten noch die Zusatzspannungen, welche durch die nicht regelmäßig auftretenden Zusatzkräfte, wie die Brems- und Anfahrkräfte, die Seitenstöße der Fahrzeuge und die Reibungswiderstände der beweglichen Lager, und durch den Winddruck erzeugt werden. Auch der Einfluß der Zusatzkräfte läßt sich teilweise nur unvollkommen berücksichtigen.

Berücksichtigt man die Stoßwirkung der bewegten Lasten mit einer entsprechenden Stoßziffer und weist nach Möglichkeit den Einfluß der Zusatz- und Windkräfte rechnerisch nach, so erreicht bei gut durchgebildeten eisernen Überbauten der Wert der nicht nachgewiesenen Zusatz- und Nebenspannungen höchstens 60 v. H. des Wertes der rechnerisch nachgewiesenen Spannungen; läßt man die Zusatz- und Windkräfte ganz außer acht, so kann dieser Wert auf 80 v. H. steigen.

Man verfährt nun häufig so, daß man die Stoßwirkung der bewegten Lasten und den Wert der nicht nachgewiesenen Zusatz- und Nebenspannungen in der Rechnung durch bestimmte Ziffern berücksichtigt. Dann ist als höchste zulässige Spannung die gehobene oder natürliche Elastizitätsgrenze anzusehen, je nachdem die Spannung nur in einem Sinne wirkt oder zwischen Zug und Druck wechselt.

Man verfährt aber vielfach auch so, daß man die Stoßwirkung der bewegten Lasten in der Rechnung durch Einführung einer Stoßziffer berücksichtigt, dem Einfluß der nicht nachgewiesenen Zusatz- und Nebenspannungen aber keine Rechnung trägt, und drittens schließlich auch so, daß man sowohl die Stoßwirkung der bewegten Lasten als auch den Einfluß der nicht nachgewiesenen Zusatz- und Nebenspannungen in der Rechnung ganz außer acht läßt. In diesen beiden Fällen sind unter den zugelassenen Spannungen diejenigen zu verstehen, die von den rechnerisch nachgewiesenen Stabkräften hervorgerufen werden dürfen. Diese müssen in solchen Grenzen gehalten werden, daß auch die rechnerisch nicht nachgewiesenen oder nachzuweisenden Einflüsse auf keinen Fall eine Erhöhung der Spannungen über die gehobene oder natürliche Elastizitätsgrenze verursachen, je nachdem die Spannung nur in einem Sinne wirkt oder zwischen Druck und Zug wechselt.

Nach dem letzten der drei Verfahren sind die Vorschriften über die zulässigen Beanspruchungen der eisernen Eisenbahnbrücken der früheren preußischen Staatseisenbahnen aufgebaut. In der nebenstehenden Zusammenstellung sind diese Vorschriften wiedergegeben.

Für die Hauptträger sind bei Berücksichtigung der Windkräfte höhere Spannungen zugelassen als bei Außerachtlassung der Windkräfte. Dies hat seine Berechtigung in der Überlegung, daß das Zusammentreffen von größtem Winddruck und größter senkrechter Belastung nur sehr selten vorkommt und für diese vereinzelten Fälle das Auftreten größerer Spannungen unbedenklich ist. Von einem Unterschied in der Größe der zulässigen Beanspruchungen für Stäbe, die nur in einem Sinne beansprucht werden, und für solche, die Zug und Druck erleiden, ist Abstand genommen. Die eingeklammerten Zahlen gelten für Schweißeisen, d. h. für das Nachrechnen bestehender schweißeiserner Brücken, die übrigen für Flußeisen. Für die Scherspannung der Niete in den Gliedern der Hauptträger sind $^9/_{10}$ des Wertes zugelassen, der für die Zug- oder Druckbeanspruchung der Glieder selbst ohne Berücksichtigung der Windkräfte als zulässig erachtet ist (vgl. hierzu die Fußnote auf S. 39). Die Beanspruchungen, die ohne oder mit Berücksichtigung der Windkräfte zulässig sind, dürfen auch nicht durch die Spannungen aus den etwa auftretenden und in der Rechnung berücksichtigten Fliehkräften, Bremskräften und Wärmeschwankungen überschritten werden.

Die Beanspruchungen der Bauteile, die im allgemeinen mit Berücksichtigung der Wirkung des Windes zu bemessen sind, dürfen bei Außerachtlassung

Zulässige Beanspruchungen für die einzelnen Teile eiserner Eisenbahnbrücken der früheren preußischen Staatseisenbahnen.

1. Hauptträger.

Stützweite bis zu	Zulässige Beanspruchung der Hauptträgerglieder		Zulässige Beanspruchung der Niete in den Hauptträgergliedern	
	ohne Rücksicht auf Wind kg/qcm	mit Rücksicht auf Wind kg/qcm	auf Abscheren kg/qcm	in der Lochleibung kg/qcm
10 m	800 (750)	1000 (900)	750	1500
20 m	850 (765)	1000 (900)	765	1530
40 m	900 (810)	1050 (945)	810	1620
80 m	950 (855)	1100 (990)	855	1710
120 m	1000 (900)	1150 (1035)	900	1800
160 m	1050 (945)	1200 (1080)	945	1890
200 m	1100 (990)	1250 (1125)	990	1980

2. Fahrbahn.

Art der Fahrbahn	Zulässige Beanspruchung der Längs- und Querträger kg/qcm	Zulässige Beanspruchung der Anschlußniete	
		auf Abscheren kg/qcm	in der Lochleibung kg/qcm
Schotter- und Kiesbett	800 (750)	750	1500
Schienen auf Brückenbalken, die unmittelbar auf den Längsträgern ruhen	750 (700)	700	1400
Schienen unmittelbar oder mittels eiserner Unterlagsplatten auf den Längs- oder Querträgern	700 (650)	650	1300

dieser Wirkung nicht höher sein als die Werte, welche ohne Rücksicht auf Winddruck zugelassen sind. Für Stützweiten, die zwischen den angegebenen liegen, kann mit Spannungswerten gerechnet werden, die zwischen den angegebenen Werten geradlinig eingeschaltet werden.

Für die Glieder der Windverbände und ihre Anschlußniete sind die für die Hauptträger angegebenen Spannungswerte maßgebend.

Die Größe der zulässigen Beanspruchungen nimmt mit der Stützweite zu. Dies hat seinen Grund in der Überlegung, daß die Stoßwirkung der bewegten Lasten mit der Zunahme des Gewichtes der eisernen Überbauten abnimmt.

Unter Zugrundelegung desselben Verfahrens, d. h. bei Außerachtlassung der Stoßwirkung der bewegten Lasten und des Einflusses der nicht nachgewiesenen Zusatz- und Nebenspannungen in der Berechnung können für die Haupt- und Fahrbahnträger von flußeisernen Straßenbrücken folgende Spannungswerte als zulässig erachtet werden:

1. Hauptträger.

Stützweite bis zu	Zulässige Beanspruchung der Hauptträgerglieder		Zulässige Beanspruchung der Niete in den Hauptträgergliedern	
	ohne Rücksicht auf Wind kg/qcm	mit Rücksicht auf Wind kg/qcm	auf Abscheren kg/qcm	in der Lochleibung kg/qcm
10 m	1000	1150	800	1600
20 m	1050	1200	840	1680
40 m	1100	1250	880	1760
80 m	1150	1300	920	1840
120 m	1200	1350	960	1920
160 m	1250	1400	1000	2000
über 160 m	1300	1450	1040	2080

Für dazwischenliegende Werte ist geradlinig einzuschalten.

2. Fahrbahn.

Zulässige Beanspruchung		
der Längs- und Querträger	der Niete	
	auf Abscheren	in der Lochleibung
kg/qcm	kg/qcm	kg/qcm
1000	800	1600

Eine Abstufung der Spannungen nur nach Stützweiten berücksichtigt den Einfluß der Stoßwirkungen insofern nur in unvollkommener Weise, als das Gewicht der Überbauten, das den Stößen der bewegten Lasten entgegenwirkt, nicht allein von der Stützweite, sondern auch von der Brückenbreite und der Fahrbahnausbildung abhängt, und als sich die einzelnen Glieder ein und desselben Bauwerkes den Stößen gegenüber sehr verschieden verhalten. Bei durchlaufenden Trägern ohne Gelenke und mit Gelenken versagt außerdem die alleinige Abstufung der zulässigen Spannungen nach Stützweiten vollständig. Weit zweckmäßiger ist die Einführung einer Stoßziffer in die Rechnung.

Bezeichnet man mit σ_E die Spannung an der Elastizitätsgrenze, mit φ eine Ziffer, durch welche die Stoßwirkung der bewegten Lasten berücksichtigt wird, mit μ die Einflußziffer der Zusatz- und Nebenspannungen, mit S^e die Stabkraft aus dem Eigengewicht, mit S^v die im gleichen Sinne wie S^e wirkende Stabkraft aus der ruhend gedachten Verkehrslast und mit F den erforderlichen Nutzquerschnitt, so erhält man nach dem ersten der drei Verfahren die Gleichung:

$$\sigma_E = \frac{\mu\,[S^e + (1+\varphi)\,S^v]}{F}$$

$$F = \frac{\mu\,[S^e + (1+\varphi)\,S^v]}{\sigma_E}.$$

Ist σ_z die höchste zulässige Beanspruchung für den Fall, daß φ und μ in der Rechnung außer acht gelassen werden, so ist:

$$F = \frac{S^e + S^v}{\sigma_z}.$$

Aus den beiden letzten Gleichungen folgt:

$$\sigma_z = \frac{\sigma_E}{\mu} \cdot \frac{S^e + S^v}{S^e + (1+\varphi)\,S^v}.$$

In der Zeitschrift: „Der Brückenbau", 1912, S. 193, setzt Gnutzmann für Eisenbahnbrücken $\varphi = 0{,}45 + \frac{1}{n}$, wo n die Anzahl der auf der Brücke befindlichen Achsen bedeutet, μ für vollwandige Träger $= 1{,}75$ und für gegliederte Träger $= 1{,}82$ und $\sigma_E = 2200$ kg/qcm. Indem man für eingleisige Eisenbahnbrücken mit offener Fahrbahn S^v durch ein Vielfaches von S^e ausdrückt, erhält man nach Gnutzmann für den Lastenzug der früheren preußischen Staatseisenbahnen vom Jahre 1903

Stützweite l =	5	10	20	40	60	80	100 m
S^v =	9	4,9	3,2	2,06	1,62	1,31	1,00 · S^e
$1+\varphi$ =	1,70	1,65	1,56	1,51	1,492	1,482	1,476
μ =	1,75	1,75	1,75	1,82	1,82	1,82	1,82
σ_z =	771	816	850	900	929	953	977 kg/qcm.

Diese Größen stimmen sehr gut mit den Werten überein, die für die Hauptträger der eisernen Eisenbahnbrücken der früheren preußischen Staatseisenbahnen bei Außerachtlassung der Windkräfte zugelassen sind, wie aus der zweiten Spalte der ersten Zusammenstellung hervorgeht.

Die Abstufung der Stoßziffer nach der Stützweite, wie sie auch Gnutzmann vorschlägt, ist schon oft empfohlen worden. Da aber die Größe der Stoßziffer nicht allein von der Stützweite der Überbauten, sondern auch von ihrer Breite und der Ausbildung ihrer Fahrbahn abhängig ist, und die Erfassung aller dieser Abhängigkeiten sehr schwer ist, so empfiehlt es sich dringend, der Einfachheit halber mit konstanten Stoßziffern zu rechnen.

Gerber führte seinerzeit für die Zusatz- und Nebenspannungen keine besondere Ziffer ein, setzte dafür aber die sehr hohe Stoßziffer 3 ein. Er ließ die Summe der einfachen Spannung aus dem Eigengewicht und der dreifachen Spannung aus der Verkehrslast die Elastizitätsgrenze, die er für Schweißeisen zu 1600 kg/qcm annahm, erreichen. Er setzte also:

$$1600 = \frac{S^e + 3\,S^v}{F}.$$

Zweckmäßiger ist es, den Einfluß der Zusatz- und Nebenspannungen nicht mit der Stoßziffer zu verquicken, sondern ihn entweder getrennt in einer besonderen Ziffer erscheinen zu lassen, wie dies schon gezeigt ist, oder ihn durch entsprechende Ermäßigung der zulässigen Beanspruchung zu berücksichtigen. Das letztere tun z. B. die Vorschriften der früheren bayerischen Staatseisenbahnen. Dieses Verfahren dürfte als das zweckmäßigste zu bezeichnen sein. Es ist einfach und berücksichtigt in richtiger Weise den Einfluß der Stöße auf das ganze Bauwerk und die einzelnen Glieder des Bauwerkes. Je größer der Einfluß des Eigengewichtes ist, desto mehr tritt die Stoßwirkung zurück; je kleiner der Einfluß des Eigengewichtes ist, desto mehr beeinflussen die Stöße die Abmessungen der Bauglieder.

Die Vorschriften der früheren bayerischen Staatseisenbahnen lassen für Flußeisen bei ruhender Belastung eine Beanspruchung von 1200 kg/qcm zu, sehen für die bewegten Eisenbahnlasten eine Stoßziffer von 0,5 vor und betrachten die bewegten Lasten dann als ruhende Lasten. Bedeutet S^e die Stabkraft und M^e das Moment aus ständiger Last und S^v und M^v die Stabkraft und das Moment aus der einfachen, als ruhend angenommenen Verkehrslast, so sind die sogenannten „reduzierten Stabkräfte S und Momente M“ wie folgt zu ermitteln:

1. Bei gegliederten Trägern für Zug- und Druckstäbe, in denen nur gleichgerichtete Kräfte auftreten, wenn S^v die numerisch größte der mit S^e gleichgerichteten Spannkräfte bedeutet:

$$S = \frac{S^e + 1{,}5\,S^v}{1200}.$$

2. Bei gegliederten Trägern für Wechselstäbe, in denen abwechselnd Zug- und Druckkräfte auftreten, wenn S_Z^v und S_D^v die größte Zug- bzw. Druckkraft aus der Verkehrslast und $S_Z^v + S_D^v$ die Summe beider ohne Rücksicht auf das Vorzeichen darstellen:

$$S = \frac{1{,}5\,(S_Z^v + S_D^v)}{1200}.$$

3. Bei Vollwandträgern, ohne Berücksichtigung der wechselnden Wirkung der Kräfte:

$$M = \frac{M^e + 1{,}5\,M^v}{1200}.$$

Aus den so erhaltenen „reduzierten Kräften“ ergeben sich die Querschnittsflächen der Zugstäbe mit $F = S + B$, wo B den Bohrverlust durch die Nietlöcher bezeichnet.

Unter Abwägung der Vorteile und Nachteile der verschiedenen Verfahren können für die Bemessung der zulässigen Spannungen folgende Grundsätze empfohlen werden:

1. Man berücksichtige die Windkräfte und nach Möglichkeit die Zusatzkräfte (vgl. S. 67) in der Festigkeitsberechnung.

2. Aus Gründen der Einfachheit der Rechnung wird keine besondere Ziffer für den Einfluß der nicht nachgewiesenen Zusatz- und Nebenspannungen eingeführt. Dieser Einfluß wird vielmehr durch Ermäßigung der zulässigen Spannung berücksichtigt.

3. Der Einfluß der Stöße der bewegten Lasten wird durch Einführung einer Stoßziffer berücksichtigt. Diese Ziffer wird bei Eisenbahnbrücken = 0,5, bei Straßenbrücken je nach der Beschaffenheit der Fahrbahnoberfläche = 0,2 bis 0,4 gesetzt. Nach Einführung der Stoßziffer gelten die bewegten Lasten als ruhende Lasten.

4. Die zulässige Beanspruchung wird unter Berücksichtigung der Stoßziffer für flußeiserne Bauglieder, die nur in einem Sinne beansprucht werden, bei Außerachtlassung der Windkräfte und Zusatzkräfte zu 1400 kg/qcm angenommen. Die wirklich auftretende Spannung kann dann nach dem oben Gesagten auf 1,8 · 1400 kg/qcm = rd. 2500 kg/qcm d. h. bis zur Streckgrenze steigen, hält sich also in der zulässigen Grenze.

Die erforderliche Querschnittsfläche von Zug- und Druckstäben, die nur in einem Sinne beansprucht werden, errechnet sich hiernach, wenn S^e die Stabkraft aus der ständigen Last und S^v die numerisch größte der mit S^e gleichgerichteten Stabkräfte aus der einfachen Verkehrslast bedeutet, für Eisenbahnbrücken[1]) aus der Gleichung:

$$\text{a)} \quad F = \frac{S^e + 1{,}5\,S^v}{1400}.$$

Rechnet man mit der einfachen Verkehrslast und bezeichnet für diesen Fall die zulässige Beanspruchung mit σ_z, so ist:

$$\text{b)} \quad F = \frac{S^e + S^v}{\sigma_z}.$$

Aus den beiden Gleichungen ergibt sich:

$$\text{c)} \quad \sigma_z = \frac{S^e + S^v}{S^e + 1{,}5\,S^v} \cdot 1400.^{2)}$$

Man kann also mit der 1,5fachen Verkehrslast und der Gleichung a oder mit der einfachen Verkehrslast und den Gleichungen b und c rechnen.

Das erforderliche Widerstandsmoment von vollwandigen Trägern, die nur von gleichgerichteten Momenten beansprucht werden, erhält man entsprechend aus der Gleichung:

$$W = \frac{M^e + 1{,}5\,M^v}{1400}.$$

Für σ_z ergibt sich die Beziehung:

$$\sigma_z = \frac{M^e + M^v}{M^e + 1{,}5\,M^v} \cdot 1400.$$

[1]) Die folgenden Ausführungen gelten nur für Eisenbahnbrücken. Für Straßenbrücken ist eine andere Stoßziffer einzuführen.

[2]) Werden außerdem noch durch Fliehkräfte und Wärmeänderungen mit S^e gleichgerichtete Stabkräfte S^f und S^t herangerufen, so ist $S^e + 1{,}5\,S^v$ durch $S^e + 1{,}5\,S^v + S^f + S^t$ und $S^e + S^v$ durch $S^e + S^v + S^f + S^t$ zu ersetzen.

Werden die Windkräfte und die Zusatzkräfte in der Festigkeitsberechnung berücksichtigt, so darf der Wert der Grundspannung von 1400 auf 1550 kg/qcm erhöht werden. Die wirklich auftretende Spannung kann dann nach dem Gesagten auf $1{,}6 \cdot 1550 =$ rd. 2500 kg/qcm, d. h. bis zur Streckgrenze steigen.

Bauglieder, die unter Berücksichtigung der Wind- und Zusatzkräfte bemessen werden, dürfen bei Außerachtlassung dieser Kräfte keine höhere Beanspruchung erleiden, als ohne Berücksichtigung dieser Kräfte zugelassen ist. Dies ist stets besonders nachzuweisen.

5. Für flußeiserne Stäbe, in denen unter Berücksichtigung der 1,5fachen Verkehrslast abwechselnd Zug- und Druckkräfte auftreten, und für flußeiserne vollwandige Träger, die unter Berücksichtigung der 1,5fachen Verkehrslast abwechselnd von entgegengesetzten Momenten beansprucht werden, wird die zulässige Grundspannung bei Außerachtlassung der Wind- und Zusatzkräfte zu 1100 kg/qcm angenommen. Die wirklich auftretende Beanspruchung kann dann den Wert $1{,}8 \cdot 1100 =$ rd. 2000 kg/qcm, d. h. die Proportionalitätsgrenze erreichen, hält sich also in den zulässigen Grenzen. Bedeutet S^v die numerisch größte der im gleichen Sinne von S^e wirkenden Stabkräfte und S_1^v die numerisch größte der im entgegengesetzten Sinne von S^e wirkenden Stabkräfte aus der einfachen Verkehrslast und werden alle diese Werte mit ihren Absolutwerten eingesetzt, so ist, wenn $S^e + S^v$ größer als $S_1^v - S^e$ ist, zu setzen:

$$F = \frac{S^e + 1{,}5\,S^v}{1100},$$

und falls $S_1^v - S^e$ größer als $S^e + S^v$ ist:

$$F = \frac{1{,}5\,S_1^v - S^e}{1100}.$$

Die zulässige Beanspruchung σ_z für einfache Verkehrslast ergibt sich im ersten Falle aus der Gleichung:

$$\sigma_z = \frac{S^e + S^v}{S^e + 1{,}5\,S^v} \cdot 1100,$$

und im zweiten Falle aus der Gleichung:

$$\sigma_z = \frac{S_1^v - S^e}{1{,}5\,S_1^v - S^e} \cdot 1100.$$

Ganz entsprechend erhält man für vollwandige Träger:

$$W = \frac{M^e + 1{,}5\,M^v}{1100}$$

$$\text{bzw. } W = \frac{1{,}5\,M_1^v - M^e}{1100}$$

$$\text{und } \sigma_z = \frac{M^e + M^v}{M^e + 1{,}5\,M^v} \cdot 1100$$

$$\text{bzw. } \sigma_z = \frac{M_1^v - M^e}{1{,}5\,M_1^v - M^e} \cdot 1100.$$

Werden die Wind- und Zusatzkräfte in der Festigkeitsberechnung berücksichtigt, so darf der Wert der Grundspannung von 1100 auf 1250 kg/qcm erhöht werden. Die wirklich auftretenden Spannungen können dann auf 1.6 · 1250 = rd. 2000 kg/qcm, d. h. bis zur Proportionalitätsgrenze steigen.

Für Stäbe und vollwandige Träger, die nur in einem Sinne beansprucht werden, ist die zulässige Abscherbeanspruchung σ_a der Anschluß- und Stoßdeckungsniete zu $^8/_{10}$[1]) der im Vorstehenden angegebenen Werte für die zulässigen Zug- und Druckbeanspruchungen anzunehmen. Der Lochleibungsdruck σ_l darf den zweifachen Wert von σ_a erreichen. Für Stäbe und vollwandige Träger, die abwechselnd im entgegengesetzten Sinne beansprucht werden, sind diese Werte noch zu ermäßigen, da Versuche[2]) gezeigt haben, daß schon bei einer rechnerischen Abscherbeanspruchung von 600 bis 700 kg/qcm Gleitbewegungen in den Nietverbindungen eintreten, und weil daher bei höheren rechnerischen Abscherbeanspruchungen in den Nietverbindungen solcher Stäbe und Träger hin und her gehende Gleitbewegungen zu befürchten sind. Für σ_a und σ_l dieser Nietverbindungen sind nur $^6/_{10}$ bzw. $^{12}/_{10}$ der für die zulässigen Zug- und Druckbeanspruchungen angegebenen Werte anzunehmen.

In Amerika werden vielfach für die Niete, die auf der Baustelle geschlagen werden, nur $^8/_{10}$ der Werte zugelassen, die für die Werkstattniete als zulässig erachtet werden.

Bei den Fahrbahnträgern und den kleinen vollwandigen Hauptträgern tritt das Eigengewicht gegenüber den Verkehrslasten fast ganz zurück, so daß der Einfluß der verschiedenen Arten der Fahrbahnen bei der Bemessung der zulässigen Beanspruchung σ_z nach den vorstehenden Grundsätzen nicht genügend in die Erscheinung tritt. Aus diesem Grunde und auch der Einfachheit halber empfiehlt es sich, bei der Bemessung der zulässigen Beanspruchung der Fahrbahnträger und der kleinen vollwandigen Hauptträger von der Einführung einer Stoßziffer ganz abzusehen, die zulässigen Beanspruchungen dementsprechend zu ermäßigen und sie nach der Art der Fahrbahnausbildung abzustufen.

Für die zulässige Beanspruchung σ_z flußeiserner Fahrbahnträger und flußeiserner vollwandiger Hauptträger bis zu 10 m Stützweite einschließlich eiserner Eisenbahnbrücken, für die zulässige Abscherbeanspruchung σ_a und für den zulässigen Lochleibungsdruck σ_l ihrer Anschluß- und Stoßdeckungsniete werden folgende Werte empfohlen:

Fahrbahnträger.

Art der Fahrbahn	σ_z	σ_a	σ_l
Schienen unmittelbar oder mittels Unterlagsplatten auf den Längs- und Querträgern .	750	600	1200
Schienen auf Brückenbalken, die unmittelbar auf den Längsträgern ruhen	800	650	1300
Kies- oder Schotterbett	850	700	1400

[1]) Vgl. die Fußnote auf S. 39.

[2]) Siehe die Fußnote auf S. 26.

Vollwandige Hauptträger bis zu 10 m Stützweite.

Art der Fahrbahn	σ_z	σ_d	σ_t
Schienen auf kleinen Querträgern zwischen Zwillingsträgern oder Schienen unmittelbar oder mittels Unterlagsplatten auf den Hauptträgern	750	600	1200
Schienen auf Brückenbalken, die unmittelbar auf den Hauptträgern ruhen	850	700	1400
Besonderes Fahrbahnträgergerippe oder Kies- oder Schotterbett	950	750	1500

Für die Glieder der Wind- und Querverbände, die nur aus den Windkräften und aus den sonstigen wagerechten, quer der Brückenlängsachse wirkenden Kräften Beanspruchungen erhalten, sowie für die Glieder der Bremsverbände, die nur durch die Brems- oder Anfahrkräfte beansprucht werden, ist eine Zug- und Druckbeanspruchung von 1550 kg/qcm zulässig. Die Abscherbeanspruchung ihrer Anschluß- und Stoßdeckungsniete darf den Wert von 1250 kg/qcm und der Lochleibungsdruck dieser Niete den Wert von 2500 kg/qcm erreichen.

Für die hochwertigen Stahlsorten, wie Siemens-Martin-Stahl, Elektrostahl und Nickelstahl dürfen die für Flußeisen angegebenen zulässigen Beanspruchungen im Verhältnis der Zunahme der Streckgrenze dieser Stahlsorten gegenüber der Streckgrenze des Flußeisens erhöht werden, wobei man von der Voraussetzung ausgeht, daß die natürliche Elastizitätsgrenze dieser Stahlsorten gegenüber der natürlichen Elastizitätsgrenze des Flußeisens im gleichen Verhältnis mit der Streckgrenze wächst. Man läßt also für die hochwertigen Stahlsorten Beanspruchungen zu, die im Verhältnis der Zunahme der Streckgrenze dieser Stahlsorten gegenüber der Streckgrenze des Flußeisens höher als die zulässigen Beanspruchungen des Flußeisens angenommen werden. Die Mindeststreckgrenze des Flußeisens kann zu 2500 kg/qcm gesetzt werden. Beträgt z. B. die Mindeststreckgrenze eines Nickelstahles 3500 kg/qcm, so liegt diese $\frac{3500}{2500} = 1.4$mal höher als die des Flußeisens. Ein solcher Nickelstahl darf demnach 1.4mal höher beansprucht werden als Flußeisen.

In Amerika sind bei den einzelnen Brückenausführungen sehr verschiedene Beanspruchungen für die Nickelstahlglieder zugelassen worden. Für die aus Nickelstahl von 3870 kg/qcm Streckgrenze hergestellten Zugglieder des Versteifungsträgers der Manhattan-Brücke sind 2810 kg/qcm Beanspruchung als zulässig erachtet worden, während für die Zugglieder der Quebec-Brücke, die aus Nickelstahl von der gleichen Streckgrenze hergestellt worden sind, nur 1970 kg/qcm Beanspruchung zugelassen sind.

Wenn die natürliche Elastizitätsgrenze und die Streckgrenze als Maße für die zulässige Beanspruchung der verschiedenen Eisensorten angenommen werden, so ist damit nicht gesagt, daß auf eine hohe Bruchfestigkeit kein Wert gelegt zu werden braucht. Bei Überschreitung dieser Grenzen durch einzelne unvorhergesehene Belastungen treten allerdings schon unzulässig große Formänderungen auf, aber erst bei Erreichung der Bruchfestigkeit wird der Baustoff zerstört. Ein großer Spielraum zwischen der natürlichen Elastizitätsgrenze und der Streckgrenze einerseits und der Bruchfestigkeit anderseits ist also für die Sicherheit der Eisenbauten bei unvorhergesehenen Überanstrengungen durchaus erwünscht.

Bei der Berechnung der Stützen und Lagerkörper aus Gußeisen, Stahlguß und Schmiedstahl ist der Einfluß der Stöße der bewegten Lasten durch Einführung der Stoßziffer zu berücksichtigen und sind folgende zulässige Grundspannungen anzunehmen:

Eisensorte	Zulässige Beanspruchung auf Biegung	Zulässige Druckbeanspruchung
Gußeisen	300 (330)	750 (850)
Stahlguß	1000 (1100)	1200 (1300)
Schmiedstahl	1200 (1300)	1400 (1500)

Die nicht eingeklammerten Zahlen gelten bei Außerachtlassung der Wind- und Zusatzkräfte, die eingeklammerten Werte bei Berücksichtigung dieser Kräfte.

Für die Beanspruchung solcher Lagerteile, die sich im unbelasteten Zustande nur in einem Punkte oder in einer Linie berühren, sind sehr hohe Werte zulässig. Hierüber ist im Abschnitt: „Die Lager und Gelenke“ nachzulesen.

Hölzerne Bauteile werden bei den eisernen Brücken nur für die Fahrbahnen verwendet und werden, soweit sie eine Rechnung überhaupt erfordern, nur auf Biegung beansprucht. Hierfür ist bei gutem Kiefernholz eine Beanspruchung von 90 kg/qcm und bei gutem Buchen- und Eichenholz eine Beanspruchung von 120 kg/qcm zulässig, wobei die bewegten Lasten ohne Stoßziffer in die Rechnung einzuführen sind.

Für die zulässigen Pressungen der Lagerkörper auf ihre Unterstützung ist der Umstand maßgebend, daß der Druck nicht unmittelbar von den Auflagersteinen aufgenommen wird, sondern durch eine Zwischenlage, die entweder nur aus Zementmörtel (1:2) oder aus Zementmörtel und Weichblei besteht, auf sie übertragen wird, daß daher die Festigkeit der Mörtelfuge die zulässige Beanspruchung bestimmt, und daß bei kleinen Stützweiten die Lager durch die Stoßwirkung der bewegten Lasten weit ungünstiger beansprucht werden als bei großen Stützweiten. Bei alleiniger Berücksichtigung des Eigengewichtes, der Verkehrslasten, die ohne die Stoßziffer in die Rechnung einzuführen sind, und der Wärmeschwankungen ist bei einer Stützweite der Überbauten bis zu 10 m die zulässige Pressung zu 20 kg/qcm und bei einer Stützweite von 150 m zu 55 kg/qcm anzunehmen. Für dazwischenliegende Stützweiten ist geradlinig einzuschalten. Die hiernach errechneten Werte können für die Kantenpressungen, die infolge des Eigengewichtes, der Verkehrslasten, der Wärmeschwankungen und der wagerechten, quer und längs der Brücke wirkenden Kräfte entstehen, unbedenklich um 20 v. H. erhöht werden. Bei durchlaufenden Trägern mit Gelenken und ohne Gelenke ist für die Lager auf den Mittelpfeilern als Stützweite das arithmetische Mittel aus den Stützweiten der beiden Nachbaröffnungen zu nehmen.

B. Zulässige Knickbeanspruchung gedrückter Stäbe.

Für die Abmessungen aller gedrückten Stäbe gegliederter Träger sind nicht die unter A behandelten zulässigen reinen Druckbeanspruchungen, sondern die zulässigen Knickbeanspruchungen maßgebend. Die Frage nach einer einwandfreien Formel für die Knickkraft P_K, d. h. der Kraft, unter deren Wirkung die Knicktragfähigkeit eines Stabes erschöpft ist, oder für die Knickbeanspruchung σ_K, d. h. der Schwerpunktsbeanspruchung $\frac{P_K}{F}$, unter deren Einwirkung der Stab eben ausknickt, und die Frage nach der knicksicheren Ausbildung mehrteiliger Druckstäbe sind zur Zeit die brennendsten des Eisenbrückenbaues. Diese Fragen sind als noch nicht völlig geklärt anzusehen. Sie lassen sich allein durch rein theoretische Betrachtungen nicht beantworten, sondern bedürfen umfangreicher, gründlichster Versuchsforschung, die leider durchaus noch nicht als abgeschlossen zu betrachten ist. Fast alle Einstürze von Eisenbauten, die auf Versagen eines Gliedes zurückzuführen sind, sind durch Ausknicken eines unzureichend bemessenen Druckstabes verursacht worden. Auch das große Unglück, das im Jahre 1907 die damals im Bau begriffene gewaltige Quebecbrücke in Amerika vernichtete, ist auf die unzulängliche Knicksicherheit eines Untergurtgliedes zurückzuführen[1]). Seit diesem Unglück ist die Frage der Knicksicherheit nicht wieder zur Ruhe gekommen; in einem umfangreichen Schrifttum ist sie immer und immer wieder behandelt worden, ohne zu einer allseitig befriedigenden Lösung zu führen. Hierzu bedarf es, wie gesagt, des Versuchsweges. Es ist daher freudig zu begrüßen, daß der Deutsche Eisenbau-Verband mit Unterstützung von Behörden und Körperschaften trotz der Ungunst der Verhältnisse die Mittel für die Durchführung von Knickversuchen nach einem von seinem Ausschuß für Versuche im Eisenbau aufgestellten Plan, der die restlose Beantwortung der Knickfrage erwarten läßt, bereit gestellt hat. Bis dahin, wo diese ersehnten Versuchsergebnisse vorliegen werden, wird noch eine geraume Zeit vergehen. Wir sind daher vorläufig auf die jetzt schon vorliegenden[2]) Ergebnisse der Theorie und der Versuchsforschung angewiesen, auf Grund derer ein tüchtiger Eisenkonstrukteur glücklicherweise schon jetzt in den Stand gesetzt ist, die gedrückten Stäbe knicksicher auszubilden.

Die älteste, auf rein rechnerischen Erwägungen beruhende Knickformel ist

[1]) Vgl. Zentralblatt der Bauverwaltung. 1908. S. 337/8.

[2]) Eine ausgezeichnete Darstellung des bisher auf dem Gebiete der Knicksicherheit Geleisteten und vortreffliche Winke für den zur Lösung der Knickfrage einzuschlagenden Versuchsweg bietet die Druckschrift: „Die Frage der Knickung und ihre planmäßige Lösung durch den Versuch." Von Dr.-Ing. Fischmann u. Dipl.-Ing. Weirich. Sonderdruck aus: „Der Eisenbau." Jahrgang Nr. 11.

Eine erschöpfende Darstellung des theoretischen Teiles der Knickfrage gibt das Buch: „Die Lehre von der Knicksicherheit." Von E. Elwitz. Kommissionsverlag von Geb. Jänecke. Hannover. 1920.

die allbekannte Eulerformel. Sie lautet für den Fall, daß die beiden Stabenden gelenkig in der ursprünglichen Stabachse geführt sind — ein Fall, der als Regel bei den Druckstäben gegliederter Träger anzusehen ist —:

$$\boxed{P_K = \frac{\pi^2 E J}{l^2}}$$

Hierin bedeutet E den Elastizitätsmodul, J das kleinste Trägheitsmoment des Stabquerschnitts und l die Stablänge.

Die Knickspannung σ_K, d. h. die Schwerpunktsspannung im Augenblick des Zerknickens, erhält man aus der Gleichung

$$\sigma_K = \frac{P_K}{F} = \frac{\pi^2 E J}{l^2 F} = \frac{\pi^2 E i^2}{l^2}.$$

Hierin ist i der kleinste Trägheitshalbmesser $= \sqrt{\frac{J}{F}}$. Setzt man $\frac{l}{i} = \lambda$, so ergibt sich:

$$\boxed{\sigma_K = \frac{\pi^2 E}{\lambda^2}}$$

λ wird als Schlankheitsverhältnis bezeichnet. Die Eulerformel ist auf dem konstanten Wert E aufgebaut, sie gilt also nur solange, als die Knickspannungen die Proportionalitätsgrenze σ_P nicht überschreiten, d. h. solange als $\frac{\pi^2 E}{\lambda^2} \leqq \sigma_P$ oder

$$\boxed{\lambda \geqq \pi \sqrt{\frac{E}{\sigma_P}}} \text{ ist.}$$

Für Flußeisen mit $E = 2150000$ kg/qcm und $\sigma_P = 1900$ bis 2000 kg/qcm findet man

$$\lambda \text{ rd.} \geqq 105.$$

Für einen Stahl mit $E = 2250000$ kg/qcm und $\sigma_P = 2600$ kg/qcm findet man

$$\lambda \text{ rd.} \geqq 92.$$

Für Werte von $\lambda > \pi \sqrt{\frac{E}{\sigma_P}}$ erzeugen die Knickspannungen keine merkbaren bleibenden Formänderungen. Nach der Entlastung kehrt der ausgeknickte Stab in seine ursprüngliche Lage zurück; es hat also ein federndes oder elastisches Ausknicken stattgefunden. Ist $\lambda < \pi \sqrt{\frac{E}{\sigma_P}}$, so rufen die Knickspannungen bleibende Formänderungen hervor, die um so größer sind, je weiter λ vom Wert $\pi \sqrt{\frac{E}{\sigma_P}}$ abrückt. Nach der Entlastung kehrt der ausgeknickte Stab nicht in seine Anfangslage zurück; es hat also ein unelastisches Ausknicken stattgefunden.

Die Übereinstimmung der Rechnungsergebnisse der Eulerformel mit den tatsächlichen Knickkräften innerhalb des elastischen Bereiches ist durch die Versuche Tetmajers[1]) und von Kármáns[2]) erwiesen worden.

[1]) „Die Gesetze der Knickungs- und der zusammengesetzten Druckfestigkeit". Von Tetmajer. Leipzig u. Wien. Franz Deuticke 1903.

[2]) „Forschungsarbeiten." Heft 81. Kármán: Untersuchungen über Knickfestigkeit. Berlin 1910. Kommissionsverlag von Julius Springer.

Die Eulerformel für die Knickkraft $P_K = \frac{\pi^2 E J}{l^2}$ ist sehr einfach, sie liefert bei vorgeschriebenem Sicherheitsgrad n und bei gegebener Stabkraft P ohne weiteres das erforderliche kleinste Trägheitsmoment aus der Gleichung:

$$\boxed{J = \frac{n P l^2}{\pi^2 E}}$$

Es ist deshalb erklärlich, daß es nicht an Bestrebungen gefehlt hat, die einfache Gestalt der Eulerformel durch Einführung eines veränderlichen Wertes für E auch im unelastischen Bereich beizubehalten. Engesser[1]) setzte allgemein für die Knickkraft die Gleichung:

$$P_K = \frac{\pi^2 T J}{l^2}.$$

Innerhalb des elastischen Bereiches ist $T = E$, und die Formel geht in die Eulerformel über. Außerhalb des elastischen Bereiches ist T veränderlich und muß entweder aus der Dehnungs-Spannungskurve des betreffenden Baustoffes (Abb. 101) oder aus Knickversuchen bestimmt werden.

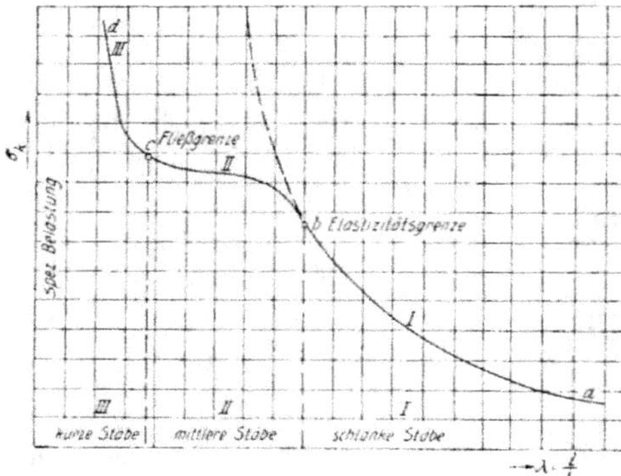

Abb. 102.
Knickspannungskurve nach Kármán.

Kármán (vgl. die Fußnote auf S. 79) ging von derselben Formel aus. Er fand sie durch Versuche mit Stäben aus Schmiedstahl ($E = 2170000$ kg/qcm, Zugfestigkeit $= 6800$ kg/qcm, Bruchdehnung $= 16,7$ v. H.) und mit rechteckigem Querschnitt bestätigt. Stellt man in einem rechtwinkligen Koordinatensystem die Knickspannungen σ_K als Funktionen von λ dar, so hat die Kurve der Knickspannungen nach Kármán die in der Abb. 102 dargestellte Form. Innerhalb des elastischen Bereiches a—b fällt sie mit der Eulerschen Hyperbel zusammen; bei b, wo $\lambda = \pi \sqrt{\frac{E}{\sigma_p}}$ ist, verläßt die Kurve die Eulersche Hyperbel, steigt mit abnehmendem λ langsam bis zur Fließgrenze c an und dann steil bis zur Bruchgrenze hoch.

Die Ergebnisse der Kármánschen Versuche können für die Druckstäbe der eisernen Brücken nicht in allen Teilen als maßgebend angesehen werden, da diese Versuche mit rechteckigen vollen Querschnitten, die im Eisenbrückenbau nicht vorkommen, ausgeführt wurden, und da Versuche des Deutschen Eisenbau-Verbandes und des Regierungs- und Baurates Voß in Kiel mit großen, zusammengesetzten Druckstäben erwiesen haben, daß bei Druckstäben, wie sie im Eisenbrückenbau vorkommen, keine merklich größeren Knickspannungen als die Spannungen an der Streckgrenze erwartet werden können. Die hohen, weit

[1]) Siehe „Eisenbau.“ 1911. S. 386.

über der Streckgrenze liegenden Knickspannungen Kármáns für gedrungene Stäbe können für die Bemessung gedrungener Druckstäbe eiserner Brücken nicht in Frage kommen.

Tetmajer[1]) fand auf Grund umfangreicher Versuche mit schweiß- und flußeisernen Stäben der ∟, ⊥, ⊏, ⅃∟, ┤├, ┘└┐┌ und ⊐⊏-Form, daß sich die Punktscharen der als Funktion von λ dargestellten Werte der Knickspannungen σ_K im rechtwinkligen Koordinatensystem innerhalb des unelastischen Bereiches im brauchbaren Durchschnitt durch eine Gerade angeben lassen, deren Gleichung für Schweißeisen mit $E = 2000000$ kg/qcm:

$$\boxed{\sigma_K = (3030 - 12{,}9\,\lambda)\ \text{kg/qcm}}$$

und für Flußeisen mit $E = 2150000$ kg/qcm:

$$\boxed{\sigma_K = (3100 - 11{,}4\,\lambda)\ \text{kg/qcm}}$$

lautet.

Diese Tetmajerschen Geraden (Abb. 103) stoßen mit der Eulerhyperbel bei der Beanspruchung σ_p an der Proportionalitätsgrenze unter einem Knick zusammen und erreichen für $\lambda = 0$ die Werte 3030 und 3100 kg/qcm. Beides ist unwahrscheinlich. Es ist anzunehmen, daß bei σ_p ein stetiger Übergang zwischen beiden Linien stattfindet, und daß für gedrungene Stäbe die Knickspannung die Streckgrenze nicht wesentlich überschreitet. Beide Unwahrscheinlichkeiten vermeidet die Ostenfeldsche[2]) Parabel, welche die Eulerkurve tangential berührt und für Flußeisen bei $\lambda = 0$ den Höchstwert von 2720 kg/qcm, also einen nur wenig über der Streckgrenze liegenden Wert erreicht. Ihre Gleichung lautet für Flußeisen:

$$\boxed{\sigma_K = 2720\left[1 - \frac{1}{30000}\left(\frac{l}{i}\right)^2\right]\ \text{kg/qcm}}$$

Die Ostenfeldsche Parabel für Flußeisen ist ebenso wie die Tetmajersche Gerade und die Eulerhyperbel für Flußeisen mit einem $E = 2150000$ kg/qcm in der Abb. 103 dargestellt.

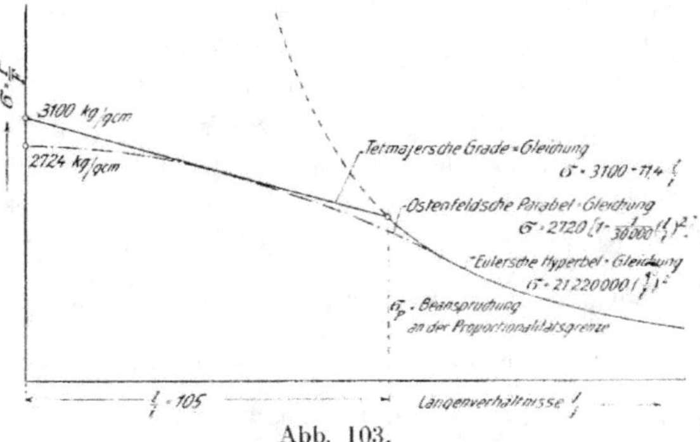

Abb. 103.

Stellt man die Kurve der Knickspannungen innerhalb des unelastischen Bereiches nach dem Ostenfeldschen Verfahren durch eine Parabel dar, deren Achse mit der senkrechten Koordinatenachse zusammenfällt und welche die Tetmajersche Gerade und die Eulerkurve tangential berührt, so erhält man für diese Parabel bei Schweißeisen mit $E = 2000000$ kg/qcm die Gleichung

[1]) Vgl. die Fußnote auf S. 79.

[2]) Ostenfeld, Professor des Brückenbaues an der Technischen Hochschule zu Kopenhagen.

$$\boxed{\sigma_K = 2490\left(1 - \frac{\lambda^2}{31700}\right) \text{ kg/qcm}}$$

und bei Flußeisen mit $E = 2150000$ kg/qcm die Gleichung

$$\boxed{\sigma_K = 2730\left(1 - \frac{\lambda^2}{31100}\right) \text{ kg/qcm}}$$

Die erste Kurve berührt die Eulerhyperbel $\sigma_K = \frac{\pi^2 E}{\lambda^2}$ bei $\lambda = 126$, die zweite bei $\lambda = 125$. Von $\lambda = 0$ bis $\lambda = 126$ bzw. 125 gelten also die Parabelgleichungen, bei größerem λ die Eulergleichung $\sigma_K = \frac{\pi^2 E}{\lambda^2}$.

Bevor nicht die in Aussicht stehenden Versuche abgeschlossen sein werden, wird es sich empfehlen, die Knickspannungen von einteiligen und mehrteiligen Stäben nach diesen Parabelgleichungen und der Eulerformel zu berechnen.

Es fragt sich nun, welche Beanspruchungen bei den gedrückten Stäben zugelassen werden sollen, um diesen Stäben die nötige Knicksicherheit zu geben. Zunächst ist ebenso wie bei den zulässigen Zugbeanspruchungen die Forderung aufzustellen, daß die Stoßwirkung der bewegten Lasten entsprechend berücksichtigt wird; dann ist es aber auch notwendig, daß der Grad der Knicksicherheit vom Schlankheitsverhältnis λ abhängig gemacht wird. Schlanke Stäbe erfordern einen höheren Sicherheitsgrad als gedrungene Stäbe. Denn schlanke Stäbe werden durch die dynamischen Wirkungen der bewegten Lasten und durch seitlichen Winddruck leicht in seitliche Schwingungen versetzt, die den Hebelarm der Knickkräfte erheblich vergrößern können.

Würde man die zulässige Knickbeanspruchung einfach als einen Bruchteil der Knickspannung festsetzen, so müßte man für die zulässige Knickbeanspruchung zwei verschiedene Werte angeben, je nachdem nur das Eigengewicht und die Verkehrslast oder außerdem noch der Winddruck und die Zusatzkräfte berücksichtigt werden. Einfacher ist es, bei der Festsetzung der zulässigen Druckbeanspruchung von Knickstäben auf die im Vorstehenden erörterte reine Druckbeanspruchung σ_Z zurückzugehen und die erstere aus der letzteren durch einen Abminderungsbeiwert μ zu bestimmen. Man setze also $\sigma_{KZ} = \mu \cdot \sigma_Z$. Für $\lambda = 0$ ist $\mu = 1$ zu nehmen, weil hier die Knickspannung in reine Druckspannung übergeht. Für $\lambda = 100$ bestimme man μ aus der Forderung, daß das Verhältnis der zulässigen Knickspannung σ_{KZ} zur zulässigen Beanspruchung σ_Z gleich dem Verhältnis der Knickspannung σ_K zur Bruchspannung σ_B ist. Für $\lambda = 100$ ist also $\sigma_{KZ} = \frac{\sigma_K}{\sigma_B} \cdot \sigma_Z$. Für $\lambda = 0$ kann man statt $\sigma_{KZ} = 1 \cdot \sigma_Z$ auch setzen $\sigma_{KZ} = \frac{\sigma_{K0}}{\sigma_{K0}} \cdot \sigma_Z$, wo σ_{K0} die Knickspannung für $\lambda = 0$ bedeutet. Die zwischen den Werten $\lambda = 0$ und $\lambda = 100$ und darüber hinaus gültigen Werte von μ bestimme man dadurch, daß man zwischen den Nennerwerten σ_{K0} und σ_B geradlinig einschaltet. Diesen eingeschalteten Wert, der mit σ_λ bezeichnet wird, erhält man aus der einfachen Beziehung:

$$\sigma_\lambda = \sigma_{K0} + \frac{\sigma_B - \sigma_{K0}}{100} \cdot \lambda.$$

Es ist also $\mu = \frac{\sigma_K}{\sigma_\lambda}$ und $\sigma_{KZ} = \mu \cdot \sigma_Z$.

Für Schweißeisen mit $\sigma_B = 3600$ kg/qcm und $\sigma_{K0} = 2490$ kg/qcm ergibt sich

$$\sigma_\lambda = 2490 + 11{,}1\,\lambda$$

und $\mu = \dfrac{\sigma_K}{2490 + 11{,}1\,\lambda}$.

Für Flußeisen mit $\sigma_B = 4000$ kg/qcm und $\sigma_{K0} = 2730$ kg/qcm ergibt sich

$$\sigma_\lambda = 2730 + 12{,}7\,\lambda$$

und $\mu = \dfrac{\sigma_K}{2730 + 12{,}7\,\lambda}$.

In nachstehender Zusammenstellung finden sich für λ von 0 bis 250 mit Abstufungen von 10 zu 10 die Werte für σ_K und μ für Schweißeisen und Flußeisen. Für nicht angegebene Werte von μ ist unter Benutzung der Werte $\dfrac{\Delta\mu}{\Delta\lambda}$ geradlinig einzuschalten.

$\lambda = \frac{l}{i}$	Schweißeisen: Für $\lambda < 126$ $\sigma_K = 2490\cdot\left(1 - \frac{\lambda^2}{31\,700}\right)$, für $\lambda > 126$ $\sigma_K = \frac{\pi^2 E}{\lambda^2}$	Schweißeisen: Abminderungsbeiwert $\mu = \frac{\sigma_K}{2490 + 11{,}1\,\lambda}$	Schweißeisen: $\frac{\Delta\mu}{\Delta\lambda}$	Flußeisen: Für $\lambda < 125$ $\sigma_K = 2730\cdot\left(1 - \frac{\lambda^2}{31\,100}\right)$, für $\lambda > 125$ $\sigma_K = \frac{\pi^2 E}{\lambda^2}$	Flußeisen: Abminderungsbeiwert $\mu = \frac{\sigma_K}{2730 + 12{,}7\,\lambda}$	Flußeisen: $\frac{\Delta\mu}{\Delta\lambda}$
0	2490	1,000	0,0045	2730	1,000	0,0047
10	2483	0,955	0,0048	2721	0,953	0,0050
20	2460	0,907	0,0050	2695	0,903	0,0051
30	2420	0,857	0,0051	2651	0,852	0,0052
40	2366	0,806	0,0053	2590	0,800	0,0054
50	2293	0,753	0,0054	2511	0,746	0,0055
60	2206	0,699	0,0055	2414	0,691	0,0055
70	2104	0,644	0,0056	2300	0,636	0,0057
80	1987	0,588	0,0057	2168	0,579	0,0058
90	1853	0,531	0,0058	2019	0,521	0,0058
100	1703	0,473	0,0058	1852	0,463	0,0059
110	1539	0,415	0,0059	1668	0,404	0,0059
120	1360	0,356	0,0059	1466	0,345	0,0058
130	1168	0,297	0,0048	1256	0,287	0,0047
140	1007	0,249	0,0037	1083	0,240	0,0037
150	877	0,212	0,0031	943	0,203	0,0029
160	771	0,181	0,0025	829	0,174	0,0024
170	683	0,156	0,0020	734	0,150	0,0019
180	609	0,136	0,0017	655	0,131	0,0017
190	547	0,119	0,0014	588	0,114	0,0013
200	493	0,105	0,0012	531	0,101	0,0012
210	448	0,093	0,0010	481	0,089	0,0010
220	408	0,083	0,0009	438	0,079	0,0008
230	373	0,074	0,0007	401	0,071	0,0007
240	343	0,067	0,0007	368	0,064	0,0007
250	316	0,060		340	0,057	

Man ist bei der Rechnungsweise nach Tetmajer oder Ostenfeld immer auf ein gewisses Probieren angewiesen, ehe man den richtigen Querschnitt mit dem nötigen Trägheitsmoment erhält, während die Eulerformel unmittelbar das erforderliche Trägheitsmoment ergibt. Es ist aber jeder Brückenbauanstalt und auch jeder Bauverwaltung ein Leichtes, sich eine ausreichende Zusammenstellung von üblichen und zweckmäßigen Druckquerschnitten mit Angaben über den Querschnittsinhalt, die Hauptträgheitsmomente und die Trägheitshalbmesser anzulegen, durch die man in den Stand gesetzt wird, schnell den richtigen Querschnitt herauszufinden.

Die auf Seite 61 erwähnten Versuche haben erwiesen, daß die Knickspannung von Druckstäben aus hochwertigem Eisen bis etwa zu einem Verhältnis $\lambda = 60$ ungefähr mit der Streckgrenze des Baustoffes zusammenfällt. Bevor nicht die Ergebnisse der in Aussicht stehenden Versuche des Deutschen Eisenbau-Verbandes vorliegen, wird empfohlen, als Knickspannungskurve für hochwertiges Eisen von $\lambda = 0$ bis $\lambda = 60$ eine wagerechte Gerade im Abstand der Spannung an der Streckgrenze von der wagerechten Koordinatenachse, von $\lambda = \pi\sqrt{\frac{E}{\sigma_p}}$ an (vgl. S. 79) die Euler-Hyperbel: $\sigma_K = \frac{\pi^2 E}{\lambda^2}$ und zwischen $\lambda = 60$ und $\lambda = \pi\sqrt{\frac{E}{\sigma_p}}$ eine geneigte Gerade anzunehmen, welche die Endpunkte der wagerechten Geraden bei $\lambda = 60$ und der Euler-Hyperbel bei $\lambda = \pi\sqrt{\frac{E}{\sigma_p}}$ verbindet. Aus den Knickspannungen σ_K sind dann die zulässigen Knickbeanspruchungen σ_{KZ} ganz entsprechend dem angegebenen Verfahren zu ermitteln.

Der Umstand, daß die Euler-Formel bei gegebener Stabkraft und vorgeschriebenem Sicherheitsgrad sofort das erforderliche Trägheitsmoment gibt, hat zu ihrer weiten Verbreitung und auch dazu geführt, daß vielfach heute noch auch innerhalb des unelastischen Bereiches an ihr festgehalten wird. So setzen beispielsweise die „Vorschriften für das Entwerfen der Brücken mit eisernem Überbau" der früheren preußischen Staatseisenbahnen für die gedrückten Stäbe allgemein fest, daß sie einerseits ohne Rücksicht auf das Verhältnis $\frac{l}{i}$ eine fünffache Knicksicherheit nach Euler besitzen müssen und anderseits keine höheren Spannungswerte erleiden dürfen, als für die reinen Druckbeanspruchungen zugelassen sind. Nimmt man an, daß für einen flußeisernen Überbau die zulässige reine Druckbeanspruchung 1000 kg/qcm betrage (vgl. die Zusammenstellung auf S. 69), so ist diese nach den genannten Vorschriften allein maßgebend, solange $\frac{\sigma_K \text{(nach Euler)}}{5} = \frac{\pi^2 E}{5\lambda^2}$ (vgl. S. 79) > 1000, d. h. wenn $\lambda \leq 65$ ist. Nach Ostenfeld (vgl. Abb. 103) und nach den auf Seite 80 erwähnten Versuchen kann man annehmen, daß von $\lambda = 0$ bis rd. $\lambda = 65$ die Knickspannung ungefähr mit der Streckgrenze zusammenfällt. Es besteht danach zwischen $\lambda = 0$ und $\lambda = 65$ genügende Sicherheit, wenn die reinen zulässigen Druckbeanspruchungen nicht überschritten werden. Bei größeren Werten von λ als

65 sind nach den genannten Vorschriften die zulässigen Beanspruchungen durch die Gleichung $\frac{\pi^2 E}{5 \lambda^2}$ gegeben; im rechtwinkligen Koordinatensystem (Abb. 103) liegen ihre Endpunkte, da sie den fünften Teil der Ordinaten der Euler-Kurve darstellen, auf einer nach oben konkaven Kurve, während es nach der Tetmajer-Geraden oder der Ostenfeldschen Parabel wohl erlaubt ist, für die zulässigen Beanspruchungen zwischen $\lambda = 65$ und 105 eine Gerade anzunehmen, die die eben erwähnte konkave Kurve zwischen diesen Punkten als Sehne unterspannt, also höher als diese liegt. Es folgt hieraus, daß die nach den Vorschriften der früheren preußischen Staatsbahnen berechneten Druckstäbe hinreichende Knicksicherheit besitzen, vorausgesetzt natürlich, daß sie zweckentsprechend durchgebildet sind. Tatsächlich haben sich auch die so berechneten Druckstäbe der früheren preußischen Staatsbahnen durchaus bewährt. Wenn dem im Vorstehenden erläuterten verwickelteren Verfahren der Vorzug gegeben wird, so geschieht dies mit Rücksicht darauf, daß bei ihm dem Einfluß der Stoßwirkung und des Schlankheitsverhältnisses λ Rechnung getragen wird, was bei der Rechnungsweise nach den Vorschriften der früheren preußischen Staatsbahnen nicht der Fall ist.

Für die Gurtstäbe ist als freie Knicklänge die Länge ihrer Netzlinien anzunehmen. Bei den Füllungsstäben (Streben und Pfosten) ist als freie Knicklänge für das Ausknicken senkrecht zur Trägerebene ebenfalls die Länge der Netzlinien einzuführen. Für das Ausknicken in der Trägerebene kann es bei großen Knotenblechen infolge ihrer einspannenden Wirkung bei den Füllungsstäben in Frage kommen, eine geringere Knicklänge als die Länge der Netzlinien einzuführen, ebenso für das Ausknicken senkrecht zur Trägerebene bei Pfosten, die mit Querträgern oder Querriegeln biegungsfeste Rahmen bilden. Die in solchen Fällen eingeführte, verringerte Knicklänge ist stets besonders zu begründen. Bei Abstützungen von Zwischenpunkten der Gurtstäbe und Füllungsglieder gegen festliegende andere Punkte verringert sich die freie Knicklänge entsprechend.

Bei sich kreuzenden Stäben ist der Kreuzungspunkt als ein in der Trägerebene und senkrecht dazu festliegender Punkt anzusehen, falls die sich kreuzenden Stäbe in ihm gehörig miteinander verbunden sind.

Die Nietlöcher brauchen in gedrückten Stäben bei der Berechnung von F, W und J nicht abgezogen zu werden.

Soweit es ohne Baustoffverschwendung möglich ist, sollen die Druckstäbe einen einheitlichen, d. h. in sich geschlossenen Querschnitt erhalten, der als ein einheitliches Ganzes dem Ausknicken entgegentritt. Diese Forderung ist aber nur bei sehr gedrungenen Stäben ohne Baustoffverschwendung durchführbar. Die Querschnitte schlankerer Stäbe werden daher vielfach zweiteilig ausgebildet. Die beiden Querschnittsteile müssen durch Bindebleche (Abb. 104) oder durch eine Vergitterung (Abb. 105) so miteinander verbunden werden[1], daß der Gesamt-

[1]) Über die zweckentsprechende Ausbildung der Druckstäbe ist im Abschnitt IX „Ausbildung der Hauptträger" nachzulesen.

querschnitt ohne Baustoffverschwendung nach Möglichkeit ausgenutzt wird. Die volle Ausnutzung des Gesamtquerschnittes tritt erst bei einer geschlossenen Querverbindung, d. h. bei Baustoffverschwendung ein.

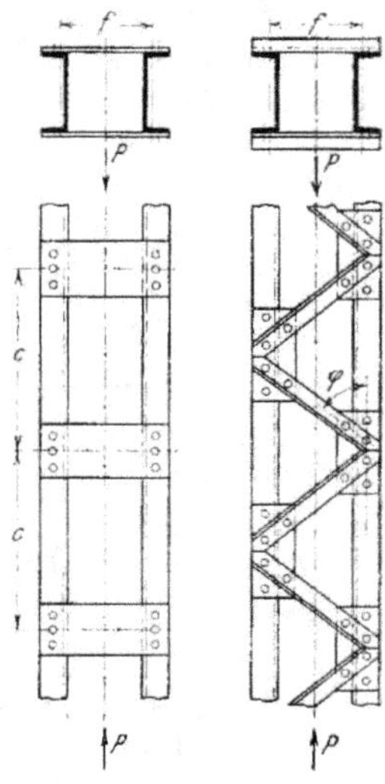

Abb. 104. Abb. 105.

Zweiteilige Stäbe erfordern eine besondere Berechnung, die am besten wohl nach dem von Krohn[1]) angegebenen Verfahren durchgeführt wird.

Es liegt auf der Hand, daß bei zweiteiligen Stäben die Gefahr einer ungleichen Verteilung der Stabkraft auf die beiden Querschnittsteile sehr groß ist, und daß dieser Gefahr bei der Bemessung der zweiteiligen Druckstäbe Rechnung getragen werden muß. Die ungleiche Verteilung der Stabkraft beansprucht den Gesamtquerschnitt auf Ausbiegung in der Richtung der Materialachse, d. i. die Schwerpunkthauptachse des Gesamtquerschnittes, welche die beiden Querschnittsteile verbindet, ungünstiger als in der Richtung der freien Achse, d. i. die zur Materialachse senkrechte Schwerpunkthauptachse, welche die beiden Querschnittsteile trennt. Man wird daher dem Gesamtquerschnitt in bezug auf die freie Achse ein größeres Trägheitsmoment als in bezug auf die Materialachse geben. In diesem Falle braucht der Stab als ein einheitliches Ganzes nach dem im Vorstehenden angegebenen Verfahren nur auf Ausknicken in Richtung der freien Achse, d. h. in bezug auf die Materialachse untersucht zu werden. Im übrigen erfordern dann nur noch die Einzelstäbe und die Querverbindungen eine nähere Berechnung.

Zur Feststellung der ungleichen Verteilung der Stabkraft P auf die beiden Querschnittsteile dient folgende Betrachtung: Im Augenblick des Ausknickens um die freie Achse, welche hierfür bei den im Eisenbau tatsächlich vorkommenden zweiteiligen Querschnitten wegen des verhältnismäßig geringen Widerstandes der Einzelstäbe in dieser Richtung in der Regel in Frage kommt, entsteht in der Mitte der Stablänge eine Ausbiegung δ_K, durch welche der auf der konkaven Seite der Biegungslinie liegende Querschnittsteil mehr als die Hälfte der gesamten Knickkraft erhält; er wird gedrückt mit

$$1)\quad P_1 = P_K\left(\frac{1}{2} + \frac{\delta_K}{f}\right).$$

[1]) Das Krohnsche Berechnungsverfahren beruht auf der Knickspannungsgleichung von Tetmajer. Es liegt der Einheitlichkeit wegen nahe, dieses Berechnungsverfahren nach den im Vorstehenden abgeleiteten Knickspannungsgleichungen, die der Berechnung von σ_K in der Zusammenstellung auf S. 83 zugrunde gelegt wurden, umzugestalten. Eine hiernach durchgeführte Berechnung ergab aber Abweichungen von den Werten nach dem Krohnschen Verfahren zuungunsten der Sicherheit. Da außerdem die Brauchbarkeit des Krohnschen Verfahrens durch die Ergebnisse in Paris durchgeführter Versuche erwiesen ist, soll es hier beibehalten werden. Vgl. Zentralblatt der Bauverwaltung. 1908. S. 559.

wenn f den Abstand der Schwerpunktlinien der Einzelstäbe bedeutet (Abb. 104 und 105). Die größte Randspannung im ausgebogenen Stabe ist

$$2)\quad \sigma = \frac{P_K}{F} + \frac{P_K\,\delta_K}{W}$$

wenn F den Inhalt und W das Widerstandsmoment des Gesamtquerschnittes bedeutet. Aus dieser Gleichung folgt:

$$3)\quad \frac{P_K}{F} = \sigma - \frac{P_K\,\delta_K}{W}.$$

Für flußeiserne Stäbe mit λ zwischen 0 und 105 ist nach Tetmajer

$$4)\quad \sigma_K = \frac{P_K}{F} = 3100 - 11.4\,\lambda \text{ kg/qcm}.$$

Nimmt man an, daß der zweite Teil der rechten Seite dieser Gleichung denjenigen Spannungszuwachs bedeutet, der von der Ausbiegung herrührt, so folgt aus den beiden letzten Gleichungen

$$5)\quad \frac{P_K\,\delta_K}{W} = 11.4\,\lambda.$$

Hieraus

$$6)\quad \delta_K = 11.4\,\lambda \cdot \frac{W}{P_K}.$$

Setzt man in diese Gleichung für P_K den Wert aus der Gleichung 4 ein, so erhält man für die Ausbiegung im Augenblick des Bruches

$$7)\quad \delta_K = 11.4\,\lambda \cdot \frac{W}{F\,(3100 - 11.4\,\lambda)}.$$

Bezeichnet man den Inhalt der Einzelquerschnitte mit F_1, so ist $F = 2F_1$, und wenn man die Trägheitsmomente der Einzelquerschnitte in bezug auf ihre eigenen Schwerpunktsachsen vernachlässigt[1]),

$$J = 2\,F_1\left(\frac{f}{2}\right)^2;\; i = \sqrt{\frac{J}{F}} = \sqrt{\frac{2\,F_1\left(\frac{f}{2}\right)^2}{2\,F_1}} = \frac{f}{2};\; W = \frac{J}{\frac{f}{2}} = \frac{2\,F_1\left(\frac{f}{2}\right)^2}{\frac{f}{2}} = F_1\,f.$$

Nach Einsetzung dieser Werte nimmt Gleichung 7 die Form

$$8)\quad \delta_K = \frac{l}{2} \cdot \frac{f}{136\,f - l}$$

und die Gleichung 1 die Form an:

$$9)\quad \boxed{P_1 = P_K \cdot \frac{68\,f}{136\,f - l}}.$$

Dieser Wert nähert sich mit abnehmendem $l:f$ der Grenze $0.5\,P_K$. Der größte Wert $l:f$, für welchen die Gleichung 9 noch gilt, ergibt sich aus der Beziehung $l:i = 2\,l:f = 105$ zu $l:f = 52.5$. Hierfür wird $P_1 = 0.81\,P_K$. Es empfiehlt sich aber, den Gültigkeitsbereich der Gleichung 9 weiterzufassen und diese Gleichung für alle zweiteiligen Stäbe als zutreffend anzusehen.

[1]) Ist der Abstand der Einzelstäbe im Verhältnis zu ihren Querschnitten klein, so ist diese Vernachlässigung nicht mehr statthaft. δ_K ist dann aus Gleichung 7 zu errechnen und in Gleichung 1 einzusetzen.

Man nimmt nun an, daß die Stabkraft P sich ebenso wie die Knickkraft P_K auf die beiden Querschnittshälften verteilt, daß also die Gleichung besteht:

$$10)\quad \boxed{P_1 = P \cdot \frac{68\,f}{136\,f - l}}\,.$$

Die Entfernung der Bindebleche oder der Anschlüsse der Vergitterungsstäbe ist nun so zu wählen, daß die Einzelstäbe für die Druckkraft P_1 genügende Knicksicherheit besitzen, wobei unter der freien Länge der Einzelstäbe die Entfernung der nächsten Niete zweier Bindebleche oder Anschlüsse zu verstehen ist. $\frac{P_1}{F_1}$ ist gleich der tatsächlichen Knickbeanspruchung des Einzelstabes. Damit diese gleich der zulässigen Knickbeanspruchung σ_{KZ} wird, muß $\frac{P_1}{F_1} = \sigma_{KZ} = \mu\,\sigma_Z$ sein, wenn σ_Z die zulässige reine Druckbeanspruchung des Gesamtstabes ist. Es besteht also die Beziehung:

$$\mu = \frac{\sigma_{KZ}}{\sigma_Z} = \frac{P_1}{\sigma_Z F_1}.$$

Indem man diesen Wert für μ in der Zusammenstellung auf S. 83 aufsucht, findet man das zugehörige λ. Da i_1 des Einzelstabes bekannt ist, erhält man aus λ ohne weiteres die zulässige freie Knicklänge des Einzelstabes und damit die Entfernung der Bindebleche oder Anschlüsse der Vergitterungsstäbe.

Ist die zulässige Knickbeanspruchung σ_{KZG} des Gesamtstabes nicht ausgenutzt, ist also $\sigma_{KZG} = \mu_G \sigma_Z > \sigma_G$, wo unter σ_G die tatsächliche Knickbeanspruchung und unter μ_G der Abminderungsbeiwert des Gesamtstabes zu verstehen ist, so empfiehlt es sich, diesen Überschuß des Gesamtstabes auch den Einzelstäben zu geben, da sonst der Überschuß des Gesamtstabes für die Sicherheit nicht ausgenutzt werden kann. Setzt man $\sigma_G = \mu_G\,\sigma_Z'$, so muß für den Einzelstab die Beziehung bestehen:

$$\frac{P_1}{F_1} = \sigma_{KZ} = \mu \sigma_Z',$$

woraus folgt:

$$\mu = \frac{P_1}{F_1\,\sigma_Z'} = \frac{P_1\,\mu_G}{F_1 \sigma_G}.$$

Aus diesem Werte für μ ist dann die freie Länge der Einzelstäbe ebenso wie früher zu bestimmen.

Ist ein zweiteiliger Stab gegeben und soll die Knickkraft dieses Stabes ermittelt werden, so bestimmt man aus der freien Knicklänge des Einzelstabes, seinem Trägheitshalbmesser i_1 und aus der Zusammenstellung auf S. 83 die Knickspannung σ_{K1} und erhält damit die Knickkraft des Einzelstabes zu $F_1 \sigma_{K1}$. Die Knickkraft des ganzen Stabes ergibt sich dann aus der Gleichung 9 zu:

$$P_K = \frac{136\,f - l}{68\,f} \cdot F_1\,\sigma_{K1}.$$

Es kommt nun weiter darauf an, die Abmessungen der Querverbindungen festzulegen. Ist δ_x die Ausbiegung eines Punktes der Stabachse, welcher die Entfernung x von der Mitte der Stablänge hat, im Augenblicke des Ausknickens, so ist das Moment M_x an dieser Stelle $= P_K\,\delta_x$ und die Querkraft

$$Q_x = \frac{d\,M_x}{d\,x} = P_K \cdot \frac{d\,\delta_x}{d\,x}.$$

Bezeichnet wie früher δ_K die Ausbiegung in der Mitte der Stablänge, so ist

$$\delta_x = \delta_K \cdot \cos \frac{\pi x}{l}$$

und ohne Rücksicht auf das Vorzeichen

$$\frac{d\,\delta_x}{d\,x} = \delta_K \cdot \frac{\pi}{l} \cdot \sin \frac{\pi x}{l}.$$

Dieser Ausdruck erreicht seinen Größtwert für $x = \frac{l}{2}$ mit $\frac{d\,\delta_x}{d\,x} = \delta_K \cdot \frac{\pi}{l}$. Die größte Querkraft im Augenblick des Ausknickens ist also

$$Q = P_K\, \delta_K \cdot \frac{\pi}{l}.$$

Setzt man für δ_K den Wert aus Gleichung 6 ein, so erhält man

$$Q = 11{,}4\,\lambda\, W \cdot \frac{\pi}{l} = 11{,}4\, W \cdot \frac{l}{i} \cdot \frac{\pi}{l} = 11{,}4\,\pi \cdot \frac{W}{i} = \text{rd. } 36 \cdot \frac{W}{i} \text{ in kg.}$$

W ist $= F_1\, f$; $i = \frac{f}{2}$, also

$$\boxed{Q = 72\, F_1}$$

in kg, wenn F_1 in qcm gemessen wird.

Sind auf beiden Seiten des Stabquerschnittes Querverbindungen angeordnet und bestehen sie aus Vergitterungsstäben (Abb. 105), so ist die Stabkraft in den Vergitterungsstäben an den Stabenden

$$\boxed{D = \pm \frac{Q}{2 \sin \varphi}}.$$

In dieser Formel ist φ der Winkel, den die Vergitterungsstäbe mit der Senkrechten bilden.

Die Stabkräfte in den Vergitterungsstäben nehmen zwar nach der Stabmitte zu ab, es empfiehlt sich aber, alle diese Stäbe gleich zu bemessen.

Da die errechnete Stabkraft D erst im Augenblicke des Bruches auftritt, kann in den Vergitterungsstäben als zulässige Zugspannung der Wert 3600 kg/qcm, als zulässige Knickspannung die tatsächliche Knickspannung σ_K, als Abscherspannung der Anschlußniete der Wert 3000 kg/qcm und als zulässiger Lochleibungsdruck der Wert 6000 kg/qcm angenommen werden.

Bestehen die Querverbindungen aus Bindeblechen, so muß zunächst die Scherkraft in der Richtung der Stabachse berechnet werden, die auf jedes Bindeblech entfällt. Diese Scherkraft ist, wenn auf beiden Seiten des Stabquerschnittes Bindebleche angeordnet sind (Abb. 104),

$$T = \frac{Q}{2} \cdot \frac{S}{J} \cdot c.$$

Hierin bedeutet S das statische Moment des Querschnittes des Einzelstabes in bezug auf die freie Achse, J das Trägheitsmoment des Gesamtquerschnittes in bezug auf diese Achse und c den Abstand der Mitten zweier Bindebleche (Abb. 104).

S ist $= F_1 \cdot \frac{f}{2}$ und $J = F_1 \cdot \frac{f^2}{2}$, also

$$T = \frac{Q}{2} \cdot \frac{c}{f}$$

$$\boxed{T = 36\, F_1 \cdot \frac{c}{f}}$$

in kg, wenn F_1 in Quadratzentimetern gemessen wird.

Diese Scherkraft müssen die Anschlußniete der Bindebleche an jedem Einzelstab aufnehmen. Diese Niete werden außerdem ebenso wie der Schnitt der Bindebleche in der Rißlinie dieser Niete durch ein Moment beansprucht von der Größe:

$$\boxed{M = \frac{T \cdot f}{2} = 18\, F_1\, c} \text{ cmkg,}$$

wenn F_1 in Quadratzentimetern und c in Zentimetern gemessen wird. Hinsichtlich der zulässigen Beanspruchung gilt das bei den Vergitterungsstäben hierüber Gesagte. Es empfiehlt sich, alle Bindebleche ebenso wie die Vergitterungsstäbe gleich stark zu bemessen.

Die Knicksicherheit oben offener Brücken wird später bei der Abhandlung über die Ausbildung oben offener Brücken behandelt.

C. Standsicherheit der Überbauten gegen Umkippen.

Die Standsicherheit der Überbauten gegen Umkippen durch Wind und andere wagerechte Kräfte ist stets im belasteten und unbelasteten Zustande nachzuweisen, wenn nicht zweifelsfrei feststeht, daß die Überbauten überreichlich standsicher sind. Für eiserne Eisenbahnbrücken mit hochliegender Fahrbahn ist in der Regel für die Standsicherheit gegen Umkippen durch Wind der Fall der ungünstigste, daß die Überbauten mit leeren Güterwagen, deren Gewicht zu 1 t/m angenommen werden kann, belastet sind. Der Winddruck wird dabei mit 140 bis 150 kg/qm in die Rechnung eingeführt. Da die leeren Güterwagen bei einem solchen Winddruck nur rd. 1,1fache Standsicherheit haben, genügt für den Überbau selbst vollständig eine 1,3fache Standsicherheit. Für die Untersuchung der Straßenbrücken mit hochliegender Fahrbahn nimmt man den Überbau mit einer Reihe von Fahrzeugen belastet an, die 0,7 t für das laufende Meter wiegen.

Abschnitt VI.
Die Belastungen der eisernen Brücken.

Allgemeines.

Man unterscheidet: Ständige und veränderliche Belastungen. Die ständige Last besteht aus dem Eisengewicht des Überbaues, dem Gewicht der Fahrbahn und allen sonstigen, ständig auf den Überbau wirkenden Lasten, wie z. B. Wasserrohren u. dergl. Die veränderlichen Lasten können eingeteilt werden in:

1. Verkehrslasten, wie Menschen, Tiere und Fahrzeuge, mit ihren Nebeneinflüssen, wie die Stoßwirkung, die Bremskräfte, Anfahrwiderstände und Seitenstöße der Fahrzeuge und die Fliehkräfte solcher Wagen, die sich in einer Kurve über die Brücke bewegen.

2. Zufällige Lasten, wie Winddruck, Schneelast und Wärmekräfte.

Die Lasten treten teils als Einzellasten, teils als gleichmäßig verteilte Lasten auf. Einige wirken senkrecht, andere wagerecht.

A. Die Belastungen der Eisenbahnbrücken.

1. Verkehrslasten.

Die Verkehrslasten einer eisernen Eisenbahnbrücke bilden, abgesehen von einigen Fußgängern, die verschiedenen über sie fahrenden Lokomotiven und Wagen. Es ist nun nicht gesagt, daß die schwersten dieser Lokomotiven mit den schwersten Wagen für die Berechnung einer Brücke in allen ihren Teilen maßgebend sind. Eine im ganzen leichtere Lokomotive mit anderen Radständen und anderer Lastverteilung kann in einzelnen Gliedern der Hauptträger und in den Fahrbahnträgern größere Beanspruchungen hervorrufen als die schwerere Lokomotive. Man müßte also die Brücken für alle sich über sie bewegenden, voneinander verschiedenen Lastenzüge berechnen. Um einen so erheblichen Arbeitsaufwand zu umgehen, ist es angezeigt, einen ideellen Lastenzug anzunehmen, der in seinen Radständen und Achslasten so zu bemessen ist, daß er die einzelnen Glieder einer Brücke mindestens so hoch beansprucht, wie irgend einer der wirklich verkehrenden Lastenzüge. Bei der Festsetzung solcher ideellen Lastenzüge muß aber auch auf die Zukunft, d. h. auf das Anwachsen der Verkehrslasten Rücksicht genommen werden. Denn die Entwicklung des Eisenbahnwesens hat gezeigt, daß in kurzen Zeitabständen immer wieder schwerere Lokomotiven und schwerere Wagen für größere Nutzlasten gebaut werden mußten. Nimmt man hierauf bei der Festsetzung eines ideellen Lastenzuges nicht in gebührendem Maße Rücksicht, so wird man sich bald vor die Notwendigkeit gestellt sehen, die nach ihm gebauten Brücken mit hohem Kostenaufwand zu verstärken oder auszuwechseln. Es ist wirtschaftlicher, die Brücken für einen Lastenzug zu bauen, bei dem vorsorglich auf das Anwachsen der Verkehrslasten Rücksicht genommen ist. Die Verzinsung des für einige Jahre brachliegenden Geldaufwandes für den zunächst nicht ausgenutzten Mehrverbrauch an Baustoff erfordert geringere Ausgaben als die baldige Verstärkung oder Auswechselung der Brücke. Bei der Festsetzung ideeller Lastenzüge in früheren Jahren hat man leider hierauf zu wenig Rücksicht genommen. Besser sind in dieser Beziehung die in diesem Jahrhundert eingeführten Lastenzüge.

Im Jahre 1900 hat die Hauptversammlung des Vereins deutscher Eisenbahnverwaltungen in den „Technischen Vereinbarungen" eine Bestimmung aufgenommen, nach der die Tragfähigkeit neu zu erbauender oder umzubauender Brücken mindestens nachstehendem Lastenzug entsprechen muß (Abb. 106). Er besteht aus zwei Lokomotiven mit Tendern und einer unbeschränkten Anzahl einseitig angehängter Wagen. Die Achslasten der Lokomotiven betragen 14 und 16 t, der Tender 13 t und der Wagen 9 t. Die Belastung für das Meter Gleis der Lokomotiven und Tender beträgt 6,6 t, die der Wagen 3,6 t.

Wenn für kleine Stützweiten oder Belastungslängen 4 je 1,4 m voneinander abstehende Achsen, von denen eine an der ungünstigsten Stelle mit 18 t, die übrigen mit 16 t Belastung anzunehmen sind, größere Beanspruchungen ergeben als der Lastenzug nach Abb. 106, so ist diese Belastung zugrunde zu legen.

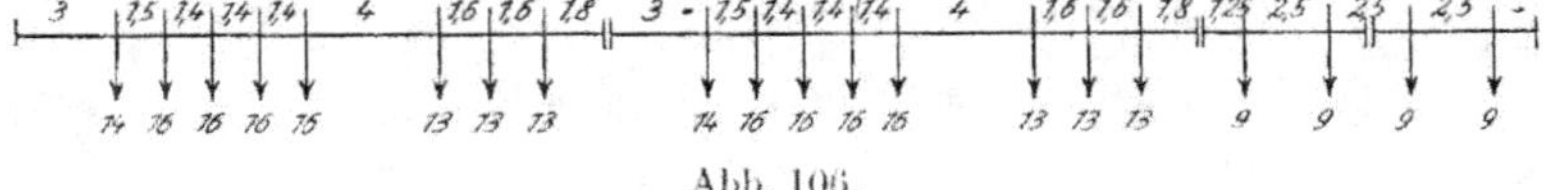

Abb. 106.

Die Vereinsverwaltungen waren hiernach gezwungen, soweit ihr Lastenzug geringere Beanspruchungen in den Gliedern der Brücken ergab als der angegebene, entweder den vorgeschriebenen Lastenzug zu übernehmen oder selbständig einen neuen Lastenzug zu wählen. Mit Rücksicht darauf, daß man bei der Festlegung

Größte Momente
des Lastenzuges **A** der früheren preußischen Staatseisenbahnen für einen Träger auf zwei Stützen.

L	M_{max}	$\frac{\Delta M_{max}}{\Delta L}$	L	M_{max}	$\frac{\Delta M_{max}}{\Delta L}$	L	M_{max}	$\frac{\Delta M_{max}}{\Delta L}$
m	mt	t	m	mt	t	m	mt	t
1,0	5,00		15	243,9		60	2 900	
		5,00			26,1			81,5
1,2	6,00		16	270,0		62	3 063	
		5,00			27,8			84,5
1,4	7,00		17	297,8		64	3 232	
		5,00			29,2			85,0
1,6	8,00		18	327,0		66	3 402	
		5,00			32,8			86,5
1,8	9,00		19	359,8		68	3 575	
		5,00			34,2			88,0
2,0	10,00		20	394,0		70	3 751	
		5,00			37,5			88,0
2,2	11,00		22	469,0		72	3 927	
		5,00			40,8			91,0
2,4	12,00		24	550,5		74	4 109	
		5,80			40,8			93,0
2,6	13,16		26	632,0		76	4 295	
		9,25			48,1			94,5
2,8	15,01		28	728,2		78	4 484	
		9,30			52,1			95,0
3,0	16,88		30	832,3		80	4 674	
		9,40			53,5			97,0
3,2	18,76		32	939,2		82	4 868	
		9,50			55,4			97,5
3,5	21,61		34	1 050		84	5 063	
		13,8			57,5			100
4,0	28,50		36	1 165		86	5 263	
		14,2			60,5			101
4,5	35,63		38	1 286		88	5 464	
		14,2			65,0			103
5,0	42,75		40	1 416		90	5 669	
		14,3			68,0			104
6	57,00		42	1 552		92	5 876	
		16,4			68,5			107
7	73,45		44	1 689		94	6 089	
		20,1			71,5			107
8	93,5		46	1 832		96	6 303	
		21,2			72,0			109
9	114,7		48	1 976		98	6 520	
		21,2			73,5			110
10	135,9		50	2 123		100	6 740	
		21,2			75,0			118
11	157,1		52	2 273		110	7 918	
		21,3			75,0			126
12	178,4		54	2 423		120	9 176	
		21,3			77,0			134
13	199,7		56	2 577		130	10 520	
		21,3			80,0			144
14	221,0		58	2 737		140	11 965	
		22,9			81,5			155
15	243,9		60	2 900		150	13 510	

eines Lastenzuges innerhalb gewisser Grenzen doch auf Schätzung angewiesen ist, empfiehlt es sich, zur Erleichterung bei der Berechnung und zur Erhöhung der Übersichtlichkeit möglichst wenig verschiedene Achslasten und Radstände einzuführen. Mustergültig ist in dieser Beziehung der im Jahre 1901 eingeführte Lastenzug der früheren preußischen Staatseisenbahnen (Abb. 107), der nur zwei verschiedene Achsdrucke von 17 t und 13 t aufweist und bei dem alle Radstände

Größte Momente des Lastenzuges **B** der früheren preußischen Staatseisenbahnen für einen Träger auf zwei Stützen.

L	M_{max}	$\frac{\Delta M_{max}}{\Delta L}$	L	M_{max}	$\frac{\Delta M_{max}}{\Delta L}$	L	M_{max}	$\frac{\Delta M_{max}}{\Delta L}$
m	mt	t	m	mt	t	m	mt	t
1,0	5,00	5,00	15	286,8	30,7	60	3 390	95,5
1,2	6,00	5,00	16	317,5	32,5	62	3 581	98,5
1,4	7,00	5,00	17	350,0	34,3	64	3 778	98,5
1,6	8,00	5,00	18	384,3	38,2	66	3 975	101
1,8	9,00	5,00	19	422,5	40,0	68	4 177	102
2,0	10,00	5,00	20	462,5	43,8	70	4 381	103
2,2	11,00	5,00	22	550,0	47,5	72	4 587	106
2,4	12,00	5,80	24	645,0	47,5	74	4 799	107
2,6	13,16	9,25	26	740,0	57,7	76	5 013	110
2,8	15,01	9,35	28	855,4	61,1	78	5 232	111
3,0	16,88	9,40	30	977,5	62,3	80	5 454	115
3,2	18,76	12,5	32	1 102	65,0	82	5 684	118
3,5	22,50	15,0	34	1 232	67,5	84	5 919	119
4,0	30,00	15,0	36	1 367	70,5	86	6 156	121
4,5	37,50	15,0	38	1 508	76,0	88	6 398	123
5,0	45,00	16,9	40	1 660	80,0	90	6 643	125
6	61,88	23,1	42	1 820	79,5	92	6 892	125
7	85,00	25,0	44	1 979	83,5	94	7 142	129
8	110,0	25,0	46	2 146	84,0	96	7 399	129
9	135,0	25,0	48	2 314	85,5	98	7 656	131
10	160,0	25,0	50	2 485	87,5	100	7 917	136
11	185,0	25,0	52	2 660	88,0	110	9 278	144
12	210,0	25,0	54	2 836	91,0	120	10 720	154
13	235,0	25,0	56	3 018	91,5	130	12 255	168
14	260,0	26,8	58	3 201	94,5	140	13 934	181
15	286,8		60	3 390		150	15 739	

gleich 1,5 m oder gleich einem Vielfachen dieses Wertes sind. Er besteht ebenfalls aus zwei Lokomotiven mit Tendern und einer unbeschränkten Anzahl einseitig

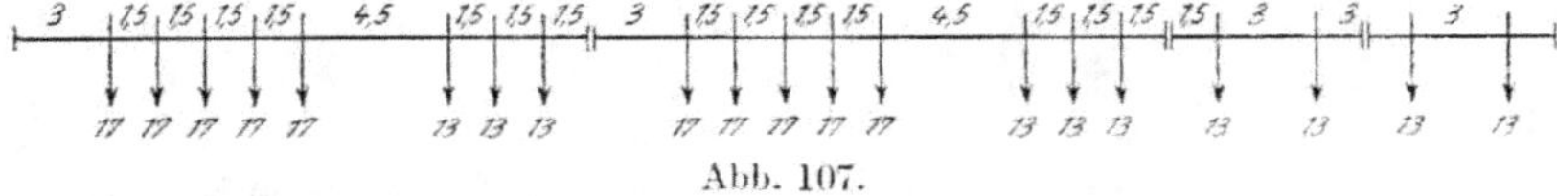

Abb. 107.

angehängter Wagen. Die Achslasten der Lokomotiven betragen durchweg 17 t, die der Tender und Wagen 13 t. Die Belastung für das Meter Gleis der Lokomotiven und Tender beträgt 6,9 t, die der Wagen 4,35 t. Auch Sachsen, Baden und Württemberg haben diesen Lastenzug angenommen, während die anderen Verwaltungen des Vereins etwas abweichende Lastenzüge vorgeschrieben haben, die jedoch in ihrer Wirkung nicht allzusehr von dem preußischen Lastenzug abweichen. Da erfahrungsgemäß für einzelne Lokomotivachsen mit höheren Lasten als den angegebenen gerechnet werden muß, so sehen die preußischen Vorschriften mit Recht für die Hauptträger von kleiner Stützweite, für die Fahrbahnträger und für kleine Belastungslängen noch folgende vier Lastgruppierungen (Abb. 108) vor, die überall da der Rechnung zugrunde zu legen sind, wo sie höhere Beanspruchungen ergeben als der Lastenzug in der Abb. 107.

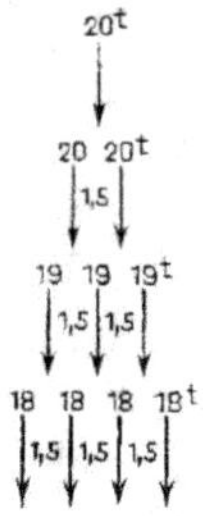

Abb. 108.

Im Jahre 1910 ist für die Hauptschnellzugstrecken der früheren preußischen Staatseisenbahnen ein neuer Lastenzug vorgeschrieben worden, der dieselben Achsabstände wie der Lastenzug von 1901 aufweist, dessen Achslasten aber gegen die des Lastenzuges von 1901 von 17 t auf 20 t und von 13 t auf 15 t erhöht sind (Abb. 109). Die Belastung für das Meter Gleis der Lokomotiven und Tender beträgt 8 t, die der Wagen 5 t. Eine Erhöhung der Lasten für die Hauptträger kleiner Stützweite und die Fahrbahnträger hat nicht stattgefunden. Der in der Abb. 107 dargestellte Lastenzug führt die Bezeichnung Lastenzug **A**, der neuere die Bezeichnung Lastenzug **B**.

Um an Zeit bei der Aufstellung der Festigkeitsberechnungen zu sparen, hat die frühere preußische Staatseisenbahnverwaltung die größten Momente für

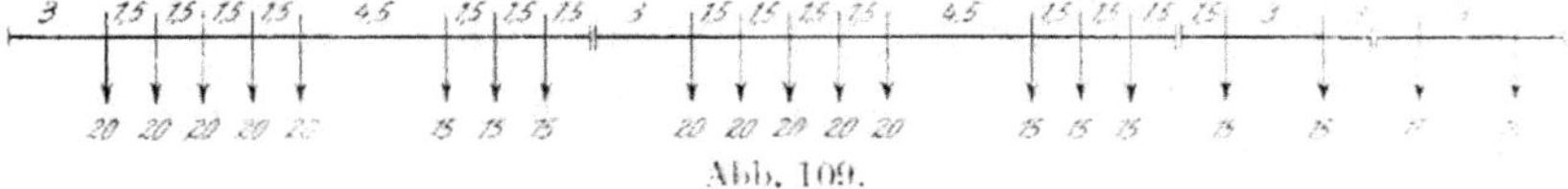

Abb. 109.

Balkenträger auf zwei Stützen mit Stützweiten von 1 bis 150 m für die von ihr vorgeschriebenen Lastenzüge ein für allemal bestimmt, wobei außer den in den Abb. 107, 108 und 109 dargestellten Lastgruppierungen auch noch die Stellung der beiden Lokomotiven mit den Schornsteinen aneinander in Rücksicht gezogen worden ist.

Die vorstehenden Tabellen[1]) enthalten die Werte für die größten Momente. Für nicht angegebene Stützweiten wird unter Benutzung der Werte $\dfrac{\Delta M_{\max}}{\Delta L}$ geradlinig eingeschaltet.

Beispiel: Gesucht wird für den Lastenzug A das größte auf einen Hauptträger einer eingleisigen Eisenbahnbrücke von 51,5 m Stützweite entfallende Moment. Aus der Tabelle ergibt sich:

$$M_{\max} = \frac{2123 + 75{,}0 \cdot 1{,}5}{2}.$$

Trägt man die durch einen Lastenzug hervorgerufenen größten Momente für die verschiedenen Stellen eines Trägers auf zwei Stützen auf, so liegen die

[1]) Entnommen aus den „Vorschriften für das Entwerfen der Brücken mit eisernem Überbau auf den preußischen Staatseisenbahnen vom Jahre 1903." Ausgabe 1913. Verlag von Wilhelm Ernst & Sohn.

Endpunkte nicht auf einer Kurve, für die sich eine Gleichung aufstellen ließe, vor allem auch nicht auf einer Kurve, die den Kurven für die anderen Stützweiten ähnlich wäre. Es läßt sich aber eine Kurve angeben, welche die Ordinaten aller an den verschiedenen Stellen eines Balkens auf zwei Stützen auftretenden größten Momente umhüllt, das heißt, auf alle Fälle mindestens gleich große Werte gibt wie die genaue Berechnung. Dies ist eine gerade Linie im Abstande $M_{\max}$ von einer Wagerechten und von der Länge 0.12 L mit anschließenden Parabelhälften (Abb. 110).

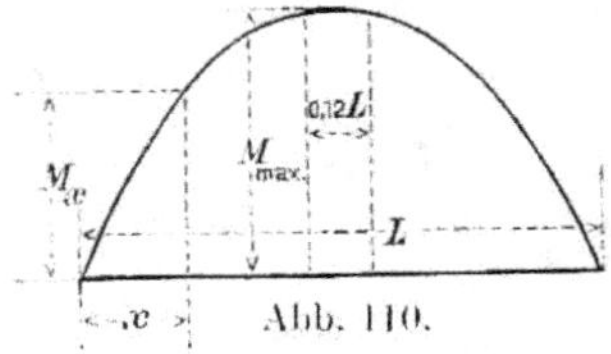

Abb. 110.

Aus dieser Kurve sind alle in der folgenden Tabelle enthaltenen Werte berechnet worden.

Zahlenwerte zur Berechnung der von den Lastenzügen hervorgerufenen größten Momente an beliebiger Stelle eines Trägers auf zwei Stützen.

$\frac{x}{L}$	$\frac{M_x}{M_{\max}}$	$\Delta\frac{M_x}{M_{\max}} : \Delta\frac{x}{L}$	$\frac{x}{L}$	$\frac{M_x}{M_{\max}}$	$\Delta\frac{M_x}{M_{\max}} : \Delta\frac{x}{L}$	$\frac{x}{L}$	$\frac{M_x}{M_{\max}}$	$\Delta\frac{M_x}{M_{\max}} : \Delta\frac{x}{L}$
0,0	0,0	4,45	0,20	0,703	2,35	0,40	0,992	0,30
0,02	0,089	4,35	0,22	0,750	2,15	0,42	0,998	0,10
0,04	0,174	4,00	0,24	0,793	2,00	0,44	1,0	0
0,06	0,254	3,85	0,26	0,833	1,75	0,46	1,0	0
0,08	0,331	3,60	0,28	0,868	1,55	0,48	1,0	0
0,10	0,403	3,40	0,30	0,899	1,35	0,50	1,0	
0,12	0,471	3,20	0,32	0,926	1,10			
0,14	0,535	3,00	0,34	0,948	0,95			
0,16	0,595	2,80	0,36	0,967	0,70			
0,18	0,651	2,60	0,38	0,981	0,55			
0,20	0,703		0,40	0,992				

Soll z. B. das größte Moment aus dem Lastenzug A für einen Hauptträger einer eingleisigen Eisenbahnbrücke von 50 m Stützweite an der im Abstande $x = 13.5$ m vom Auflager entfernt liegenden Stelle berechnet werden, so bestimmt man zunächst den Wert $\frac{x}{L} = \frac{13.5}{50} = 0.27$ und den Wert $M_{\max}$ für 50 m $= \frac{2123}{2}$ tm. Den zu 0.27 gehörigen Wert $\frac{M_x}{M_{\max}}$ findet man aus der Tabelle $= 0.833 + 1.75 \cdot 0.01$. Der Wert für M_x ist schließlich $= (0.833 + 1.75 \cdot 0.01)\frac{2123}{2}$.

Die nachstehende Tabelle dient bei bekanntem $M_{\max}$ zur Ermittlung der Entfernung x vom Auflager des Punktes, an dem das gegebene Moment M_x herrscht. Sie dient vor allem auch zur Bestimmung der Längen der Gurtplatten von Blechträgern, wobei allerdings in durchaus erlaubter Annäherung angenommen wird, daß die Kurve der größten Momente aus der Verkehrslast und dem Eigengewicht durch die in der Abb. 110 wiedergegebene Kurve dargestellt wird. Ist für einen Blechträger das Moment M_{max} errechnet und wird die Entfernung x vom Auflager des Punktes gesucht, bis zu dem man mit einer Gurtplatte auskommt, so setze man $M_x = W_1 \cdot \sigma_z$, wo W_1 das Widerstandsmoment des Trägerquerschnittes mit einer Gurtplatte und σ_z die zulässige Biegungsbeanspruchung bedeutet, bestimme den Wert $\frac{M_x}{M_{max}}$ und ermittele, ganz entsprechend wie es bei der vorigen Tabelle erläutert ist, $\frac{x}{L}$ und hieraus x.

Zahlenwerte zur Ermittlung der Stelle, an der ein gegebenes Moment herrscht.

$\frac{M_x}{M_{max}}$	$\frac{x}{L}$	$\frac{\Delta \frac{x}{L}}{\Delta \frac{M_x}{M_{max}}}$	$\frac{M_x}{M_{max}}$	$\frac{x}{L}$	$\frac{\Delta \frac{x}{L}}{\Delta \frac{M_x}{M_{max}}}$	$\frac{M_x}{M_{max}}$	$\frac{x}{L}$	$\frac{\Delta \frac{x}{L}}{\Delta \frac{M_x}{M_{max}}}$
0,00	0,0000		0,64	0,1760		0,84	0,2640	
		0,222			0,370			0,56
0,05	0,0111		0,66	0,1834		0,85	0,2696	
		0,230			0,385			0,58
0,10	0,0226		0,68	0,1911		0,86	0,2754	
		0,234			0,395			0,60
0,15	0,0343		0,70	0,1990		0,87	0,2814	
		0,242			0,41			0,62
0,20	0,0464		0,71	0,2031		0,88	0,2876	
		0,252			0,41			0,65
0,25	0,0590		0,72	0,2072		0,89	0,2941	
		0,258			0,42			0,68
0,30	0,0719		0,73	0,2114		0,90	0,3009	
		0,268			0,42			0,71
0,35	0,0853		0,74	0,2156		0,91	0,3080	
		0,278			0,44			0,76
0,40	0,0992		0,75	0,2200		0,92	0,3156	
		0,290			0,44			0,80
0,45	0,1137		0,76	0,2244		0,93	0,3236	
		0,304			0,46			0,86
0,50	0,1289		0,77	0,2290		0,94	0,3322	
		0.315			0,46			0,94
0,52	0,1352		0,78	0,2336		0,95	0,3416	
		0,320			0,47			1,04
0,54	0,1416		0,79	0,2383		0,96	0,3520	
		0,325			0,49			1,18
0,56	0,1481		0,80	0,2432		0,97	0,3638	
		0,335			0,50			1,40
0,58	0,1548		0,81	0,2482		0,98	0,3778	
		0,345			0,51			1,82
0,60	0,1617		0,82	0,2533		0,99	0,3960	
		0,355			0,53			4,40
0,62	0,1688		0,83	0,2586		1,00	0,4400	
		0,360			0,54			
0,64	0.1760		0,84	0,2640				

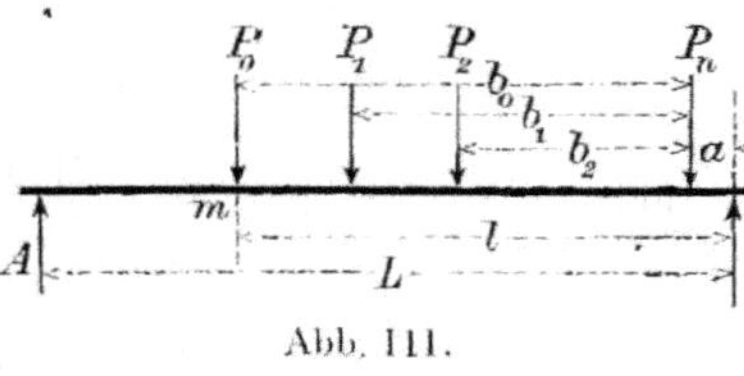

Abb. 111.

Die preußischen Vorschriften enthalten weiter Tabellen zur schnellen Bestimmung der Querkräfte (siehe die Tabellen auf S. 97 u. 98).

Zur Erklärung dieser Tabellen diene folgende Betrachtung: Unter der Annahme unmittelbarer Belastung erhält man für den Punkt m (Abb. 111) die größte positive Querkraft, wenn der Lastenzug von rechts bis zu diesem Punkte vorgerückt ist. Es ist dann der Auflagerdruck A = der Querkraft Q.

$$Q \cdot L = A \cdot L = P_0 (b_0 + a) + P_1 (b_1 + a) + \ldots P_n \cdot a = P_0 b_0 + P_1 b_1 + \ldots + a (P_0 + P_1 + \ldots + P_n) = \Sigma P b + a \Sigma P.$$

Da nun $a = l - b_0$ ist, so erhält man

$$Q \cdot L = \Sigma P b + (l - b_0) \Sigma P.$$

In den Tabellen sind nun die Werte $\Sigma P b$ und ΣP für alle möglichen Belastungslängen l zusammengestellt worden. Die Länge b_0 stimmt im allgemeinen mit der ersten der in der Spalte „Belastungslänge" stehenden Zahl überein. Bei den drei Werten von l, wo dies nicht der Fall ist, sind die zugehörigen Werte von b_0 in Klammern dahinter gesetzt.

Zahlenwerte zur Berechnung der größten Querkräfte aus dem Lastenzug **A** an beliebiger Stelle eines Trägers auf zwei Stützen.

Belastungslänge l	$\Sigma P b$	ΣP	Belastungslänge l	$\Sigma P b$	ΣP
m	mt	t	m	mt	t
0,0 — 1,5	0,0	20	64,5— 67,5	14 463	391
1,5 — 3,26	30	40	67,5— 70,5	15 636	404
3,26 (3) — 5,1	85,5	57	70,5— 73,5	16 848	417
5,1 (4,5) — 7,15	162	72	73,5— 76,5	18 099	430
7,15 (6) —10,5	255	85	76,5— 79,5	19 389	443
10,5 —12	637,5	98	79,5— 82,5	20 718	456
12 —13,5	784,5	111	82,5— 85,5	22 086	469
13,5 —16,5	951,0	124	85,5— 88,5	23 493	482
16,5 —19,5	1 323,0	137	88,5— 91,5	24 939	495
19,5—21	1 734,0	150	91,5— 94,5	26 424	508
21 —22,5	1 957,5	175	94,5— 97,5	27 948	521
22,5—24	2 220,0	192	97,5—100,5	29 511	534
24 —28,5	2 508,0	209	100,5—103,5	31 113	547
28,5—30	3 448,5	222	103,5—106,5	32 754	560
30 —31,5	3 781,5	235	106,5—109,5	34 434	573
31,5—34,5	4 134	248	109,5—112,5	36 153	586
34,5—37,5	4 878	261	112,5—115,5	37 911	599
37,5—40,5	5 661	274	115,5—118,5	39 708	612
40,5—43,5	6 483	287	118,5—121,5	41 544	625
43,5—46,5	7 344	300	121,5—124,5	43 419	638
46,5—49,5	8 244	313	124,5—127,5	45 333	651
49,5—52,5	9 183	326	127,5—130,5	47 286	664
52,5—55,5	10 161	339	130,5—133,5	49 278	677
55,5—58,5	11 178	352	133,5—136,5	51 309	690
58,5—61,5	12 234	365	136,5—139,5	53 379	703
61,5—64,5	13 329	378	139,5—142,5	55 488	716

Zahlenwerte zur Berechnung der größten Querkräfte aus dem Lastenzug **B** an beliebiger Stelle eines Trägers auf zwei Stützen.

Belastungslänge l m	ΣPb mt	ΣP t	Belastungslänge l m	ΣPb mt	ΣP t
0,0— 1,5	0,0	20	67,5—70,5	18 255	470
1,5— 3,0	30,0	40	70,5—73,5	19 665	485
3,0— 4,5	90,0	60	73,5— 76,5	21 120	500
4,5— 6,0	180,0	80	76,5— 79,5	22 620	515
6,0—10,5	300,0	100	79,5— 82,5	24 165	530
10,5—12,0	750,0	115	82,5— 85,5	25 755	545
12,0—13,5	922,5	130	85,5— 88,5	27 390	560
13,5—16,5	1 117,5	145	88,5— 91,5	29 070	575
16,5—17,6	1 552,5	160	91,5— 94,5	30 795	590
17,6—18,0	1 728,0	180	94,5— 97,5	32 565	605
18,0—22,5	1 800,0	200	97,5—100,5	34 380	620
22,5—24,0	2 700,0	215	100,5—103,5	36 240	635
24,0—25,5	3 022,5	230	103,5—106,5	38 145	650
25,5—28,5	3 367,5	245	106,5—109,5	40 095	665
28,5—31,5	4 102,5	260	109,5—112,5	42 090	680
31,5—34,0	4 882,5	275	112,5—115,5	44 130	695
34,0—34,5	5 570	290	115,5—118,5	46 215	710
34,5—37,5	5 715	305	118,5—121,5	48 345	725
37,5—40,5	6 630	320	121,5—124,5	50 520	740
40,5—43,5	7 590	335	124,5—127,5	52 740	755
43,5—46,5	8 595	350	127,5—130,5	55 005	770
46,5—49,5	9 645	365	130,5—133,5	57 315	785
49,5—52,5	10 740	380	133,5—136,5	59 670	800
52,5—55,5	11 880	395	136,5—139,5	62 070	815
55,5—58,5	13 065	410	139,5—142,5	64 515	830
58,5—61,5	14 295	425	142,5—145,5	67 005	845
61,5—64,5	15 570	440	145,5—148,5	69 540	860
64,5—67,5	16 890	455	148,5—151,5	72 120	875

Beispiel: Gesucht ist die größte Querkraft, die aus dem Lastenzug A für einen Hauptträger einer eingleisigen Eisenbahnbrücke von 60 m Stützweite an der 25 m vom rechten Auflager entfernten Stelle entsteht. $l = 25$ m liegt zwischen den Werten 24 und 28,5 m, und hierzu gehören die Werte $\Sigma Pb = 2508$, $\Sigma P = 209$ und $b_0 = 24$ m. Hieraus erhält man

$$Q = \frac{2508 + (25 - 24)\,209}{2 \cdot 60}.$$

Zur Berechnung der Querträger offener Fahrbahnen ist die Bestimmung des durch die Verkehrslast hervorgerufenen Auflagerdruckes der Schwellenträger an dem Querträger erforderlich. Unter der Annahme unmittelbarer Übertragung der Radlasten auf die Schwellenträger kann die Größe dieses Auflagerdruckes aus den beiden folgenden Zusammenstellungen berechnet werden.

Zahlenwerte zur Berechnung des größten Auflagerdruckes der Schwellenträger an dem Querträger aus dem Lastenzuge **A**.

Grenze der Querträgerentfernung, für welche nebenstehende Größen Gültigkeit haben cm	Größe des Auflagerdruckes der Schwellenträger am Querträger t	Maßgebende Belastungsart
0—150	10	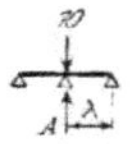
150—159	$20 - \frac{1500}{\lambda}$	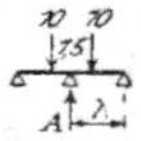
159—340	$28{,}5 - \frac{2850}{\lambda}$	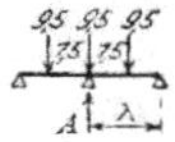
340—346	$36 - \frac{5400}{\lambda}$	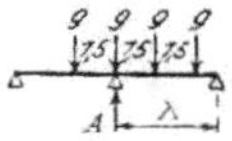
346—750	$42{,}5 - \frac{7650}{\lambda}$	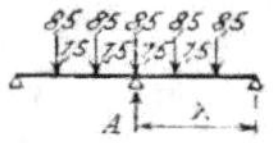
750—900	$55{,}5 - \frac{17\,400}{\lambda}$	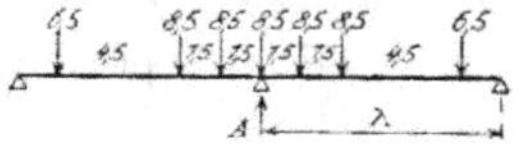
900—1050	$68{,}5 - \frac{29\,100}{\lambda}$	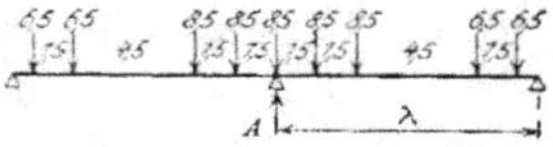

Zahlenwerte zur Berechnung des größten Auflagerdruckes der Schwellenträger an dem Querträger aus dem Lastenzuge **B**.

Grenze der Querträgerentfernung, für welche nebenstehende Größen Gültigkeit haben cm	Größe des Auflagerdruckes der Schwellenträger am Querträger t	Maßgebende Belastungsart
0—150	10	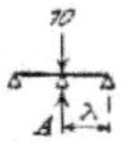
150—300	$30 - \frac{3000}{\lambda}$	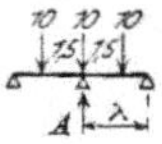
300—750	$50 - \frac{9000}{\lambda}$	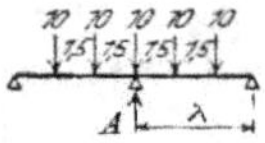
750—900	$65 - \frac{20\,250}{\lambda}$	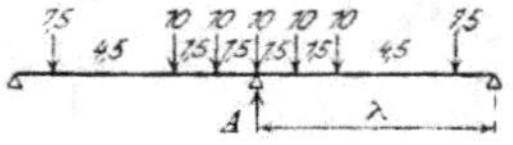
900—1050	$80 - \frac{33\,750}{\lambda}$	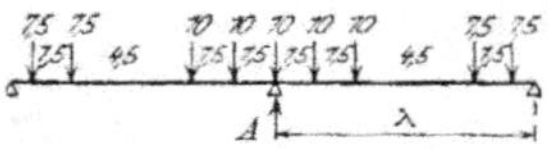

Zur weiteren erheblichen Vereinfachung der Festigkeitsberechnung für eiserne Eisenbahnbrücken, die nach den Vorschriften der früheren preußischen Staatseisenbahnen berechnet werden, namentlich für die Fahrbahnteile, hat Dircksen[1]) eine sehr brauchbare Zahlenzusammenstellung unter dem Titel „Hilfswerte für das Entwerfen und die Berechnung von Brücken mit eisernem Überbau" veröffentlicht, auf die hier besonders hingewiesen wird[2]).

Die in der ersten, zweiten, vierten und fünften Tabelle angegebenen Werte beziehen sich auf die Belastung eines Gleises. Für jeden Hauptträger einer eingleisigen Eisenbahnbrücke kommt daher die Hälfte dieser Werte in Betracht.

Bei zweigleisigen Eisenbahnbrücken, deren Gleise im regelmäßigen Betriebe in entgegengesetzter Richtung befahren werden, ist die Wahrscheinlichkeit, daß die ungünstigste Belastung für irgendein Glied eines Hauptträgers auf beiden Gleisen zugleich auftritt, nicht sehr groß, und dieser Umstand könnte wohl dazu führen, als Belastung jedes der beiden Hauptträger nicht den vollen Betrag des Lastenzuges anzunehmen. In der Regel werden jedoch die Hauptträger zweigleisiger Eisenbahnbrücken für den vollen Lastenzug berechnet.

Die früheren preußischen Staatseisenbahnen sehen für die Brücken der Nebenbahnen keine anderen Lastenzüge als für die Brücken der Hauptbahnen vor. Dies ist im allgemeinen nachahmenswert, um sich den bedingungslosen Übergang der Betriebsmittel der Hauptbahnen auf die Nebenbahnen nicht zu verschließen. Für unbedeutende Nebenbahnen, bei denen auf den Übergang der schweren Lokomotiven verzichtet werden kann und an eine Umwandlung in eine Hauptbahn in absehbarer Zeit nicht zu denken ist, — das sind im allgemeinen Nebenbahnen mit einseitigem Anschluß an das Bahnnetz —, kann entsprechend den leichteren Betriebsmitteln zur Kostenersparnis auch ein leichterer Lastenzug angenommen werden. So schreibt z. B. die Verwaltung der österreichischen Staatsbahnen für ihre Nebenbahnen als Lastenzug zwei Lokomotiven von einer der in den Abb. 112 u. 113 wiedergegebenen Lokomotivtypen mit einseitig angehängten Güterwagen (Abb. 114) vor. Falls bei der Berechnung weniger als drei Lokomotiv-

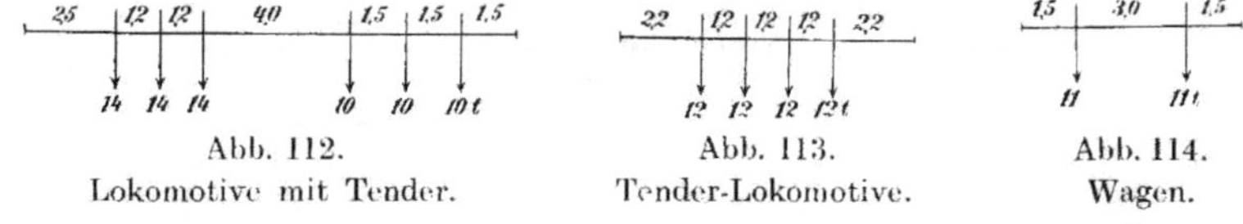

Abb. 112. Lokomotive mit Tender.

Abb. 113. Tender-Lokomotive.

Abb. 114. Wagen.

achsen in Frage kommen, so ist das Gewicht der einen Achse auf 16 t zu erhöhen. Dieselbe Verwaltung sieht für ihre Schmalspurbahnen von 0,76 m Spurweite einen aus zwei Tenderlokomotiven (Abb. 115) und einseitig angehängten Wagen nach Abb. 116 oder, falls Regelspurwagen auf Rollschemel übergehen, nach Abb. 117 bestehenden Lastenzug vor.

Für die staatlichen oberschlesischen Schmalspurbahnen ist der in der Abb. 118 dargestellte Lastenzug mit zwei Lokomotiven und einer un-

[1]) Gestorben am 17. März 1907.

[2]) Erschienen im Verlage von Wilhelm Ernst & Sohn, Berlin. 4. Auflage, 1913, bearbeitet vom Verfasser dieses Buches.

beschränkten Anzahl einseitig angehängter Wagen vorgeschrieben. Für die Berechnung kleiner Hauptträger und der Fahrbahnträger sind zwei Achslasten von je 12 t und 1,4 m Abstand oder drei Achslasten von je 11 t und je 1,4 m Abstand anzunehmen, falls hierdurch größere Beanspruchungen hervorgerufen werden als durch den in Abb. 118 wiedergegebenen Lastenzug.

Die eisernen Brücken der Hamburger Hochbahn sind für einen Lastenzug aus vier Motorwagen, die die in der Abb. 119 angegebenen Achslasten und Abmessungen haben, berechnet worden.

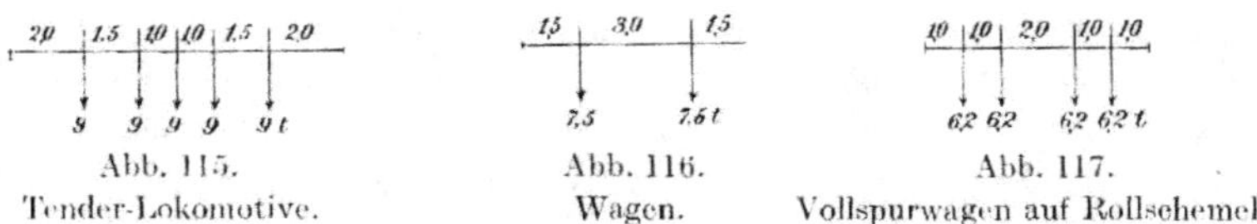

Abb. 115. Tender-Lokomotive. Abb. 116. Wagen. Abb. 117. Vollspurwagen auf Rollschemel.

Bei der Berechnung und Bemessung der Stäbe, die durch das Eigengewicht Zug und durch die Verkehrslasten Druck erhalten, genügt nicht die Rechnung mit dem einfachen Lastenzuge. Würde man nur den einfachen Lastenzug der Berechnung und Bemessung solcher Stäbe zugrunde legen, so könnten schon durch den einfachen Lastenzug, d. h. ohne seine Stoßwirkung, bei unrichtigen Annahmen für das Eigengewicht oder durch geringe Erhöhungen der Verkehrslasten Druckkräfte hervorgerufen und die betreffenden Stäbe bei mangelndem Knickwiderstande zum Ausknicken gebracht werden. In erhöhtem Maße droht diese Gefahr infolge der Stoßwirkung der Verkehrslasten. Die früheren preußischen Staatseisenbahnen schreiben daher mit Recht vor, daß die Untersuchung darüber, welche Stäbe, die durch das Eigengewicht gezogen werden,

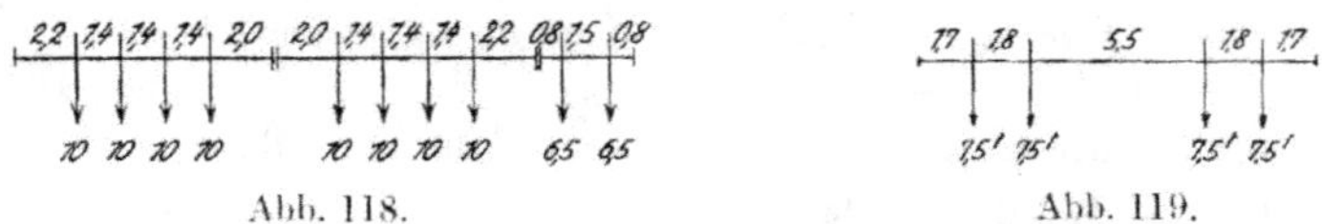

Abb. 118. Abb. 119.

durch die Verkehrslast Druck erhalten können, für das $1^1/_2$fache des Lastenzuges durchgeführt wird. Nach demselben Grundsatz ist bei Anwendung von schlaffen Diagonalen, die aber besser zu vermeiden sind, die Untersuchung durchzuführen, in welchen Feldern Gegendiagonalen anzuordnen sind. Der Querschnitt der hiernach erforderlichen sämtlichen Gegendiagonalen ist ebenso wie die Anzahl ihrer Anschlußniete nach den preußischen Vorschriften nach den Rechnungsergebnissen für die beiden Diagonalen des Mittelfeldes bzw. für die Hauptdiagonalen der beiden Mittelfelder zu bemessen. Ebenso ist die mit Rücksicht auf Druck erforderliche Bemessung aller Diagonalen, die bei dem $1^1/_2$fachen der Verkehrslast noch Druck erhalten, nach der größten Druckkraft jeder der beiden einzeln betrachteten gekreuzten Diagonalen des Mittelfeldes bzw. der Diagonalen der beiden Mittelfelder durchzuführen.

Auch bei der Berechnung von negativen Auflagerkräften oder von Ankerkräften empfiehlt sich aus ähnlichen wie den eben angeführten Gründen die Zugrundelegung des $1^1/_2$fachen des Lastenzuges, auch wenn im übrigen mit dem einfachen Lastenzuge gerechnet wird.

Die Stabkräfte statisch unbestimmter Systeme werden in der Regel mit Hilfe von Einflußlinien, die oft aus mehreren positiven und negativen Teilen bestehen (Abb. 120), bestimmt. Bei der Festsetzung der Lastverteilung für solche Einflußlinien zur Ermittlung der größten Stabkräfte können Belastungen, die nur bei Zugtrennungen möglich sind, ausgeschlossen werden. Belastungen kurzer Strecken durch einzeln fahrende, kurze Lokomotiven sind aber zu berücksichtigen, ebenso der Umstand, daß in einem Zuge schwer beladene Wagen neben leeren Wagen, deren Achslasten bei 6 m Länge zwischen den Puffern zu 3 t anzunehmen sind, stehen können. Es ist deshalb zu untersuchen, ob die Belastung des größten der einzelnen Teile gleichen Vorzeichens der Einflußfläche mit einzeln fahrenden Lokomotiven oder mehrerer Teile desselben Vorzeichens mit Lokomotiven und beladenen Wagen und der zwischen ihnen liegenden Teile entgegengesetzten Vorzeichens mit leeren Wagen die größten Stabkräfte ergibt.

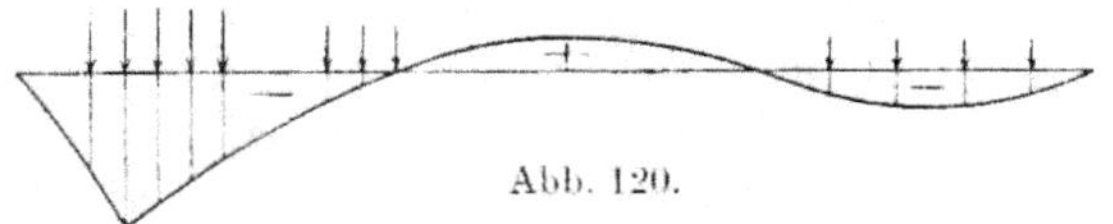

Abb. 120.

Früher rechnete man häufig an Stelle der aus Einzellasten bestehenden Lastenzüge mit einer stellvertretenden, gleichmäßig verteilten Belastung. Diese Rechnungsweise liefert aber namentlich bei kleinen Brücken und bei solchen Trägerarten, bei denen in einzelnen Stäben die größten Stabkräfte durch Belastung kurzer Strecken entstehen, ungenaue Ergebnisse. Wenn die Rechnung mit stellvertretender, gleichmäßig verteilter Belastung einigen Anspruch auf Genauigkeit machen soll, ist es erforderlich, für die einzelnen Glieder ein und desselben Überbaues je nach der maßgebenden Belastungslänge verschieden große, stellvertretende, gleichmäßig verteilte Belastungen einzuführen. Dies macht aber den Hauptzweck ihrer früheren Anwendung, die Rechnung zu vereinfachen, hinfällig. Bei dem heutigen Stande der Rechnungsverfahren stößt die Berechnung mit Einzellasten auf keine Schwierigkeiten und wird daher jetzt allgemein angewendet. Nur zu rohen Überschlagsrechnungen ist das Rechnen mit stellvertretender, gleichmäßig verteilter Belastung am Platze.

Im Kriege verkehren auch Züge, die nur aus Lokomotiven bestehen. Diese ergeben jedoch nur für größere Brücken eine erheblich erhöhte Betriebsbelastung, die aber deshalb nicht bedenklich ist, weil das Eigengewicht großer Brücken beträchtlich ist und diesen Zügen auf den Brücken eine langsame Fahrt vorgeschrieben werden kann, die Stoßwirkung also unbedeutend ist. Sie brauchen also bei den Berechnungen der Überbauten nicht berücksichtigt zu werden.

Für ganz besonders schwere, mit der Eisenbahn zu befördernde Lasten, wie z. B. für große Geschütze, Kessel, Turbinengehäuse usw., werden besondere Wagen, sogenannte Schwerlastwagen gebaut, die mit einer solch großen Anzahl Achsen ausgerüstet werden, daß der für den Oberbau zulässige Raddruck nicht überschritten wird. Für die Beförderung solcher Wagen müssen besondere

Vorschriften erlassen werden, welche die höchste zulässige Anzahl solcher in einen Zug einzustellenden Wagen und ihre Stellung zwischen gewöhnlichen Wagen so festsetzen, daß durch sie keine gefährlichen Überlastungen der Brücken eintreten können.

Die Entwicklung des Eisenbahnwesens drängt nach noch schwereren Achsbelastungen, als sie der Lastenzug B (Abb. 109) der früheren preußischen Staatseisenbahnen angibt. Je schwerer die Züge sind und mit je weniger Lokomotiven sie befördert werden können, desto wirtschaftlicher ist der Betrieb. Da die Länge der Züge wohl schon ihre Grenze erreicht hat, müssen demnach in Zukunft schwerere, großräumige Wagen verwendet werden, die mit schwereren Lokomotiven zu befördern sind. Die schweizerischen und amerikanischen Lokomotiven haben zum Teil schon Achsbelastungen von 25 t erreicht. Die deutschen Reichseisenbahnen stehen vor neuen großen Aufgaben in der Bewältigung eines Massenverkehrs. Den hierfür erforderlichen Wagen und Lokomotiven wird vermutlich ein Lastenzug entsprechen, der aus zwei bis drei Tenderlokomotiven und einer unbeschränkten Anzahl Wagen von den in Abb. 121 und 122 dargestellten

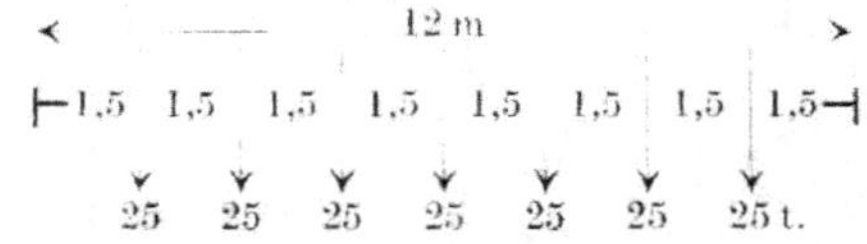

< 12 m >
|–1,5 1,5 1,5 1,5 1,5 1,5 1,5 1,5–|
25 25 25 25 25 25 25 t.

Abb. 121. Tenderlokomotive.

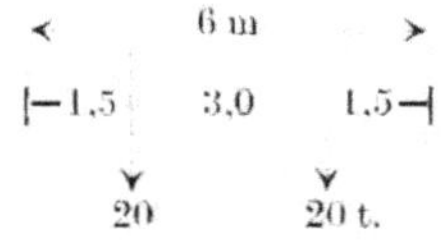

< 6 m >
|–1,5 3,0 1,5–|
20 20 t.

Abb. 122. Wagen.

Abmessungen besteht. Die Achsbelastung der Lokomotiven beträgt 25 t, die der Wagen 20 t, die Belastung für das Meter Gleis der Lokomotiven 14,6 t und der Wagen 6,65 t.

Die Belastung der Dienstfußsteige der Eisenbahnbrücken ist zu 200 kg/qm anzunehmen. Der unter Umständen von den Fußgängern auf den oberen Holm der Geländer solcher Fußsteige ausgeübte, wagerechte Druck ist mit 40 kg/m in die Rechnung einzuführen. Tragen eiserne Brücken Bahnsteige, so ist deren Belastung zu 500 kg/qm anzunehmen. Für die Belastung öffentlicher Fußsteige gelten die bei der Abhandlung über die Belastung der Straßenbrücken in diesem Abschnitte darüber gemachten Angaben.

2. Nebeneinflüsse der Verkehrslasten.

a) Die Bremskräfte und Anfahrwiderstände.

Beim Bremsen und Anfahren übt ein Zug auf seine Unterstützung wagerechte Kräfte in der Längsrichtung des Gleises aus, und zwar beim Bremsen in der Fahrtrichtung, beim Anfahren in entgegengesetzter Richtung. Diese Kräfte müssen bei Berechnung der Fahrbahn und der Hauptträgerglieder, die von ihnen beansprucht werden, berücksichtigt werden. In vielen Fällen werden besondere wagerechte Verbände zu ihrer Aufnahme erforderlich. Auch bei der Ausbildung der Lager und hoher Pfeiler ist ihrem Einfluß Rechnung zu tragen. Manche Eisenbahnverwaltungen schreiben die Berücksichtigung der Bremskräfte nur für Brücken in geneigten Strecken und vor Bahnhöfen vor. Es empfiehlt sich aber, die Brems- und Anfahrkräfte bei allen Brücken zu berücksichtigen, da überall eine Veranlassung zum Bremsen, Halten und Wiederanfahren vorliegen kann. Bei Brücken kleiner und mittlerer Stützweite nimmt man die Brems-

Halbmesser R m	Geschwindigkeit in km in der Stunde																
	40	45	50	55	60	65	70	75	80	85	90	95	100	105	110	115	120
180	0,0700	**0,0886**															
200	0,0630	0,0797	**0,0984**														
250	0,0504	0,0638	0,0787	0,0953	**0,1134**												
300	0,0420	0,0532	0,0656	0,0794	0,0945	**0,1109**											
400	0,0315	0,0399	0,0492	0,0596	0,0709	0,0832	0,0965	**0,1107**									
500	0,0252	0,0319	0,0394	0,0476	0,0567	0,0665	0,0772	0,0886	**0,1008**								
600	0,0210	0,0266	0,0328	0,0397	0,0472	0,0554	0,0643	0,0738	0,0840	**0,0948**							
700	0,0180	0,0228	0,0281	0,0340	0,0405	0,0475	0,0551	0,0633	0,0720	0,0813	**0,0911**						
800	0,0158	0,0199	0,0246	0,0298	0,0354	0,0416	0,0482	0,0554	0,0630	0,0711	0,0797	**0,0888**					
900	0,0140	0,0177	0,0219	0,0265	0,0315	0,0370	0,0429	0,0492	0,0560	0,0632	0,0709	0,0790	**0,0875**				
1000	0,0126	0,0159	0,0197	0,0238	0,0284	0,0333	0,0386	0,0443	0,0504	0,0569	0,0638	0,0711	0,0787	**0,0868**			
1100	0,0115	0,0145	0,0179	0,0217	0,0258	0,0302	0,0351	0,0401	0,0458	0,0517	0,0580	0,0646	0,0716	0,0789	**0,0866**		
1200	0,0105	0,0133	0,0164	0,0199	0,0236	0,0277	0,0322	0,0369	0,0420	0,0474	0,0532	0,0592	0,0656	0,0723	0,0794	**0,0868**	
1500	0,0084	0,0106	0,0131	0,0159	0,0189	0,0222	0,0257	0,0295	0,0336	0,0379	0,0425	0,0474	0,0525	0,0579	0,0635	0,0694	**0,0756**
2000	0,0063	0,0080	0,0098	0,0119	0,0142	0,0166	0,0193	0,0221	0,0252	0,0284	0,0319	0,0355	0,0394	0,0434	0,0476	0,0521	**0,0567**
v in m/sek.	11,1	12,5	13,9	15,3	16,7	18,1	19,4	20,8	22,2	23,6	25,0	26,4	27,8	29,2	30,6	31,9	33,3

Die umrandeten Zahlen entsprechen den nach der Eisenbahn-Bau- und Betriebs-Ordnung des Deutschen Reiches für die verschiedenen Halbmesser zugelassenen höchsten Geschwindigkeiten.

kraft gleich $^1/_7$ des Gewichtes des Lastenzuges an; bei großen Brücken genügt $^1/_7$ des Gewichtes von sämtlichen Lokomotiv- und Tenderachsen und von der

Hälfte der Wagenachsen des Lastenzuges. Letzteres ist darin begründet, daß bei Güterzügen, auch wenn sie mit durchgehender Bremse gefahren werden, allerhöchstens die Hälfte der Achsen gebremst wird, und bei Personenzügen, bei denen alle Achsen gebremst werden, das Gewicht für das Meter Gleis ausgelasteter Wagen nur die Hälfte des Gewichtes beladener Güterwagen beträgt. Der Anfahrwiderstand ist gleich $^1/_7$ des Gewichtes der Triebachsen anzunehmen.

b) Die Seitenstöße der Fahrzeuge.

Durch das Schlingern der schnellfahrenden Lokomotiven werden nicht unerhebliche Seitenstöße auf die Schienen und damit auf die Überbauten ausgeübt. Über die Größe dieser Kräfte, die in hohem Grade von der Unterhaltung der Gleise und der Lokomotiven abhängig sind, fehlen zuverlässige Ermittlungen. Es dürfte genügen, an einer der Lokomotivachsen in ungünstigster Stellung für das in Frage stehende Bauglied eine wagerechte und senkrecht zur Gleisachse wirkende Kraft von $^1/_4$ der Achslast anzunehmen. Namentlich bei der Berechnung kleiner Längsverbände übt diese Kraft einen ausschlaggebenden Einfluß auf die Querschnittsabmessungen der einzelnen Stäbe aus. Auch die Seitenschwankungen der Wagen rufen Seitenstöße hervor; doch dürften diese Kräfte schon hinreichend durch die Annahme eines Winddruckes (siehe später) von 140 bis 150 kg/qm auf das Verkehrsband berücksichtigt sein. Bei einem 3 m hohen Verkehrsbande liefert der Winddruck auf dieses eine wagerechte Kraft von rd. 450 kg für das Meter Gleis oder von rd. 1,5 t für eine Wagenachse, d. h. von rd. $^1/_{10}$ der Achslasten des Lastenzuges B der früheren preußischen Staatseisenbahnen. Bei solch einem Winddruck werden die Räder der Wagen einseitig an den Schienen anliegen und die Wagen werden keine nennenswerten weiteren Seitendrücke ausüben können. Bei Gleisen in Krümmungen, welche die Berücksichtigung der Fliehkraft erfordern, kann auch von der Einführung der wagerechten Lokomotivseitenkraft von $^1/_4$ der Achslast Abstand genommen werden, da bei der Fahrt durch Gleiskrümmungen die Lokomotivräder an den äußeren Schienen anliegen, und die Lokomotiven keine weiteren Seitendrücke als die durch die Fliehkraft bedingten hervorrufen können.

c) Die Fliehkraft.

Bei Brücken, deren Gleise in Krümmungen liegen, ist der Einfluß der Fliehkraft zu berücksichtigen, die im Schwerpunkt der Fahrzeuge als „fingierte Fliehkraft" in 1,5 m Abstand über Schienenoberkante wirkend angenommen wird. Sie wird nach der Formel $\frac{m\,v^2}{R}$ errechnet, in der $m = \frac{\text{Gewicht}}{\text{Fallbeschleunigung}} = \frac{G}{9{,}81}$, v die Geschwindigkeit des Zuges in Metern in der Sekunde und R der Krümmungshalbmesser in Metern ist. Die Tabelle auf S. 104 enthält für verschiedene Halbmesser und Geschwindigkeiten die Werte für $\frac{v^2}{9{,}81\,R} = c$.

Die „Lastenzüge" enthalten die Achslasten von schweren Güterzügen, die erheblich langsamer als die schnellen Personenzüge fahren. Da die Belastung der Güterwagen, z. B. nach dem Lastenzuge B, für das Meter Gleis nur ungefähr doppelt so groß ist wie die der ausgelasteten Wagen eines schnellfahrenden Personenzuges, die Fliehkraft aber mit dem Quadrat der Geschwindigkeit wächst, so ist die Fliehkraft der Güterwagen kleiner als die der Wagen der schnellfahrenden Personenzüge. Bei der Bemessung der Glieder der wagerechten Verbände längerer Brücken, auf denen außer den Lokomotiven auch noch eine größere Anzahl Wagen Platz haben, hätte man hiernach zwischen solchen Gliedern, die nur aus der Fliehkraft Beanspruchungen erleiden, und solchen, in denen außerdem noch durch die senkrechten Verkehrslasten Kräfte hervorgerufen werden, zu unterscheiden. Erstere wären für die schnellfahrenden Personenzüge zu bemessen, letztere wären daraufhin zu untersuchen, ob die schnellfahrenden Personenzüge oder die langsamfahrenden Güterzüge die ungünstigere Belastung bilden. Da aber im allgemeinen nur Überbauten kleiner und mittlerer Stützweite zur Überführung von gekrümmten Gleisen dienen, und bei solchen Überbauten die Achslasten der Lokomotiven, die bei schnellfahrenden Personenzügen ebenso schwer wie bei den Güterzügen sind, einen ausschlaggebenden Einfluß haben, so empfiehlt es sich, der Einfachheit halber für die Bemessung aller Glieder der wagerechten Verbände mit den Achslasten der „Lastenzüge" und mit der größten für Personenzüge und für den in Frage stehenden Krümmungshalbmesser zugelassenen Geschwindigkeit zu rechnen. Dasselbe gilt auch für die Berechnung der durch die Fliehkräfte hervorgerufenen senkrechten Zusatzbelastung[1]) des äußeren Hauptträgers. Der Einfluß stehender Fahrzeuge, deren Schwerpunkte infolge der Überhöhung nach der inneren Schiene zu verlegt sind und die infolgedessen den dieser Schiene benachbarten Hauptträger mehr belasten als in der Bewegung, kann aus dem Rahmen der Berechnung deshalb fortfallen, weil keine Stoßwirkungen vorhanden sind und deshalb die durch die veränderte Schwerpunktlage hervorgerufene höhere Beanspruchung wieder ausgeglichen wird. Dagegen ist der Berechnung dieses inneren Hauptträgers die Belastung mit Güterzügen und die den Güterzügen entsprechende Geschwindigkeit zugrunde zu legen, weil die Personenzuggeschwindigkeit eine zu große Entlastung dieses Trägers ergeben würde.

Durch Multiplikation der Werte der vorstehenden Tabelle mit den aus den Tabellen auf den Seiten 92 bis 98 zu entnehmenden Größen für die Momente und Querkräfte erhält man die durch die Fliehkräfte hervorgerufenen Momente und Querkräfte in den wagerechten Verbänden und durch Berücksichtigung eines weiteren Faktors die Zusatzmomente und Zusatzquerkräfte für die Hauptträger einfacher Balkenträger.

d) Die dynamischen Einflüsse der Verkehrslasten.

Über diese ist schon auf Seite 67 das Nötigste gesagt worden. Näheres findet man in dem „Handbuch der Ingenieurwissenschaften", II. Teil. Der Brückenbau. Dritter Band. Vierte Auflage 1909. Seite 39 u. f.

[1]) Näheres über die senkrechte Zusatzbelastung der Hauptträger findet man an späterer Stelle unter: „Anordnung der Fahrbahn und des Fahrbahnträgergerippes in Gleiskrümmungen" und in dem Abschnitt: „Der Windverband und die Querverbindungen."

3. Die ständige Belastung der Eisenbahnbrücken.

Die Kenntnis des Eigengewichts ist sowohl für Kostenvoranschläge als auch für die Durcharbeitung der Entwürfe selbst erforderlich. Es kann, wie am Schlusse dieses Unterabschnittes 3 gezeigt wird, auf theoretischem Wege nach teilweiser Erledigung der Festigkeitsberechnung ermittelt werden. Für Kostenvoranschläge bedient man sich jedoch stets vorhandener Eigengewichtsformeln oder legt das Eigengewicht gleicher oder ähnlicher Ausführungen zugrunde. Auch für den Entwurf kleiner und mittlerer Brücken ist dies Verfahren vollständig hinreichend. Für größere Brücken empfiehlt sich aber die Nachprüfung dieser Gewichtsannahmen nach Fertigstellung der Festigkeitsberechnung an der Hand eines Verfahrens, von dem später noch die Rede ist.

Das Eigengewicht setzt sich zusammen aus dem Eisengewicht der Hauptträger, der wagerechten Verbände, der Querversteifungen, der Fahrbahnträger und der Lager und dem Gewicht der Fahrbahn. Das Einheitsgewicht der Hauptträger, der wagerechten Verbände, teilweise auch der Querversteifungen und der Lager, bezogen auf das laufende Meter, ist abhängig von der Stützweite, das Einheitsgewicht der Fahrbahn und der Fahnbahnträger dagegen unabhängig von dieser.

Für die Eigengewichte eingleisiger eiserner Eisenbahnbrücken, die für den Lastenzug A der früheren preußischen Staatsbahnen berechnet sind und deren Hauptträger einfache Balken sind, gibt Dircksen in seinen „Hilfswerten" folgende Zahlen, die deshalb als zutreffend anzusehen sind, weil sie auf Grund sehr vieler Ausführungen aufgestellt sind.

Alle umstehenden Angaben gelten nur für Brücken in der Geraden mit rechtwinklig gegenüberliegenden Endauflagern und mit nicht beschränkter Bauhöhe. Sobald eine dieser drei Voraussetzungen nicht erfüllt ist, müssen die Angaben für das Gewicht der Brücke entsprechend erhöht werden. Die erforderliche Vermehrung des Brückengewichts ist abhängig von der Größe der Abweichung von den drei Voraussetzungen, die der Ermittlung der Formeln zugrunde gelegt wurden; sie erstreckt sich nur auf den durch die Abweichung betroffenen Brückenteil. Zum ungefähren Anhalt mögen die folgenden Angaben dienen:

1. Höhe des vollwandigen Hauptträgers $^1/_{11}$ statt $^1/_{10}$. Erhöhung des Hauptträgergewichts um 20 v. H.
2. Höhe des Parallelträgers $^1/_{12}$ statt $^1/_8$. Erhöhung des Hauptträgergewichts um 15 v. H.
3. Sehr beschränkte Bauhöhe, Erhöhung des Fahrbahnträgergewichts bis zu 25 v. H.
4. Schiefe Grundrißgestaltung der Brücke, Erhöhung des Fahrbahnträgergewichts bis zu 15 v. H.
5. Krümmung des Gleises mit einem Halbmesser unter 300 m bei Stützweiten unter 40 m, Erhöhung des Gesamtgewichts bis etwa 12 v. H.

Bei Brücken mit tiefliegender Fahrbahn tritt bei einer Stützweite von 40 m deshalb ein Sprung im Gewicht ein, weil von dieser Stützweite an in der Regel ein oberer Windverband hinzutritt.

Eigengewichte eingleisiger eiserner Eisenbahnbrücken der früheren preußischen Staatsbahnen[1]).

Aufgestellt unter Zugrundelegung der Berechnungsvorschriften vom 1. Mai 1903, Lastenzug A.

Bauart der Brücke.	Stützweite in m	Hauptträgerabstand in m	Eisengewichte in kg für das Meter der Brücke (für Veranschlagungen): **Hauptträger** mit Querverband, Windverband u. Lager L = Stützweite in m	**Fahrbahn**	**Hauptträger** mit Querverband, Windverband, Lager und **Fahrbahn**	**Fahrbahntafel** (Schienen, Schwellen und Bohlenbelag) bzw. (Schienen, Schwellen und Bettung) ohne Leitschienen, die 150 kg/m wiegen kg/m	Gesamtes **Eigengewicht** der Brücke einschließlich der Fahrbahntafel für das Meter in kg (für Festigkeitsberechnungen)
1. Fahrbahnen ohne Bettung. Blechträger mit unmittelbarer Schwellenauflagerung. Abb. 123.	10 bis 25	1,8	$240 + 54\,L$		$240 + 54\,L$	640	$880 + 54\,L$
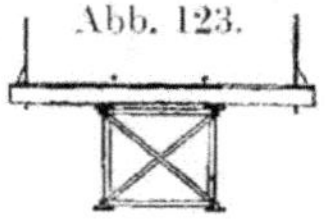		2,0	$240 + 54\,L$		$240 + 54\,L$	775	$1015 + 54\,L$
Blechträger mit versenkter Fahrbahn und mit einem seitlichen Fußsteig. Abb. 124.	10 bis 25	3,0	$270 + 44\,L$	380	$650 + 44\,L$	595	$1245 + 44\,L$
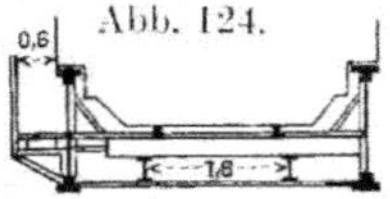		3,3	$270 + 44\,L$	430	$700 + 44\,L$	630	$1330 + 44\,L$
		3,7	$270 + 44\,L$	520	$790 + 44\,L$	660	$1450 + 44\,L$
Fachwerkträger, Fahrbahn versenkt, ohne besonderen Fußweg. Abb. 125.	20 bis 40	4,8	$540 + 27\,L$	600	$1140 + 27\,L$	680	$1820 + 27\,L$
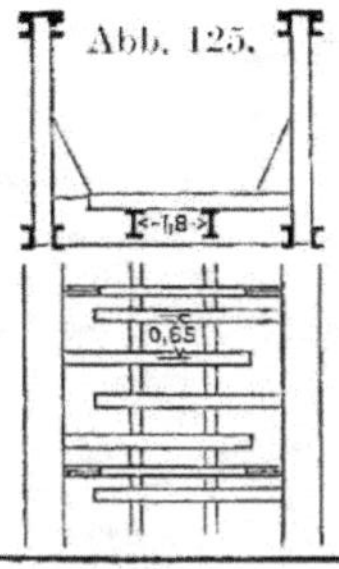		4,9	$540 + 27\,L$	625	$1165 + 27\,L$	680	$1845 + 27\,L$
		5,0	$540 + 27\,L$	670	$1210 + 27\,L$	680	$1890 + 27\,L$
	40 bis 80	4,8	$680 + 27\,L$	600	$1280 + 27\,L$	680	$1960 + 27\,L$
		4,9	$680 + 27\,L$	625	$1305 + 27\,L$	680	$1985 + 27\,L$
		5,0	$680 + 27\,L$	670	$1350 + 27\,L$	680	$2030 + 27\,L$

Fachwerkträger, Fahrbahn oben. Abb. 126.		2,5	540 + 27 L	490	1030 + 27 L	550	1580 + 27 L
Abb. 127.		3,5	540 + 27 L	580	1120 + 27 L	550	1670 + 27 L
2. Fahrbahnen mit Bettung. Blechträger m. durchgehendem Kiesbett nach Abb. 128. Abb. 128.	10 bis	3,3	270 + 49 L	670	940 + 49 L	2840	3780 + 49 L
	25	3,7	270 + 49 L	840	1110 + 49 L	3260	4370 + 49 L
Blechträger m. durchgehendem Kiesbett nach Abb. 129. Abb. 129.	10 bis	3,3	270 + 49 L	770	1040 + 49 L	2680	3720 + 49 L
	25	3,7	270 + 49 L	940	1210 + 49 L	2820	4030 + 49 L
Blechträger m. durchgehendem Kiesbett über d. Hauptträgern. Abb. 130.	10 bis 20		Eisengewicht für 1 qm Brücke 160 + 24 L			Gewicht für 1 qm Brücke 920	Eigengewicht für 1 qm Brücke 1080 + 24 L

[1]) Ausführliche Herleitung der Formeln siehe „Zentralblatt der Bauverwaltung" 1904, S. 33.

Landsberg gibt als Ergänzung zu den Formeln von Dircksen noch folgende Formeln an:

Formeln von Landsberg.

Bauart der Brücke	Abstand der Hauptträger in m	Gesamtes Eigengewicht kg/m	Gewicht der Hauptträger einschl. Querverband, Windverband und Lager kg/m	Eisengewicht der Fahrbahnträger und der Fahrbahntafel kg/m	Schienen, Schwellen und Bettung kg/m	Stärke der Bettung über der Oberkante d. Buckelplatten cm
Eingleisige Fachwerkbrücken mit Bettung, tiefliegende Fahrbahn, Bettungskoffer 3,3 m breit.	4,7—5,0	$3580 + 62\,L$	$30 + 62\,L$	810	2740	36
		$2530 + 57\,L$	$30 + 57\,L$	780	1720	23

Bei zweigleisigen Eisenbahn-Fachwerkbrücken mit untenliegender Fahrbahn und 8,5 m Hauptträgerentfernung, auf denen die Bettung nicht durchgeführt wird und deren Hauptträger einfache Balkenträger sind, können zur Ermittlung des Eisengewichts folgende Formeln benutzt werden:

1. Stützweite 20— 40 m: $1500 + 65\,L$ kg/m
2. „ 40—100 m: $1500 + 74\,L$ kg/m.

Hierzu kommt für jedes Meter Breite eines Fußsteiges 100 kg/m.

Das Gewicht der Schwellen, Schienen und der Bohlenabdeckung einer solchen zweigleisigen Brücke beträgt ungefähr 1360 kg/m.

Für die Berechnung der Fahrbahn sind folgende Belastungsangaben von Wichtigkeit:

Eine Schiene wiegt einschließlich des Kleineisenzeuges 50 bis 62 kg/m, ein 5 cm starker Bohlenbelag 50 kg/qm. Das Gewicht der Schwellen wird zu 1000 kg/cbm angenommen, das des Schotters und Kieses zu 2000 kg/cbm. 1 qm einer 8 mm starken Buckelplatte ist 70 kg schwer.

Für Brücken, die nach dem Lastenzug B der früheren preußischen Staatsbahnen berechnet werden, sind alle vorstehenden Eisengewichtsangaben um 10 v. H. zu erhöhen.

Nach Landsberg (Handbuch der Ingenieurwissenschaften, II. Teil, III. Band, 4. Aufl., S. 8) beträgt das Gewicht für das laufende Meter von Balkenbrücken für Lokalbahnen:

a) für normalspurige Lokalbahnen, auf welche die Lokomotiven der Hauptbahnen nicht übergehen (Brücken von 10 bis 50 m Stützweite):
   1. Fahrbahn: Holzquerschwellen unmittelbar auf den Hauptträgern, $g = 292 + 31\,L$ kg/m (L in m),
   2. Fahrbahn zwischen den Hauptträgern auf Quer- und Längsträgern, ohne Bettung, $g = 462 + 32\,L$ kg/m;

b) für schmalspurige Lokalbahnen, Spurweite 1,0 m:
   1. Fahrbahn wie zu a) 1., $g = 305 + 26\,L$ kg/m,
   2. Fahrbahn wie zu a) 2., $g = 425 + 27\,L$ kg/m.

Für Bogenträger mit Zugband (Abb. 12) und versteifte Stabbogen mit aufgehobenem Horizontalschub (Abb. 13) wird empfohlen, das Eigengewicht der einfachen Balkenträger, vermehrt um 20 v. H. für Brücken mit Stützweiten bis zu 80 m und um 10 v. H. für Brücken mit Stützweiten über 80 m, in der ersten Berechnung anzunehmen.

Bei den eigentlichen Bogenträgern dürfte für die erste Berechnung des Eigengewichtes folgendes Verfahren genügende Ergebnisse liefern: Man nehme zunächst ein Zugband an, bestimme das Eigengewicht für den einfachen Balken + dem eben angegebenen Zuschlage und errechne aus der Einflußlinie für den Horizontalschub H die Spannkraft Z des Zugbandes. Man erhält dann den rechnerischen Querschnitt des Zugbandes aus der Gleichung $F = \frac{Z}{\sigma_z}$, in der σ_z die zulässige Beanspruchung bedeutet. Dieser Wert für F ist noch mit einer Bauziffer = 1,25 zu multiplizieren. Das Gewicht des laufenden Meters eines Zugbandes ist demnach = $1{,}25\, F \cdot 7850$ kg/m, wenn F in qm gemessen wird. Die Zahl 7850 gibt das Gewicht für 1 cbm Flußeisen an. Das für das Zugband errechnete Gewicht ist von dem Eigengewicht für den Bogenträger mit Zugband abzuziehen.

Engeßer[1]) gibt für das laufende Meter der Hauptträger von Zweigelenkbogenbrücken folgende Werte an: Für 1 m Gleis beträgt das Gewicht g_h der Hauptträger, wenn keine Bettung auf der Brücke vorhanden ist:

L (m) =	10	20	30	40	50	60	70	80	90	100
g_h (kg) =	450	750	1050	1350	1650	1950	2250	2560	2890	3280

Über die Eigengewichte von Auslegerträgern ist nachzulesen in der Schrift: Dr.-Ing. Kurt Beyer, Eigengewichte, günstige Grundmaße und geschichtliche Entwicklung des Auslegerträgers: 1908. Auch aufgenommen im 19. Heft, Gruppe II der Fortschritte der Ingenieurwissenschaften.

Es empfiehlt sich, bei größeren Brücken sich nicht mit den angegebenen Eigengewichtsannahmen für die endgültige Ermittlung der Querschnittsabmessungen der einzelnen Hauptträgerteile zu begnügen. Es ist vielmehr folgendes Verfahren am Platze: Man bestimme die Abmessungen und die Gewichte der Fahrbahn und der Windverbände, errechne unter Zugrundelegung dieser Gewichte und unter Annahme des Eigengewichtes der Hauptträger nach den vorstehenden Angaben und für die Verkehrslasten und sonstigen Kräfte die Spannkräfte S der Hauptträgerglieder und ermittle den Summenausdruck $\Sigma \frac{S \cdot s \cdot 7{,}85}{\sigma \cdot 10000}$, in dem S die Spannkraft eines Stabes in Tonnen, s die Länge des Stabes zwischen den rechnerischen Knotenpunkten in Metern, σ die zulässige Spannung in Tonnen/qcm und die Zahl 7,85 das Eigengewicht des Flußeisens für 1 cbm in Tonnen bedeutet. Dieser Summenausdruck ist das rechnerische Eigengewicht in Tonnen der Hauptträger, das sich von dem tatsächlichen Gewicht G_1 durch den Aufwand für die Stoßdeckungen und für die Knotenpunkte und durch die Zugabe an Querschnitt für die knicksichere Ausbildung der schlanken Druckglieder und für den Niet-

[1]) „Theorie und Berechnung der Bogenfachwerkträger ohne Scheitelgelenk". Berlin 1880. S. 44 u. 45.

abzug der gezogenen Stäbe unterscheidet. Kennt man den Wert des Verhältnisses $\alpha = \frac{G_1}{\Sigma}$, die sogenannte Bauziffer, so kann man das Eigengewicht der Hauptträger aus α und Σ mit hinreichender Genauigkeit ermitteln, ohne eine genaue Durcharbeitung des Entwurfes vornehmen zu müssen. Auf Grund vieler ausgeführter Straßen- und Eisenbahnbrücken ist die Bauziffer α für die Hauptträger einfacher Balkenbrücken im Durchschnitt zu 1,70 und für die Hauptträger der Zweigelenkbogen mit Zugband im Durchschnitt zu 1,55 ermittelt worden. Stimmt nun der Wert $\alpha \cdot \Sigma$ mit dem angenommenen Wert für das Eigengewicht der Hauptträger nicht überein, so ist die Rechnung unter Zugrundelegung des Ausdruckes $\alpha \cdot \Sigma$ für das Eisengewicht der Hauptträger zu wiederholen.

Die Bemessung des Windverbandes für die Errechnung des Summenausdruckes Σ wird man sich in der Regel ersparen können. Man kann das Gewicht der Windverspannung beim Vorhandensein zweier Verbände zu 11 v. H. und beim Vorhandensein nur eines Verbandes zu 7 v. H. des Gewichtes der Hauptträger annehmen. Nach Landsberg[1]) erhält man das Eigengewicht der Windverstrebung und der Querversteifung für 1 m Gleis in kg nach den Formeln

bei eingleisigen Brücken $g_w = 27 + 5{,}0\,L$ (L in m)
bei zweigleisigen Brücken $g_w = 21 + 3{,}7\,L$.

Man kann natürlich das Gewicht der Hauptträger auch ohne Gewichtsannahmen auf rein theoretischem Wege ermitteln. Ein einfaches Verfahren gibt Dipl.-Ing. Böhrig im Zentralblatt der Bauverwaltung 1912, S. 318 an:

Es sei:

F die auf einen Hauptträger entfallende, auf die ganze Länge als gleichmäßig verteilt vorausgesetzte gesamte ständige Last, die vor Berechnung des Eigengewichtes der Hauptträger ermittelt werden kann, also Eigengewicht der Fahrbahn, der Windverbände, der Besichtigungsstege usw.,

H das gesamte Eigengewicht eines Hauptträgers, das ebenfalls gleichmäßig verteilt angenommen wird,

S_f die Spannkraft in einem Hauptträgerstab infolge F,

S_h die Spannkraft infolge H,

S_v die Spannkraft aus der Verkehrslast,

S_w die Spannkraft infolge des Winddruckes und infolge der Zusatzkräfte, bei deren Auftreten eine höhere Beanspruchung zugelassen ist, als durch ständige Last und Verkehrslast allein (vgl. S. 67 u. 74),

σ allgemein die zulässige Beanspruchung, und zwar

σ_0 ohne Berücksichtigung der Kräfte S_w,

σ_w mit Berücksichtigung der Kräfte S_w,

γ 7,85 t/cbm das Einheitsgewicht des Flußeisens,

s die Stablänge,

α die Bauziffer,

dann ist das Eigengewicht eines Hauptträgers

[1]) „Handbuch der Ingenieurwissenschaften", II. Teil, III. Band, 4. Aufl., S. 11.

$$H = \alpha \cdot \gamma \cdot \Sigma \frac{S \cdot s}{\sigma} = \alpha \cdot \gamma \left[\Sigma \frac{S_f \cdot s}{\sigma} + \Sigma \frac{S_h \cdot s}{\sigma} + \Sigma \frac{S_r \cdot s}{\sigma} + \Sigma \frac{S_w \cdot s}{\sigma} \right].$$

Da die Lasten F und H gleichmäßig verteilt angenommen sind, so besteht die Beziehung

$$\frac{H}{F} = \frac{S_h}{S_f}.$$

Man erhält hieraus:

$$H = \alpha \cdot \gamma \left[\Sigma \frac{S_f \cdot s}{\sigma} + \frac{H}{F} \cdot \Sigma \frac{S_f \cdot s}{\sigma} + \Sigma \frac{S_r \cdot s}{\sigma} + \Sigma \frac{S_w \cdot s}{\sigma} \right]$$

$$H = \alpha \cdot \gamma \frac{\Sigma \frac{S_f \cdot s}{\sigma} + \Sigma \frac{S_r \cdot s}{\sigma} + \Sigma \frac{S_w \cdot s}{\sigma}}{1 - \frac{\alpha \cdot \gamma}{F} \cdot \Sigma \frac{S_f \cdot s}{\sigma}}.$$

Bezeichnet man die Spannkräfte im Obergurt, Untergurt, in den Diagonalen und Vertikalen mit O, U, D und V und nimmt an, daß nur die Untergurtstäbe mit Berücksichtigung der Kräfte S_w bemessen werden müssen, so erhält man:

$$H = \alpha \cdot \gamma \cdot \frac{\frac{1}{\sigma_o} [\Sigma O_f \cdot s + \Sigma O_r \cdot s + \Sigma D_f \cdot s + \Sigma D_r \cdot s + \Sigma V_f \cdot s + \Sigma V_r \cdot s] + \frac{1}{\sigma_w} [\Sigma U_f \cdot s + \Sigma U_r \cdot s + \Sigma U_w \cdot s]}{1 - \frac{\alpha \cdot \gamma}{F} \left\{ \frac{1}{\sigma_o} [\Sigma O_f \cdot s + \Sigma D_f \cdot s + \Sigma V_f \cdot s] + \frac{1}{\sigma_w} \Sigma U_f \cdot s \right\}}.$$

Theoretische Abhandlungen über die Eigengewichte eiserner Brücken finden sich weiter in:

1. „Beitrag zur Berechnung der Bogenbrücken. Günstigster Gurtabstand und Gewichte eiserner Zweigelenkbogen." Von Dr.-Ing. Trauer. „Eisenbau" 1910, S. 255 u. f.
2. „Beitrag zur Ermittlung der Eigengewichte eiserner Fachwerkbalkenbrücken." Von Dipl.-Ing. E. Marquardt. Zeitschrift „Der Brückenbau" 1913, S. 120 u. f.

4. Zufällige Lasten.

a) Winddruck.

Nach v. Loessl[1]) ist der Winddruck in kg auf eine senkrecht getroffene Fläche $W = \frac{\gamma}{g} F v^2$. Hierin ist γ das Gewicht eines cbm Luft in kg, g die Beschleunigung des freien Falles = 9,81, v die Geschwindigkeit in Metern in der Sekunde und F die Fläche in qm. Für einen Barometerstand von 760 mm und bei einer Wärme von 15° C ist dann $W = 0{,}125\,F v^2$ kg. Nach Föppl[2]) ist W nur $= 0{,}6 \cdot 0{,}125\,F v^2$ kg, nach Versuchen von Professor Grüning in Hannover sogar nur $= 0{,}5 \cdot 0{,}125\,F v^2$ kg. Nach Grüning muß man aber auch den Sog auf der Leeseite berücksichtigen, der ebenso groß wie der Druck auf der Luvseite ist. Zusammen erhält man nach Grüning $0{,}125\,F v^2$ kg. Eiffel (Paris) rechnet mit dem Wert $0{,}08\,F v^2$. Saller[3])

[1]) v. Loessl, Studie über aerodynamische Grundformeln. Zeitschrift d. Österr. Ing.- u. Arch.-Vereins 1881, S. 103 u. f. — Zentralblatt der Bauverwaltung 1885, S. 203 u. 204.

[2]) Föppl, Technische Mechanik. I. Bd. 5. Aufl., S. 338/9.

[3]) Vgl. Zentralblatt der Bauverwaltung 1915, S. 4 bis 6.

empfiehlt den Wert $0{,}1\,F\,v^2$, mit dem im folgenden gerechnet werden soll. Die Windrichtung, die im allgemeinen etwa 10° gegen die Wagerechte geneigt ist, wird zugunsten der Sicherheit wagerecht angenommen.

Nach Saller sollen für Deutschland an Plätzen am offenen Meere Windgeschwindigkeiten bis zu 38 m in der Sekunde, an Plätzen im Landinnern bis zu 31 m in der Sekunde vorkommen; das gibt Winddrucke von rd. 140 kg/qm und von rd. 100 kg/qm. Nach Landsberg[1]) sind in Wien Windgeschwindigkeiten von 36 m in der Sekunde und in Hamburg solche von 42 m in der Sekunde beobachtet worden. Diesen Geschwindigkeiten entsprechen nach der Formel von Saller Winddrucke von 130 und 180 kg/qm. In der Nacht, in welcher die Tay-Brücke in Schottland im Jahre 1879 durch einen Sturm umgeworfen wurde, zeigte der Winddruckmesser in Glasgow 204 kg/qm; an der Unglückstelle wird aber vermutlich der Winddruck wesentlich höher gewesen sein.

Bei einem Winddruck von 140 bis 150 kg/qm ist ein Eisenbahnverkehr nicht mehr möglich, da bei einem solchen Winddruck leere Eisenbahnwagen Gefahr laufen, umgeworfen zu werden. Es genügt demnach, für belastete Brücken einen Winddruck von 140 kg/qm der Berechnung zugrunde zu legen. Für unbelastete Brücken ist nach den vorstehenden Ausführungen mit einem höheren Winddruck zu rechnen. In Deutschland dürfte es genügen, für unbelastete Brücken einen Winddruck von 220 kg/qm anzunehmen. Für alle Windverbandteile, die auch aus den senkrechten Belastungen Beanspruchungen erfahren, wie in den meisten Fällen die Gurtungen, die zugleich Gurtungen der Hauptträger sind, und die Pfosten, die zugleich Fahrbahnquerträger sind, ist der Winddruck von 140 kg/qm auf die belastete Brücke maßgebend, solange die Beanspruchungen infolge des Winddruckes von 220 kg/qm auf die unbelastete Brücke allein nicht größer werden als die Beanspruchungen infolge der senkrechten Belastungen und eines Winddruckes von 140 kg/qm auf die belastete Brücke. Die Füllungsglieder eines Windverbandes, der aus dem Winddruck auf die Fahrzeuge keine Belastungen erhält, sind für den Winddruck von 220 kg/qm auf die unbelastete Brücke zu berechnen. Dagegen ist für die Füllungsglieder eines Windverbandes, der die wagerechten, quer zur Brücke auf die Fahrzeuge wirkenden Kräfte aufzunehmen hat, in der Regel der Winddruck von 140 kg/qm auf die belastete Brücke maßgebend. Zur Bestimmung der größten Stabkräfte in den Füllungsgliedern eines solchen Verbandes sind die Fahrzeuge selbstverständlich in die gefährlichsten Stellungen zu bringen. Bei der Errechnung der durch den Winddruck auf die Fahrzeuge verursachten Stabkräfte in den Windverbandgliedern, welche — wie z. B. in der Regel die Gurtungen des Fahrbahnwindverbandes — auch durch die senkrechte Belastung Beanspruchungen erfahren, ist darauf zu achten, daß die Stellung der Fahrzeuge in beiden Fällen dieselbe sein muß.

Bei vollwandigen Trägern nimmt man im allgemeinen nur den Druck auf den der Windrichtung zugekehrten Träger an, bei fachwerkartigen Trägern dagegen auch den Druck auf den der Windrichtung abgekehrten Träger. Dabei wird der Druck auf diesen Träger, d. h. soweit er nicht durch die Fahrbahnträger oder das

[1]) Handbuch der Ingenieurwissenschaften. II. Teil. III. Bd. 4. Aufl. S. 35.

Verkehrsband verdeckt wird, vielfach ebenso groß wie für den entsprechenden Teil des vorderen Trägers in die Rechnung eingeführt. Es genügt jedoch, den Winddruck auf den hinteren Träger bei weitmaschigen Fachwerken mit $^3/_4$ und bei engmaschigen Fachwerken mit $^1/_2$ des für den vorderen Träger maßgebenden Wertes anzunehmen. Die Größe der sich dem Winde darbietenden Fläche von Fachwerken kann schon vor Bemessung der Stabquerschnitte an der Hand von ähnlichen Ausführungen mit hinreichender Genauigkeit ermittelt werden. Nach Mehrtens[1]) rechnet man genau genug, wenn man bei Fachwerken die Größe der dem Winde sich darbietenden Fläche $= 0{,}40\,U$ setzt, wo U die Umrißfläche bedeutet.

Außer den Hauptträgern bieten noch die Fahrbahnträger mit den Schwellen und Schienen und das aus den Betriebsmitteln gebildete Verkehrsband, dessen Höhe über Schienenoberkante bei Eisenbahnbrücken zu 3 m angenommen wird, dem Winddruck Angriffsflächen dar.

Beim Winddruck auf die unbelastete Brücke mit fachwerkartigen Hauptträgern rechnet man mit:

α) dem vollen Druck auf den vorderen Hauptträger,

β) dem vollen Druck auf das Fahrbahnband, soweit es nicht von wagerechten Teilen des vorderen Hauptträgers, z. B. vom Untergurt, gedeckt wird,

γ) dem Druck auf den hinteren Träger, soweit er nicht vom Fahrbahnband gedeckt wird, mit dem angegebenen Abminderungsbeiwert.

Beim Winddruck auf die unbelastete Brücke mit vollwandigen Hauptträgern hat man in der Rechnung zu berücksichtigen:

α) den vollen Druck auf den vorderen Träger,

β) den vollen Druck auf das Fahrbahnband, soweit es nicht vom vorderen Träger verdeckt wird.

Beim Winddruck auf die belastete Brücke rechnet man im ersten Falle mit:

α) dem vollen Druck auf den vorderen Träger,

β) dem vollen Druck auf das Fahrbahnband und das Verkehrsband, soweit diese nicht von wagerechten Teilen des vorderen Hauptträgers, z. B. vom Untergurt, verdeckt werden,

γ) dem Druck auf den hinteren Träger, soweit er nicht vom Fahrbahn- und Verkehrsband verdeckt wird, mit dem angegebenen Abminderungsbeiwert;

im zweiten Falle:

α) mit dem vollen Druck auf den vorderen Träger,

β) mit dem vollen Druck auf das Fahrbahn- und Verkehrsband, soweit diese nicht vom vorderen Träger verdeckt werden.

Die „Vorschriften für das Entwerfen der Brücken mit eisernem Überbau" der früheren preußischen Staatseisenbahnen bestimmen, daß der Winddruck bei belasteter Brücke mit 150 kg/qm und bei unbelasteter Brücke mit 250 kg/qm in Rechnung zu stellen ist.

[1]) Mehrtens, Eisenbrückenbau. I. Bd. S. 117.

Über die Standsicherheit der Überbauten gegen Umkippen ist auf S. 90 nachzulesen.

Die senkrechte Zusatzbelastung der Hauptträger infolge des Winddruckes braucht im allgemeinen nur bei hochliegender Fahrbahn und nur in dem Falle berücksichtigt zu werden, daß nur ein Windverband in der Ebene der Untergurte vorgesehen ist. Die eben genannten Vorschriften der früheren preußischen Staatseisenbahnen enthalten hierüber folgende Bestimmung:

„Bei Brücken mit obenliegender Fahrbahn und mit nur einem Windverband in der Ebene des Untergurtes ist die durch den Wind hervorgebrachte Vergrößerung der senkrechten Belastung des einen Hauptträgers zu berücksichtigen, sobald sie den Wert von 10 v. H. der Belastung durch Eigengewicht und Verkehr überschreitet."

b) Schneelast.

Die Belastung durch Schnee wird in der Regel zu 75 kg/qm angenommen. Sie wird jedoch bei Eisenbahnbrücken meist nicht berücksichtigt.

c) Wärmewirkungen.

Wärmeschwankungen rufen, auch wenn sie gleichmäßig in allen Trägerteilen auftreten, in allen den Trägerarten Spannungen hervor, die nicht ungehindert den Wärmeschwankungen folgen können, d. h. in den meisten äußerlich statisch unbestimmten Trägerarten. Als Grenzen der Wärmeschwankungen sind in unseren Gegenden — 25° C und + 45° C anzunehmen, wobei schon dem Umstande Rechnung getragen ist, daß sonnenbestrahltes Eisen eine um 15° C höhere Wärme als die umgebende Luft aufweisen kann.

Man muß bestrebt sein, bei den genannten Trägerarten die Schlußvernietung bei einer Wärme von + 10° C vorzunehmen, wodurch die für die Rechnung zu berücksichtigende Wärmeänderung auf das Mindestmaß von 35° C eingeschränkt wird.

Bei Überbauten, deren Glieder teils der Sonnenbestrahlung ausgesetzt, teils vor der Sonne geschützt sind, können in diesen Teilen Wärmeunterschiede bis zu 15° C vorkommen. Hierdurch werden bei statisch unbestimmten Trägerarten Spannungen hervorgerufen. Beispielsweise ist bei einem Zweigelenkbogen mit Zugband der Bogen selbst der Sonne ausgesetzt, während das Zugband geschützt unter der Fahrbahn liegt. Das Zugband kann also eine um 15° C geringere Wärme als der Bogen aufweisen und dadurch recht erhebliche Spannkräfte im ganzen System hervorrufen.

Die Wärmeausdehnungsziffer des Flußeisens und des Flußstahls kann im Mittel zu rd. 0,000012 angenommen werden.

d) Reibungswiderstände an den beweglichen Lagern.

Bei reibungslosen beweglichen Lagern ruft die Belastung durch die Verlängerung oder Verkürzung der Gurtungen Verschiebungen hervor, falls die Verbindungslinie der Lager nicht mit der Nullinie des Trägers zusammenfällt. Wärmeschwankungen verursachen bei reibungslosen beweglichen Lagern in jeder Höhenlage Verschiebungen. Tatsächlich besitzen aber alle beweglichen Lager gewisse Reibungswiderstände, welche der Bewegung der Lager entgegenwirken. Verschiebungen treten erst dann ein, wenn die Wärmeschwankungen oder die durch die Belastung in den Gurtungen hervorgerufenen Spannungen an den beweglichen Lagern solch große wagerechte Kräfte erzeugen, daß die Reibungswiderstände überwunden werden. Der größte Wert, den der Reibungswiderstand H annehmen kann, ist abhängig von der Reibungsziffer f und dem Auflagerdruck A aus Eigengewicht und Verkehrslast. Bei nur längs- und nur querbeweglichen Lagern ist $H = f \cdot A$. Bei längs- und querbeweglichen Lagern ist H auch $= f \cdot A$, wenn die Bewegung in einer Ebene stattfindet, dagegen $= \sqrt{H_1^2 + H_2^2}$, wenn die Bewegung in zwei Ebenen erfolgt. $H_1 = f_1 \cdot A$ ist der Widerstand in der einen und $H_2 = f_2 \cdot A$ der Widerstand in der anderen Ebene; f_1 bedeutet die Reibungsziffer in der einen und f_2 in der anderen Ebene. Bei Gleitlagern ist $f = 0{,}2$ zu setzen. Bei Rollenlagern ist f abhängig vom Rollendurchmesser, man rechnet aber mit einem mittleren Wert für alle Durchmesser $= 0{,}03$.

Die Reibungswiderstände werden in der Regel nicht bei der Berechnung der Hauptträger, sondern nur bei der Berechnung hoher, schlanker Pfeiler berücksichtigt.

B. Die Belastungen der Straßenbrücken.

1. Verkehrslasten.

Die Verkehrsbelastung der Straßenbrücken besteht aus Menschen und Wagen. Es wäre unwirtschaftlich, für alle Straßenbrücken gleiche Belastungsannahmen vorzuschreiben, da die Verkehrsbedeutung und Zweckbestimmung der Straßenbrücken zu verschieden ist. Es ist aber zweckmäßig und wirtschaftlich, die Straßenbrücken nach ihrer Zweckbestimmung und Verkehrsbedeutung, welche den notwendigen Grad ihrer Tragfähigkeit bestimmen, in Klassen einzuteilen und für die einzelnen Klassen ganz bestimmte Belastungsannahmen vorzuschreiben. Leider fehlt es bis jetzt an irgendwelcher Einheitlichkeit in den Vorschriften für die Belastungsannahmen und die Klasseneinteilung von Straßenbrücken. Dieser Mangel bringt mancherlei Unsicherheiten, Unzweckmäßigkeiten und Unbequemlichkeiten mit sich. Es herrscht Unsicherheit in der Beurteilung der Fragen, ob die Brücken den tatsächlich auftretenden Belastungen gewachsen sind und ob freizügige schwere Fahrzeuge auf ihrem Wege Brücken genügender Tragfähigkeit antreffen werden. Es ist außerordentlich wahrscheinlich, daß viele Brücken gebaut werden, die eine weit über das nötige Maß hinausgehende Sicherheit aufweisen, bei denen also Baustoff unnütz vergeudet wird, und daß viele Brückenbauwerke entstehen, die nicht das erforderliche Maß an Sicherheit besitzen. Es ist nicht möglich, wie bei einheitlich vorgeschriebenen Belastungsannahmen, Momenten- und Querkrafttabellen ein für allemal aufzustellen und dadurch die Entwurfsarbeiten ganz erheblich zu vereinfachen. Auch besteht nicht die Möglichkeit, ausgeführte Brückenentwürfe ohne weiteres für ganz gleiche Verhältnisse an anderen Orten wieder verwenden zu können. Es ist deshalb lebhaft zu begrüßen, daß in neuerer

Zeit ernsthafte Vorschläge[1]) für einheitliche Vorschriften für die Berechnung der Straßenbrücken gemacht sind, und daß auch der Normenausschuß der deutschen Industrie sich durch Einsetzung eines Arbeitsausschusses für Straßenbrücken, dem die genannten Vorschläge zur Beratung und Beschlußfassung überwiesen sind, dieser wichtigen Angelegenheit angenommen hat. Bevor auf diese Vorschläge näher eingegangen wird, sollen einige der wichtigsten der bestehenden Vorschriften aufgeführt werden.

Die Stadt **Berlin** hat für ihre eisernen Brücken folgende Belastungsvorschriften erlassen:

a) Hauptträger.

α) Belastung durch einen Wagen von 4,0 m Radstand, 1,5 m Spurweite und einem Raddruck von 5,0 t (Abb. 131) und durch Menschengedränge von 400 kg/qm neben und hinter dem Wagen. Die Spannungen, die bei gleichzeitiger Einwirkung mehrerer dieser schweren Wagen entstehen, sind rechnerisch nachzuweisen. (Diese letzte Bestimmung gilt besonders für die Berechnung der Querträger. Die Wagen sind hierfür nebeneinander zu stellen.) Das Gewicht der Bespannung kann vernachlässigt werden.

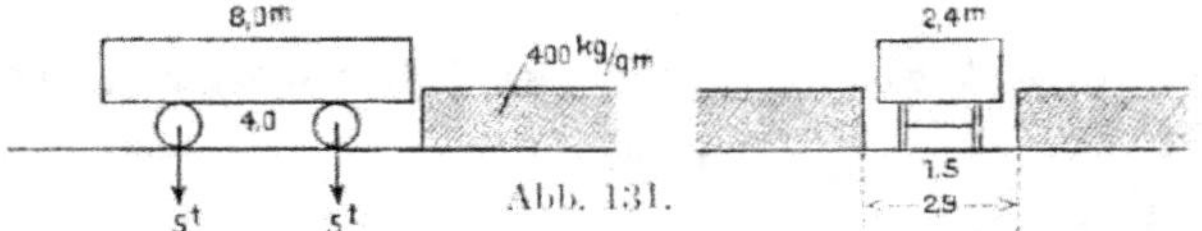

Abb. 131.

β) Belastung durch eine Dampfwalze von annähernd den in der Abb. 144 dargestellten Abmessungen und den dort angegebenen Raddrucken, aber ohne Menschengedränge.

γ) Bei größeren Brücken, deren Hauptträger nur mittelbar durch Raddrucke belastet werden:
Belastung nur durch Menschengedränge ohne Wagen, von 500 kg/qm.

b) Fahrbahnkonstruktion.

Dieselbe Belastung wie unter α), jedoch mit 20 v. H. Zuschlag für die Stoßwirkung der Räder, oder wie unter β). Außer den angeführten Lasten sollen, insofern sie ungünstigere Werte ergeben, auch nebeneinander gestellte Straßenbahnwagen und Autoomnibusse mit nachstehenden Abmessungen und Gewichten (Abb. 132 u. 133) berücksichtigt werden.

[1]) Vgl. a) „Breitenbemessung, Verkehrslasten und Eigengewichte der Straßenbrücken." Von Dr.-Ing. R. O. Bertschinger. Verkehrstechnische Woche 1912, S. 1101 u. f.

b) „Belastungsannahmen für Straßenbrücken und Vorschläge für ihre Vereinheitlichung." Von Prof. H. Kayser. Zeitschrift für Bauwesen 1916, Heft 1—3.

c) „Die Belastungsannahmen, Klasseneinteilung, Breitenabmessungen und zulässigen Beanspruchungen von Straßenbrücken." Vom Verfasser dieses Buches. Zentralblatt der Bauverwaltung 1916, S. 412.

d) „Berechnungsgrundlagen für eiserne Straßenbrücken." Von Ellerbeck u. Starker. Zeitschrift für Bauwesen 1920, Heft 1—3.

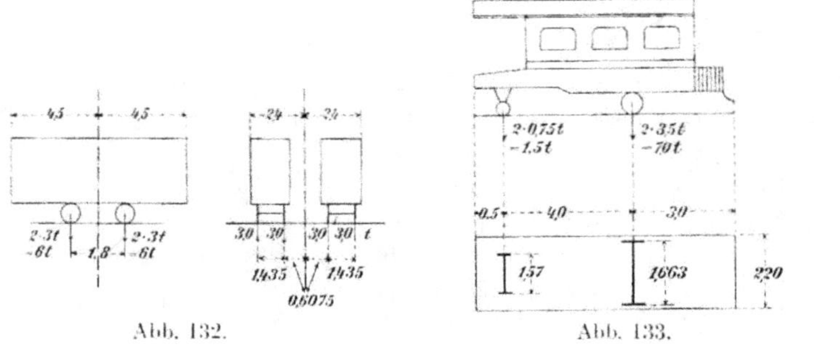

Abb. 132. Abb. 133.

c) Bürgersteigkonstruktion.

Volle Belastung mit Menschengedränge von 500 kg/qm. Außerdem ist ein wagerechter Druck von 100 kg/m auf den Geländerholm in Rechnung zu stellen.

d) Widerlager und Pfeiler.

Belastung mit Menschengedränge: 500 kg/qm.

Brücken von vorübergehender Dauer.

a) Ohne Straßenbahn.

Belastung durch einen Wagen von 3,5 m Radstand, 1,4 m Spurweite und einem Raddruck von 3,0 t (Abb. 134) und durch Menschengedränge neben und hinter dem Wagen von 400 kg/qm.

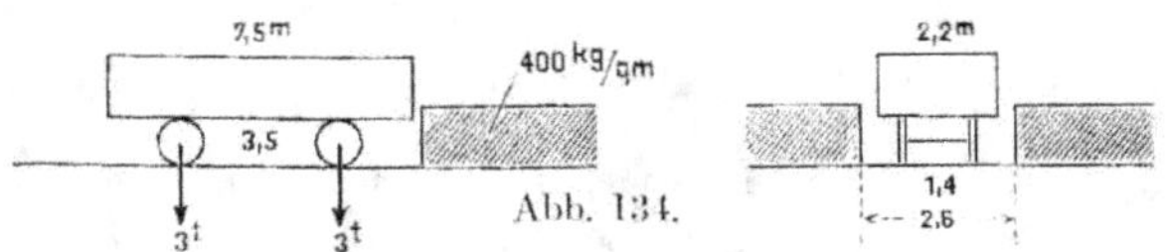

Abb. 134.

b) Mit Straßenbahn.

Belastung durch einen vierachsigen Motorwagen (15,6 t) mit einem Raddruck von 2,9 bzw. 1,0 t (Abb. 135) und Menschengedränge neben und hinter dem Wagen. Oder, wenn ungünstiger, Belastung durch den in der Abb. 132 dar-

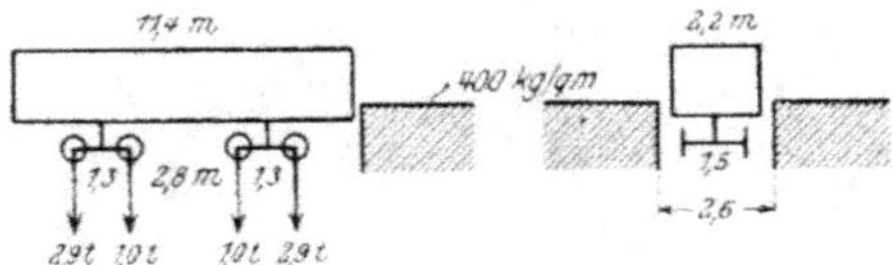

Abb. 135.

gestellten zweiachsigen Motorwagen von 1,8 m Radstand und einem Raddruck von 3,0 t und Menschengedränge neben und hinter dem Wagen von 400 kg/qm.

Für die Berechnung der über den **Teltow-Kanal** bei Berlin führenden Straßenbrücken sind folgende Belastungsannahmen gemacht worden:

a) Für Chausseebrücken.

α) Belastung der Fußgängerwege durch Menschengedränge von 400 kg/qm.

β) Belastung der Fahrbahn entweder durch einen Wagen von 10 t Achsdruck, 3.0 m Achs- und 1.4 m Radentfernung und im übrigen durch Wagen von 6 t Achsdruck und 3.5 m Achsenentfernung oder durch eine 23 t schwere Dampfwalze, deren Vorderrad 10 t und deren beide Hinterräder zusammen 13 t wiegen und welche 2.75 m Achs- und 1.50 m Radentfernung besitzt (Abb. 144).

b) Für Landstraßenbrücken.

α) 400 kg/qm wie oben.

β) Belastung der Fahrbahn durch Wagen von nur 6 t Achsdruck und 3.5 m Achs- und 1.4 m Radentfernung.

Das Gewicht zweier Pferde ist zu 0.8 t angenommen. (Tatsächlich beträgt es 1.5 t.)

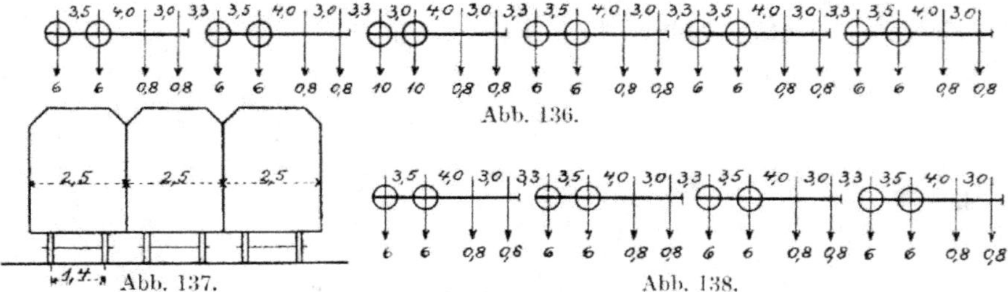

Abb. 136. Abb. 137. Abb. 138.

Mit den aus den angegebenen Wagen gebildeten Lastenzügen sind die Brücken in ihrer ganzen Breite belastet angenommen worden. Vergleiche die Abb. 136 bis 138.

Die früheren **bayerischen Staatseisenbahnen** haben für ihre Straßenbrücken folgende Belastungen vorgeschrieben:

a) Menschenbelastung: 360 kg/qm der Fußwege und der von Fahrzeugen nicht bedeckten Fläche der Fahrbahn. Diese Belastung wirkt gleichzeitig mit jener der Fahrzeuge. Jene Teile der Fahrbahn- und Fußwegtafel, auch der Fußgängerstege (Querträger, Zwischenlängsträger, Konsolen und ähnliche Konstruktionsteile), welche die Fahrbahn- oder Fußwegdecke unmittelbar zu tragen oder ihre Belastung auf die Hauptträger zu übertragen haben, sind für sich (ohne gleichzeitige Belastung durch Fahrzeuge) auch für die Menschenbelastung von 540 kg/qm zu berechnen.

b) Belastung durch Fahrzeuge:

Klasse I (Staats- und Distriktsstraßen sowie Ortsstraßen in Städten und Märkten und solche Ortsstraßen auf dem Lande, welche die Fortsetzung von Staats- oder Distriktsstraßen bilden):

Eine Dampfwalze mit 20 t Dienstgewicht (Abb. 139) oder — für Brücken mit Stützweiten über 20 m — Reihen von Wagen mit 8 t Bruttogewicht (Abb. 140), wenn mehr als zwei Reihen von Wagen auf der Fahrbahn Platz finden. Diese Wagen folgen sich im Abstand von 4 m.

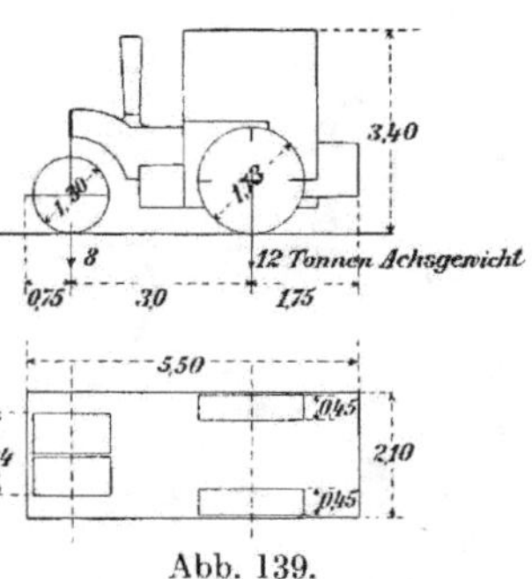

Abb. 139.

Klasse II (Gemeindewege und Ortsstraßen auf dem Lande, wenn sie weder mit einer Staatsstraße noch mit einer Distriktsstraße in Verbindung stehen): Ein Wagen mit 8 t Bruttogewicht (Abb. 140).

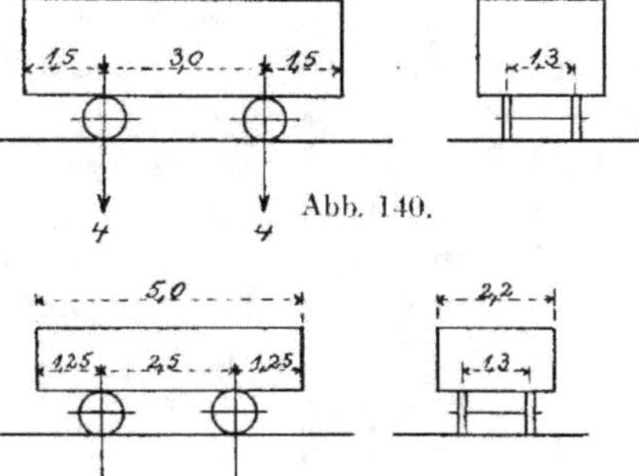

Abb. 140.

Klasse III (Feldwege): Ein Wagen mit 4 t Bruttogewicht (Abb. 141).

Die Fahrzeuge können so weit seitlich der Brückenachse stehen, als dies die Bauart der Brücke zuläßt.

Abb. 141.

Die **Stadt Köln** hat für den Bau der Straßenbrücke über den Rhein (Ersatz für die Schiffsbrücke) folgende Belastungsvorschriften erlassen:

An Verkehrslasten sind außer Menschengedränge und den Brückenbesichtigungswagen in Rechnung zu stellen:

a) Wagentyp der elektrischen Bahn (Abb. 142).

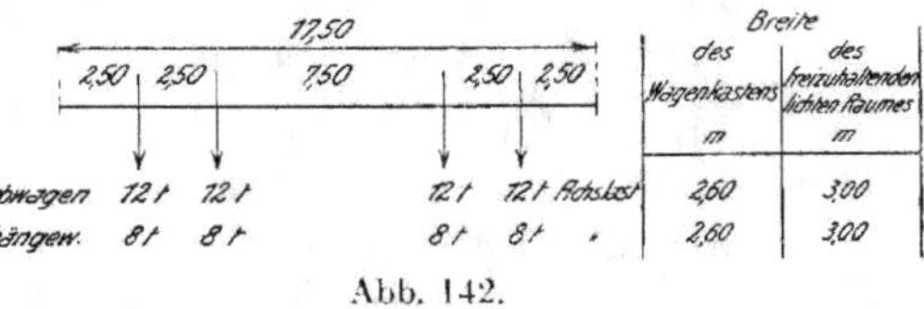

Abb. 142.

b) An Lastfuhrwerken:

α) sehr schwere Wagen von 20 t Gewicht
β) mittelschwere Wagen von 10 t Gewicht } mit den nachfolgenden Abmessungen, einer Ladebreite von 2,30 m und einer von jeder anderen Belastung frei zu haltenden Laststreifenbreite von 2,50 m (Abb. 143).

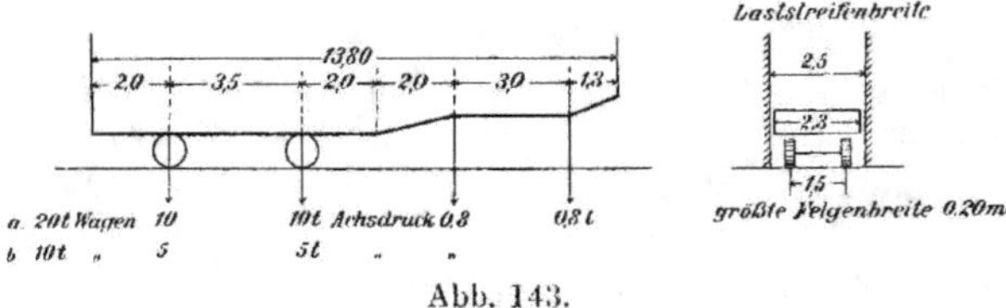

Abb. 143.

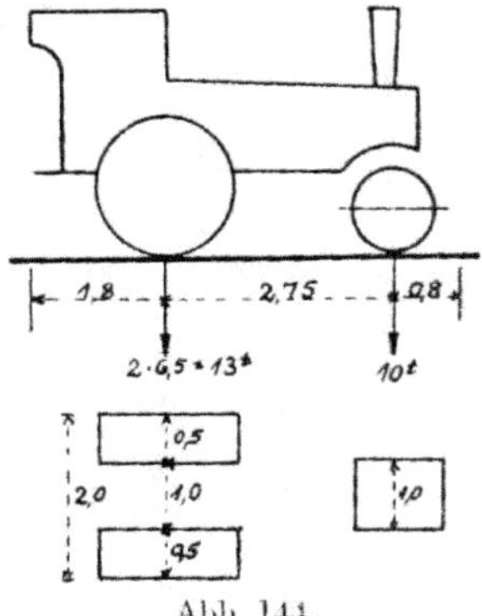

Abb. 144.

c) Eine Dampfstraßenwalze von 23 t Gewicht (siehe Abb. 144).

Im einzelnen sind in Rechnung zu stellen:

a) für die Fahrbahnkonstruktion: eine Reihe unmittelbar aufeinander folgender elektrischer Triebwagen von 12 t Achsdruck auf beiden Gleisen, ein 20 t-Lastfuhrwerk, beliebig viele 10 t-Lastfuhrwerke und Menschengedränge von 450 kg/qm auf dem freibleibenden Teile der Fahrbahn

in den für die verschiedenen Konstruktionsteile ungünstigsten Belastungszusammenstellungen, mit der Maßgabe, daß sich die verschiedenen Belastungen in der Längsrichtung der Brücke unmittelbar aneinanderreihen, sich seitlich einander so weit nähern dürfen, bis sich die Umrisse des lichten Raumes bzw. der Laststreifenbreiten decken und das Menschengedränge bis an diese Umrisse heranreicht.

Als außergewöhnliche Belastung soll eine Dampfstraßenwalze — umgeben von Menschengedränge — die Brücke an jeder Stelle der Fahrbahn passieren können.

Für die Berechnung der Entfernung der einzelnen Belageisen sind diese als auf zwei Stützen frei aufliegend anzusehen. Ferner ist anzunehmen, daß sich der Druck eines Rades von einer Druckfläche = Felgenbreite × 10 cm unter 45° nach unten bis zur halben Höhe der Belageisen verteilt.

b) für die Fußwegkonstruktion:
Menschengedränge von 550 kg/qm.
Die Geländer der Fußwege sind für einen Horizontaldruck von 120 kg/lfd. m gegen den Geländerholm zu berechnen.

c) für die Hauptträger:
Beide Gleise der elektrischen Bahn sind mit einer Reihe von unmittelbar aufeinander folgenden Zügen, bestehend aus je zwei Triebwagen mit 12 t Achsdruck und einem Anhängewagen mit 8 t Achsdruck, besetzt, der freibleibende Teil der Fahrbahn mit Menschengedränge von 450 kg/qm und der eine Fußweg mit Menschengedränge von 550 kg/qm belastet anzunehmen.

Über die Größe des Menschengedränges lassen sich folgende allgemeine Angaben machen:

Eingehende Versuche, die der Regierungsbaumeister a. D. Hunscheidt[1]) mit einer großen Anzahl gefangener Soldaten und Zivilpersonen angestellt hat, ergaben, daß Belastungen von 450 kg/qm noch kein beängstigendes Gedränge hervorrufen und daß bei zusammengepreßten und aufgestauten Menschenmassen

[1]) Vgl. Zentralblatt der Bauverwaltung 1916, S. 142/143.

mit Belastungen von 550 kg/qm zu rechnen ist. Bei der Belastung von 450 kg/qm ist noch eine Bewegung innerhalb des Gedränges möglich, bei der Belastung von 550 kg/qm wird sich im allgemeinen nur noch die ganze Masse vorwärts bewegen können. Für die Berechnung der Fußsteige städtischer Brücken wird demnach eine Belastung von 550 kg/qm, für die Berechnung der Fahrbahn solcher Brücken eine Belastung durch Menschengedränge von 450 kg/qm maßgebend sein. Für ländliche Brücken werden diese Belastungen erheblich ermäßigt werden können.

Nach dem preußischen Gesetz vom 20. Juni 1887 über den Verkehr auf Kunststraßen darf das Gewicht und die Nutzlast zusammen eines Fahrzeuges mit zwei oder mehr Rädern 7,5 t erreichen. Größere ungeteilte Lasten dürfen nur mit Genehmigung der Straßenverwaltung befördert werden. Für das ganze Deutsche Reich bestimmen die Bundesratsverordnung über den Verkehr mit Kraftfahrzeugen vom 3. April 1910 und die Ergänzung vom 21. Juni 1913, daß Straßenlokomotiven, Straßenwalzen, Zugmaschinen ohne Güterladeräume, deren betriebsfertiges Eigengewicht, und Lastkraftwagen, deren Gesamtgewicht (einschließlich Ladung) 9 t nicht übersteigt, ohne weitere Einschränkung frei verkehren dürfen, und daß bei einem beladenen Kraftfahrzeug der Druck auf eine Achse 6 t nicht überschreiten darf. Der Regierungspräsident von Potsdam schreibt vor, daß vierrädrige Wagen bis 10 t, zweirädrige bis 5 t Gewicht ohne besondere Genehmigung verkehren dürfen. Hier hat die Rücksicht auf den schweren Verkehr Berlins die Erhöhung der nach dem preußischen Gesetz zulässigen Lasten bewirkt. Die Beförderung von Dampfpflügen wird in der Regel von der Erlaubnis der zuständigen Behörde abhängig gemacht, die für jeden Fall besondere Sicherheitsmaßnahmen vorschreibt.

Professor Kayser macht in seiner in der Fußnote auf S. 118 erwähnten Abhandlung für die Belastungsannahmen und Klasseneinteilung folgende Vorschläge:

a) In den meisten Fällen ist es auch bei größeren Spannweiten zu empfehlen, mit einer Lastengruppe schwerer Einzellasten in ungünstigster Stellung und im übrigen mit gleichmäßig verteilter Last zu rechnen.

b) Unter Anpassung an die wirklich auftretenden Belastungen gelten als Regellasten:

α) Für mit Pferden bespannte Wagen.

1. Wagen von 6 t Gesamtgewicht mit je 3 t Achslast, 2,8 m Radstand, 4,5 m Wagenkastenlänge, zwei Pferden von je 0,75 t Gewicht und 7,7 m Gesamtlänge. Bezeichnet mit **W_6** (Abb. 145). Die stellvertretende gleichmäßig verteilte Last beträgt für diesen Wagen, wenn man annimmt, daß der Wagen in der Breite einen Platz von 2,5 m einnimmt und die Wagen sich hintereinander mit einem Abstand von 0,2 der Länge folgen $= \frac{7,5}{7,7 \cdot 1,2 \cdot 2,5} = 325$ kg/qm.

2. Wagen von 12 t Gesamtgewicht mit je 6 t Achslast, 3,5 m Radstand, 7,0 m Wagenkastenlänge, vier Pferden von je 0,75 t Gewicht und 13,8 m Gesamt-

länge. Bezeichnet mit **W12** (Abb. 145). Die stellvertretende Belastung beträgt für diesen Wagen $\frac{15}{13{,}8 \cdot 1{,}2 \cdot 2{,}5} = 360$ kg/qm.

3. Wagen von 20 t Gesamtgewicht mit je 10 t Achslast, 4,5 m Radstand, 8,5 m Wagenkastenlänge, vier Pferden von je 0,75 t Gewicht und 14,8 m Gesamtlänge. Bezeichnet mit **W20** (Abb. 145). Die stellvertretende Belastung beträgt für diesen Wagen $\frac{23}{14{,}8 \cdot 1{,}2 \cdot 2{,}5} = 520$ kg/qm.

W6.

Gesamtlast = 7,5 t.

Belastung für 1 qm benutzter Fläche

$$\frac{7{,}5}{7{,}7 \cdot 1{,}2 \cdot 2{,}5} = 325 \text{ kg/qm.}$$

W12.

Gesamtlast = 15 t.

Belastung für 1 qm benutzter Fläche:

$$\frac{15}{13{,}8 \cdot 1{,}2 \cdot 2{,}5} = 360 \text{ kg/qm.}$$

W20.

Gesamtlast = 23 t.

Belastung für 1 qm benutzter Fläche:

$$\frac{23}{14{,}8 \cdot 1{,}2 \cdot 2{,}5} = 520 \text{ kg qm.}$$

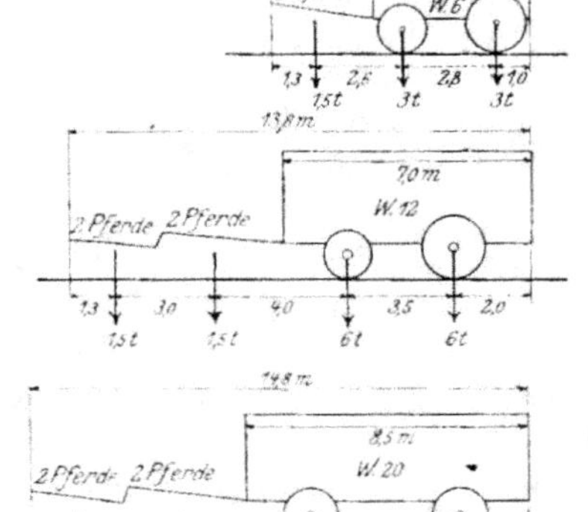

Abb. 145. Normale Wagenbelastung.
Breite der Wagen = 2,3 m, Spurweite 1,5 m.

β) Für Kraftwagen.

1. Wagen von 6 t Gesamtgewicht, wovon 4,5 t auf die Hinterachse und 1,5 t auf die Vorderachse entfallen, 3,5 m Radstand und 5,5 m Wagenlänge. Bezeichnet mit **L 6** (Abb. 146). Stellvertretende gleichmäßig verteilte Last $= \frac{6}{5{,}5 \cdot 1{,}2 \cdot 2{,}5}$ = 365 kg/qm.

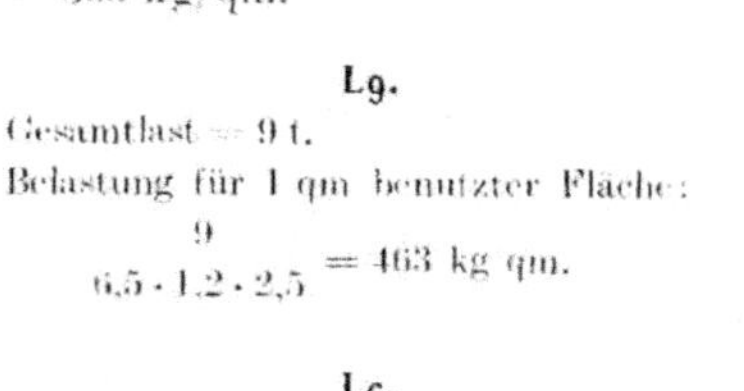

L9.

Gesamtlast = 9 t.

Belastung für 1 qm benutzter Fläche:

$$\frac{9}{6{,}5 \cdot 1{,}2 \cdot 2{,}5} = 463 \text{ kg qm.}$$

L6.

Gesamtlast = 6 t.

Belastung für 1 qm benutzter Fläche:

$$\frac{6}{5{,}5 \cdot 1{,}2 \cdot 2{,}5} = 365 \text{ kg qm.}$$

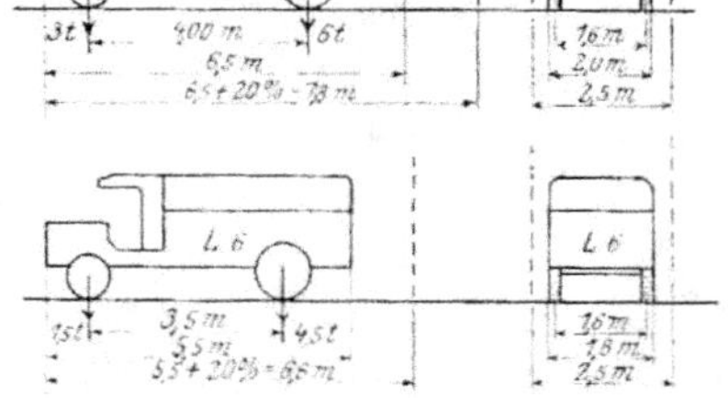

Abb. 146. Normale Kraftlastwagen für die Belastung von Straßenbrücken.

2. Wagen von 9 t Gesamtgewicht, wovon 6 t auf die Hinterachse und 3 t auf die Vorderachse entfallen, 4,0 m Radstand und 6,5 m Wagenlänge. Bezeichnet mit $\mathbf{L_9}$ (Abb. 146). Stellvertretende gleichmäßige Belastung $= \frac{9}{6{,}5 \cdot 1{,}2 \cdot 2{,}5}$ $= 463$ kg/qm.

γ) Für Straßenwalzen.

1. Eine von vier Pferden von je 0,75 t Gewicht gezogene Walze mit 6 t Walzengewicht und 7,4 m Gesamtlänge. Bezeichnet mit $\mathbf{D_6}$ (Abb. 147). Die stellvertretende gleichmäßig verteilte Last beträgt unter Annahme einer Nutzbreite von 1,8 m $= \frac{9}{7{,}4 \cdot 1{,}2 \cdot 1{,}8} = 563$ kg/qm.

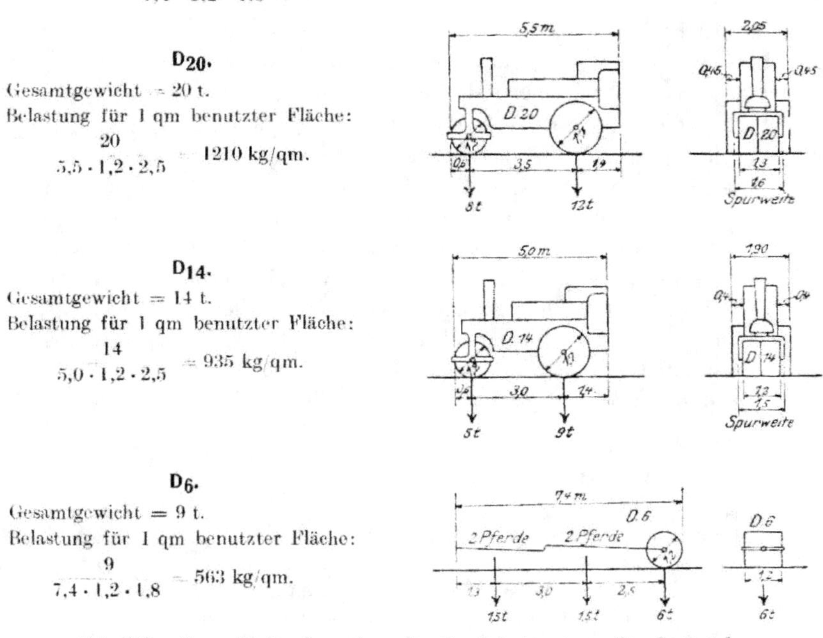

Abb. 147. Normale Straßenwalzen für die Belastung von Straßenbrücken.

2. Eine Dampfwalze von 14 t Gesamtgewicht, wovon 5 t auf die Vorderachse und 9 t auf die Hinterachse entfallen, und von 5,0 m Länge. Bezeichnet mit $\mathbf{D_{14}}$ (Abb. 147). Stellvertretende gleichmäßig verteilte Belastung $= \frac{14}{5{,}0 \cdot 1{,}2 \cdot 2{,}5}$ $= 935$ kg/qm.

3. Eine Dampfwalze von 20 t Gesamtgewicht, wovon 8 t auf die Vorderachse und 12 t auf die Hinterachse entfallen, und von 5,5 m Länge. Bezeichnet mit $\mathbf{D_{20}}$ (Abb. 147). Stellvertretende gleichmäßig verteilte Belastung $= \frac{20}{5{,}5 \cdot 1{,}2 \cdot 2{,}5}$ $= 1210$ kg/qm.

Straßenbahnwagen bilden keine Regellasten. Für die Belastung durch Straßenbahnwagen sollen vielmehr die Lasten der tatsächlich verkehrenden Wagen der Berechnung zugrunde gelegt werden.

Auf Schneebelastung braucht keine Rücksicht genommen zu werden, da die größte Belastung durch Schnee die größte Belastung durch Wagen und Menschen ausschließt.

Auch Armeelastenzüge brauchen nicht berücksichtigt zu werden, da sie keine größeren Belastungen ergeben, als die angeführten Regellasten.

c) Die Straßenbrücken werden in drei Klassen eingeteilt:

Klasse I. Brücken in Hauptverkehrsstraßen mit mäßiger Steigung und Brücken in Straßenzügen, die Industriegebiete mit Hauptverkehrsstraßen in Verbindung bringen.

Klasse II. Brücken in Straßen, die Hauptstraßen miteinander verbinden.

Klasse III. Brücken in Wohnstraßen, die Wohnviertel mit den Verbindungs- und Hauptstraßen verbinden, und Brücken in Feldwegen.

d) Größeres Menschengedränge als 500 kg/qm braucht nicht berücksichtigt zu werden, da größere Belastungen sehr selten vorkommen und dann mehr ruhende als bewegte Lasten sind. Die Größe der anzunehmenden Menschenbelastung kann mit der Spannweite der Brücke abnehmen, da es, je größer die Brücke ist, desto unwahrscheinlicher ist, daß sich eine große Anzahl von Menschen auf der Brücke zusammenfindet, und da bei großen Brücken das Eigengewicht mehr in den Vordergrund tritt. Die Größe des Menschengedränges ist ferner von der Brückenklasse abhängig zu machen. Es gelten für die Menschenbelastung für 1 qm Brückenfläche in kg folgende Werte:

Länge der Brücke in m	I. Klasse	II. Klasse	III. Klasse	Länge der Brücke in m	I. Klasse	II. Klasse	III. Klasse
0—50	500	450	400	300—400	325	275	250
50—100	450	400	350	400—500	300	250	225
100—200	400	350	300	500—750	275	225	200
200—300	350	300	275	750—1000	250	200	200

e) In ganz vereinzelten Fällen werden die Brücken von Lasten befahren, die erheblich schwerer als die angeführten Regellasten sind, so z. B. von Lastfuhrwerken mit schweren Kesseln oder Maschinen, die ein Gesamtgewicht von 36 t erreichen können. Auf die Belastung durch derartige Lasten braucht aber bei der Berechnung der Brücken in der Regel keine Rücksicht genommen zu werden. Ihre Beförderung ist an behördliche Genehmigung gebunden. Durch zweckentsprechende Ausbildung der Förderwagen wird sich die Achslast auf das für die Brücke zulässige Maß herabmindern lassen.

f) Die Breite eines beladenen Wagens wird zu 2,2 m angenommen. Unter Zuschlag eines Spielraums von 0,3 m ergibt sich dann die für ein Fuhrwerk erforderliche Breite zu 2,5 m. Die Regelbreiten des

Fahrdammes von Straßenbrücken betragen hiernach 2,5 m, 5,0 m, 7,5 m usw.

g) Auf Grund aller dieser Annahmen ergeben sich folgende Regelbelastungen:

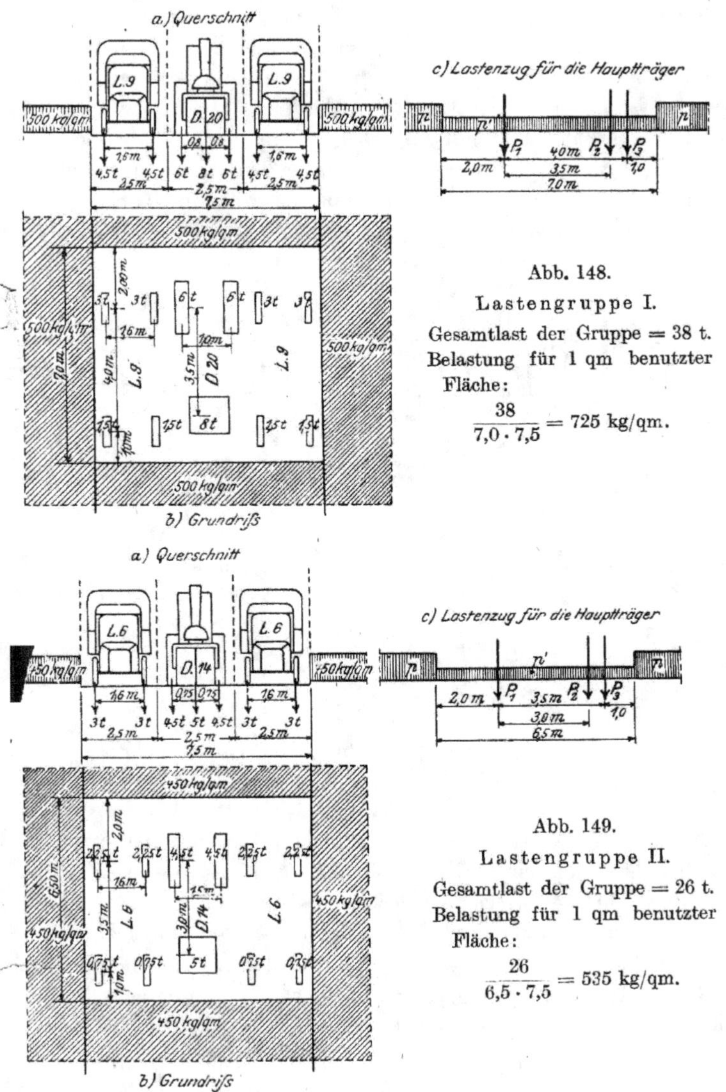

Abb. 148.

Lastengruppe I.

Gesamtlast der Gruppe = 38 t.

Belastung für 1 qm benutzter Fläche:

$$\frac{38}{7{,}0 \cdot 7{,}5} = 725 \text{ kg/qm.}$$

Abb. 149.

Lastengruppe II.

Gesamtlast der Gruppe = 26 t.

Belastung für 1 qm benutzter Fläche:

$$\frac{26}{6{,}5 \cdot 7{,}5} = 535 \text{ kg/qm.}$$

α) Brückenklasse I. Dreispurige Brücke. Eine Lastengruppe aus Einzellasten, bestehend aus einer Dampfwalze D_{20} und zwei Kraftlastwagen L_9 (Abb. 148).

Für die Berechnung der Fahrbahnlängsträger sind die drei Lasten in ungünstigster Stellung neben- oder hintereinander anzuordnen, für die Berechnung der Quer- und Hauptträger in ungünstigster Stellung nebeneinander, für die Hauptträger die Dampfwalze also zunächst dem zu berechnenden Hauptträger. Neben, vor und hinter der Lastengruppe ist ein Menschengedränge von 500 kg/qm anzunehmen, das eine größere Belastung als die stellvertretende gleichmäßig verteilte Last von W_{12} oder L_9 ergibt. Hiernach ergibt sich für die Berechnung der Hauptträger ein Lastenzug nach c) in Abb. 148, der auf 7 m Länge aus drei Einzellasten und einer gleichmäßig verteilten Last p' und vor und hinter dieser Strecke aus einer gleichmäßig verteilten Last p besteht. Die Menschenbelastung und damit auch die gleichmäßig verteilte Ersatzlast der Last- und Kraftwagen wäre nach der angegebenen Zahlentafel mit zunehmender Stützweite der Brücke abzustufen.

Sind auf der Brücke weniger als drei Verkehrsstreifen vorhanden, so sind die leichteren Einzellasten wegzulassen. Sind mehr als drei Verkehrsstreifen vorhanden, so sind noch weitere L_9 neben der Gruppe vorzusehen.

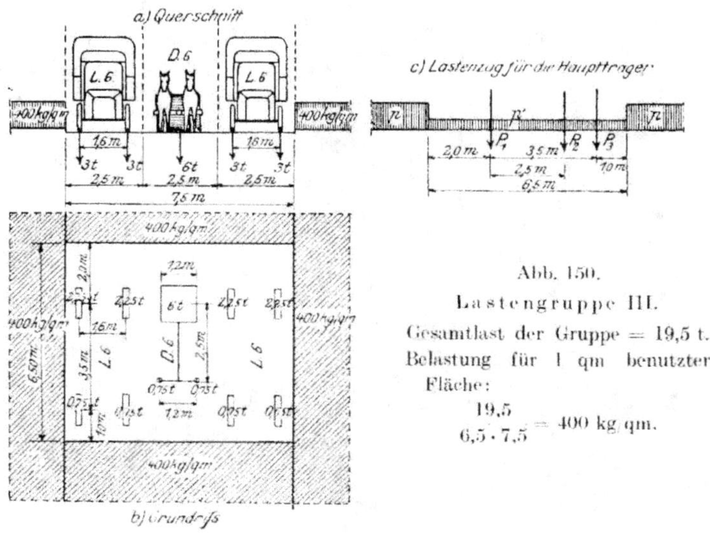

Abb. 150.
Lastengruppe III.
Gesamtlast der Gruppe = 19,5 t.
Belastung für 1 qm benutzter Fläche:
$$\frac{19,5}{6,5 \cdot 7,5} = 400 \text{ kg/qm}.$$

β) Brückenklasse II. Dreispurige Brücke. Eine Lastengruppe aus Einzellasten, bestehend aus einer Dampfwalze D_{14} und aus zwei Kraftlastwagen L_6 (Abb. 149). Für die Berechnung der Fahrbahnlängsträger und der Quer- und Hauptträger gilt das unter α) Gesagte. Neben, vor und hinter der Lastengruppe ist ein Menschengedränge von 450 kg/qm anzunehmen. Hiernach ergibt sich für die Berechnung der Hauptträger der in c) der Abb. 149 dargestellte Lastenzug. Im übrigen gilt das unter α) Gesagte.

γ) Brückenklasse III. Dreispurige Brücke. Eine Lastengruppe aus Einzellasten, bestehend aus einer Pferdewalze D_6 und zwei Kraftlastwagen L_6 (Abb. 150). Für die Berechnung der Fahrbahnlängsträger und der Quer- und Hauptträger gilt das unter α) Gesagte. Neben, vor und hinter der Lastengruppe ist ein Menschengedränge von 400 kg/qm anzunehmen. Hiernach ergibt sich für die Berechnung der Hauptträger der in c) der Abb. 150 dargestellte Lastenzug. Im übrigen gilt das unter α) Gesagte.

Bei Brücken mit Straßenbahnverkehr ist zu den unter α) bis γ) genannten Einzellastgruppen auf jedem Gleis noch ein schwerster Kraftwagen der Straßenbahn hinzuzufügen und im übrigen auch für die Gleisfläche mit gleichmäßig verteilter Last zu rechnen.

Als Verkehrsbelastung der Straßenbrücken kommt auch der Dampfpflug in Frage. Die schwersten Fowlerschen Dampfpflüge haben nach Bertschinger die in der Abb. 151 angegebenen Abmessungen und Raddrucke. Das Gesamtgewicht beträgt 22 t.

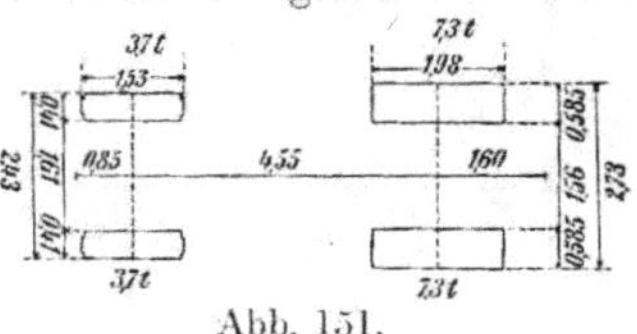

Abb. 151.

Ellerbeck und Starker kommen in ihrer in der Fußnote auf S. 118 erwähnten Abhandlung auf Grund eingehender Erhebungen und Erwägungen zu folgenden Vorschlägen:

a) Die Brücken sind für sich, also unabhängig von der Beschaffenheit des überführten Weges, derart in Brückenklassen einzuteilen, daß für die Zugehörigkeit zu einer bestimmten Klasse lediglich die Größe der zulässigen Höchstbelastungen maßgebend ist.

Die Brücken sind in vier Klassen einzuteilen. Für die ersten drei Klassen werden Regelbelastungen aus Menschengedränge und einer Gruppe von Einzellasten vorgeschrieben. Die vierte Klasse ohne bestimmte Belastungsvorschriften ist vorgesehen, um Brücken mit sehr beschränktem Verkehr den wirklichen Verhältnissen entsprechend wirtschaftlich bauen zu können.

b) Als Regeleinzellasten werden Dampfwalzen D_{23}, D_{16} und D_7 und Lastkraftwagen L_9 und L_6 von den in der nachstehenden Zusammenstellung angegebenen Abmessungen und Gewichten angenommen.

Fahrzeug	Gesamtgewicht t	Lenkachse t	Triebachse t	Achsstand / Spurweite m	Länge / Breite des Verkehrsbandes m	Ersatzlast kg/qm
D_{23}	23	10	13			1533
D_{16}	16	7	9	3,0	6,0	1067
D_7	7	5	2	1,6	2,5	467
L_9	9	3	6			600
L_6	6	1,5	4,5			400

Der Achsabstand ist bei allen Fahrzeugen einheitlich zu 3 m, die Spurweite zu 1,6 m angenommen. Es wird vorausgesetzt, daß die Fahrzeuge in Spuren fahren, d. h. daß Schräg- und Querlagen ausgeschlossen sind.

Den verschiedenen Brückenklassen entsprechen die in nachstehender Tafel und in Abb. 152 wiedergegebenen Regelbelastungen.

Gewichtstafel für die Lastengruppen.

Lasten		Brückenklasse I	II	III	IV
Regellasten		$D_{23}\ L_9$	$D_{16}\ L_6$	$D_7\ L_6$	Ohne Regellasten
Menschengedränge p kg/qm		500	450	400	
Einzellasten in t	P_1	10	7	5	
	P_2	6,5	4,5	1	
	P_3	3	2,25		
	P_4	1,5	0,75		

Die Breite des Verkehrsbandes für eine Spur ist mit 2,50 m zu bemessen. Zur Erhöhung der Sicherheit ist der nicht von den Verkehrsbändern beanspruchte Teil der Fahrbahnbreite b mit Menschengedränge zu besetzen. Ist $n \cdot 2{,}5 < b < (n+1) \cdot 2{,}5$ m, so sind demnach stets eine Dampfwalze und $n-1$ Lastkraftwagen nebeneinander aufzustellen und ein Streifen von der Breite $b - n \cdot 2{,}5$ m, bzw. zwei Streifen von dieser Gesamtbreite mit Menschengedränge zu besetzen. (An dieser Lastenstellung ist auch dann festzuhalten, wenn für einen Bauteil der Ersatz von Lastkraftwagen durch Menschengedränge etwas ungünstiger wirken würde.) Der Abstand der Belastung durch Menschengedränge vor und hinter den Fahrzeugen kann einheitlich zu 1,50 m von der Achse aus angenommen werden. Hintereinander fahrende Lastwagen kommen nicht in Betracht.

a) Belastung eines Querträgers.

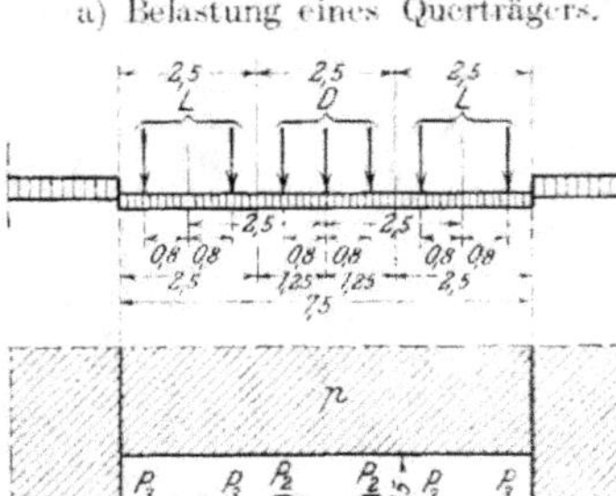

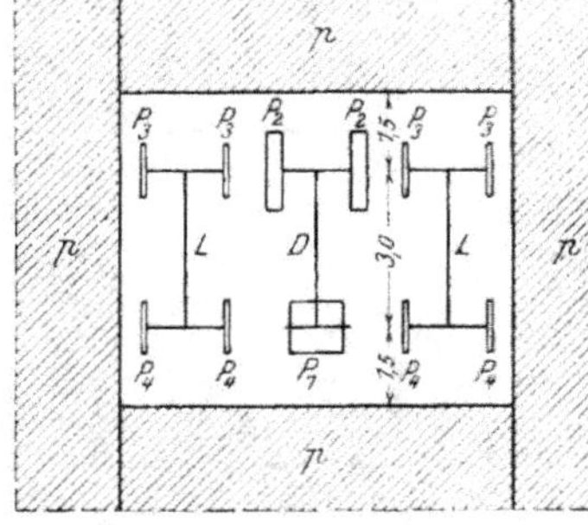

b) Belastung der Fahrbahn im Grundriß.

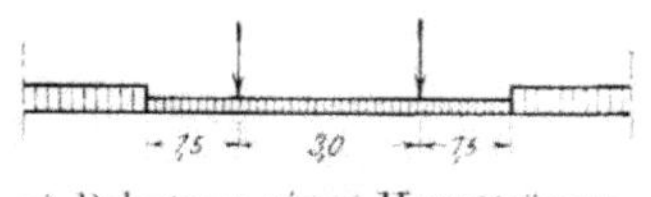

c) Belastung eines Hauptträgers.

Abb. 152.

Für die Berechnung der Hauptträger sind die Dampfwalzen diesen zunächst aufzustellen.

Es empfiehlt sich, eine Gruppe schwerer Einzellasten, die von Menschengedränge umgeben sind, aus den auf S. 102 angegebenen Gründen der Berechnung aller Brücken zugrunde zu legen, und nicht nur mit stellvertretender gleichmäßig verteilter Last zu rechnen. Sind erst Regellasten eingeführt, so können für Balkenträger auf zwei Stützen Momenten- und Querkrafttabellen ein für allemal berechnet werden, und die Berechnung einfacher Balkenträger macht dann keine Schwierigkeiten mehr. Statisch unbestimmte Trägerarten, die in der Regel mit Hilfe von Einflußlinien berechnet werden, lassen sich mit Einzellasten fast ebenso bequem berechnen wie mit stellvertretender gleichmäßig verteilter Belastung.

2. Nebeneinflüsse der Verkehrslasten.

Die Nebeneinflüsse der Verkehrslasten, die Bremskräfte, Anfahrwiderstände, die Seitenstöße und die Fliehkräfte der Fahrzeuge sind bei Straßenbrücken in der Regel nicht von solcher Bedeutung, daß sie bei der Festigkeitsberechnung berücksichtigt werden müßten. Man muß sich jedoch bei der Ausbildung der Pfeiler und Stützen dieser Brücken darüber klar sein, daß Motorwagen und Kraftfahrzeuge immerhin beträchtliche wagerechte Kräfte hervorrufen können. Über die dynamischen Einflüsse der Verkehrslasten ist auf Seite 67 und 73 nachzulesen.

3. Ständige Belastung der Straßenbrücken.

Da die Belastung der Straßenbrücken, ihre Fahrbahnausbildung und ihre Breite, ferner die Anzahl der Hauptträger so verschieden sind, lassen sich nicht so leicht wie für die Eisenbahnbrücken Formeln für das Eigengewicht aufstellen.

Bei den Eisenbahnbrücken eignet sich wegen ihrer Gleichmäßigkeit in den Breitenabmessungen für das Einheitsgewicht als Einheitsabmessung das laufende Meter, bei den Straßenbrücken wegen ihrer großen Verschiedenheit in den Breitenabmessungen das Quadratmeter des Grundrisses.

Das Eigengewicht der Straßenbrücken setzt sich zusammen aus dem Eisengewicht der Hauptträger, der wagerechten Verbände, der Querversteifungen, der Fahrbahn- und Gehwegträger und der Lager und dem Gewicht der Fahrbahn. Das Einheitsgewicht der Hauptträger, der wagerechten Verbände, teilweise auch der Querversteifungen und der Lager ist abhängig von der Stützweite, das Einheitsgewicht der Fahrbahn, der Gehwege und der Fahrbahn- und Gehwegträger dagegen unabhängig von dieser.

Engeßer macht in der Zeitschrift für Baukunde (1881) für die Eigengewichte von Straßenbrücken mit Balkenträgern folgende Angaben:

a) Landstraßenbrücken mit doppeltem Bohlenbelag: Gewicht des Bohlenbelages 110 kg/qm, Eisengewicht der Brücke $= (105 + 2,3 L + 0,02 L^2)$ kg/qm, $L =$ Stützweite in m.

Finden sich außerhalb der Hauptträger noch besondere mit Holz gedeckte Fußwege, so entspricht diesen ein Eisengewicht für 1 qm der Fußsteige (einschließlich der erforderlichen Verstärkung der Hauptträger, aber ausschließlich der Geländer) von $(60 + 2,3 L)$ kg/qm.

b) Landstraßenbrücken mit Beschotterung: Gewicht des Schotters 400 kg/qm, Zoreseisen 65 kg/qm, Eisengewicht der Brücke ausschließlich der Zoreseisen $(125 + 2,8 L + 0,025 L^2)$ kg/qm. Fußwege wie zu a).

c) Stadtstraßenbrücken mit doppeltem Bohlenbelag: Gewicht des Bohlenbelages 140 kg/qm, Eisengewicht der Brücke $(155 + 2,7 L + 0,021 L^2)$ kg/qm. Für ausgekragte Fußwege ist zu setzen: $(80 + 2,7 L)$ kg/qm.

d) Stadtstraßenbrücken mit Beschotterung: Schottergewicht 480 kg/qm, Zoreseisen 80 kg/qm, Eisengewicht ausschließlich der Zoreseisen $(170 + 3,2 L + 0,028 L^2)$ kg/qm. Gewicht des Fußsteiges wie zu c).

e) Stadtstraßenbrücken mit Pflasterung: Gewicht der Pflasterung 700 kg/qm, Zoreseisen 80 kg/qm, Eisengewicht ausschließlich der Zoreseisen $(180 + 3.7\,L + 0.029\,L^2)$ kg/qm. Gewicht des Fußweges wie zu c).

Landsberg gibt das Eigengewicht für 1 qm Grundfläche von Bogenbrücken folgendermaßen an (Handbuch der Ingenieurwissenschaften, Teil II. Band III. 4. Auflage, S. 12):

a) Landstraßenbrücken mit doppeltem Bohlenbelag.

$$g = (250 + 1{,}9\,L + 0{,}017\,L^2)\ \text{kg/qm}$$

Das Gewicht des Bohlenbelages ist hierbei zu 170 kg/qm, dasjenige des Fahrbahngerippes zu 63 kg/qm angenommen.

b) Landstraßenbrücken mit Beschotterung:

$$g = (610 + 2{,}1\,L + 0{,}022\,L^2)\ \text{kg/qm.}$$

Das Gewicht des Schotters und der Fahrbahntafel ist hierbei zu 510 kg/qm, das des Fahrbahngerippes zu 70 kg/qm angenommen.

c) Stadtstraßenbrücken mit Beschotterung:

$$g = (655 + 2{,}1\,L + 0{,}022\,L^2)\ \text{kg/qm.}$$

Das Gewicht des Schotters und der Fahrbahntafel ist zu 540 kg/qm, das des Fahrbahngerippes zu 85 kg/qm angenommen.

d) Stadtstraßenbrücken mit Steinpflaster:

$$g = (712 + 6{,}0\,L + 0{,}01\,L^2)\ \text{kg/qm.}$$

Hierin ist das Gewicht des Steinpflasters und der Fahrbahntafel zu 600 kg/qm, das des Fahrbahngerippes zu 100 kg/qm angenommen.

e) Stadtstraßenbrücken mit Holzpflaster:

$$g = (532 + 5{,}4\,L + 0{,}01\,L^2)\ \text{kg/qm.}$$

Hierin ist das Gewicht des Holzpflasters und der Fahrbahntafel zu 420 kg/qm, das des Fahrbahngerippes zu 100 kg/qm angenommen.

Für die Fußsteige außerhalb der Hauptträger gelten die Angaben von Engeßer.

Die Eigengewichte der Hauptträger von Balkenbrücken kann man nach Landsberg nach folgenden Angaben ermitteln:

In der nachstehenden Zusammenstellung bedeutet g_{h_1} das Gewicht der Hauptträger für 1 qm der Fahrbahn und g_{h_2} das Gewicht der Hauptträger für 1 qm der Fußsteige. Wird die Stützweite L in m gemessen, so erhält man g in kg.

Anordnung der Fahrbahn	Parallelträger	Träger mit einer bzw. mit zwei gekrümmten Gurtungen
Landstraßenbrücken mit doppeltem Bohlenbelag	$g_{h_1} = 3{,}45\,L$	$g_{h_1} = 3{,}12\,L$
Landstraßenbrücken mit Schotter auf eiserner Fahrbahntafel	$g_{h_1} = 5{,}5\,L$	$g_{h_1} = 5{,}0\,L$
Städtische Straßenbrücken mit Schotter auf eiserner Fahrbahntafel.	$g_{h_1} = 6{,}1\,L$	$g_{h_1} = 5{,}5\,L$
Städtische Straßenbrücken mit Steinpflaster auf Kiesbettung; Fahrbahntafel aus Buckelplatten	$g_{h_1} = 6{,}77\,L$	$g_{h_1} = 6{,}1\,L$
Für Fußwege.	$g_{h_2} = 3{,}84\,L$	$g_{h_2} = 3{,}45\,L$

Engeßer gibt für das Gewicht der Hauptträger der Straßenbogenbrücken in seinem Werk: „Theorie und Berechnung der Bogenfachwerkträger ohne Scheitelgelenke" folgende Formel:

$$g = (\gamma b + 35 z) \text{ kg},$$

in der b die Brückenbreite in m und z die Anzahl der Hauptträger bedeutet. γ ist der nachstehenden Zusammenstellung zu entnehmen:

Stützweite L in m	10	20	30	40	50	60	70	80	90	100
Fahrbahn mit Beschotterung . . γ =	32	62	94	129	168	209	255	300	350	410
Fahrbahn mit doppeltem Bohlenbelag . . γ =	28	53	80	110	144	180	220	260	305	355

Bertschinger gibt in seiner in der Fußnote auf S. 118 erwähnten, sehr inhaltreichen und gründlichen Abhandlung folgende Werte und Formeln für die Eisengewichte eiserner Straßenbrücken an:

a) Eisengewicht der Fahrbahntafel für 1 qm: Buckel- und Tonnenbleche, 5 bis 8 mm stark, 40 bis 65 kg/qm, Zoreseisen 70 kg/qm.

b) Eisengewicht der Fußwegtafel für 1 qm

Zoreseisen }
Buckelplatten } 15 bis 35 kg/qm.

c) Eisengewicht des Fahrbahnträgergerippes einschließlich der eisernen Fahrbahntafel und des etwa vorhandenen Bohlenbelages für 1 qm

leichte Fahrbahn . . . . $(70 + 14 b)$ kg/qm
mittelschwere Fahrbahn . . . . . . $(100 + 14 b)$ „
sehr schwere Fahrbahn . . . . . . $(120 + 16 b)$ „

Hierin bedeutet b den Abstand der Hauptträger in m. Hat man mehrere Hauptträger, so ist unter b der Abstand der einzelnen Hauptträger unter sich zu verstehen.

d) Eisengewicht des Gerippes der außerhalb der Hauptträger liegenden Fußsteige einschließlich der Gehwegtafel für 1 qm Gehweg

$$g = (30 + 30 b) \text{ kg/qm}.$$

Hierin bedeutet b die Breite des Fußsteiges in m.

e) Eisengewicht des Geländers für 1 m:

leichtes, einfaches Geländer . . . . . 30 bis 40 kg/m
mittelschweres Geländer . . . . 60 „ 70 „
schweres, reiches Geländer . . . . . 100 „ 140 „

f) Eisengewichte der Hauptträger für 1 qm gesamte Grundrißfläche (L = Stützweite in m):

α) Fachwerkbrücken mit hölzernem Bohlenbelag

$$g = (25 + 2 L + 0{,}008 L^2) \text{ kg/qm}.$$

β) Brücken mit massiver Fahrbahndecke:

1. Blechträgerbrücken ohne Fußwege . $g = (60 + 5 L)$ kg/qm.
2. Blechträgerbrücken mit Fußwegen . $g = (20 + 5 L)$ „

3. Fachwerkbalkenbrücken mit innerhalb der Hauptträger liegenden Fußsteigen:
   I. Parallelträger von 15 bis 40 m Stützweite
   $$g = (50 + 3{,}7\,L)\ \text{kg/qm}.$$
   II. Fachwerkbalkenträger mit gekrümmten Gurtungen von 15 bis 40 m Stützweite
   $$g = (30 + 3{,}7\,L)\ \text{kg/qm}$$
   III. Fachwerkbalkenbrücken mit gekrümmten Gurtungen von 40 bis 60 m Stützweite (mit Windverband):
   $$g = (60 + 3{,}7\,L)\ \text{kg/qm}.$$
4. Fachwerkbalkenträger mit außerhalb der Hauptträger liegenden Fußsteigen:
   I. Fachwerkbalkenträger mit parallelen Gurtungen ohne Windverband, Stützweite 15 bis 40 m
   $$g = (40 + 2{,}8\,L)\ \text{kg/qm}.$$
   II. Fachwerkbalkenträger mit gekrümmten Gurtungen ohne Windverband, Stützweite 15 bis 40 m
   $$g = (20 + 2{,}8\,L)\ \text{kg/qm}.$$
   III. Fachwerkbalkenträger mit Windverband von einer Stützweite von 40 bis 200 m
   $$g = (50 + 2\,L + 0{,}01\,L^2)\ \text{kg/qm}.$$
   IV. Bogenträger versteift durch einen Balken (Langer-Träger) von einer Stützweite von 30 bis 60 m
   $$g = (40 + 2{,}8\,L)\ \text{kg/qm}.$$
   V. Bogenträger mit Zugband von einer Stützweite von 30 bis 200 m
   $$g = (100 + 2\,L + 0{,}01\,L^2)\ \text{kg/qm}.$$
5. Eigentliche Bogenträger
   $$g = \gamma \frac{L}{F}\ \text{kg/km}.$$

Hierin bedeutet L die Stützweite in m, F die Pfeilhöhe des Bogens in m und γ ist $= (15 + 0{,}002\,L^2)$.

In den vorstehenden Angaben sind die Gewichte der Windverbände, soweit sie vorhanden sind, mit enthalten. Für die Gewichte der Wind- und Querverbände allein gibt Bertschinger die Formel:

$$g = 15\,(1 + 0{,}01\,L)\ \text{kg/qm}.$$

Die Bertschingerschen Formeln sind auf Grund einer Fülle der neuesten Ausführungen aufgestellt und verdienen deshalb besondere Beachtung.

Dr.-Ing. Gesteschi[1]) gibt für die Gewichte jedes der beiden Hauptträger von Bogenbrücken mit und ohne Zugband und mit und ohne Fußwegauskragungen folgende vier in den Abb. 153 bis 156 wiedergegebene bildliche Darstellungen. In den angegebenen Werten sind auch die Gewichte der Stütz- oder Hängepfosten und gegebenenfalls auch des Zugbandes enthalten.

[1]) „Der wirtschaftliche Wettbewerb von Eisen und Eisenbeton im Brückenbau". Von Dr.-Ing. Th. Gesteschi. Berlin 1918. Verlag von Wilhelm Ernst & Sohn.

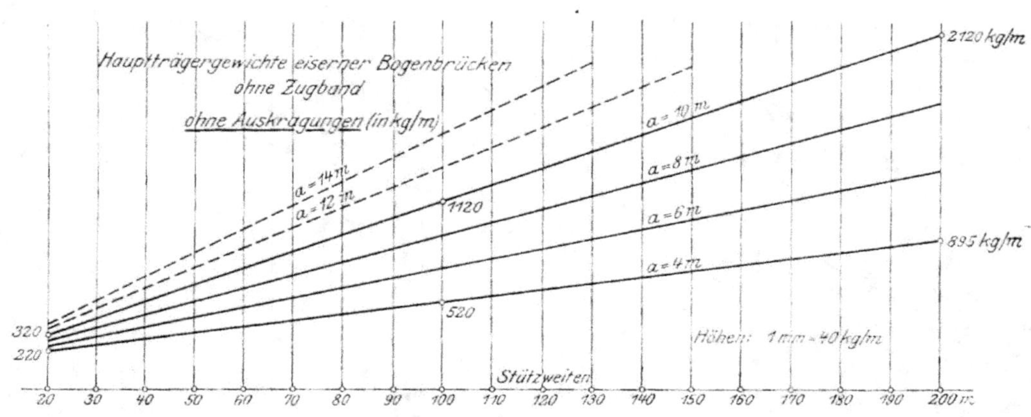

Abb. 153.

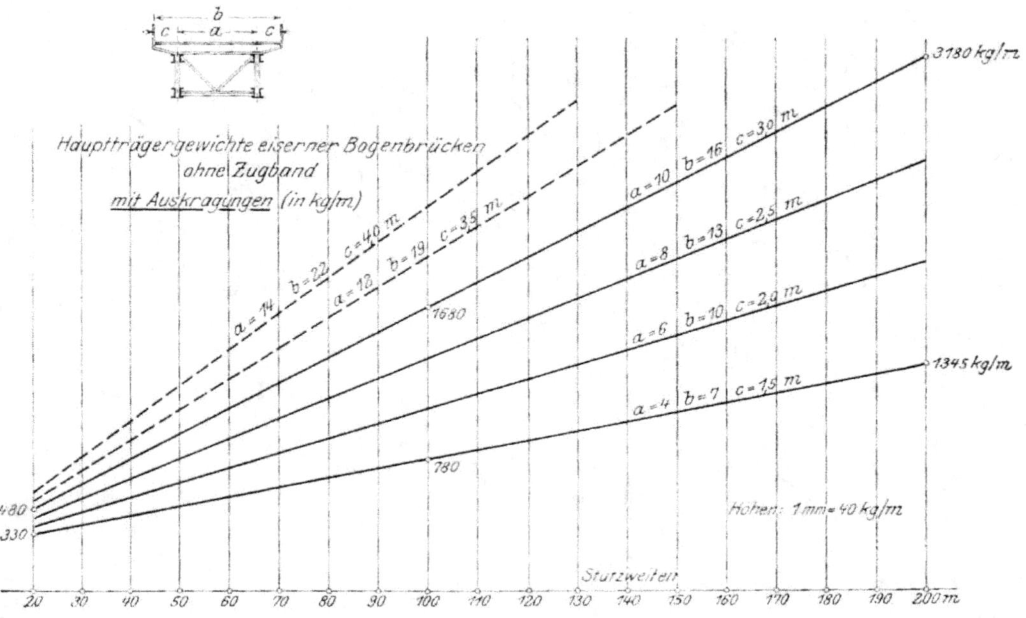

Abb. 154.

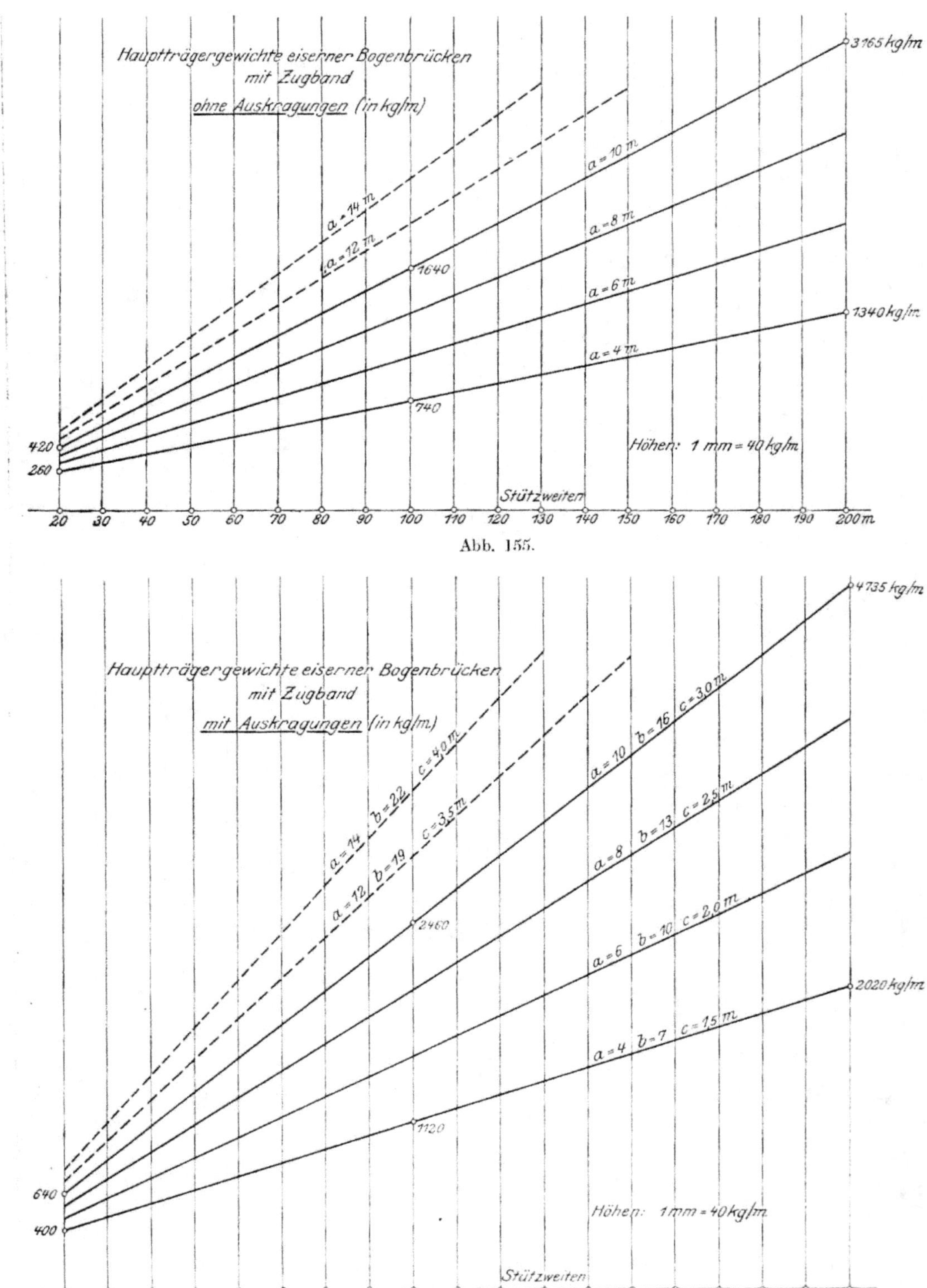

Abb. 155.

Abb. 156.

Das Gesamteisengewicht in kg solcher Bogenbrücken für das qm Grundfläche ist aus der nachstehenden Zusammenstellung zu entnehmen, wobei die Hauptträgerabstände zu 4 bis 10 m und die etwa vorhandenen Fußwegauskragungen zu 1.5 bis 3 m angenommen sind.

Gesamtes Eisengewicht in kg für 1 qm Grundfläche:									
bei einer Lichtweite von . .	20	30	40	50	60	70	80	90	100
bei Bogenbrücken ohne Zugband und ohne Fußwegauskragungen	305	325	355	380	415	435	475	495	515
bei Bogenbrücken ohne Zugband und mit Fußwegauskragungen	240	260	285	305	340	355	390	410	425
bei Bogenbrücken mit Zugband und ohne Fußwegauskragungen	325	355	395	430	475	505	560	585	620
bei Bogenbrücken mit Zugband und mit Fußwegauskragungen	260	290	325	355	395	425	465	495	520

Das Gewicht der Fahrbahn selbst läßt sich leicht genau feststellen. Über die einzelnen Arten der Straßenfahrbahnen ist an späterer Stelle bei der Abhandlung über die Fahrbahn nachzulesen. Hier seien nur noch die Einheitsgewichte der für die Ausbildung der Fahrbahn in Frage kommenden Baustoffe angegeben:

Kiefern-, Buchen- und Eichenholz (durchnäßt) .	1000	kg/cbm
Steinpflaster (einschließlich der Fugen)	2700	,,
Sand, Kies und Schotter	2000	,,
Kiesbeton	2200	,,
Bimsbeton ohne Sandzusatz	1100	,,
Bimsbeton mit Sandzusatz	1600	,,
Eisenbeton	2400	,,
Asphalt	1500	,,

Noch weniger als bei Eisenbahnbrücken darf man sich bei großen Straßenbrücken bei der endgültigen Querschnittsbemessung der Hauptträgerglieder mit den angegebenen Gewichtsannahmen begnügen, da die Eigengewichtsformeln bei den Straßenbrücken noch weniger als bei den Eisenbahnbrücken alle die Umstände berücksichtigen können, die das Eigengewicht beeinflussen. Man hat sich vielmehr hier der bei der Abhandlung über die Gewichte der Eisenbahnbrücken angegebenen Verfahren zur Nachprüfung oder zur genauen Bestimmung der Gewichte zu bedienen.

4. Zufällige Lasten.

Hinsichtlich des Winddruckes, der Schneelast, der Wärmewirkungen und der Reibungskräfte gilt das in der Abhandlung über die zufälligen Lasten der

Eisenbahnbrücken hierüber Gesagte, nur mit der Abänderung, daß die Fahrzeuge der Straßenbrücken dem Winde eine Fläche von nur 2,0 bis 2,5 m Höhe darbieten. Schneebelastung braucht nicht berücksichtigt zu werden, weil bei hohem Schnee auf der Brücke kein starker Verkehr möglich ist. Über die Standsicherheit der Überbauten gegen Umkippen ist auf S. 90 nachzulesen.

Abschnitt VII.

Die Werkstattarbeiten für eiserne Brücken.

Es kann nicht im Rahmen dieses Buches liegen, eine ausführliche Darstellung der Einrichtung der Brückenbauanstalten und der für den Bau einer eisernen Brücke notwendigen Werkstattarbeiten zu geben, zu der auch eine eingehende Beschreibung der für die Bearbeitung der einzelnen Teile erforderlichen Maschinen gehören würde. Es soll vielmehr nur so weit auf die allgemeine Einrichtung einer Brückenbauanstalt, auf die verschiedenen Arbeitsvorgänge und auf die bei der Bearbeitung zu beachtenden Gesichtspunkte eingegangen werden, als für den Konstrukteur zum allgemeinen Verständnis und zur Beurteilung der Zweckmäßigkeit und Ausführbarkeit der Einzelheiten seines Entwurfes notwendig ist[1]).

A. Allgemeines.

Neue, zweckmäßig eingerichtete Eisenbauanstalten besitzen in der Regel ganz geschlossene, gut beleuchtete Hallen mit einem großen Mittelschiff und zwei kleineren Seitenschiffen. Der größte Teil des Mittelschiffes wird von der sogenannten Zulage, einem auf 0,80 m hohen Stützen gelagerten Schienenrost für den Zusammenbau der einzelnen Teile der eisernen Brücken eingenommen. An den Stützen zwischen Mittelschiff und Seitenschiffen und in den Seitenschiffen sind die Arbeitsmaschinen untergebracht. Das Lager für die Niete, Schrauben und Werkzeuge und die Schmiede befinden sich meist in einem der Seitenschiffe oder in besonderen, sich unmittelbar an ein Seitenschiff anschließenden Räumen. Die für den Bau der eisernen Brücken erforderlichen Grundeinheiten werden auf einem Platze vor dem Eingang zur Halle gelagert, auf der anderen Seite der Halle befindet sich der Lagerplatz für die fertigen Teile. Die Arbeiten, die mit den Grundeinheiten vorgenommen werden müssen, sind — nach ihrer Reihenfolge geordnet — das Richten zum Beseitigen der Verbiegungen, das Herstellen entwurfsmäßiger Biegungen im kalten und warmen Zustande, das Anzeichnen der Nietmittelpunkte und der Umrißlinien, das Schneiden und Sägen, das Herstellen von Ausklinkungen und Schlitzen, das teilweise Abarbeiten der Schnittkanten durch Hobeln, Fräsen, Schmirgeln und Feilen, das Hobeln der

[1]) Näheres über die Werkstattarbeiten findet man in der Abhandlung: „Über deutsche Eisenbauanstalten und ihre Arbeitsweisen". Von Dr.-Ing. Elbern. Zeitschrift für Bauwesen. 1920. Heft 4 bis 6.

Längskanten der Flach- und Universaleisen, das Bohren der Nietlöcher, das Zusammenbauen der Grundeinheiten zu Baugliedern, das Vernieten und das Fräsen der Füße solcher Bauglieder, die sich auf ebene Flächen aufsetzen. Die Arbeitsmaschinen und Arbeitsplätze innerhalb der Halle sind so anzuordnen, daß die zu bearbeitenden Teile bei ihrem Durchgang durch die Halle möglichst wenig rückwärtige Bewegungen zu machen brauchen. Danach sollen die Arbeitsmaschinen und Arbeitsplätze möglichst in folgender Reihe aufeinander folgen: Richtmaschinen, Schmiede, Biegemaschinen, Platz zum Anzeichnen, Scheren, Sägen, Hobelbänke, Bohrmaschinen, Nietmaschinen, Fräsmaschinen.

Von ausschlaggebendem Einfluß auf die Wirtschaftlichkeit der Werkstattarbeiten ist die Anordnung der Beförderungs- und Bewegungsvorrichtungen. Im Mittelschiff müssen Laufkrane, die über die ganze Breite des Schiffes reichen, von wenigstens 10 t Tragfähigkeit vorhanden sein; in den Seitenschiffen müssen Konsolkrane oder sogenannte Velozipedkrane, die auf einer Schiene im Fußboden laufen und in der Höhe der Dachbinder wagerecht geführt werden, vorgesehen werden. Außer diesen Kranen, welche die Hallen in ihrer ganzen Längenausdehnung bestreichen, müssen noch ortsfeste Schwenkkrane an den einzelnen Arbeitsmaschinen angeordnet werden.

Als Kraft für die Arbeitsmaschinen kommen Dampf, Elektrizität, Preßwasser und Preßluft in Frage. Die mechanische Kraftübertragung von der Dampfmaschine zu den Arbeitsmaschinen ist mehr und mehr von der elektrischen Kraftübertragung mit Gruppen- und Einzelantrieb verdrängt worden. Elektrischer Einzelantrieb findet sich in der Regel bei seltener gebrauchten, ortsfesten und bei den nicht ortsfesten Maschinen. Bei den letzteren, so bei den Niethämmern, Gegenhaltern für Niete, Nietfeuern, Meißeln und Aufreibemaschinen bürgert sich Preßluft immer mehr ein.

Die Brückenbauanstalten bestellen bei den Walzwerken die Bleche, Flacheisen, Universaleisen, die anderen Stabeisen, die Formeisen usw. in den Abmessungen, in denen sie zu den einzelnen Gliedern einer Brücke gebraucht werden. Die Längen der einzelnen Grundeinheiten werden in der Regel „unfix", d. h. mit einem Längenspielraum von $\pm$ 50 mm, bestellt. Kürzere Grundeinheiten werden auch oft in zusammenhängenden größeren Stücken, in sogenannten „kombinierten Längen", bestellt. In „fixen" Längen mit einem Spielraum von $\pm$ 10 mm und in „gefrästen" Längen mit einem Längenspielraum von $\pm$ 5 mm wird auch geliefert, jedoch nur mit einem gewissen Aufpreis. Die Walzwerke lassen sich auf irgendwelche weitere Bearbeitung ihrer Erzeugnisse nicht ein, sie liefern nur in seltenen Fällen hochkantig gebogene Flacheisen. Die Bearbeitung der Grundeinheiten und ihre Zusammenfügung ist lediglich Sache der Brückenbauanstalten.

B. Das Richten der Bleche, Flacheisen, Universaleisen, der anderen Stabeisen und der Formeisen.

Die Bleche, Flacheisen, Universaleisen, die anderen Stabeisen und die Formeisen sind in den seltensten Fällen in dem Zustande, in dem sie das Walzwerk verlassen und in der Brückenbauanstalt eintreffen, vollständig gerade, sie zeigen vielmehr mehr oder weniger große Verbiegungen. Diese müssen bei allen denen dieser Grundeinheiten, durch deren Vereinigung ein Brückenglied entsteht, vor der weiteren Bearbeitung unbedingt entfernt werden, da sonst an den verbogenen Stellen Fugen entstehen, in die das Wasser eintreten kann, und außerdem wegen der Federung an diesen Stellen eine einwandfreie Nietarbeit ausgeschlossen ist. Das „Richten" in den Brückenbauanstalten geschieht grundsätzlich im kalten Zustande. Es ist nichts dagegen einzuwenden, daß einzelne schwache Verbiegungen mit nicht zu starken Hammerschlägen auf einer eisernen Richtplatte entfernt werden. Im allgemeinen soll jedoch das „Richten" mit Maschinen vorgenommen werden.

Bleche, Flacheisen und Universaleisen werden senkrecht zu ihrer Ebene in der Regel in einem Walzensatz aus fünf Walzen (Abb. 157) gerichtet. Die drei unteren Walzen *a* sind gleich hoch, unverschieblich, aber drehbar angeordnet und werden durch ein Rädervorgelege angetrieben. Die beiden oberen Walzen *b* sind in der Höhe verschieblich und drehbar gelagert. Für den ersten Durchgang oder die ersten Durchgänge des zu richtenden Bleches werden die Walzen *b* so gestellt, daß der Abstand zwischen ihren Unterkanten und den Oberkanten der Walzen *a* kleiner als die Blechstärke ist. Das Blech geht dann beim Antrieb der Walzen *a* wellenförmig durch den Walzensatz und verläßt ihn nach oben gekrümmt. Das Blech wird durch diesen Vorgang „entspannt". Die Walzen *b* werden dann gehoben, und zwar um so viel, daß der Zwischenraum zwischen oberen und unteren Walzen der Blechstärke entspricht. Beim nochmaligen Durchgang wird das Blech darauf vollständig gerade. Große und starke Bleche werden neuerdings auch in einem Walzensatz aus sieben Walzen gerichtet (Abb. 158). Die unteren Walzen *a* und die oberen Walzen *b* sind ebenso wie beim Walzensatz aus fünf Walzen angeordnet. Außer diesen sind noch zwei Oberwalzen c_1 und c_2 vorhanden, die etwas höher als die Walzen *b* stehen und bewirken, daß das Blech die Maschine gerade verläßt, ohne daß die Walzen *b* noch einmal verstellt werden müssen.

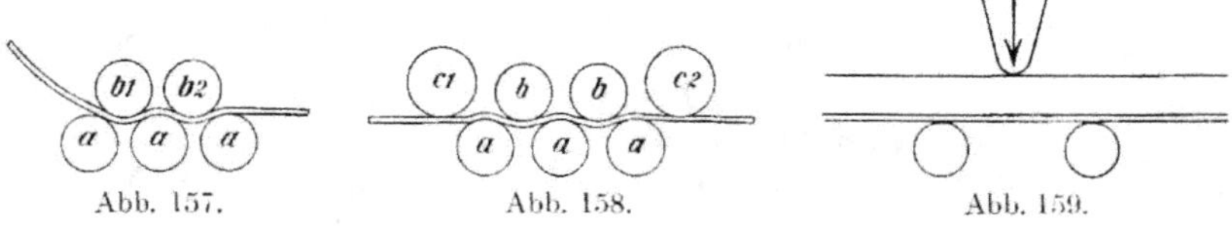

Abb. 157. Abb. 158. Abb. 159.

Die Flacheisen und Universaleisen werden in der Richtung der hohen Kante ebenso wie die anderen Stabeisen und die Formeisen in der Regel in der Weise gerichtet, daß sie auf zwei Rollen gelegt und die Verbiegungen durch einen Druck mittels eines maschinell angetriebenen Stempels entfernt werden (Abb. 159).

C. Das Biegen.

Bleche, Flacheisen und Universaleisen werden senkrecht zu ihrer Ebene in der Regel kalt gebogen. Hierzu dient eine Biegemaschine mit vier Walzen (Abb. 160). Die Walze *a* ist unverschieblich, aber drehbar gelagert und wird durch ein Rädervorgelege angetrieben. Durch die Walze *b*, die verschiebbar ist, wird das zu biegende Eisen fest gegen die Walze *a* gepreßt. Die Walzen *c* sind in der Höhenrichtung verschieblich und werden je nach der Stärke der Krümmung, in die das Blech gebracht werden soll, eingestellt. Durch Antrieb der Walze *a* wird das Blech durch den Walzensatz gezogen und dabei gekrümmt.

Beim hochkantigen Biegen von Flach- und Universaleisen ist besondere Vorsicht geboten. Flache Krümmungen mit einem Halbmesser über 30 m lassen sich bei geringen Höhen und nicht zu geringen Stärken (Eisen bis zu 200/20 mm) im kalten Zustande herstellen, und zwar in einer Presse von der in der Abb. 161 dargestellten Art. Sie besteht aus zwei drehbaren Rollen und einem maschinell angetriebenen Stempel. Durch den Druck des Stempels auf das gerade Eisen entsteht ein örtlicher Knick. Indem man das Eisen langsam über die drehbaren Rollen bewegt und den Stempel in bestimmten kleinen Abständen immer wieder drücken läßt, nimmt das gerade Eisen allmählich die gewünschte Krümmung an.

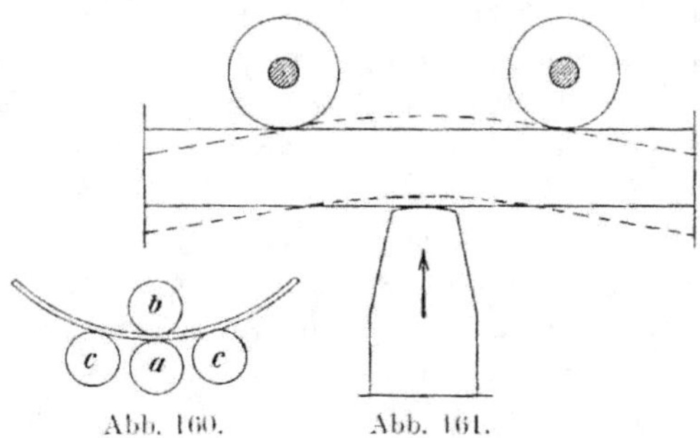

Abb. 160. Abb. 161.

Bei höheren und schwachen Eisen ist dies Verfahren deshalb zu verwerfen, weil die innere (konkave) Kante sich hierbei durch das Stauchen faltet.

Unter allen Umständen zu verwerfen ist die Herstellung der Biegung durch sogenanntes Strecken, das darin besteht, daß das Eisen auf der äußeren Seite durch Schläge mit schweren Hämmern gelängt wird. Das Eisen büßt hierdurch an Festigkeit bedeutend ein, wenn es überhaupt nicht an einigen Stellen zerstört wird.

Schärfere Biegungen von hohen Universaleisen müssen entweder im hellrot glühenden Zustande oder dadurch hergestellt werden, daß die gekrümmten Eisen aus umschriebenen Rechteckblechen ausgearbeitet werden.

a

Abb. 162.

Die Walzwerke stellen gebogene Eisen dadurch her, daß sie in einer Vorwalze das Eisen zunächst keilförmig walzen (Abb. 162) und dann beim Fertigwalzen den Baustoff an der Seite *a* zum Strecken bringen. Leider lassen sich die Walzwerke jetzt nur noch selten auf das Herstellen von hochkantig gebogenen Eisen ein.

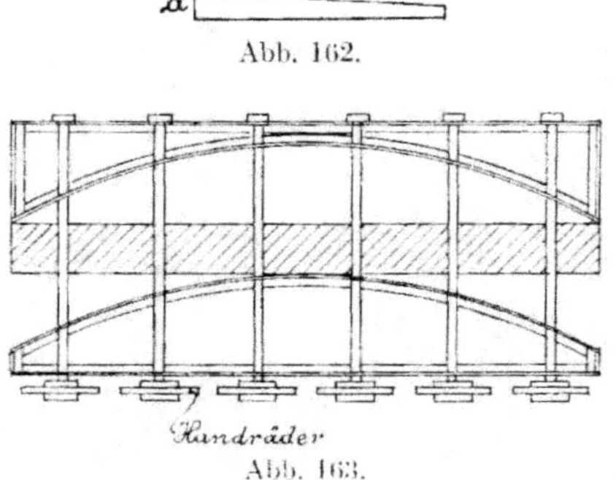

Abb. 163.

Eine andere Herstellungsweise besteht darin, daß die Eisen in hellrot glühendem Zustande in einer langen Presse nach der in Abb. 163 dargestellten Anordnung in die gebogene Form gebracht werden. Dies Verfahren setzt aber voraus, daß die Brückenbauanstalten mit großen Flammöfen ausgerüstet sind, in denen die Eisen auf die ganze Länge glühend gemacht werden können.

Ist dies nicht der Fall, so ist man darauf angewiesen, die gekrümmten Eisen aus umschriebenen Rechteckblechen auszuarbeiten. Dies kann erfolgen:

1. auf der konvexen Seite durch Schneiden mit der Schere und durch nachträgliches Hobeln (der Arbeiter muß in diesem Fall das Hobelmesser während der Bewegung längs des Bleches noch senkrecht zum Blech von Hand verschieben, was nach einiger Übung ohne weiteres geht), auf der konkaven Seite durch Bohren von Loch an Loch und späteres Glattarbeiten mit dem Meißel;

2. durch Ausschneiden mit der Sauerstoff- und Wasserstoffflamme[1]).

Schwache Biegungen von L-Eisen und in der Pfeilrichtung von ➤I- und ➤[-Eisen können im kalten Zustande hergestellt werden, und zwar in einer Presse von der in der Abb. 161 dargestellten Art oder auch in einer Biegemaschine mit einem Satz von drei Rollen, die mit auswechselbaren, der Form der zu biegenden Eisen entsprechenden Einschnitten versehen sind. Alle schärferen Biegungen dieser Grundeinheiten und alle Biegungen von I- und [-Eisen senkrecht zur Pfeilrichtung sind im hellrot glühenden Zustande auszuführen. Die aus dem Schmiedefeuer kommenden Eisen werden nach einer Lehre, die auf der eisernen Schmiedeplatte befestigt ist, durch Ziehen und Hämmern gebogen.

D. Die Kröpfungen.

Kröpfungen sind Abbiegungen aus der ursprünglichen Richtung. So entsteht z. B. eine Kröpfung, wenn ein senkrechter Aussteifungswinkel eines Blechträgers vom Stegblech auf den Schenkel eines Gurtwinkels geführt werden soll (Abb. 164).

Die Kröpfungen müssen grundsätzlich im hellrot glühenden Zustande hergestellt werden. Soll z. B. ein Winkeleisen gekröpft werden, so wird es an der Stelle der Kröpfung glühend gemacht und auf einen Block *B* gelegt, auf dem eine Erhöhung *A* von der Stärke der Kröpfung angebracht ist (Abb. 165). Der Stempel einer Presse oder der Dampfhammer drückt mittels der Zwischenlage *C* den Winkel auf den Block *B* nieder und stellt so die Kröpfung her. Bei allen Gliedern, die wesentliche Kräfte zu übertragen haben, wendet man nicht diese einfache, sondern die sogenannte Keilkröpfung an, bei der der Übergang durch Einschaltung eines Keiles vermittelt wird (Abb. 166). Die Kröpfung wird auf einer dem Keil genau entsprechenden Lehre hergestellt.

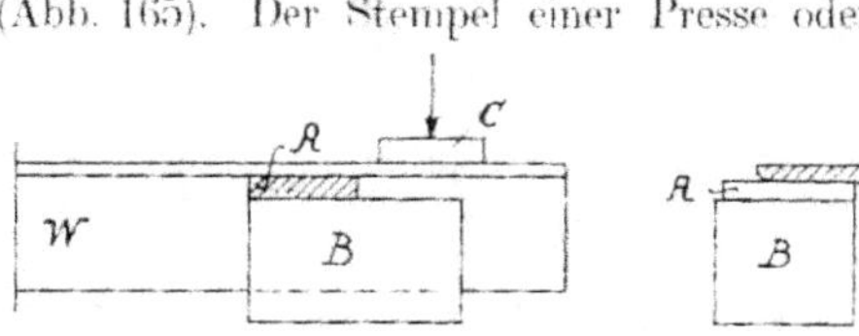

Abb. 164. Abb. 165. Abb. 166.

[1]) Vgl. „Zentralblatt der Bauverwaltung" 1909, S. 148, oder „Zeitschrift des Vereins Deutscher Ingenieure" 1917, S. 325/26 und S. 929, oder „Das autogene Schweiß- und Schneideverfahren". Von Hans Niese. Dritte Auflage. Vereinigung wissenschaftlicher Verleger, Walter de Gruyter u. Co., Berlin und Leipzig.

E. Das Schneiden, Hobeln und Fräsen. Die Herstellung von Ausklinkungen und Schlitzen.

Alle Kanten der Bleche und die zur Längsrichtung senkrechten Kanten der Flacheisen und Universaleisen werden mit der Blechschere, einer Maschine, die die Eisenteile durch Abscheren voneinander trennt, geschnitten. Diese Art der Bearbeitung ist ziemlich gewaltsam; der dem Schnitt unmittelbar benachbarte Baustoff leidet hierunter und muß auf eine Tiefe von 2 bis 5 mm weggenommen werden. Dies geschieht durch die Hobelmaschine oder die Fräsmaschine. Geringe Stärken können auch mit der Feile oder mit der Schmirgelscheibe fortgenommen werden. Soll eine einspringende Ecke (Abb. 167) hergestellt werden, so werden zunächst, um ein Einreißen der Ecke zu verhüten, in der Ecke 3 bis 5 Bohrlöcher hergestellt und dann die übrigbleibenden Strecken $a-b$ mit der Schere geschnitten. Schweifungen (Abb. 168) werden am zweckmäßigsten durch

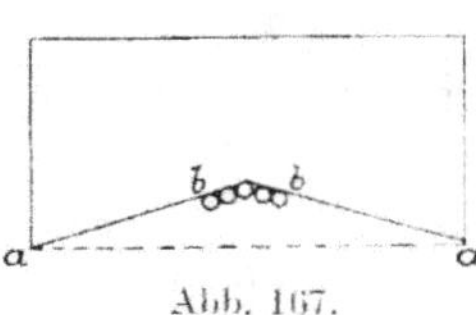

Abb. 167.

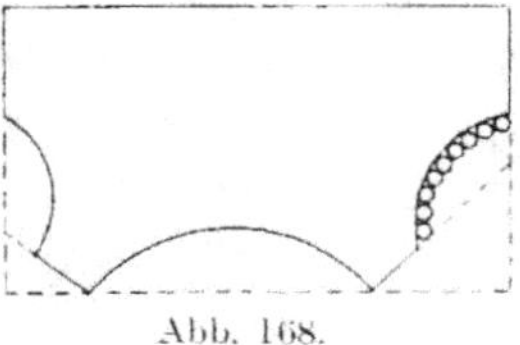
Abb. 168.

das Schneideverfahren mit Wasserstoff und Sauerstoff oder in der Weise hergestellt, daß man Loch an Loch bohrt und die zwischen je zwei Löchern stehengebliebenen Vorsprünge mit Meißel und Hammer wegnimmt. Beim Schneiden mit Wasserstoff und Sauerstoff müssen die Ränder nachgearbeitet werden, ebenso in dem Falle, daß die Löcher durch Stanzen hergestellt werden oder der Schnitt durch eine geschweifte Schere ausgeführt wird.

Winkeleisen und kleine ⊏-Eisen werden senkrecht zur Längsachse häufig mit einer Profilschere geschnitten. Der dem Schnitt unmittelbar benachbarte Baustoff muß in diesem Falle weggenommen werden. I-Eisen und größere ⊏-Eisen sollten grundsätzlich durch Kreissägen geschnitten werden, ebenso die Winkeleisen und die kleineren ⊏-Eisen schräg zur Längsachse. Das Schneiden mit der Kreissäge nimmt zwar viel Zeit in Anspruch (das Durchschneiden eines I N. P. 40 erfordert ungefähr 22 Minuten), schont den dem Schnitt benachbarten Baustoff aber sehr.

Neuerdings werden von den Marswerken A.-G. in Nürnberg-Doos unter dem Namen Mars-Metalltrennmaschinen[1]) Maschinen in den Handel gebracht, in denen die Schnitte in Blechen, Stab- und Formeisen durch ein in schnelle Umdrehung versetztes kreisförmiges Blatt ausgeführt werden. Das Blatt, das aus einer sehr zähen Metallzusammensetzung besteht, besitzt nicht wie die Kreissägen Zähne zum Wegfräsen des Baustoffs. Der Schnitt wird vielmehr durch Wegschmelzen des Baustoffes in der Schnittfuge infolge der durch die Reibung

[1]) Vgl. „Eisenbau" 1912, S. 298.

zwischen Blatt und dem zu schneidenden Werkstück entstehenden Wärme ausgeführt. Diese Maschinen arbeiten ungleich schneller als die Kreissägen.

Die Längskanten von Flacheisen und Universaleisen müssen nur in dem Falle gehobelt werden, daß sie stark von der geraden Linie abweichen oder nicht zueinander parallel sind. Gleich breite, übereinanderliegende Kopfplatten oder nebeneinanderliegende, gleich hohe Stegbleche von Gurtungen oder Füllungsgliedern werden im ungehobelten Zustande stets in den Längskanten geringe Abweichungen aufweisen. Jedoch sind geringfügige derartige Abweichungen nur als ein Schönheitsfehler anzusehen und brauchen nicht beseitigt zu werden, falls auf das Aussehen des Eisenbauwerks kein ganz besonderer Wert gelegt wird. Natürlich gewinnt das Aussehen eines Eisenbauwerks bedeutend, wenn sämtliche Längskanten gehobelt sind, und es empfiehlt sich, alle Flach- und Universaleisen in den Längskanten zu hobeln, falls das Bauwerk auch in der Nähe in jeder Weise tadellos wirken soll.

Abrundungen von scharfen Ecken, die z. B. in dem Falle nötig werden, daß ein Winkeleisen in ein anderes eingepaßt (Abb. 169) oder ein auf dem Steg eines ⊏-Eisens liegendes Flacheisen hart bis an die Flansche geführt werden soll (Abb. 170), werden meist durch eine Hobelmaschine, seltener durch Feilen oder Schleifen mit der Schmirgelscheibe hergestellt.

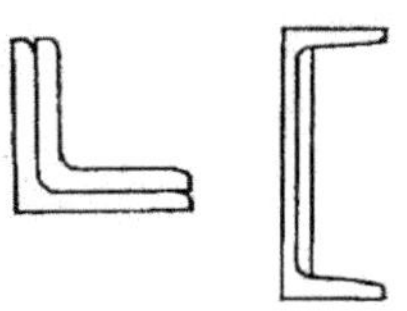

Abb. 169. Abb. 170.

Keilfutter, die bei Keilkröpfungen verwendet werden (Abb. 166), werden ebenfalls mit der Hobelmaschine bearbeitet. Die Flacheisen, aus denen die Keilfutter hergestellt werden, werden nicht wagerecht, sondern gegen die Wagerechte geneigt in die Hobelmaschine eingespannt. Das Hobelmesser läuft in einer wagerechten Ebene und stellt so den Keil her.

Die Enden von Baugliedern, die genau auf einer ebenen Fläche, z. B. auf der eines Lagerkörpers, aufsitzen sollen, müssen gefräst werden. Es sind **Fräsmaschinen** mit Flachmesserkopf und achsialem Vorschub und **Fräsmaschinen** mit Außenmessern an dem Umfang des Fräskopfes und mit einem zur Achse rechtwinkligen Vorschub in Gebrauch.

Ausklinkungen an Stab- und Formeisen sind tunlichst mit der Kaltsäge auszuführen. Werden Ausklinkmaschinen oder Scheren benutzt, so sind die Schnittflächen nachzuarbeiten. Die „Besonderen Vertragsbedingungen für die Anfertigung, Anlieferung und Aufstellung von Eisenbauwerken" der früheren preußischen Staatseisenbahnen bestimmen hierzu:

„Aussparungen an Formeisen von 300 mm Höhe und darüber müssen auf kaltem Wege hergestellt werden. Werden dazu Ausklinkmaschinen oder Scheren benutzt, so ist die Schnittfläche 5 mm dick abzuarbeiten. Bei Formeisen unter 300 mm Höhe genügt eine Abarbeitung von 3 mm. Bei diesen Formeisen dürfen die Aussparungen mit der Warmsäge hergestellt werden. Die einspringenden Ecken sind gut auszurunden."

An den ausgeklinkten Stellen dürfen sich nirgends die geringsten Risse zeigen.

Schlitze in Blechen, Flacheisen, Universaleisen, den anderen Stabeisen und in Formeisen sollen nicht mit der Stanzmaschine durch Herausstoßen des

Baustoffes, sondern entweder durch Abbohren oder durch das Sauerstoff-Wasserstoff-Schneideverfahren oder schließlich durch eine Fräsmaschine mit einem Fräser, der einer Kreissäge ähnlich ist, hergestellt werden. Beim ersten Verfahren reiht man Bohrloch an Bohrloch und nimmt die zwischen den einzelnen Löchern stehenbleibenden Spitzen mit dem Meißel weg; beim zweiten Verfahren schneidet man, nachdem man die Ecken durch Bohrlöcher geöffnet hat, die Längs- und Querseiten mit der Sauerstoff-Wasserstoff-Flamme. Die genannten „Vertragsbedingungen" bestimmen hierzu:

„Beim Brennschneideverfahren sind die Schnittflächen nachzuarbeiten."

Die „Normalbedingungen für die Lieferung von Eisenbauwerken", aufgestellt vom Verband Deutscher Architekten- und Ingenieur-Vereine, Verein deutscher Ingenieure, Verein deutscher Eisenhüttenleute, Deutschen Eisenbau-Verband, Ausgabe 1921, schreiben vor:

„Wird Flußeisen mit der Schere oder durch das Brennschneideverfahren geschnitten oder werden Aussparungen ausgestanzt, so ist der neben dem Schnitte befindliche Stoff in mindestens 2 mm Breite durch Hobeln, Fräsen, Schleifen oder Feilen zu beseitigen; ausgenommen sind unwesentliche Teile, Futterstücke usw.

Einspringende Ecken sind gut auszurunden. Die Herstellung einspringender Ecken mit der Schere ist nur dann zulässig, wenn durch das Verfahren selbst oder eine entsprechende Vorarbeit ein Einreißen mit Sicherheit vermieden wird."

F. Die Herstellung von Augenstäben.

Die Augenstäbe (Abb. 171) werden in Amerika, wo sie bei den Brücken mit Gelenkbolzenverbindungen für alle gezogenen Stäbe gebräuchlich sind, in der Regel durch Anpressen der Köpfe im warmen Zustande hergestellt. Die Flacheisen, die zu ihrer Herstellung dienen, müssen dem Baustoff, den die anzupressenden Köpfe erfordern, entsprechend einen Überschuß an Länge besitzen. Sie werden in einem Flammofen auf die erforderliche Länge glühend gemacht und darauf in die Presse gebracht. Zwei Backen *a* (Abb. 172) entsprechen dem Übergang des Kopfes. Durch Vordrücken eines Stempels von der Form *b* wird der Kopf angestaucht. Zwischen den Formen *a* und *b* bleibt auch in der Endstellung ein kleiner Zwischenraum, um dem überschüssigen Baustoff die Möglichkeit zum Ausweichen zu geben. Ebenso wird der zweite Kopf hergestellt. Darauf werden die Augen mit einem Durchmesser, der 2,5 cm kleiner als der endgültige ist, gestanzt. Nachdem die Stäbe dann noch vier Stunden in einem mit Petroleum geheizten Ofen zum Zweck des Beseitigens von inneren Spannungen ausgeglüht sind, werden die Augen auf den endgültigen Durchmesser ausgebohrt.

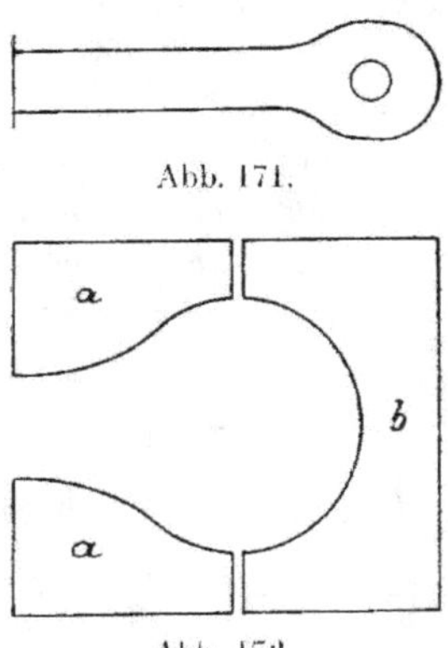

Abb. 171.

Abb. 172.

Unsere deutschen Brückenbauanstalten sind nicht mit derartigen Vorrichtungen ausgerüstet und deshalb auf eine andere Art der Bearbeitung von Augenstäben angewiesen. Die Augenstäbe der Elisabethbrücke in Budapest sind z. B. folgendermaßen hergestellt worden (eine Bearbeitung durch Schere und Stanze war streng verboten): Zunächst wurden durch eine Ausschneidemaschine die Teile *a* weggenommen und die Augen gebohrt (Abb. 173). Dann fräste eine Maschine die Teile *b* weg, und schließlich entfernte eine Hobelmaschine die Teile *c*. Die Teile *a* und *b* können auch durch Abbohren und Nacharbeiten mit dem Meißel oder auch durch Wegbrennen mit Sauerstoff und Wasserstoff weggenommen werden.

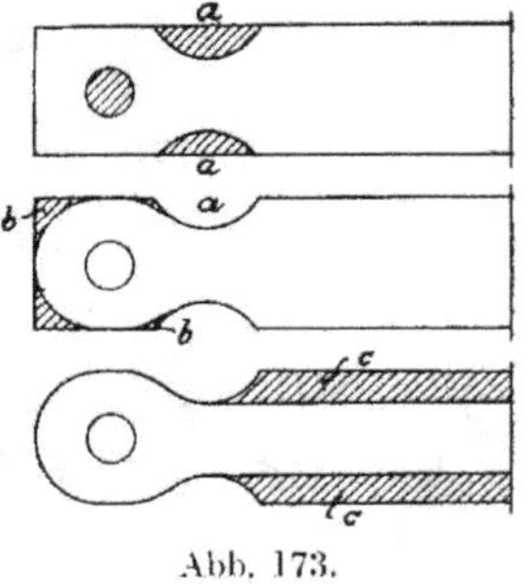

Abb. 173.

Bei dieser Art der Bearbeitung geht viel Baustoff verloren. Man gibt deshalb in neuester Zeit den Augenstäben an den Augen keine größere Breite als zwischen den Augen, sondern verstärkt den Augenquerschnitt durch Aufnieten von beiderseitigen Platten (siehe hierüber Näheres im Abschnitt „Hängebrücken“).

G. Das Aufzeichnen der Nietmittelpunkte und der Umrißlinien auf die Eisenteile.

Zur Bearbeitung der Eisenteile müssen auf Grund der Werkstattzeichnungen die Nietmittelpunkte und die erst durch weitere Bearbeitung herzustellenden Begrenzungslinien genau aufgezeichnet werden. Kommen Grundeinheiten mit gleichen Abmessungen und Einzelheiten im Bauwerk nur vereinzelt vor, so werden die Nietmittelpunkte und die Umrißlinien unmittelbar auf die Grundeinheiten aufgezeichnet, sind solche Grundeinheiten aber in größerer Anzahl vorhanden, so bedient man sich zweckmäßig zur Vereinfachung und Verbilligung der Arbeit sogenannter Schablonen. Von dem zweiten Verfahren ist weiter unten die Rede.

Um die Aufzeichnungen auf den Eisen deutlicher zu machen, werden die Eisen häufig mit einem Gemisch aus Wasser, Kreide und Leim gestrichen.

Zum Anreißen der notwendigen Linien dient die Reißnadel, ein kräftiger Stahlstift mit scharfer Spitze. Die Hauptlinie ist die Nietrißlinie, auch Streichmaß oder Reißlinie genannt, d. i. die zur Blechkante oder zum Winkelrücken gleichlaufende Linie, in der die Nietmittelpunkte sitzen. Sie wird mit der Reiß-

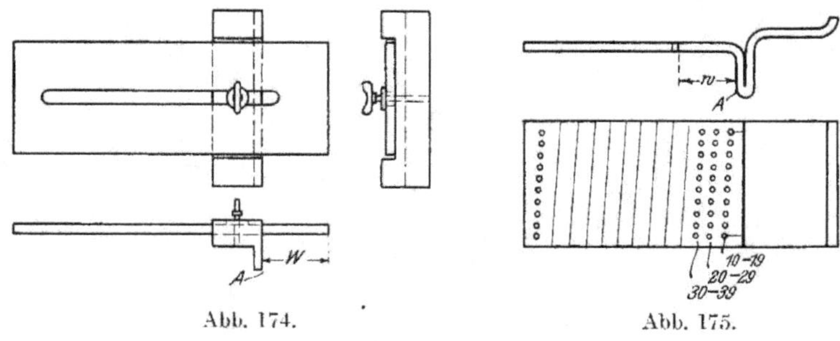

Abb. 174. Abb. 175.

nadel und dem sogenannten Wurzelmaß[1]) (Abb. 174 und 175) dadurch hergestellt. daß man bei fest eingesetzter Reißnadel mit dem Anschlag A des Wurzelmaßes an der Blechkante oder dem Winkelrücken entlangfährt. Die Wurzelmaße müssen entweder verstellbar eingerichtet (Abb. 174) oder mit einer solch

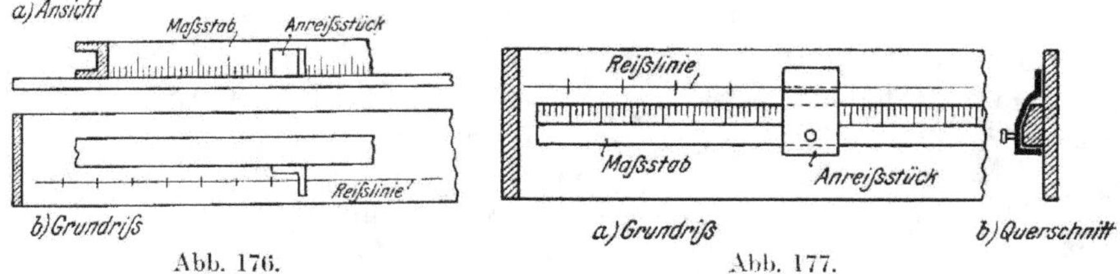

Abb. 176. Abb. 177.

großen Anzahl von Löchern zum Einsetzen der Reißnadel versehen sein (Abb. 175), daß alle verschiedenen Wurzelmaße w (vgl. S. 30 u. f.) aufgetragen werden können. Nachdem die Reißlinie aufgezeichnet ist, wird in kurzem Abstand von dieser und gleichlaufend zu ihr ein eisernes, mit Millimeterteilung versehenes, schweres Lineal angelegt. Von diesem aus werden mit dem sogenannten Anreißstück die Nietmittelpunkte durch kurze Linien, welche die Reißlinie senkrecht kreuzen, auf der Reißlinie gekennzeichnet. Bei Seitenlicht verwendet man Lineale mit der Maßteilung auf einer Seitenfläche (Abb. 176) und bei Oberlicht Lineale mit der Maßteilung auf der oberen Fläche (Abb. 177). Kommt dieselbe Nietteilung auf dem Eisen noch einmal vor, so wird eine zweite Reißlinie gezogen, und die senkrecht zur anderen Reißlinie gezogenen kurzen Linien werden mit dem Winkel (Abb. 178) herübergeholt. Mit diesem Winkel kann auch die Nietteilung eines Winkeleisenschenkels auf den anderen Schenkel übergewinkelt werden.

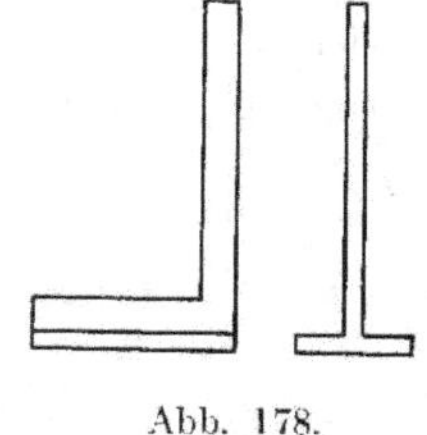

Abb. 178.

Die so gekennzeichneten Nietmittelpunkte werden dann mit dem mit scharfer Stahlspitze versehenen Körner angekörnt.

Sind Grundeinheiten mit gleichen Abmessungen und Nietteilungen in größerer Anzahl im Bauwerk vorhanden, so bedient man sich zur Aufzeichnung der Nietteilung zweckmäßig ganz dünner und schmaler Bandeisen, auf denen man nach dem geschilderten Verfahren die Nietmittelpunkte durch rechtwinklig sich kreuzende Linien kennzeichnet. Von den Bandeisen, die gleichlaufend zu den Reißlinien auf die Eisen gelegt werden, werden die Nietmittelpunkte mit dem Winkel auf die Reißlinien herübergeholt. Häufig werden auch Schablonen aus dünnem Blech angefertigt, welche die Umrißlinien und die ganze Nietteilung enthalten; mittig zu den Nietmittelpunkten, welche auf den Schablonen durch zwei rechtwinklig sich kreuzende Linien gekennzeichnet sind, werden Löcher von 5 mm Durchmesser gebohrt. Nachdem die Schablone in richtiger Lage auf dem Eisen befestigt ist, werden die Nietmittelpunkte durch Körner, die genau

[1]) Unter Wurzelmaß versteht man sowohl die Nietabstände von den Kanten (vgl. S. 30) als auch die in den Abb. 174 und 175 dargestellten Hilfsmittel.

in die 5 mm weiten Bohrlöcher hineinpassen und eine genau mittig sitzende scharfe Spitze besitzen, auf das Eisen übertragen und die Umrißlinien durch die Reißnadel angerissen. An Stelle der Blechschablonen werden häufig auch Holzschablonen — am besten aus Pitchpine — verwendet. Die Holzschablonen sind insofern wirtschaftlicher, als die Löcher mit Holzpflöcken wieder geschlossen und die Schablonen daher öfter benutzt werden können; sie haben aber gegenüber den Blechschablonen den Nachteil, daß sie nicht dieselbe Wärmeausdehnungsziffer besitzen wie das Eisen, ein Umstand, der bei langen Baugliedern Veranlassung zu Ungenauigkeiten geben kann.

Die Knotenbleche werden in der Regel in natürlicher Größe auf starkem Papier mit allen Einzelheiten aufgezeichnet. Die Nietmittelpunkte und Umgrenzungslinien werden von diesem Papier aus, das auf die Bleche aufgelegt wird, durchgekörnt.

Bei Blechen, Flacheisen und Universaleisen, die mit den gleichen Abmessungen und Nietteilungen im Bauwerk öfter vorkommen, braucht die Nietteilung nicht auf allen diesen Eisen angegeben zu werden. Es genügt, die Nietteilung auf einzelnen Eisen zu kennzeichnen. Diese einzelnen angezeichneten Eisen werden mit einer größeren Anzahl gleicher, ungezeichneter Eisen zu sogenannten Paketen unverschieblich vereinigt, welche auf einmal durchgebohrt werden.

Die gekörnten Nietmittelpunkte werden mit einem Kreis umgeben, der einen etwas größeren Durchmesser als das zu bohrende Nietloch hat. Dies geschieht mit dem sogenannten Kontrollkörner, der eine kreisförmige Stahlschneide und in der Mitte eine Stahlspitze besitzt, mit der er in das vorgekörnte Loch faßt. Der Kontrollkreis dient zur besseren Kennzeichnung der Bohrstellen und bietet die Möglichkeit, stets die Richtigkeit der Bohrung nachzuprüfen.

H. Die Herstellung der Nietlöcher.

Die Nietlöcher können auf zwei Arten hergestellt werden:

1. durch Bohren,
2. durch Stanzen.

Das Bohren geschieht durch Maschinen mit Flach- oder Spiralbohrer. Der Flachbohrer nutzt sich nicht so schnell ab wie der Spiralbohrer und kann leicht nachgeschliffen werden; er verläuft sich aber leichter als der Spiralbohrer und ist nicht so leistungsfähig wie dieser. Die meisten Brückenbauwerkstätten benutzen daher ausschließlich den Spiralbohrer. Das Bohren erfordert viel Zeit, ist aber im Gegensatz zum Stanzen ein Verfahren, bei dem der Baustoff an dem Rand des Bohrloches nicht beschädigt wird, und wird deshalb von den meisten Verwaltungen grundsätzlich vorgeschrieben. An dem der Bohrrichtung abgekehrten Rande des Bohrloches bildet sich ein Grat, der mit Meißel und Hammer entfernt werden muß. Man unterscheidet Bohrmaschinen mit festem Bohrarm und Bohrmaschinen mit drehbarem Bohrarm. Letztere heißen Radialbohrmaschinen. Weiter unterscheidet man ortsfeste und bewegliche Bohrmaschinen. Die beweglichen Bohrmaschinen sind entweder selbst versetzbar oder mit Laufkranen fest verbunden oder pendelnd an solchen aufgehängt. Letztere heißen Pendelbohrmaschinen; mit diesen können auch Löcher mit wagerechter Achse gebohrt werden.

Beim Stanzen wird das Loch mit einem scharfkantigen Stempel durchgestoßen. Durch diese gewaltsame Bearbeitung wird der Baustoff am Lochrande hart, spröde und rissig. Will man das Herstellen der Löcher durch Stanzen erlauben, so ist es für alle wichtigeren Bauglieder erforderlich, zunächst durch die Stanze ein Loch mit einem Durchmesser, der wenigstens 5 mm kleiner als der ist, den das Nietloch endgültig erhalten soll, herzustellen und dies Loch auf den erforderlichen Durchmesser mit einem Bohrer aufzuweiten. Gestanzte Löcher sind daran zu erkennen, daß die Lochwandungen Linien in der Richtung senkrecht zur Oberfläche der Bleche zeigen und der Rand des Loches auf der Seite, auf der der Stanzstempel eintrat, eine kleine Vertiefung und auf der anderen Seite, auf der der Stanzstempel austrat, eine kleine Erhöhung gegen die Oberfläche aufweist. Träger mit gestanzten und nicht nachgebohrten Nietlöchern zeigen, wie eingehende Versuche erwiesen haben, ein erheblich geringeres Tragvermögen als Träger mit gebohrten Nietlöchern. Dies hat seinen Grund darin, daß der hart, spröde und rissig gewordene Baustoff am Rande der gestanzten Löcher der Ausgangspunkt von Rissen wird.

Die Nietlöcher erhalten einen etwas größeren Durchmesser als der Schaft des kalten, ungeschlagenen Nietes, damit der warme, ausgedehnte Schaft ohne große Kraftanstrengung durch das Loch getrieben werden kann. Das vorgeschriebene Maß eines Nietdurchmessers bezieht sich auf den geschlagenen Niet. Vgl. hierzu S. 21 und 25.

Alle Nietlöcher müssen bei der Vernietung den entwurfsmäßigen Durchmesser und in der ganzen Stärke der zu vernietenden Teile vollständig glatte Wandungen besitzen. Andernfalls können die Niete die Löcher nicht ausfüllen, wodurch die Nietverbindung mangelhaft und unzuverlässig wird. Glatte Lochwandungen sind dadurch zu erzielen, daß entweder die Löcher in den einzelnen, später aufeinander oder nebeneinander zu legenden Teilen mit einem Durchmesser gebohrt werden, der 1 bis 3 mm kleiner als der endgültige ist, und nach dem Zusammenbau in der Werkstatt und auf der Baustelle um dieses Maß mit handbewegten, durch Preßluft oder elektrische Kraft angetriebenen Bohrmaschinen aufgebohrt werden, oder daß die zueinander gehörigen Teile in einem Stück auf der Zulage durchbohrt werden. Einzelne Brückenbauanstalten üben hauptsächlich das zweite Verfahren, das in der Werkstatt den vollständigen Zusammenbau der Träger oder wenigstens ganzer Trägerteile und versetzbare oder an Laufkranen angebrachte Bohrmaschinen erfordert. Dies Verfahren ist in der Werkstatt teuer, erleichtert und verkürzt aber die Arbeiten auf der Baustelle ganz erheblich. Die meisten Brückenbauanstalten vereinigen beide Verfahren, sie wenden das zweite Verfahren für alle die Teile an, die in der Werkstatt vernietet werden, und das erste Verfahren für die Verbindungen, die erst auf der Baustelle zusammengebaut werden.

Würde man beim Bohren der einzelnen Grundeinheiten und der Verbindungsstellen der einzelnen Bauglieder die Löcher gleich mit dem endgültigen Durchmesser herstellen, so würden nach dem Zusammenbau die Nietlöcher deshalb keine glatten Wandungen aufweisen können, weil sich auch beim genauesten Zeichnen und Bohren kleine Ungenauigkeiten nicht vermeiden lassen.

Die „Besonderen Vertragsbedingungen für die Anfertigung, Anlieferung und Aufstellung von Eisenbauwerken" der früheren preußischen Staatseisenbahnen bestimmen über die Herstellung der Niet- und Schraubenlöcher folgendes:

1. Niet- und Schraubenlöcher in den Stäben und Knotenblechen sind zu bohren. Nur die Löcher in Futterplatten dürfen gestanzt werden. Der an den Löchern entstehende Grat ist sorgfältig zu entfernen.

2. Alle Löcher in Teilen, die einzeln gebohrt werden, sind zunächst mit einem etwas kleineren Durchmesser herzustellen und erst nach dem Zusammenbau der Teile mit der Reibahle auf die vorgeschriebene Lochweite glatt aufzuweiten. Die Verwendung der Rundfeile ist hierbei verboten. Meßbare Versetzungen der Eisenlagen gegeneinander dürfen in den aufgeriebenen Löchern nicht vorhanden sein.

Die Nietlöcher dürfen nicht scharf gedornt oder mit stumpfen Reibahlen aufgerieben werden, da hierdurch in den Lochwandungen Verletzungen entstehen, welche Anlaß zu sogenannten „Dauerbrüchen" geben können. Dauerbrüche sind Risse, die unter sehr oft wiederholter Belastung auftreten und ohne Einschnürung des den Riß umgebenden Baustoffes in einer Weise entstehen, wie sie sonst nur bei ganz sprödem Eisen angetroffen werden.

J. Die Vernietung.

Hierüber ist auf S. 20 und folgenden nachzulesen.

Abschnitt VIII.
Umfang der Festigkeitsberechnungen.

Bei der Durchführung der Festigkeitsberechnungen hat man unter genauer Beachtung des über die Belastungsannahmen und die zulässigen Beanspruchungen Gesagten festzustellen, welche Kräfte und Nebenwirkungen für den einzelnen Fall rechnerisch verfolgt werden müssen. Auf die Vollständigkeit der Festigkeitsberechnungen in dieser Hinsicht ist besonders zu achten. Der Einfluß des Eigengewichtes, der ständigen Last, der Verkehrslasten und des Windes ist bei allen Überbauten rechnerisch festzustellen. Die Wirkung der Bremskräfte und der Anfahrwiderstände auf die eisernen Überbauten selbst wird in der Regel nur bei größeren Eisenbahnbrücken, die besondere Bremsverbände erhalten, berücksichtigt. Ihr Einfluß auf hohe Pfeiler muß auch bei kleineren Eisenbahnbrücken ermittelt werden. Die Wirkung der wagerechten Fliehkräfte braucht im allgemeinen nur dann rechnerisch verfolgt zu werden, wenn sich schwere Fahrzeuge auf festen Bahnen mit großer Geschwindigkeit über die Brücke bewegen, also im allgemeinen nur bei Eisenbahnbrücken. Die Seitenstöße der Fahrzeuge brauchen im allgemeinen auch nur bei Eisenbahnbrücken berücksichtigt zu werden. Die Untersuchung des Einflusses der Wärmeschwankungen ist im allgemeinen nur bei solchen Überbauarten notwendig, die sich nicht ungehindert ausdehnen oder zusammenziehen können, oder bei denen Unterschiede in der Wärme einzelner Glieder Spannkräfte im ganzen Trägernetz hervorrufen können. Die Reibungskräfte, die an beweglichen Auflagern auftreten, werden meist außer acht gelassen. Die Belastung der Brücken durch größere Schneemengen ist in der Regel nur von kurzer Dauer und schließt durch ihre Natur wenigstens bei Straßenbrücken das Auftreten der größten Verkehrsbelastungen aus. Ihr Einfluß braucht deshalb im allgemeinen nicht untersucht zu werden.

Bei durchlaufenden Trägern ohne Gelenke beeinflussen Stützensenkungen den Spannungszustand der Träger; dieser Einfluß muß deshalb bei nicht vollständig unnachgiebigem Baugrund in den Festigkeitsberechnungen ermittelt werden.

Die Berechnung der einzelnen Bestandteile einer eisernen Brücke wird am besten in der Reihenfolge der Kraftübertragung der Lasten durchgeführt. Es werden also nacheinander die Schwellen oder die Buckelplatten, Flachbleche, Belageisen, Eisenbetonplatten usw., dann die Fahrbahnlängsträger, die Querträger, die Hauptträger und schließlich die Lager untersucht. Eingeschaltet wird die Berechnung der wagerechten Verbände und Querversteifungen, und zwar bei der Berechnung der Glieder, deren Querschnittsbemessung sie beeinflussen. Die Fahrbahnträger werden meist als Träger auf zwei Stützen berechnet; die Einspannung infolge der festen Nietanschlüsse wird dabei vernachlässigt. Jedoch empfiehlt es sich, zur Berechnung der Anschlußniete die Quer- und Längsträger als teilweise eingespannt zu betrachten. Belageisen werden in der Regel als durchlaufende Träger behandelt.

Alle Stoßdeckungen und namentlich auch alle Knotenpunkte bedürfen einer sorgfältigen Berechnung. Hiervon ist im nächsten Abschnitt noch eingehend die Rede.

Bei allen Fachwerkträgern geht der statischen Berechnung die geometrische Berechnung des Stabnetzes voraus. Die Stablängen und die Größen der Hebelarme werden zur Errechnung der Stabkräfte gebraucht.

Allen größeren Fachwerkträgern wird eine Überhöhung bei der Aufstellung gegeben, und zwar in der Regel von der Größe, daß die Überbauten unter dem Einfluß des Eigengewichtes, der ständigen Last und der halben Verkehrslast die der Festigkeitsberechnung zugrunde gelegte Form aufweisen. Die Stablängen, die sich für das überhöhte Stabnetz ergeben, müssen der Werkstattausführung zugrunde gelegt werden, da sich sonst eine wirksame Überhöhung nicht erzielen läßt. Es müssen also auch die Stablängen des überhöhten Stabnetzes berechnet werden.

Die Festigkeitsberechnungen werden mit der Ermittlung der genauen Durchbiegung unter dem Eigengewicht, der ständigen Last und der Verkehrslast, nötigenfalls auch unter dem Einfluß von Wärmeschwankungen geschlossen. Die Kenntnis der rechnerischen Durchbiegung ist notwendig zur Beurteilung der Steifigkeit des Überbaues, zum Vergleich mit der gemessenen Durchbiegung bei den Belastungsproben und zur Prüfung, ob die etwa vorgeschriebene Durchfahrthöhe unter dem Überbau nicht eingeschränkt wird.

Abschnitt IX.
Ausbildung der Hauptträger.

A. Einfache Balkenträger.

1. Kurzer geschichtlicher Überblick[1]).

Die eisernen Balkenbrücken wurden auch bei großen Spannweiten anfangs als vollwandige Träger hergestellt. So zeigt die in den Jahren 1846 bis 1850 von Stephenson erbaute Britannia-Brücke über die Menai-Straße im Zuge der Bahnlinie von Chester nach Holyhead vollwandige Hauptträger. Die Brücke hat vier Öffnungen, zwei von 141,73 und zwei von 71,90 m Stützweite. Wegen der Schwierigkeit der Herstellung großer vollwandiger Träger und wegen ihres außerordentlich großen Gewichtes ersetzte man in Deutschland die volle Wand durch ein engmaschiges Netzwerk. Es entstanden die sogenannten Gitterträger. Mit engmaschigen Gitterträgern erbaute Lentze in den Jahren 1850 bis 1858 die Weichselbrücke bei Dirschau, die 6 Öffnungen von 130,88 m besitzt. Auch bei kleinen Stützweiten führte man statt der vollwandigen Träger engmaschige Gitterträger aus. Die Unsicherheit in der Berechnung des engmaschigen Gitterwerkes und die mangelhafte Steifigkeit gegenüber den in der Wandgliederung wirkenden Druckkräften ließen jedoch diese Bauweise bald wieder verschwinden. Man ging bei kleinen Stützweiten wieder zu den einfach herzustellenden und billigen vollwandigen Trägern und bei größeren Stützweiten zu dem weitmaschigen Fachwerk über. Neuerdings zeigt sich deutlich das Bestreben, bei großen, monumentalen Bauten auch bei großen Stützweiten dem Blechträger wieder Eingang zu verschaffen. Besonders auffallend trat dies beim zweiten Wettbewerb für eine feste Straßenbrücke in Köln a. Rh. (Ersatz Schiffbrücke) in die Erscheinung[2]). Auch die nach dem Entwurf „Freie Bahn“ der Brückenbauanstalt Gustavsburg ausgeführte Brücke zeigt einen über drei Öffnungen von 184,46 und 2 × 92,23 m Stützweite durchlaufenden vollwandigen Träger, der über den Mittelpfeilern 5,50 m und in der Mitte der Hauptöffnung 3,20 m hoch ist (Abb. 194).

2. Ausbildung der vollwandigen Hauptträger.

a) Allgemeines.

Die vollwandigen Träger besitzen bei kleinen Stützweiten bis etwa zu 20 m gegenüber den gegliederten Trägern erhebliche Vorteile. Bis zu dieser Stützweite verdienen sie daher vor den gegliederten Trägern den Vorzug. In Amerika bevor-

[1]) Näheres findet man in: 1. „Mehrtens, Eisenbrückenbau“, erster Band; 2. „Die künstlerische Gestaltung von Eisenkonstruktionen“ von Dr.-Ing. H. Jordan und Dr.-Ing. E. Michel, Carl Heymanns Verlag, Berlin 1913.

[2]) Vgl. „Eisenbau“, Jahrg. 1913.

zugt man die vollwandigen Träger vor den gegliederten Trägern sogar bis zu 30 m Stützweite. Ihre hauptsächlichsten Vorteile gegenüber den gegliederten Trägern bestehen in ihrer größeren Unempfindlichkeit gegenüber den Stößen der bewegten Lasten, in ihrer größeren Sicherheit, die in der Natur des vollwandigen Trägers liegt, in der Einfachheit ihrer Berechnung, Herstellung und Unterhaltung und in ihrem geringen Einheitspreis, durch den sie sich etwa bis 20 m Stützweite trotz größeren Gewichtes billiger stellen als die gegliederten Träger. Bei noch größeren Stützweiten fällt jedoch die Masse des vollen Stegbleches so ins Gewicht, daß sie erheblich schwerer und damit auch teurer als gegliederte Träger werden.

b) Ausbildung der Träger.

Für die vollwandigen Träger werden Walzeisen, meist in I-Form, weniger in [-Form[1]), oder zusammengesetzte Querschnitte (Abb. 179) verwendet.

Abb. 179.

α) Walzträger.

Soweit es die zulässigen Beanspruchungen und Durchbiegungen gestatten, ist den Walzträgern vor den zusammengesetzten Trägern der Vorzug zu geben, da sie sich noch günstiger in der Unterhaltung und in der Regel auch im Einheitspreis stellen, als die zusammengesetzten Querschnitte. Wo die deutschen Normalprofile nicht mehr ausreichen, oder wo die Bauhöhe zu beschränkt ist, werden mit Vorteil die breitflanschigen Träger[2]) verwendet. Aus dem errechneten größten Moment M und der für die betreffende Brückengattung zugelassenen Spannung σ erhält man durch die Beziehung $W = \frac{M}{\sigma}$ das erforderliche Widerstandsmoment und kann hiernach aus einer Profiltabelle einen Träger mit ausreichender Tragfähigkeit entnehmen. Werden im Steg oder im unteren (gezogenen) Flansch Niet- oder Schraubenlöcher notwendig, so ist ihr Anteil vom Widerstandsmoment abzuziehen. Man hat sich schließlich noch zu überzeugen, ob die Durchbiegung des Trägers in der Mitte unter den größten Lasten die als zulässig erachtete Grenze nicht übersteigt. Für Eisenbahnbrücken sind große Durchbiegungen namentlich für kleine Stützweiten wegen der Gefahr einer Entgleisung durchaus zu vermeiden. Das Verhältnis der größten Durchbiegung zur Stützweite soll hier den Wert $\frac{1}{1000}$ nicht überschreiten, anzustreben ist der Wert $\frac{1}{1200}$. Für Straßenbrücken kann dies Verhältnis bis $\frac{1}{800}$ steigen. Die Größe der Durchbiegung in der Mitte der Walzträger, die überall den gleichen Querschnitt besitzen, erhält man unter der Voraussetzung gleichförmiger Belastung aus der Gleichung

$$\delta = \frac{5}{384} \cdot \frac{q\,l^4}{E\,J} = \frac{5}{384} \cdot \frac{q\,l^4}{J} \cdot \alpha.$$

[1]) Über die ungünstige Beanspruchung von [-Eisen ist nachzulesen in: a) „Versuche über die tatsächliche Widerstandsfähigkeit von Trägern mit [-förmigem Querschnitt". Von C. Bach. Zeitschrift des Vereins Deutscher Ingenieure. 1909, S. 1790 und 1910, S. 382. b) „Formänderung eines Trägers mit einseitigen Flanschen". Von Dr. H. Zimmermann. Zentralblatt der Bauverwaltung 1921, S. 202. — [2]) Vgl. Seite 13 und 14.

Hierin bedeutet J das Trägheitsmoment des Trägers, E den Elastizitätsmodul, α den Dehnungskoeffizienten und q die Belastung für die Längeneinheit. Weiteres hierüber enthält der Unterabschnitt β 2. auf S. 156.

Die Abb. 180 stellt den Querschnitt eines der 11,5 m weit gestützten eisernen Überbauten der Kloerbrücke im Zuge der Nebenbahn Barth—Prerow dar. Die Hauptträger bestehen aus breitflanschigen Differdinger Trägern 100 B. Die Querschwellen ruhen unmittelbar auf den Hauptträgern.

Die Walzträger werden neuerdings vielfach bei Eisenbahn- und Straßenüberführungen in Verbindung mit Betonkappen bis zu einer Stützweite von 11 m (Abb. 181) verwendet [1]). Infolge der dichten Lage der Walzträger und ihrer festen Verbindung durch den Beton verteilt sich die Belastung auf eine größere Anzahl von Trägern; bei Eisenbahnbrücken rechnet man mit einer Lastverteilungsbreite von 3,5 m für ein Gleis. Die einzelnen Träger werden entweder durch Schraubenbolzen, die durch die Stege greifen, oder besser durch

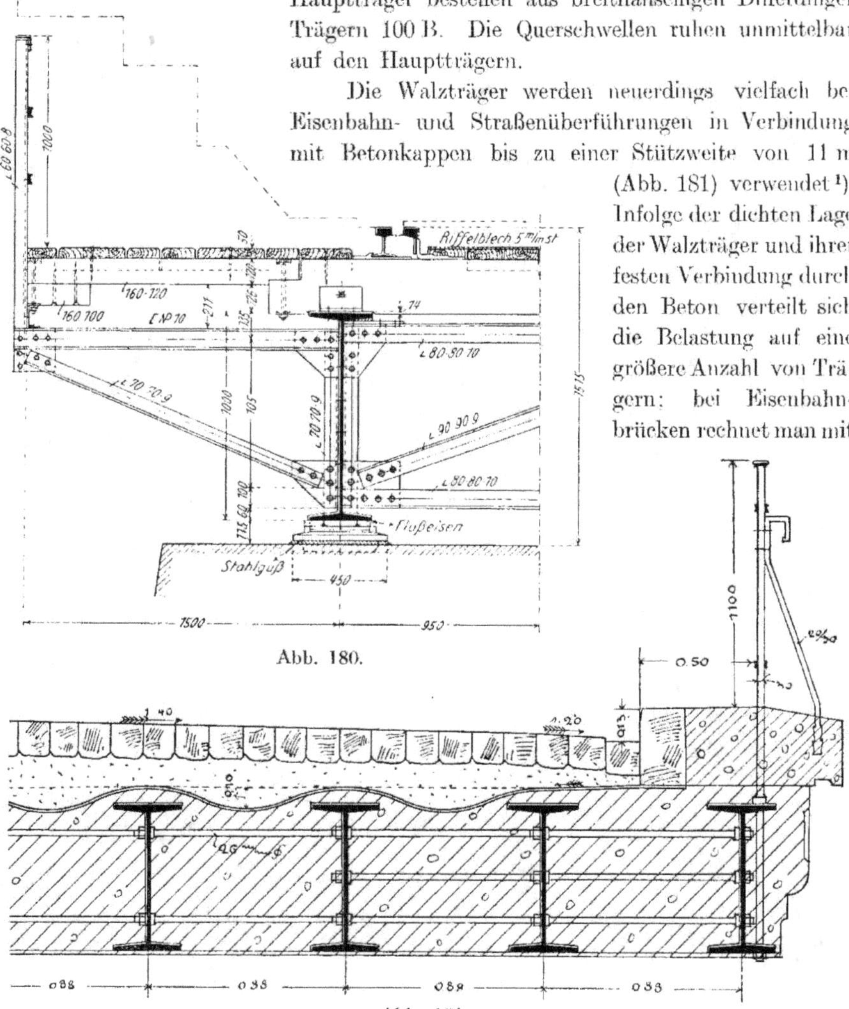

Abb. 180.

Abb. 181.

[1]) Vgl. „Tafeln für Eisenbahnbrücken aus einbetonierten Walzträgern“ von Kommerell und „Tabellen für Straßenbrücken aus einbetonierten Walzträgern“ von Kommerell, beides erschienen im Verlage von Wilhelm Ernst & Sohn, Berlin.

Rundeisenbügel, die an den Flanschen befestigt werden, zusammengehalten. Über die Einzelheiten der Bauweise, die ihre weite Verbreitung ihrer einfachen Ausführung mit ungelernten Arbeitskräften verdankt, ist bei der Abhandlung über die Fahrbahnausbildung nachzulesen. Diese Bauwerke erfordern aber eine ziemlich große Bauhöhe, die nicht in allen Fällen zur Verfügung steht. Man wird deshalb oft gezwungen sein, auch bei Stützweiten unter 11 m Bauarten anzuwenden, welche die Verwendung kleinerer Bauhöhen gestatten, z. B. eine Anordnung mit tiefliegender Fahrbahn zwischen den Hauptträgern. Für die Hauptträger solcher Überbauten reichen die I-Normalprofile und auch die breitflanschigen I-Träger nicht weit aus.

β) Genietete Träger.

Man wird also auch bei kleinen Stützweiten schon seine Zuflucht zu zusammengesetzten Querschnitten nehmen müssen. Diese bestehen aus einem Stegblech, das oben und unten mit Winkeln gesäumt ist, und aus Kopfplatten, die auf bzw. unter den wagerechten Winkelschenkeln liegen (Abb. 182). Die Winkel bilden im Verein mit den Kopfplatten den Ober- und Untergurt des Blechträgers. Es werden gleichschenklige und ungleichschenklige Winkeleisen verwendet; letztere werden mit den kurzen Schenkeln an den Steg gelegt, um die langen Schenkel in zweckentsprechender Weise zur Vergrößerung des Trägheitsmomentes nutzbar zu machen. Die Kopfplatten läßt man mindestens 0,5 cm über die Schenkel der Winkeleisen überstehen, weil die Kanten im ungehobelten Zustande von der Geraden abweichen und es so vorkommen könnte, daß sie hinter die Kanten der Winkeleisen zurücktreten, wenn man sie nicht über die Schenkel überstehen läßt; solchen Schönheitsfehler vermeidet man gern.

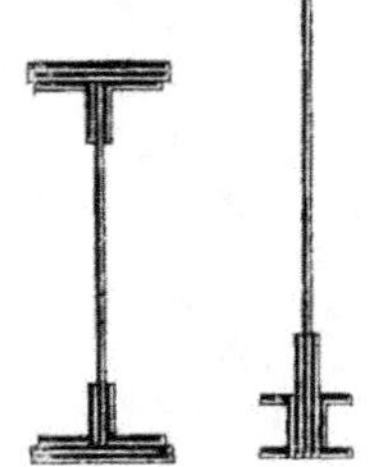

Abb. 182. Abb. 183.

Der in Abb. 183 dargestellte, in Amerika gebräuchliche Querschnitt, bei dem die Gurtungen durch ⊏-Eisen und senkrecht gestellte Flacheisen gebildet sind, hat in Deutschland keine Verbreitung gefunden, weil durch wagerechte Kopfplatten bei bedeutend geringerem Baustoffverbrauch dasselbe Widerstandsmoment erreicht wird.

Der Querschnitt der Blechträger wird bei einfachen Balken symmetrisch zur wagerechten und senkrechten Schwerachse ausgebildet.

Ein bedeutender Vorteil der zusammengesetzten Träger gegenüber den gewalzten I-Trägern liegt darin, daß sie den auftretenden Momenten durch Veränderung der Stegblechhöhe oder besser durch Veränderung der Zahl der Kopfplatten angepaßt werden können.

1. Stärke des Stegbleches.

Zur Erzielung eines möglichst großen Widerstandsmomentes würde es sich empfehlen, das Stegblech so schwach wie möglich zu machen und den hier ersparten Baustoff in den Gurtungen zu verwenden; auch zur Aufnahme der Querkräfte würden sehr geringe Stegblechstärken genügen. Mit Rücksicht auf den Lochleibungsdruck der wagerechten Niete in den Winkeln und der Anschlußniete der Querträger, ferner mit Rücksicht auf die Gefahr des Faltens in dem

Druckteil und des Rostens empfiehlt es sich, die Stärke nicht unter 10 mm, bei höheren Blechen nicht unter 12 mm zu nehmen. Bei größeren Trägern sind Stegblechstärken von 20 mm nicht selten.

2. Querschnittsbestimmung und -Ausbildung.

Liegt das Rechnungsergebnis für das größte Moment in der Mitte des Trägers $= M_{max}$ vor, so dient zur Ermittlung eines geeigneten Querschnittes folgende Betrachtung: Die größte Durchbiegung in der Mitte eines Trägers auf zwei Stützen, der überall das gleiche Trägheitsmoment besitzt, erhält man unter der Annahme einer gleichmäßig verteilten Last für die Längeneinheit nach der Formel:

$$\delta = \frac{5}{384} \cdot \frac{q\,l^4}{E\,J},$$

wo E den Elastizitätsmodul und J das Trägheitsmoment des Querschnittes bedeutet und $q = g + p =$ Eigengewicht + Verkehrslast für die Längeneinheit ist. Nun ist $J =$ dem Widerstandsmoment mal der halben Höhe des Querschnittes $= W \cdot \frac{h}{2}$, also

$$\delta = \frac{5}{48} \cdot \frac{\frac{q\,l^2}{8} \cdot l^2}{E \cdot W \cdot \frac{h}{2}}.$$

Das erforderliche Widerstandsmoment muß sein $W > \frac{M\,q_{max}}{\sigma_z} = \frac{q\,l^2}{8\sigma_z}$, wo σ_z den Wert für die zugelassene Beanspruchung darstellt.

Durch Einsetzen dieses Wertes geht die obige Formel über in

$$\delta = \frac{5}{24} \cdot \frac{\sigma_z}{E} \cdot \frac{l^2}{h}.$$

Für Träger gleicher Festigkeit, bei denen also bei gleichmäßig verteilter Last überall die gleiche Beanspruchung herrscht, nimmt die Formel den Wert an:

$$\delta = \frac{6}{24} \cdot \frac{\sigma_z}{E} \cdot \frac{l^2}{h}.$$

Für die Blechträger liegt die Wirklichkeit zwischen beiden Fällen, daher ist es angezeigt, mit der Formel

$$\delta = \frac{5{,}5}{24} \cdot \frac{\sigma_z}{E} \cdot \frac{l^2}{h}$$

zu rechnen.

Löst man diese Gleichung nach h auf, so erhält man:

$$h = \frac{5{,}5}{24} \cdot \frac{\sigma_z}{E} \cdot \frac{l}{\delta} \cdot l.$$

Setzt man hierin $E = 2\,150\,000$ kg/qcm, so erhält man für $\delta = \frac{l}{1200}$ und für den Durchschnittswert von $\sigma_z = 800$ kg/qcm $h = \frac{l}{10}$.

Die vorstehende Betrachtung gilt für den Fall, der meist vorliegt, daß die Blechträger wagerecht montiert werden, daß die von der Wagerechten aus gemessenen Durchbiegungen also von dem Eigengewicht und der Verkehrslast erzeugt werden. Weitgespannte Blechträger (Stützweiten über 15 m) werden auch mit einer solchen Überhöhung montiert, daß sie nach dem Ausrüsten unter dem Einfluß des Eigengewichtes wagerecht liegen. Dann kommt für die Durchbiegung unter der Wagerechten nur die Verkehrslast in Frage. Die vorstehenden Formeln nehmen dann der Reihe nach folgende Form an:

$$\delta = \frac{5}{384} \cdot \frac{p\,l^4}{E\,J}$$

$$\delta = \frac{5}{48} \cdot \frac{\frac{p\,l^2}{8} \cdot l^2}{E \cdot W \cdot \frac{h}{2}}$$

$$\delta = \frac{5}{24} \cdot \frac{\sigma_z}{E} \cdot \frac{p}{q} \cdot \frac{l^2}{h}$$

$$\delta = \frac{6}{24} \cdot \frac{\sigma_z}{E} \cdot \frac{p}{q} \cdot \frac{l^2}{h}$$

$$\delta = \frac{5{,}5}{24} \cdot \frac{\sigma_z}{E} \cdot \frac{p}{q} \cdot \frac{l^2}{h}$$

Ist die Belastung nicht gleichmäßig verteilt, sondern z. B. eine Lokomotivbelastung, so bestimmt man das größte Moment dieser Belastung für die Trägermitte $M_{P_{max}}$ und errechnet einen Belastungsgleichwert aus der Beziehung:

$$M_{P_{max}} = \frac{p\,l^2}{8}$$

$$p = \frac{8\,M_{P_{max}}}{l^2}.$$

Hat man den Wert für h errechnet, so sucht man unter Beachtung dieses Wertes, wobei natürlich Abweichungen um 2 bis 3 cm ohne Belang sind, aus Tabellen für die Trägheits- und Widerstandsmomente genieteter Träger [1]) den Querschnitt heraus, der das erforderliche Widerstandsmoment besitzt. Es sei

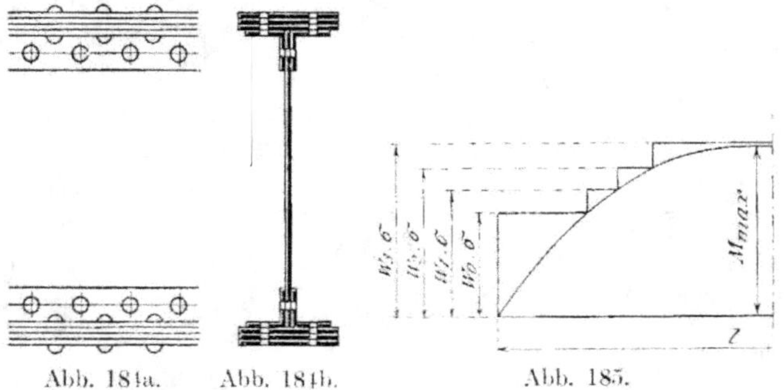

Abb. 184a. Abb. 184b. Abb. 185.

dies ein Querschnitt mit drei Kopfplatten (Abb. 184 a und b). Diese werden nur so weit durchgeführt, als es die auftretenden Momente verlangen. Die zeichnerische Ermittlung der Plattenlängen ist sehr übersichtlich und wird daher sehr viel verwendet. Man zeichnet die Kurve der größten Momente (Abb. 185) ent-

[1]) Am geeignetsten sind die Tabellen von Dr. H. Zimmermann (Verlag von Wilhelm Ernst & Sohn, Berlin) und von Böhm und John (Verlag von Julius Springer, Berlin).

weder durch Auftragen der an den verschiedenen Stellen errechneten Momente aus Eigengewicht und Verkehr oder der in der Abb. 110 auf S. 95 dargestellten Kurve, wobei allerdings in durchaus erlaubter Annäherung angenommen wird, daß diese Kurve die der größten Momente aus Eigengewicht und Verkehr wiedergibt. Dann trägt man auf einer Senkrechten die verschiedenen mit der zulässigen Spannung multiplizierten Widerstandsmomente für den Querschnitt mit drei und zwei Platten, einer Platte und ohne Platten, die ebenfalls den Tabellen zu entnehmen sind, auf, zieht bei Trägern mit unveränderlicher Höhe durch die Endpunkte dieser Ordinaten Wagerechte und erhält in den Schnittpunkten dieser Linien mit der Kurve die Endpunkte der Platten.

Bei einfachen Balkenträgern ist auch die rechnerische Bestimmung der Kopfplattenlängen sehr einfach. Sie ist auf S. 96 bereits erläutert worden.

Bemerkt sei gleich an dieser Stelle, daß bei der Berechnung der Trägheits- und Widerstandsmomente die Nietlöcher im gezogenen Teile des Querschnittes abgezogen werden müssen, und daß es wegen der Einfachheit der Berechnung üblich ist, auch die Nietlöcher im Druckteil abzuziehen. Würde man die Nietlöcher im Druckteil nicht abziehen, so würde sich die Nullinie nach oben verschieben, und der Gewinn an Widerstandsmoment würde nur gering sein. Es empfiehlt sich dringend, in den Gurtungen sowohl die senkrechten als auch die wagerechten Nietlöcher und im Stegblech die Nietlöcher einer senkrechten Reihe abzuziehen, da es sich nicht vermeiden läßt, daß diese Nietlöcher bei den Stegblechstößen und an den Anschlüssen der Querträger nahezu in einen Querschnitt fallen.

Eine Kopfplatte ist erst an der Stelle in voller Wirksamkeit, an der sie mit der erforderlichen Anzahl von Nieten angeschlossen ist. Bedeutet σ die Normalspannung, die die Kopfplatte erleidet, und F den nutzbaren Querschnitt nach Abzug der Nietlöcher, so ist zum Anschluß der Platte eine der Kraft $P = \sigma \cdot F$ entsprechende Anzahl von Nieten erforderlich. Erfordert der Anschluß z. B. sechs Niete, so tritt die Kopfplatte erst an dem in der Abb. 186 mit a bezeichneten Punkte in volle Wirksamkeit. Aus der Abb. 185 geht ohne weiteres hervor, daß die Platten an den ermittelten Endpunkten noch nicht voll angeschlossen zu sein brauchen, sondern daß der Anschluß erst hier zu beginnen und an den Endpunkten der nächsten Platte vollendet zu sein braucht. Zur Erzielung eines gewissen Überschusses an Querschnitt empfiehlt es sich jedoch, die Platten über ihren rechnerischen Endpunkt mit der Hälfte der Anschlußniete überschießen zu lassen. Sind beispielsweise zum Anschluß der Kopfplatte acht Niete erforderlich, so ergibt sich die in Abb. 187 dargestellte Anordnung. Der rechnerische Endpunkt ist hier mit a bezeichnet.

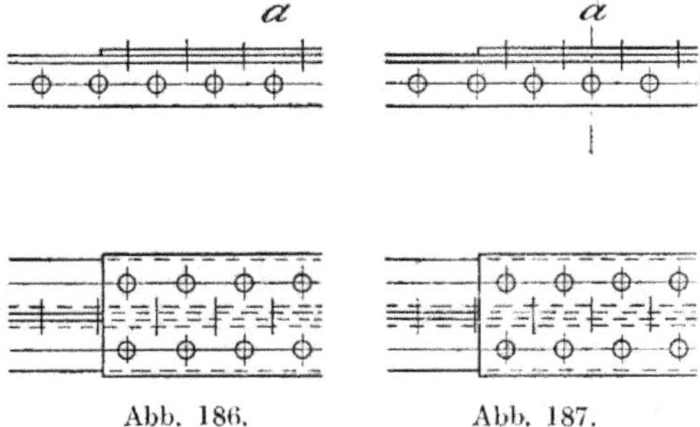

Abb. 186. Abb. 187.

Die Bestimmung der Gurtplattenlängen bei wechselnder Trägerhöhe sei an einem Beispiel erläutert. Es handle sich um einen Kragträger, der in der Mitte höher ist als über den Auflagern (Abb. 188). Das Stegblech ist in der Mitte 2030 mm und über den Auflagern 1000 mm hoch, die Kopfplatten sind Universaleisen 330·15 und die Winkeleisen Profile 150·150·14. Man trägt die $\frac{M}{\sigma}$-Kurve und in der Mitte die Werte W_0, W_1, W_2 und W_3 für die Stegblechhöhe von 2030 mm

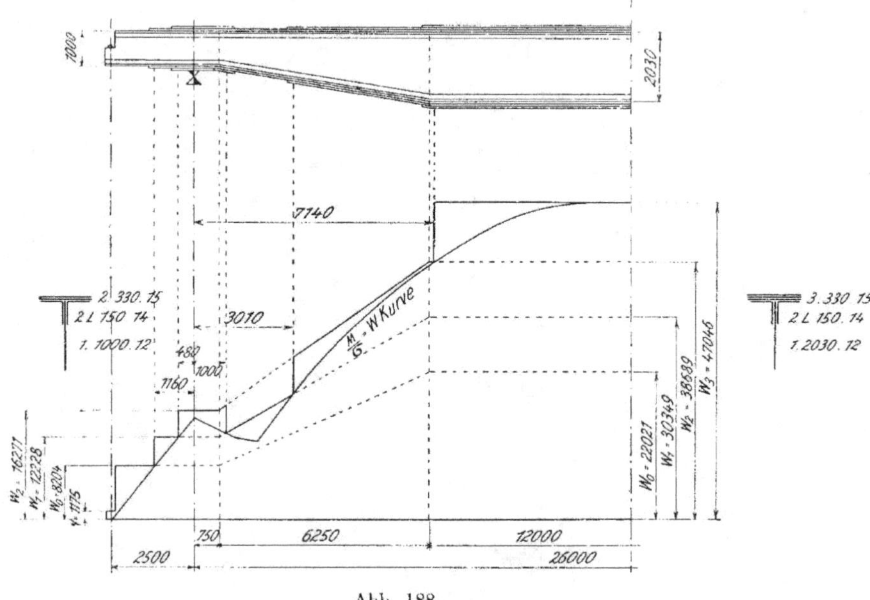

Abb. 188.

und am Ende des überkragenden Armes die Werte W_0, W_1 und W_2 für die Stegblechhöhe von 1000 mm (drei Kopfplatten sind über den Auflagern nicht erforderlich) auf und legt durch die Endpunkte der Ordinaten Wagerechte bis zu den Senkrechten, die durch die Knickpunkte der Gurtungen gezogen sind. Die entsprechenden Schnittpunkte der Wagerechten mit den Senkrechten verbindet man mit-

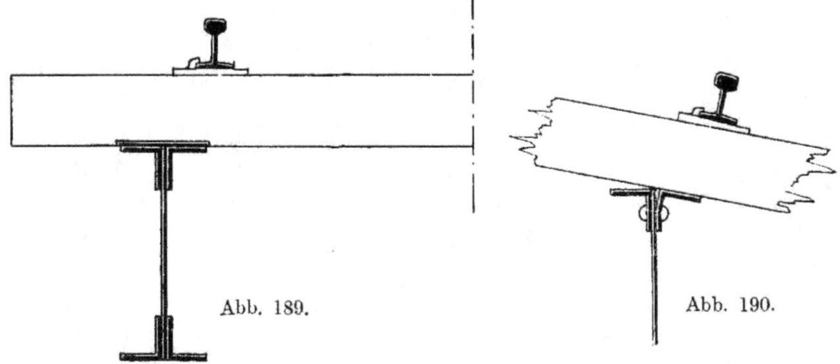

Abb. 189. Abb. 190.

einander und erhält in diesen geneigten Linien die Begrenzungslinien für die Werte der Widerstandsmomente in der Trägerstrecke mit zunehmender Stegblechhöhe. Es ist nun leicht, die Längen der einzelnen Gurtplatten zu bestimmen.

Im Falle der unmittelbaren Auflagerung der Schwellen auf den Hauptträgern von Eisenbahnbrücken empfiehlt es sich, eine Gurtplatte im Obergurt ganz durchzuführen (Abb. 189), um die ungünstige Beanspruchung des inneren Winkels auf Abbiegen (Abb. 190) zu verhindern. Aus demselben Grunde läßt man auch bei dem unmittelbaren Anschluß von Buckelplatten (Abb. 191) an den Obergurten der Hauptträger eine Kopfplatte über die ganze Länge des Trägers durchgehen. Diese Platte wird um die Breite der Auflagerfläche der Buckelplatte

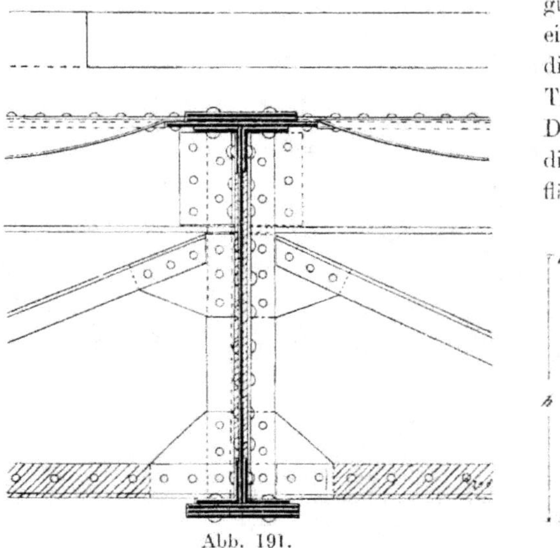

Abb. 191.

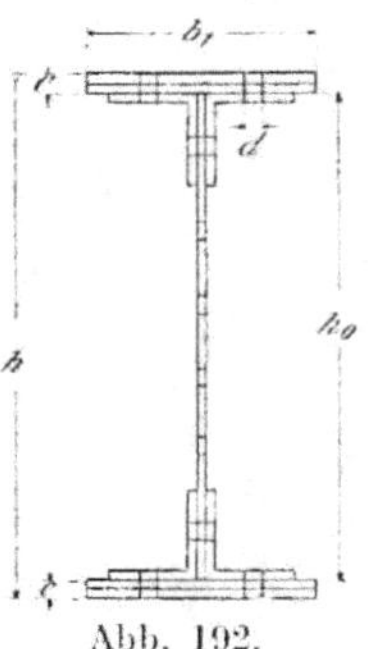

Abb. 192.

(5—8 cm) breiter als die darüberliegenden Platten ausgeführt, weil hierdurch für die Buckelplatten die zweckmäßigste Auflagerung erzielt wird und die Hauptträgergurtungen in der Werkstatt fertig genietet werden können. Näheres hierüber siehe unter dem Abschnitt „Fahrbahn“.

Bisweilen sind außergewöhnlich breite Gurtungen oder sehr große Stegblechhöhen erforderlich. Die angeführten Tabellen für die Trägheits- und Widerstandsmomente versagen dann, und man ist gezwungen, die einzelnen Abmessungen der Querschnitte selbst zu wählen und ihre Trägheitsmomente zu berechnen. Nach den Angaben von Müller-Breslau in dem ersten Band seiner „Graphischen Statik der Baukonstruktionen“, 5. Auflage auf Seite 231 empfiehlt sich hierbei folgendes Verfahren: Man bestimmt die zweckmäßige Höhe nach der auf Seite 156 angeführten Formel, nimmt die Höhe h_0 des Stegbleches etwas kleiner an, verfügt dann über die Winkelprofile und berechnet das Trägheitsmoment J_0 dieses Querschnittes mit Abzug der Nietlöcher in den senkrechten und wagerechten Winkelschenkeln und im Stegblech. Das Widerstandsmoment dieses Querschnittes ist dann $W_0 = \frac{2\,J_0}{h_0}$ (Abb. 192).

Werden nun unten und oben Kopfplatten mit dem nutzbaren Querschnitt

$F_k = b \cdot c$ für jede Gurtung hinzugefügt, so wächst das auf die wagerechte Schwerachse bezogene Trägheitsmoment um die Größe $2 J_k' + 2 F_k \left(\frac{h_0 + c}{2}\right)^2$. c bedeutet die Gesamtstärke der Kopfplatten jedes Gurtes, b die nutzbare Breite nach Abzug der Nietlöcher $= b_1 - 2d$, J_k das Trägheitsmoment der Kopfplatten einer Gurtung, bezogen auf die eigene Schwerachse, das so klein ist, daß es vernachlässigt werden kann. Man erhält für das Trägheitsmoment des ganzen Querschnittes den Ausdruck

$$J = J_0 + \frac{1}{2} F_k (h_0^2 + 2 c h_0 + c^2)$$

und unter Vernachlässigung des kleinen Gliedes c^2 und mit Beachtung von

$$h_0^2 + 2 c h_0 = h_0 (h_0 + 2 c) = h_0 \cdot h$$

$$J = J_0 + \frac{1}{2} F_k \cdot h_0 \cdot h.$$

Hieraus:

$$W = \frac{2 J_0}{h} + F_k \cdot h_0$$

und weiter:

$$F_k = \frac{W}{h_0} - \frac{2 J_0}{h_0} \cdot \frac{1}{h} = \frac{W}{h_0} - \frac{W_0}{h}.$$

Die Werte h_0 und W_0 liegen bereits fest. W wird aus der Beziehung $W = \frac{M_{max}}{\sigma}$ erhalten. h wählt man dann $= h_0 +$ einem Vielfachen einer gebräuchlichen Plattenstärke, z. B. $= h_0 + 4 \cdot 1{,}2$ cm. Dies bedeutet, daß für jede Gurtung zwei Platten von 1,2 cm Stärke hinzutreten. Die nutzbare Breite b dieser Platten wird dann aus der Beziehung $b = \frac{F_k}{2 \cdot 1{,}2}$ berechnet. Die wirkliche Breite der Platten ist dann $= b + 2d$, wo d den Durchmesser der Niete bezeichnet. Man hat sich noch zu überzeugen, daß die Breite b nicht zu groß ausfällt. Im anderen Falle ist die Plattenstärke oder die Anzahl der Platten größer zu wählen. Hierbei sind folgende Regeln zu beachten:

Falls die Gurtplatten außerhalb der Winkelränder keine besondere Vernietung erhalten (Abb. 192), ist die Breite dieser Platten so zu wählen, daß der Abstand ihrer Kanten von dem Mittelpunkt des nächsten Nietes höchstens das 2,5fache des Nietdurchmessers beträgt, da sonst die Plattenfugen klaffen und dem Wasser den Eintritt ermöglichen. Bei besonders starken Gurtungen verwendet man ungleichschenklige Winkel, deren kurze Schenkel an dem Stegblech liegen, oder man läßt die Platten so weit über die Winkel überstehen, daß sie noch einmal außerhalb der Winkel durch eine Nietreihe verbunden werden können (Abb. 193).

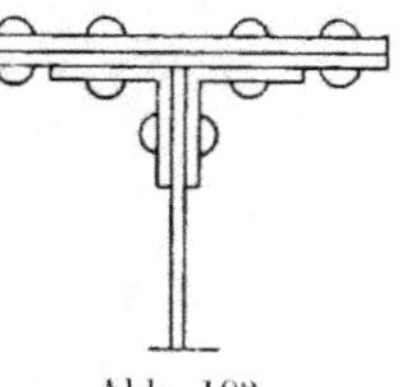

Abb. 193.

Die Stärke des wagerechten Winkelschenkels und der Gurtplatten zusammen darf höchstens das Fünffache des Nietdurchmessers erreichen, wobei auch auf etwaige Stoßplatten Rücksicht zu nehmen ist, da sich sonst die Niete nicht mehr gut stauchen lassen (vgl. S. 22).

Sehr weit gespannte Blechträger erfordern doppelte Wandungen, um die erforderlichen Gurtquerschnitte unterbringen und anschließen zu können. Die Abb. 194 stellt den Versteifungsträger der Hängebrücke (Ersatz für die Schiffsbrücke) über den Rhein in Köln dar. Die unter den senkrechten Winkeleisenschenkeln auf den Stegblechen liegenden Beibleche sind angeordnet, damit die Gesamtstärke der wagerechten Gurtplatten das zulässige Maß nicht überschreitet. Der Untergurt ist offen, um das Innere des Trägers zugänglich zu machen. Der Spielraum von 420 mm genügt, um einem Mann den Eintritt zu ermöglichen.

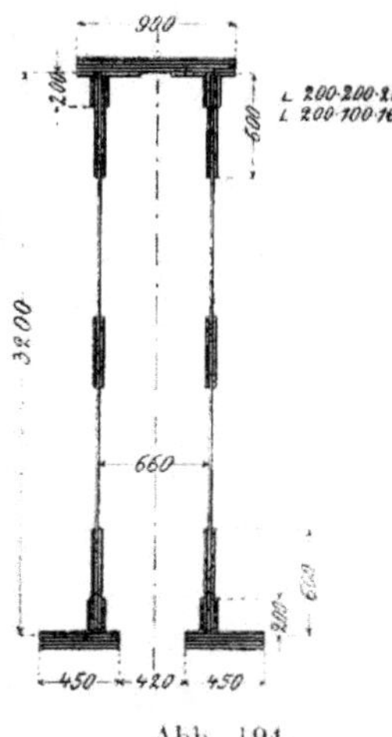

Abb. 194.

3. Günstigste Höhe von Blechträgern.

Der auf Seite 156 für $\sigma_z = 800$ kg/qcm und $\delta = \frac{l}{1200}$ errechnete Wert von $h = \frac{l}{10}$ ist, wie durch Vergleichsrechnungen festgestellt ist, auch die wirtschaftlichste Höhe des Stegbleches für einen Träger auf zwei Stützen. Mit zunehmender Trägerhöhe verringert sich die Querschnittfläche der Gurtungen, die für ein gewisses Trägheitsmoment erforderlich ist, dagegen wächst der Querschnittsinhalt des Stegbleches. Es muß also eine Höhe für das Stegblech geben, bei welcher für das erforderliche Trägheitsmoment sich der geringste Baustoffaufwand ergibt, und diese ist zu $^1/_{10}$ der Stützweite ermittelt worden. Man wird jedoch in vielen Fällen gezwungen sein, geringere Höhen als $^1/_{10}$ der Stützweite anzuwenden. Man kann unbedenklich bis zu Höhen von $^1/_{16}$ der Stützweite heruntergehen, ja es sind sogar Höhen von $^1/_{20}$ der Stützweite ausgeführt worden. Selbstverständlich sind hierbei die zugelassenen Spannungswerte so zu vermindern, daß die Durchbiegungen keine gefährlichen Werte annehmen.

4. Berechnung von Trägheitsmomenten.

Eine übersichtliche Berechnung von Trägheitsmomenten zusammengesetzter, symmetrischer Querschnitte, bezogen auf die wagerechte Schwerachse, ist an dem folgenden Beispiel vorgeführt. Zu beachten ist dabei, daß für ein Rechteck von der Breite b und der Höhe h das Trägheitsmoment $= \frac{1}{12} b\,h^3$ ist (Abb. 195).

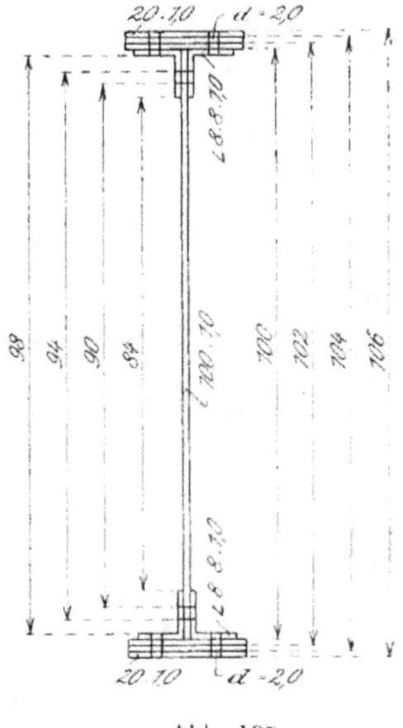

Abb. 195.

J_3 = Trägheitsmoment für den Querschnitt mit 3 Kopfplatten

$$= \frac{1}{12}\Big\{(20-4)\big[\overbrace{(106^3-104^3)}^{\text{I}} + \overbrace{(104^3-102^3)}^{\text{II}} + \overbrace{(102^3-100^3)}^{\text{III}}\big]$$
$$+ \overbrace{(17-4)(100^3-98^3) + 3(98^3-94^3+90^3-84^3) + 1\cdot 84^3)}^{\text{IV}}\Big\}$$

J_2 = Trägheitsmoment für den Querschnitt mit zwei Kopfplatten

$$= \frac{1}{12}\left\{(20-4)[\text{II} + \text{III}] + \text{IV}\right\}$$

J_1 = Trägheitsmoment für den Querschnitt mit einer Kopfplatte

$$= \frac{1}{12}\left\{(20-4)\text{III} + \text{IV}\right\}$$

J_0 = Trägheitsmoment für den Querschnitt ohne Kopfplatten

$$= \frac{1}{12}\left\{4(100^3-98^3) + \text{IV}\right\}.$$

Sehr gute Dienste bei dem Berechnen der Trägheitsmomente leisten die vom Diplomingenieur Dr.-Ing. H. Nitzsche herausgegebenen „Graphischen Hilfstafeln zur schnellen Ermittlung der Trägheitsmomente genieteter Trägerquerschnitte“[1]).

5. Verlust an Widerstandsmoment durch eine senkrechte Nietreihe im Stegblech.

Wie bereits bemerkt wurde, ist es häufig bei der Ausbildung der Hauptträger nicht zu vermeiden, daß in dem Schnitt, in dem die Niete der Gurtplatten sitzen, auch eine über die ganze Stegblechhöhe sich erstreckende senkrechte Nietreihe angeordnet werden muß. Es ist klar, daß für diesen Fall bei der Berechnung des Trägheitsmoments diese Nietreihe abgezogen werden muß.

Würden die Nietlöcher nicht vorhanden sein, so würden die an Stelle der Nietlöcher sitzenden Baustoffteilchen folgenden Beitrag zum Trägheitsmoment liefern (Abb. 196):

$$\Delta J = 2\,d\,\delta\left\{\left(\frac{h_1}{2}\right)^2 + \left(\frac{h^2}{2}\right)^2 + \left(\frac{h_3}{2}\right)^2 + \ldots\right\},$$

wobei die kleinen Trägheitsmomente der Teilchen, bezogen auf ihre eigene Schwerachse, vernachlässigt sind.

$$\Delta J = \frac{d\,\delta}{2}\left[h_1^2 + h_2^2 + h_3^2 + \ldots\right].$$

Ist m die Anzahl der Nietteilungen e, so bestehen die Beziehungen

$$h_1 = m\cdot e$$
$$h_2 = h_1 - 2\frac{h_1}{m}$$
$$h_3 = h_1 - \frac{4h_1}{m}.$$

Abb. 196.

[1]) Erschienen im Verlage von Wilhelm Engelmann. Leipzig 1907.

Also: $$\Delta J = \frac{d\,\delta}{2}\left[m^2 e^2 + h_1^2\left(\frac{m-2}{m}\right)^2 + h_1^2\left(\frac{m-4}{m}\right)^2 + \ldots\right]$$
$$= \frac{d\,\delta}{2}\left[m^2 e^2 + m^2 e^2\left(\frac{m-2}{m}\right)^2 + m^2 e^2\left(\frac{m-4}{m}\right)^2 + \ldots\right]$$
$$= \frac{d\,\delta}{2}\cdot e^2\left[m^2 + (m-2)^2 + (m-4)^2 + \ldots\right]$$
$$= \frac{d\,\delta}{2}\, e^2\, m\, \frac{(m+1)(m+2)}{6}$$
$$= \frac{d\,\delta}{2}\, e^2\, m^2\, \frac{(m+1)(m+2)}{6\,m}.$$

Nun ist $m = n - 1$, wenn n die Anzahl der Niete in der Reihe bedeutet.

$$\Delta J = \frac{d\,\delta}{2}\, e^2\, m^2\, \frac{n\,(n+1)}{6\,(n-1)} = \frac{d\,\delta}{2}\, h_1^2\, \frac{n\,(n+1)}{6\,(n-1)}.$$ [1])

Hieraus erhält man den Verlust an Widerstandsmoment durch die Nietlöcher in der senkrechten Nietreihe:

$$\Delta W = \frac{\frac{d\,\delta}{2}\, h_1^2}{\frac{h}{2}} \cdot \frac{n\,(n+1)}{6\,(n-1)}.$$

Hierin bedeutet h die Trägerhöhe. Macht man noch die zugunsten der Sicherheit erlaubte Annahme, daß die Trägerhöhe $= h_1$ ist, dann erhält man für ΔW den einfachen Ausdruck
$$\Delta W = d\,\delta\, h_1\, \frac{n\,(n+1)}{6\,(n-1)}.$$

In nachstehender Tabelle sind für verschiedene Nietzahlen die entsprechenden Werte von $\frac{n\,(n+1)}{6\,(n-1)}$ angegeben worden.

Zusammenstellung der Werte $\frac{n\,(n+1)}{6\,(n-1)}$.

Anzahl der Niete	$\frac{n\,(n+1)}{6\,(n-1)}$	Anzahl der Niete	$\frac{n\,(n+1)}{6\,(n-1)}$	Anzahl der Niete	$\frac{n\,(n+1)}{6\,(n-1)}$
		10	**2,037**	**20**	**3,684**
		11	2,200	21	3,850
		12	2,364	22	4,016
		13	2,526	23	4,182
4	1,111	14	2,692	24	4,348
5	1,250	15	2,857	25	4,514
6	1,400	16	3,022	26	4,680
7	1,555	17	3,188	27	4,846
8	1,714	18	3,353	28	5,012
9	1,875	19	3,519	29	5,177
10	**2,037**	**20**	**3,684**	**30**	**5,345**

[1]) ΔJ kann in guter Annäherung = 15 v. H. des Trägheitsmomentes des vollen Stegbleches gesetzt werden. Es ist also auch angängig, daß man den Verlust an Trägheitsmoment durch eine senkrechte Nietreihe dadurch berücksichtigt, daß man die Stegblechstärke δ nur mit 0,85 δ in Rechnung stellt.

Ist das Trägheits- und Widerstandsmoment nach 4 auf Seite 163 berechnet, so ist bei der Bestimmung von $\Delta W h_1$ = dem Abstand der den Winkeleisen zunächstsitzenden Niete anzunehmen, weil die Löcher der wagerechten Gurtungsniete auch im Stegblech schon abgezogen sind. Bei der Benutzung von Tabellen hat man darauf zu achten, ob diese Löcher bei der Berechnung des Trägheits- oder Widerstandsmomentes abgezogen sind oder nicht.

6. Nietteilungen der Gurtungen.

Die Niete in den senkrechten Schenkeln der Winkeleisen haben die Aufgabe, Stegblech und Gurtungen zu einem einheitlichen Querschnitt zusammenzuschließen und den Unterschied der Normalspannungen benachbarter Gurtungsquerschnitte auf das Stegblech zu übertragen; ihre Entfernung berechnet sich aus der Formel $e = \frac{P \cdot J}{Q \cdot S}$ (Abb. 197). Hierin bedeutet P die Tragkraft eines Nietes, J das Trägheitsmoment des gesamten Querschnittes ohne Abzug der Nietlöcher, Q die größte an der betreffenden Stelle auftretende Querkraft und S das statische Moment der anzuschließenden Teile, also für den vorliegenden Fall zweier Winkel und zweier Kopfplatten, ohne Abzug der Nietlöcher, bezogen auf die wagerechte Schwerachse des ganzen Querschnittes. Der Niet wird zweischnittig beansprucht. Bei den gebräuchlichen Stegblechstärken ist daher für die Tragfähigkeit des Nietes der Druck in der Lochleibung maßgebend, also

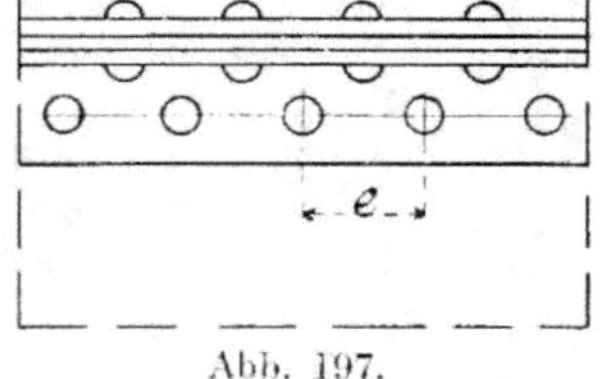

Abb. 197.

$P = d \cdot \delta \cdot \sigma_l$. Hierin bedeutet d den Nietdurchmesser, δ die Stegblechstärke und σ_l den für den Druck in der Lochleibung zugelassenen Wert. Die Nietteilung ergibt sich also aus der Beziehung $e = \frac{d \cdot \delta \cdot \sigma_l \cdot J}{Q \cdot S}$. Erhält man für die Stellen des Hauptträgers, an denen die größten Querkräfte auftreten, für e Werte, die $> 4{,}5\,d$ sind, so führt man diese Nietteilung in der Regel ganz durch. Erhält man dagegen für e sehr kleine Werte, so empfiehlt es sich, zur Ersparung an Nietarbeit die Nietentfernung an den anderen Stellen entsprechend den hierfür errechneten Werten größer zu wählen. Größere Werte als $6\,d$ darf die Nietentfernung nicht annehmen.

Die Hauptträger werden durch Aussteifungswinkel oder auch durch die Anschlußwinkel der Querträger in Felder geteilt (Abb. 198). Die Niete, die diese Winkel mit den Gurtwinkeln verbinden, legen bestimmte Punkte fest, zwischen denen die Niete so unterzubringen sind, daß die errechnete Nietteilung nicht überschritten wird. Man verfährt hierbei nun so, daß man entweder die Entfernung a in eine Anzahl gleicher Teile $\frac{a}{n}$ teilt, die = oder $< e$ sind, oder daß man, wenn sich hierbei keine Zahl mit vollen Millimetern ergibt, von einem festen Punkte beginnend, die errechneten Werte für die Nietteilung einträgt, wobei es vorkommen kann, daß nur der Abstand des letzten Nietpaares $< e$ oder der beiden letzten Nietpaare $< e$ wird (Abb. 198).

Bei versetzter Nietung (Abb. 199) ist unter der Nietteilung e die wagerechte Entfernung der Niete zu verstehen.

Der Abstand der Niete in den Gurtplatten (Abb. 197) braucht nicht errechnet zu werden, weil er aus praktischen Gründen gleich dem Abstand der wagerechten Niete gewählt wird und sich rechnerisch größer als dieser Abstand ergeben würde, wie aus einer Betrachtung der Formel $e = \frac{P \cdot J}{Q \cdot S}$ hervorgeht. Hierin bedeutet S das statische Moment der Gurtplatten, bezogen auf die wagerechte Schwerachse des ganzen Querschnittes, und P die Tragkraft zweier Niete, für die bei den gebräuchlichen Abmessungen der Winkel und Platten die Beanspruchung auf Abscheren maßgebend ist. Es ist klar, daß dieser Wert für e

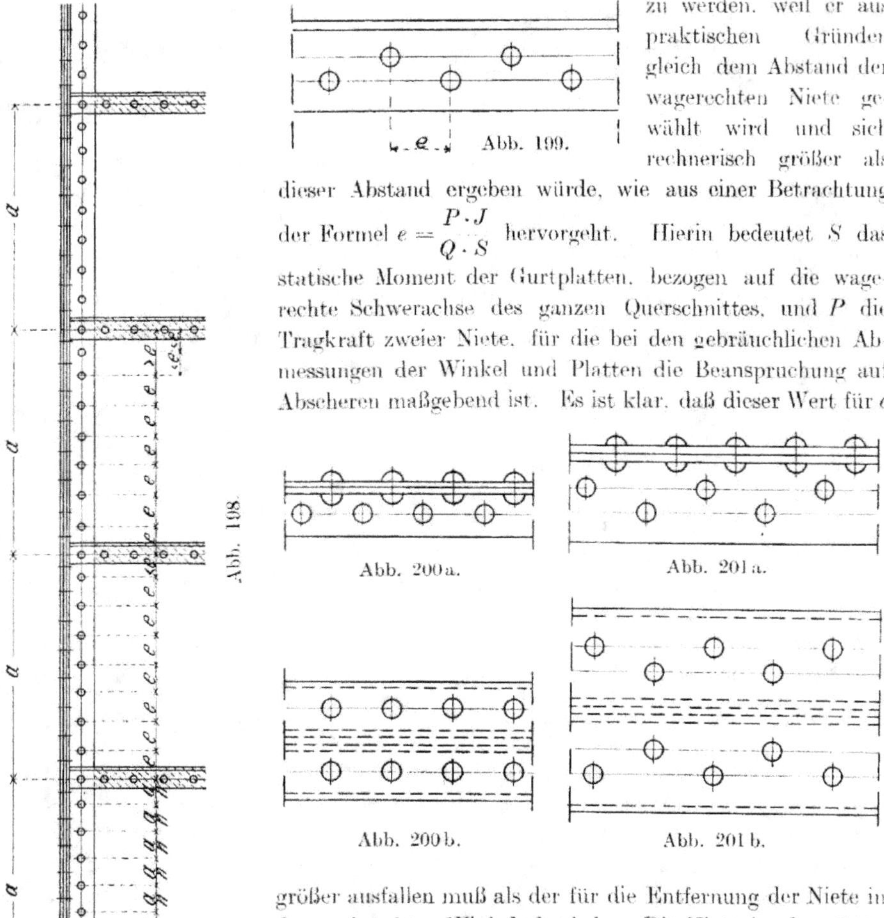

Abb. 198. Abb. 199. Abb. 200a. Abb. 201a. Abb. 200b. Abb. 201b.

größer ausfallen muß als der für die Entfernung der Niete in den senkrechten Winkelschenkeln. Die Niete in den Gurtplatten werden versetzt gegen die wagerechten Niete angeordnet (Abb. 200 und 201).

Liegen bei Eisenbahnbrücken die Querschwellen unmittelbar auf den Hauptträgern, so empfiehlt es sich, damit zu rechnen, daß der Auflagerdruck der Querschwellen durch die Niete in den senkrechten Winkelschenkeln auf das Stegblech übertragen werden muß. Es ist erlaubt, den Auflagerdruck einer Schwelle auf 1 m Länge gleichmäßig auf die einzelnen Niete verteilt anzunehmen. Die Nietteilung ist in diesem Falle entsprechend enger zu wählen. Bedeutet σ_{l_1} die Beanspruchung aus der wagerechten Querkraft und σ_{l_2} den Lochleibungsdruck aus dem Auflagerdruck, so ist die resultierende Beanspruchung $\sigma_l = \sqrt{\sigma_{l_1}^2 + \sigma_{l_2}^2}$.

7. Aussteifung des Stegbleches.

Zur Verhinderung des Faltens und Ausknickens im gedrückten Teile wird das Stegblech durch senkrecht gestellte Winkeleisen ausgesteift, die bis zu den wagerechten Schenkeln der Gurtungswinkel zu führen sind (Abb. 202). Man kröpft die Aussteifungswinkel nach Abb. 203 über die senkrechten Schenkel der Gurtungswinkel oder vermeidet die Kröpfung durch Anordnung eines Futters

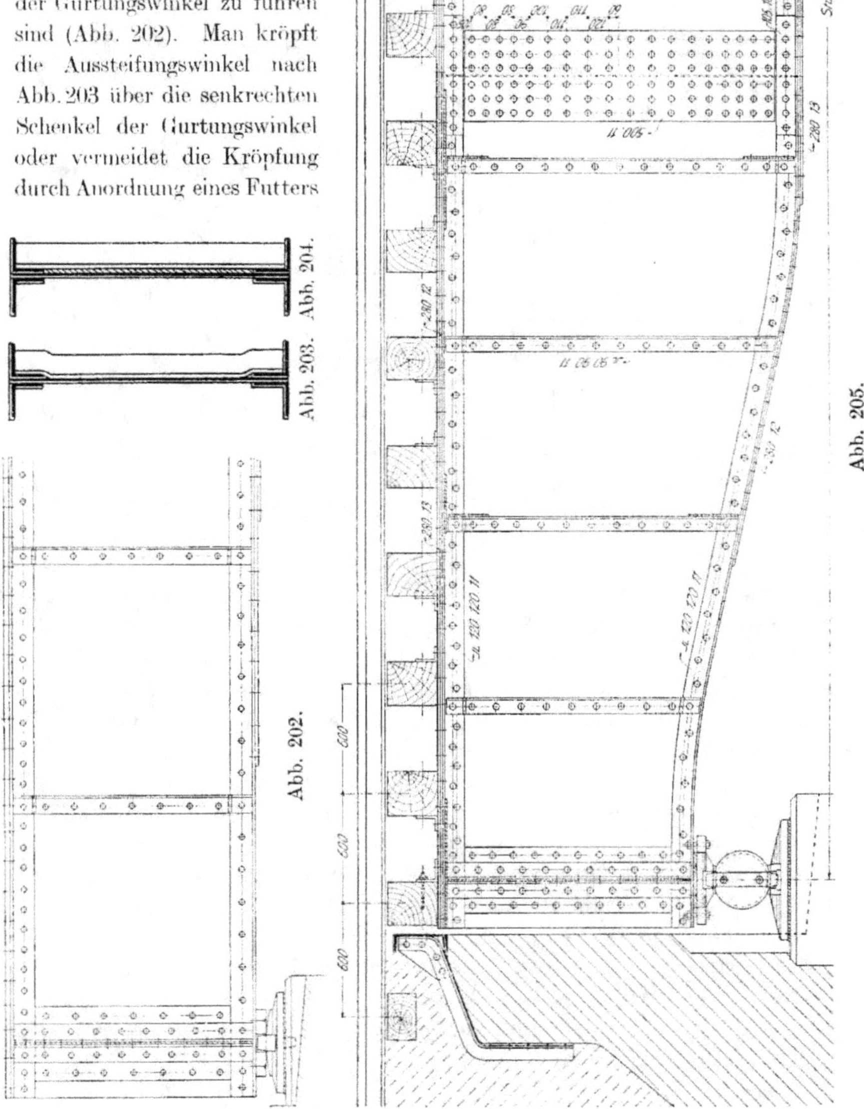

Abb. 203. Abb. 204.

Abb. 202.

Abb. 205.

(Abb. 204). Die Kröpfung ist in dem Falle, daß sie nach dem im Abschnitt VII unter D. geschilderten Vorgang hergestellt wird, eine einwandfreie Bearbeitungsweise, und es ist daher zu empfehlen, die Futter zu sparen und die Aussteifungswinkel zu kröpfen. Durch die Aussteifungen werden die Kräfte, die aus dem Bestreben des Ausknickens des Stegbleches entstehen, an die steifen Gurtungen abgegeben. Die Gurtungen sind ihrerseits gegen den wagerechten Verband des Überbaues festgelegt. Bei der in Abb. 206 dargestellten Anordnung sind z. B. die unteren Gurtungen unmittelbar an den Windverband angeschlossen, während die Obergurte durch die Querversteifungen, die von den Querträgern und den Eckversteifungen gebildet werden, gegen diesen Verband festgelegt sind. Für die Aussteifungswinkel sind die Profile 7 · 7 · 0,9, 8 · 8 · 1,0 und 9 · 9 · 1,1 gebräuchlich. Auf jeden Fall sind die Schenkel der Aussteifungswinkel so zu wählen, daß sie nicht über die Gurtwinkel hinausstehen. Bei unmittelbarer Auflagerung der Querschwellen auf die Hauptträger von Eisenbahnbrücken findet man bei vielen Ausführungen unter jeder Schwelle eine Aussteifung, eine Anordnung, die sehr viel Baustoff erfordert und des Guten zu viel tut. Es genügt auch für diese Brücken, die Aussteifungen in Entfernungen von 1,0 bis 1,6 m zu setzen (Abb. 205). Sind Querträger vorhanden, die an den Stegblechen der Hauptträger angeschlossen sind, so legt man die Aussteifungswinkel an die Anschlußstellen. Dabei können die Anschlußwinkel in dem Falle, daß sie über die ganze Höhe der Hauptträger durchgeführt sind (Abb. 207), zugleich als Aussteifungswinkel dienen. Bei dem in der Abb. 206 dargestellten Brückenquerschnitt reichen die Anschlußwinkel der Querträger aus Gründen, die bei der Abhandlung über die „Fahrbahnträger“ erörtert werden, nicht über die ganze Höhe des Hauptträgers. Wenn nun auch die Anschlußwinkel im Verein mit den Eckversteifungen aussteifend wirken, so empfiehlt es sich doch, an der Außenseite des Stegbleches durchgehende Aussteifungswinkel anzuordnen, die in dem vorliegenden Fall allerdings auch deshalb notwendig sind, weil an ihnen die Konsolen angeschlossen werden. Bis zu Querträgerentfernungen von 2 m kann von weiteren Versteifungen zwischen den Anschlußpunkten abgesehen werden. Bei hohen Stegblechen und auch bei geringeren Höhen in der Nähe der Auflager, wo große Querkräfte auftreten, werden auch mit Vorteil ungleichschenklige Winkel zu den Aussteifungen verwendet. Der von dem Steg-

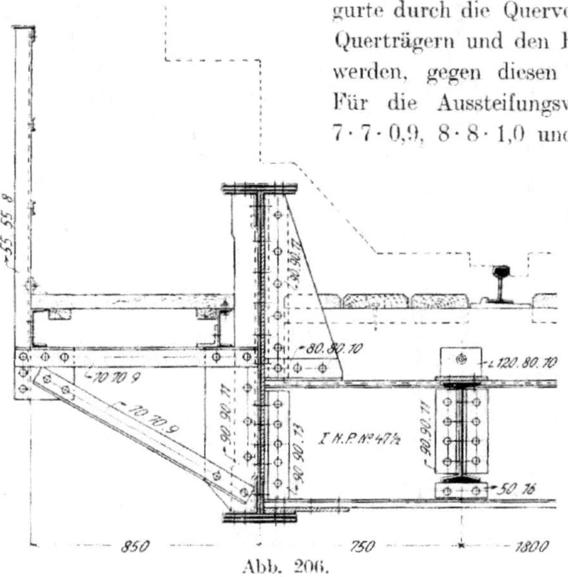

Abb. 206.

blech abstehende lange Schenkel erhöht die Steifigkeit in dieser Richtung. In der Nähe der Lager werden vielfach auch schräg liegende Winkel am besten in der Richtung des größten Druckes unter 45° zur Versteifung des Stegbleches angeordnet (Abb. 208). Die Entfernung der Niete in den Aussteifungswinkeln ist zu dem Sechs- bis Siebenfachen des Nietdurchmessers zu wählen.

Über den Auflagern sind die Aussteifungswinkel so kräftig zu nehmen, daß sie dem gesamten Auflagerdruck gewachsen sind. Hier empfiehlt es sich auch, die Winkeleisen nicht zu kröpfen, sondern mit breiten Flacheisen zu unterfuttern, die in wirksamster Weise das Stegblech über dem Auflagerpunkt aussteifen (Abb. 208).

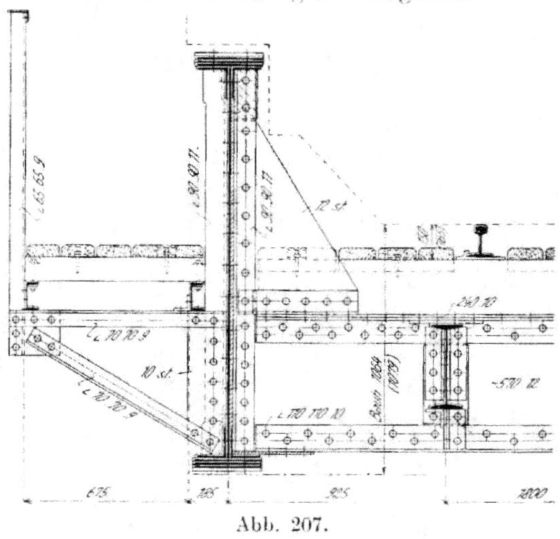

Abb. 207.

8. Knicksichere Ausbildung der gedrückten Gurtung.

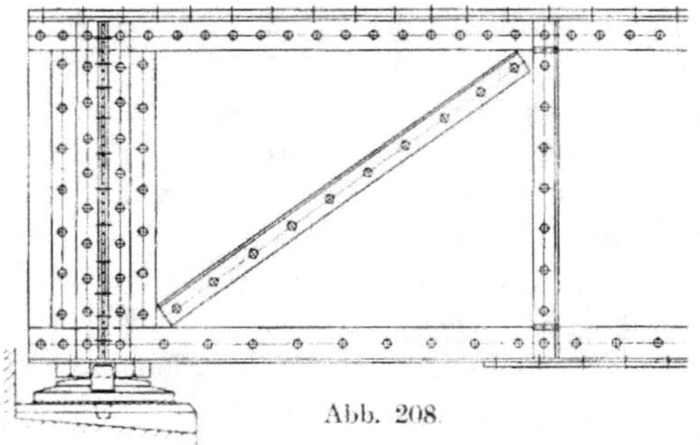

Abb. 208.

Die obere Gurtung einfacher Balkenträger erhält Druckspannungen und muß daher auch knicksicher ausgebildet werden. Einzelne Punkte dieser Gurtung sind in der Regel mittelbar oder unmittelbar gegen einen wagerechten Verband festgelegt. Als freie Knicklänge l der Gurtung gilt dann die Entfernung zwischen diesen Punkten. Zur Gurtung rechnen die etwa vorhandenen Kopfplatten, die Winkeleisen und der zwischen den senkrechten Winkelschenkeln liegende Teil des Stegbleches. Der Zusammenhang mit dem übrigen Teil des Stegbleches wird außer acht gelassen. Bezeichnet σ_x die Spannung in einem Punkt der Gurtung im Abstande x von der wagerechten Schwerachse des ganzen Trägerquerschnittes, e_0 die Entfernung der äußersten Faser der Gurtung von dieser Achse und σ_0 die Spannung in der äußersten Faser, so erhält man für die Druckkraft P folgende Beziehungen:

$$P = \int \sigma_x \cdot dF = \int \frac{\sigma_0\, x}{e_0} \cdot dF = \frac{\sigma_0}{e_0} \int x \cdot dF = \frac{M}{J} \frac{e_0}{e_0} \int x \cdot dF = \frac{M}{J} \cdot S.$$

Hierin ist M das mittlere Moment auf der in Frage stehenden Strecke des Trägers, J das mittlere Trägheitsmoment des ganzen Trägerquerschnittes und S

das statische Moment der Druckgurtung. Für diese Druckkraft P, die freie Knicklänge l, den Querschnitt F der Gurtung und für die senkrechte Schwerachse ist dann nach den Regeln im Abschnitt V die Berechnung der Knicksicherheit weiter durchzuführen.

9. Stoßdeckung.

Die Anordnung von Stößen ist nach Möglichkeit zu vermeiden, da jeder Stoß erhebliche Nietarbeit erfordert und mit vermehrtem Baustoffaufwand verbunden ist. Da, wo Stöße angeordnet werden müssen, sind sie nach Möglichkeit so auszubilden, daß der Schwerpunkt des gesamten Querschnittes nicht verlegt wird, d. h. symmetrisch zur wagerechten und senkrechten Hauptschwerpunktachse des Gesamtquerschnittes. Vielfach wird empfohlen, die Stöße an die Stellen zu legen, wo ein Überschuß an Baustoff vorhanden ist, um an Baustoff für die Stoßdeckungen zu sparen. Ein solches Sparen ist aber nicht am Platze, da sonst bei späterem Wachsen der Verkehrslasten der Überschuß an Baustoff ohne eine — meist recht schwierige — Verstärkung der Stoßdeckungen nicht nutzbar gemacht werden kann.

a. Stegblechstoß.

1. Senkrechter Stegblechstoß.

Die größten Walzlängen[1]) und die Längen, bis zu denen die Bleche ohne Überpreis geliefert werden, sind im allgemeinen bestimmend für die Entfernung der Stöße. Man wird für die Länge der Stegbleche die größte Walzlänge und nicht nur die Länge, die ohne Überpreis geliefert wird, in dem Falle wählen, daß der Überpreis geringer ist als die Kosten für die Stoßdeckung. Anderseits wird man auch über eine gewisse Größe bei dem Abstand der Stöße nicht hinausgehen, da die Handhabung und die Beförderung der Teile zu schwierig wird. Hierbei sind natürlich auch die der Brückenbauanstalt zur Verfügung stehenden Beförderungsmittel und Hebezeuge von bestimmendem Einfluß. Im allgemeinen läßt sich als Regel angeben, daß man die Stegbleche nicht über 12 m lang ohne Stoß anwendet, auch wenn sie über diese Länge gewalzt werden.

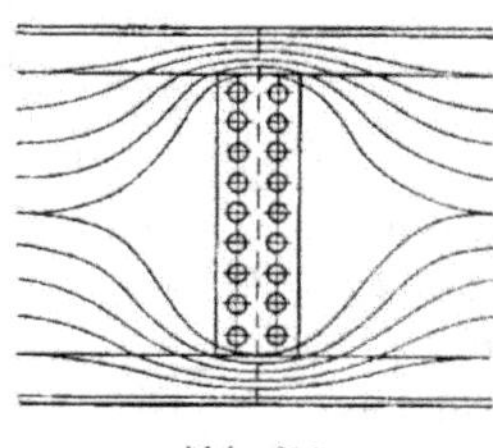

Abb. 209.

An manchen Stellen ist der Überschuß an Querschnitt so groß, daß eine Deckung des Stoßes des Stegbleches rechnerisch überhaupt nicht erforderlich ist, sondern die Gurtungen für sich allein Moment und Querkraft übertragen können. An solchen Stellen ist die Deckung des Stoßes des Stegbleches oft sehr schwach ausgebildet worden. Die Annahme, daß die Gurtungen den Stegblechstoß ganz entlasten, beruht aber auf der Voraussetzung, daß die Spannungen des Stegbleches an der Stoßstelle zu den Gurtungen wandern, wie in Abb. 209 angedeutet ist. Dies steht jedoch in Wirklichkeit nicht mit der Formänderung des Trägers in Einklang, nach der die Niete des Stegblechstoßes annähernd die auf das Stegblech entfallenden Spannungen aufnehmen müssen. Es empfiehlt sich deshalb

[1]) Vgl. „Eisen im Hochbau". Herausgegeben vom Stahlwerks-Verband A.-G. 5. Auflage, 1920. Verlag Julius Springer.

stets, die Stärke des Stegblechstoßes so zu bemessen, daß er den Spannungen des Stegbleches gewachsen ist. Nach dem oben Gesagten empfiehlt es sich sogar, die Stoßdeckung so stark auszubilden, als ob der Querschnitt bis zur höchst zulässigen Grenze beansprucht wäre. Der Stoß wird beiderseits des Stegbleches durch je eine Lasche gedeckt, deren Trägheitsmomente zusammen gleich dem Trägheitsmoment des Stegbleches sein müssen, falls die Spannung σ_2 im Gurt bei gestoßenem Stegblech ebenso groß sein soll wie die Spannung σ_1 bei ungestoßenem Stegblech. Soll also $\sigma_1 = \sigma_2$ sein, so muß die Gleichung bestehen:

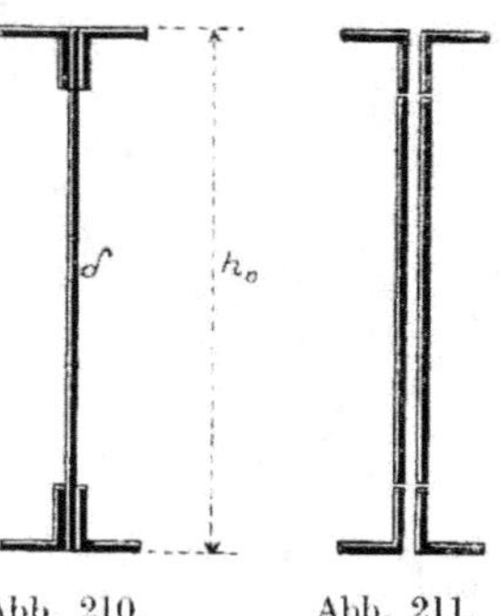

Abb. 210. Abb. 211.

$$\sigma_1 = \frac{M}{J_g + J_s} \cdot \frac{h_0}{2} = \sigma_2 = \frac{M}{J_g + J_b} \cdot \frac{h_0}{2}$$

Das heißt: $J_s = J_b$. (Abb. 210 u. 211).

Hierin bedeutet J_g das Trägheitsmoment der Gurtungen, J_s das Trägheitsmoment des Stegbleches, J_b das Trägheitsmoment der Deckplatten, M das an der Stoßstelle wirksame Moment.

Die Deckplatten werden nicht unter 8 mm, gewöhnlich 10 mm stark gemacht; in dem Falle, daß sie über die ganze Stegblechhöhe reichen (Abb. 213),

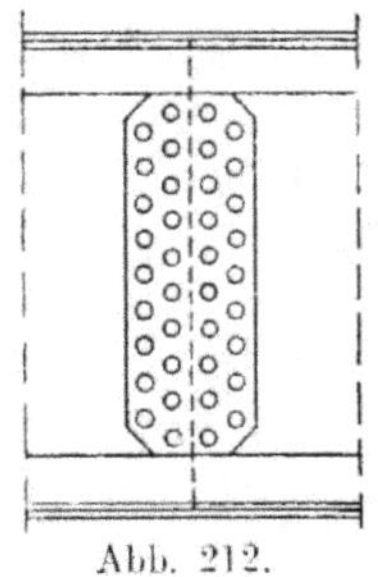

Abb. 212.

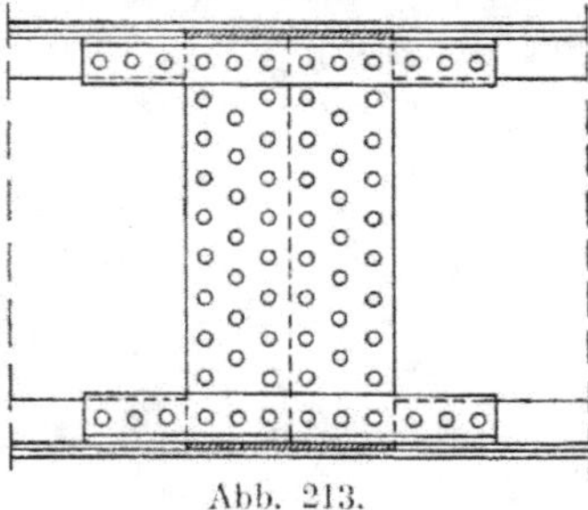

Abb. 213.

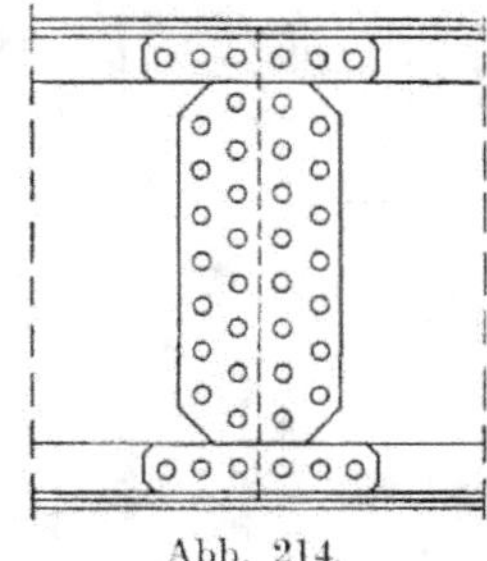

Abb. 214.

erhalten sie die Stärke der Gurtwinkel. Man läßt sie entweder nur von der unteren Kante des Obergurtwinkels bis zur oberen Kante des Untergurtwinkels (Abb. 212) oder über die ganze Stegblechhöhe (Abb. 213) reichen. In letzterem Falle vereinigt man mit dem Stegblechstoß einen Winkeleisenstoß. Die Gurtwinkel stoßen stumpf gegen die Deckplatten. Die Deckwinkel liegen über diesen. Im ersteren Falle empfiehlt es sich, den Stoß des Stegbleches unter den Winkeln noch durch besondere Laschen, die auf den Winkeln liegen, zu decken, da sonst die Winkel leicht überbeansprucht werden können (Abb. 214). Denn die durchgehenden Teile nehmen den größten Teil der Kraft auf (vgl. S. 41 u. 42). Die Entfernung der Niete vom Rande des Stegbleches und der Decklaschen wählt man $= 2d$ und den wagerechten Abstand der Nietreihen $= 3{,}0$ bis $4{,}0d$. Auf diese Weise erhält man nicht zu breite Laschen. Der lotrechte Abstand der Niete in einer Reihe unter sich wird bei Anordnung mehrerer Reihen $= 3$ bis $6d$ gewählt. Die Niete werden zu beiden Seiten des Stoßes symmetrisch in der Regel in zwei bis vier Nietreihen angeordnet.

Die in den Abb. 212 bis 214 dargestellten Stoßdeckungen zeigen versetzte Nietreihen. Wirksamer sind nicht versetzte Nietreihen (Abb. 215 u. 216); denn

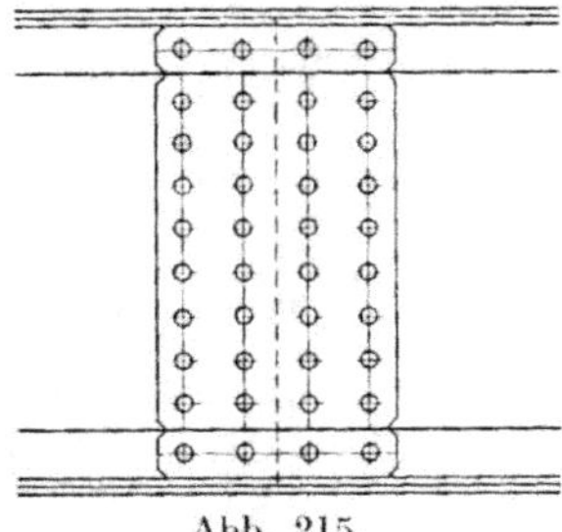
Abb. 215.

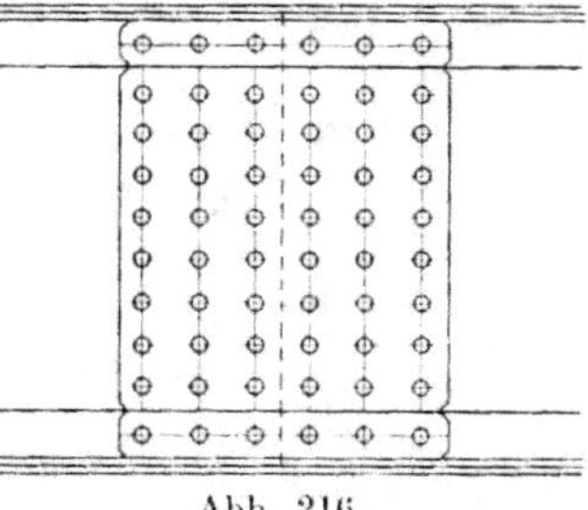
Abb. 216.

bei ihnen ist die Summe der Abstände der Niete von der Nullinie größer als bei versetzten Nietreihen. Allerdings fallen bei nicht versetzten Nietreihen die Decklaschen etwas breiter als bei versetzten Nietreihen aus.

Die Entfernung der Niete einer Reihe unter sich wird auch zweckmäßig oben und unten geringer gewählt als in der Stegblechmitte (Abb. 227 u. 205), wodurch bei derselben Nietzahl ein größeres Widerstandsmoment als bei gleicher Entfernung erzielt wird.

Berechnung des senkrechten Stegblechstoßes.

Die Berechnung der Nietbeanspruchung im Stegblechstoß geschieht unter der Annahme, daß die Niete entsprechend dem Gesetz der Spannungsverteilung in einem auf Biegung beanspruchten Querschnitt beansprucht werden, daß also die Beanspruchungen der Niete sich verhalten wie ihre Abstände von der Nullinie (Abb. 217):

$$\sigma_1 : \sigma_2 : \sigma_3 = h_1 : h_2 : h_3.$$

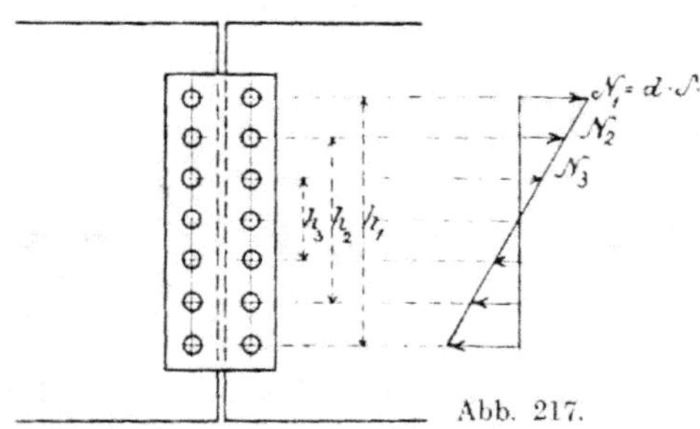

Abb. 217.

Der auf das Stegblech entfallende Momentenanteil ist

$M = \frac{\delta \cdot h_0^2 \cdot \sigma}{6}$, wo δ die Stärke, h_0 die Höhe des Stegbleches und σ die Beanspruchung an der äußerstenKante des Stegbleches bedeutet.

Es besteht dann die Gleichung:

$$M = d \cdot \delta \cdot \sigma_1 \cdot h_1 + d \cdot \delta \cdot \sigma_2 \cdot h_2 + d \cdot \delta \cdot \sigma_3 \cdot h_3 + \ldots$$

Mit σ_1, σ_2 und σ_3 sind hierin die Lochleibungsbeanspruchungen in den einzelnen Nietlöchern und mit d der Nietdurchmesser bezeichnet. Bei den gebräuchlichen Abmessungen des Stegbleches kommt für die Tragfähigkeit der zweischnittigen Niete der Lochleibungsdruck in Frage.

Durch Einsetzen der Beziehung $\sigma_2 = \frac{\sigma_1 \cdot h_2}{h_1}$ und $\sigma_3 = \frac{\sigma_1 \cdot h_3}{h_1}$ in die vorige Gleichung geht diese über in:

$$M = d \cdot \delta \cdot \sigma_1 \left(h_1 + \frac{h_2^2}{h_1} + \frac{h_3^2}{h_1} + \ldots \right)$$

$$= d \cdot \delta \cdot \sigma_1 \left(\frac{h_1^2 + h_2^2 + h_3^2 + \ldots}{h_1} \right)$$

$$= \frac{d \cdot \delta \cdot \sigma_1}{h_1} (h_1^2 + h_2^2 + h_3^2 + \ldots).$$

Hieraus wird bei ungleichen senkrechten Nietentfernungen die Beanspruchung σ_1 errechnet.

Bei gleichen senkrechten Nietentfernungen läßt sich diese Gleichung durch die gleiche Betrachtung wie auf Seite 164 umformen in:

$$M = d \cdot \delta \cdot \sigma_1 \cdot h_1 \cdot \frac{n \cdot (n+1)}{6 \cdot (n-1)}.$$

Werte für f zur Berechnung der Niete der Deckung des Stegblechstoßes.

Anzahl der Niete der ersten Reihe n	Einreihige Vernietung $f = \frac{6(n-1)}{n(n+1)}$	Zweireihige Vernietung $f = \frac{6(n-1)}{n(2n-1)}$	Dreireihige Vernietung $f = \frac{2(n-1)}{n^2}$	Vierreihige Vernietung $f = \frac{3(n-1)}{n(2n-1)}$
4	0,900	0,643	0,375	0,322
5	0,800	0,533	0,320	0,267
6	0,714	0,455	0,278	0,227
7	0,643	0,396	0.245	0,198
8	0,583	0,350	0,219	0,175
9	0,533	0,314	0,198	0,157
10	**0,491**	**0,284**	**0,180**	**0,142**
11	0,455	0,260	0,165	0,130
12	0,423	0,239	0,153	0,120
13	0,396	0,222	0,142	0,111
14	0,371	0,206	0,133	0,103
15	0,350	0,193	0,124	0,097
16	0,331	0,181	0,117	0,091
17	0,314	0,171	0,111	0,086
18	0,298	0,162	0,105	0,081
19	0,284	0,153	0,100	0,077
20	**0,271**	**0,146**	**0,095**	**0,073**
21	0,260	0,139	0,0907	0,070
22	0,249	0,132	0,0868	0,066
23	0,239	0,128	0,0832	0,064
24	0,230	0,122	0,0799	0,061
25	0,222	0,118	0,0768	0,059
26	0,214	0,113	0,0740	0,0566
27	0,206	0,109	0,0713	0,0545
28	0,200	0,105	0,0689	0,0526
29	0,193	0,102	0,0666	0,0508
30	**0,187**	**0,098**	**0,0644**	**0,0492**

Der Druck in der Lochleibung des äußersten Nietes ergibt sich dann aus der Gleichung:

$$\sigma_1 = f \cdot \frac{1}{d \cdot \delta} \cdot \frac{M}{h_1}, \text{ wo } f = \frac{6 \cdot (n-1)}{n \cdot (n+1)} \text{ ist.}$$

Die ausgerechneten Werte von f für verschiedene Nietzahlen sind aus der zweiten Spalte der vorstehenden Tabelle[1]) zu entnehmen. Bei zwei, drei und vier nicht versetzten Nietreihen ist $f = \frac{1}{2}, \frac{1}{3}$ und $\frac{1}{4}$ dieser Werte zu setzen. Bei zwei, drei und vier versetzten Nietreihen nehmen die Ausdrücke für f andere Werte an. Diese sind ebenso wie die ausgerechneten Werte für f in der vorstehenden Tabelle angegeben.

Es ist zu empfehlen, die Stoßdeckung des Stegblechteiles, der unter den Gurtwinkeln liegt (Abb. 213, 214, 215 u. 216), als Zugabe zu betrachten, d. h. als Stoßdeckungsniete nur die in den Decklaschen zwischen der unteren Kante des Obergurtwinkels und der oberen Kante des Untergurtwinkels anzusehen, weil die Niete in den Winkeln auch noch die wagerechte Querkraft aufzunehmen haben. Andernfalls ist die Zusatzbeanspruchung durch die wagerechte Querkraft $= \sigma_{q_2}$ zu berücksichtigen. Die Stoßdeckungsniete haben außer dem Biegungsmoment auch die senkrechte Querkraft aufzunehmen. Bezeichnet man die Beanspruchung durch das Moment mit σ_1 und die durch die senkrechte Querkraft mit σ_{q_1}, so entsteht in den in den Winkeln sitzenden Nieten eine Beanspruchung

$$\sigma = \sqrt{(\sigma_1 + \sigma_{q_2})^2 + \sigma_{q_1}^2},$$

in den anderen Stoßdeckungsnieten eine Beanspruchung

$$\sigma = \sqrt{\sigma_1^2 + \sigma_{q_1}^2}.$$

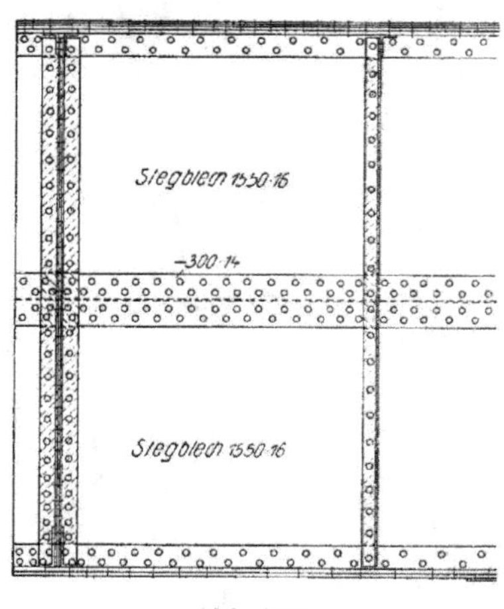

Abb. 218.

2. Wagerechter Stegblechstoß. Sehr hohe Stegbleche werden nur in verhältnismäßig kurzen Längen geliefert und erfordern daher bei langen Trägern zahlreiche senkrechte Stöße. Es ist deshalb bei sehr hohen Stegblechen wirtschaftlicher, das Stegblech in der Längsrichtung in der Mitte zu stoßen (Abb. 218). Die Stoßdeckung erfordert hier wenig Baustoff. Die Niete werden nach den für die Berechnung der Nietteilung der Gurtungen gegebenen Regeln (Seite 165) berechnet.

b. Stoß der Winkeleisen.

Aus den bereits im vorstehenden angegebenen Gründen werden die Winkel im allgemeinen nicht über 12 m ungestoßen verwendet. Zur Deckung ihres Stoßes wählt man Winkel oder zwei Flacheisen. Im ersteren Falle muß die scharfe Ecke des Winkelpunktes des Deckwinkels so bearbeitet werden, daß sie in die Ausrundung

[1]) Aus den „Hilfswerten" von F. Dircksen. In vierter Auflage bearbeitet vom Verfasser dieses Buches, Berlin 1913. Verlag von Wilhelm Ernst & Sohn.

des zu stoßenden Winkels hineinpaßt (Abb. 219). Beim Untergurt hat man darauf zu achten, daß der Deckwinkel mit den gestoßenen Winkeln keinen Wassersack bildet, daß also der senkrechte Schenkel des Deckwinkels nicht über die senkrechten Schenkel der gestoßenen Winkel hinausragt. Es empfiehlt sich, für die

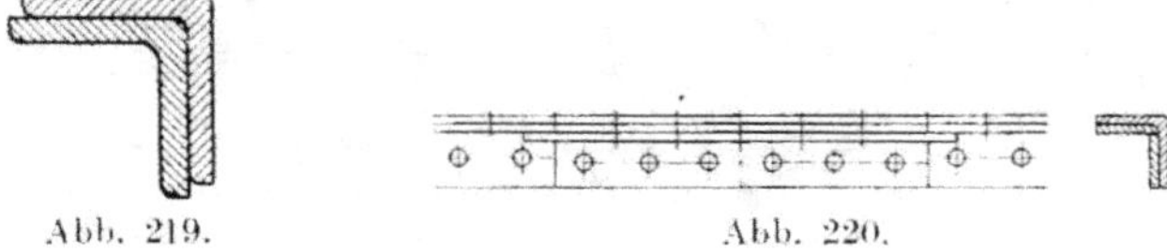

Abb. 219. Abb. 220.

Gurtwinkel die geringste Stärke eines Profils und für die Deckwinkel die größte Stärke des nächst niedrigeren Profils zu wählen und beim Untergurt den senkrechten Schenkel des Deckwinkels etwas abzuhobeln. Bei der in der Abb. 227 dargestellten Anordnung ist für die Gurtwinkel das Profil 130 · 130 · 12 und für die Deckwinkel das Profil 120 · 120 · 15 gewählt. Der senkrechte Schenkel des unteren Deckwinkels ist um 1 cm abgehobelt.

Wird der Stoß der Winkel durch zwei Flacheisen gedeckt (Abb. 220), so ist darauf zu achten, daß bei der Berechnung des erforderlichen Stoßquerschnittes auch in dem Falle, daß im Winkel nur ein Nietloch abgezogen sein sollte, in jedem Flacheisen ein Nietloch abgezogen wird, weil die Flacheisen zwei getrennte Stücke darstellen. Die Flacheisen erhalten zweckmäßig Querschnitte von annähernd gleichem Inhalt, was dadurch erreicht wird, daß das eine Flacheisen stärker als das andere gewählt wird. Jedem der beiden Flacheisen entspricht die sich aus seinem Querschnitt ergebende Anzahl von Anschlußnieten.

Die Anzahl der Niete, die zum Anschluß der den Stoß deckenden Teile auf beiden Seiten des Stoßes notwendig ist, ergibt sich am einfachsten durch Umrechnung der einzelnen Querschnitte in Nietquerschnitte, wobei auf das Verhältnis der für die Hauptträgerteile und die Niete zugelassenen Spannungen Rücksicht zu nehmen ist. Nach den Vorschriften der früheren preußischen Staatseisenbahnen sind für die Scherspannung der Niete nur $^9/_{10}$ der für die Hauptträgerteile ohne Berücksichtigung der Windkräfte erlaubten Spannung zugelassen. Hiernach berechnet sich die Nietanzahl nach der einfachen Formel: $n = \frac{10\,F}{9\,\frac{\pi\,d^2}{4}}$, wobei von der Voraussetzung ausgegangen wird, daß die Schertragkraft der Niete maßgebend ist (vgl. S. 39).

c. *Stoß der Kopfplatten.*

Die Länge der Kopfplatten wird im allgemeinen wegen der Schwierigkeit in der Handhabung auch nicht über 12 m angenommen. Ist nur eine Kopfplatte vorhanden, so wird ihr Stoß nach Abb. 221 gedeckt. Die Deckplatte erhält den-

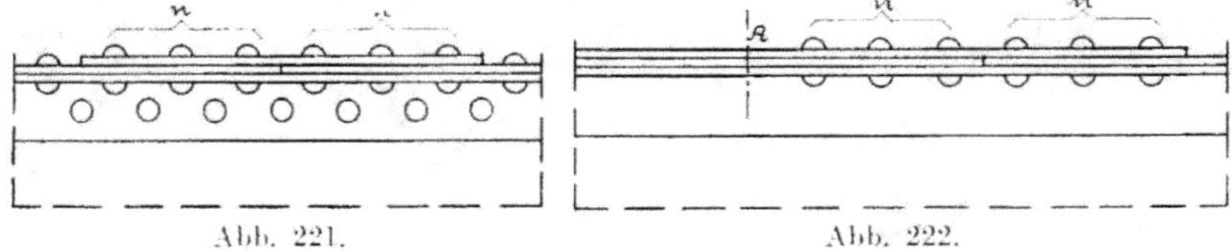

Abb. 221. Abb. 222.

selben Querschnitt wie die zu stoßende Platte. Die Nietanzahl n, die zum Anschluß der Deckplatte je auf beiden Seiten des Stoßes erforderlich ist, wird nach dem eben angegebenen Grundsatz berechnet. Oft ist es möglich, eine Platte durch

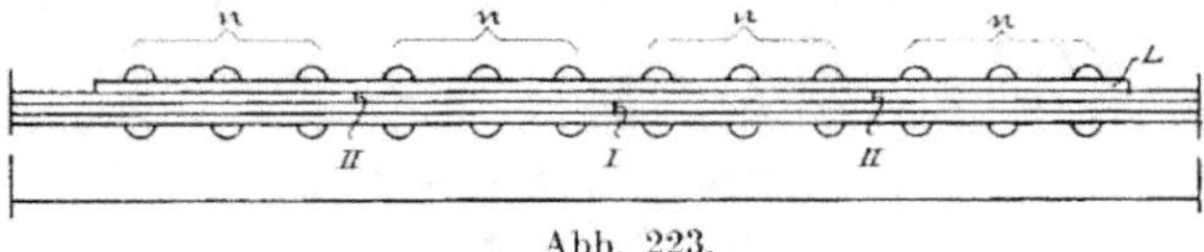

Abb. 223.

Verlängerung über ihren rechnerischen Endpunkt A zur Deckung des Stoßes der unter ihr liegenden Platte heranzuziehen (Abb. 222). Handelt es sich um den Stoß von zwei Platten[1]), so wird dieser entweder nach Abb. 223 oder Abb. 224 gedeckt. In Abb. 223 ist der Stoß I der untersten Kopfplatte durch eine besondere, unmittelbar auf ihr liegende Platte gedeckt, gegen die die obere Kopfplatte von beiden Seiten stumpf gegenläuft. Die hierdurch entstehenden Stöße II werden durch eine Decklasche L gedeckt. In Abb. 224 sind die beiden Stöße I und II,

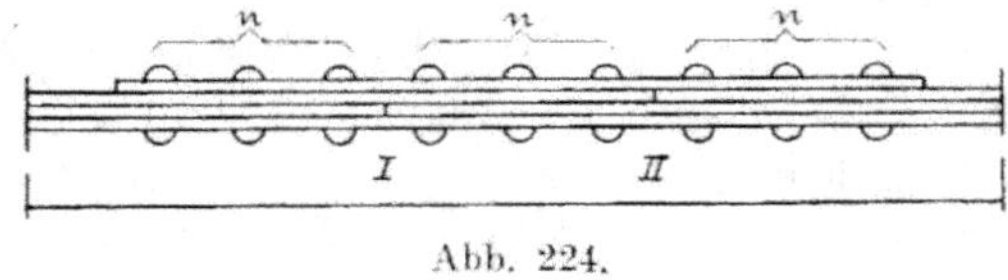

Abb. 224.

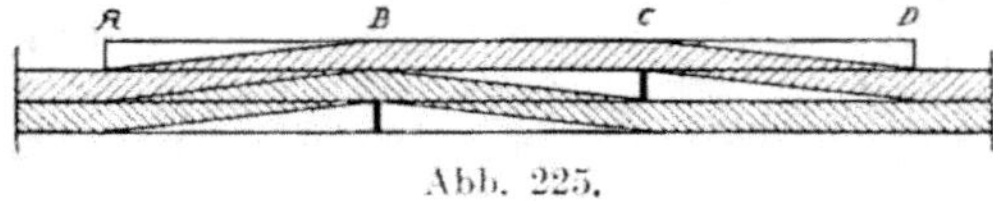

Abb. 225.

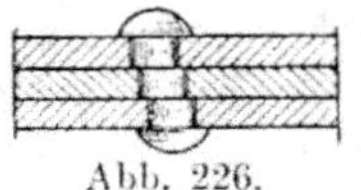

Abb. 226.

die so weit versetzt sind, daß die zum Anschluß einer Platte erforderliche Nietanzahl n zwischen ihnen Platz hat, durch eine einzige Deckplatte gedeckt. Die Kraftübertragung einer so ausgebildeten Stoßdeckung ist in Abb. 225 durch schraffierte Flächen dargestellt; die nicht schraffierten Teile sind spannungslos. Hieraus geht hervor, daß zwischen A und B, B und C und C und D je die Nietanzahl n notwendig ist, die der Anschluß einer Platte erfordert. Weiter ist ersichtlich, daß die Stoßniete in dem Teil AB in zwei Schnitten beansprucht werden. Ihre Formänderung ist in Abb. 226 dargestellt. Sie ist nicht als günstig zu be-

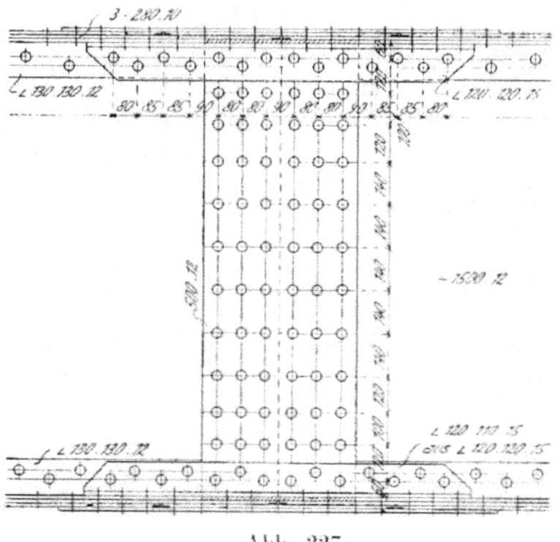

Abb. 227.

[1]) Der Stoß von drei und mehr Kopfplatten wird ganz entsprechend den folgenden Ausführungen gedeckt.

zeichnen, und es ist deshalb zu empfehlen, im Teil $A\,B$ mehr als n Niete zu setzen, und zwar, je nachdem zwischen Deckplatte und zu stoßender Platte 1, 2 oder 3 Platten dazwischen liegen, 1,3 n, 1,5 n oder 1,7 n Niete. Die in der Abb. 223 dargestellte Art der Stoßdeckung erfordert längere Deckplatten als die andere Art der Stoßdeckung und wird daher im allgemeinen nur bei den sogenannten Montagestößen angewendet.

Die Schwierigkeiten der Beförderung von der Brückenbauanstalt bis zur Baustelle erfordern oft die Zerlegung der Hauptträger in einzelne Teile und machen dann die Anordnung von Stößen, die sich über alle Teile erstrecken, notwendig. Ein solcher Stoß ist in Abb. 227 wiedergegeben. Man nennt einen solchen Stoß einen Montagestoß, im Gegensatz zu einem Werkstattstoß. Der in der Abb. 205 dargestellte Stegblechstoß ist ein Werkstattstoß.

10. Form der Hauptträger.

Die vollwandigen Träger der einfachen Balkenbrücken erhalten in der Regel Rechteckform (Abb. 228), doch werden auch Formen mit geknicktem Untergurt zur Erzielung ausreichender Sicherheit gegen Umkippen bei oben-

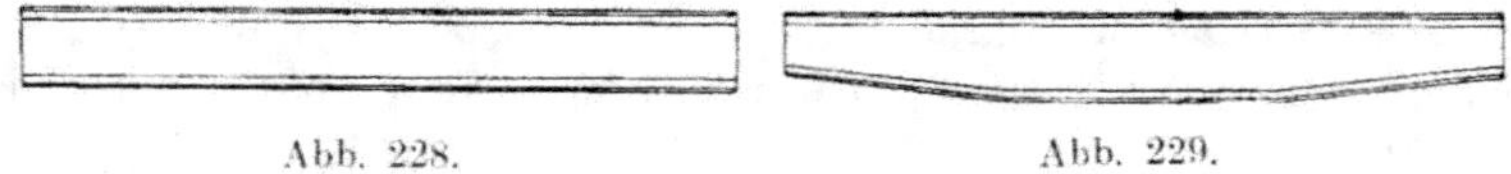

Abb. 228. Abb. 229.

liegender Fahrbahn (Abb. 229) und mit gekrümmtem Ober- oder Untergurt nach Abb. 230 u. 231 zur Erzielung eines guten Aussehens ausgeführt. Die letzte Form ist statisch sehr ungünstig, weil in der Mitte des Trägers, wo die größten Momente

Abb. 230. Abb. 231.

auftreten, die geringste Höhe vorhanden ist. Alle Knicke in den Gurtungen sind mit schlanken Kurven auszurunden (vgl. Abb. 205). Durch die Formen nach Abb. 229 u. 230 wird auch Baustoff erspart. Jedoch werden die geringeren Kosten für den Baustoff durch die Mehrkosten für die schwierigere Bearbeitung wieder aufgehoben.

11. Ausbildung des Hauptträgers am Ende.

Am Ende läßt man den Hauptträger so weit über die Auflageraussteifung übergreifen, als es die Größe des Lagers erfordert. Eine Besäumung des Trägerendes wird in Deutschland als überflüssig angesehen (Abb. 232). In Amerika wird jedoch der Hauptträger am Ende, namentlich bei Eisenbahnbrücken, nach Abb. 233 ausgebildet. Diese Ausbildungsweise, die recht erhebliche Kosten verursacht, ist in dem Bestreben begründet, unvorschriftsmäßigen Ladungen, die gegen die Hauptträger stoßen, durch die Abrundung ein Gleiten über die Brücke zu ermöglichen.

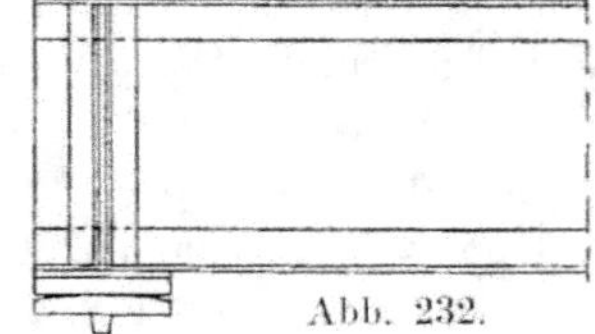

Abb. 232.

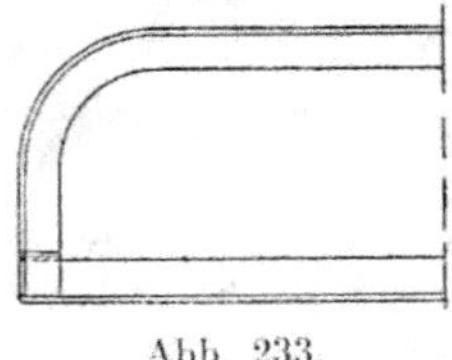

Abb. 233.

3. Ausbildung der gegliederten Träger.

a) Allgemeines.

Wie eingangs der Abhandlung über vollwandige Träger bereits erwähnt ist, wird man bestrebt sein, das Anwendungsgebiet der vollwandigen Träger wegen der Vorzüge ihrer einfachen Herstellung, billigen Beschaffung und Unterhaltung und wegen ihrer größeren Unempfindlichkeit gegen die dynamischen Einflüsse der Verkehrslasten möglichst weit auszudehnen. Bei einer Stützweite von 20 bis 22 m ist man jedoch an der Grenze der Wirtschaftlichkeit dieser Träger angelangt, und man wird von dieser Stützweite ab zu gegliederten Trägern übergehen.

Der vollwandige Träger wird durch die äußeren Kräfte in allen seinen Teilen auf Biegung und in den meisten Fällen auch auf Abscheren beansprucht, während beim gegliederten Träger in den einzelnen Stäben, die in den Knotenpunkten gelenkig zusammengefügt sind oder doch gelenkförmig zusammengefügt angenommen werden, in dem Falle, daß die äußeren Kräfte nur in den Knotenpunkten angreifen, lediglich nur in den Stabachsen wirkende Zug- oder Druckkräfte auftreten. Der Baustoff der gegliederten Träger wird daher besser als bei den vollwandigen Trägern, bei denen nur die äußersten Fasern voll beansprucht sind, ausgenutzt.

Die Fahrbahn soll im allgemeinen nur in den Knotenpunkten der Hauptträger ihre Unterstützung finden (Abb. 234a), um Biegungsbeanspruchungen in den Fachwerkgliedern zu vermeiden. Ausnahmsweise lagert man auch wohl die Fahrbahn auf den Gliedern des Hauptträgers nach Abb. 234b und beansprucht diese Teile auf Biegung. Als Regel ist jedoch zu betrachten, die Fahrbahn nur in den Knotenpunkten der Hauptträger zu lagern.

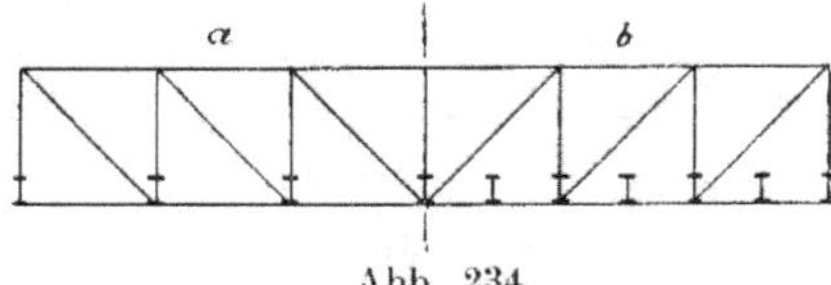

Abb. 234.

Die wesentlichen Bestandteile eines gegliederten Trägers sind: 1. der Untergurt, 2. der Obergurt und 3. die Füllungsglieder, die beide Gurte verbinden. Beim einfachen Balken und bei senkrecht abwärts gerichteten Lasten erhält der Obergurt nur Druck, der Untergurt nur Zug, während die Füllungsglieder Zug und Druck erhalten können. Die einzelnen Stäbe werden in den Knotenpunkten entweder durch Gelenkbolzen (Abb. 350) oder durch feste Vernietung (Abb. 352) untereinander verbunden. Erstere Verbindung ist namentlich in Amerika gebräuchlich, während in Deutschland allgemein der festen Vernietung der Vorzug gegeben wird. Siehe hierüber auch unter „Ausbildung der Knotenpunkte". Die feste Vernietung der Stäbe wird entweder, wie in Abb. 353 dargestellt, mit Hilfe von Knotenblechen oder durch unmittelbaren Anschluß der Füllungsglieder an dem Gurt (Abb. 352) bewirkt. Die Berechnung wird auch bei der festen Vernietung fast stets nur unter der Annahme gelenkförmiger Verbindung durchgeführt. Damit nun die Wirklichkeit einigermaßen mit der Rechnung in Einklang steht, ist darauf zu achten, daß die Glieder, senkrecht zu ihrer Längsachse in Richtung der Trägerebene gemessen, nicht unnötig hoch ausgebildet und so die durch die festen Vernietungen hervorgerufenen Nebenspannungen in engen Grenzen gehalten werden. Nähere Angaben hierüber finden sich in der Abhandlung über die Gestaltung der Querschnitte.

b) Ausbildung des Trägernetzes.

Wie bereits im Abschnitt II unter D erörtert wurde, erhält man ein starres Gebilde dadurch, daß man, von einem Dreieck ausgehend, weitere Knotenpunkte durch zwei Stäbe an das fertige Gebilde anschließt. Man kann hierbei auf zwei Arten vorgehen:

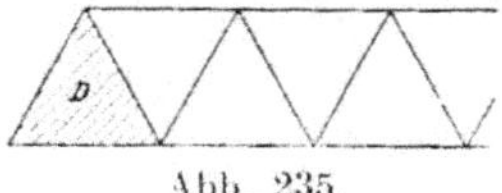

Abb. 235.

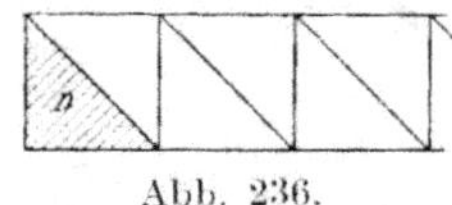

Abb. 236.

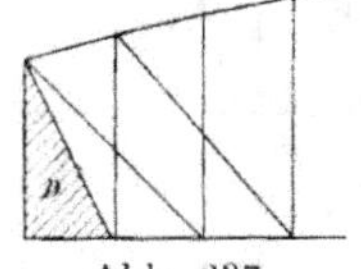

Abb. 237.

1. Die Knotenpunkte werden an das Grunddreieck D so angefügt, daß die Füllungsstabzüge sich nicht kreuzen (Abb. 235 und 236).
2. Das Fachwerk wird so aufgebaut, daß die Fülluugsstabzüge sich kreuzen (Abb. 237).

Abb. 238 stellt ein auf die erste Art erhaltenes, statisch bestimmtes Fachwerk dar; man nennt diese Art des Fachwerkes ein „einfaches Fachwerk".

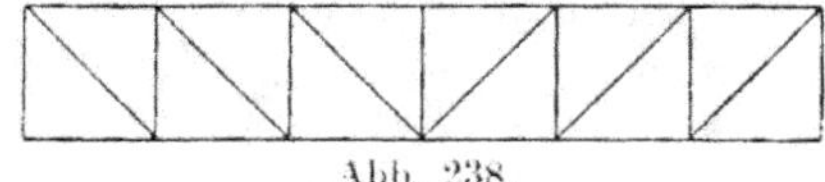
Abb. 238.

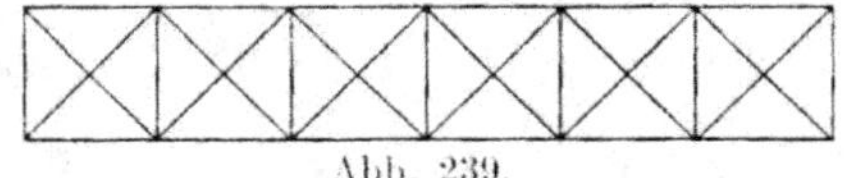
Abb. 239.

In Abb. 239 ist ein Fachwerk dargestellt, das sich von dem vorigen nur dadurch unterscheidet, daß in jedem Felde gekreuzte Diagonalen angeordnet sind. Werden die Diagonalen so ausgebildet, daß sie nur Zugkräfte aufzunehmen imstande sind, so ist dies Fachwerk dem vorigen in der Wirkung gleich, da in jedem Felde nur eine Diagonale gespannt sein kann. Werden dagegen die Diagonalen druckfest ausgebildet, so nehmen beide Diagonalen in jedem Felde an der Aufnahme der Kräfte teil, und das Fachwerk ist in der Wirkung von dem in Abb. 238 gezeichneten verschieden. Es ist soviel mal statisch unbestimmt, als Felder mit Doppeldiagonalen vorhanden sind, und wird, da sich zwei Füllungsstabzüge kreuzen, ein „zweifaches Fachwerk" genannt.

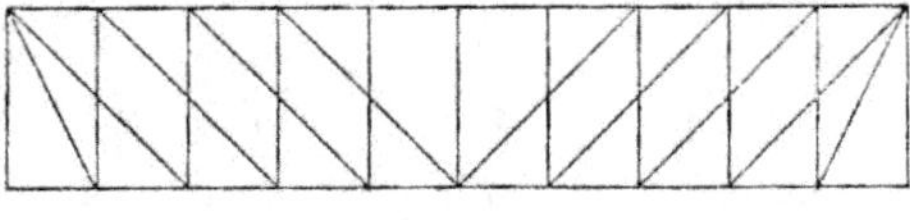
Abb. 240.

Auch die Abb. 240 zeigt ein zweifaches Fachwerk. Die beiden sich kreuzenden Stabzüge sind in den Abb. 241 und 242 getrennt dargestellt. Das Fachwerk ist statisch bestimmt. Die beiden durch Schraffierung

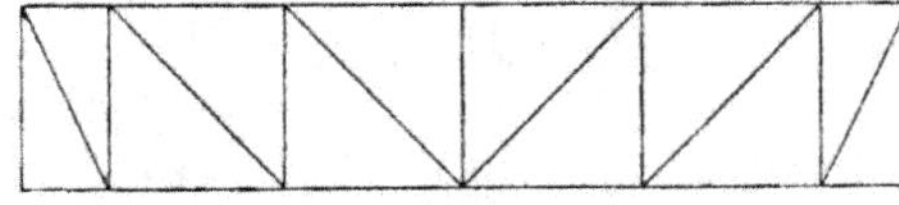
Abb. 241.

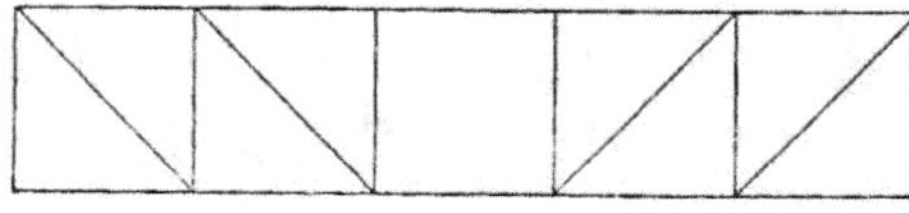
Abb. 242.

unterschiedenen starren Scheiben I und II in Abb. 243 kann man sich dadurch entstanden denken, daß man, von den Grunddreiecken D_I und D_{II} beginnend, weitere Knotenpunkte durch je zwei Stäbe an die starren Gebilde anschließt. Schließlich werden die beiden Scheiben I und II durch ein Gelenk G und einen Stab A starr und in statisch bestimmter Weise miteinander verbunden.

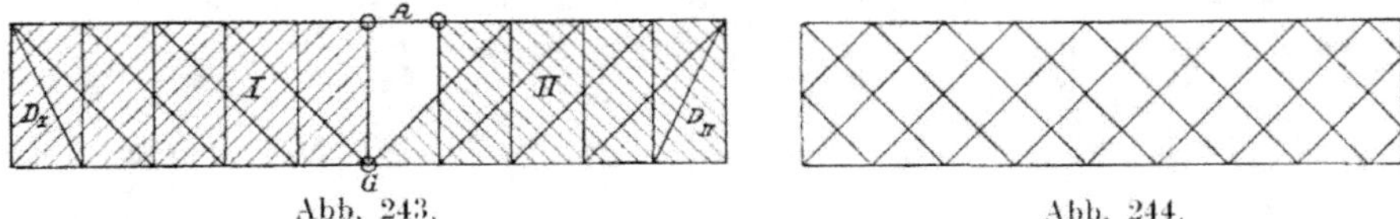

Abb. 243. Abb. 244.

Kreuzen sich n-Stabzüge von Füllungsstäben, so entsteht ein *$n$faches Fachwerk*. Abb. 244 zeigt ein *vierfaches Fachwerk*.

Werden die Maschen durch Anordnung vieler sich kreuzender Stabzüge sehr klein, so nennt man ein solches Fachwerk ein *Gitterwerk* (Abb. 17).

Auf die *Theorie* der mehrfachen Fachwerke, auf die Untersuchungen ihrer statischen Bestimmtheit oder Unbestimmtheit kann in diesem Buche nicht eingegangen werden. *Müller-Breslau* hat in den neuen Auflagen seiner „Graphischen Statik der Baukonstruktionen" die mehrteiligen Fachwerke sehr eingehend behandelt und endlich Klarheit auf dem schwierigen Gebiete dieser Fachwerke, die sehr oft ohne das rechte Verständnis für ihr statisches Verhalten angewendet worden sind, geschaffen.

Die Abb. 245, 246 und 247 zeigen zweifache, statisch bestimmte Fachwerke, die Abb. 248 ein zweifaches, einfach statisch unbestimmtes Fachwerk.

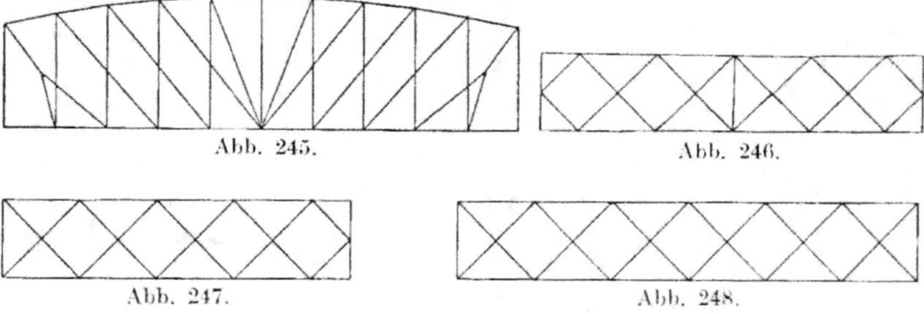

Abb. 245. Abb. 246.

Abb. 247. Abb. 248.

Die *engmaschigen Gitterträger* werden, wie unter 1. dieses Abschnitts bereits erwähnt wurde, jetzt nicht mehr ausgeführt.

Die *mehrfachen Fachwerke* verdanken ihre Entstehung dem Bestreben, bei großen Stützweiten, die große Trägerhöhen erfordern, verhältnismäßig kleine Querträgerentfernungen zu erhalten, ohne den Diagonalen eine sehr steile Neigung, die stets mit Schwierigkeiten beim Anschluß verbunden ist, geben zu müssen. In neuerer Zeit sind die mehrfachen Fachwerke der in den Abb. 240, 244 und 245 dargestellten Formen nur in seltenen Fällen noch ausgeführt worden, weil man bestrebt ist, möglichst einfache, klare, leicht zu berechnende Gebilde als Trägernetze anzuwenden, ferner weil schlaffe Diagonalen wegen ihrer schlechten Bewährung im Brückenbau den steifen, druckfesten Diagonalen haben weichen müssen und die Durchführung druckfester Querschnitte an den Kreuzungspunkten der Füllungsstäbe auf Schwierigkeiten stößt. Bei großen Stützweiten und großen Trägerhöhen lassen sich durch Einschaltung von Zwischenfachwerken angemessene Querträgerabstände erzielen (Abb. 249).

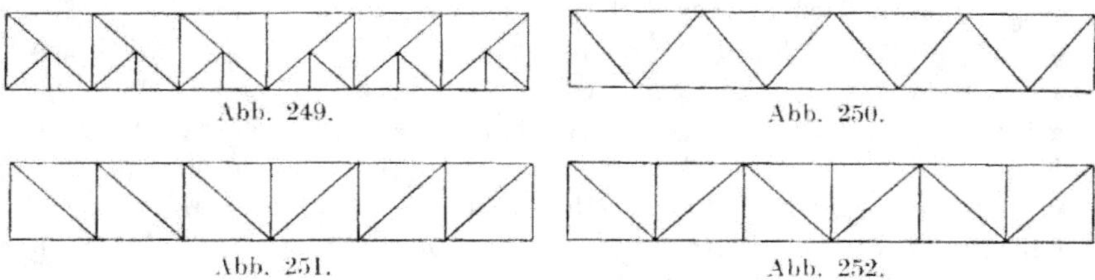

Abb. 249. Abb. 250.

Abb. 251. Abb. 252.

Streben- und Ständerfachwerk.

Nach der Gestaltung des Netzes der Füllungsglieder unterscheidet man Strebenfachwerke und Ständerfachwerke. Die Strebenfachwerke weisen außer den etwa vorhandenen Endpfosten nur geneigte Füllungsglieder, sogenannte Diagonalen oder Streben auf (Abb. 250), während die Ständerfachwerke auch senkrechte Füllungsglieder, sogenannte Pfosten oder Ständer, besitzen (Abb. 251).

Das in Abb. 252 dargestellte Fachwerk ist ein Strebenfachwerk. Die Pfosten gehören nicht zum System, sie dienen vielmehr nur zum Querträgeranschluß und teilweise zur Halbierung der Knicklänge der Obergurtstäbe für die senkrechte Richtung.

Das Strebenfachwerk weist weniger Knotenpunkte als das Ständerfachwerk auf, ist daher billiger und leichter als dieses.

Es ist wirtschaftlich vorteilhafter, die Diagonalen der beiden Mittelfelder nach der Mitte zu fallend, als sie nach der Mitte zu steigend anzuordnen, weil im ersten Falle die Spannkräfte in den Untergurtstäben, in denen die Nietlöcher für den nutzbaren Querschnitt nicht in Rechnung gestellt werden können, kleiner ausfallen als im zweiten Falle.

Neuerdings ist auch eine Trägerform mit **K**-förmiger Füllungsgliederanordnung (Abb. 253) in Aufnahme gekommen, die zwar die Knicklängen der Füllungsglieder verringert und auch bei großen Trägerhöhen verhältnismäßig kleine Feldweiten ermöglicht, aber in schönheitlicher Beziehung zu wünschen übrig läßt. Die Dreieckspitzen in den Mitten der Pfosten wirken unruhig.

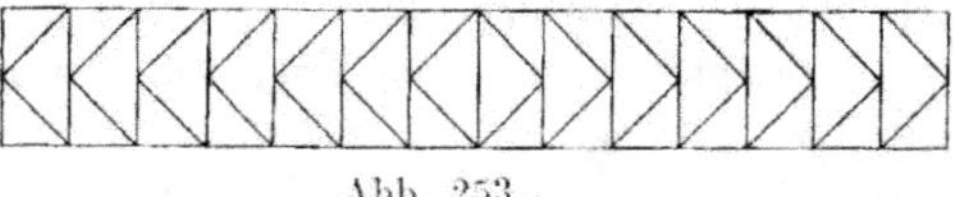

Abb. 253.

In früheren Jahren wurden die Streben in der Regel schlaff ausgebildet. Es mußten dann in denjenigen Feldern, in denen die durch das Eigengewicht des Überbaues gezogenen Streben — Hauptstreben genannt — durch die Verkehrslast Druck erhalten, Gegenstreben angeordnet werden, weil die aus Flacheisen gebildeten Streben nicht imstande sind, die Druckkraft aufzunehmen. Von der schlaffen Ausbildung gezogener Glieder ist man jetzt aber ganz abgekommen. Bei der Montage rücken die beiden Knotenpunkte, die durch einen Flacheisenstab verbunden werden sollen, oft näher zusammen, als dem errechneten

Abstand entspricht. Die Folge davon ist, daß der Flacheisenstab, der an seinen Enden gemäß dem errechneten Abstand gebohrte Nietlöcher aufweist, nach seiner Einfügung etwas ausgebogen ist, also sich an der Kraftaufnahme gar nicht oder doch unvollkommen beteiligt. Bei plötzlicher Belastung kann es außerdem vorkommen, daß ein solcher Stab sich unter einem Ruck anspannt, also sehr ungünstig beansprucht wird. Bei wagerechten Verbänden hängen Flacheisenstäbe, auch wenn die Knotenpunktentfernung genau dem errechneten Abstand gleich ist, infolge ihres Eigengewichtes durch. Unter den bewegten Lasten geraten Flacheisenstäbe leicht in Schwingungen, welche sie selbst und ihre Anschlüsse ungünstig beanspruchen. Aus allen diesen Gründen erhalten neuerdings auch die gezogenen Stäbe steife, druckfeste Querschnitte. Gegenstreben werden hierdurch überflüssig.

Unterscheidung nach der Gestaltung der Gurtungen.

Die Linienführung der Gurtungen gibt ein weiteres Unterscheidungsmerkmal für die Fachwerkträger. Man unterscheidet danach Fachwerkträger:

1. mit zwei geraden Gurten,
2. mit einem geraden und einem geknickten Gurt,
3. mit einem geraden und einem gekrümmten Gurt und
4. mit zwei gekrümmten Gurten.

Bei den geknickten Gurtungen liegen mehrere Knotenpunkte auf einer Geraden (Abb. 254 und 255), bei den gekrümmten Gurtungen liegen alle Knoten-

Abb. 254. Abb. 255.

punkte auf einer Kurve. Die Gurtstäbe folgen in der Regel nicht dieser Kurve, sondern verbinden die Knotenpunkte geradlinig. Beim Strebenfachwerk mit gekrümmtem Obergurt wird in der Regel auch in den Punkten, in denen nur die Pfosten mit dem gekrümmten Gurt zusammenstoßen, ein Knick angeordnet (Abb. 259). Dies geschieht aus Schönheitsrücksichten und wegen des Umstandes, daß das Eigengewicht der benachbarten Gurtstäbe und Windverbandstäbe, das auf den Pfosten lastet, durch die Sprengung des Gurtes aufgehoben wird. Wird auf das gute Aussehen der Träger besonderer Wert gelegt, so werden auch die Gurtstäbe selbst gekrümmt. Die Zusatzspannungen, die infolge dieser Krümmung in den Gurtstäben hervorgerufen werden, müssen natürlich berechnet werden.

Träger mit zwei geraden Gurten.

Träger der ersten Art heißen auch Parallelträger. Je nach der Ausbildung des Trägerendes unterscheidet man Parallelträger mit senkrechten Endpfosten (Abb. 253) und mit abgeschrägten Enden (Abb. 256). Letztere werden auch Trapezträger genannt.

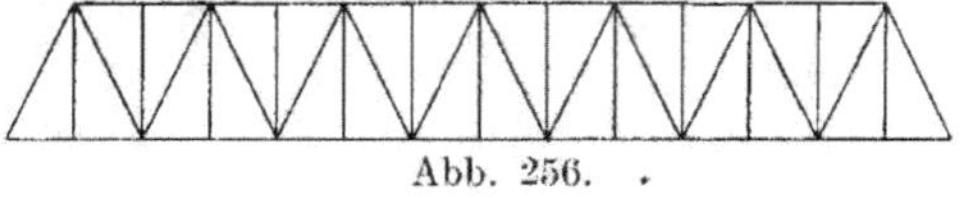

Abb. 256.

Träger mit einem geraden und einem gekrümmten Gurt.

Bei den Trägern mit einem geraden und einem gekrümmten Gurt liegt der gerade Gurt in der Ebene der Fahrbahn; der andere Gurt ist nach einer Kurve, im besonderen nach einem Kreisbogen, einer Parabel der zweiten Ordnung, einer kubischen Parabel oder auch nach einer Ellipse gekrümmt. In der Regel wird die Krümmung nach einer Parabel der zweiten Ordnung geformt, sie gibt eine in schönheitlicher Beziehung befriedigende Linie, und ihre Ordinaten lassen sich schnell und einfach berechnen[1]). Dr.-Ing. Jordan[2]) empfiehlt als Krümmung die Biegungslinie eines frei aufliegenden Balkens, der nach oben von einer in der Mitte wirkenden lotrechten Einzellast beansprucht wird. In neuerer Zeit sind auch Fachwerkträger mit doppelt gekrümmtem Gurt ausgeführt worden (Abb. 263); die Linie eines so gekrümmten Gurtes ist recht befriedigend.

Die Kurven laufen entweder an den Auflagerpunkten aus oder enden an den Auflagern in einem gewissen Abstande vom geraden Gurt. Ist die Kurve beispielsweise eine Parabel, so erhält man im ersten Falle einen Parabelträger (Abb. 257 und 260), im zweiten Falle einen abgestumpften Parabelträger, den man auch Halbparabelträger nennt (Abb. 258 und 261). Der Halbparabelträger wird auch mit abgeschrägten Enden ausgeführt (Abb. 259 und 262). Beim Parabelträger sind bei vollständiger, gleichmäßig verteilter Belastung die Spannkräfte in den Streben = 0, in den Untergurtstäben überall gleich und in den Obergurtstäben nur wenig voneinander verschieden. Die in der Abb. 260 dargestellte Trägerform mit tiefliegendem gekrümmten Gurt wird auch Fischbauchträger genannt.

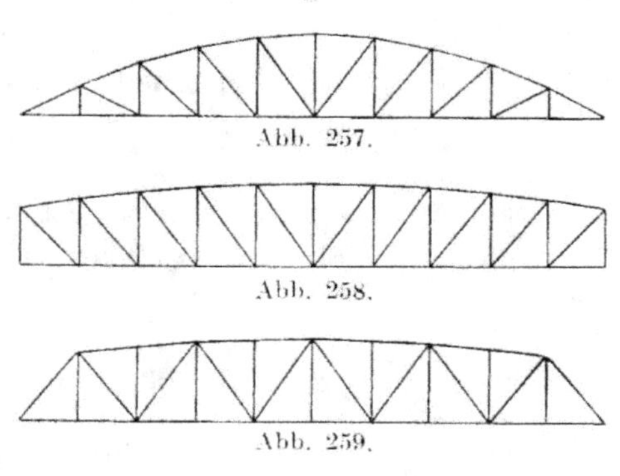

Abb. 257.

Abb. 258.

Abb. 259.

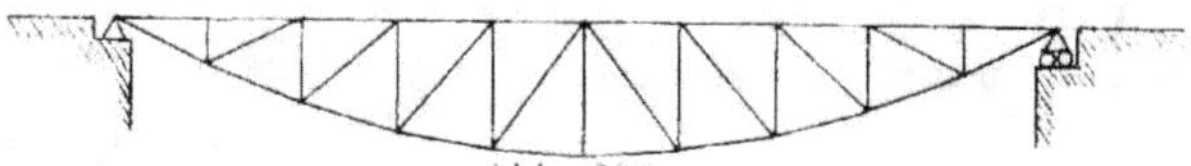

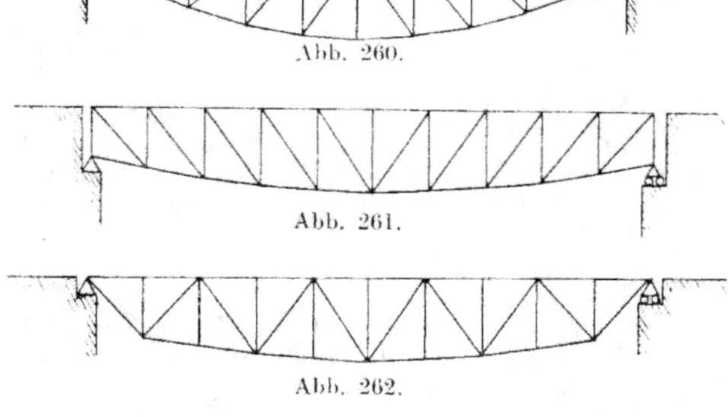

Abb. 260.

Abb. 261.

Abb. 262.

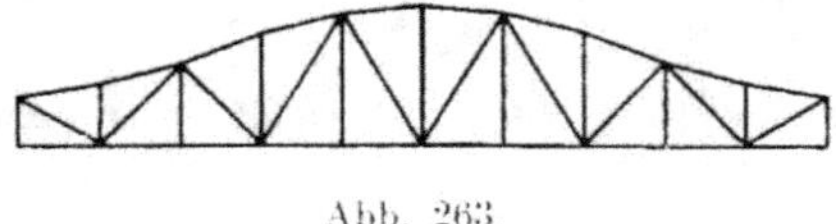

Abb. 263.

[1]) Bedeutet f die Pfeilhöhe, L die Stützweite, x und x' die Entfernungen eines Punktes vom linken und rechten Auflager, so wird die Parabelordinate durch die Gleichung: $y = \frac{4 f x x'}{L^2}$ bestimmt.

[2]) „Vorschläge zur künstlerischen Gestaltung von Brückenbauten.“ Zeitschrift für Architektur und Ingenieurwesen. 1916. Heft 4.

Zu der Trägergattung mit einem gekrümmten und einem geraden Gurt gehören auch die nach ihren Erfindern genannten Schwedler- und Pauliträger[1]). Die theoretische Form des Schwedlerträgers besitzt die Eigentümlichkeit, daß in allen Feldern einfache schlaffe Streben, die nur Zugkräfte erhalten, angeordnet werden können. Die Trägerform läßt sich sehr leicht aus der Bedingung, daß für die ungünstigste Laststellung die Druckkraft in allen Streben = 0 oder gar eine Zugkraft sein soll: $D_{\min} > 0$, bestimmen. D_m bezeichne die zwischen den Knotenpunkten $m - 1$ und m liegende Diagonale (Abb. 264). Ihre Spannkraft läßt sich nach der bekannten Formel $D_m \cdot \cos \varphi_m = \frac{M_m}{h_m} - \frac{M_{m-1}}{h_{m-1}}$ berechnen. Hierin bedeuten M_m und M_{m-1} die Momente der äußeren Kräfte in bezug auf die Punkte m und $m - 1$. Die Bedeutung der übrigen Größen geht aus der Abb. 264 hervor. Bestimmt man nun diejenige Laststellung, für welche in D die größte, der Eigengewichtsbeanspruchung entgegengesetzte Spannkraft entsteht, und berechnet die aus dieser Laststellung und dem Eigengewicht herrührenden Momente M_m und M_{m-1}, so erhält man aus der Bedingung $D_{\min} = \frac{1}{\cos \varphi_m}\left(\frac{M_m}{h_m} - \frac{M_{m-1}}{h_{m-1}}\right) > 0$ die Beziehung $\frac{M_m}{M_{m-1}} > \frac{h^m}{h_{m-1}}$. Indem man nun für eine Höhe h_m eine bestimmte Größe annimmt, kann man die übrigen Werte der Höhen aus dieser Beziehung herleiten. Der hieraus abgeleitete Träger erhält bei geradem Untergurt die in Abb. 265 dargestellte Form, die in bezug auf ein schönes Aussehen wenig befriedigt. Man verbindet daher die höchsten Punkte der beiden Kurven wagerecht und führte früher diesen mittleren Teil mit Gegenstreben aus (Abb. 266). Die eigentlichen Schwedlerträger mit schlaffen Streben, die früher sehr oft ausgeführt worden sind, bieten insofern Gefahren für den Betrieb, als bei der Belastung durch Betriebsmittel, die schwerer sind als die der Berechnung zugrunde gelegten, der Fall eintreten kann, daß für ein Feld mit nur einer schlaffen Strebe für eine gewisse Belastung $\frac{M_m}{h_m} < \frac{M_{m-1}}{h_{m-1}}$ wird. Rechnungsgemäß ist dann überhaupt kein Gleichgewicht mehr möglich, und der Träger würde einstürzen, wenn nicht die steifen Nietverbindungen in den Knotenpunkten die fehlende Druckfestigkeit der Strebe ersetzen würden. In der Tat sind manche Schwedlerträger, die sich sonst in einem tadellosen Zustande befanden und in allen ihren übrigen Teilen schwereren Betriebslasten als den für die Berechnung ursprünglich maßgebenden gewachsen waren, nur durch die steifen Nietverbin-

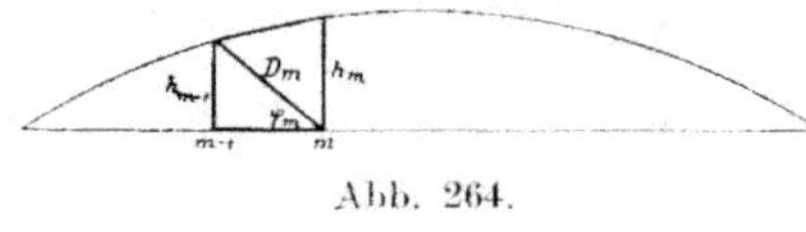

Abb. 264.

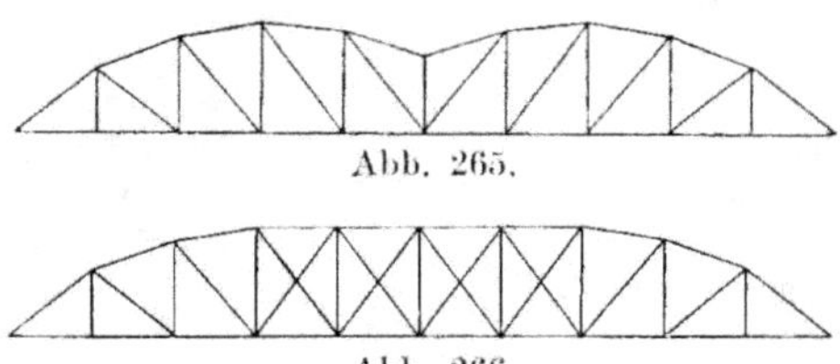

Abb. 265.

Abb. 266.

[1]) Schwedler †, Geheimer Oberbaurat in Berlin. v. Pauli †, bayerischer Oberbaudirektor.

dungen vor dem Einsturz bewahrt worden. Aus diesem Grunde werden Schwedlerträger mit schlaffen Streben heute nicht mehr ausgeführt, wohl aber mit steifen Streben (Abb. 277), weil die äußeren Umrißlinien der Schwedlerträger schön sind und die weiter von der Trägermitte abliegenden Streben nur geringen Aufwand für ihre steife Ausbildung erfordern.

Der Pauliträger ist so gestaltet, daß bei geradem Untergurt in allen Obergurtstäben die gleiche größte Spannkraft herrscht. Bekanntlich ist die Spannkraft in einem Obergurtstab: $O_m = -\frac{M_m}{r_m}$, wo M_m das Moment der äußeren Kräfte in bezug auf den unteren Knotenpunkt m und r_m das Lot von m auf den betreffenden Obergurtstab bedeutet (Abb. 267). Bestimmt man nun für alle Knotenpunkte m die größten Momente M_m und nimmt einen Wert für r an, so kann man alle übrigen Werte von r aus der Bedingung $\frac{M_1}{r_1} = \frac{M_2}{r_2} = \frac{M_3}{r_3} = \dots = \frac{M_m}{r_m}$ ausrechnen.

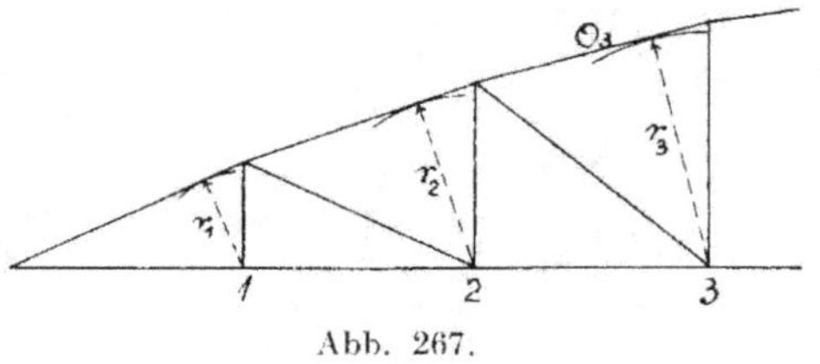

Abb. 267.

Die auf diese Weise erhaltene Trägerform befriedigt meist in schönheitlicher Beziehung wenig, und man wird deshalb eine Verbesserung der Linie des Obergurtes vornehmen, wobei ein geringer Unterschied in den größten Spannkräften der Obergurtstäbe mit in Kauf genommen wird.

Träger mit zwei gekrümmten Gurtungen.

Bei diesen Trägern wird die Fahrbahn entweder durch besondere Stützpfosten auf die Hauptträger abgestützt (Abb. 268) oder mit besonderen Hängestangen an die Hauptträger angehängt (Abb. 269). Der in der Abb. 268 dargestellte Träger heißt Linsenträger[1]), eine Trägerform, die neuerdings sehr selten ausgeführt wird. Auch in der abgestumpften Form ist der Linsenträger gebaut worden, z. B. bei der Weichselbrücke bei Dirschau (Abb. 269) in den Jahren 1889 bis 1891.

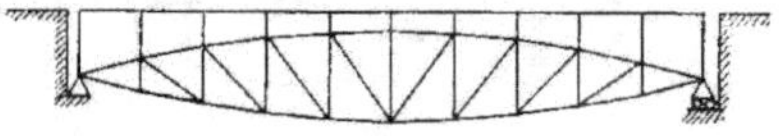

Abb. 268.

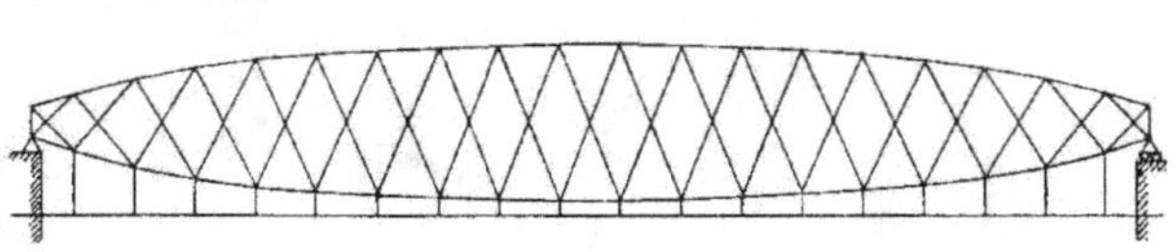

Abb. 269.

Fachwerke mit Unterteilung.

Wie schon bei der Abhandlung über die mehrteiligen Fachwerke kurz erwähnt worden ist, werden neuerdings bei großen Stützweiten häufig Träger ausgeführt, bei denen zur Erzielung zweckmäßiger Querträgerentfernungen Zwischenfachwerke in das Hauptfachwerk eingeschaltet werden. Die Abb. 270, 271 und 272 zeigen derartige Fachwerkträger. Bei dem in Abb. 270 dargestellten Träger sind

[1]) Vgl. „Zur Entwicklung der Linsenträger." Von Sonntag, „Der Brückenbau." 1914. S. 67 u. f.

Sprengewerke, in den Trägernetzen der Abb. 271 und 272 dagegen Hängewerke eingefügt. Die Abb. 273 zeigt eine neuerdings oft ausgeführte abgestumpfte Trägerform mit Unterteilung.

Zu den Trägern mit Unterteilung gehören auch die doppelten Fachwerke nach den Abb. 274 und 275, bei denen durch Anhängung an die Kreuzungspunkte der Streben oder durch Abstützung auf diese weitere Unterstützungspunkte für die Querträger geschaffen sind.

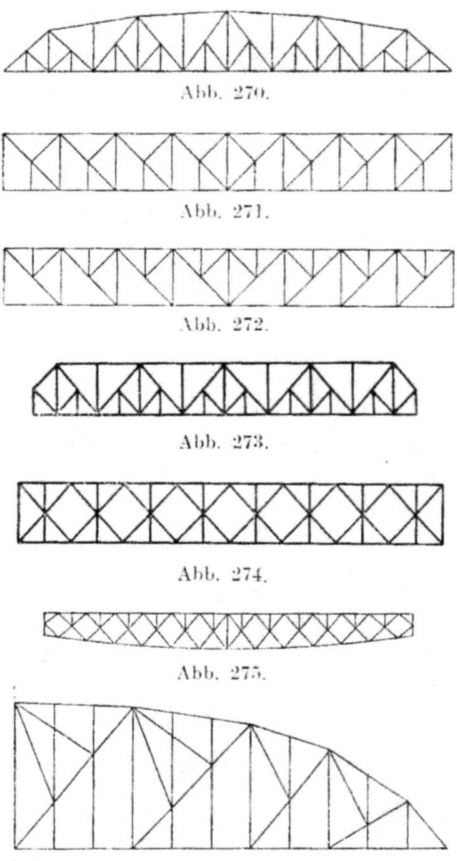

Abb. 270.

Abb. 271.

Abb. 272.

Abb. 273.

Abb. 274.

Abb. 275.

Abb. 276.

Müller-Breslau hat vor einigen Jahren für Eisenbahnbrücken über die Wolga mit Stützweiten bis zu 192,5 m die in Abb. 276 dargestellte Trägerform vorgeschlagen, die eine zweckmäßige Unterteilung besitzt. Diese Art der Unterteilung wurde auch für die im Jahre 1912 vollendete zweigleisige Eisenbahnbrücke über den Rhein unterhalb Ruhrort in Erwägung gezogen (Abb. 277). Das Aussehen solcher Überbauten, die in den Umrißlinien die Schwedlerform zeigen, ist durchaus klar und übersichtlich.

Die Überbauten der genannten Rheinbrücke sind in der in der Abb. 278 dargestellten Form ausgeführt worden. Die Vorlandüberbauten zeigen Parallelträger von 41 m Stützweite. Die seitlichen, 106,08 m weit gestützten Stromüberbauten und der mittlere, 186 m weit gespannte Überbau weisen abgestumpfte Parabelträger mit Strebenfachwerk auf. Bei den seitlichen Stromüberbauten ist keine Unterteilung vorgesehen, dagegen sind die

Abb. 277.

Streben des mittleren Überbaues mit Ausnahme derjenigen der beiden Endfelder auf jeder Seite untergeteilt. In allen Knotenpunkten sind Pfosten angeordnet. Die langen, frei vom Untergurt bis zum Obergurt durchgehenden Pfosten des mittleren Überbaues mußten durch wagerechte Stäbe gegen die Schnittpunkte der Hauptdiagonalen mit den Nebendiagonalen abgestützt werden, um sie ohne übermäßige Querschnittsabmessungen gegen Windkräfte, die in der Längsachse des Überbaues wirken, widerstandsfähig zu machen. Das Gesamtbild der Brücke mit den unter der Fahrbahn liegenden Vorlandüberbauten und den sich über die Fahrbahn erhebenden Stromüberbauten und der Unterteilung des großen Stromüberbaues läßt ohne weiteres die Bedeutung der einzelnen Überbauten erkennen.

Die Träger mit geknickten oder gekrümmten Gurtungen sind statisch günstiger als die Träger mit zwei geraden Gurtungen, da sich ihre Höhe den auftretenden Momenten anpaßt und bei ihnen die mit den größten Stabkräften behafteten Füllungsglieder an den Trägerenden kürzer sind als bei den Trägern mit zwei geraden Gurtungen. Die Knicke in den Knotenpunkten bereiten aber stets einige konstruktive Schwierigkeiten; deshalb werden bei kleineren und mittleren Stützweiten bis etwa zu 55 m die Parallelträger den anderen bevorzugt. Außerdem bieten sie vor den anderen Trägern den Vorteil, daß sich schon von etwa 40 m Stützweite an ein ganz durchgehender oberer Windverband anordnen läßt. Bei Stützweiten über 55 m wird jetzt meist der abgestumpfte Parabelträger ausgeführt. Bei tiefliegender Fahrbahn leiten abgeschrägte Enden in einer für das Auge gefälligeren Form von dem hochliegenden Obergurt zur Fahrbahn über als senkrechte Enden. Aus diesem Grunde sind die Träger mit abgeschrägten Enden sehr beliebt (Abb. 256 u. 259). Die Endschrägen müssen aber bei ihnen, falls man nicht die Portale in die Ebenen der letzten Pfosten legen will, zugleich als Ständer der Endportale ausgebildet werden. Dies erfordert bei weit gespannten Überbauten außerordentlich große Querschnittsabmessungen der Endschrägen. Man wählt deshalb auch für sehr weit gespannte Überbauten abgestumpfte Parabelträger mit senkrechten Enden und ordnet die Endschrägen steigend an, so daß die Endpfosten nur die Windkräfte aus dem oberen Windverband aufzunehmen haben. (Abb. 278.)

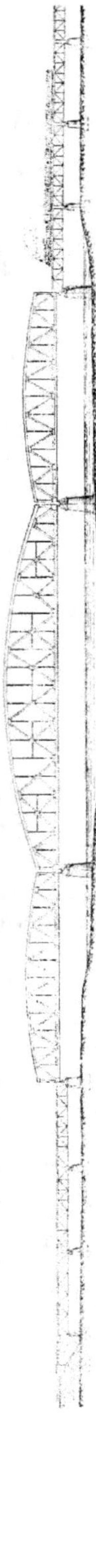

Abb. 278.

c) Zweckmäßigste Höhen für Fachwerk-Balkenträger.

Mit zunehmender Höhe verringern sich bei gleicher Stützweite die Spannkräfte im Ober- und Untergurt, dagegen nehmen die Längen und damit die Gewichte der Füllungsglieder zu. Es folgt daraus, daß es ebenso wie für den vollwandigen Träger auch für den Fachwerkträger eine zweckmäßigste Höhe geben wird. Diese ist bei Parallel- und Trapezträgern zu $^1/_8$ der Stützweite, bei Halbparabel- und Parabelträgern zu $^1/_7$ der Stützweite ermittelt worden. Die Höhen früher ausgeführter Brücken sind in der Regel zu niedrig gewählt worden.

Die Höhe an den Enden der abgestumpften Parabelträger wird, wenn nicht die Durchfahrthöhe an den Endportalen für sie maßgebend ist, mit Rücksicht auf das gute Aussehen gewählt. Die angegebenen Werte für die Höhen gelten für flußeiserne Überbauten. Wie schon auf S. 61 erörtert wurde, müssen stählerne Überbauten im allgemeinen eine etwas größere Höhe erhalten.

d) Zweckmäßigste Feldweite für Fachwerk-Balkenträger.

Unter der Feldweite wird beim einfachen Fachwerk der wagerechte Abstand der Endpunkte der Hauptstreben, beim mehrfachen Fachwerk der wagerechte Abstand der Knotenpunkte des Gurtes, in dessen Nähe die Fahrbahn liegt, verstanden. Bei feststehender Höhe wachsen mit zunehmenden Feldweiten die Längen der Streben und infolge ihrer flacheren Neigung auch ihre Spannkräfte, anderseits verringert sich die Anzahl der Streben, Pfosten und Knotenpunkte und damit auch teilweise der Baustoffaufwand. Für die Bemessung der Feldweiten sind auch Teile des Fahrbahnträgergerippes maßgebend. Besteht dieses aus Querträgern, die an den Hauptträgern angeschlossen werden, und aus Längsträgern, die ihr Lager an den Querträgern finden, so ist es klar, daß mit zunehmender Feldweite der Baustoffaufwand für die Querträger unter Umständen abnehmen kann, während er für die Längsträger stets wachsen muß. Alle diese Umstände müssen bei der Ermittlung der günstigsten Feldweite berücksichtigt werden. Allgemein läßt sich sagen, daß man die günstigsten Feldweiten für Träger mit zwei geraden Gurtungen beim einfachen Fachwerk nach Abb. 251 und 252 und auch beim doppelten Fachwerk nach Abb. 246 bis 248 wohl bei Neigungen der Streben von 45° gegen die Wagerechte und für Träger mit gekrümmten Gurtungen in dem Falle erhält, daß die Strebe des mittelsten Feldes zwischen Trägerende und Mitte unter 45° gegen die Wagerechte geneigt ist. Als Regel ist ferner anzuführen, daß man große Querträgerabstände anstreben soll, weil sich dadurch die Anzahl der teuren Längsträgeranschlüsse verringert. Man wird daher bei kleinen Stützweiten und geringen Höhen der Träger auch Neigungen unter 45° anwenden und erst dann bei großen Stützweiten den Neigungswinkel der Streben größer als 45° nehmen, wenn sich bei Neigungen von 45° größere Querträgerabstände als 7 bis 8 m ergeben. Ist die Trägerhöhe so groß, daß bei einer Neigung der Streben von 45° die Knotenpunkte einen Abstand von 10 m und mehr erhalten, so weicht man in der Regel von dieser Neigung nicht ab, sondern sieht eine Unterteilung vor.

Nach diesen Regeln ist auch die Felderteilung der Stromüberbauten der Rheinbrücke bei Ruhrort (Abb. 278) gewählt worden. Bei den seitlichen Stromüberbauten sind die Streben unter einem größeren Winkel als 45° gegen die Wagerechte geneigt, und die Feldweite ist zu 8,84 m gewählt worden. Beim mittleren Stromüberbau ist die Strebe des mittelsten Feldes zwischen Trägerende und -mitte ungefähr unter 45° gegen die Wagerechte geneigt. Die wagerechte Entfernung der Hauptknotenpunkte beträgt hier 18,6 m, der Abstand der Querträger durch Einfügung einer Unterteilung aber nur 9,3 m.

Für die Wahl der Feldweiten können auch Schönheitsrücksichten maßgebend sein.

Als Regel ist zu betrachten, alle Querträgerabstände eines Überbaues gleich groß zu wählen, um die Werkstattarbeiten für die Längsträger zu vereinfachen. Jedoch läßt sich nichts dagegen einwenden, wenn man einzelnen Querträgern einen Abstand gibt, der von dem der übrigen abweicht, um ein günstiges Trägerbild zu erzielen. Der auch schon in die Ausführung umgesetzte Vorschlag, auch bei den Trägern mit gekrümmten Gurtungen alle Streben aus Schönheitsgründen unter demselben Winkel zu neigen und lauter ungleiche Felderteilungen in Kauf zu nehmen, ist hinsichtlich des guten Aussehens zweifelhaft und mit Rücksicht auf die Wirtschaftlichkeit nicht zu billigen.

e) Querschnitte der Stäbe.

α) Allgemeines.

Die Berechnung der Stabkräfte gegliederter einfacher Balkenträger gestaltet sich in der Regel sehr einfach. Auf die verschiedenen Berechnungsarten kann hier nicht eingegangen werden; es sei nur bemerkt, daß für die Verkehrslasten der Eisenbahnbrücken meist von den Behörden ausgearbeitete Tabellen vorliegen, aus denen für die einzelnen Knotenpunkte die größten Momente, mit Hilfe derer die größten Stabkräfte der Gurtungen errechnet werden, und die Querkräfte, die für die Berchnung der größten Stabkräfte in den Füllungsgliedern maßgebend sind, entnommen werden können (vgl. Abschnitt VI), und daß, sobald die angestrebte Vereinheitlichung der Belastungsannahmen für Straßenbrücken durchgeführt ist, auch für diese solche Tabellen aufgestellt werden können.

Auf Grund der Ausführungen im Abschnitt V sind die erforderlichen Größen und Formen der Querschnitte der einzelnen Stäbe festzulegen. Bei der Bestimmung der Querschnitte der gezogenen Stäbe hat man außerdem die Regeln auf S. 35 u. f. zu beachten. Während für gezogene Stäbe Flacheisen genügen, die aber aus praktischen, auf S. 182 angegebenen Gründen nicht mehr ausgeführt werden, müssen für gedrückte Stäbe solche Querschnitte gewählt werden, die nach zwei zueinander senkrechten Richtungen vom Schwerpunkt entfernte Querschnittsteile aufweisen. Hierhin gehören beispielsweise Querschnitte von den in den Abb. 279 (a bis c) und 280 (a bis c) dargestellten Formen. Die Querschnitte sind zweckmäßig so zu gestalten, daß die beiden Hauptträgheitsmomente gleich sind.

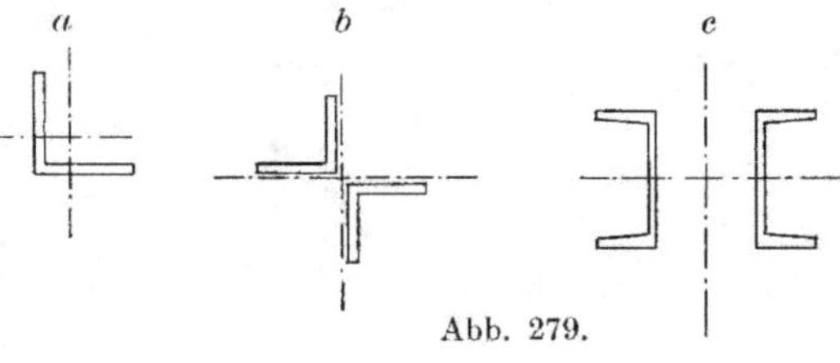

Abb. 279.

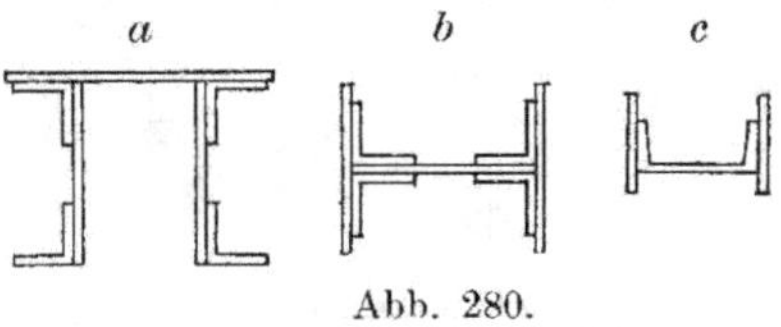

Abb. 280.

Der knicksicheren Ausbildung gedrückter Stäbe muß die größte Aufmerksamkeit geschenkt werden. Die meisten Einstürze eiserner Brücken sind durch Überlastung gedrückter Stäbe von unzureichender Knickfestigkeit herbeigeführt worden. Auch das große Unglück, das im Jahre 1907 die im Bau begriffene gewaltige Quebec-Brücke in Amerika vernichtet hat, ist auf die unzulängliche Knicksicherheit eines Untergurtgliedes zurückzuführen.

Für die Druckstäbe sind nach Möglichkeit einheitliche Walzquerschnitte ohne oder mit Verstärkungsteilen (breitflanschige

I-Träger oder [-Eisen) oder solche Querschnitte zu wählen, deren Teile mit durchgehenden Flach- oder Universaleisen zu einem einheitlichen Ganzen zusammengeschlossen sind, also Querschnitte nach den in den Abb. 280a, b und c wiedergegebenen Formen. Dabei ist darauf zu achten, daß die äußersten Punkte der Querschnitte nicht zu weit von den Teilen abliegen, die für ihre Knicksicherheit aufkommen sollen. Andernfalls müssen diese Punkte durch besondere Vorrichtungen gesichert werden. So ist es z. B. notwendig, die unteren Punkte des Querschnittes in Abb. 280a durch einzelne Querschotten gegen die obere Kopfplatte festzulegen.

Geschlossene Querschnitte lassen sich aber nur bei gedrungenen Stäben ohne Baustoffverschwendung ausführen, deshalb werden bei schlankeren Stäben häufig zweiteilige Querschnitte verwendet, welche durch Bindebleche oder Vergitterungen miteinander verbunden werden müssen (Abb. 104 u. 105 auf S. 86). Über die Bemessung dieser Teile ist das Nötige auf S. 86 u. f. gesagt worden. Die Bindebleche (Abb. 104) sind zweckmäßig mit nicht weniger als drei Nieten an jedem der beiden Stabteile anzuschließen. An den Stabenden sind die Bindebleche tunlichst noch größer zu wählen, und zwar so groß, daß ihre Länge gleich dem lichten Abstand der beiden Querschnittsteile ist. Dabei empfiehlt es

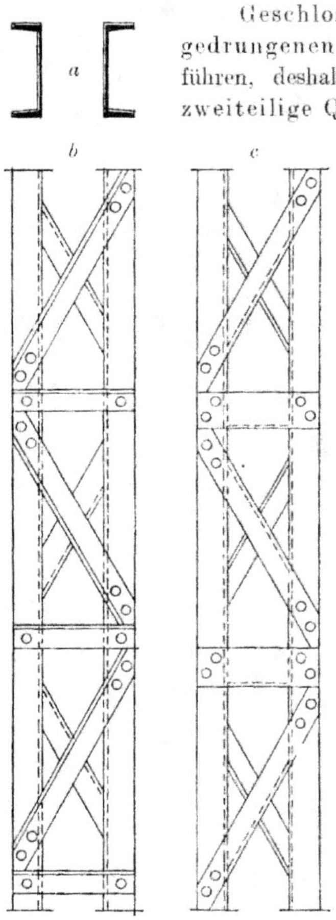

a

b c

Abb. 281.

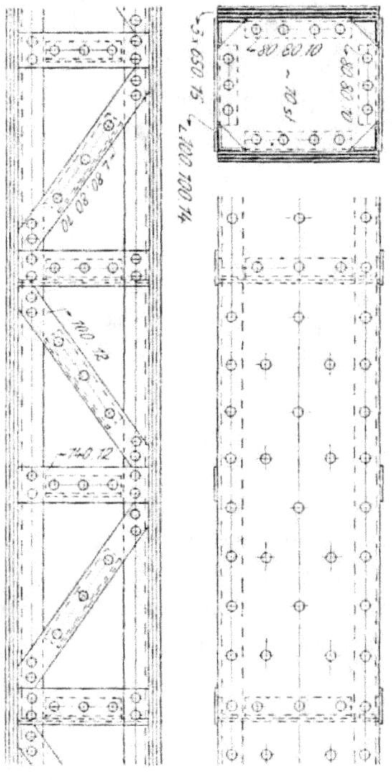

Abb. 282.

sich aus Gründen, die später erörtert werden, diese Bindebleche nicht vor den Knotenpunkten, sondern innerhalb der Knotenpunkte anzuordnen (Abb. 363). Vergitterungen werden mit einfachem Strebenzug (Abb. 105 auf S. 86) oder mit Strebenzug und Pfosten (Abb. 281 bis 283) ausgeführt. Erstere sind nach rein rechnerischen Erwägungen günstiger als die letzteren[1]). Die Versuche, die auf Veranlassung des Regierungs- und Baurates Voß in Kiel vom Materialprüfungsamt in Gr.-Lichterfelde-West mit großen Druckstäben durchgeführt worden sind, haben aber die Gleichwertigkeit beider Vergitterungen dargetan. Die Vergitterungen sind an den Stabenden durch Bindebleche abzuschließen, die nach den oben erörterten Grundsätzen für die Endbindebleche anzuordnen sind. Die Vergitterungsstäbe sind nicht aus einfachen Flacheisen, sondern aus druckfesten Querschnitten zu bilden und nach Möglichkeit mit nicht weniger als zwei Nieten anzuschließen. Der zweinietige Anschluß erfordert bei größerem Neigungswinkel (Abb. 105 auf S. 86) in der Regel besondere kleine Knotenbleche, die bei einem kleineren Neigungswinkel entbehrt werden können (Abb. 281 bis 283).

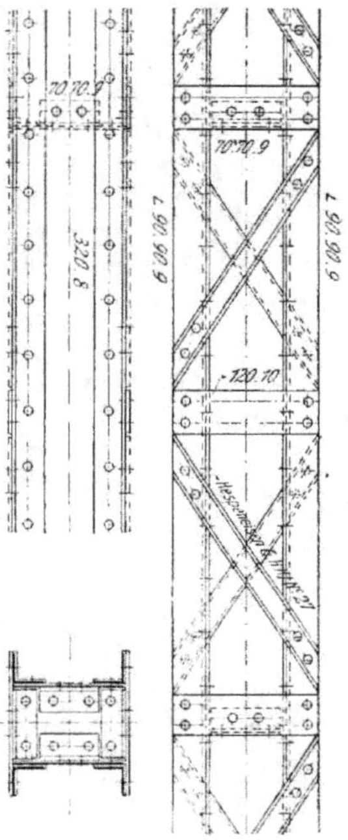

Abb. 283.

Aus baulichen Gründen empfiehlt sich eine Anordnung nach Abb. 105 oder Abb. 281b, bei der die abstehenden Schenkel der Vergitterungswinkel nach außen liegen. Es ist jedoch nicht zu leugnen, daß hierdurch dem Stabe ein unruhiges Aussehen gegeben wird; man legt deshalb auch gern die abstehenden Schenkel nach innen, wodurch allerdings eine besondere Bearbeitung dieser Schenkel notwendig wird (Abb. 281c). Beide Vorteile der Anordnungen nach Abb. 281b und c kann man vereinigen, wenn man die Vergitterungsstäbe aus Flacheisen und Winkeleisen bildet, die Winkeleisen nach innen legt und nur die Flacheisen zum Anschluß benutzt (Abb. 282). Bei schwächeren Stäben genügt auch wohl eine Vergitterung durch Hespeneisen, die einfach in der Herstellung, gut im Aussehen und auch ziemlich steif ist (Abb. 283). Höhere Seitenwände des Querschnittes sind in gewissen Abständen durch steife Rahmen an die Vergitterung anzuschließen (Abb. 282 u. 283).

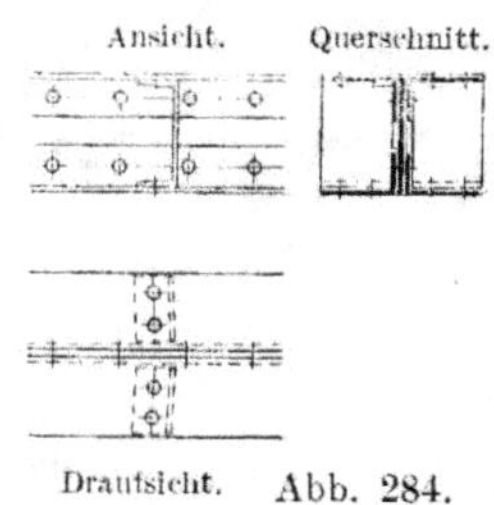

Abb. 284.

Schwächere Querschnitte gedrückter Stäbe in der **H**-Form mit langen, abstehenden Schenkeln versteift man zweckmäßig durch **[**-Eisen, wie es in der Abb. 284 dargestellt ist. Damit das Wasser nicht auf den **[**-Eisen stehenbleibt, sind diese etwas geneigt angeordnet.

Große Querschnitte gedrückter Stäbe in der **H**-Form müssen entsprechend

[1]) Vgl. „Müller-Breslau, Die neueren Methoden der Festigkeitslehre und der Statik der Baukonstruktionen". 4. Auflage. §§ 35 und 36.

dem oben erwähnten Grundsatze durch Querschotten und Bindebleche zu einem Ganzen zusammengeschlossen werden, da sonst der Steg und die Flansche für sich ausknicken können. Die Abb. 285 stellt den so ausgebildeten ersten Schrägstab der seitlichen Stromüberbauten der zweigleisigen Eisenbahnbrücke unterhalb

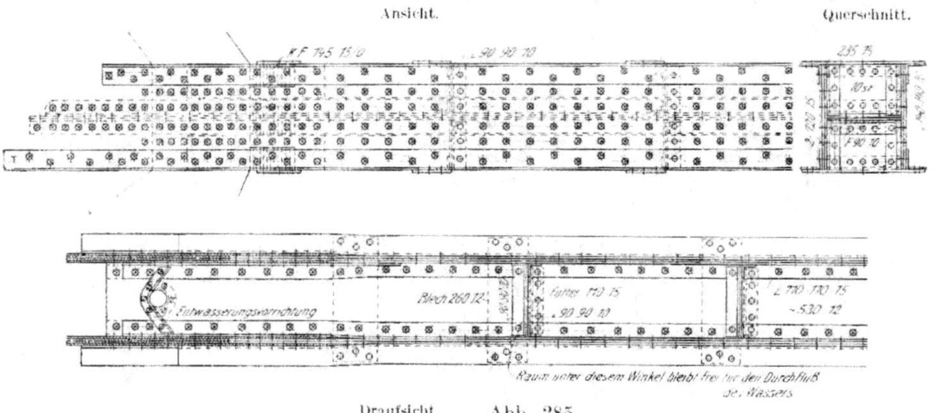

Abb. 285.

Ruhrort (Abb. 278) dar. Die Bindebleche sind hier mit drei Nieten an jedem Flansch angeschlossen. Die Querschotten hindern den Wasserabfluß nicht (siehe in Abb. 285 die Draufsicht). Für gedrückte Gurtstäbe von dem in der Abb. 280a dargestellten Querschnitt genügt, wie schon gesagt, die Kopfplatte nicht allein, um den Querschnitt als ein einheitliches Ganzes für die ganze Stablänge zusammenzufassen. Wenigstens in den Drittelpunkten zwischen den Knotenpunkten ist eine Aussteifung durch ein senkrechtes Blech (Querschotte), das an den Stegblechen und an der Kopfplatte durch je einen Winkel angeschlossen wird, und durch ein wagerechtes Blech (Bindeblech), das an den unteren Flanschen mit je drei Nieten befestigt und mit einem Winkel mit der Querschotte verbunden wird, notwendig. Sehr große Gurtquerschnitte erfordern noch weitergehende Maßnahmen, um sie zu einem einheitlichen Ganzen zusammenzufassen. Die Abb. 286 zeigt einen Obergurtquerschnitt des großen Stromüberbaues der Eisenbahnbrücke über den Rhein unterhalb Ruhrort (Abb. 278). Außer den Querschotten und den Bindeblechen ist hier noch eine die unteren Flansche verbindende, kräftige Winkeleisenvergitterung angeordnet. Die Bleche der Querschotten sind durch

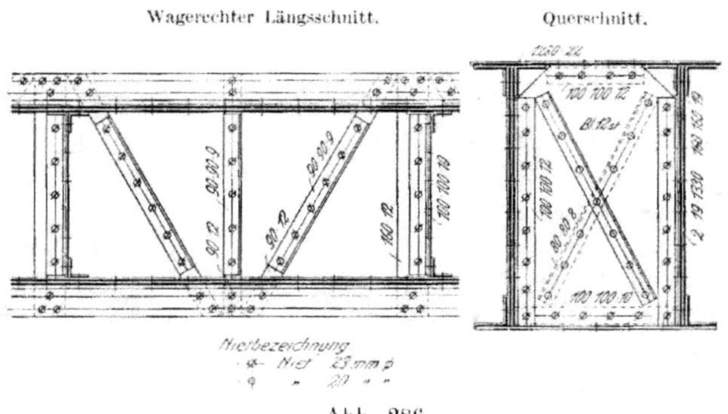

Abb. 286.

schräge Winkeleisen noch besonders ausgesteift worden. Die untere Vergitterung ist an den Knotenpunkten durch Bindebleche abzuschließen (siehe S. 191).

Werden Druckstäbe aus zwei Winkeleisen in Kreuzform (Abb. 279b) gebildet, so müssen diese durch Bindebleche in solchen Abständen zusammengefaßt werden (Abb. 287), daß der Querschnitt als ein einheitlicher Druckquerschnitt angesehen werden kann. Nach Versuchen von Tetmajer genügt hierfür eine Entfernung der Mitten der Bindebleche gleich dem 50 fachen des kleinsten Trägheitshalbmessers i eines Winkeleisens. Die Entfernung kann natürlich auch nach den Angaben auf S. 88 u. f. berechnet werden. Die abwechselnd zueinander senkrecht stehenden Bindebleche werden auch zweckmäßig zusammengelegt. Die Entfernung $50\,i$ rechnet dann von Mitte zu Mitte der einander zugekehrten Bindebleche je zweier dieser Verbindungen. Die Bindebleche sind wenigstens mit zwei, besser mit drei Nieten an jedem der beiden Winkel anzuschließen. Haben die beiden Winkel in der einen Richtung einen großen Abstand voneinander (Abb. 288), so werden die Winkel auch zweckmäßig auf die in der Abb. 288 dargestellte Art mit einem Flacheisen und zwei Winkeleisen miteinander verbunden.

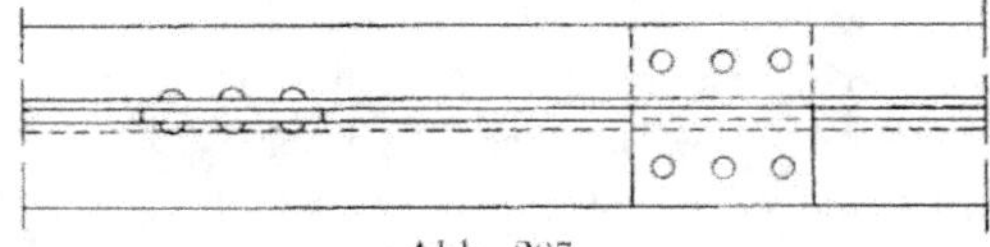

Abb. 287.

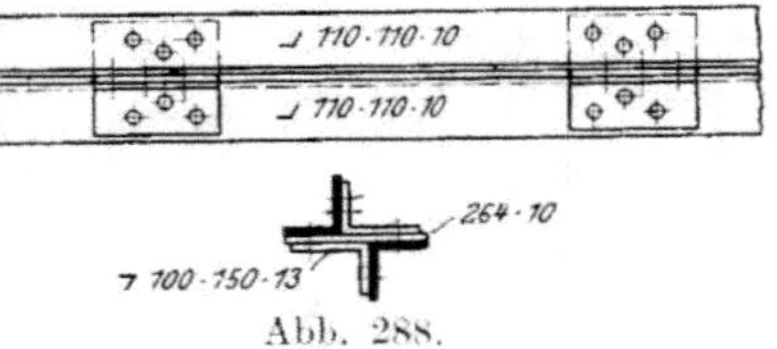

Abb. 288.

Von bestimmendem Einfluß auf die Gestaltung der Querschnitte der einzelnen Stäbe ist die Ausbildung der Knotenpunkte. Wie schon auf S. 178 erwähnt wurde, werden die Stäbe in den Knotenpunkten entweder durch Gelenkbolzen oder durch feste Vernietung miteinander verbunden. Da aus den bei der Abhandlung über die Ausbildung der Knotenpunkte angeführten Gründen in Deutschland allgemein die feste Vernietung der Stäbe an den Knotenpunkten im Gebrauch ist, sollen auch nur die dieser Knotenpunktausbildung entsprechenden Querschnittsformen eingehend besprochen werden.

Außer der Beanspruchung auf Zug oder Druck und dem eben erwähnten Gesichtspunkt ist weiter von ausschlaggebendem Einfluß auf die Ausbildung der Querschnitte die Wahl eines einwandigen oder doppelwandigen Gurtquerschnittes.

Je nachdem die senkrechte Wand einfach (Abb. 289a und b) oder doppelt und räumlich getrennt (Abb. 290) vorhanden ist, unterscheidet man einen einwandigen und einen doppelwandigen Gurtquerschnitt. Bei Brücken bis zu 60 m Stützweite sind beide Querschnitte gut zu verwenden. Erst bei Querschnitten, die über 600 qcm Flächeninhalt erfordern, stößt die Ausbildung der einwandigen

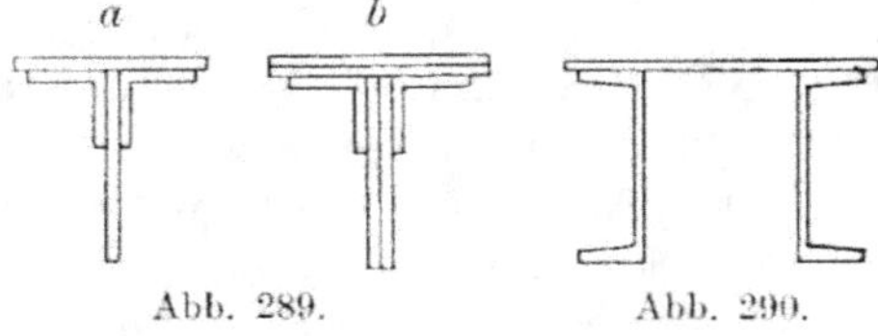

Abb. 289. Abb. 290.

Querschnitte auf Schwierigkeiten, da die Platten sich so häufen, daß die Niete mehr als das Vier- bis Fünffache ihres Durchmessers an Länge erfordern. In Süddeutschland, Österreich und der Schweiz ist der einwandige Querschnitt sehr beliebt, während in Norddeutschland dem doppelwandigen Querschnitt der Vorzug gegeben wird. Als Vorteile des einwandigen Querschnittes gegenüber dem doppelwandigen werden seine geringere Oberfläche, seine leichtere Unterhaltung und der Umstand angesehen, daß auch bei Sonnenbestrahlung von einer Seite eine gleichmäßige Erwärmung des ganzen Querschnittes zu erwarten ist. Beim doppelwandigen Querschnitt ist eine ungleichmäßige Erwärmung und damit auch eine ungleichmäßige Inanspruchnahme zu befürchten. Auch verteilt sich an den Querträgeranschlüssen die Auflagerkraft der Querträger gleichmäßiger über einen einwandigen als über einen zweiwandigen Querschnitt. Für die Wahl eines einwandigen Querschnittes kann ferner folgende Erwägung ausschlaggebend sein. Ist man durch irgendwelche Umstände, so z. B. durch eine nicht veränderliche Gleislage in der Nähe von Bahnhöfen gezwungen, die inneren

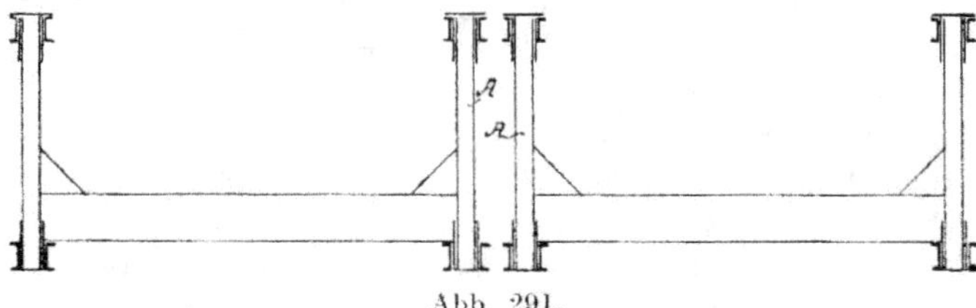

Abb. 291.

Hauptträger zweier benachbarter Überbauten eng aneinanderzulegen, so leuchtet ein, daß bei Anwendung eines zweiwandigen Querschnittes die Erneuerung schadhafter Niete an den einander zugekehrten Wänden A (Abb. 291) der inneren Hauptträger mit der Hand unmöglich, bei Anwendung von Nietmaschinen immerhin noch schwierig ist. Dieser Nachteil ist beim einwandigen Querschnitt nicht vorhanden, und man wird ihm deshalb in diesem Falle den Vorzug vor dem doppelwandigen Querschnitt geben. Die gedrückten Füllungsglieder lassen sich beim doppelwandigen Querschnitt leichter knicksicher ausbilden als beim einwandigen. Bei doppelwandigen Gurtquerschnitten beeinflussen die Abstände ihrer Wandungen die Abmessungen der Füllungsstäbe senkrecht zur Trägerebene.

Allgemeine Bedeutung für die Querschnittsausbildung haben folgende Regeln: Kleinere Winkelprofile als 70 · 70 · 10 und schwächere Bleche, Flach- und Universaleisen als von 8 mm Stärke, abgesehen von Futterblechen, sind im allgemeinen nicht zu verwenden. Offene Fugen, Wassersäcke und rinnenartige Querschnitte, aus denen das Wasser nicht ablaufen kann, sind zu vermeiden. Alle Querschnittsteile müssen zum Zwecke der Unterhaltung zugänglich sein Bei der Querschnittsausbildung ist auf die Nietbarkeit und die Möglichkeit, die Niete zu erneuern, auf weitgehende Verwendung der ⊏- und ⌶-Eisen und auf gute Anschlußmöglichkeit an den Knotenpunkten Rücksicht zu nehmen.

Die zweckmäßigsten Querschnitte für die Gurte und Füllungsstäbe werden im folgenden eingehend behandelt werden.

β) Gurtquerschnitte.

Bevor auf die Ausbildung der Gurtquerschnitte im einzelnen eingegangen wird, sind noch einige allgemeine Gesichtspunkte zu erörtern.

I. Die Spannkräfte in den einzelnen Gurtstäben sind mit wenigen Ausnahmen bei fast allen Trägerarten voneinander sehr verschieden. Es handelt sich nun darum, diesen Spannkräften Querschnitte anzupassen, die wenigstens annähernd voll ausgenutzt werden, ferner des guten Aussehens wegen gleiche oder wenigstens nicht allzu voneinander verschiedene Stegblechhöhen aufweisen, und deren Schwerpunktlagen keine große Verschiedenheit zeigen.

II. Es ist anzustreben, die Höhe der Gurtquerschnitte nach Möglichkeit einzuschränken, da bei den steifen Knotenpunktverbindungen mit der Höhe der Querschnitte die Nebenspannungen wachsen. Eine angemessene Höhe für die Gurtquerschnitte erhält man nach der Formel:

$$h = L - \frac{L^2}{400} \quad (h \text{ in cm und } L \text{ in m}).$$

Hierin bedeutet L die Stützweite der Brücke.

Anderseits ist man auch an eine gewisse Höhe gebunden, weil man danach streben muß, einen großen Teil des erforderlichen Querschnittes in die Wandungen zu legen (der Grund hierfür wird später bei der Besprechung der Knotenpunktausbildung behandelt werden), und weil eine übermäßig starke Anhäufung von Platten in den Wandungen zu vermeiden ist, um die Niete noch gut stauchen zu können.

Obige Formel verliert selbstverständlich ihre Gültigkeit, sobald die Stäbe an den Knotenpunkten durch Gelenkbolzen zusammengeschlossen werden. Auch wird von dieser Regel sehr oft dann abgewichen, wenn die Füllungsstäbe unmittelbar an der senkrechten Wand des Gurtquerschnittes angeschlossen werden (Abb. 352). Hierbei sind größere Wandhöhen zur Unterbringung der erforderlichen Anzahl der Anschlußniete für die Füllungsglieder nötig, als bei der anderen Ausbildungsart der Knotenpunkte mit Knotenblechen nach Abb. 353. Bei letzterer Anordnung werden die Füllungsglieder an den Knotenblechen und diese an den Gurten angeschlossen. Im allgemeinen verdient also die Ausbildung mit Knotenblechen bei großen Spannkräften in den Füllungsstäben gegenüber der anderen den Vorzug. Wenn trotzdem vielfach, namentlich in Süddeutschland, Frankreich, der Schweiz und Österreich, der unmittelbare Anschluß der Pfosten und Streben an den Gurtungen auch bei großen Stützweiten der Überbauten gebräuchlich ist, so hat das seinen Grund in der einfachen Ausbildung der Knotenpunkte und in der Ersparnis an Baustoff für die Knotenbleche.

1. Zweiwandige Gurtquerschnitte.

Obergurt.

Während früher eine große Anzahl von verschiedenen Querschnittsformen verwendet wurde, hat sich in neuerer Zeit diese Zahl sehr verringert, ja, man kann sagen, daß sich für den Obergurt als Regelquerschnitt die Form nach Abb. 292 herausgebildet hat, die am besten den unter I auf dieser Seite aufgeführten Anforderungen gerecht wird. Die einfachste Ausführung dieser Form besteht aus zwei

⊏ N. P. und einer Kopfplatte, welche aus Gründen der Knicksicherheit über den ganzen Träger durchzuführen ist, also auch in den Obergurtstäben anzuordnen ist, bei denen sie als reine Druckquerschnittsfläche nicht benötigt wird. Der

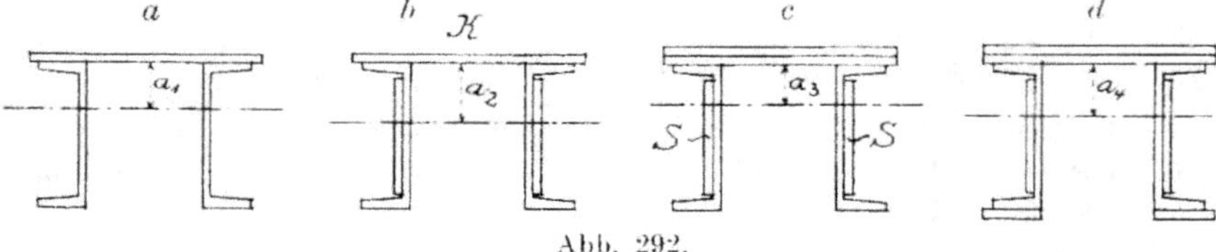

Abb. 292.

Grundquerschnitt wird für die Gurtstäbe mit größeren Spannkräften durch Hinzufügen von seitlichen Platten S, weiteren Kopfplatten K und auch wohl durch Flacheisen an den unteren Flanschen der ⊏-Eisen verstärkt (Abb. 292b bis d).

Sehr häufig findet man bei ausgeführten Brücken die Verstärkung des Grundquerschnittes lediglich durch Hinzufügen von Kopfplatten bewirkt. Dies ist erstens aus einem später bei der Besprechung der Knotenpunkte näher zu erörternden Grunde, dann aber auch, um keine zu großen Abweichungen in der Schwerpunktlage zu erhalten — besonders in dem Falle, daß die Kräfte in den Gurtstäben stark voneinander abweichen —, zu vermeiden.

Gemittelte Schwerachse aller Gurtstäbe.

Entsprechen z. B. die in der Abb. 292 dargestellten Querschnitte den in den Stäben O_1—O_4 (Abb. 293) herrschenden Spannkräften, so müßten, streng genommen, diese Querschnitte gemäß der Regel, nach der die Schwerlinien der Querschnitte mit den Netzlinien zusammenfallen sollen, eingefügt werden. Hierdurch würden sich in den Knotenpunkten Absätze ergeben, da die Schwerpunktabstände a von der Unterkante der Kopfplatten bei allen vier Querschnitten verschieden sind. Diese Absätze würden erstens für das äußere Ansehen der Brücken unvorteilhaft sein, dann aber auch konstruktive Schwierigkeiten dadurch verursachen, daß den Absätzen entsprechende Futterstücke an den Stoßdeckungen der wagerechten Teile eingefügt werden müßten. Man verfährt nun ganz allgemein so, daß man aus den Schwerpunktabständen das arithmetische Mittel a_m bildet und die Unterkante der Kopfplatten durchgehend in diesen Abstand von den Netzlinien legt. In der Regel werden die Streben in die Schnittpunkte der Senkrechten mit dieser gemittelten Schwerlinie eingeführt. Bei großer Verschiedenheit der Schwerpunktlage in den Gurtstäben ist es auch zu empfehlen, jede Strebe in den Schnittpunkt der Senkrechten mit der gemittelten Schwerpunktslage der beiden benachbarten Gurtstäbe einzuführen, um die Zusatzbeanspruchungen in den Knotenpunkten nach Möglichkeit zu vermindern. Hiernach ist beispielsweise bei den Stromüberbauten der Rheinbrücke unterhalb Ruhrort (Abb. 278) verfahren worden.

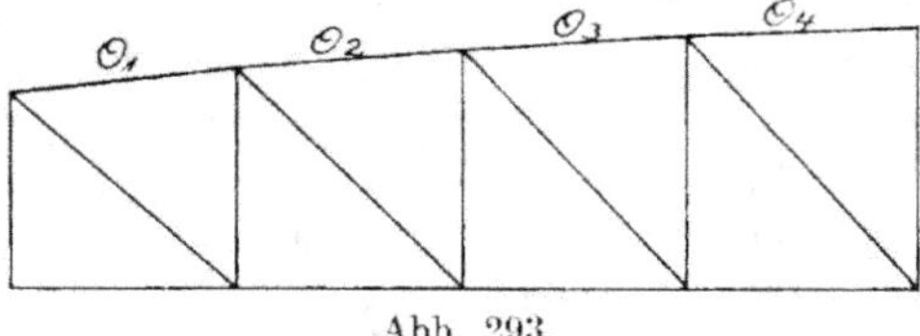

Abb. 293.

Da die ⊏-Eisen nur bis zu einer Höhe von 30 cm gewalzt werden, so ist man bei Stützweiten über 40 bis 45 m in der Regel schon gezwungen, statt der ⊏-Eisen Stegbleche und Winkeleisen zu verwenden. Abb. 294 zeigt einen solchen Querschnitt ohne untere Winkel. Hierbei darf die Höhe des Stegbleches höchstens

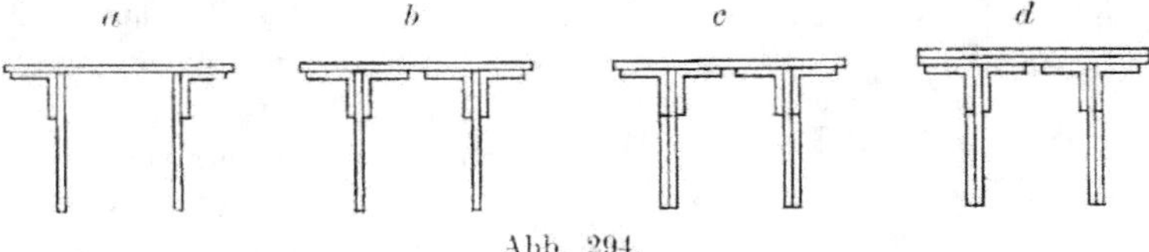

Abb. 294.

gleich dem 15fachen seiner Stärke + der Schenkellänge des Winkels sein. Die hier bei den verstärkten Querschnitten angewandten inneren Winkel werden deshalb von vielen Konstrukteuren vermieden, weil die Knotenbleche, die sich auf die innere Fläche der Stegbleche legen, aus einem bei der Besprechung der Knotenpunkte zu erörternden Grunde auf jeden Fall bis zur Unterkante der Kopfplatten reichen und die inneren Winkel auf irgend eine Weise über diese hinweggeführt

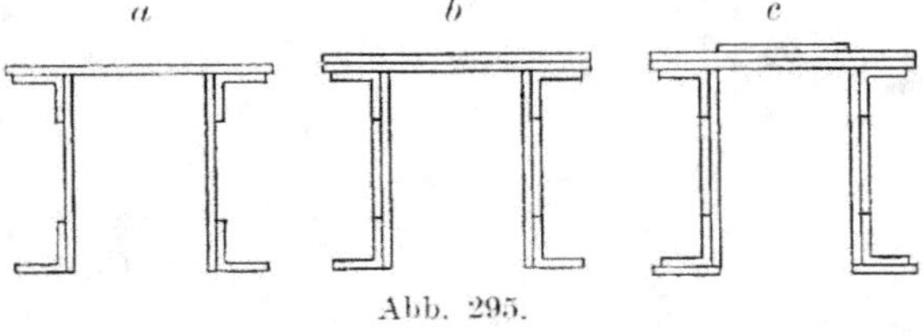

Abb. 295.

werden müssen. In Abb. 295 ist eine recht gebräuchliche, zweckmäßige Querschnittsform dargestellt. Der in der Abb. 296 gezeichnete Querschnitt wird schon sehr erheblichen Spannkräften gerecht. Bei sehr großen Spannkräften wird man sogar bei diesem Querschnitt innere Winkel nicht ver-

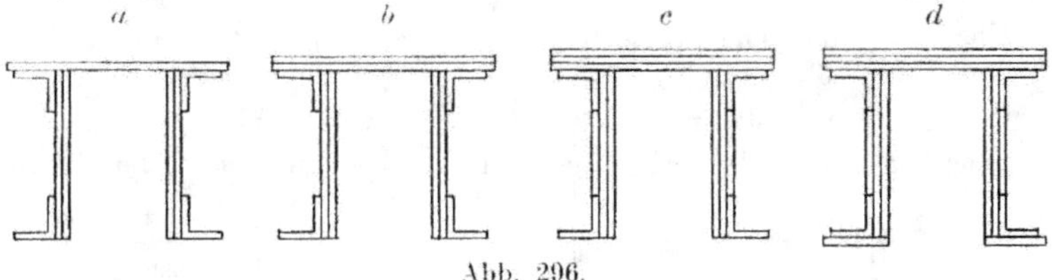

Abb. 296.

meiden können. (Siehe die Zusammenstellung der Stabquerschnitte der Stromüberbauten der zweigleisigen Eisenbahnbrücke über den Rhein unterhalb Ruhrort am Schlusse dieser Abhandlung über die Ausbildung der Stabquerschnitte.) Es können auch noch auf den Außenseiten der Wandungen der in den Abb. 296c und d dargestellten Querschnitte über die Beibleche und senkrechten Winkelschenkel greifende Verstärkungsbleche angeordnet werden.

Im allgemeinen werden die Stegbleche aller Obergurtquerschnitte eines Überbaues, die nach den in den Abb. 294 bis 296 dargestellten Formen ausgebildet werden, gleich hoch gewählt. Durch Vergrößerung der Stegblechhöhe der stärkeren Querschnitte lassen sich aber die Abweichungen in der Schwerpunktslage sehr verringern. Man muß allerdings Sprünge der Unterkanten der Querschnitte in den Knotenpunkten mit in Kauf nehmen.

Die Querschnitte sind selbstverständlich auch darauf zu untersuchen, ob sie in senkrechter und wagerechter Richtung die vorgeschriebene Knicksicherheit besitzen. Als Knicklänge für die Knicksicherheit in senkrechter Richtung ist die Knotenpunktentfernung, in wagerechter Richtung dagegen der Abstand der Punkte des Obergurtes einzuführen, die gegen den wagerechten Verband festgelegt sind. Diese Punkte fallen in der Regel mit den Knotenpunkten zusammen, es kommen aber auch Ausnahmen vor, wie aus den Abb. 297a und b zu ersehen ist, in denen eine Ansicht eines Hauptträgers und der Grundriß des oberen Windverbandes dargestellt sind.

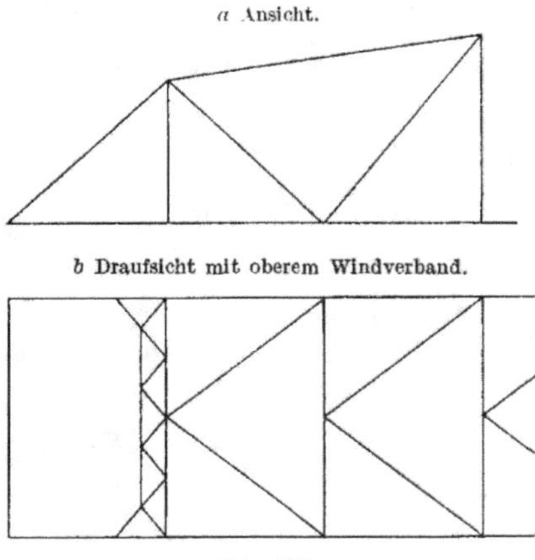

Abb. 297.

Für den Abstand der Wandungen ist die Rücksicht auf ein genügend großes Trägheitsmoment und der Umstand maßgebend, daß die Querschnittsausdehnung der Füllungsglieder senkrecht zur Trägerebene durch den Abstand der Gurtstegbleche bedingt wird, und außerdem die Ausführbarkeit einer guten Vernietung an den Knotenpunkten gewährleistet sein muß. Zweckmäßige Größen für den Abstand gibt die Formel:

für mittlere Stützweiten: $\boldsymbol{b} = \boldsymbol{h} - \mathbf{0{,}1}\,\boldsymbol{L}$ (b und h in cm, L in m),

für große Stützweiten: $\boldsymbol{b} = \boldsymbol{h} - \mathbf{0{,}2}\,\boldsymbol{L}$ (b und h in cm, L in m).

Über die Versteifung der Querschnitte gedrückter Gurtstäbe ist auf S. 192 schon das Nötige gesagt worden.

Der früher sehr oft angewandte H-förmige Querschnitt (Abb. 298 u. 299) wird neuerdings nur noch wenig ausgeführt, weil bei den wagerechten Teilen des

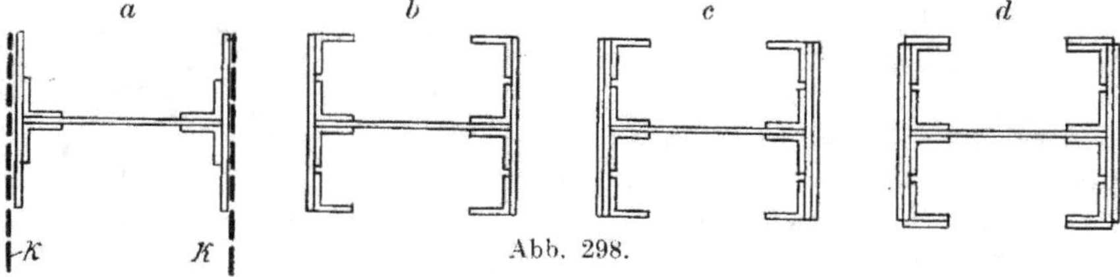

Abb. 298.

Obergurtes auf jeden Fall ein durchgehendes, die beiden Wandungen verbindendes Blech wegen der Rostgefahr durch stehenbleibendes Wasser zu vermeiden und durch eine Flacheisen-Vergitterung zu ersetzen ist, die aber die Knicksicherheit nicht in dem Maße gewährleisten kann wie ein zusammenhängendes Blech. Die Verstärkung des Grundquerschnittes (Abb. 298a) läßt sich auf die in den Abb. 298b bis d und 299a bis c gezeigte Weise ausführen. Noch ein weiterer Nachteil dieses

Querschnittes besteht darin, daß sich die Knotenbleche eines oberen Windverbandes nicht in der einfachen Weise wie beim ⊐⊏-Querschnitt anschließen lassen, bei dem sie auf die oberen Kopfplatten gelegt werden. Auch bietet die Ausbildung der Stoßdeckungen und der Knotenpunkte weit mehr Schwierigkeiten als beim ⊐⊏-förmigen Querschnitt. Jedoch ist der Vorteil, daß die Schwerpunktlage unveränderlich ist, nicht zu verkennen. Die Knotenbleche (K in der Abb. 298a) werden am besten auf den Außenseiten des Grundquerschnittes angeordnet.

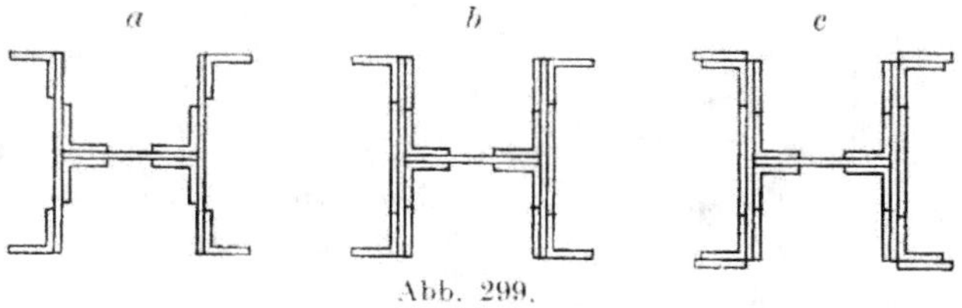

a b c

Abb. 299.

Untergurt.

Bei den einfachen Balkenbrücken werden die Untergurtstäbe fast ausschließlich auf Zug beansprucht, nur in den Endgliedern können auch ganz geringe Druckkräfte infolge der Wind-, Flieh- und Bremskräfte vorkommen. Es läßt sich also nichts gegen einen Querschnitt einwenden, der aus zwei symmetrischen Hälften besteht, die nur an einigen Stellen durch Verbindungen zusammengefaßt werden.

Für Überbauten mit geringer Stützweite ist zweckmäßig ein Querschnitt mit zwei ⊏-Eisen in der Grundform zu verwenden. Der Grundquerschnitt wird durch Auflegen von Platten auf die Stege und Flansche verstärkt, wie aus Abb. 300 zu ersehen ist. Bei größeren Querschnitten ist entsprechend dem beim Obergurt Gesagten das ⊏-Eisen durch ein Stegblech und zwei Winkel zu ersetzen (Abb. 301). Bei den in den Abb. 300 u. 301 dargestellten Querschnitten ändert der Schwerpunkt seine Lage nicht, ein Umstand, der für diese Querschnitte spricht. Bei tiefliegender Fahrbahn ist zum Anschluß der Querträger ein Aufschlitzen der Stegbleche der letzteren zum Durchtritt des oberen Flansches des inneren ⊏-Eisens oder des wagerechten Schenkels des oberen inneren Winkels der Gurtung erforderlich, was jedoch kaum als Nachteil bezeichnet werden kann (Abb. 302). Allerdings entsteht beim Zusammenbau auf der Baustelle eine gewisse Schwierigkeit. Will

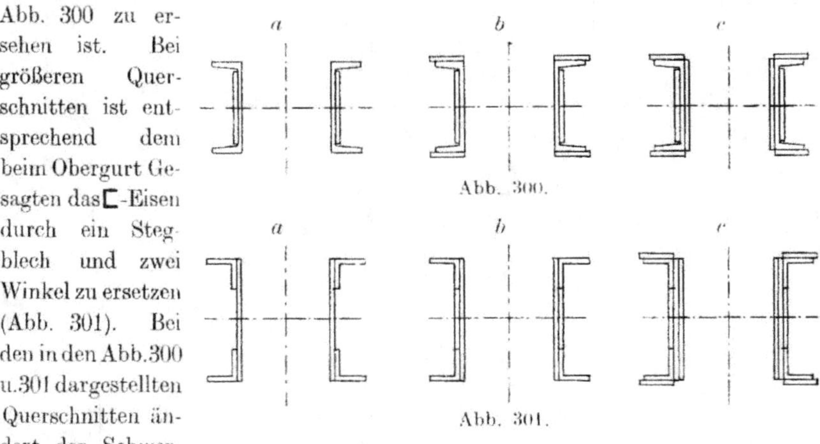

Abb. 300.

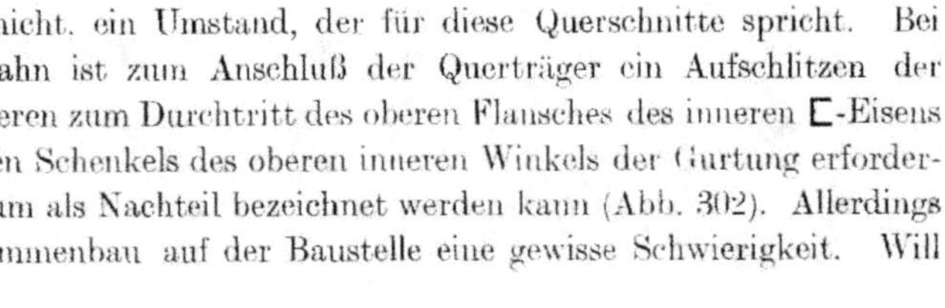

Abb. 301.

man diese vermeiden, so verwendet man einen Querschnitt, wie er in Abb. 303 in der Grundform und in den Verstärkungen gezeigt ist. (Vergleiche auch die Zusammenstellungen der Stabquerschnitte der Stromüberbauten der zweigleisigen Eisenbahnbrücke über den Rhein unterhalb Ruhrort am Schlusse dieser Abhandlung über die Ausbildung der Stabquerschnitte.)

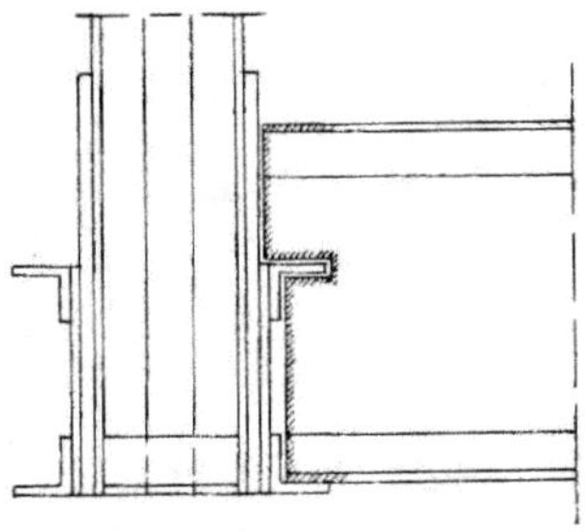

Abb. 302.

Auf jeden Fall ist eine durchgehende untere Platte, die beide Gurthälften verbindet, wegen der Rostgefahr durch Wasser, das in der Rinne stehenbleiben kann, zu vermeiden. Man hat allerdings häufig eine durchgehende Platte verwendet und diese mit Löchern zum Abfluß des Wassers versehen (Abb. 304). Jedoch hat sich diese Maßnahme als nicht ausreichend zur Beseitigung der Rostgefahr erwiesen.

Für größere Spannkräfte empfiehlt sich neben den in den Abb. 301 u. 303 wiedergegebenen Querschnitten auch der in der Abb. 305 dargestellte Querschnitt. Bei diesem und bei dem in der Abb. 303 veranschaulichten Querschnitt ist ebenso wie beim Obergurt in der ⊐⊏-Form eine derartige Verstärkung anzustreben, daß keine zu großen Abweichungen von der Schwerpunktlage des Grundquerschnittes eintreten.

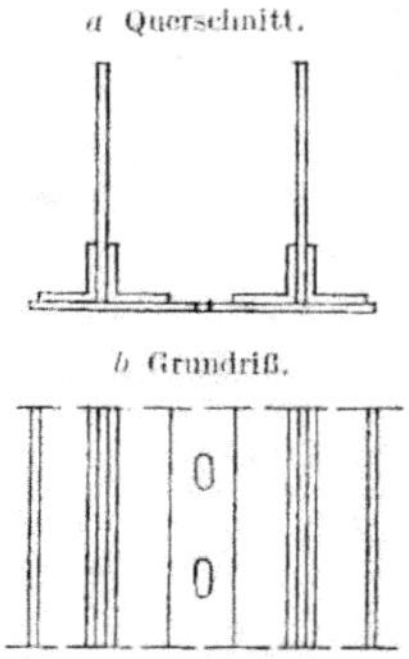

Die beiden Teile der Querschnitte werden in den Drittelpunkten zwischen den Knotenpunkten auf der oberen und unteren Seite der Querschnitte durch wagerechte Flacheisen, die auf jeder Seite mit mindestens drei Nieten anzuschließen sind, verbunden. Vorteilhaft ist eine weitere

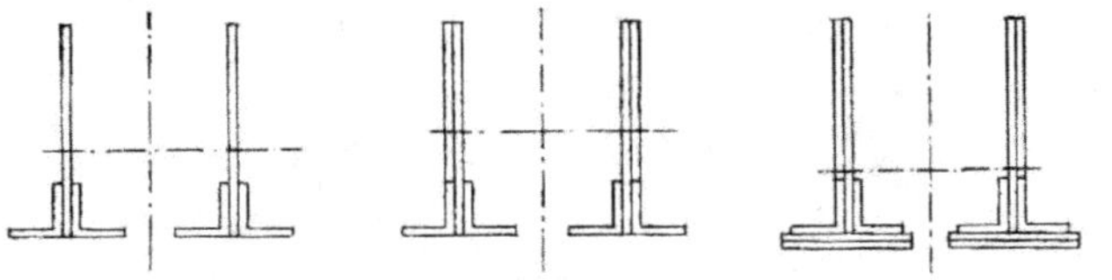

a Querschnitt.

b Grundriß.

Abb. 303.

Abb. 304.

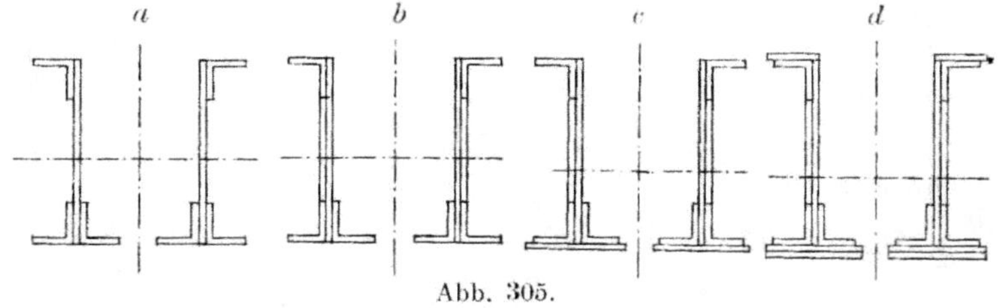

Abb. 305.

Zusammenfassung der beiden Gurthälften durch senkrechte Querschotten. Die Verbindung der beiden Querschnittsteile ist notwendig, um die beiden Teile zu einem mehr einheitlichen Querschnitt zusammenzuschließen, welcher dem Winddrucke besser widersteht und weniger in Schwingungen gerät, als jeder Teil für sich. Erhalten die Gurte in den letzten Feldern am Auflager durch Wind- und Bremswirkung Druckkräfte, so sind diese Stäbe nach den für die knicksichere Gestaltung der Druckstäbe gegebenen Regeln auszubilden.

Auch in der sogenannten Hutform (Abb. 306) ist der Untergurtquerschnitt häufig ausgebildet worden. Ein Nachteil, den man gegen die Verwendung dieses

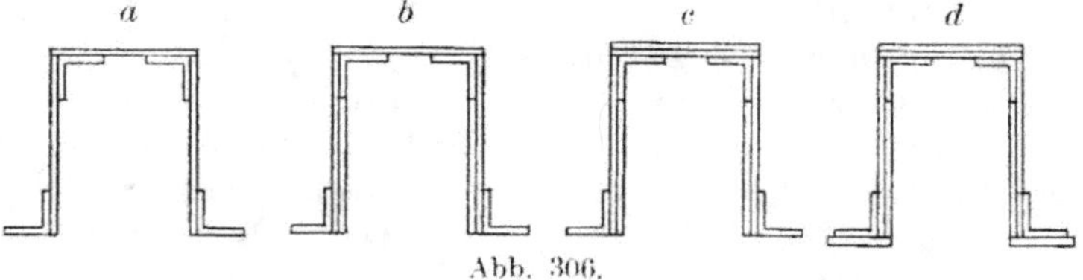

Abb. 306.

Querschnittes anführen kann, besteht darin, daß man die Pfosten in der beliebten I-Querschnittsform nicht wie bei den vorher behandelten Querschnitten in den Querschnitt hineinführen kann, und infolgedessen größere Knotenbleche erforderlich sind, wenn man die Pfosten nicht anders ausbilden will.

2. Einwandige Gurtquerschnitte.

Bei der einwandigen Ausbildung erhält der Unter- und Obergurt die gleiche Querschnittsform. Die nachfolgenden Betrachtungen gelten daher für beide Gurte.

Für kleine Stützweiten genügt der aus zwei Winkeln gebildete Kreuzquerschnitt (Abb. 307a), er wird zweckmäßig durch Anwendung stärkerer Winkel (Abb. 307b) als im Grundquerschnitt und durch Hinzufügen von Flacheisen nach

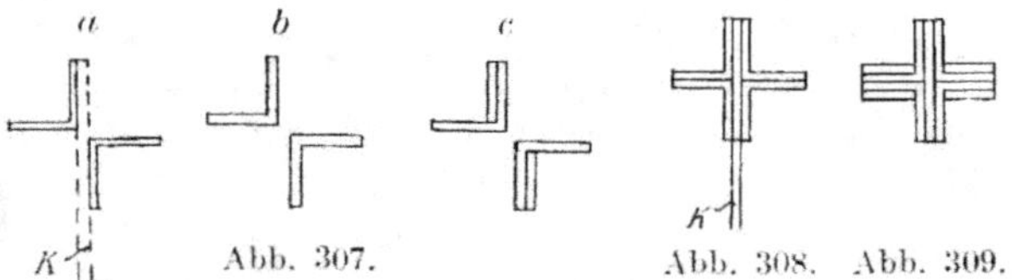

Abb. 307. Abb. 308. Abb. 309.

Abb. 307c verstärkt, aber nicht durch Anordnung zweier weiterer Winkel, wodurch gerade der Vorteil dieses Querschnittes, daß er keine Fugen aufweist, verloren geht. Die Winkel sitzen zu beiden Seiten des Knotenbleches K (Abb. 307a). Beide Winkel werden durch wagerechte und senkrechte Flacheisen nach Abb. 287 verbunden.

Der aus vier Winkeln (Abb. 308) gebildete Kreuzquerschnitt ist auf jeden Fall so auszubilden, daß zwischen den senkrechten Schenkeln ein Flacheisen angeordnet wird, an dessen Stelle an den Knotenpunkten das Knotenblech tritt. Durch äußere Laschen wird der Stoß des Flacheisens und des Knotenbleches nach Abb. 310 gedeckt. Eine offene Fuge zwischen den senkrechten Schenkeln nach Abb. 311, die von Knotenblech zu Knotenblech reicht und nur durch Ver-

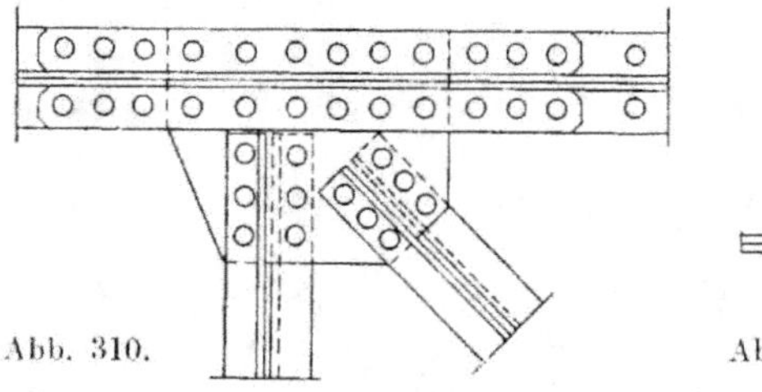
Abb. 310. Abb. 311.

bindungsbleche dann und wann unterbrochen wird, ist wegen der Rostgefahr und der Schwierigkeit für die Unterhaltung zu vermeiden. Der aus vier Winkeln gebildete Querschnitt läßt sich nur in geringem Maße durch Flacheisen verstärken, die auf die wagerechten Schenkel gelegt werden (Abb. 309).

Der T-förmige Querschnitt besteht in der einfachsten Form aus einem gewalzten T-Eisen. Da dies jedoch nur in sehr beschränkten Abmessungen hergestellt wird, so muß man bei größeren Kräften zu zwei Winkeleisen, am besten zu ungleichschenkligen Winkeleisen greifen, deren längere Schenkel senkrecht gestellt werden (Abb. 312). Dieser Querschnitt kann durch Flacheisen, die auf die wagerechten Schenkel gelegt werden, verstärkt werden, er eignet sich nur für den Fall, daß die Füllungsstäbe geringe Stabkräfte aufweisen und daher ohne Knotenbleche unmittelbar an den senkrechten Schenkeln der Winkel angeschlossen

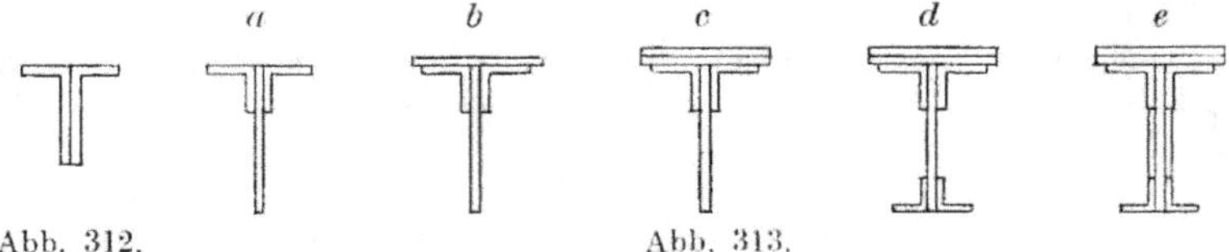

Abb. 312. Abb. 313.

werden können. Für größere Stützweiten ist allgemein der in Abb. 313 dargestellte Querschnitt in Gebrauch. In den Abb. 313b bis e sind die Verstärkungen des Grundquerschnittes (Abb. 313a) dargestellt. Übersteigt die Höhe des Stegbleches außerhalb der oberen Winkel nicht den 15fachen Betrag seiner Stärke, so ist ein Falten des Stegbleches bei gedrückten Stäben nicht zu befürchten, und es sind deshalb untere Saumwinkel nicht erforderlich. Diese Annahme liegt der Ausbildung des Querschnittes in Abb. 313 zugrunde. Die unteren Winkel in d und e sind Verstärkungsteile. Werden Saumwinkel notwendig, so sind diese nach Möglichkeit mit zur Kraftaufnahme heranzuziehen. Hinsichtlich des Überstandes der oberen wagerechten Kopfplatten über den Winkelrand gilt das bei der Abhandlung über die Ausbildung der Gurtungen der Blechträger Gesagte (s. S. 161). Die Abb. 314 stellt die Querschnitte der Untergurte der Vorlandüberbauten der Rheinbrücke unterhalb Ruhrort (Abb. 278) dar. Der Grundquerschnitt besteht aus | 470 · 20 und 2 L 150 · 150 · 14, beim nächst stärkeren Querschnitt treten zwei Beibleche 310 · 14 und zwei Fußplatten 490 · 12 hinzu und beim stärksten Querschnitt noch eine Fußplatte von den gleichen Abmessungen. Die Fußplatten sind außerhalb der Winkeleisen noch einmal vernietet.

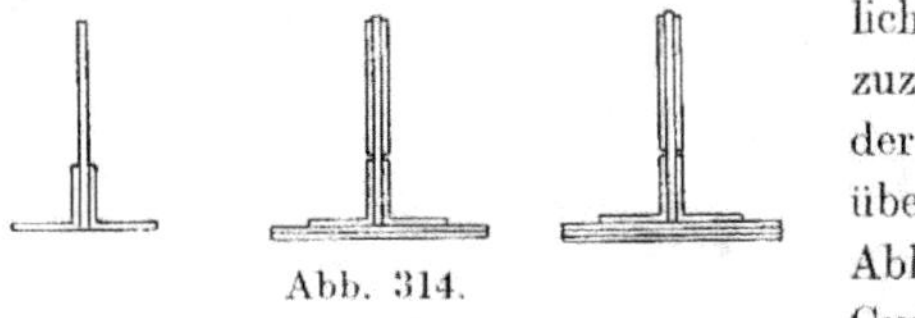
Abb. 314.

3. Allgemeines über die Ausbildung der Gurtquerschnitte.

Das geschickte Anpassen der Gurtquerschnitte an die Spannkräfte ist namentlich für den nicht geübten Konstrukteur eine zeitraubende Arbeit, die sich aber durch die hierdurch erzielte Baustoffausnutzung bezahlt macht. Unter Beachtung der im vorstehenden gegebenen Regeln für die Breite und Höhe des Querschnittes nehme man für die kleinste Gurtspannkraft einen der aufgeführten

Grundquerschnitte an und verstärke diesen für die anderen Gurtstäbe den in ihnen herrschenden Kräften entsprechend durch Hinzufügen von Platten und Winkeln so, daß der Baustoff wenigstens annähernd ausgenutzt wird. Dies wird in der Regel nicht beim ersten Versuch gelingen, man wird vielmehr erst durch öfteres Probieren mit anderen Winkelprofilen und Plattenstärken und durch anderweitige Verteilung der hinzukommenden Teile, oft auch durch Wahl eines anderen Grundquerschnittes für die einzelnen Gurtstäbe passende Querschnitte erzielen.

Da geringere Winkelprofile als 70 · 70 · 10 und schwächere Bleche als von 8 mm, besser sogar als von 10 mm Stärke zu vermeiden sind, ferner in der Regel die Höhe des Stegbleches über den ganzen Gurt durchgeführt und weiter bei allen gedrückten Obergurtstäben eine durchgehende Kopfplatte angeordnet werden soll, so wird häufig der Grundquerschnitt stärker gewählt werden müssen, als es die Stabkraft erfordert.

Man wähle die Stärken der Bleche und Winkel eines Querschnittes nicht sehr verschieden voneinander. Gleiche Stärken sämtlicher einzelnen Teile eines Querschnittes erleichtern die Stoßanordnung und die Ausbildung der Knotenpunkte.

Als Anhalt für die Wahl der Winkelprofile diene folgende Angabe: Bei Stützweiten der Brücke von 20 bis 40 m nehme man Winkel von 8 bis 10 cm Schenkellänge, bei Stützweiten von 40 bis 60 m Winkel von 11 bis 13 cm Schenkellänge und bei Stützweiten über 60 m Winkel von 14 bis 16 cm Schenkellänge.

Die Stärke der einzelnen Bleche schwankt zwischen 0,8 und 2,0 cm.

γ) **Querschnitte der Füllungsglieder.**

1. Ausbildung der Querschnitte der Füllungsglieder bei zweiwandigen Gurtquerschnitten.

Die Füllungsstäbe werden, wie bereits früher erwähnt worden ist, entweder unmittelbar an den Wandungen der Gurtungen oder mit Knotenblechen angeschlossen. Es ist daher zweckmäßig, den Hauptteil des Querschnittes in die Anschlußebenen zu legen. Während für die gedrückten Stäbe der Gurtungen die Querschnitte der ⊐⊏-Form in der Regel sehr reichliche Knicksicherheit besitzen, ist für die gedrückten Streben und Pfosten bei großen Längen häufig eine Zugabe an Querschnitt über das durch die Druckfestigkeit bedingte Maß hinaus zur Erlangung der vorgeschriebenen Knicksicherheit nicht zu umgehen, es ist aber Aufgabe einer geschickten Durchbildung der Querschnitte, diese Zugabe auf ein Mindestmaß zu beschränken. Nach Möglichkeit sind Profile in I- und ⊏-Form zu verwenden, um an Nietarbeit zu sparen. Bei zusammengesetzten Querschnitten ist die Anzahl der einzelnen Teile zu beschränken. Die Breite der Füllungsglieder in den Trägerebenen ist zur Beschränkung der Nebenspannungen bei starren Knotenpunktsverbindungen zweckmäßig nicht größer als $\frac{1}{20}$ der Stablänge zu wählen.

Streben.

Für gedrückte Streben wird in der Regel der I-Querschnitt verwendet, dessen Flansche sich an die inneren Gurtungswandungen oder an die Innenseiten der Knotenbleche legen. Die Normalprofile eignen sich wegen ihrer geringen Trägheitsmomente in bezug auf die Stegachse und wegen ihrer sehr geringen Flanschbreiten und der sich daraus ergebenden schlechten Anschlußmöglichkeit nicht gut, dagegen sind die breitflanschigen I-Eisen (s. S. 13 u. 14) zu empfehlen. Bei größeren Druckkräften wird der Querschnitt zweckmäßig auch aus einem

Bemerkung: Der Pfeil bedeutet die Richtung senkrecht zur Trägerebene.

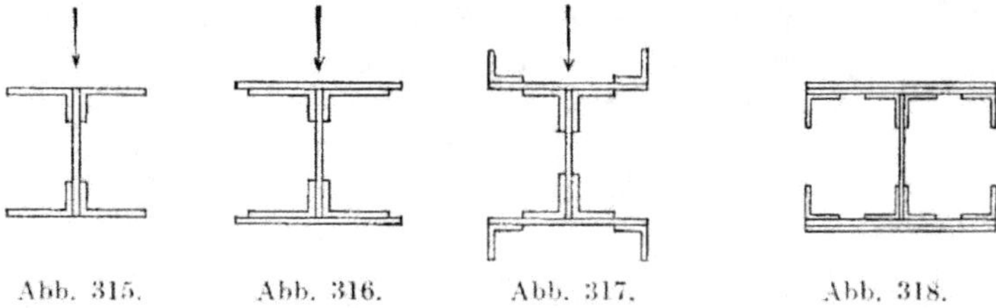

Abb. 315. Abb. 316. Abb. 317. Abb. 318.

Stegblech und vier ungleichschenkligen kräftigen Winkeln zusammengesetzt, deren kurze Schenkel an dem Stegblech angeschlossen werden (Abb. 315). Die abstehenden Schenkel dürfen, wenn keine Platten über ihnen angeordnet werden, nicht schwächer als $^1/_{12}$ der Schenkellänge sein, da sie sonst leicht ausbiegen. Bei noch größeren Stabkräften werden die in den Abb. 316 bis 318 dargestellten Querschnitte verwendet. Über die Aussteifung großer H-förmiger Querschnitte siehe Seite 192.

Da die Stegbleche und die an ihnen liegenden Schenkel der Winkel sehr wenig zu dem Trägheitsmoment für die Achse des Steges beitragen, so bedingen die H-förmigen Querschnitte bei großen Längen in der Regel eine Baustoffzugabe, die sich bei Verwendung von ⊐⊏-förmigen Querschnitten erheblich einschränken läßt. Diese Querschnitte werden mit den Stegen entweder unmittelbar an den Außenseiten der Gurtwandungen oder an den Außenseiten der Knotenbleche

Bemerkung: Der Pfeil bedeutet die Richtung senkrecht zur Trägerebene.

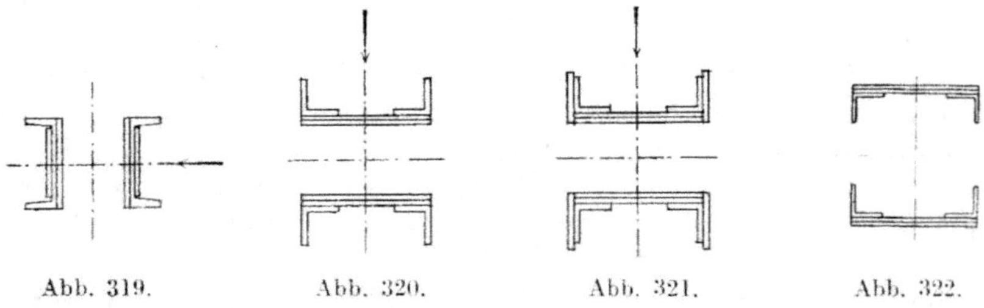

Abb. 319. Abb. 320. Abb. 321. Abb. 322.

angeschlossen. In der einfachsten Form besteht der Querschnitt aus zwei ⊐-Eisen, die auch durch Auflegen von Flacheisen auf die Stege verstärkt werden können (Abb. 319). Zur Erzielung größerer Flächeninhalte und Trägheitsmomente wird der Querschnitt nach den Abb. 320 bis 322 ausgebildet. Zur Erfüllung der oben erwähnten Forderung der Breitenbemessung der Füllungsstäbe und um die Füllungsglieder des guten Aussehens wegen in der Trägerebene schmaler als die Gurtungen halten zu können, ist oft eine Verstärkung durch Hinzufügen von Flacheisen auf den abstehenden Winkelschenkeln erforderlich (Abb. 321). Beide Hälften der zweiteiligen Querschnitte müssen nach den auf Seite 190 angegebenen Regeln miteinander verbunden werden.

Ein Querschnitt, der bei geringem Baustoffaufwand ein sehr großes Trägheitsmoment besitzt, ist der aus vier Winkeln bestehende Querschnitt, bei dem die Winkelschenkel die Seiten eines Rechtecks bilden (Abb. 323). Zur Erzielung genügender Knicksicherheit und damit die Stabkraft sich einigermaßen gleichmäßig auf die vier Winkel verteilt, ist eine Vergitterung oder reichliche Bindung auf allen vier Rechteckseiten erforderlich. Der hierdurch verursachte Baustoffaufwand und der Umstand, daß trotz der Vergitterung oder Bindung eine gleichmäßige Belastung der vier Winkel mit Sicherheit nicht erreicht werden kann, beeinträchtigt die Brauchbarkeit des Querschnittes. Man verwendet ihn nur bei Stäben, die eine kleine Druckkraft erleiden, aber infolge sehr großer Länge ein großes Trägheitsmoment erfordern.

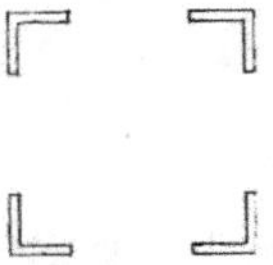

Abb. 323.

Für gezogene Streben werden die im vorstehenden behandelten I- und][-förmigen Querschnitte mit der Maßgabe verwendet, daß alle lediglich zur Erzielung einer hinreichenden Knicksicherheit getroffenen Vorkehrungen fortfallen. Die beiden Teile][-förmiger Querschnitte sind ebenso wie bei den Untergurtstäben (S. 200) in Abständen von 2 bis 3 m zu verbinden. Für geringe Zugkräfte eignet sich als Querschnitt auch ein [-Eisen.

Bei Parallelträgern mit abgeschrägten Enden, sogenannten Trapezträgern, herrscht vielfach der Gebrauch, den Endschrägstab D_1 (Abb. 324) nicht als Strebe, sondern als Gurtstab hinsichtlich der Querschnittsausbildung zu behandeln. Es wird empfohlen, namentlich in dem Falle, daß in der Ebene von D_1 ein Windportal liegt, dem Stab D_1 einen I-förmigen Strebenquerschnitt zu geben, der weit besser als ein][-förmiger Obergurtstabquerschnitt die Portalkräfte aufnehmen kann. Außerdem wird die Ausbildung des ersten Obergurtknotenpunktes erleichtert, worüber bei der Besprechung der Knotenpunkte noch die Rede sein wird.

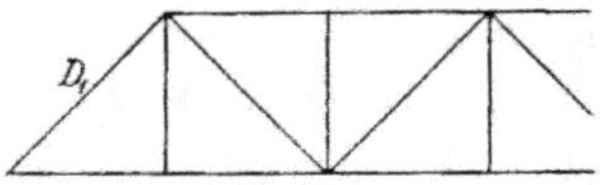

Abb. 324.

Pfosten. An den Pfosten der Balkenbrücken werden in vielen Fällen die Querträger angeschlossen. Hierzu eignet sich nur der I-förmige Querschnitt, der mit den Flanschen an den Wandungen der Gurte oder an den Knotenblechen angeschlossen wird und an dessen einer Flanschseite der Querträger seine Befestigung findet (breitflanschige I-Eisen und Querschnitte nach Abb. 315 bis 318). Der Steg des Querschnittes gewährleistet die Übertragung der Auflagerkraft des Querträgers auf die ganze Querschnittsfläche. Auch der Grund spricht für den I-förmigen Querschnitt, daß man bestrebt sein muß, zur Aussteifung des Knotenpunktes einen der am Knotenpunkt zusammenlaufenden Füllungsstäbe mit durchgehendem Quersteg auszubilden und diesen Steg zwischen den Gurtwandungen bis zur äußersten Kante der Stegbleche der Gurtungen durchzuführen, wozu sich der Pfosten wegen der Nietteilung in der Gurtung am besten eignet.

2. Ausbildung der Querschnitte der Füllungsstäbe bei einwandigen Gurtquerschnitten.

Streben.

Für die Streben empfiehlt sich der aus zwei Winkeln (Abb. 325 u. 326) und aus vier Winkeln (Abb. 327) gebildete Querschnitt. Der in der Abb. 325 wiedergegebene Querschnitt ist in der Ansicht schmaler und daher in manchen Fällen günstiger für ein gutes Aussehen als der in Abb. 326 dargestellte Querschnitt. Bei dem aus vier Winkeleisen gebildeten Querschnitt stößt das zwischen den Winkeln liegende Flacheisen gegen das Stegblech der Gurtung oder gegen das Knotenblech und wird durch Laschen, die auf den Winkelschenkeln liegen, besonders

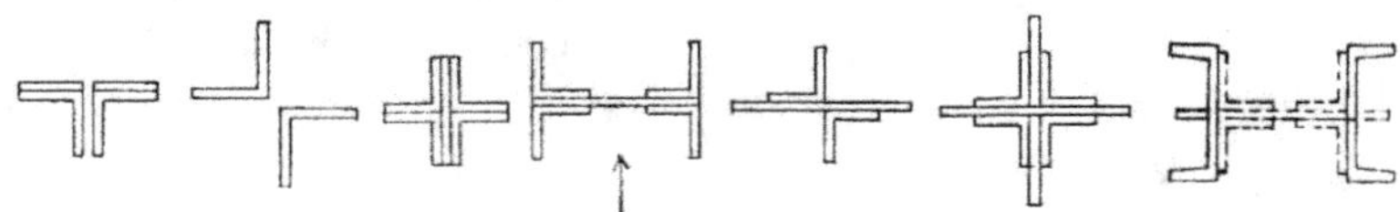

Abb. 325. Abb. 326. Abb. 327. Abb. 328. Abb. 329. Abb. 330. Abb. 331.

angeschlossen. Auch die in den Abb. 328 bis 330 wiedergegebenen Querschnitte findet man häufig. Der H-förmige Querschnitt (Abb. 328) liegt gegen den I-förmigen Strebenquerschnitt bei der doppelwandigen Ausbildung der Gurtungen um 90° gedreht, sein Stegblech liegt also mit der Gurtwandung oder dem Knotenblech in einer Ebene und wird durch besondere Laschen angeschlossen. Die in den Abb. 329 und 330 wagerechten Flacheisen liegen ebenfalls mit der Gurtwandung oder dem Knotenblech in einer Ebene. Das Flacheisen des Querschnittes in Abb. 329 wird durch besondere Winkel oder Laschen außerhalb der Querschnittswinkel angeschlossen. Das wagerechte Flacheisen des Querschnittes in Abb. 330 wird durch besondere, auf den wagerechten Winkelschenkeln liegende Flacheisen angeschlossen. Die senkrechten Flacheisen werden auf das Gurtstegblech oder das Knotenblech hinaufgeführt und durch die Querschnittswinkel selbst angeschlossen.

Diese Querschnitte eignen sich für gezogene und gedrückte Streben. Werden große Trägheitsmomente erforderlich, so ist vor allen anderen die in Abb. 328 dargestellte Querschnittsform mit ungleichschenkligen Winkeleisen, deren lange Schenkel vom Steg abstehen, am Platze. Auch durch den][-förmigen Querschnitt (Abb. 331) lassen sich große Trägheitsmomente erzielen. Er ist gegen den gleichen Querschnitt bei der doppelwandigen Ausbildung der Gurtungen um 90° gedreht, stößt also in den gestrichelten Linien gegen die Gurtwandung oder das Knotenblech. Die [-Eisen werden durch besondere Winkeleisen, die in der Abb. 331 gestrichelt dargestellt sind, angeschlossen. Über die Verbindung beider Querschnittshälften und die Bewertung des Querschnittes gilt das bei der Erörterung des entsprechenden Querschnittes bei der doppelwandigen Ausbildung der Gurtungen Gesagte.

Ein sehr großes Trägheitsmoment besitzt der in Abb. 332 dargestellte kreuzförmige Querschnitt, der sehr häufig für die erste Schräge D_1 eines Trapezträgers von großer Stützweite (Abb. 324) ausgeführt ist. Das durchgehende Stegblech S stößt gegen die Gurtwandung oder das Knotenblech. Nur dies Stegblech mit den an ihm liegenden Winkeln und Flacheisen wird in der Regel zur Übertragung der Druckkraft ausgenutzt, während der übrige Teil der Erreichung der vorgeschriebenen Knicksicherheit und im Falle, daß ein Windportal in der Ebene von D_1 liegt, zur Aufnahme der Windkräfte dient.

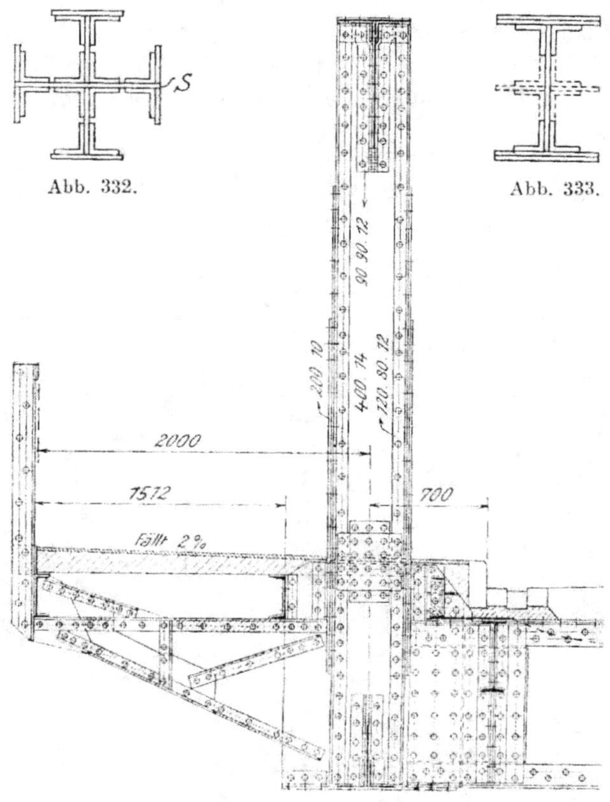

Abb. 334.

Pfosten.

Für die Pfosten eignen sich alle Strebenquerschnitte. Muß auf den Querträgeranschluß gerücksichtigt werden, so sind solche Querschnitte, in die hinein das Stegblech des Querträgers geführt oder an denen das Querträgerstegblech mit Winkeln befestigt werden kann, zu verwenden. Hierhin gehören die aus zwei oder vier Winkeln gebildeten Kreuzquerschnitte nach Abb. 326 u. 327 und der in der Abb. 332 wiedergegebene Querschnitt.

Bei tiefliegender Fahrbahn und bei oben offenen Brücken (Abb. 334) müssen die Pfosten durch ihre Biegungsfestigkeit die Quersteifigkeit der oberen Gurtungen gewährleisten. In diesem Falle gibt man den Pfosten zweckmäßig den in Abb. 333 dargestellten Querschnitt, dessen Steg senkrecht zur Hauptträgerebene liegt und über die Gurtwandungen oder Knotenbleche mit Schlitzen geführt wird. Der Anschluß des Steges ist aus der Abb. 334 zu ersehen. Die auf den abstehenden Winkeleisenschenkeln liegenden Flacheisen brauchen nicht über den ganzen Stab geführt zu werden, sondern nur so weit, als es die auftretenden Momente erfordern.

δ) Im nachstehenden sind die Stabquerschnitte der Stromüberbauten der zweigleisigen Eisenbahnbrücke über den Rhein unterhalb Ruhrort (Abb. 278) zusammengestellt.

I. Stabquerschnitte der seitlichen Überbauten.

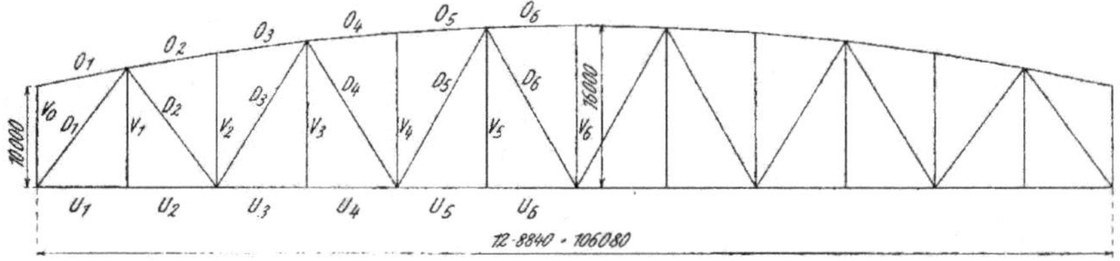

Abb. 335. Stabnetz eines seitlichen Überbaues.

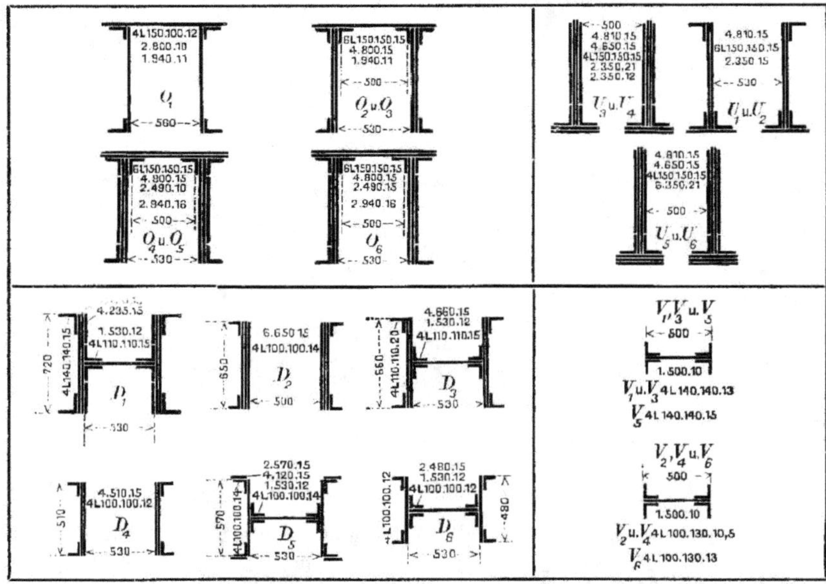

Bem.: Die oberen Winkeleisen 150 · 150 · 15 des Stabes U_1 und U_2 dienen nicht zur Aufnahme der reinen Zugbeanspruchungen, sondern nur zur Aufnahme von Biegungsspannungen, die entstehen, wenn in der Nähe des Auflagers unter dem Stab U_1 eine Presse zum Anheben des Überbaues angesetzt wird.

II. Stabquerschnitte des großen Überbaues.

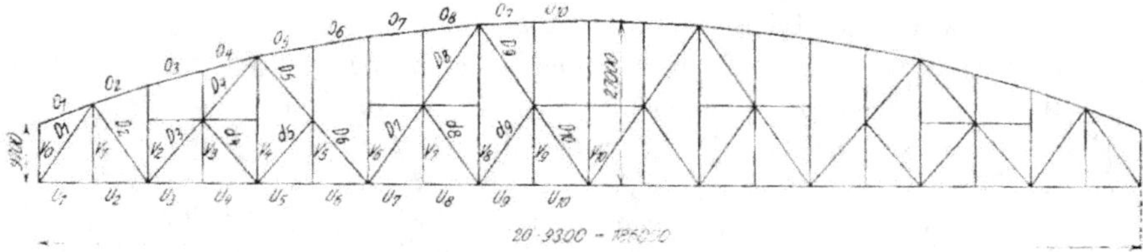

Abb. 336. Stabnetz des Überbaues.

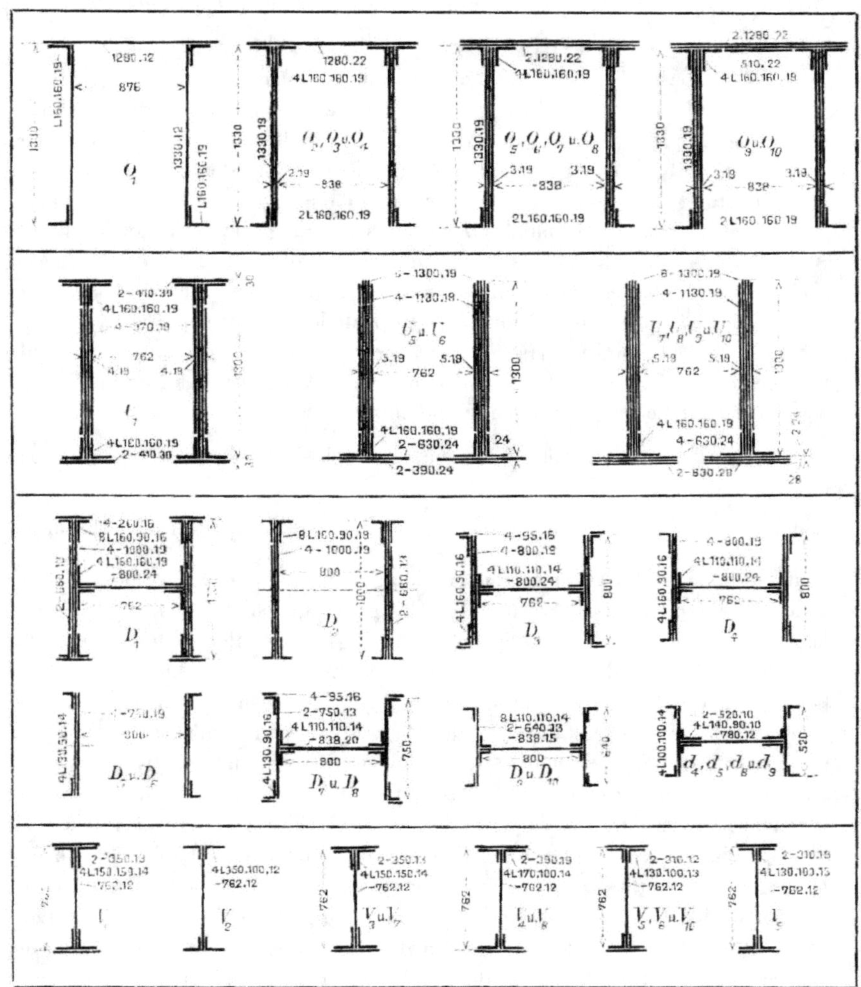

Bem.: Die oberen Winkeleisen, die Kopfplatten und die Beibleche 970 · 19 des Stabes U_1 dienen nicht zur Aufnahme der reinen Zugspannungen, sondern zur Aufnahme von Biegungsspannungen, die entstehen, wenn in der Nähe des Auflagers unter dem Stab U_1 eine Presse zum Anheben des Überbaues angesetzt wird.

f) Nietteilung in den Fachwerkstäben.

Die einzelnen Teile, aus denen die Gurtstäbe und Füllungsglieder zusammengesetzt sind, müßten nach rechnerischen Erwägungen nur in den Druckstäben fest miteinander verbunden werden, um sie zu einem einheitlichen, dem Bestreben des Ausknickens entgegentretenden Ganzen zusammenzufassen. Um dem Wasser den Eintritt in die Fugen zu wehren, müssen aber auch die gezogenen Stäbe mit Heftnieten versehen werden. Die Entfernung dieser Niete wählt man in der Regel bei gedrückten Stäben zu dem Siebenfachen und bei gezogenen Stäben zu dem Zehnfachen des Nietdurchmessers (vgl. die Abhandlung auf S. 28 f.).

g) Stöße und Stoßdeckungen.

Die Stöße sind ebenso wie die Knotenpunkte sehr wichtige Teile der Konstruktion. Ihrer baulichen Ausbildung und Berechnung muß große Aufmerksamkeit geschenkt werden[1]). In Amerika ist es vielfach üblich, die Stoßstellen gedrückter Stäbe genau zu hobeln, sie zur Übertragung der Kräfte stumpf aneinander stoßen zu lassen und nur schwache äußere Laschen anzuordnen. Wegen der Unsicherheit der gleichmäßigen Druckübertragung empfiehlt sich aber diese Art der Stoßausbildung nicht. Auch Druckstäbe sollen an den Stoßstellen den vollen Querschnitt entsprechend verlascht werden. Man rechnet die auf die Teile f des Querschnittes F entfallenden Anteile der ganzen Spannkraft aus. Ist σ die im Querschnitt herrschende Spannung, so gibt $\sigma \cdot f$ die auf einen Teil f entfallende Spannkraft, und man erhält unter der Annahme, daß für einschnittige Vernietung die Scherbeanspruchung und für zweischnittige Vernietung der Lochleibungsdruck die Nietzahl bestimmen, durch die Formeln $n = \frac{\sigma \cdot f}{\frac{\pi d^2}{4} \sigma_a}$ und $n = \frac{\sigma \cdot f}{d \cdot \delta \cdot \sigma_l}$ die erforderliche Anzahl der Stoßdeckungsniete. Hierin bedeutet σ_a die zugelassene Scherbeanspruchung und σ_l den zulässigen Lochleibungsdruck. Nach dem auf S. 170 und 171 Gesagten empfiehlt es sich, statt der vorhandenen Spannung σ die zulässige Spannung σ_z der Berechnung des Stoßes zugrunde zu legen (vgl. auch S. 39 und 40). Die Entfernung der Niete in den Deckteilen ist nach Möglichkeit einzuschränken, also im allgemeinen nicht über 3 bis $3{,}5\,d$ zu wählen, um an Länge für die Decklaschen und -winkel zu sparen. Im übrigen sind alle im Abschnitt III angegebenen Regeln zu beachten. Als Regel gilt, die Stoßdeckungsteile möglichst so anzuordnen, daß die Stabschwerlinie nicht verschoben wird. Daher ist auch die einseitige Stoßdeckung nach Abb. 337 zu verwerfen, falls das gestoßene Glied freiliegt; denn es entsteht ein Moment $P \cdot p$, das die Verbindung ungünstig beansprucht (vgl. auch S. 37). Bei freiliegenden Gliedern ist die Stoßdeckung zweiseitig nach Abb. 338 auszubilden. Liegt das gestoßene Glied auf anderen, so ist die einseitige Deckung des einzelnen Gliedes unvermeidbar und auch unschädlich, falls der ganze Querschnitt biegungsfest ist oder die Deckteile symmetrisch angeordnet werden. Die Regel verlangt weiter

[1]) Vgl. auch: „Über die Stoßdeckung zusammengesetzter Stäbe in Eisenkonstruktionen". Von G. Kapsch. Zeitschrift für Architektur und Ingenieurwesen 1904. S. 405 u. f.

daß symmetrisch zur Stabachse liegende Stabteile an derselben Stelle gestoßen und daß Stöße einzelner Teile, z. B. von Blechen, auf denen Winkeleisen liegen, nicht nur teilweise durch Laschen gedeckt werden. Jeder Stoß soll nach Möglichkeit unmittelbar (Abb. 339) gedeckt werden, jedoch läßt sich die mittelbare Stoßdeckung nicht immer vermeiden (Abb. 340). Im übrigen ist über den Stoß von Platten und Winkeln auf den S. 174 bis 177 nachzulesen.

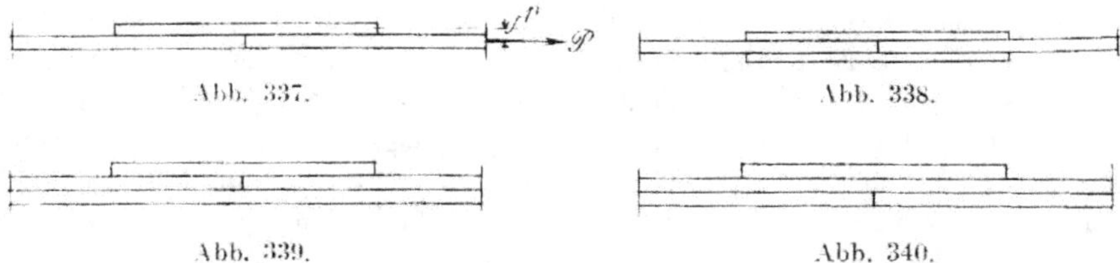

Abb. 337. Abb. 338.

Abb. 339. Abb. 340.

Die Stöße in den Gurtungen werden durch die Länge, bis zu der die einzelnen Teile des Querschnittes ohne Überpreis oder überhaupt gewalzt werden, ferner durch die Längenabmessungen, die durch die Beförderungsmittel, wie Eisenbahnwagen, Schiffe und Landfuhrwerke, festgelegt werden, und auch durch Rücksichten auf leichte Ausführbarkeit bedingt. So z. B. wird man an den Knotenpunkten, in denen zwei Gurtstäbe unter einem Winkel zusammenstoßen, die Stegbleche in der Regel stoßen, da man im anderen Falle das Stegblech aus einem größeren Blech, das in der Abb. 341 punktiert angegeben ist, herstellen oder den Knick durch hochkantiges Biegen im warmen Zustande eines Bleches von der Höhe h zurichten muß. Beide Arten der Bearbeitung sind teuer und zeitraubend, man zieht ihnen die Anordnung eines Stoßes vor. Dieser braucht sich nicht in allen Knotenpunkten auf alle Teile des Querschnittes zu erstrecken. Z. B. wird man in diesem Falle häufig in jedem zweiten Knotenpunkt einen sich über alle Teile erstreckenden Montagestoß und in den Zwischenknotenpunkten einen Werkstattstoß im Stegblech anordnen. Schließlich sind auch die Hebe- und Versatzkrane auf den Brückenbaustellen von bestimmendem Einfluß auf die Länge der anzuliefernden Stücke. Beim Bau einzelner kleiner Brücken wird man bestrebt sein, handliche Stücke zu erhalten, da sich die Errichtung großer Krane nicht lohnt. Im allgemeinen werden die Stöße, die sich aus der Walzlänge der einzelnen Querschnittsteile ergeben, auch mit den Stößen, die die Beförderung und die Möglichkeit einer guten Handhabung auf der Baustelle bedingen, zusammenfallen. Die Entfernung dieser Stöße schwankt zwischen 8 und 12 m. Selbstverständlich muß man bestrebt sein, die auf der Baustelle zu schlagenden Niete nach Möglichkeit einzuschränken, nicht allein zugunsten der Billigkeit, sondern auch wegen einer besseren Ausführung. Man wird daher z. B. bei der Beförderung im Schiff in Erwägung ziehen, ob nicht mit Vorteil die Stöße, die auf der Baustelle vernietet werden, in solche Entfernung voneinander gelegt werden, daß zwischen ihnen noch ein Stoß, der im Werk zu nieten ist, angeordnet werden kann.

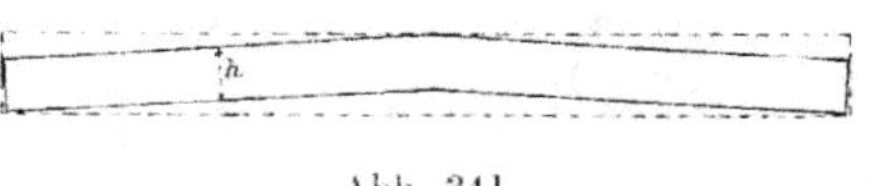

Abb. 341.

Während es für die Stöße, die im Werk genietet werden, nicht erforderlich, sogar oft nicht erwünscht ist, daß die Stöße der einzelnen Querschnittsteile an einer Stelle angeordnet werden, wobei aber von der Regel, symmetrisch zur Stabachse liegende Teile an derselben Stelle zu stoßen, nicht abgewichen werden darf, ist es für die Stöße, die auf der Baustelle vernietet werden, wegen der Einfachheit der Zusammenfügung vorteilhaft, alle Querschnittsteile an ein und derselben Stelle zu unterbrechen. Wenigstens aber muß ein Montagestoß so ausgebildet sein, daß die gestoßenen Teile ohne Mühe in die richtige Lage zueinander gebracht werden können. Man muß sich deshalb bei der baulichen Durchbildung des Stoßes über den Montagevorgang klar sein. Die Balkenträger werden fast ausnahmslos so aufgestellt, daß zunächst die Untergurte ausgestreckt, dann die Füllungsstäbe aufgestellt und schließlich die Obergurte aufgebracht werden. Während man also beim Untergurt die einzelnen Untergurtstäbe von der Seite oder von oben oder schließlich durch Einschieben in der Längsrichtung des Überbaues aneinanderfügen kann, können die einzelnen Obergurtstäbe in dem Falle, daß sie im fertig vernieteten Querschnitt zur Baustelle kommen, wegen des Vorhandenseins der Füllungsglieder nur von oben in die richtige Lage zueinander gebracht werden. Die Stöße werden entweder in den Knotenpunkten selbst oder neben den Knotenpunkten angeordnet. Bauliche Gründe und Rücksichten auf die Montage entscheiden die Wahl der einen von beiden Anordnungen. Bei der Besprechung von Knotenpunktbeispielen wird hiervon noch die Rede sein. Zunächst sollen nur solche Stöße behandelt werden, die neben den Knotenpunkten liegen und in keinem Zusammenhang mit ihnen stehen.

In der Abb. 342 ist der Stoß eines ⊐⊏-förmigen Obergurtquerschnittes veranschaulicht. (Im Querschnitt sind die deckenden Teile punktiert angegeben.) Der Stoß der Kopfplatten ist als versetzter Stoß ausgebildet, die Stoßplatten für die Stege der ⊏-Eisen liegen an den Innenseiten, die der senkrechten Flacheisen auf den Außenseiten der Wandungen. Besondere Laschen decken den Stoß der Flansche der ⊏-Eisen. Die gestoßenen Teile lassen sich bei dieser Anordnung nur in der Werkstatt bequem zusammenfügen. Soll der Stoß ein Montagestoß sein, so muß der Stoß der unteren Kopfplatte so weit nach rechts verschoben werden, daß er mit dem Stoß der ⊏-Eisen zusammenfällt. In diesem Falle kann der linke Teil durch Einschieben von oben mit dem rechten Teil bequem verbunden werden.

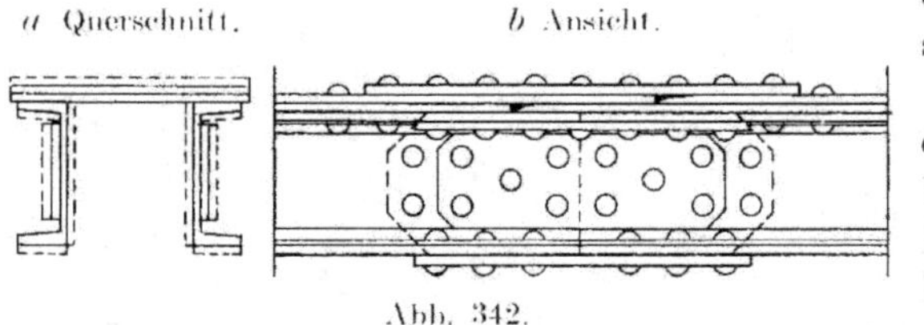

Abb. 342.

Die Stoßdeckung des Hutquerschnittes (Abb. 343) wird zweckmäßig in folgender Weise ausgebildet: Die Stegblechstöße werden durch innen liegende, sich über die ganze Stegblechhöhe erstreckende Flacheisen gedeckt, gegen welche die inneren Winkel und Flacheisen *s* sich totlaufen. Die sich hier ergebenden Stoßstellen werden durch je ein Winkeleisen und durch je ein Flacheisen gedeckt. Der Stoß der beiden Kopfplatten wird nicht versetzt, sondern, wie aus der

Abb. 343 b zu ersehen ist, an einer Stelle angeordnet und beiderseitig in ganzer Breite gedeckt. Der Stoß der äußeren Winkel ist durch je zwei Flacheisen gedeckt. Außerdem empfiehlt es sich, die Stoßfuge der Stegbleche auf der äußeren Seite des Aussehens wegen zu decken. Der Stoß eignet sich ebenso für die Baustelle wie für die Werkstatt.

a. Querschnitt.

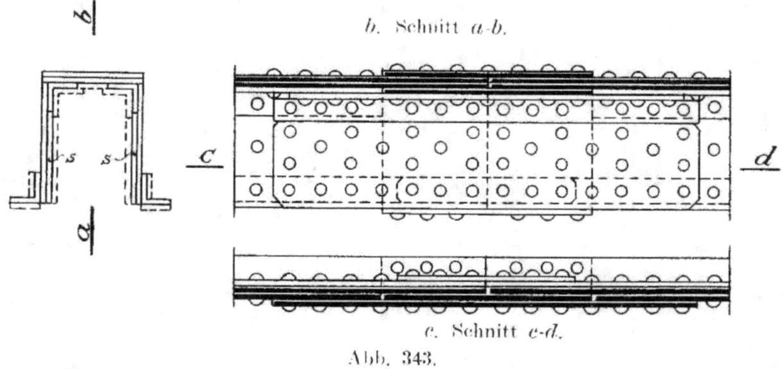

Abb. 343.

Eine zweckmäßige Anordnung des Stoßes eines kräftigen Untergurtquerschnittes in der] [-Form ist in der Abb. 344 dargestellt. Die doppelten Stegbleche 830 · 14 sind nicht versetzt, sondern an einer Stelle gestoßen, und der Stoß ist beiderseitig durch unmittelbar anliegende Flacheisen von denselben Ab-

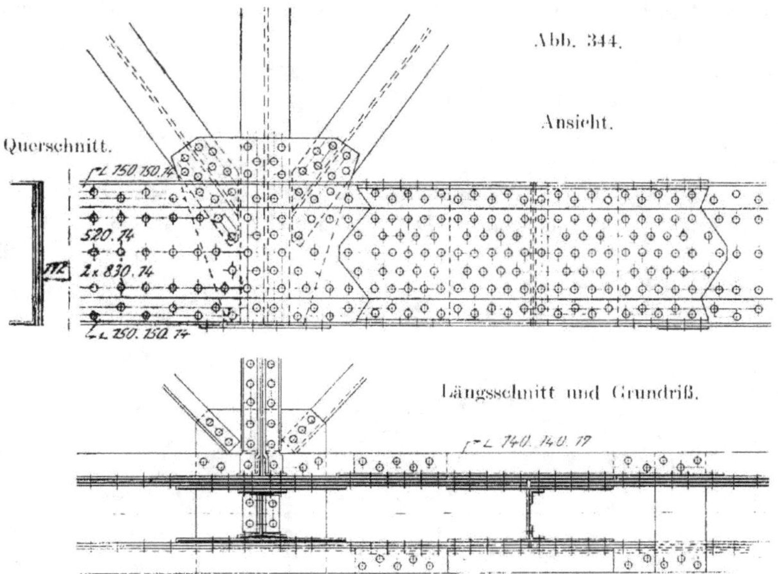

Abb. 344.

messungen gedeckt. Gegen die außen liegende Stoßlasche laufen sich die Winkel und das zwischen ihnen liegende Beiblech 520 · 14 tot. Die hier entstehenden Stöße sind ihrerseits wieder durch Winkel- und Flacheisen gedeckt.

Bei allen gezogenen Stäben hat man bei der Anordnung der Niete in den Stößen darauf zu achten, daß der Querschnitt durch möglichst wenig Nietlöcher geschwächt wird. Hierbei sind die auf S. 35 u. f. angegebenen Regeln zu beachten.

Ähnlich dem in der Abb. 344 dargestellten Stoß ist der in Abb. 345 veranschaulichte Stoß eines anderen Untergurtquerschnittes ausgebildet. Die doppelten Stegbleche 750 · 17 sind an ein und derselben Stelle gestoßen. Ihr

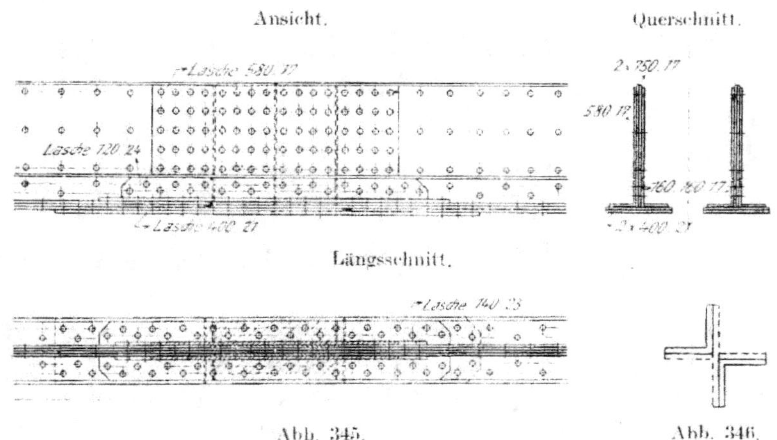

Abb. 345. Abb. 346.

Stoß ist durch Laschen von den gleichen Abmessungen 750 · 17 gedeckt, gegen die sich von beiden Seiten die Beibleche 580 · 17 und die Winkeleisen 160 · 160 · 17 totlaufen. Die hier entstehenden Stöße sind durch Laschen 580 · 17 und durch die beiden Flacheisen 120 · 24 und 140 · 23 gedeckt. Der Stoß der beiden wagerechten Platten 400 · 21 ist versetzt angeordnet. Der Stoß ist ebensogut für die Baustelle wie für die Werkstatt geeignet.

Die Stoßdeckungen der einwandigen Gurtquerschnitte werden nach denselben Gesichtspunkten behandelt. Der Stoß des aus zwei Winkeln bestehenden Querschnittes wird am besten durch ein sich über beide senkrechte Schenkel erstreckendes Flacheisen und zwei auf den wagerechten Schenkeln liegende Laschen gedeckt. Die deckenden Teile sind in der Abb. 346 gestrichelt angegeben.

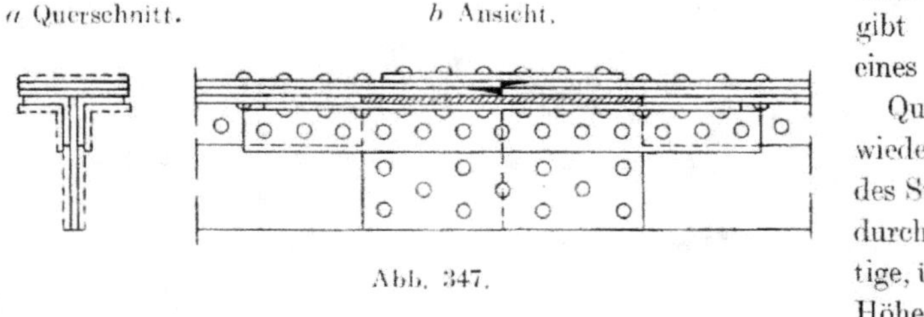

Abb. 347.

Abb. 347 a und b gibt den Stoß eines T-förmigen Querschnittes wieder. Der Stoß des Stegbleches ist durch beiderseitige, über die ganze Höhe des Stegbleches reichende Laschen gedeckt. Die Winkel werden gegen diese Decklaschen geführt und durch Deckwinkel miteinander verbunden. Die beiden Kopfplatten werden an ein und derselben Stelle gestoßen, und ihr Stoß wird durch beiderseitige Laschen gedeckt. Die untere Decklasche (in der Ansicht schraffiert) besteht aus zwei Teilen und hat die Stärke der Winkeleisen.

Die Füllungsglieder erhalten nur bei sehr großen Längen Stöße. Diese werden nach den im vorstehenden aufgeführten Gesichtspunkten gedeckt.

h) Knotenpunktausbildung.

In den Knotenpunkten laufen die Netzlinien des Trägers zusammen (siehe z. B. Abb. 336). Mit den Netzlinien müssen sich die Schwerlinien der einzelnen Stäbe decken. Für die Gurtungen sind die bei der Abhandlung über die Ausbildung dieser Teile auf S. 196 angeführten Besonderheiten für die Schwerlinienlage zu beachten. Es genügt jedoch nicht allein, daß die Netzlinien sich mit den Schwerlinien in der Ansicht des Trägers decken, sondern sämtliche Schwerlinien müssen in ein und dieselbe Ebene fallen. Hiernach sind auch alle im vorstehenden angegebenen Querschnitte ausgebildet worden. So ist z. B. eine Anordnung nach Abb. 348, bei der die Schwerlinien der Gurtung und der an ihr angeschlossenen Strebe *D* nicht in eine Ebene fallen, — wenigstens für die Hauptträger — zu verwerfen, da hierdurch Biegungsbeanspruchungen senkrecht zur Trägerebene hervorgerufen würden. Bei den Wind- und Schlingerverbänden, deren Füllungsglieder häufig nur aus einem Winkeleisen gebildet werden, müssen solche Anordnungen mit in Kauf genommen werden.

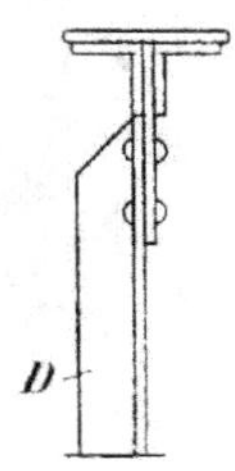

Abb. 348.

Die einzelnen Stäbe werden im Knotenpunkt entweder durch feste Vernietung oder durch Bolzengelenke miteinander verbunden. Die Bolzengelenkverbindung ist in Deutschland sowie auch in den meisten europäischen Ländern wenig in Aufnahme gekommen. Es wird ihr hier die feste Verbindung der Stäbe in den Knotenpunkten durch Vernietung vorgezogen. In Amerika hat man dagegen bis vor kurzem in der Regel Bolzengelenkverbindungen ausgeführt, und erst in neuester Zeit findet man auch dort feste Vernietungen[1]). Die Amerikaner bevorzugten die Bolzenverbindungen, weil sie den rechnerischen Annahmen reibungsloser Gelenke besser Rechnung tragen als feste Vernietungen, und weil sie den Zusammenbau der Brücken sehr erleichtern. Diesen Vorteilen stehen aber ganz erhebliche Nachteile gegenüber. Die Gelenkbrücken müssen beim Reißen eines einzigen Stabes, sei es durch Überanstrengung, sei es infolge Gegenprallens eines entgleisten Fahrzeuges, unweigerlich einstürzen, dagegen können Brücken mit fester Vernietung in den Knotenpunkten in diesen Fällen durch die Knotenpunktsteifigkeit dem Einsturz widerstehen, wie Tatsachen bewiesen haben. Die im Jahre 1907 eingestürzte Quebec-Brücke, die Gelenkbolzenverbindungen besaß, wurde durch Versagen eines einzigen Gliedes vollständig vernichtet. Die Abb. 349 zeigt als Gegenbeispiel eine Brücke mit festen Nietverbindungen in den

[1]) Die im Jahre 1917 vollendete Höllentor-Bogenbrücke von 298 m Stützweite in New York hat durchweg genietete Knotenpunkte.

Waddell kommt in seinem Buch „Brigde Engineering" zu dem Schluß, daß Überbauten bis zu 100 m Stützweite zweckmäßig genietete Knotenpunkte, größere Überbauten Bolzengelenkverbindungen erhalten.

Knotenpunkten, die durch eine Zugentgleisung derart beschädigt wurde, daß ein Pfosten brach, und die trotzdem noch der Belastung durch die Fahrzeuge standhielt[1]). Die Bolzengelenkverbindungen erfordern ein außerordentlich peinliches Herstellen der Bolzenlöcher. Die geringste Abweichung im Durchmesser oder

Abb. 349.

in der Entfernung der Löcher der einzelnen Glieder eines Stabes verursacht eine ungleichmäßige Kraftaufnahme der einzelnen Glieder und damit eine ungleichmäßige Beanspruchung des ganzen Querschnittes. Schließlich spricht auch der Umstand gegen die Bolzengelenkverbindungen, daß sie eine sachgemäße Verstärkung der einzelnen Stäbe so gut wie ausschließen. Dies ist auch der Grund dafür, daß in Amerika zu schwache Brücken in der Regel nicht verstärkt, sondern ausgewechselt werden.

α) Verbindung in den Knotenpunkten durch Gelenkbolzen.

Bei der großen Bedeutung des amerikanischen Brückenbaues erscheint es angezeigt, auch in diesem Buche die Knotenpunktverbindungen mit Gelenkbolzen kurz zu betrachten. Die Abb. 350 u. 351 stellen einen Untergurt- und einen Obergurtknotenpunkt einer amerikanischen Fachwerkbrücke dar, aus denen die Besonderheiten dieser Bauweise zu ersehen sind. Abb. 350: Die Untergurtstäbe und die Zugstrebe sind aus Augenstäben, der Pfosten und die Druckstrebe aus vergitterten]-Eisen gebildet worden. Der Querträger ist an dem Pfosten angeschlossen, dessen beide Teile auf die Höhe des Anschlusses durch eine senkrechte Querschotte miteinander verbunden sind. Die Stäbe des unteren Windverbandes sind fest mit einem Knotenblech vernietet, das mit dem verlängerten Pfosten und dem Querträger verbunden ist.

Bei dem in der Abb. 351 wiedergegebenen Obergurtknotenpunkt sind die Obergurtstäbe vierwandig ausgebildet. Die Wände sind am Gelenkpunkt durch aufgelegte Bleche kräftig verstärkt und reichen, mit Ausnahme eines einzigen Verstärkungsbleches an den äußeren Wandungen, das über den Gelenkbolzen

[1]) Eisenbahnbrücke über die Saar bei Völklingen. Zentralbl. d. Bauverw. 1886, S. 126.

faßt, nur bis kurz vor die Mitte des Bolzens. Die Zugstrebe ist aus Augenstäben, der Pfosten aus Flach- und Winkeleisen gebildet. Der obere Windverband ist an der Innenseite des Gurtes an den oberen Winkeln angeschlossen.

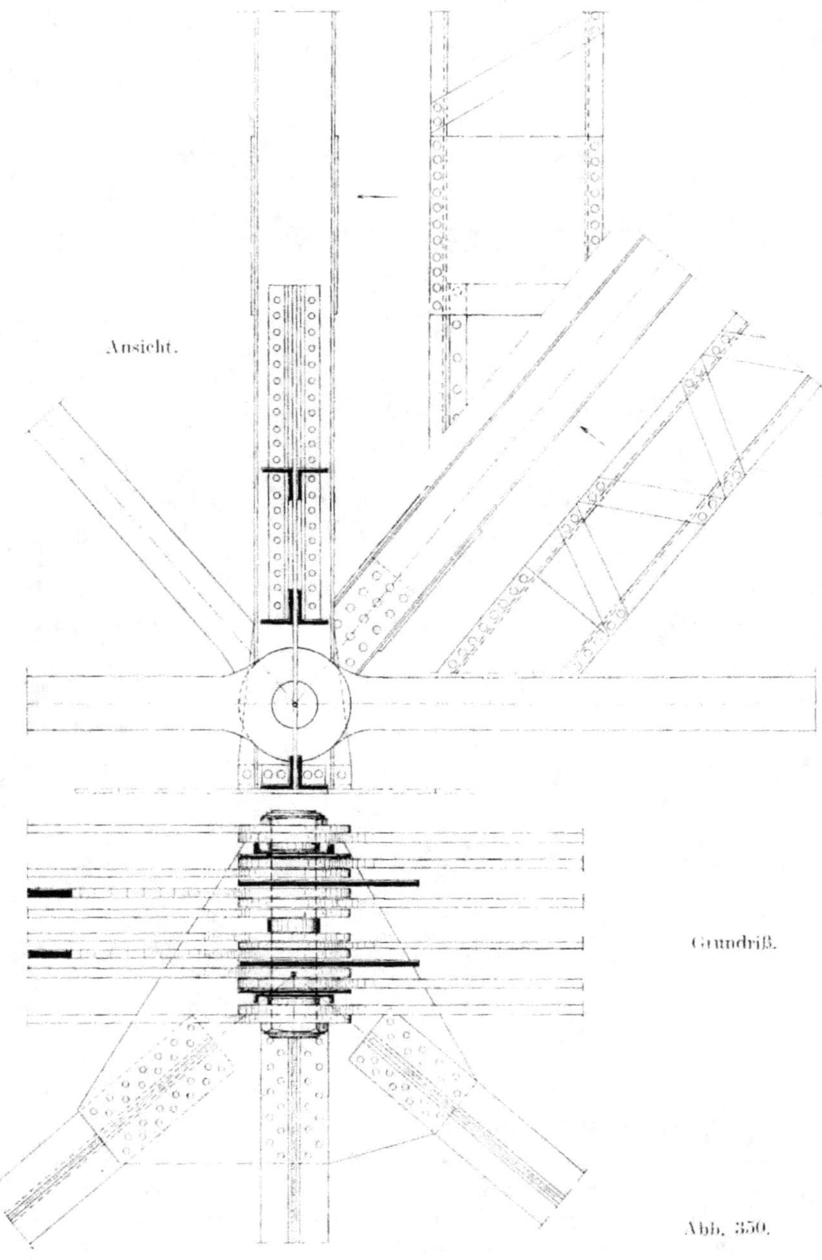

Abb. 350.

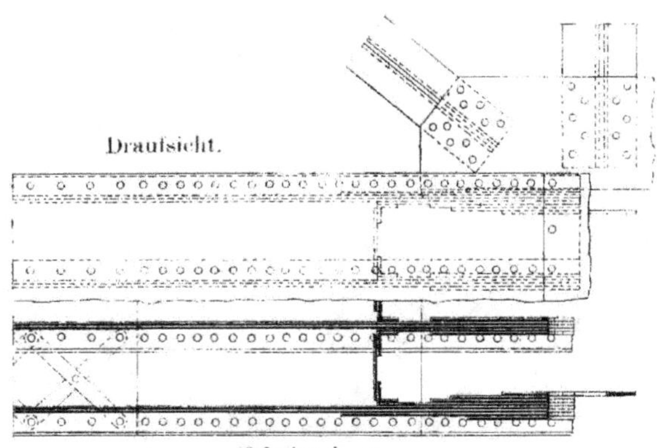

Schnitt *b*—*c*.

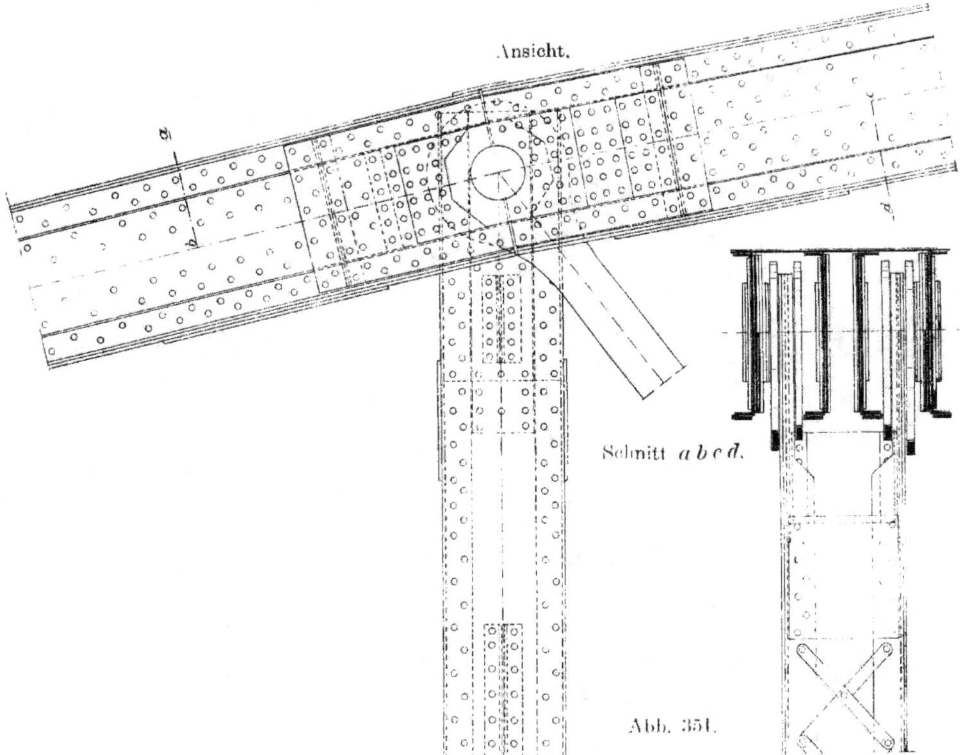

Abb. 351.

β) Verbindung in den Knotenpunkten durch feste Vernietung.

Die Füllungsstäbe werden entweder unmittelbar an den senkrechten Wandungen der Gurtungen angeschlossen (Abb. 352) oder mittelbar durch Knotenbleche mit den Gurtungen verbunden (Abb. 353). Im ersten Falle gehen die Gurtungen entweder ungestoßen durch oder werden im Knotenpunkt gestoßen, und ihre Stöße werden durch besondere Bleche gedeckt. Im zweiten Falle können die Gurtungen ungestoßen — oder gestoßen, aber durch besondere Bleche gedeckt — durchgehen, so daß also die Füllungsglieder durch die Knotenbleche an der ungestoßenen — oder gestoßenen, aber anderweitig vollständig gedeckten — Gurtung angeschlossen werden. Es kann aber auch ein Teil der Gurtung unmittelbar an dem Knotenblech in dem Sinne angeschlossen werden, daß das Knotenblech an die Stelle dieses Teiles der Gurtung tritt, während der andere Teil durchgeht. So sind z. B. in Abb. 353 die hinter den [-Eisen liegenden Stegbleche der Gurtstäbe an den Knotenblechen unterbrochen und mit Laschen an ihnen angeschlossen, während die [-Eisen ungestoßen über die Knotenbleche greifen. Im Knotenpunkt selbst treten also die Knotenbleche an die Stelle der hinter den [-Eisen liegenden Stegbleche. Zuweilen werden auch sämtliche Stäbe am Knotenpunkt unterbrochen, wie es die Abb. 354 veranschaulicht.

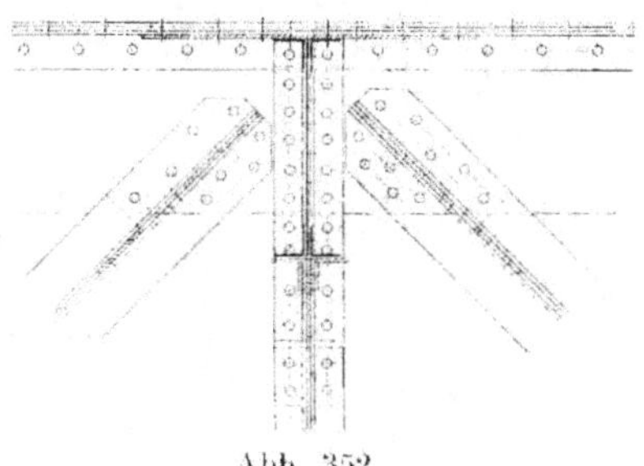

Abb. 352.

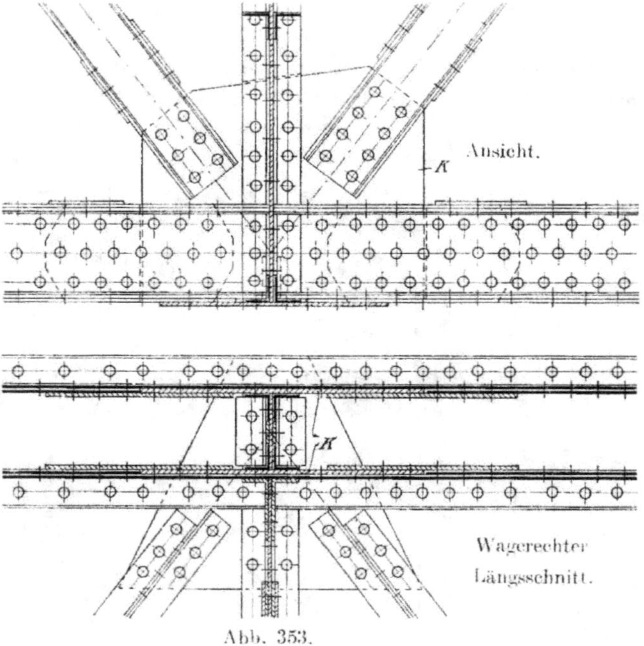

Abb. 353.

Der unmittelbare Anschluß der Füllungsglieder an den Gurtwandungen ist nur bei kleineren Kräften in den Füllungsstäben ausführbar, weil in den Gurtwandungen keine große Zahl von Anschlußnieten untergebracht werden kann. Man findet diesen Anschluß daher nur bei kleineren Brücken und im mittleren Teil größerer Brücken, wo die Füllungsglieder keine großen Stabkräfte aufweisen.

Die **genaue** Untersuchung und Berechnung der Beanspruchungen und erforderlichen Größen der Knotenbleche ist außerordentlich verwickelt und in den meisten Fällen überhaupt nicht durchführbar. Diese Erkenntnis hat leider

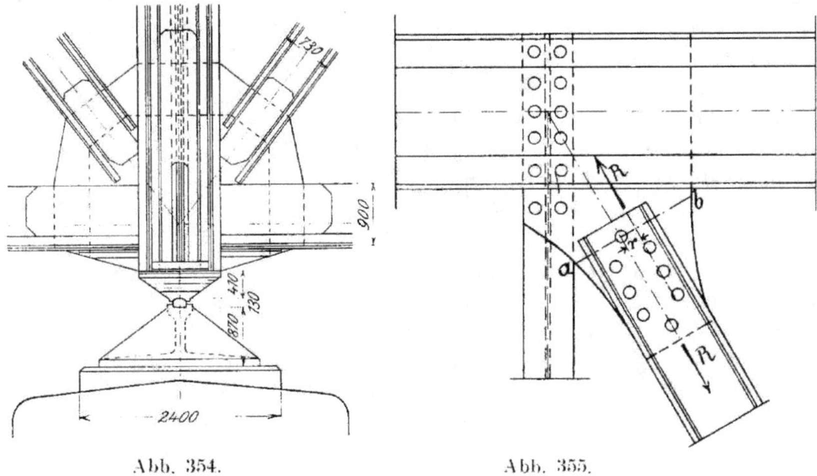

Abb. 354. Abb. 355.

vielfach dazu geführt, sich über die Beanspruchungen der Knotenbleche gar kein Bild zu machen. Wie man sich an manchen ausgeführten Brücken überzeugen kann, erleiden dort die Knotenbleche Beanspruchungen, die weit über das bei den übrigen Brückenteilen zugelassene Maß hinausgehen. Zeigt z. B. ein Knotenblech die in Abb. 355 dargestellte Form, so ist die Überbeanspruchung leicht nachzuweisen. Das ⊏-Eisen sei voll ausgenutzt, und das Knotenblech sei nicht stärker als der Steg des ⊏-Eisens. Der Querschnitt des Knotenbleches besitzt an der Stelle des letzten Nietes ungefähr denselben Flächeninhalt wie das ⊏-Eisen. Durch die reine Zugkraft R tritt also schon eine Beanspruchung des Knotenbleches bis an die zugelassene Grenze ein und durch die aus dem Moment $R \cdot r$ herrührende Biegungsspannung eine Überschreitung dieser Grenze. r bedeutet den Abstand der Stabkraft R von dem Schwer-

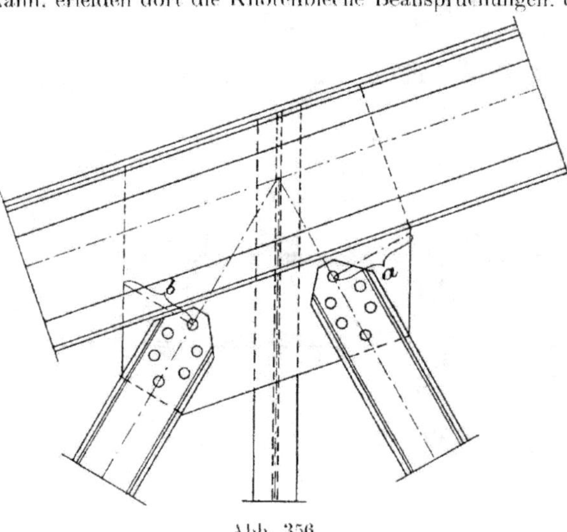

Abb. 356.

punkt des Knotenblechquerschnittes ab. Durch ähnliche Betrachtungen kann man beim Entwerfen der Knotenpunkte leicht die Größe und die Stärke der Knotenbleche so feststellen, daß eine Überbeanspruchung ausgeschlossen ist So lassen sich die Abstände a und b (Abb. 356), welche die seitlichen Begrenzungslinien des Knotenbleches von den Schwerlinien der beiden Streben in den durch die letzten Anschlußniete gelegten Schnitten haben müssen, leicht bestimmen. Auch die Überbeanspruchung des in der Abb. 357 dargestellten Knotenpunktes ist leicht festzustellen. Die Gurtung ist im Knotenpunkt ganz unterbrochen. Der gefährliche Querschnitt des Knotenbleches liegt im Schnitt aa. Die Stabkraft des rechten Gurtstabes hat vom Schwerpunkt des Schnittes aa einen beträchtlichen Abstand: es entsteht ein großes Moment, das im Verein mit der Stabkraft das Knotenblech überbeansprucht. Das Knotenblech muß entweder nach unten verlängert werden, oder der Stoß der Gurtstäbe muß durch besondere Laschen gedeckt werden.

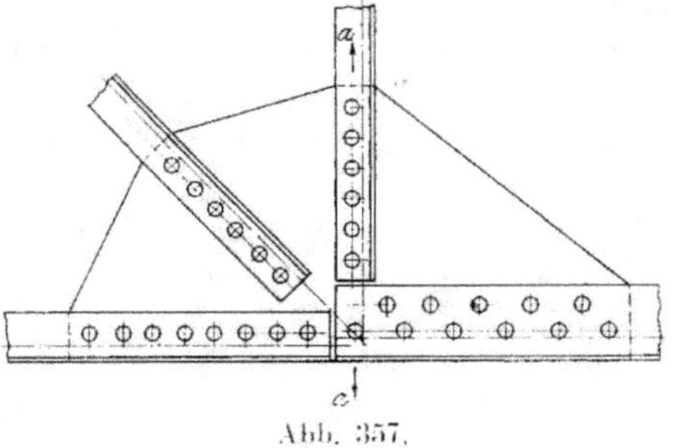

Abb. 357.

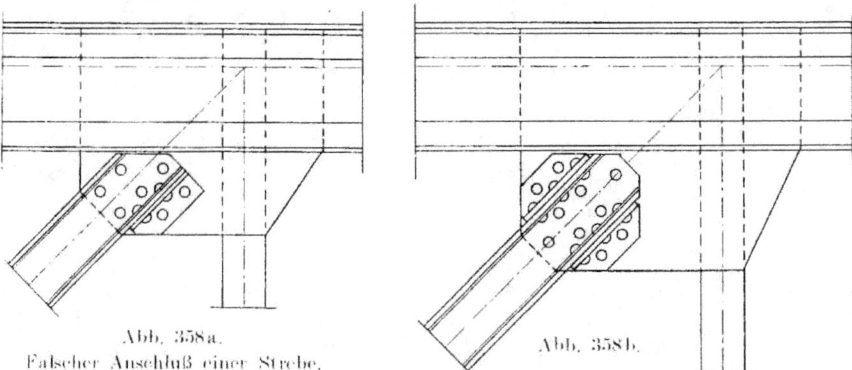
Abb. 358a.
Falscher Anschluß einer Strebe.

Abb. 358b.

Die an den Knotenblechen anzuschließenden Füllungsglieder und die an den Knotenblechen unterbrochenen und nicht anderweitig gedeckten Teile der Gurtungen müssen entsprechend der in ihnen herrschenden Spannkraft mit der Anzahl Niete angeschlossen werden, daß die zugelassene Nietbeanspruchung nicht überschritten wird. Es kann hier auf die Abhandlung über den Nietanschluß im Abschnitt III B unter 2e und f verwiesen werden.

Wie bereits oben gesagt wurde, sollen die Schwerlinien der Stäbe mit den Trägernetzlinien zusammenfallen, um die Wirklichkeit mit der Rechnung nach Möglichkeit in Einklang zu bringen, d. h. Biegungsbeanspruchungen den Stäben nach Möglichkeit fernzuhalten. Aus demselben Grunde ist auch danach zu streben, die Schwerachse der Anschlußniete möglichst mit der Netzlinie zur Deckung zu bringen. So ist z. B. der in Abb. 358a gezeichnete Anschluß zu verwerfen, weil die

Schwerlinien des Stabes und der Anschlußniete nicht zusammenfallen. Abb. 358b dagegen zeigt einen richtig ausgebildeten Anschluß. Bei einzelnen Winkeleisen (Abb. 348), die aber nur bei Windverbänden vorkommen, und bei paarweise angeordneten einzelnen Winkeleisen (Abb. 325), fällt in dem Falle, daß im Anschluß kein Beiwinkel angeordnet wird, die Schwerachse des Winkeleisens nicht mit der Achse des Nietanschlusses zusammen, weil die Projektion des Schwerpunktabstandes vom äußeren Winkelpunkt kleiner als das Wurzelmaß ist. Will man die aus dieser Exzentrizität entspringende Zusatzbeanspruchung vermeiden, so muß man durch Anordnung eines Beiwinkels im Anschluß und einer entsprechenden Anzahl von Nieten in diesem dafür sorgen, daß die Schwerachse des Stabes und des Nietanschlusses zusammenfallen.

Sehr häufig findet man bei dem in Abb. 359a dargestellten Querschnitt einen fehlerhaften Knotenblechanschluß. Der Querschnitt besitzt neben den äußeren auch innere Winkel; durch diese und infolge der großen Gesamtstärke

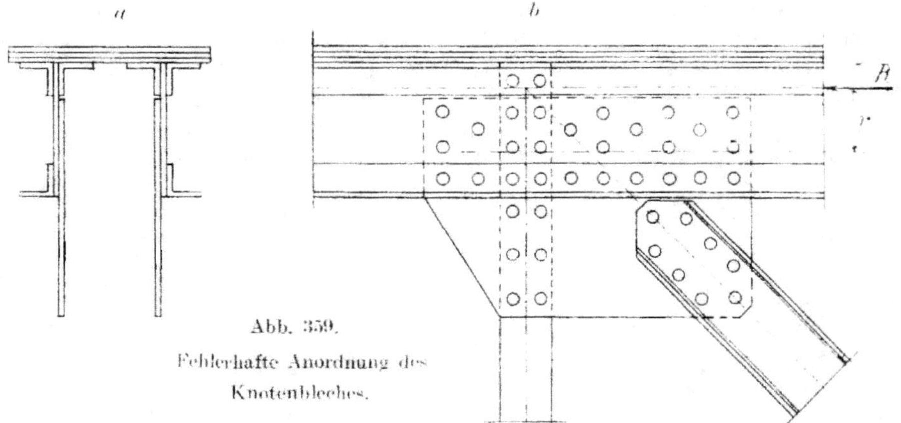

Abb. 359.
Fehlerhafte Anordnung des Knotenbleches.

der Kopfplatten rückt der Schwerpunkt des Querschnittes recht hoch. Die Knotenbleche werden nun vielfach nur bis zu den unteren Kanten der inneren Winkel geführt. Die Resultante R, die sich aus den im Pfosten und in der Strebe herrschenden Kräften ergibt, fällt mit der Schwerlinie des Gurtes zusammen. Die Schwerlinie der Niete, durch die das Knotenblech an dem Gurt angeschlossen ist, liegt wesentlich tiefer, hier im Abstande r von der Gurtschwerlinie (Abb. 359b). Die Folge davon ist, daß diese Anschlußniete nicht allein durch die Kraft R, sondern auch durch ein Moment $R \cdot r$ auf Abscheren beansprucht werden. Will man bei dieser Anordnung die Beanspruchung der Niete in der vorgeschriebenen Grenze halten, so ist eine recht erhebliche Anzahl Niete erforderlich. Es ist daher unter allen Umständen zu empfehlen, den Abstand der beiden Schwerlinien nach Möglichkeit zu beschränken. Dies wird erstens dadurch erreicht, daß man die Hauptquerschnittsmasse nicht im Kopf vereinigt, sondern auch auf die Wandungen verteilt, wie dies bei der Abhandlung über die Gestaltung der Gurtquerschnitte schon erörtert ist, dann aber auch dadurch, daß man die Knotenbleche bis an die Unterkante der Kopfplatten durchführt (Abb. 360). Soweit es die erforderliche Größe des Querschnittes erlaubt, sollen die inneren Winkel als Querschnittsteile fortfallen. Dagegen empfiehlt sich die Anordnung innerer Winkel innerhalb der Knotenpunkte als Anschlußwinkel, durch die das Knotenblech mit den oberen Kopfplatten verbunden wird. Durch diese Maßnahme rückt die Schwerlinie der Anschlußniete höher hinauf. Bei einem nach diesen Regeln ausgebildeten Knotenpunkt wird der Abstand r der Schwerlinien sehr gering und damit das Moment $R \cdot r$ bedeutungslos. Ist ein Gurtquerschnitt mit inneren Winkeln ausgebildet (Abb. 359a), so ist trotzdem das Knotenblech bis unmittelbar unter die Kopfplatten zu führen. Die inneren Winkel werden in diesem Falle mit Keilfuttern über die Knotenbleche geführt oder laufen sich von beiden Seiten an den Knotenblechen tot und werden durch besondere Deckwinkel verbunden.

In den meisten Fällen werden die Querschnitte der Gurtstäbe links und rechts eines Knotenpunktes verschiedene Größen aufweisen. Abb. 361a stellt

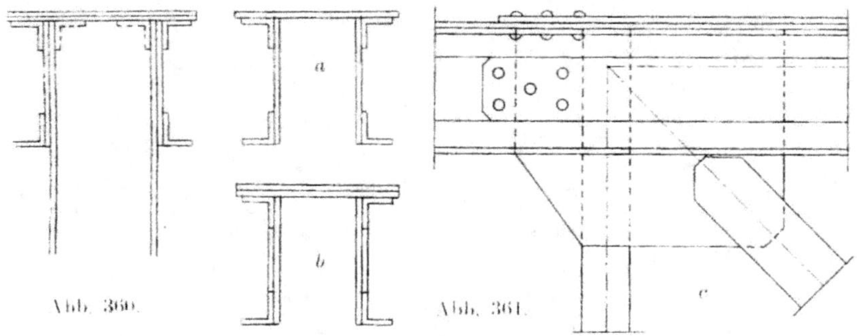

Abb. 360. Abb. 361.

den Querschnitt eines linken und Abb. 361b den Querschnitt des zugehörigen rechten Gurtstabes dar. Da im rechnerischen Knotenpunkt der stärkere Querschnitt bereits voll wirksam sein muß, so ist es erforderlich, wenn man von der Verstärkung des Gurtes durch das Knotenblech absieht, die Verstärkungsteile des Querschnittes des rechten Gurtstabes so weit über den rechnerischen Knotenpunkt hinauszuführen, als es die Unterbringung der erforderlichen Anzahl von Anschlußnieten bedingt (Abb. 361c).

Sehr wichtig ist auch der richtige Anschluß von zweiteiligen Stäben nach den Abb. 319 bis 322 an den Knotenblechen. Würde man jeden Teil für sich ohne beide Teile miteinander verbindende Bleche an den Knotenblechen anschließen, so würden fraglos in den Knotenblechen und in den Stabteilen erhebliche Biegungsspannungen entstehen, weil die Schwerachse des Stabteiles und des einzelnen Knotenbleches nicht zusammenfallen. Ordnet man die Bindebleche nach Abb. 362 unmittelbar vor den Knotenblechen an, so schaltet man zwar die Biegungsspannungen für die Stäbe, aber nicht für die Knotenbleche aus. Es ist deshalb ratsam, die Bindebleche in dem Raum zwischen den Knotenblechen nach Abb. 363 anzuordnen.

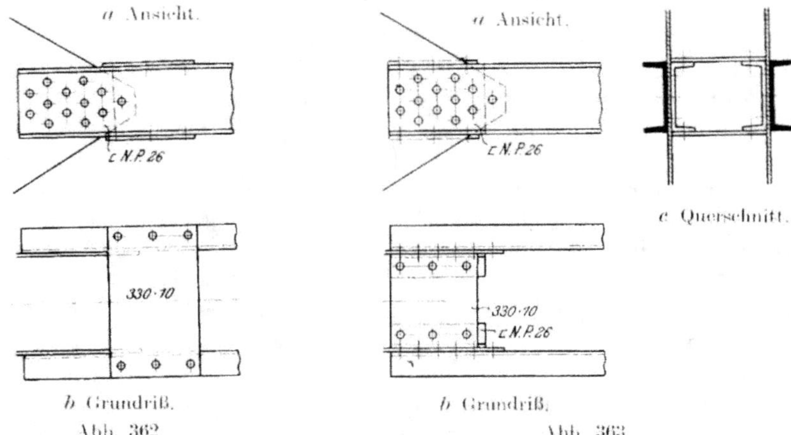

Abb. 362. Abb. 363.

Beispiele von Knotenpunkten.

Im folgenden sollen nun die Knotenpunktausbildungen an Beispielen besprochen werden, die wohl am meisten dazu beitragen werden, dem Leser die bei der Knotenpunktanordnung zu beachtenden Regeln verständlich zu machen. Man achte bei den einzelnen Beispielen auf das auf S. 212 über die Anordnung von Werkstatt- und Montagestößen Gesagte, falls nicht bei der Beschreibung ausdrücklich darauf hingewiesen ist.

1. Unmittelbarer Anschluß an den Gurtwandungen.

(Abb. 364.) Der Querschnitt des geraden Gurtes ist einwandig. Strebe und Pfosten haben einen aus zwei Winkeln bestehenden Kreuzquerschnitt. Die Winkel des Pfostens werden zum Zweck einer guten Aussteifung des Gurtes bis unmittelbar unter die wagerechten Schenkel der Gurtwinkel geführt und müssen zu diesem Zweck über die senkrechten Schenkel gekröpft werden. Der Gurt geht ungestoßen durch. Sein Stoß wird zweckmäßig neben den Knotenpunkt gelegt, weil die Stoßdeckungen im Knotenpunkt nur die Anschlüsse der Füllungsstäbe erschweren würden.

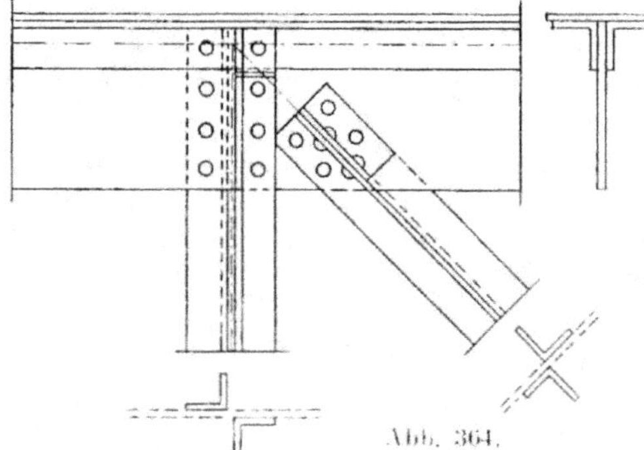

Abb. 364.

In Abb. 365 zeigen Gurt und Pfosten dieselben Querschnitte wie in Abb. 364. Der Strebenquerschnitt ist dagegen aus 2 [-Eisen und einem dazwischenliegenden Flacheisen gebildet, das zweckmäßig die Stärke des Stegbleches des Gurtes erhält. Die [-Eisen werden über das Gurtstegblech geführt, das Flacheisen stößt gegen das Stegblech und wird durch außen auf den Stegen der [-Eisen liegende Laschen angeschlossen.

Liegt im Knotenpunkt ein Knick der Gurtung, so wird aus den bereits auf S. 211 besprochenen Gründen das Stegblech gestoßen. Schließen im Knotenpunkt nur Streben, also keine senkrechten Pfosten an, so wird der Stoß des Stegbleches grundsätzlich in die Halbierende des Winkels gelegt. Beim Vorhandensein eines senkrechten Pfostens wird der Stoß häufig in der Mittellinie des Pfostens angeordnet, und zwar wegen der im Pfosten sitzenden Anschlußniete. Bei scharfen Knicken werden hierbei bei gleichen Höhen der Stegbleche in der Stoßlinie Überstände des einen Bleches über das andere entstehen (Abb. 366). Diese Überstände lassen sich dadurch vermeiden, daß die Stegbleche links und rechts des Stoßes verschieden hoch ausgeführt werden. In der Regel wählt man aber die Höhen der Stegbleche gleich hoch, läßt den unteren Überstand, der durch den Pfosten verdeckt wird, bestehen und nimmt den oberen Überstand in der Verlängerung der oberen Begrenzung des rechten Stegbleches fort, wie dies in der Abb. 367 dargestellt ist. Häufig kann man aber auch trotz des Vorhandenseins eines senkrechten Pfostens ohne Schaden für seine Anschlußniete den Stoß der Stegbleche in die Winkelhalbierende legen.

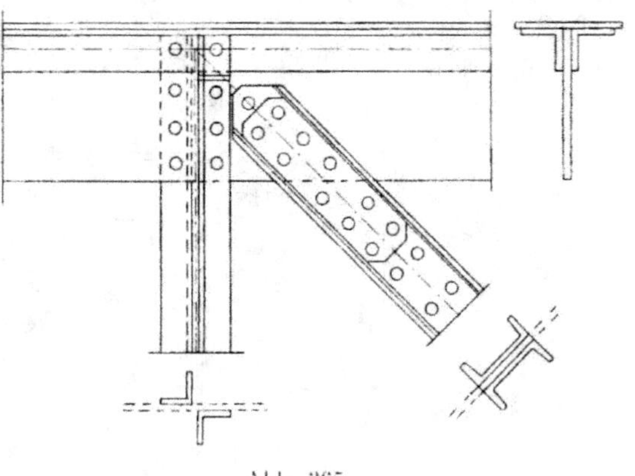

Abb. 365.

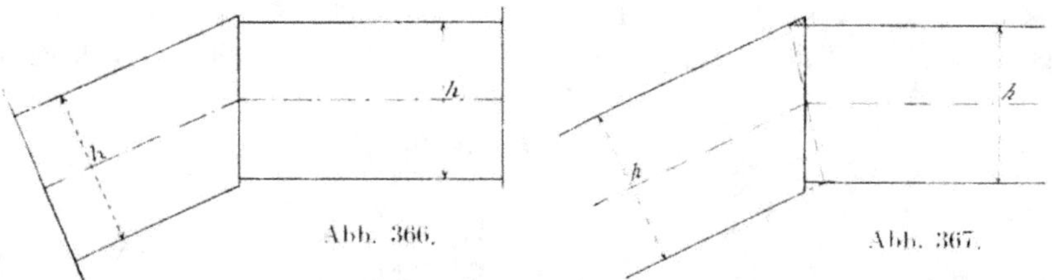

Abb. 366. Abb. 367.

Abb. 368 zeigt einen Knotenpunkt mit geknickter Gurtung. Es sei an diesem Knotenpunkt außer dem Stoß der Stegbleche durch die Längenabmessungen auch ein Stoß aller übrigen Teile bedingt. Der Stoß soll auf der Baustelle vernietet werden. Er wird dann zweckmäßig folgendermaßen durchgebildet: Die Stegbleche werden in der Mittellinie des Pfostens gestoßen. Ihr Stoß wird durch beiderseitige, über die ganze Stegblechhöhe reichende Laschen, die die Stärke der Winkeleisen aufweisen, gedeckt. Die Winkeleisen werden gegen die Decklaschen geführt und durch Deckwinkel miteinander verbunden. Die beiden Kopfplatten werden entsprechend der Wegnahme des Überstandes des linken Stegbleches (Abb. 367) in geringer Entfernung links von der Mittellinie an ein und derselben Stelle gestoßen. Ihr Stoß wird durch beiderseitige Laschen gedeckt, von denen die untere, schraffiert dargestellte, aus zwei Teilen besteht. Mit dem linken Gurtstab können die senkrechten Decklaschen und Deckwinkel in der Werkstatt vernietet werden. Der rechte Gurtstab kann dann auf der Baustelle durch Einschieben von oben bequem mit dem linken Stab zusammengefügt werden. Die rechts von der Mittellinie sitzenden Niete und alle Niete in den Decklaschen der Kopfplatten sind auf der Baustelle zu schlagen.

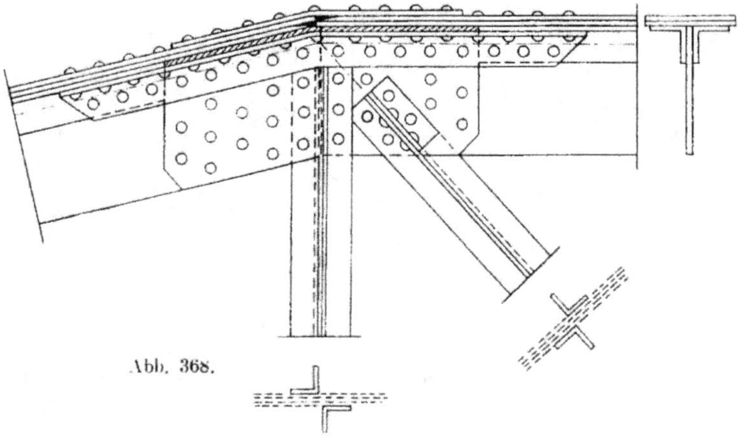

Abb. 368.

Treten in den Füllungsgliedern große Spannkräfte auf, die viele Anschlußniete erfordern (Abb. 369), so würden bei Anordnung des Stegblechstoßes in der Mittellinie sehr lange Decklaschen notwendig werden, weil die Anschlußniete für die Füllungsstäbe neben den Nieten für die Deckung des Stegblechstoßes vorhanden sein müssen. Man sieht dann zweckmäßiger links und rechts vom Knotenpunkt je einen Stegblechstoß vor und vereinigt mit dem einen dieser Stöße einen

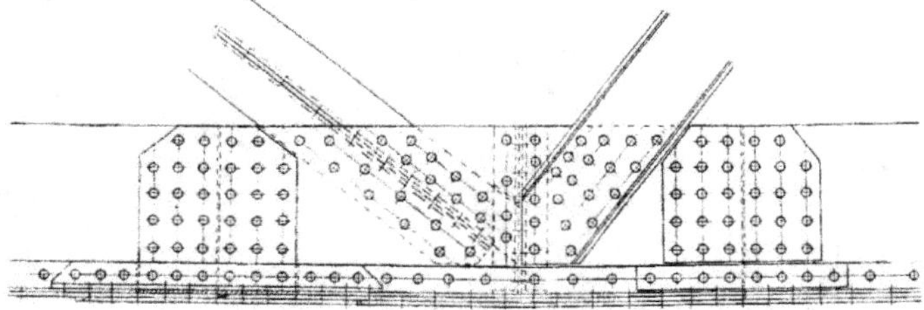

Abb. 369.

Montagestoß (Abb. 369). In dieser Abbildung, die den Knotenpunkt einer zweiwandigen Gurtung veranschaulicht, ist links der Montagestoß angeordnet; er ist dem Stoß in der Abb. 368 ganz ähnlich. Der rechte Stoß ist ein Werkstattstoß; hier ist nur das Stegblech gestoßen und der Stoß durch beiderseitige Laschen, die unmittelbar auf dem Stegblech und auf den senkrechten Winkeleisenschenkeln liegen, gedeckt. In dem kurzen Stegblech zwischen den beiden Stößen liegt der Knick der Gurtung. Dieses geknickte Blech läßt sich wegen der geringen Längenabmessungen ohne große Mühe und Kosten aus einem rechteckigen Blech ausarbeiten

2. Anordnung von Knotenblechen in den Knotenpunkten.

a) Bei einwandigen Gurtquerschnitten.

Man unterscheidet hier zwei Arten der Knotenpunktausbildung. Bei der ersten Art (Abb. 370 u. 371) tritt das Knotenblech an die Stelle des Stegbleches. Ebenso wie bei dem Knotenpunkt in Abb. 369 ist bei diesen beiden Knotenpunkten rechts nur das Stegblech gestoßen und links ein Montagestoß angeordnet. Bei

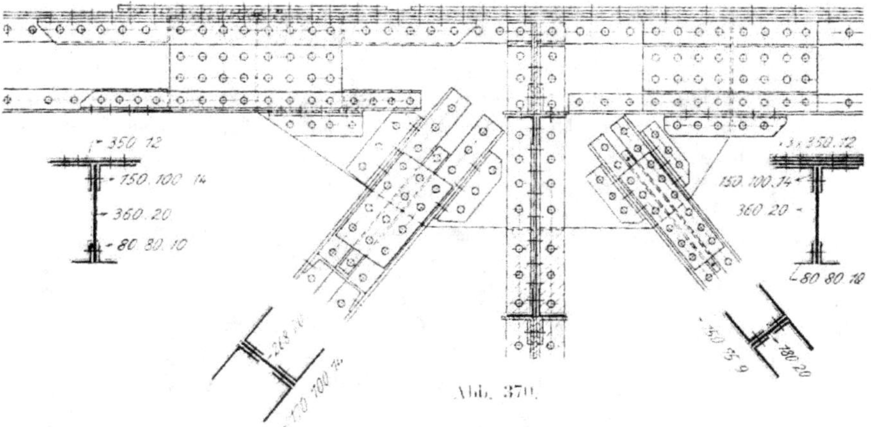

Abb. 370.

dem in Abb. 370 veranschaulichten Knotenpunkt sind rechts die Decklaschen in drei Teile geteilt, links erstrecken sie sich über die ganze Höhe des Stegbleches. Die Gurtwinkel laufen sich hier gegen die Decklaschen tot. Besondere Deckwinkel vermitteln ihre Verbindung und ihren Anschluß an dem Knotenblech. Der linke Gurtstab zeigt eine, der rechte drei Kopfplatten. Die Kopfplatte des

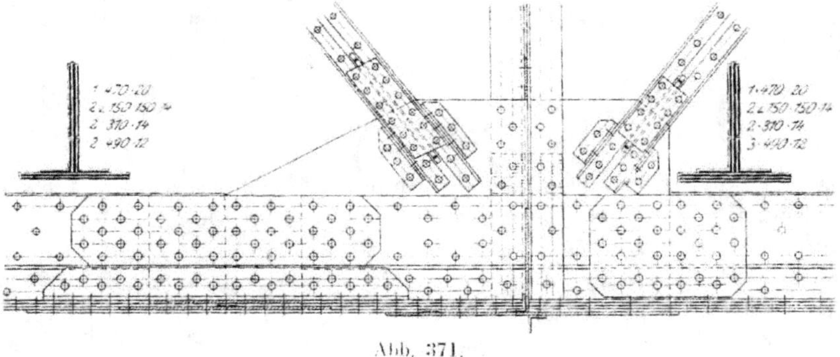

Abb. 371.

linken Stabes ist unter Vermittlung eines Futters durch eine Decklasche mit der zweiten Kopfplatte des rechten Stabes verbunden. Die oberste und unterste Kopfplatte des rechten Stabes sind also als neu hinzutretend zu betrachten. Sie sind so weit über den Mittelpunkt hinausgeführt, daß sie in ihm schon voll wirksam sind. Zum Anschluß der Streben, der klar aus der Abbildung zu ersehen ist, ist zu bemerken, daß durch den Anschluß der Winkeleisen der Streben durch besondere

Anschlußwinkel die Abmessungen der Knotenbleche klein gehalten werden können, daß aber die Erneuerung im Betriebe locker gewordener Niete in den abstehenden Schenkeln der Winkeleisen wegen der Nähe des Querträgers und der abstehenden Schenkel der unteren Winkel der Gurtung so gut wie ausgeschlossen ist. Lose gewordene Niete müssen hier durch gedrehte Schrauben ersetzt werden.

Bei dem in der Abb. 371 wiedergegebenen Untergurtknotenpunkt ist das Stegblech des linken Untergurtstabes durch unmittelbar auf ihm liegende Laschen, die 470 mm hoch und je 14 mm stark sind, an dem Knotenblech angeschlossen. Die Beibleche 310 · 14 und die Winkeleisen 150 · 150 · 14 laufen sich beiderseits gegen diese Laschen tot und werden durch besondere Laschen und Deckwinkel miteinander verbunden. Die unmittelbar unter den Winkeln liegende Platte ist an derselben Stelle wie das Stegblech gestoßen. Der Stoß ist durch eine gleich-

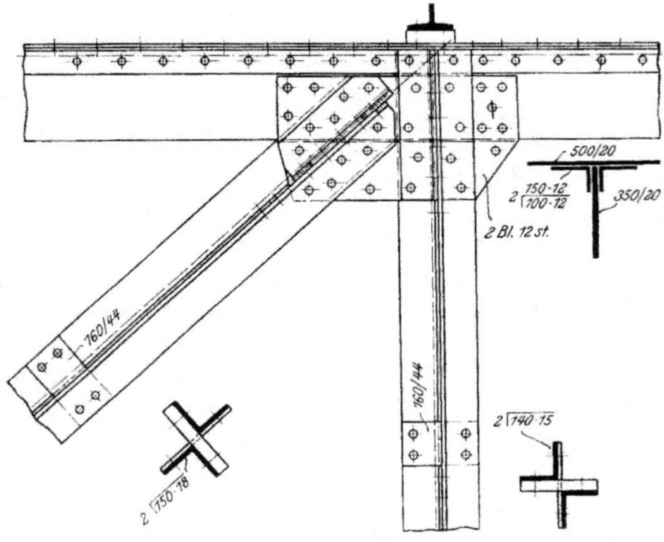

Abb. 372.

starke Lasche gedeckt, gegen die die nächste Platte von beiden Seiten her sich tot läuft. Eine weitere Lasche deckt diese beiden Stöße. Die dritte Platte des rechten Gurtstabes ist so weit über den Knotenpunkt nach links hinausgeführt, als es ihr Anschluß erfordert. Unter ihr liegt das Knotenblech zum Anschluß des Windverbandes.

Bei der anderen Ausbildungsweise wird je ein Knotenblech auf die beiden Seiten des Stegbleches gelegt.

Die Abb. 372 zeigt einen so angeordneten Knotenpunkt. Die Knotenbleche sind nicht nach der auf S. 222 angegebenen Regel bis zur Oberkante der Gurtwinkel geführt, sondern enden schon an der unteren Kante dieser Winkel. Das Abweichen von dieser Regel ist hier deshalb nicht bedenklich, weil die Füllungsglieder teilweise am Gurt selbst angeschlossen sind. Strebe und Pfosten bestehen aus zwei kreuzförmig gestellten Winkeleisen, die im Knotenpunkt zum Anschluß noch je einen Beiwinkel erhalten haben. Der Zwischenraum zwischen beiden Knotenblechen unterhalb des Gurtstegbleches ist ausgefuttert. Der Gurt geht ungestoßen durch.

Bei dem in der Abb. 373 dargestellten Knotenpunkt ist das Gurtstegblech unmittelbar rechts vom Pfosten gestoßen, und die Knotenbleche reichen bis zur

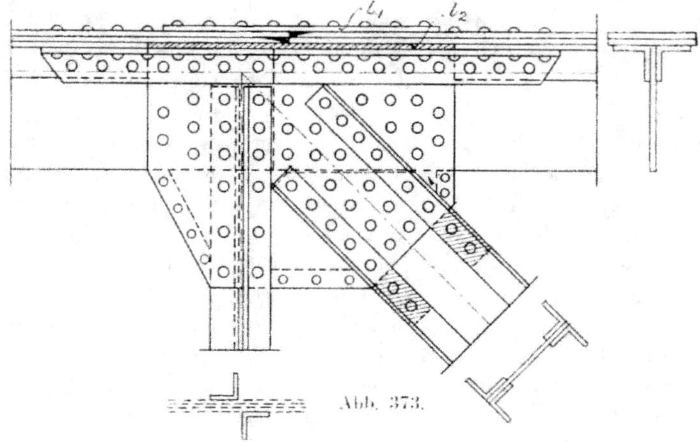

Abb. 373.

Oberkante der Gurtwinkel. Diese stoßen von beiden Seiten stumpf gegen die Knotenbleche und sind durch Deckwinkel verbunden. Der Stoß der beiden Kopfplatten liegt an ein und derselben Stelle und ist durch die beiden Laschen l_1 und l_2 gedeckt. Das Stegblech des ├┤-förmigen Strebenquerschnittes wird zwischen den beiden Knotenblechen bis gegen das Gurtstegblech, und die vier Winkel werden mit Keilfuttern auf die Knotenbleche geführt. Der Zwischenraum der beiden Knotenbleche wird durch einen Saum geschlossen.

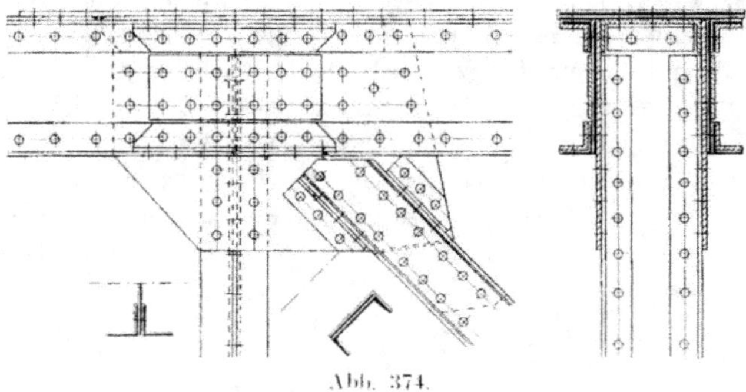

Abb. 374.

b) Bei zweiwandigen Gurtquerschnitten.

Bei den zweiwandigen Gurtquerschnitten können die Knotenbleche auch, wie bei den einwandigen, an die Stelle des Stegbleches treten (Abb. 370 u. 371). In der Regel werden aber die Knotenbleche auf die Innenseiten der beiden Wandungen gelegt (Abb. 374). Es kommen auch Ausführungen vor, bei denen die

Knotenbleche auf den Außenseiten (Abb. 378) oder auf den Innen- und Außenseiten der beiden Wandungen (Abb. 390) angeordnet werden.

Abb. 374. Sämtliche Teile der Gurtung sollen im Knotenpunkt einen Stoß erhalten. Die Knotenbleche liegen an den Innenseiten der Stegbleche, die ebenso wie die Winkel in der Mittellinie des Pfostens gestoßen werden. Wollte man die Stöße allein durch die Knotenbleche decken, so müßten diese sehr stark gewählt werden; man zieht deshalb die Knotenbleche nur teilweise zur Stoßdeckung heran. Die Winkeleisenstöße werden durch besondere Winkel und die Stöße der zwischen den Kanten der senkrechten Schenkel der Gurtwinkel liegenden Stegblechteile durch besondere Flacheisen gedeckt, während die Stöße der hinter den senkrechten Schenkeln der Gurtwinkel liegenden Stegblechteile keine besondere Deckung erhalten; diese Teile werden an den Knotenblechen angeschlossen. Die obere Kopfplatte des rechten Gurtstabes wird mit der Kopfplatte des linken Gurtstabes in der dargestellten Weise verbunden. Die untere Kopfplatte des rechten Gurtstabes, die als Verstärkungsteil aufgefaßt werden muß, wird so weit über den Mittelpunkt des Knotenpunktes hinausgeführt, als es die Anzahl der Anschlußniete erfordert. Als Anschlußniete dieser Kopfplatte, deren Kraft in die Knotenbleche übergeführt werden muß, zählen die Niete, welche die Kopfplatte mit den wagerechten Schenkeln der oberen Winkel, selbstverständlich auch der inneren Winkel, die nur im Knotenpunkt angeordnet sind, verbinden. Der Vorteil dieser inneren Winkel, der schon auf S. 223 betont wurde, tritt hier deutlich hervor. Die [-Eisen der Strebe werden auf die Außenseiten der Knotenbleche gelegt, die Flacheisen gegen die Knotenbleche geführt und die hier entstehenden Stoßstellen durch besondere Flacheisen gedeckt. Die Anschlußniete werden auf diese Weise zweischnittig beansprucht und in ihrer Anzahl beschränkt.

Die Stärke und Größe der Knotenbleche richtet sich im allgemeinen nach den in den Streben herrschenden Spannkräften.

Es sei hier noch eine kurze Betrachtung über den Nachweis der Beanspruchung der Anschlußniete bei zweischnittigem Anschluß der Streben eingeschaltet, da erfahrungsgemäß hierbei Fehler und Ungenauigkeiten in der Berechnung häufig vorkommen. Wird der Anschluß nach Abb. 375 ausgebildet, so muß der Lochleibungsdruck der im Knotenblech sitzenden Niete, die größte Abscherspannung dieser Niete und die Abscherspannung der Niete, welche Flacheisen und Lasche verbinden, nachgewiesen werden. Bedeutet S die im [- und Flacheisen herrschende Spannkraft, so kann die Beanspruchung in der Lochleibung des Knotenbleches einfach durch die Formel errechnet werden:

$$\sigma_l = \frac{S}{7 \cdot d \cdot \delta}$$

Die Abscherspannung der sieben Nietschnitte, die von der auf das [-Eisen entfallenden Spannkraft beansprucht werden, ist größer als die der anderen sieben Schnitte, weil der Querschnitt des [-Eisens größer als der des Flacheisens ist. Bezeichnet f_1 den Querschnitt des [-Eisens und σ die in der Strebe herrschende Spannung, so erhält man die Scherbeanspruchung nach der Formel:

$$\sigma_a = \frac{\sigma \cdot f_1}{7 \cdot \frac{\pi d^2}{4}}$$

Ist f_2 der Querschnitt des Flacheisens, so ist die Abscherbeanspruchung der fünf Niete, welche das Flacheisen und die Lasche verbinden:

$$\sigma_a = \frac{\sigma \cdot f_2}{5 \cdot \frac{\pi d^2}{4}}$$

Oft wird der Anschluß auch nach der Darstellung in Abb. 376 ausgeführt. Die Anzahl der Niete, die zum Anschluß der Lasche an dem Knotenblech dienen,

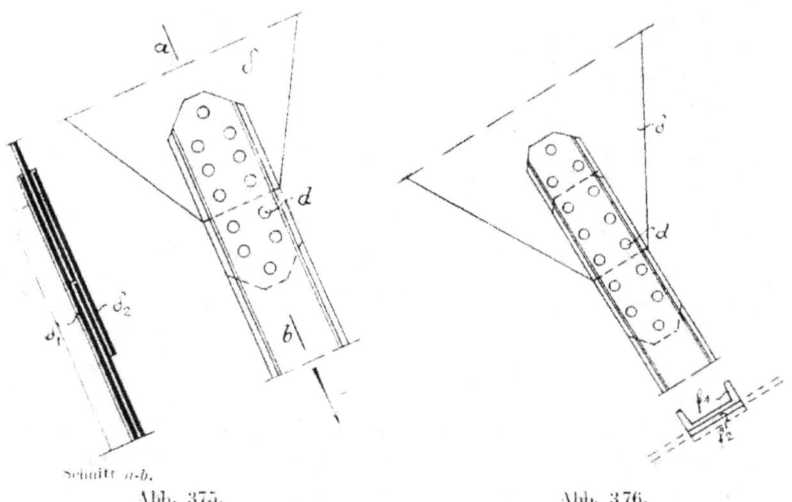

Abb. 375. Abb. 376.

also kleiner als die Anzahl der Niete für das [-Eisen gewählt. Hierbei wäre es falsch, den Lochleibungsdruck der Niete im Knotenblech nach der Gleichung $\sigma_l = \frac{S}{9 \cdot d \cdot \delta}$ zu berechnen. Man hat vielmehr zunächst die Scherbeanspruchung der Nietschnitte links und rechts des Knotenbleches auszurechnen. Bedeuten f_1 und f_2 die Flächeninhalte des [-Eisens und des Flacheisens, so ergibt sich die Scherbeanspruchung aus den Beziehungen

$$\sigma_{a1} = \frac{f_1 \cdot \sigma}{9 \cdot \frac{\pi d^2}{4}} \quad \text{und} \quad \sigma_{a2} = \frac{f_2 \cdot \sigma}{6 \cdot \frac{\pi d^2}{4}}$$

Der Lochleibungsdruck der zweischnittig beanspruchten Niete ergibt sich dann aus der Gleichung

$$\sigma_l = \frac{\frac{\pi d^2}{4}\left(\sigma_{a1} + \sigma_{a2}\right)}{d \cdot \delta}$$

Abb. 377. Im Knotenpunkt sollen sämtliche Teile des ⊢⊣-förmigen Querschnittes gestoßen werden. Die Knotenbleche liegen auf den äußeren Seiten der Stegbleche und decken die in der Winkelhalbierungslinie liegenden Stöße dieser Stegbleche. Die äußeren Winkel und die zwischen ihnen liegenden Flacheisen stoßen gegen die Knotenbleche und werden durch gleiche Teile verbunden. Die

Stöße der übrigen Gurtteile werden durch Decklaschen und Deckwinkel, die im Querschnitt punktiert angegeben sind, gedeckt.

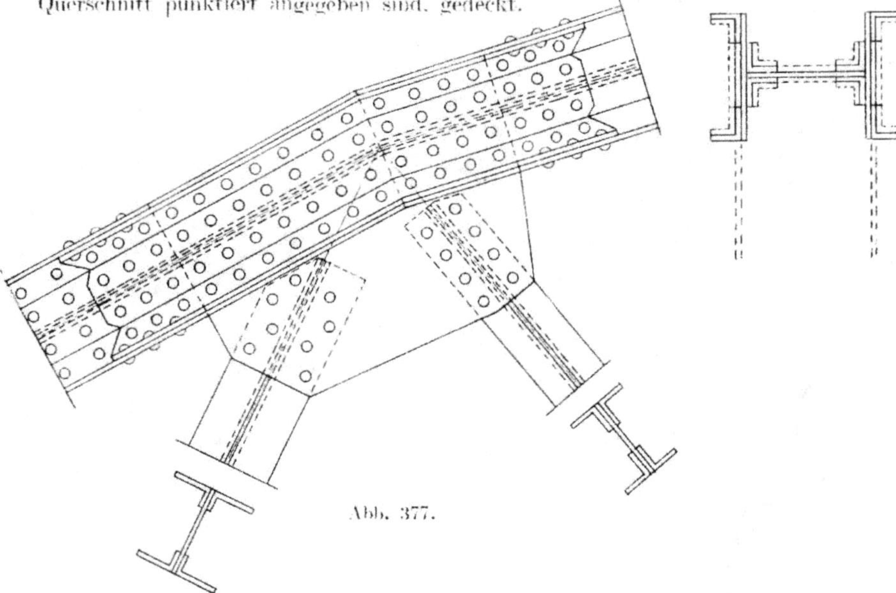

Abb. 377.

Abb. 378 stellt die Ausbildung eines Knotenpunktes einer Untergurtung mit hutförmigem Querschnitt dar. Außen an den Seitenblechen liegen die Knotenbleche, die nicht bis zur Unterkante der Gurtung, sondern nur bis zur Oberkante der senkrechten Winkelschenkel zu reichen brauchen, weil die Schwerlinie der

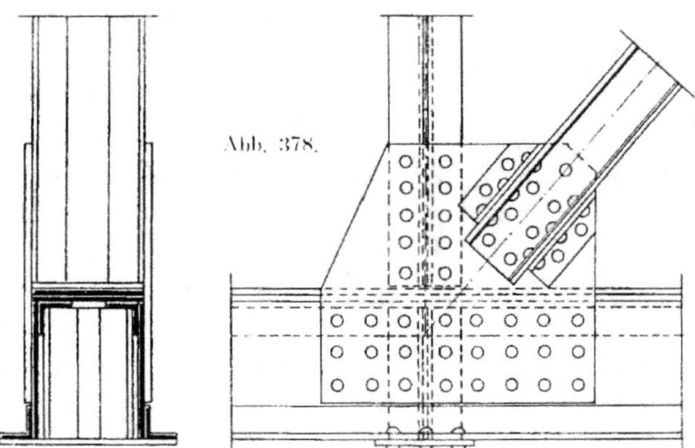

Abb. 378.

sich hierbei ergebenden Anschlußniete sehr nahe an die in der oberen Hälfte des Querschnittes liegende Schwerlinie der Gurtung heranrückt (vgl. im Gegensatz hierzu die Abhandlung auf Seite 222). Der Pfosten hört an der Kopfplatte auf, in seiner Verlängerung ist aber eine Aussteifung zwischen den Wandungen des Querschnittes angebracht; außerdem sind beide unteren Winkel durch eine Lasche verbunden, die mit drei Nieten an jedem der beiden Winkel angeschlossen ist.

Abb. 379. Knotenpunkt einer geknickten oberen Gurtung. Sämtliche Teile sind in der Winkelhalbierenden gestoßen. Der Querschnitt des rechten Gurtstabes ist gegenüber dem des linken Gurtstabes durch Verstärkung der Stegbleche vergrößert worden. Die Stegbleche werden an den Knotenblechen an-

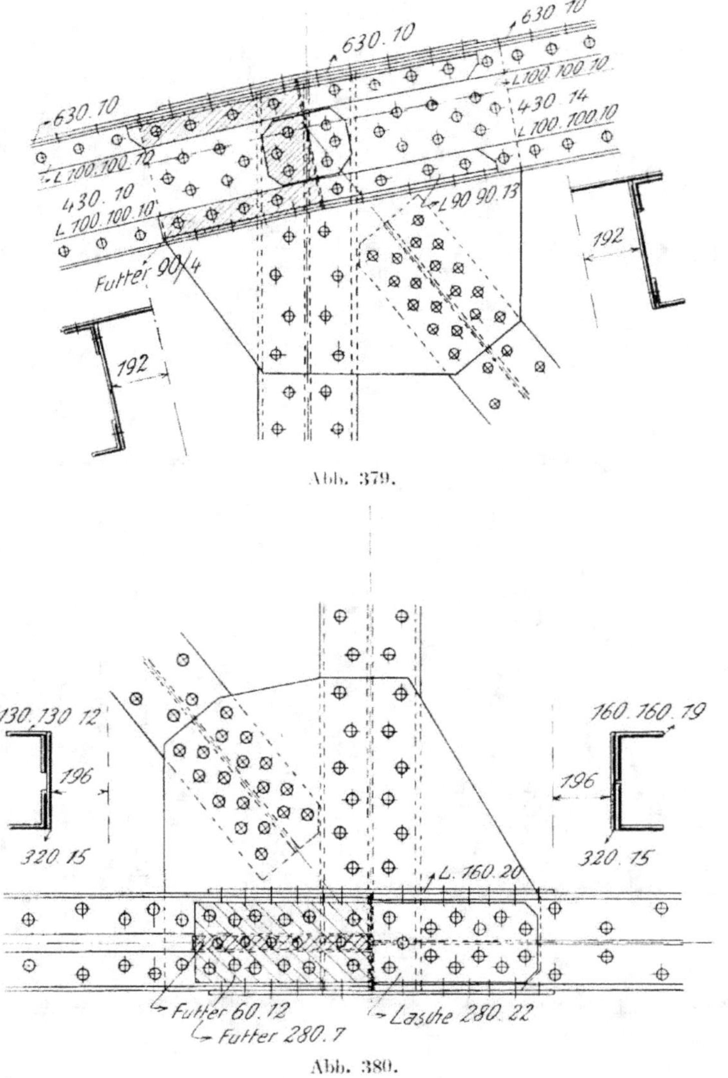

Abb. 379.

Abb. 380.

geschlossen, die Stoßfuge wird außen aus Schönheitsgründen durch eine kleine Lasche gedeckt. Die Winkelstöße werden durch Winkel gedeckt. Die in der Abbildung schraffiert dargestellten Futter von 4 mm Stärke werden durch die verschiedene Stärke der Stegbleche bedingt. Der Stoß der Kopfplatte 630 · 10 wird durch eine gleichstarke Decklasche gedeckt.

Abb. 380. Untergurtknotenpunkt. Sämtliche Teile der Gurtung sind in der Mittellinie gestoßen. Die Stöße der Stegbleche werden durch die Knotenbleche, die der Winkel durch senkrechte und wagerechte Flacheisen gedeckt. Die schraffiert dargestellten Futter sind deshalb erforderlich, weil der Querschnitt

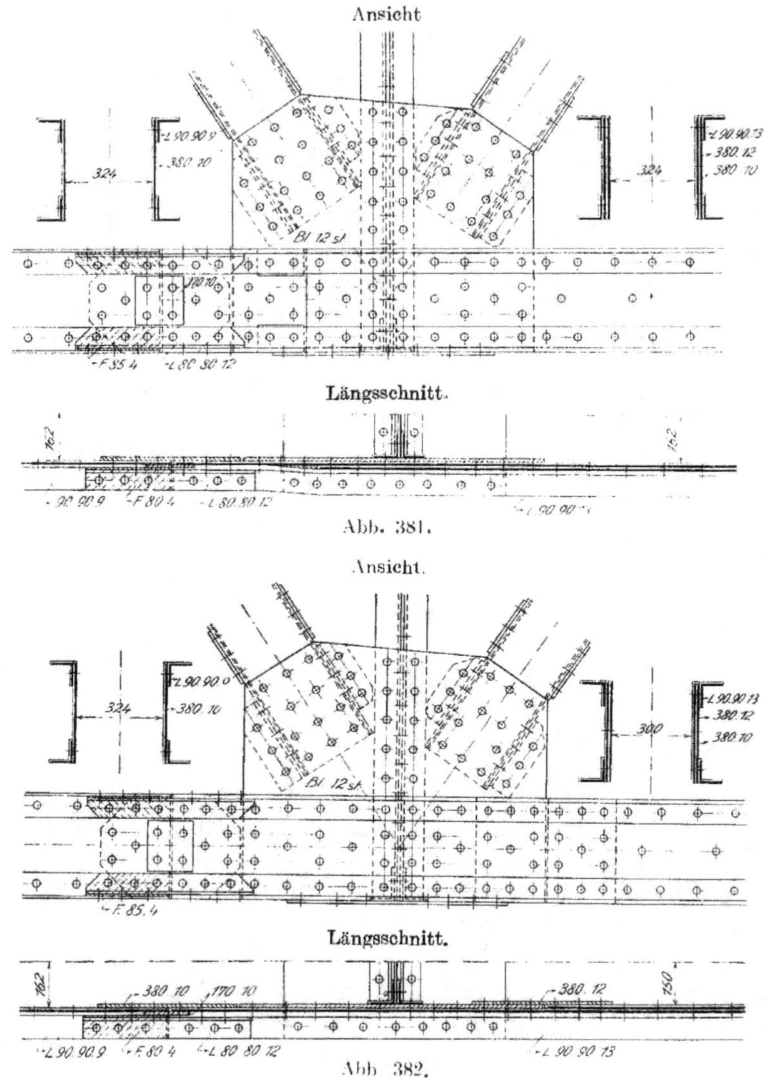

Abb. 381.

Abb. 382.

des rechten Gurtstabes gegenüber dem Querschnitt des linken Stabes durch dickere und größere Winkel verstärkt ist.

Falls der Gurtquerschnitt durch Hinzufügen je eines weiteren Stegbleches in den beiden Wandungen verstärkt wird, so kann der Knotenpunkt auf verschiedene Weise ausgebildet werden, wie die nachfolgenden Beispiele zeigen.

1. Abb. 381. Die Wandungen des linken und rechten Gurtstabes haben gleichen Abstand voneinander. Links vom Knotenpunkt liegt ein Montagestoß, dessen Anordnung klar aus der Abbildung hervorgeht. Die äußeren Stegbleche

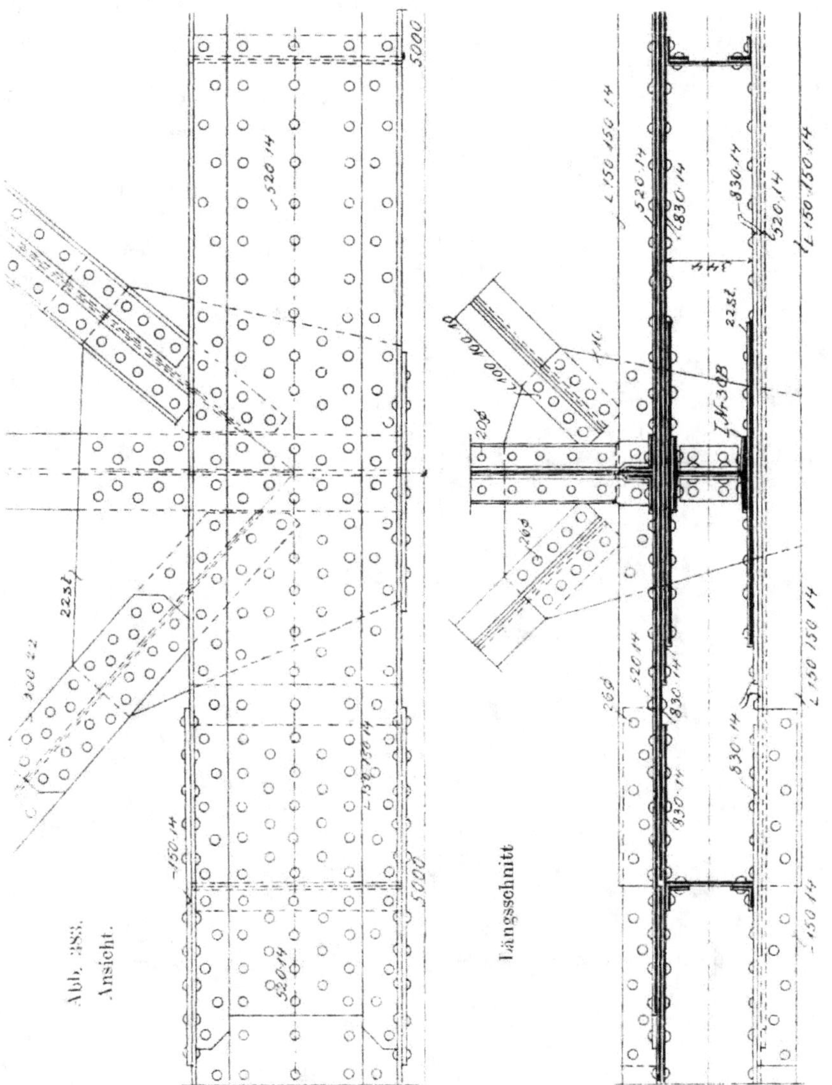

Abb. 381. Ansicht.

des rechten Gurtstabes werden soweit über den Mittelpunkt nach links hinausgeführt, als es die Anzahl der Anschlußniete erfordert. Da, wo diese Stegbleche endigen werden die Winkel des linken Gurtstabes mit Keilfuttern auf sie hinaufgeführt.

2. Abb. 382. Die Stegbleche des linken Gurtstabes liegen mit den äußeren Stegblechen des rechten Gurtstabes in einer Ebene. Die inneren Stegbleche des

rechten Gurtstabes stoßen gegen die Knotenbleche und werden durch besondere Laschen an diesen angeschlossen. Links vom Knotenblech liegt ein Montagestoß.

3. Abb. 383. Der linke Gurtstab besitzt den in Abb. 384 und der rechte den in Abb. 385 dargestellten Querschnitt. Die Wandungen haben gleichen Abstand voneinander. Der Stoß liegt links vom Knotenpunkt. An der Stoßstelle läßt man die Stegbleche des linken Gurtstabes und die äußeren Stegbleche des rechten Gurtstabes übereinandergreifen, ebenso die Beibleche 520 · 14 und die senkrechten Winkelschenkel. Die wagerechten Winkelschenkel stoßen gegeneinander und werden durch Flacheisen 150 · 14 verbunden. Die inneren Stegbleche des rechten Gurtstabes sind der erforderlichen Anzahl der Anschlußniete entsprechend über den Mittelpunkt hinausgeführt.

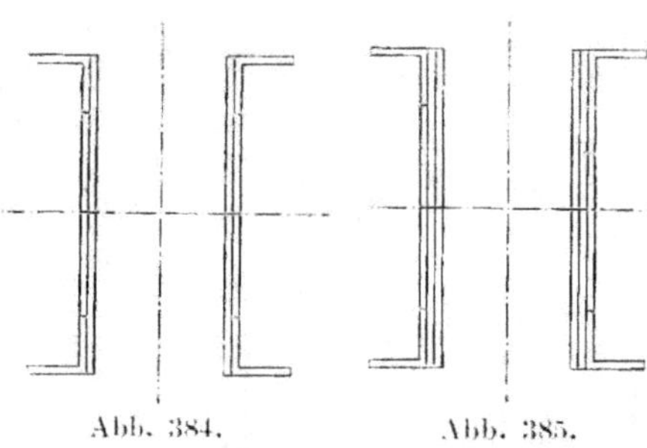

Abb. 384. Abb. 385.

Abb. 386. Die Gurtstäbe zeigen die dargestellten Querschnitte. Die Stegbleche 600 · 15, die Winkel 160 · 160 · 19 und die Beibleche 440 · 19 werden in

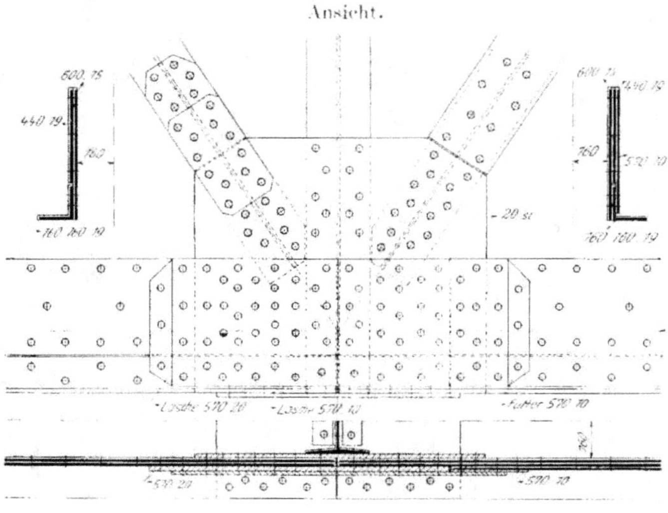

Abb. 386.

der Mitte des Pfostens gestoßen. Ihr Stoß wird in beiden Wandungen durch das 20 mm starke Knotenblech und durch die Lasche 570 · 20 gedeckt, der Stoß der wagerechten Winkelschenkel wird besonders gelascht. Gegen die Decklasche 570 · 20 stößt das Beiblech 570 · 10 des rechten Gurtstabes, das unter Vermittlung eines Futters durch eine Lasche 570 · 10 über den Mittelpunkt des Knotenpunktes geführt wird.

Abb. 387. Die inneren Stegbleche, die bei den schwächeren Gurtstäben fortfallen, liegen mit den Knotenblechen bündig. Links liegt ein Montagestoß, der keiner weiteren Erläuterung bedarf. Rechts ist der Stoß des Knotenbleches

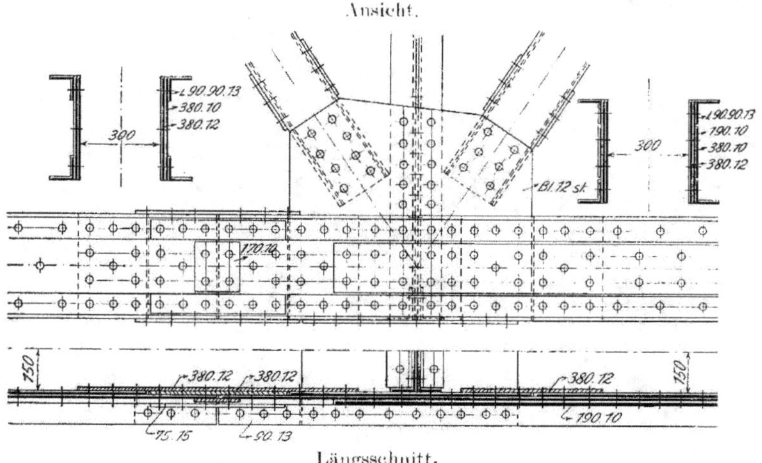

Abb. 387.

und des inneren Stegbleches durch eine besondere Lasche gedeckt. Das Beiblech 190 · 10 ist über die Mitte des Knotenpunktes hinausgeführt.

Abb. 388. Knotenpunkt einer geknickten unteren Gurtung. Die beiden dem Knotenpunkt benachbarten Gurtstäbe haben gleichen Querschnitt. Die [-Eisen werden in der Winkelhalbierenden gestoßen. Der Stoß jedes Steges wird durch beiderseitige Laschen gedeckt. Gegen die inneren dieser Laschen laufen sich die Stegbleche 380 · 15, die unmittelbar an den Knotenblechen angeschlossen werden, tot. Der Stoß der Flansche der [-Eisen wird durch Flacheisen gedeckt.

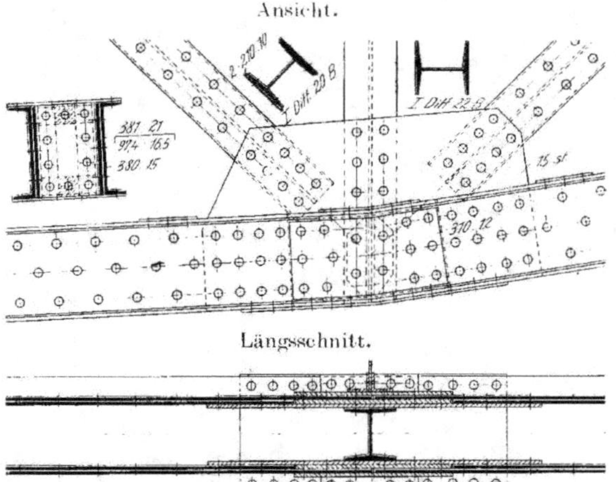

Abb. 388.

Die Abb. 389 stellt einen Obergurtknotenpunkt der Nogatbrücke bei Marienburg dar. Die Obergurtstäbe besitzen einen zweiwandigen, doppelkreuzförmigen Querschnitt, dessen Hälften durch volle Bleche miteinander verbunden sind. Der linke Gurtstab besteht aus den aus dem Schnitt c—d zu ersehenden Grundeinheiten, der rechte Gurtstab besitzt zwei Verbindungsbleche

392 · 12 und größere Beibleche als der linke Gurtstab. Es sind vier 12 mm starke Knotenbleche angeordnet, die auf beiden Seiten der doppelten Stegbleche 350 · 12 jeder Wandung liegen und den in der Winkelhalbierenden liegenden Stoß dieser Stegbleche decken. Die Winkeleisen und die senkrechten Beibleche laufen sich von beiden Seiten gegen die Knotenbleche tot und werden durch Deckwinkel und

Grundriß.

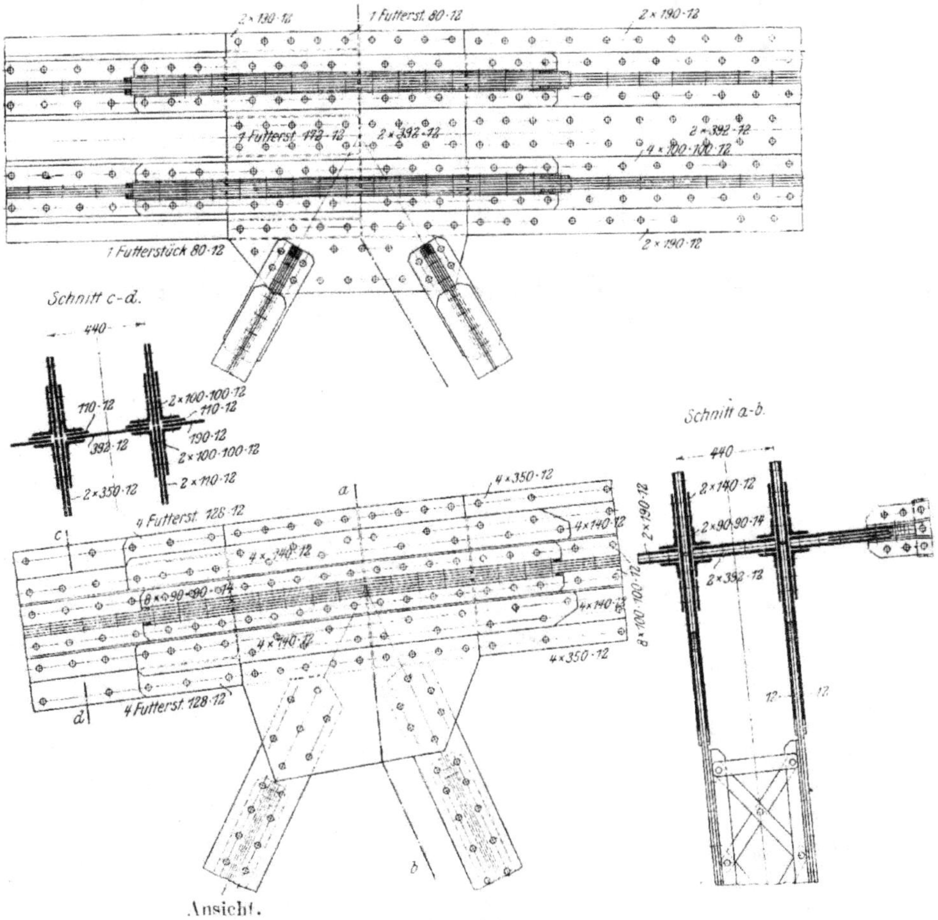

Ansicht.

Abb. 389.

Decklaschen miteinander verbunden (siehe Schnitt a—b und die Ansicht). Der Stoß der Verbindungsbleche und der im Querschnitt wagerechten Beibleche liegt an derselben Stelle wie der Stoß der Stegbleche; er wird durch die doppelten Windverbandknotenbleche, durch zwei Laschen 392 · 12 und zwei Laschen 190 · 12 gedeckt (vgl. Schnitt a—b und den Grundriß).

Abb. 390 stellt den dem Auflagerknotenpunkt benachbarten Knotenpunkt eines seitlichen Stromüberbaues (Stützweite 106,08 m) der zweigleisigen Eisenbahnbrücke unterhalb Ruhrort (Abb. 278) dar. Hier sind für jede Gurtwandung wegen der großen Kräfte in den Streben zwei Knotenbleche vorgesehen, sie liegen zu beiden Seiten jeder Wandung auf den Stegblechen 810 · 15. Die oberen Winkel des linken Gurtstabes sind nur deswegen angeordnet, weil dieser Gurtstab im

Ansicht.

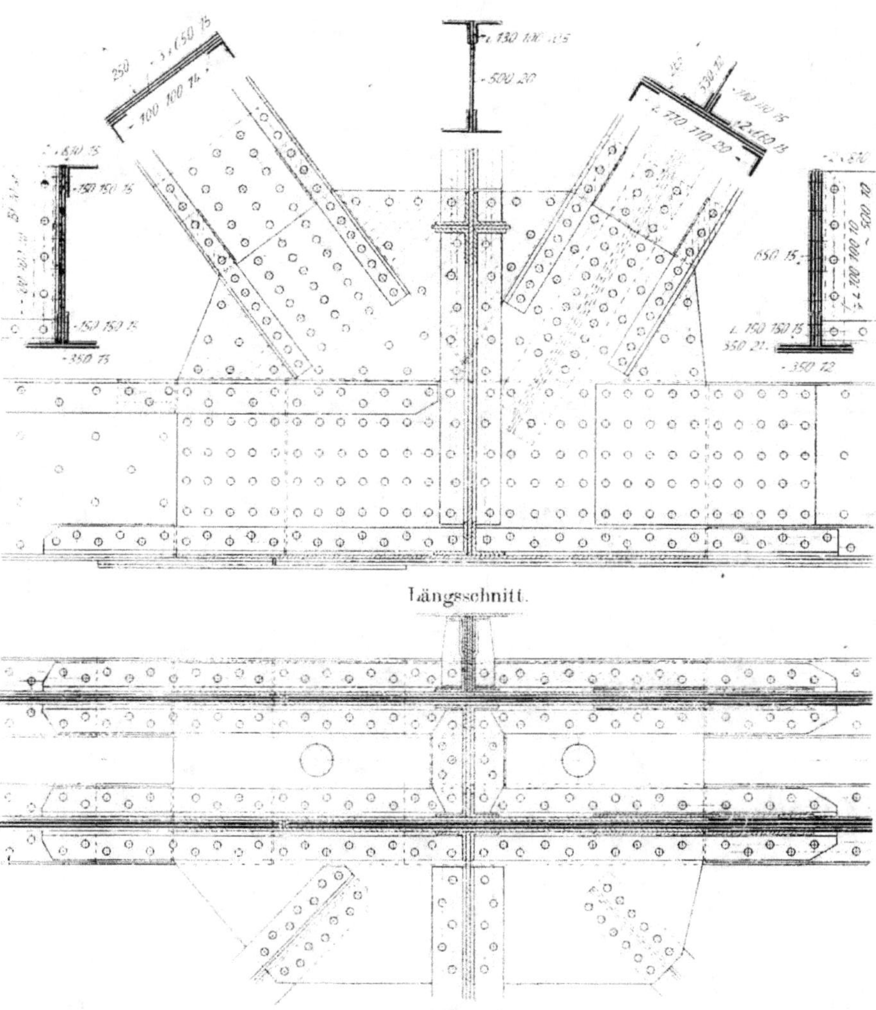

Abb. 390.

Falle des Anhebens des Überbaues auf Biegung beansprucht wird (vgl. die Bemerkung auf S. 208). Die Winkel beider Gurtstäbe und die Beibleche 650 · 15 des rechten Gurtstabes laufen sich gegen die Knotenbleche tot. Die Winkel werden durch Deckwinkel verbunden und die Beibleche durch gleich starke Laschen an den Knotenblechen angeschlossen. Der Stoß der Stegbleche 810 · 15 liegt links von der Mitte des Knotenpunktes. An dieser Stoßstelle sind die Stegbleche des linken Gurtstabes voll an den Knotenblechen angeschlossen. Die Stegbleche des rechten Gurtstabes können als Verstärkungsteile aufgefaßt werden, sie sind entsprechend der erforderlichen Anzahl der Anschlußniete über die Mitte hinausgeführt. Am Stegblechstoß liegt auch der Stoß der wagerechten Platten. Die Platte

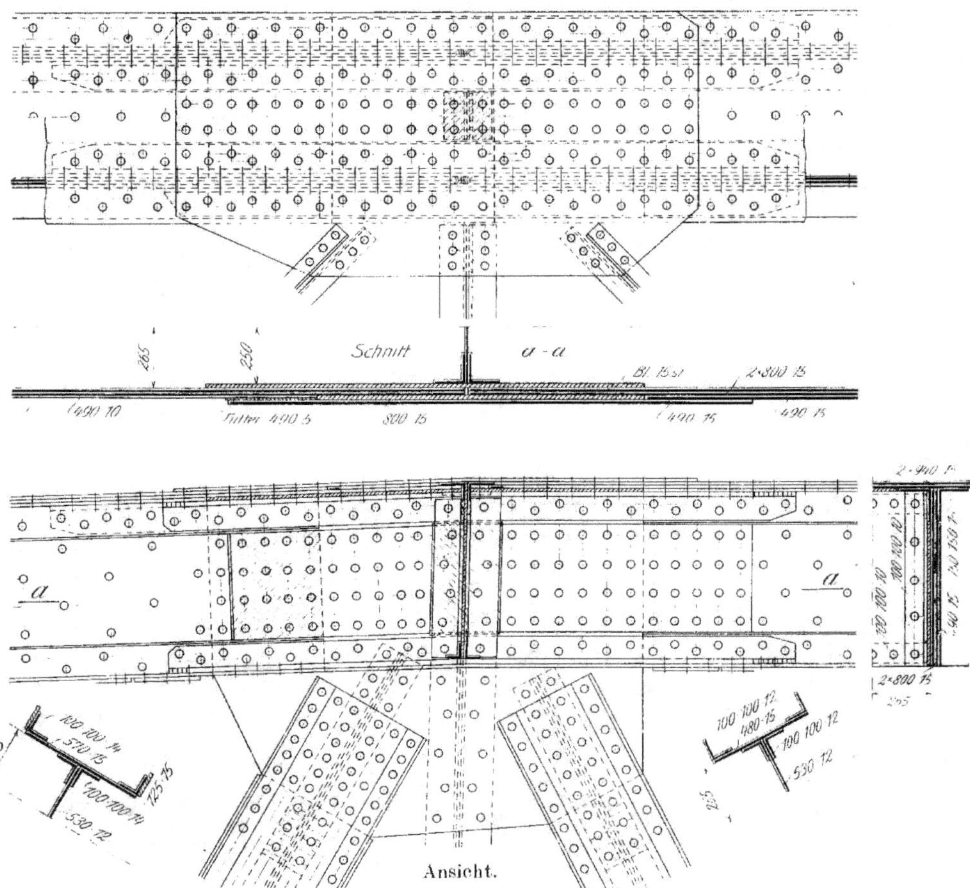

Abb. 391.

350 · 15 des linken Stabes ist mit der Platte 350 · 12 des rechten Stabes durch eine Lasche verbunden, die Platte 350 · 21 des rechten Stabes ist als neu hinzutretender Teil aufzufassen. Die Bleche 660 · 15 der rechten Strebe greifen in den Zwischenraum je zweier Knotenbleche hinein, während die Winkel mit Keilfuttern auf die Knotenbleche hinaufgeführt werden. Bei der linken Strebe greifen auf beiden Seiten die beiden äußeren Bleche 650 · 15 in die Zwischenräume der Knotenbleche hinein, während die inneren Bleche 650 · 15 gegen die inneren Knotenbleche stoßen

und mit gleich starken Laschen an diesen angeschlossen werden. Die Winkel werden auch hier auf die Knotenbleche hinaufgeführt.

In Abb. 391 ist der Obergurtknotenpunkt zwischen O_5 und O_6 (siehe die Zusammenstellung auf S. 208) desselben Überbaues dargestellt, dem der in der vorigen Abbildung veranschaulichte Knotenpunkt entstammt. Die geringeren Kräfte in den Streben erfordern in jeder Wandung nur ein Knotenblech, das an

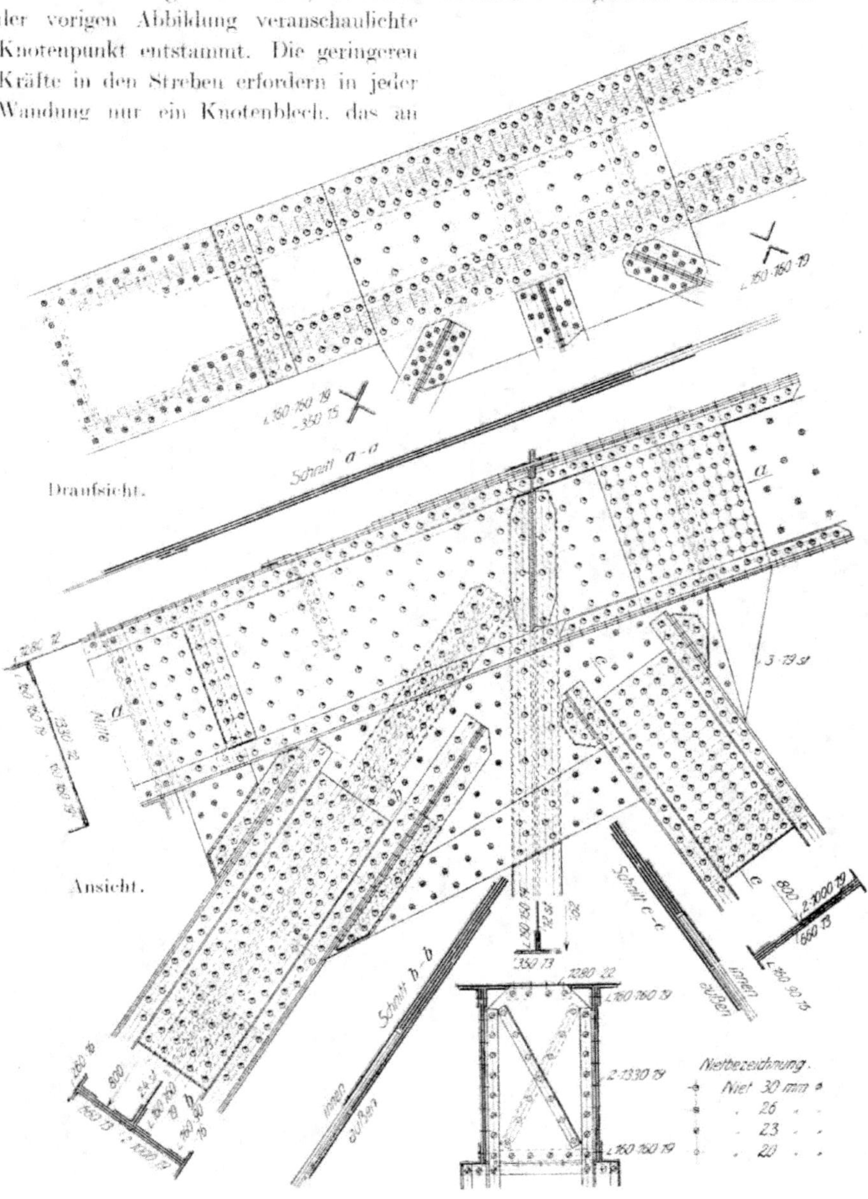

Querschnitt des rechten Gurtstabes.

Abb. 392.

Draufsicht.
Ansicht.
Nietbezeichnung
Niet 30 mm ⌀
26
23
20
Schnitt a-a
Schnitt c-c
800

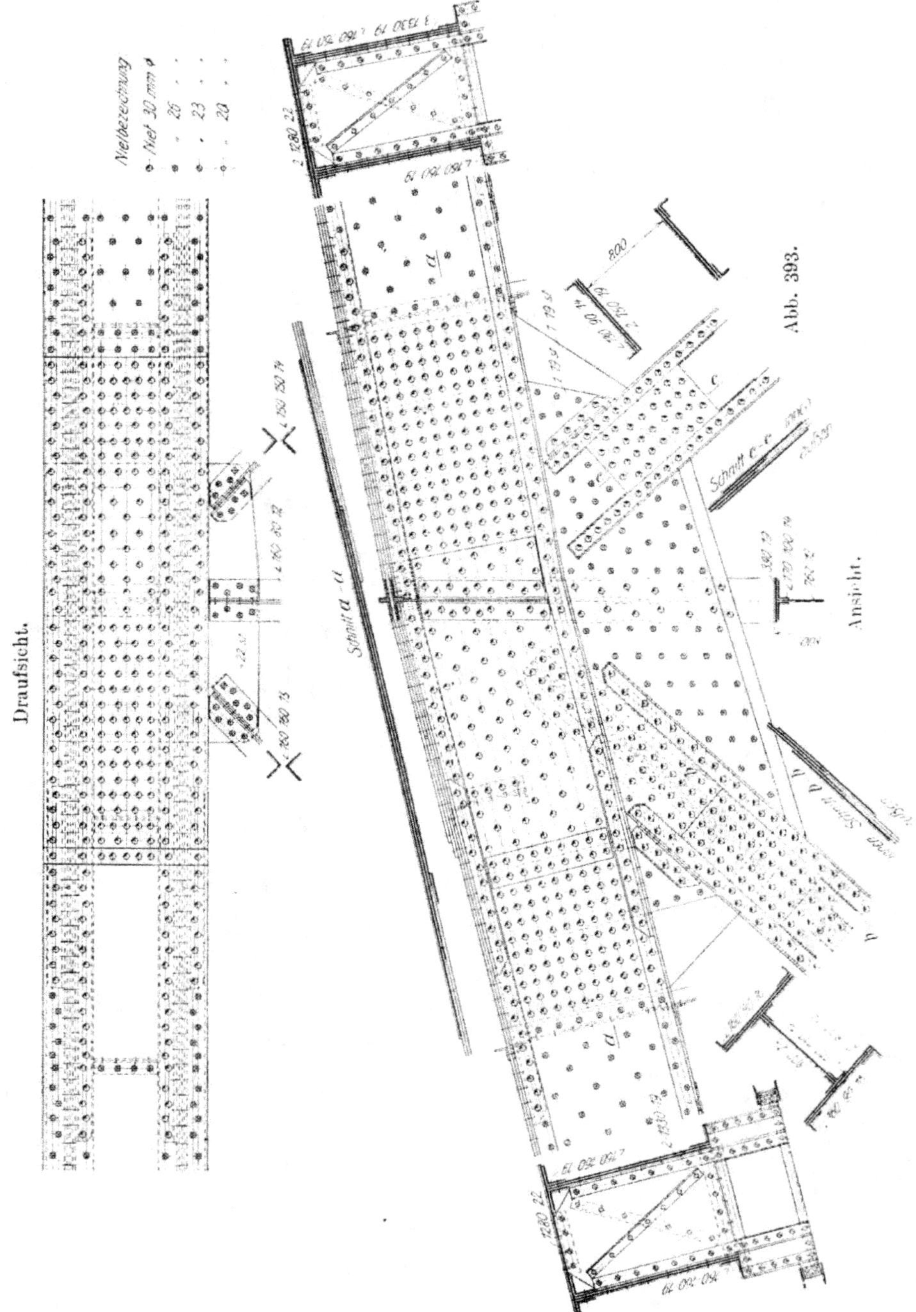

Abb. 393.

der Innenseite der doppelten Stegbleche liegt und im Verein mit einer auf der Außenseite der doppelten Stegbleche liegenden Lasche 800 · 15 den in der Mitte des Knotenpunktes angeordneten Stegblechstoß deckt. Die inneren Winkel laufen sich gegen die Knotenbleche und die äußeren Winkel und Beibleche gegen die Laschen 800 · 15 tot und werden durch Deckwinkel und Laschen verbunden. Der Stoß der Kopfplatten ist versetzt. Die Deckplatte ist zugleich Windverbandknotenblech. Die schweren Gurtstäbe kamen nicht im fertig vernieteten Querschnitt, sondern jede Wandung und das Kopfstück für sich auf die Baustelle. Die Montage war daher sehr einfach.

Abb. 392. Erster Obergurtknotenpunkt des großen, 186 m weit gestützten Stromüberbaues der zweigleisigen Eisenbahnbrücke über den Rhein unterhalb Ruhrort. In jeder Wandung sind wegen der Größe der Stabkräfte in den Streben drei Knotenbleche von 19 mm Stärke erforderlich. Aus der Ansicht und den Schnitten *a-a*, *b-b* und *c-c* geht die Ausdehnung der einzelnen Knotenbleche hervor. Die Knotenbleche und Decklaschen sind, wie auch bei dem nächsten Knotenpunkt, im Schnitt schwarz angelegt, während die anzuschließenden Teile der Gurtungen und Streben weiß gelassen sind. Die doppelten Seitenbleche jeder Wandung der beiden Streben stoßen stumpf gegen die beiden hinteren Knotenbleche; der Stoß wird durch besondere Laschen beiderseitig gedeckt. Jedes der Beibleche 660 · 13 der Streben stößt gegen die äußere dieser Laschen und wird durch eine gleich starke Lasche am äußersten Knotenblech angeschlossen. Alle Winkeleisen werden mit Keilfuttern auf die Laschen und weiter auf die Knotenbleche geführt. Die Bleche 260 · 16 der linken Strebe werden geschlitzt und durch besondere Winkel angeschlossen. Der Steg dieser Strebe ist soweit wie möglich in den Gurt hineingeführt, um diesen kräftig auszusteifen. Das Innere der doppelten Stegbleche jeder Wandung des rechten Gurtstabes wird unmittelbar am hintersten Knotenblech, das äußere durch eine Lasche von gleicher Höhe und Stärke am vordersten Knotenblech angeschlossen (siehe Schnitt *a-a*). Gegen diese Lasche laufen sich die Winkel beider Gurtstäbe tot und werden durch die Deckwinkel 140 · 140 · 24 verbunden. Die senkrechten Schenkel der unteren Deckwinkel sind, soweit sie vor den Winkeleisen 160 · 160 · 19 liegen, um 6 mm abgehobelt, um die Bildung eines Wassersackes zu verhindern. Die Kopfplatte des rechten Gurtstabes ist der erforderlichen Anzahl der Anschlußniete entsprechend über die Mitte des Knotenpunktes hinaus nach links verlängert. Der linke Gurtstab, der lediglich Windkräfte aufzunehmen hat, ist nur schwach angeschlossen. Jedes der Knotenbleche dieses Knotenpunktes besitzt das ansehnliche Flächenmaß von rund 15 qm. Das Windverbandknotenblech liegt auf der Deckplatte des rechten Gurtstabes.

Die Abb. 393 gibt einen anderen Obergurtknotenpunkt (zwischen O_4 und O_5, siehe die Zusammenstellung auf S. 209) desselben Überbaues wieder. Wegen der geringeren Stabkräfte in den Streben genügen hier in jeder Wandung zwei je 19 mm starke Knotenbleche. Die beiden Stegbleche jeder Wandung des linken Gurtstabes und die beiden hinteren Stegbleche jeder Wandung des rechten Gurtstabes werden an den Knotenblechen unmittelbar angeschlossen, während das vorderste Stegblech jeder Wandung des rechten Gurtstabes mit einer gleich starken und gleich hohen Lasche verbunden wird, die über die Mitte des Knotenpunktes hinausgeführt wird (siehe Schnitt *a-a*). Die äußeren Gurtwinkel sind links von der Mitte des Knotenpunktes gestoßen. Die inneren Gurtwinkel stoßen von beiden Seiten stumpf gegen die innersten Knotenbleche und werden durch besondere Deckwinkel verbunden. Die Kopfplatte 1280 · 22 des linken Gurtstabes und die untere Kopfplatte des rechten Gurtstabes stoßen in der Mitte des Knotenpunktes zusammen. Der Stoß wird durch das Windverbandknotenblech gedeckt, gegen das die obere Deckplatte des rechten Gurtstabes gegenläuft. Sie wird durch eine besondere Lasche über die Mitte des Knotenpunktes hinausgeführt. Jedes der beiden Seitenbleche jeder Wandung der Streben läuft stumpf gegen eins der Knotenbleche und wird durch eine besondere Lasche angeschlossen. Die Winkeleisen werden mit Keilfuttern auf diese Laschen und die Knotenbleche hinaufgeführt. Der Steg der linken Strebe ist zur Aussteifung des Knotenpunktes tief in diesen hineingeführt.

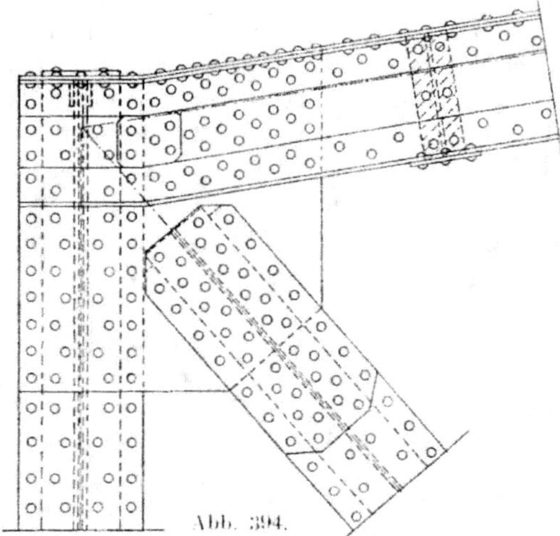

Abb. 394.

3. Ausbildung der Endknotenpunkte.

Obergurtknotenpunkte.

Die Ausbildung der Endknotenpunkte der Obergurte der Träger mit senkrechtem Endabschluß bereitet im allgemeinen keine Schwierigkeiten. Alle sich im Knotenpunkte vereinigenden Stäbe endigen hier und müssen mit der ihrer Spannkraft entsprechenden Anzahl von Nieten an dem Knotenblech angeschlossen werden.

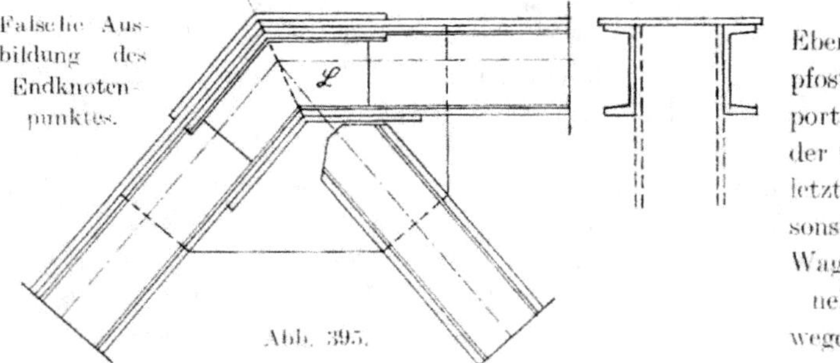

Abb. 395.

Liegt in der Ebene der Endpfosten ein Windportal, so wird der Obergurt im letzten Teil bei sonst gegen die Wagerechte geneigter Lage wegen des besseren Anschlusses des oberen Querriegels wagerecht ausgeführt, wie dies aus der Abb. 394 zu ersehen ist.

Bei den Trägern mit schrägem Ende findet man vielfach eine der Darstellung in Abb. 395 ähnliche Ausbildung des ersten Obergurtknotenpunktes. Die Endstrebe hat hier denselben Querschnitt wie der erste Obergurtstab erhalten. Die [-Eisen und die Kopfplatte beider Stäbe sind in der Winkelhalbierenden gestoßen, die Stege der [-Eisen sind durch je eine Lasche *L* und durch die Knotenbleche, die Flansche und die Kopfplatten durch gebogene Flacheisen verbunden. Diese Art der Ausbildung des Endknotenpunktes ist als verfehlt zu bezeichnen, weil der Baustoff der Laschen für die Kopfplatten und die Flansche der [-Eisen an den Knickstellen bei der Bearbeitung leidet und eine einwandfreie Kraftübertragung durch die scharf geknickten Laschen unmöglich ist. Will man die Ausbildung der ersten Strebe als Obergurtstab aus Gründen des guten Aussehens beibehalten, so empfiehlt es sich dringend, den Endknotenpunkt nach der in der Abb. 396[1]) dargestellten Anordnung auszubilden. Die Kopfplatte der Endstrebe ist hier am Knotenblech aus ihrer Richtung abgebogen und allmählich in senkrechte Lage zum Obergurtstab geführt. Sie dient im oberen Teile nur dem guten Aussehen; ihre Kraft ist an der Stelle der Abbiegung bereits durch innere Winkel abgenommen. Die Winkel übertragen die Kraft unmittelbar auf die Knotenbleche. Diese Art der Ausbildung des Endknotenpunktes ist entschieden vom konstruktiven Standpunkte aus die beste, sie wird aber von manchen Konstrukteuren für unschön gehalten. Will man die Bedenken gegen das gute Aussehen der Ausbildung nach Abb. 396 gelten lassen, so führe man den Obergurtstab in die Endstrebe in sanfter Krümmung über, wie dies in Abb. 397 dargestellt ist. Um die Stegbleche nicht biegen zu müssen, läßt man sie an den Stellen a_1 und a_2 aufhören, legt zwischen a_1 und a_2 ein Blech von gleicher Stärke und deckt die beiden Stöße bei a_1 und a_2

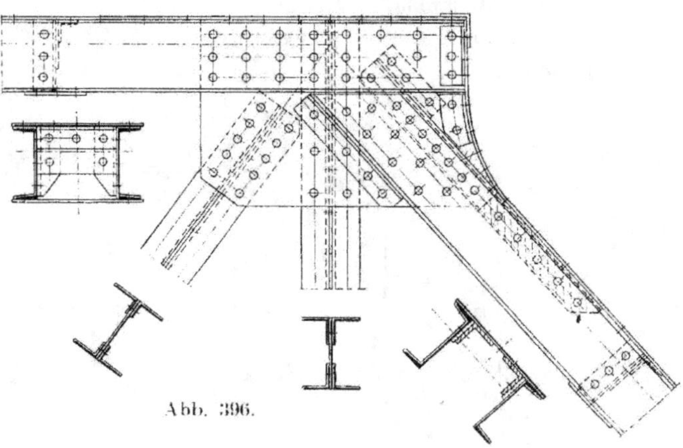

Abb. 396.

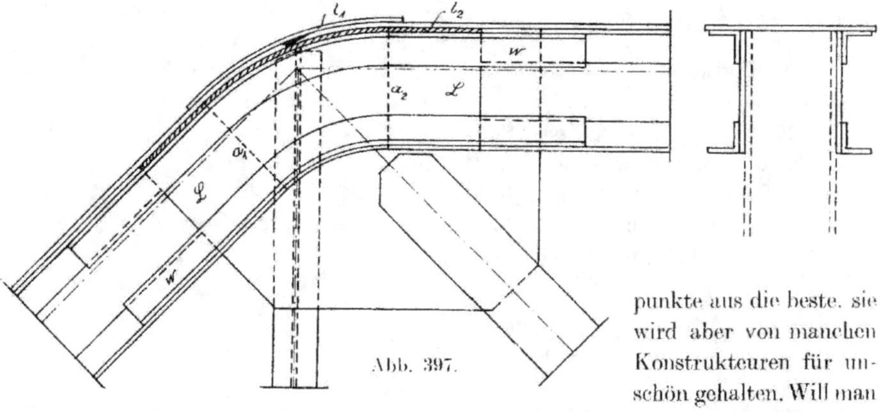

Abb. 397.

[1]) Die Abb. 396 u. 397 entstammen Entwürfen der Gesellschaft „Harkort".

durch eine Lasche L. gegen die die Gurtwinkel stumpf gegenlaufen. Letztere werden durch Deckwinkel W miteinander verbunden. Der Stoß der Kopfplatte wird beiderseitig durch die Laschen l_1 und l_2 gedeckt. Es empfiehlt sich, außerdem im Knotenpunkt noch innere Winkeleisen anzuordnen, die die Kopfplatte mit den Knotenblechen verbinden.

Eine ähnliche Anordnung für den ersten Obergurtknotenpunkt eines Trägers mit abgeschrägtem Ende bei einwandigem Gurtquerschnitt zeigt die Abb. 398.

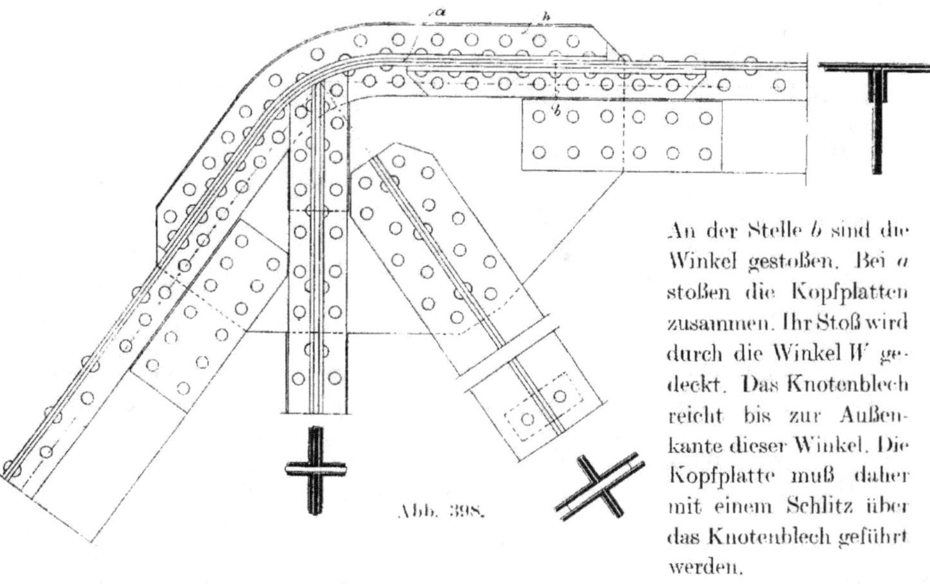

Abb. 398.

An der Stelle b sind die Winkel gestoßen. Bei a stoßen die Kopfplatten zusammen. Ihr Stoß wird durch die Winkel W gedeckt. Das Knotenblech reicht bis zur Außenkante dieser Winkel. Die Kopfplatte muß daher mit einem Schlitz über das Knotenblech geführt werden.

Die Endstrebe der Überbauten mit abgeschrägtem Ende erhält, wie gesagt, meist wohl aus Gründen des guten Aussehens, häufig einen Obergurtquerschnitt (Abb. 399). Vom konstruktiven Standpunkte aus gibt man aber der Endstrebe zweckmäßiger einen Strebenquerschnitt (Abb. 400). Unter allen Umständen sind die Strebenquerschnitte den Gurtquerschnitten für die Endschräge in dem Falle vorzuziehen, daß in der

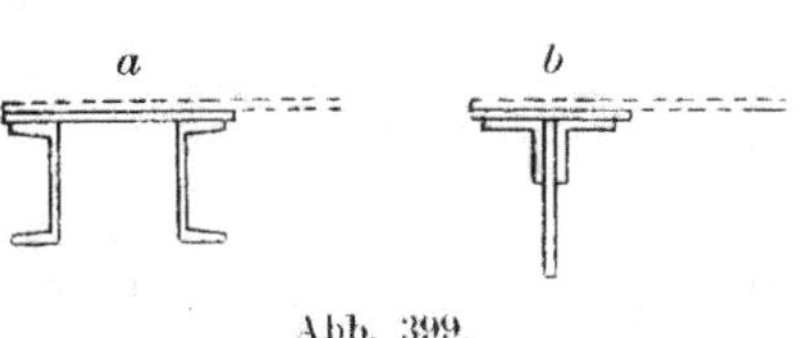

Abb. 399.

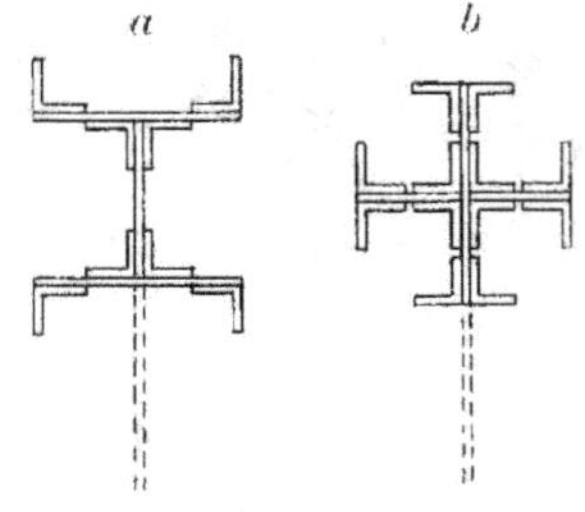

Abb. 400.

Ebene dieses Stabes ein Windportal liegt. Der Anschluß dieses Portales liegt bei Querschnitten, die nach Abb. 399 a und b ausgebildet sind, in der Ebene der Kopfplattenoberfläche, also nicht in der Schwerlinie des Querschnittes, was ungünstige Nebenspannungen zur Folge hat, dagegen bei Querschnitten nach Abb. 400 a und b in den Ebenen der Schwerlinien. Die Portalanschlußebenen sind punktiert angedeutet.

Die Abb. 401 gibt den ersten Obergurtknotenpunkt der 100 m weit gespannten Eisenbahnbrücke über die Havel bei Caputh wieder. Die Endstrebe hat hier einen ⊢⊣-förmigen Querschnitt erhalten, und das Knotenblech ist so geformt, daß es nirgends überbeansprucht werden kann. Die Seitenbleche und die außen liegenden Winkel dieser Strebe sind auf die Außenseiten der 22 mm starken Knotenbleche, die inneren Winkel dagegen mit Keilfuttern auf die inneren

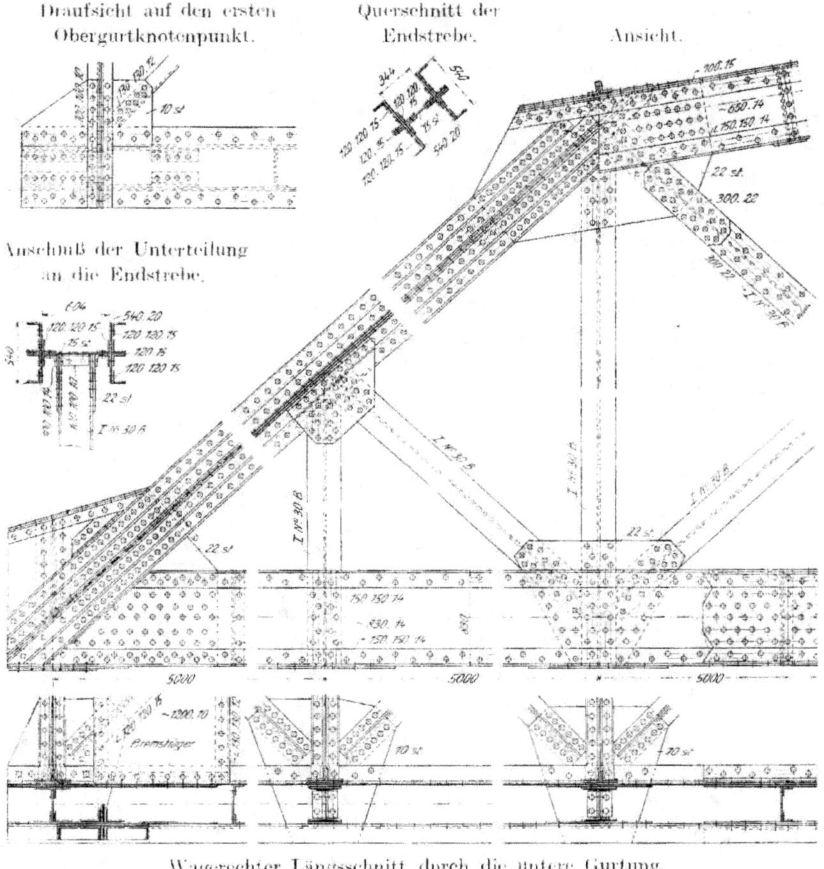

Abb. 401.

Seiten der Knotenbleche und samt dem Steg bis zur Kopfplatte des ersten Obergurtstabes geführt. Die große Anzahl der Anschlußniete erklärt sich aus dem Umstande, daß die Endschrägen zugleich Ständer des Windportales sind und infolgedessen die Anschlußniete aus den Querkräften eine Zusatzbeanspruchung erleiden. Der Anschluß des Gurtstabes ist klar aus der Abbildung zu ersehen. Von einer Unsicherheit in der Übertragung der anzuschließenden Kräfte oder von einer Überanstrengung des Knotenpunktes kann bei dieser Art der Ausbildung keine Rede sein.

Untergurtknotenpunkte.

Bei Trägern mit senkrechten Enden bietet auch hier die Ausbildung der Endknotenpunkte keine Schwierigkeiten. Die Abb. 402 stellt den Auflagerknotenpunkt eines Überbaues mit senkrechtem Endabschluß und mit einwandigen Gurtquerschnitten dar. Das Knotenblech ist nach unten über die Unterkante des Gurtes hervorgezogen, wodurch eine günstigere Beanspruchung des Knotenbleches erzielt wird als in dem Falle, daß das Knotenblech in der Unterkante des Gurtes begrenzt wird.

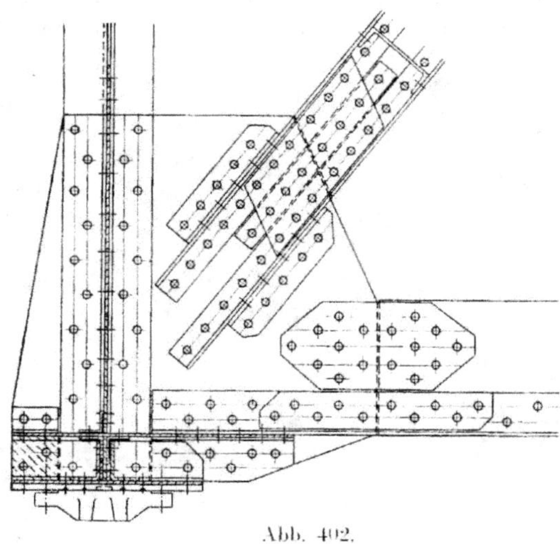

Abb. 402.

Bei Trägern mit abgeschrägten Enden richtet sich die Ausbildung des Auflagerknotenpunktes nach dem Querschnitt der Endstreben.

Für den Fall, daß die Endschräge einen Obergurtquerschnitt, z. B. einen Querschnitt nach Abb. 403, bestehend aus zwei ⊏-Eisen und zwei Kopfplatten, erhält, ist der Auflagerknotenpunkt häufig so ausgebildet worden, wie es diese Abbildung darstellt. Die Kopfplatten sind bei a scharf aus der geneigten Lage in die wagerechte abgebogen. Es ist selbstverständlich, daß sich die abgebogenen Kopfplatten in höchst unvollkommener Weise an der Aufnahme der Auflagerkraft A beteiligen und infolgedessen die Strebe im Querschnitt a-b über das zulässige Maß beansprucht wird. Die Kopfplatten sind vielmehr mit Schlitzen von der Stärke des Knotenbleches zu versehen, ohne Abbiegung über die Knotenbleche zu führen und mit äußeren und inneren Winkeln besonders anzuschließen. Die Herstellung der Schlitze verursacht Schwierigkeiten und Kosten. Sie lassen sich durch eine Anordnung, wie sie in Abb. 404 dargestellt ist, vermeiden. Die Kopfplatte hört am Knotenblech auf. Das zwischen den Stegen der ⊏-Eisen liegende Stück der Kopfplatte wird durch die inneren Winkel W_1 ersetzt und an den Knoten-

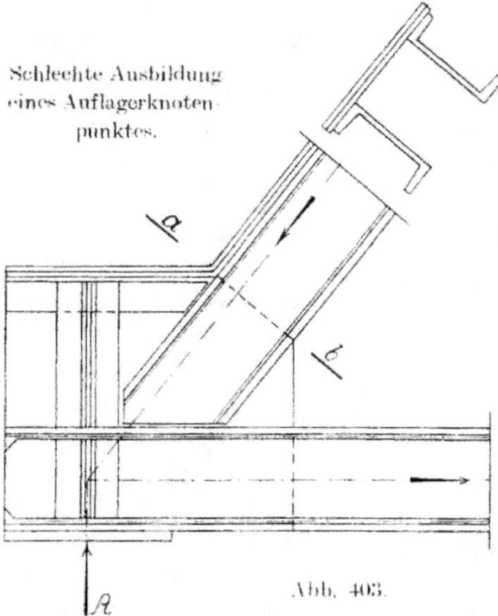

Abb. 403.

blechen angeschlossen. Die außerhalb der Knotenbleche liegenden Teile der Kopfplatte werden mit den Flacheisen *b* durch die Winkel W_2 angeschlossen. Ein genauer Nachweis der Nietbeanspruchung nach den auf Seite 210 und 230 gegebenen Regeln ist durchaus erforderlich.

Die Schwierigkeiten, die sich für den Anschluß des schrägen Endstabes an dem Auflagerknotenpunkt durch die Ausbildung dieses Stabes als Gurtstab ergeben, lassen sich wieder dadurch umgehen, daß man dem Querschnitt eine für die Strebe gebräuchliche Form gibt, wie die Betrachtung des Auflagerknotenpunktes der Havelbrücke bei Caputh (Abb. 401) zeigt. Die Endstrebe ist ebenso wie am Obergurtknotenpunkt (S. 247) angeschlossen. Der Anschluß des Untergurtes geht aus der Abbildung deutlich hervor. Die 22 mm starken Knotenbleche sind über die Strebe hinausgeführt, um eine Form zu erzielen, die Überbeanspruchungen ausschließt, und um den Endquerträger gut anschließen zu können. Die obere Begrenzung der Knotenbleche ist durch Winkeleisen gesäumt und der Raum zwischen den Knotenblechen durch ein an diese Winkel genietetes Blech abgedeckt. Im Anschluß an dies Blech ist auch der Raum des oberen Teiles des Strebenquerschnittes durch ein Blech abgeschlossen. Da, wo dies Blech mit dem Steg der Strebe zusammenstößt, ist eine Tülle zum Abführen des Wassers eingesetzt. Auf diese Weise wird das Wasser ganz vom Auflager ferngehalten. An der Anschlußstelle

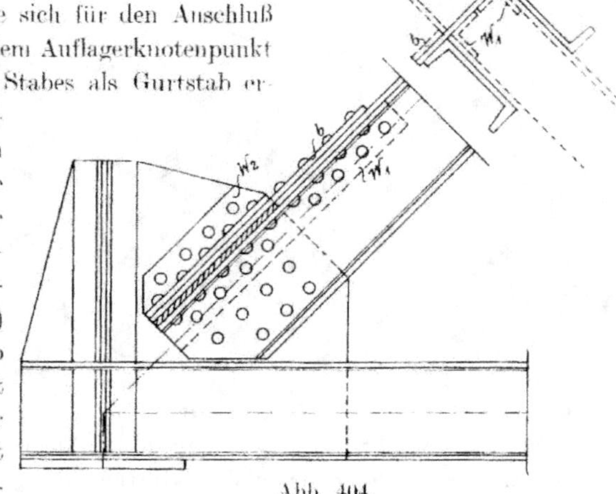

Abb. 404.

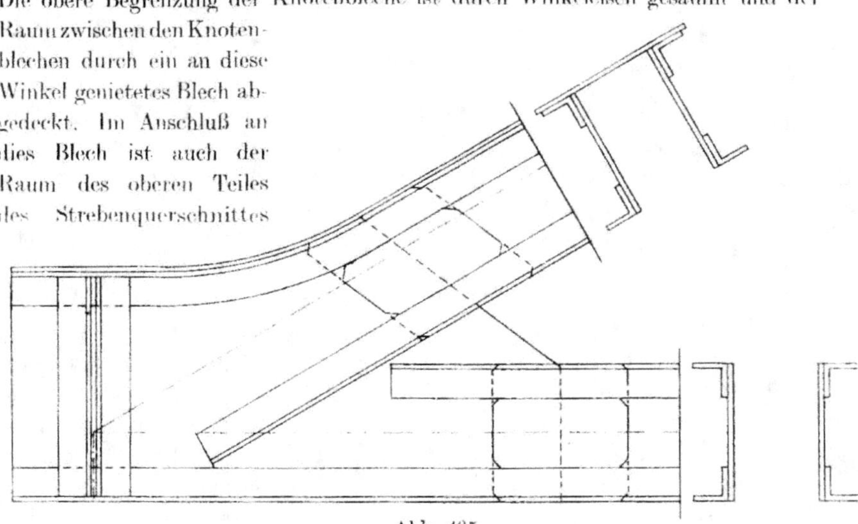

Abb. 405.

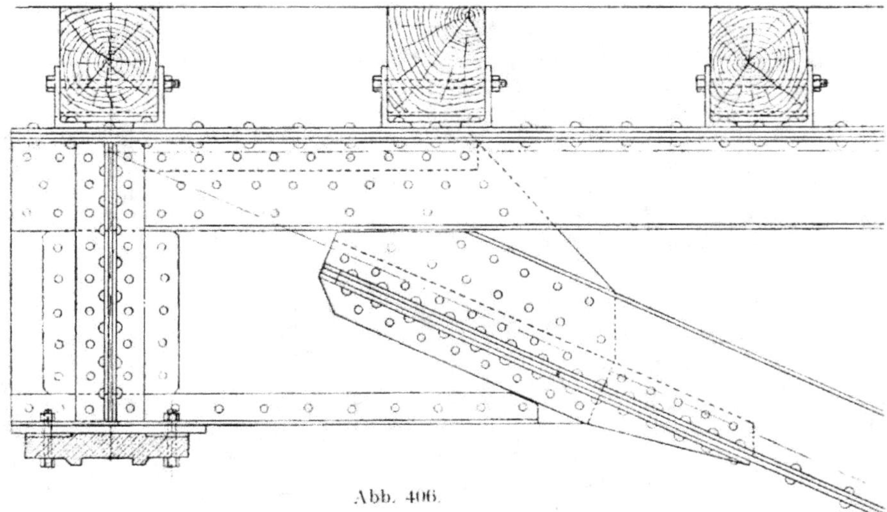

Abb. 406.

des Endquerträgers ist zwischen die Knotenbleche eine von der oberen Verbindung bis zum Steg der Strebe reichende Querversteifung eingenietet.

Bei den Trägern, deren eine Gurtung in Kurvenform bis zum Auflagerpunkt geführt wird, ist ein sanftes Abbiegen der Kopfplatten des ersten Obergurtstabes weniger bedenklich als das eben gerügte Abbiegen der Kopfplatten des ersten Schrägstabes, weil der erste Obergurtstab unter einem bedeutend kleineren Winkel gegen die Wagerechte geneigt ist als die erste Strebe bei Trägern mit abgeschrägtem Ende (Abb. 405). Der in Abb. 406 dargestellte Auflagerpunkt eines Parabelträgers mit wagerechter oberer Gurtung ist ebenfalls nach den oben aufgeführten Grundsätzen für den Anschluß von Gurtquerschnitten ausgebildet. Bei diesen Auflagerpunkten mit sehr spitz zusammengeführten Gurtungen ist besonders darauf zu

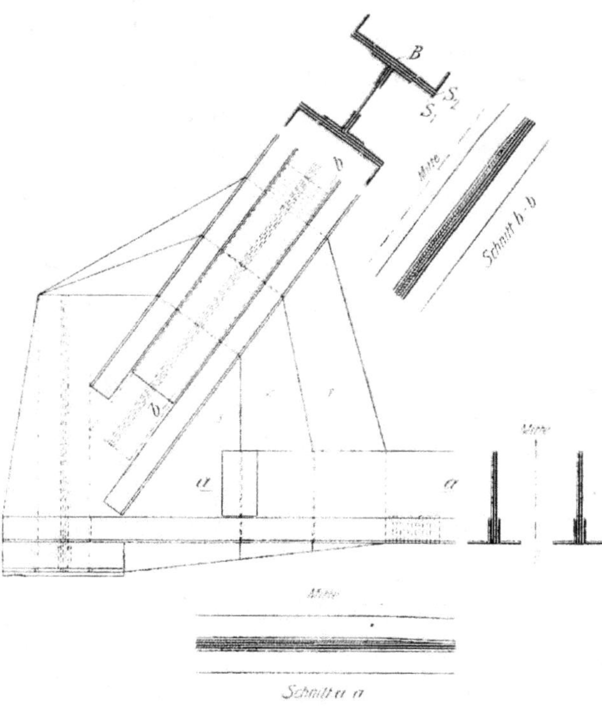

Abb. 407.

achten, daß der Knotenpunkt selbst an keiner Stelle durch das aus dem Auflagerdruck herrührende Moment überanstrengt wird. So sind z. B. die unteren, die Knotenbleche besäumenden Winkeleisen bei dem in der Abb. 406 dargestellten Knotenpunkt durchaus notwendig, um ein ausreichendes Widerstandsmoment zu erzielen.

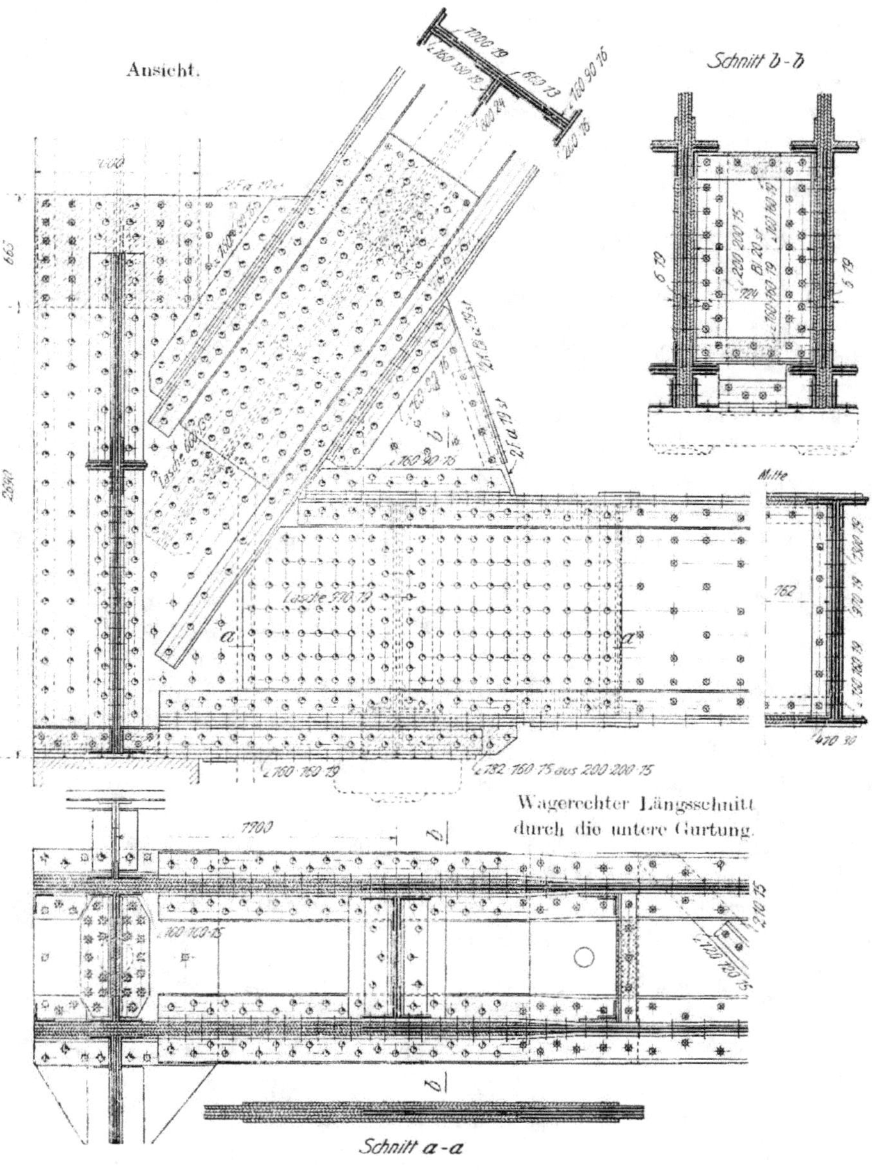

Abb. 408.

An den Auflagerknotenpunkten großer Brücken, wo große und starke Knotenbleche deswegen notwendig werden, weil die hier zusammenlaufenden Stäbe große Kräfte an sie abgeben, ist die Anordnung doppelter, sogar dreifacher Knotenbleche für jede Gurtwandung angezeigt, die in doppelter und dreifacher Lage staffelförmig dicht nebeneinanderliegen und einander so weit überragen, als es der Anschluß einzelner Teile der anzuschließenden Stäbe erfordert (Abb. 407). Selbstverständlich bedingen die doppelten und dreifachen Knotenbleche eine entsprechende Ausbildung der anzuschließenden Stäbe. Bei dem in der Abb. 407 dargestellten Knotenpunkt sind die doppelten Stegbleche jeder Wandung des Untergurtes und die doppelten Seitenbleche S_1 und S_2 jeder Wandung der Endstrebe auf die Knotenbleche 1 und 2 hinaufgeführt und an ihnen unmittelbar angeschlossen. Die äußeren Winkel beider Stäbe werden ebenso wie die Beibleche B der Endstrebe an den Knotenblechen 3 angeschlossen, während die inneren Winkel mit Keilfuttern auf die Knotenbleche 1 geführt werden. Die Knotenbleche sind aus dem Grunde, der bei der Besprechung der Abb. 402 schon erörtert wurde, über die Unterkante des Untergurtes hervorgezogen.

In der Abb. 408 ist der Auflagerknotenpunkt des 186 m weit gestützten Stromüberbaues der zweigleisigen Eisenbahnbrücke über den Rhein unterhalb Ruhrort (Abb. 278 und Zusammenstellung auf Seite 209) dargestellt. Die Kräfte der anzuschließenden Stäbe sind so groß, daß in jeder Wandung 4 je 19 mm starke Knotenbleche erforderlich sind. Von diesen vier Knotenblechen fassen zwei größere zwei kleinere zwischen sich. Die doppelten Seitenbleche jeder Wandung der Strebe und die doppelten Stegbleche jeder Wandung des Gurtstabes greifen bis zu den kleineren Knotenblechen in den Zwischenraum zwischen den größeren und werden an letzteren angeschlossen. Das Beiblech 660 · 13 der Strebe und die Beibleche 970 · 19 des Gurtstabes stoßen gegen die größeren Knotenbleche und werden durch besondere, gleichstarke Laschen mittelbar an den kleineren Knotenblechen angeschlossen (Schnitt a—a). Sämtliche Winkeleisen werden mit Keilfuttern auf die größeren Knotenbleche geführt. Die Bleche 260 · 16 der Strebe und 410 · 30 des Untergurtstabes werden am Knotenpunkt geschlitzt und durch besondere Winkeleisen angeschlossen. Die Knotenbleche sind auch hier über die Unterkante des Untergurtstabes nach unten verlängert, um günstige Beanspruchungen zu erzielen. Der Steg des Endpfostens ist zwischen den beiden Wandungen des Knotenpunktes bis auf das Auflager geführt. Die rechts vom Auflager bei b—b eingebaute Querversteifung und der punktiert dargestellte Auflagerkopf waren für das Absenken des fertig montierten Überbaues notwendig und werden bei einem etwaigen Anheben des Überbaues gebraucht[1]).

4. Ausbildung der Zwischenknotenpunkte bei Unterteilung des Fachwerkes.

Aus der Abb. 401 ist die Ausbildung des Zwischenknotenpunktes in der Mitte der Endstrebe des 100 m weit gestützten Überbaues der Eisenbahnbrücke bei Caputh zu ersehen. Der Querschnitt der Endstrebe mußte aus Gründen der Knicksicherheit in der Mitte gespreizt werden; die Breite des Stegbleches

[1]) Vgl. „Zweigleisige Eisenbahnbrücke über den Rhein unterhalb Ruhrort." Von Schaper. Berlin 1912. Verlag von Wilhelm Ernst & Sohn.

nimmt deshalb von 344 mm an den Hauptknotenpunkten auf 604 mm nach der Mitte der Endstrebe zu. Die aus I 30 B bestehenden Nebenstäbe sind an zwei je 22 mm starken Knotenblechen und diese durch Winkeleisen an dem Steg der Endstrebe angeschlossen. Die Niete, die diese Anschlußwinkeleisen mit dem Stegblech verbinden, werden nicht etwa auf Abreißen, sondern nur auf Abscheren beansprucht, weil die Resultierende aus der Kraft in dem Hängepfosten und der Nebenstrebe mit der Längsrichtung des Stegbleches der Endstrebe zusammenfällt. In der Abb. 409 ist der Zwischenknotenpunkt am Schnittpunkt der Stäbe D_3, D_4, V_3 und d_1 des 186 m weit gestützten Überbaues der zweigleisigen Eisenbahnbrücke über den Rhein unterhalb Ruhrort (siehe die Zusammenstellung auf S. 209) dargestellt. Man hatte hier die Wahl, entweder die Hauptdruckstreben in einem Stück vom Obergurt zum Untergurt durchzuführen und die betreffenden Pfosten an den Überschneidungsstellen zu unterbrechen oder die Pfosten vom Untergurt zum Obergurt ununterbrochen durchgehen zu lassen und die Hauptdruckstreben an den Überschneidungspunkten zu unterbrechen. Mit einer Unterteilung durch Einbau von Sprengewerken (Abb. 270) läßt sich meist der Vorteil verbinden, die Knicklänge der gedrückten Streben auf die Hälfte zu verringern, und zwar dadurch, daß man die durch die Nebenhängepfosten und die Querträger gebildeten Halbrahmen sehr steif ausbildet und die Köpfe dieser Halbrahmen als Stützpunkte der Mitten der Druckstreben benutzt. Dies ist z. B. bei dem 100 m weit gestützten Überbau der Havelbrücke bei Caputh geschehen (Abb. 401). Bei dem Überbau der Rheinbrücke unterhalb Ruhrort hätten diese Halbrahmen

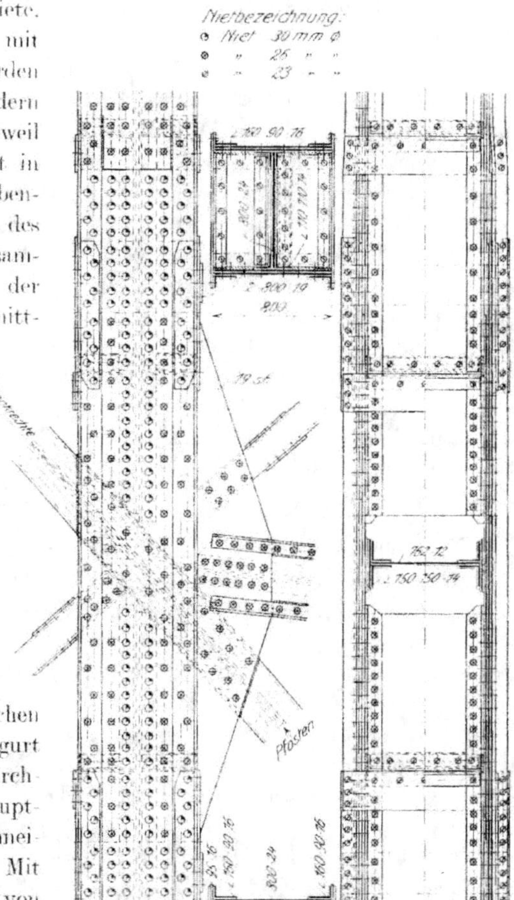

Ansicht. Draufsicht. Längsschnitt.

Abb. 409.

eine sehr erhebliche Höhe angenommen; man zog es deshalb hier vor, die Knicklänge der Druckdiagonalen durch biegungsfeste Ausbildung der ganzen Pfosten auf die Hälfte zu verringern, und führte deshalb die Pfosten ununterbrochen vom Untergurt zum Obergurt durch und unterbrach den |—|-Querschnitt der Hauptstreben in den Durchschneidungspunkten (Abb. 409). Die Pfosten wurden für Winddruck in der Brückenlängs- und -querrichtung und für eine Kraft, die in den Durchschneidungspunkten senkrecht zur Trägerwand angreift und gleich $^1/_{200}$ der größten Druckkraft in der betreffenden Strebe angenommen wurde, bemessen. Auf jeder Seite des durchgehenden Pfostens liegt ein 19 mm starkes Knotenblech. An diesen werden die Mittelstege der Hauptdiagonalen mit ihren Winkeln und die Nebendiagonale d_1 angeschlossen. Die beiden Seitenbleche jeder Wandung der Hauptdiagonalen enden an beiden Seiten des Knotenpunktes und sind durch gleich starke und gleich breite Laschen verbunden, wie aus dem Längsschnitt deutlich zu ersehen ist. Die seitlichen Winkeleisen 160·90·16 sind zu beiden Seiten des Knotenpunktes gestoßen. Der Stoß ist durch Flacheisen gedeckt. Die auf den seitlichen Winkeleisen der unteren Strebe D_3 liegenden Flacheisen 95 · 16, die nur der Knicksicherheit dieses Stabes dienen, enden ohne Anschluß am Knotenpunkt; sie sind zur Deckung des Stoßes der abstehenden Schenkel der Winkeleisen 160 · 90 · 16 herangezogen. An dem Knotenpunkt sind außerdem noch die wagerechten Aussteifungsstäbe (vgl. S. 187) angeschlossen.

5. Berechnung der Niete, die die Knotenbleche an den Gurtungen anschließen.

Das vielfach geübte Verfahren, die Berechnung der Knotenpunkte auf die Untersuchung der Anschlüsse der Füllungsstäbe zu beschränken und nicht auch auf die Feststellung der Größe der Knotenbleche und auf die Bestimmung der Beanspruchung der Niete, die die Knotenbleche an der Gurtung anschließen, auszudehnen, ist nicht am Platze, da die Knotenpunkte den übrigen Baugliedern der Träger gleichstehen und infolgedessen auch einer eingehenden Untersuchung bedürfen. Die Anschlüsse der Füllungsglieder werden am besten gleich bei der Untersuchung der Querschnitte dieser Stäbe berechnet. Die Untersuchungen über die ausreichende Größe der Knotenbleche nach den auf Seite 220 gegebenen Regeln und die Berechnung der Niete, die die Knotenbleche an der Gurtung anschließen, werden in einem besonderen Abschnitt: „Knotenpunkte" erledigt.

Für die Untersuchung der Niete, die die Knotenbleche und die Gurtung verbinden, hat man drei Fälle zu unterscheiden.

a) **Die Gurtung ist am Knotenpunkt vollständig unterbrochen.** Bei dieser Anordnung ist jeder der beiden Gurtstäbe mit der seiner Spannkraft entsprechenden Anzahl von Nieten anzuschließen. Diese Art und Weise des Anschlusses wird jedoch nur in seltenen Fällen vorkommen (vgl. die Abb. 354 auf S. 220).

b) **Die Gurtung geht ungestoßen — oder gestoßen, aber anderweitig gedeckt — über das Knotenblech hinweg,** ein Fall, der sehr häufig vorkommt. Die Niete, die die Knotenbleche mit der Gurtung verbinden, müssen hier nur die Resultante aus den Kräften der angeschlossenen Füllungsglieder auf die Gurtung übertragen.

Liegen die beiden Gurtstäbe in einer geraden Linie (Abb. 410 und 411), so ist die Richtung dieser Resultante die Gurtnetzlinie. Den Größtwert der Resultante, die für die Anschlußniete der Knotenbleche maßgebend ist, erhält man dadurch, daß man den Größtwert der Stabkraft einer der beiden Füllungsstäbe in die Richtung der Gurtnetzlinie und des anderen Füllungsstabes zerlegt. Die in die Richtung der Gurtnetzlinie fallende Komponente ist die gesuchte Resultante. Greift am Knotenpunkt noch eine äußere Kraft an (Abb. 412), so ist diese bei der Bestimmung der Resultante entsprechend zu berücksichtigen.

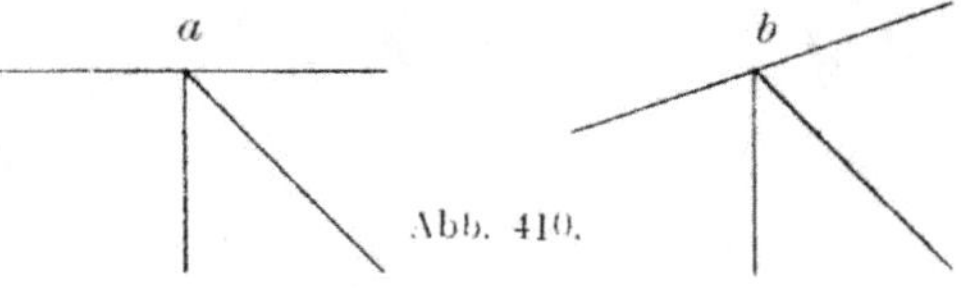

Abb. 410.

Liegen die Gurtstäbe nicht in einer Geraden (Abb. 413), so ist die Bestimmung des Größtwertes der Resultante aus den Kräften der Füllungsglieder insofern schwierig, als die Richtung der größten Resultante von vornherein nicht bekannt ist. Man erhält aber brauchbare Werte für diese Resultante dadurch, daß man eine Gurtung annimmt, die in einer geraden Linie liegt und mit den beiden Gurtstäben die gleichen Winkel α bildet (Abb. 413), und dann nach den angeführten Regeln für diese Gurtung die größte Resultante aus den Kräften der Füllungsglieder bestimmt. Zur Ermittlung des genauen Wertes muß man das Verfahren der Einflußlinien zu Hilfe nehmen.

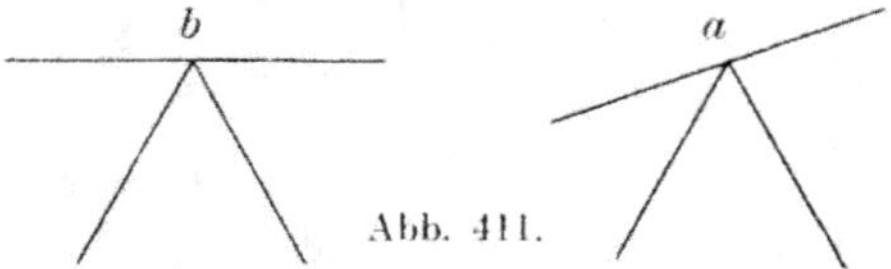

Abb. 411.

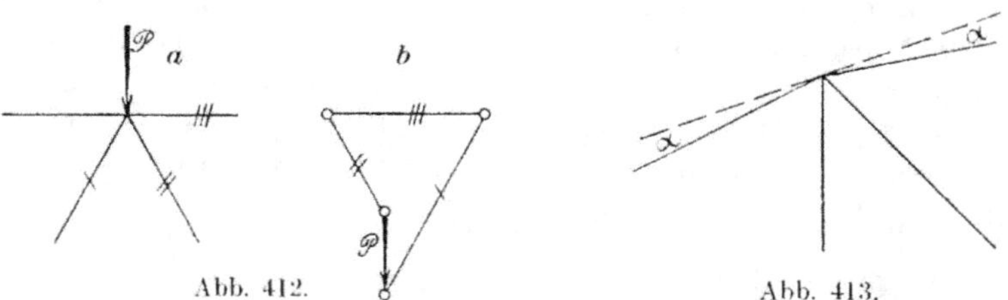

Abb. 412. Abb. 413.

Für den nach den vorstehenden Regeln ermittelten Größtwert der Resultante ist die Anzahl der Niete, welche die Knotenbleche und die Gurtung verbinden, zu bestimmen. Häufig bedingt schon der Anschluß der Füllungsglieder eine solche Größe des Knotenbleches, daß die praktischen Regeln der Vernietung mehr Niete ergeben, als nach der Rechnung notwendig sein würden. Auf jeden Fall ist jedoch die Anzahl der rechnerisch erforderlichen Niete nachzuweisen.

c) **Die Gurtung geht nur teilweise ungestoßen — oder teilweise gestoßen, aber anderweitig gedeckt — durch. Ein Teil wird ohne Deckung an dem Knotenblech angeschlossen.** Hierbei sind zwei weitere Anordnungen zu unterscheiden.

α) Die Gurtquerschnitte sind links und rechts des Knotenpunktes gleich stark, d. h. im allgemeinen für die größten Gurtkräfte ungleich beansprucht (Abb. 414).

Bei dem in dieser Abbildung dargestellten Knotenpunkt gehen die Kopfplatten und die Gurtwinkel durch, die Stegbleche dagegen sind in der Linie $a—a$

ungedeckt gestoßen. Zunächst ist die Anzahl der Niete auszurechnen, die zum Anschluß der Stegbleche links und rechts des Stoßes bei ihrer größten Beanspruchung erforderlich ist. Diese Niete sind der Einfachheit halber auch für den Belastungsfall, der für die größte Resultante aus den Kräften in den Füllungsgliedern maßgebend ist und der sich mit keinem der beiden Belastungsfälle für die größten Gurtkräfte deckt, als voll beansprucht und daher als verbraucht anzusehen. Die größte Resultante R aus den Kräften in den Füllungsgliedern ist gleichbedeutend mit dem größten Unterschied der Gurtkräfte O_r und O_l. Die ungleichen Kräfte O_r und O_l rufen in den gleich starken Querschnitten der beiden Gurtstäbe ungleiche Spannungen σ_r und σ_l hervor. Die Stegbleche sind bereits an den Knotenblechen genügend stark angeschlossen, es bleibt also nur noch der auf den Gurtquerschnitt abzüglich der Stegbleche entfallende Spannkraftunterschied. Bezeichnet F den Gesamtquerschnitt und f den Querschnitt beider Stegbleche, so müssen zur Verbindung von Knotenblechen und Gurtung außer den für die Stegbleche erforderlichen Nieten noch so viele vorhanden sein, daß sie den Größtwert der Resultante $R \cdot \frac{F-f}{F}$ aufnehmen können. Der Größtwert der Resultante wird nach der Angabe im Fall b) bestimmt.

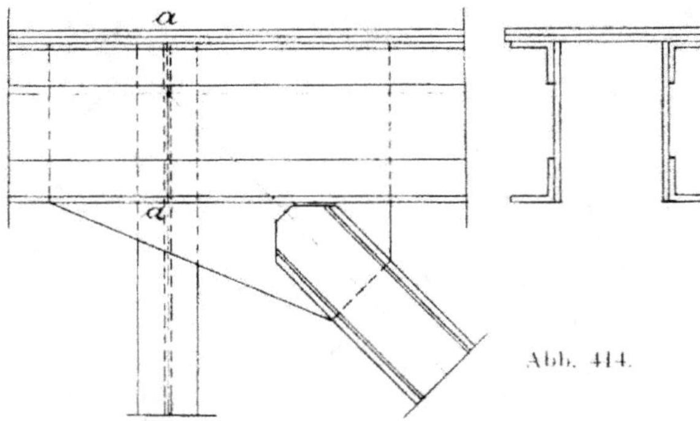

Abb. 414.

Offenbar rechnet man unter der oben der Einfachheit halber gemachten Annahme sehr sicher. In der Tat können auch einige der zum Anschluß der Stegbleche errechneten Niete mit zur Aufnahme der Kraft $R \cdot \frac{F-f}{F}$ herangezogen werden, da der Belastungsfall, für den R den Größtwert annimmt, nicht die größten Werte für die Gurtkräfte hervorruft. Die vereinfachende Annahme ist jedoch zu empfehlen, da sonst die Spannungen in den Gurtstäben für die drei Belastungsfälle, die den größten Wert für R, O_r und O_l ergeben, errechnet werden müssen. Ohne diese Rechnung läßt sich nicht übersehen, wie viele Niete in den Stegblechanschlüssen zur Aufnahme der Kraft $R \cdot \frac{F-f}{F}$ herangezogen werden können.

β) Die Querschnitte der Gurtstäbe sind links und rechts verschieden stark und den in ihnen herrschenden größten Spannkräften angepaßt.

Ebenso wie beim Fall c α) sollen nur die Stegbleche gestoßen, ihre Stöße aber nicht besonders gedeckt werden (Abb. 415). Der Einfachheit halber wird wieder die Annahme gemacht, daß die zum Anschluß der Stegbleche an den Knotenblechen erforderlichen Niete auch für den Belastungsfall, der die größte Resultante aus den Kräften in den Füllungsgliedern ergibt, voll beansprucht sind.

Der Belastungsfall, der den Größtwert von R hervorruft, wird Gurtkräfte O_r und O_l verursachen, die in den Gurtstäben trotz des Unterschiedes in der Querschnittsgröße etwas voneinander abweichende Spannungen σ_r und σ_l ergeben. Der Spannkraftunterschied $O_r - O_l = R$ ist also gleich $(\sigma_r - \sigma_l) \cdot F + \sigma_r \cdot d\,F$, wenn F den Inhalt des Querschnittes des linken Gurtstabes und $F + dF$ den Inhalt des Querschnittes des rechten Gurtstabes bedeutet. Ein geringer, auf die Stegbleche entfallender Anteil des Spannkraftunterschiedes ist also auch in diesem Falle bereits angeschlossen. Er ist aber im Vergleich zu dem Anteil im Falle c α) klein, und es empfiehlt sich daher, ihn zu vernachlässigen und den größten Wert der Resultante aus den Kräften in den Füllungsstäben durch anderweitige Niete voll anzuschließen, wenn man sich nicht der Mühe unterziehen will, die am Schlusse von c α) genannten drei Belastungsfälle zu untersuchen.

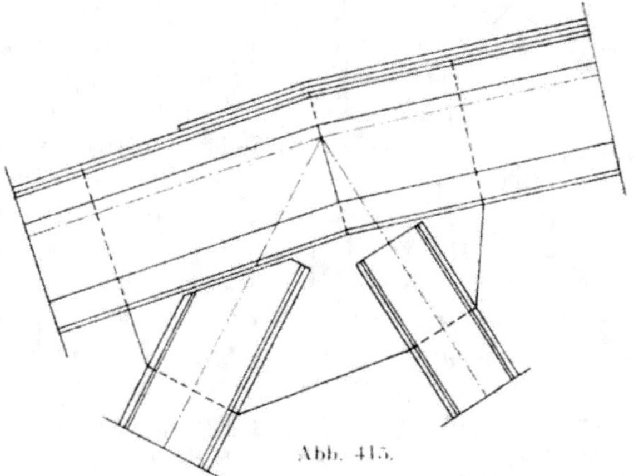
Abb. 415.

6. Form der Knotenbleche.

Für die Knotenbleche sind im allgemeinen möglichst einfache Formen, die sich mit der Schere schneiden lassen, zu wählen, wie sie z. B. die Abb. 416 zeigt. Auch einspringende Ecken (Abb. 167, S. 143) verursachen keine großen Schwierigkeiten in der Herstellung (vgl. S. 143). Geschweifte Knotenbleche (Abb. 417) werden oft dort angeordnet, wo auf ein gutes Aussehen des Überbaues großes Gewicht gelegt wird. Ihre Herstellung ist teuer, aber nicht schwierig (vgl. S. 143).

Abb. 416.

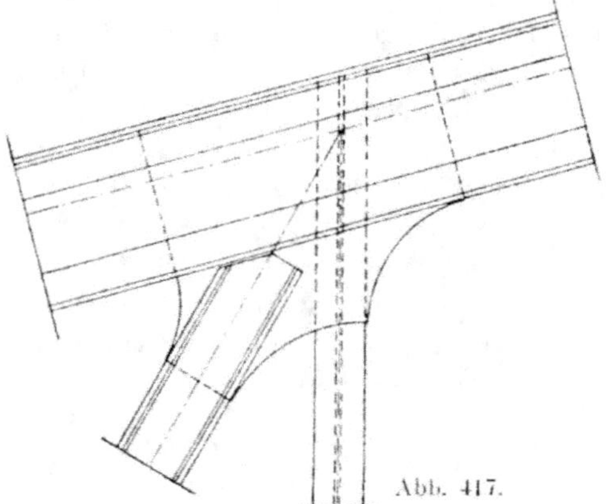
Abb. 417.

i) Rahmenträger.

Die Rahmenträger (auch Vierendeelträger nach ihrem Förderer, dem belgischen Ingenieur Professor Vierendeel, genannt) gehören zu den gegliederten Trägern. Sie besitzen aber nicht, wie die bisher behandelten gegliederten Träger, Schrägstäbe, sondern nur Pfosten, die mit den Gurtungen steife Rahmen bilden. Die Rahmensteifigkeit ersetzt die Schrägstäbe (Abb. 418). In Belgien[1]) sind schon verschiedene Rahmenträger unter dem Einfluß von Vierendeel für Straßen- und Eisenbahnbrücken ausgeführt worden und haben sich bis jetzt auch gut bewährt. Als besondere Vorzüge der Rahmenträger vor den anderen gegliederten Trägern werden von Vierendeel ihr ruhiges, gutes Aussehen, die Möglichkeit eines ungehinderten Querverkehrs von außenliegenden Fußsteigen zur Fahrbahn, ihre wirtschaftliche Überlegenheit und der Umstand genannt, daß die Spannungen der Rahmenträger im Gegensatz zu den anderen Fachwerkträgern, deren Nebenspannungen im allgemeinen nicht berechnet werden, bei der Berechnung vollständig erfaßt werden. Die beiden zuerst genannten Vorzüge werden allgemein anerkannt. Ihre wirtschaftliche Überlegenheit ist aber zu bezweifeln; sie wird von vielen Fachleuten bestritten, unter anderen auch von Mohr (vgl. „Eisenbau" 1912, S. 85: Die Berechnung der Pfostenträger)[2]). Da die Glieder der Rahmenträger stark auf Biegung beansprucht werden, so läßt sich der Baustoff nur in den äußersten Fasern voll ausnutzen, was die Wirtschaftlichkeit der Rahmenträger stark beeinträchtigt. Ein Nachteil der Rahmenträger gegenüber den anderen gegliederten Trägern ist fraglos der, daß sie sich nicht so einfach und einwandfrei berechnen lassen wie diese, daß vielmehr ihre genauere Berechnung auf sehr erhebliche Schwierigkeiten stößt und mit Unsicherheiten behaftet ist, die wohl keine kleineren Fehler als die Vernachlässigung der Nebenspannungen bei den anderen Fachwerkträgern mit sich bringen.

Wegen ihres guten Aussehens und wegen der Möglichkeit eines ungehinderten Querverkehrs sind bei den beiden Wettbewerben um den Bau einer festen Straßenbrücke in Köln (Ersatz Schiffbrücke) in verschiedenen Entwürfen Rahmenträger vorgeschlagen worden (vgl. „Eisenbau" 1911, S. 501; 1912, S. 116 und 1913), so auch im Entwurf „Ehern" des ersten Wettbewerbes (Verfasser: Hein, Lehmann & Co., Ingenieur Schumann, Düsseldorf-Oberbilk) für die Versteifungsträger einer Kabelhängebrücke. Diesem Entwurf entstammt die Abb. 418. Gurtungen und Pfosten sind hier doppelwandig ausgebildet; der Obergurt hat eine durchgehende Kopfplatte erhalten; die Pfostenwände sind durch einen durchgehenden Steg versteift, um den Pfosten, an dem der Querträger angeschlossen wird, zu einem einheitlichen Ganzen zusammenzufassen. Die Pfostenstege steifen nebenbei ebenso wie die unter 45° angeordneten Querschotten die Rahmenecken wirksam aus. Die Wandungen beider Gurtungen sind durch senkrechte Querschotten und Bindebleche miteinander verbunden. An die Eckbleche stoßen die Wandbleche der Gurtungen und Pfosten. Oberhalb und unterhalb der Eckbleche sind die Winkeleisen der Pfosten gestoßen, rechts von den Eckblechen sind auch für die

[1]) Vgl. „Eisenbau" 1911, S. 381 u. f.

[2]) Vgl. hierzu auch „Eisenbau" 1912, S. 214: R. Busse, Entwurf einer Rahmenbrücke über die Ems.

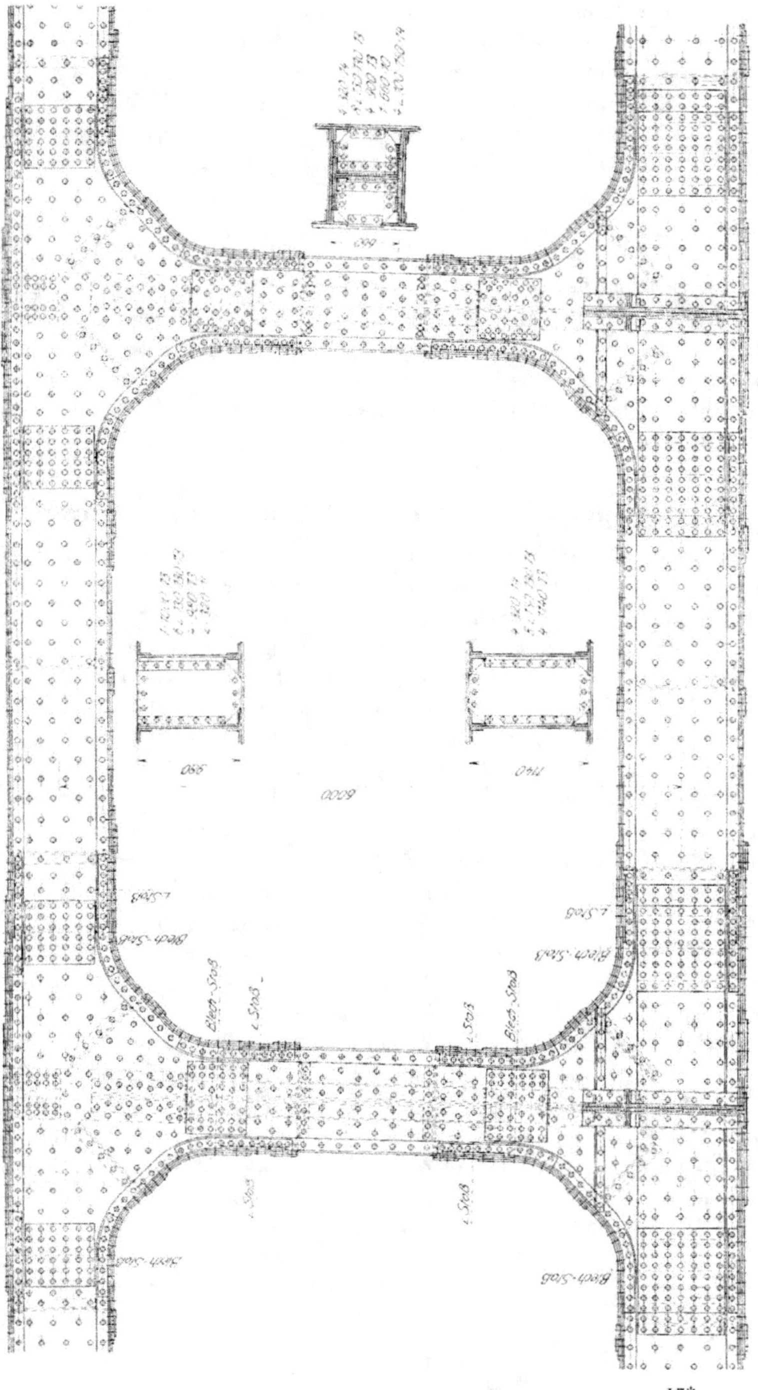

Abb. 418. Ansicht eines Rahmenträgers.

Winkeleisen und Kopfplatten der Gurtungen Stöße vorgesehen (siehe die Anschriften in der Abb. 418). Die Montage gestaltet sich auf diese Weise sehr einfach. Der Untergurt kann in Feldlängen fertig vernietet mit angeschlossenen Eckblechen und mit angeschlossenem Pfosten, der Obergurt in Feldlängen mit angeschlossenen Eckblechen zur Baustelle gebracht werden. Hier wird dann der Obergurt mit dem Pfosten zusammengefügt.

Besondere Aufmerksamkeit ist der baulichen Durchbildung der Ecken zu schenken, die die Kräfte aus den wagerechten Gurtungen in die senkrechten Pfosten überführen müssen[1]). Es empfiehlt sich, viel Baustoff in die Wandungen und wenig Baustoff in die Köpfe und Füße der Gurtungen zu legen und für die Winkeleisen der Gurtungen ungleichschenklige Profile zu wählen und diese mit den langen Schenkeln an die Wandungen zu legen, um die Kopf- und Fußteile gut an den Wandungen anschließen zu können. Die Eckwandungen sind bei zweiwandiger Ausbildung durch Querschotten, bei einwandiger Ausbildung durch aufgenietete Winkeleisen wirksam auszusteifen.

B. Balkenträger auf mehreren Stützen ohne Gelenke.

Sollen mehrere Öffnungen überbrückt werden, so kommen statt einfacher Balkenträger über den einzelnen Öffnungen auch durchgehende Balken in Frage. Sie geben ein sehr gutes, geschlossenes Brückenbild (Abb. 429) und erfordern weniger Baustoff als einfache Balkenträger. Die Gewichtsersparnis, welche durch die gegenseitige Beeinflussung der benachbarten Öffnungen verursacht wird, ist abhängig von dem Verhältnis der Öffnungsweiten und von der Größe der ständigen Belastung. Bei größeren Stützweiten, bei denen die ständige Last gegenüber der Verkehrslast mehr ins Gewicht fällt, läßt sich mehr Baustoff ersparen als bei kleineren. Bei drei Öffnungen ist ein günstiges Verhältnis der Weite der Nebenöffnungen zur Weite der Mittelöffnung 0,80. Durchlaufende Träger erfordern weiter weniger Lager als die Gesamtheit der einfachen Balkenträger, die an ihrer Stelle ausgeführt würden. Die Zwischenpfeiler werden außerdem durch das zentrisch angeordnete Auflager durchlaufender Träger weit günstiger beansprucht als durch die beiden Lager einfacher Balkenträger, von denen das eine bei alleiniger Vollbelastung des zu ihm gehörigen Überbaues den Pfeiler recht ungünstig beanspruchen kann. Ist es aus örtlichen Gründen nicht möglich, in der mittelsten von drei Öffnungen ein Gerüst zum Aufstellen der Träger zu errichten, so wählt man für die Überbrückung der drei Öffnungen oft deshalb einen durchlaufenden Träger, weil er sich in der Mittelöffnung weit einfacher durch freies Vorkragen von den beiden Seitenöffnungen aus aufstellen läßt als einfache Balkenträger, die erst über den Mittelstützen zum Zwecke des freien Vorkragens vorübergehend zusammengeschlossen werden müssen. Auch durch Überschieben der in der Brückenachse außerhalb der Öffnungen fertig vernieteten Überbauten über die

[1]) Vgl. hierzu 1. „Eisenbau" 1912, S. 187: Seydel, Zur Frage der baulichen Durchbildung des Pfostenträgers. S. 242: Einige Betrachtungen über das Wesen des Vierendeelträgers. S. 281: Entgegnung von Schumann. — 2. „Eisenbau" 1913, S. 19: Knotenpunkte von Vierendeelträgern. Von Mecklenbeck und Ehrlich.

einzelnen Öffnungen lassen sich durchlaufende Träger leicht aufstellen. Diesen Vorteilen stehen jedoch die Nachteile gegenüber, daß die durchgehenden Balkenträger sehr empfindlich gegen Stützensenkungen sind, weil jede Veränderung der Höhenlage der Stützen den Spannungszustand erheblich beeinflußt, daß eine ungleichmäßige Erwärmung von Ober- und Untergurt in den Trägern Spannungen hervorruft, und daß an einzelnen Lagern in der Regel negative Auflagerkräfte entstehen, die künstliche Belastungen einzelner Brückenteile oder unbequeme Verankerungen erfordern.

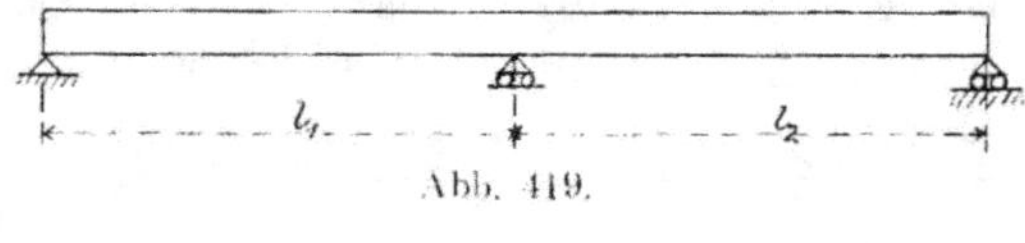

Abb. 419.

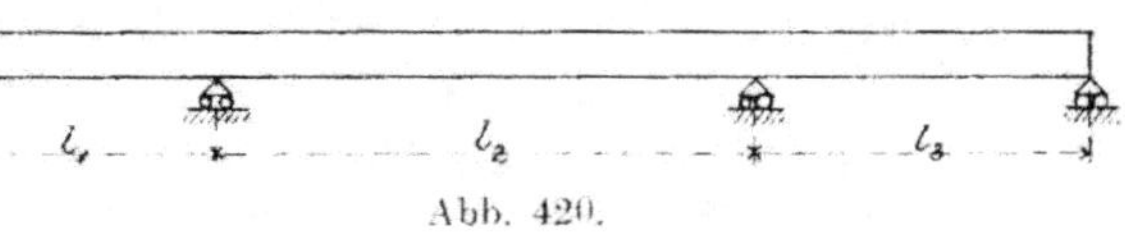

Abb. 420.

Die Kontinuität wird in der Regel auf drei Öffnungen beschränkt, keinesfalls aber auf mehr als fünf ausgedehnt, da sich weiterhin keine vermehrten Vorteile erzielen lassen, wohl aber der Grad der statischen Unbestimmtheit und damit die Schwierigkeit der Berechnung wächst. Wegen der Empfindlichkeit gegen Stützensenkungen dürfen durchlaufende Träger nur bei sehr gutem Baugrund ausgeführt werden, bei dem Stützensenkungen unmöglich oder doch verschwindend klein sind. Bei zwei Öffnungen (Abb. 419) sind gleiche Stützweiten in diesen Öffnungen, bei drei Öffnungen (Abb. 420) gleiche Stützweiten in den Seitenöffnungen anzustreben.

Das eine der Lager eines Trägers ist fest; die anderen müssen längsbeweglich sein, damit der Träger bei Wärmeschwankungen unbehindert seine Länge ändern kann. Bei größeren Überbauten wird das feste Lager in der Regel auf einem Zwischenpfeiler angeordnet, um die Größe der Ausdehnungsfuge einzuschränken.

Bei kleineren Stützweiten bis zu 20 m werden vollwandige Träger, bei größeren Stützweiten gegliederte Träger ausgeführt.

1. Vollwandige Träger.

Als zweckmäßigste Stegblechhöhe hat sich erfahrungsgemäß $^1/_{12}$ der Stützweite ergeben. Jedoch kann von dieser Höhe auch entsprechend den Angaben auf Seite 162 abgewichen werden. Auch in dem Falle, daß bei Anordnung zweier Zwischenstützen die Stützweiten der Seitenöffnungen beträchtlich von der der Mittelöffnung abweichen, wird in der Regel das Stegblech in gleicher Höhe über alle drei Öffnungen durchgeführt (Abb. 420). Es sind aber auch die in den Abb. 421 und 422 dargestellten Trägerformen gebräuchlich. Hinsichtlich der Ausbildung des Trägerquerschnittes, der Anschlüsse, der Stöße usw. zeigen diese Träger

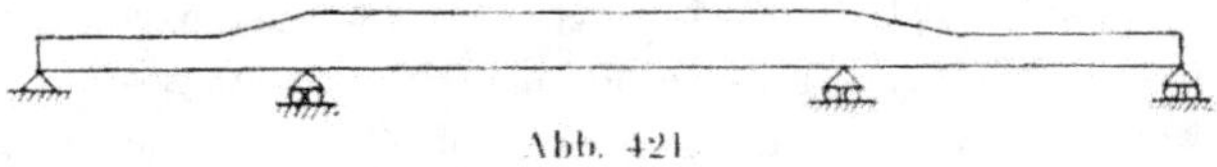

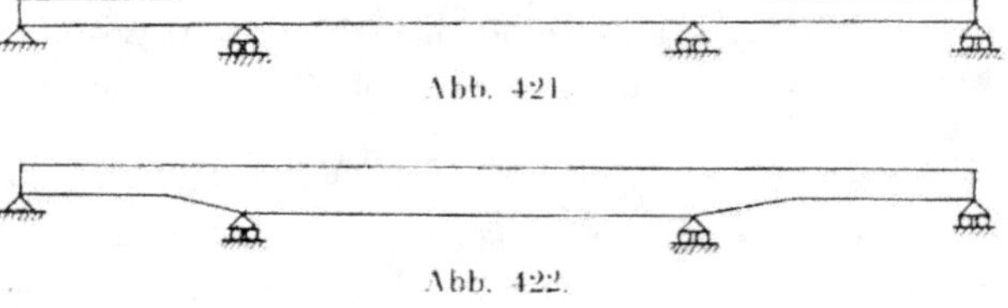
Abb. 421.

Abb. 422.

keine Abweichungen von dem Blechträger auf zwei Stützen, der bereits eingehend behandelt ist.

Zur Überführung über städtische Straßen werden durchlaufende Träger deshalb oft gewählt, weil meist nur eine so geringe Bauhöhe für die Träger zur Verfügung steht, daß Zwischenstützen notwendig werden, und weil diese sehr schmal gehalten werden müssen und infolgedessen nur Raum für ein Lager bieten. Als Zwischenstützen werden in diesem Fall zweckmäßig eiserne Pendelsäulen gewählt (Abb. 423), über deren Ausbildung in einem späteren Abschnitt die Rede ist. Des guten Aussehens wegen ist es beliebt, die Träger über den Pendelsäulen nach Abb. 423 herunterzuziehen. Man erzielt hierdurch eine gute Betonung der Stützpunkte. Die Stegbleche links und rechts der Stützpunkte werden in diesem Falle an den Stellen, an denen die Erweiterung beginnt, gestoßen. Das erforderliche Trägheitsmoment über den Stützen wird durch Auflegen von Stegplatten (Abb. 424) erzielt. Die Winkel unmittelbar über den Stützen liefern für das Trägheitsmoment keinen Beitrag, da sie nicht genügend angeschlossen sind.

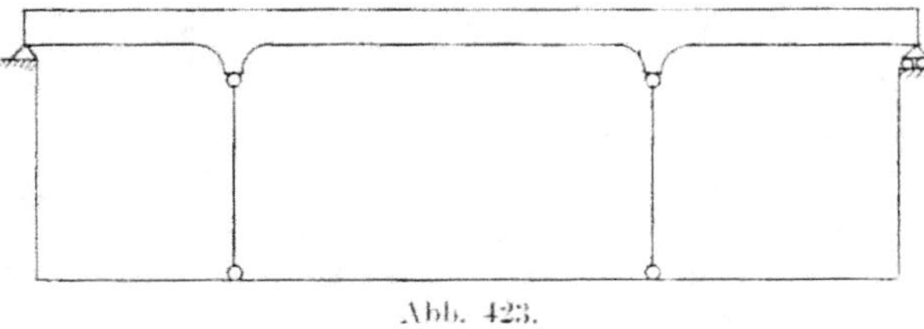
Abb. 423.

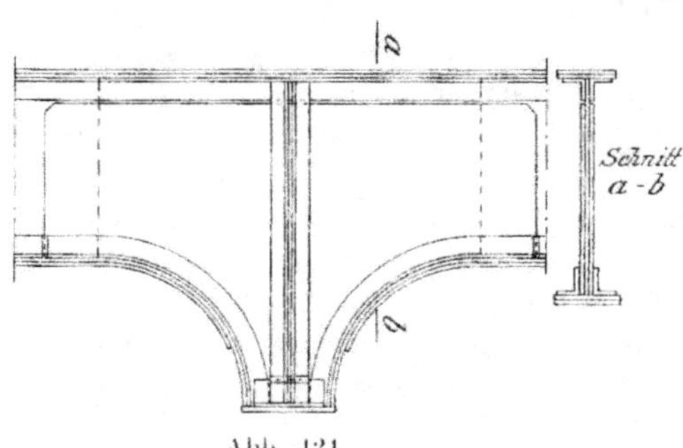

Abb. 424.

In Berlin, wo man in dem gut abgelagerten Sande einen guten Baugrund vor sich zu haben glaubte, sind beim Bau der Stadtbahn viele Straßen mit durchlaufenden Trägern nach Abb. 423 überbrückt worden. Diese Trägerart hat sich hier aber nicht bewährt, die Mittelstützen haben sich vielmehr durchweg gesenkt. Dies hat seinen Grund darin, daß die Pendelsäulen mit ihren kleinen Grundmauern den Stößen des starken Betriebes im Verhältnis zu den massigen Widerlagern zu wenig Masse entgegensetzen und infolgedessen allmählich in den Baugrund eingehämmert werden.

2. Gegliederte Träger.

Am häufigsten werden Träger auf vier Stützen ausgeführt. Der in Abb. 425 dargestellte Parallelträger befriedigt nicht im Aussehen, und seine Höhe ist nicht den auftretenden Momenten angepaßt. Es werden daher Trägerformen nach den Abb. 426, 427 und 428 bevorzugt, bei denen die Mittelstützen durch das Äußere des Trägers betont und die Höhen den Momenten angepaßt sind. Der Träger in Abb. 428 eignet sich natürlich nur für den Fall, daß die Fahrbahn oben liegt. Bei der in Abb. 426 wiedergegebenen Anordnung laufen die Streben in den den Mittelstützen benachbarten Feldern an der Spitze zusammen. Der obere Anschluß dieser Streben stößt wegen des spitzen Zusammenlaufens der Gurtungen auf Schwierigkeiten, außerdem muß der lange Pfosten die ganze Auflagerkraft aufnehmen und erfordert zur Erzielung genügender Knicksicherheit erhebliche Abmessungen. Aus diesen Gründen zieht man die Anordnung nach Abb. 427 vor.

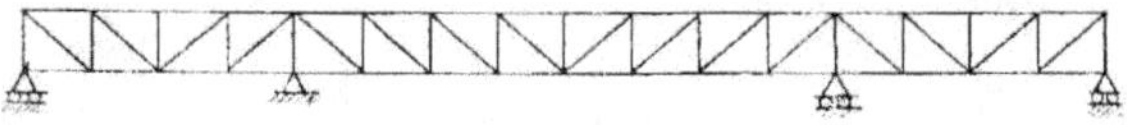

Abb. 425.

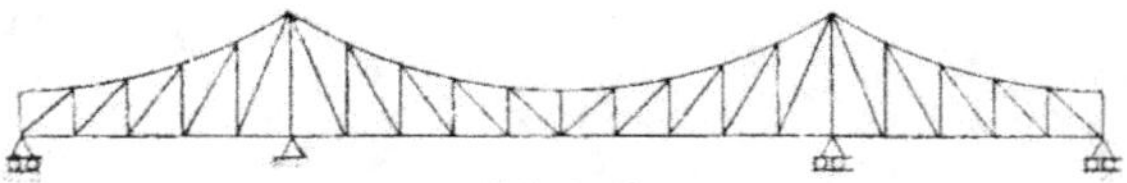

Abb. 426.

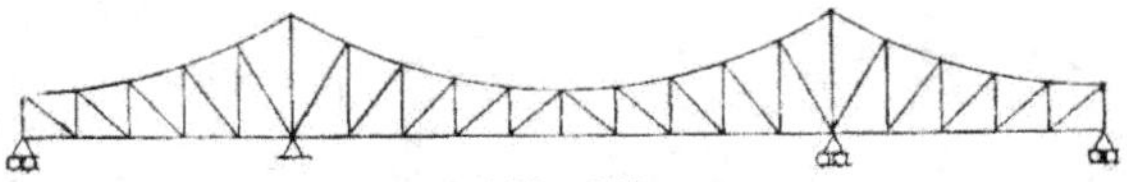

Abb. 427.

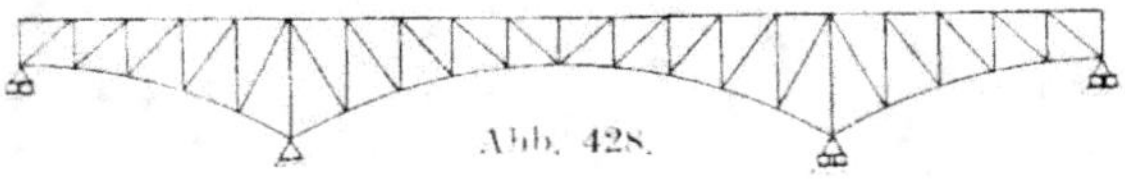

Abb. 428.

Die Feldweite ist im allgemeinen dadurch gegeben, daß man die Streben in der Mitte zwischen den Mittelstützen und der Mitte der Mittelöffnung etwa unter 45° geneigt anordnet. Im übrigen sind die auf Seite 188 gegebenen Regeln auch bei den durchlaufenden Trägern zu beachten. Die Streben in der Nähe der Mittelstützen sind, abgesehen von dem Parallelträger, bei gleicher Feldweite steiler als die übrigen. Um den Unterschied in der Neigung der Streben einzuschränken, kann es sich auch empfehlen, den Feldern in der Nähe der Mittelstützen eine größere Weite als den übrigen Feldern zu geben. Jedoch befriedigt eine solche Anordnung nur, wenn die Unterschiede in den Feldweiten nicht zu groß und die einzelnen Feldlängen gut abgestuft sind, d. h. nach den Mittelstützen hin nach einem Gesetze gleichmäßig zunehmen.

Für den Parallelträger hat sich erfahrungsgemäß $^1/_9$ bis $^1/_{10}$ der Stützweite der größten Öffnung als günstigste Höhe ergeben. Bei den Trägerformen nach den Abb. 426 bis 430 geht man in der Mitte der Mittelöffnung mit der Höhe auf $^1/_{12}\,l$ herab. Man nimmt die kleinsten Höhen in den einzelnen Öffnungen entweder

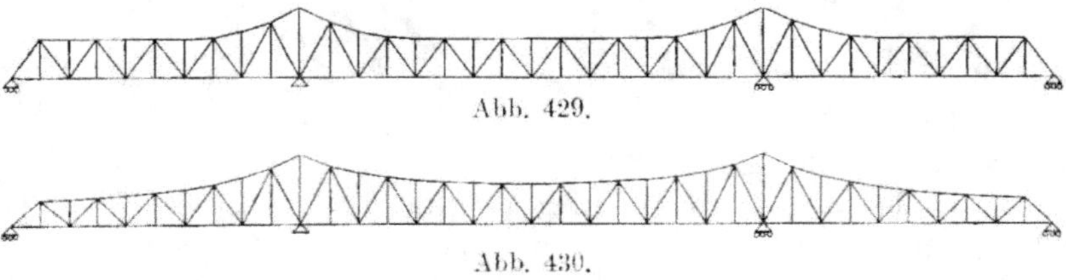

Abb. 429.

Abb. 430.

gleich groß an (Abb. 426 bis 429) oder in den Seitenöffnungen kleiner als in der Mittelöffnung (Abb. 430). Die letztere Anordnung gibt in ästhetischer Beziehung befriedigendere Brückenbilder. In den in den Abb. 426 bis 428 dargestellten Trägerformen sind die Seitenöffnungen halb so groß wie die Mittelöffnung. Der gekrümmte Gurt der Mittelöffnung ist nach einer Parabel geformt, deren Pfeilhöhe (in den Abbildungen zu groß dargestellt) dadurch gegeben ist, daß die Höhen über den Zwischenpfeilern $^1/_6$ bis $^1/_7$ der Stützweite der Mittelöffnung gewählt werden[1]). Die Seitenöffnungen sind die Spiegelbilder der benachbarten Hälften der Mittelöffnung. Bei dem in der Abb. 429 wiedergegebenen Träger sind die oberen Gurtungen von den Spitzen über den Mittelstützen nach beiden Seiten hin nach einer Parabel abwärts gekrümmt und dann wagerecht weiter

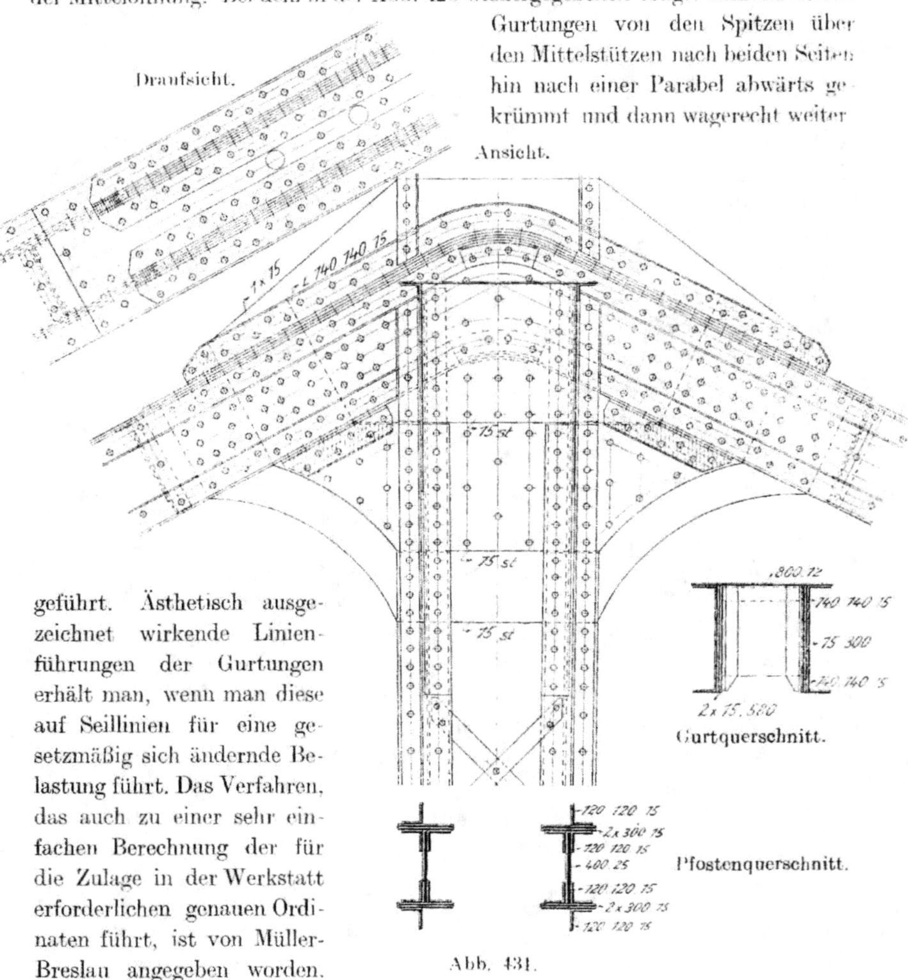

Abb. 431.

geführt. Ästhetisch ausgezeichnet wirkende Linienführungen der Gurtungen erhält man, wenn man diese auf Seillinien für eine gesetzmäßig sich ändernde Belastung führt. Das Verfahren, das auch zu einer sehr einfachen Berechnung der für die Zulage in der Werkstatt erforderlichen genauen Ordinaten führt, ist von Müller-Breslau angegeben worden. Es sei auf die Ausführungen in seiner „Graphischen Statik der Baukonstruktionen". Band 1, fünfte Auflage 1912, S. 481 u. f. verwiesen[2]).

Bei tiefliegender Fahrbahn geben die Trägerformen mit abgeschrägten Enden (Abb. 429 und 430) bessere Brückenbilder als mit senkrechten Endabschlüssen

[1]) Vgl. „Die günstigste Pfostenhöhe über den Mittelstützen durchlaufender Träger mit untenliegender Fahrbahn". Zentralblatt der Bauverwaltung 1920, S. 318, 319, 554 bis 556.

[2]) Vgl. auch „Vorschläge zur künstlerischen Gestaltung von Brückenbauten". Von H. Jordan. Zeitschrift für Architektur und Ingenieurwesen, 1916, S. 207 u. f.

(Abb. 426 und 427), weil sie in einer für das Auge gefälligeren Form von den hochliegenden Obergurten zur Fahrbahn überleiten.

Die Ausbildung der Knotenpunkte und Querschnitte unterscheidet sich im allgemeinen nicht von der Ausbildung dieser Bauteile bei den einfachen Balkenbrücken. Die unteren Gurtungen erhalten teilweise Druck und müssen dann selbstverständlich nach den für gedrückte Stäbe gegebenen Regeln ausgebildet werden. Im allgemeinen wird man auch diesen gedrückten Untergurtstäben die für die Untergurte der einfachen Balkenbrücken gebräuchlichen Querschnitte geben und sie nach den auf den Seiten 190 und 191 gegebenen Regeln aussteifen. Einige Besonderheiten zeigen nur die Spitzen und Auflagerpunkte über den Mittelstützen.

Eine sehr zweckmäßige Durchbildung der Spitze des in der Abb. 429 dargestellten Trägers zeigt die Abb. 431[1]). In jeder Wandung der Gurtung sind hier drei nebeneinanderliegende, gestaffelte Knotenbleche angeordnet, welche die Kopfplatten durchdringen. Das innerste und äußerste Knotenblech jeder Wandung

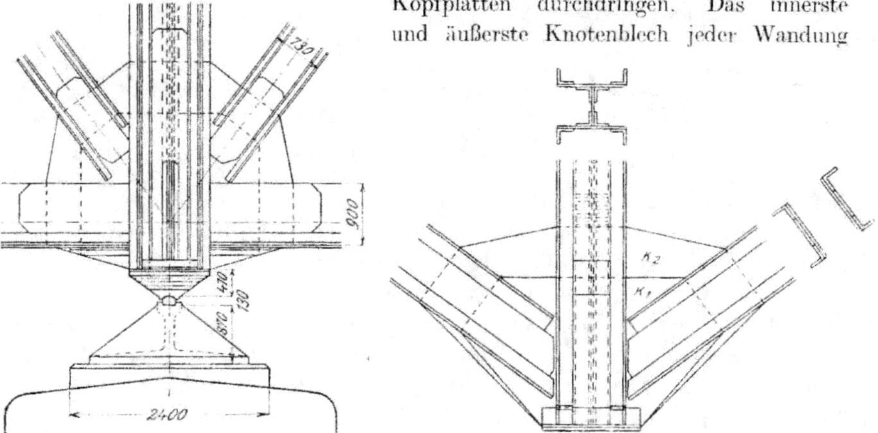

Abb. 432. Abb. 433.

reicht bis zur Außenkante der Verstärkungswinkel, die auf die Kopfplatten genietet sind. Das mittelste Knotenblech jeder Wandung ist noch höher hinausgeführt und dient einem architektonischen Schmuck zum Anschluß. Die inneren Stegbleche jeder Gurtwandung sind an den innersten Knotenblechen angeschlossen, die äußeren Stegbleche greifen auf die mittelsten Knotenbleche hinauf und stoßen gegen die äußersten Knotenbleche, an denen die Beibleche 300 · 15 angeschlossen sind. Die Winkel und Kopfplatten beider Gurtstäbe gehen an der Spitze in nicht zu scharfer Krümmung ineinander über. Die über die Kopfplatten hinausragenden Teile der Knotenbleche bewirken im Verein mit den Verstärkungswinkeln eine günstige Beanspruchung des Knotenpunktes.

Den Auflagerknotenpunkt unterhalb der Spitze ordnet man am besten in der Weise an, wie es die Abb. 432 veranschaulicht. Der Pfosten ist bis zum Auflager durchgeführt, die Untergurtstäbe sind unterbrochen. Die Knotenbleche

[1]) Havelbrücke bei Glienicke. Entwurf der Gesellschaft Harkort.

sind unten über die Unterkante der Untergurtstäbe hinaus hervorgezogen, wodurch auch die in den wagerechten, unteren Teilen der Gurtstäbe herrschenden Kräfte von den Knotenblechen ohne Überbeanspruchung aufgenommen werden können.

Der Ausbildung der Auflagerspitze des in der Abb. 428 wiedergegebenen Trägers kann die in der Abb. 433 veranschaulichte Anordnung als Vorbild dienen. An den Knotenblechen K_2 werden die Stegbleche jeder Wandung der Gurtstäbe und die seitlichen Bleche des Pfostens unmittelbar angeschlossen. Die äußeren Winkel des Pfostens und die Winkel und Beibleche der Gurtungen werden auf die Knotenbleche K_1 und die inneren Winkel des Pfostens samt dem Steg mit Keilfuttern auf die Knotenbleche K_2 hinaufgeführt.

Die Abb. 434 zeigt die 1917 vollendete zweigleisige Eisenbahnbrücke über den Ohio-Fluß bei Sciotoville ungefähr 200 km oberhalb Cincinnati, deren Haupt-

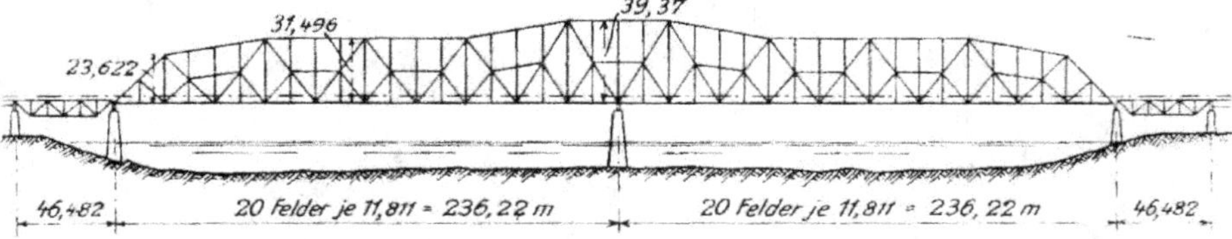

Abb. 434. Eisenbahnbrücke über den Ohio-Fluß bei Sciotoville.

träger nach den Plänen von G. Lindenthal als durchlaufende Träger über zwei Öffnungen mit je 236,22 m Stützweite gebaut sind. Die Höhen sind den auftretenden Momenten angepaßt. Die Pfostenhöhe über dem Mittelpfeiler beträgt rd. $^1/_6$, die Höhe der Endpfosten $^1/_{10}$ der Stützweite.

Man montiert die durchlaufenden Träger auch zweckmäßig statisch bestimmt durch Einschaltung von einstweiligen Gelenken, die erst nach der Ausrüstung und nach dem Aufbringen der ganzen ständigen Last geschlossen werden. Dadurch werden Stützensenkungen, die durch die ständige Last der Brücke hervorgerufen werden, unschädlich gemacht und die unbestimmbaren Montagespannungen vermieden. Durch Einschaltung von einstweiligen Montagegelenken in den seitlichen Überbauten durchlaufender Träger auf vier Stützen können die Auflagerkräfte der Endlager aus der ständigen Last vergrößert und dadurch die Verankerungen gespart werden.

C. Balkenträger auf mehreren Stützen mit Gelenken, sogenannte Gerber- oder Auslegerträger.

Der Nachteil der Empfindlichkeit gegen Stützensenkungen der unter B behandelten durchlaufenden Träger auf mehreren Stützen läßt sich durch Einschalten von Gelenken in den Hauptträgern vermeiden, ohne die Vorzüge der durchlaufenden Träger preiszugeben.

Wenn auch schon einige ältere Vorschläge, durchlaufende Balkenträger mit Gelenken auszurüsten, vorhanden sind[1]), so muß doch das Verdienst, die

[1]) Vgl. „Die künstlerische Gestaltung der Eisenkonstruktionen". Von Jordan und Michel. S. 112.

Zweckmäßigkeit der Auslegerbrücken richtig erkannt und ihre bauliche Durchbildung in die rechten Wege geleitet zu haben. Gerber[1]) zugesprochen werden, der 1866 ein Patent auf „Balkenträger mit freiliegenden Stützpunkten" nahm. Die 1867 von Gerber gebauten Straßenbrücken über die Regnitz in Bamberg und über den Main bei Haßfurt waren die ersten Auslegerbrücken der Welt.

Durch die Gelenke wird der durchlaufende Träger in verschiedene Trägerabschnitte geteilt (Abb. 435). In den Gelenken stützen sich einzelne Trägerteile auf andere. Der Gerberträger muß so viele Gelenke aufweisen, als die Anzahl der Stützen über zwei beträgt, um ein äußerlich statisch bestimmtes, von Stützensenkungen unabhängiges Gebilde zu erhalten. Die Gelenke müssen so verteilt werden, daß in keiner Öffnung labile Gebilde entstehen. Die Trägerteile mit den überkragenden Enden heißen Ausleger oder Kragträger, die sich auf die Kragarme stützenden Trägerteile werden eingehängte Träger oder Schwebeträger genannt.

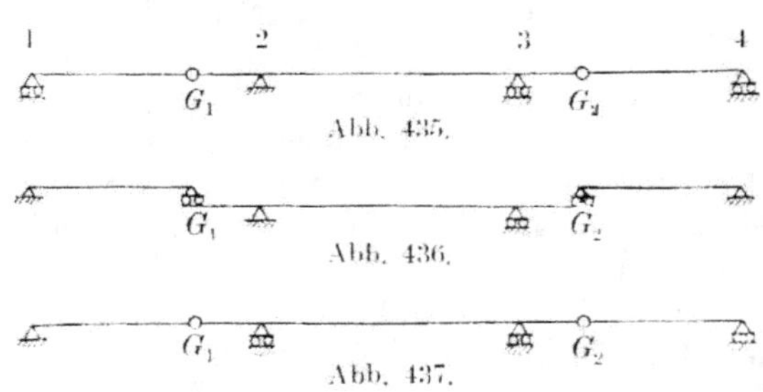

Abb. 435.

Abb. 436.

Abb. 437.

Die Lager und Gelenke müssen so angeordnet und ausgebildet werden, daß die einzelnen Teile des ganzen Trägers statisch bestimmt und unverschieblich gelagert sind, und daß der ganze Träger bei Wärmeschwankungen seine Länge ungehindert ändern kann. Hiernach kann man z. B. bei einem Gerber-Träger auf vier Stützen mit Gelenken in den Seitenöffnungen das eine der Lager auf den Zwischenstützen fest und alle anderen Lager längsbeweglich anordnen (Abb. 435), muß dann aber die Gelenke G_1 und G_2 so ausbilden, daß sie die angrenzenden Trägerteile zwar drehbar, aber unverschieblich verbinden (sog. feste Gelenke) Man kann auch drei feste Lager nach Abb. 436 vorsehen, muß dann aber die Gelenke G_1 und G_2 längsbeweglich ausbilden (sog. bewegliche Gelenke). Diese

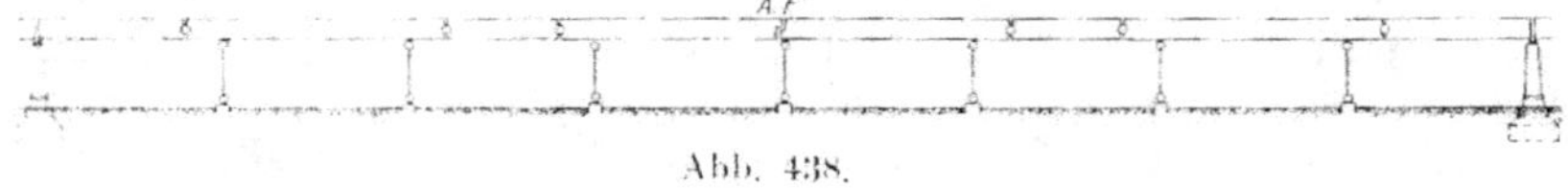

Abb. 438.

Anordnung ist der in Abb. 435 dargestellten bei großen Stützweiten deshalb vorzuziehen, weil die Verschiebung des Punktes 4 bei der Anordnung nach Abb. 435 sehr große Werte annehmen würde. Bei kleineren Gerber-Brücken ordnet man in der Regel nur ein festes Lager an einem Brückenende an (Abb. 437). Die Gelenke müssen hierbei ebenso wie bei der in Abb. 435 veranschaulichten Anordnung die angrenzenden Trägerteile unverschieblich miteinander verbinden.

Die Gerberträger sind auch in den Brückenzügen städtischer Hochbahnen sehr beliebt. Die Abb. 438 stellt die grundsätzliche Anordnung eines mit Gerberträgern überbrückten Teiles der Hamburger Hochbahn dar. Zwei im Abstande

[1]) Vgl. die Fußnote auf S. 4.

von 100 bis 120 m stehende Steinpfeiler begrenzen einen zusammenhängenden Gerberträgerabschnitt. Auf diesen Pfeilern sind die festen Auflager angeordnet. Die zwischen den Pfeilern vorgesehenen Unterstützungen sind eiserne Pendelsäulen. Alle Gelenke mit Ausnahme des über der mittelsten Pendelsäule liegenden sind feste Gelenke; über der mittelsten Pendelsäule ist ein bewegliches Gelenk und eine Ausdehnungsfuge vorgesehen. Hier vollzieht sich die Längenänderung der beiden Brückenhälften.

Die Gerberträger werden meist zur Überbrückung von drei Öffnungen verwendet (Abb. 439 und 440). Man legt hier die beiden Gelenke entweder in die Mittelöffnung oder je eins in die Seitenöffnungen. Meist ordnet man wohl die Gelenke für den Fall, daß die Mittelöffnung größer als jede der Seitenöffnungen ist, in der Mittelöffnung an. Das Verhältnis der Stützweite des eingehängten Trägers zur Stützweite der Mittelöffnung schwankt bei dieser Anordnung im allgemeinen zwischen 0,55 und 0,70.

Die Lage der Gelenke wird häufig so gewählt, daß keine negativen Auflagerdrucke entstehen. Diese lassen sich aber auch dadurch vermeiden, daß man in der Nähe der Auflager, die negative Auflagerdrucke erhalten würden, eine schwerere Fahrbahntafel z. B. Betonkappen mit schwerer Füllung ausführt oder

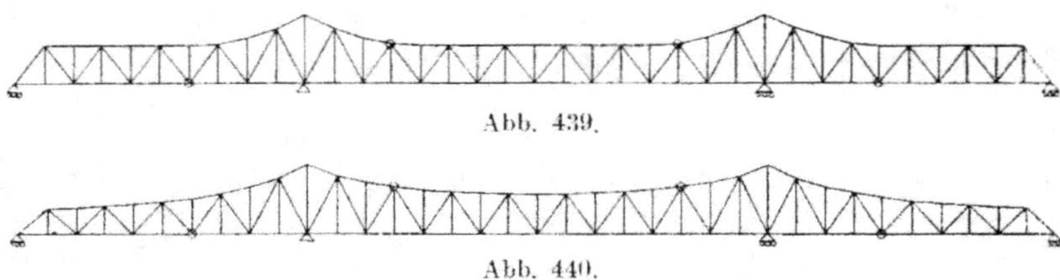

Abb. 439.

Abb. 440.

unter der Fahrbahn Ballast in Gestalt von Beton oder Eisenbarren aufbringt oder schließlich auf dem für den positiven Auflagerdruck maßgebenden Brückenteil eine schwerere Fahrbahndecke vorsieht als auf dem anderen Teil, z. B. bei Anordnung der Gelenke in der Mittelöffnung die Seitenöffnungen mit Steinpflaster, die Kragarme und den eingehängten Träger dagegen mit Holzpflaster versieht und hierdurch die ständige Last so verteilt, daß die Verkehrslasten keinen negativen Auflagerdruck hervorrufen können. Jedoch ist dies Verfahren deshalb bedenklich, weil bei späterer Erneuerung der Fahrbahndecke in Unkenntnis des früheren Zweckes die schwerere Fahrbahndecke durch eine leichtere ersetzt und damit der Bestand der Brücke in Frage gestellt werden kann. Natürlich wird durch das erhöhte Eigengewicht der schwereren Fahrbahn auch der Baustoffaufwand für die Träger selbst vermehrt.

Man ordnet die Gelenke auch in den Punkten an, in denen bei einem stellvertretenden durchlaufenden Träger die Momentennullpunkte liegen würden.

Hat man die Lage der Gelenke gewählt, so werden die Höhen der einzelnen Trägerteile folgendermaßen bestimmt: Die Höhe des Schwebeträgers wird nach den bei den einfachen Balkenträgern gegebenen Regeln (S. 187) festgesetzt, wobei die Stützweite natürlich nur von Gelenk zu Gelenk zählt. Dann errechnet man das größte Moment für die Mittelstütze und für die Öffnung, in der kein Gelenk liegt, bestimmt aus diesen Momenten die Stützweiten einfacher Balkenträger, für welche die gleichen Momente entstehen würden, setzt die Höhen fest, welche diese einfachen Balkenträger erhalten würden, und wählt diese Werte für die Höhen über den Mittelstützen und in den Öffnungen ohne Gelenke. Man nähert sich dem kleinsten Baustoffaufwande, wenn man die Trägerform dem Verlauf der Linie der größten Momente anpaßt, wodurch man in den Gurten annähernd gleiche Querschnitte erhält. Die nach diesen Gesichtspunkten ermittelten Höhen müssen natürlich mit Rücksicht auf das gute Aussehen abgeändert werden. Die Gerberträger geben nur dann gute Brückenbilder, wenn die Gurtungen gute und flüssige Linien zeigen.

Als Vorteile des Gerberträgers vor einfachen Balkenträgern über den einzelnen Öffnungen sind zu nennen:

1. Sein gutes Aussehen; er kann bei guter Wahl der Höhen- und Längenverhältnisse ausgezeichnete geschlossene Brückenbilder geben, wie die nachstehenden Abbildungen zeigen.

2. Die geringere Zahl der Lager und die günstigere Beanspruchung der Zwischenpfeiler; hierüber gilt das bei der Besprechung der durchlaufenden Träger Gesagte.

3. Seine größere Wirtschaftlichkeit. Bei größeren Stützweiten und bei einem Eigengewicht, das im Verhältnis zur Verkehrslast groß ist, lassen sich durch Anordnung von Gerberträgern an Stelle einfacher Balken nicht unbedeutende wirtschaftliche Vorteile erzielen, weil die auf den Kragarmen ruhenden Schwebeträger die Kragträger teilweise entlasten. Bei kleineren Stützweiten überwiegen die Verkehrslasten jedoch in der Regel so sehr, daß von einer nennenswerten Ersparnis durch Anwendung von Gerberträgern keine Rede sein kann. Für die Überbrückung des Rheins unterhalb Ruhrort durch eine zweigleisige Eisenbahnbrücke kamen für die drei Stromöffnungen drei einfache Balkenträger (Abb. 278) und ein Gerberträger nach Abb. 441 in die engere Wahl. Beide Entwürfe wurden

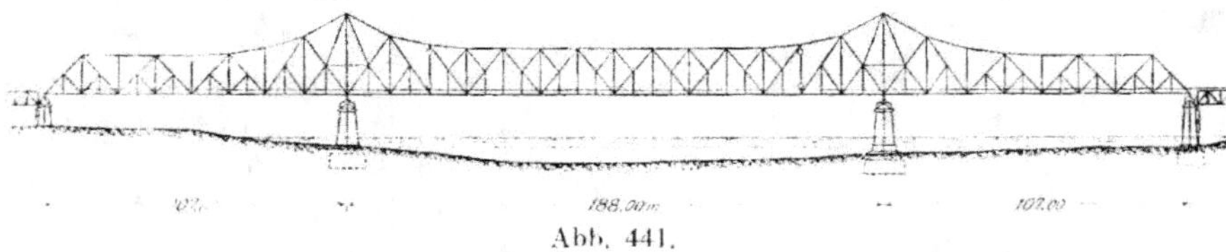

Abb. 441.

so weit durchgearbeitet, daß ein genauer Kostenvergleich möglich war, der zugunsten des Gerberträgers ausfiel. Sein Eisengewicht wurde zu 4800 t, das der drei einfachen Balkenträger zu 5400 t ermittelt. Die Gewichte verhalten sich also wie 8 : 9. Wenn trotzdem die drei einfachen Balkenträger zur Ausführung gewählt wurden, so hat das seinen Grund in den Nachteilen des Gerberträgers, die noch aufgeführt werden.

4. Die Möglichkeit, sie leichter als einfache Balkenträger durch freies Vorkragen von den Seitenöffnungen aus aufstellen zu können, falls in der Mittelöffnung keine Gerüste errichtet werden können.

Die Nachteile des Gerberträgers gegenüber einfachen Balkenträgern bestehen darin, daß die Gelenke zum Teil recht erhebliche konstruktive Schwierigkeiten bieten und daß die Wind- und Bremskräfte infolge der Gelenke nicht in der einfachen und sicheren Art und Weise wie bei den einfachen Balkenträgern auf die Pfeiler und Widerlager übertragen werden können, und schließlich in vielen Fällen auch darin, daß negative Auflagerkräfte durch Ballast aufgehoben oder durch Verankerungen aufgenommen werden müssen.

Zur Überführung über städtische Straßen eignet sich der Gerberträger aus denselben Gründen wie der durchlaufende Träger (siehe S. 262). Er ist aber hier besser am Platze als der letztere, weil, wie schon auf S. 262 ausgeführt wurde, die eisernen Pendelpfeiler mit ihren verhältnismäßig kleinen Fundamenten wegen ihrer geringen Masse gegenüber der großen Masse der Widerlager im Laufe des Betriebes auch bei gutem Baugrunde sich senken, und weil der Gerberträger durch diese Senkungen in seinem Spannungszustande im Gegensatz zum durchlaufenden Träger **nicht** beeinflußt wird.

Bei Stützweiten bis zu 20 m wird der Gerberträger meist als **vollwandiger** Träger, bei größeren Stützweiten meist als **gegliederter** Träger ausgeführt.

1. Vollwandige Gerberträger.

Bei dem **vollwandigen Gerberträger auf vier Stützen** wird die Lage der Gelenke in der Regel nur durch die Berücksichtigung der Forderung bestimmt, daß negative Auflagerkräfte wegen der schwer zu unterhaltenden Verankerungen vermieden werden sollen. Die Gelenke werden deshalb vielfach **dicht** neben den Stützen angeordnet. Sind die Seitenöffnungen kleiner als die Mittelöffnung, so werden die Gelenke in die Seitenöffnungen gelegt, weil so ein geringerer Gelenkdruck erzielt wird als bei der Lage der Gelenke in der Mittelöffnung dicht neben den Säulen. Das Stegblech wird meist in gleicher Höhe über alle Öffnungen geführt (Abb. 442), doch sind auch Anordnungen nach den Abb. 443 bis 448 gebräuchlich. Maßgebend für die Wahl einer dieser Trägerarten sind die Ansichten über das gute Aussehen. Eine große Baustoffersparnis läßt sich durch Verringerung der Stegblechhöhe in den Seitenöffnungen nicht erzielen. Bei gleicher Höhe der Stegbleche in allen Öffnungen und bei Seitenöffnungen, die kleiner als die Mittelöffnung sind, erhält der Träger in den Seitenöffnungen gewöhnlich

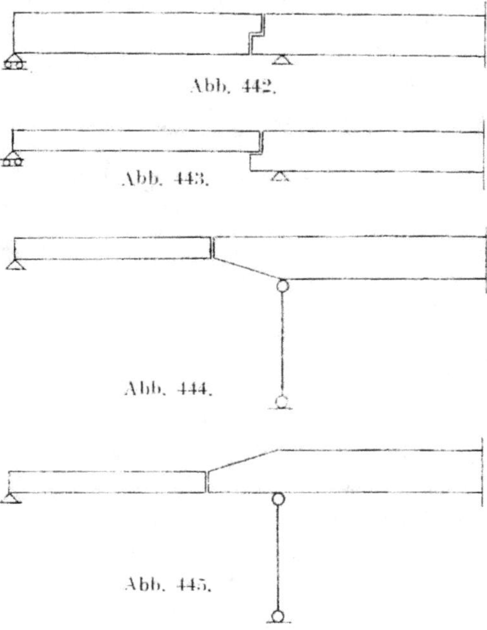
Abb. 442.
Abb. 443.
Abb. 444.
Abb. 445.

keine Gurtplatten. Als Stegblechhöhe wird zweckmäßig $^1/_{10}$ der Stützweite der größten Öffnung gewählt (vgl. auch S. 162). Die Abb. 446 bis 448[1]) stellen Gerberträger der Hamburger Hochbahn dar. Bei allen drei Trägern sind die Untergurte des guten Aussehens wegen über den Stützpunkten nach unten gezogen (vgl. S. 262). Während die Untergurte bei den Trägern in den Abb. 447 und 448 im übrigen wagerecht verlaufen, sind sie bei dem Träger der Abb. 446 leicht nach oben gekrümmt. Die Obergurte sind bei dem letzteren in allen drei Öffnungen, bei den beiden anderen nur in den Seitenöffnungen wagerecht. In der Mittelöffnung zeigt der Träger in der Abb. 447 einen nach oben gesprengten, in der Abb. 448 einen nach oben gekrümmten Obergurt.

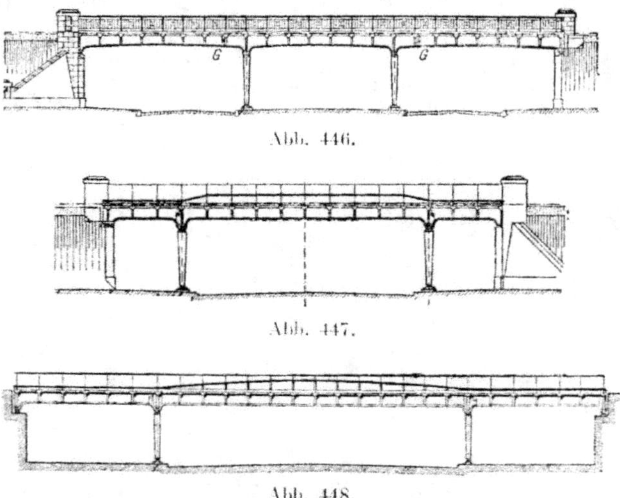

Abb. 446.

Abb. 447.

Abb. 448.

Die Ausbildung des vollwandigen Gerberträgers weist mit Ausnahme der Gelenke in der Regel keine Abweichungen von der Gestaltung eines vollwandigen Trägers auf zwei Stützen auf, nur werden neuerdings auch die Mittelstützen mit den Hauptträgern der Seitenöffnungen zu Halbrahmen vereinigt und die Gelenke in die Mittelöffnung gelegt. Hierüber ist im Abschnitt: „Eiserne Säulen und eiserne Pfeiler" nachzulesen. Über die Durchbildung der Gelenke ist in dem Abschnitt „Lager und Gelenke" eingehend die Rede.

2. Gegliederte Gerberträger.

Bei den gegliederten Gerberträgern tritt, auch schon bei kleineren Stützweiten, weit mehr als bei den vollwandigen Trägern das Bestreben hervor, durch eine günstige Lage der Gelenke eine möglichst große Baustoffersparnis zu erzielen. Hinsichtlich der äußeren Gestaltung des Trägerumrisses ist zunächst zu unterscheiden nach solchen Formen, die die Lage der Gelenke, d. h. die Auflagerpunkte des eingehängten Trägers, klar in die Erscheinung treten lassen, und nach solchen Formen, bei denen die Gelenke weniger deutlich hervortreten. Zu den ersteren gehören die in den Abb. 449, 457 und 460, zu den letzten die in den Abb. 439 bis 441, 450 bis 456 und 458 und 459 dargestellten Trägerformen. Weiter ist zu unterscheiden nach solchen Formen, bei denen die Lage der Hauptträger zur Fahrbahn in allen Öffnungen die gleiche ist (Abb. 439 bis 441, 450, 452, 454, 456 und 459).

[1]) Aus der „Deutschen Bauzeitung", Jahrg. 1914. Erweiterter Sonderdruck S. 11.

und nach solchen, bei denen die Lage der Hauptträger zur Fahrbahn in den einzelnen Öffnungen wechselt (Abb. 449, 451, 458, 460 und 461). Der Übergang von tiefliegenden zu hochliegenden Hauptträgern läßt sich bei den Gerberträgern leicht in ansprechender Weise vermitteln.

Ästhetisch am günstigsten sind wohl diejenigen Formen, bei denen die Mittelstützen durch die Form der Gurtungen gut betont sind, bei denen die Gelenke

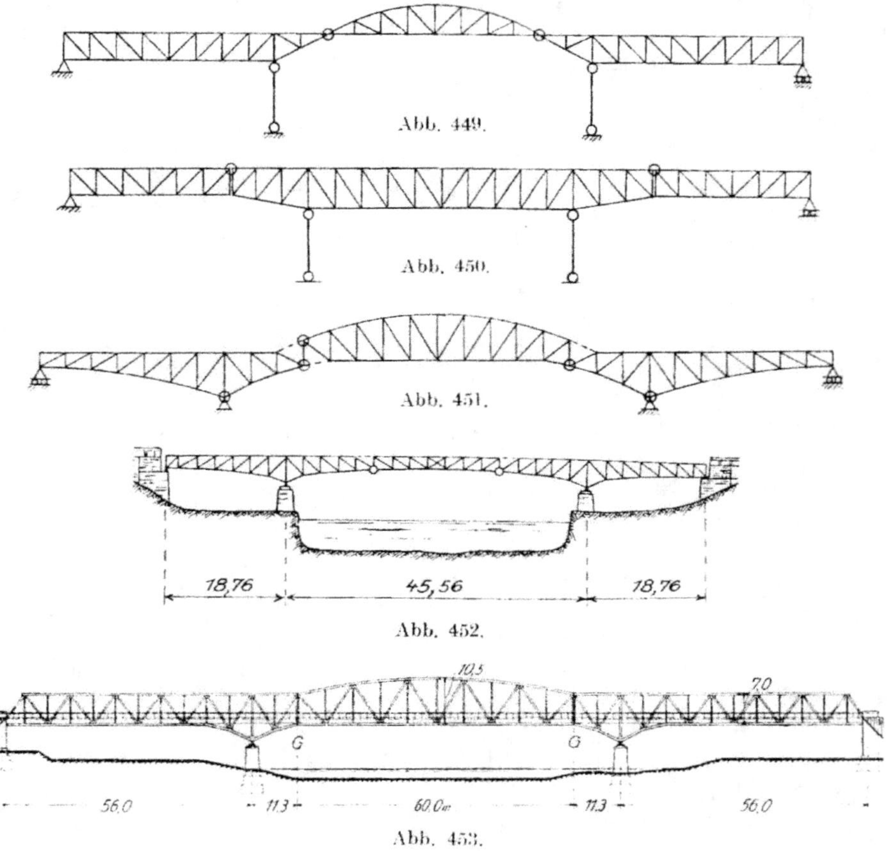

Abb. 449.

Abb. 450.

Abb. 451.

Abb. 452.

Abb. 453.

weniger scharf hervortreten und die ein geschlossenes Brückenbild geben (Abb. 439 bis 441, 451, 452, 453, 456, 459 und 461). Verstecken soll man mit den Gelenken nicht spielen, sie sollen aber das Brückenbild nicht durch unvermittelte Absätze zerreißen, wie es z. B. leider bei der kürzlich vollendeten Quebecbrücke (Abb. 457) der Fall ist. Bei untenliegender Fahrbahn betont man die Mittelstützen in der Regel durch bogenförmiges Hochziehen der oberen Gurtungen (Abb. 439 bis 441, 459), bisweilen auch durch Herunterziehen der unteren Gurtungen (Abb. 453), bei obenliegender Fahrbahn meist durch das letztere (Abb. 452). Hinsichtlich der Linienführung der gekrümmten Gurtungen gilt das bei der Besprechung der durchlaufenden Träger ohne Gelenke auf S. 263 u. 264 Gesagte.

Die Ausbildung der Einzelheiten bietet, mit Ausnahme der Gestaltung der Gelenke, keine Besonderheiten. Die Gelenke werden im Abschnitt „Lager und Gelenke" eingehend behandelt.

In der Abb. 454 ist ein Gerberträger der Hamburger Hochbahn wiedergegeben. Die Gelenke liegen bei G.

Die Abb. 455 stellt den Gerberträger der Oderbrücke bei Greifenhagen dar. Der Träger der Mittelöffnung ist nach Art eines Bogenträgers nach oben gekrümmt, um unter ihm die Fahrbahn des Mittelfeldes zur Durchfahrt von Segelschiffen hochklappen zu können. Die Lage der Gelenke ist durch Kreise in der Abb. kenntlich gemacht.

Bei dem in der Abb. 441 dargestellten Gerberträger ist eine Unterteilung vorgesehen; sie liegt bei den Kragträgern unten, bei dem eingehängten Träger oben. Dieser Wechsel war nötig, um die Gelenke aus Gründen einer guten Unterhaltung als in allen Teilen zugängliche Druckpendel ausbilden zu können. Durch

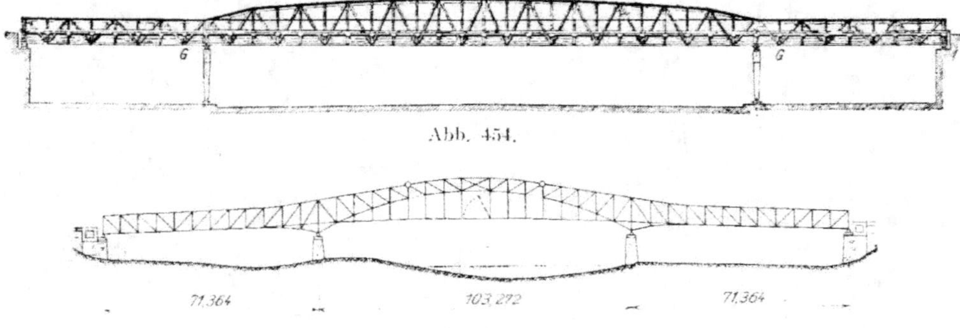

Abb. 454.

Abb. 455.

den Wechsel in der Unterteilung werden die Gelenke in nicht unerwünschter Weise mäßig betont, ohne den Zusammenhang des ganzen Brückenbildes zu zerreißen.

In der Abb. 456 ist der über fünf Öffnungen laufende Träger der Rheinbrücke zwischen Ruhrort und Homberg veranschaulicht. Die Gelenke liegen in den beiden Landöffnungen und in der Mittelöffnung. Die Lager auf den die Mittelöffnung begrenzenden Pfeilern sind fest, alle übrigen beweglich. Die Gelenke in den beiden Landöffnungen sind unverschieblich, die in der Mittelöffnung beide beweglich. Nach den Ausführungen auf S. 267 hätte eins dieser beiden Gelenke eigentlich fest ausgebildet werden müssen; der Zusammenhang in der Längsrichtung zwischen dem Schwebeträger in der Mittelöffnung und den angrenzenden Kragträgern wird durch beiderseitige Begrenzung der Bewegungsfreiheit durch die Fahrbahn hergestellt. Die große Masse der Fahrbahn und des Schwebeträgers selbst bürgt dafür, daß letzterer nicht in rasche Bewegung gerät. Der Obergurt des mittleren Schwebeträgers ist den in ihm auftretenden Momenten entsprechend nach oben gekrümmt. Überhaupt ist die Form des ganzen Gerberträgers geschickt den Momenten angepaßt, ohne die Schönheit der Linienführung zu stören.

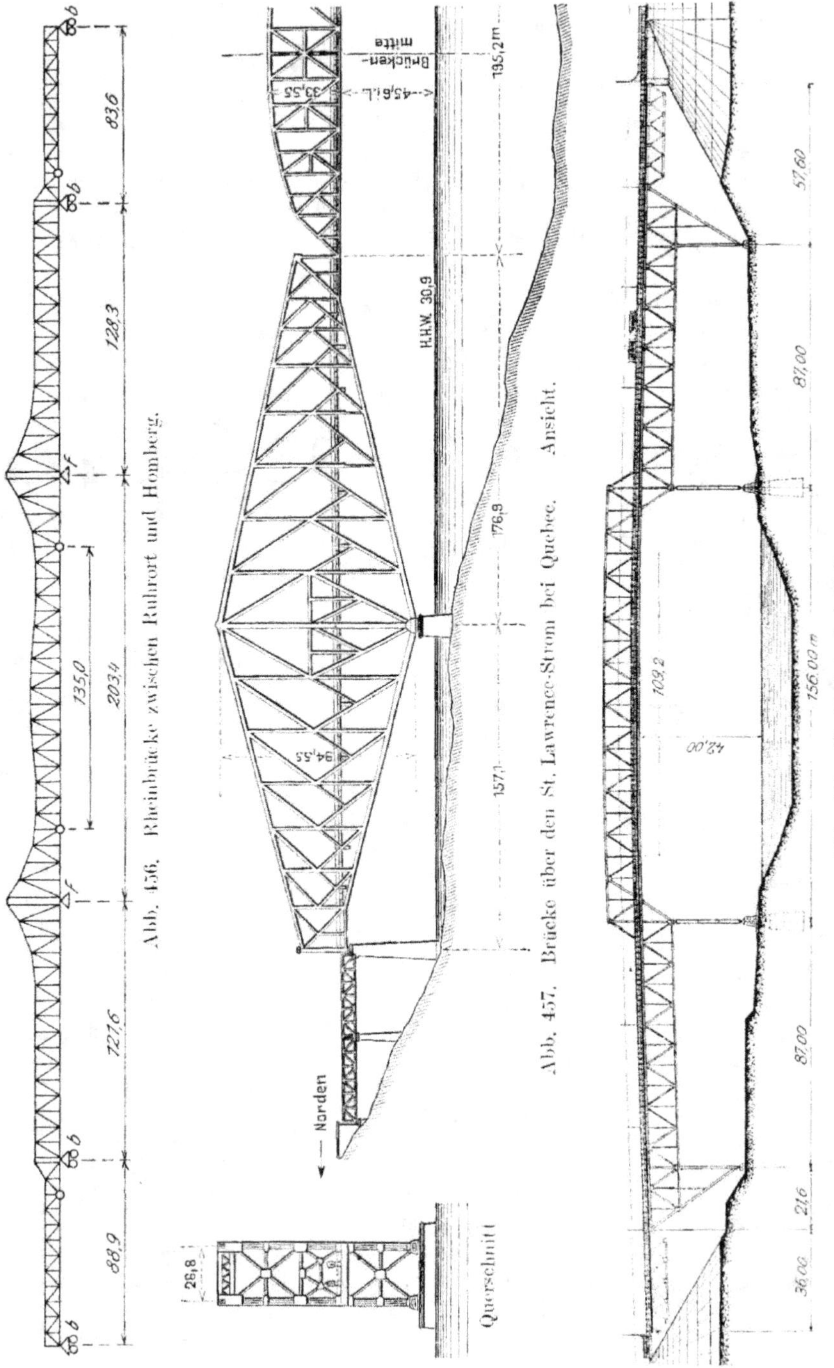

Abb. 456. Rheinbrücke zwischen Ruhrort und Homberg.

Abb. 457. Brücke über den St. Lawrence-Strom bei Quebec. Ansicht. Querschnitt

Abb. 458. Hochbrücke bei Holtenau.

Die Abb. 457 gibt den Gerberträger der Brücke über den St. Lawrence-Strom in Kanada wieder. Das Verhältnis der Stützweite des Schwebeträgers zur Weite der Mittelöffnung ist hier sehr klein gewählt worden, weil die Kragarme der beiden Kragträger frei vorgekragt wurden und dann der Schwebeträger auf schwimmenden Gerüsten herangeschafft und hochgezogen wurde. Die Stützweite des Schwebeträgers mußte deshalb in mäßigen Grenzen (195,2 m) gehalten werden. An ein freies Vorkragen des ganzen Trägers der Mittelöffnung konnte man wegen der außergewöhnlich großen Stützweite nicht denken. Die Linienführung des Gerberträgers befriedigt hier wenig. Die unvermittelten Absätze an den Gelenken zerstören die Einheitlichkeit des Brückenbildes. Die Gurtungen der Kragträger sind zu steif und eckig geführt. Schwebeträger und Kragträger zeigen Unterteilung; bei dem Kragträger ist sie dadurch hergestellt, daß der obere Stab der K-förmigen Ausfachung in das Nachbarfeld bis zum unteren Stab der Ausfachung verlängert und auf diesen Schnittpunkt ein Querträger durch einen Pfosten abgestützt ist. Die gewaltigen Abmessungen der Quebec-Brücke ersieht man bei einem Vergleich der beiden Abb. 456 und 457, die beide in demselben Maßstab dargestellt sind.

Gerberträger sind auch für die drei neuen Hochbrücken[1] [2]) über den Kaiser-Wilhelm-Kanal gewählt worden. Für Hochbrücken eignen sich die Gerberträger überhaupt sehr gut, weil in der Hauptöffnung in der Regel kein Gerüst errichtet werden kann, sondern der Überbau dieser Öffnung durch freies Vorkragen aufgestellt werden muß, und auch weil der Übergang von den tieferliegenden Überbauten der Nebenöffnungen zu dem hochliegenden Überbau der Hauptöffnung am einfachsten und besten durch einen Gerberträger hergestellt werden kann (Abb. 458 und 460).

Die Abb. 458 veranschaulicht die Straßenhochbrücke bei Holtenau. Jedes der beiden Ufer ist von einem Kragträger überbrückt, der auf der Landseite einen kleinen Fachwerkträger und auf der anderen Seite den großen Schwebeträger der Mittelöffnung stützt. Am Kanal ruht der Kragträger auf einer hohen eisernen Pendelsäule, an der Landseite ist er nach unten bis zu dem tiefliegenden festen Auflager fachwerkartig verlängert. Hier werden die Längskräfte der Brücke aufgenommen. Die einzelnen Stützweiten und die Lage der Gelenke sind aus der Abb. 458 zu ersehen. Die gewählte Trägerform ist wirtschaftlich sehr vorteilhaft, gibt ein einheitliches, geschlossenes Brückenbild und ruft in der Wirklichkeit einen wirkungsvollen Eindruck hervor. Eine gewisse Nüchternheit und Steifheit haftet ihr allerdings an.

Weit schöner ist die für die Rendsburger Hochbrücke gewählte Trägerform (Abb. 459). Die Mittelstützen sind gut betont, die Linienführung der oberen Gurtung ist außerordentlich glücklich. Der Träger ist an den Enden etwas niedriger gehalten als in der Mitte der Mittelöffnung. (Vgl. das über die Trägerform in

[1]) Die Entwürfe zu diesen Brücken sind im Brückenbauamt in Kiel unter der Leitung des Regierungsbaumeisters Voß bearbeitet worden. Der allgemeine Entwurf der Hochbrücke bei Holtenau stammt vom Regierungsbaumeister Dr.-Ing. Georg Müller.

[2]) Vgl. „Über neuere Formen von Hochbrücken bei tiefliegendem Gelände". Von Dr.-Ing. Georg Müller. Verlag von Wilhelm Engelmann. Leipzig und Berlin 1914.

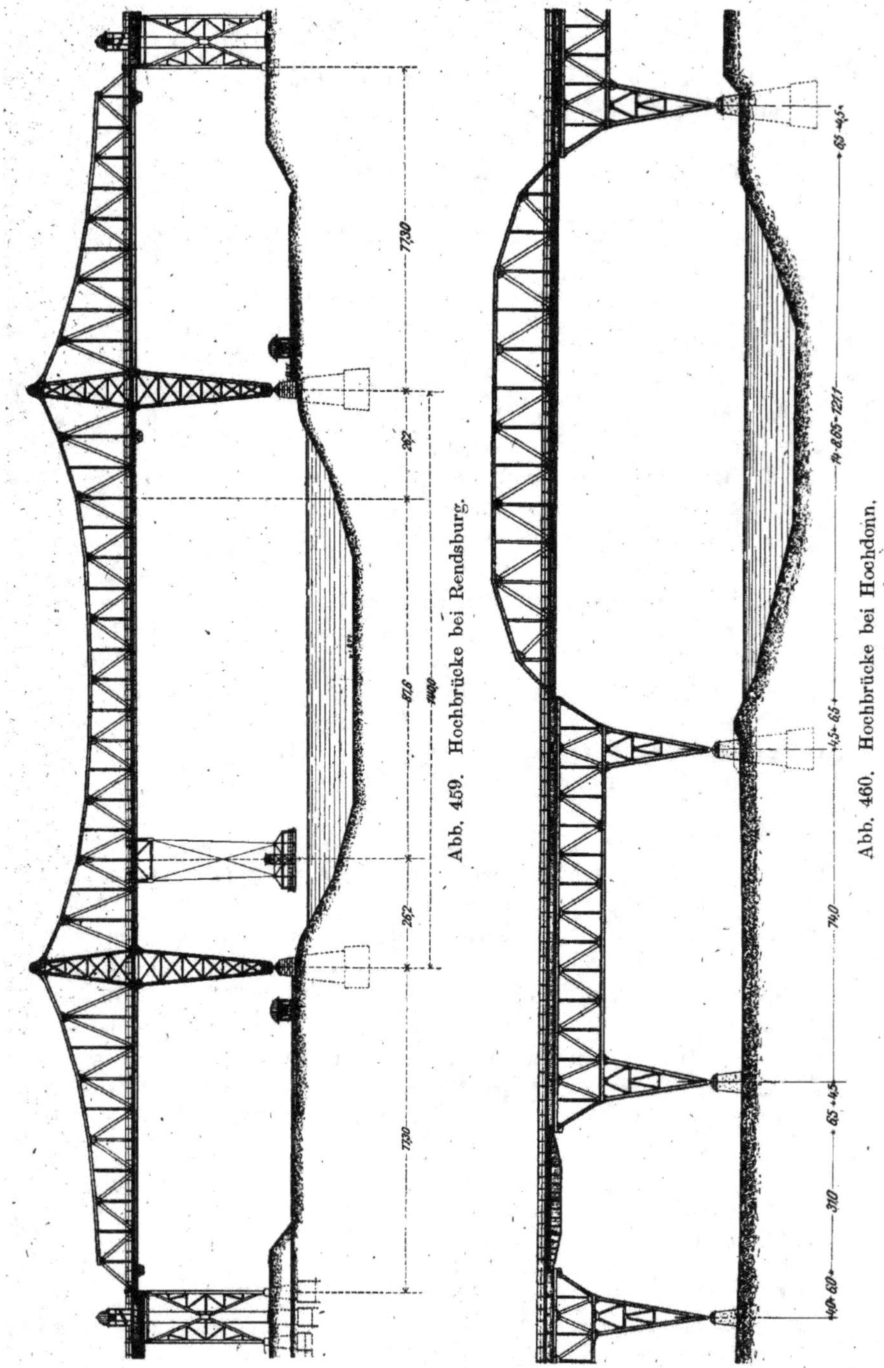

Abb. 459. Hochbrücke bei Rendsburg.

Abb. 460. Hochbrücke bei Hochdonn.

Abb. 430 auf S. 263 Gesagte.) Die Gelenke liegen in der Mittelöffnung: der Schwebeträger ist 87,6 m weit gestützt. Die Kragträger sind mit den fachwerkartigen, hohen Stützen, die unten unverschieblich, aber gelenkig gelagert sind, starr verbunden und auf den landseitigen Gerüstpfeilern beweglich gelagert. Der Schwebeträger ist mit den Kragträgern beiderseits unverschieblich verbunden, damit die Brems- und Windkräfte sich gleichmäßig auf beide Stützen verteilen. Die durch diese feste Verbindung bedingten Beanspruchungen bei Wärmeschwankungen und anderen Nebenspannungen sind bei der Schlankheit der Stützen nur gering. Die Brücke dient der Überführung einer zweigleisigen Eisenbahn und über dem Kanal einer Schwebefähre als Fahrgerüst. Die Rendsburger Hochbrücke mit ihren sich weit zu beiden Seiten des Kanals erstreckenden Rampenüberbauten macht einen überwältigenden, ästhetisch hochbefriedigenden Eindruck. Sie ist sicher eins der schönsten und bedeutendsten Eisenbauwerke der Welt.

Die Hochbrücke bei Hochdonn ist in der Abb. 460 in ihrer allgemeinen Anordnung wiedergegeben. Die zu beiden Seiten des Kanals stehenden Kragträger sind beiderseits unverschieblich, aber gelenkig gelagerte Portalträger, die an der Kanalseite den 121,4 m weit gestützten, eine Schwedlerform zeigenden Schwebeträger, auf der anderen Seite einen 31,0 m weit gespannten Blechträger stützen. Der Schwebeträger über dem Kanal ist zur Hälfte auf einem der Kragträger aufgestellt und zur anderen Hälfte frei vorgebaut und dann mit Hilfe eines schwimmenden Gerüstes in seine Endstellung verfahren und dort abgesetzt worden.

Die Form des in der Abb. 458 wiedergegebenen Gerberträgers ist von Dr.-Ing. Müller weitergebildet und verbessert worden[1]). Die Abb. 461 zeigt diese verbesserte Form für einen Träger über drei Öffnungen mit steinernen Pfeilern. Die Untergurte der Träger der Nebenöffnungen setzen nicht wie bei dem Träger in Abb. 458 in der Höhe der Mittelstützen, sondern höher an. Die Fache über den Mittelstützen und in der Mittelöffnung haben Unterteilung erhalten. Diese Trägerform, die von Müller „gekröpfter Parallelträger" genannt wird, gibt fraglos recht befriedigende Brückenbilder. Die Gelenke können bei a, b oder c angeordnet werden.

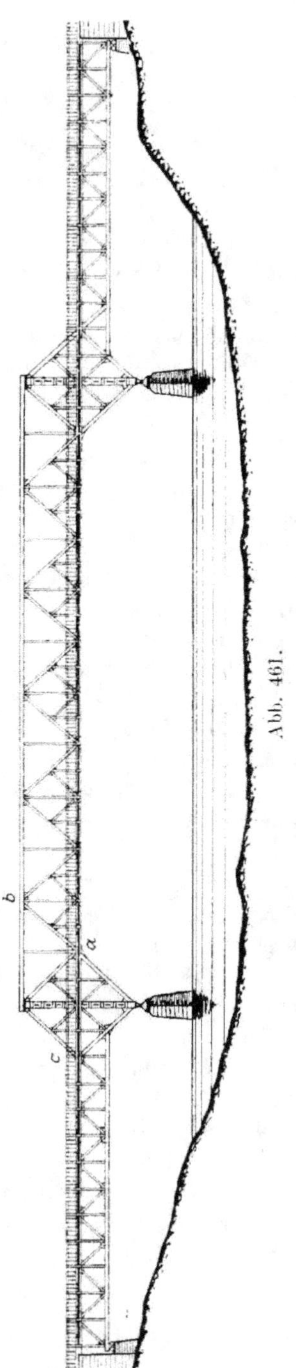

Abb. 461.

[1]) Vgl. „Bauingenieur" 1921, S. 89 u. f.

D. Bogenbrücken.

1. Kurzer geschichtlicher Überblick[1]).

Die eisernen Bogenträger sind älter als die eisernen Balkenträger. Dies hat seinen Grund darin, daß die Bogenform die natürlichste Überbrückungsform ist und daß man in dem schon lange bekannten steinernen Gewölbe ein Vorbild hatte. Zunächst verwendete man Gußeisen als Baustoff für die Bogenbrücken, und zwar in einer Form, die an die Wölbstücke der steinernen Gewölbe erinnerte. Natürlich mußte man solche gußeisernen Bogen so formen, daß sie hauptsächlich auf Druck beansprucht wurden, da man dem Gußeisen und den durch Schrauben hergestellten Verbindungen der einzelnen Stücke nur sehr geringe Zugspannungen zumuten konnte.

Mit der Entwicklung der Eisentechnik ist das Gußeisen durch das Schweißeisen und dieses später durch das Flußeisen als Baustoff für die Bogenbrücken verdrängt worden. Mit der Verwendung des Schweißeisens an der Stelle des Gußeisens wurde auch die Ausführungsform des Bogens aus einzelnen Wölbstücken verlassen; man bildete nun die Bogenträger aus biegungsfesten, vollwandigen oder gegliederten, genieteten Trägern, bei denen man die Festigkeitseigenschaften des Schweißeisens weit besser ausnutzen konnte als bei der ursprünglichen Bauweise. Nach der Art der steinernen Gewölbe ist in neuerer Zeit nur noch die 1899 vollendete, kühne Alexanderbrücke in Paris ausgeführt worden, deren 107,5 m weit gespannte Bogenträger aus gußstählernen Wölbstücken zusammengesetzt sind.

Die älteren Brücken hatten ausschließlich ganz unter der Fahrbahn liegende Hauptträger; erst bei den neueren Brücken finden wir Hauptträger, die teilweise (Abb. 476) oder ganz (Abb. 464) über der Fahrbahn liegen.

Die ältesten und älteren Ausführungen von Bogenbrücken zeigten gelenklose Bogen. Mit der Vervollkommnung der Rechnungsverfahren ging man zu Bogenträgern mit Gelenken über, da die gelenklosen Bogen, die ohne das richtige Verständnis ihrer Wirkungsweise gebaut waren, mancherlei Mängel zeigten und vielfach an den Kämpfern im unteren oder oberen Teil der Fuge sich von den Widerlagern abhoben. Mit dem weiteren Ausbau der Rechnungsverfahren der eisernen Bogenbrücken ist man dann wieder zum Bau gelenkloser Bogenbrücken, die manche Vorzüge vor den Bogen mit Gelenken besitzen, übergegangen. Die im Jahre 1897 vollendete große Talbrücke bei Müngsten besitzt gelenklose Bogenträger (Abb. 465).

Bogenträger mit aufgehobenem Horizontalschub, versteifte Stabbogen, und versteifte Stabbogen mit aufgehobenem Horizontalschub sind Schöpfungen der neuesten Zeit.

2. Allgemeines.

Die Bogenbrücken sind im allgemeinen ästhetisch befriedigender als die Balkenbrücken, vor allem wohl deshalb, weil die Bogenform in ihrer Natürlichkeit und Einfachheit ihre Wirkungsweise besser als der Balkenträger in die Er-

[1]) Vgl. die Fußnote [1]) auf S. 152.

scheinung treten läßt. Die Bogenbrücken werden deshalb den Balkenbrücken dort vorgezogen, wo auf ein gutes Aussehen besonderer Wert gelegt wird. Bogenträger sind ferner dort am Platze, wo die Hauptträger nicht über die Fahrbahn hinausragen sollen und wo die Bauhöhe, namentlich in der Mitte der Überführung, sehr beschränkt ist, weil sie wegen der kleineren Biegungsmomente eine erheblich geringere Höhe als die Balkenträger erfordern.

Die Bogenbrücken sind in dem Falle wirtschaftlicher als die Balkenbrücken, daß der Bogenschub unmittelbar vom gewachsenen Baugrund, z. B. von Fels, aufgenommen werden kann. Werden größere Widerlager zur Aufnahme des Bogenschubes erforderlich, so werden im allgemeinen die Mehrkosten für die Widerlager die Minderkosten für den eisernen Überbau übertreffen. Die Bogenbrücken werden dann teurer als die einfachen Balkenbrücken.

Bei den Bogenbrücken überwiegen die Druckspannungen, die Zugspannungen treten gegen diese zurück. Die zweckmäßigste Bogenträgerform wäre die, bei der die Bogenschwerachse mit der Drucklinie zusammenfällt, die einer Vollbelastung mit der ständigen Last und der halben Verkehrslast entspricht, da dann die Biegungsmomente bei voller Verkehrslast am kleinsten werden. Bei gleichmäßig verteilter, ständiger und halber beweglicher Belastung ist die Bogenschwerachse eine Parabel. Rücksichten auf das gute Aussehen und bauliche Gründe werden jedoch häufig die Linienführung der Gurtungen bestimmend beeinflussen.

Man unterscheidet:

1. Bogenträger, die an sich ein steifes Gebilde darstellen, und
2. versteifte Stabbogen, die für sich nicht stabil sind, sondern erst durch einen Versteifungsträger zu einem starren Gebilde werden.

Ein Bogenträger der ersten Art ist in der Abb. 462 veranschaulicht. Einen durch einen Parallelträger versteiften Stabbogen zeigt die Abb. 463. Der Stabbogen besteht aus einzelnen, an den Anschlußstellen der Pfosten gelenkig miteinander verbunden gedachten Teilen. In Wirklichkeit werden die einzelnen Teile fest miteinander vernietet.

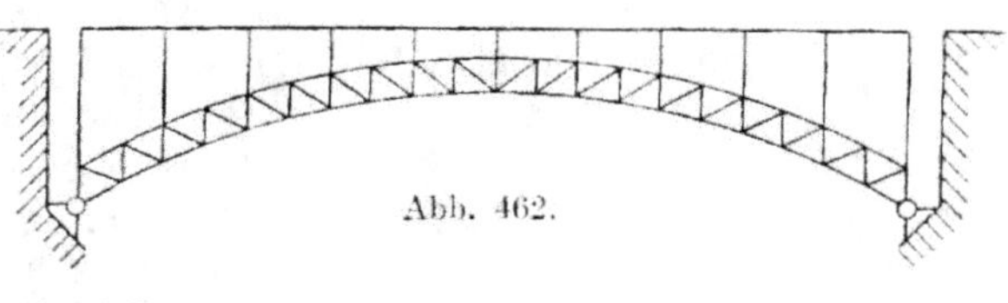
Abb. 462.

Abb. 463.

Weiter lassen sich die Bogenträger einteilen in:

1. eigentliche Bogenträger und
2. Bogenträger mit aufgehobenem Horizontalschub.

Bei den eigentlichen Bogenträgern (Abb. 462) üben die Bogen auch bei nur senkrechter Belastung auf die Widerlager neben senkrechten Drücken wagerechte Schübe aus, während bei den Bogenträgern der zweiten Art diese Schübe nicht die Widerlager beanspruchen, sondern von Teilen der Eisenkonstruktion aufgenommen werden. Beispielsweise nimmt bei dem in der Abb. 464 dargestellten Zweigelenkbogen mit Zugband das Zugband Z den Bogenschub auf. Die Bogenträger mit aufgehobenem Horizontalschub sind hinsichtlich der Lagerung den einfachen Balkenträgern gleich und daher dort am Platze, wo Bogenträger zwar ausgeführt werden sollen, der Baugrund aber nicht so einwandfrei ist, daß Bewegungen der Pfeiler und Widerlager ausgeschlossen sind.

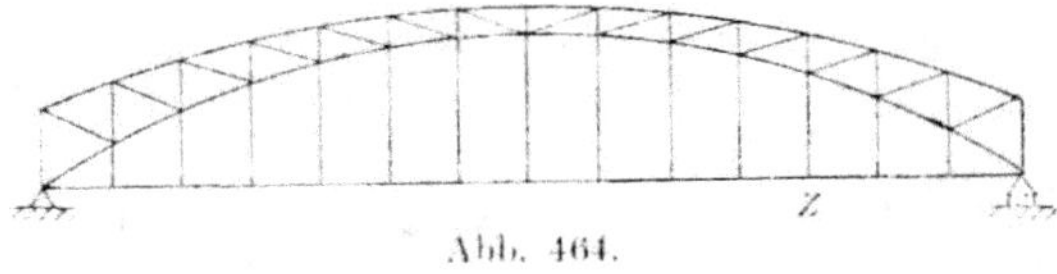

Abb. 464.

Nach dem statischen Verhalten werden die Bogenträger unterschieden nach:

1. gelenklosen Bogenträgern (Abb. 465),
2. Bogen mit einem Scheitelgelenk[1]),

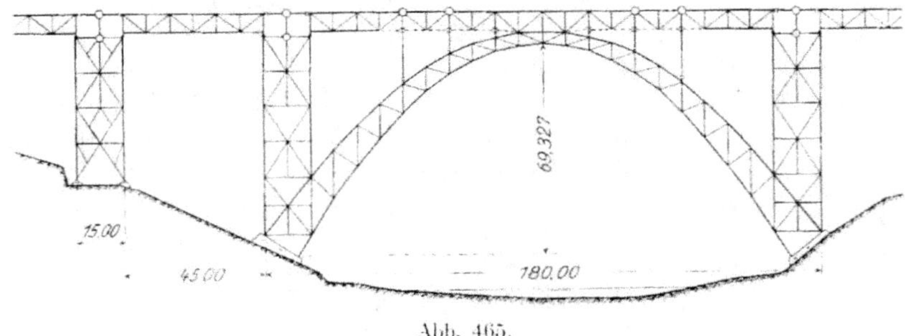

Abb. 465.

3. Zweigelenkbogen mit zwei Kämpfergelenken (Abb. 462).
4. Dreigelenkbogen mit zwei Kämpfergelenken und einem Scheitelgelenk (Abb. 466 u. 467).

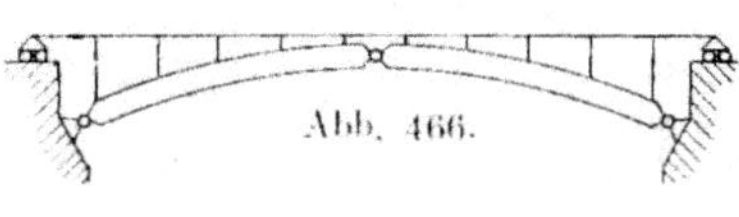
Abb. 466.

Eine besondere Form zeigt der Dreigelenkbogenträger der Straßenbrücke über die Vilaine, Frankreich (Abb. 468)[2]). Die Kämpfergelenke liegen in der Höhe der Fahrbahn und stützen sich auf eiserne, mit den Widerlagern verankerte Kragarme. Die Dreigelenkbogen selbst liegen in senkrechten Ebenen, die Kragarme sind zur Erhöhung der Standsicherheit nach unten gespreizt. Dieser Art der Bogenträger wird ein geringer Baustoffaufwand und ein damit verbundener wirtschaftlicher Vorteil nachgerühmt; auch läßt sich nicht leugnen, daß die ästhetische Wirkung gut ist.

Abb. 467.

[1]) Vorgeschlagen von Dr.-Ing. Bohny, aber noch nicht ausgeführt (Zeitschrift für Arch.- u. Ing.-Wesen 1898, S. 147).

[2]) Entnommen aus „Eisenbau" 1913, S. 144.

Die Vorteile der Dreigelenkbogen bestehen darin, daß sie äußerlich statisch bestimmt, daher in ihrem Spannungszustand unabhängig von Wärmeschwankungen sind und sich leicht berechnen lassen. Auch sind die Bogenträger mit drei Gelenken nicht so empfindlich gegen Ausweichungen der Widerlager wie die Zweigelenkbogen und die Bogen ohne Gelenke. Sie besitzen aber auch nicht unerhebliche Nachteile. Der Windverband und die Fahrbahn müssen so angeordnet werden, daß die Wirkung des Scheitelgelenkes nicht gestört wird; dies gibt oft zu verwickelten und schwer zu unterhaltenden Konstruktionen Veranlassung. Auch sind die Scheitelgelenke selbst Bauteile, die nicht billig und einfach in der Herstellung sind.

Die Zweigelenkbogen vermeiden diese Nachteile. Auch ist ihre Berechnung einfach. Sie sollten daher grundsätzlich statt der Dreigelenkbogen überall dort gebaut werden, wo ein guter Baugrund vorhanden ist, der keine Ausweichungen der Widerlager befürchten läßt.

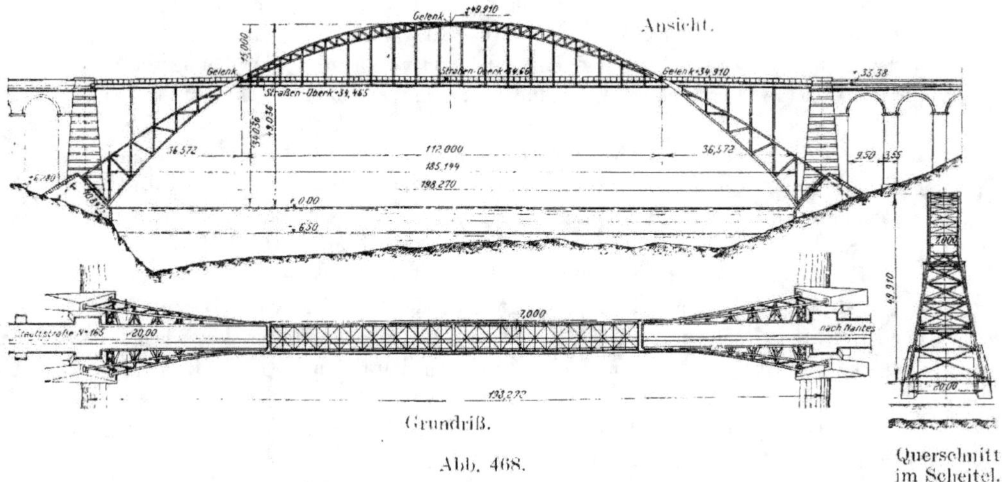

Ansicht.

Grundriß.

Querschnitt im Scheitel.

Abb. 468.

Die gelenklosen Bogenträger erfordern zwar weniger Eisenaufwand als die anderen Bogenträger, sie sind aber schwer zu berechnen und sehr empfindlich gegen Ausweichungen der Widerlager und erleiden sehr hohe Beanspruchungen durch Wärmeschwankungen. Sollen ferner die Rechnungsannahmen der Kämpfereinspannung für alle Laststellungen erfüllt sein, so werden meist verwickelte und schwer zu unterhaltende Verankerungen erforderlich. Die gelenklosen Bogen eignen sich nur für eine große Pfeilhöhe und sehr sicheren Baugrund. Sie sind neuerdings äußerst selten ausgeführt worden und sollen daher nicht in den Einzelheiten behandelt werden. Die Abb. 465 stellt einen Teil der großen Talbrücke bei Müngsten dar, deren Hauptöffnung mit einem gelenklosen Bogen überbrückt ist. Die Fahrbahn wird von parallelgurtigen Fachwerkträgern getragen, die sich in statisch bestimmter Weise mit Pendelpfeilern auf den Bogen und seitlich von diesem auf Gerüstpfeiler stützen.

Nach der Art der Ausbildung der Bogenträger unterscheidet man:

1. Vollwandige Bogenträger (Abb. 469).
2. Gegliederte Bogenträger (Abb. 462).

Die vollwandigen Bogenträger werden für kleine und große Stützweiten ausgeführt. Bis jetzt sind sie meist nur in dem Falle gebaut worden, daß sie ganz unter der Fahrbahn liegen (Abb. 469). Es sind aber auch schon einzelne Ausführungen vorhanden, bei denen die Hauptträger über der Fahrbahn liegen. Namentlich zeigen aber die letzten großen Brückenwettbewerbe Entwürfe für weitgestützte Brücken mit hochliegenden vollwandigen Bogenträgern. Daß die vollwandigen Bogenträger bei richtigen Abmessungen und guter Linienführung der Gurte auch bei Lage über der Fahrbahn ausgezeichnete Brückenbilder geben können, das zeigt die Abb. 470, welche den ausgekragten Bogenträger des Entwurfes „Hamarbyleden" der Firma Friedrich Krupp für eine Eisenbahnbrücke über die Arstabucht bei Stockholm darstellt[1]).

Die vollwandigen Bogenträger werden bei Lage unter der Fahrbahn meist mit gleichlaufenden Gurtungen (Abb. 469), bei Lage über der Fahrbahn meist mit zwei gekrümmten Gurtungen, deren Abstand von der Mitte nach den Bogenenden zunimmt (Abb. 470), ausgeführt. Es findet sich aber auch häufig die in der Abb. 471 wiedergegebene Form mit wagerechtem Obergurt und mit in der Mitte wagerechtem und an den Seiten gekrümmtem Untergurt. Diese Bogenform, die man Zweigelenkrahmen nennt, gestattet eine einfache Lagerung der Fahrbahn auf dem Obergurt und hält die erforderliche Durchfahrthöhe unter der Brücke auf eine größere Breite als Formen nach Abb. 466 u. 469 frei. Die Gelenke werden oft auch in Höhe des überbrückten Verkehrsweges angeordnet (Abb. 504).

Es sind auch vereinzelte Ausführungen vorhanden, bei denen volle Wandungen mit gegliederten vereinigt sind. So zeigt z. B. die Abb. 472[2]) einen Bogenträger der Hamburger Hochbahn, bei dem die bis zur Straßenoberkante hinabreichenden Bogenfüße vollwandig sind und der über der Fahrbahn liegende Bogen gegliedert ist.

Bei den gegliederten Bogenträgern finden wir Formen mit zwei gekrümmten Gurtungen (Abb. 462, 464 u. 467) und Formen mit einem geraden und einem gekrümmten Gurt (Abb. 473). Bogenträger mit der zuletzt genannten Form heißen Bogenzwickelträger.

Bei den Bogenträgern mit zwei gekrümmten Gurtungen können die Gurtungen parallel verlaufen oder ihren Abstand nach den Kämpfern hin erweitern (Abb. 464) oder auch verjüngen (Abb. 474, sogenannter Sichelbogenträger).

Die gekrümmten Gurtungen werden auf einem Kreisbogen, einer Ellipse, einer Parabel oder auf einer Kettenlinie für eine gesetzmäßig sich ändernde Belastung (vgl. S. 264) geführt. Auch kann nach dem Vorschlage von Dr.-Ing. Jordan als Krümmung die Biegungslinie eines freiaufliegenden Balkens, der nach oben von einer in der Mitte wirkenden, lotrechten Einzellast beansprucht wird, in Frage

[1]) Vgl. „Bauingenieur" 1920, S. 178 u. f.

[2]) Aus dem Sonderdruck der „Deutschen Bauzeitung": „Die Eisenkonstruktionen der Viadukte und Brücken der Hamburger Hochbahn", S. 31.

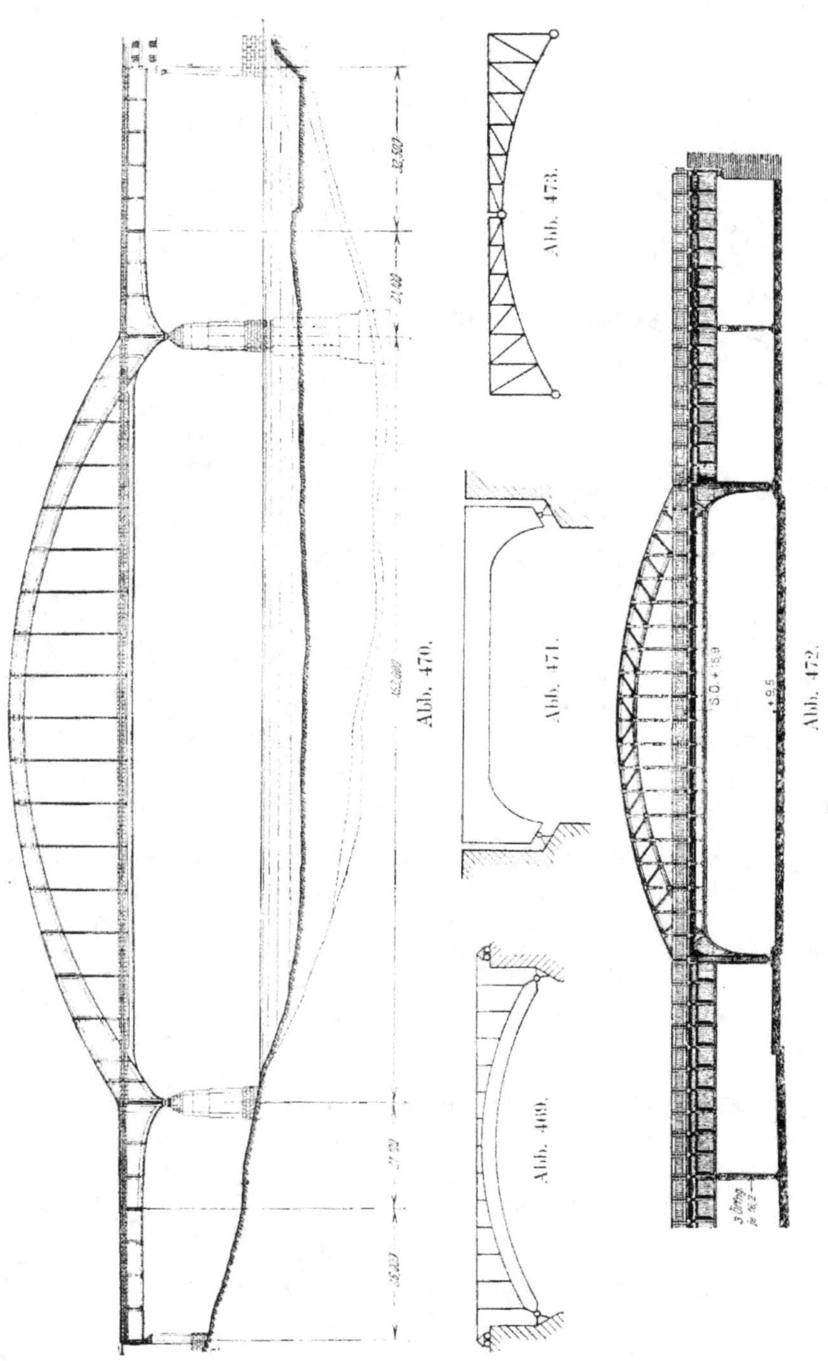

Abb. 470.

Abb. 473.

Abb. 471.

Abb. 469.

Abb. 472.

kommen[1]). Die Kettenlinie und die Parabel sind die ästhetisch besten Kurven für die Linienführung der Gurtungen.

Die gegliederten Bogenträger werden in Ständerfachwerk (Abb. 464) oder in Strebenfachwerk (Abb. 474) ausgeführt. Beim Ständerfachwerk findet man senkrecht stehende Pfosten (Abb. 464) und radial stehende Pfosten (Abb. 475), einfache Diagonalen (Abb. 464) und doppelte Diagonalen (Abb. 475 u. 476). Die Pfosten des in der Abb. 474 dargestellten Strebenfachwerks gehören nicht zum System, sie dienen nur zur Versteifung der Gurtungen. Das Strebenfachwerk wird auch ganz ohne Pfosten, und zwar mit einfachen (Abb. 477) und mit doppelten Diagonalen (Abb. 478) ausgeführt.

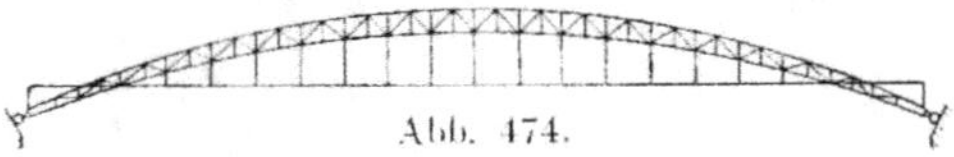

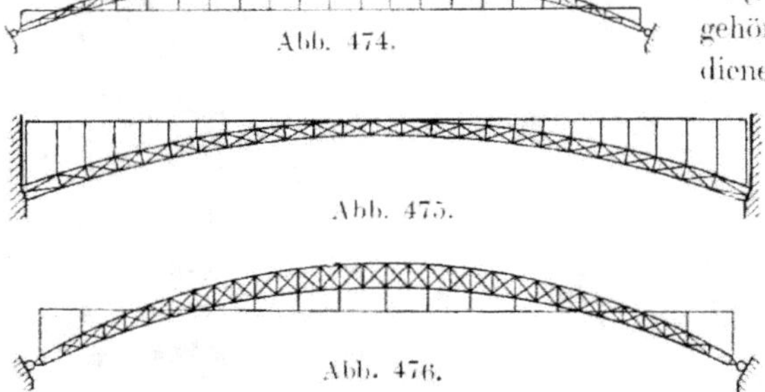

Abb. 474.

Abb. 475.

Abb. 476.

Abb. 477. 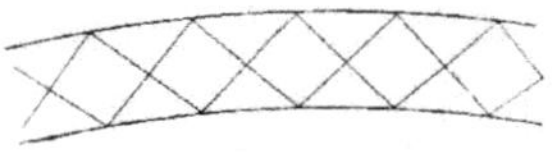 Abb. 478.

Bei den meisten neueren Brücken finden wir das einfache Ständerfachwerk nach Abb. 464.

Die Lage der Bogenträger unter der Fahrbahn gibt die besten Brückenbilder, hält die ganze Brückenbreite von Einbauten, die den freien Blick und den Querverkehr stören, frei und erfordert in den meisten Fällen einen geringeren Baustoffverbrauch für die Fahrbahnträger als die Lage der Hauptträger ganz oder teilweise über der Fahrbahn (vgl. das auf S. 9 hierüber Gesagte). Bei größeren Stützweiten wird jedoch die zur Verfügung stehende Bauhöhe vielfach nicht ausreichen, um die Hauptträger ganz unter der Fahrbahn anordnen zu können. Man läßt dann die Bogenträger teilweise (Abb. 476) oder auch ganz (Abb. 464) über die Fahrbahn hinausragen. Die erste von diesen Bauweisen findet man bei eigentlichen Bogenträgern (Abb. 476) und bei Bogenträgern mit aufgehobenem Horizontalschub (Abb. 482), die zweite dagegen nur bei Bogenträgern mit aufgehobenem Horizontalschub, weil bei den eigentlichen Bogenträgern die Pfeiler infolge der hohen Lage der Auflager zu ungünstig beansprucht würden.

Die Bogenträger können in Verbindung mit weiteren Bogenträgern oder mit einfachen Balken nach Art der durchlaufenden Träger mit Gelenken und ohne Gelenke über mehrere Öffnungen geführt werden. Sind dabei Bogenträger ohne Anordnung von Gelenken in den einzelnen Öffnungen aneinandergereiht, so bezeichnet man sie als durchlaufende Bogenträger, sonst als Auslegerbogenträger.

In der Abb. 479 ist ein Zweigelenkbogenträger mit wagerechter, oberer Gurtung dargestellt, der nach beiden Seiten über die festen Gelenke hinaus aus-

[1]) Vgl. die Fußnote [2]) auf S. 183.

gekragt ist und dessen Kragarme auf den Widerlagern beweglich gelagert sind. Ein solcher Träger ist ein dreifach statisch unbestimmter Auslegerbogenträger. Durch Einfügen von Gelenken können die statischen Unbestimmtheiten beseitigt werden.

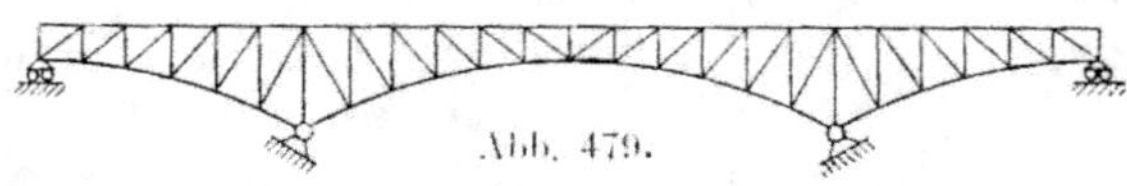
Abb. 479.

So ist bei dem in der Abb. 480 wiedergegebenen Träger eine statische Unbestimmtheit dadurch aufgehoben worden, daß in der rechten Seitenöffnung

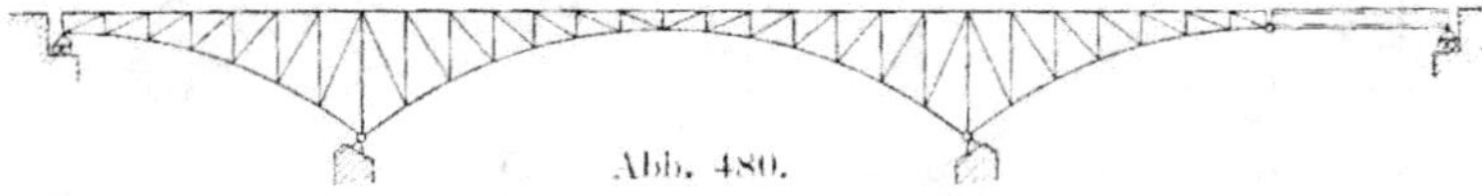
Abb. 480.

ein Gerber-Gelenk eingefügt ist. Der in der Abb. 481 dargestellte Träger der Hindenburgbrücke in Berlin ist ein Auslegerbogenträger mit in der Höhe des

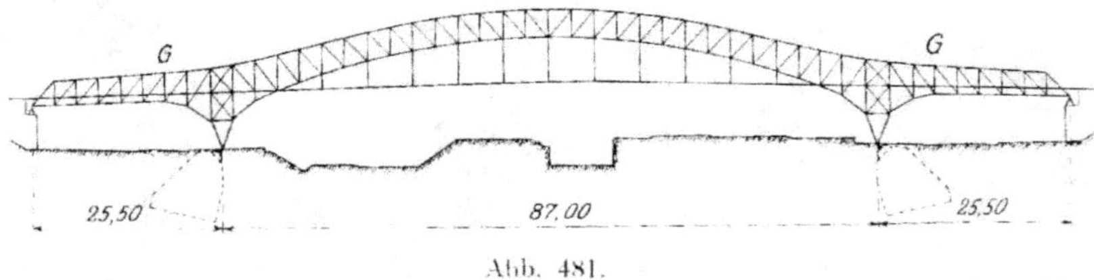

Abb. 481.

überbrückten Verkehrsweges liegenden Kämpfergelenken und einem Gerber-Gelenk bei G in jeder Seitenöffnung. Er ist einfach statisch unbestimmt. Die Kragarme der in den Abb. 479 bis 481 wiedergegebenen Bogenträger verringern den Bogenschub.

Die Abb. 482 stellt den Hauptträger der von Bernhard entworfenen Brücke über die Havel bei Pichelsdorf im Zuge der Döberitzer Heerstraße dar. Die Mittelöffnung ist von einem Zweigelenkbogen mit Zugband überspannt. Sein Obergurt liegt ganz über der Fahrbahn und der Untergurt durchschneidet die Fahrbahn. Der Zweigelenkbogen kragt in die Seitenöffnungen beiderseits vor. Die Träger, die die Widerlageröffnungen überbrücken, sind ebenfalls in die der Mittelöffnung benachbarten Öffnungen vorgekragt. Der in diesen Öffnungen verbleibende Teil wird von je einem Schwebeträger überbrückt. Die Hauptträger der vier Seitenöffnungen liegen ganz unter der Fahrbahn. Die gekrümmten Gurtungen dieser Träger und die Gurtungen des Zweigelenkbogens sind nach Kettenlinien für eine gesetzmäßig sich ändernde Belastung geformt[1]). Die oberen Gurtungen der Nebenöffnungen und das Zugband des Bogenträgers folgen dem einseitigen Längsgefälle der Fahrbahn. Die vier tiefliegenden Lager liegen in ein und derselben Wagerechten.

Der in der Abb. 483 dargestellte Überbau besteht aus einem die Mittelöffnung überspannenden und in die Seitenöffnungen vorkragenden Zweigelenk-

[1]) Vgl. Bernhard, Eiserne Brücken, S. 303.

bogen mit Zugband, auf dessen Kragarme sich wieder je ein Zweigelenkbogen mit Zugband stützt. Die Vorteile dieser Trägerform z. B. gegenüber drei einzelnen Zweigelenkbogen mit Zugband ohne überkragende Teile bestehen darin, daß der Mittelbogen durch die auf den Kragarmen ruhenden Seitenbogen teilweise entlastet wird und daß die Zwischenpfeiler durch die zentrische Lage der Auflager günstig beansprucht werden und durch die tiefe Lage der Auflager weniger Mauerwerk erfordern.

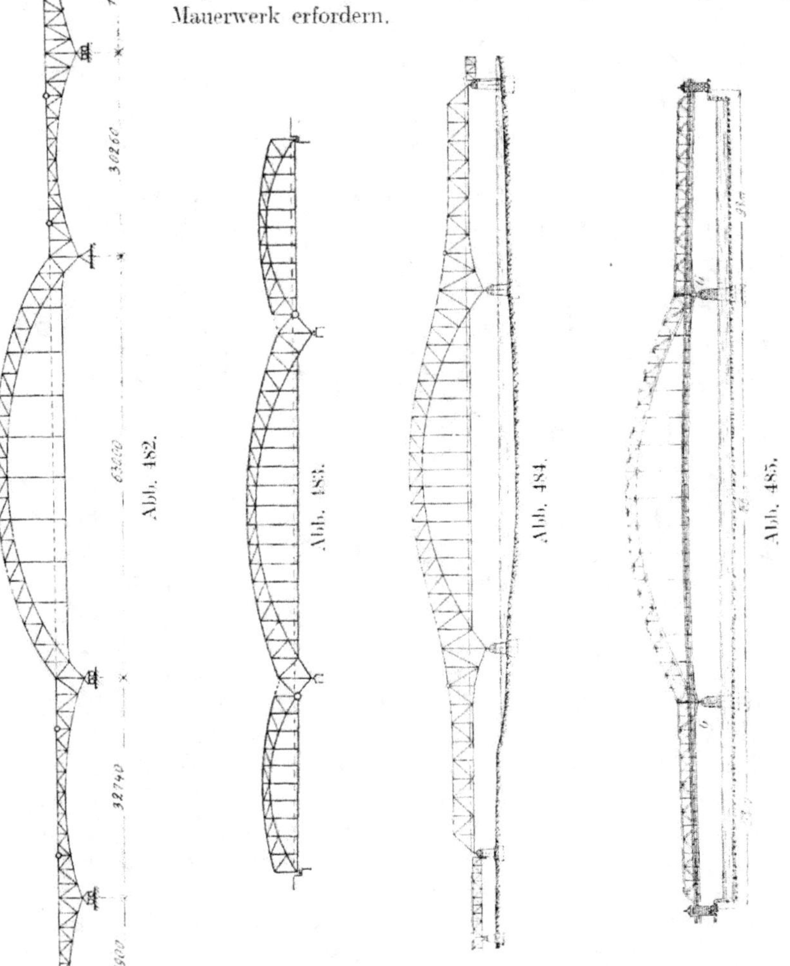

Abb. 482. Abb. 483. Abb. 484. Abb. 485.

In den Abb. 484 und 485 sind zwei Überbauten wiedergegeben, deren Hauptträger ebenso wie bei dem in der vorigen Abbildung veranschaulichten Überbau in allen Öffnungen über der Fahrbahn liegen. Die Mittelöffnung wird auch hier von einem in die Seitenöffnungen vorkragenden Zweigelenkbogen mit Zugband überspannt. Die Schwebeträger sind aber einfache Balkenträger. Die ästhetische

Wirkung der beiden in den Abb. 484 u. 485 dargestellten Trägerformen ist trotz ihrer Verwandtschaft außerordentlich verschieden. Bei der ersteren wirkt der Bogen, dessen Gurtungsabstand sich nach den Pfeilern zu stark erweitert, in der Mitte im Vergleich zu den Trägern über den Seitenöffnungen zu schwach, wodurch ein falsches Bild über die Überbrückungskraft der einzelnen Öffnungen hervorgerufen wird. Weit besser ist das Aussehen der in der Abb. 485 veranschaulichten Trägerform, die von der Brückenbauanstalt Gustavsburg im ersten Wettbewerb für den Bau einer festen Straßenbrücke über den Rhein in Köln vorgeschlagen war. Die Gurtungen des Bogenträgers sind hier nahezu parallel geführt und haben ungefähr denselben Abstand wie die Gurtungen der Parallelfachwerkträger der Seitenöffnungen.

Die Abb. 470 veranschaulicht einen vollwandigen Auslegerbogenträger mit einem in die Seitenöffnungen vorkragenden Zweigelenkbogen mit Zugband. Die unter der Fahrbahn liegenden 21,1 m langen Kragarme stützen vollwandige, auch unter der Fahrbahn angeordnete Träger.

Streng genommen rechnen zu den Auslegerbogenträgern nur die Träger, bei denen die Bogen in die Seitenöffnungen vorkragen. Man zählt zu diesen Trägern aber auch solche, bei denen einfache, die Seitenöffnungen überbrückende Balken in die Mittelöffnung vorkragen und hier einen Bogenträger stützen. So rechnet man die in der Abb. 486 dargestellte Trägerart auch zu den Auslegerbogenbrücken.

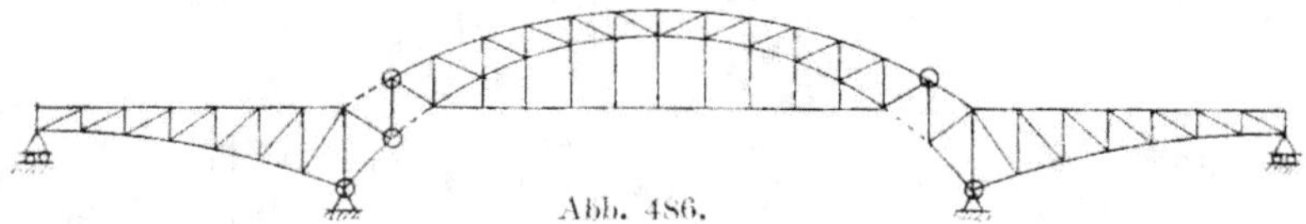

Abb. 486.

Hier stützen die in die Mittelöffnung vorkragenden einfachen Balkenträger einen Zweigelenkbogen mit Zugband rechts mit einem unverschieblichen, links mit einem längsbeweglichen Gelenk (Druckpendel). Die Lager auf den Pfeilern sind fest, auf den Widerlagern beweglich. Die Untergurte der seitlichen Überbauten sind von den höher gelegenen Lagern der Widerlager zu den tiefer gelegenen Lagern der Pfeiler in sanfter Krümmung hinabgeführt. Der Zweigelenkbogen liegt ganz über der Fahrbahn, die seitlichen Überbauten sind ganz unter der Fahrbahn angeordnet, die Kragarme vermitteln den Übergang.

Eine ganz ähnliche Anordnung zeigt der mit dem ersten Preise in dem Wettbewerbe für Entwürfe zu einer Eisenbahnbrücke über die Arstabucht bei Stockholm ausgezeichnete Entwurf „Simplicitas"[1]) der Maschinenfabrik Augsburg-Nürnberg, Werk Gustavsburg (Abb. 487). Hier sind in der Mittelöffnung zwei feste Gelenke angeordnet. Von den vier Lagern ist nur das auf dem linken Pfeiler liegende fest. Die Untergurte der seitlichen Überbauten verlaufen bis zu den letzten Pfosten vor den Lagern auf den Mittelpfeilern wagerecht und sind hier mit einem scharfen Knick nach unten geführt. Die Gelenke G können auch in den Seitenöffnungen angeordnet werden.

[1]) Siehe „Bauingenieur" 1920, S. 83.

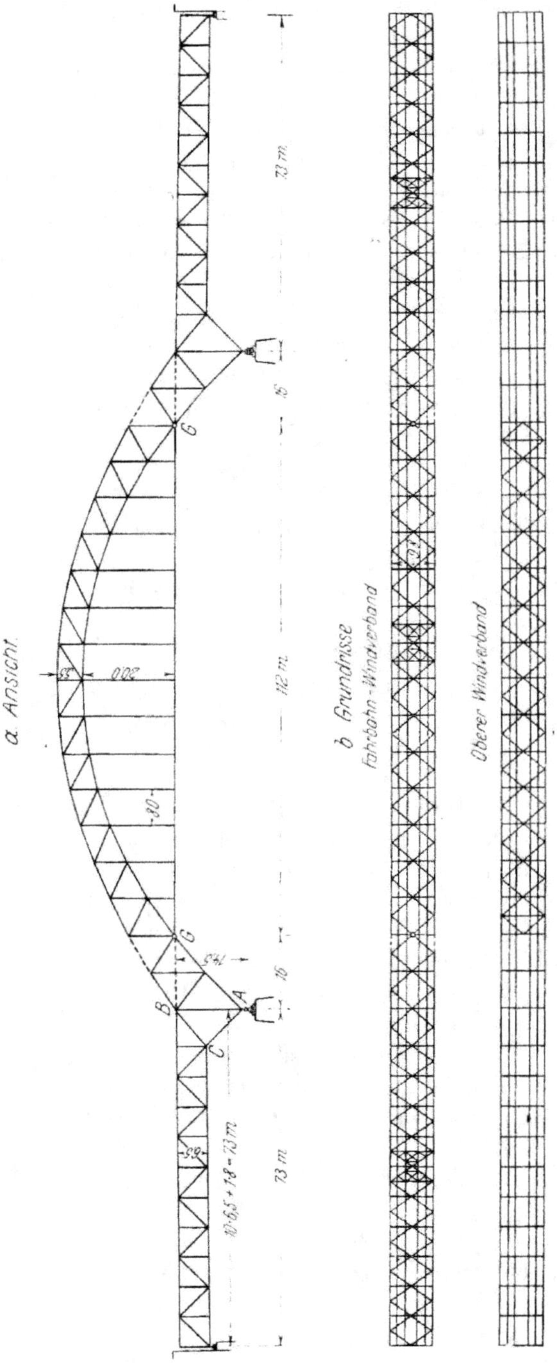

Abb. 487.

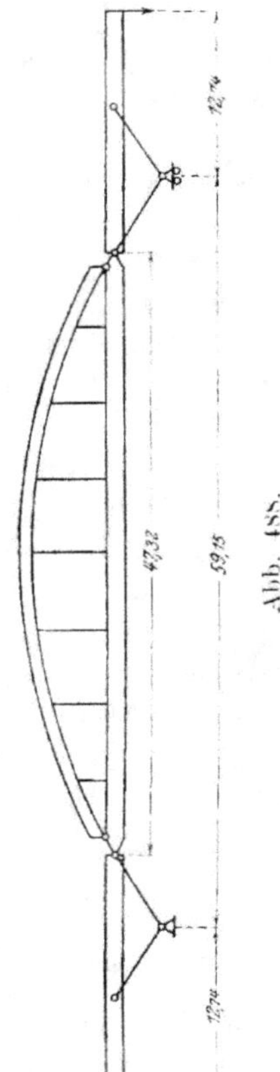

Abb. 488.

Einen eigentümlichen Auslegerbogenträger zeigt der Entwurf Bleichs für die Aspernbrücke in Wien[1]) (Abb. 488). Die Nebenöffnungen werden von Vollwandträgern überbrückt, die auf den Widerlagern beweglich, auf den Mittelpfeilern unter Vermittlung zweier gelenkig an den Trägern angeschlossenen Stäbe fest gelagert sind und in die Mittelöffnung vorkragen. Auf die Kragarme stützt sich

[1]) „Eisenbau" 1915, S. 401 u. f.

ein biegungsfester, vollwandiger Bogenträger, der von einem biegungsfesten, vollwandigen Streckbalken unterspannt ist und mit diesem durch sieben Hängestangen verbunden ist. Bogen und Streckbalken sind gelenkig miteinander verbunden, das System ist daher im Verein mit den sieben Hängestangen achtfach statisch unbestimmt. Die Einzelheiten dieses Entwurfs werden einige Seiten später besprochen.

Die Aspernbrücke ist nicht nach diesem Entwurfe, sondern nach dem in der Abb. 489 grundsätzlich dargestellten Entwurfe[1]) ausgeführt worden. Die die Seitenöffnungen überspannenden vollwandigen Balkenträger kragen in die Mittelöffnung vor. Auf die Kragarme stützt sich mit festen Gelenken ein vollwandiger Sichelbogen, dessen Horizontalschub von einem an den Kragträgern gelenkig angeschlossenen Zugband Z aufgenommen wird.

Zu den durchlaufenden Bogenträgern gehören die in den Abb. 490 bis 493 wiedergegebenen Trägerarten. Bei der in der Abb. 490 dargestellten Brücke läuft der Träger ohne Gelenke über drei Öffnungen durch. Über den Mittelpfeilern sind bewegliche Lager, über den Widerlagern feste Kämpfergelenke angeordnet, welche den Bogenschub aufnehmen. Die Trägerart ist dreifach statisch unbestimmt. Verbindet man die Bogen der einzelnen Öffnungen über den Mittelpfeilern gelenkig miteinander, so erhält man eine einfach statisch unbestimmte Trägerart (Abb. 491). Bei drei gleichen Öffnungen ist der Horizontalschub bei Belastung eines Bogens nur $^1/_3$ von dem Schube, den der Bogen für sich bei zwei festen Kämpfergelenken erfahren würde. Die Momente dieses durchlaufenden Bogenträgers sind daher größer als die einzelner Bogenträger über den einzelnen Öffnungen mit festen Kämpfergelenken. Der Vorteil des durchlaufenden Bogenträgers, der sehr gute Brückenbilder gibt, besteht vor allem darin, daß die Mittelpfeiler keinen Bogenschub erhalten und daher sehr schlank ausgeführt werden können.

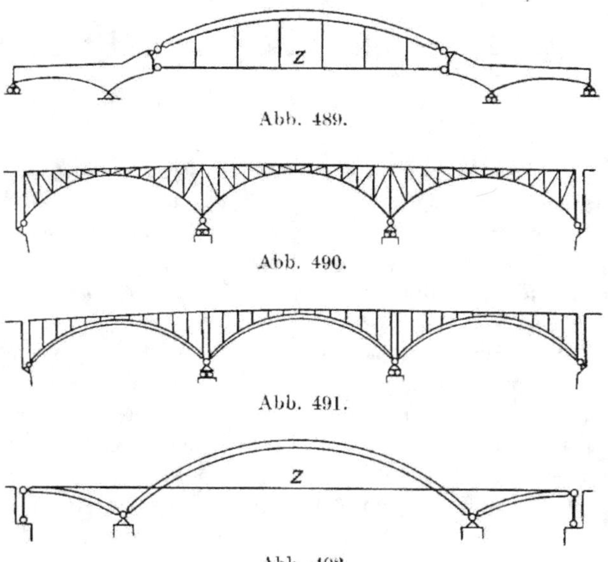

Abb. 489.

Abb. 490.

Abb. 491.

Abb. 492.

[1]) Österreichisches Patent der A.-G. R. Ph. Waagner. von L. und J. Biro, A. Kurz und Dr. Karl Rosenberg.

Die Abb. 492 stellt die grundsätzliche Anordnung der Trägerart dar, nach der die Fußgängerbrücke über die Seine in Passy ausgeführt ist. Die Mittelöffnung ist mit einem Zweigelenkbogen mit festen Kämpfergelenken auf den Mittelpfeilern überspannt. An diesen Kämpfergelenken sind auch die die Seitenöffnungen überbrückenden Halbbogen gelenkig angeschlossen, welche sich mit Pendelsäulen auf die Widerlager stützen und deren Enden durch ein Zugband miteinander verbunden sind. Das Zugband steht mit dem Mittelbogen nicht in Verbindung und tritt daher nur bei Belastung der Seitenöffnungen in Wirksamkeit. Lasten in der Mittelöffnung beeinflussen die Halbbogen nicht, ebenso sind Lasten in den Seitenöffnungen ohne Einfluß auf den Mittelbogen. Anders ist die Wirkungsweise des in der Abb. 493 dargestellten durchlaufenden Bogenträgers.

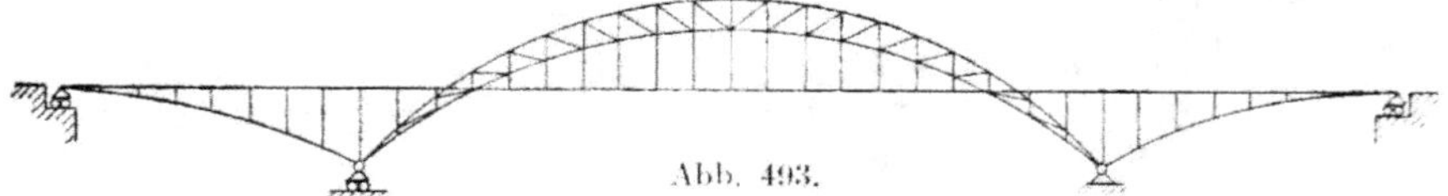
Abb. 493.

Er unterscheidet sich grundsätzlich nur dadurch von dem in der Abb. 492 veranschaulichten Träger, daß das Lager auf dem linken Mittelpfeiler beweglich ist. Hierdurch tritt das Zugband, das auch bei diesem Träger nur mit den Enden der seitlichen Halbbogen und nicht mit dem Mittelbogen verbunden ist, bei Belastung jeder der drei Öffnungen in Wirksamkeit. Lasten in irgendeiner der drei Öffnungen beeinflussen daher auch die Träger über den anderen beiden Öffnungen. Um das Zugband ohne Schwierigkeiten an dem Mittelbogen ohne Verbindung vorbeiführen zu können, wird es nicht in der Trägerebene, sondern innenseitlich von den Trägern angeordnet. Es greift an wagerechten Trägern an, die an beiden Enden die beiden sich in der Querrichtung gegenüberliegenden Auflagerpunkte verbinden.

Werden bei einer Brücke mit mehreren Öffnungen und mit obenliegender Fahrbahn die einzelnen Öffnungen mit einzelnen Bogenträgern überspannt (Abb. 494), so legt man des guten Aussehens wegen die Kämpferpunkte in ein und dieselbe Wagerechte. Bei Straßenbrücken hat die Fahrbahn in der Regel von der Mitte der Brücke nach beiden Seiten hin Gefälle. Infolgedessen vermindern sich in den Seitenöffnungen die Pfeilhöhen. Für ein gutes Aussehen ist es nun entschieden am vorteilhaftesten, wenn das Verhältnis der Pfeilhöhe zur Spannweite in allen Öffnungen das gleiche ist. Man muß dementsprechend die Spannweite in den Seitenöffnungen vermindern. Bei einseitigem Gefälle nehmen die Pfeilhöhen und die Spannweiten in der Richtung des Gefälles stetig ab.

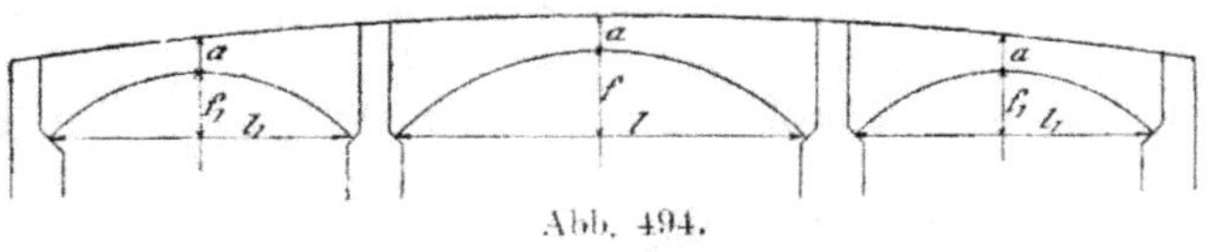
Abb. 494.

3. Bauliche Ausbildung der verschiedenen Bogenträger.

Die Kämpfer- und Scheitelgelenke werden später in dem Abschnitt „Lager und Gelenke", und die Besonderheiten der Fahrbahnausbildung der Bogenträger in dem Abschnitt „Die Fahrbahn und die Fahrbahnträger" eingehend behandelt. Im folgenden sollen nur die Besonderheiten der Ausbildung der Hauptträger selbst besprochen werden.

a) Vollwandige Bogenträger[1]).

Die Gurtungen der vollwandigen Bogenträger werden in dem Falle, daß sie ganz unter der Fahrbahn liegen, meist parallel oder doch annähernd parallel geführt und in der Regel nach einer Parabel oder einem Kreisbogen geformt. Das Verhältnis der Pfeilhöhe f zur Spannweite l (Abb. 495) schwankt bei den meisten Ausführungen zwischen $^1/_7$ und $^1/_{10}$. Doch kommen auch noch kleinere Verhältnisse bis zu $^1/_{15\cdot5}$ vor, bei denen allerdings der wagerechte Bogenschub sehr groß wird. Größere Pfeilhöhen verbieten in der Regel die örtlichen Verhältnisse. Soweit es die Stützweite und die Belastung zuläßt, werden die Querschnitte der Hauptträger einwandig gestaltet (Abb. 496). Die Höhe des Stegbleches wird entsprechend den geringeren Momenten bedeutend niedriger gewählt als für die Blechbalkenbrücken. Für Eisenbahnbrücken wählt

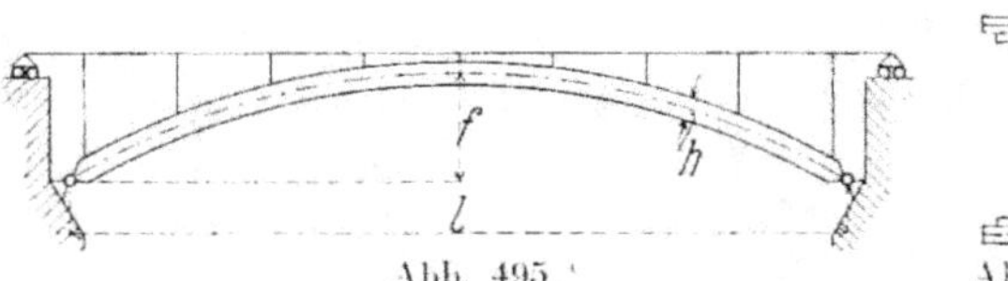

Abb. 495.

Abb. 496

man häufig die Stegblechhöhe $h = {}^1/_{40}$ der Stützweite und für Straßenbrücken $h = {}^1/_{60}$ der Stützweite; doch kann man, wenn es die Bauhöhe zuläßt, unbedenklich auch größere Höhen anwenden, ohne dem guten Aussehen zu schaden. Größere Höhen sind selbstverständlich für die Querschnittsausbildung vorteilhafter, jedoch wachsen beim statisch unbestimmten Zweigelenkbogen die Wärmespannungen mit dem Verhältnis der Trägerhöhe h zur Pfeilhöhe f. Nach Melan erfordert die Sicherheit gegen Ausknicken in der Trägerebene nur eine Höhe $h = {}^1/_{80}\, l$. Mit ungleichschenkligen Winkeln, deren längere Schenkel abstehen, lassen sich zweckmäßigere und gegen das Ausknicken in der zur Trägerebene senkrechten Richtung sicherere Querschnitte erzielen als mit gleichschenkligen. Die Querschnitte werden durch Momente, Normalkräfte und Querkräfte beansprucht und sind hiernach zu untersuchen. Für die Berechnung ist die Bestimmung der sogenannten Kernpunktmomente von Vorteil. Die Lage der Kernpunkte ist von Anfang an noch unbekannt, da die Querschnittsgrößen erst ermittelt werden sollen. Nach Müller-Breslau gibt aber der Wert $^5/_{12}$ der Stegblechhöhe für die Abstände der Kernpunkte vom Schwerpunkt einen guten Anhalt für die Rechnung. Die Stegbleche müssen gebogen hergestellt werden (vgl. S. 141). Eine Linienführung des Bogens nach einzelnen Sehnen würde sich sehr unvorteilhaft ausnehmen. Für die Einzelheiten der Nietteilung, der Anordnung der Stöße und der Stoßdeckung sind die Angaben

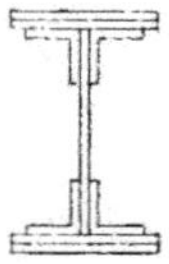

[1]) Ausgezeichnete Angaben über den vollwandigen Bogenträger enthält das Buch: „Brabandt, Der vollwandige Zweigelenkbogen". Verlag von Wilh. Ernst & Sohn.

in der Abhandlung über die Blechbalkenbrücken maßgebend. Die Stöße des gebogenen Stegbleches werden jedoch in geringeren Abständen angeordnet als die eines geraden Stegbleches. Auch bei kleineren Bogenträgern wird man daher in der Regel in der Mitte und in den Viertelpunkten je einen Stegblechstoß vorsehen. Mit dem Stegblechstoß in der Bogenmitte verbindet man in der Regel einen Stoß aller übrigen Teile, wie dies in der Abb. 497 dargestellt ist, um den Bogen in zwei Teilen anliefern zu können (vgl. hierzu S. 170 bis 177). Einen Stegblechstoß zwischen Kämpfer und Bogenscheitel gibt die Abb. 498 wieder; er ist beiderseits durch je ein unmittelbar auf dem Stegblech liegendes, von Winkel zu Winkel reichendes Blech und durch je zwei auf den Winkelschenkeln liegende Flacheisen gedeckt. Die Stegblechwand, die nicht unter 10 mm stark sein darf, ist unter den die Fahrbahn stützenden Pfosten und bei großen Abständen dieser Pfosten auch noch in Zwischenpunkten durch senkrecht oder radial gestellte Winkel oder ⊥-Eisen auszusteifen. Letztere Anordnung zeigt die Abb. 498. Über die Aussteifung der Hauptträger an den Auflagerpunkten wird bei der Abhandlung über die Lager die Rede sein.

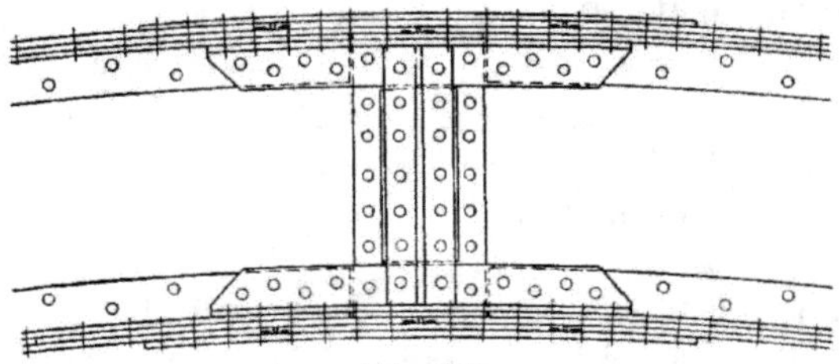

Abb. 497.

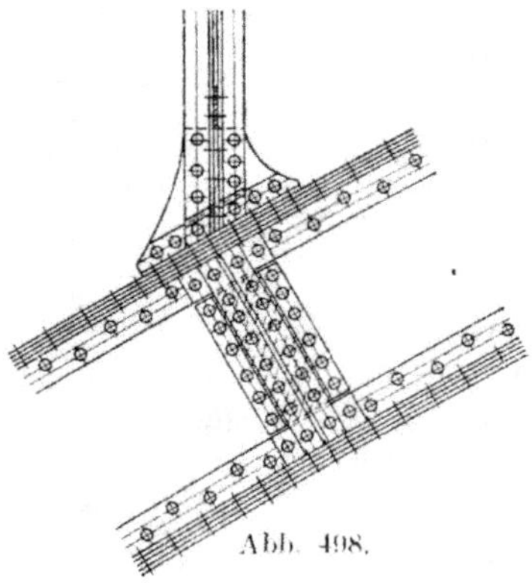

Abb. 498.

Bei sehr beschränkter Bauhöhe führt man in dem Falle, daß die Fahrbahnlängsträger mit den Hauptträgern in einer Ebene liegen, die Längsträger nicht gern unmittelbar über den Hauptträgern bis zum Scheitel durch, weil sich hier schwer zugängliche Stellen zwischen der Längsträgerunterkante und der Hauptträgeroberkante bilden würden, sondern bildet häufig das Scheitelstück des Bogens mit wagerechtem Obergurt aus, wie dies in der Abb. 499 veranschaulicht ist. In der Linie $b-b$ stoßen das Stegblech des Bogens und das Stegblech des Scheitelstückes zusammen. Hier wird auch der Längsträger unter Vermittlung des Quer-

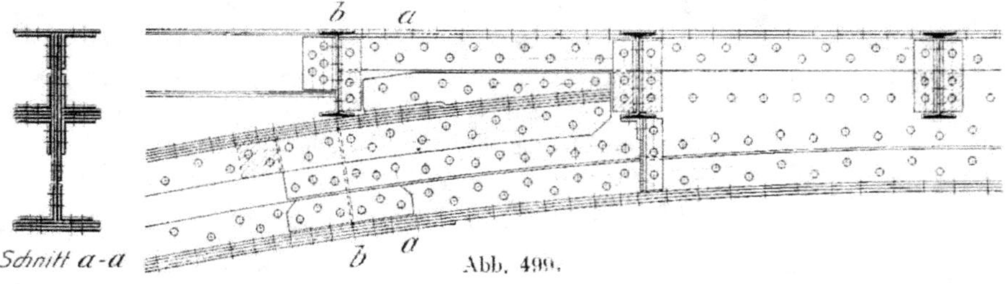

Abb. 499.

trägers an dem Scheitelstück angeschlossen. Das Scheitelstück ist beiderseits des Stegbleches durch je ein Blech verstärkt, das von der oberen Kante des unteren Winkels bis zur oberen Kante des Stegbleches reicht (siehe Schnitt *a—a*). Diese Bleche decken auch im Verein mit zwei Flacheisen, die auf den anliegenden Schenkeln der unteren Winkeleisen liegen, den Stoß der Stegbleche. Die Kopfplatten des gebogenen Obergurtes sind geschlitzt und so weit auf das Stegblech des Scheitelstückes hinaufgeführt, als es der Anschluß erfordert. Durch die auf den geschlitzten Kopfplatten liegenden Winkeleisen und durch die schon erwähnten, das Scheitelstück verstärkenden Bleche ist dafür gesorgt, daß die Kräfte aus der wagerechten Gurtung in die gebogene obere Gurtung einwandfrei übergeführt werden. Will man bei sehr beschränkter Bauhöhe die eben geschilderte, etwas verwickelte Bauweise vermeiden, so gebe man dem Bogenträger die in der Abb. 471 veranschaulichte Form, bei der die Querträger in einfachster Weise unmittelbar am Bogen selbst angeschlossen werden können.

Macht die einwandige Ausbildung wegen der Größe des erforderlichen Querschnittes der Gurtungen Schwierigkeiten, so geht man zu doppelwandigen Querschnitten über. Es empfiehlt sich dringend, diese Querschnitte unten offen zu gestalten, um sie leicht im Inneren nachsehen und unterhalten zu können. Bei niedrigeren Querschnitten, in die man bei der Erneuerung schadhafter Niete bequem von unten hineingreifen kann, braucht der Wandabstand nicht groß (rd. 30 cm) zu sein; dagegen muß er bei hohen Querschnitten so groß sein, daß ein Mann zwischen den Wandungen stehen und arbeiten kann. Hierzu ist ein Maß von 60 bis 66 cm erforderlich. Außerdem muß bei hohen Querschnitten der Abstand der unteren Gurtungen so groß sein, daß ein Mann in das Innere des Querschnitts hineingelangen kann; hierzu genügt ein Maß von 40 cm. Um die untere und obere Gurtung annähernd gleich stark ausbilden zu können, ist der Querschnitt so anzuordnen, wie es die Abb. 500[1]) veranschaulicht. Die Wandungen müssen natürlich ebenso wie bei den gedrückten, doppelwandigen Gurtungen der gegliederten Träger (S. 192) durch Querschotten und Bindebleche gegeneinander ausgesteift werden. Sehr hohe Querschnitte erhalten häufig durchgehende, in der Bogenachse liegende Stegblechstöße, wie es die Abb. 194 auf S. 162 veranschaulicht. Werden doppelwandige Querschnitte oben und unten geschlossen ausgebildet, so muß durch Anordnung von Mannlöchern in den Wandungen für die Zugänglichkeit des Innern des Querschnittes gesorgt werden.

Über der Fahrbahn liegende vollwandige Bogenträger erhalten meist eine nach den Enden zu gespreizte Form (Abb. 470) und werden in der Regel mit Zugband ausgebildet. Die Abb. 501 u. 502 veranschaulichen Einzelheiten des vollwandigen, über der Fahrbahn liegenden Zweigelenkbogens mit Zugband der Nahebrücke bei Bingen, die Abb. 501 den Auflagerpunkt mit dem Anschluß des Zugbandes und die Abb. 502 den Anschluß der Hängestangen an dem einwandigen Bogen. In der Linie *a—a* stößt das Auflagerknotenblech, das unmittelbar über dem Auflager auf beiden Seiten durch je ein Blech verstärkt ist, mit dem Stegblech des Bogens zusammen. Der Stoß ist durch beiderseitige Laschen gedeckt. Die

[1]) Aus dem Entwurf „Simplicitas" der Maschinenfabrik Augsburg-Nürnberg, Werk Gustavsburg. Vgl. S. 287.

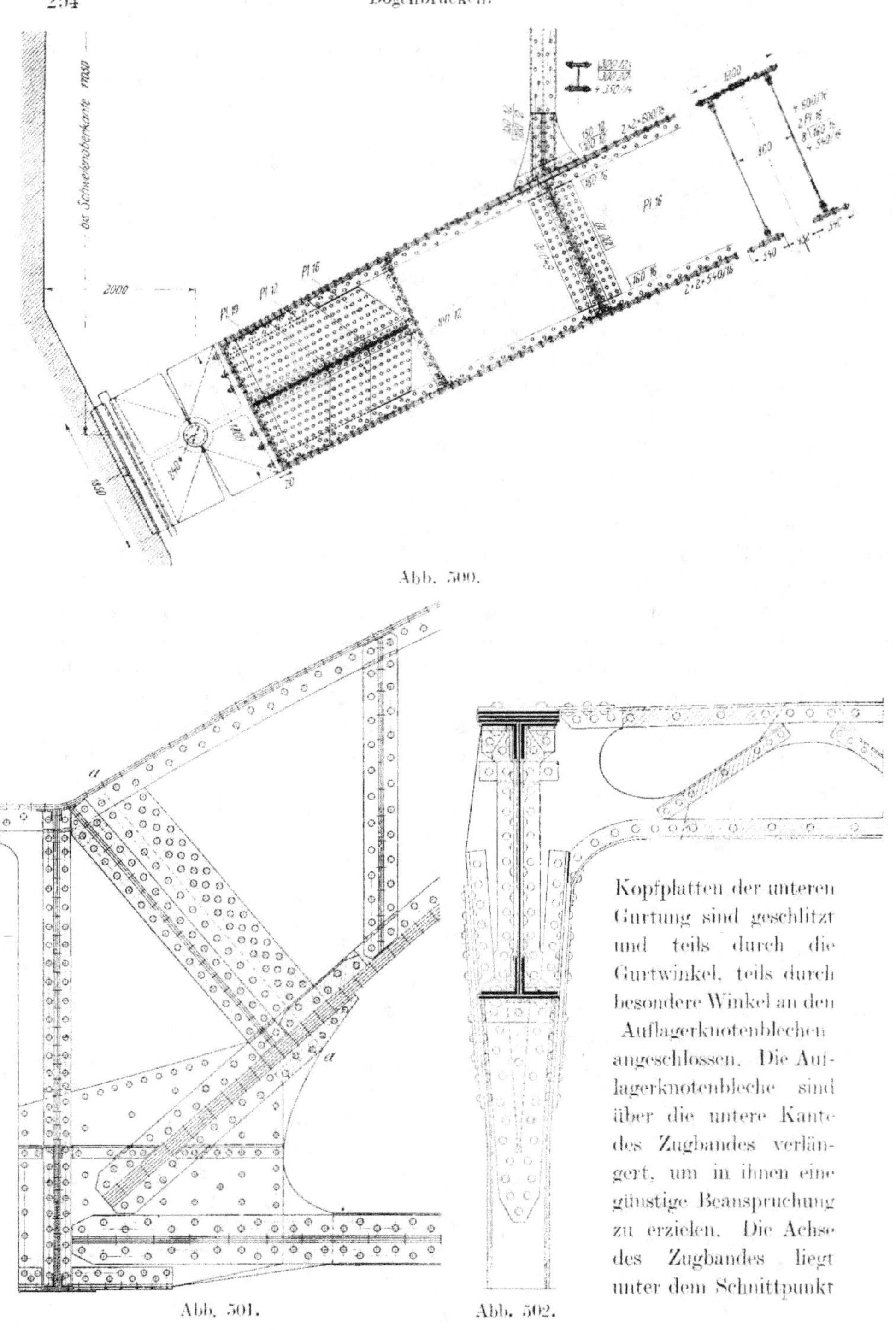

Abb. 500.

Abb. 501. Abb. 502.

Kopfplatten der unteren Gurtung sind geschlitzt und teils durch die Gurtwinkel, teils durch besondere Winkel an den Auflagerknotenblechen angeschlossen. Die Auflagerknotenbleche sind über die untere Kante des Zugbandes verlängert, um in ihnen eine günstige Beanspruchung zu erzielen. Die Achse des Zugbandes liegt unter dem Schnittpunkt der Bogenachse mit der Auflagersenkrechten. Über dem Auflager sind die Bleche auf jeder Seite durch kräftige, senkrechte Winkeleisen in ganzer Höhe ausgesteift. Über die Ausbildung des Zugbandes werden beim gegliederten Bogenträger nähere Angaben gemacht. Das I-Eisen, aus dem die Hängestange besteht, ist am oberen Ende aufgeschlitzt, auf die Breite des Bogengurtes auseinandergespreizt und durch Flacheisen und Winkel an den an dem Bogen angeschlossenen Querblechen befestigt. Diese zu beiden Seiten des Bogens liegenden Querbleche sind oben mit einem durch das Stegblech des Bogens gesteckten Flacheisen miteinander verbunden. Die durch die Spreizung geschwächte Stelle der I-Eisen ist durch Flacheisen verstärkt.

Die Abb. 503[1]) veranschaulicht Teile des mit einem ersten Preise ausgezeichneten Entwurfs „Dannebroge" der Gutehoffnungshütte in dem Wettbewerb für Entwürfe zu einer Verbindung über den Limfjord zwischen Aalborg und Nörresundby in Dänemark. Die Hauptöffnungen sind mit 140,4 m weit gespannten, vollwandigen, sich hoch über die Fahrbahn erhebenden Zweigelenkbogen mit Zugband überbrückt, die auf der einen Seite 15 m weit in die Nachbaröffnung vorkragen und hier mit einem Gerbergelenk vollwandige, unter der Fahrbahn liegende Träger stützen. Die Pfeilhöhe des Bogens ist = rd. $^1/_{6 \cdot 5}$ der Stützweite. Die Querschnitte des Bogens, des Zugbandes, des Kragarmes und des eingehängten Trägers sind zweiwandig, oben geschlossen und unten offen. Der lichte Abstand der beiden Wände beträgt 60 cm. Die Höhe der Stegbleche des Bogens beträgt im Scheitel 2,80 m, über den Auflagern 5,40 m und am Ende des Kragarmes 3 m. Die Stegbleche des Bogens haben keinen Stoß in der Bogenachse erhalten, sondern sind ebenso wie die Stegbleche der seitlichen Träger nur in senkrechten Linien gestoßen. Zum Anschluß des Zugbandes und zur Aufnahme des Auflagerdruckes sind beide Bogenwandungen über dem Auflager durch weitere Bleche verstärkt. Im Scheitel der Bogen werden vorübergehend während der Aufstellung Gelenke eingeschaltet, um den Bogen statisch bestimmt und damit Aufstellungsfehler unschädlich zu machen. Die Gelenke werden erst nach dem Absetzen der Bogen auf die Pfeiler durch Vernieten der Laschen an den Seitenwandungen und an den Gurtungen unwirksam gemacht.

In der Abb. 504 ist der vollwandige Zweigelenkrahmen der neuen Überführung über die Friedrichstraße beim Bahnhof Friedrichstraße in Berlin dargestellt. Der Querschnitt des Trägers ist einwandig. In der Mitte liegt ein Montagestoß (Abb. 504 rechts). An den beiden Anfängen der Eckkrümmung und in der Mitte dieser Krümmung liegen weitere Stegblechstöße, die durch beiderseitige unmittelbar auf den Stegblechen liegende, 15 mm starke Bleche und durch zwei weitere, auf diesen Blechen und den anliegenden Schenkeln der Winkeleisen liegende 13 mm starke Verstärkungsbleche gedeckt werden. Diese Deck- und Verstärkungsbleche machen die Ecke im Verein mit den radial gestellten, kräftigen Aussteifungen sehr widerstandsfähig. Über den Auflagern ist auf beiden Seiten der Wandung des Bogenfußes je eine bis oben durchgehende Aussteifung angeordnet. Die Lage weiterer Stöße der Winkeleisen und Kopfplatten außerhalb des Montagestoßes ist aus der Abbildung zu ersehen.

[1]) Vgl. „Bauingenieur" 1921, S. 351.

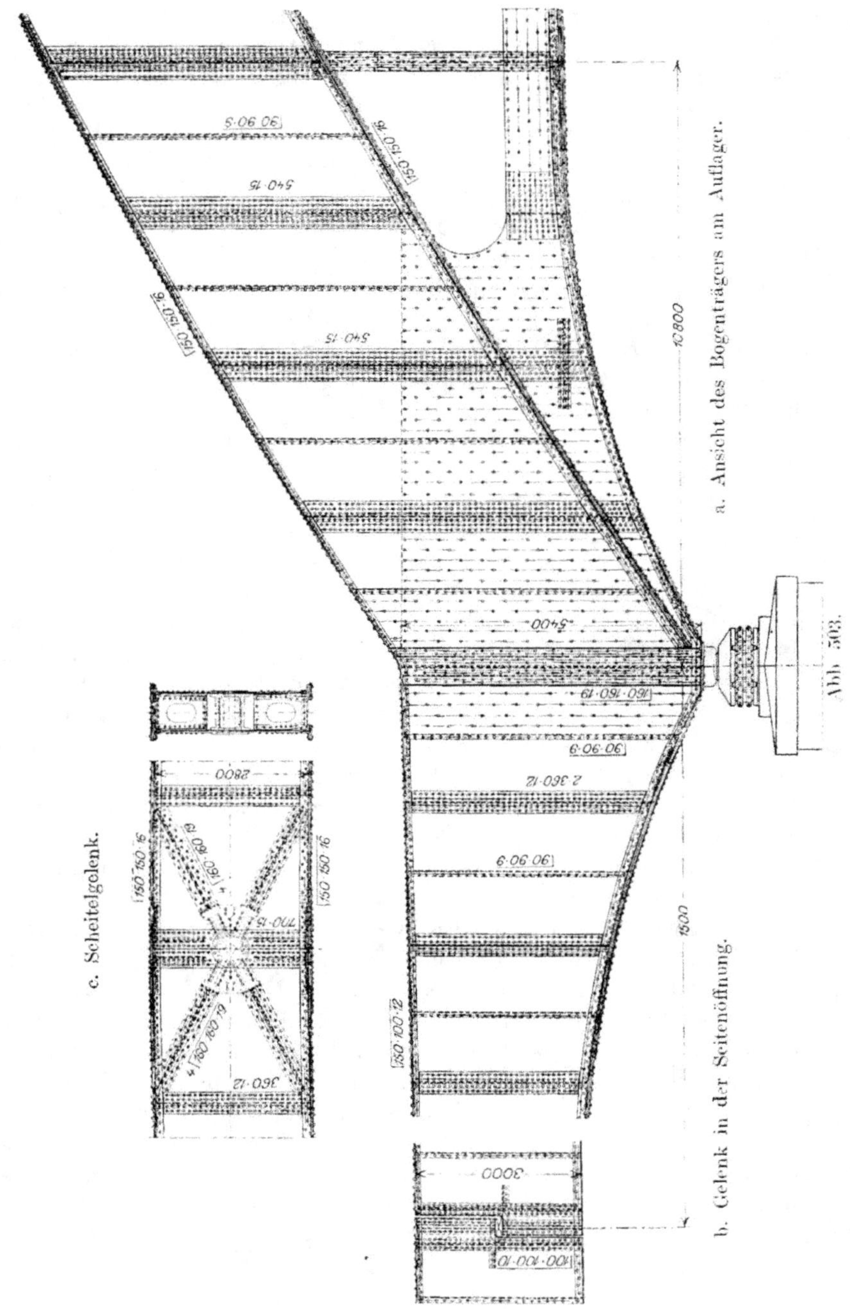

a. Ansicht des Bogenträgers am Auflager.

b. Gelenk in der Seitenöffnung.

c. Scheitelgelenk.

Abb. 503.

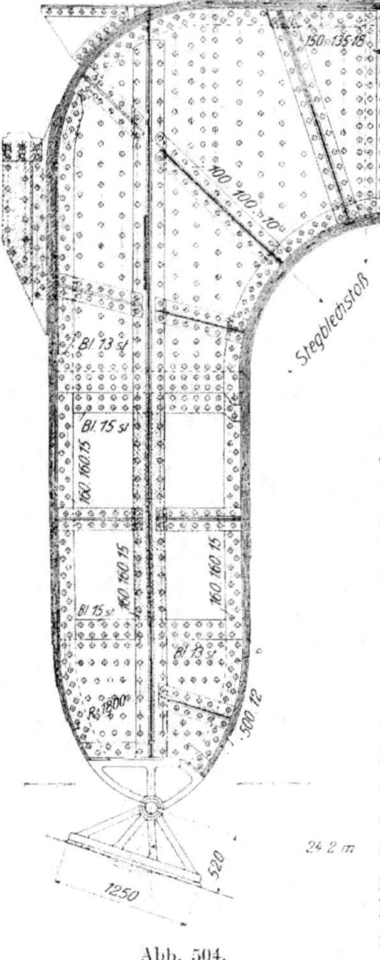

Abb. 504.

b) Gegliederte Bogenträger.

Im allgemeinen gelten für die Ausbildung der Stabquerschnitte und für die Anordnungen der Knotenpunkte sinngemäß die bei der Abhandlung über die Ausbildung der Stabquerschnitte und der Knotenpunkte der Balkenbrücken angegebenen Grundsätze. Besonderheiten sollen für die einzelnen Trägerarten im folgenden getrennt behandelt werden.

α) Bogenzwickelträger (Abb. 505).

Der Bogenzwickelträger wird wegen des wagerechten Obergurtes nur bei hochliegender Fahrbahn ausgeführt. Er erfordert ebenso wie der vollwandige Bogenträger im Scheitel nur eine geringe Bauhöhe. Sein Aussehen ist gut, sein Baustoffverbrauch aber groß, da die Obergurtquerschnitte an den Bogenenden aus baulichen Gründen stärker ausgebildet werden müssen, als es die Stabkräfte bedingen, und die Streben viel Baustoff erfordern. Anderseits werden besondere Ständer und der Streckgurt für die Fahrbahn entbehrlich.

Die Knotenpunkte der unteren Gurtung liegen in der Regel auf einer Parabel oder auch auf einem Kreisbogen. Zwischen den einzelnen Knotenpunkten verläuft der Gurt geradlinig oder auch stetig gekrümmt. Stetig gekrümmte Gurtungen findet man mehr bei kleineren als bei größeren Bogenträgern. Die gebräuchlichsten Werte für die Pfeilhöhe f schwanken zwischen $^1/_7\, l$ und $^1/_9\, l$, es finden sich auch Pfeilhöhen von $^1/_{17}\, l$. Für die Höhe h im Scheitel sind sehr verschiedene Werte im Gebrauch; der beste Wert ist wohl $^1/_{25}\, l$, bei dem einerseits die Trägerform keinen gedrückten Eindruck macht, anderseits die

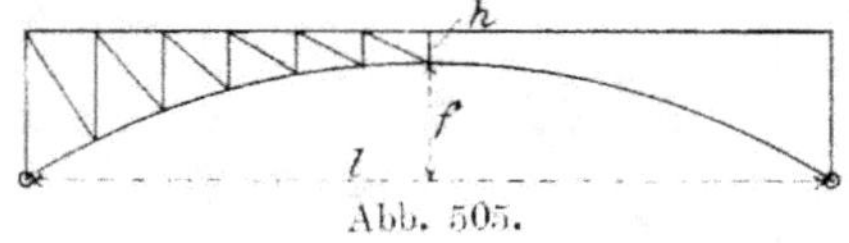

Abb. 505.

Anordnung stabförmiger Glieder am Scheitel noch möglich ist. Ist man wegen beschränkter Bauhöhe zur Anwendung sehr kleiner Höhen gezwungen, so muß der Scheitel vollwandig ausgebildet werden. Die Höhe h kann in diesem Falle auf $^1/_{60}\,l$ eingeschränkt werden. Für die Bestimmung der Feldweite kann die Regel als Anhalt dienen, daß die Strebe im Abstand $^1/_4\,l$ vom Auflager unter 45° geneigt angenommen wird.

Für kleinere Stützweiten können einwandige Gurtquerschnitte empfohlen werden (siehe S. 202). Für die Querschnittformen der Füllungsglieder sind dann die Angaben auf S. 206 zu beachten. Für die Knotenpunkte eignet sich in diesem Falle die Anordnung, bei der die Knotenbleche an die Stelle der Stegbleche treten (Abb. 506).

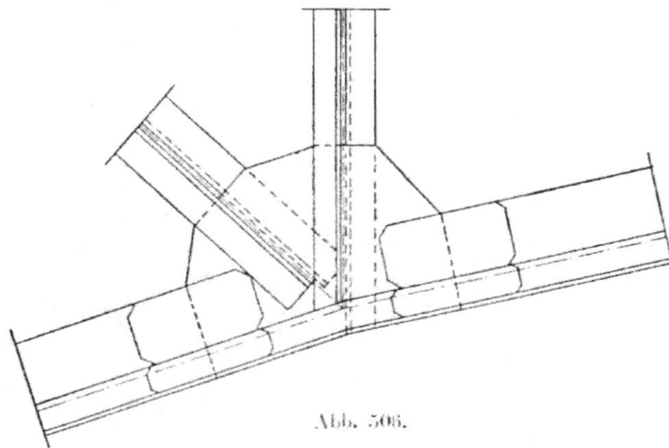

Abb. 506.

Schon für mittlere Stützweiten wird man zu doppelwandigen Querschnitten greifen. Es gelten hier die Angaben über die Ausbildung der doppelwandigen Querschnitte bei den einfachen Balkenbrücken. Für den Obergurt sind besonders die in Abb. 292 auf S. 196 und die in Abb. 294 u. 295 auf S. 197, für den Untergurt die in den Abb. 300 u. 301 auf S. 199 und für die Pfosten und Streben die in den Abb. 315 u. 316 auf S. 204 dargestellten Querschnitte geeignet.

Für die Höhe der Gurtungen bemühe man sich, mit dem Werte $h = \frac{2}{3}\left(l - \frac{l^2}{400}\right)$ auszukommen. Die Formel gibt h in cm, wenn l in m gemessen wird. In der Regel wird man jedoch für h den Wert $\left(l - \frac{l^2}{400}\right)$ nehmen müssen. Für den Abstand der Stegbleche bei zweiwandigen Gurtquerschnitten geben die Formeln auf S. 198 auch hier gute Werte.

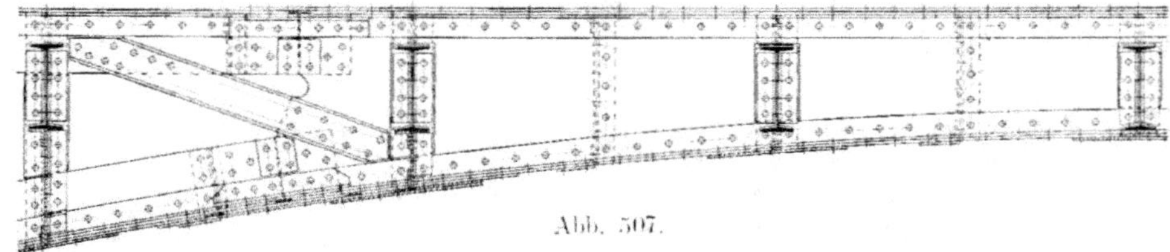

Abb. 507.

Die Abb. 507 zeigt den Scheitel eines Bogenzwickelträgers bei sehr beschränkter Bauhöhe in vollwandiger Ausbildung. Hierbei darf bei zweiwandigen

Gurtquerschnitten der Untergurt nicht eine Form nach Abb. 508, sondern muß eine Form nach den Abb. 300 u. 301 auf S. 199 erhalten, da im Scheitel sonst ein kastenförmiger Querschnitt (Abb. 509) entsteht, der nicht unterhalten werden kann. Da, wo der fachwerkartige Teil mit dem vollwandigen Scheitelstück zusammenstößt, sind sämtliche Teile gestoßen. Das Scheitelstück kommt in einem Stück zur Baustelle und wird dort mit den angrenzenden fachwerkartigen Teilen vernietet.

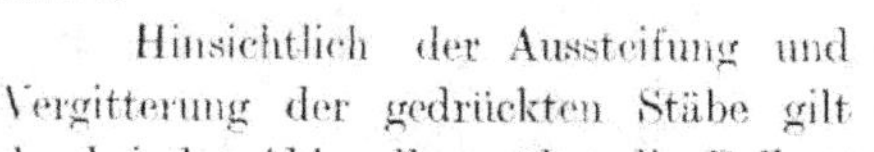

Abb. 508.

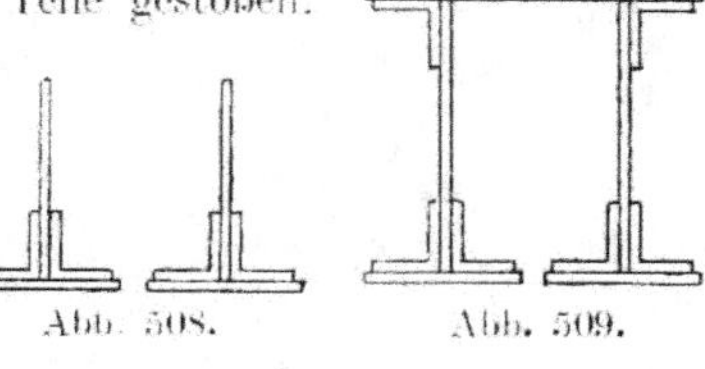

Abb. 509.

Hinsichtlich der Aussteifung und Vergitterung der gedrückten Stäbe gilt das bei der Abhandlung über die Balkenträger Gesagte.

In der Abb. 510 ist ein Untergurtknotenpunkt des 48 m weit gespannten Bogenzwickelträgers der Ruhrbrücke bei Block Düssern[1]) dargestellt. Der Stoß des Stegbleches des rechten Gurtstabes mit dem inneren Stegblech des linken

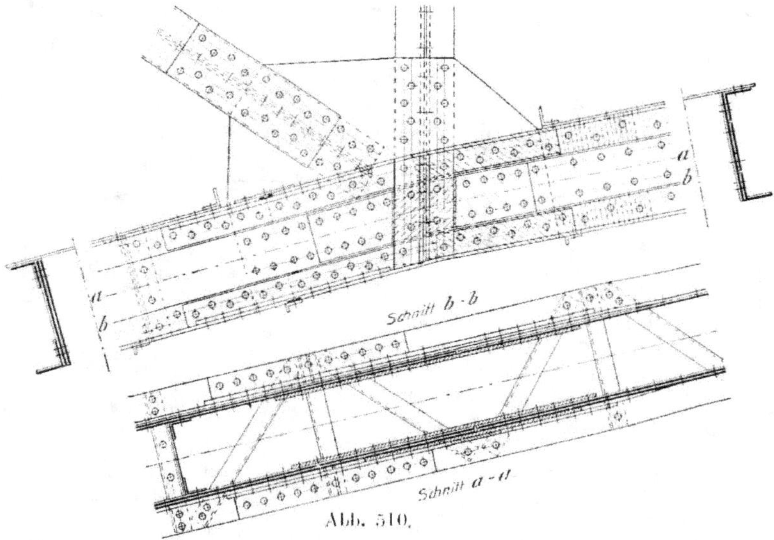

Abb. 510.

Gurtstabes liegt in der Winkelhalbierenden und ist durch das Knotenblech gedeckt. In der Winkelhalbierenden stößt auch das äußere Stegblech des linken Gurtstabes mit dem Beiblech des rechten Gurtstabes zusammen. Der Stoß ist durch eine Lasche, die die gleichen Abmessungen wie das Beiblech hat, gedeckt. Die außerhalb dieser Lasche liegenden Teile des Stegbleches müssen über den rechnerischen Mittelpunkt so weit nach rechts geführt werden, als es die Anzahl der Anschlußniete erfordert. Dies geschieht durch Laschen, die auf den senkrechten Winkelschenkeln liegen und weiter links im Verein mit senkrecht zu ihnen angeordneten Flacheisen den Stoß der Winkeleisen decken. Die Winkeleisen sind

[1]) Entwurf der Gesellschaft Harkort in Duisburg.

rechts vom Mittelpunkt in der Länge dieser Laschen und in der Stärke des äußeren Stegbleches des linken Gurtstabes unterfuttert und dann mit Keilfuttern auf das Stegblech des rechten Gurtstabes geführt. Der gedrückte Untergurt ist unten durch Winkel vergittert und oben mit einer von Knotenpunkt zu Knotenpunkt durchgehenden Platte versehen, die aber am Knotenpunkt nicht angeschlossen ist, sondern lediglich der Knicksicherheit dient.

Hinsichtlich der Ausbildung der Knotenpunkte kann weiter auf die Abhandlung über die Gestaltung der Knotenpunkte einfacher Balkenträger und auf die folgende Besprechung der Knotenpunktausbildung bei Bogenträgern mit zwei gekrümmten Gurtungen, deren Abstand sich nach den Widerlagern zu vergrößert, verwiesen werden.

Der große Baustoffbedarf für den Obergurt und für die Streben an den Enden des Bogenzwickelträgers hat zu der in der Abb. 511 dargestellten Bogenform geführt, die deshalb zweckmäßig ist, weil sie an den Stellen der größten Momente auch die größten Höhen aufweist. Sie sieht unter der Fahrbahn nicht unvorteilhaft aus, sollte aber nicht bei tiefliegender Fahrbahn ausgeführt werden. Die Spitzen werden ebenso ausgebildet wie beim Sichelbogenträger.

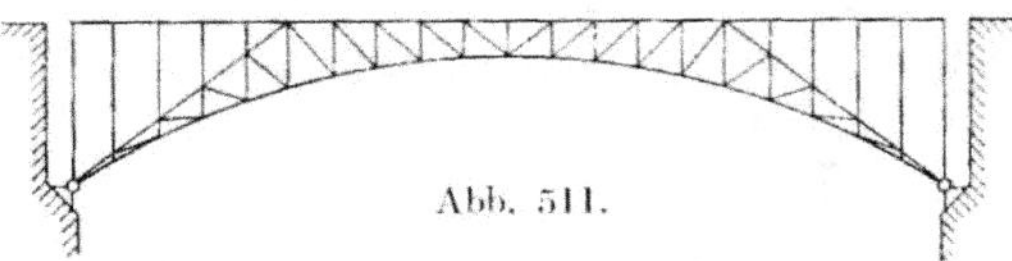
Abb. 511.

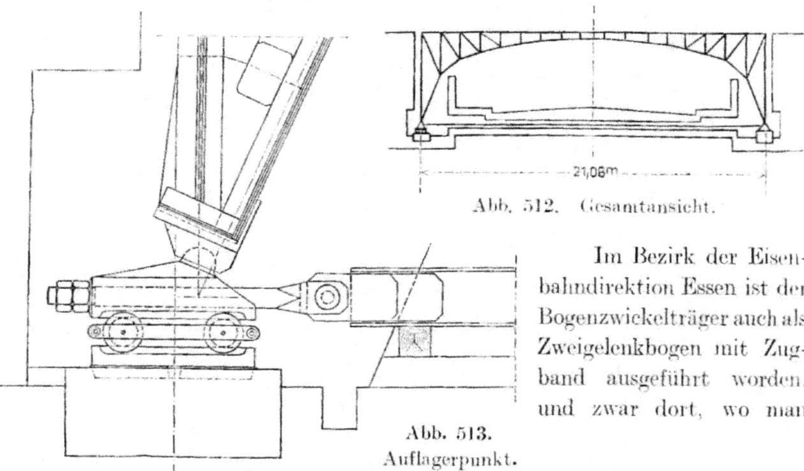

Abb. 512. Gesamtansicht.

Abb. 513. Auflagerpunkt.

Im Bezirk der Eisenbahndirektion Essen ist der Bogenzwickelträger auch als Zweigelenkbogen mit Zugband ausgeführt worden, und zwar dort, wo man wegen örtlicher Verhältnisse und beschränkter Bauhöhe einen unter der Fahrbahn liegenden Bogenträger wählen und wegen des Bergbaues mit Ausweichungen der Widerlager rechnen mußte, wo also nur ein Bogenträger mit aufgehobenem Horizontalschub am Platze war. Das Zugband mußte natürlich unter die Fahrbahn der unterführten Straße gelegt werden (Abb. 512). Es greift nicht am Bogenträger selbst, sondern an den Lagern an, von denen das eine ein festes, das andere ein längsbewegliches ist (Abb. 513) und liegt zum Zwecke der Unterhaltung in einem gemauerten Kanal.

β) Sichelbogenträger.

Der Sichelbogenträger (Abb. 514 u. 515) wird unter der Fahrbahn als eigentlicher Bogenträger, bei Durchschneidung von Fahrbahn und Bogen (Abb. 515) ebenfalls in der Regel ohne Zugband und bei Lage der Fahrbahn in der Verbindungslinie der Kämpferpunkte in der Regel mit Zugband ausgeführt. Würde man ihn bei der zuletzt genannten Lage der Fahrbahn ohne Zugband ausführen, so würden die Pfeiler oder Widerlager meist wohl sehr ungünstig beansprucht werden. Bei Durchschneidung von Bogen und Fahrbahn sieht das Heraussteigen des Bogens aus der Fahrbahn in einem größeren Abstande von den Widerlagern für den auf der Brücke stehenden Beschauer nicht gut aus. Der Sichelbogenträger stellt eine wirtschaftlich durchaus günstige

Abb. 514.

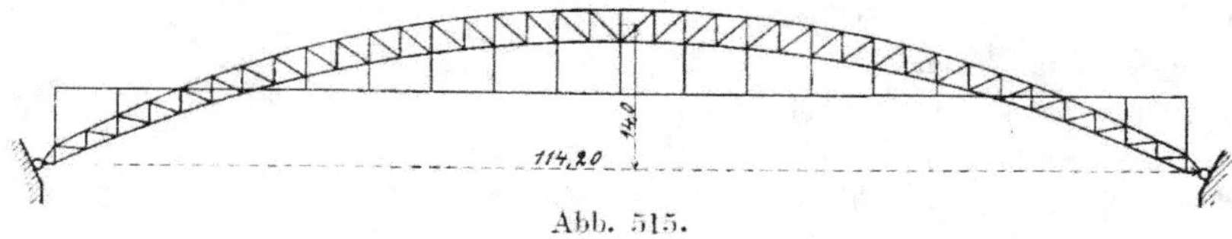

Abb. 515.

Form dar, weil die Gurtkräfte gleichmäßig verlaufen, die Stabkräfte in den Füllungsgliedern klein sind und die letzteren daher oft ohne Knotenbleche an den Gurtwandungen angeschlossen werden können.

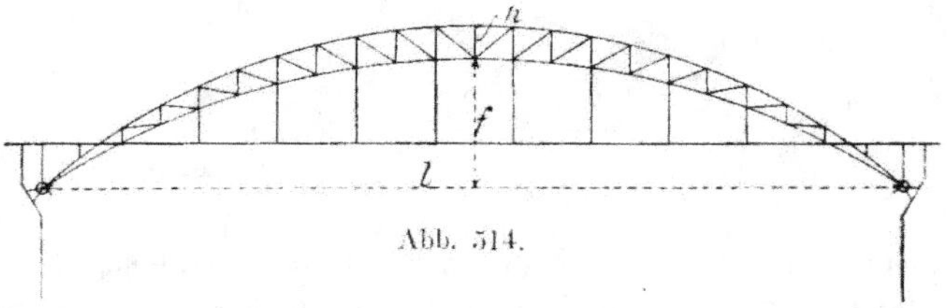

Man unterscheidet bei den Sichelbogen zwei Formen: bei der einen werden die Gurtungen in stetiger Krümmung an den Kämpfern in einem Punkte zusammengeführt (Abb. 514), bei der anderen schneiden sich die Kurven, auf denen die Gurtungen geführt sind, erst hinter den Kämpferpunkten (Abb. 515). Die Gurtungen werden im letzteren Falle vor den Kämpferpunkten geknickt und von den Knickpunkten aus in den Kämpferpunkten zusammengeführt. Die Knotenpunkte der Gurtungen liegen meist auf Parabeln. Zwischen den Knotenpunkten werden die Gurtungen entweder geradlinig geführt oder auch stetig gekrümmt.

Für die Wahl der Feldweiten ist das gute Aussehen und die Rücksicht maßgebend, daß die Endstreben nicht zu spitze Winkel mit den Gurtungen bilden. Ergeben sich hiernach sehr kleine Feldweiten, so werden die Hängestangen nur in jedem zweiten Feld angeordnet, falls für die Fahrbahn hierdurch wirtschaftlichere Verhältnisse geschaffen werden.

Bei kleinen Feldweiten tut man besser, die Gurtungen stetig zu krümmen, als sie von Knotenpunkt zu Knotenpunkt geradlinig auszuführen. Man spart hierdurch an Stegblechstößen und kann die Stöße zwischen einzelne Knotenpunkte legen und hier in einfachster Weise die Stoßdeckungen ausführen.

Der günstigste Wert für die Pfeilhöhe des unteren Bogens ist $= {}^1/_7\, l$. Es finden sich aber Werte von ${}^1/_4\, l$ bis ${}^1/_{15}\, l$. Die Höhe des Bogens im Scheitel schwankt zwischen ${}^1/_{15}$ und ${}^1/_{45}\, l$. Das günstigste Aussehen erhält man wohl bei ${}^1/_{30}\, l$. Über die Höhe der Gurtungen gilt das beim Zwickelbogenträger Gesagte.

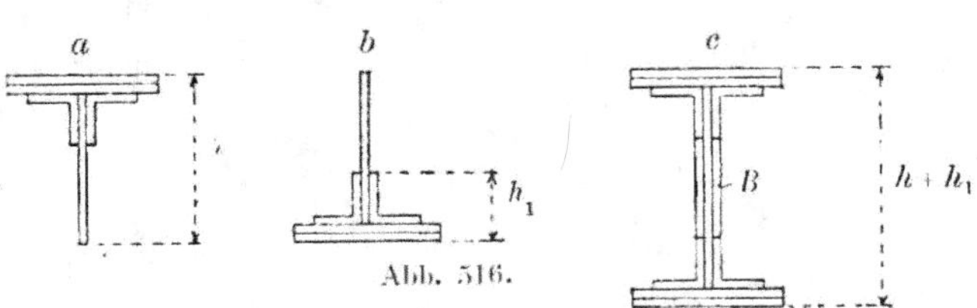

Abb. 516.

Mit Vorteil wird auch hier bei kleinen Spannweiten der einwandige Gurtquerschnitt verwendet, er empfiehlt sich namentlich wegen der Einfachheit in der Ausbildung der Zusammenführung der Gurtungen am Kämpfer. Die Knotenpunkte können nach Abb. 506 ausgebildet werden. Am Auflager werden die beiden Gurtungen, falls der Bogenfuß nach der ersten der beiden genannten Formen ausgebildet wird, möglichst spitz zusammengeführt. Im allgemeinen läßt sich als Anhalt für die Höhe am Ende das Maß = eine Gurthöhe + Winkel und Kopfplatten $= h + h_1$ angeben (Abb. 516 a, b und c). Die Hälfte dieses Maßes wird von der rechnerischen Spitze der Sichel rechtwinklig zur Halbierenden des Winkels α

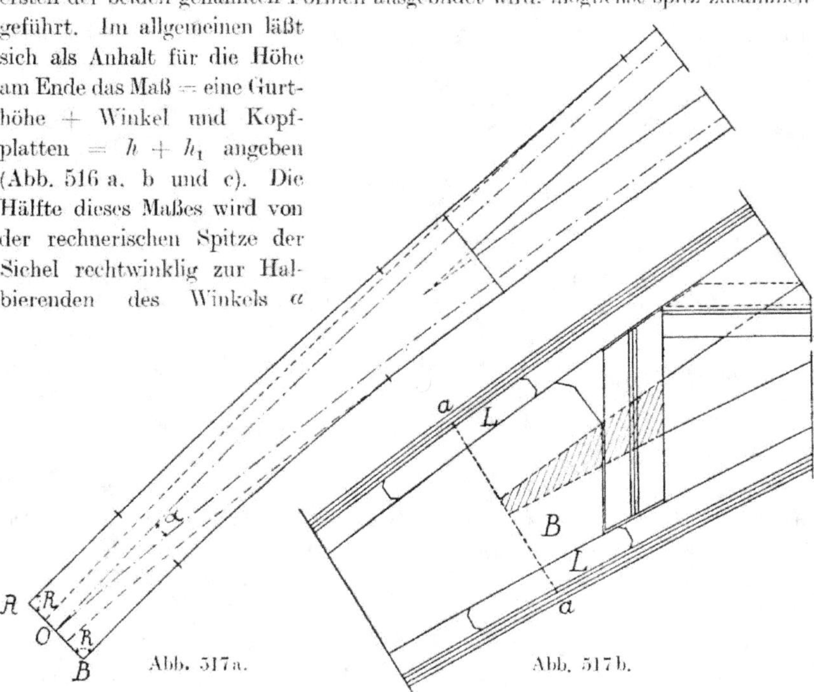

Abb. 517 a. Abb. 517 b.

(Abb. 517 a) nach beiden Seiten hin aufgetragen. Auf den Endpunkten A und B werden Senkrechte errichtet, die durch Kreisbogen und Tangenten mit den äußeren Begrenzungslinien der Gurtungen zu verbinden sind. Die Spitze ist zunächst im kleineren Maßstabe in solcher Ausdehnung aufzuzeichnen, daß der Verlauf der Begrenzungslinien zu übersehen ist. Durch Probieren ist dann der Linienführung ein möglichst günstiges Aussehen zu geben. Unter Umständen kann es auch erforderlich werden, die Punkte A und B nicht symmetrisch zu O anzuordnen, sondern z. B. Punkt B einen größeren Abstand von O zu geben als A. An der Spitze muß der zusammengeführte Querschnitt gleich der Summe der beiden Gurtquerschnitte sein, was am einfachsten durch Hinzufügen von zwei Flacheisen (B in Abb. 516c) zwischen den unteren und oberen Winkeln erreicht wird. Der Übergang von der vollwandigen Ausbildung der Spitze zum Fachwerk wird zweckmäßig in der in der Abb. 517b dargestellten Art und Weise ausgebildet. In der Linie $a—a$ stoßen die Stegbleche der beiden Gurtungen mit dem Stegblech des einheitlichen Querschnittes zusammen. Der Stoß wird durch Laschen L und durch die Verstärkungsbleche B, die an dieser Stelle noch nicht für den Querschnitt selbst gebraucht werden, gedeckt.

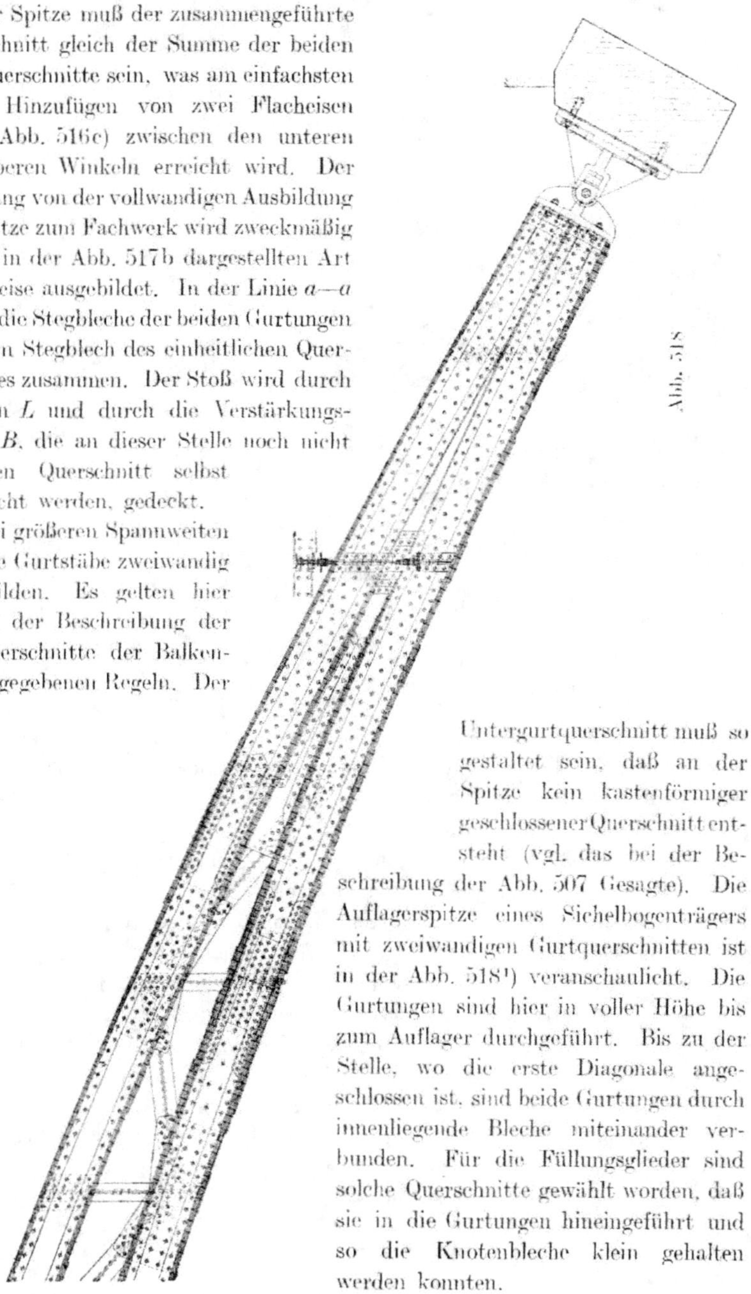

Abb. 518.

Bei größeren Spannweiten sind die Gurtstäbe zweiwandig auszubilden. Es gelten hier die bei der Beschreibung der Stabquerschnitte der Balkenträger gegebenen Regeln. Der Untergurtquerschnitt muß so gestaltet sein, daß an der Spitze kein kastenförmiger geschlossener Querschnitt entsteht (vgl. das bei der Beschreibung der Abb. 507 Gesagte). Die Auflagerspitze eines Sichelbogenträgers mit zweiwandigen Gurtquerschnitten ist in der Abb. 518[1]) veranschaulicht. Die Gurtungen sind hier in voller Höhe bis zum Auflager durchgeführt. Bis zu der Stelle, wo die erste Diagonale angeschlossen ist, sind beide Gurtungen durch innenliegende Bleche miteinander verbunden. Für die Füllungsglieder sind solche Querschnitte gewählt worden, daß sie in die Gurtungen hineingeführt und so die Knotenbleche klein gehalten werden konnten.

[1]) Röntgen-Brücke in Charlottenburg. Ausgeführt von Beuchelt & Co., Grünberg in Schlesien.

In der Abb. 519 ist der Auflagerpunkt eines Sichelbogenträgers[1]) mit Zugband, das an den Auflagerpunkten angreift, veranschaulicht. Der Bogenobergurt, der aus zwei]-Eisen N. P. 30 und einer Kopfplatte besteht, ist sehr zweckmäßig angeschlossen; die Kopfplatte ist an den Knotenblechen, die oben die durch Schraffur kenntlich gemachte Umgrenzung haben, geschlitzt, bis zu den Anschlußwinkeln des Endquerträgers durchgeführt und durch innere und äußere Winkel an den Knotenblechen angeschlossen. Die]-Eisen N. P. 30 des Untergurtes sind unmittelbar und die auf den Flanschen liegenden Flacheisen durch Winkeleisen mittelbar an den Knotenblechen angeschlossen. Die Schwerlinien des Untergurtes, des Obergurtes und des Zugbandes und die Auflagersenkrechte schneiden sich in einem Punkte. Die]-Eisen des Untergurtes sind am Auflagerpunkt selbst unten etwas aus der Richtung der Schwerlinie abgebogen. Der ganze Auflagerpunkt ist sehr zweckmäßig durchgebildet (vgl. hierzu die Angaben auf S. 248). Über die Querschnittausbildung und den Anschluß von Zugbändern ist gleich unter δ) noch die Rede.

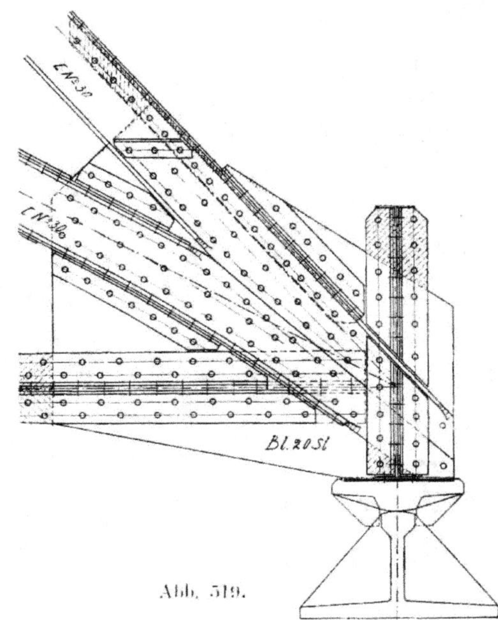

Abb. 519.

Die Abb. 520 gibt ein Schaubild des Jungfernsteges[2]) in Plötzensee bei Berlin wieder. Die Hauptträger sind Sichelbogenträger ohne Zugband mit vollwandigen Spitzen und einem Mittelteil in Rahmenträgerform. Die Stützweite des Bogens beträgt 56 m, der Mittenabstand der beiden Hauptträger 3,7 m. Aus Gründen des guten Aussehens wollte man kein Fachwerk mit Schrägstäben wählen. Vollwandige Hauptträger hätten bei der großen Stützweite und der geringen Breite zu große Windmomente ergeben. Der Mittelteil wurde daher als Rahmenträger ausgeführt. Die Kämpfergelenke liegen ziemlich hoch, um an den Ufern Leinpfade durchführen zu können. Die Gehwegbahn liegt 4,25 m über dem Hochwasser; überdachte Treppen, die zwischen den Bogenfüßen eingebaut sind, führen von den Uferwegen zu ihr. Die Einzelheiten des Rahmenträgerteiles sind in der Abb. 521 veranschaulicht. Der Querschnitt des Obergurtes besteht aus einem

[1]) Straßenbrücke über die „Große Reglitz" bei Stettin. Ausführung von Gollnow u. Sohn, Stettin.

[2]) Entwurfsverfasser: Magistratsbaurat Fritz Hedde, Dipl.-Ing. Dr.-Ing. Marcus und Dipl.-Ing. Usinger.

Stegblech, zwei unteren und zwei oberen, unter Vermittlung von Futtern am Stegblech liegenden Winkeleisen, einer Kopfplatte und zwei auf der Kopfplatte liegenden Winkeleisen, die namentlich der Knicksicherheit dienen, der Querschnitt der Pfosten aus einem Stegblech und vier unter Vermittlung von Futtern am Stegblech liegenden Winkeleisen und der Querschnitt des Untergurtes aus drei Stegblechen und vier Winkeleisen. Die Abmessungen der einzelnen Grundeinheiten sind aus der Abbildung zu ersehen. Die unteren Winkel des Obergurtes und die oberen Winkel des Untergurtes sind an den Pfosten nicht zur Aufnahme der Rahmenmomente abgebogen, sondern in der Gurtrichtung durchgeführt. Zur Aufnahme der Eckmomente dienen Knotenbleche, welche beiderseits auf den Stegblechen des Obergurtes und der Pfosten und auf dem mittelsten Stegblech

Abb. 520. Der Jungfernsteg in Plötzensee.

des Untergurtes liegen und beim Obergurt und bei den Pfosten an die Stelle der obengenannten Futter und beim Untergurt an die Stelle der beiden äußeren Stegbleche treten. Zum Anschluß der nur an jedem zweiten Knoten angeordneten Hängestangen treten die unteren Knotenbleche an diesen Stellen nach unten über den Untergurt hinaus. Die Stegbleche des Obergurtes und der Pfosten und das mittelste Stegblech des Untergurtes bestehen aus einem Blech, aus dem die Rahmenöffnung ausgearbeitet ist. In der Mitte jedes zweiten Feldes liegt im Ober- und Untergurt ein Stoß dieser Bleche. Dieser Stoß wird im Obergurt durch zwei unmittelbar auf den Blechen liegende Laschen und im Untergurt durch zwei auf den anliegenden Schenkeln der Winkeleisen liegende Laschen gedeckt, welche zugleich auch zur Deckung des Stoßes der Knotenbleche mit den beiden äußeren Stegblechen des Untergurtes dienen. In jedem zweiten Knotenpunkt tritt an die Stelle der Kopfplatte des Obergurtes ein Knotenblech des oberen

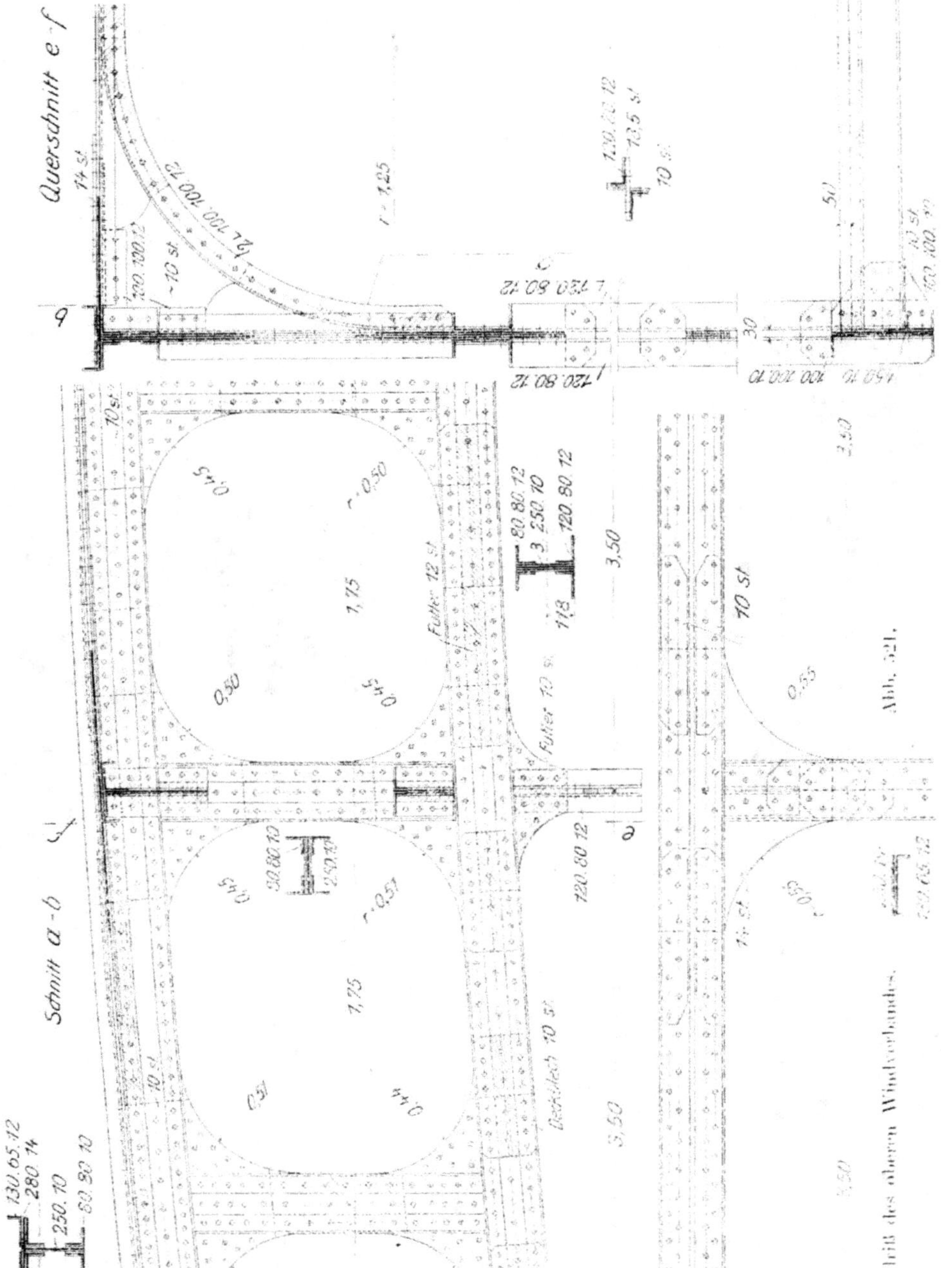

Grundriß des oberen Windverbandes.

Abb. 321.

Windverbandes, der ebenfalls als Rahmenträger ausgebildet ist. Die Stöße zwischen dem Knotenblech und den Kopfplatten sind durch Laschen gedeckt.

γ) Bogenträger mit gleichlaufenden Gurtungen.

Die beiden Gurtungen werden meist nach Parabeln geformt. Liegen die Bogen unter der Fahrbahn, so werden die Kämpfergelenke entweder im Untergurt (Abb. 522) oder in der Mittellinie des Bogens (Abb. 523) angeordnet. Die

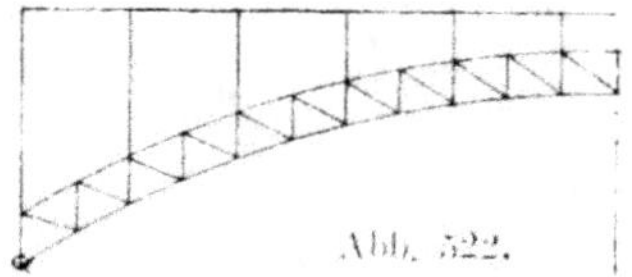

Abb. 522.

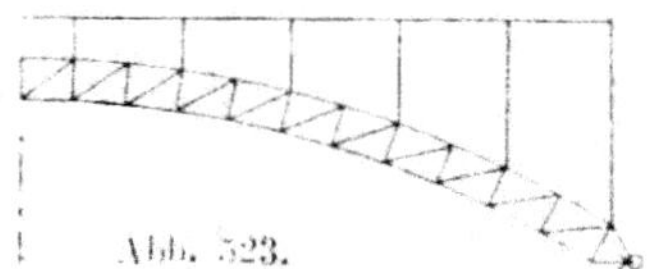

Abb. 523.

Bauweise nach Abb. 522 ist der anderen vorzuziehen, wenn eine Vergrößerung der Pfeilhöhe angestrebt wird. Bei ihr wird aber der Unter- und Obergurt in der Nähe des Kämpfers sehr ungleich beansprucht. Bogen mit gleichlaufenden Gurtungen werden auch bei tiefliegender Fahrbahn ausgeführt. Die Abb. 185 auf S. 286 und die Abb. 524 zeigen solche Bogenträger mit Zugband. Die Abb. 524 stellt einen der neuen Überbauten der Brücke über die Süderelbe bei Harburg dar. Das Zugband ist hier ebensogekrümmt wie der Obergurt des Bogens. Diese Trägerform wurde mit Rücksicht auf die alten Überbauten (Abb. 525) und wegen der vorhandenen, hochliegenden Auflagerpunkte gewählt. Die alten Überbauten waren nach ihrem Erbauer genannte Lohseträger mit Bogen- und Hängefachwerk, die beide starr miteinander verbunden waren. Diese Trägerart ist, abgesehen von den doppelten Streben, so viel mehr als dreifach statisch unbestimmt, als Verbindungsglieder zwischen Bogen- und Hängefachwerk vorhanden sind.

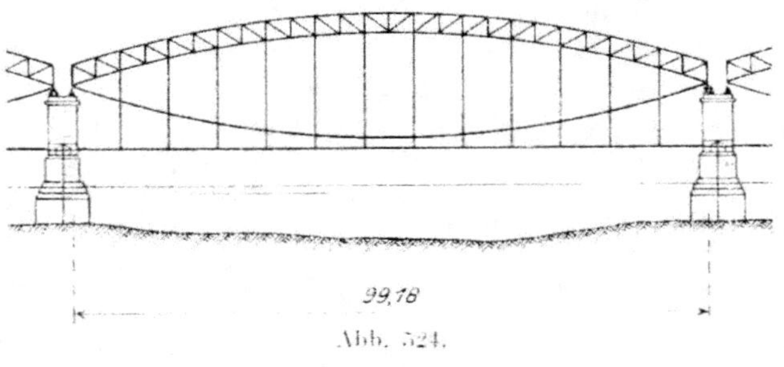

Abb. 524.

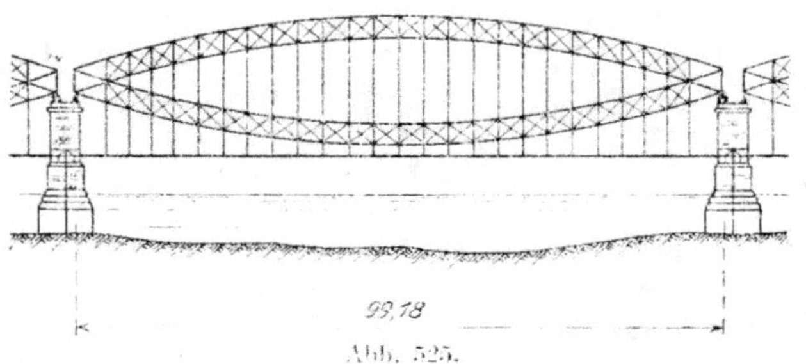

Abb. 525.

Hinsichtlich der Pfeilhöhe und der Höhe des Bogens mit gleichlaufenden Gurtungen gelten die bei der Beschreibung des Sichelbogenträgers hierüber gemachten Angaben. Hinsichtlich der Gestaltung der Stabquerschnitte und der Ausbildung der Knotenpunkte wird auf die entsprechenden Abhandlungen bei der Beschreibung des Bogenzwickelträgers und des Sichelbogenträgers und auf die folgenden Angaben unter δ) verwiesen. Bei kleineren Stützweiten werden die Gurtungen stetig gekrümmt, bei größeren Stützweiten und bei größeren Feldweiten dagegen meist geradlinig von Knotenpunkt zu Knotenpunkt ausgeführt (vgl. die Angaben auf S. 301).

δ) Bogenträger mit zwei gekrümmten Gurtungen, deren Abstand sich nach den Widerlagern zu vergrößert.

Diese Bogenform wird bei gelenklosen Bogenträgern (Abb. 465) angewendet, um die an den Auflagerpunkten der Gurte auftretenden Zugkräfte und damit die erforderlichen Verankerungen auf ein Mindestmaß zu beschränken. Bei Bogenträgern mit Kämpfergelenken findet man diese Bogenform nur in dem Falle, daß die Bogenträger die Fahrbahn überragen. Sie wird bei diesen Bogenträgern angewendet, um das unschöne Durchschneiden von Fahrbahn und ganzem Bogen zu vermeiden oder um in den Ebenen der Endpfosten Windportale über der Fahrbahn anordnen zu können. Sowohl eigentliche Gelenkbogenträger als auch Gelenkbogenträger mit aufgehobenem Horizontalschub zeigen die genannte Bogenform.

Bei den eigentlichen Bogenträgern werden die Kämpfergelenke möglichst tief unter die Fahrbahn gelegt, um die Pfeiler oder die Widerlager durch den wagerechten Bogenschub nicht zu ungünstig zu beanspruchen; der Bogenuntergurt muß dann die Fahrbahn durchschneiden; der Obergurt wird so hoch gelegt, daß seine Endpunkte über der Fahrbahn oder in der Fahrbahnebene liegen. Die letztere Anordnung gibt das bessere Brückenbild, namentlich dort, wo in den Seitenöffnungen ganz unter der Fahrbahn liegende Überbauten anschließen. Im ersten Falle wählt man die senkrechte Höhe der Bogen an den Kämpfern im allgemeinen zu $^1/_{12}$ bis $^1/_{15}$ der Stützweite l, die Bogenhöhe im Scheitel zu $^1/_{30}$ bis $^1/_{40}\,l$ und die Pfeilhöhe f (gemessen von der Mitte der Verbindungslinie der Kämpfergelenke bis zum Untergurt des Bogens) zu $^1/_6$ bis $^1/_8\,l$. Maßgebend für die Wahl der Höhenverhältnisse sind die Ansichten über das gute Aussehen und für die Höhen an den Enden in dem Falle, daß in den Ebenen der sich gegenüberliegenden Endpfosten Windportale angeordnet werden, die erforderlichen Durchfahrtshöhen (4,8 m für Eisenbahnbrücken, 4,4 bis 4,5 m für Straßenbrücken). Der Scheitel des Obergurtes soll seine Endpunkte um mindestens $^1/_{12}\,l$ überragen, um die Bogenwirkung in die Erscheinung treten zu lassen. Im zweiten Falle wählt man die senkrechte Höhe der Bogen an den Kämpfern zu $^1/_{11}$ bis $^1/_{17}\,l$, die Bogenhöhe im Scheitel zu $^1/_{30}$ bis $^1/_{45}\,l$ und die Pfeilhöhe f (gemessen von der Verbindungslinie der Kämpfergelenke bis zum Untergurt des Bogens) zu $^1/_6$ bis $^1/_8\,l$. Hinsichtlich der Gestaltung der Querschnitte und der Ausbildung der Knotenpunkte gelten die entsprechenden Angaben bei der nachstehenden Beschreibung des Bogenträgers mit Zugband. Die Kämpfergelenke werden im Abschnitt: „Die Lager und Gelenke“ eingehend behandelt. In der Abb. 526 ist die nach der genannten Bogenform und nach dem Entwurfe von Gustav Lindenthal ausgeführte, im Jahre 1917 vollendete Eisenbahnbrücke über das Höllentor in Neuyork veranschaulicht. Die Stützweite beträgt rd. 298 m und die Pfeilhöhe des Untergurtes rd. 67 m. Der Untergurt ist nach einer Parabel, der Obergurt nach einer geschwun-

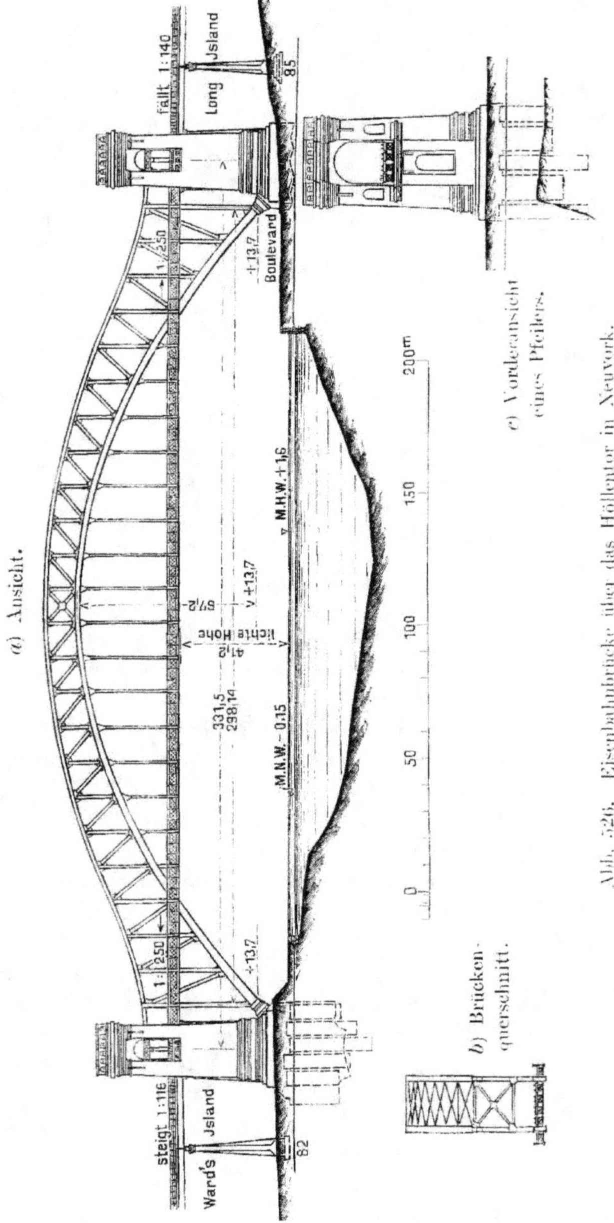

Abb. 526. Eisenbahnbrücke über das Höllentor in Neuyork.

genen Linie gekrümmt, durch die es möglich wurde, in den Ebenen der Endpfosten über der Fahrbahn liegende Windportale anzuordnen.

Die Bogenträger mit Zugband liegen entweder ganz über der Fahrbahn (Abb. 527) oder durchschneiden mit ihrem Untergurt die Fahrbahn (Abb. 528 und 482). Bei letzterer Anordnung liegen die Endpunkte der oberen Gurtung ebenso wie beim eigentlichen Bogenträger entweder über der Fahrbahn (Abb. 528) oder in der Fahrbahnebene (Abb. 482). Die Zugbänder liegen in allen Fällen ungefähr in der Ebene der Unterkante der Fahrbahn und müssen daher bei Lage der Hauptträger ganz über der Fahrbahn die Auflagerpunkte (Abb. 527) und bei höherer Lage der Fahrbahn höher gelegene Knotenpunkte verbinden (Abb. 528 und 482). Sie brauchen die Punkte, an denen sie anschließen, nicht geradlinig zu verbinden, sondern können bei geradlinigem Mittelteil an den Enden gekrümmt nach unten zu den Anschlußpunkten geführt werden. Die tiefere Lage der Auflager nach Abb. 528 u. 482 wird gewählt, um an Mauerwerk für die Pfeiler zu sparen. Die Bogenform nach Abb. 482, bei der die Endpunkte des Obergurtes in der Fahrbahnebene liegen, wird namentlich in dem Falle ausgeführt, daß sich seitliche Überbauten, die ganz unter der Fahrbahn liegen, anschließen.

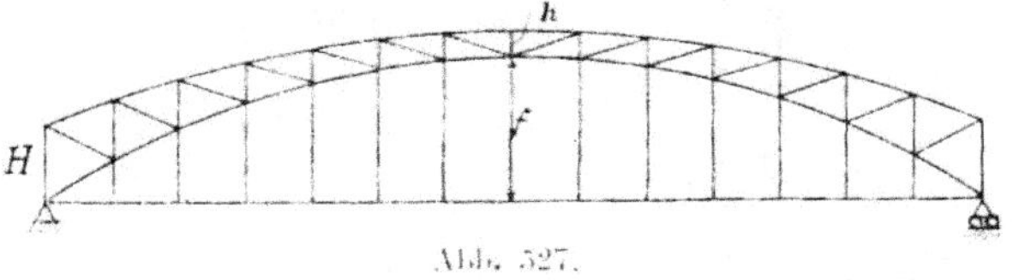

Abb. 527.

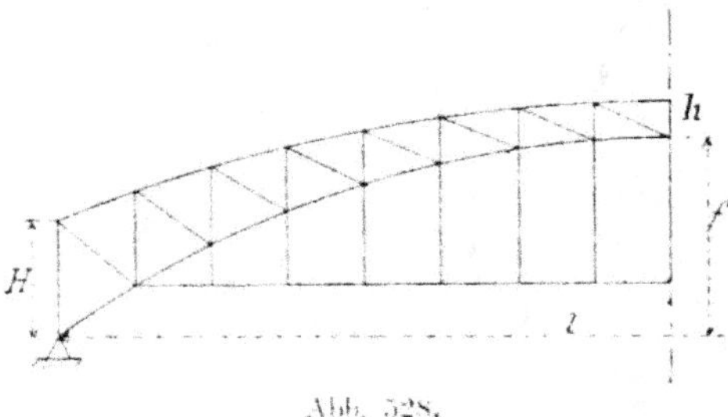

Abb. 528.

Für den ganz über der Fahrbahn liegenden Bogenträger mit Zugband (Abb. 527) schwanken die Werte für die Pfeilhöhe f der unteren Gurtung zwischen $^1/_6$ und $^1/_8\,l$ und für die Bogenhöhe h im Scheitel zwischen $^1/_{25}$ und $^1/_{45}\,l$. Wird bei kleineren Stützweiten kein Endwindportal in der Ebene der sich gegenüberliegenden Endpfosten angeordnet, ist also die Höhe dieser Pfosten nicht durch Rücksicht auf die Durchfahrtshöhe bestimmt, so mache man ungefähr $H = {}^1/_{12}\,l$, $h = {}^1/_{33}\,l$ und $f = {}^1/_{6,8}\,l$. Bei mittelgroßen Stützweiten ist die Höhe H der ersten Pfosten durch die Anordnung eines Windportales in ihrer Ebene und durch die hier erforderliche Durchfahrtshöhe bestimmt. Zu der Bauhöhe der Brücke und der Höhe des oberen Portalriegels, die bei eingleisigen Eisenbahnbrücken zu 0,4 m und bei zweigleisigen Eisenbahnbrücken und breiteren Straßenbrücken zu 0,7 bis 1,0 m angenommen werden kann, ist die vorgeschriebene Durchfahrtshöhe hinzuzuzählen. Diese beträgt bei Eisenbahnbrücken 4,8 m, bei Straßenbrücken in der Regel 4,4 bis 4,5 m. f wähle man dann so groß, daß es H mindestens um $^1/_{20}\,l$ überragt, wenn nicht $^1/_{6,8}\,l$ einen größeren Wert ergibt, und mache $h = {}^1/_{33}\,l$. Bei sehr großen Stützweiten wird die Höhe H nicht durch das Windportal und die Durchfahrtshöhe bestimmt, sondern ist dem guten Aussehen entsprechend größer zu wählen. Der Wert für H schwankt hier zwischen $^1/_{12}$ und $^1/_{17}\,l$.

Für die Bogenträger mit höherliegenden Zugbändern (Abb. 528) sind ungefähr dieselben Höhenverhältnisse gebräuchlich wie für die ganz über der Fahrbahn liegenden Bogenträger mit aufgehobenem Horizontalschub. Nur werden die Pfeilhöhen f, die bei diesen Bogenträgern von der Mitte der Verbindungslinie der Auflager bis zum Bogenuntergurt zu messen sind, etwas größer gewählt.

Nach diesen Angaben zeichne man das Trägernetz auf und ändere die Höhenverhältnisse nach dem guten Aussehen ab. Bei den Bogenträgern, die in der Regel teurer als einfache Balkenträger sind[1]) und mit Rücksicht auf ein gutes Aussehen gewählt werden, ist dies Verfahren gerechtfertigt, auch wenn die schließlich gewählte Linienführung erhöhte Kosten verursachen würde.

Für die Feldweiten ist das gute Aussehen und die Rücksicht, daß die Streben im Scheitel nicht zu flach geneigt sein dürfen, maßgebend. Bei sehr kleinen Feldweiten ordnet man nur in jedem zweiten Knotenpunkt eine Hängestange an, falls sich hierdurch für die Fahrbahn wirtschaftliche Vorteile erzielen lassen (Abb. 529).

Die Knotenpunkte der Bogengurtungen werden meist auf Parabeln oder auch auf Seillinien (Abb. 529) geführt. Bei kleineren Stützweiten und kleinen Feldweiten werden die Gurtungen stetig gekrümmt, bei größeren Stützweiten und großen Feldweiten dagegen meist geradlinig von Knotenpunkt zu Knotenpunkt geführt.

Eine sehr zweckmäßige, eigentümliche Anordnung zeigt der Zweigelenkbogen der von Bernhard entworfenen Stubenrauchbrücke über die Spree bei Berlin (Abb. 529). Das Zugband greift hier beiderseits am drittletzten Knoten-

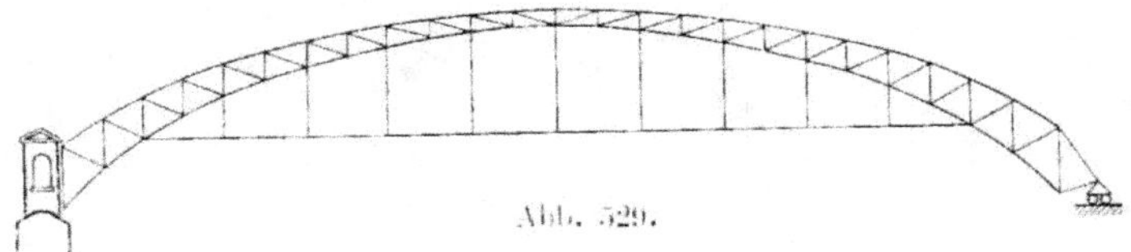

Abb. 529.

punkt der unteren Gurtung an. Die beiderseitigen letzten Pfosten des Bogens liegen dicht vor den Pfeileraufbauten (Abb. 529 links), wodurch der Bogen für den Beschauer gut abgeschlossen wird. An der Spitze je eines von den beiderseitigen Endpfosten ausgehenden Stabdreiecks sind die Lager angeordnet (Abb. 529 rechts). Sie treten in der Ansicht der Brücke nicht in die Erscheinung.

Stabquerschnitte.

Bei kleineren Bogenträgern können die Gurtquerschnitte einwandig ausgebildet werden (vgl. S. 201 und 202). Die Untergurtknotenbleche müssen zum Anschluß der Hängestangen durch den Gurt durchgeführt werden (Abb. 530). Die Fußplatten der Untergurtstäbe werden deshalb in zwei Teilen (Abb. 530)

[1]) Bogenträger mit Zugband sind nur in dem Falle den einfachen Balkenträgern wirtschaftlich nicht unterlegen, daß sie sehr große Pfeilhöhen erhalten (vgl. Zentralblatt der Bauverwaltung 1912, S. 148.)

angeordnet, da sie sonst an den Knotenblechen geschlitzt werden müssen. Für die Füllungsstäbe kommen die auf S. 206 angegebenen Querschnitte in Frage. Für das Zugband ist eine Form nach Abb. 531 zu wählen.

In der Regel wird der Querschnitt des Obergurtes nach der ⊐⊏-Form und der Untergurt nach der ⊐⊏-Form ausgebildet. Der Untergurt des Zweigelenkbogens erhält ebenso wie der Obergurt Druck. Zur Erzielung ausreichender Knicksicherheit sind daher beide Gurthälften nach den auf S. 190 bis 192 gegebenen Regeln unten und oben durch Winkeleisen zu vergittern oder durch Bindebleche miteinander zu verbinden.

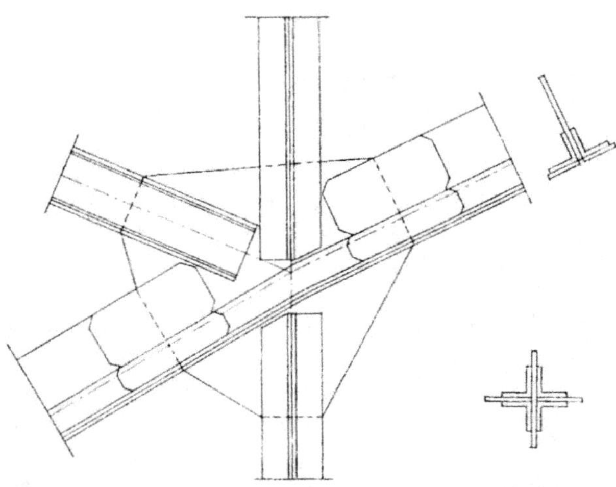

Abb. 530. Abb. 531.

Der Querschnitt des Untergurtes kann auch ähnlich dem des Obergurtes mit einer Kopfplatte ausgebildet werden, die von den Knotenblechen des einen Knotenpunktes bis zu denen des anderen reicht und, falls sie als tragender Teil herangezogen werden soll, nach den auf S. 248 für den Anschluß der Kopfplatten an den Auflagerknotenpunkten gegebenen oder ähnlichen Regeln anzuschließen ist. Für die Aussteifung der Gurtungen gelten im übrigen dieselben Regeln wie bei den einfachen Balkenbrücken (S. 192). Für die Höhen der Gurte bemühe man sich, mit dem Werte $h = \frac{2}{3}\left(l - \frac{l^2}{400}\right)$ auszukommen. Häufig wird man jedoch den Wert auf $\left(l - \frac{l^2}{400}\right)$ erhöhen müssen. Die Formel gibt h in cm, wenn l in m gemessen wird. Für den Abstand der Wandungen geben die Formeln auf S. 198 auch hier gute Werte. Für die Pfosten eignet sich der ⊐|⊏-Querschnitt und für die Streben neben diesem auch der ⊐⊏-Querschnitt. Im übrigen wird auf die Abhandlung über die Ausbildung der Stabquerschnitte der Balkenbrücken verwiesen. Auch geben die folgenden Knotenpunktbeispiele Aufschluß über die Ausbildung der Querschnitte der einzelnen Stäbe. Die Hängestangen werden zweckmäßig aus vier Winkeln gebildet, die entweder in der Kreuzform (Abb. 532) oder nach Abb. 533 eng aneinander liegen. Im letzten Falle werden sie durch Flacheisen vergittert. Für größere Kräfte eignet sich der Querschnitt in Abb. 534.

Für das Zugband sind zwei Querschnittsformen gebräuchlich, erstens die in Abb. 535 und zweitens die in Abb. 536 wiedergegebene Form, bei der auch die oberen Winkel fehlen und die unteren Winkel zu beiden Seiten jeder Wandung angeordnet werden können. Für den Fall, daß die Hängestangen und Querträger

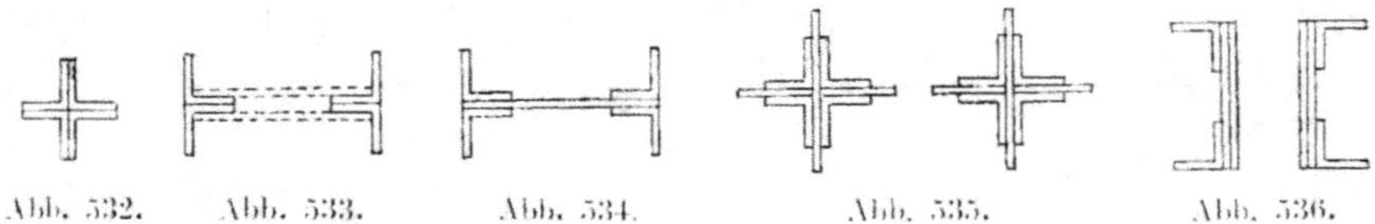

Abb. 532. Abb. 533. Abb. 534. Abb. 535. Abb. 536.

fest mit dem Zugbande verbunden werden, wählt man in der Regel die zweite, sich hierzu gut eignende Form. Werden dagegen die Hängestangen mit dem Zugbande nicht fest verbunden (näheres siehe hierzu bei der Abhandlung über die Fahrbahnausbildung), so ist die erste Querschnittsform gebräuchlich.

Beispiele von Knotenpunkten.

Abb. 537. Untergurtknotenpunkt der Südbrücke in Köln[1]).

Die Winkeleisen des Pfostens, der Strebe und der Hängestange sind samt dem Steg an den Innenseiten der Knotenbleche angeschlossen. Die auf den abstehenden Winkelschenkeln des Pfostens und der Strebe liegenden Flacheisen stoßen gegen die Knotenbleche und sind durch besondere Laschen an ihnen angeschlossen. Jede Querschnittshälfte des linken Gurtstabes besitzt außer den Winkeln drei Stegbleche, jede Querschnittshälfte des rechten Gurtstabes außer den Winkeln zwei Stegbleche und ein Beiblech. In jeder der beiden Wandungen ist ein Knotenblech angeordnet, an dem die innersten Stegbleche angeschlossen sind. Diese laufen sich gegen eine Lasche 700 · 16, an der die zunächst folgenden Stegbleche ihren Anschluß finden, tot. Der Stoß des äußersten Stegbleches 700 · 16 und des Beibleches 440 · 10 liegt in der Winkelhalbierenden und wird durch eine Lasche 700 · 16 gedeckt. Die Stoßfuge ist außen durch eine kleine Lasche geschlossen. Der Stoß der Winkel liegt in der Winkelhalbierenden und ist durch Flacheisen gedeckt. Rechts von der Winkelhalbierenden sind die Winkel zunächst in der Stärke des Stegbleches 700 · 16 unterfuttert und im weiteren Verlauf mit Keilfuttern auf die Wandung des rechten Gurtstabes geführt.

Nach denselben Grundsätzen ist der in der Abb. 538 dargestellte Knotenpunkt durchgebildet. Das Beiblech 440 · 12 des rechten Gurtstabes ist durch ein Keilfutter auf die Rückseite des Knotenbleches hinaufgeführt und an ihm angeschlossen. Der Stoß des rechten Beibleches 440 · 16 und des linken Beibleches 180 · 16 liegt in der Winkelhalbierenden und ist durch eine bis zu den abstehenden Winkelschenkeln reichende Lasche gedeckt, die zugleich auch den Stoß der anliegenden Winkelschenkel deckt. Der Anschluß der Stegbleche bedarf nach der Beschreibung der Abb. 537 keiner weiteren Erläuterung.

Abb. 539. Die Stegbleche sind hier in derselben Weise wie bei dem eben geschilderten Knotenpunkt angeschlossen. Das Beiblech des linken Gurtstabes

[1]) Entwurf der Union, Dortmund.

stößt gegen die kleine Lasche, welche außen die in der Winkelhalbierenden liegende Stoßfuge der äußersten Stegbleche deckt, und ist durch eine besondere, in der Winkelhalbierenden geknickte Lasche über den Mittelpunkt hinausgeführt. Der Stoß der Winkeleisen ist durch Flacheisen gedeckt.

In der Abb. 540 ist ein Untergurtknotenpunkt des 122,56 m weit gespannten Überbaues der Nordbrücke in Köln[1]) veranschaulicht. Die innersten Stegbleche

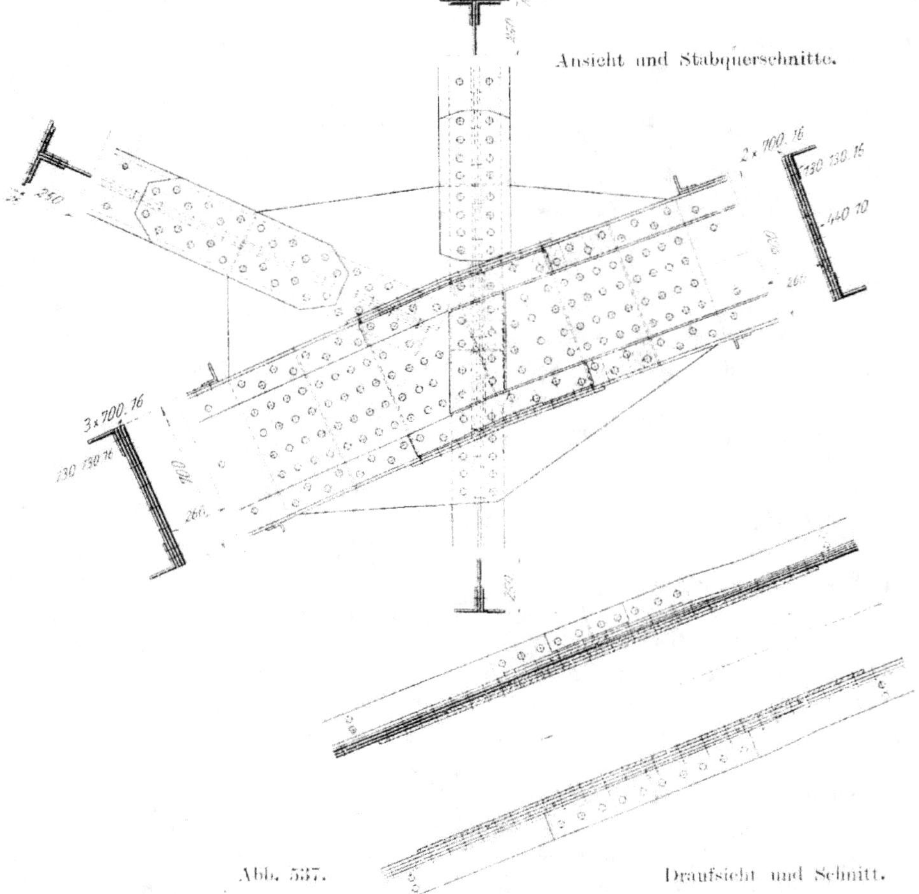

Abb. 537.

sind so weit auf das Knotenblech geführt, als es ihr Anschluß erfordert, und hier gegen die Lasche 800 · 17 geführt, die den in der Winkelhalbierenden liegenden Stoß der mittleren Stegbleche deckt. Der Stoß der äußeren Stegbleche liegt auch in der Winkelhalbierenden und wird durch die Laschen 470 · 17 und die Flacheisen 140 · 20 gedeckt, die weiter im Verein mit den Flacheisen 120 · 20 den rechts vom Mittelpunkt bei $c-c$ liegenden Stoß der Winkeleisen decken. Die Beibleche

[1]) Entwurf der Gesellschaft Harkort in Duisburg.

470 · 17 und 470 · 10 laufen von links und rechts gegen die Lasche 470 · 17 und werden durch eine Lasche 470 · 17 miteinander verbunden. Die auf den abstehenden Schenkeln der Winkeleisen des linken Gurtstabes liegenden Flacheisen 165 · 10 sind über den Mittelpunkt nach rechts hinausgeführt.

Abb. 541. Untergurtknotenpunkt des 167.75 m weit gespannten Überbaues der Nordbrücke in Köln[1]) (Straßenbrücke).

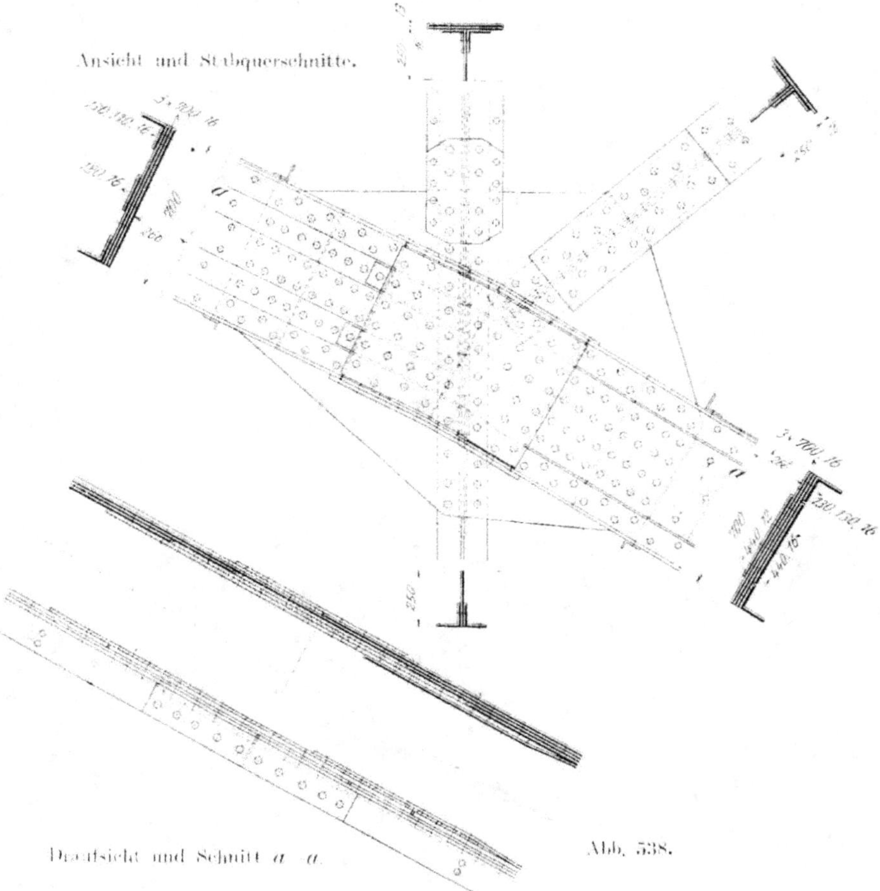

Abb. 538.

Das innere Stegblech jeder Wandung beider Gurtstäbe wird so weit auf das Knotenblech geführt, als es der Anschluß verlangt. Zwischen den Enden dieser Stegbleche liegt auf dem Knotenblech eine Lasche von der Stärke und Höhe der Stegbleche, die den in der Winkelhalbierenden angeordneten Stoß der äußeren Stegbleche deckt. Hier liegt auch der Stoß der Beibleche 570 · 19, der zugleich mit dem Stoß der anliegenden Winkelschenkel durch eine auch über

[1]) Ausführung von Klönne, Dortmund. Entwurf der Brückenbauanstalt Gustavsburg.

diese Winkelschenkel ragende Lasche gedeckt wird. Gegen diese Lasche laufen die Beibleche 400 · 21 und 200 · 21 von links und rechts und werden durch eine Lasche 400 · 21 miteinander verbunden. Die beiden Wandungen der Gurtstäbe sind unten durch eine Winkeleisenvergitterung, oben durch eine durchgehende Platte verbunden, die aber an den Knotenblechen nicht angeschlossen ist. Die äußeren, auf den abstehenden Winkelschenkeln liegenden Flacheisen 160 · 18 des

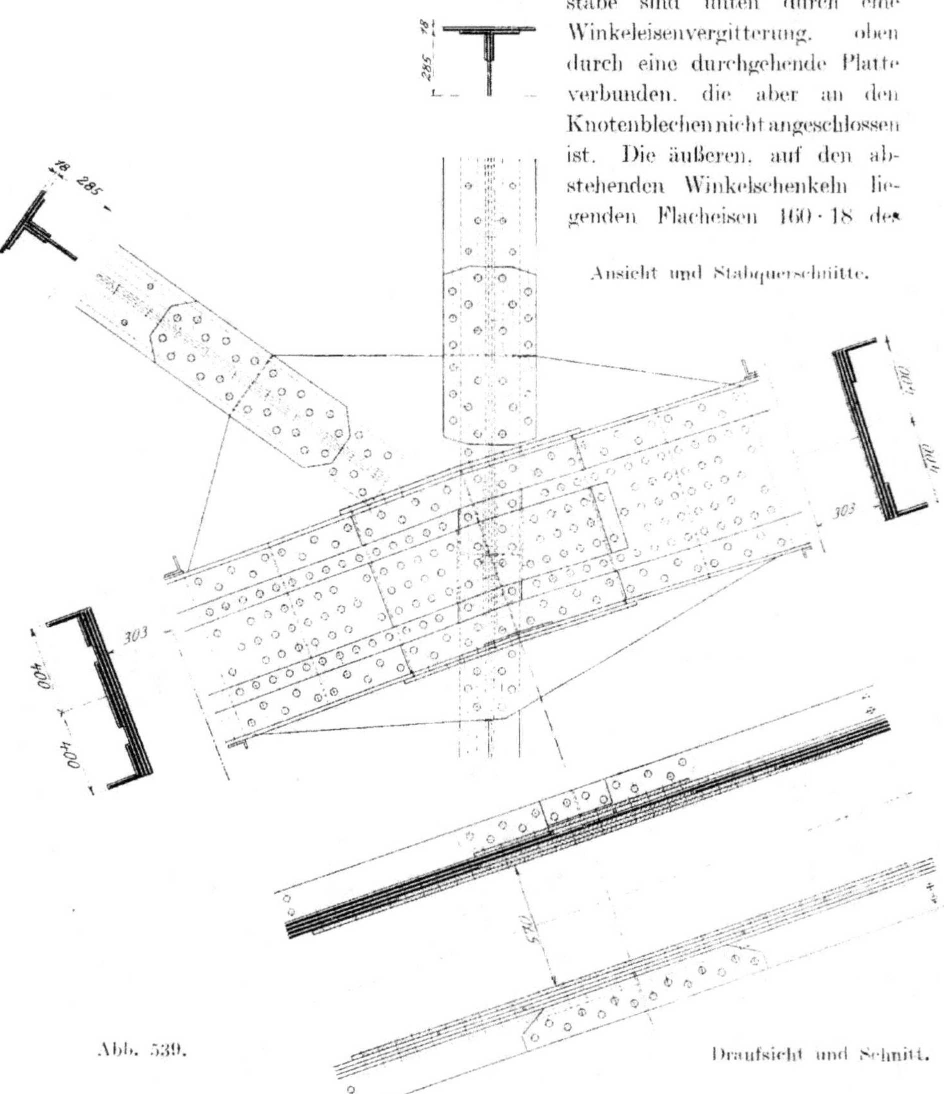

Abb. 539.

linken Gurtstabes sind rechts vom Mittelpunkt mit den Flacheisen 160 · 18 des rechten Gurtstabes verbunden. Die über den Mittelpunkt hinausragenden, unmittelbar auf den abstehenden Winkelschenkeln liegenden Flacheisen 160 · 18 des linken Gurtstabes sind als Verstärkungsteile aufzufassen.

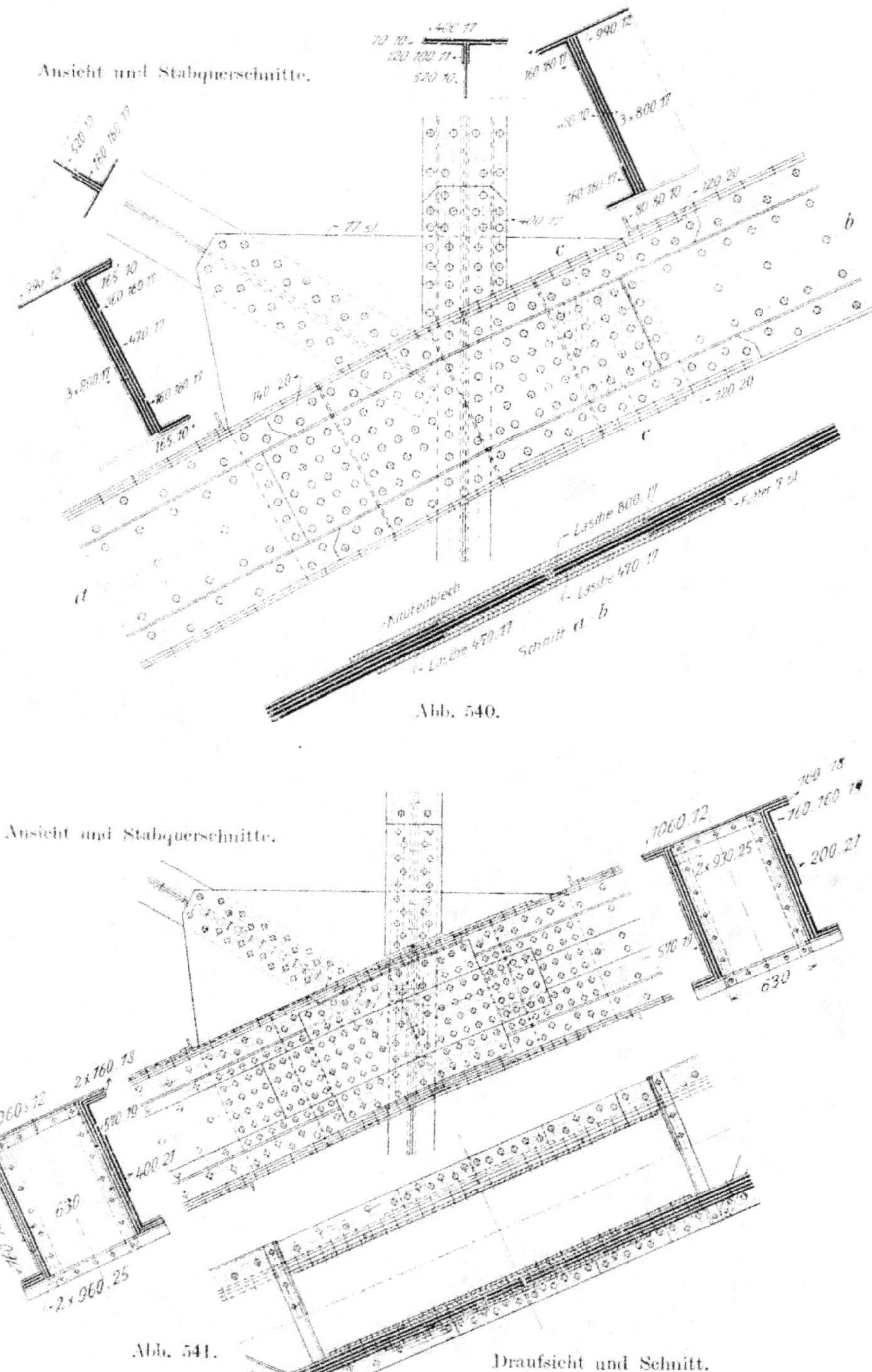
Ansicht und Stabquerschnitte.
Abb. 540.
Ansicht und Stabquerschnitte.
Abb. 541.
Draufsicht und Schnitt.

In der Abb. 542 ist ein Untergurtknotenpunkt aus einem Entwurf der Gesellschaft Harkort für die geplante Eisenbahnbrücke über den Rhein bei Duisburg-Hochfeld veranschaulicht. Dieser Knotenpunkt unterscheidet sich vor allem dadurch von den eben behandelten Knotenpunkten, daß der Untergurt eine Kopfplatte erhalten hat, welche nicht nur der Knicksicherheit dient, sondern als tragender Teil durch den Knotenpunkt durchgeführt ist. Der Stoß der beiden Stegbleche jeder Gurtwandung liegt in der Winkelhalbierenden und wird durch

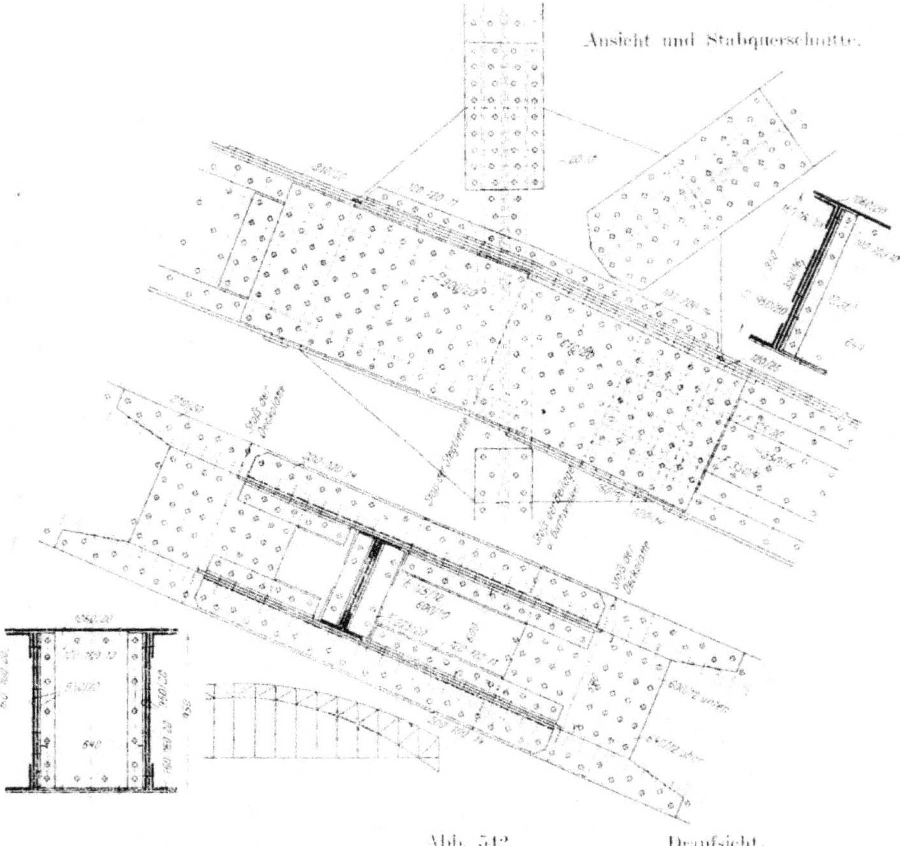

Abb. 542.

das 20 mm starke Knotenblech und durch eine außen auf den anliegenden Schenkeln der Winkeleisen liegende Lasche 900 · 20 gedeckt. Unter dieser Lasche liegt eine Lasche 610 · 20, gegen welche das Beiblech 350 · 16 des rechten Gurtstabes gegenläuft. Der hier entstehende Stoß und die an derselben Stelle liegenden Stöße der anliegenden Schenkel der Winkeleisen werden auch durch die schon erwähnte Lasche 900 · 20 gedeckt. Zur Deckung des Stoßes der abstehenden Winkelschenkel dienen besondere Flacheisen. Die Kopfplatten des linken und rechten Gurtstabes stoßen an den Knotenblechen gegen ein innerhalb der Knotenbleche liegendes

Breitflacheisen 600 · 20 und gegen zwei außerhalb der Knotenbleche auf den abstehenden Schenkeln der oberen Winkel liegende Breitflacheisen 210 · 20. Die Stöße sind durch zwei Laschen 640 · 12 und 600 · 12 (siehe die Draufsicht) und zwei Laschen 210 · 20 gedeckt. Der Steg des Pfostens und der Hängestange kann natürlich nicht durchgeführt werden, er stößt gegen das Breitflacheisen 600 · 20 und wird an diesem durch Winkel angeschlossen. Damit das Wasser nicht in der linken Ecke zwischen dem Steg des Pfostens und dem Breitflacheisen stehen bleibt, sind diese Anschlußwinkel seitlich unterfuttert (siehe die Draufsicht). Vor der rechten Decklasche 640 · 12 sind zwei Löcher gebohrt, damit auch an dieser Kante das Wasser gut abläuft. Die Breitflacheisen 600 · 20 sind durch Winkeleisen

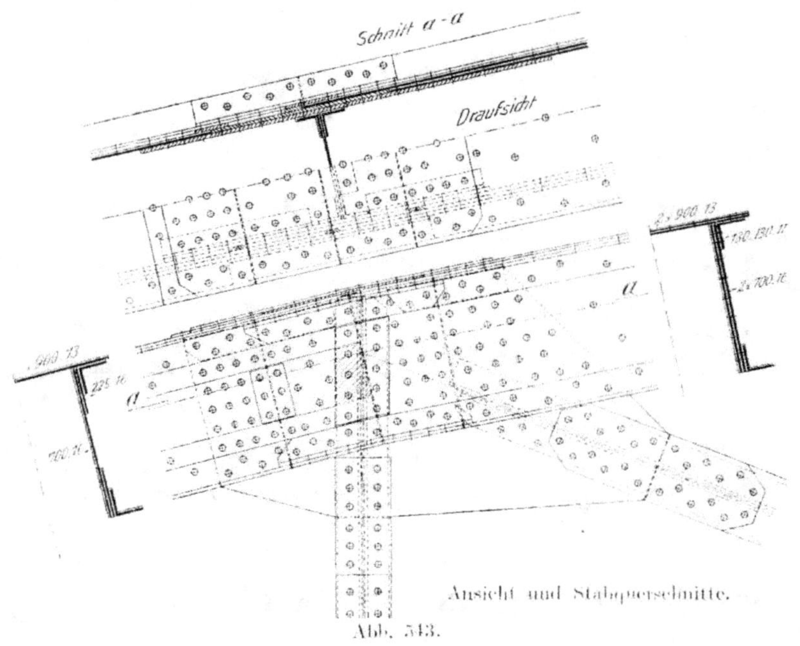

Abb. 543.

120 · 120 · 11 an den Innenseiten der Knotenbleche angeschlossen. Auch die an den Außenseiten der Knotenbleche liegenden Breitflacheisen 210 · 20 sind zur weiteren Versteifung des Knotenpunktes durch Winkeleisen 200 · 100 · 14 mit den Knotenblechen verbunden.

Abb. 543. Obergurtknotenpunkt der Südbrücke in Köln[1]).

Das Stegblech jeder Wandung des linken Gurtstabes und das innere Stegblech jeder Wandung des rechten Gurtstabes sind dem Anschluß entsprechend auf das Knotenblech geführt und stoßen gegen die Lasche 700 · 16, die den Stoß des äußeren Stegbleches 700 · 16 des rechten Gurtstabes und der Beibleche 225 · 16 des linken Gurtstabes deckt. Der Winkelstoß, der in der Winkelhalbierenden liegt, ist durch Winkel gedeckt. Der Stoß der Kopfplatte 900 · 13 des linken Gurt-

[1]) Entwurf der Union, Dortmund.

stabes und der unteren Kopfplatte 900 · 13 des rechten Gurtstabes liegt an derselben Stelle wie der Winkeleisenstoß und ist durch eine Lasche (schraffiert dargestellt) gedeckt. Gegen diese läuft sich von rechts die obere Kopfplatte 900 · 13 tot; sie ist durch eine gleich starke Lasche über den Mittelpunkt, ihrem Anschluß entsprechend, hinausgeführt.

Abb. 544. Die Gurtstäbe sind hier gekrümmt ausgeführt. Infolgedessen konnte der Stoß der äußeren Stegbleche außerhalb des Knotenpunktes angeordnet werden. Die inneren Stegbleche laufen von beiden Seiten gegen die Knotenbleche und sind durch besondere Laschen an diesen angeschlossen. Der Stoß der äußeren Stegbleche liegt rechts vom Mittelpunkt an der Stelle $a - a$, wo das Knotenblech endigt, und wird durch eine Lasche von der Stärke und Höhe der Stegbleche

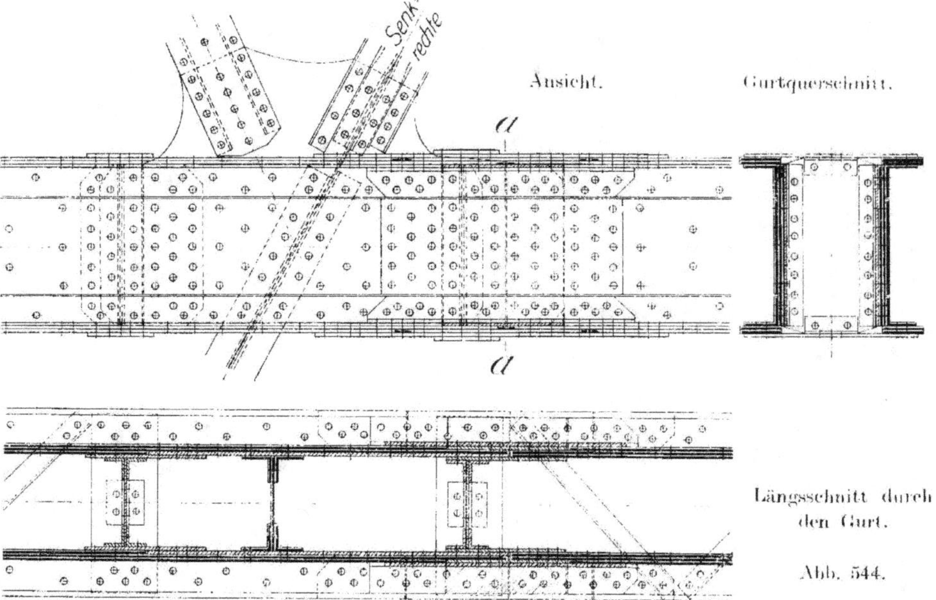

Abb. 544.

gedeckt. Die Winkel und Beibleche laufen sich gegen diese Lasche tot und sind durch Winkel und Laschen miteinander verbunden. Die Stoßanordnung der auf den abstehenden Winkelschenkeln liegenden Flacheisen geht klar aus der Abbildung hervor.

Abb. 545. Untergurtknotenpunkt der Havelbrücke bei Spandau[1]).

Die Stegbleche sind ebenso wie die Beibleche 340 · 17 und die Winkeleisen in der Winkelhalbierenden gestoßen. Der Stoß ist einerseits durch das Knotenblech, anderseits durch eine Lasche gedeckt, die auch über die anliegenden Winkelschenkel reicht und gegen die die Beibleche 600 · 14 und 290 · 14 sich tot laufen. Beide sind durch eine Lasche 600 · 14 miteinander verbunden. Die Stoßausbildung der abstehenden Winkelschenkel und der auf ihnen liegenden Flacheisen ist aus

[1]) Entwurf von C. H. Jucho, Dortmund.

der Abbildung zu ersehen. Während bei allen anderen beschriebenen Knotenpunkten die Hängestange fest durch Niete an den Knotenblechen angeschlossen ist, ist hier die Hängestange so befestigt, daß sie Bewegungen in der Längsrichtung der Brücke ausführen kann, was häufig aus Gründen, die bei der Abhandlung über die Durchbildung der Fahrbahn des Zweigelenkbogens erörtert werden, erwünscht ist. An dem Stegblech des Bogenpfostens und der Hängestange sind beiderseits Winkeleisen angeschlossen, die durch Hängependel miteinander verbunden sind.

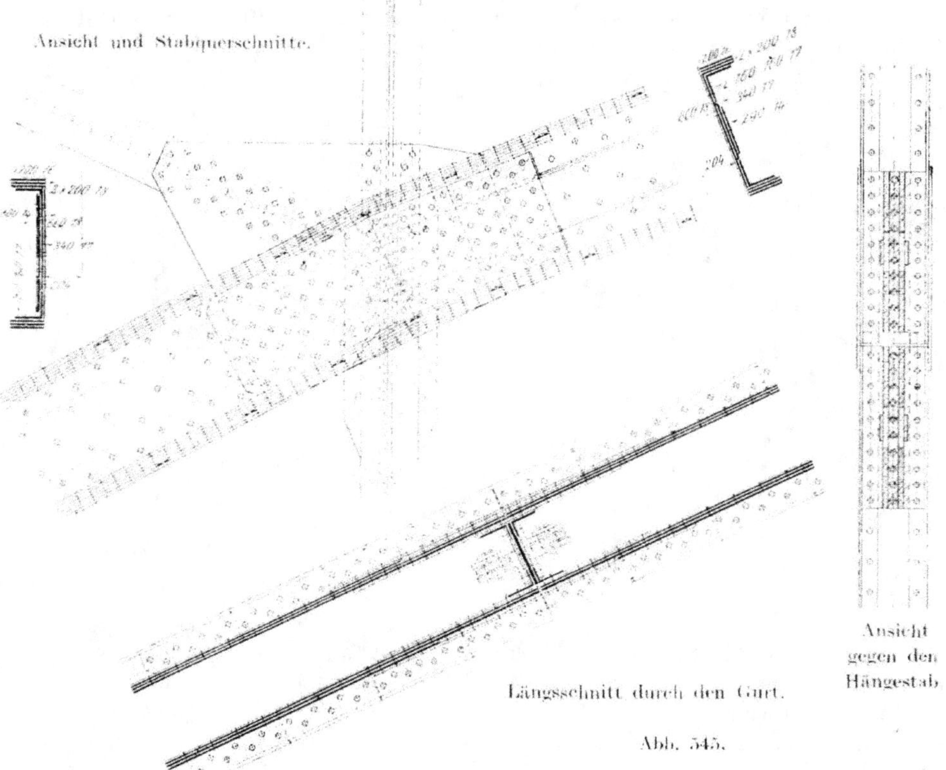

Abb. 545.

Die Fähigkeit der Hängestange, sich in der Längsrichtung der Brücke um den Aufhängepunkt zu drehen, kann bei kleinen Zugkräften auch dadurch erzielt werden, daß man das Stegblech des Bogenpfostens über das Ende seiner Winkel nach unten verlängert und an diesem die Winkel der Hängestange anschließt (Abb. 546). Zwischen den Winkeln des Pfostens und der Hängestange muß ein solcher Abstand sein, daß das Stegblech als Blattgelenk wirken kann. Das Knotenblech wird aus Schönheitsrücksichten so weit nach unten geführt, daß der Rand der Winkel der Hängestange verdeckt ist.

Die Abb. 547[1]) zeigt den Anschluß einer Hängestange mit kreuzförmigem Querschnitt an dem Stegblech des Bogenpfostens. Die eng aneinanderliegenden Winkel sind mit einem Keilfutter auf das Stegblech hinaufgeführt.

Bei allen bis jetzt behandelten Knotenpunkten des Zweigelenkbogens war in jeder Wandung der Gurtstäbe nur ein Knotenblech vorgesehen. Man kommt hier auch bei sehr großen Stützweiten im Gegensatz zu den Balkenträgern mit einem Knotenblech aus, weil die Kräfte in den Füllungsgliedern verhältnismäßig klein sind. Anders liegt aber der Fall auch bei Bogenbrücken an den Auflagerknotenpunkten, wo die Kräfte des Endgurtstabes von den Knotenblechen aufgenommen werden müssen. Hier empfiehlt sich bei großen Stützweiten stets die Anordnung mehrfacher, gestaffelter Knotenbleche (siehe auch S. 250).

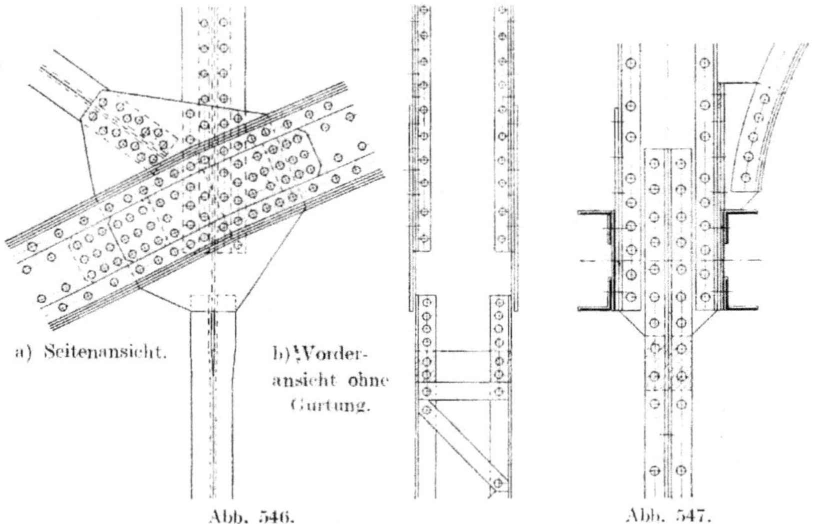

Abb. 546. Abb. 547.

Die Abb. 548 zeigt den Auflagerknotenpunkt eines Zweigelenkbogens mit Zugband (Straßenbrücke über die Memel bei Tilsit)[2]). Dieser Knotenpunkt ist mit dreifachen Knotenblechen in jeder Wandung ausgebildet. Das innere Stegblech jeder Gurthälfte ist an dem ersten Knotenblech angeschlossen und stößt gegen das zweite, an dem das äußere Stegblech seinen Anschluß findet. Über das dritte Knotenblech greifen die Winkel, das zwischen ihnen liegende Flacheisen und die kleinen Kopfplatten, deren Kräfte durch besondere Winkel in das Knotenblech übergeführt werden. Das innere der beiden senkrechten Flacheisen jeder Zugbandhälfte wird am ersten Knotenblech, das äußere am zweiten Knotenblech befestigt. Die äußeren Winkel werden auf das dritte Knotenblech, die inneren mit einem Keilfutter auf die Rückseite des ersten geführt. Bei dem inneren wagerechten Flacheisen jeder Zugbandhälfte muß ein der Stärke und Länge des innersten Knotenbleches und des Keilfutters entsprechendes Stück weggehobelt werden, das irgend-

[1]) Moselbrücke bei Trarbach, gebaut von der Gesellschaft Harkort, Duisburg.

[2]) Entworfen und ausgeführt von der Firma Beuchelt u. Co. in Grünberg (Schlesien).

wie ergänzt werden muß, damit es für die Querschnittsbemessung nicht verlorengeht. Im vorliegenden Falle ist dies durch die aus dem Grundriß zu ersehenden Flacheisen geschehen, welche außerdem den Zweck haben, beide Hälften des

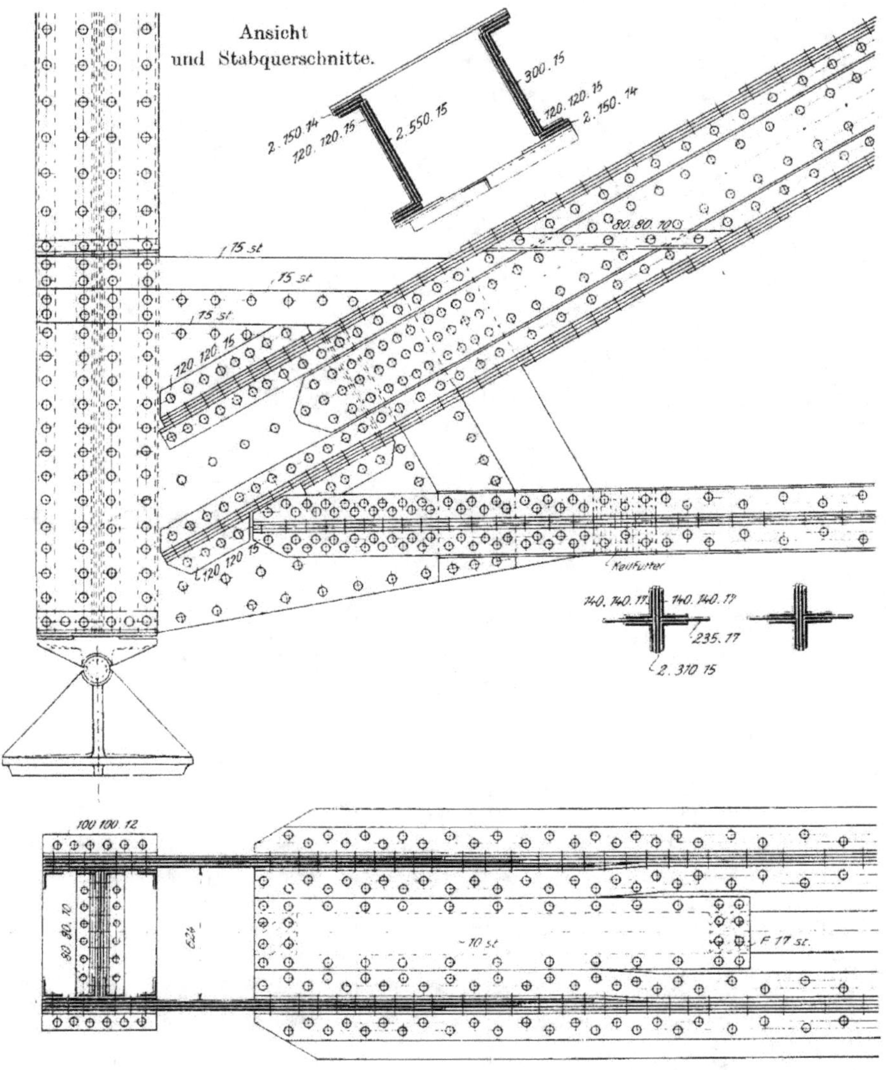

Längsschnitt durch die Knotenbleche und Draufsicht auf das Zugband.

Abb. 548.

Zugbandes am Knotenpunkt zu verbinden. Die wagerechten Flacheisen des Zugbandes werden durch die Winkel des Querschnittes selbst angeschlossen, die also außer ihren eigenen Anschlußnieten auch noch die Anschlußniete für diese Flacheisen erhalten müssen. Von Wichtigkeit für eine gute Ausbildung des Auflagerknotenpunktes ist es, die Knotenbleche über den unteren Rand des Zugbandes nach unten hervortreten zu lassen, da der Querschnitt des Zugbandes größer ist als der Querschnitt der innerhalb seiner unteren und oberen Kante liegenden Knotenblechteile. Ließe man die Knotenbleche mit dem unteren Rande des Zugbandes abschließen, so würde eine Überbeanspruchung in ihnen auftreten.

In der Abb. 549 ist der Grundriß des Stoßes des Zugbandes wiedergegeben. Sämtliche wagerechten und senkrechten Flacheisen sind an ein und derselben Stelle gestoßen. Der Stoß wird durch unmittelbar auf den Flacheisen liegende 17 mm starke Laschen gedeckt, gegen die die Winkeleisen von beiden Seiten her sich totlaufen. Die Winkeleisen werden durch Deckwinkel miteinander verbunden.

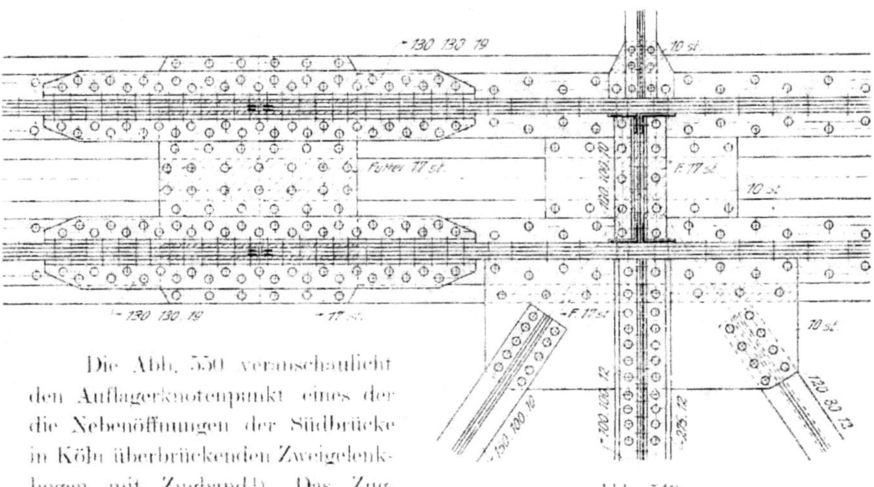

Abb. 549.

Die Abb. 550 veranschaulicht den Auflagerknotenpunkt eines der die Nebenöffnungen der Südbrücke in Köln überbrückenden Zweigelenkbogen mit Zugband[1]). Das Zugband hat hier die zweite Art der für die Zugbänder auf S. 313 angegebenen Querschnitte erhalten. In jeder Wandung sind drei gestaffelte Knotenbleche angeordnet. Das innerste Stegblech jeder Wandung des Gurtstabes ist am innersten Knotenblech, das mittlere Stegblech am mittleren Knotenblech und das vorderste Stegblech samt den Winkeln und dem Beiblech 440 · 16 am vordersten Knotenblech angeschlossen. Innerhalb des Knotenpunktes ist der Bogenuntergurt durch einen Mittelsteg, der zugleich auch einer ungünstigen Beanspruchung der Knotenbleche und der Gurthälften vorbeugt (vgl. S. 223 u. 224), wirksam ausgesteift. Außerhalb des Knotenpunktes ist der Bogenuntergurt oben durch eine Kopfplatte, die aber nicht am Knotenpunkt angeschlossen ist, und unten durch eine Winkeleisenvergitterung versteift. Das innere Stegblech jeder Wandung des Zugbandes ist am innersten Knotenblech und das äußere Stegblech am mittleren Knotenblech angeschlossen. Die äußeren Winkeleisen mit dem zwischen ihnen liegenden Flacheisen und das äußere senkrechte Beiblech finden ihren Anschluß

[1]) Entwurf und Ausführung der Union, Dortmund.

am äußersten Knotenblech. Das innere senkrechte Beiblech stößt gegen das innerste Knotenblech und ist an ihm durch eine besondere Lasche angeschlossen. Die inneren Winkel mit dem zwischen ihnen liegenden Flacheisen sind durch Keilfutter auf die Rückseite des innersten Knotenbleches hinaufgeführt. Die inneren Winkel des Pfostens sind samt dem Steg bis zum Auflager durchgeführt und an den innersten Knotenblechen unmittelbar angeschlossen. Die Seitenbleche stoßen gegen diese Knotenbleche und sind durch außen und innen liegende Laschen mit diesen verbunden. Die äußeren Winkel sind durch Keilfutter zunächst auf die mittleren und dann weiter durch Keilfutter auf die äußersten Knotenbleche geführt. Die Knotenbleche sind aus demselben Grunde wie bei dem in der Abb. 548 wiedergegebenen Knotenpunkt über die Unterkante des Zugbandes hinausgeführt.

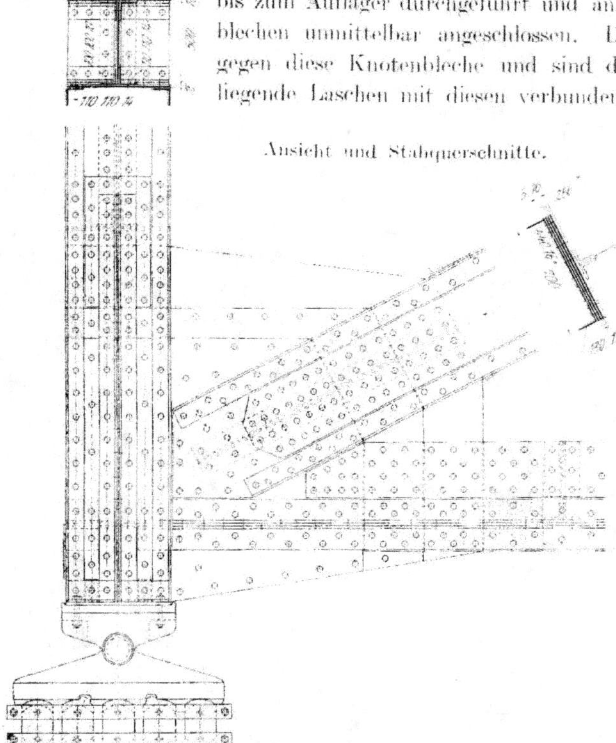

Ansicht und Stabquerschnitte.

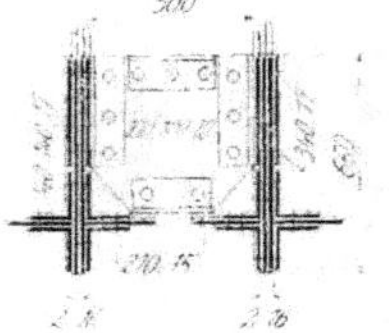

Längsschnitt durch die Knotenbleche und Draufsicht auf das Zugband.

Abb. 550.

In der Abb. 551 ist der Anschlußknotenpunkt des Zugbandes der in der Abb. 528 dargestellten Trägerform veranschaulicht. Dieser Knotenpunkt ist ebenfalls bei der Südbrücke in Köln ausgeführt worden. In jeder Wandung sind vier gestaffelte Knotenbleche vorhanden. Im Gegensatz zu den in den Abb. 548 und 550 dargestellten Knotenpunkten sind hier die Knotenbleche nach dem Zugband und dem oberen Untergurtstab hin so gestaffelt, daß die äußersten

Knotenbleche am weitesten vorspringen. Das zwischen den Winkeln jeder Wandung des oberen Untergurtstabes liegende Beiblech stößt gegen das äußerste Knotenblech und ist durch eine besondere Lasche an ihm angeschlossen. Die Winkel sind samt den auf ihren abstehenden Schenkeln liegenden Flacheisen auf das äußerste Knotenblech geführt. Die drei Seitenbleche finden an je einem der drei äußeren Knotenbleche ihren Anschluß. Innerhalb des Knotenpunktes ist der Gurtstab

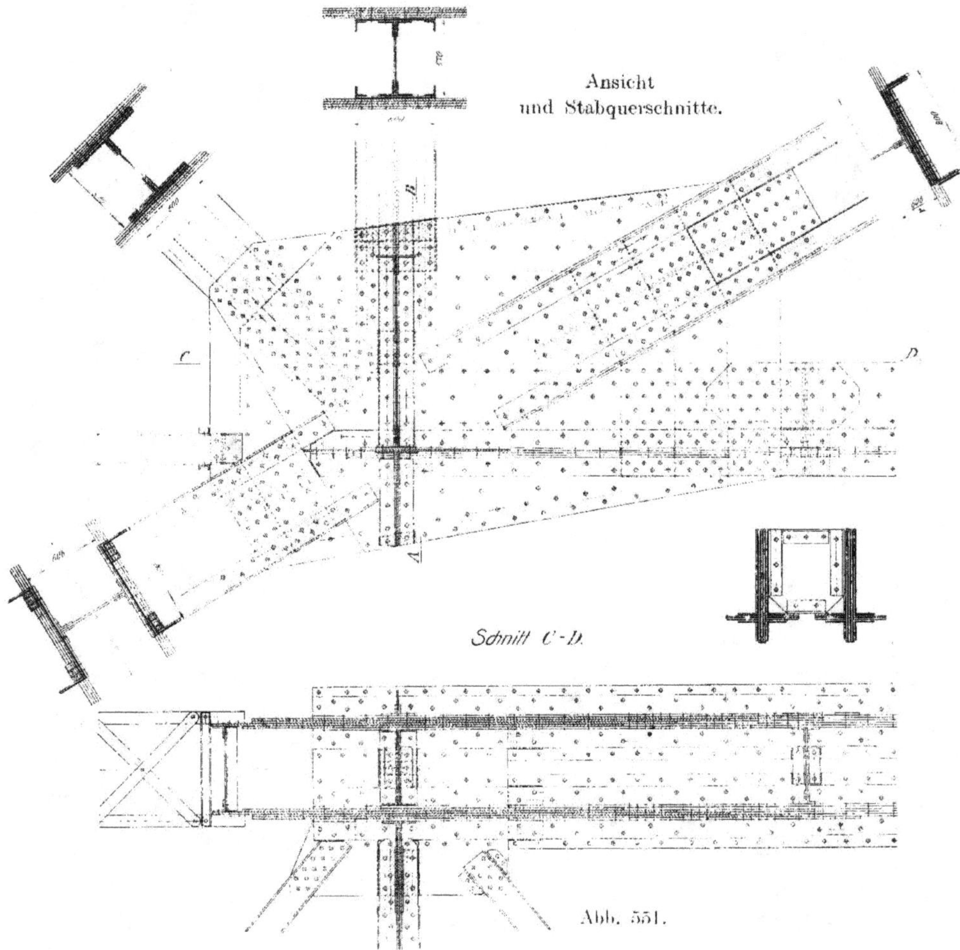

Abb. 551.

auch hier durch einen Steg ausgesteift. Die äußeren Winkel jeder Wandung des Zugbandes mit den zwischen ihnen liegenden Flacheisen sind durch ein Keilfutter auf die äußersten Knotenbleche geführt. Die drei Stegbleche jeder Wandung sind an je einem der drei äußeren Knotenbleche angeschlossen. Das äußere senkrechte Beiblech stößt gegen das äußerste Knotenblech und ist durch eine besondere Lasche an ihm angeschlossen. Das innere Beiblech und die inneren Winkel mit den zwischen ihnen liegenden Flacheisen sind auf das innerste Knotenblech geführt. Der Pfosten liegt mit seinen Wandungen an den innersten Knotenblechen. Die Strebe stößt mit ihren äußeren Seitenblechen gegen das innerste Knotenblech und greift mit den inneren Seitenblechen auf dieses Knotenblech hinauf. Die wagerechten, links am Knotenpunkt angeschlossenen]-Eisen bilden den letzten Gurtstab des Windverbandes.

In der Abb. 552 ist der Knotenpunkt B des in der Abb. 487 dargestellten Auslegerbogenträgers wiedergegeben. In jeder der beiden Wandungen sind zwei 20 mm starke gestaffelte Knotenbleche, von denen das größte außen liegt, an-

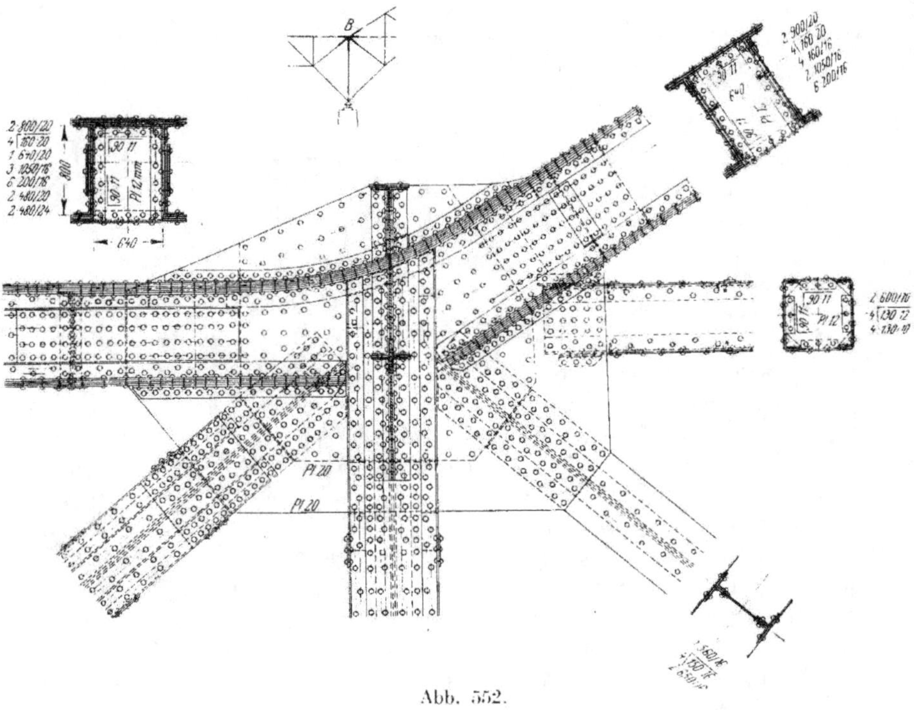

Abb. 552.

geordnet. Sie durchdringen in Schlitzen die Kopfplatten der oberen Gurtung, um die Kräfte von einem Gurtstab in den anderen ohne Überanstrengung einwandfrei überführen zu können. Die Kopfplatten der beiden Gurtstäbe sind samt den oberen Winkeln in schlanker Krümmung ineinander übergeführt; sie sind aber im Knotenpunkt gestoßen. Die Lage der einzelnen Stöße ist aus der Abbildung zu erkennen. Alle anderen Teile der Gurtstäbe enden ebenso wie die einzelnen Teile der anderen angeschlossenen Stäbe im Knotenpunkte. Eine Beschreibung ihrer Anschlüsse erübrigt sich nach den Ausführungen auf den letzten Seiten. Ähnlich wie dieser Knotenpunkt kann der Knotenpunkt C der Abb. 487 ausgebildet werden.

c) Versteifter Stabbogen.

Der Stabbogen stützt sich wie die anderen im vorstehenden beschriebenen Bogen mit festen Gelenken auf die beiderseitigen Widerlager; er ist aber an und für sich kein starres Gebilde, da er in den Anschlußstellen der Stützpfosten (Abb. 553) nach den rechnerischen Annahmen Gelenke besitzt. Erst durch den über ihm liegenden Versteifungsträger wird er zu einem starren Gebilde. In der Ausführung treten an die Stelle der für die Berechnung angenommenen Gelenke in den Anschlußstellen der Stützpfosten fest vernietete Knotenpunkte.

Der versteifte Stabbogen eignet sich sehr für städtische Brücken, bei denen Wert auf ein gutes Aussehen gelegt wird. Z. B. gibt die in Abb. 553 dargestellte Überführung über einen Kanal und zwei angrenzende Uferstraßen ein sehr gutes Bild.

$^1/_7\, l$ ist ein gutes Maß für die Pfeilhöhe f, doch kann nach Bedarf von dieser Größe abgewichen werden. Die Höhe des Versteifungsträgers ist zu $^1/_{25}$ bis $^1/_{35}\, l$ zu wählen. Der Bogen wird nach einer Parabel, einem Kreisbogen oder einer Seillinie geformt. Er wird entweder stetig gekrümmt oder auf einzelnen Sehnen von Pfosten zu Pfosten geführt.

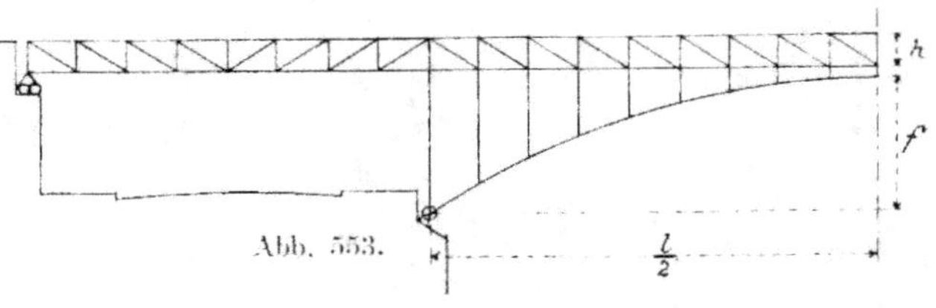

Abb. 553.

Führt man den Bogen und den Untergurt des Versteifungsträgers in der Mitte nicht zusammen (Abb. 553), so muß der Versteifungsträger auf dem einen Widerlager ein festes Lager erhalten, damit die wagerechten, parallel der Längsachse wirkenden Kräfte aufgenommen werden können. Jedoch ist diese Anordnung deshalb nicht zu empfehlen, weil hierbei die durch Wärmeschwankungen hervorgerufenen Längsbewegungen, die sich von einem Widerlager bis zum anderen erstrecken, die kurzen Stützen über der Bogenmitte sehr ungünstig beanspruchen. Auch kann das feste Lager im unbelasteten Zustande von Längskräften beansprucht werden, zu deren Aufnahme es dann nur bei gehöriger Verankerung befähigt ist. Zweckmäßiger ist es, die Längskräfte auf die Bogenmitte zu übertragen, und zwar dadurch, daß man hier Bogen und Untergurt zusammenführt. Man könnte den Querschnitt des Bogens und der unteren Gurtung des Versteifungsträgers im Scheitel so ineinanderschalten, daß ihre Schwerpunkte zusammenfallen. Eine derartige Zusammenführung macht aber stets Schwierigkeiten, und es empfiehlt sich daher, den Scheitelpunkt des Bogennetzes ungefähr um die Höhe des Bogenquerschnittes tiefer anzuordnen als die Netzlinie des Untergurtes. Hierbei rückt der Bogen immerhin noch so nahe an den Untergurt des Versteifungsträgers heran, daß eine starre Verbindung beider Teile möglich ist und damit die Standsicherheit des Überbaues auch für wagerechte, parallel der Längsachse der Brücke wirkende Kräfte bei Anordnung zweier beweglicher Lager auf den Widerlagern gewährleistet wird. Für die Gurtungen des Versteifungsträgers und auch für den Bogen bemühe man sich mit einer Höhe $h = \frac{2}{3}\left(l - \frac{l^2}{400}\right)$

auszukommen (h in cm, l in m). Sowohl einwandige als auch zweiwandige Querschnittsformen, für die im allgemeinen die bei der Abhandlung über den einfachen Balkenträger gegebenen Regeln maßgebend sind, eignen sich für die Gurtungen und den Bogen. Bei einwandiger Gestaltung empfiehlt es sich, die Fußplatten des Untergurtes in zwei Teilen anzuordnen (siehe Abb. 530), damit die Knotenbleche zum Anschluß der Stützpfosten bequem durchgeführt werden können. Andernfalls müssen die Fußplatten an den Knotenblechen geschlitzt werden.

Die Abb. 554 u. 555 stellen Knotenpunkte des Untergurtes und des Bogens bei einwandiger und zweiwandiger Ausbildung dar. Sie bedürfen nach alledem, was bereits über die Knotenpunkte gesagt ist, keiner weiteren Erläuterung.

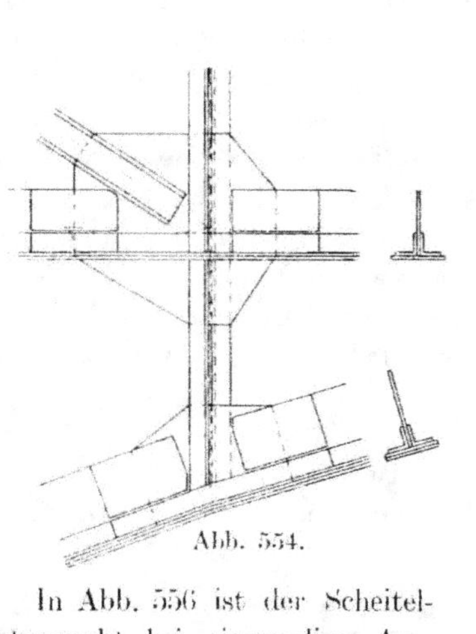

Abb. 554.

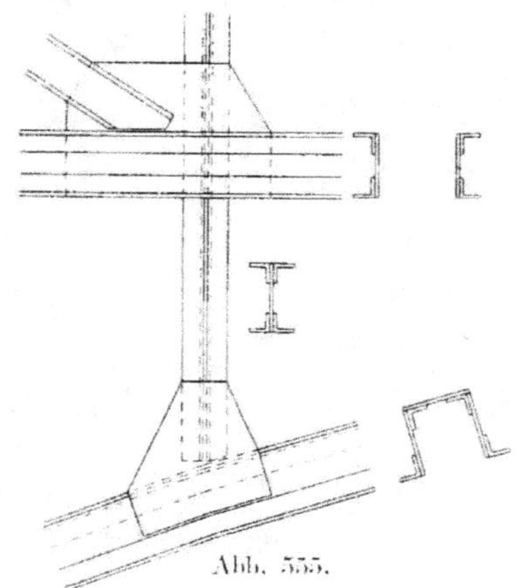

Abb. 555.

In Abb. 556 ist der Scheitelknotenpunkt bei einwandiger Ausbildung gezeigt. Der Bogen und der Untergurt sind durch ein gemeinsames Knotenblech, das an die Stelle der Stegbleche getreten ist, zusammengefaßt.

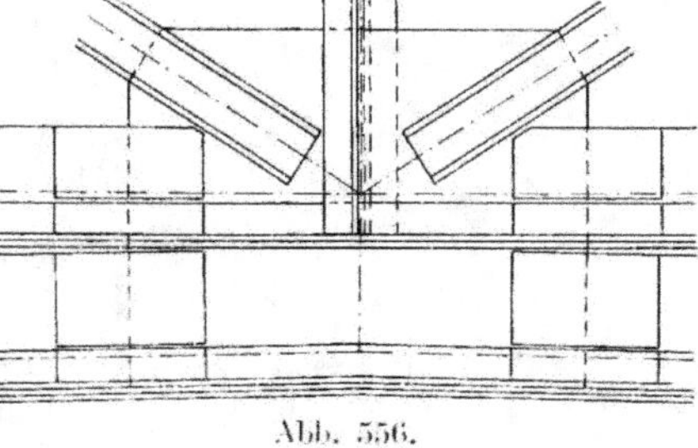

Abb. 556.

Abb. 557 veranschaulicht denselben Knotenpunkt bei zweiwandiger Gestaltung der Gurtquerschnitte. Die Knotenbleche, die an den inneren Seiten der Wandungen des ⊐ ⊏-förmigen Untergurtquerschnittes und an den Außenseiten des _⊓_-förmigen Bogenquerschnittes liegen, verbinden Bogen und Untergurt. Alle Teile der

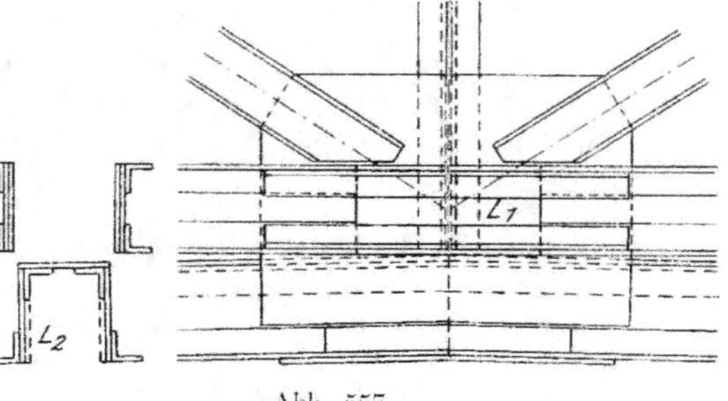

Abb. 557.

Querschnitte sind in diesem Knotenpunkt gestoßen. Der Stoß der doppelten Stegbleche jeder Wandung des Untergurtes ist einerseits durch das Knotenblech, anderseits durch eine über die ganze Höhe der Stegbleche reichende Lasche L_1 gedeckt, gegen die die Winkel stumpf gegenlaufen. Deckwinkel verbinden die Gurtwinkel. Der Stegblechstoß in jeder Wandung des Bogens wird durch das Knotenblech, das bis zum anliegenden Schenkel des unteren Winkels reicht, und auf der anderen Seite durch eine Lasche L_2 gedeckt.

Das ganze System des in der Abb. 553 dargestellten Überbaues ist dreifach statisch unbestimmt. Der Versteifungsträger ist ein durchlaufender Träger auf vier Stützen, von denen zwei auf den Endwiderlagern liegen und zwei durch die Pendelpfosten über den Bogenlagern gebildet werden. Er liefert also zwei statisch nicht bestimmbare Größen. Die Kräfte in den über dem Bogen liegenden Stützpfosten sind durch die wagerechte Bogenkraft, die die dritte statisch nicht bestimmbare Größe bildet, eindeutig bestimmt. Durch Fortlassen der Pendelpfosten über den Bogenlagern kann das System einfach statisch unbestimmt gemacht werden. Durch Einschalten von Gelenken in den Versteifungsträger können die statischen Unbestimmtheiten ganz beseitigt werden. So stellt z. B. die Abb. 558 einen statisch bestimmten versteiften Stabbogen dar.

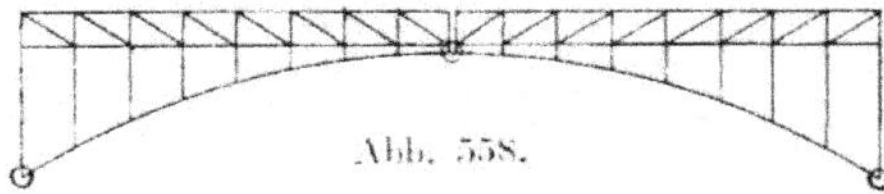
Abb. 558.

Ein eigentümlicher, in ästhetischer Beziehung sehr befriedigender versteifter Stabbogen über zwei Öffnungen ist bei der von Bernhard entworfenen Stößenseebrücke im Zuge der Döberitzer Heerstraße ausgeführt worden (Abb. 559).

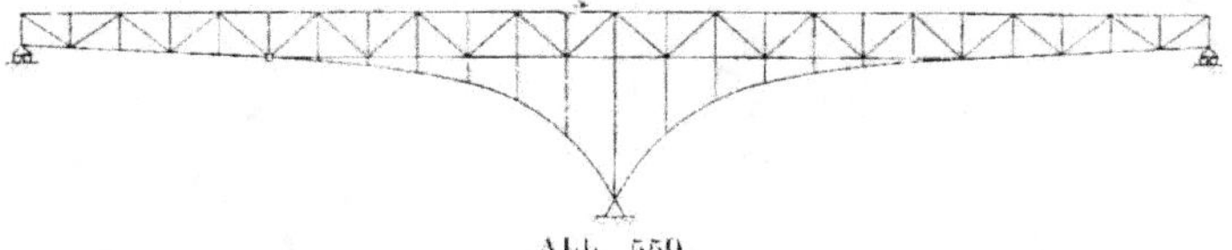
Abb. 559.

Der Versteifungsträger ist hier ein Träger auf drei Stützen mit einem Gelenk in der linken Seitenöffnung an der Stelle, wo der Stabbogen angreift. Die drei Stützen des Versteifungsträgers sind die beiden beweglichen Lager auf den Endwiderlagern und der Pfosten über dem Lager der Stabbogenspitze. Die Kräfte in den anderen Stützpfosten sind durch die wagerechte Bogenkraft, die die einzige statisch nicht bestimmbare Größe ist, eindeutig bestimmt. Die einhüftigen Stabbogen und der Untergurt des Versteifungsträgers sind beiderseits zusammengeführt. Von diesen Stellen aus werden die wagerechten, in der Brückenlängsachse wirkenden Kräfte durch den Stabbogen zu dem festen Lager an der Bogenspitze geleitet [1]).

d) Versteifter Stabbogen mit aufgehobenem Horizontalschub.

Ebenso wie der Bogenträger wird auch der versteifte Stabbogen als Träger mit aufgehobenem Horizontalschub ausgeführt. Der Versteifungsträger wird

[1]) Näheres siehe „Zeitschrift für Bauwesen“ 1911, S. 322 u. f.

bei den versteiften Stabbogen mit aufgehobenem Horizontalschub unter dem Stabbogen angeordnet und der Horizontalschub durch den Versteifungsträger selbst aufgenommen (Abb. 560 u. 561). Der Träger wird ebenso wie der einfache Balkenträger gelagert, erhält also ein festes und ein bewegliches Auflager. Er

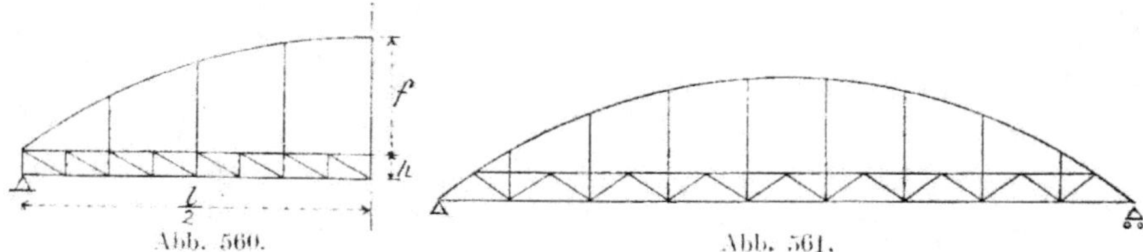

Abb. 560. Abb. 561.

gibt recht befriedigende Brückenbilder und ist namentlich auch dort am Platze, wo auf einen ungehinderten Querverkehr von außenliegenden Fußsteigen zur Fahrbahn Wert gelegt werden muß. Der Versteifungsträger muß in diesem Falle natürlich unter der Fahrbahn liegen.

Der versteifte Stabbogen mit aufgehobenem Horizontalschub wird bei gegliedertem Versteifungsträger nach den beiden in den Abb. 560 u. 561 dargestellten Formen ausgeführt. Bei der einen endigt der Stabbogen über den senkrechten Endpfosten des Versteifungsträgers, bei der anderen ist der Stabbogen bis auf die Auflager geführt.

Die Knotenpunkte des Stabbogens werden meist auf einer Parabel geführt. Zwischen den Knotenpunkten werden die einzelnen Stäbe entweder stetig gekrümmt oder — wie wohl meist — geradlinig ausgebildet.

Die Höhe h des Versteifungsträgers wähle man je nach der zur Verfügung stehenden Bauhöhe zu $^1/_{25}$ bis zu $^1/_{10}$ der Stützweite l und die Pfeilhöhe f (Abb. 560) zu $^1/_8$ bis $^1/_{10}l$.

Die Stabquerschnitte werden am besten doppelwandig gestaltet, weil sich hierbei die Zusammenführung des Bogens und des Obergurtes des Versteifungsträgers am Trägerende gut durchbilden läßt. Für den Bogen eignet sich ein Querschnitt von der Form in Abb. 562. Der Obergurt des Versteifungsträgers wird

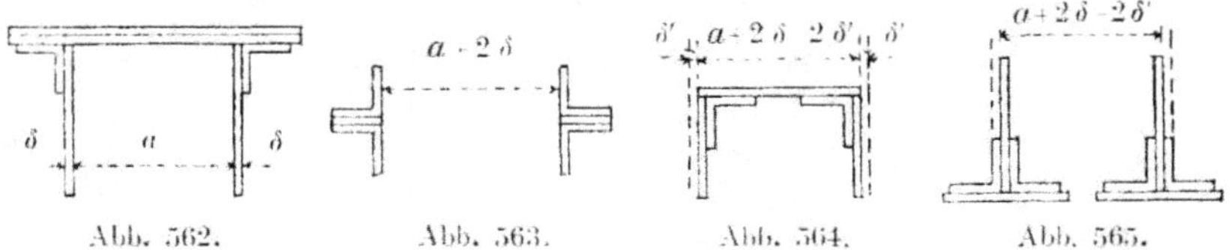

Abb. 562. Abb. 563. Abb. 564. Abb. 565.

zweckmäßig so gestaltet, daß die Winkel der Hängestangen, die nach Abb. 563 angeordnet und mit den Innenkanten der Winkel an die Außenseiten der Stegbleche des Bogens gelegt werden, diesen einschließlich der Knotenbleche zwischen sich fassen können. Dafür paßt ein Querschnitt von der Form in Abb. 564. Der Untergurtquerschnitt kann nach Abb. 565 ausgebildet werden. Die Knotenbleche sind in den Abb. 564 u. 565 gestrichelt dargestellt. Die sich gegenseitig bedingenden Breitenabmessungen der einzelnen Stabquerschnitte gehen aus der Beschriftung hervor. Im übrigen wird auf die Abhandlung über die Ausbildung der Stabquerschnitte des einfachen Balkens verwiesen.

In der Abb. 566 sind drei übereinanderliegende Knotenpunkte eines versteiften Stabbogens mit aufgehobenem Horizontalschub dargestellt. Der Stabbogen, die Hängestange und die Gurtungen des Versteifungsträgers zeigen die oben angegebenen Querschnitte. Die einzelnen Stäbe des Bogens sind geradlinig zwischen den Hängestangen geführt; der Stoß der Stegbleche liegt in der Mitte der Hängestange (vgl. hierzu die Beschreibung der Abb. 367 auf S. 225) und wird durch innenliegende Laschen gedeckt. Die beiden Teile der Hängestange sind durch kräftige Flacheisen, die zwischen die Winkel fassen, vergittert. Die zwischen den Winkeln jeder Hälfte verbleibenden Hohlräume müssen gefuttert werden. Die Knotenbleche des Untergurtes des Versteifungsträgers liegen an den Außenseiten der Stegbleche und reichen bis zur Unterkante der Winkel, die von beiden Seiten sich gegen die Knotenbleche totlaufen und durch Deckwinkel miteinander verbunden werden.

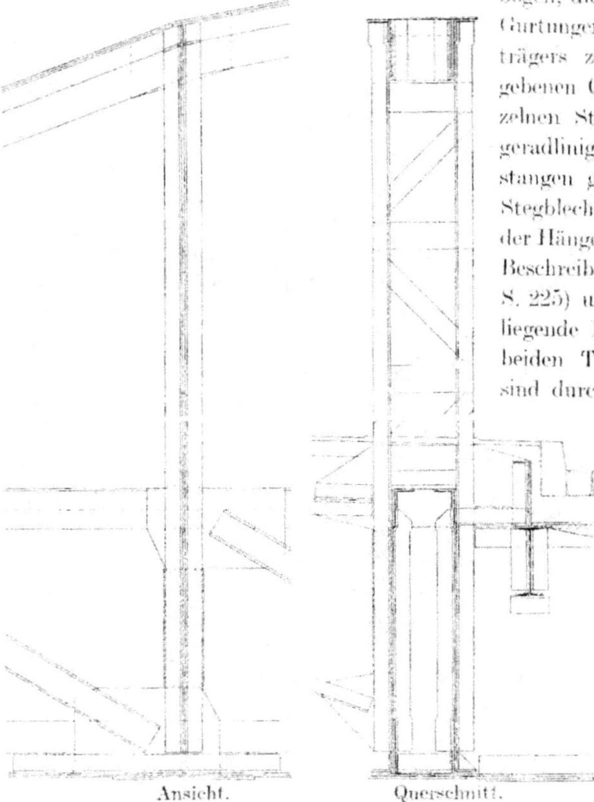

Abb. 566.

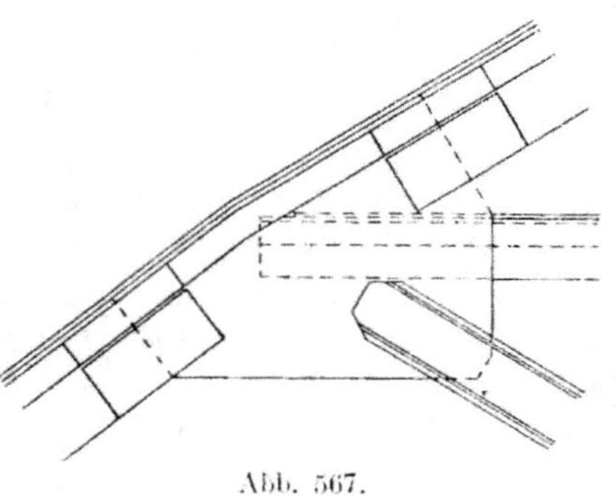
Abb. 567.

Die Abb. 567 veranschaulicht einen Knotenpunkt, in dem der Stabbogen und der Obergurt des Versteifungsträgers nach Abb. 561 zusammenlaufen. Die Knotenbleche, an deren Innenseiten der Obergurt angeschlossen ist, liegen in derselben Ebene und sind ebenso stark wie die Stegbleche des Stabbogens. Der Stoß der Stegbleche und der Knotenbleche wird mit Laschen gedeckt.

In der Abb. 568 ist der Auflagerknotenpunkt wiedergegeben. Die Knotenbleche liegen an den Außenseiten der Stegbleche des Untergurtes und reichen bis zur Unterkante der Winkel, die mit Keilfuttern auf sie hinaufgeführt sind. Die Stegbleche des Stabbogens stoßen ebenso wie bei dem Knotenpunkt in der Abb. 567 gegen die gleich starken Knotenbleche und werden durch besondere Laschen an ihnen angeschlossen. Der Anschluß der Kopfplatte des Stabbogens ist nach den auf S. 249 (Abb. 404) gegebenen Regeln ausgebildet.

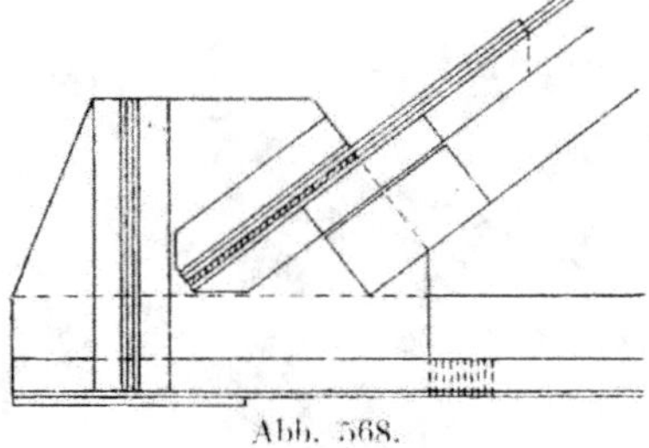
Abb. 568.

Für die Höhe der Querschnitte der Gurtungen des Versteifungsträgers und des Stabbogens gilt dieselbe Formel wie beim versteiften Stabbogen (siehe S. 328).

Die Versteifungsträger können auch vollwandig ausgeführt werden. So zeigen z. B. die festen Überbauten der Straßenbrücke[1]) über die Eider bei Friedrichstadt Stabbogen mit vollwandigen Versteifungsträgern von 105,8 m Stützweite. Der Querschnitt der Versteifungsträger ist einwandig (Abb. 569). Die Stegblechhöhe beträgt 2,30 m. Die ⊢⊣-förmigen Hängestangen sind dadurch an den Versteifungsträgern angeschlossen, daß die auf den abstehenden Winkeleisenschenkeln liegenden Flacheisen und auf diesen angeordnete besondere Anschlußeisen an dem Obergurt vorbeigeführt und durch Winkeleisen mit Querblechen, die an den Versteifungsträgern befestigt sind, verbunden sind. Die inneren dieser Querbleche gehen in die Querträger über. Die Stabbogen haben doppelwandigen Querschnitt (Abb. 570) und sind zwischen den Anschlußpunkten der Hängestangen, die 8,1 m Mittenabstand voneinander haben, geradlinig geführt. In den Anschlußpunkten sind alle Teile des Stabbogenquerschnittes gestoßen. Der Stoß der Stegbleche wird durch die Knotenbleche und außenliegende Laschen, der Stoß der Kopfplatte durch das obere Windverbandknotenblech

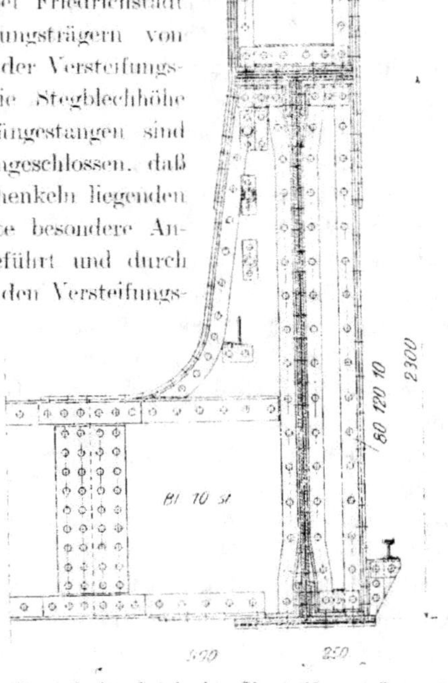

Querschnitt durch den Versteifungsträger.
Abb. 569.

[1]) Entwurf von Baurat Fr. Voß und Dipl.-Ing. Schwyzer. Ausführung von Louis Eilers in Hannover.

und der Stoß der Winkeleisen durch Winkeleisen gedeckt. Die unteren Winkeleisen sind durch eine Vergitterung miteinander verbunden. Der ganze Querschnitt ist durch Querschotten gut ausgesteift. An den Innenseiten der Knotenbleche schließen die Hängestangen an. Der Pfeil des Stabbogens beträgt 13.7 m. Nach den Angaben

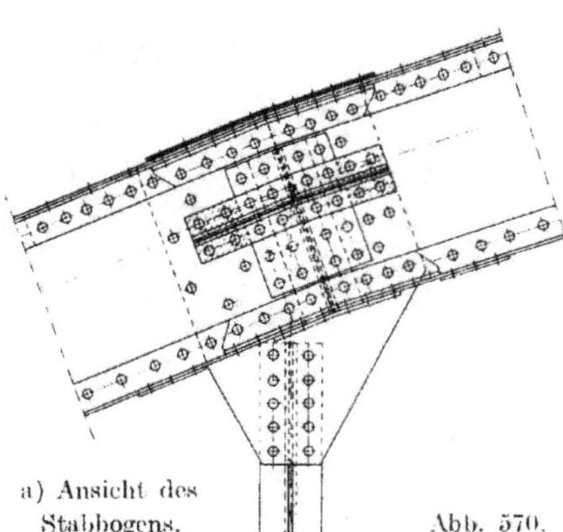

a) Ansicht des Stabbogens.

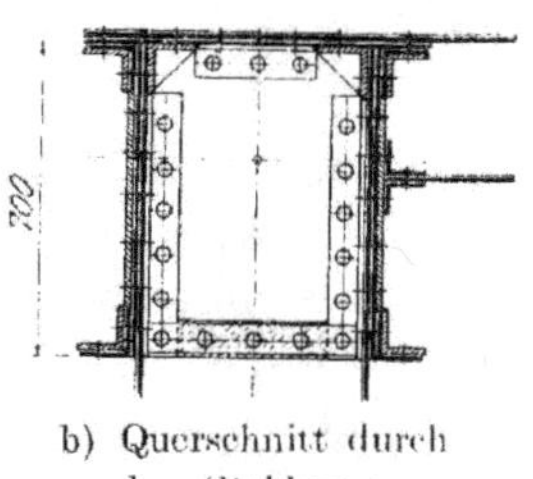

b) Querschnitt durch den Stabbogen.

Abb. 570.

der Entwurfsverfasser sind die Stabbogen mit vollwandigen Versteifungsträgern zwar etwas schwerer als Fachwerkbalkenträger, wegen ihrer einfachen Herstellung aber doch wirtschaftlicher als diese.

In den Abb. 571 bis 573[1]) sind die Einzelheiten des in der Abb. 488 dargestellten Auslegerbogenträgers wiedergegeben. Der eingehängte Mittelteil unterscheidet sich grundsätzlich nicht von dem eben behandelten Stabbogen mit vollwandigem Versteifungsträger. Da der Bogen aber aus Gründen des guten Aussehens sehr kräftig gehalten wurde, so wurden in den Anschlußpunkten der Hängestangen keine Gelenke angenommen, sondern es wurde die Biegungsfestigkeit des Bogens ausgenutzt und zur Entlastung des Versteifungsträgers herangezogen. So entstand die auf S. 288 schon näher beschriebene, achtfach statisch unbestimmte Trägerart. Bogen und Streckbalken sind nicht gemäß den Rechnungsannahmen gelenkig zusammengeschlossen, sondern fest miteinander vernietet (Abb. 571). Bogen und Streckbalken zeigen doppelwandige Querschnitte. Der Querschnitt des Bogens ist nach unten, der des Streckbalkens nach oben ganz geöffnet, damit die Hängestangen bequem in sie hineingeführt werden können. Die Stegblechhöhe des 47,32 m weit gestützten Streckbalkens beträgt durchweg 1440 mm. Die Bogenhöhe nimmt nach dem Scheitel zu, wo die Stegbleche 1300 mm hoch sind. Die Abb. 572 u. 573 zeigen die Ausbildung des Auslegerträgers über dem Widerlager und dem Mittelpfeiler. Auch der Auslegerträger hat einen zweiwandigen Querschnitt, seine Höhe ist dieselbe wie die des Streckbalkens. Das Auflager über dem Widerlager erhält nur nach oben gerichtete Auflagerkräfte und besteht daher nur aus einem Anker, der seinen Zug mit einem schaufelförmigen Ansatz an das Widerlagermauerwerk abgibt. Der Schwebeträger setzt sich mit Kipplagern aus Stahlguß auf die Ausleger auf. Die Oberteile der Kipplager um-

[1]) Die Abb. 571 bis 573 sind der Tafel I des vierten Heftes des Jahrgangs 1915 des „Eisenbau" entlehnt.

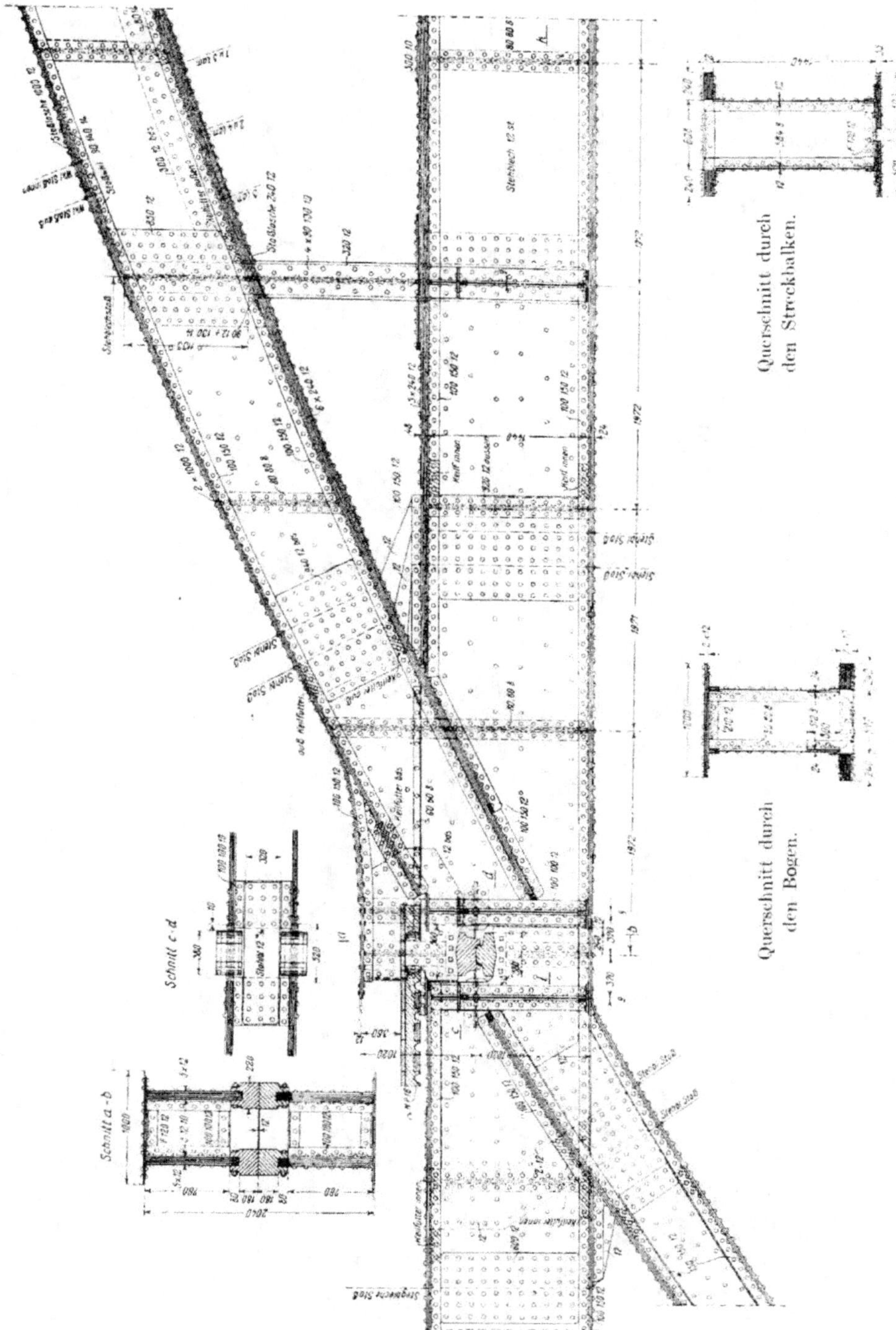

Abb. 571. Ansicht am Gelenk und Querschnitte.

fassen die Stegbleche des Schwebeträgers, die Unterteile die des Auslegers (siehe Abb. 571, Schnitt *a*—*b*). Schwebeträger und Ausleger stehen in wagerechter Richtung nur durch wagerechte Bleche in Verbindung, welche in der Ebene der Berührungslinien der Kipplager liegen und im Innern der Querschnitte an die Wandungen genietet sind (Abb. 571, Schnitt *c*—*d*). Diese Bleche dienen namentlich zur Übertragung der Gurtkräfte des Windverbandes, der in der Ebene der Berührungslinien der Kipplager von Widerlager zu Widerlager durchgeht.

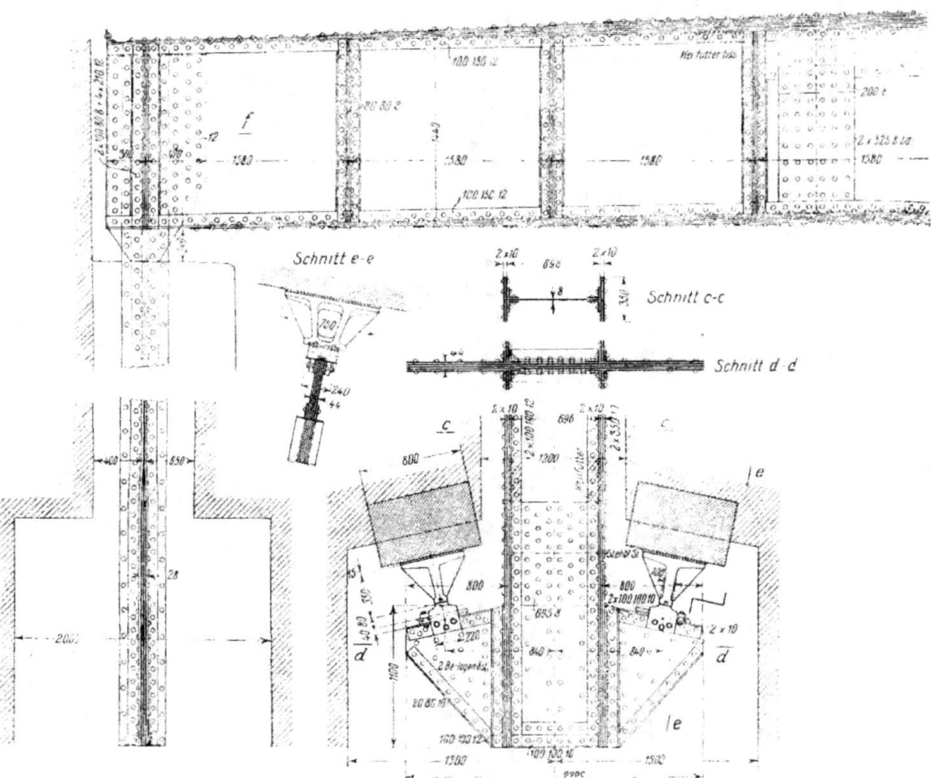

Ansicht des Auslegerträgers am Widerlager, Ansicht der Verankerung und Schnitte.

Abb. 572.

E. Hängebrücken.

1. Kurzer geschichtlicher Überblick[1]).

Die Hängebrücken sind in ihrer einfachsten Form schon sehr lange bekannt. Der neuzeitliche Hängebrückenbau setzt aber erst 1796 in Amerika mit dem Bau der Hängebrücke über den Jacobscreek ein. Sie wurde von Finley mit eisernen Ketten, senkrechten Hängestangen und wagerechter angehängter Fahrbahn gebaut.

[1]) Näheres findet man in „Mehrtens, Eisenbrückenbau". Erster Band. Verlag von Wilhelm Engelmann, Leipzig.

Die Ketten waren nach Art der Wagenketten gestaltet, überspannten die zu überbrückende Öffnung in einer Seillinie und waren nach rückwärts verankert. Die Bauart der Ketten nach Art der Wagenketten wurde wieder verlassen, als am Anfang des vorigen Jahrhunderts von dem Engländer Brown die aus einzelnen hochkantig gestellten und durch Bolzen miteinander verbundenen Flacheisen bestehende Kette erfunden wurde. Sie ist bis auf den heutigen Tag im Kettenbrückenbau vorbildlich geblieben und bei bedeutenden Bauwerken verwendet worden, so

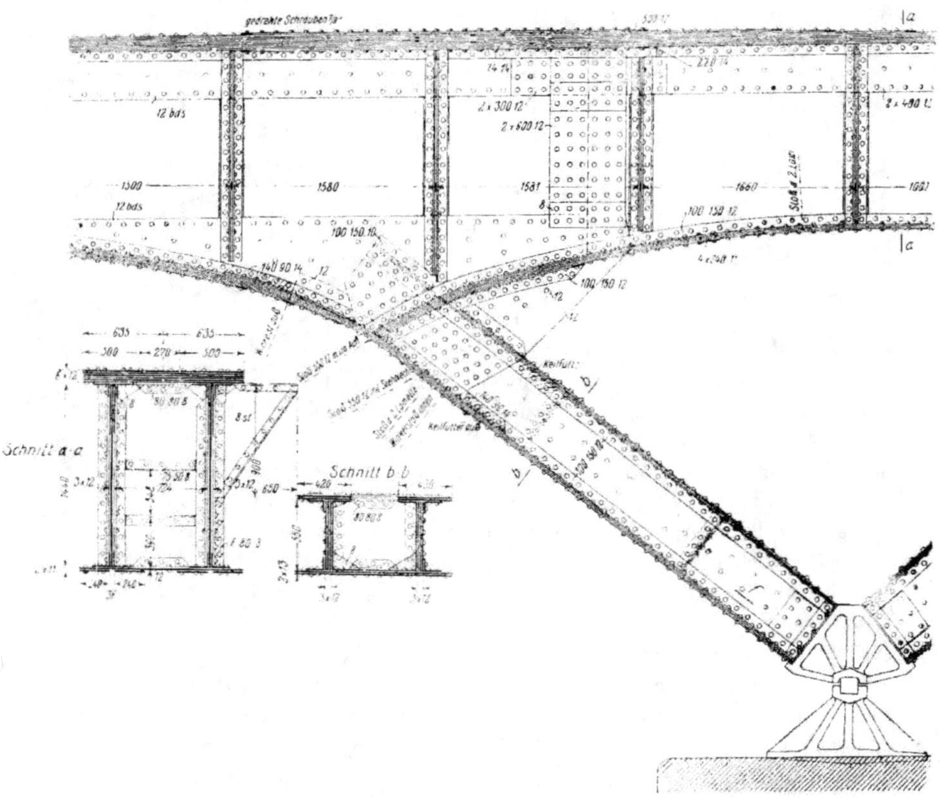

Ansicht des Auslegerträgers am Lager auf dem Mittelpfeiler und Querschnitte.

Abb. 573.

z. B. bei der 1903 vollendeten Elisabeth-Brücke in Budapest mit 290 m Spannweite. Auch die kürzlich vollendete Hängebrücke über den Rhein in Köln mit einer 184,46 m weit gespannten Mittelöffnung und zwei halb so großen Seitenöffnungen hat eine Kette aus hochkantig gestellten Flacheisen. In neuerer und neuester Zeit sind für die Kette zwei weitere Formen in Aufnahme gekommen, erstens der genietete, aus Flacheisen und Winkeln zusammengesetzte Kettengurt nach Art des][-förmigen Obergurtes der Balkenbrücken und die Flachbandkette aus flach aufeinanderliegenden, miteinander vernieteten Flach- oder Universaleisen.

Im Anfang des vorigen Jahrhunderts wurde von amerikanischen Ingenieuren ein anders gestaltetes Trageglied für Hängebrücken erfunden, das Drahtseil (auch Kabel genannt). Wir finden es zum ersten Male bei dem im Jahre 1816 von White und Hazard erbauten Hängesteg über den Schuylkillfall bei Philadelphia. Einige Jahre später erbauten die Gebrüder Seguin in Frankreich eine größere Anzahl Kabelhängebrücken, und zwar nach dem sogenannten „französischen System", das darin bestand, daß die Fahrbahn an verschiedenen schwächeren, voneinander getrennten Drahtseilen aufgehängt wurde, die auf der Baustelle in gerader Lage fertiggestellt und dann ausgehängt wurden.

Das französische System wurde von Ellet in Amerika eingeführt, bewährte sich aber nicht und wurde bald von der Drahtkabelbauart des Deutsch-Amerikaners Johann August Röbling (geb. 1806 in Mühlhausen in Thüringen) verdrängt. J. A. Röbling vereinigte die Drähte in starken Kabeln und ersann zur Herstellung solcher Kabel das Luftspinnverfahren. Röbling baute in Amerika eine ganze Anzahl sehr bedeutender Hängebrücken; die größte von ihnen ist die Drahtkabelhängebrücke über den Ohio in Cincinnati mit einer Stützweite der Mittelöffnung von 322 m. Sie wurde im Jahre 1867 vollendet. J. A. Röblings Meisterwerk sollte die Drahtkabelhängebrücke über den East-River zwischen New York und Brooklyn (Brooklyn-Brücke) mit einer 486,3 m weit gespannten Mittelöffnung und zwei je 283,5 m weit gestützten Seitenöffnungen werden. Er stellte die ersten Entwürfe auf, starb aber infolge einer Verletzung, die er sich beim Vermessen der Brücke zugezogen hatte, im Jahre 1869, bevor der Bau begonnen hatte, der dann von seinem Sohne Washington Röbling im Jahre 1883 glücklich zu Ende geführt wurde.

Auch die im Jahre 1903 vollendete Williamsburger Brücke und die im Jahre 1909 dem Verkehr übergebene Manhattan-Brücke über den East-River haben Röblingsche, nach dem Luftspinnverfahren hergestellte Kabel erhalten.

Ein ausgezeichnetes Trageglied für Hängebrücken wurde dann in neuerer Zeit in dem Spiraldrahtseil geschaffen, das in der Fabrik hergestellt und auf der Baustelle ausgehängt wird.

Die bis zum Ende der ersten Hälfte des vorigen Jahrhunderts hergestellten Hängebrücken mit Ketten und Drahtseilen, die in einer Seillinie die zu überbrückenden Öffnungen überspannten, waren sogenannte unversteifte Hängebrücken, die keine oder doch nur unvollkommene Mittel besaßen, um Einsenkungen der Brückenbahn vorzubeugen, die bei teilweiser Belastung dadurch entstehen, daß sich das Seil oder die Kette für jede Laststellung in eine neue Gleichgewichtslage einstellt, und um Schwingungen zu verhüten, in welche die Brücke bei fortschreitender Belastung versetzt wird.

Abb. 574.

Eine rechnerisch steife Hängebrückenbauart stellt eine schon zu Anfang des vorigen Jahrhunderts bekannte Bauweise mit Schrägketten dar (Abb. 574), die z. B. bei der im Jahre 1824 über die Saale bei Nienburg erbauten (im Jahre 1825 eingestürzten) Brücke ausgeführt wurde. Von hochgelegenen und nach rückwärts verankerten

Punkten der die zu überbrückende Mittelöffnung begrenzenden Pfeiler gehen Schrägketten aus. Sie greifen an Streckbalken an, die von Pfeiler zu Pfeiler und von Pfeiler zu Widerlager durchgehen. Die senkrechten Lasten erzeugen Zugkräfte in den Schrägketten und Kräfte, die in die Ebene der Streckbalken fallen und von diesen an die Pfeiler abgegeben werden. Die langen, sehr flach geneigten, nach dem mittleren Teil der Streckbalken gehenden Schrägstäbe sind wenig wirksam und sehr empfindlich gegen Fehler in den Längen und gegen Ungenauigkeiten bei der Montage. Die Schrägkettenbauart hat sich daher auch nicht bewährt. Wir finden sie noch in der Bauart Ordish-Lefeuvre, nach der die Franz-Josef-Brücke über die Moldau in Prag im Jahre 1868 erbaut wurde (Abb. 575). Von Pfeiler zu Pfeiler durchlaufende Blechbalken werden von einzelnen geraden Schrägketten und Dreieckshängewerken getragen. An der außerdem noch vorhandenen, nach einer Seillinie gespannten Kette ist nicht die Brückenbahn, sondern sind nur die geraden Schrägketten aufgehängt, damit letztere sich nicht durchbiegen. Ein Durchhängen der Schrägketten hätte nämlich eine vergrößerte lotrechte Bewegung der Fahrbahn zur Folge, da beim Wechseln der Belastung nicht allein die Längenänderung der Schrägketten, sondern auch die Änderung der Größe des Durchhanges der Ketten die Höhenlage der Aufhängepunkte beeinflussen würde.

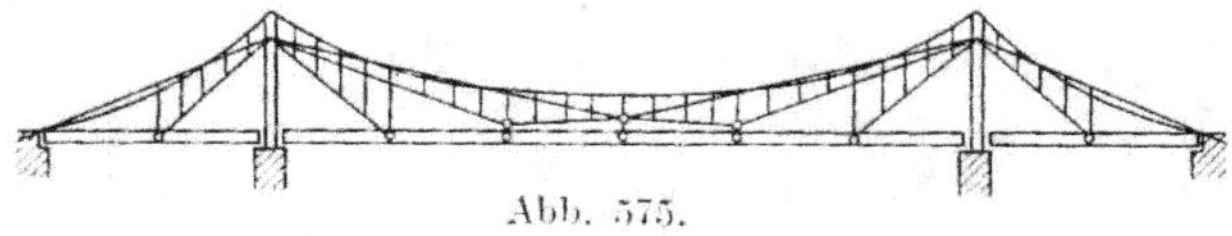

Abb. 575.

Eine der Bauart Ordish-Lefeuvre ähnliche, aber dieser in der statischen Wirkungsweise überlegene Bauart ist die in neuester Zeit in Frankreich zweimal ausgeführte Bauweise Giselard. In der Abb. 576[1]) ist die nach dieser Bauart

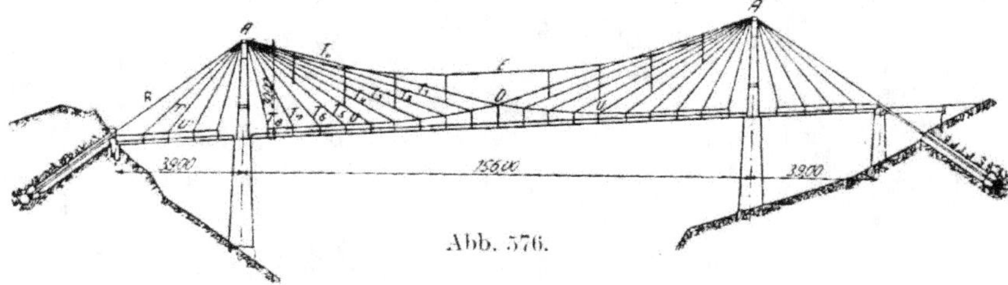

Abb. 576.

im Jahre 1908 erbaute Hängebrücke bei Villefranche dargestellt. Die von Pfeiler zu Pfeiler und von Pfeiler zu Widerlager durchgehenden Fahrbahnrandträger hängen an kurzen, lotrechten Seilen, die in der Mittelöffnung an den Schnittpunkten der geraden Schrägseile T und der Untergurtseile U und in den Seitenöffnungen an den Schnittpunkten der Schrägseile T' und der Untergurtseile U' aufgehängt sind. Eine lotrechte Last in der Mittelöffnung wird am Aufhängepunkt von dem zugehörigen Schrägseil T und dem Untergurtseil U, in der Seitenöffnung vom zugehörigen Schrägseil T' und dem Untergurtseil U', das nach rückwärts im Fels verankert ist, aufgenommen. Die Schrägseile T und T' laufen über den Pfeilern

[1]) Näheres siehe „Eisenbau“ 1910, S. 121. Vgl. auch Zentralblatt der Bauverwaltung 1913, S. 682.

in den längsbeweglichen Lagern A zusammen, die durch die Rückhaltseile R im Fels verankert sind. Die Tragwerke der einzelnen Öffnungen sind unabhängig voneinander. Das Tragwerk der Mittelöffnung besteht aus zwei Scheiben, die bei O in der Mitte gelenkig zusammengeschlossen sind. Die Lage des Punktes O und die Form des Untergurtes ist so gewählt, daß die in den Aufhängepunkten zusammentreffenden Stäbe nur Zug erhalten und demnach aus Drahtseilen hergestellt werden können. In der Mittelöffnung ist von Pfeilerspitze zu Pfeilerspitze noch ein Entlastungsseil E gespannt, an dem die langen Schrägseile aus dem schon bei der Besprechung der Bauart Ordish-Lefeuvre angeführten Grunde aufgehängt sind. Die Bauart Gisclard ist innerlich und äußerlich statisch bestimmt, in ihrer Wirkungsweise nicht ungünstig, sieht aber mit dem Gewirr von Stäben, die zu zweien und vieren hintereinander liegen, wenig ansprechend aus.

Schrägketten wurden bei unversteiften Hängebrücken neben nach einer Seillinie gespannten Tragketten schon in der ersten Hälfte des vorigen Jahrhunderts verwendet, um die Einsenkungen der Fahrbahn und die Schwingungen der Brücke unter bewegten Lasten in mäßigen Grenzen zu halten (Abb. 577). Jedoch war der Erfolg nicht groß, da, wie schon erwähnt, namentlich die langen, flach geneigten Schrägketten wenig wirksam waren. Auch andere Mittel, wie kräftige hohe Geländer und starke durchgehende Fahrbahnlängsträger, konnten den unversteiften Hängebrücken nicht die durchaus erforderliche Steifigkeit geben. Das einzig sichere und wirksame Mittel zur Versteifung der Hängebrücken ist ein besonderer Versteifungsträger, der den Zweck hat, die Kette zu versteifen und damit die Einsenkungen unter bewegten Lasten zu verhindern und die Einzellasten gleichmäßig auf die Kette zu verteilen. In den ersten Anfängen finden wir den Versteifungsträger schon im Jahre 1818 bei der Fußgängerbrücke über den Tweed in England. Röbling verwandte bei der im Jahre 1855 vollendeten Hängebrücke über den Niagara hölzerne Versteifungsträger. Alle neueren und neuesten Hängebrücken besitzen eiserne Versteifungsträger. Diese können unter den Ketten und Seilen ohne unmittelbaren Zusammenhang mit diesen (Abb. 578) oder im Zusammenhang mit diesen in hoher Lage (Abb. 579) angeordnet werden. Es finden sich auch noch Abarten von diesen beiden Hauptarten der Versteifungsträger (vgl. z. B. die Abb. 588 u. 589).

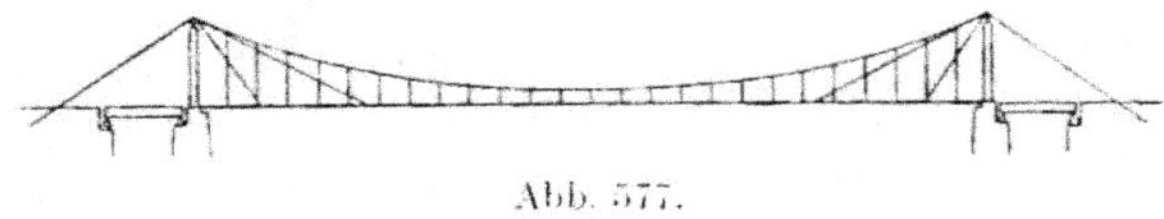
Abb. 577.

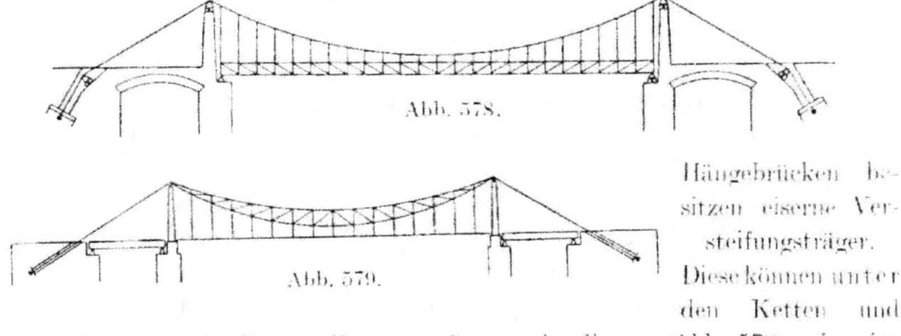
Abb. 578.

Abb. 579.

Als ein Vorläufer der hochliegenden Versteifungsträger ist die Doppelkettenbauart anzusehen, bei der beide Ketten nach rückwärts verankert und durch Füllungsstäbe miteinander verbunden waren (Abb. 580). Diese Bauart wurde zuerst bei der im Jahre 1839 vollendeten Kettenbrücke über die Weser bei Hameln

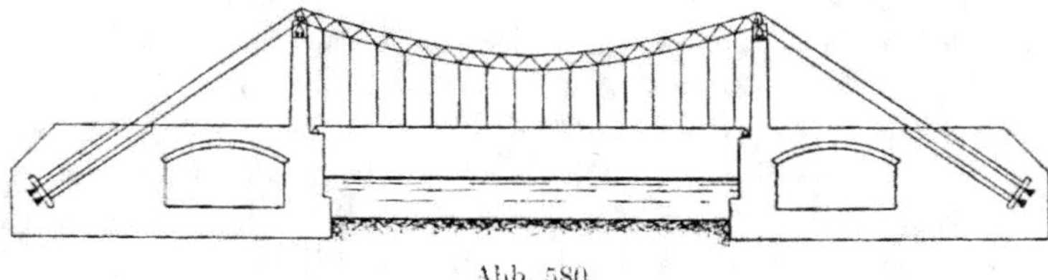

Abb. 580.

durch Wendelstadt ausgeführt. Sie stellt die Umkehrung eines eingespannten Fachwerkbogens mit wagerecht elastischen Stützen dar. Sie ist sehr empfindlich gegen Wärmeschwankungen und Montagefehler und ist deshalb in neuer Zeit nicht wieder verwendet worden. Die hochliegenden Versteifungsträger nach Abb. 579 sind in ihrer statischen Wirkungsweise sehr verschieden von den versteiften Doppelketten. Sie sind über den Pfeilern in einem Punkte zusammengeführt oder dort so gelagert, daß sie eine ebenso klare Bauart geben wie die Trägerart mit tiefliegendem Versteifungsträger (Abb. 578) ist. Hiervon ist weiter unten noch eingehend die Rede.

Wird der Untergurt des mit der Kette oder dem Seil zusammenhängenden und im höchsten Punkte der Pylonen mit dem Seil oder der Kette gemeinschaftlich gelagerten Versteifungsträgers wagerecht ausgestreckt und in die Höhe der Fahrbahn gelegt (Abb. 581), oder der Versteifungsträger unter Fortlassung der Stäbe,

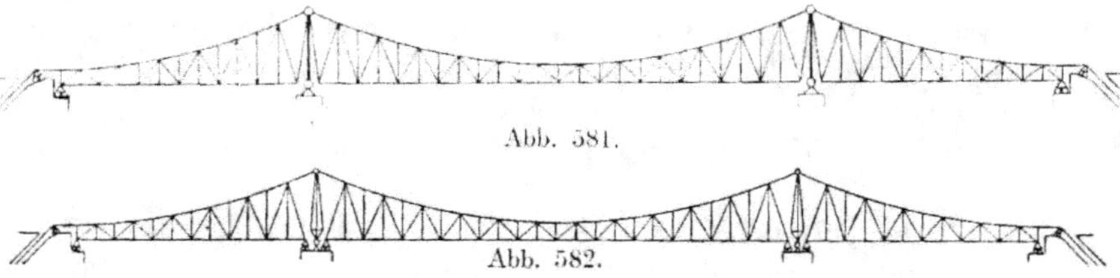

Abb. 581.

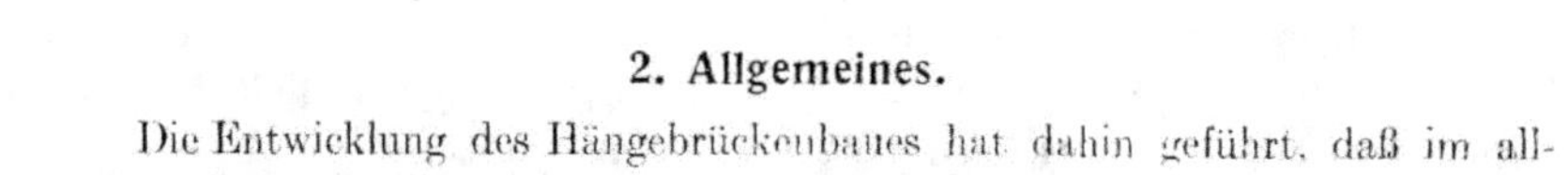

Abb. 582.

die seinen Untergurt an die Pylonenköpfe anschließen, unten auf den Pfeilern gelagert (Abb. 582), so entsteht das sogenannte Hängefachwerk. Die erste Ausführung einer durch ein Hängefachwerk versteiften Kabelbrücke ist die 1862 von Barlow erbaute Lambethbrücke über die Themse in London.

2. Allgemeines.

Die Entwicklung des Hängebrückenbaues hat dahin geführt, daß im allgemeinen jetzt für Hängebrücken nur noch in Seillinien gespannte Kabel oder Ketten und unten- oder obenliegende Versteifungsträger oder Hängefachwerke in Frage kommen. Alle anderen Mittel zur Versteifung, wie Schrägketten oder versteifte Doppelketten, sind als veraltet zu betrachten.

Die Hängebrücken mit ihrer einfachen und natürlichen Linienführung lassen ihre Kräftewirkung ebenso wie die Bogenbrücken klar in die Erscheinung treten und sind gerade wohl deshalb in ästhetischer Beziehung so sehr befriedigend. Die Hängebrücken mit tiefliegenden Versteifungsträgern übertreffen sogar die Bogenbrücken mit hochliegenden Hauptträgern entschieden hinsichtlich des guten Aussehens, da bei den ersteren nur die verhältnismäßig schwachen Kabel oder Ketten, bei letzteren aber die massigen Bogenträger selbst hoch über der Fahrbahn in die Erscheinung treten. Liegen die Versteifungsträger unter der Fahrbahn, so ist der Querverkehr von außenliegenden Fußsteigen zur Fahrbahn und der freie Blick von der Brücke auf die Umgebung nicht behindert. Die Hängebrücken lassen sich leicht ohne jedes Gerüst aufstellen. Die Kabel oder Ketten können ohne Mühe von leichten Drahtseilen aus eingebaut und dann die Versteifungsträger und die Fahrbahn von beiden Seiten aus unter Aufhängung an die Ketten oder die Kabel vorgestreckt werden. Bei kleineren Stützweiten sind die Hängebrücken den anderen Brückenarten wirtschaftlich unterlegen. Für leichten Verkehr treten die Hängebrücken schon bei mittleren Stützweiten mit den anderen Brückenarten erfolgreich in Wettbewerb. Die Ansichten, von welchen Stützweiten an für schweren Verkehr die wirtschaftliche Überlegenheit der Hängebrücken beginnt, sind sehr geteilt. Der Wettbewerb um den Bau einer festen Straßenbrücke in Köln (Ersatz Schiffbrücke)[1]) hat gezeigt, daß bei einer Stützweite von rund 200 m die Bogen- und Balkenbrücken den Hängebrücken noch erheblich überlegen sind. Die Vorentwürfe für die Eisenbahnbrücke bei Quebec mit Stützweiten von $2 \times 157{,}1$ m $+ 549$ m (Abb. 457) haben die wirtschaftliche Überlegenheit einer Auslegerbrücke über eine Hängebrücke ergeben. Nach Dr.-Ing. Bohny[2]) ist zur Überführung von Eisenbahnen die Hängebrücke erst bei einer Stützweite von 600 m an, zur Überführung von Straßen dagegen wegen des erheblich größeren Eigengewichts der Straßenbrücken schon bei einer Stützweite von 300 m an allen anderen Brückenarten wirtschaftlich überlegen.

Die eigentümlichen Hauptteile einer Hängebrücke sind:

1. die in Seillinien gespannten Ketten oder Kabel mit ihren Rückhaltenden,
2. die Verankerung der Ketten oder Kabel in dem Falle, daß der Horizontalzug der Ketten oder Kabel nicht von Teilen der Brücke selbst aufgenommen wird,
3. die die höchsten Punkte der Ketten oder Kabel stützenden Pfeileraufbauten aus Stein oder Eisen, Pylonen genannt,
4. die Aufhängeglieder der Fahrbahn,
5. die Versteifungsträger.

Die Haupttrageglieder sind die Ketten oder Kabel. Die Versteifungsträger dienen in erster Linie dem Zweck, den ihre Benennung angibt, nämlich der Versteifung der Kette, in zweiter Linie erst der Aufnahme der Lasten. Die Versteifungsträger sind daher nur so stark zu machen, daß sie die Ketten oder Kabel gut ver-

[1]) „Eisenbau" 1911, 1912 und 1913.

[2]) „Theorie und Konstruktion versteifter Hängebrücken" von Dr.-Ing. Bohny. Verlag von Wilhelm Engelmann, Leipzig.

steifen, aber sich an der Aufnahme der Lasten nicht in dem Maße beteiligen, daß die Ketten oder Kabel zu wenig belastet werden. In der Regel wird den Ketten oder Kabeln die Aufnahme der gesamten ständigen Last zugewiesen, was man dadurch erreicht, daß man bei gegliederten Versteifungsträgern die Anschlüsse der Füllungsglieder erst nach dem Ausrüsten und nach dem Aufbringen der ganzen ständigen Last vernietet und bei vollwandigen Versteifungsträgern eine größere Anzahl Unterbrechungen oder Gelenke vorsieht, die erst nach dem Ausrüsten und nach dem Aufbringen der Fahrbahn vernietet werden.

Die Ketten oder Kabel überspannen als tragende Teile in Seillinienform entweder nur eine Öffnung (Abb. 578 und 584) oder mehrere Öffnungen (Abb. 583). Im ersten Falle werden die Rückhaltenden der Ketten oder Kabel von den höchsten

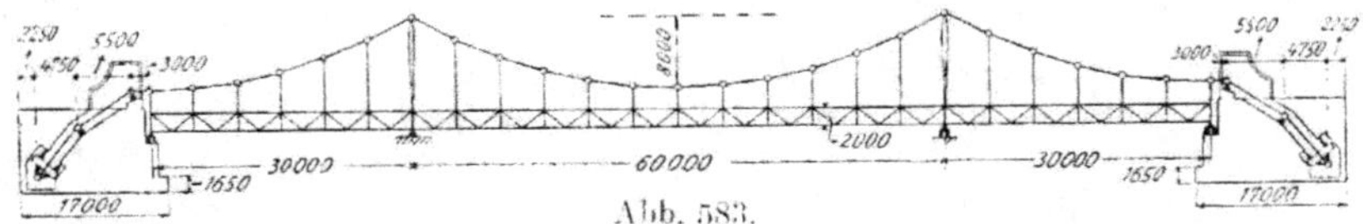

Abb. 583.

Punkten der Pylonen seitwärts in gerader Richtung schräg nach unten zu den Verankerungen geführt (Abb. 578 und 584). Unter den Rückhaltenden können noch Seitenöffnungen mit besonderen Trägern, die nicht an den Ketten oder Kabeln hängen, vorhanden sein (Abb. 584 und 591).

Die Ketten oder Kabel müssen auf gemauerten Pylonen längsbeweglich gelagert sein. Würden sie hier fest gelagert werden, so würde die Kettenkraft die Pylonen auch in wagerechter Richtung beanspruchen. Hierzu sind aber die Pylonen wegen ihrer Höhe nicht geeignet. Die wagerechte Komponente der Kettenkraft soll vielmehr einwandfrei bis zu den Verankerungen geführt werden; deshalb müssen die Lager auf gemauerten Pylonen und auch die Lager an den Stellen, wo die Kette aus ihrer Richtung zum Zwecke einer günstigen Gestaltung der Widerlager abgebogen wird (Abb. 583), gut längsbeweglich gelagert sein. Werden die Pylonen als eiserne Pendelsäulen ausgeführt (Abb. 583), so werden die Ketten oder Kabel mit ihren Köpfen fest verbunden. Auch bei sehr schlanken, eisernen, unten eingespannten Pylonen kann man die Ketten oder Kabel mit ihren Köpfen fest verbinden, da die wagerechte Komponente der Kettenkraft bei der Biegsamkeit der Pylonen einwandfrei zu den Verankerungen geführt wird.

Man unterscheidet, je nachdem als Hauptttrageglieder Ketten aus hochkantig gestellten und durch Gelenkbolzen verbundenen oder aus flachliegenden und miteinander vernieteten Flacheisen oder aus genieteten Querschnitten in der][-Form oder Kabel (Drahtseile) verwendet werden:

1. Kettenhängebrücken,
2. Kabelhängebrücken (Drahtseilhängebrücken).

Nach der Lage der Versteifungsträger zu den Ketten oder Kabeln und zur Fahrbahn unterscheidet man:

1. Hängebrücken mit tiefliegenden Versteifungsträgern, die mit den Ketten oder Kabeln außer durch die Hängestangen in der Regel keinen Zusammenhang haben, wohl aber mit der Fahrbahn in Verbindung stehen (Abb. 578).

Sind die Ketten oder Kabel in Seillinienform nur über eine Öffnung gespannt (Abb. 578), so ist der Versteifungsträger in der Regel ein einfacher Balkenträger mit einem festen und einem beweglichen Lager. Diese Trägerart ist einfach statisch unbestimmt. Durch Einschaltung eines Gelenkes in den Versteifungsträger kann die statische Unbestimmtheit beseitigt werden. Sind die Ketten oder Kabel in Seillinienform über mehrere Öffnungen gespannt (Abb. 583), so werden die Versteifungsträger als durchlaufende Träger ohne Gelenke über alle Öffnungen durchgeführt oder als einfache Balkenträger über den einzelnen Öffnungen angeordnet oder schließlich auch als Auslegerträger ausgebildet. Im ersten Falle ist die Trägerart bei n-Öffnungen n-fach, im zweiten Falle einfach statisch unbestimmt. Der durchlaufende Träger erhält ein festes Lager und im übrigen längsbewegliche Lager. Die einfachen Balkenträger über den einzelnen Öffnungen erhalten je ein festes und ein bewegliches Auflager. Durch die festen Lager werden die wagerechten, in der Brückenlängsrichtung wirkenden Kräfte aufgenommen. Man könnte diese Kräfte auch dadurch in die Kette und durch diese in die Widerlager leiten, daß man die Kette in feste, nicht in der Längsrichtung verschiebliche Verbindung mit den Versteifungsträgern bringt; man müßte dann aber die festen Lager durch bewegliche ersetzen, wenn an dem Grad der statischen Unbestimmtheit nichts geändert werden soll (vgl. die Abb. 589). In der Fläche der Ketten oder Kabel wird in der Regel kein Windverband angeordnet, sondern nur in der Ebene der Versteifungsträgergurtungen, die unter der Fahrbahn liegen.

2. Hängebrücken mit hochliegenden Versteifungsträgern, die mit den Ketten oder Kabeln in fester Verbindung stehen, mit der Fahrbahn aber in der Regel außer durch die Hängestangen keinen Zusammenhang haben (Abb. 579). Die Versteifungsträger können Sichelform (Abb. 579) oder auch gleichlaufende Gurtungen (Abb. 584) oder auch Gurtungen, die ihren Abstand nach den höchsten Punkten der Ketten oder Kabel zu vergrößern (Abb. 585)[1]), erhalten. Die in den Abb. 579 und 584

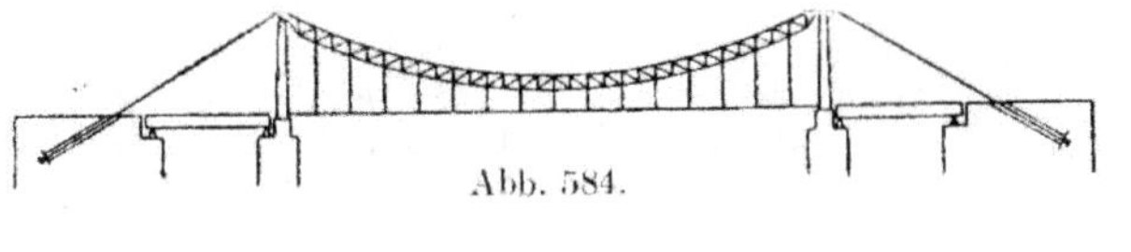
Abb. 584.

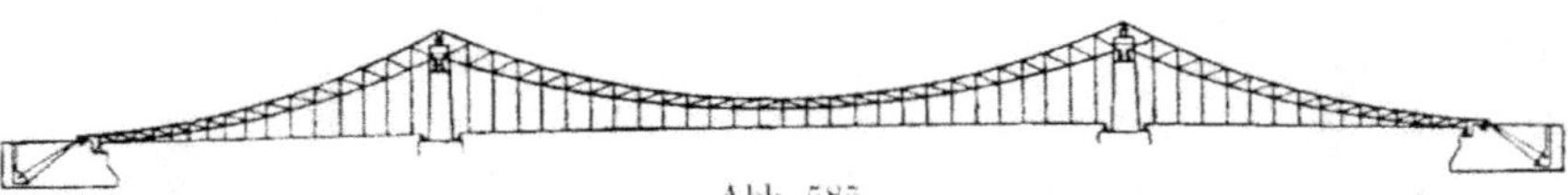
Abb. 585.

veranschaulichten Versteifungsträger sind über den Pylonen mit den Ketten oder Kabeln in einem Punkte zusammengeführt und gemeinschaftlich mit den Ketten oder den Kabeln beweglich gelagert. Dadurch entsteht im Gegensatz zu den versteiften Doppelketten (Abb. 580) ein klares, einfach statisch unbestimmtes Gebilde. Bei der in der Abb. 585 wiedergegebenen Hängebrückenbauart sind die Versteifungsträger nicht mit den Seilen an den höchsten Punkten zu-

[1]) Diese Brückenform wurde von der Gesellschaft Harkort vor einigen Jahren für die kürzlich vollendete Straßenbrücke über den Rhein in Köln vorgeschlagen. Die in der Abb. 585 dargestellte Lagerung der Versteifungsträger weicht von dem Entwurf etwas ab.

sammengeführt, sie sind vielmehr besonders und getrennt auf den Pylonen beweglich gelagert. Die landseitigen Enden der seitlichen Versteifungsträger sind auf den Widerlagern beweglich gelagert. Das Trägergebilde ist durchaus klar, es ist einfach statisch unbestimmt.

Die auf die Fahrbahn in der Brückenlängsrichtung wirkenden wagerechten Kräfte müssen bei den in den Abb. 579 und 584 dargestellten Hängebrücken und in der Mittelöffnung der in der Abb. 585 veranschaulichten Hängebrücke durch feste Verbindung der Fahrbahn mit einem der Pfeiler in diesen geleitet werden. In den Seitenöffnungen der in der Abb. 585 wiedergegebenen Hängebrücke werden die wagerechten, in der Brückenlängsrichtung auf die Fahrbahn wirkenden Kräfte an den Versteifungsträger, an dessen landseitigem Ende die Fahrbahn angeschlossen ist, und durch diesen an die Verankerung abgegeben.

Die statische Unbestimmtheit der in den Abb. 579, 584 und 585 dargestellten Hängebrückenarten mit obenliegenden Versteifungsträgern läßt sich durch Einschaltung eines Gelenkes in die Versteifungsträger vermeiden, wie bei den in den Abb. 586 und 587 dargestellten Anordnungen. Bei dem in der Abb. 586 veranschaulichten Hängeträger wird der Untergurt von dem Kabel gebildet, die Obergurte gehen geradlinig von dem Gelenkpunkt in der Mitte nach den Pylonenspitzen. Der Versteifungsträger liegt also in diesem Falle über dem Kabel. In statischer Beziehung besitzt diese Trägerform den Nachteil, daß der Obergurt infolge der Verkehrslast Druck erhalten kann. Dieser Nachteil läßt sich durch entsprechende Ausbildung der Versteifungsträger vermeiden, und zwar dadurch, daß man die Hängelinie, welche die Umkehrung einer Bogenstützlinie darstellt, zwischen beiden Gurtungen verlaufen läßt. Hiernach ist ein von Lindenthal aufgestellter Entwurf für die Brücke bei Quebec, die in der in der Abb. 457 veranschaulichten Gerberträgerform ausgeführt ist, durchgebildet worden (Abb. 587). Die Achsen der Versteifungs-

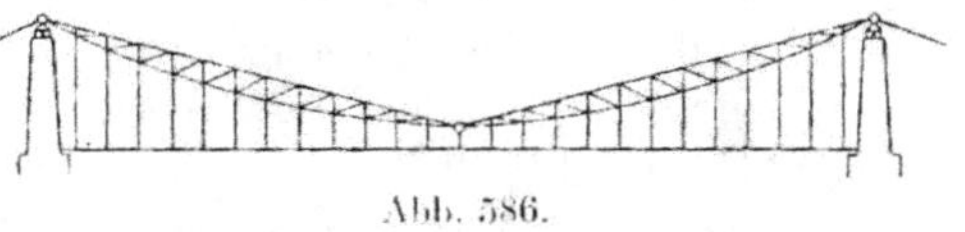
Abb. 586.

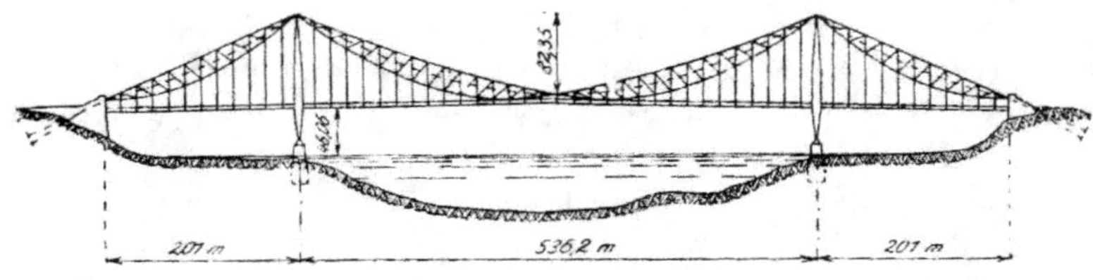

Abb. 587.

träger sind so geformt, daß die aus Flacheisenstäben gebildeten oberen und unteren Gurtungen in keinem Belastungsfalle Druck erhalten können und daß die Füllungsstäbe unter dem alleinigen Einflusse des Eigengewichtes spannungslos bleiben. Bei der Anordnung von Windverbänden in der Fahrbahnebene muß man darauf achten, daß die Wirkung des Gelenkes der Hauptträger nicht beeinträchtigt wird.

3. Hängefachwerke. Darüber, wie man sich die Hängefachwerke entstanden denken kann, ist schon auf S. 341 kurz die Rede gewesen. Bei dem in der Abb. 581 dargestellten Hängefachwerk erhalten nur die seitlichen Träger in der Höhe der Fahrbahn Auflager, und zwar nur auf den Widerlagern längsbewegliche Auflager. Das in der Abb. 582 veranschaulichte Hängefachwerk entspricht der in der Abb. 585 dargestellten Trägerart. Man hat sich nur die hochliegenden Auflager der Untergurte der Versteifungsträger in die Fahrbahnhöhe verlegt und die Untergurte in der Fahrbahnebene geradlinig ausgestreckt zu denken. Jeder der drei Hängeträger erhält zwei längsbewegliche Auflager.

Die den Obergurt des Hängefachwerkes bildende Kette oder das Kabel trägt in der Regel die gesamte ständige Last. Dem Hängefachwerk selbst fällt ebenso wie den unter 1. und 2. behandelten Versteifungsträgern in erster Linie die Versteifung der Kette oder des Kabels und die gleichmäßige Verteilung von Einzellasten auf die Kette oder das Kabel zu. Die letzteren werden ebenso gelagert wie bei der Hängebrückenbauart mit tiefliegendem, von der Kette oder dem Kabel getrenntem Versteifungsträger (Abb. 578 und 583). Die Längskräfte werden von der Kette oder dem Kabel aufgenommen und den Widerlagern zugeführt. Um die langen Füllungsstäbe in der Nähe der Pylonen zu vermeiden und um die Höhen der Versteifungsträger der Linie der Größtmomente anzupassen, wird auch statt der in der Abb. 581 dargestellten Trägerart die in der Abb. 588 veranschaulichte und statt der in der Abb. 582 wiedergegebenen Bauart die in der Abb. 589 dar-

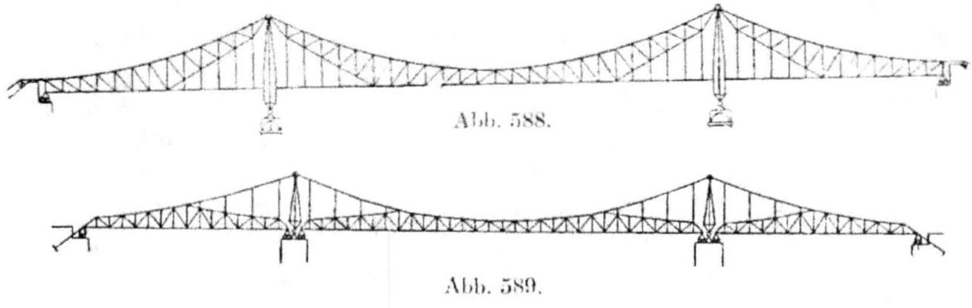
Abb. 588.

Abb. 589.

gestellte ausgeführt. Die erste dieser Trägerarten kann man auch als Hängebrücke mit hochliegenden, mit der Fahrbahn verbundenen Versteifungsträgern und die zweite als Hängebrücke mit tiefliegenden, mit der Kette oder dem Kabel zusammenhängenden Versteifungsträgern bezeichnen.

Die Hängebrücken mit hochliegenden Versteifungsträgern erfordern wegen der großen, hoch über der Fahrbahn dem Winde ausgesetzten Flächen der Versteifungsträger in den meisten Fällen besondere Windverbände in der Fläche der Ketten oder Kabel und außerdem auch noch Querversteifungen, die die Untergurte der Versteifungsträger gegen den oberen Verband festlegen. Diese Verbände sind neben dem unmittelbar unter der Fahrbahn liegenden Windverband, der als einziger bei den Hängebrücken mit tiefliegenden Versteifungsträgern und bei den Hängefachwerken in Frage kommt, notwendig. Bei den Hängefachwerken werden die Pfosten mit den Querträgern zu biegungsfesten Halbrahmen vereinigt und auf diese Weise die auf den oberen Teil des Fachwerkes wirkenden Windkräfte auf den

Fahrbahnwindverband übertragen. Die Hängebrücken mit tiefliegenden Versteifungsträgern und die Hängefachwerke sind deshalb im allgemeinen wirtschaftlicher als die Hängebrücken mit hochliegenden Versteifungsträgern.

In ästhetischer Beziehung sind die Hängebrücken mit tiefliegenden Versteifungsträgern weit befriedigender als die Hängefachwerke und die Hängebrücken mit hochliegenden Versteifungsträgern, weil sie in klarerer und dem allgemeinen Verständnis näherliegender Weise als die anderen Arten den Charakter der Hängebrücke in die Erscheinung treten lassen. Diese Ansicht ist auch bei dem Wettbewerb um den Bau einer festen Straßenbrücke über den Rhein in Köln (vgl. „Eisenbau" 1911, 1912 und 1913) klar zum Ausdruck gekommen, und sie ist in diesem bedeutungsvollen Wettbewerb dahin erweitert worden, daß in ästhetischer Beziehung die beste Lösung einer Hängebrückenbauart diejenige mit vollwandigen, unter der Fahrbahn liegenden oder, falls die erforderliche Höhe der Versteifungsträger ein Hinausragen über die Fahrbahn zur notwendigen Folge hat, mit außerhalb der Fußsteige liegenden, diese aber nur in Geländerhöhe überragenden Versteifungsträgern darstellt.

Der wagerechte Zug der Ketten oder Kabel wird entweder allein durch die Verankerungen in den Widerlagern (z. B. Abb. 578, 583) oder im gewachsenen Fels (Abb. 576) oder allein von Teilen des eisernen Überbaues oder schließlich von beiden aufgenommen. Man unterscheidet danach:

1. Hängebrücken ohne aufgehobenen Horizontalzug.
2. Hängebrücken mit ganz aufgehobenem Horizontalzug.
3. Hängebrücken mit teilweise aufgehobenem Horizontalzug.

Bei den Hängebrücken der zweiten Art muß der ganze Horizontalzug in das eiserne Tragwerk der Brücke übergeleitet werden. Dies erfordert überbrückte Seitenöffnungen, deren Träger an der Kette hängen (Abb. 590 und 592) oder von dieser unabhängig sein können (Abb. 591). Die Versteifungsträger in den einzelnen

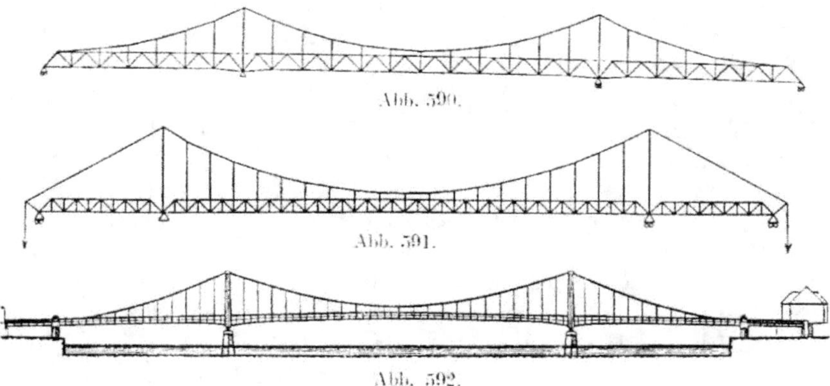

Abb. 590.

Abb. 591.

Abb. 592.

Öffnungen (Abb. 590) oder der Versteifungsträger in der Mittelöffnung und die Träger der Seitenöffnungen (Abb. 591) können dabei einfache Balkenträger sein oder auch als durchlaufende Träger über alle Öffnungen geführt werden (Abb. 592).

Im ersten Falle müssen sie über den Mittelpfeilern gelenkig zusammengeschlossen sein, damit der Horizontalzug ein geschlossenes Glied zu seiner Aufnahme vorfindet (Abb. 590 und 591).

Von den Lagern darf nur eins fest sein; alle übrigen müssen längsbeweglich ausgebildet werden, damit der ganze Überbau bei Wärmeschwankungen und bei Beanspruchung durch die Verkehrslast seine Länge ungehindert ändern kann. An den Endlagern werden in der Regel Verankerungen zur Aufnahme senkrechter negativer Auflagerkräfte notwendig.

Bei der in der Abb. 590 dargestellten Hängebrücke ist die Kette mit den Obergurten der seitlichen Versteifungsträger verbunden. Die Kettenkraft wird also von den Obergurten dieser Träger nach den Gelenken über den Pfeilern und von dort in den Untergurt des mittleren Versteifungsträgers geleitet. Die seitlichen Versteifungsträger müssen in diesem Falle schon vernietet werden, ehe die Kette in Wirkung tritt; sie beteiligen sich daher auch an der Aufnahme der ständigen Lasten. Beim mittleren Versteifungsträger wäre dies nicht nötig, wenn der Untergurt für sich allein auf die ganze Länge für die aus dem wagerechten Kettenzug herrührende Druckkraft knicksicher ausgebildet werden könnte. Dies wird jedoch im allgemeinen nicht der Fall sein.

Wird nur die Mittelöffnung von einer Hängebrücke, dagegen jede der Seitenöffnungen von einem einfachen Balken überbrückt (Abb. 591), so empfiehlt Sonntag in seinem beachtenswerten Aufsatze: „Wirtschaftliche Gesichtspunkte und Vorschläge für den Bau versteifter Hängebrücken" im „Eisenbau" 1911, S. 187 u. ff., den wagerechten Kettenzug von den unteren Gurtungen aufnehmen zu lassen, da in den Seitenöffnungen dem durch den wagerechten Kettenzug erzeugten Druck die Zugkräfte der unteren Gurtungen entgegenwirken und in der Mittelöffnung der Untergurt weniger ungünstig als der Obergurt belastet wird. Für die Überleitung des wagerechten Kettenzuges in den Untergurt macht Sonntag drei Konstruktionsvorschläge, die in den Abb. 593 bis 595 veranschaulicht sind. Bei der

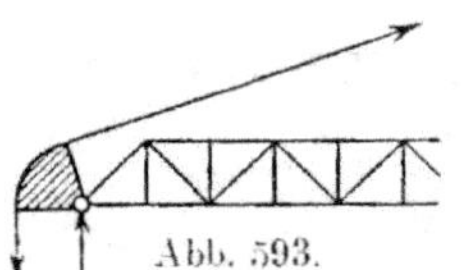
Abb. 593.

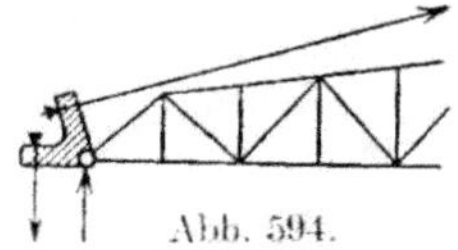
Abb. 594.

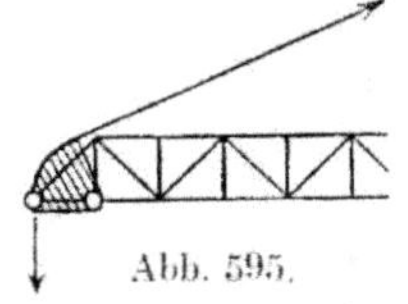
Abb. 595.

in der Abb. 593 dargestellten Anordnung soll das Seil über eine mit dem Auflager gelenkig verbundene Scheibe senkrecht nach unten geführt werden. Bei der in der Abb. 594 wiedergegebenen Ausbildung enden die Seile an dem einen der beiden Schenkel eines mit dem Auflagerpunkt ebenfalls gelenkig verbundenen Winkelhebels. An dem anderen Hebel greift die senkrechte Ankerkraft an, die ebenso wie bei der Anordnung in Abb. 593 vom Widerlager aufgenommen werden muß. Bei der Anordnung nach Abb. 595 fällt das in den Anordnungen nach Abb. 593 und 594 vorhandene Auflagermoment weg; die senkrechte Verankerung liegt hier in der Ebene der sich gegenüberliegenden Endauflager, und der Drehpunkt der Scheibe ist in dem dem Auflager benachbarten Untergurtknotenpunkt angeordnet.

Soll bei Hängebrücken mit hochliegenden Versteifungsträgern der Horizontalzug der Ketten oder Kabel ganz von den Widerlagern ferngehalten werden, so müssen in der Fahrbahnebene besondere Druckgurte zur Aufnahme des Horizontalzuges der Ketten oder Kabel angeordnet werden (Abb. 596)[1]).

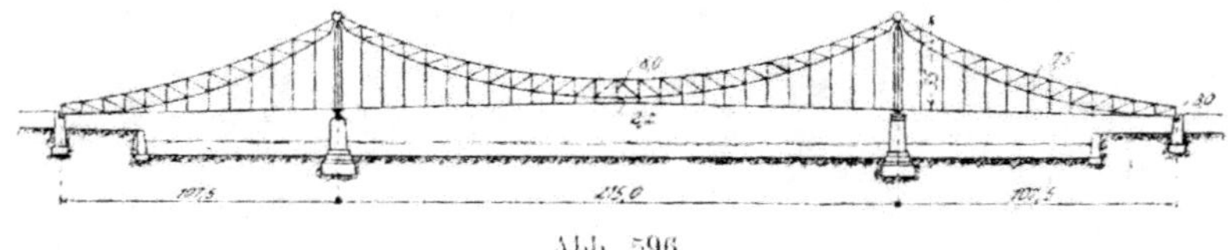

Abb. 596.

Die Vorteile der Bauweise mit aufgehobenem Horizontalzug gegenüber der anderen ohne aufgehobenen Horizontalzug bestehen in folgendem:

1. Der Spannungszustand und die Durchbiegungen werden, abgesehen von Wärmeunterschieden in den Ketten oder Kabeln einerseits und den Versteifungsträgern anderseits, unabhängig von Wärmeschwankungen.
2. Der Spannungszustand und die Durchbiegungen werden nicht von seitlichen Ausweichungen der Widerlager beeinflußt.
3. Man spart an Kosten für die Anlage der teuren Verankerungen in den Widerlagern und an Mauerwerk für die letzteren.

Man wird also Hängebrücken mit aufgehobenem Horizontalzug in den Fällen ausführen, daß die Durchbiegungen möglichst eingeschränkt werden müssen, daß der Baugrund für die Widerlager nicht einwandfrei ist und daß die Widerlager infolge örtlicher Verhältnisse zur Unterbringung langer, schräger Verankerungen zu beschränkt sind.

Sollen Hängebrücken mit aufgehobenem Horizontalzug von den Ketten oder Kabeln aus frei, d. h. ohne feste Gerüste, aufgestellt werden, so müssen die Ketten oder Kabel vorübergehend verankert werden.

Hängebrücken mit teilweise aufgehobenem Horizontalzuge sind solche, bei denen der Horizontalzug teilweise in das eiserne Tragwerk der Brücke und teilweise in die Widerlager geleitet wird. Eine solche Trägerart würde man z. B. erhalten, wenn man bei der in der Abb. 591 dargestellten Anordnung die Verankerung nicht senkrecht, sondern gegen die Senkrechte geneigt annähme. Natürlich darf die Neigung gegen die Senkrechte nicht so stark sein, daß die Verankerung in die Richtung des Rückhaltendes fällt.

Zu den Hängeträgern mit aufgehobenem Horizontalzug gehören dem Wesen nach auch die ihres guten Aussehens wegen zur Überführung städtischer Straßen beliebten Gerberträger mit Hängegurt nach Abb. 597, bei denen die beiden in die Mittelöffnung vorkragenden Kragträger über den Zwischenpfeilern mit je einem Hängegurt versehen sind. Diese Trägerart ist aus dem in der Abb. 440 dargestellten Gerberträger in dem Bestreben, die langen Füllungsglieder in der Nähe der Zwischenpfeiler zu vermeiden, entstanden; sie sieht sehr gut aus, ist aber wegen des dritten

[1]) Entwurf der Gesellschaft Harkort für den Wettbewerb (1910/11) um den Bau einer festen Straßenbrücke über den Rhein in Köln.

Gurtes in der Nähe der Zwischenpfeiler im allgemeinen unwirtschaftlicher als ein Gerberträger nach der in Abb. 440 dargestellten Anordnung. Die in der Abb. 597 wiedergegebene Trägerart ist zweimal einfach statisch unbestimmt; durch Fortlassung der Obergurtstäbe über den Mittelpfeilern läßt sich die statische Unbe-

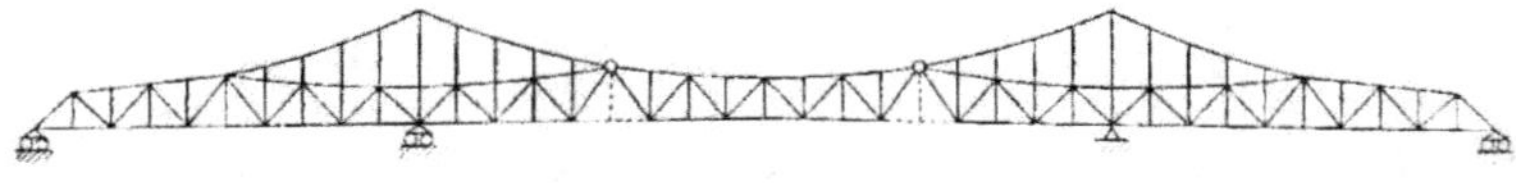

Abb. 597.

stimmtheit beseitigen. Man kann sich die Trägerart der Abb. 597 auch aus der Trägerart der Abb. 589 dadurch entstanden denken, daß man die schrägen Verankerungen fortläßt, die Versteifungsträger über den Mittelpfeilern biegungsfest zusammenschließt und gemeinschaftlich lagert, eins der vier Lager fest ausführt und an den Anschlußpunkten der Kette an dem Versteifungsträger der Mittelöffnung Gelenke einfügt.

Zur Versteifung der Hängebrücken in wagerechter Richtung hat man häufig die Kabel und Ketten in geneigten Ebenen angeordnet, d. h. ihren Abstand von der Mitte nach den Pylonenspitzen zu erweitert. Da aber die schiefen Überschneidungen der geneigten Hängestangen in der Ansicht sehr unruhig wirken und durch die Anordnung von wagerechten Windverbänden, von denen schon die Rede gewesen ist, in dem Falle, daß ihre Breite wenigstens $^1/_{22}$ der Stützweite beträgt, hinreichende Steifigkeit erreicht werden kann, ist man von der Anordnung geneigter Ketten oder Kabel im allgemeinen abgekommen.

Die Frage, ob die Pylonen aus Stein oder Eisen gebildet werden sollen, ist vom ästhetischen Standpunkte dahin zu beantworten, daß eine Hängebrücke in ihrer Gesamterscheinung besser wirkt, wenn sie ganz aus Eisen gebildet ist und nicht durch steinerne Pylonen unterbrochen wird. Der Wettbewerb um den Bau einer festen Straßenbrücke über den Rhein in Köln hat die Richtigkeit dieser Anschauung bestätigt.

Die versteiften Hängebrücken sind bei einwandfreier Durchbildung aller Einzelheiten nicht nur zur Überführung von Straßen, sondern auch von Eisenbahnen geeignet, wenn nur durch geeignete Maßnahmen, von denen gleich noch die Rede sein wird, dafür gesorgt wird, daß sie in senkrechter und wagerechter Richtung die nötige Steifigkeit besitzen.

Es sind auch Brücken mit Ketten oder Kabeln vorgeschlagen, die nicht von der Verkehrslast oder von Wärmeänderungen beansprucht werden, sondern lediglich den Zweck erfüllen, die Hauptträger vom Eigengewicht der Brücke ganz oder teilweise zu entlasten. Zu dem Zwecke sollen die Ketten oder Kabel durch besondere Gegengewichte gespannt werden. Damit diese nicht zu groß werden, soll die Spannung durch sogen. Differential-Spannrollen hervorgebracht werden[1]).

[1]) D. R. P. Nr. 212 295 und Nr. 212 296 von dem verstorbenen Oberingenieur der Brückenbauanstalt Beuchelt & Co. in Grünberg in Schlesien, Regierungsbaumeister a. D. O. Thomas. Näheres siehe „Eisenbau" 1910, S. 249 u. f.

3. Günstige Höhenverhältnisse für die Hängebrücken und Linienführung der Ketten oder Kabel.

Die Höhe der Versteifungsträger ausgeführter Hängebrücken ist außerordentlich verschieden, sie schwankt zwischen $^1/_{30}$ und $^1/_{60}$ der Stützweite der größten Öffnung. Der gebräuchlichste Wert ist wohl $^1/_{45}$; doch können Rücksichten auf ein gutes Aussehen und örtliche Verhältnisse bedeutend geringere Höhen erheischen. Beispielsweise beträgt die Höhe des Versteifungsträgers in der Mittelöffnung der Hängebrücke über den Rhein in Köln $^1/_{57}$ der Stützweite. Versteifungsträger in der Form durchlaufender Träger können geringere Höhen erhalten als in der Form einzelner einfacher Balkenträger. Niedrige Versteifungsträger sind natürlich biegsamer als höhere. Man muß daher bei sehr niedrigen Versteifungsträgern durch geeignete andere Maßnahmen die Durchbiegungen in erlaubten Grenzen halten. Dies ist bei der Kölner Hängebrücke dadurch geschehen, daß der Horizontalzug der Ketten in die Versteifungsträger geleitet wird, daß die Achse der Versteifungsträger in den einzelnen Öffnungen nach oben gesprengt ist, daß keine Kabel, sondern Ketten angeordnet sind und daß die Pfeilhöhe der Ketten gering, gleich $^1/_{10}$ der Stützweite gewählt ist. Bei Eisenbahnbrücken dürfen die Durchbiegungen wegen der Entgleisungsgefahr und wegen des Umstandes, daß sie infolge der großen Geschwindigkeit der Eisenbahnfahrzeuge sehr schnell entstehen und zurückfedern, und hierdurch Schwingungen veranlaßt werden, die auf den Bestand der eisernen Brücken um so ungünstiger einwirken, je größer sie sind, im allgemeinen nicht über $^1/_{1000}$ der Stützweite betragen. Bei Straßenbrücken liegen die Verhältnisse weit günstiger. Hier entstehen die größten Durchbiegungen unter einer Verkehrslast, die in der Hauptsache aus nicht zu schnell fahrenden Wagen und aus Menschengedränge besteht, in einem weit größeren Zeitraum als bei den Eisenbahnbrücken. Immerhin werden aber auch die Straßenbrücken von schnell fahrenden Straßenbahnen und Kraftwagen befahren, so daß auch bei ihnen zu große Durchbiegungen unzulässig erscheinen. Auch könnte bei sehr biegsamen Straßenbrücken ein schnell sich von der einen auf die andere Seite bewegender Querverkehr unerwünschte Schwankungen verursachen. Aus diesen Gründen ist auch der Wettbewerb 1910/11 um den Bau der Kölner Rheinbrücke insofern ergebnislos verlaufen, als keiner der in erster Linie für die Ausführung in Betracht kommenden Entwürfe wegen zu großer Biegsamkeit zur Ausführung gewählt wurde. Bei dem im zweiten Wettbewerb zur Ausführung bestimmten Entwurf (Abb. 619) sind die größten Durchbiegungen unter der Verkehrsbelastung auf $^1/_{573}$ der Stützweite beschränkt worden. Ein Wärmeunterschied von 10° C zwischen Kette und Versteifungsträger hat hier nur eine größte Einsenkung von $^1/_{2500}$ der Stützweite zur Folge.

Über die Form der Versteifungsträger in den einzelnen Öffnungen geben die vorstehenden Abbildungen und die dazugehörigen Beschreibungen Aufschluß.

Die Werte für die Pfeilhöhen der nur eine Öffnung oder die mittlere von mehreren Öffnungen überspannenden Ketten oder Kabel ausgeführter Hängebrücken schwanken zwischen $^1/_7$ und $^1/_{10}\,l$, wobei l die Entfernung der Lager auf den Pylonen und f die senkrechte Entfernung zwischen der Verbindungslinie dieser Lager und dem tiefsten Punkt der Kette bedeutet. Der gebräuchlichste Wert ist wohl $^1/_9\, l$. Für sehr große Spannweiten ist die Pfeilhöhe jedoch größer zu wählen. So findet Steinmann nach Melan für amerikanische Kabelbrücken als günstigste Pfeilhöhe bei $l = 300$ m $f = {}^1/_{8 \cdot 2}\, l$ und bei $l = 600$ m $f = {}^1/_{7 \cdot 7}\, l$.

Mit den Pfeilhöhen wachsen die Kosten für die Pylonen und die Längen der Ketten und Hängestangen. Mit zunehmender Pfeilhöhe verringert sich aber die Kettenkraft. Durch kleine Pfeilhöhen wird der Biegsamkeit der Hängebrücken entgegengewirkt.

Die Ketten und Kabel werden in der Regel auf Parabeln geführt, sie müssen es, wenn ihnen die Aufnahme der gesamten ständigen, gleichmäßig verteilten Last zugewiesen wird. Erstreckt sich in diesem Falle die Kette oder das Kabel als tragender Teil über mehrere Öffnungen, so müssen die Beziehungen bestehen: $\frac{g_1 l_1^2}{f_1} = \frac{g_2 l_2^2}{f_2} = \ldots$, wo g_1, l_1, f_1 usw. die ständige Einheitslast, die Stützweite und die Pfeilhöhe in den einzelnen Öffnungen bedeuten.

4. Die Form, die Herstellung und der Baustoff der Ketten und der Kabel.

Für die Kette sind drei Formen gebräuchlich: erstens der genietete Kettengurt nach Art des ⅃⊏-förmigen Obergurtquerschnittes der Balkenbrücken, zweitens die Flachbandkette mit flach aufeinander genieteten Flacheisen und drittens die Kette mit hochkantig gestellten, an den Enden mit Gelenkbolzen miteinander verbundenen Flacheisen. Der ersten und zweiten Art haftet der Nachteil an, daß sie deshalb sehr schwer ausfallen, weil ihre Gewichte durch den ungeschwächten Querschnitt, zu dem noch die Nietköpfe hinzuzuschlagen sind, bestimmt werden, ihre Querschnitte aber mit Berücksichtigung des Bohrverlustes festgesetzt werden müssen. Der genietete ⅃⊏-förmige Kettengurt ist gegenüber der Flachbandkette dadurch im Nachteil, daß seine Nebenspannungen weit größer sind als in der Flachbandkette. Über die bauliche Ausbildung des genieteten Kettengurtes und der Flachbandkette ist bei der nachstehenden Beschreibung der baulichen Einzelheiten der Hängebrücken gleich noch die Rede. Die Kette aus hochkantig gestellten Flacheisen mit Bolzenverbindungen besitzt nur an den Bolzenverbindungen eine Zugabe an Querschnitt und ist wegen der Gelenkverbindungen Nebenspannungen weniger ausgesetzt als die genieteten Ketten. Die einzelnen Glieder sind entweder Augenstäbe (Abb. 606) oder Flacheisen, die an den Köpfen durch Auflegen von Platten verstärkt sind (Abb. 598). Über die Form und die Herstellung von Augenstäben ist auf den Seiten 16 bis 20 und 145 bis 146 nachzulesen. Die Form mit verstärkten Köpfen nach Abb. 598 ist wirtschaftlicher als die Augenstabform; sie ist auch bei der kürzlich vollendeten Rheinbrücke in Köln ausgeführt worden. Nach Gerber wird die Stärke der Verstärkungsplatten so groß gewählt, daß der Stab in der Mitte des Bolzens in der Querrichtung einen nutzbaren Querschnitt $= 1.1\,F$ und hinter dem Bolzen in der Längsachse einen nutzbaren Querschnitt $= 0.75\,F$ aufweist, wenn F den Querschnitt des unverstärkten Stabes unter Berücksichtigung des nötigen Abzuges der Niet-

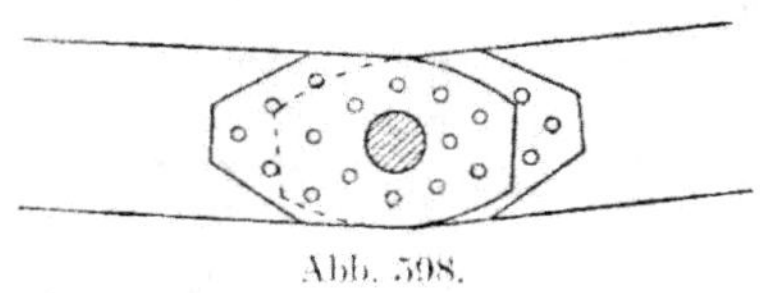
Abb. 598.

löcher bedeutet. Nach Melan ist der nutzbare Querschnitt in der Mitte des Bolzens in der Querrichtung $= 1{,}1 F$, $1{,}25 F$ und $1{,}4 F$ zu setzen, je nachdem der Bolzendurchmesser $^1/_3$, $^1/_2$ oder $^2/_3$ der Stabbreite ist. Die Niete, die die Verstärkungsplatten mit dem Stab verbinden, und deren Zahl nach dem auf die Verstärkungsplatten entfallenden Kraftanteil zu bemessen ist, müssen versenkt sein. Nach dem Aufnieten der Beilagen werden die oberen Flächen gehobelt, um vollständig ebene Flächen und eine gleichmäßige Dicke aller Stäbe am Bolzen zu erhalten. Damit die Mittelpunkte der beiden Augen aller Stäbe eines Kettengliedes gleiche Entfernungen haben, werden alle Stäbe eines Kettengliedes gemeinsam gebohrt. Sind für das eine zweier benachbarter Kettenglieder n Stäbe, deren Dicke auch bei großen Brücken nicht über 25 mm gewählt wird, von demselben Querschnitt erforderlich, so wählt man in der Regel für das andere Kettenglied $n - 1$ Stäbe von demselben Querschnitt und 2 Stäbe von dem halben Querschnitt oder auch $n - 2$ Stäbe von demselben Querschnitt und 4 Stäbe von dem halben Querschnitt nach der Anordnung in Abb. 609. Die Höhe der Flacheisen ist so zu wählen, daß die Kette schlank aussieht. Es empfiehlt sich daher, die Höhe der Flacheisen nicht über $^1/_{200}$ der Stützweite anzunehmen. Bei der 290 m weit gespannten Elisabeth-Brücke in Budapest hat man, um das Aussehen der Kette möglichst leicht zu gestalten, zwei übereinander liegende, ungefähr 1 m voneinander entfernte Ketten angeordnet und den Kettengliedern eine Höhe von nur 0,5 m $= ^1/_{580}$ der Stützweite gegeben. Der Versteifungsträger ist abwechselnd an der oberen und unteren Kette aufgehängt. In statischer Hinsicht läßt aber diese Anordnung zu wünschen übrig, da die beabsichtigte Lastverteilung auf beide Ketten nicht sichergestellt ist.

Durch Änderung der Stabstärke der Kettenglieder oder deren Breite kann man eine Abstufung der Querschnittsgrößen in den aufeinander folgenden Kettengliedern erzielen.

Die Kette mit hochkantig gestellten Flacheisen ist den genieteten Ketten gegenüber insofern im Nachteil, als ihre Unterhaltung in den Zwischenräumen, namentlich bei hohen Flacheisen, auf Schwierigkeiten stößt und die Unterhaltung und Nachprüfung der sich in den Knotenpunkten berührenden Flächen unmöglich ist. Es empfiehlt sich, die sich berührenden Flächen durch Abhobeln genau aufeinanderzupassen und mit einem nicht rostenden Metallüberzug zu versehen. Der Nachteil der erschwerten Unterhaltung ist aber kleiner als die bereits erwähnten Vorteile.

Als Baustoff für die Ketten kommen Flußeisen und die hochwertigen Stahlsorten (vergl. S. 60 bis 65) in Frage. Die Ketten der Hängebrücke über den Rhein in Köln sind aus Chromnickelstahl (vergl. S. 64) gefertigt.

Das Kabel wird aus einzelnen Drähten gebildet. Die Drähte haben Kreisquerschnitt, bei den sogenannten patentverschlossenen Kabeln auch trapezförmigen und **Z**-förmigen Querschnitt. Als Baustoff hat sich bis jetzt am besten ein Tiegelflußstahl von 120 bis 150 kg/qmm Festigkeit und 4 bis 3% Bruchdehnung bewährt. Als bester Rohstoff kommt für diesen Tiegelflußstahl nach den Angaben des Felten u. Guilleaume-Carlswerkes in Mülheim (Rhein) reines schwedisches Holzkohleneisen in Betracht. Trotz der geringen Bruchdehnung von nur 4 bis 3%

hat sich der Drahtkabelbaustoff ausgezeichnet bewährt, vor allem wohl deshalb, weil er nach dem Walzen keiner weiteren gewaltsamen Bearbeitung mehr unterworfen wird. Die mittlere Bruchfestigkeit der neuerdings vom Carlswerk für Hängebrückenkabel hergestellten Stahldrähte beträgt 135 kg/qmm, die Elastizitätsgrenze kann mindestens zu $^2/_3$ der Bruchfestigkeit und die Dehnungsziffer zu $^1/_{2150000}$ angenommen werden. Für die St. Vincent-Hängebrücke[1]) bei Santos ist sogar ein Patent-Tiegelflußstahl von 180 kg/qmm Festigkeit verwendet worden. Die Stärke der Drähte schwankt zwischen 4 und 6 mm; sie können bis zu 1000 m Länge gewalzt werden. Die Verbindung zweier Drahtenden wird durch Zuspitzen und Zusammenlöten mit Hartlot und Stichflamme oder durch Anschneiden von Gewinden und Zusammenschluß durch eine mit Links- und Rechtsgewinde versehene Mutter hergestellt. Die Festigkeit solcher Verbindungen beträgt mindestens 95% der Festigkeit des Drahtes.

Die zulässige Beanspruchung der Drahtseile kann zu $^1/_3$ der Bruchfestigkeit der Drähte angenommen werden.

Aus den Drähten werden die Drahtseile und die Kabel gebildet. Die Seile oder Kabel werden entweder vor dem Aushängen in der Fabrik fertig hergestellt oder aber auf der Baustelle durch das sogenannte Luftspinnverfahren verfertigt.

Nach dem veralteten französischen Verfahren wurden die Seile dadurch hergestellt, daß man eine größere Anzahl Drähte auf der Baustelle wagerecht ausgestreckt nebeneinander verlegte und durch einzelne Drahtwicklungen zu Seilen zusammenschloß und die Seile dann aushängte. Diese so hergestellten Seile sind zu wenig biegsam und erleiden infolge der Formänderung beim Durchhängen sehr große und ungleiche Spannungen.

Überall da, wo fertige Seile als Tragglieder von Hängebrücken verwendet werden sollen, kommen jetzt nur noch Spiraldrahtseile mit spiralförmig gewundenen Drähten in Frage. Die Spiraldrahtseile sind deshalb außerordentlich biegsam, weil beim Durchhängen ein und derselbe Draht sich abwechselnd verkürzt und verlängert und infolgedessen alle Drähte gleiche Formänderungen erfahren. Um einen sogenannten Seeldraht werden Drahtlagen mit 6, 12, 18 usw. Drähten (Abb. 599) abwechselnd nach links und rechts im sogenannten Kreuzschlag gewunden. Kreuzschlagseile sind noch weit biegsamer als Seile, bei denen alle Drahtlagen nach ein und derselben Seite geflochten sind, weil die Berührungsstellen bei den doppelt gewundenen Seilen kleiner als bei den einfach geflochtenen Seilen sind. Stärkere Kabel werden dadurch gebildet, daß man aus schwächeren Drahtseilen, sogenannten Litzen, ein Spiralkabel windet (Abb. 599 und 601) oder aber eine Anzahl schwächerer Seile parallel führt und sie durch geeignete Vorrichtungen zu einer Einheit zusammenschließt. Beispiele der letzteren Anordnung bieten die nachstehenden Abbildungen und Beschreibungen der baulichen Einzelheiten. In der Abb. 599 ist ein aus sieben Litzen hergestelltes, sogenanntes siebenschenkliges Spiralkabel veranschaulicht, das von dem Felten u. Guilleaume-Carlswerk in Mülheim (Rhein) für die Hängebrücke über die Argen bei Langen-

[1]) Vgl. „Der Bauingenieur" 1920, S. 487.

argen geliefert worden ist. Die einzelnen Litzen sind Spiralseile aus drei um einen Seeldraht im Kreuzschlag gewundenen Lagen aus Runddrähten.

Bei einem **Spiraldrahtseil** tritt nicht nur eine Längenänderung durch die Beanspruchung der einzelnen Drähte, sondern auch dadurch ein, daß durch die Verminderung des Seildurchmessers infolge der Beanspruchung des Seiles die

Abb. 599.

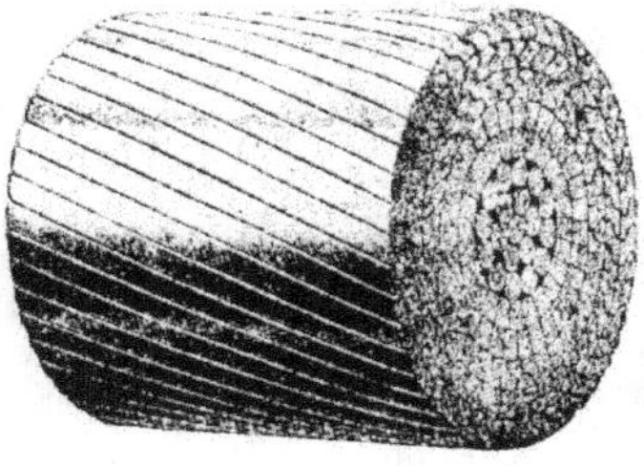

Abb. 600.

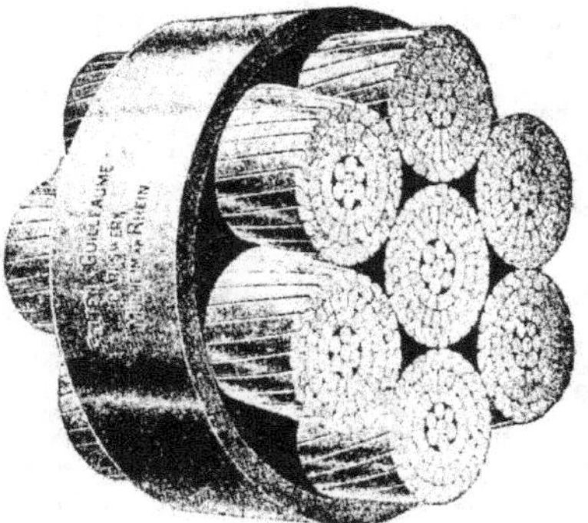

Abb. 601.

Neigung der Spiralwindungen abnimmt. Mit Ausnahme des Seeldrahtes sind also alle Drähte außer einer elastischen Längenänderung auch einer Änderung ihrer auf die Achse projizierten Länge infolge der Abnahme der Neigung der Windungen ausgesetzt. Hieraus folgt, daß bei Spiralseilen der Seeldraht größeren Beanspruchungen als die spiralförmig gewundenen Drähte ausgesetzt ist, falls sein Baustoff dieselbe Dehnungsziffer aufweist wie der der letzteren. Ebenso wird die **Seellitze** eines Spiralkabels stärker beansprucht als die anderen Litzen, falls alle Litzen dieselbe Dehnungsziffer besitzen. Eine derartige ungleichmäßige Beanspruchung der einzelnen Litzen von Spiralkabeln vermeidet man natürlich und bildet daher die Seellitze aus einem Baustoff mit einer größeren Dehnungsziffer, als diejenige der anderen Litzen ist. Z. B. besitzen bei der Brücke über die Argen bei Langenargen die äußeren Litzen 37 Drähte von 6,1 mm Dicke mit 130 kg/qmm Festigkeit und 4 % Bruchdehnung, die Seellitze dagegen 37 Drähte von 6,3 mm Dicke mit 100 kg/qmm Festigkeit und 4,5 % Bruchdehnung. Darauf, den Seeldraht aus einem dehnbareren Baustoff als die anderen Drähte zu fertigen, wird in der Regel verzichtet. Der Seeldraht wird häufig auch als nicht tragend gerechnet. Die Zwischenräume der einzelnen Drähte von Spiralseilen und der einzelnen Litzen von Spiralkabeln werden mit gemennigtem Hanf beim Spinnen ausgefüllt.

Einen bedeutenden Fortschritt in der Herstellung der Spiralseile stellen die **patentverschlossenen Drahtseile** dar, die von dem Felten u. Guilleaume-Carlswerk in Mülheim (Rhein) in ganz hervorragender Güte hergestellt werden (Abb. 600 und 601). Um zwei oder drei Runddrahtlagen schließen sich zwei Lagen aus trapezförmigen Drähten, die von einer oder auch mehreren Lagen **Z**-förmiger Drähte umgeben werden. Ein so hergestelltes Seil ist vollkommen gegen das Eindringen von Feuchtigkeit geschützt. Es braucht nur noch mit einem guten Anstrich versehen zu werden. Die Erfahrungen mit patentverschlossenen Drahtseilen sind sehr gut. Mehr als 250 Drähte werden nicht in einem Seil vereinigt.

Die Dehnungsziffer des Spiraldrahtseiles ist wegen der schon erwähnten Streckung des Seiles infolge der Verkleinerung des Durchmessers größer als die des geraden Drahtes anzunehmen. Sie ist bei runddrähtigen Spiralseilen 15 %, bei patentverschlossenen Spiralseilen 10 % größer als die des geraden Drahtes anzunehmen.

Dort, wo die Kabel auf der Baustelle hergestellt werden sollen, muß dies nach dem von dem Deutsch-Amerikaner Röbling ersonnenen Luftspinnverfahren erfolgen. Nach diesem Verfahren sind die Kabel der drei großen Hängebrücken über den East-River in Neuyork hergestellt worden. Die Drähte enden bei den auf der Baustelle gefertigten Kabeln nicht wie bei den in der Fabrik hergestellten Seilen an den beiderseitigen Enden, sondern laufen in einer Schleife ohne Ende an den beiden Widerlagern um sogenannte Litzenschuhe. Letztere werden durch Bolzen mit einer im Widerlager verankerten Augenstabkette verbunden.

Beim Bau der Manhattan-Brücke vollzog sich die Herstellung der Kabel, die aus je 9472 5 mm starken Drähten bestehen und 54 cm stark sind, folgendermaßen[1]):

Zum Spinnen der beiden Kabel K jeder Tragwand wurde zunächst eine schwache, von fertigen Drahtseilen (HK in der Abb. 602) getragene Arbeitsbühne hergestellt. Die Hilfsdrahtseile HK wurden beiderseits in den Widerlagern verankert und auf den schon fertigen Pylonenköpfen gelagert. Sie lagen in 6,4 m Abstand voneinander und ungefähr 1 m unterhalb und seitlich der Hauptkabel K. Auf ihnen wurden Querhölzer festgeklemmt, die beiderseits je 3 Längshölzer stützten, die ihrerseits einen Bohlenbelag trugen. Einzelne schwache Holzgerüste (Abb. 602 rechts) dienten Seilscheiben, die die Legeseile trugen und führten, zur Unterstützung. Die Arbeitsbühne wurde durch Schrägseile gegen die Pylonenfüße versteift.

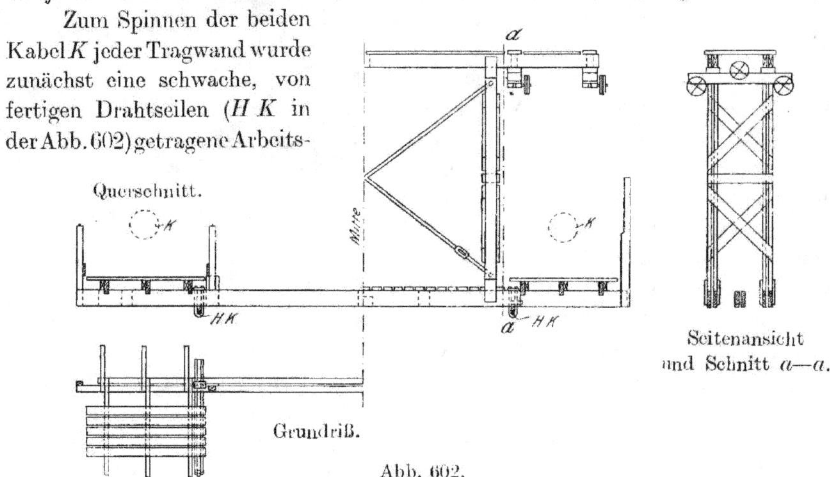

Abb. 602.

[1]) Näheres siehe „Eisenbau" 1911, S. 172 u. f.

Die zum Spinnen der Kabel bestimmten Drähte kamen in Längen von 25000 m auf Trommeln gewickelt zur Baustelle. Die Walzlänge der Drähte betrug rund 1000 m. Die einzelnen Drähte wurden in der Fabrik an den Enden mit Gewinde versehen und durch eine Doppelmutter mit Links- und Rechtsgewinde miteinander verbunden und so zu einer Gesamtlänge von 25000 m vereinigt.

Zum Spinnen jedes Kabels diente ein Legeseil ohne Ende, das auf den beiderseitigen Widerlagern um je ein wagerechtes Rad gelegt war. Mit diesem Legeseil waren zwei mit einem Rillenkranz versehene Spinnräder (Abb. 603) fest verbunden. Beim Beginn des Kabelspinnens wurde nun auf beiden Widerlagern von je einer Drahttrommel der Draht abgenommen, vorübergehend an einer Stütze (*St.* in der Abb. 603) befestigt und um einen Litzenschuh *S* und um das Spinnrad gelegt. Das Legeseil ohne Ende wurde nun in Bewegung gesetzt und dadurch von beiden Widerlagern durch die Spinnräder je zwei Drähte zu den gegenüberliegenden Widerlagern gezogen. Hier wurde die Drahtschleife von den Spinnrädern abgenommen und über die Litzenschuhe gelegt. Das Legeseil ohne Ende wurde dann in entgegengesetzter Richtung in Bewegung gesetzt, und die Spinnräder nahmen beim Rückweg auf dieselbe Weise wie beim Hinweg von einer zweiten Drahttrommel je zwei Drähte mit. Bei der nun folgenden Umkehr der Spinnräder wurde auf jedem der beiden Widerlager der Draht, der beim ersten Hinweg von der Drahttrommel zum anderen Widerlager gezogen war, um den Litzenschuh und weiter um das Spinnrad gelegt und dann zum anderen Widerlager gezogen. Im weiteren Verlauf des Spinnens wiederholten sich diese Vorgänge.

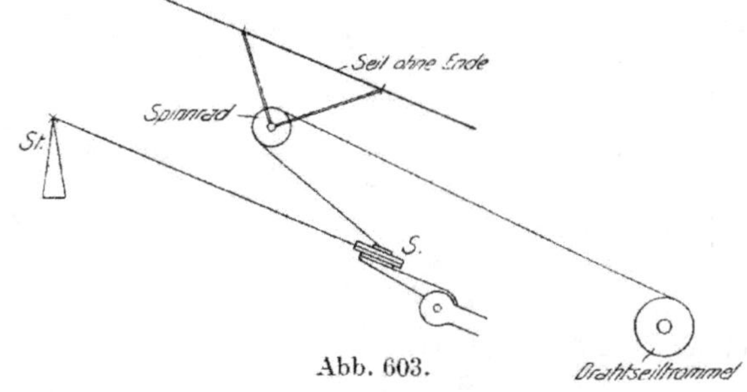

Abb. 603.

Je 256 Drähte wurden für sich gesponnen und in einem Bündel vereinigt. Die Drähte jedes Bündels wurden nach einem vorher unter Berücksichtigung des Eigengewichtes und der Wärme genau abgelängten und ausgehängten Drahte ausgerichtet. War ein Bündel fertig gesponnen, so brachte man Anfang und Ende des Drahtes mit Spannung zusammen und stellte die Verbindung der beiden Drahtenden auf die bereits für den Trommeldraht geschilderte Art und Weise her. Dann wurde das Bündel mit langarmigen Zangen zusammengepreßt und vorübergehend in 3 m Abstand mit je vier Schlägen Drahtes umwickelt. Die einzelnen Bündel wurden nicht in ihrer endgültigen Lage gesponnen, sie führten vielmehr vorläufig über seitlich der Kabelsättel angebrachte Rollen, und ihre Schuhe lagen vorläufig nicht zwischen dem zugehörigen Augenstabpaar der Verankerung, sondern vor ihnen (Abb. 603 und 604) und unter 90° gegen ihre endgültige Lage gedreht. Die Schuhe waren auf den senkrechten Vorsprung eines eisernen Armes gesteckt, der drehbar auf dem Bolzen des zugehörigen Augenstabpaares gelagert und durch einen unter die Augenstäbe fassenden Splint festgehalten war. Um das Bündel in seine endgültige Lage zu bringen, wurde der Schuh durch eine mit den Ankerketten verbundene Druckwasserpresse zurückgezogen, nach Entfernung des Armes um 90° gedreht, in seine Lage zwischen dem zugehörigen Augenstabpaar gebracht und hier durch einen Bolzen mit den Augenstäben verbunden. Der Bolzen faßt nur durch den Schuh und die beiden zugehörigen Augenstäbe, er ist aber mit einer Bohrung versehen, durch die ein schwacher, verschiedene Schuhe und Augenstäbe verbindender Bolzen gesteckt ist. Darauf wurde das Bündel aus den seitlichen Rollenführungen gehoben und in den Kabelsattel gelegt. Ungenauigkeiten in der Lage des Bündels wurden dadurch ausgeglichen, daß die Schuhe mit den schon erwähnten Wasserdruckpressen noch einmal angezogen, die Bolzen wieder entfernt und die Zahl der Regulierplatten R (Abb. 604) je nach Bedarf vermehrt oder vermindert wurde.

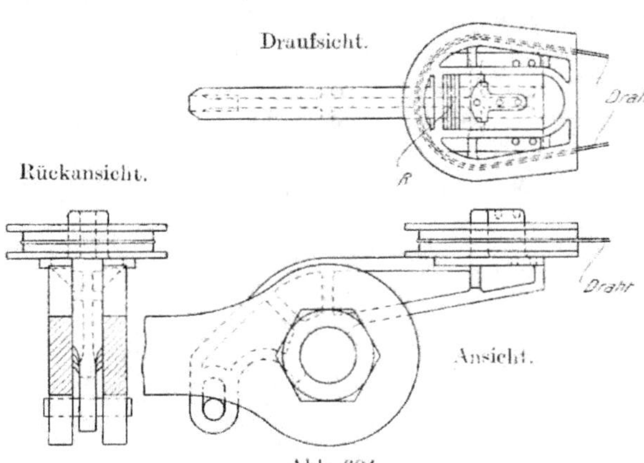

Abb. 604.

Nach Fertigstellung aller Bündel eines Kabels wurden sie durch Druckwasserpressen zu einem Kreisquerschnitt zusammengepreßt und in einem Abstand von 0,6 m durch 12 Drahtwindungen vorübergehend gebündelt. Darauf wurden die Schellen, an denen die Fahrbahn durch Hängeseile aufgehängt ist, angebracht, und schließlich wurde das Kabel zwischen den einzelnen Schellen dicht mit weichem, galvanisiertem Stahldraht von 3,8 mm Durchmesser durch eine besondere Maschine umwickelt. Die vorher erwähnte, vorübergehende Bündelung wurde mit dem Fortschreiten der endgültigen Umwicklung entfernt.

Ein so hergestelltes Drahtseil ist ein ausgezeichnetes Tragglied für Hängebrücken. Vor dem Kabel aus einzelnen Spiraldrahtseilen hat es den Vorzug, daß es eine geschlossene und gleichmäßig beanspruchte Kabeleinheit darstellt. Das Luftspinnverfahren ist aber teuer und lohnt sich nur für sehr große Stützweiten. Für Spannweiten, wie sie auf dem europäischen Festlande vorkommen, wird deshalb wohl das patentverschlossene Spiraldrahtseil noch lange das Feld behaupten. Es besitzt nicht zu verkennende Vorzüge: Es läßt sich in der Fabrik unter Aufsicht einwandfrei herstellen und kann auf seine Tragfähigkeit in der Fabrik geprüft werden. Die einzelnen Seile sind handlich und lassen sich daher schnell und sicher aushängen. Wird das Kabel aus verschiedenen, parallel geführten und voneinander getrennten Seilen gebildet, so können später einzelne schadhaft gewordene Seile ausgewechselt werden.

Lindenthal hat in seinen Entwürfen für die Brücke über den St. Lawrence-Strom bei Quebec und für eine North-River-Brücke in Neuyork vorgeschlagen, an Stelle der durchgehenden Kabel einzelne, aus geschlossenen Drahtschlingen gefertigte Kabelglieder nach Abb. 605 zu verwenden, die durch Bolzen miteinander verbunden werden. Eine solche aus Drahtgliedern gebildete Kabelkette vereinigt insofern die Vorzüge der Kabel und Ketten, als die hohe Festigkeit des Drahtbaustoffes ausgenutzt und die Stärke der einzelnen Glieder den in ihnen herrschenden Spannkräften angepaßt werden kann. Auch können die einzelnen Drahtglieder bei späterem Bedarf durch Hinzufügen weiterer Drahtschlingen verstärkt werden.

Abb. 605.

Die Kabel haben wegen der außerordentlich hohen Bruchfestigkeit der Drähte natürlich einen höheren Einheitspreis als die Ketten. Sie fallen aber wegen des Umstandes, daß sie entsprechend ihrer hohen Bruchfestigkeit sehr hoch beansprucht werden dürfen, erheblich leichter als die Ketten aus und sind diesen daher bei großen Stützweiten wirtschaftlich weit überlegen[1]). Neben dem wirtschaftlichen Gesichtspunkt muß bei der Wahl zwischen Kette und Kabel auch der Umstand berücksichtigt werden, daß Kette und Kabel ungefähr die gleiche Dehnungsziffer besitzen, ein Kabel daher wegen der weit höheren Beanspruchung weit größeren Längenänderungen als die Kette ausgesetzt ist, eine Kabelhängebrücke also im allgemeinen weit biegsamer als eine Kettenhängebrücke ist. Schließlich können auch ästhetische Gesichtspunkte bei der Wahl zwischen Kabel oder Kette ausschlaggebend sein. Sehr dünne Kabel wirken häufig namentlich aus einiger Entfernung zu schwach und geben daher ein falsches Bild von der Zweckbestimmung der einzelnen Glieder der Hängebrücke.

5. Bauliche Einzelheiten der Hängebrücken.

Im folgenden sollen alle baulichen Einzelheiten der Hängebrücken, auch die der Lagerungen und Verankerungen der Ketten und Kabel, soweit sie Besonderheiten des Hängebrückenbaues darstellen, besprochen werden. Im übrigen muß auf die folgenden Abschnitte verwiesen werden. Die baulichen Einzelheiten sollen nicht nach Gattungen, sondern nach ausgeführten Brücken und nach Entwürfen erörtert werden.

a) Kettenhängebrücken.

α) Brücken mit Ketten aus hochkantig gestellten Flacheisen.

Fußgängerbrücke über die Spree im Zuge der Flensburger Straße in Berlin[2]).

Abb. 606 stellt einen Teil des Versteifungsträgers und der Kette dar. Der linke Kettenstab besteht aus zwei Augenstäben mit dem nutzbaren Querschnitt 340 · 14 und einem Augenstab mit dem nutzbaren Querschnitt 340 · 12[3]), der

[1]) Wertvolle Angaben findet man in dem Aufsatze: „Wirtschaftliche Gesichtspunkte und Vorschläge für den Bau versteifter Hängebrücken“ von R. Sonntag. Eisenbau 1911, S. 187 u. f.

[2]) Ausgeführt von Steffens & Nölle A.-G., Tempelhof-Berlin.

[3]) In der Abb. 606 steht irrtümlicherweise 480 . 12.

rechte Kettenstab aus zwei Augenstäben mit dem nutzbaren Querschnitt 340 · 20. Der aus zwei Winkeleisen gebildete Hängestab ist mit zwei kurzen Augenstäben, die zu beiden Seiten des mittelsten Gliedes des linken Kettenstabes liegen, an der Kette angeschlossen. Der Bolzen, der die Augenstäbe und die Augen des Hängestabes zusammenschließt, ist durchbohrt. Ein durchgesteckter Schraubenbolzen sichert mit zwei Scheiben den Gelenkbolzen gegen Verschiebungen. Für die Form dieser Scheiben ist die in der Abb. 48 auf S. 20 dargestellte Form einer Mutter zu empfehlen. Das Knotenblech, durch das der Hängestab an dem Versteifungsträger angeschlossen ist, durchdringt den einwandigen Obergurt. Die bewegliche Lagerung der Kette auf den steinernen Pylonen ist in der Abb. 607 veranschaulicht. Der Gelenkbolzen, an dem die Augenstäbe angreifen, ruht auf einem Pendellager. Die Glieder der Rückhaltkette (2 × 340 · 20) (in der Abbildung links) sind mit den kurzen Augenstäben, die den Bolzen umfassen, vernietet. Die langen Glieder der Rückhaltkette können deshalb aus Flacheisen 340 · 20 gebildet werden und brauchen nicht aus breiteren

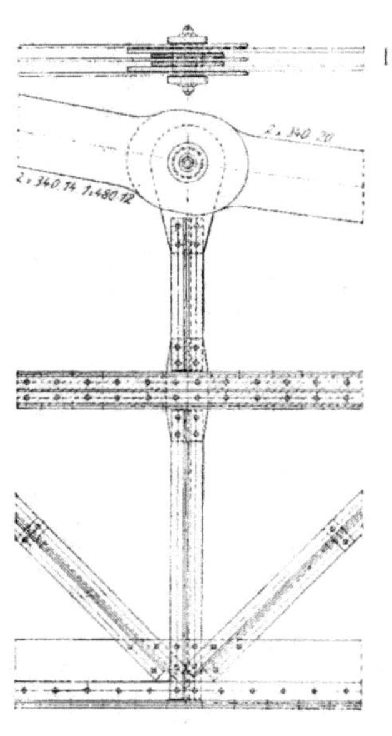

Ansicht.

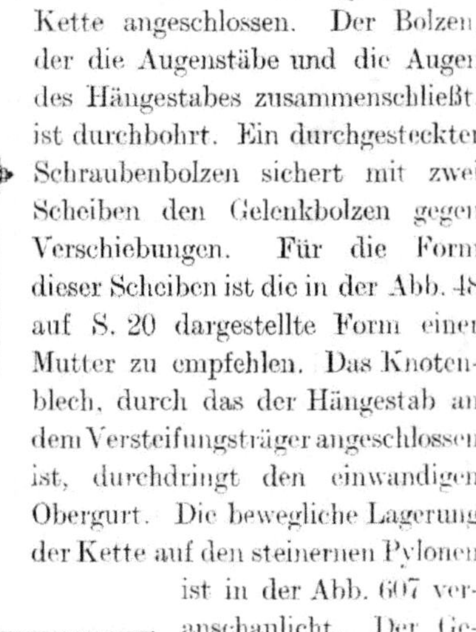

Querschnitt.

Abb. 606.

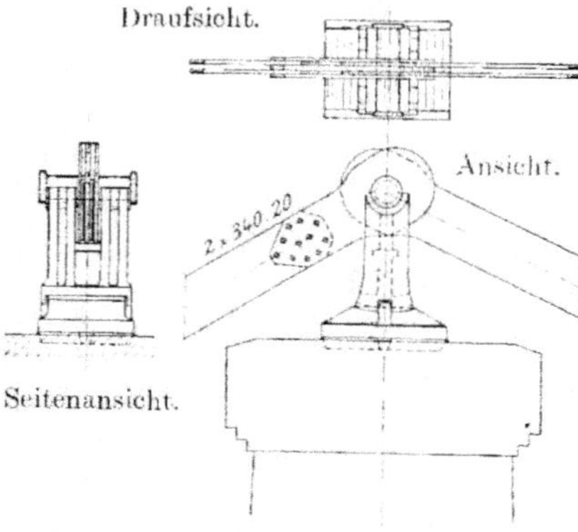

Abb. 607. Auflager auf den Pylonen.

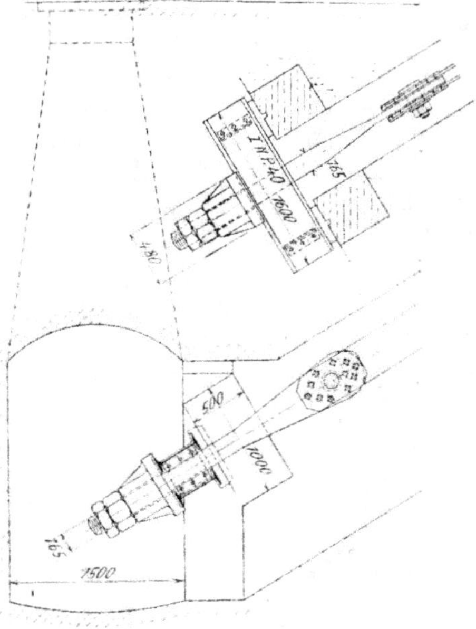

Abb. 608. Verankerung.

Flacheisen herausgearbeitet zu werden. Unten an der Verankerung (Abb. 608) sind die Glieder der Rückhaltkette an der Stelle, wo der ausgeschmiedete Rundeisenstab durch einen Gelenkbolzen angeschlossen ist, durch aufgelegte Platten verstärkt. Der Rundeisenstab ist auf einem Gußstahlbock verschraubt. Dieser Bock ruht auf zwei I-Eisen, die die Kettenkraft durch kleine Lagerplatten an das Widerlagsmauerwerk abgeben. Die Kette und die Verankerung ist durch Aussparungen im Widerlager zugänglich gemacht. Durch einen Einsteigschacht kann man zu den Aussparungen gelangen.

In den Abb. 609 bis 611 sind Einzelheiten eines akademischen Entwurfes dargestellt, dessen Gesamtanordnung und Abmessungen die Abb. 583 wiedergibt. Aus den Abb. 609 u. 610 ist die Ausbildung der Kettenstäbe, der Hängestäbe und die Aufhängung des Versteifungsträgers zu ersehen. Der rechte

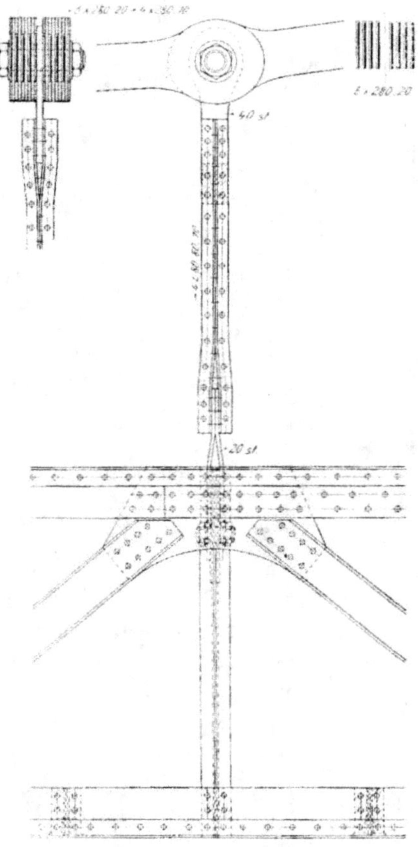

Abb. 609. Ansicht.

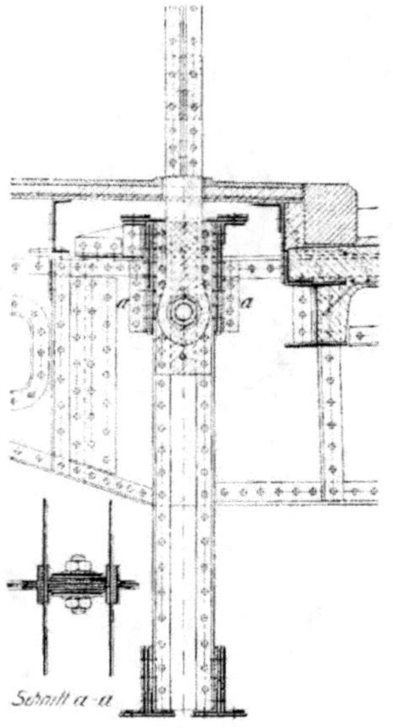

Abb. 610. Querschnitt.

Kettenstab besteht aus acht gleichen Augenstäben mit dem nutzbaren Querschnitt 280 · 20, der linke Kettenstab aus sechs Augenstäben 280 · 20 und vier Augenstäben 280 · 10. An einem 40 mm starken Auge, das in der Mitte zwischen den Kettengliedern liegt, greift der aus vier Winkeln bestehende Hängestab an. Unten ist er mit zwei kurzen, je 20 mm starken Augenstäben vernietet, die gespreizt sind, die Kopfplatten der Obergurtstäbe in einem Schlitz durchdringen, auf den Steg des Pfostens hinaufgeführt und an ihm gelenkig angeschlossen sind. Dem

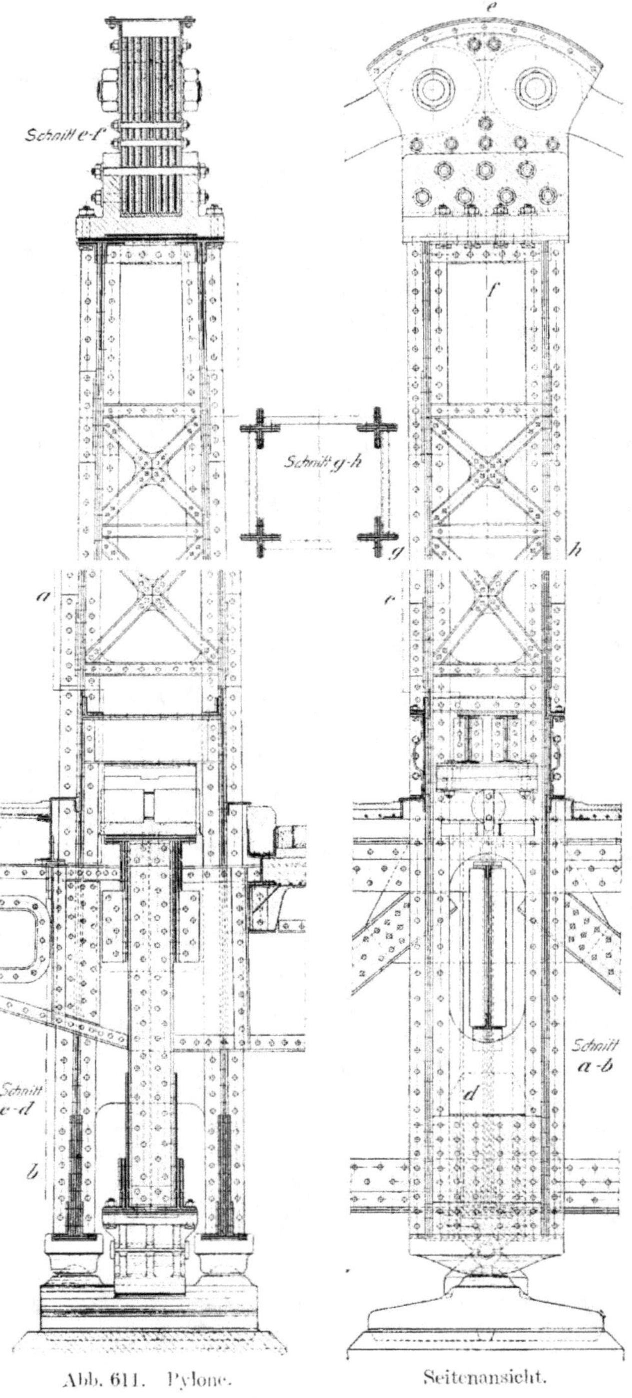

Abb. 611. Pylone. Seitenansicht.

Hängestab werden durch den gelenkigen Anschluß oben und unten Biegungsspannungen weitgehend ferngehalten. Die Abb. 611 zeigt die Ausbildung der eisernen Pendelsäulen über den Mittelpfeilern. Die Kettenstäbe geben ihre Kräfte an die beiden Gelenkbolzen ab, welche durch die den Kopf der Säule bildenden Flacheisen fassen. Zwischen diesen Flacheisen liegen die einzelnen Augenstäbe. Der übrige Zwischenraum zwischen den Flacheisen ist ausgefuttert. Die Flacheisen werden oben durch Schrauben, unten durch ein Gußstahllager zusammengehalten, das mit dem oberen Teil der Säule verschraubt ist und durch ein mit der Säule vernietetes, in eine entsprechende Aussparung des Lagers hineingreifendes wagerechtes Flacheisen in seiner Lage festgehalten wird. Die Säule selbst besteht aus einem vierteiligen, aus Flach- und

Winkeleisen gebildeten Querschnitt, dem durch kräftige Vergitterung hinreichende Knicksicherheit gegeben ist. Im unteren Teil sind die einzelnen Teile der Säule durch volle Bleche verbunden. Diese sind mit den nötigen Ausschnitten für den Durchtritt des Versteifungsträgers und des Querträgers versehen. Jede der beiden der Brückenachse parallel liegenden Säulenwandungen ruht auf einem besonderen Kugellager. Zwischen diesen Lagern befindet sich das Lager des Versteifungsträgers, der als durchgehender Balken auch negative Auflagerkräfte erhält und daher gegen Abheben gesichert sein muß, was durch ein über dem Versteifungsträger angeordnetes und gegen die Säule abgestütztes Rollenlager geschieht. Durch eine Keilvorrichtung kann dafür Sorge getragen werden, daß die Rolle stets oben anliegt.

In den Abb. 612 und 613 sind einige Einzelheiten der Elisabethbrücke in Budapest wiedergegeben. Wie schon auf S. 353 erwähnt ist, sind bei dieser Brücke für jede Tragwand zwei übereinander liegende Ketten vorgesehen. Jede der Ketten ist für sich verankert; sie sind aber nicht miteinander verbunden; wir haben es also nicht mit einer Doppelkettenbauart nach Abb. 580 zu tun. Die Hängestangen greifen an den beiden übereinander liegenden Ketten abwechselnd an. Sie bestehen aus zwei Teilen, die die Ketten umfassen. Diese aus Flach- und [-Eisen bestehenden Teile sind mit nachstellbaren Rundeisen an Blechen angeschlossen, die die Pfosten des Versteifungsträgers durchfassen. Die Einzelheiten der Aufhängung sind aus den Darstellungen, namentlich aus den Schnitten *a-a*

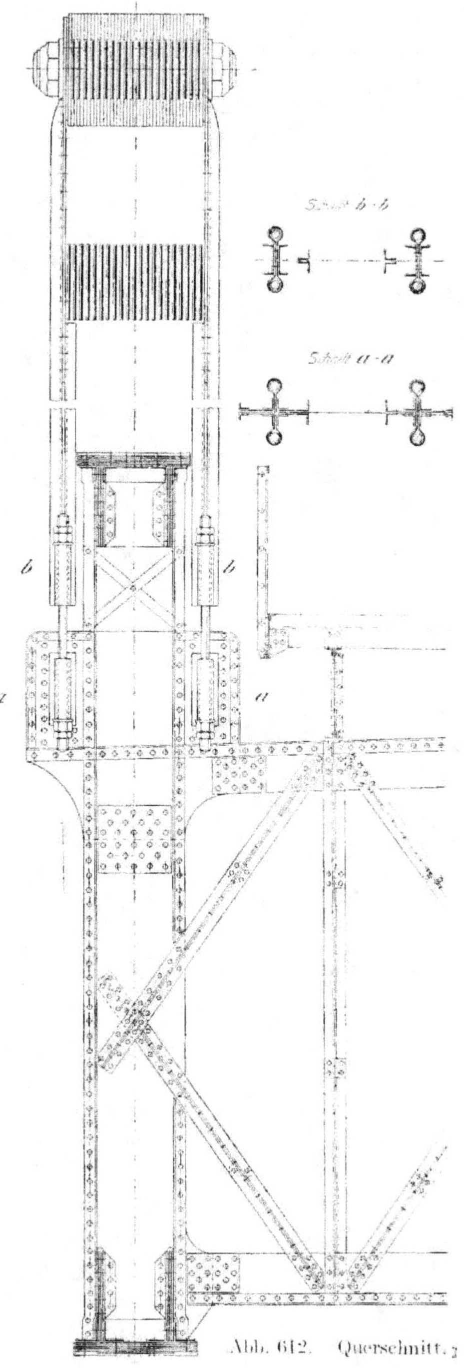

Abb. 612. Querschnitt ...

und b-b, deutlich zu ersehen. Die Anordnung von besonderen Vorrichtungen zum Nachstellen der Hängestangen ist bei allen Hängebrücken zu empfehlen, damit der Versteifungsträger ohne Mühe in seine rechnungsmäßige Lage gebracht werden kann und alle Kettenknotenpunkte ihre rechnungsmäßige Last bekommen. In der Abb. 613 ist die Verankerung dargestellt. Zwischen den Köpfen der einzelnen

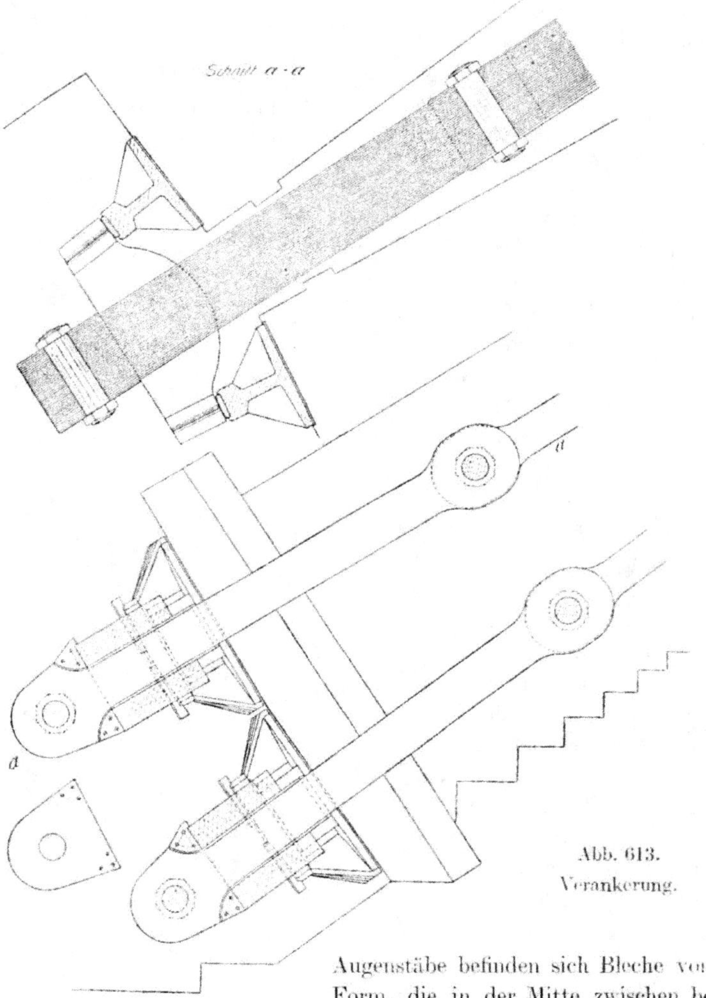

Abb. 613. Verankerung.

Augenstäbe befinden sich Bleche von der Form, die in der Mitte zwischen beiden Köpfen in der Abb. 613 angegeben ist. In den Ecken zwischen den Lagerkörpern und den Augen der Kettenstäbe sind diese Bleche durch kleine, die Ecken ausfüllende Platten verstärkt. Sie sind durch Bolzen mit den Augenstäben verbunden und stützen sich auf zwei von Lagern getragene Stahlkörper. Zwischen den Stahlkörpern und den Lagern sind Keile eingeschaltet, durch die für eine gleichmäßige Anlage der Stahlkörper an beiden Seiten der Bleche gesorgt werden kann.

Die Abb. 614 veranschaulicht einen oberen Knotenpunkt eines Hängefachwerkes, dessen Obergurt aus einer Kette besteht. Die Lage der Knotenbleche ist aus den Schnitten durch die Kettenstäbe zu ersehen.

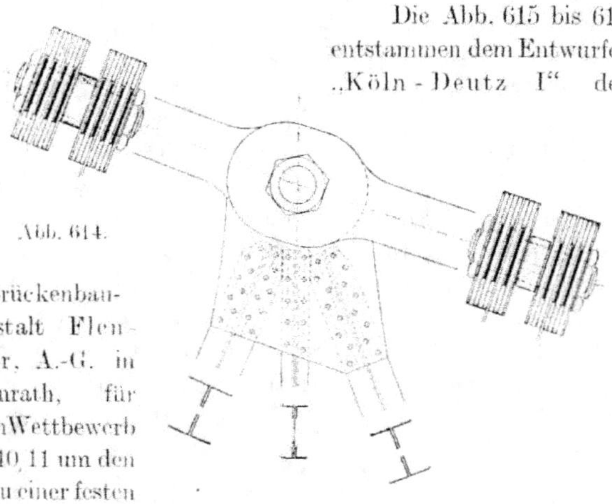

Abb. 614.

Die Abb. 615 bis 618 entstammen dem Entwurfe: „Köln - Deutz I" der Brückenbauanstalt Flender, A.-G. in Benrath, für den Wettbewerb 1910/11 um den Bau einer festen Straßenbrücke über den Rhein in Köln. Die Stützweiten betragen 215,7 m und 2 · 107,35 m. Die Versteifungsträger liegen außerhalb der Gehwege, um den Querverkehr von den Fußsteigen zu der Fahrbahn nicht zu behindern, und sind so niedrig gehalten, daß ein Ausblick von der Brücke auf den Fluß möglich ist; sie ragen nur 1,412 m über die Oberkante der Fußsteige hinaus. Der Obergurt der Versteifungsträger verläuft der Fahr-

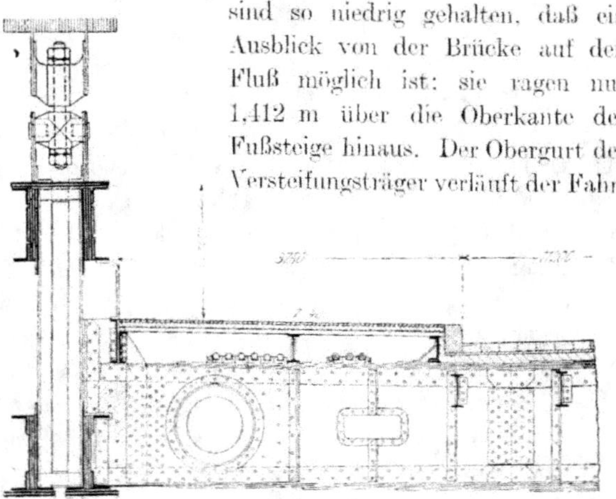
Abb. 616. Brückenquerschnitt.

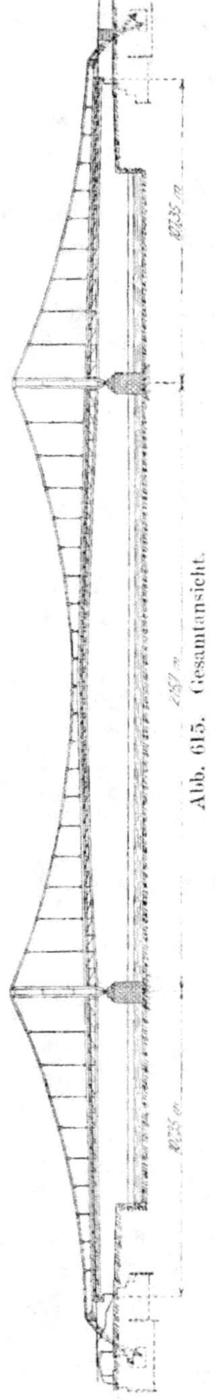
Abb. 615. Gesamtansicht.

bahnoberkante parallel, der Untergurt ist nach den Auflagerpunkten über den Mittelpfeilern in schlanker Krümmung hinuntergezogen, wodurch die Linienführung der Versteifungsträger in erwünschter Weise belebt wird. Die Systemhöhe der Versteifungsträger beträgt in der Mitte nur 2,68 m, also nur $^1/_{80}$ der Stützweite der Mittelöffnung, ein Maß, das als außerordentlich gering bezeichnet werden muß. Die Versteifungsträger sind Gerberträger mit Gelenken in den Seitenöffnungen. Der Kragträger kragt beiderseits 25,50 m in die Seitenöffnungen vor. Für die Kette, deren Pfeilhöhe in der Mittelöffnung $^1/_{10}$ der Stützweite beträgt, wurde hochwertiger Martinstahl vorgeschlagen. Sie besteht aus 30 bzw. 31 Augenstäben (Abb. 617) von 630 · 20 nutzbarem Querschnitt, die aus Universaleisen von 1200 mm Breite herausgearbeitet werden müssen. Die Augenstäbe und die Augen, an denen die Stahlgußkörper zur Aufnahme der aus Rundeisen bestehenden Hängestangen angeschlossen werden, sind durch 425 mm starke Gelenkbolzen, die durchbohrt und in ihrer Lage durch Scheiben und einen durchgehenden Schraubenbolzen gesichert sind, miteinander verbunden. In den Widerlagern sind die Ketten in zwei Teile gegabelt (Abb. 615) und ganz ähnlich wie bei der Elisabeth-Brücke in Budapest verankert (Abb. 613). Die Hängestangen sind nur in jedem zweiten Knotenpunkt des Versteifungsträgers angeordnet; die Knotenbleche durchdringen hier die Kopfplatten des Obergurtes und dienen kreuzförmigen Stahlkörpern zum Anschluß, mit denen die Hängestangen verschraubt sind (Abb. 616). Die Abb. 618 veranschaulicht eine der eisernen Pylonen über den Mittelpfeilern. Sie ist am Kopf und Fuß ganz ähnlich der in der Abb. 611 dargestellten Pylone ausgebildet. Es wird daher auf die Beschreibung auf S. 362 verwiesen. Der Versteifungsträger durchdringt auch hier die Pylone; er ist aber nicht wie bei der in der Abb. 611 wiedergegebenen Anordnung unmittelbar auf dem Pfeiler, sondern auf einem Verbindungsträger des Pylonenfußes gelagert. Das obere, die nach oben gerichteten Auflagerkräfte aufnehmende Lager ist genau so wie das untere als bewegliches, sogenanntes Stelzenlager ausgebildet. Auf dem anderen Pfeiler ist das untere Lager des Versteifungsträgers ein festes, während das obere auch dort ebenso wie das in der Abb. 618 dargestellte gestaltet ist. Wie aus den Schnitten CD und EF hervorgeht, ist der Querschnitt der Pylonen aus I 50 B, aus Winkeleisen und Blechen zusammengesetzt. Die Außenseiten sind bis auf die Stelle, wo der Versteifungsträger durchtritt, geschlossen. Das Innere des Querschnittes ist überall zugänglich, wie aus den Schnitten AB und CD zu ersehen ist. Die beiden Pylonen über jedem der beiden Zwischenpfeiler sind durch einen oberen fachwerkartigen Querriegel zu einem Portal zusammengeschlossen, durch das die auf die Ketten wirkenden Winddrücke aufgenommen werden.

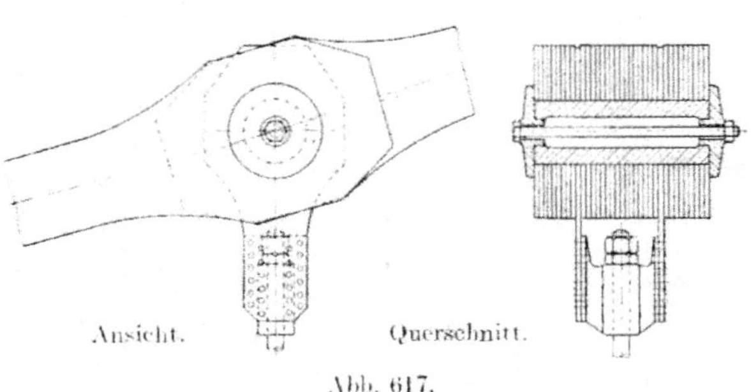

Abb. 617.

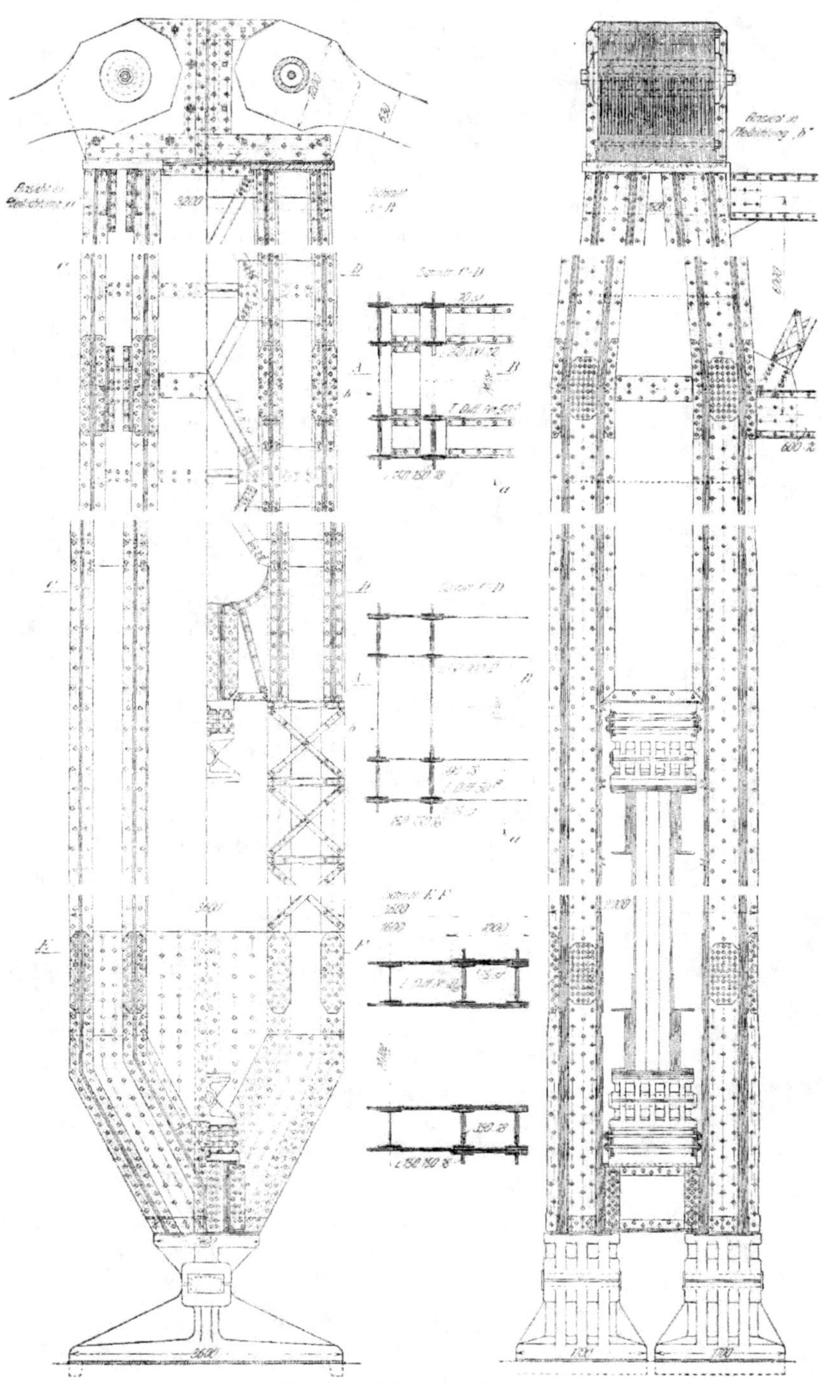

Abb. 618. Eiserne Pylone.

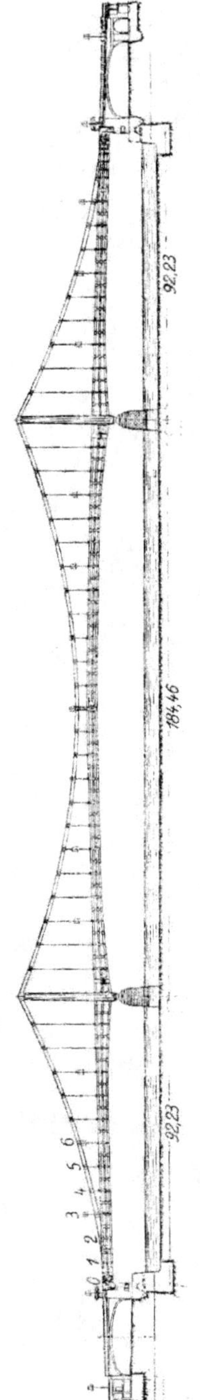

Abb. 619. Hängebrücke über den Rhein in Köln.

Die Abb. 619[1]) gibt die Gesamtübersicht der im Jahre 1915 vollendeten, neuen Straßenbrücke[2]) über den Rhein in Köln wieder, und die Abb. 620 bis 638 veranschaulichen wichtige Einzelheiten des eisernen Überbaues. Die drei Stromöffnungen werden von einer Kettenhängebrücke mit ganz aufgehobenem Horizontalzug überspannt. Die Versteifungsträger sind vollwandige, durchlaufende Träger: sie sind aber mit drei in der Mittelöffnung in der Mitte und dicht neben den Mittelpfeilern liegenden Montagegelenken montiert worden, die erst nach dem Aufbringen der ganzen ständigen Last durch Vernieten der Gurtungen und Stegbleche geschlossen wurden. Die Trägerart war somit für den Zustand der Belastung durch die gesamte ständige Last statisch bestimmt. Für diesen Belastungszustand haben Stützensenkungen daher keinen Einfluß auf den Spannungszustand des eisernen Überbaues gehabt. Da bei dem guten Baugrund in Köln mit Sicherheit anzunehmen ist, daß nach dem Aufbringen der gesamten ständigen Last die Pfeiler vollkommen zur Ruhe gekommen sind, so ist der Einfluß von Stützensenkungen auf den Spannungszustand des eisernen Überbaues durch die Anordnung von drei Montagegelenken überhaupt unschädlich gemacht.

Die Versteifungsträger sind in der Mittelöffnung 184,46 m und in den Seitenöffnungen je 92,23 m weit gestützt. Sie liegen außerhalb der 3,5 m breiten Gehwege und überragen diese nur um 1,10 m (Abb. 620). Sie ersetzen die Geländer und beeinträchtigen in keiner Weise den freien Blick von der Brücke auf den Strom und die Umgebung. Die Oberkante der Versteifungsträger folgt dem Längsprofil der Fahrbahn, die beiderseits von den Landpfeilern an mit einer Steigung 1:40 bis zu einem 33,46 m von der Brückenmitte entfernt liegenden Punkt ansteigt und deren mittlere, 66,92 m lange Strecke durch einen Parabelbogen von 0,42 m Pfeilhöhe ausgerundet ist. Die Unterkante der Versteifungsträger verläuft im allgemeinen parallel zur Oberkante, doch wird sie zu den Auflagern über den Mittelpfeilern in sanfter Krümmung heruntergezogen. Die Höhe der Stegbleche nimmt nach den Mittelpfeilern von 3,30 m auf 5,50 m zu. Die Achse der Versteifungsträger ist in allen drei Öffnungen

[1]) Die Unterlagen für die Abb. 619 bis 637 sind von der „Zeitschrift des Vereins Deutscher Ingenieure" zur Verfügung gestellt worden. Nähere Angaben über die Kölner Hängebrücke enthält der erweiterte Sonderabdruck aus der „Zeitschrift des Vereins Deutscher Ingenieure" 1920, S. 613 u. f.

[2]) Entwurf und Ausführung der Maschinenfabrik Augsburg-Nürnberg, Werk Gustavsburg.

nach oben gekrümmt. Da die Kette an den Enden der Versteifungsträger in deren Achse angeschlossen ist (Abb. 621), so wirkt die Sprengung der Versteifungsträger so, als ob die Kettenordinaten um das Maß der Sprengung vergrößert wären[1]). Der Querschnitt der Versteifungsträger ist zweiwandig, oben geschlossen und unten offen (Abb. 620). Der Abstand der beiden Wandungen beträgt 66 cm. Die Obergurtlamellen sind 90 cm breit, aber in der Mitte geteilt; die Untergurtlamellen sind 45 cm breit; ihr lichter Abstand beträgt 42 cm, so daß ein Mann bequem in das Innere des Querschnittes gelangen kann. Die Gesamtstärke der Gurtlamellen schwankt zwischen 2 und 11 cm. Bei den großen Stärken sind statt Nieten konische Bolzen verwendet worden. Unter den anliegenden Schenkeln der Gurtwinkel sind Beibleche angeordnet. Die 2 cm starken Stegbleche haben einen durchgehenden Längsstoß in der Balkenachse erhalten. Durch Winkeleisen und Querschotten ist der Querschnitt kräftig ausgesteift (Abb. 620). Die Versteifungsträger durchdringen die Pylonenständer und sind auf dem westlichen Strompfeiler fest, sonst überall längsbeweglich gelagert. Die Lager auf den Landpfeilern sind zur Aufnahme negativer Auflagerkräfte nach unten verankert (Abb. 621). Von

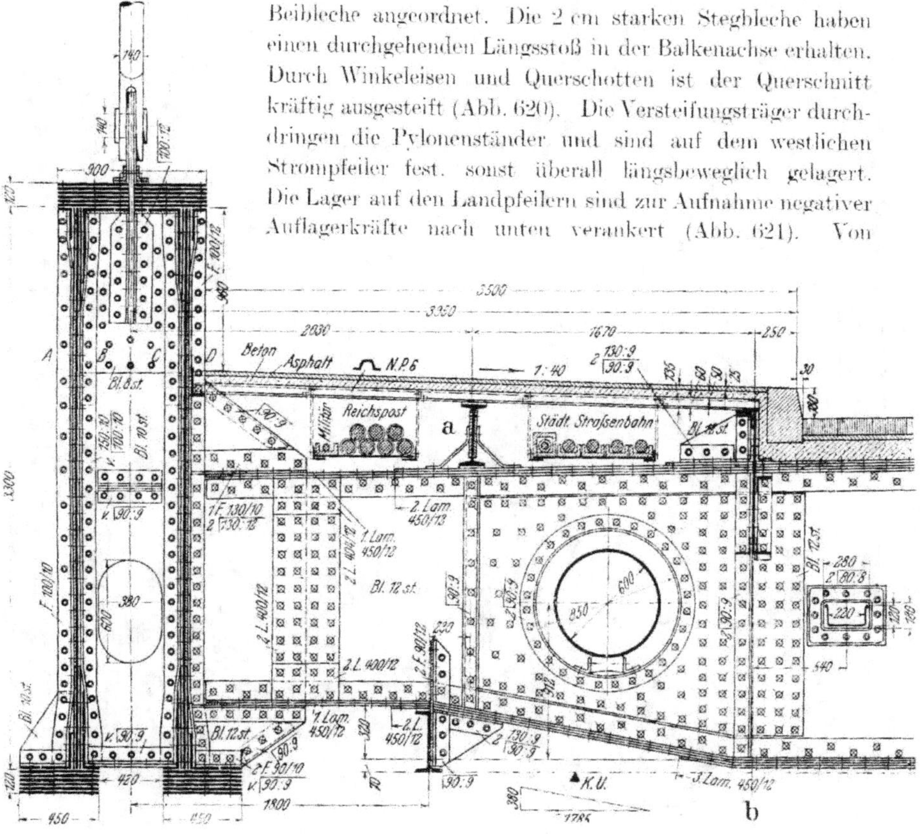

Abb. 620. Querschnitt.

diesem Lager wird später in dem Abschnitt: „Die Lager und Gelenke" noch die Rede sein. Über den Mittelpfeilern werden die negativen Auflagerkräfte durch eine ähnliche Abstützung des Obergurtes des Versteifungsträgers gegen die Pylone aufgenommen, wie sie in den Abb. 618 dargestellt ist.

[1]) Vergl. „Zeitschrift des Vereins Deutscher Ingenieure" 1915, S. 437 u. f.

Die Kette besteht aus hochkantig gestellten Breitflacheisen, die an den Verbindungsstellen durch beiderseits aufgenietete Beilagen verstärkt sind und mit

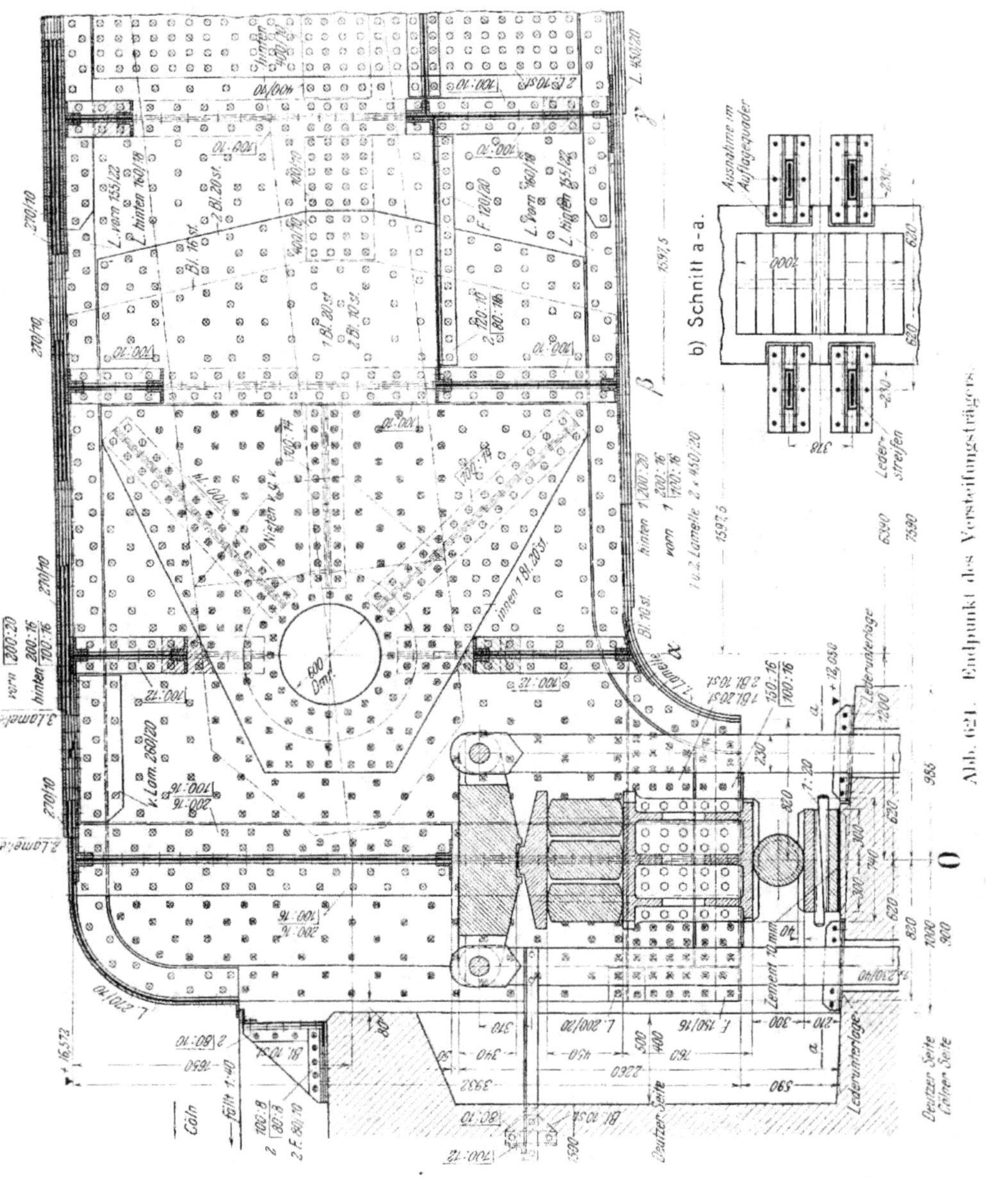

Abb. 621. Endpunkt des Versteifungsträgers.

Bolzen zusammengeschlossen werden. In der Mittelöffnung sind die Kettenglieder durchweg 900 mm hoch; am Pylonenkopf besteht das Kettenglied der Mittelöffnung aus 10 × 900 · 24 und 2 × 900 · 12 (Abb. 622), es folgt dann ein Kettenglied aus

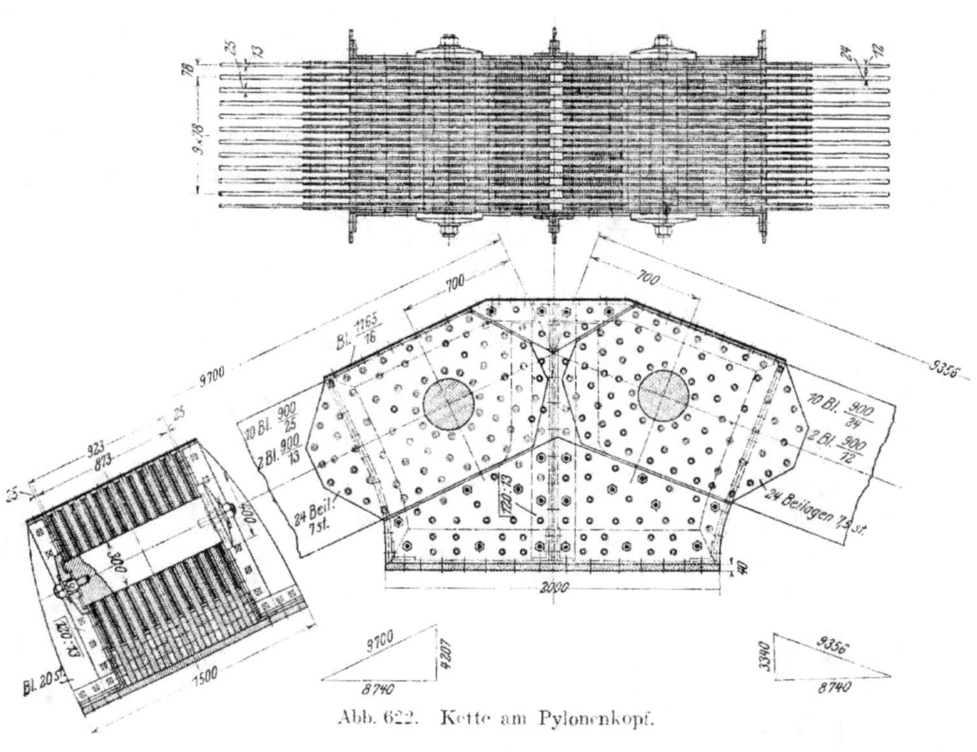

Abb. 622. Kette am Pylonenkopf.

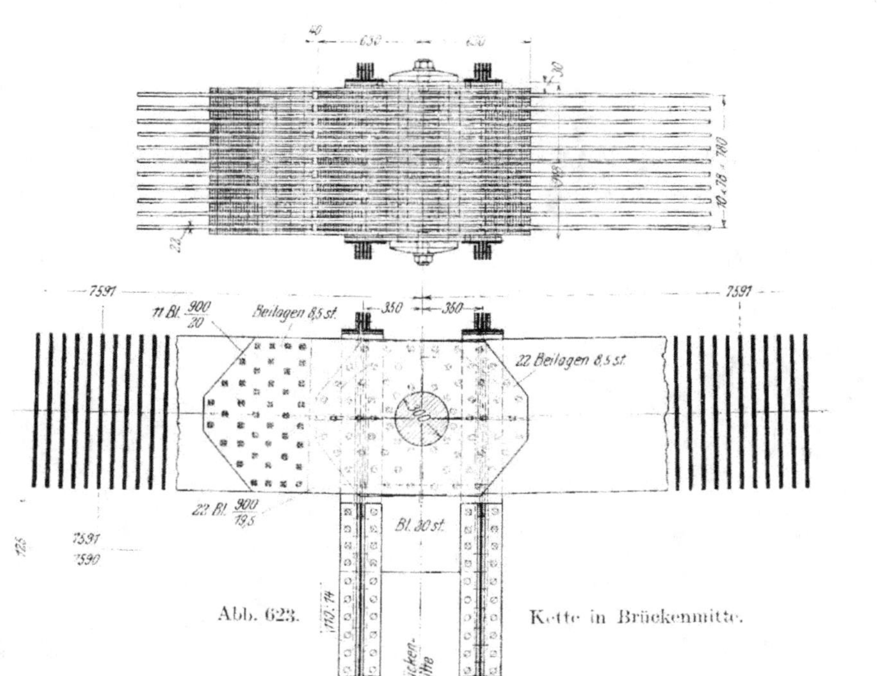

Abb. 623. Kette in Brückenmitte.

11 × 900 · 24. Die der Mitte der Mittelöffnung benachbarten Kettenglieder bestehen aus 11 × 900 · 20, die bündig liegen und durch 22 Beilagen 900 · 19,5 (Abb. 623) und durch einen 300 mm starken Bolzen zusammengeschlossen sind.

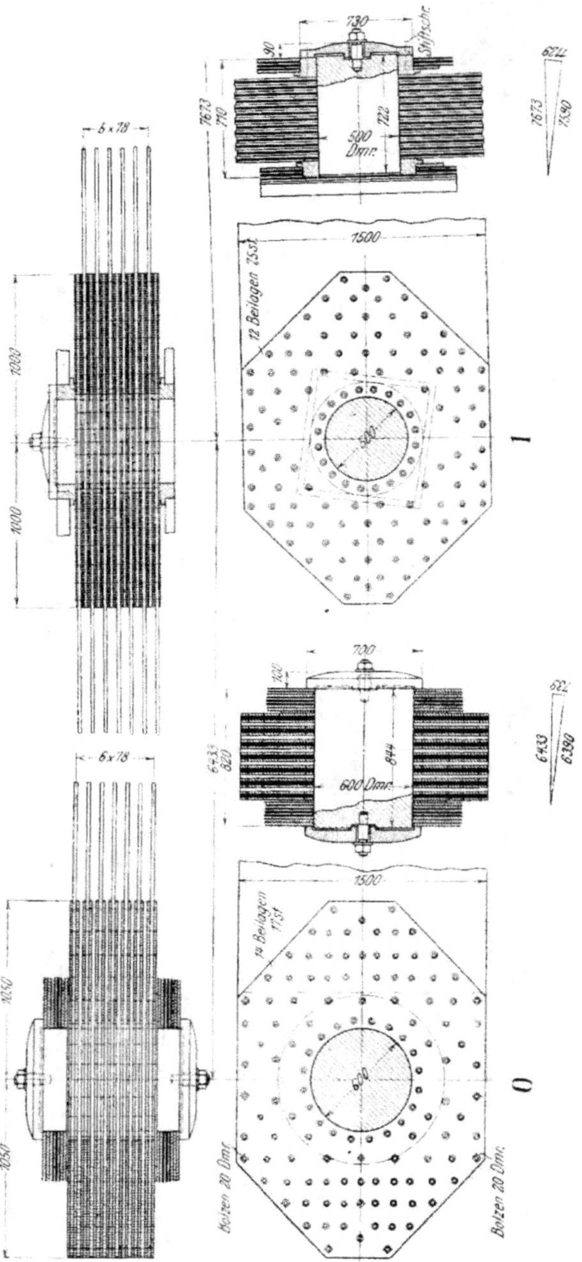

Abb. 625. Kette am Punkt 1.

Abb. 624. Kette am Punkt 0.

In den Seitenöffnungen nimmt die Höhe der Ketten von 900 mm an der Pylonenspitze auf 1500 mm am Trägerende zu (Abb. 621 und 624). Diese Vergrößerung der Kettenhöhe war nötig, um die Kette zum Eintritt in das Innere der Versteifungsträger am Trägerende schmal halten zu können (Abb. 631 bis 634). Das der Pylonenspitze benachbarte Kettenglied in der Seitenöffnung besteht aus 10 × 900 · 25 und 2 × 900 · 13 (Abb. 622), diesem folgt ein Kettenglied aus 11 × 900 · 25. Das Kettenglied am Trägerende ist aus 7 × 1500 · 24, das nächste aus 6 × 1500 · 24 und das folgende aus sieben je 24 mm starken Blechen, deren Höhe sich von 1500 mm auf 1300 mm verjüngt, zusammengesetzt. Das die Knotenpunkte 3 und 4 verbindende Kettenglied besteht aus acht

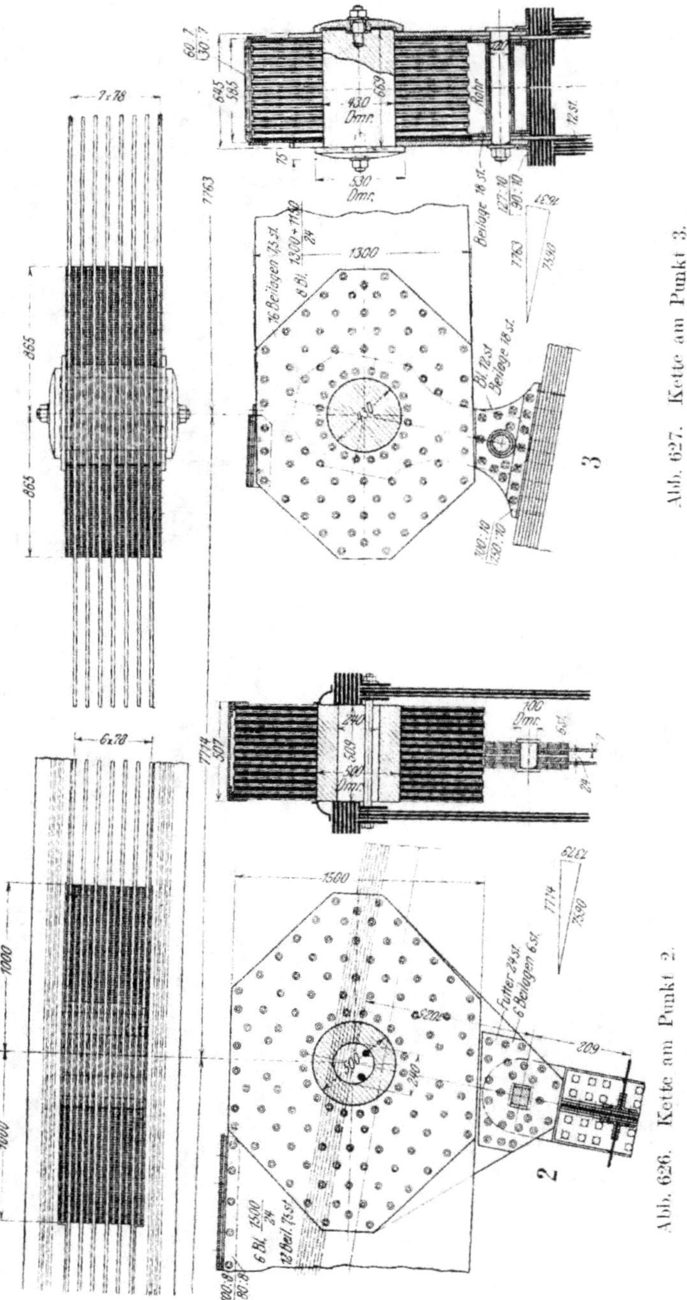

Abb. 626. Kette am Punkt 2.

Abb. 627. Kette am Punkt 3.

je 24 mm starken Blechen, deren Höhe sich von 1300 mm auf 1150 mm verkleinert (Abb. 624 bis627). Die normale Hängestange besteht aus einem Rundeisen von 140 mm Durchmesser (Abb. 628 und 629). Sie ist oben gelenkig an einem Stahlgußstück angeschlossen, das mit zwei kurzen Augenstäben verschraubt ist. Diese umfassen an den Außenseiten der Kettenglieder den Verbindungsbolzen der letzteren.

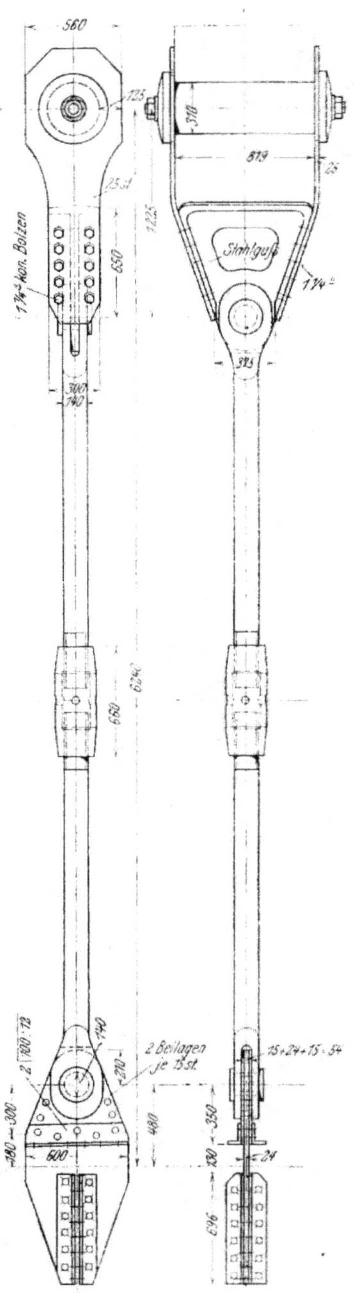

Abb. 628. Hängestange.

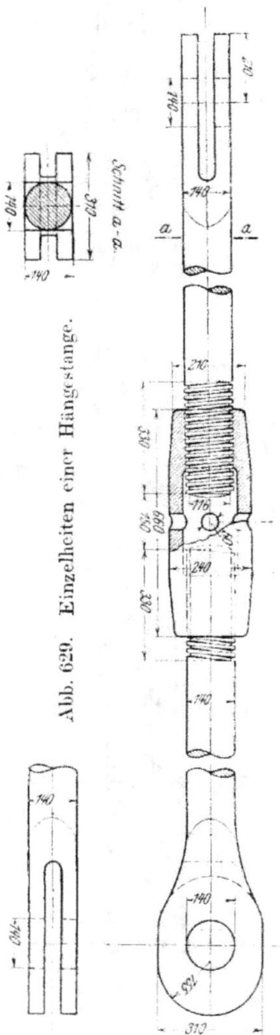

Abb. 629. Einzelheiten einer Hängestange.

Unten ist die Hängestange ebenfalls gelenkig an einem Blech angeschlossen, das den Obergurt der Versteifungsträger durchdringt, mit einem Schlitz über eine Querschotte greift und an dieser vernietet ist (Abb. 620). Die Hängestange ist in halber Höhe unterbrochen und mit einem Spannschloß, durch das die Höhenlage des Versteifungsträgers bei der Montage geregelt wurde, zusammengehalten. Die Einzelheiten des Spannschlosses sind aus der Abb. 629 zu ersehen.

Der normale Zusammenschluß benachbarter Kettenglieder ist in der Abb. 630 veranschaulicht. Der 310 mm starke Bolzen ist voll und etwas länger, als die Gesamtstärke aller zu verbindenden Glieder beträgt. An den Außenseiten sind in seiner Achse Gewinde eingeschnitten, in welche Stiftschrauben eingeschraubt

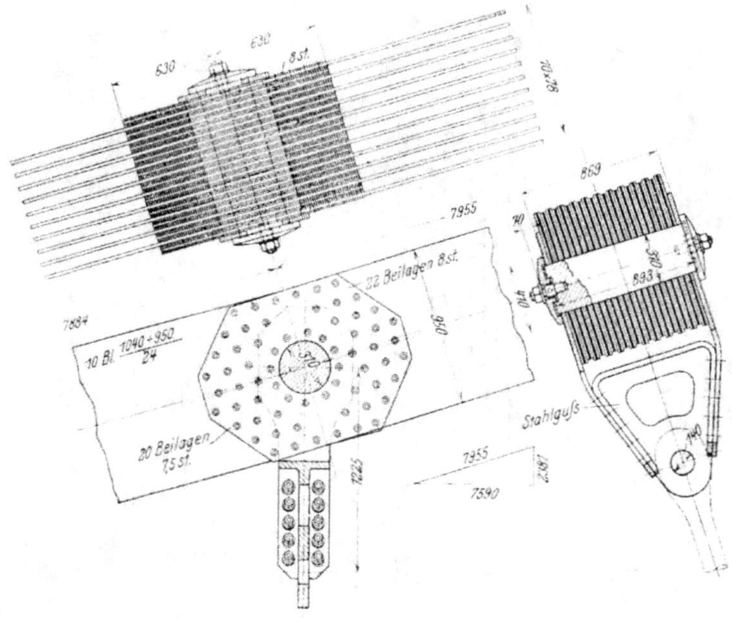

Abb. 630. Kette am Punkt 6.

werden. Über die Schäfte dieser Schrauben werden Scheiben von der aus der Abb. 630 zu ersehenden Form gesteckt, die durch aufgeschraubte Muttern zur Anlage an die Augenstäbe des Hängestangenanschlusses gebracht werden. Über der Pylonenspitze (Abb. 622) greifen die Bleche der Kettenglieder in die Zwischenräume eines kastenartigen Blechrostes hinein, mit dem sie durch zwei Bolzen verbunden sind. Die Zwischenräume des Blechrostes außerhalb der Kettenglieder sind durch Bleche ausgefuttert. Der kastenartige Blechrost ist mit der Pylonenspitze vernietet. Am Trägerende ist die Kette mit einem 600 mm starken Bolzen an den gehörig verstärkten und versteiften Wandungen des Versteifungsträgers angeschlossen (Abb. 621, 624 u. 631). Die Verbindung der Kettenglieder untereinander und der Kette mit dem Versteifungsträger im Punkt 1 veranschaulicht die Abb. 625. Hier durchdringt der Bolzen nur die Außenwand des Versteifungsträgers; auf der Innenseite ist die Fahrbahn im Wege. Im Punkt 2 (Abb. 626 u. 633) liegt die Kettenachse in der Höhe der Obergurtlamellen des Versteifungsträgers. Der Bolzen ist in einem Ausschnitt der Obergurtlamellen angeordnet und steht mit dem Versteifungsträger in keiner unmittelbaren Verbindung. Der Versteifungsträger ist durch zwei Bleche, die mit Schlitzen über die Querschotte greifen und mit dieser vernietet sind (Abb. 633), und durch einen Bolzen an vier nach unten verlängerten Verstärkungsbeilagen der Kettenglieder aufgehängt. Der

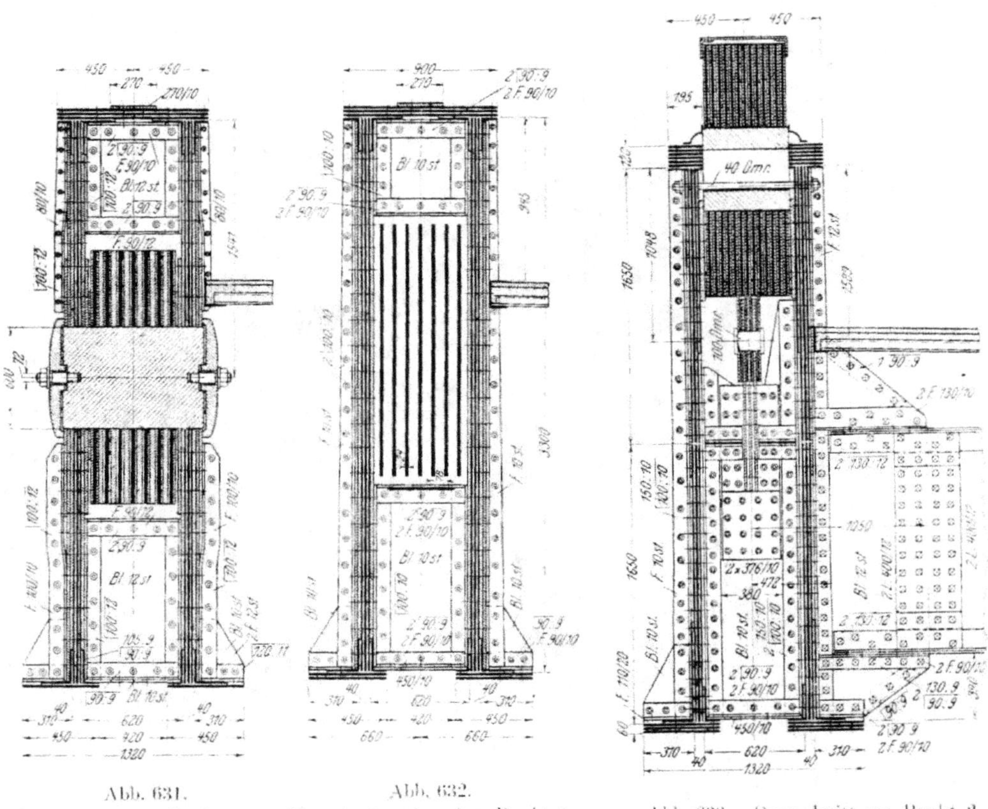

Abb. 631. Querschnitt am Punkt 0.

Abb. 632. Querschnitt neben dem Punkt 0.

Abb. 633. Querschnitt am Punkt 2.

500 mm starke Kettenbolzen ist hohl; durch seine Höhlung greifen zwei kleine Bolzen, welche die durch den Kettenbolzen unterbrochene Gurtung zusammenhalten. Im Punkt 3 (Abb. 627 u. 635) sind die Kettenglieder in normaler Weise zusammengeschlossen. Zwei an den Außenseiten der Kettenglieder den Verbindungsbolzen umfassende kurze Augenstäbe sind gelenkig durch einen Bolzen von 120 mm Durchmesser mit zwei Blechen verbunden, welche die Gurtlamellen des Versteifungsträgers durchdringen und an seinen Wandungen angeschlossen sind (Abb. 635). In Brückenmitte ist die Hängestange aus einem doppelten, biegungsfesten Querschnitt gebildet (Abb. 623 u. 637), der oben mit einem Rahmen

die Kette umschließt und unten durch in die Wände des Versteifungsträgers hineingreifende Bleche mit dem Versteifungsträger verbunden ist. Der die Kette umschließende Rahmen steht mit der Kette nicht in fester Verbindung, sondern berührt diese nur und besitzt Spiel nach oben und unten, so daß sich die Formänderungen der Kette und des Versteifungsträgers in wagerechter und senkrechter

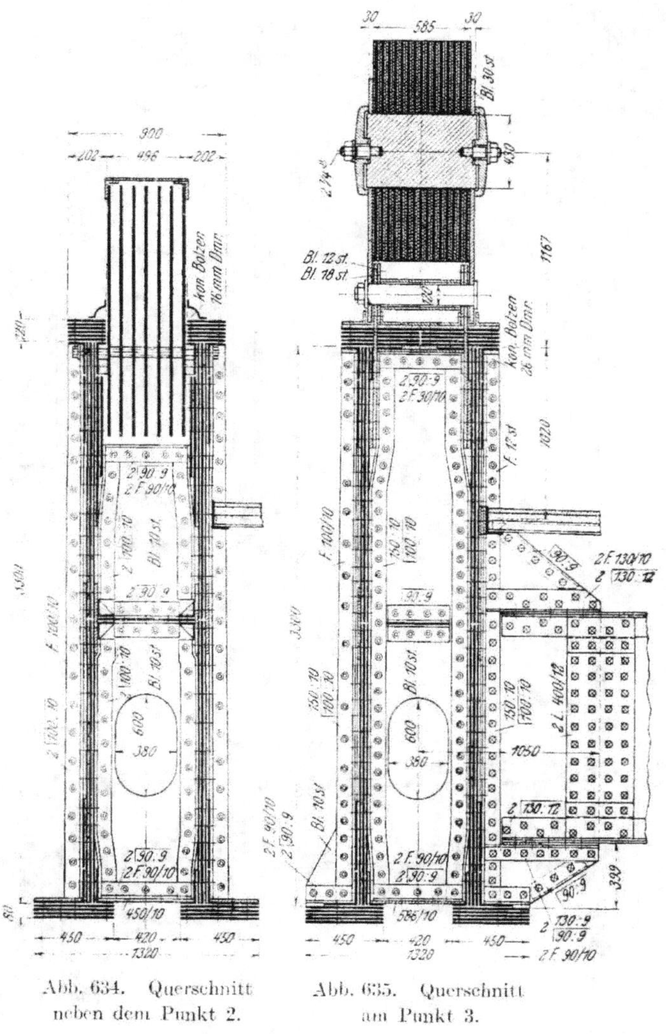

Abb. 634. Querschnitt neben dem Punkt 2.

Abb. 635. Querschnitt am Punkt 3.

Richtung in der Trägerebene unabhängig voneinander vollziehen können. Diese Ausbildung der mittelsten Hängestange hat den Zweck, den auf die Kette wirkenden Winddruck außer an den Trägerenden und an den Pylonen auch noch in Brückenmitte auf die Querkonstruktion und durch diese auf den in der Fläche der Untergurte des Versteifungsträgers liegenden Windverband, der ebenso wie der Versteifungsträger ein Träger auf vier Stützen ist, zu übertragen.

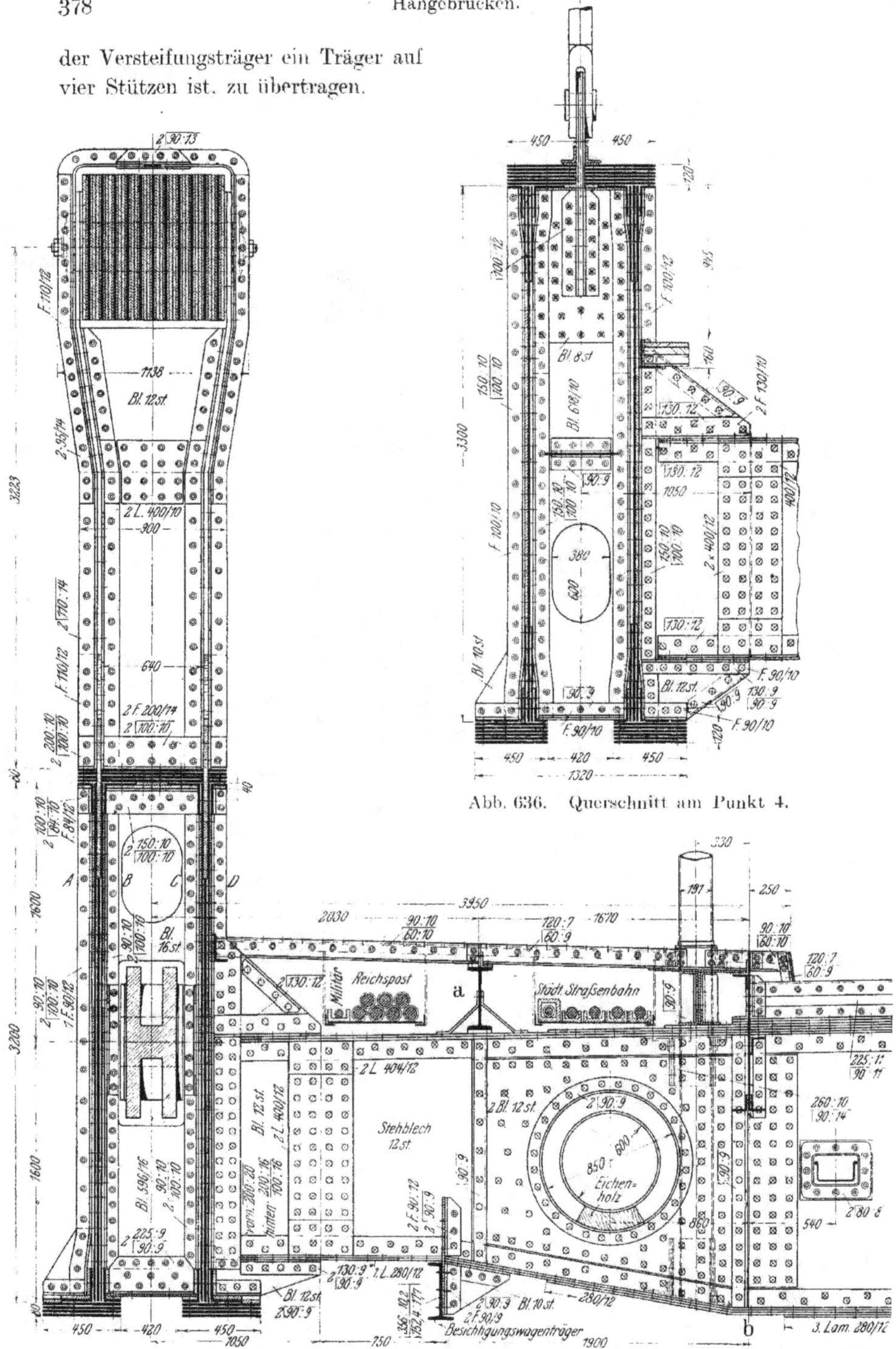

Abb. 636. Querschnitt am Punkt 4.

Abb. 637. Querschnitt in Brückenmitte.

Aus der Abb. 637 ist auch das in das Innere des Versteifungsträgers eingebaute Montagegelenk in Brückenmitte zu ersehen. Die Pylonen (Abb. 638) bestehen aus den beiden Pfosten, an deren Spitzen die Ketten angreifen, einem unter der Fahrbahn liegenden Querriegel und einer oberen, portal- und rahmenartigen Querverbindung. Die Ständer, die auf Kugellagern ruhen, bestehen aus einer Anzahl Quer- und Längswänden, die in Abständen von 2 m durch wagerechte Querbleche ausgesteift sind. Durch Mannlöcher ist für die Zugänglichkeit des Inneren der Pfosten gesorgt.

Die Fahrbahndecke besteht aus Holzpflaster auf Kiesbeton, die Gehwegdecke aus Asphalt auf Kiesbeton (Abb. 620). Die Fahrbahn- und Gehwegtafel ist aus Belageisen gebildet. Die Breite der Fahrbahn beträgt 11,20 m, die jedes Fußsteiges 3,50 m und der Mittenabstand der Hauptträger 19,10 m.

Abb. 638. Pylone.

Die Ketten, die Versteifungsträger, die Querträger und die Verankerungen in den Landpfeilern bestehen aus Nickelchromstahl mit einem mittleren Nickelgehalt von 1,1 %, einem mittleren Chromzusatz von 0,5 % und einem mittleren Kohlenstoffgehalt von 0,3 %. Die Zugfestigkeit dieses Baustoffes liegt zwischen 5500 und 6500 kg/cm². Seine geringste Streckgrenze war auf 3500 kg/cm² und seine geringste Bruchdehnung auf 18 % festgesetzt. Der Baustoff aller anderen Teile des eisernen Überbaues ist gewöhnliches Flußeisen.

Über die Mittel zur Beschränkung der Durchbiegungen der Brücke und über die Größe der Durchbiegungen ist schon auf S. 351 das Nötige gesagt worden.

Die Kölner Hängebrücke ist fraglos eine der schönsten Brücken der Welt. Sie hat eine wundervolle Linienführung und ist sehr klar gegliedert. Die einzelnen Glieder zeigen einfache Formen, die ihre Zweckbestimmung deutlich erkennen lassen und sich in die Einheitlichkeit des ganzen Brückenbildes einfügen. Man hat glücklicherweise jeden architektonischen Zierrat vermieden. Die Brücke macht fraglos in ihrer Einfachheit und Einheitlichkeit einen monumentalen Eindruck und kann als Ingenieurkunstwerk bezeichnet werden.

β) Brücken mit Flachbandketten.

Die Abb. 639 bis 647 stellen die Gesamtordnung und die wichtigsten baulichen Einzelheiten der im Jahre 1910 vollendeten Kaiserbrücke in Breslau dar[1]). Die Einzelheiten des Tragwerks sind außerordentlich fein durch-

[1]) Näheres siehe „Eisenbau" 1911, S. 45 u. f. Abhandlung von Dr.-Ing. Trauer. Die Brücke wurde von Beuchelt & Co. in Grünberg in Schlesien ausgeführt.

dacht und sehr lehrreich. In der Abb. 639[1]) ist die Gesamtanordnung veranschaulicht. Die Versteifungsträger und die Ketten liegen außerhalb der Gehwege.

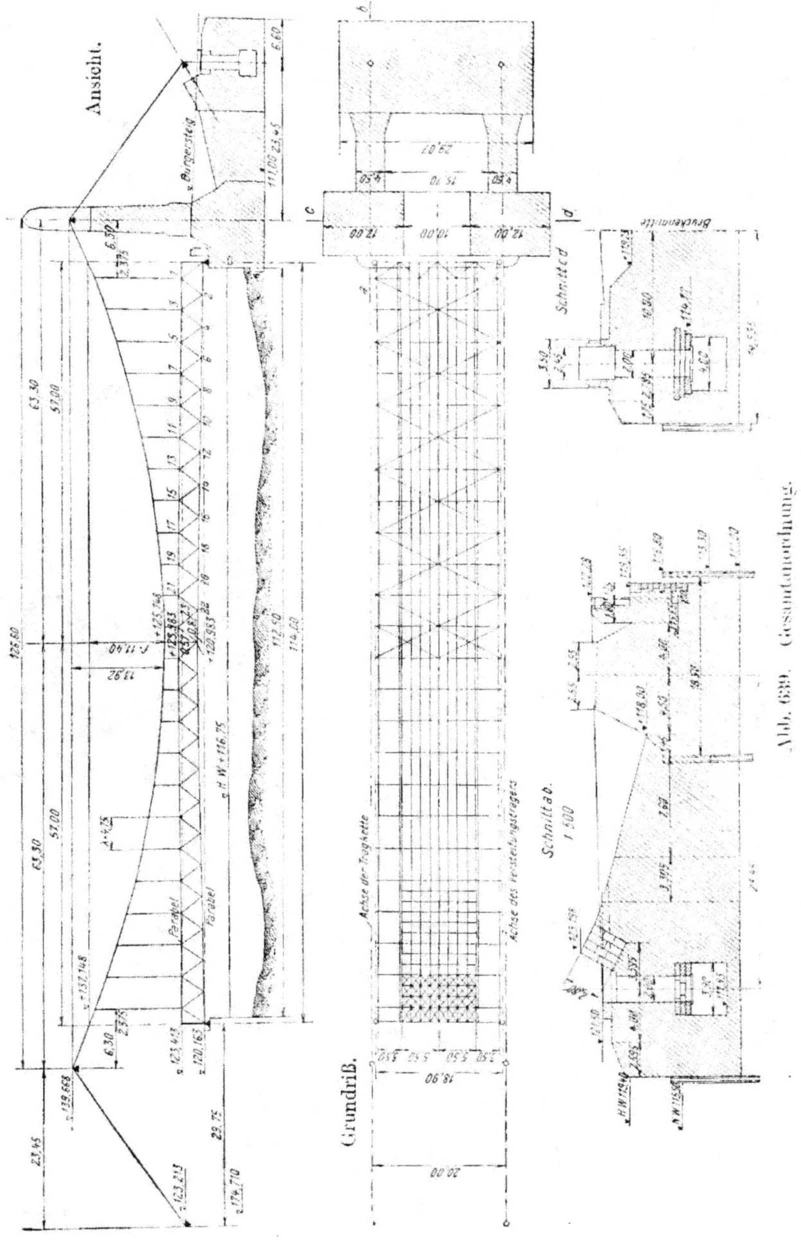

Abb. 639. Gesamtanordnung.

[1]) Aus „Eisenbau" 1911, S. 47.

Die Ketten, deren Pfeilhöhe $^1/_{10}$ der Stützweite beträgt, sind Flachbandketten; sie sind auf steinernen Pylonen gelagert, hinter den Pylonen in ziemlich steiler Neigung zu den Widerlagern geführt, hier auf Schräglagern senkrecht nach unten abgelenkt und in den Widerlagern verankert. Der aus Beton bestehende Verankerungskörper ist mit einem Eisengerippe aus Formeisen bewehrt, um als einheitlicher, allen Beanspruchungen gewachsener Körper zu wirken. Der Druck der Schräglager wird durch 4.5 m breite Verbindungsmauern von dem Verankerungskörper zu den Grundmauern der Türme geleitet.

Die Versteifungsträger sind Fachwerkträger mit nahezu parallelen Gurtungen. Die oberen Gurtungen sind der Fahrbahnoberkante gleichlaufend. Die Systemhöhe beträgt in der Mitte 3 m, an den Enden 3.25 m, also im Mittel $^1/_{36}$ der Stützweite.

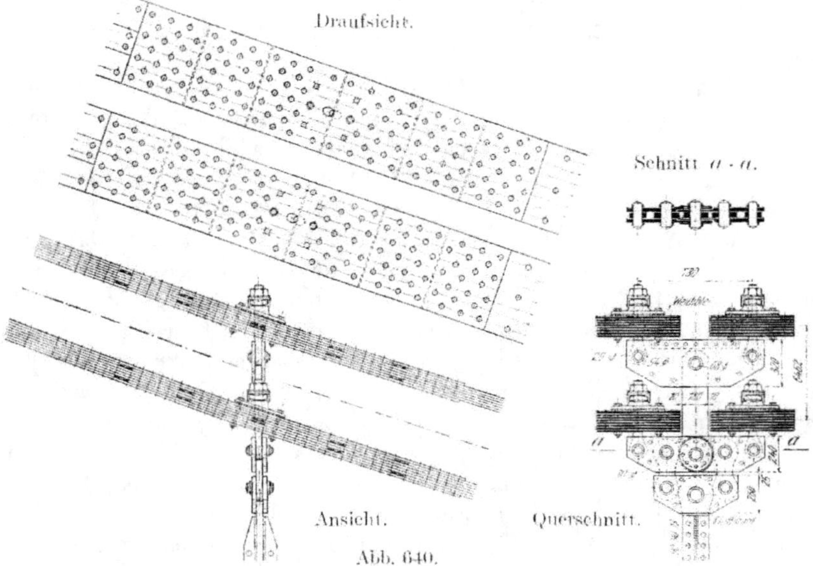

Abb. 640.

Über die Lagerung der Versteifungsträger ist in dem Abschnitt: „Lager und Gelenke" nachzulesen.

Die Flachbandkette jeder Tragwand besteht aus vier voneinander getrennten Bändern, die aus je sechs miteinander vernieteten Flacheisen 580 · 17 zusammengesetzt sind (Abb. 640). Aus einem einzigen Flacheisenbündel konnte man die Kette nicht bilden, weil dann die Nietung bei der Gesamtstärke aller Flacheisen nicht mehr auszuführen war. Die weitere Trennung der beiden übereinander liegenden Bündel in je zwei nebeneinander liegende wurde erforderlich, um den ganzen Kettenquerschnitt gleichmäßig zu beanspruchen. Bei Sonnenbestrahlung von oben tritt nämlich eine ungleichmäßige Erwärmung und als Folge hiervon eine ungleichmäßige Ausdehnung der übereinander liegenden Bündel ein. Würde man diese an den Anschlußpunkten der Hängestangen starr miteinander verbinden, so würden sie ungleichmäßig beansprucht werden. Es wurde aus diesem Grunde eine Aufhängevorrichtung erforderlich, die eine Durchdringung des unteren Bündels und damit die weitere Teilung notwendig machte. Sie ist so durchgebildet, daß jedes der vier Bänder unter allen Umständen $^1/_4$ der angehängten Last erhält. In der Abb. 641 ist die Aufhängung übersichtlich und in der Abb. 640 in den Einzelheiten wiedergegeben. Die aus vier Winkeleisen 90 · 90 · 13 bestehende Hängestange ist mit einem kurzen Augenstabe an einem Querstück aufgehängt, das mit zwei Pendeln an zwei miteinander gelenkig verbundenen kleinen Querbalken befestigt ist. Jeder dieser Querbalken ist einerseits an einem der unteren Bänder und anderseits an dem gemeinschaftlichen Gelenkpunkt durch ein Hängependel an dem oberen Querstück aufgehängt, das an den beiden oberen Bändern gelenkig angeschlossen ist. Die durch die Bänder geführten Bolzen ruhen mit ihren Schraubenmuttern auf flußstählernen Kippplatten, die eine Drehung rechtwinklig und parallel der Brückenachse ermöglichen und daher Biegungsspannungen in den Bolzen verhindern.

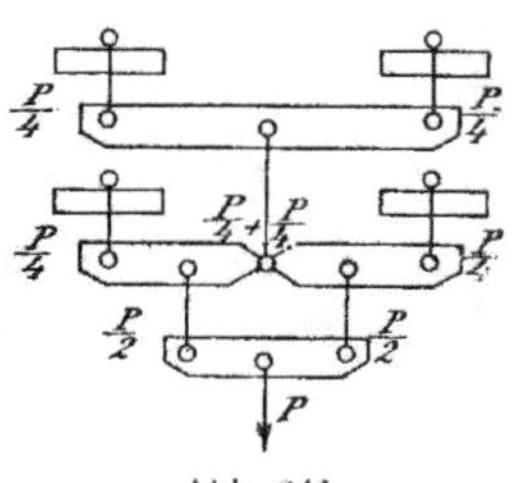

Abb. 641.

Die Ketten sind in jedem zweiten Knotenpunkt gestoßen. Die Stöße der einzelnen Flacheisen werden durch unmittelbar auf ihnen liegende Laschen von der gleichen Stärke und Breite gedeckt (Abb. 640).

Die Lagerung der Ketten auf den steinernen Pylonen ist aus der Abb. 642[1]) zu ersehen. Das Lager besteht aus einer Grundplatte, sieben Stelzen, dem Lagerbock, dem Lagersattel, auf dem die beiden unteren Bänder liegen, dem Mittelstück, über das die beiden oberen Bänder geführt sind, und dem Schlußstück. Lagersattel, Mittelstück und Schlußstück sind miteinander verschraubt. In der Querrichtung bestehen die beiden ersteren ebenso wie der Lagerbock aus verschiedenen miteinander verschraubten Teilen. Zwischen Lagersattel und Lagerbock liegt die Kippvorrichtung, durch die eine Zentrierung der Auflagerkraft und damit bei senkrechter Stellung der Stelzen eine gleichmäßige Beanspruchung der letzteren erzielt wird. Hiervon ist später noch im Abschnitt „Lager und Gelenke" allgemein die Rede. Die Grundplatte ist durch eine in Paraffin verlegte 5 mm starke Kupferplatte in zwei Teile geteilt. Die obere Platte kann auf der Kupferplatte durch Verstellen der vier Keile, von denen zwei auf jeder Seite durch je ein Spannschloß verbunden sind, in der Längsrichtung der Brücke bewegt werden, und die Stelzen, von denen die mittelste mit je einem Zahn in entsprechende Ausschnitte der oberen Grundplatte und des Lagerbockes eingreift, können hierdurch nach Bedarf bei unbeabsichtigten Schrägstellungen senkrecht gerichtet werden.

Die Bänder der Rückhaltkette bestehen aus 6 Flacheisen 650 · 17 und 2 Flacheisen 250 · 17 und die der anschließenden Ankerkette (Abb. 643) aus 6 Flacheisen 695 · 17, 2 Flacheisen 160 · 12 und $^2/_2$ Flacheisen 300 · 12. Die Verstärkung des Querschnittes der Ankerkette gegenüber dem Querschnitt der Rückhaltkette war notwendig, weil jedes Band an der Verankerung einen 64 mm weiten Schlitz zum Durchtritt der großen Ankerbleche erhalten hat (Abb. 643). Die großen Ankerbleche sind im unteren Teile ihrerseits wieder geschlitzt, um die parallel zu den Bändern stehenden kleineren Ankerbleche aufzunehmen. Auf den

[1]) Aus „Eisenbau" 1911, S. 62.

auskragenden Teilen der Ankerbleche ruhen vier nach oben gewölbte Lagerkörper, die den Zug der Anker unter Vermittlung von Lagerböcken aus Stahlguß an das Mauerwerk abgeben. Die Einzelheiten der Verankerung sind deutlich aus der Abb. 643 zu ersehen.

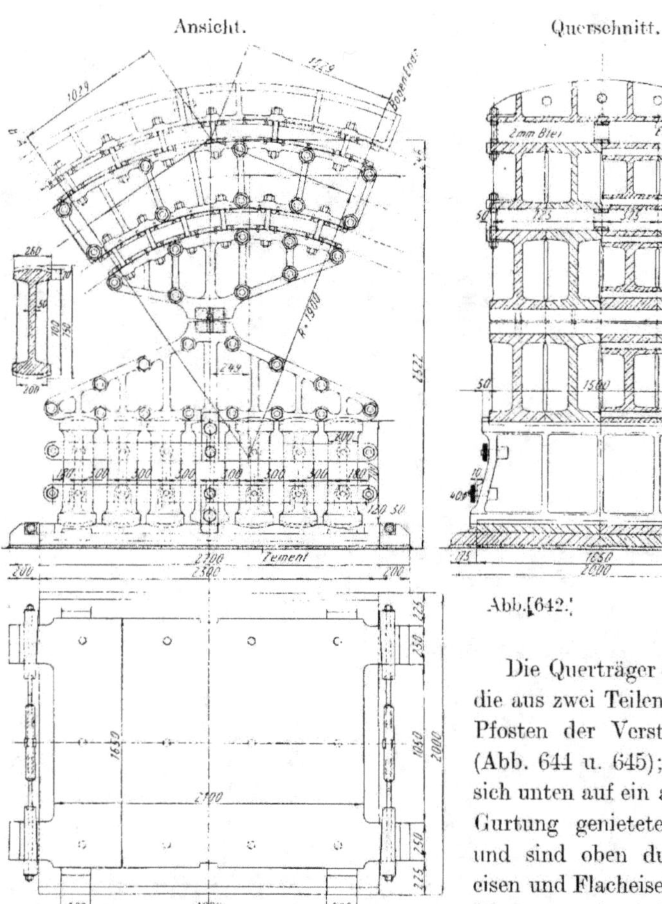

Abb. 642.

Die Querträger durchdringen die aus zwei Teilen bestehenden Pfosten der Versteifungsträger (Abb. 644 u. 645); sie stützen sich unten auf ein an die untere Gurtung genietetes Querstück und sind oben durch Winkeleisen und Flacheisen, die an den Pfosten vernietet sind, gehalten. An dem in der Ebene der Unterkanten der unteren Gurtungen liegenden Windverband sind sie durch besondere Verbindungsstücke angeschlossen. Mit dem vorkragenden und durch Bleche verstärkten Teile der Querträger sind die Hängestangen vernietet. Sie sind nach unten über den Querträger hinaus verlängert und unter ihm durch ein Futterstück geschlossen. Auf diesem ruhten unter Vermittlung zweier Keile während der Montage die Querträger, die erst am Schluß der Montage nach genauer Regelung der Höhenlage durch die Keile mit den Hängestangen vernietet wurden.

Die Versteifungsträger beteiligen sich nicht an der Aufnahme der ständigen Last, sondern dienen nur der Versteifung der Ketten und der gleichmäßigen Ver-

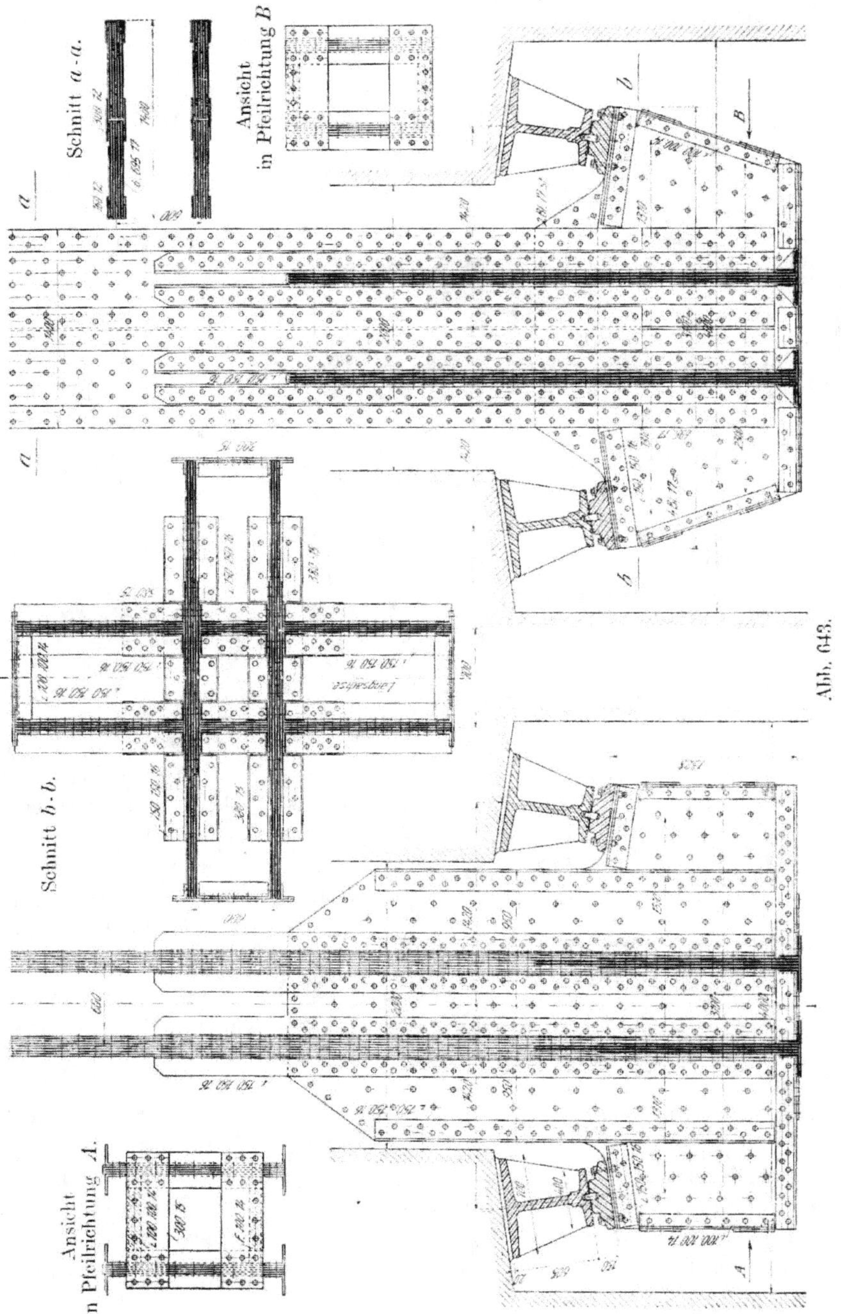

Abb. 643.

teilung der Einzellasten auf die Ketten. Nach dem Aufbringen der gesamten ständigen Last, aber vor dem Vernieten der Querträger mit den Hängestangen, wurden die Versteifungsträger dadurch spannungslos gemacht, daß die Schraubenverbindungen sämtlicher Streben an den Knotenblechen der oberen Gurtungen gelöst und die Lager durch Lösen ihrer Keilstellvorrichtungen außer Tätigkeit gesetzt wurden. Die Kette nahm damit ihre rechnungsmäßige Form an. Nun mußten auch die Versteifungsträger in ihre rechnungsmäßige Form gebracht werden. Dies geschah durch Heben oder Senken der Fahrbahn und des Versteifungsträgers. Zu diesem Zwecke wurden zwischen die Winkeleisen der Hängestangen die Futterstücke F (Abb. 646)[1]) eingenietet und zwischen diese und die Knotenbleche O der oberen Gurtungen der Versteifungsträger Hebel M eingesetzt, die an ihrem freien Ende durch eine Kopfschraube S gegen die Fahrbahn abgestützt wurden. War der Versteifungsträger zu heben, so wurden die Keile k_1 und k_2 unten zwischen Querträger und Hängestange durch Hochdrehen der Kopfschraube S gelockert und nachgezogen.

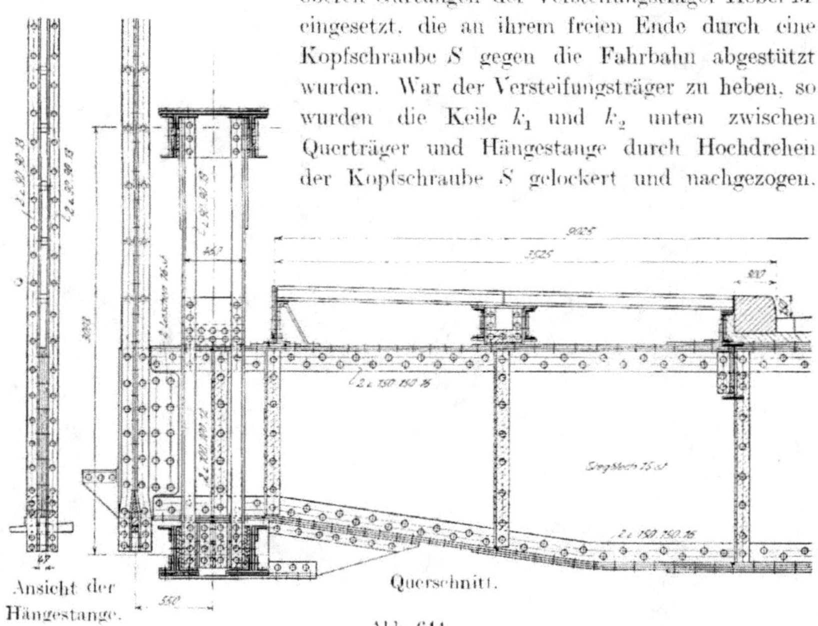

Abb. 644.

War der Versteifungsträger zu senken, so wurden die Keile k_1 und k_2 zunächst durch geringes Hochdrehen der Kopfschraube gelockert und zurückgezogen. Die Kopfschraube S wurde darauf so weit niedergedreht, bis der Versteifungsträger sich um das erforderliche Maß gegen die Hängestange nach unten verschoben hatte, und schließlich wurden die Keile fest angezogen. Sobald die richtige Höhenlage überall hergestellt war, wurden alle Streben an den Knotenblechen der oberen Gurtungen verdornt und verschraubt und die Lager der Versteifungsträger durch Anziehen der Keilstellvorrichtungen wieder in Tätigkeit gesetzt. Dann wurden die Löcher in den Hängestangen gebohrt und zum Schluß alle noch unvernieteten Verbindungen vernietet.

[1]) Aus „Eisenbau" 1911, S. 126.

Der auf die Ketten wirkende Winddruck wird von den Lagern auf den Pylonen und in der Brückenmitte von je einer besonders ausgebildeten Hängestange (Abb. 647)[1]) aufgenommen. Von den Lagern wird der Winddruck in die Pylonen und von den Hängestangen in der Brückenmitte in den unter der Fahrbahn liegenden Windverband geleitet. Zwischen die Winkeleisen der mittelsten Hängestangen ist ein kräftiges Flacheisen genietet, das die Kette durchdringt (Abb. 647) und von kleinen auf die Kettenbänder genieteten Knaggen berührt wird. Die Aufhängevorrichtung ist auch hier grundsätzlich dieselbe wie an den anderen Aufhängepunkten, nur ist das lange,

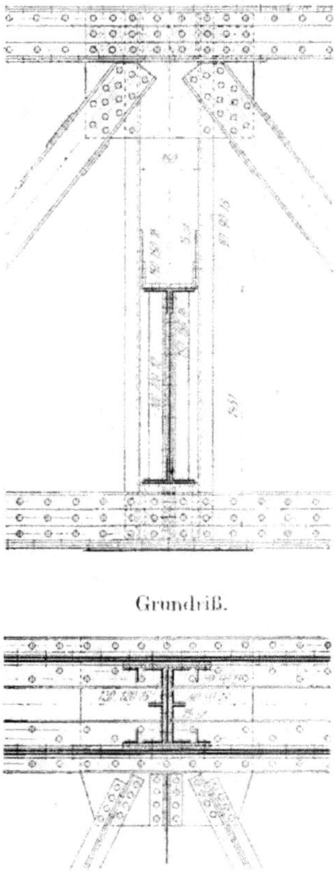

Ansicht des Versteifungsträgers.

Grundriß.

Abb. 645.

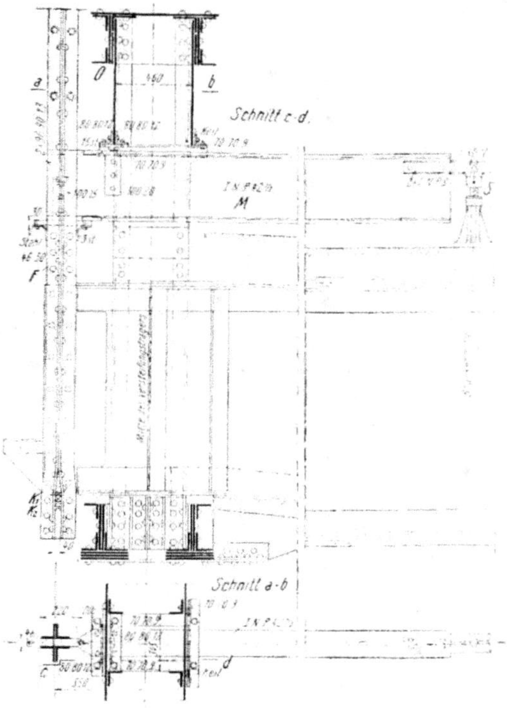

Schnitt c-d.

Schnitt a-b

Abb. 646.

zwischen den unteren und oberen Bändern liegende Hängependel (Abb. 640) in zwei Teile geteilt und außerhalb der Querbalken angeordnet, um Platz für den Durchtritt des Flacheisens zu schaffen. Die Hängestange ist mit dem Obergurt des Versteifungsträgers vernietet. Der Pfosten des Versteifungsträgers ist vergittert.

So fein durchdacht und zweckmäßig die eben geschilderte Aufhängevorrichtung auch ist, ein Nachteil haftet ihr an, das ist die schwere Zugänglichkeit der

[1]) Aus „Eisenbau" 1911, S. 61.

einzelnen Glieder der Aufhängung und die damit verbundene schlechte Unterhaltungsmöglichkeit.

In dem Wettbewerb um den Bau einer festen Straßenbrücke über den Rhein in Köln brachte unter den vielen Hängebrückenentwürfen trotz des Vorbildes der Breslauer Kaiserbrücke nur ein einziger, und zwar der Entwurf „Gitterkette" der Firma Hein, Lehmann u. Cie. in Düsseldorf-Oberbilk, eine Flachbandkette, aber ohne eine Vorrichtung, die eine gleichmäßige Verteilung der Last auf die einzelnen Bänder gewährleistet. Die Einzelheiten der Kette, die in Nickelstahl gedacht war, und die Aufhängung der Hängestangen sind aus der Abb. 648 zu ersehen. Die Kette besteht auch hier wie bei der Breslauer Brücke aus vier einzelnen Bändern von 920 bis 980 mm Breite und 4 · 25 mm Stärke. Außerhalb der Knotenpunkte sind die oberen und unteren Bänder durch leichte Flacheisenvergitterungen und in den Knotenpunkten, in denen die einzelnen Flacheisen in der dargestellten Weise gestoßen sind, in der Quer- und Längsrichtung durch volle Wände gegeneinander versteift, um eine gleichmäßige Verteilung der Lasten auf die einzelnen Bänder zu erzielen. Die Vergitterung ist so schwach, daß durch sie die beiden übereinanderliegenden Bänder nicht etwa zu einer Doppelkette nach der in der Abb. 580 auf S. 341 wiedergegebenen Art werden. Die Hängestange ist an zwei

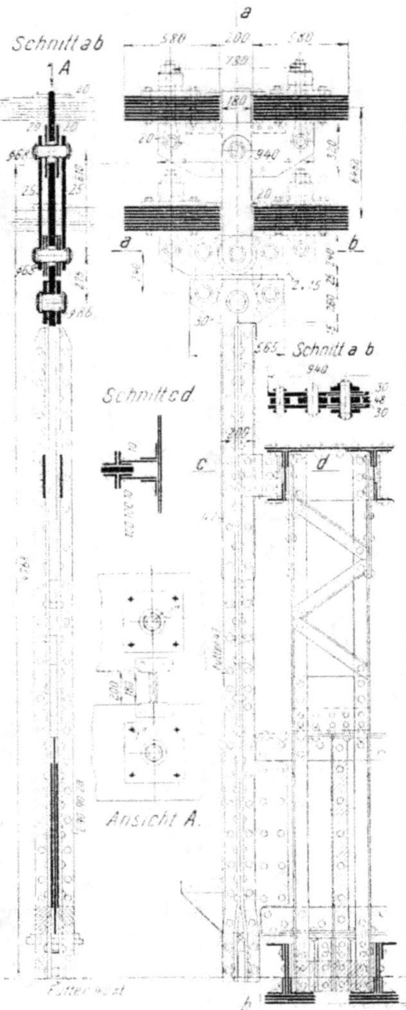

Abb. 647.

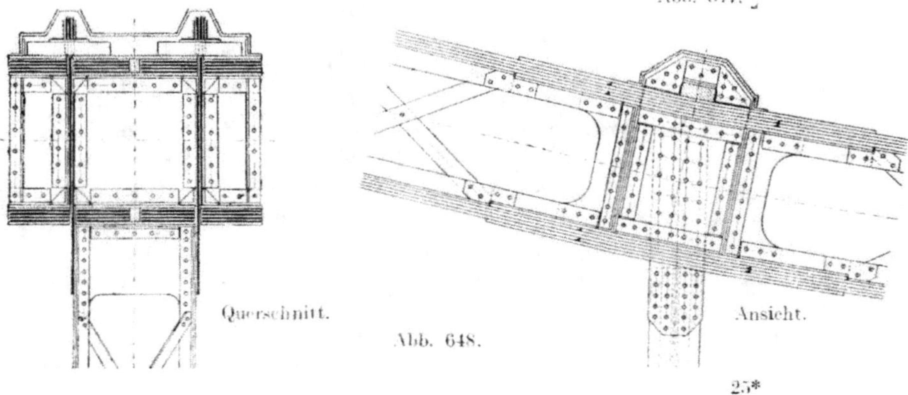

Querschnitt. Ansicht.

Abb. 648.

Flacheisen angeschlossen, die die unteren Bänder durchdringen. Die Flacheisen sind ihrerseits wieder mit Blechen vernietet, die die oberen Bänder durchdringen und mit ihren verstärkten Oberteilen auf kräftigen Stahlkörpern reiten. Über diesen sind gußeiserne Hauben zum Schutz gegen Eindringen von Wasser angebracht. In der Abb. 649[1]) ist die Lagerung der Ketten auf den eisernen Pylonen, die unten gelenkig gestützt sind, veranschaulicht. In der Querrichtung

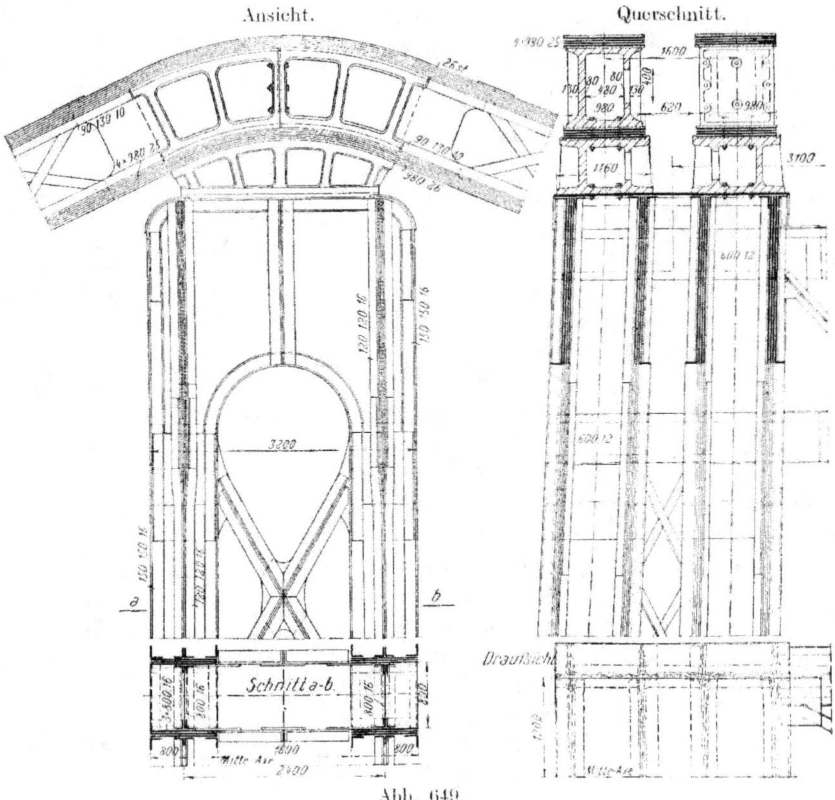

Abb. 649.

sind die Bänder nicht miteinander verbunden. Der Querschnitt der Pylonen besteht aus vier ⊢⊣-förmigen Einzelquerschnitten, die in der Quer- und Längsrichtung durch Winkeleisenvergitterungen miteinander verbunden sind. Die Abb. 650[2]) gibt die Verankerung der Kette wieder. Sie ist einfach und recht zweckmäßig ausgebildet. Vier schaufelförmige Bleche umfassen in der dargestellten Weise je zwei der Bänder. Auf den Auskragungen dieser Bleche sitzen zwei Lagerkörper, die unter Vermittlung zweier Lagerböcke den Kettenzug an das Mauerwerk abgeben.

[1]) Aus „Eisenbau" 1912, S. 28.
[2]) Aus „Eisenbau" 1912, S. 30.

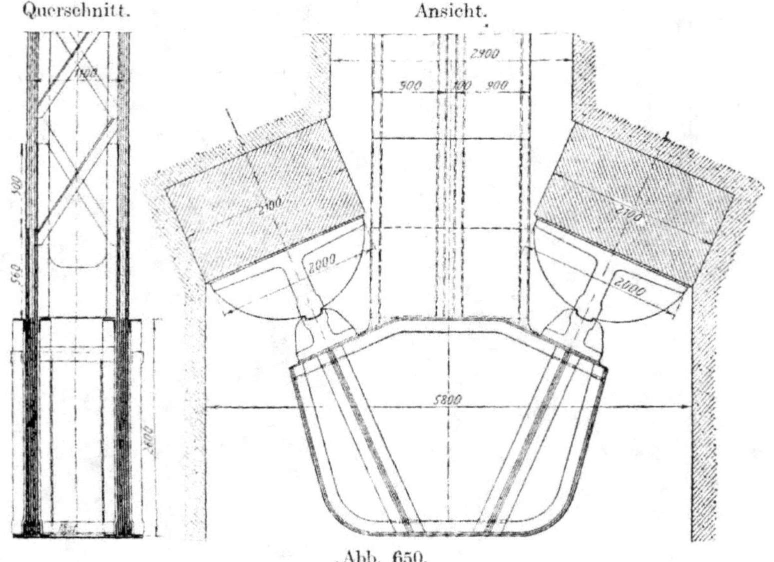

Abb. 650.

γ) Brücken mit genietetem, ⊐⊏-förmigem Kettengurt.

Eine Hängebrücke mit hochliegenden Versteifungsträgern und genieteten, ⊐⊏-förmigen Kettengurten sah der Entwurf „Köllen eyn kroin" für den Wettbewerb 1910/11 um den Bau einer Straßenbrücke in Köln vor. Der Horizontalzug wird, wie bereits auf S. 349 erwähnt ist, von besonderen, in der Fahrbahnebene gelegenen Druckgurten aufgenommen. Die Hauptabmessungen sind aus der Übersichtszeichnung in der Abb. 596 zu ersehen. Die Abb. 651 zeigt, daß sich auch

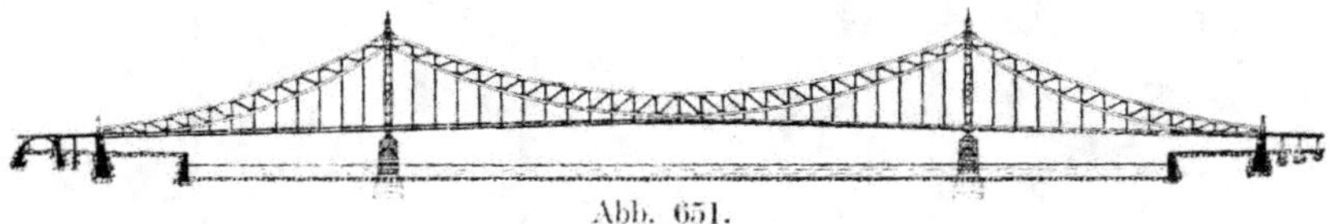

Abb. 651.

bei hochliegenden Versteifungsträgern ein sehr gutes Brückenbild erzielen läßt Der ⊐⊏-förmige Kettengurt ist an der Pylonenspitze nach der in der Abb. 431 auf S. 264 dargestellten und dort auch beschriebenen Art angeschlossen (Abb. 652). Die Untergurte sind an der Pylonenspitze unterbrochen und hängen in pendelnden Augenstäben (siehe auch Schnitt a-b und c-d). Die oberen Pendelgelenkpunkte hätten eigentlich nach dem in der Abb. 596 dargestellten System in einem Punkte vereinigt werden müssen; dies war aber konstruktiv nicht gut durchzuführen; deshalb wurden zwei Gelenkpunkte gewählt. Die in den Pylonenspitzen zusammenlaufenden Träger besitzen genügend große Beweglichkeit, um als in einem Punkte nach Abb. 596 gelenkig angeschlossen betrachtet werden zu können. Schädliche Nebenmomente infolge der Durchbiegungen der Versteifungsträger sind also ausgeschaltet. Daran wird bei der großen Länge der Pylonen auch der Umstand nichts ändern, daß die Druckgurte mit den Fußpunkten der Pylonen fest vernietet sind. Der Querschnitt der Pylonen besteht aus zwei kräftigen Wandungen, die durch zwei durchlaufende Stege miteinander verbunden sind. Alle Teile des Querschnitts sind zugänglich. In der Abb. 653 ist der Anschluß des Druckgurtes an die untere Gurtung des Versteifungsträgers in der Nähe des Überbauendes veranschaulicht.

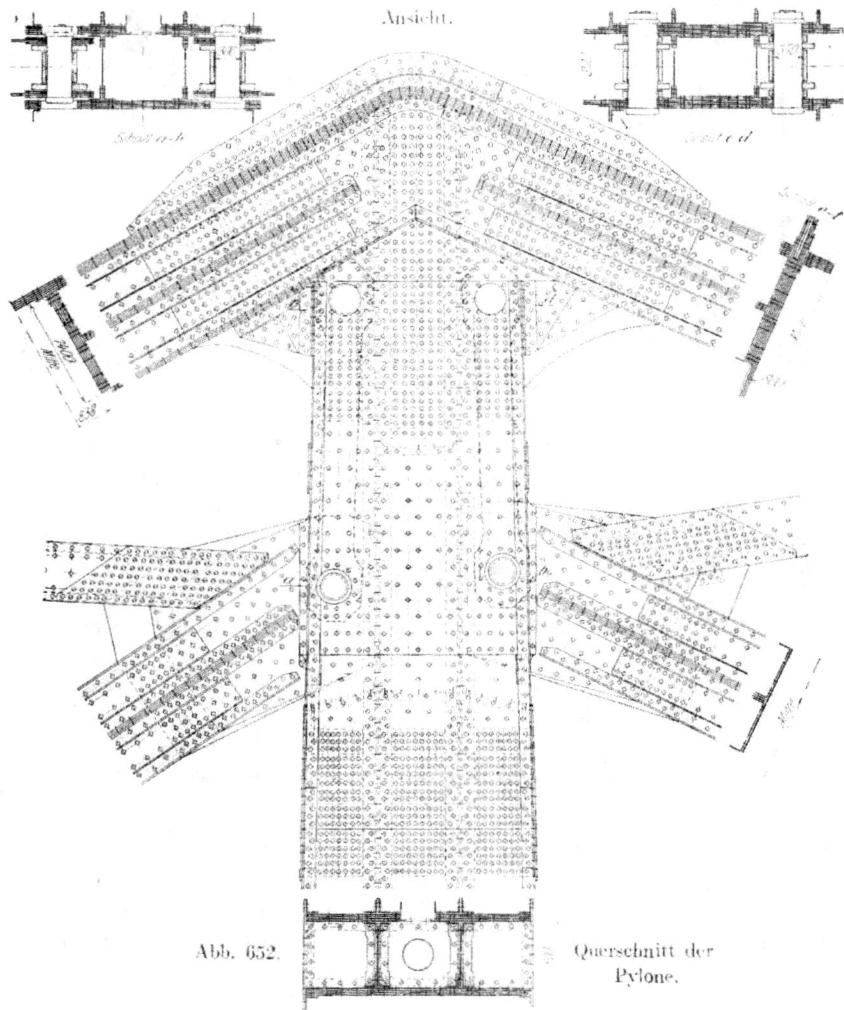

Abb. 652. Querschnitt der Pylone.

An der Stelle des Zusammenlaufes liegen in jeder Wandung fünf je 19 mm starke Knotenbleche, die einander staffelförmig überragen. Die längsten Knotenbleche reichen von *a* bis *b*, *b*. An den einzelnen staffelförmigen Überständen werden auf der rechten Seite die einzelnen Bleche jeder Wandung des Druckgurtes und des hochsteigenden Untergurtes und auf der linken Seite die des zum Widerlager laufenden Untergurtes angeschlossen. Im übrigen ist die Anordnung aller Stöße und die Ausbildung der einzelnen Querschnitte aus der Abb. 653 zu ersehen.

Hängebrücken mit tiefliegenden Versteifungsträgern und mit aufgehobenem Horizontalzug nach Abb. 590 auf S. 347 sind verschiedentlich mit genietetem, T oder ⊐⊏-förmigem Kettengurt ausgeführt worden. Die Abb. 654 stellt die Zusammenführung von Kettengurt und Obergurt des Versteifungsträgers bei ein-

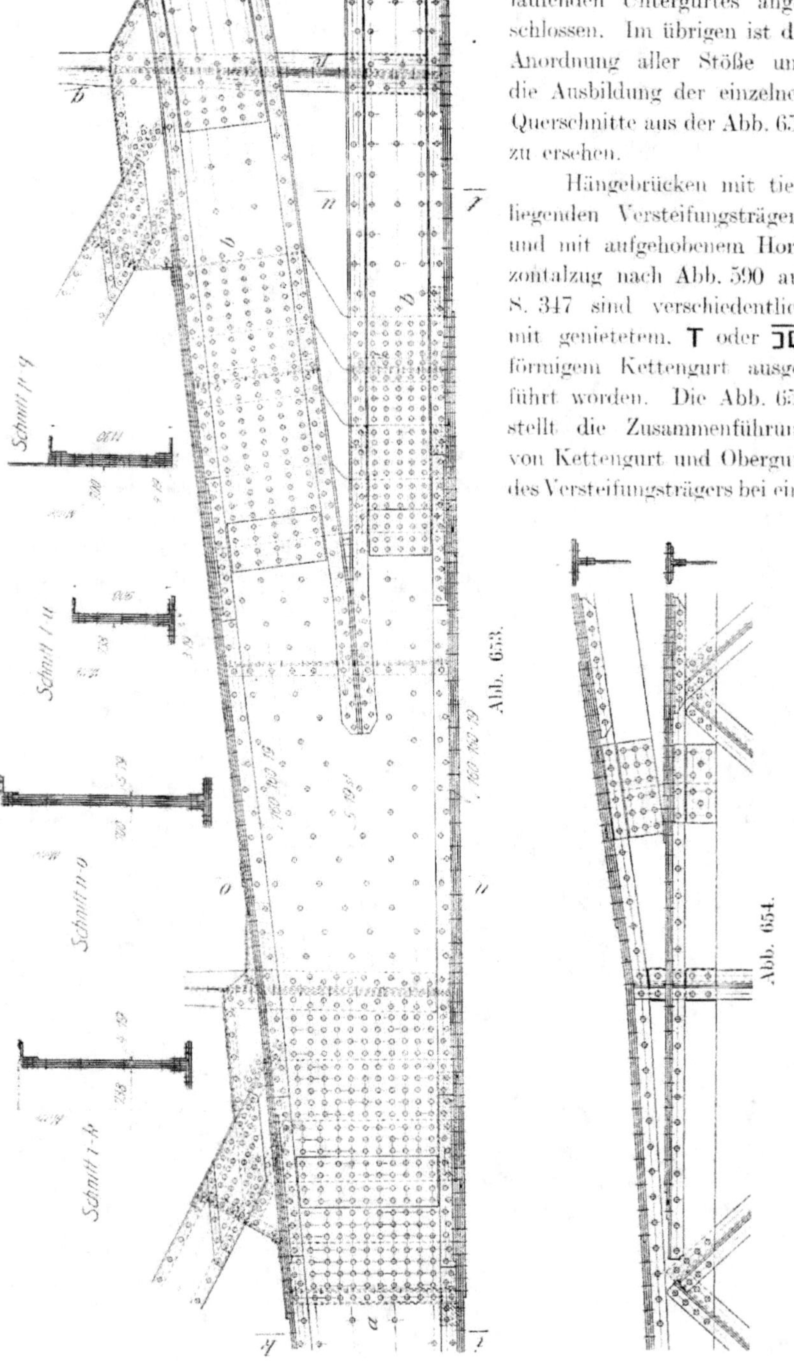

Abb. 653.

Abb. 654.

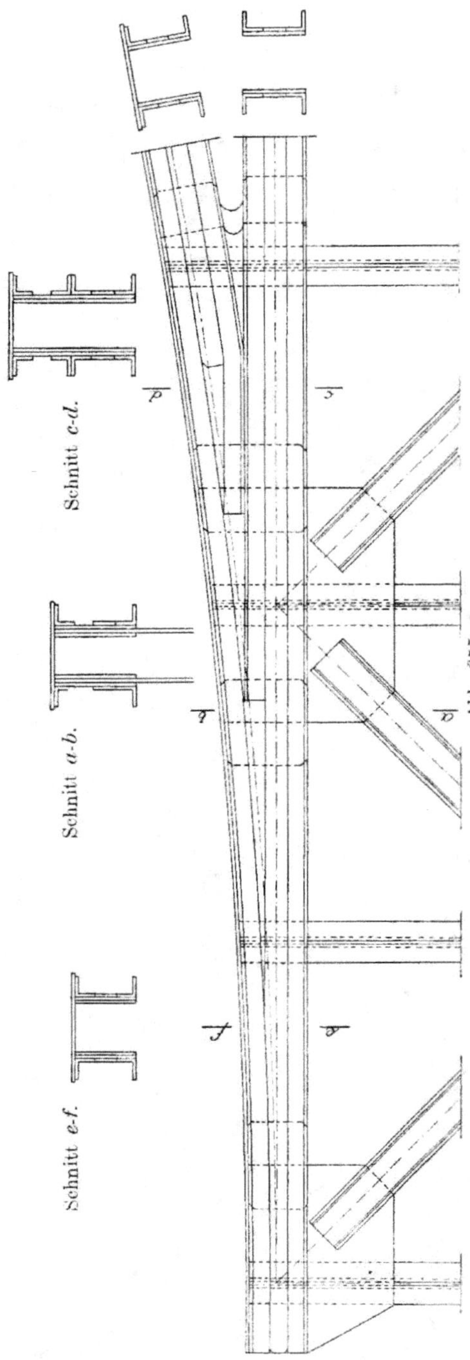

Abb. 655.

wandiger und die Abb. 655 bei zweiwandiger Gestaltung der Querschnitte dar. Bei der in der Abb. 654 wiedergegebenen Anordnung stoßen die Stege des Kettengurtes und der oberen Gurtung des Versteifungsträgers gegen ein gemeinschaftliches Stegblech, an dem sie mit Laschen angeschlossen sind. In der Nähe dieser Stoßstellen liegen auch die Stöße der Kopfplatten und Winkeleisen. Die Kopfplatten des Obergurtes bestehen, soweit das gemeinsame Stegblech reicht, aus zwei Teilen. Bei der in der Abb. 655 veranschaulichten Zusammenführung besitzt das gemeinsame Stück in jeder Wandung zwei Stegbleche (siehe Schnitt *c-d* und *e-f*), von denen das äußere ganz durchgeht und das innere an den Knotenblechen unterbrochen und an ihnen durch Laschen (punktiert in der Abbildung) angeschlossen ist. Das Stegblech jeder Wandung des Kettengurtes und der oberen Gurtung des Versteifungsträgers stößt gegen das äußere Stegblech des gemeinsamen Stückes und ist an dem inneren Stegblech angeschlossen.

Die Hängegurte der auf S. 350 (Abb. 597) beschriebenen Gerberträger mit Hängegurten werden in der Regel auch aus einem genieteten][-förmigen Querschnitt gebildet. Gute Brückenbilder erzielt man bei derartigen Brückenformen dadurch, daß man die Seitenöffnungen annähernd halb so groß wie die Mittelöffnung nimmt (Abb. 656). Man wähle die Länge der in die Mittelöffnung vorkragenden Arme gleich der Hälfte der Stützweite der Seitenöffnungen, mache die Höhe h in der Mitte des Schwebeträgers gleich $^1/_8$

bis $^1/_9$ seiner Stützweite und zeichne dann eine Parabel, die mit dem Scheitel die Mitte des Schwebeträgers in der Höhe h vom Untergurt berührt, und eine Pfeilhöhe $f = {}^1/_8$ bis $^1/_{10}$ der Stützweite der ganzen Mittelöffnung hat. Das Spiegelbild der Hälfte dieser Parabel strecke man unter Verlängerung oder Ver-

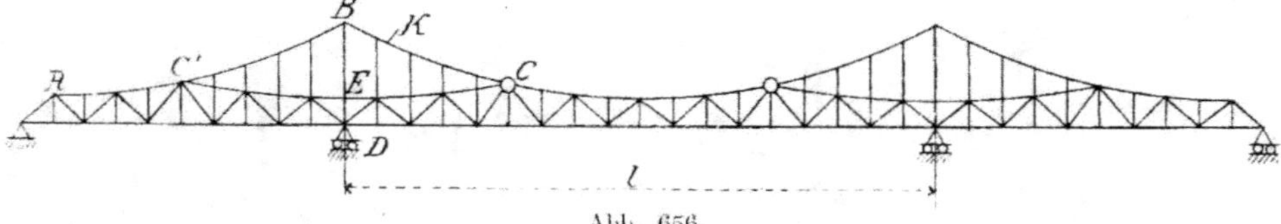

Abb. 656.

kürzung in die Seitenöffnungen vor und lege durch den Gelenkpunkt C und sein Spiegelbild C' eine Parabel, deren Pfeilhöhe dadurch festgelegt wird, daß sie über der Mittelstütze dieselbe Höhe h abschneidet, die der Schwebeträger in der Mitte hat. In der Abb. 656 ist AB das Spiegelbild der Hälfte der Parabel der Mittelöffnung.

Für die Kette und den Obergurt des Kragträgers in dem Teil ohne Kette eignet sich der in der Abb. 657, für den Obergurt des Kragträgers in dem Teil mit Kette der in der Abb. 658 und für den Untergurt der in der Abb. 659 dargestellte Querschnitt. Für die Hängestangen wird der Querschnitt in Abb. 660 und für

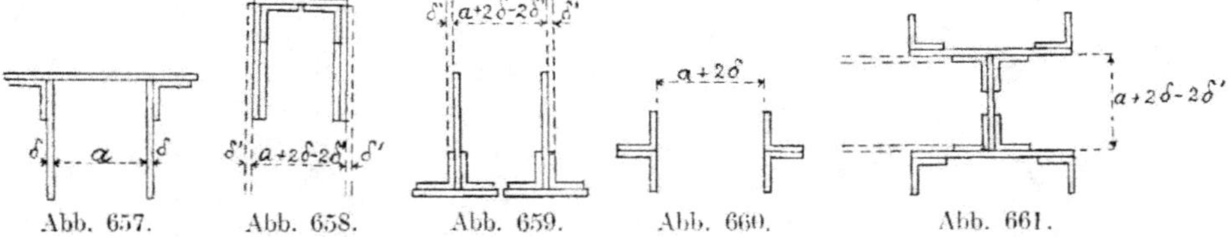

Abb. 657. Abb. 658. Abb. 659. Abb. 660. Abb. 661.

den Pfosten über dem Auflagerpunkt D der Querschnitt in Abb. 661 empfohlen. Die Abstände der Wandungen der einzelnen Querschnitte sind in die Abbildungen eingeschrieben (vgl. die Beschreibung auf S. 331). Die Darstellungen in den Abb. 566 bis 568 können sinngemäß auch für die Ausbildung der Knotenpunkte dieses Trägers benutzt werden.

Der Punkt E (Abb. 656) kann nach Abb. 662 ausgebildet werden. Die Knotenbleche K legen sich an die Innenseiten der Seitenbleche des Pfostens, die inneren Winkel werden samt dem Stegblech mit Keilfuttern über sie hinweggeführt. Die Obergurtstäbe hören beiderseits auf und müssen voll angeschlossen werden. Sie stoßen mit ihren Seitenblechen gegen die Knotenbleche; die hier entstehenden Stöße werden durch die Laschen L

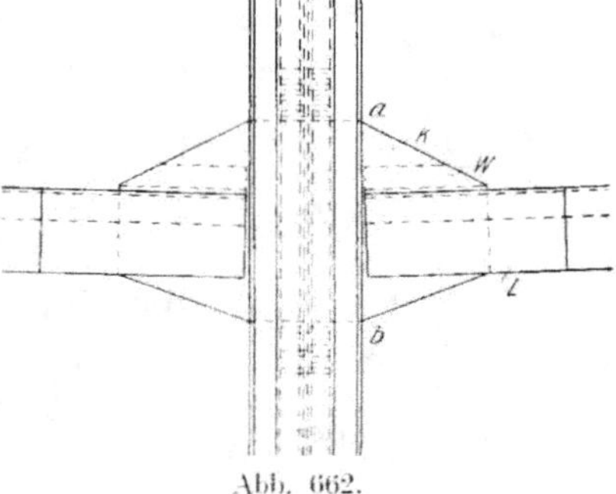

Abb. 662.

gedeckt. Die Kopfplatten werden durch besondere, auf ihnen liegende Winkel W angeschlossen. Im Schnitt a—b müssen beide Knotenbleche zusammen den gesamten Gurtquerschnitt besitzen.

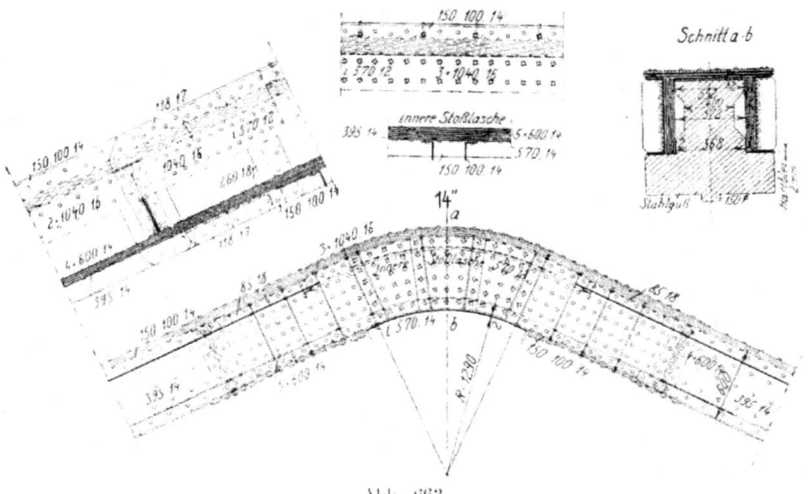

Abb. 663.

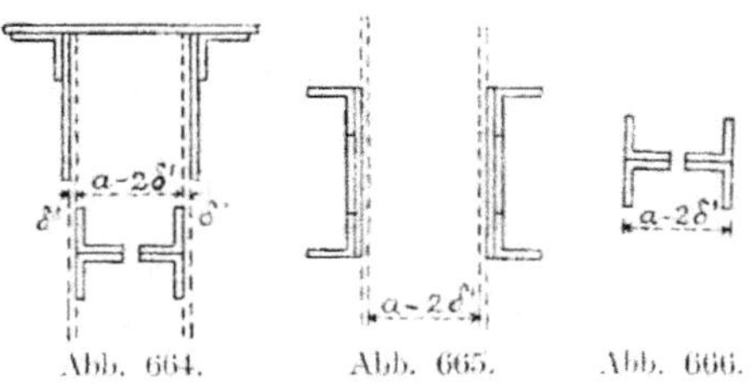

Abb. 664. Abb. 665. Abb. 666.

Der Knotenpunkt C'' (Abb. 656) kann sinngemäß nach der in Abb. 567 und die Spitze B nach der in der Abb. 431 veranschaulichten Anordnung gestaltet werden. Man kann den ⊐⊏-förmigen Kettengurt an der Spitze B auch ohne Knotenbleche in sanfter Krümmung über die Pylone führen und ihn mit einem besonderen Stahlguß-körper auf der Pylonenspitze lagern. Dies ist z. B. bei dem eisernen Überbau der Überführung der Berliner Straße auf Bahnhof Halle geschehen. Die Abb. 663[1]) veranschaulicht die dort ausgeführte Anordnung.

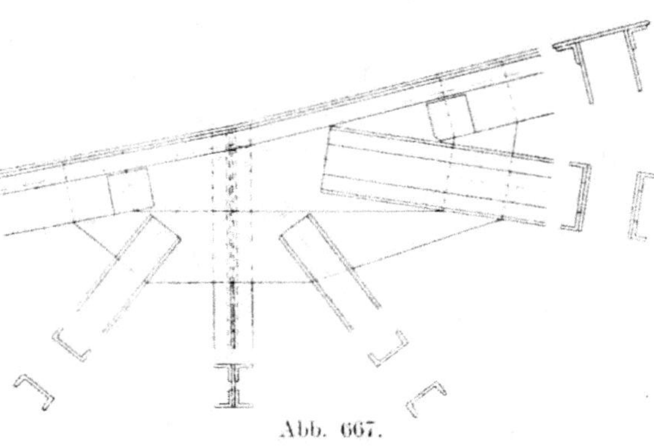

Abb. 667.

Die Hängestangen fallen bei dem Querschnitt nach Abb. 660 etwas breit aus und befriedigen die Forderung eines guten und leichten Aussehens nicht so wie schmalere, die in die Ketten

[1]) Aus „Eisenbau" 1916, S. 237.

hineingeführt werden. Für die Querschnitte eignen sich dann die in den Abb. 664 bis 666 dargestellten Formen: Abb. 664 (oben) für die Kette und den Obergurt des Kragträgers in dem Teil ohne Kette. Abb. 665 für den

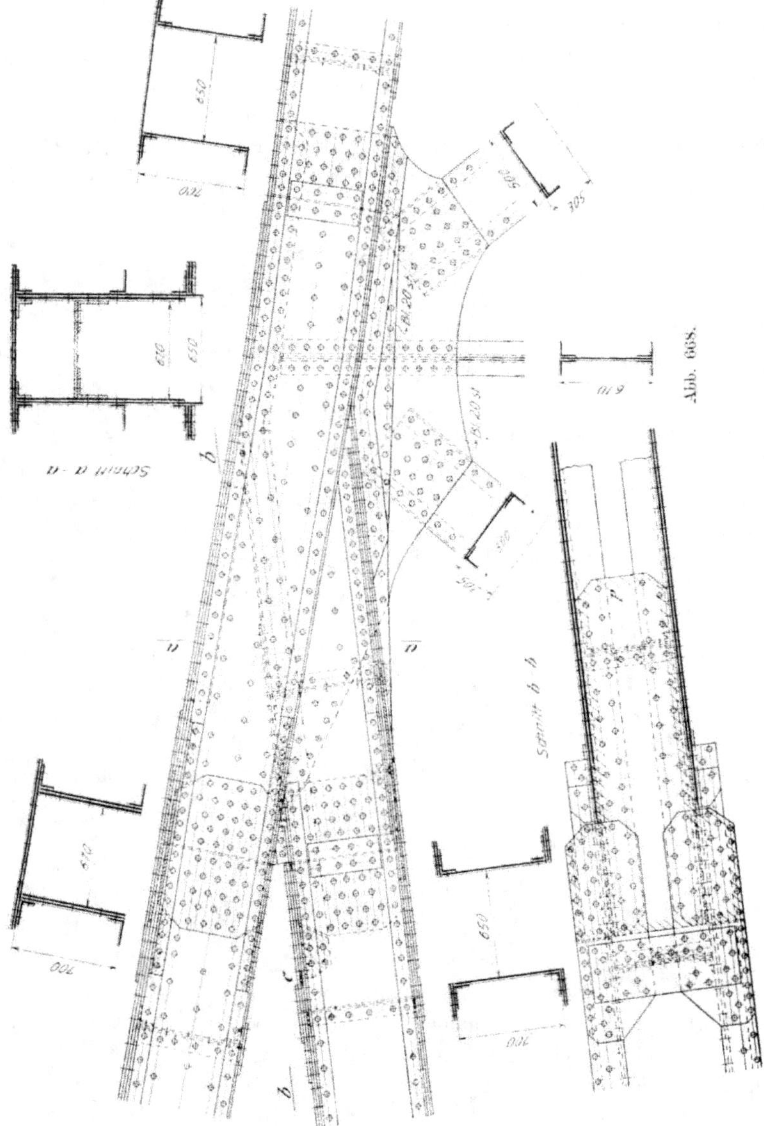

Abb. 668.

Obergurt des Kragträgers in dem Teil mit Kette und für den Untergurt und Abb. 666 und 664 (unten) für die Hängestangen. Der Punkt C' kann bei kleineren Brücken in der in Abb. 667 veranschaulichten Weise ausgebildet werden. Die Einzelheiten sind aus der Abbildung klar zu ersehen. Bei Brücken mit größeren Gurtkräften führt man zweckmäßig den Obergurt in die Kette hinein, wie es in der Abb. 668 dargestellt ist. Hier liegt links vom Knotenpunkt ein sich über alle Teile erstreckender Montagestoß. An dieser Stelle enden die oberen Winkel und oberen Kopfplatten des linken Obergurtstabes. Ihre Kräfte werden durch innere Winkel und die Platte P, deren Größe und Form durch Schraffierung gekennzeichnet ist, an die Knotenbleche und den Kettengurt abgegeben. Die inneren Winkel des Obergurtstabes sind mit den Kopfplatten des Kettengurtes und die unteren Winkel des Obergurtstabes mit den unteren Winkeln des Kettengurtes verbunden.

b) Kabelhängebrücken.

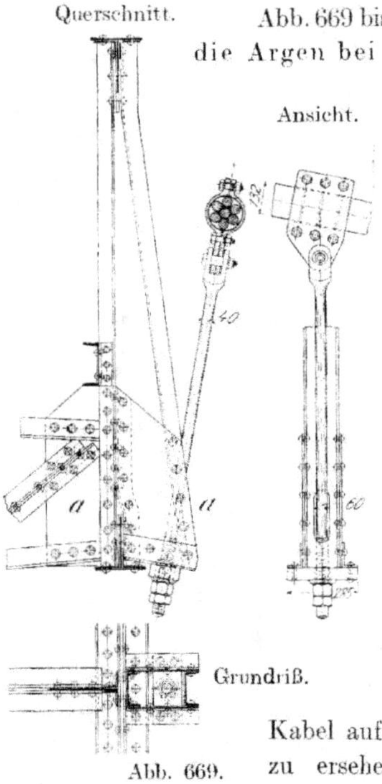

Querschnitt. Ansicht. Grundriß.

Abb. 669.

Abb. 669 bis 671. Einzelheiten der Straßenbrücke über die Argen bei Langenargen[1]).

Das Seil ist ein siebenschenkliges Kabel von 132 mm Durchmesser, das bereits auf S. 354 und 355 näher beschrieben ist. Um das Kabel greifen an den Aufhängepunkten zweiteilige Stahlschellen, die innen mit Blei ausgelegt sind. Durch kräftiges Anziehen der Schrauben preßt sich das Kabel in das Blei ein und wird so mit den Schellen unverschieblich verbunden. Die oben ausgeschmiedeten Rundeisenstäbe der Hängestangen sind gelenkig an den Schellen angeschlossen und unten mit Schrauben verstellbar an einer Auskragung des Querträgers befestigt. Die Kabel liegen in der Mitte der Brücke tiefer als die Obergurte des Versteifungsträgers, wie aus der Abb. 669 zu ersehen ist. Sie sind gegen die Senkrechte geneigt, um die Quersteifigkeit der Brücke zu erhöhen (vgl. S. 350). Die Lagerung der Kabel auf den steinernen Pylonen ist aus der Abb. 670 zu ersehen. Sie sind mit einem Halbmesser von 1250 mm über rippenförmige, auf Rollen ruhende Lagerkörper geführt. Der Neigung der Kabelebenen entsprechend sind die Lager in der Brückenquerrichtung gegen die Senkrechte geneigt angeordnet. Die Verankerung ist in der Abb. 671 dargestellt. Sie ist die für fertige Seile allgemein übliche. In die kegelförmig oder absatzweise sich erweiternde Höhlung eines aus bestem Schmiedestahl gefertigten sogenannten Seilkopfes, dessen Länge gleich

[1]) Entwurf und Ausführung der Maschinenfabrik Eßlingen.

dem 4- bis 4,5fachen des Seildurchmessers ist, wird das Kabelende hineingeführt und bürstenartig geöffnet. Die einzelnen Drähte werden blank gemacht, in Salzsäure getaucht und verzinnt. Darauf wird der Kopf mit einer Legierung aus Blei, Zinn und Antimon ausgegossen. Die hierdurch erzielte Verbindung des Seiles mit dem Kopf ist so fest, daß, wie Versuche gezeigt haben, das Seil eher reißt, als die Verankerung nachgibt. Der an der Auflagerstelle kugelförmig gestaltete Seilkopf setzt sich auf einen Stahlkörper. Zwischen diesem und der die beiden I-Eisen verbindenden Platte können zur Regulierung der Lage des Seilkopfes zweiteilige Stahlstücke eingeschoben werden. Diese und der Lagerkörper werden durch ein übergestülptes und mit den I-Eisen verschraubtes Gußstück in richtiger Lage erhalten.

Abb. 670. Lager auf den Pylonen.

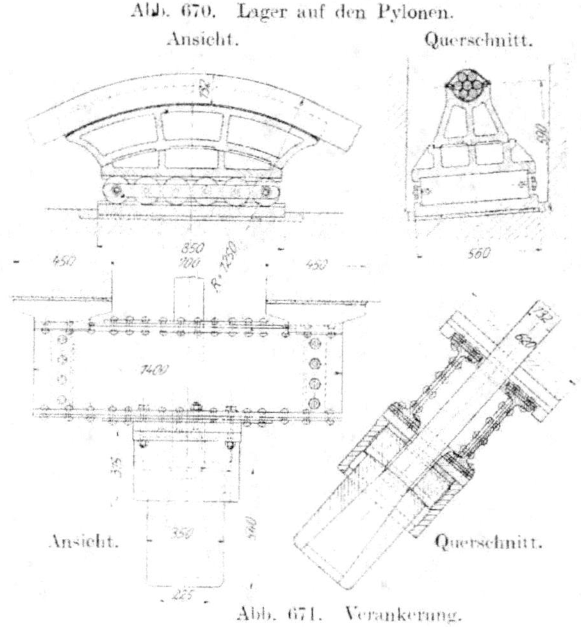

Abb. 671. Verankerung.

Abb. 672 gibt einen oberen Knotenpunkt eines Hängefachwerkes wieder, dessen Obergurt aus einem Kabel gebildet ist. Die beiden Teile der Schelle werden durch kräftiges Anziehen der Schrauben fest an das Kabel gepreßt. Zur Erhöhung der Sicherheit der Schelle gegen Verschiebungen ist das Kabel zu beiden Seiten der Schelle mit Drahtumwicklungen versehen. Der untere Teil der Schelle endet in ein Knotenblech, an dem die Füllungsstäbe angeschlossen sind.

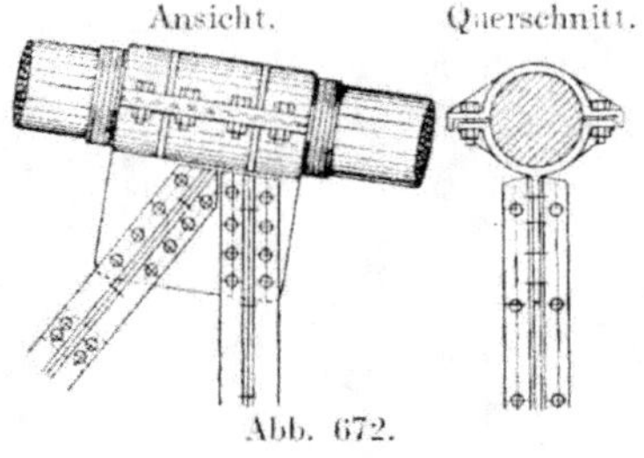

Abb. 672.

Abb. 673 veranschaulicht die Anordnung[1]) eines oberen Knotenpunktes der in der Abb. 585 dargestellten, von der Gesellschaft Harkort seinerzeit für die Stadt Köln entworfenen Hängebrücke. Das Kabel ist aus 19 parallel geführten, patentverschlossenen Seilen von 97 mm Durchmesser zusammengesetzt und mit 5-mm-Draht gebündelt. Die Zwischenräume zwischen den Seilen sind durch gemennigten Faserstoff ausgefüllt. An den Knotenpunkten umfaßt eine

[1]) D. R.-P. Nr. 108 936.

zweiteilige Stahlschelle *a* das gebündelte Kabel *K*. Jede Schellenhälfte *a* hat seitlich einen Zapfenansatz *b*, auf den die Anschlußbleche *c* aufgeschoben und mit Gewindemuttern angedrückt werden, und ferner oben und unten symmetrisch zur Kabelebene liegende Halbzapfen *d*. Die Schelle wird mit dem Kabel folgendermaßen fest verbunden: Zunächst wird der durch zwei Asbestscheiben oben und unten geteilte Hohlraum *h* zwischen Schelle und Kabel seitlich durch die Metallringe *g g* geschlossen. Dann wird in den Hohlraum durch die Öffnung des oberen Zapfens *d* eine Metallegierung eingegossen. Schließlich werden um die oberen und unteren Zapfen *d* warme Ringe *i* aufgelegt, die beim Erkalten zusammenschrumpfen und unter Zusammendrücken der Asbestscheiben die Metallegierung fest gegen das Kabel pressen. Das Kopfblech *e* bildet mit den Winkeleisen *f* neben dem Kabel eine besondere Gurtung des Versteifungsträgers, durch die es möglich wird, den Querschnitt der gesamten Gurtung den auftretenden Kräften anzupassen. Besondere Vorteile der geschilderten Anordnung sind darin zu sehen, daß Kabel und Aufhängung außerordentlich fest miteinander verbunden werden, daß die einzelnen Seile des Kabels leicht verlegt werden können und daß schließlich die gleichmäßige Beanspruchung aller Seile durch die Art der Zusammenfassung gewährleistet ist.

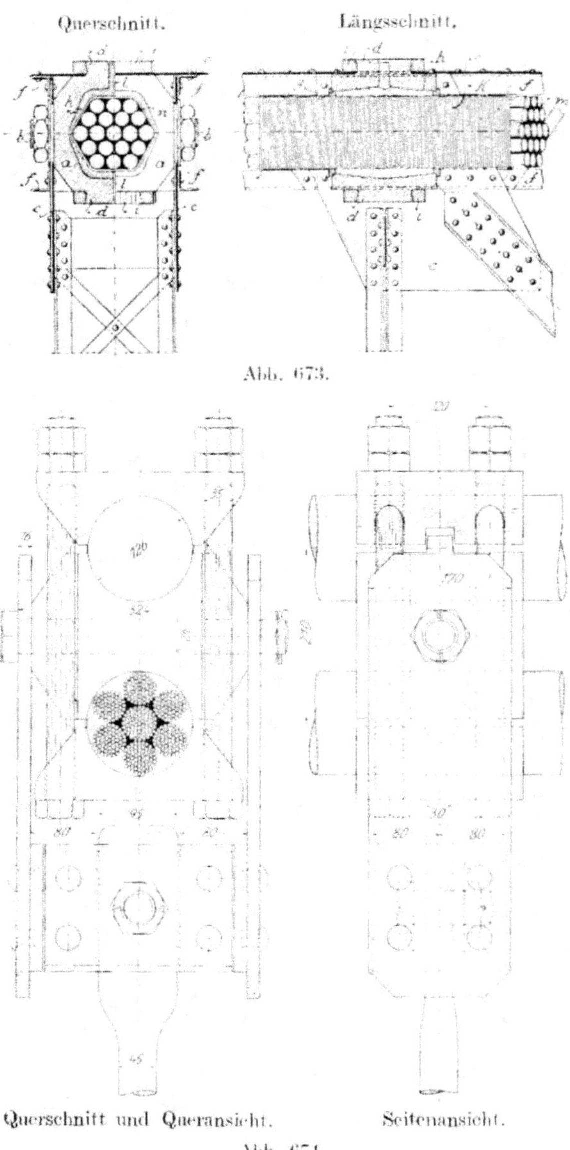

Abb. 673.

Abb. 674.

Abb. 674 stellt eine von der Brückenbauanstalt Gustavsburg angegebene Aufhängevorrichtung für zwei übereinanderliegende Kabel dar. Die beiden Kabel werden mit Schrauben durch zwei Stahlkörper fest gegen einen Zwischenkörper gepreßt. Durch diesen greift ein Bolzen, an dem beiderseits je ein Flacheisen angehängt ist. Unten sind diese Flacheisen durch Winkel- und]-Eisen miteinander verbunden. Die]-Eisen fassen zwischen sich die gelenkig angeschlossene, aus einem ausgeschmiedeten Rundeisen bestehende Hängestange.

Verwandt mit dieser Aufhängung ist diejenige, die „Gustavsburg" in seinen beiden Entwürfen „Köln-Deutz" und „Neuzeit" im Wettbewerb 1910/11 für den Bau einer Straßenbrücke über den Rhein in Köln vorgeschlagen hat. „Köln-Deutz" sah eine Kabelhängebrücke mit tiefliegenden, fachwerkartigen Versteifungsträgern zwischen Fußsteigen und Fahrbahn vor. Die Stützweiten betragen 211,40 und 2 · 107,80 m. Die Versteifungsträger sind einfache Balkenträger mit 5,60 m Systemhöhe. In jeder Tragwand liegen übereinander zwei aus je sieben parallel geführten, patentverschlossenen Einzelseilen von je 104 mm Durchmesser bestehende Kabel (Abb. 675). Die Pfeilhöhe in der Mittelöffnung ist zu $^1/_{10}$ der Stützweite gewählt. An den Anschlußstellen der |—|-förmigen Hängestangen werden die Kabel durch die Flacheisenbügel F (Abb. 675), die beiderseits in der Mitte gelascht sind, mit den fünf Stahlformen 1 bis 5 und den beiden Keilen K zu einem Ganzen zusammengeschlossen. Das Stahlstück 3 hat an beiden Seiten Zapfen zum Anschluß der Hängestangen und zwei Aussparungen zur Aufnahme zweier Druckwasserpressen, durch die die Stahlstücke 2 und 4, die Kabel und die Stahlstücke 1 und 5 fest gegen den Flacheisenbügel gedrückt werden. In dieser festen Lage zueinander werden die einzelnen Teile durch Nachtreiben der Keile K gehalten. Die Druckwasserpressen können dann wieder entfernt werden. Der Fuß der eisernen Pylonen mit der Lagerung der Versteifungsträger ist in der Abb. 676 veranschaulicht. Der Querschnitt der Pylonen besteht aus je 3 Stegen in der Längen- und Querrichtung; die einzelnen Stege sind durch wagerechte Querschotten gegeneinander ausgesteift. Durch Mannlöcher in den Querschotten ist der Querschnitt in allen seinen Teilen zugänglich gemacht. Von beiden Seiten ragt je ein Auflagerschnabel der Ver-

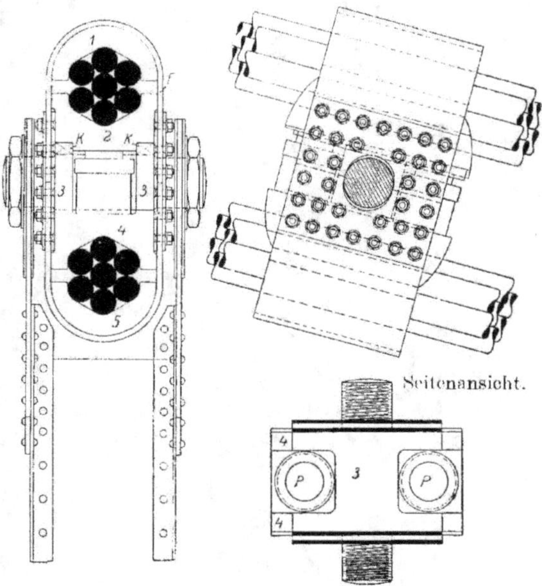

Querschnitt und Queransicht. Grundriß.
Abb. 675.

steifungsträger in die Pylone hinein und ist unten und oben durch je ein Stelzenlager, die die nach unten und oben gerichteten Auflagerkräfte aufnehmen, gegen die Pylone abgestützt. Die sich in der Querrichtung gegenüberliegenden Pylonen sind unten durch einen dreiwandigen Querträger (siehe die Seitenansicht in der Abb. 676) und oben durch einen torartigen Abschluß miteinander verbunden.

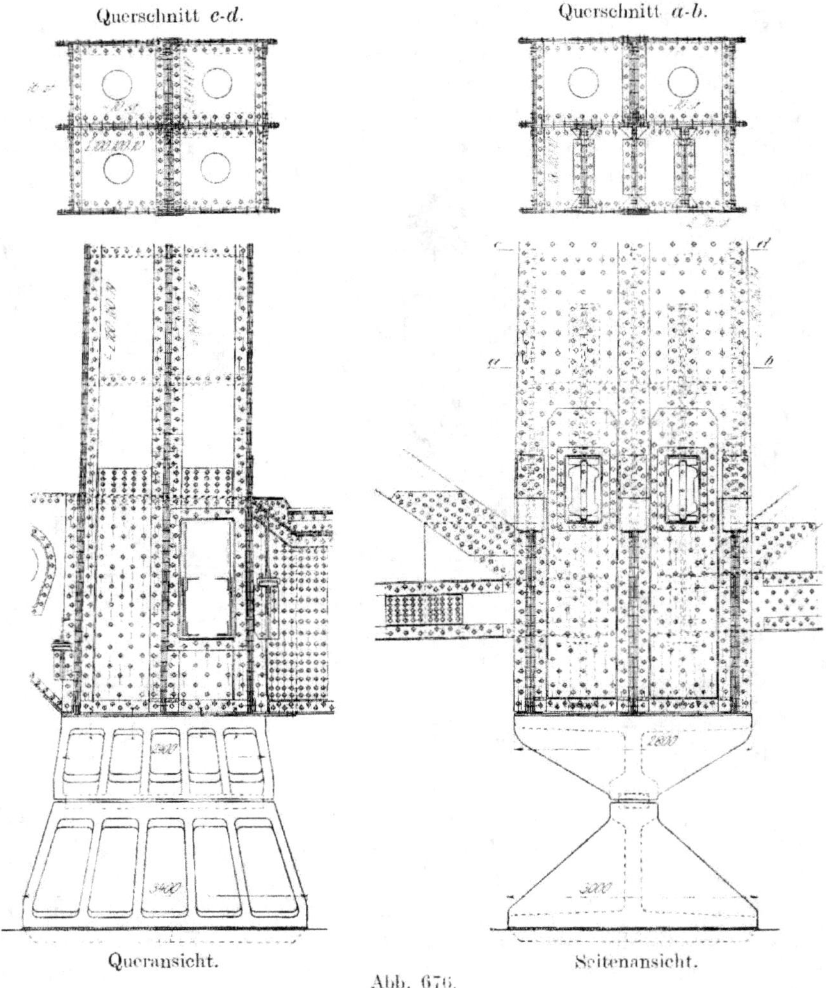

Abb. 676.

Um Vorrichtungen zur Aufnahme nach oben gerichteter Auflagerkräfte der Versteifungsträger auf den Widerlagern zu sparen, sind die Kabel über den Endpfosten auf einer zweiteiligen, gelenkig auf dem Obergurt aufsitzenden Stütze in der Neigung 1 : 7.5 nach unten abgelenkt (Abb. 677). Hierdurch entsteht eine nach unten gerichtete Kraft, die dem nach oben gerichteten Auflagerdruck entgegenwirkt. Im weiteren Verlauf werden die Kabel auf einer schrägen Pendelstütze, deren Einzelheiten aus der Abb. 678 zu ersehen sind, in steiler Neigung in den Verankerungsschacht geführt. Zur Einstellung der genauen Höhenlage der Versteifungsträger vor der endgültigen Vernietung (vergl. die Ausführungen auf S. 364) ist eine außerordentlich sinnreiche und zweckmäßige Vorrichtung vorgeschlagen worden, die in der Abb. 679 veranschaulicht ist. Wie aus der Abb. 679 b hervorgeht, sind mit der ⊢⊣-förmigen Hängestange unten durch Winkeleisen zwei geschlitzte Flacheisen verbunden, die durch einen Gelenkbolzen an einem 40 mm starken Flacheisen angeschlossen sind. Dieses Flacheisen hat die in der Seitenansicht der Abb. 679 b durch Schraffierung kenntlich gemachte Ausdehnung, es durchdringt die Kopfplatte des Obergurtes des Versteifungsträgers und ist vorübergehend durch Keile mit zwei Flacheisen, die ebenfalls die Kopfplatte durchdringen und mit dem zweiteiligen Pfosten fest vernietet sind, verbunden. Unten ist es mit einer Aussparung und einem Querstück versehen. In der Aussparung sitzt eine Druckwasserpresse, die sich unten gegen das Querstück und oben unter Vermittlung von Winkeleisen gegen die an den Pfosten angeschlossenen beiden Flacheisen stützt. Nachdem die Höhenlage der Versteifungsträger durch die Druckwasserpressen genau geregelt ist, werden die Keile wieder fest angezogen und die 40 mm starken Flacheisen mit den an den Pfosten der Versteifungsträger angeschlossenen doppelten Flacheisen zwischen den Keilen und seitlich von ihnen (siehe die Seitenansicht) fest vernietet. Schließlich werden, lediglich aus ästhetischen Rücksichten, die in der Queransicht der Abb. 679 a dargestellten unteren Teile der Hängestange noch hinzugefügt. Der Gelenkbolzen macht Bewegungen von Kette und Versteifungsträger in der Längsrichtung der Brücke und das als Blattgelenk wirkende Flacheisen zwischen dem ⊢⊣-förmigen Querschnitt der Hängestange und dem Versteifungsträger in der Querrichtung der Brücke voneinander unabhängig.

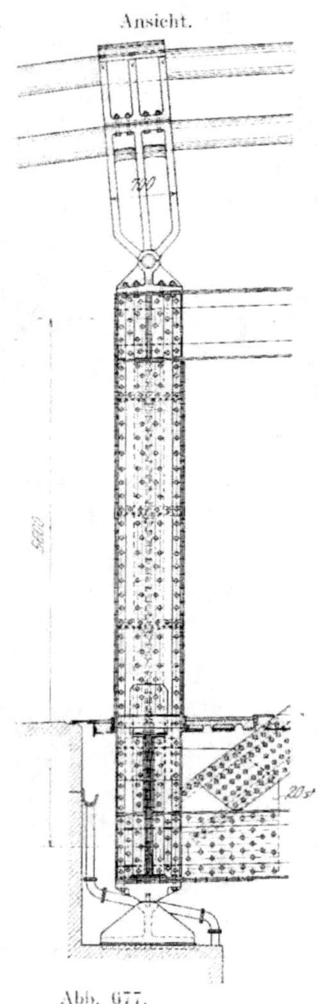

Abb. 677.

Ebenso wie im Entwurf „Köln-Deutz" ist die Anordnung der Kabel und der Aufhängung im Entwurf „Neuzeit" durchgebildet, der vor allem wegen der eigentümlichen Ausbildung der Versteifungsträger bemerkenswert ist. Abb. 680 gibt die maßstäbliche Gesamtansicht der Brücke und Abb. 681 die grundsätzliche Anordnung des Systems wieder. Die Versteifungsträger sind doppel- und vollwandige Balkenträger, die außerhalb der Gehwege liegen (Abb. 682) und diese nur in Geländerhöhe überragen. Um ihnen bei so geringer Höhe genügende Steifigkeit zu verleihen, wurden sie mit besonderen, 3 m über den Obergurten liegenden Druckgurten versteift. Die Druckgurte sind mit den einzelnen Versteifungsträgern an den Enden und mit dem Versteifungsträger in der Mittelöffnung aus statischen

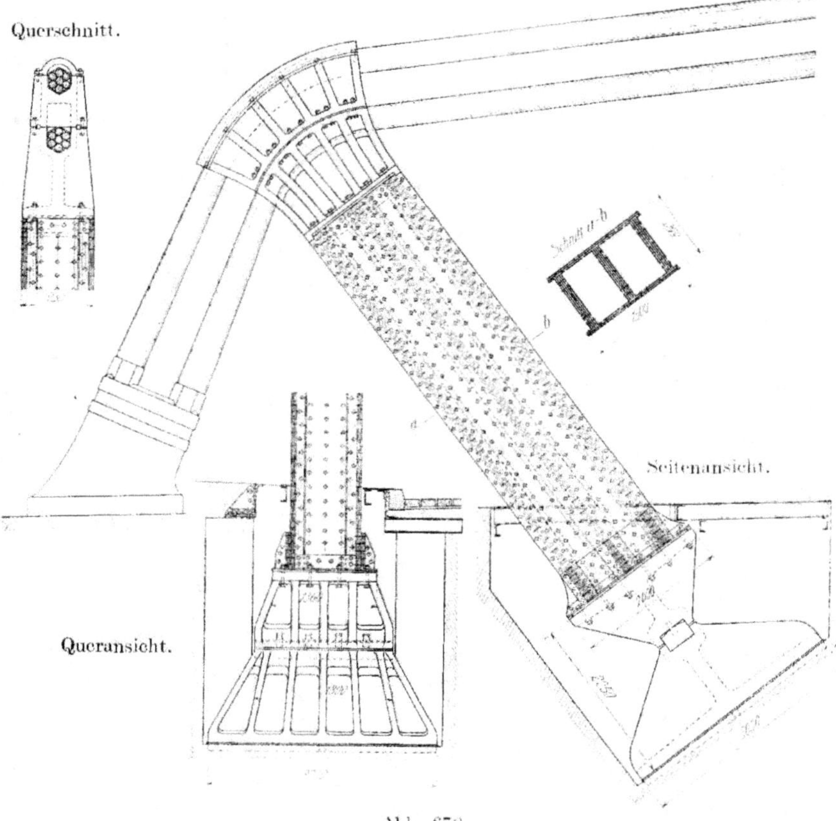

Abb. 678.

Gründen auch noch in Brückenmitte durch erhöhe Ansätze (Abb. 681) verbunden. Das System ist fünffach statisch unbestimmt. In den Seitenöffnungen liefert je ein Druckgurt je eine statisch nicht bestimmbare Größe (X_2 und X_5), und in der Mittelöffnung gibt der Druckgurt infolge seiner Verbindung in Trägermitte zwei weitere statisch unbestimmte Größen (X_3 und X_4). Die fünfte statisch nicht bestimmbare Größe ist der Kabelzug (X_1).

Bei den geschilderten Anordnungen des Zusammenschlusses zweier übereinander angeordneter Kabel an den Aufhängepunkten ist bei gleichem Durchhang beider Kabel mit Sicherheit eine gleichmäßige Verteilung der angehängten Last auf beide Kabel zu erwarten.

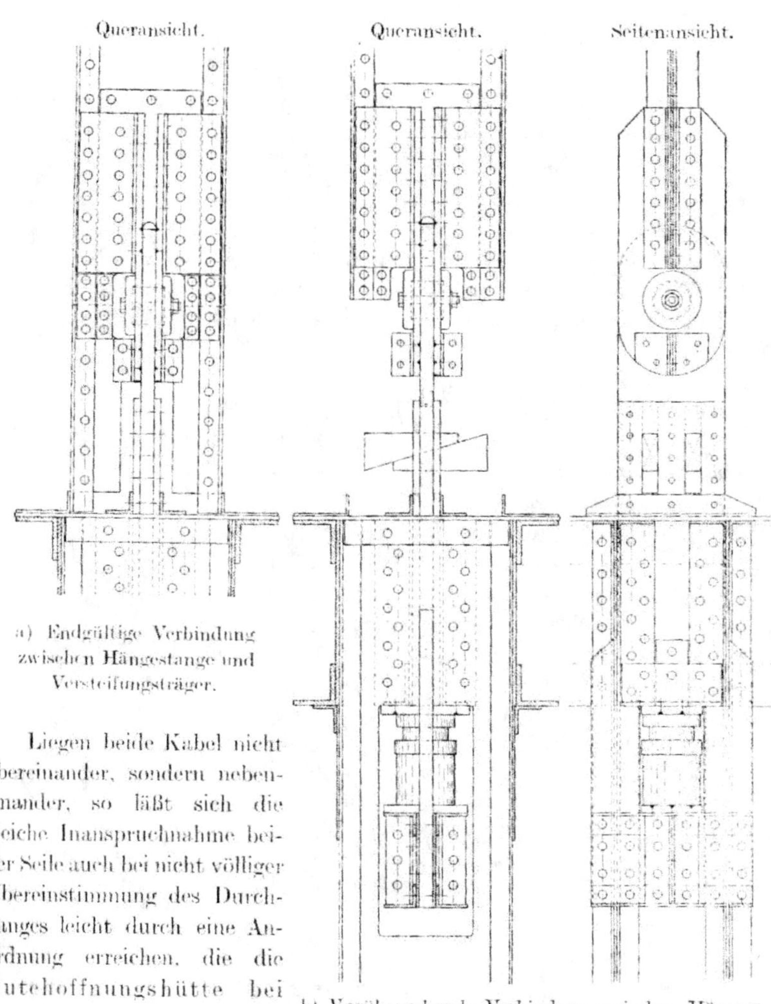

a) Endgültige Verbindung zwischen Hängestange und Versteifungsträger.

b) Vorübergehende Verbindung zwischen Hängestange und Versteifungsträger während der Montage.

Abb. 679.

Liegen beide Kabel nicht übereinander, sondern nebeneinander, so läßt sich die gleiche Inanspruchnahme beider Seile auch bei nicht völliger Übereinstimmung des Durchhanges leicht durch eine Anordnung erreichen, die die Gutehoffnungshütte bei der Schwebefähre in Kiel

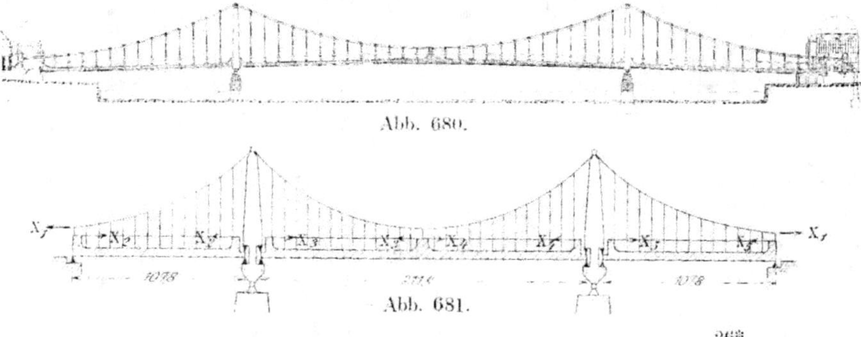

Abb. 680.

Abb. 681.

angewendet hat (Abb. 683). Zwei miteinander verbundene ⊏-Eisen sind drehbar in zwei Augen gelagert, die an den zweiteiligen, die Kabel umfassenden Schellen hängen. Die aus einem oben ausgeschmiedeten Rundeisen bestehende Hängestange ist an den ⊏-Eisen gelenkig angeschlossen und unten verstellbar mit dem Pfosten des Versteifungsträgers in der dargestellten Weise verbunden. Auf dem Kopf der eisernen Pendelpylonen sind die Seile in Seilköpfen verankert, die sich auf einen rippenförmigen Lagerkörper stützen (Abb. 684). Während nur zwei Hängeseile vorhanden sind, sind, der steileren Neigung entsprechend, drei Rückhaltseile angeordnet. Die Ausbildung der Seilköpfe ermöglicht es, mit Druckwasserpressen die Seile samt den Seilköpfen anzuziehen und so den Durchhang durch Unterklotzungen der Seilköpfe zu regeln. Die Hängekabel sind einschenklige patentverschlossene Seile von 85 mm Durchmesser, die Rückhaltkabel solche von 80 mm Durchmesser.

Durch eine ganz ähnliche Vorrichtung, wie sie auf S. 381 beschrieben wurde, ist bei dem Entwurf „Fragt nicht wie billig, fragt wie gut" von Klönne-Dortmund für den Kölner Wettbewerb 1910/11 (Abb. 685 bis 687) für eine gleichmäßige Verteilung der angehängten Lasten auf die drei Kabel jeder Tragwand gesorgt. In der Abb. 685 ist die Gesamtanordnung der Brücke veranschaulicht. Die Stützweiten betragen 215 m und 2 · 107,50 m. Die Kabel liegen mit ihrem tiefsten Punkt in der Mittelöffnung 1 m über den Versteifungsträgern; ihre Pfeilhöhe beträgt in der Mittelöffnung $^1/_{10}$ der Stützweite. Die Versteifungsträger liegen zwischen den Fußsteigen und der Fahrbahn, sie sind durchlaufende Träger auf vier Stützen in Vierendeelform (vgl. S. 258). Ihre

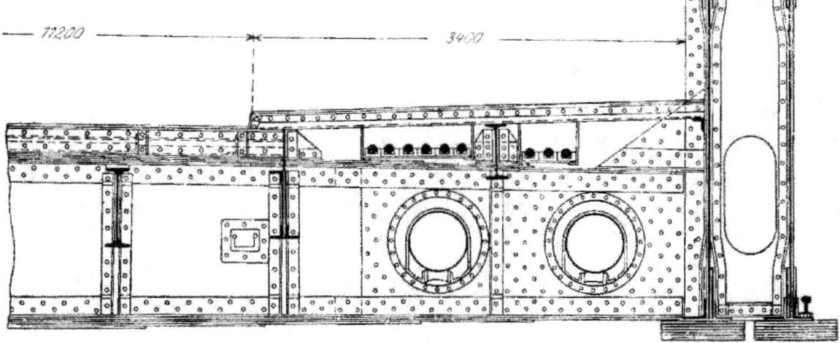

Abb. 682. Querschnitt.

Systemhöhe wächst von 4,60 auf 6,10 m über den Mittelpfeilern an. Die Unterkante des Obergurtes der Versteifungsträger liegt rund 3 m über den Fußsteigen, so daß der Querverkehr nicht behindert ist.

Jedes der drei Kabel (Abb. 686) jeder Tragwand besteht aus sieben patentverschlossenen Seilen von 92 mm Durchmesser. Die inneren Zwischenräume zwischen den einzelnen Seilen werden mit in Mennige getränktem Hanf satt ausgefüllt. Die Einzelheiten der Vorrichtung, durch welche die angehängte Last

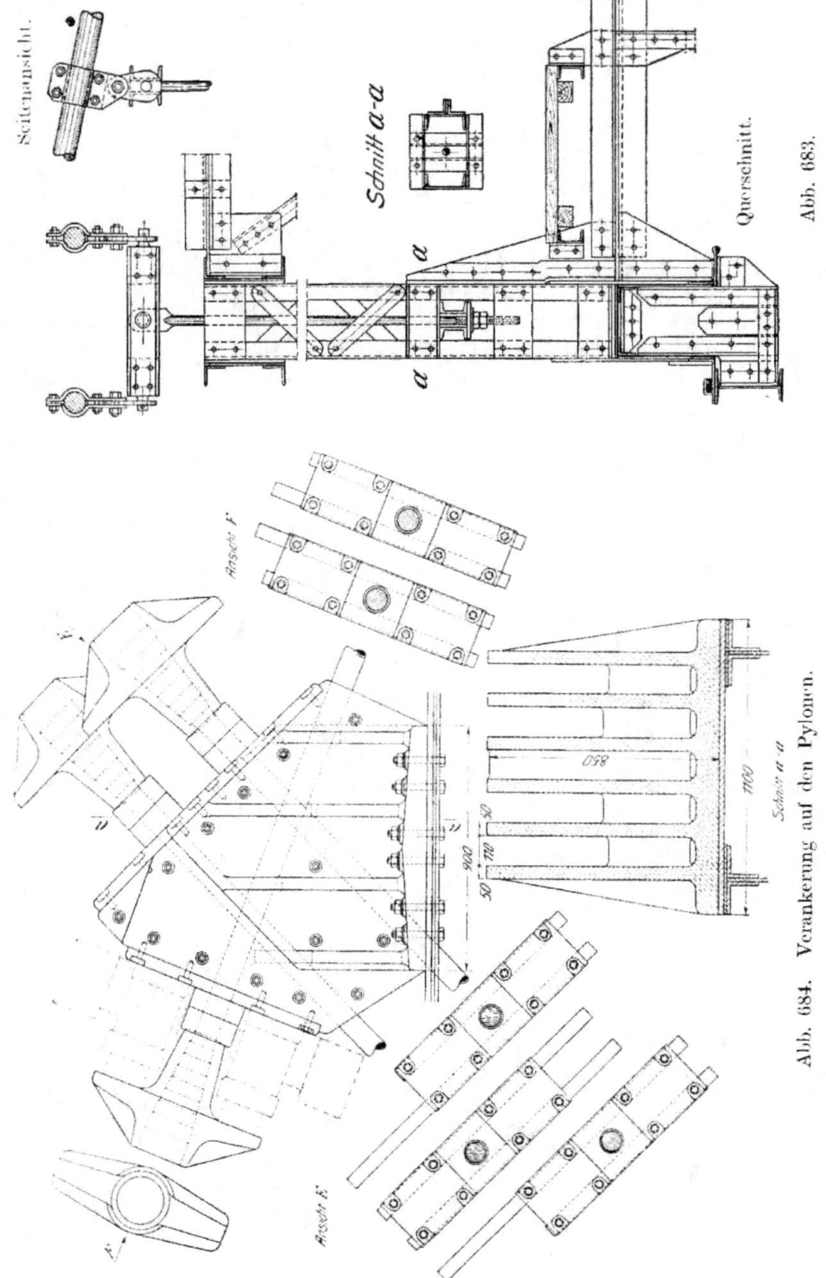

Abb. 683.

Abb. 684. Verankerung auf den Pylonen.

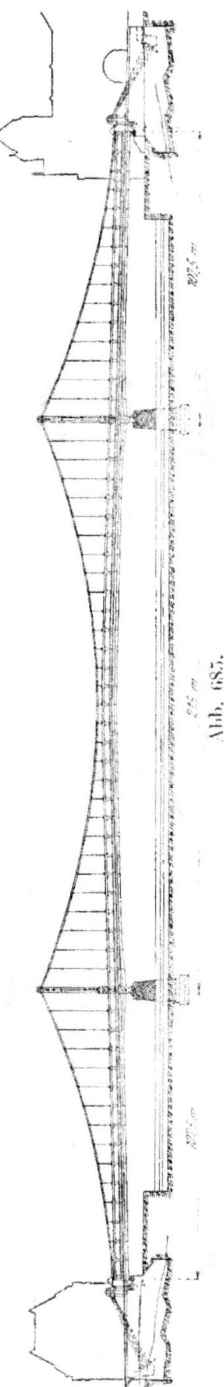
Abb. 685.

gleichmäßig auf die drei Kabel verteilt wird, bedürfen nach der Beschreibung auf S. 381 keiner weiteren Erläuterungen; sie sind im übrigen auch aus der Abbildung deutlich zu erkennen. Die Hängestange besteht aus einem oben und unten ausgeschmiedeten Rundeisen, das oben mit dem kleinen Querbalken der Aufhängevorrichtung und unten mit einem die Kopfplatte des Obergurtes durchdringenden und an den Stegen des Obergurtes angeschlossenen Flacheisen gelenkig verbunden ist. Die Zwischenräume zwischen den gußstählernen, zweiteiligen Kabelzwingen und den Kabeln werden durch kleine Öffnungen in den Zwingen (Abb. 686) mit einer Metallegierung ausgegossen. Durch kräftiges Anziehen der Schrauben werden dann die Zwingen mit den Kabeln unverschieblich verbunden. Auf den Köpfen der unten gelenkig gelagerten Pylonenpfosten sind die Kabel zwischen einzelnen Sätteln und Kappen gelagert. Der

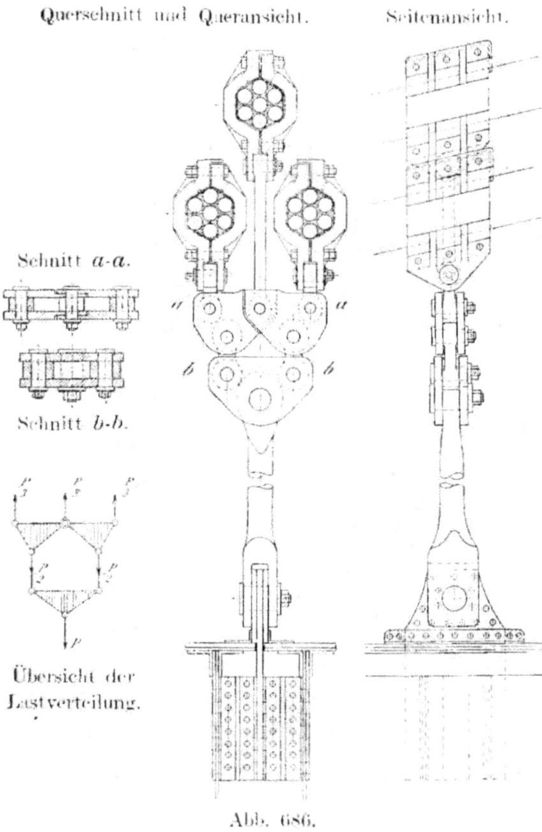

Abb. 686.

Zwischenraum zwischen diesen und den Kabeln wird ebenfalls mit einer Metalllegierung ausgegossen und durch Anziehen der Schrauben für eine feste Einspannung der Kabel zwischen den Sätteln und Kappen gesorgt (Abb. 687).

Bei allen bisher geschilderten Ausführungen und Entwürfen von Kabelhängebrücken, mit Ausnahme der in den Abb. 683 und 684 dargestellten Ausführung, waren die Kabel aus mehreren eng aneinander liegenden, spiralförmig oder parallel angeordneten Seilen zusammengefügt. Vielfach werden die Kabel auch aus parallel geführten, voneinander getrennten Seilen gebildet, um die einzelnen Seile besser unterhalten zu können und um beim Anschluß der Hängestangen durch die größere Oberfläche eine größere Reibung zu erzielen. Eine solche Anordnung zeigt z. B. die Hängebrücke über den Rio Paranahyba (Abb. 688).[1]) An den sieben nebeneinander liegenden Seilen von 36 mm Durchmesser sind durch kleine Rundeisenbügel und Schrauben zwei Winkeleisen befestigt. An diesen Winkeleisen greift die aus einem Rundeisen bestehende Hängestange gelenkig an. Ihre Länge kann durch ein Spannschloß geregelt werden. Der Versteifungsträger ist an einem kleinen Konsol an der Hängestange aufgehängt. Die Lagerung der Seile auf den steinernen Pylonen ist in Abb. 689 und die Verankerung in den Wider-

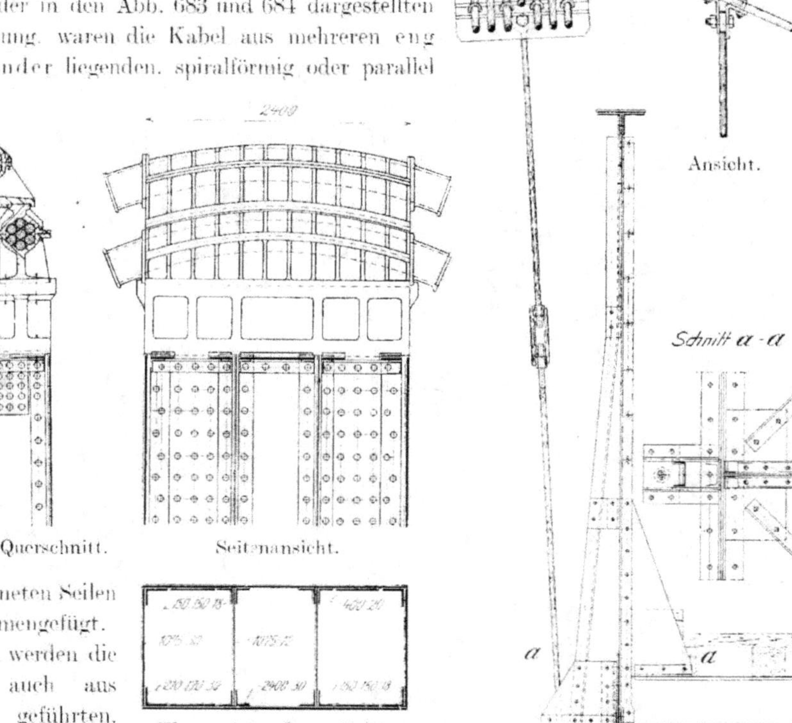

Senkrechter Querschnitt. Seitenansicht. Wagerechter Querschnitt. Abb. 687.

Abb. 688. Querschnitt.

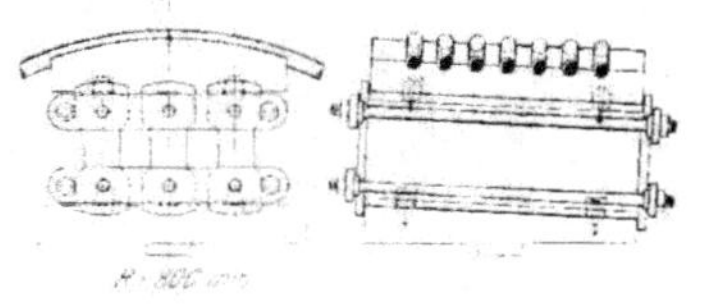
Abb. 689. Lager auf den Pylonen.

[1]) Entwurf und Ausführung der Firma Louis Eilers in Hannover.

lagern in Abb. 690 veranschaulicht. Die einzelnen Seile sind in kleinen Seilköpfen (vgl. S. 397) befestigt, die mit verstellbaren Rundeisenstäben an einem I-Eisen verankert sind.

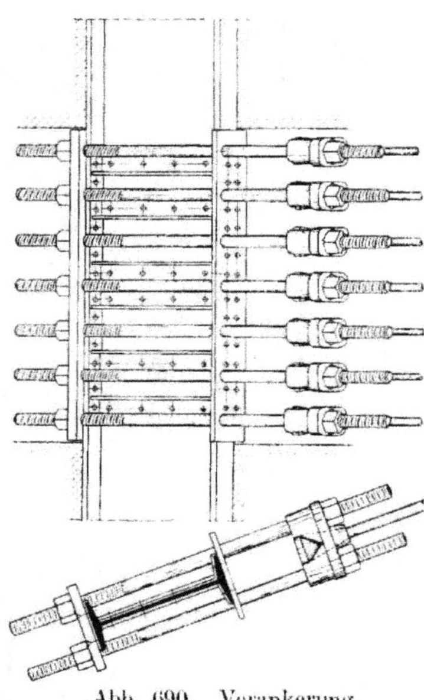

Abb. 690. Verankerung.

Die Abb. 691 gibt die Aufhängung der Hängestangen an den sechs nebeneinander liegenden, 64 mm starken Kabeln der St. Vincent-Brücke[1]) bei Santos (Brasilien) wieder. Die Kabel werden von zwei Stahlgußkörpern umfaßt, die durch Schrauben fest an die Kabel gedrückt werden. In einer kugelförmigen Vertiefung des oberen Körpers sitzt eine stählerne Halbkugel, die einen etwas kleineren Halbmesser als der Kugelausschnitt des oberen Stahlgußkörpers hat und durch die die aus einem Rundeisen von 42 mm Durchmesser bestehende Hängestange greift. Damit für alle Aufhängepunkte dieselben Stahlgußkörper verwendet werden konnten, erhielt das die Stahlgußkörper für den Durchtritt der Hängestange durchsetzende Loch einen sich in der Richtung der Kabelachse nach unten erweiternden Querschnitt (siehe Schnitt *a-b*). Hierdurch wurde es den Hängestangen ermöglicht, jede beliebige Neigung gegen die Stahlgußkörper anzunehmen (siehe die Ansicht im kleineren Maßstabe).

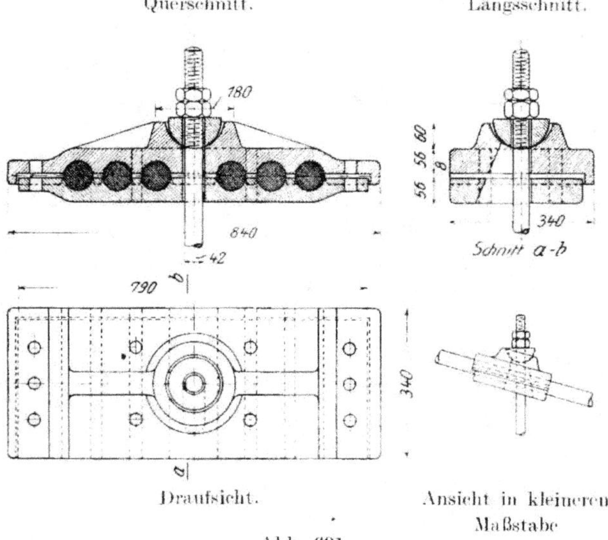

Abb. 691.

Eine sehr zweckmäßige Aufhängung an Kabeln, die aus einzelnen getrennten Seilen bestehen, ist von der Brückenbauanstalt Gustavsburg angegeben worden (Abb. 692). Die dargestellten Einzelheiten entstammen einem Entwurfe der genannten Brücken-

[1]) Entwurf und Ausführung der Firma Louis Eilers, Hannover.

bauanstalt für die Nordbrücke über die Stromelbe in Magdeburg. Die Seile sind in Reihen nebeneinander und untereinander angeordnet. Die Seile jeder senkrechten Reihe werden durch Zwischenstücke und eine Flacheisenbandage zu einem einheitlichen Ganzen zusammengeschlossen. Die Flacheisenbandage hat unten innere Vorsprünge (vgl. in der Abb. 692 die mittelste Reihe). Zwischen diese Vorsprünge und den untersten Schuh werden Keile getrieben, wodurch die einzelnen Teile einer senkrechten Reihe in feste Berührung miteinander kommen.

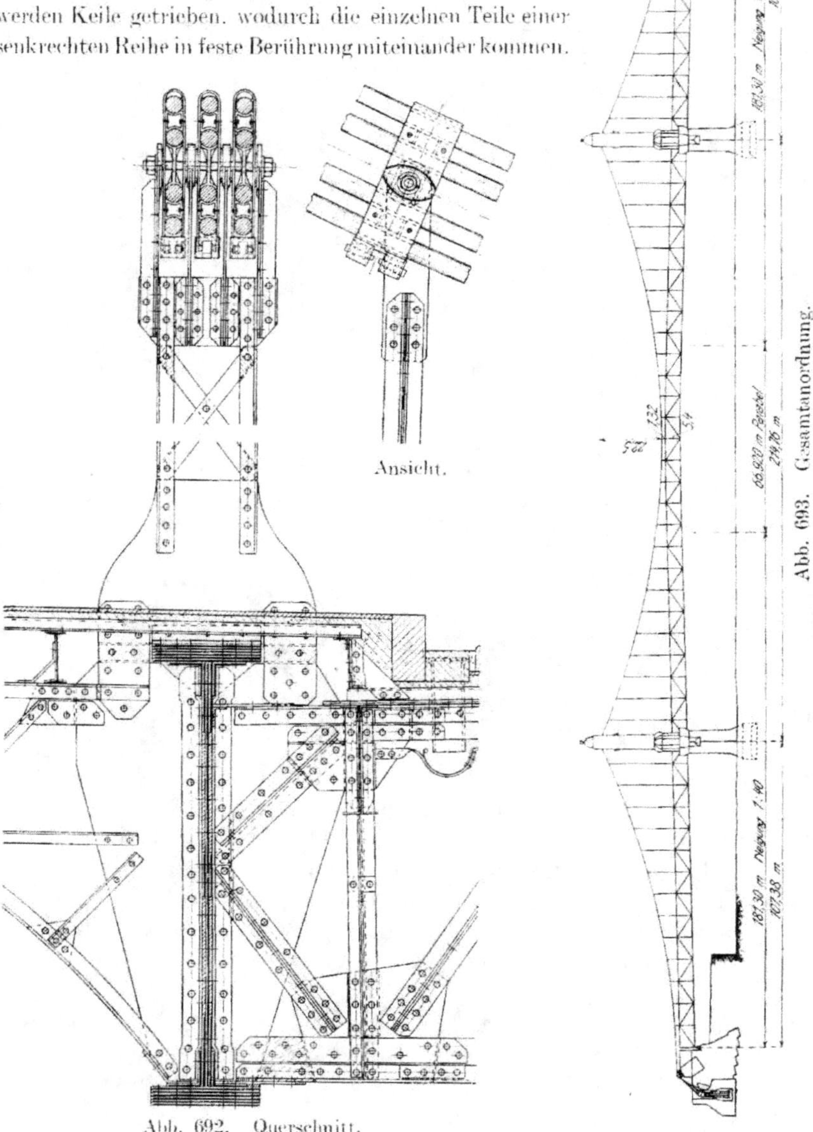

Abb. 692. Querschnitt.

Abb. 693. Gesamtanordnung.

Die Flacheisenbandage ist unten mit einer Ummantelung umgeben, durch welche die erwähnten Keile durchgreifen und welche die Flacheisen am Ausweichen verhindert. Durch die Durchbohrungen der mittelsten Zwischenstücke ist ein Bolzen gesteckt. An ihm greifen vier Flacheisen an, die unten durch Winkel- und Flacheisen miteinander verbunden sind. An dieser Verbindung greifen die Winkel der doppelteiligen und vergitterten Hängestange an. Der Anschluß der Hängestange an den konsolartigen Auskragungen des vollwandigen Versteifungsträgers ist aus der Abb. 692 klar zu ersehen.

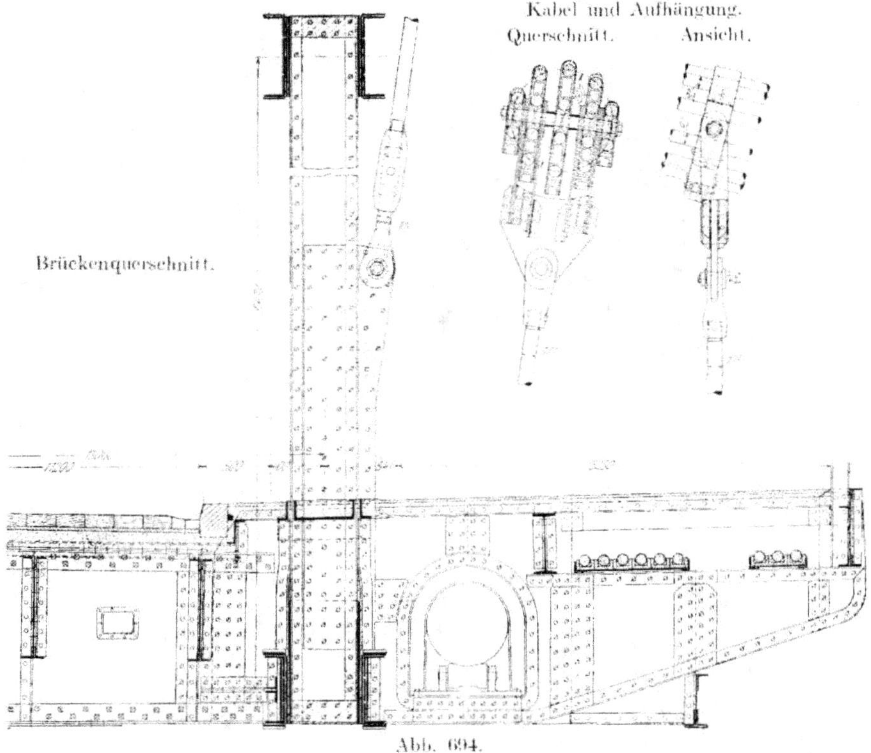

Abb. 694.

Eine ganz ähnliche Anordnung der Kabel und der Aufhängevorrichtung zeigt der Entwurf „Alaaf Colonia" der Gutehoffnungshütte im Wettbewerb 1910/11 um den Bau einer Straßenbrücke über den Rhein in Köln (Abb. 693 bis 697). Abb. 693 gibt die Gesamtanordnung wieder. Die tiefliegenden, zwischen Fahrbahn und Fußsteigen angeordneten Versteifungsträger (Abb. 694) sind durchlaufende Parallelfachwerkträger auf vier Stützen mit Stützweiten von 214.76 m und 2 · 107.38 Meter und mit 5.40 m Systemhöhe. Ihre Gurtungen, die des guten Aussehens wegen sehr niedrig gehalten worden sind, folgen dem Verlauf der Fahrbahnoberkante (Abb. 693). Die Höhe der oberen Gurtung beträgt 60 cm, die der unteren Gurtung 50 cm. Die Kabel besitzen in der Mittelöffnung eine Pfeilhöhe von 1 : 9.5 der Stützweite; über den Mittelpfeilern sind sie auf steinernen Pylonen gelagert, auf den

Widerlagern zweimal abgelenkt und schließlich senkrecht verankert. In der Brückenmitte liegen sie noch 1.32 m über dem Versteifungsträger. Jedes der Kabel besteht aus 16 parallel geführten und voneinander getrennten patentverschlossenen Einzelseilen von 92 mm Durchmesser, von denen 10 auf einem Kreis mit 750 mm Durchmesser und 6 innerhalb dieses Kreises liegen (Abb. 694). Der Anschluß der Hängestange und der Zusammenschluß der Seile zu einer Kabeleinheit ist der in Abb. 692 dargestellten Anordnung sehr ähnlich. Nur stützen sich hier die Keile gegen kleine [-Eisen, die mit den Flacheisenbandagen verschraubt sind. Die parallel der Brückenachse liegenden Flacheisen, an die das senkrecht dazu angeord-

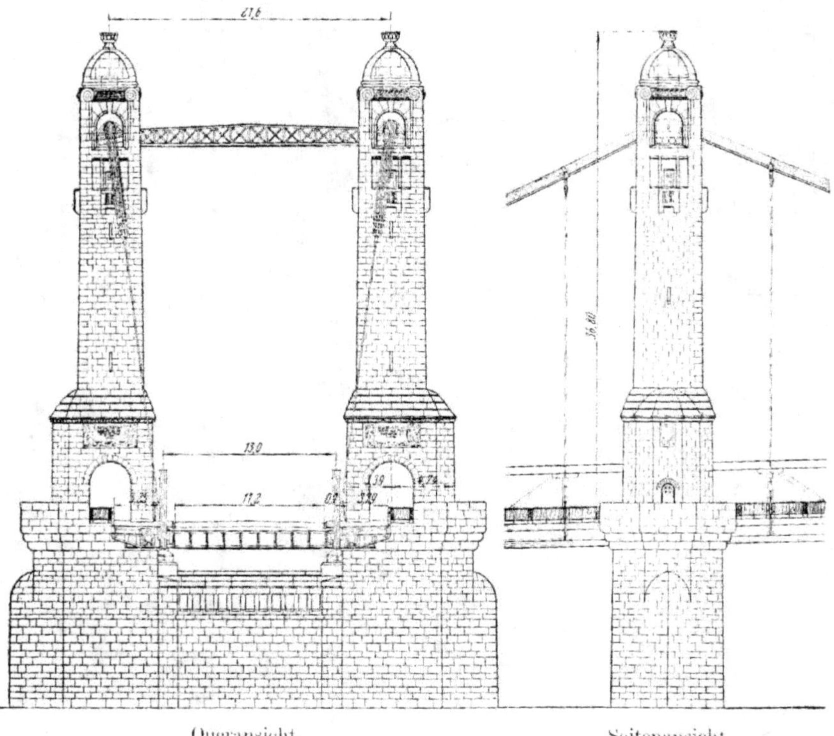

Queransicht. Seitenansicht.

Abb. 695.

nete Augenblech der Hängestange angeschlossen ist, sind so auf dem Bolzen der Aufhängung gruppiert, daß die angehängte Last sich gleichmäßig auf die einzelnen Seile verteilt. Die Hängestange besteht aus einem Rundeisen, das je mit einem ausgeschmiedeten, doppelteiligen Auge oben an der Aufhängevorrichtung und unten an einem aus dem Pfosten des Versteifungsträgers hervorkragenden Blech angreift. Unten ist ein Spannschloß eingeschaltet, um die Höhenlage des Versteifungsträgers regeln zu können. Die Hängestangen und die Kabel liegen in geneigten Ebenen (1 : 7.5), um die Quersteifigkeit der Brücke zu erhöhen (vgl. hierzu die Ausführungen auf S. 350) und um eine bequeme Durchführung der Fußsteige durch die steinernen Pylonen zu ermöglichen (Abb. 695)[1]). Die infolge der Schrägstellung der Kabel in den Stützpunkten auf den Pylonen entstehenden Seitenkräfte werden durch einen eisernen Querriegel übertragen, der zwischen den Lagerstühlen eingebaut ist. Das Lager der ersten Kabelumlenkung auf den Widerlagern (Abb. 696)[2]) ist in der Abb. 697 dargestellt. Es ist ein bewegliches Lager und besteht aus der Grundplatte, dem Rollensatz, dem Lagerbock und verschiedenen kleineren Lagerkörpern, die in den Lagerbock eingebaut sind und die einzelnen Seile stützen. Der Verankerungskörper ist sorgsam durch eine dreifache Lage von Asphaltfilzpappe abgedichtet, um den Verankerungsschacht vollständig trockenzuhalten. Der so isolierte Teil des Widerlagers ist durch dichte Schraffierung in der Abb. 696 kenntlich gemacht

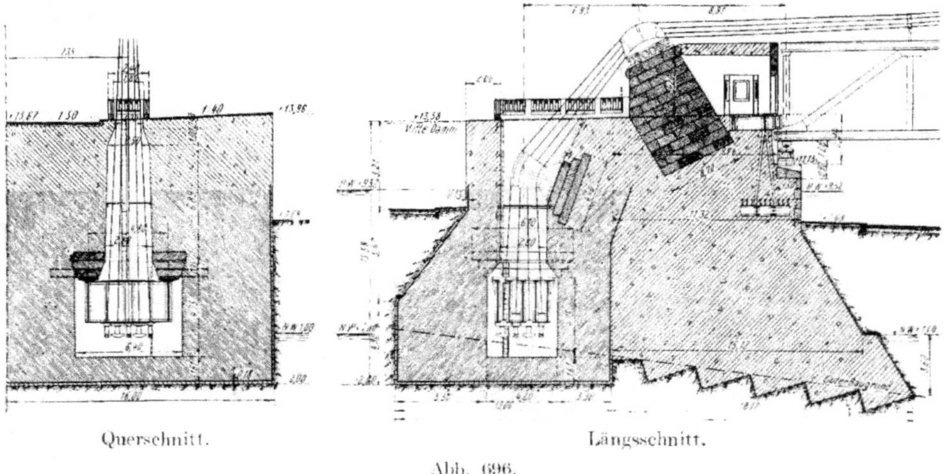

Querschnitt. Längsschnitt.

Abb. 696.

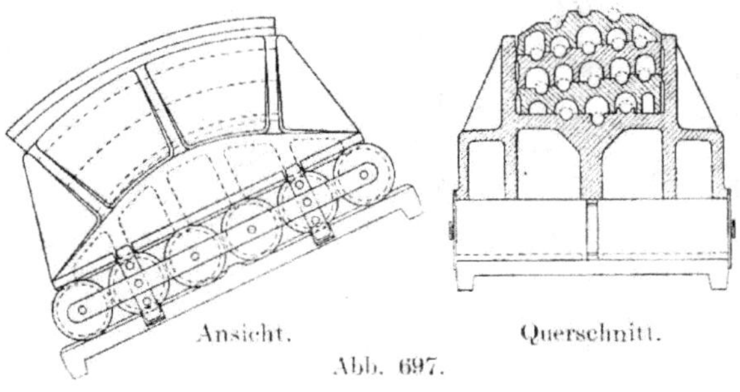

Ansicht. Querschnitt.

Abb. 697.

Kabel aus parallel geführten und voneinander getrennten Seilen sind auch in dem zweiten Entwurf „Freiheit" für den Kölner Wettbewerb 1910/11 der Gutehoffnungshütte vorgesehen (Abb. 698 bis 705). Die Versteifungsträger sind auch hier durchlaufende Parallelfachwerkträger auf vier Stützen, sie liegen zwischen Fahrbahn und Fußsteigen (Abb. 698) und haben eine Systemhöhe von 6 m. Auf den beiderseitigen Widerlagern sind sie in hergebrachter Weise gelagert, über den Zwischenpfeilern sind sie gelenkig an den eisernen Pylonen angehängt

[1]) Aus „Eisenbau" 1911, S. 412.
[2]) Aus „Eisenbau" 1911, S. 416.

(Abb. 699). Die Pfosten der Pylonen sind schräg gestellt, damit der ganze Überbauquerschnitt zwischen ihnen durchgeführt werden kann. Unten, oben und in der Mitte sind die Pfosten durch Querriegel zusammengefaßt. Das Feld zwischen oberem und mittlerem Querriegel ist durch lotrechte Füllungsstäbe durchsichtig gegliedert. Unter dem mittleren Querriegel sind über den Fußsteigen und der Fahrbahn torartige Portale angeordnet. Die Ausbildung des Querschnitts der Pylonenpfosten ist aus dem Schnitt *a-b* zu ersehen. In der Abb. 700 ist die Aufhängung des Versteifungsträgers an dem vierwandigen mittleren Querriegel veranschaulicht. Mit einem Gelenkbolzen ist der verstärkte Steg der ⊢⊣-förmigen Hängestange, welche Querriegel und Versteifungsträger verbindet, an zwei Querstegen angeschlossen. Die Abb. 701 gibt die gelenkige Verbindung der Hängestange mit dem Versteifungsträger wieder. Die Hängestange ist mit ihrem gehörig verstärkten Steg durch einen Gelenkbolzen an den durch Stahlbacken verstärkten Knotenblechen des Versteifungsträgers angeschlossen. Der Querschnitt der Hängestange mußte biegungsfest ausgebildet werden, weil sie aus den nach oben gerichteten Auflagerkräften des Versteifungsträgers auch Druckkräfte erhält.

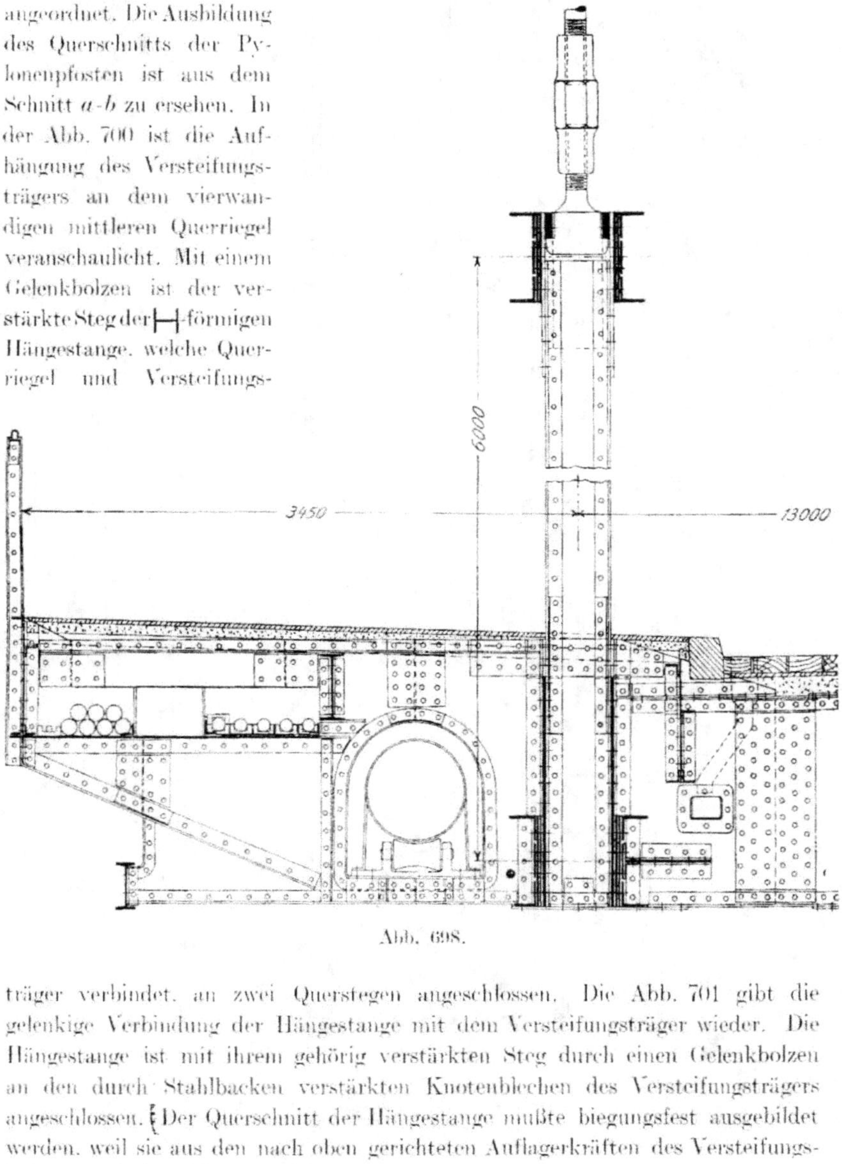

Abb. 698.

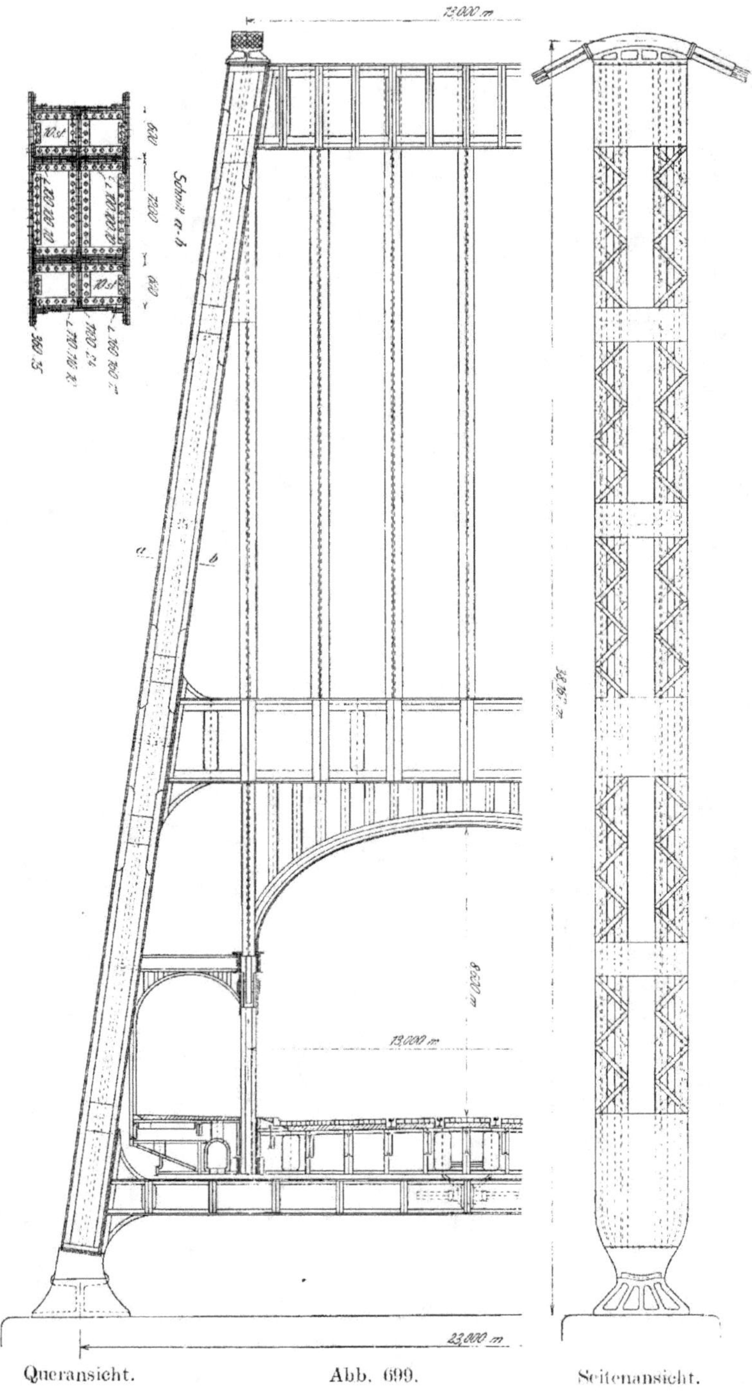

Queransicht. Abb. 699. Seitenansicht.

Nur in der Ebene der Untergurte der Versteifungsträger ist ein Windverband angeordnet. Er ist ein durchlaufender Träger auf vier Stützen. Über den Mittelpfeilern werden seine Auflagerkräfte durch Daumen, die aus den hier liegenden Querträgern hervorragen (Abb. 702)[1]), an den vierwandigen unteren Querriegel der Pylonen abgegeben und von diesen den Pylonenfüßen zugeführt.

Die Kabel, deren Pfeil in der Mittelöffnung = $^1/_9$ der Stützweite ist, liegen in denselben senkrechten Ebenen wie die Versteifungsträger. Jedes der beiden Kabel besteht aus 15 parallel geführten und voneinander getrennten Einzelseilen mit 88,4 mm Durchmesser der patentverschlossenen Konstruktion von Felten & Guilleaume (Abb. 703). Diese 15 Seile, die in drei Lagen übereinander angeordnet sind, werden an den Angriffspunkten der Hängestangen durch einen um die seitlichen und oberen Seile herumfassenden kräftigen Bügel

Querschnitt durch den mittleren Querriegel.

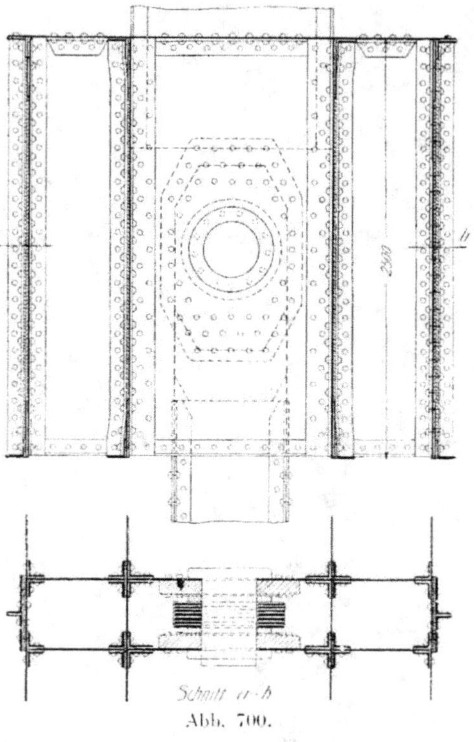

Abb. 700.

Ansicht des unteren Teiles der Hängestange. Schnitt c-d. Ansicht.

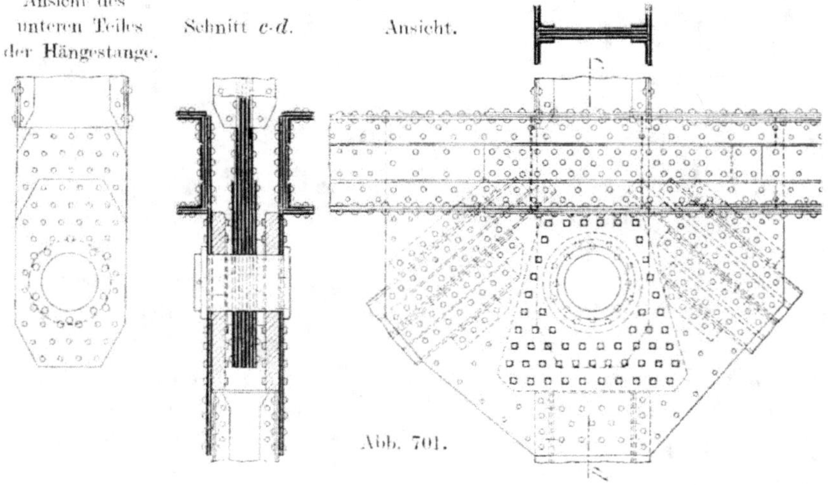

Abb. 701.

[1]) Aus „Eisenbau" 1911, S. 461.

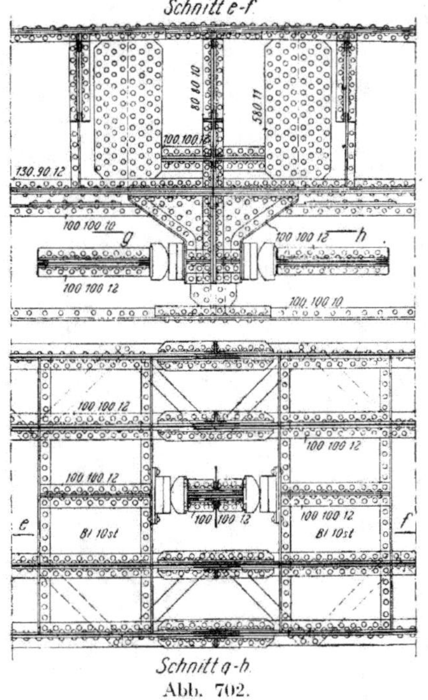

Abb. 702.

und im übrigen durch einzelne Druckstücke, die in den einzelnen Lagen durch wagerechte Flacheisenbänder miteinander verbunden sind, und Schrauben fest zusammengeschlossen und dadurch gleichmäßig zum Tragen gebracht. Der gußstählerne Kopf, in dem die aus einem 107 mm starken Rundeisen gebildete Hängestange angreift, ist durch zwei Flacheisen gelenkig an dem Bügel angeschlossen, wie dies die Abb. 703 veranschaulicht. Die Hängestange durchdringt den Stahlkörper und ist in einer Mutter verschraubt, die sich auf den Stahlkörper stützt. Auch an den Versteifungsträgern sind die Hängestangen gelenkig angeschlossen (Abb. 698). Ein Kopfstück, das mit der Hängestange zum Zweck der Nachstellbarkeit durch ein Spannschloß verbunden ist, greift mit zwei seitlichen Vorsprüngen gelenkig unter gußstählerne Backen, die mit den Obergurtwandungen verschraubt sind. Aus Schönheitsrücksichten war geplant, das Kabel mit einem Blechmantel zu umgeben.

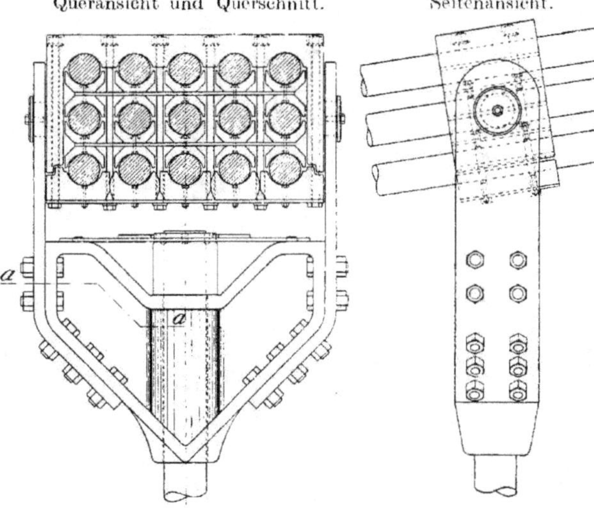

Schnitt a-a und Draufsicht auf die Muttersicherung.

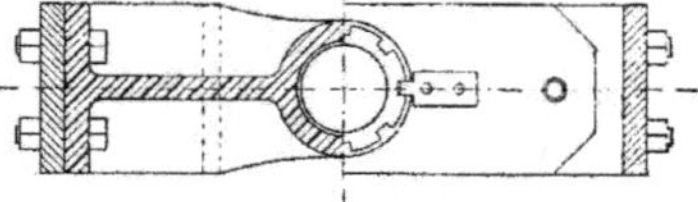

Abb. 703.

An den Überbauenden sind die Kabel über stählerne Kreissättel (Abb. 704), die einen Halbmesser von 5,20 m besitzen und sich gelenkig auf die Widerlager stützen, in die Verankerungsschächte abgelenkt. Gleich hinter den Sätteln werden die Seile auseinandergeführt. Ihre Enden sind in einzelnen Seilköpfen in der auf S. 396 beschriebenen Art und Weise befestigt (Abb. 705)[1]. Die Seilköpfe werden von je zwei **I**-Eisen N.-P. 45 getragen, die an einem Rost aus vier Blechträgern angeschlossen sind. Diese stützen sich mit zwei, sich über die ganze Rostbreite erstreckenden Stahlkörpern auf zwei Lagerböcke, die den Kabelzug an das Widerlager abgeben. Die Seilköpfe haben Vorsprünge, unter die zwei Winden zum Nachspannen der einzelnen Seile gestellt werden können. Durch diese Vorrichtung ist es möglich, die Seile genau parallel zu führen und damit eine gleichmäßige Verteilung der angehängten Lasten zu erzielen. Der Durchhang des ganzen Kabels wird durch Druckwasserpressen, die unter die über die Lager vorkragenden Enden der Rostträger (Abb. 705) gesetzt werden, geregelt.

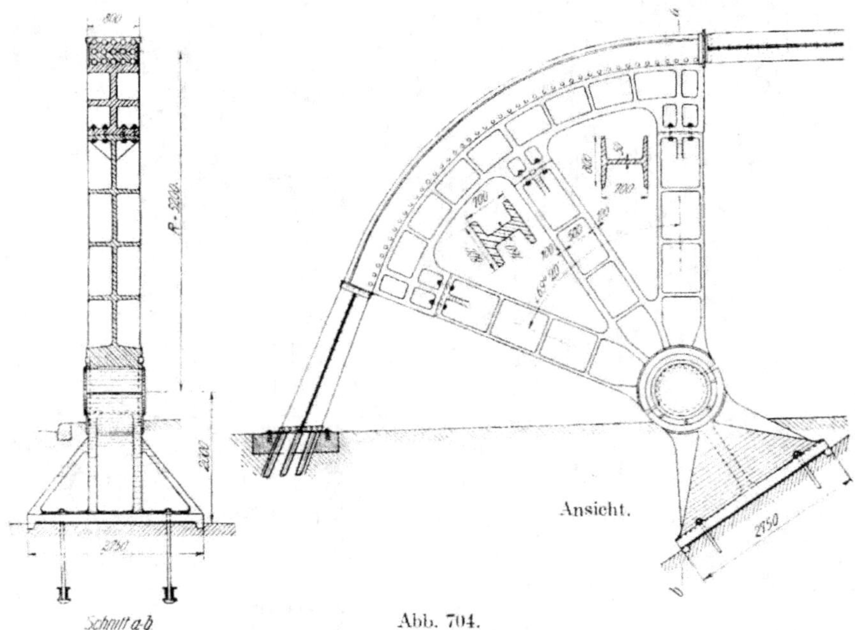

Abb. 704.

Die Abb. 706 bis 708 zeigen die Gesamtanordnung und einige wichtige Einzelheiten der Hängebrücke[2] in Rio de Janeiro. Die Brücke dient dem Verkehr von Fußgängern auf der in Höhe der Untergurte der Versteifungsträger liegenden Gehwegbahn und dem Verkehr einer Schwebefähre für Fußgänger und Wagen. Die Hauptöffnung wird von einer Kabelhängebrücke mit 170 m weit gestützten Versteifungsträgern überbrückt. An die Hauptöffnung schließt sich auf jeder Seite eine mit Parallelfachwerkträgern von 35 m Stützweite überbrückte Nebenöffnung an, und auf der in Abb. 706 nicht dargestellten Seite folgen dieser Nebenöffnung noch vier kleinere, von Blechträgern von je 16 m Stützweite überbrückte Öffnungen. Die Versteifungsträger der Hängebrücke und die Über-

[1]) Aus „Eisenbau" 1911, S. 464.

[2]) Entwurf und Ausführung von Louis Eilers, Hannover.

bauten der Nebenöffnungen lagern auf fachwerkartigen Querriegeln der als feste Turmpfeiler ausgebildeten Pylonen. Die anderen Enden der Überbauten der Nebenöffnungen ruhen auf schlanken eisernen Fachwerktürmen. An diesen befinden sich auch die elektrischen Aufzüge, die neben den Treppen in den Pylonen zur Beförderung der Fußgänger zur Brückenbahn dienen. Die Pylonen sind aus

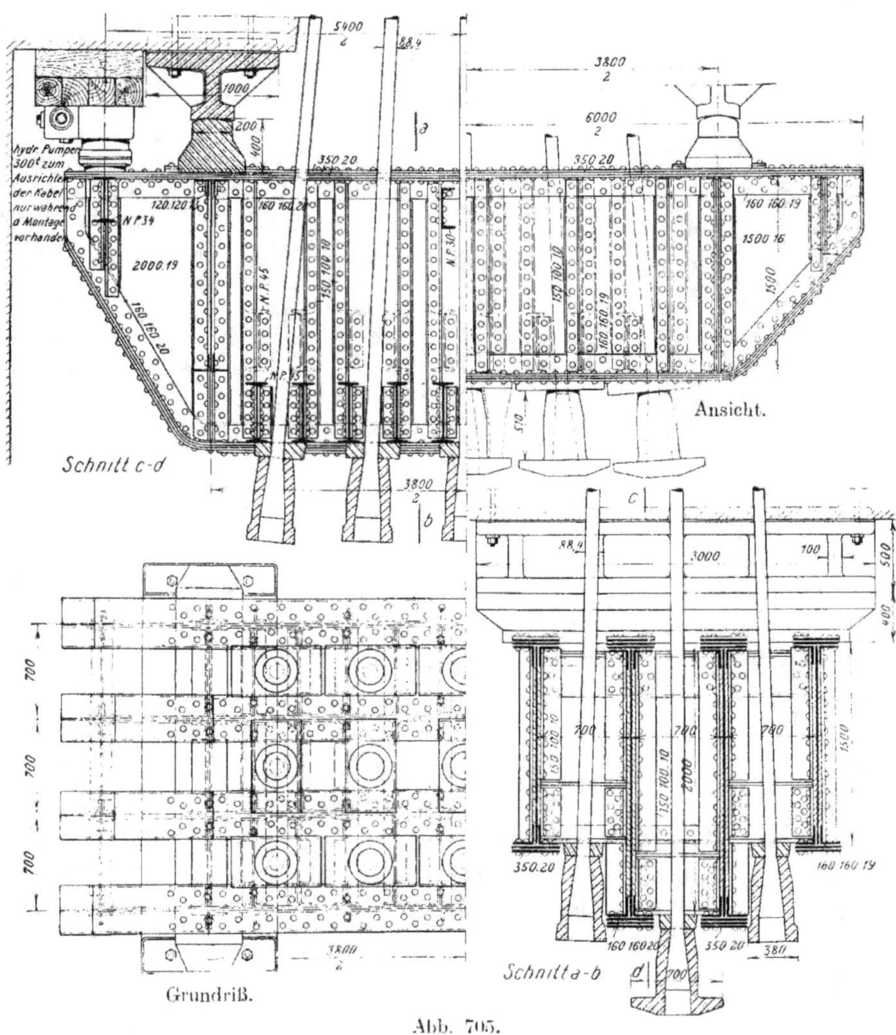

Abb. 705.

vier kräftigen Stielen mit dreieckförmigen und portalartigen Verbindungen in den Längs- und Querseiten und mit wagerechten Verstrebungen in den einzelnen Stockwerken gebildet. Die Füße der Stiele bilden die Ecken eines Rechtecks von 8 und 21 m Seitenlänge und die Köpfe der Stiele die Ecken eines Rechteckes von 2 und 11.8 m Seitenlänge. Die Höhe der Pylonen beträgt ohne die Spitzen

47 m. Die landseitige Querseite der Pylonen zeigt die in der Abb. 706b dargestellte und die wasserseitige Querseite die in der Abb. 706c veranschaulichte Ausfachung. Auf der Wasserseite war das in der Abb. 706c wiedergegebene hohe Spitzbogenportal notwendig, um die Schwebefähre ganz aus dem Profil des Meeresarmes in die Pylone einfahren zu können. Die Versteifungsträger der Hängebrücke sind Parallelfachwerkträger mit Unterteilung und haben eine Systemhöhe von 4.8 m und einen Mittenabstand von 8,3 m. Dieselben Maße zeigen die Überbauten der Nebenöffnungen. In der Ebene der oberen und unteren Gurtungen ist je ein

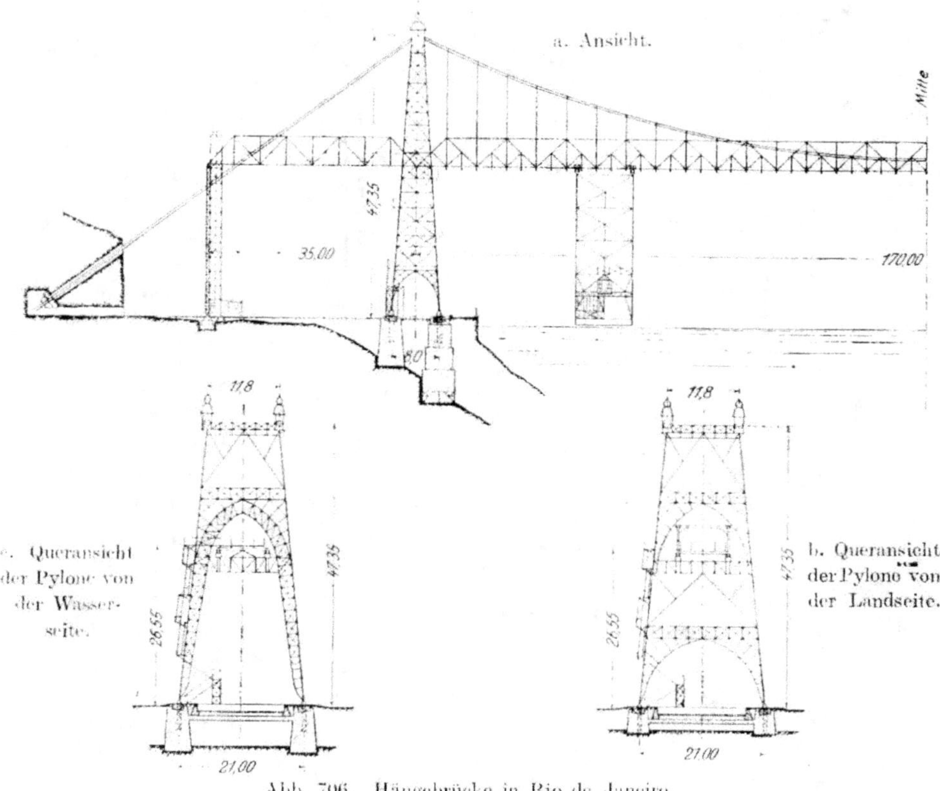

Abb. 706. Hängebrücke in Rio de Janeiro.

Windverband vorgesehen. Die feste Fußgängerfahrbahn wird von zwei, je 1.7 m breiten, an den Innenseiten der Hauptträger liegenden Gehwegen gebildet, deren Decke aus Asphalt auf Betonunterlage besteht. Die Fahrschienen der Schwebefähre ruhen auf kleinen, aus zwei]-Eisen gebildeten Querstücken, die in 1.25 m Abstand voneinander in den Viertelpunkten der Hauptträgerfelder an den Untergurten angeschlossen sind. (Abb. 707.) Die Kabel bestehen in jeder der beiden Tragwände aus acht einzelnen Seilen, die in der ganzen Länge von 325 m und in vollständig verwendungsfähigem Zustande angeliefert wurden. Jedes Seil besitzt 61 Drähte von 6 mm Stärke; der Durchmesser jedes Seiles beträgt 55 mm.

Die Aufhängung der Hängestange an den Seilen und ihr Anschluß an dem Versteifungsträger ist aus der Abb. 707 zu ersehen. Je vier in den Ecken eines Rechteckes angeordnete Seile sind durch zwei]-förmig gebogene Flacheisen, durch zwei mit den Flanschen dieser gebogenen Eisen verschraubte Flacheisenbügel und durch je drei, zwischen den Seilen und innerhalb der Bügel liegende Keile zu einer Einheit zusammengeschlossen. Durch Anziehen der mittleren Keile werden die beiden äußeren seitlich gegen die Seile und diese gegen den Flacheisenbügel gedrückt. Die Seile sind an den Anlagestellen zum Zweck der besseren Haftung mit Bleiblech umgeben. Die gebogenen Flacheisen jeder aus vier Seilen bestehenden Kabelhälfte sind durch ein gelenkig angeschlossenes, zweiteiliges Querstück miteinander verbunden. Auf einem auf diesem Querstück sitzenden Sattel ist die aus einem Rundeisen von 45 mm Durchmesser bestehende Hängestange verschraubt. Unten greift die Hängestange mit einem Gewinde in ein kräftiges

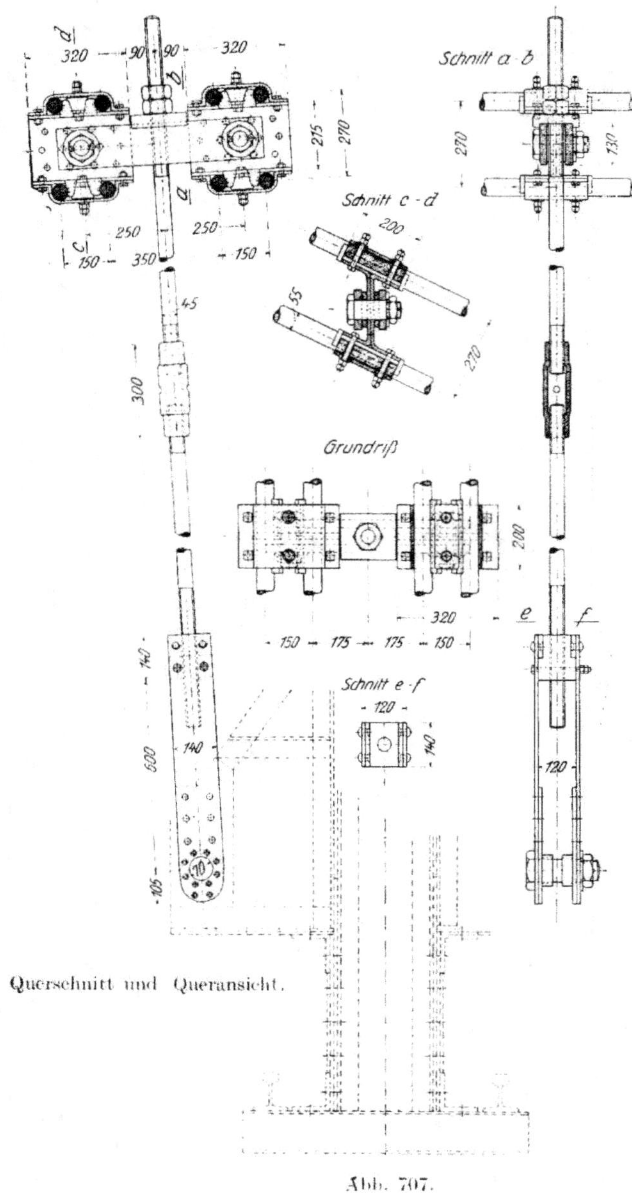

Querschnitt und Queransicht.

Abb. 707.

Vierkanteisen ein. Dies legt sich mit zwei Vorsprüngen gegen zwei Knaggen, die mit zwei Flacheisen 140 · 10 versenkt vernietet sind. Die Flacheisen werden oben durch zwei Schrauben, die das genannte Vierkanteisen durchfassen, zusammengehalten und sind unten durch einen 70 mm starken Bolzen an einer in der Ebene der Querträger liegenden Konsole angeschlossen. Die Hängestangen bestehen aus zwei Teilen, die durch ein Spannschloß verbunden sind. Auf den Pylonen sind die Kabel mit Rollenkipplagern gelagert. Die Rückhaltenden der Seile sind in Seilköpfen befestigt, die mit 110 mm starken Rundeisen verschraubt sind (Abb. 708). Diese Rundeisen sind auf Stahlgußkörpern verschraubt, die den Kabelzug unter Vermittlung eines Granit- und eines Betonquaders an den gewachsenen Fels abgeben. Die Enden der Rundeisen besitzen 1,5 m lange Gewinde, die eine hinreichende Regelung des Kabeldurchhanges gestatten. Die Veranke-

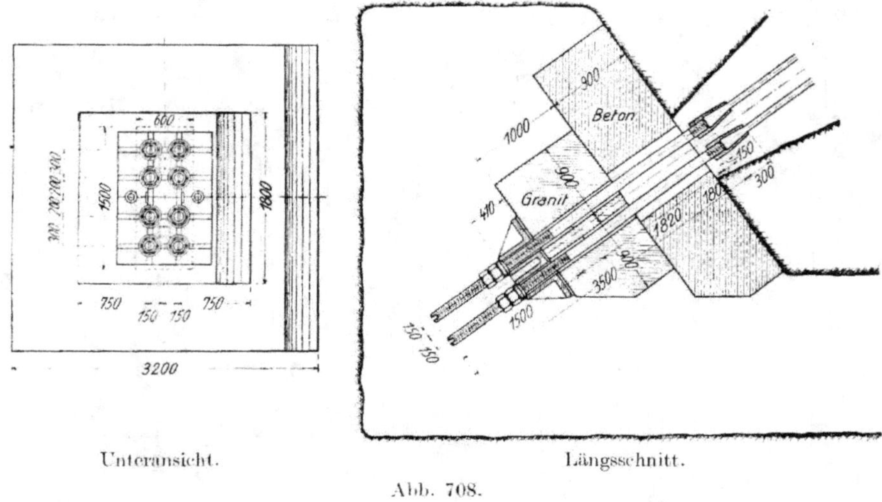

Unteransicht. Längsschnitt.

Abb. 708.

rungskammer ist durch einen wagerechten Stollen von 1,6 m Höhe und 1,3 m Breite zugänglich. Der Kabelschacht hat einen quadratischen Querschnitt von 1,5 m Seitenlänge.

Die Kabel haben in der Mittelöffnung eine Pfeilhöhe von 20 m, also gleich $^1/_{8,5}$ der Stützweite, und ihre Ebenen sind hier unter 5,5% gegen die Senkrechte geneigt.

In den Abb. 709 bis 716 ist der Entwurf „Ehern" der Aktiengesellschaft Hein, Lehmann & Cie. in Düsseldorf-Oberbilk für den Wettbewerb 1910/11 um den Bau einer Straßenbrücke über den Rhein in Köln veranschaulicht. Die Gesamtanordnung ist aus der Abb. 709[1]) zu ersehen. Die Versteifungsträger liegen zwischen den Fußsteigen und der Fahrbahn und sind als einfache Balkenträger über den einzelnen Öffnungen in Rahmenträgerform (vgl. hierzu die Abb. 418 auf S. 259 und die dazugehörige Beschreibung) mit Stützweiten von 214 und

[1]) Aus „Eisenbau" 1912, S. 117.

2 · 107 m und mit einer Systemhöhe von 6 m ausgebildet. Die Kabel, die mit den Versteifungsträgern in denselben lotrechten Ebenen liegen, sollten im Luftspinnverfahren hergestellt werden (vgl. S. 357). Sie haben in der Mittelöffnung eine Pfeilhöhe gleich $^1/_{10}$ der Stützweite. Auf den Pylonenpfosten, die unten gelenkig gelagert sind, sind sie fest zwischen einem mit dem Pylonenkopf verschraubten Sattel und einer Kappe eingespannt (Abb. 710). Über den landseitigen Endpfosten der Versteifungsträger sind sie auf einem längsbeweglich gelagerten Sattel abgelenkt (Abb. 711). Durch die hierdurch entstehende, abwärts gerichtete Kraft wird eine nach oben gerichtete Auflagerkraft des Versteifungsträgers aufgehoben. Zwischen dieser ersten und der zweiten Ablenkung löst sich das Kabel, das aus 19 Litzen zu je 427 Drähten von 4,55 mm Durchmesser besteht, in seine einzelnen Litzen innerhalb einer konischen Schelle (Abb. 712) auf.

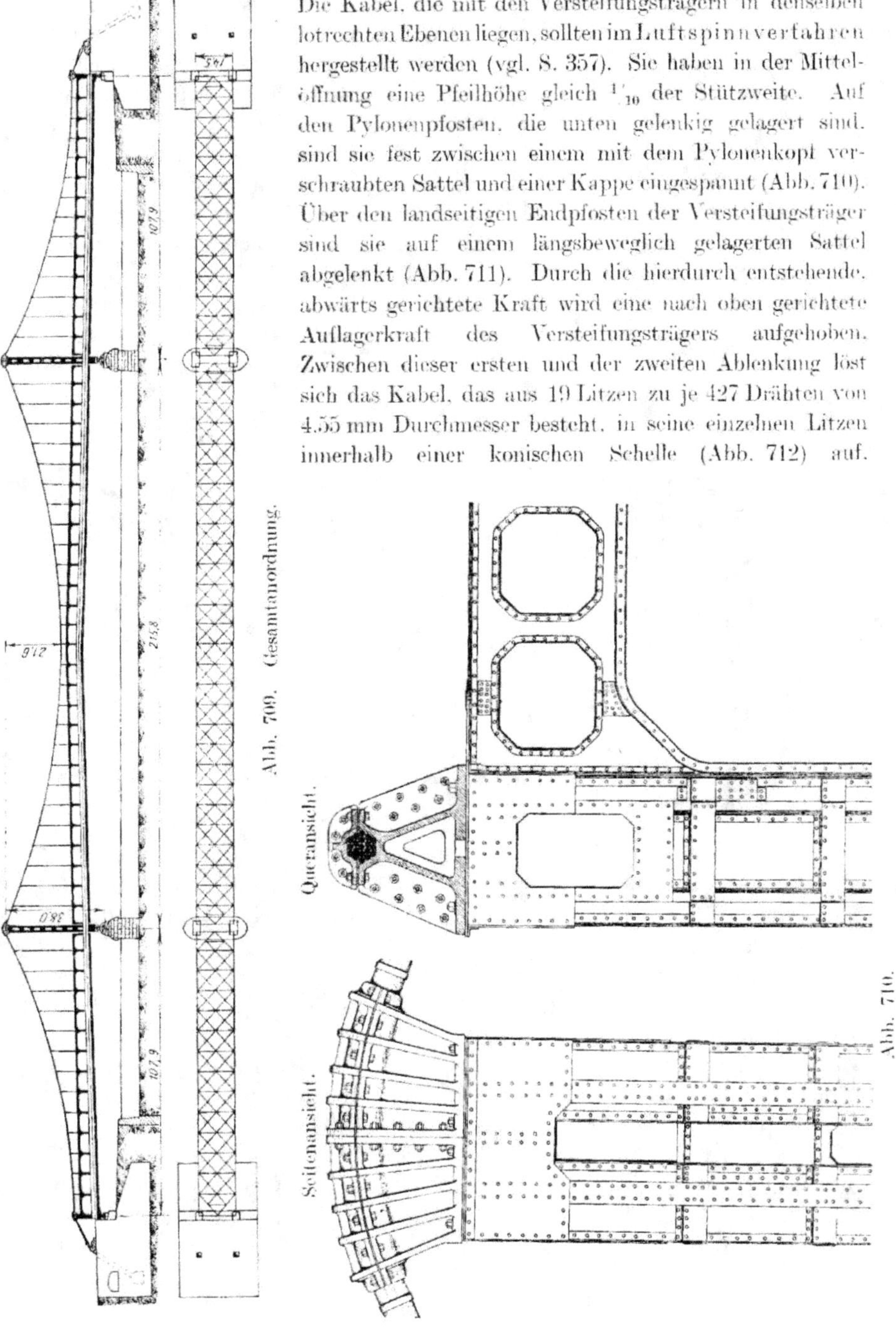

Abb. 709. Gesamtanordnung.

Abb. 710.

Kurz vor der zweiten Ablenkung legen sich die Litzen um die Litzenschuhe, die mit den Augenstäben der Verankerungskette durch einzelne, ineinandergreifende kleine Bolzenstücke (Abb. 713) verbunden sind. Die Litzenschuhe sollten mit den Augenstäben von der Mitte aus paarweise zusammengefügt werden, damit die aus der Querneigung der Litzen herrührenden Seitenkräfte sich gegenseitig aufhöben. Die kleinen Bolzenstücke sind

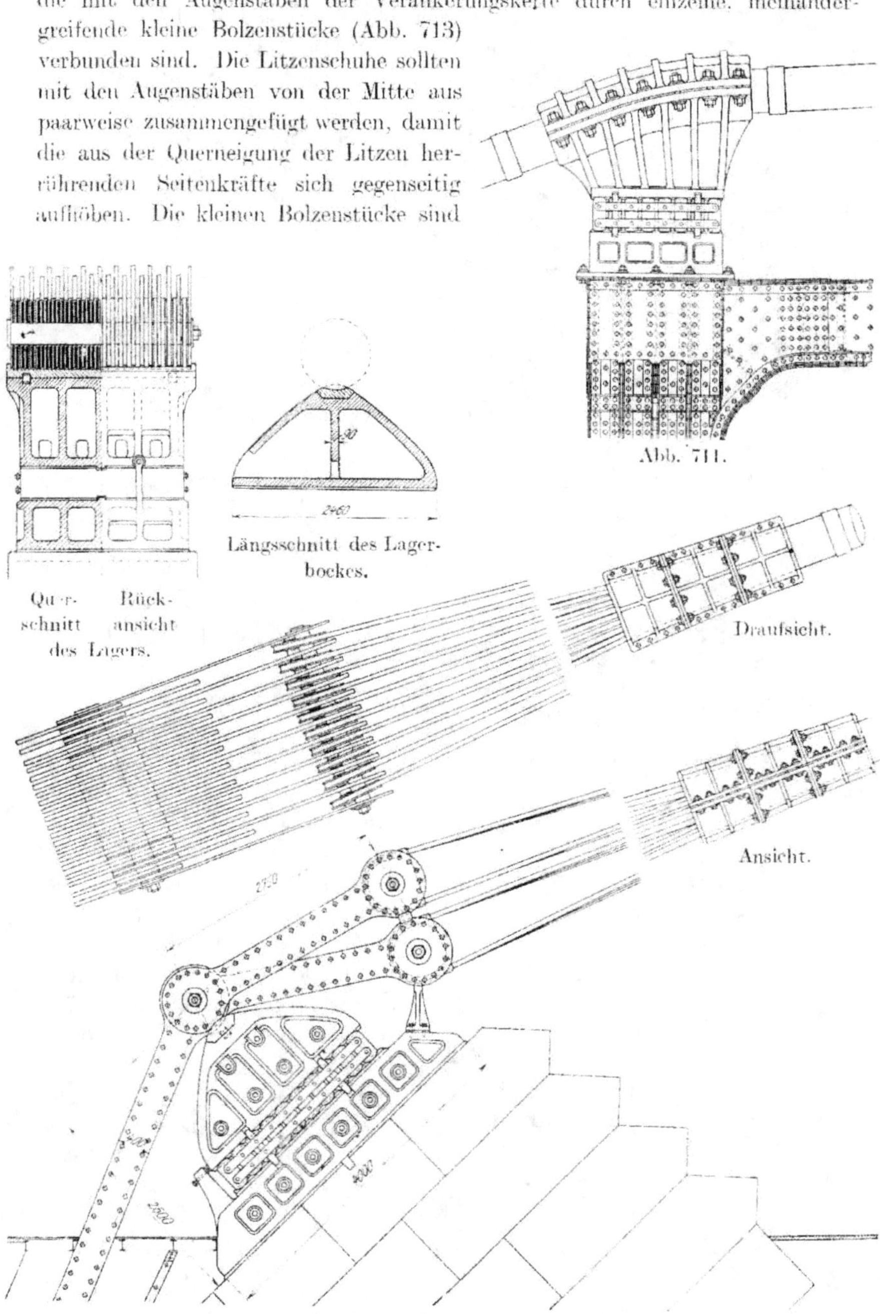

Abb. 711.

Abb. 712.

Ansicht.

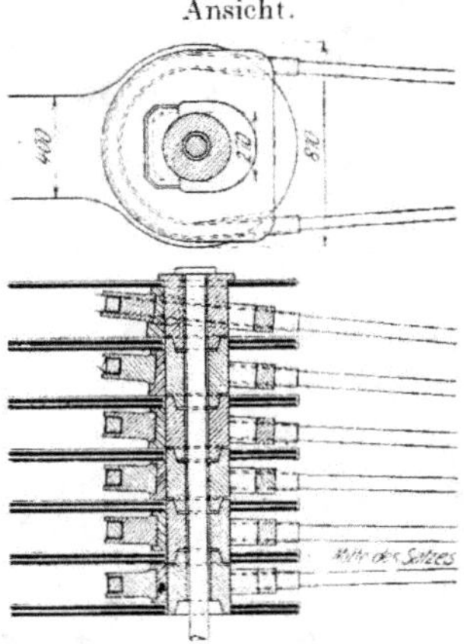

Wagerechter Querschnitt.
Abb. 713.

durchbohrt und werden durch einen sie durchdringenden langen Bolzen fest zusammengeschlossen. Das zweite Umlenkungslager ist ebenfalls beweglich, es besteht aus Grundplatte, Stelzensatz und Lagerbock. Auf dem letzteren ruhen nur die Augen der zum Verankerungsschacht führenden Stäbe, während die Augen der Stäbe, die mit den Litzenschuhen in Verbindung stehen, frei beweglich sind. In der Abb. 714 ist die Verankerung selbst veranschaulicht. Die Augenstäbe sind durch Gelenkbolzen an Blechen angeschlossen, die zwischen ihnen liegen, durch Schrauben zusammengehalten werden und sich mit ihren verstärkten oberen Teilen unter Vermittlung von Kippkörpern aus Schmiedestahl auf Lagerböcke stützen. Die letzteren geben

Ansicht.

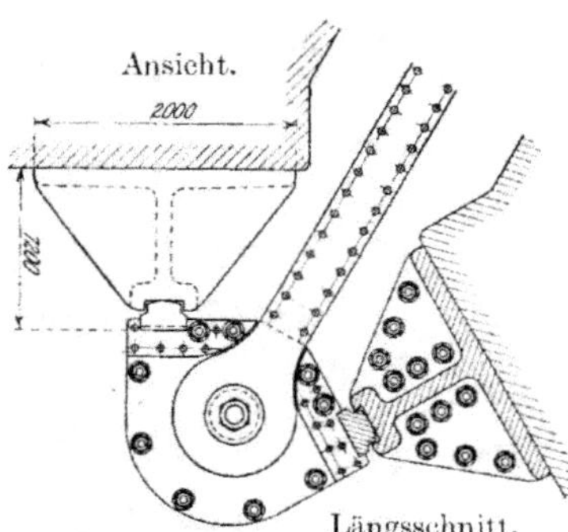

Längsschnitt.

Rückansicht. Querschnitt.

Abb. 714.

den Kabelzug an das Mauerwerk ab. Die Augenstäbe sind mit Ausnahme der äußersten Stäbe aus zwei 25 mm starken, miteinander vernieteten Stäben zusammengesetzt.

Ansicht.

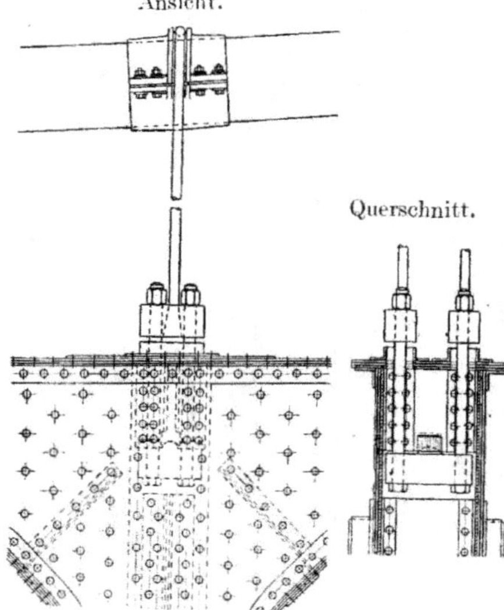

Querschnitt.

Abb. 715.

Die Aufhängung des Versteifungsträgers veranschaulicht die Abb. 715. In der Rille einer zweiteiligen, durch Schraubendruck fest mit dem Kabel verbundenen Schelle liegt ein Drahtseil, das mit seinen beiden Enden in Seilköpfen verankert ist. Die Seilköpfe sind durch Rundeisen, deren Länge durch Schrauben geregelt werden kann, mit einem kleinen Querbalken verbunden, der sich gelenkig gegen ein mit den Wandungen des Obergurtes verbundenes Stahlstück legt.

Die Pylonenpfosten (Abb. 710) sind durch einen in Rahmenträgerform gehaltenen oberen Querriegel zu einem die Windkräfte aufnehmenden Portal verbunden. Der Querschnitt der Pylonenpfosten ist in der Abb. 716 dargestellt. Die Quer- und Längsstege sind durch wagerechte Querschotten, deren Bleche zweckmäßig mit Löchern für den Abfluß des Wassers zu versehen sind, gegeneinander ausgesteift.

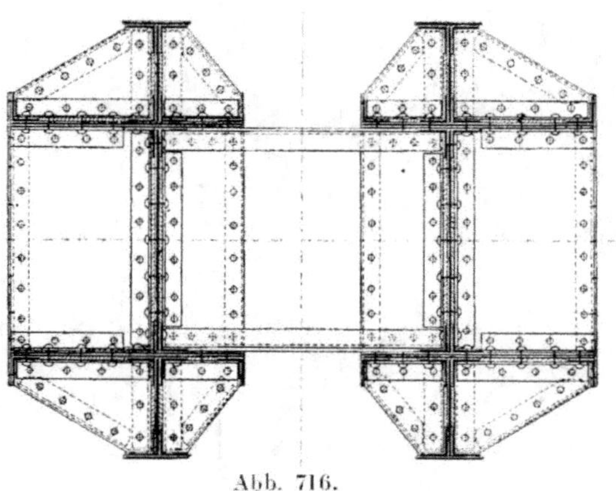
Abb. 716.

In der Abb. 717 ist eine von der Brückenbauanstalt Gustavsburg angegebene Aufhängung einer Rundeisenhängestange an einem amerikanischen Kabel veranschaulicht. Über die Rille einer zweiteiligen, gußstählernen Schelle, die durch Schrauben fest auf das Kabel gepreßt wird, ist ein gebogenes Flacheisen gelegt. An diesem greift ein senkrecht zu ihm gestelltes Blech an, das dem Auge der Hängestange zum Anschluß dient.

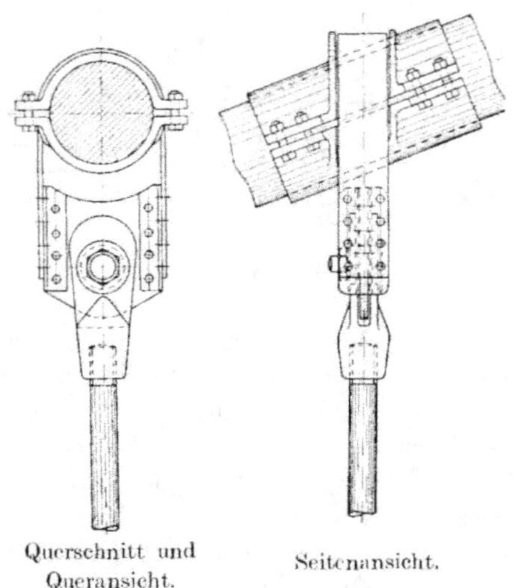

Abb. 717.

Bei prüfender Betrachtung der geschilderten Kabelarten und Aufhängevorrichtungen und bei Abwägung der Vor- und Nachteile der verschiedenen Arten wird man zu dem Schlusse kommen, daß für Stützweiten, wie sie auf dem europäischen Festlande vorkommen, das geschlossene, aus parallel geführten Seilen der patentverschlossenen Konstruktion hergestellte Kabel, und für sehr große Stützweiten das geschlossene, nach dem Luftspinnverfahren gefertigte Kabel die beste Lösung darstellt.

c) Allgemeine Bemerkungen zu den besprochenen Einzelheiten der Hängebrücken.

Zu den eingehenden Erörterungen der baulichen Einzelheiten der Hängebrücken in den Unterabschnitten 5a und b sind nur noch einige allgemeine Bemerkungen notwendig.

Die in den genannten Abschnitten behandelten eisernen Pylonen sind so ausgebildet, daß entweder ihre Pfosten ganz außerhalb der Versteifungsträger liegen (Abb. 699) oder jeder der beiden Pfosten den zugehörigen Versteifungsträger zwischen sich faßt (Abb. 611). Man kann die Pylonenpfosten aber auch gelenkig auf den Obergurten der Versteifungsträger lagern (Abb. 718). Hierdurch ergeben sich bauliche Vereinfachungen; auch wird bei dieser Anordnung die Verkehrsbreite nicht eingeschränkt. Doch befriedigt diese Art der Pylonenlagerung nicht im Aussehen und ist bei weit gestützten Brücken hinsichtlich der Übertragung der beträchtlichen Windkräfte nicht so einwandfrei wie die Abstützung der Pylonen unmittelbar auf den Pfeilern.

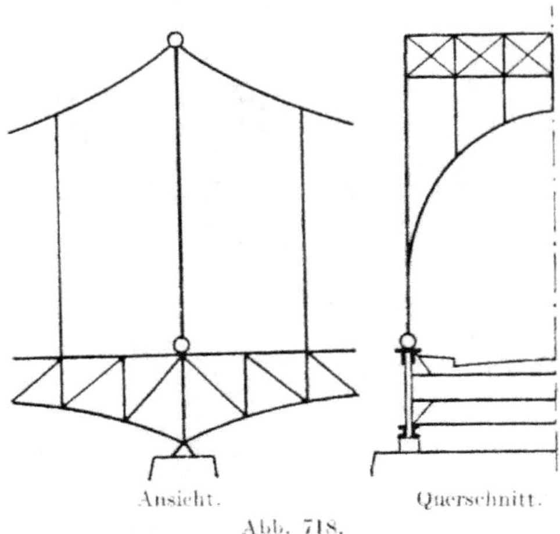

Abb. 718.

Die verschiedenen Arten der Verankerungen der Ketten und Kabel bei Hängebrücken ohne aufgehobenen Horizontalzug in den Widerlagern und die Vorrichtungen zum Regeln des Durchhanges der Ketten oder Kabel sind unter 5a und b erschöpfend behandelt.

In den seltensten Fällen kann die Verankerung unmittelbar vom gewachsenen Fels aufgenommen werden (Abb. 708). In den weitaus meisten Fällen müssen besondere Mauerwerkkörper zur Aufnahme der Ketten- oder Kabelkräfte hergestellt werden. Die Mauerwerkkörper müssen solche Abmessungen erhalten, daß sie durch ihr Gewicht die senkrechte Komponente und durch die Reibung an ihrer Sohle und durch den Gegendruck der Erde an der der Brücke zugekehrten Seite die wagerechte Komponente der Kettenkraft aufnehmen können. Es empfiehlt sich, zur Erhöhung der Sicherheit die Sohle abzutreppen (Abb. 685) oder dem Mauerwerkkörper eine im Grundriß keilförmige Gestalt mit Verjüngung nach der Brücke zu zu geben. Sind keine Seitenöffnungen vorhanden, so werden die Mauerwerkkörper der Verankerung entweder ohne Zusammenhang mit dem übrigen Mauerwerk der Brücke ausgeführt oder auch, wie z. B. bei der in der Abb. 639 dargestellten Ausführung, zur Erhöhung der Sicherheit und zur Ersparnis am Mauerwerk mit dem Mauerwerk der Pylonen verbunden. Sind Seitenöffnungen vorhanden, so sind ihre Widerlager zugleich die Mauerwerkkörper der Verankerung (Abb. 685).

Bei Hängebrücken, deren Ketten oder Kabel als tragende Teile nur eine Öffnung überspannen, werden die Rückhaltenden bei Verankerungen im gewachsenen Fels in der Regel aus ihrer Richtung nicht abgelenkt (Abb. 576 und 706), wohl aber bei dieser Art von Hängebrücken in dem Falle, daß besondere Mauerwerkkörper für die Verankerung hergestellt werden müssen (Abb. 639).

und bei den Hängebrücken, die mehrere Öffnungen überspannen (Abb. 615). Durch die Ablenkung der Rückhaltenden aus ihrer ursprünglichen Richtung in eine steilere Neigung ist es möglich, die Mauerwerkkörper der Verankerung günstiger und wirtschaftlicher zu gestalten. An den Ablenkungsstellen müssen die Rückhaltenden beweglich gelagert werden.

Die Rückhaltenden und die Verankerungen müssen im gewachsenen Fels und in den Mauerwerkkörpern gegen den Angriff des Rostes geschützt werden. Bei den älteren amerikanischen Hängebrücken wurden zu diesem Zweck die Kammern und Kanäle der Verankerung möglichst eng gehalten und mit Wachs ausgegossen, bei den neueren amerikanischen Hängebrücken sind die Verankerungen und die Rückhaltenden vollständig einbetoniert worden. Zweckmäßiger ist die in Europa übliche Anordnung, bei der die Rückhaltenden in schliefbaren, überwölbten oder mit Platten überdeckten Kanälen und die Verankerungen in Kammern, die durch senkrechte Einsteigschächte (Abb. 608) oder durch wagerechte Stollen (Abb. 706) zugänglich sind, verlegt werden. Die Ankerkammern sollen 2 m hoch sein und im Grundriß keinen kleineren Querschnitt als 1,2 · 1,5 haben. Die Stellen, an denen die Rückhaltenden in das Mauerwerk eintreten, sind zu überbauen, um das Regenwasser von den Kanälen abzuhalten.

Abschnitt X.

Die Fahrbahn und die Fahrbahnträger.

A. Allgemeines.

Nach den Betrachtungen im Abschnitt I auf S. 1 soll zwischen der eigentlichen Fahrbahn und den Fahrbahnträgern unterschieden werden. Unter der Fahrbahn ist hiernach ganz allgemein die Gesamtheit der Bauteile zu verstehen, die die Verkehrslasten unmittelbar unterstützen und weiter die Übertragung der Lasten auf die Fahrbahnträger vermitteln.

Die Lage der Fahrbahn zu den Hauptträgern hängt von der zur Verfügung stehenden Bauhöhe und der Stützweite der Hauptträger ab. Unter der Bauhöhe ist bei Eisenbahnbrücken der Abstand der Schienenoberkante von der Unterkante des Überbaues und bei Straßenbrücken der Höhenunterschied zwischen dem höchsten Punkt der Fahrbahn und dem tiefsten Punkt des Überbaues zu verstehen. Es ist anzustreben, die Fahrbahn über den Hauptträgern anzuordnen, weil hierbei der Abstand der Hauptträger kleiner als bei tiefliegender Fahrbahn gewählt werden kann und infolgedessen die Stützweite und damit das Gewicht der Querträger geringer ausfällt. Auch sprechen für die Anordnung der Hauptträger unter der Fahrbahn Schönheitsrücksichten und bei Straßenbrücken der Umstand, daß der Querverkehr auf der ganzen Brücke in keiner Weise behindert wird. Ferner kann die Gesamtbreite der Brücke schmaler gehalten werden als bei tiefliegender Fahrbahn, weil die Hauptträger keinen Raum von der Fahrbahn oder den Gehwegen wegnehmen. Unter Umständen kann sogar das Fahrbahnträgergerippe ganz gespart werden und die Fahrbahn unmittelbar auf den Hauptträgern gelagert werden.

In der Regel kann jedoch die Fahrbahn nur bei kleineren Stützweiten über die Hauptträger gelegt werden, weil die Bauhöhe meist durch örtliche Verhältnisse beschränkt ist. Bei Überführungen von Eisenbahnen über Straßen oder schiffbare Flußläufe bedingen die Durchfahrthöhen für die Fahrzeuge einerseits und die Rücksichten auf die Kosten und auf die zulässigen Steigungen anderseits eine Beschränkung der Bauhöhe, ebenso bei Überführungen von Straßen über Eisenbahnen und schiffbare Wasserläufe. Man wird also in den meisten Fällen gezwungen sein, die Hauptträger über der Fahrbahn anzuordnen. Handelt es sich hierbei um die Überführung eines Eisenbahngleises, so sieht man nur zwei Hauptträger vor. In ganz vereinzelten Fällen ordnet man bei kleinen Stützweiten und bei sehr geringer Bauhöhe auch wohl für jede Schiene zwei Hauptträger, sogenannte Zwillingsträger, an. Bei zwei Gleisen kann man einen Überbau mit zwei Hauptträgern oder auch einen Überbau mit drei Hauptträgern, von denen der mittelste zwischen beiden Gleisen liegt, oder schließlich auch zwei getrennte Überbauten mit je zwei Hauptträgern wählen. Der zweigleisige Überbau mit nur zwei Hauptträgern erfordert wegen des großen Abstandes der Hauptträger eine größere Bauhöhe als der zweigleisige Überbau mit drei Hauptträgern und der eingleisige Überbau; er ist aber den beiden anderen dadurch überlegen, daß die Mitten der beiden Gleise den regelrechten Abstand von 3,5 m erhalten können, was auf der freien Strecke für den Betrieb von Wichtigkeit ist. Beim eingleisigen Überbau werden die Hauptträger durch die Zugbelastung gleichmäßig beansprucht, beim zweigleisigen Überbau mit zwei Hauptträgern werden dagegen die Hauptträger beim Befahren nur eines Gleises ungleichmäßig beansprucht und erleiden daher verschieden große Durchbiegungen. Beim zweigleisigen Überbau mit drei Hauptträgern, von denen der mittelste natürlich stärker als die beiden äußeren ausgebildet werden muß, wird sich bei Belastung nur eines Gleises der äußere Hauptträger stärker durchbiegen als der mittelste. Sind nun die Querverbindungen mit den Hauptträgern fest vernietet, so werden diese Verbindungen durch die ungleichen Durchbiegungen erheblich beansprucht. Ein großer Nachteil ist jedoch in diesem Umstande nicht zu erblicken, da erfahrungsgemäß zweckmäßige Anschlüsse der Querverbindungen an den Hauptträgern diesen Beanspruchungen durchaus gewachsen sind. Steht eine genügend große Bauhöhe zur Verfügung und wird auf Durchführung des regelrechten Abstandes der Gleismitten besonderer Wert gelegt, so wird man stets den zweigleisigen Überbau mit zwei Hauptträgern wählen. Bei sehr geringer Bauhöhe wird man zu einem zweigleisigen Überbau mit drei Hauptträgern oder zu zwei getrennten Überbauten greifen, man muß dann auf die Durchführung des regelrechten Gleisabstandes verzichten. Zwei getrennte Überbauten besitzen den nicht zu unterschätzenden Vorteil, daß sie später einzeln außerhalb des Betriebes verstärkt oder ausgewechselt werden können, falls es möglich ist, den Betrieb vorübergehend auf einem Gleise zu bewältigen. Mehr als zwei Gleise werden in der Regel nicht auf einem Überbau vereinigt.

Bei Straßenbrücken mit tiefliegender Fahrbahn werden meist zwei Hauptträger, nur bei außergewöhnlich breiten Brücken auch wohl drei Hauptträger vorgesehen.

Liegt die Möglichkeit vor, die Fahrbahn über den Hauptträgern anzuordnen, so sieht man für ein Eisenbahngleis einen Überbau mit zwei Hauptträgern, für zwei Gleise einen Überbau mit zwei Hauptträgern oder zwei getrennte eingleisige Überbauten vor. Etwa bis zu 35 m Stützweite werden zwei eingleisige Überbauten nicht teurer als ein zweigleisiger und können so schmal gehalten und in einen solchen Abstand voneinander gelegt werden, daß die Gleismitten die regelrechte Entfernung voneinander behalten können. Auf Bahnhöfen, wo viele Gleise nebeneinander überführt werden müssen und die Möglichkeit zur Verschiebung der Gleise und zur Einlegung von Weichen gewahrt werden muß, ordnet man bei kleineren Stützweiten verschiedene Hauptträger nebeneinander und meist in einem Abstand von 1.5 m voneinander an, bei dem ein Hauptträger also höchstens die auf eine Schiene entfallende Belastung aufzunehmen hat.

Bei Straßenbrücken mit über den Hauptträgern liegender Fahrbahn kann man zwei Hauptträger und auch mehr als zwei Hauptträger anordnen. Für die Wahl der einen oder der anderen Anordnung ist die Kostenfrage ausschlaggebend, die bei großen Stützweiten im allgemeinen wohl zugunsten der Anordnung von nur zwei Hauptträgern ausfällt.

B. Die Fahrbahn und die Fahrbahnträger der Eisenbahnbrücken.

1. Die Fahrbahn.

a. Fahrbahnanordnung ohne Durchführung der Bettung auf der Brücke.

α. Unmittelbare Unterstützung der Schienen durch die Fahrbahnträger.

Hierbei werden die Schienen entweder durch die Fahrbahnlängsträger (*LT* in Abb. 2 auf S. 2) oder durch die Querträger (*QT* in Abb. 2 auf S. 2), die in diesem Falle keinen größeren Abstand voneinander haben dürfen, als die vorgeschriebene Schwellenentfernung auf der freien Strecke beträgt, unterstützt. Durch Fortfall der Querschwellen wird die Bauhöhe erheblich verringert. Diese Art der Schienenunterstützung besitzt aber den Mangel, daß die Stöße der Betriebsmittel zu ungemildert auf den Überbau wirken. Die Erfahrung hat gezeigt, daß die Befestigungsmittel der Schienen und die Niete in den Längs- und Querträgern häufig gelockert werden. Man wendet daher die unmittelbare Unterstützung der Schienen durch die Fahrbahnträger nur in dem Falle an, wo eine sehr beschränkte Bauhöhe dies unbedingt erfordert.

Die Schienen werden auf den Längsträgern mit eisernen Unterlagsplatten, die 60 bis 80 cm Mittenentfernung haben, gelagert. Durch Einschaltung von Leder- oder Filzplatten oder von Zwischenlagen aus Pappelholz kann die Stoßwirkung der Fahrzeuge und das Geräusch beim Befahren sehr gemildert werden. Die Abb. 719 veranschaulicht eine solche Schienenlagerung. Die Schiene ruht auf einer eisernen Unterlagsplatte, die zu beiden Seiten Vorsprünge besitzt. Zwischen diese Vorsprünge und den Schienenfuß werden kleine Spurstäbe zum Regeln der Spur eingelegt. Die obere Unterlagsplatte ruht auf einer Lederplatte und diese auf einer unteren eisernen Unterlagsplatte, die länger als die obere Unterlagsplatte ist und außerhalb der letzteren mit dem Längsträger durch vier Niete fest vernietet ist. Durch vier Klemmplatten und vier Schrauben wird die Schiene in senkrechter Richtung festgelegt. Die auf die Schiene ausgeübten Seitenstöße werden durch die Vorsprünge der oberen Unterlagsplatte aufgenommen und durch letztere auf die hochgebogenen Teile der unteren Unterlagsplatte und von dieser weiter auf die Niete übertragen. Sehr zweckmäßig ist es, daß die Schrauben nicht durch wagerechte Seitenkräfte beansprucht werden und daß die Befestigung der Schienen unabhängig von der Befestigung der Unterlagsplatten ist. Die dargestellten Buckelplatten dienen einer schalldämpfenden Kieslage zur Unterstützung.

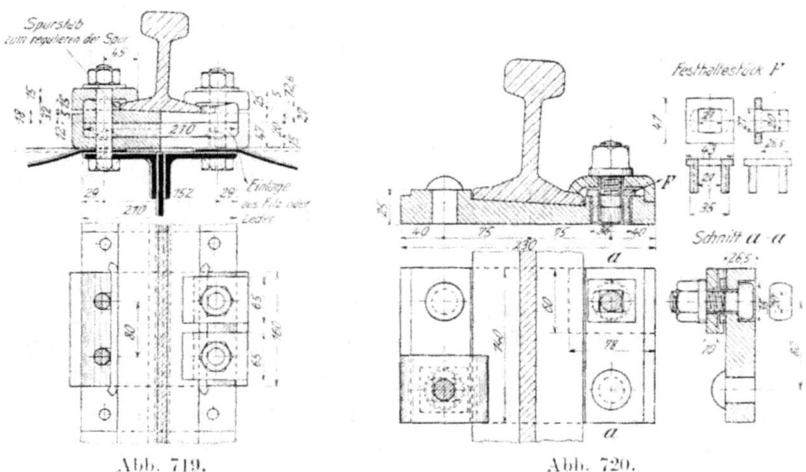

Abb. 719. Abb. 720.

Eine andere, sehr zweckmäßige Art der Schienenbefestigung auf den Fahrbahnträgern ist in Abb. 720 dargestellt. Die Unterlagsplatte ist mit dem Fahrbahnträger nur in zwei sich diagonal gegenüberliegenden Punkten durch Niete fest verbunden. In den beiden anderen Punkten ist nur die Schiene mit der Platte verbunden. Hier werden zunächst die mit einem unteren ovalen Ansatz versehenen Schrauben eingebracht, um 90° gedreht und damit in senkrechter Richtung festgelegt. Alsdann werden die Festhaltestückchen F über die Schraubenbolzen gesteckt, die hierdurch gegen Drehen gesichert werden. Schließlich werden die Klemmplatten aufgelegt und die Muttern aufgeschraubt. Auch bei dieser Anordnung besteht der Vorteil, daß die Schienenbefestigung unabhängig von der Befestigung der Unterlagsplatte ist und die Schrauben der Schienenbefestigung nicht von seitlichen Kräften beansprucht werden.

In der Abb. 721 ist ein Überbau[1]) mit unmittelbarer Unterstützung der Schienen durch die Querträger veranschaulicht, und in der Abb. 722 sind die

[1]) Eisenbahnüberführung über die Bollwerkstraße am Personenbahnhof in Stettin. Ausgeführt von der Eisenbauanstalt J. Gollnow u. Sohn in Stettin im Jahre 1920. Vgl. auch Zentralblatt der Bauverwaltung 1921, S. 255 u. f.

Einzelheiten der zugehörigen Schienenbefestigung wiedergegeben. Die Querträger, die einen Mittenabstand von 60 cm haben, bestehen aus zwei [26, einem zwischen den [-Eisen liegenden Breitflacheisen 260 · 24 und einer Kopfplatte 290 · 8. Die Breitflacheisen 260 · 24 stoßen stumpf gegen die eng aneinanderliegenden, abstehenden Schenkel der Anschlußwinkel, die [-Eisen fassen die abstehenden Schenkel der Anschlußwinkel zwischen sich. Zum Schutz der unterführten Straße gegen Wasser, Öl, Schlacke und Asche der Lokomotiven ist

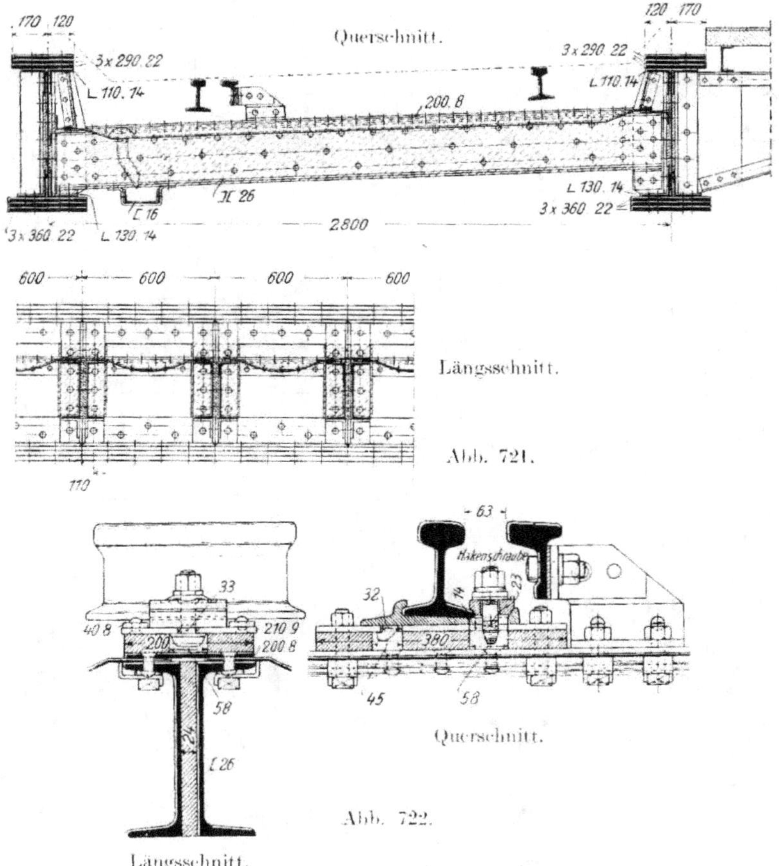

Abb. 721.

Abb. 722.

zwischen die Haupt- und Querträger eine Fahrbahntafel aus 6 mm starken Buckelblechen eingespannt, die zur Milderung des beim Befahren entstehenden Geräusches mit einer Kiesschicht überdeckt ist. Die Ränder der Buckelplatten ruhen auf den oberen Flanschen der [-Eisen der Querträger und an den Hauptträgern auf den langen Schenkeln von L 65 · 130 · 10. Der Überhöhung der äußeren Schiene des in einer Kurve liegenden Gleises entsprechend sind die Querträger und die Buckelbleche geneigt angeordnet. In den tiefsten Punkten der Buckelbleche sind Entwässerungstüllen angebracht, die das Wasser in eine an den Querträgern angehängte Längsrinne abführen. An dem oberen Teil der Anschlußwinkel der Querträger sind L 50 · 7 angenietet, mit welchen schräge Abschlußbleche verschraubt sind. Durch diese wird der Kies von den Hauptträgern ferngehalten. Bei der Schienenbefestigung ist besonderer Wert auf schalldämpfende, elastische Lagerung und Verwendbarkeit der Befestigungsmittel des Eisenquerschwellenoberbaues der Form 15c gelegt. Ersterem Zweck dient eine

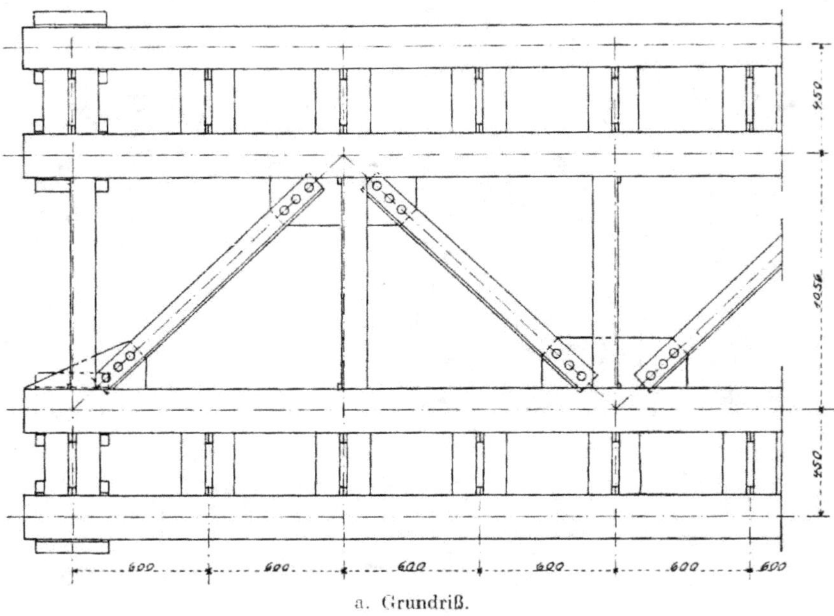

a. Grundriß.

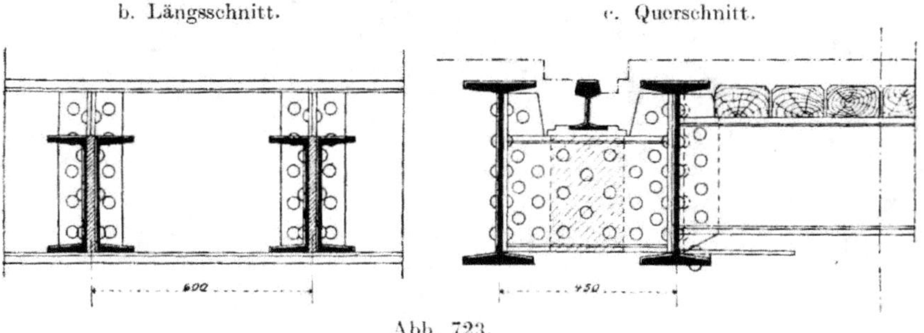

b. Längsschnitt. c. Querschnitt.

Abb. 723.

sogenannte Gewebebauplatte[1]), deren Stärke nicht unter 27 mm gewählt worden ist, damit sich beim Zusammendrücken der Platte der Kopf der Hakenschraube nicht auf den Querträger aufsetzt. Über der Gewebebauplatte liegt eine 380 · 210 mm große, 9 mm starke Flußeisenplatte. Zur Festlegung der Hakenplatte in der Richtung der Gleisachse sind auf beiden Seiten auf diese Flußeisenplatte

[1]) Lieferer: Paul Knoch u. Co., Berlin-Weißensee. Die Platte besteht aus einem getränkten und unter hohem Druck zusammengepreßten Gewebe.

Flacheisen 40 · 8 genietet. Die Flußeisen- und die Gewebebauplatte sind mit vier Schrauben mit dem Querträger verschraubt. Damit sich die Schäfte dieser Schrauben beim Anziehen nicht mitdrehen, sind unter die Bolzenköpfe ⅂-förmige Plättchen in der dargestellten Weise untergelegt. Die flußeisernen Platten ersetzen in Verbindung mit dem Querträger gewissermaßen die eiserne Querschwelle und sind ähnlich wie diese gelocht. Nur ist hier das sonst 58 · 29 mm große viereckige Loch auf 58 · 33 mm vergrößert, so daß sich der 23 mm starke Vierkantschaft der Hakenschraube darin drehen kann. Dies ist notwendig, damit die Hakenschraube bei etwas zusammengedrückter Gewebebauplatte entfernt werden kann. Zu dem gleichen Zweck ist auch der normal 20 mm lange Vierkant der Hakenschraube auf 14 mm abgearbeitet. Bei angezogener Hakenschraube ragt sonach der Vierkant um 5 mm in das 25 mm breite viereckige Loch der Schienenunterlagsplatte und verhindert so ein Mitdrehen des Schraubenschaftes beim Drehen der Schraubenmutter. Die sonst sehr zweckmäßige Schienenbefestigung hat den Nachteil, daß die seitlichen Kräfte von den Schrauben, welche die flußeiserne Platte und die Gewebebauplatte mit dem Querträger verbinden, aufgenommen werden müssen.

Die Unterstützung der Schienen durch die Querträger findet sich auch bei den sogenannten, unter A bereits erwähnten Zwillingsträgern, bei denen die Bauhöhe sehr beschränkt werden kann, und die deshalb in manchen Fällen verwendet werden. Je zwei 45 bis 50 cm voneinander entfernte Hauptträger tragen auf kleinen Querträgern, deren Abstand nicht größer als 60 cm zu wählen ist, eine Schiene, die auf eine der beschriebenen Arten auf den Querträgern befestigt wird. Die zu einem Überbau gehörigen vier Hauptträger müssen durch einen wagerechten Verband zu einem Ganzen verbunden werden. Abb. 723 zeigt eine gute Anordnung eines Zwillingsträgers im Schnitt durch die Haupt- und Querträger und im Grundriß.

β. Unmittelbare Unterstützung der Schienen durch die Hauptträger.

Bei kleinen Stützweiten wird es meist gelingen, Zwillingsträger mit ihren schwer zugänglichen Querträgern und deren unbequemen Anschlüssen zu vermeiden und die Schienen unmittelbar auf aus breitflanschigen I-Eisen bestehenden Hauptträgern zu lagern, ohne die Bauhöhe nennenswert zu vergrößern. In der Abb. 724 ist eine solche Anordnung wiedergegeben. Die Schienen ruhen unter Vermittlung von eisernen Unterlagsplatten und Zwischenlagen aus Chromleder auf I D 32. Sie werden in senkrechter Richtung in jedem Unterstützungspunkt durch vier Klemmplatten und vier Schrauben gehalten. Die auf die Schienen wirkenden Seitenstöße werden von den Vorsprüngen der Unterlagsplatten aufgenommen und von letzteren auf die mit den Hauptträgern vernieteten Knaggen übertragen.

γ. Unterstützung der Schienen durch Quer- oder Langschwellen.

Diese Art der Schienenunterstützung hat den Vorteil, daß für die Schienen dieselben Befestigungsmittel verwendet werden können wie auf der freien Strecke. Ferner wird durch Einschaltung eines kräftigen und elastischen Zwischengliedes zwischen die Schienen und die unterstützenden Träger die Wirkung der Stöße der Betriebsmittel auf den Überbau und das Geräusch gemildert. Eiserne Schwellen haben sich in diesen beiden Beziehungen nicht so gut bewährt wie hölzerne Schwellen. In der Regel werden eichene Schwellen verwendet, jedoch eignet sich auch gutes Kiefernholz. Beide Holzarten sollen zum Schutz gegen den Angriff der Witterung mit Teeröl oder dergleichen getränkt werden.

I. Unterstützung durch Querschwellen.

a. Hölzerne Querschwellen.

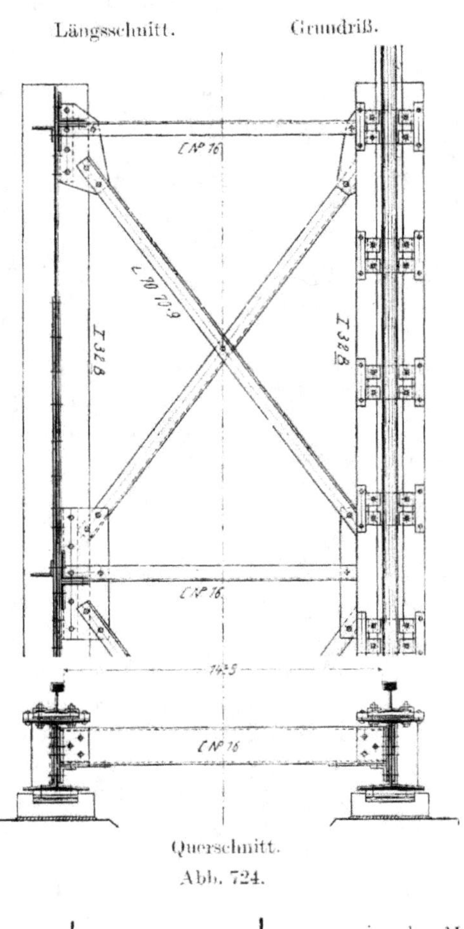

Querschnitt.
Abb. 724.

Die Abmessungen der Schwellen hängen von der Entfernung der Unterstützungspunkte ab. Sind die letzteren unmittelbar unter den Schienen angeordnet, so werden die Schwellen nur auf Druck beansprucht, und es genügt die auf der freien Strecke übliche Stärke von 16 cm. Ist der Abstand der Unterstützungspunkte größer als der Schienenabstand, so werden die Schwellen auf Biegung beansprucht. Das Moment $A \cdot a$ (Abb. 725) wächst mit dem Abstand der Unterstützungspunkte. Trotzdem durch die Steifigkeit der Schienen der Raddruck auf mehrere Schwellen übertragen wird, werden der Sicherheit wegen die Abmessungen einer Schwelle für volle Raddrucke berechnet. Die Verschwächung des Schwellenquerschnittes infolge der 1 bis 2 cm starken Einkämmung der Schwellen über den unterstützenden Trägern braucht wegen dieser ungünstigen Annahme nicht berücksichtigt zu werden. Als geringste Breite für die Schwellen ist das Maß von 22 cm anzusehen, bei dem sich die Unterlagsplatten der Schienen noch gut befestigen lassen. Wenn nicht eine sehr beschränkte Bauhöhe dazu zwingt, die Höhe der Schwellen auf ein Mindestmaß zu beschränken, wählt man die Entfernung

Abb. 725.

der Schwellenträger größer als den Abstand der Schienen, weil die elastische Wirkung der Schwellen um so größer ist, je größer der Abstand a (Abb. 725) gewählt wird. Gebräuchliche Maße für die Entfernung der Schwellenträger liegen zwischen 1,70 und 1,90 m.

Die Entfernung der Schwellen voneinander darf nicht größer sein als auf der freien Strecke. Es ist üblich, dieses Maß auf Brücken noch einzuschränken, um den Rädern etwa auf der Brücke entgleister Fahrzeuge genügende Unterstützung zu bieten. Bei den früheren preußischen Staatseisenbahnen ist als größte Entfernung von Schwellenmitte zu Schwellenmitte das Maß von 60 cm vorgeschrieben, bei dem die Räder entgleister Fahrzeuge nur wenig zwischen zwei Schwellen einsinken können.

Werden die Schwellen von Fahrbahnlängsträgern, die zwischen den Querträgern liegen, getragen (Abb. 726), so werden die Schwellen auf den einzelnen Schwellenträgern derart verteilt, daß man in den Feldern, in denen kein Schienenstoß liegt, den Abstand zweier Querträger in eine Anzahl gleicher Teile a teilt, die nicht größer als der vorgeschriebene Schwellenabstand sein dürfen. Die den Querträgern benachbarten Schwellen erhalten den Abstand $a/2$ von diesen, die übrigen unter sich den Abstand a (Abb. 726). Bei Brücken bis 16 m Stützweite sind Schienenstöße ganz zu vermeiden, nötigenfalls durch Anwendung 18 m langer Schienen. Bei Brücken mit größerer Stützweite sind, nötigenfalls durch Verwendung verschieden langer Schienen, die Schienenstöße so weit von den Querträgern abzulegen, daß einerseits die vorschriftsmäßige Stoßausbildung möglich ist und anderseits der vorgeschriebene Schwellenabstand nirgends überschritten wird. In Amerika und anderen sehr holzreichen Ländern werden die Schwellen vielfach dicht nebeneinander gelegt.

Abb. 726.

Die Schwellen werden häufig durch senkrechte Bolzen, die durch ein Loch im Flansch des Schwellenträgers (Abb. 727) oder eines besonderen, mit dem Steg des Schwellenträgers vernieteten Winkels (Abb. 729) greifen, oder durch Hakenschrauben, die den Flansch des Schwellenträgers umfassen (Abb. 728) und gegen Drehen durch eckige Ausbildung des Schaftes gesichert sind, auf den Schwellenträgern befestigt. Bei der zuletzt angeführten Befestigungsart braucht auf die Schwellenlage beim Entwurf und bei der Bearbeitung der Fahrbahn in der Werkstatt keine Rücksicht genommen zu werden, und bei späterer Verlegung eines neuen Oberbaues mit

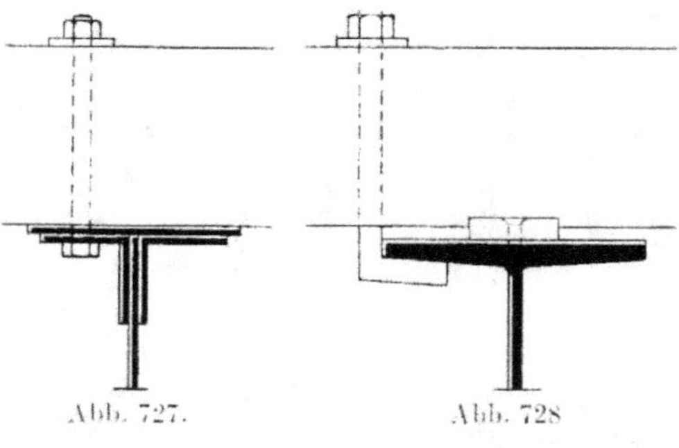
Abb. 727. Abb. 728

anderen Schienenlängen entstehen hinsichtlich der Lage der Stöße keinerlei Schwierigkeiten. Hierin ist ein großer Vorteil dieser Befestigungsweise zu erblicken, anderseits ist aber keine unbedingt unveränderliche Lage der Schwellen durch sie zu erzielen. Dasselbe gilt von der in Bayern üblichen Schwellenbefestigung (Abb. 730), die im übrigen als recht zweckmäßig zu bezeichnen ist. Die Schwellenschraube, auf deren einer Seite der über den Schaft überstehende Teil des Kopfes entfernt ist, wird schon vor dem Verlegen der Schwelle eingeschraubt aber so, daß die noch vorhandene Seite des Kopfes nach außen steht und auf diese Weise das Auflegen der Schwellen auf die Schwellenträger ermöglicht wird. Durch $^1/_2$ oder $1^1/_2$ Drehungen wird der Kopf zur festen Anlage an den Flansch gebracht.

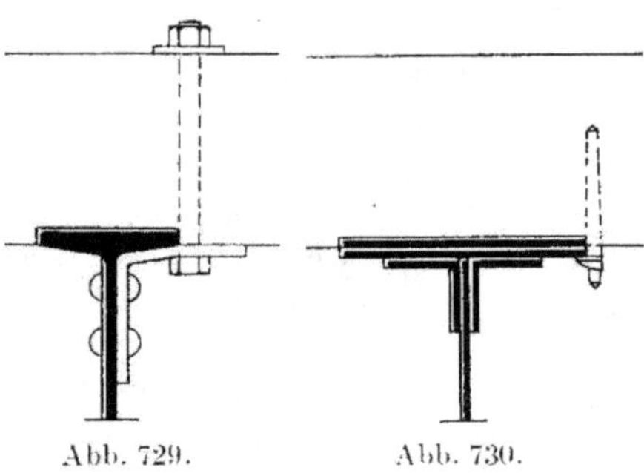

Abb. 729. Abb. 730.

Die üblichste Schwellenbefestigung ist die durch Winkeleisen, die auf die Schwellenträger genietet werden (Abb. 731), und durch wagerechte Schraubenbolzen, durch die die Schwellen mit den Winkeln verbunden werden. Der Nachteil dieser Befestigungsart, daß man schon beim Entwurf auf die Schwellenverteilung Rücksicht nehmen muß und daß man bei späterem Verlegen anderer Oberbauarten die einmal gewählten Schienenlängen beibehalten oder aber die Winkeleisen in den Feldern, in denen die Stöße zu liegen kommen, versetzen muß, ist geringer als der Vorteil, daß die Schwellen gegen Kanten und Bewegungen in der Längsrichtung der Brücke sehr gut gesichert sind. Da die beim Anfahren und Bremsen des Zuges entstehenden Kräfte verschieden gerichtet sind und diese Kräfte auch für sich in verschiedenen Richtungen auftreten können, also die Schwellen je nach der Richtung der Kraft das Bestreben haben, nach der einen oder der anderen der beiden Seiten zu kippen, so empfiehlt es sich, die Winkel abwechselnd auf der einen und der anderen Seite der Schwellen anzubringen. Für die Befestigungswinkel wird in der Regel das Profil 80 · 120 · 10 gewählt, dessen langer Schenkel senkrecht gestellt wird. Bei der Wahl des Schwellenabstandes ist darauf Rücksicht zu nehmen, daß die wagerechten Schwellenschrauben bei späterer Erneuerung eingebracht werden können, ohne daß die Schwellen und damit auch die Schienen aufgenommen zu werden brauchen.

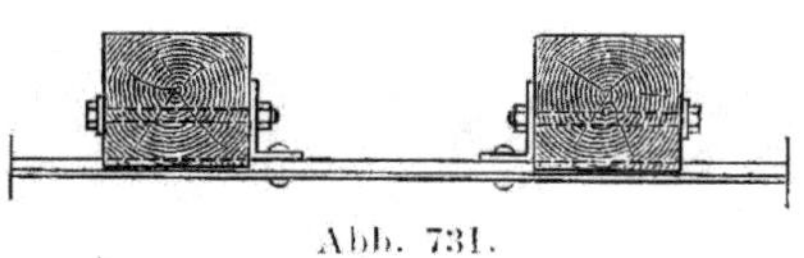

Abb. 731.

Bei allen Befestigungsarten sind die Schwellen 1 bis 2 cm in den Flansch des Schwellenträgers zur Verhütung seitlicher Verschiebung einzulassen. Bei längeren Längsträgern, namentlich aber bei Hauptträgern, auf denen die Schwellen unmittelbar aufgelagert werden, ist die Oberkante infolge des Hinzutretens mehrerer Kopfplatten ungleich hoch. Diese Unterschiede müssen entweder durch verschieden tiefe Aussparungen in den Schwellen oder durch Unterlagsplatten

(Abb. 732) unter den Schwellen ausgeglichen werden, auch können bei einem Träger mit sehr erheblichen Höhenunterschieden beide Verfahren zugleich angewendet werden. Ist der Schwellenträger ein genieteter Träger, so empfiehlt es sich, eine Kopfplatte über die ganze Trägerlänge durchzuführen, da sonst in dem meist vorliegenden Falle, daß die Schwellenträger einen größeren Abstand haben als die Schienen, der innere Winkel sehr ungünstig auf Abbiegen beansprucht wird.

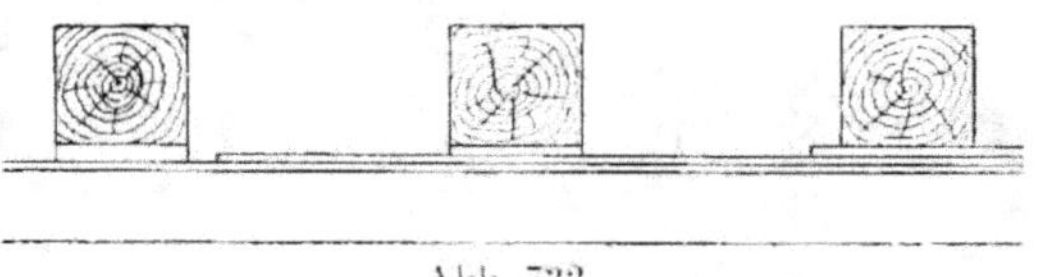

Abb. 732.

Vergleiche hierzu die Abb. 189 und 190 auf S. 159. Zur Erzielung einer guten Lagerung der Schwellen auf Trägern mit Kopfplatten ist es durchaus erforderlich, in den Schwellen für die Nietköpfe entsprechende Löcher durch einen Bohrer herzustellen.

Bei breitflanschigen Schwellenträgern, die einen größeren Abstand als die Schienen haben, ist die zentrische Lagerung der Schwellen auf den Trägern für die Beanspruchung der Flansche sehr vorteilhaft. Man legt zu dem Zwecke auf den Flansch des Schwellenträgers eine 5 bis 6 cm breite und 2,5 bis 3,5 cm hohe Unterlagsplatte, die durch zwei Stiftschrauben mit dem Flansch gewalzter Träger (Abb. 733) oder durch zwei Versenkniete mit der Kopfplatte genieteter Träger (Abb. 734) verbunden wird. Wegen der geringen Auflagerfläche, die diese Unterlagsplatten bieten, ist es zweckmäßig, die Schwellen mit Auflagerplatten zu versehen, die an den Innenseiten einen 1 cm starken Vorsprung erhalten, um die Schwellen an seitlichen Bewegungen zu hindern. In Amerika wird die zentrische Lagerung der Schwellen auf genieteten Trägern vielfach durch Hervorziehen des Stegbleches über die Gurtoberkante um 1 bis 2 cm bewirkt (Abb. 735). Selbstverständlich müssen die zentrisch gelagerten Schwellen auf eine der geschilderten Befestigungsarten gegen Abheben und Längsbewegungen gesichert werden.

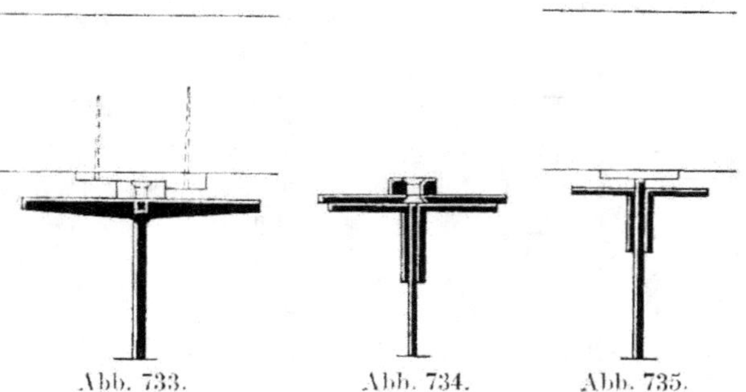

Abb. 733. Abb. 734. Abb. 735.

Über die erforderliche Länge der Querschwellen ist unter „Fahrbahnabdeckung" nachzulesen.

Um die vorteilhafte Lagerung der Schienen auf hölzernen Querschwellen auch bei äußerst beschränkter Bauhöhe zu ermöglichen, ist von Dr.-Ing. Thieme eine Anordnung vorgeschlagen worden[1]), die in der Abb. 736 dargestellt ist. Die 16 cm hohen und 24 cm breiten hölzernen Querschwellen werden von zwei neben den Hauptträgern liegenden und mit einseitig versenkten Nieten an zwei [18

[1]) Vgl. Zentralblatt der Bauverwaltung 1920, S. 110.

angeschlossenen eisernen Bügeln getragen. Die Querschwellen liegen zwischen je zwei [18, sind 2 cm tief an den Tragflächen der Bügel eingekämmt und haben 60 cm Mittenabstand. Die Bauhöhe beträgt bei der dargestellten Anordnung nur 37 cm.

b. Eiserne Querschwellen.

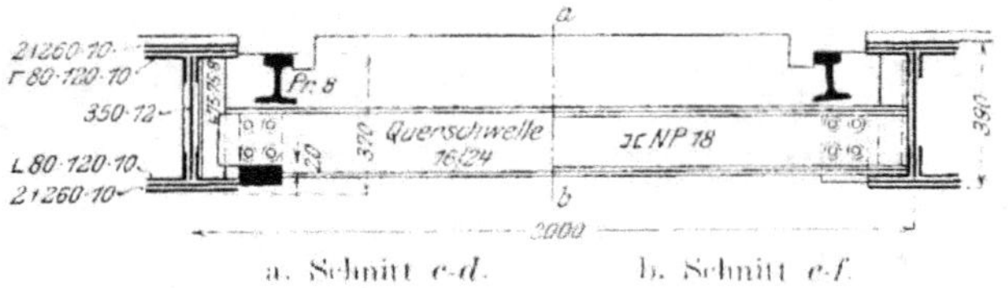

a. Schnitt *c-d*. b. Schnitt *e-f*.

Trotzdem eiserne Querschwellen in bezug auf geräuschloses Fahren und Milderung der Stöße der Fahrzeuge den Holzschwellen erheblich nachstehen, werden sie dennoch vielfach, besonders bei großen und langen Brücken, verwendet, weil sie gegenüber den Holzschwellen den Vorteil vollständiger Feuersicherheit bieten. Im Bereich der früheren preußischen Staatseisenbahnen sind z. B. die große Talbrücke bei Müngsten und die neue Weichselbrücke bei Dirschau mit eisernen Schwellen ausgerüstet worden. Im Bereich der Eisenbahn-Generaldirektion Oldenburg bildet die Verwendung der eisernen Querschwellen noch heute die Regel. Zu den Querschwellen werden zweckmäßig Belageisen verwendet, welche sich von allen Profilen am besten bewährt haben (Abb. 737). Nach den Erfahrungen der Eisenbahn-Generaldirektion Oldenburg eignen sich am besten die Profile des Aachener Hütten-Vereins ⌒ $\frac{300}{85}$ max und $\frac{300}{110}$.

d. Querschwellenbügel.

c. Schnitt *a-b*.

Abb. 736.

Längsschnitt.

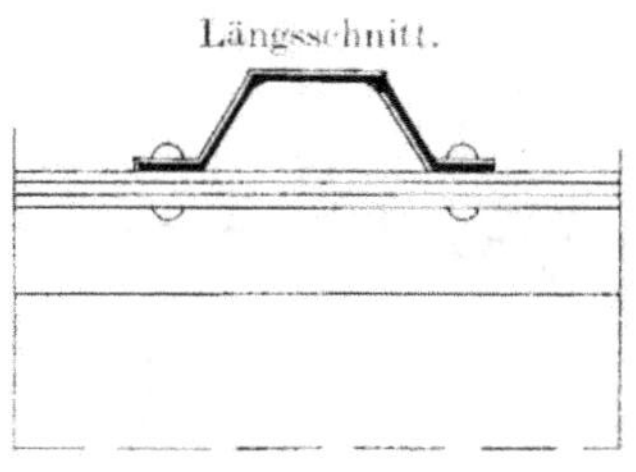

Grundriß.

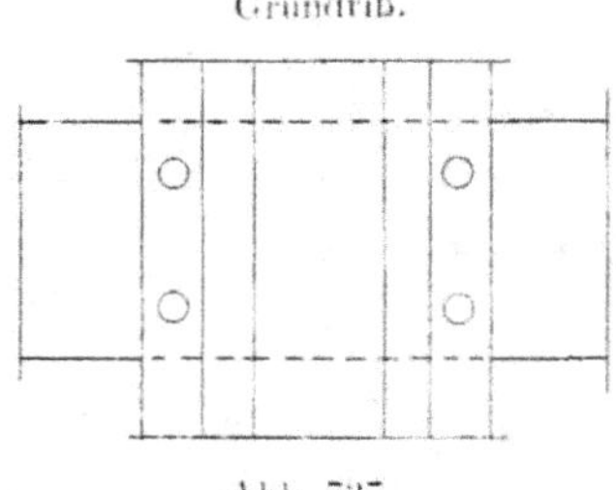

Abb. 737.

Es empfiehlt sich, die eisernen Schwellen fest mit den Schwellenträgern zu vernieten, da Verschraubungen leicht locker werden und dann neben den anderen Übelständen beim Befahren klirrende Geräusche entstehen. Liegen die Schienen unmittelbar über den Schwellenträgern, so kann von einer zentrischen Lagerung abgesehen werden (Abb. 737). Liegen jedoch die Schwellenträger weiter auseinander als die Schienen, so empfiehlt sich eine zentrische Lagerung nach Abb. 738. Das 50 mm breite Flacheisen *B* wird mit dem Belageisen durch zwei Niete, deren untere Köpfe versenkt sind, verbunden und ragt beiderseits um 60 mm über die

Ränder der Schwelle hinaus. Über die hervorragenden Enden des Flacheisens *B* werden die 60 mm breiten Eisen *C* gelegt. Die unter ihnen verbleibenden Hohlräume werden mit den Eisen *D* gefuttert, die die gleiche Stärke wie *B* haben. Die Niete *N* stellen die Verbindung mit dem Träger her. Die Schwelle ist auf diese Weise gut und unverschieblich gelagert. Zwischen die Schienen und die Schwellen werden zweckmäßig elastische Zwischenlagen eingeschaltet.

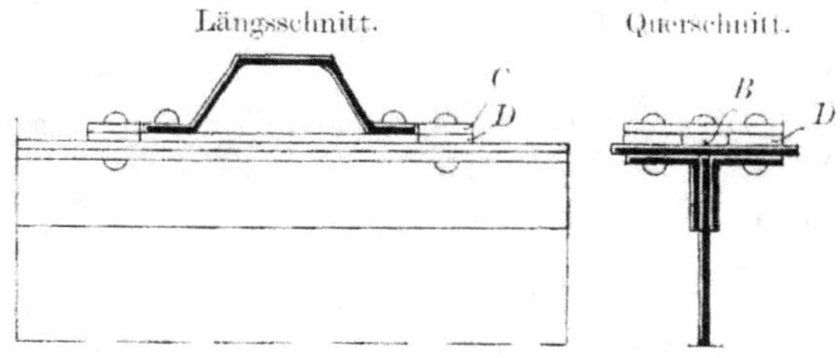

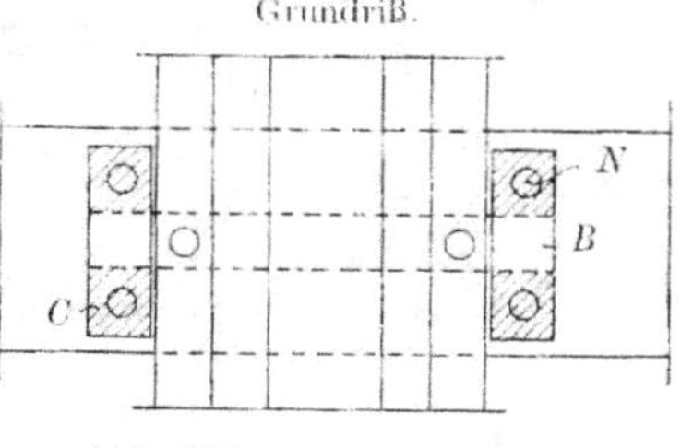

Abb. 738.

2. Unterstützung durch Langschwellen.

Der Langschwellenoberbau ist in Deutschland fast ganz verschwunden, da er den Erwartungen nicht entsprochen hat. Er findet sich deshalb auch nur noch ausnahmsweise auf den eisernen Brücken. Eiserne Langschwellen werden zweckmäßig auf hölzernen Querschwellen über den Überbau geführt und an den Auflagerstellen mit Holz, das in die Querschwellen eingelassen wird, ausgefuttert (Abb. 739). Eine unter dem Holzfutter liegende eiserne Unterlagsplatte *B* ragt

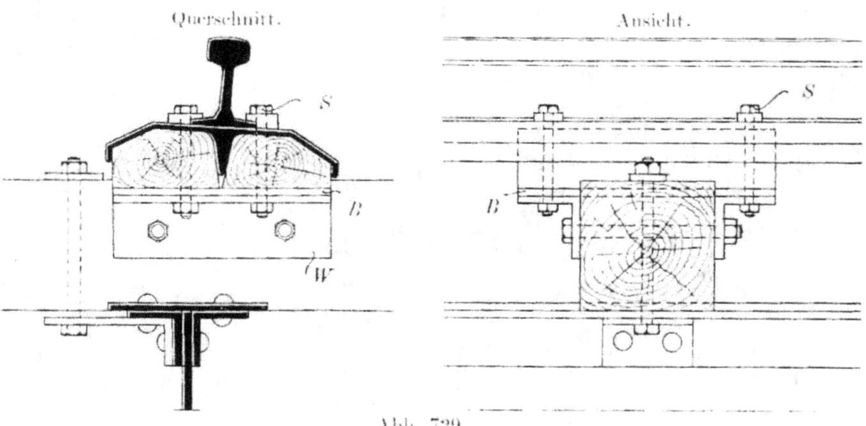

Abb. 739.

beiderseits über die Ränder der Querschwelle um die Breite je eines mit ihr vernieteten Winkeleisens hervor. Durch die Schrauben *S* werden Schiene, Langschwelle, Holzfutter, Platte *B* und Winkel *W* zu einem Ganzen verbunden. Aufwärtsbewegungen werden durch die Bolzen, welche durch die Winkel *W* und die Querschwelle greifen, verhindert. Dem Bestreben der Langschwellen, zu wandern, wird durch die Winkel W entgegengetreten. Die auf die Schienen wirkenden Seitenstöße werden durch die Holzfutter auf die Querschwellen übertragen. Letztere sind in der dargestellten Weise mit den Schwellenträgern verbunden.

δ. Fahrbahnabdeckung.

Die Fahrbahn der Eisenbahnbrücken muß begehbar sein, um das Gleis und den eisernen Überbau selbst stets überwachen zu können und um bei Betriebsunfällen dem Zugpersonal und den Reisenden ein gefahrloses Betreten der Brücken zu ermöglichen.

1. Abdeckung aus Holz.

Bei Verwendung hölzerner Brückenschwellen wird die Fahrbahn meist mit hölzernen, in der Regel 5 cm starken Bohlen abgedeckt. Vor allen anderen Holzarten ist Eichenholz und australisches Hartholz geeignet, weil diese Hölzer durch herunterfallende glühende Kohlenstückchen nur sehr schwer in Brand gesetzt werden können.

Die Breite der einzelnen Bohlen schwankt zwischen 13 und 20 cm (Abb. 740). Hölzerne, an den beiden Enden unter die Bohlen geschraubte Querleisten (5×10 cm) vereinigen drei bis fünf Bohlen zu einer aufnehmbaren Tafel. Die Schrauben, die die 5 cm starken Querleisten mit den ebenso starken Bohlen verbinden, werden zweckmäßig 85 mm lang und 8 mm stark gewählt. Die Länge der Bohlen richtet sich nach der Zahl der Bohlen, die zu einer Tafel vereinigt werden. Die Tafeln sollen das Gewicht von 100 kg nicht überschreiten, damit sie von zwei Mann noch bequem verlegt und aufgenommen werden können. Im allgemeinen werden die Tafeln nicht länger als 2,5 m ausgeführt. Zwischen den einzelnen Bohlen wird zur Entwässerung ein Zwischenraum von 1 bis 2 cm gelassen. Der Bohlenbelag wird beiderseits entweder nur bis an die Schienenunterlagsplatten oder auch, unter entsprechendem Ausschnitt für die Unterlagsplatten, bis dicht an die Schienen herangeführt. Die letztere Anordnung ist teuer und kann ohne Beeinträchtigung der Sicherheit entbehrt werden.

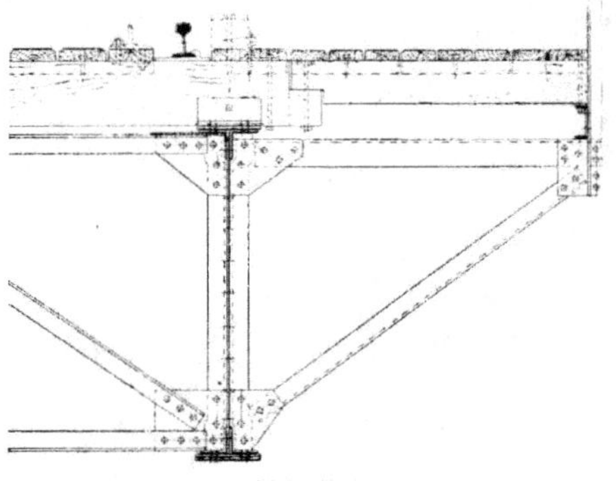

Abb. 740.

Die Bohlentafeln müssen sorgfältig befestigt werden, damit sie beim Begehen nicht aufkippen und durch starke Windstöße nicht auf die Gleise geworfen werden. Die Befestigungsmittel dürfen nicht über die Oberfläche der Bohlentafeln hinausragen, damit sie kein Hindernis beim Begehen, namentlich in der Dunkelheit, bieten, und müssen sich leicht lösen lassen, weil die Bohlentafeln zur Besichtigung der Querschwellen und der Fahrbahnträger zuweilen aufgenommen werden müssen. Diese beiden Bedingungen erfüllt das in der Abb. 741 dargestellte, aus einer versenkten Klammer und einer Holzschraube bestehende Befestigungsmittel. Ihm haftet aber der Mangel an, daß die Holzschraube aus der Querschwelle herausgeschraubt werden muß, wenn der Bohlenbelag aufgenommen werden soll, und daß sie nicht mehr genügend im Holz haftet, sobald sie öfter gelöst worden ist. Dieser Mangel wird bei einem vom Regierungs- und Baurat Sieben angegebenen Befestigungsmittel (Abb. 742) vermieden. Es besteht aus einer versenkten Klammer, einer Schraube, in deren Schaft unten ein Linksgewinde und oben ein Rechtsgewinde eingeschnitten ist und die oberhalb des Linksgewindes mit einem sechsseitigen, angepreßten Kopf versehen ist, und einer sechsseitigen Mutter, die auf das Rechtsgewinde geschraubt wird und die versenkte Klammer festhält. Die Schraube wird mit demselben Schlüssel, mit dem die Mutter später aufgeschraubt wird, mit Hilfe des angepreßten Kopfes in den Brückenbalken durch Linksdrehung eingeschraubt. Darauf wird die Klammer aufgesteckt und die Mutter durch Rechtsdrehung aufgeschraubt. Soll nun der Bohlenbelag aufgenommen werden, so wird die Mutter durch Linksdrehung abgeschraubt und die Klammer entfernt. Die Schraube selbst bleibt im Brückenbalken. Auch wenn die Mutter eingerostet und nur schwer zu lösen sein sollte, wird die Schraube nicht gelockert, sondern sogar noch fester in den Brückenbalken eingeschraubt, weil sie mit dem Linksgewinde in ihm sitzt.

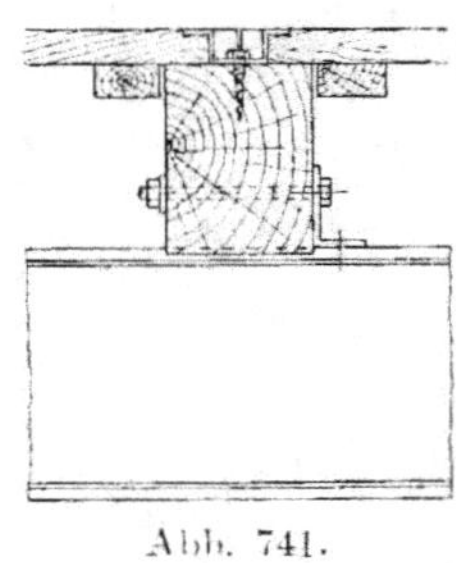

Abb. 741.

Ansicht.

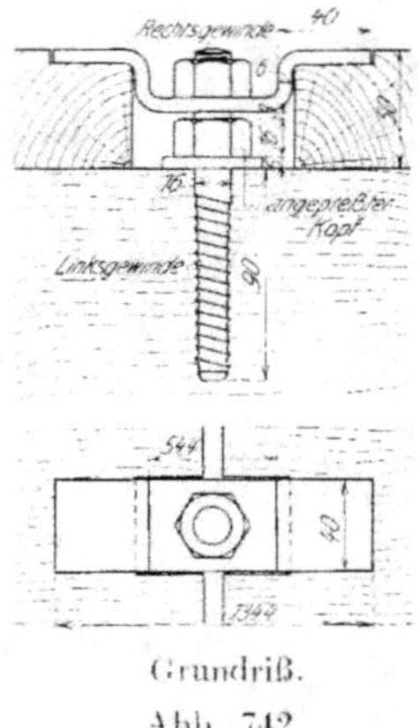

Grundriß.

Abb. 742.

Die Abdeckung der Fahrbahn hat sich über die ganze Brückenbreite zu erstrecken. Der enge Abstand der Schwellen von höchstens 60 cm wird, wie bereits erwähnt, deshalb gewählt, um den Rädern etwa entgleister Fahrzeuge eine hinreichende Unterstützung zu sichern. In dem Falle, daß keine besonderen Entgleisungsschutzvorrichtungen vorgesehen sind, müssen daher sämtliche Schwellen über die Schwellenträger verlängert werden, obwohl der Bohlenbelag zu seiner Unterstützung nur jeder zweiten Schwelle bedarf. Bei Brücken mit versenkter Fahrbahn wird die Verlängerung der Schwellen zur Unterstützung entgleister Fahrzeuge bis zu den Eckaussteifungen unter der Annahme, daß diese die Fahrzeuge abweisen, für ausreichend erachtet. Zur Erhöhung der Sicherheit kann auch in der Linie der von den Querträgeroberkanten und Eckversteifungen gebildeten Winkelpunkte ein Streichbalken angeordnet werden. Ist ein besonderer ausgekragter Fußsteig vorhanden (Abb. 743), so läßt man jede zweite Schwelle in der Linie der Eckaussteifungen enden und führt die anderen Schwellen bis zur Fußsteigabdeckung. Ist kein besonderer Fußsteig vorhanden (Abb. 744), so wird jede zweite Schwelle zur Unterstützung des Bohlenbelages über den Anfang der Eckaussteifungen hinaus bis zur Außenkante der Hauptträger verlängert.

Wenn besondere Entgleisungsschutzvorrichtungen vorgesehen sind, braucht nur jede zweite Schwelle über die Schutzvorrichtungen hinaus zur Unterstützung des Bohlenbelages verlängert zu werden. Vergleiche hierüber die Abhandlung über die Entgleisungsschutzvorrichtungen unter B. 1. c. dieses Abschnitts.

Im allgemeinen werden die Schwellen außerhalb der Schwellenträger nicht weiter unterstützt. Entgleiste Fahrzeuge können sich nicht weit von den Schienen entfernen und rufen im ungünstigsten Falle auf dem einen der beiden Schwellenträger ganz geringe negative Auflagerkräfte hervor, denen die Befestigungsmittel gewachsen sind. Die Abmessungen der Schwellen müssen natürlich derartige sein, daß für den Belastungsfall entgleister Fahrzeuge die Bruchgrenze noch nicht erreicht wird. Sehr lange Schwellen erhalten wohl auch außerhalb der Schwellenträger schwache Unterstützungen, wie z. B. bei der in der Abb. 744 dargestellten Anordnung.

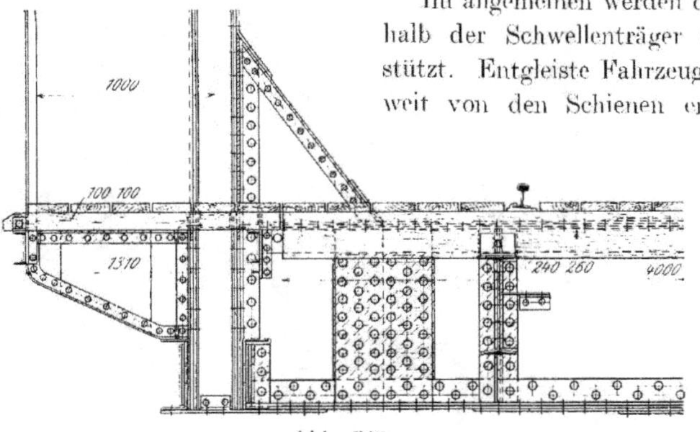

Abb. 743.

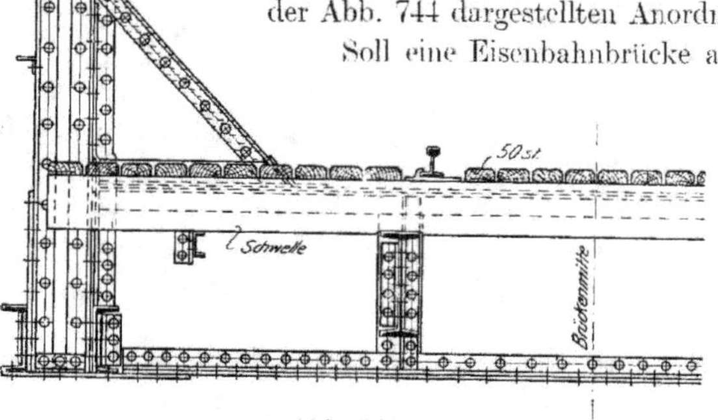

Abb. 744.

Soll eine Eisenbahnbrücke auch zur Überführung von Straßenfuhrwerken oder von Militärfahrzeugen in Kriegszeiten dienen, so erhält sie einen doppelten Belag von 5 cm starken Bohlen (Abb. 745). Der obere Belag muß bis dicht an die Schienen heranreichen, damit die Räder der Fuhrwerke nicht in den Zwischenraum zwischen Belag und Schiene gelangen können. Damit die Schienenbefestigungsmittel jederzeit nachgesehen und unterhalten werden können, wird der an die Schienen angrenzende obere Belag aus aufklappbaren Tafeln gebildet. Die Gesamtanordnung ist aus der

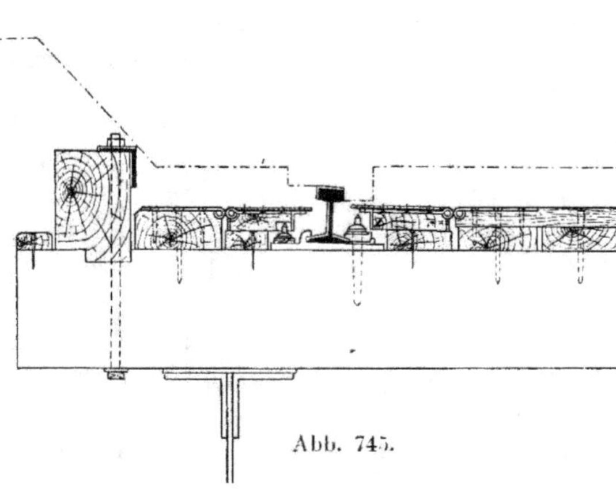
Abb. 745.

Abb. 745 zu ersehen: die Einzelheiten sind in den Abb. 746 und 747 veranschaulicht. Die aufklappbaren Tafeln werden 1,8 bis 2,5 m lang gemacht und mit zwei bis drei Scharnieren versehen. Sie werden beiderseits mit Winkeleisen gesäumt und mit Riffelblech abgedeckt.

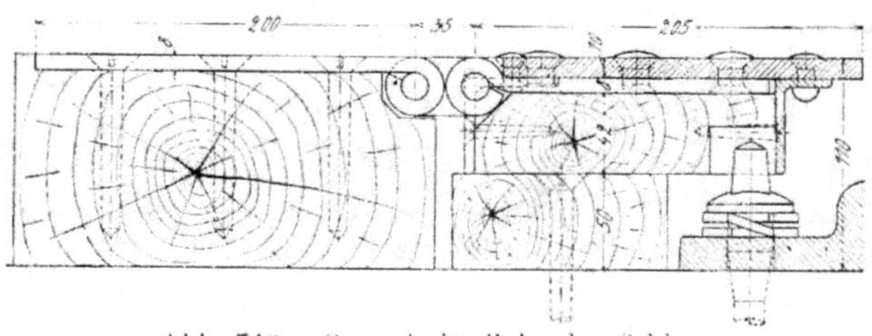

Abb. 746. Querschnitt links der Schiene.

Mit eisernen Querschwellen und sonstigen eisernen Bauteilen werden hölzerne Bohlen zweckmäßig durch das in der Abb. 748 dargestellte Befestigungsmittel verbunden. Es wird durch die untere Mutter mit dem eisernen Bauteil verschraubt. Der rechteckige Schaft sitzt der Länge nach zwischen den Bohlen benachbarter Tafeln. Die aufgelegte und verschraubte Klammer hält die Bohlen nieder.

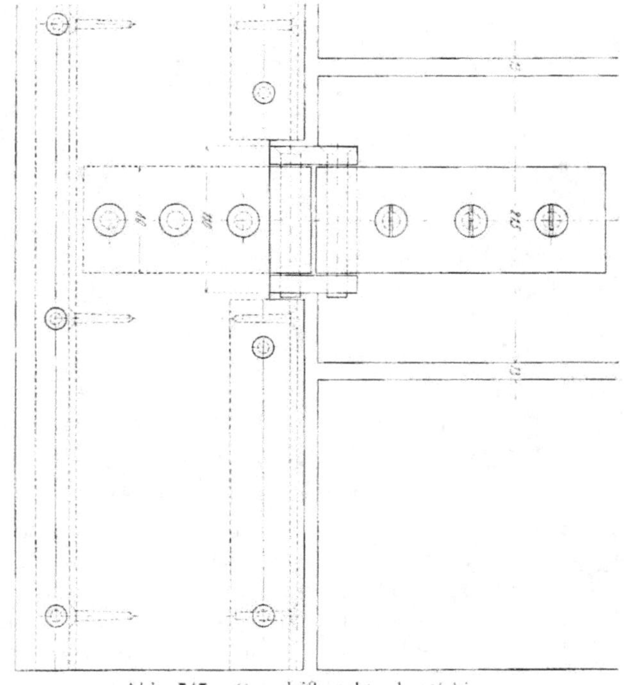

Abb. 747. Grundriß rechts der Schiene.

2. Abdeckung aus Riffelblech.

Eiserne Querschwellen haben oft auch eine Abdeckung aus 6 bis 8 mm starken, mit den Schwellen vernieteten Riffelblechplatten erhalten. Einzelne Tafeln, am besten die über den Querträgern liegenden, müssen aufnehmbar befestigt sein, um zu dem unter dem Belag befindlichen Teil der Fahrbahn gelangen zu können. Zur Entwässerung erhalten die Blechtafeln einzelne kleine Löcher. Da solche Fahrbahnabdeckungen im Verein mit den eisernen Querschwellen einen Resonanzboden bilden, so empfiehlt es sich, die Riffelblechdecke zwischen den Schienen mit einer 6 cm starken Kiesschicht

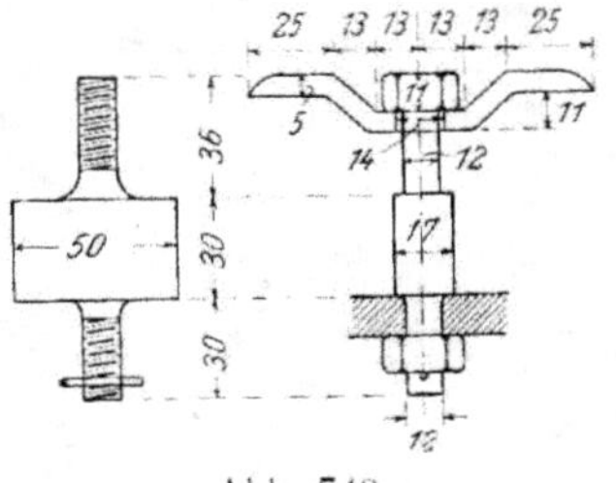

Abb. 748.

zur Dämpfung des Geräusches, das ein herüberfahrender Zug verursacht, zu versehen.

Im Bereich der früheren bayerischen Staatseisenbahnen deckt man auch bei hölzernen Querschwellen den zwischen den Schienen eines Gleises liegenden Teil der Fahrbahn zum Schutz gegen aus dem Aschkasten fallende glühende Kohlenstückchen mit Riffelblech ab (Abb. 749). Die Riffelbleche werden auf

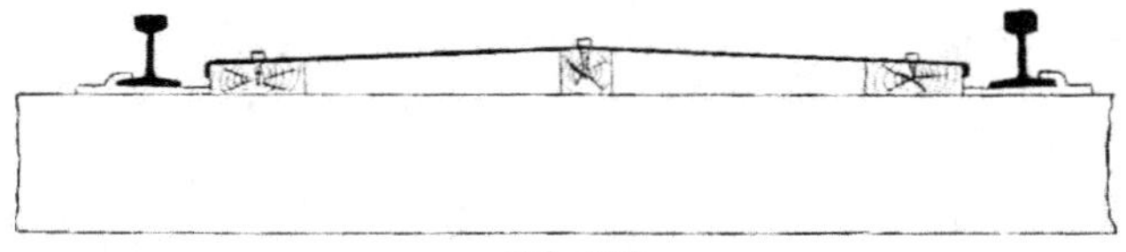

Abb. 749.

hölzernen Längsbohlen durch Holzschrauben befestigt und erhalten zur Abführung des Wassers ein Quergefälle von der Mitte nach beiden Seiten. Da die Brände hölzerner Bohlenbeläge in letzter Zeit — wohl durch Verwendung von Koks zur Lokomotivfeuerung — sehr an Zahl zugenommen haben, so dürfte eine ausgedehnte Verwendung dieser teuren, aber feuersicheren Riffelblechabdeckung sehr zu empfehlen sein.

3. Abdeckung aus Eisenbeton.

Eine feuersichere Abdeckung erhält man auch durch Verwendung von Bohlen aus Eisenbeton statt solcher aus Holz. Die Eisenbetonbohlen werden 35 cm breit und 6 cm stark gemacht und durch dieselben Befestigungsmittel mit hölzernen und eisernen Querschwellen verbunden wie die hölzernen Bohlen.

ε. Vorrichtungen zur Schalldämpfung.

Beim Befahren von Fahrbahnen mit unmittelbarer Auflagerung der Schienen auf den Trägern oder mit eisernen, auf den Trägern ruhenden Querschwellen entstehen ohne besondere Vorkehrungen lästige Geräusche. Zu ihrer Milderung dient die bereits erwähnte Einschaltung von Leder- oder Filzplatten oder von Zwischenlagen aus Pappelholz zwischen Schiene und Schienenträger oder zwischen Schiene und eiserner Querschwelle. Wirksamer ist das Aufbringen einer Kiesschicht auf einer Fahrbahntafel, wie es bereits bei der Beschreibung der Abb. 721 und unter δ 2 geschildert ist. Auch bei Fahrbahnen mit hölzernen, auf den Trägern ruhenden Quer- oder

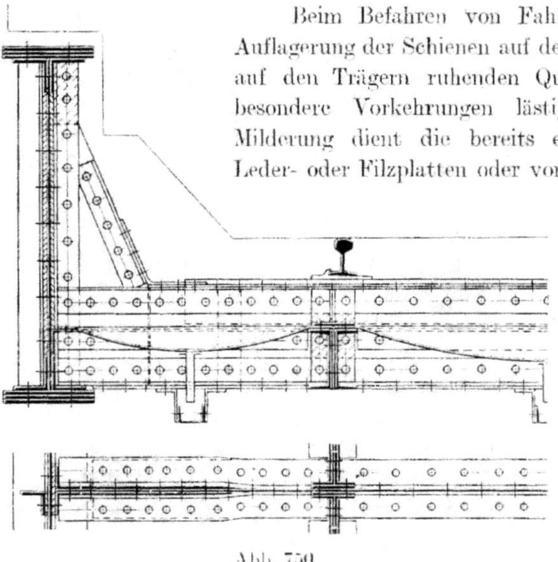

Abb. 750.

Langschwellen entstehen beim Befahren solche Geräusche, daß sie in bewohnten Straßen als lästig empfunden werden. Zur Schalldämpfung dient auch in solchen Fällen am besten die Anordnung einer eisernen aus Buckel- oder Tonnenblechen bestehenden Fahrbahntafel und die Überdeckung dieser Tafel mit einer Kiesschicht. In den Abb. 750 und 751 sind solche Anordnungen veranschaulicht. Bei dem in der Abb. 750 dargestellten Überbau sind auf die Flansche der Längsträger, die die Querschwellen tragen, und auf Winkeleisen, die an die Haupt- und Querträger genietet sind, Buckelplatten von 6 mm Stärke genietet. Auf diese ist eine Kiesschicht von solcher Stärke aufgebracht, daß die Querschwellen noch 5 cm in der Bettung liegen. Die Fahrbahntafel erfüllt auch noch den Zweck, das Tagwasser, das Tropfwasser, das Öl, die Asche und die Schlacke der Lokomotiven von dem unter der Brücke liegenden Raum fernzuhalten. Über die Entwässerung dieser Fahrbahntafel wird bei der Besprechung der Fahrbahnausbildung bei Durchführung der Bettung

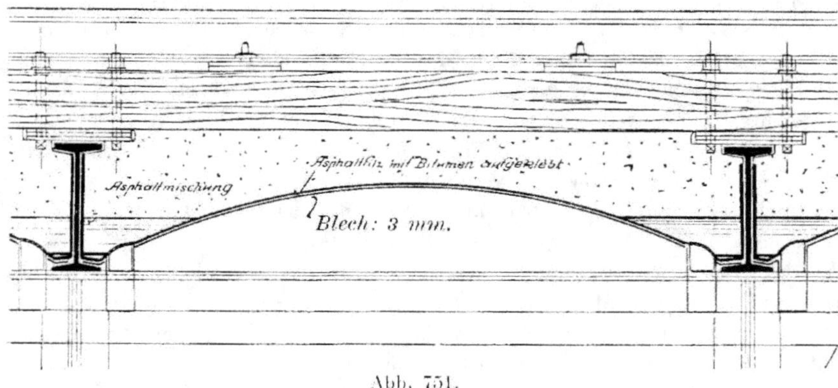

Abb. 751.

auf den Brücken die Rede sein. Die Abb. 751 stellt die Fahrbahn eines Teiles des Viaduktes der Berliner Hoch- und Untergrundbahn dar. Die hölzernen Langschwellen, die die Schienen tragen, ruhen auf den Querträgern. Das Kiesbett, das von 3 mm starken, stehenden Tonnenblechen getragen wird, dient nur zur Schalldämpfung. Die Zwickel sind mit einer Asphaltschicht, die nach den Entwässerungsrohren Gefälle hat, ausgefüllt. Zu den in den Abb. 750 und 751 wiedergegebenen Vorrichtungen zur Schalldämpfung greift man natürlich nur, wenn die Bauhöhe so beschränkt ist, daß die Bettung als tragender Teil auf der Brücke nicht durchgeführt werden kann. Wo auf die Schalldämpfung großer Wert gelegt wird und wo es die Bauhöhe irgend zuläßt, unterstützt man die Schwellen durch eine Schotter- oder Kiesbettung. Es ist dies das einzige Mittel, um das durch den Verkehr der Fahrzeuge verursachte Geräusch so wirksam zu dämpfen, daß es in bewohnten Straßenzügen nicht als störend empfunden wird. Wir kommen damit zu der

b. Fahrbahnanordnung bei Durchführung der Bettung auf der Brücke.

α. Allgemeines.

Neben dem Vorteil der Schalldämpfung sprechen für ihre Anwendung weiter folgende Umstände:

Durch die sich auf die ganze untere Schwellenfläche erstreckende Druckverteilung der Radlasten, durch die Elastizität und die große Masse der Bettung werden die Stöße der Fahrzeuge für den Überbau, namentlich für die Fahrbahnträger, sehr gemildert. Die Fahrbahn ist vollständig feuersicher und schließt den unter ihr liegenden Raum gegen das Tagwasser, das Tropfwasser, das Öl, die Asche und die Schlacke der Lokomotiven ab. Die Gefahr für etwa entgleiste Züge ist bedeutend geringer als bei den anderen Fahrbahnausbildungen, da die Räder überall eine sichere Unterstützung finden. Die Brücke kann ganz unabhängig von dem Oberbau entworfen und gebaut werden. Alle Oberbauarten können genau so wie auf der freien Strecke verlegt werden, auch Weichen und Kreuzungen lassen sich bei genügender Brückenbreite ohne jede Schwierigkeit einbauen. Diese Fahrbahn wäre daher als das Muster anzusehen, wenn ihr nicht ein sehr schwerwiegender Nachteil anhaftete, nämlich ihr großes Gewicht. Sie wiegt bei einer Stärke der Bettung von 20 cm zwischen Schwellenunterkante und Oberkante der Fahrbahnträger 800 kg/m² mehr als die anderen Fahrbahnen. Da man für 2,7 m lange Querschwellen bei eingleisigen Brücken eine Bettungsbreite von 3,3 m anstreben muß, um die Schwellen noch gut vor Kopf stopfen zu können, so bedeutet dies eine Gewichtszunahme von rd. 2,7 t für das laufende Meter Gleis. Diesen hierdurch bedingten Mehrkosten für den eisernen Überbau stehen anderseits Ersparnisse in der Unterhaltung gegenüber, da fraglich die Stoßverminderung gleichbedeutend mit einer längeren Dauer der guten Beschaffenheit des Überbaues ist. In Städten ist man neuerdings allgemein zu der Fahrbahn mit Durchführung der Bettung aus den eben erwähnten Gründen übergegangen, und man sollte sie bei kleinen Überbauten auch auf der freien Strecke grundsätzlich ausführen. Bei großen Stützweiten stehen die Mehrkosten für den eisernen Überbau in keinem Verhältnis zu den Ersparnissen in der Unterhaltung. Auch ist zu berücksichtigen, daß das Mehrgewicht die Kosten für die Pfeiler und Widerlager erheblich beeinflußt. Man führt deshalb auf großen Überbauten der freien Strecke die Bettung im allgemeinen nicht durch. In der Schweiz hat man allerdings auch Brücken von großen Stützweiten auf der freien Strecke, so z. B. die Rheinbrücke bei Eglisau von 90 m Stützweite, mit durchgehender Bettung ausgerüstet. Diese Beispiele haben aber in anderen Ländern keine Nachahmung gefunden.

Die geringste Stärke der Bettung zwischen der Oberkante der Fahrbahntafel und der Unterkante der Schwellen soll 15 cm betragen, erwünscht ist eine Stärke von 20 cm (Abb. 752). Zur Verringerung der Bauhöhe können statt hölzerner Querschwellen solche aus Eisen verwendet werden, die nur eine Höhe von 75 mm haben. Jedoch ist es im allgemeinen aus Gründen der Vereinfachung in der Unterhaltung ratsam, von dem auf der freien Strecke verlegten Oberbau auf der Brücke nicht abzuweichen.

In der größeren Bauhöhe, die die Durchführung der Bettung erfordert, ist unter Umständen ein weiterer Nachteil dieser Fahrbahnanordnung zu erblicken.

Die Bettung bedarf zu ihrer Unterstützung einer besonderen Fahrbahntafel, die außer genügender Tragfähigkeit auch vollständige Wasserdichtigkeit und Widerstandsfähigkeit gegen den Angriff des in die Bettung eingedrungenen Wassers besitzen muß.

β. Fahrbahntafeln aus Holz.

Die in Amerika vielfach verwendeten Fahrbahntafeln aus gespundeten und geteerten Bohlen (Abb. 753)[1]) haben bei uns keine Nachahmung gefunden, weil sie dem Verfaulen zu sehr ausgesetzt sind.

γ. Fahrbahntafeln aus Eisen.

1. Fahrbahntafel aus Buckelplatten.

Die Buckelplatten werden aus Blechen hergestellt, die in warmem Zustande durch hydraulische Pressen in die Form eines Klostergewölbes mit wagerechten Rändern gepreßt werden. Der Stich f des Gewölbes beträgt $^1/_8$ bis $^1/_{15}$, in der Regel $^1/_{12}$ der längsten Seite l des Gewölbes. Es können alle möglichen Grundrißformen hergestellt werden (Abb. 754 und 755). Bei geraden Brücken kommt man meist mit einer oder zwei rechteckigen oder quadratischen Grundrißformen aus. Bei schiefen Brücken lassen sich trapezförmige und dreieckige Grundrisse nicht vermeiden, jedoch empfiehlt es sich, die Zahl der verschiedenen Grundrißformen nach Möglichkeit zu beschränken, da jede Form einen besonderen Stempel für die Presse erfordert, und die Stempel nur in wenigen Normalabmessungen vorrätig gehalten werden. Beliebte Maße für rechteckige Grundrisse sind: 1,0 m · 1,5 m; 1,5 m · 1,8 m; 1,8 m · 2,0 m. Es werden auch Platten mit den Abmessungen 2 m · 2 m und 1,8 m · 2,5 m hergestellt; diese sind jedoch nicht handlich, und es werden deshalb die kleineren Platten vorgezogen.

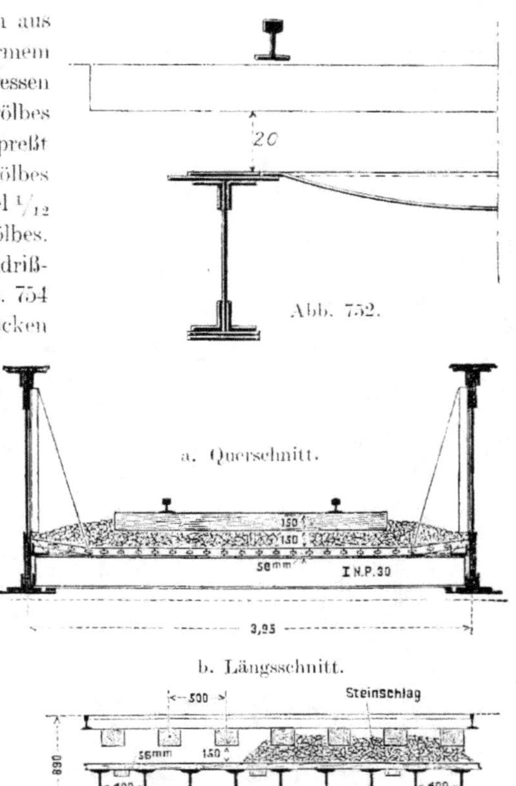

Abb. 752.

a. Querschnitt.

b. Längsschnitt.

Abb. 753.

[1]) Zentralblatt der Bauverwaltung 1907, S. 259 (Aufsatz von Blum und Giese).

Die Stärke der Buckelplatten wird zwischen 7 und 10 mm bemessen. Die Berechnung der erforderlichen Stärke ist nicht einfach. Sie ist in der Regel überflüssig, weil genügende Erfahrungen vorliegen. Man mache kleinere Buckelplatten bis zu 2 qm Fläche 8 mm, größere Buckelplatten 10 mm stark. — Sie werden in der Regel zum Schutz gegen Rostangriff verzinkt.

Befestigung der Buckelplatten.

Querschnitt.

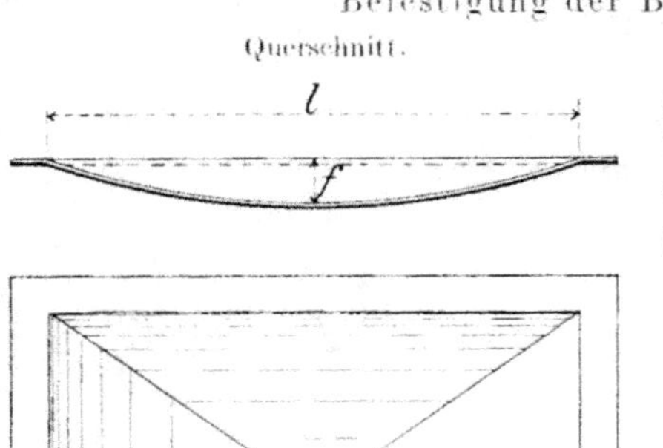

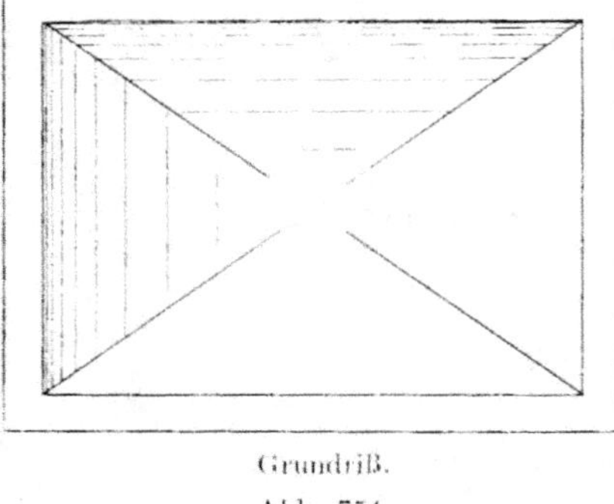

Grundriß.

Abb. 754.

Abb. 755.

Bei der Lagerung der Buckelplatten auf den Obergurten genieteter Träger empfiehlt sich stets die Anordnung einer durchgehenden Kopfplatte (Abb. 757), auch wenn diese für das Trägheitsmoment des Fahrbahnträgers nicht erforderlich sein sollte, weil beim Fehlen einer durchgehenden Kopfplatte (Abb. 756) die Niete in den senkrechten Winkelschenkeln sehr ungünstig auf Abreißen beansprucht und die Winkel abgebogen werden (vgl. auch S. 160). Sind für das Trägheitsmoment des Fahrbahnträgers mehr als eine Kopfplatte erforderlich, so könnte man alle Kopfplatten gleich breit ausführen und entweder

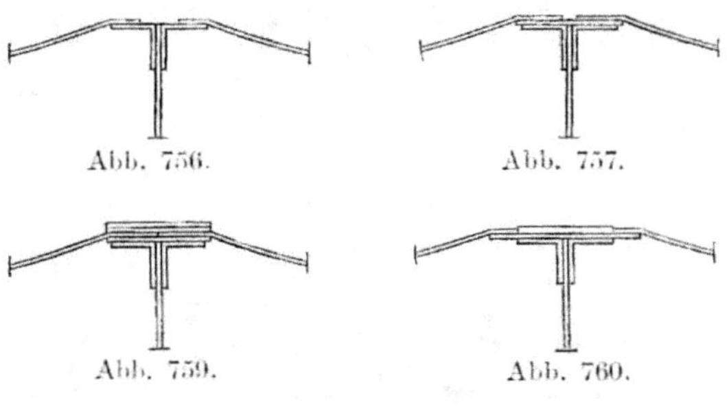

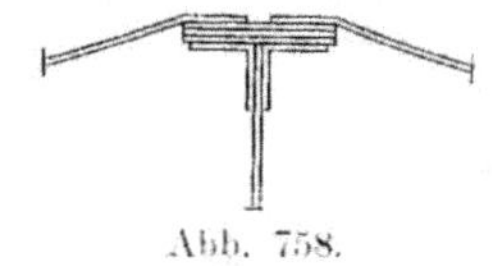

Abb. 756. Abb. 757. Abb. 758.

Abb. 759. Abb. 760.

sämtliche Platten über die ganze Trägerlänge durchführen und die Buckelplatten auf ihnen vernieten (Abb. 758), oder die Buckelplatten auf die erste Kopfplatte und die übrigen Kopfplatten nur in den erforderlichen Längen darüber nieten (Abb. 759). Im ersten Falle würde ein ziemlich großer, für die Festigkeit überflüssiger Baustoffaufwand entstehen, im zweiten Falle wäre eine Auswechslung schadhaft gewordener Buckelplatten mit Schwierigkeiten verbunden. Bei weitem am zweckmäßigsten ist es, die unterste Kopfplatte auf beiden Seiten um die Randbreite der Buckelplatten überstehen zu lassen (Abb. 760) und die Buckelplatten hier zu lagern. Hierbei ist die Nietung des Trägers unabhängig von der Nietung der Buckelplatten. Die Fahrbahnträger können daher in der Werkstatt fertig vernietet werden.

Zur Befestigung der Buckelplatten dienen bei den in den Abb. 757 bis 759 dargestellten Anordnungen die Niete der Gurtung der Fahrbahnträger. Die Stärke und Stellung dieser Niete bestimmen die **Randbreite** der Buckelplatten (vgl. S. 28). Bei der in Abb. 760

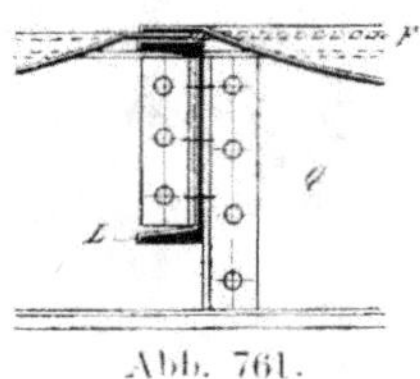

Abb. 761.

veranschaulichten Anordnung wird der Durchmesser der Befestigungsniete zu 14 oder 17 mm und dementsprechend die Randbreite zu 6 oder 7 cm gewählt. Besser ist die größere Nietstärke und der breitere Rand.

Die I-Normalprofile sind zur Aufnietung von zwei Buckelplatten nur so weit geeignet, als sie eine Flanschbreite

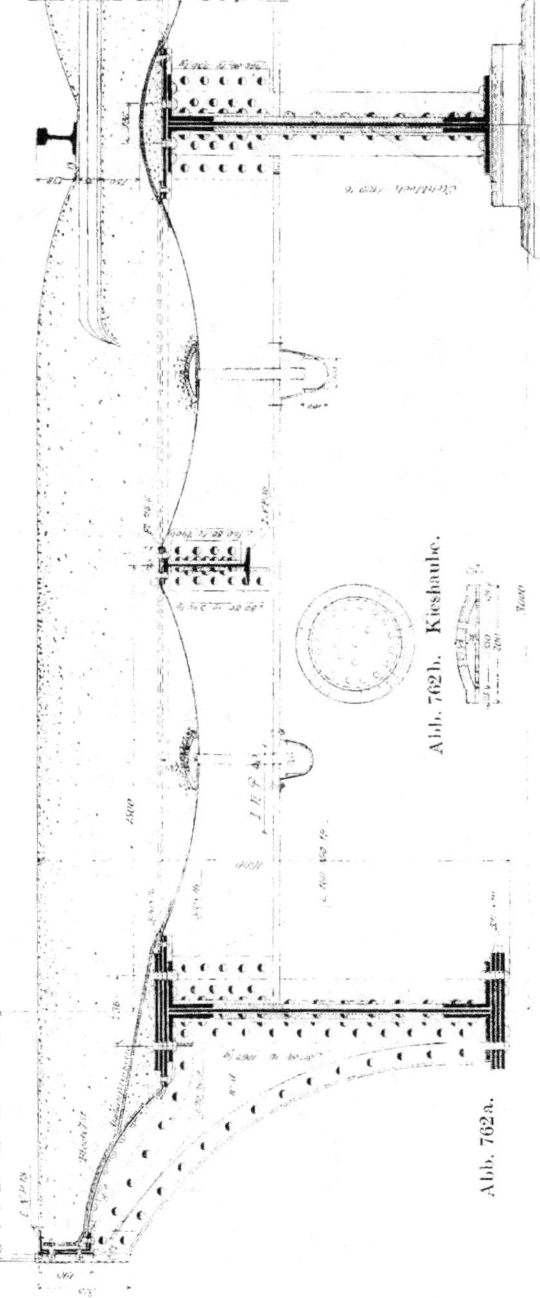

Abb. 762a.

Abb. 762b. Kieshaube.

von mindestens 10 cm besitzen. Kleinere Flanschbreiten geben für die Buckelplattenränder zu geringe Auflagerflächen und zu kleine Niete. Man wählt dann

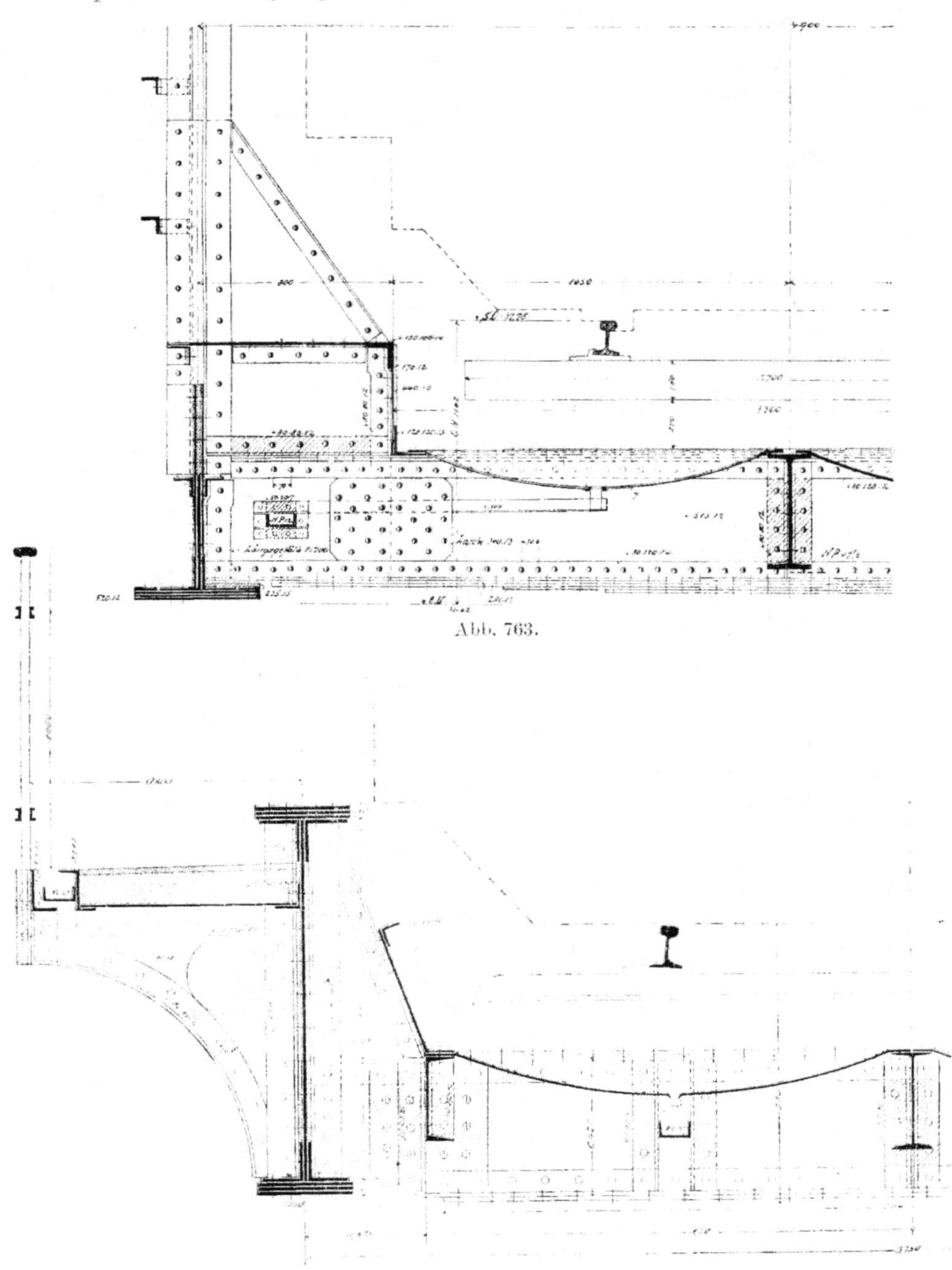

Abb. 763.

Abb. 764.

statt der I-Eisen [-Normalprofile und legt die eine Buckelplatte über den Rand der anderen (Abb. 761). Der höheren Lage der einen der beiden Buckelplatten entsprechend ist hier auf dem Querträger Q, gegen den der Längsträger L stößt, ein Futter F einzuschalten. Die Buckelplatte zur Vermeidung des Futters F zu kröpfen, empfiehlt sich nicht.

Die Bettung wird seitlich je nach der Lage der Fahrbahn zu den Hauptträgern und der Ausbildung der letzteren verschiedenartig begrenzt.

Liegt die Fahrbahn über den Hauptträgern, so ist die in der Abb. 762 dargestellte Begrenzung durch ein nach oben gewölbtes Blech und ein auf der Konsolspitze gelagertes [-Eisen gebräuchlich. Bei einem Fachwerkträger mit einer zwischen den Hauptträgern angeordneten Fahrbahn ist ein senkrechter, seitlicher Abschlußträger, der zugleich Fahrbahnträger ist, angezeigt (Abb. 763). Vollwandige Hauptträger werden bei tiefer Lage der Fahrbahn in den meisten Fällen gegen die Bettung durch schrägliegende, seitliche Bleche abgeschlossen, in dem Bestreben, alle Teile der Haupttragkonstruktion nicht dem Verrosten durch die Feuchtigkeit der Bet-

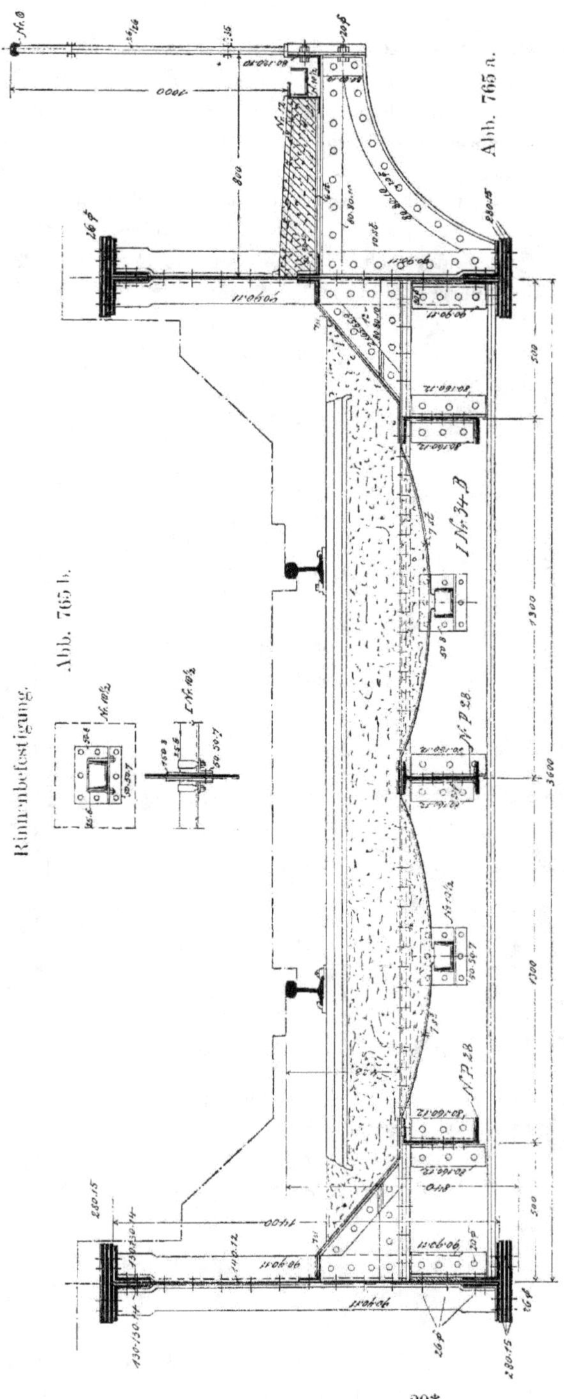

Abb. 765 a.

Rinnenbefestigung. Abb. 765 b.

tung auszusetzen (Abb. 764 u. 765). Die seitlichen Längsträger müssen wegen der Zugänglichkeit der Hauptträger im unteren Teil einen Mindestabstand von 35 cm von diesen haben. Da die Erfahrung gezeigt hat, daß ein guter und in gewissen Zeiträumen erneuerter Anstrich das Stegblech des Hauptträgers genügend gegen Verrosten durch die Feuchtigkeit der Bettung schützt, so ist man neuerdings, namentlich bei den früheren preußischen Staatseisenbahnen, zu der in Abb. 766 dargestellten Ausbildungsweise übergegangen, bei der die Buckelplatten unmittelbar an den Hauptträgern angeschlossen werden. Mit Fortfall der seitlichen Fahrbahnlängsträger und Abschlußbleche und mit dem geringeren Hauptträgerabstand ist natürlich eine Gewichtsverminderung der Fahrbahn verbunden. Die Buckelplatten werden an den Hauptträgern am zweckmäßigsten so angeschlossen, wie es in der Abb. 766

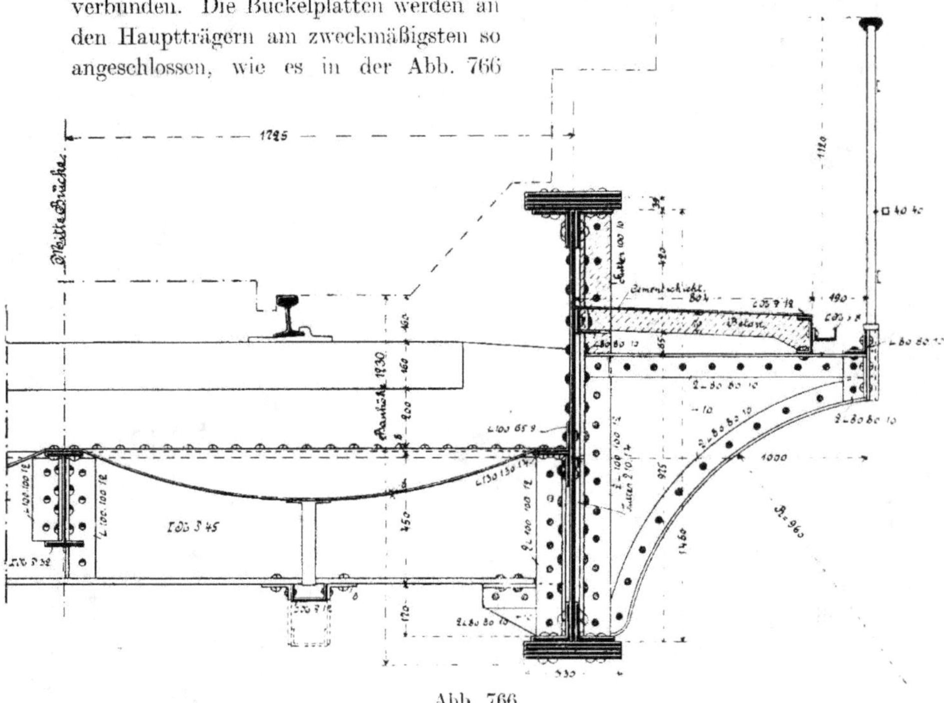

Abb. 766.

dargestellt ist. Sie sind mit ihrem 70 mm breiten Rande auf ein Winkeleisen 130 · 130 · 14 genietet, das mit einem Winkeleisen 100 · 65 · 9 zu einem ┼förmigen Querschnitt vereinigt ist. Die Oberkante des Winkeleisens 130 · 130 · 14 liegt mit der Oberkante der Querträger bündig und reicht von Querträger zu Querträger; das Winkeleisen 100 · 65 · 9 läuft über die Querträger hinweg. Die senkrechten Schenkel der Winkeleisen sind mit dem Hauptträger vernietet (vgl. auch Abb. 825).

Entwässerung der Buckelplattenfahrbahntafel.

Einzelentwässerung.

In der Regel wird die Buckelplattenfahrbahntafel dadurch entwässert, daß man das Wasser in jeder einzelnen Buckelplatte durch ein in ihrem tiefsten Punkte hergestelltes Loch von 30 bis 50 mm Durchmesser in untergehängten Rinnen auffängt. Zur Führung des abfließenden Wassers wird das Loch bisweilen nur nach unten tüllenförmig aufgetrieben (Abb. 764), in der Regel aber, namentlich dort, wo die Rinnen tiefer liegen, ein Gasrohr in einen mit der Buckelplatte vernieteten Gasrohrflansch eingeschraubt (Abb. 767). Das Loch wird gegen die Bettung durch eine durchlöcherte Haube abgeschlossen (Abb. 762), welche bei Verwendung von Kies als Bettung mit gröberen Steinen zur Verhütung des Eindringens von Kies und Sand umgeben wird. Zweckmäßiger ist es, die Haube nicht wie bei der in Abb. 762 dargestellten Anordnung ohne Befestigung über das Abflußloch zu setzen, sondern sie z. B. wie bei der in der Abb. 767 veranschaulichten, bei der Hamburger Hochbahn ausgeführten Anordnung mit einem unteren Ansatz in das Gasrohr hineinragen zu lassen, damit sie sich im Laufe des Betriebes nicht verschieben kann. Eine zweckmäßige Verbindung der Kieshaube mit der Tropftülle ist von Jucho (Dortmund) angegeben worden (Abb. 768)[1]. Hierbei wird die Tülle gut befestigt und eine Verschiebung der Sickerhaube beim Gleisstopfen oder infolge der durch die Fahrzeuge verursachten Bewegung der Bettung verhindert. Die Vertiefung der Haube, in der die Schraube sitzt, wird mit Asphalt ausgegossen, damit die Schraube nicht festrostet. Sehr zweckmäßig ist auch die Entwässerungstülle von Klönne (Dortmund) (Abb. 769)[2]. Hier greift ein innerhalb der

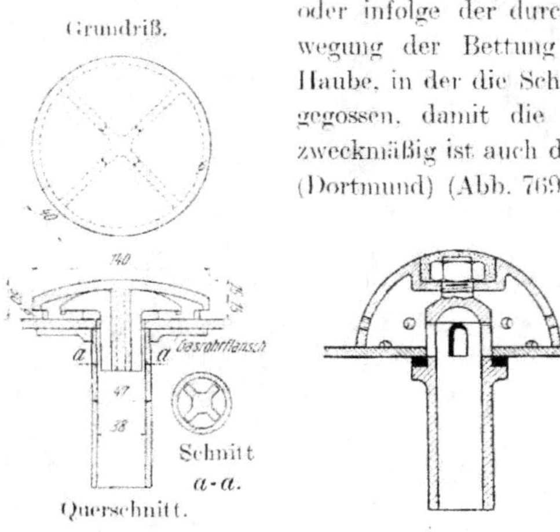

Abb. 767. Abb. 768. Abb. 769.

Haube befindlicher Stutzen durch das Abflußloch und wird durch eine Gewindemuffe fest mit der Buckelplatte verbunden. In diese Gewindemuffe wird von unten ein Gasrohr eingeschraubt. Der Vorteil dieser Anordnung liegt vor allem darin, daß alle Befestigungsteile unterhalb der Fahrbahn liegen. Zwischen der Muffe und der Buckelplatte liegt ebenso wie zwischen dem ringförmigen Ansatz der Juchoschen Tropftülle und der Buckelplatte ein Dichtungsring aus Leder oder dgl. Während es bei der Juchoschen Anordnung möglich ist, den Rand um das Loch der Buckelplatte bei zu kräftigem Anziehen der Mutter hochzubiegen und dadurch vielleicht Undichtigkeit hervorzurufen, ist dies bei der Klönneschen Sickerhaube durch den auf der Buckelplatte aufsitzenden Vorsprung des Stutzens ausgeschlossen. Ein Vorteil der Sickerhauben von Klönne und Jucho vor der in

[1]) D. R.-P. Nr. 211 202 vom 14. November 1908.

[2]) D. R.-P. Nr. 211482.

der Abb. 767 dargestellten Anordnung besteht darin, daß zur Befestigung keine Niete notwendig sind, die nur zu leicht zu Undichtigkeiten Veranlassung geben.

Die Entwässerungstüllen geben das Wasser an Längsrinnen ab, die am besten unter den Fahrbahnträgern im Gefälle von 1 : 80 bis 1 : 100 angeordnet werden (Abb. 766). Dem Gefälle entsprechend müssen die senkrechten Schenkel der aus Flacheisen hergestellten Befestigungswinkel der Rinnen verlängert werden. Wo eine beschränkte Bauhöhe die Anordnung der Entwässerungsrinnen unter den Querträgern nicht zuläßt, sind die Rinnen durch Aussparungen in den Querträgern, die an den Rändern der Durchdringung durch Flacheisen und Winkel zu verstärken sind, zu führen (Abb. 765 a). Die Abb. 765 b zeigt die Befestigung der Rinnen für diesen Fall. Würde man sie nicht befestigen, so würden sie beim Befahren zu klirrenden Geräuschen Veranlassung geben. An den Widerlagern und Pfeilern wird das Wasser aus den Längsrinnen in einer Querrinne mit einem Gefälle 1 : 50 gesammelt, aus der es in ein Abfallrohr abstürzt. Längs- und Querrinnen werden zweckmäßiger aus verzinktem Walzeisen als aus Zinkblech gebildet, da dieses zu biegsam ist und daher leicht durch die Leitern der Anstreicher verbogen und beschädigt wird. Für die Längsrinnen wird ⊏ 12, ⊏ 10 und ⊓ $7^1/_2$, für die Querrinnen ⊏ 14 und ⊓ 11 verwendet. Die Abfallrohre an den Widerlagern werden aus 13 bis 14 cm weiten Rohren, und zwar im oberen Teil aus Zinkblech-, im unteren Teil aus Gußeisenrohren gebildet.

Entwässerung über die Widerlager.

Mitunter werden die aus Buckelplatten gebildeten Fahrbahntafeln auch über die Widerlager entwässert (Abb. 770). Auf die Buckelplatten wird ein Zementkiesbeton aufgebracht, der an der schwächsten Stelle die Oberkante der Fahrbahntafel um 3 bis 4 cm überragen soll und mit einer wasserdichten Schicht aus Asphaltfilz, Pachytekt oder dergleichen abgedeckt wird. Die Oberfläche erhält in der Regel Neigungen von 1 : 50 in der Querrichtung nach der Mitte beider Buckelplatten hin und ein Längsgefälle von 1 : 50 bis 1 : 80 von der Brückenmitte nach beiden Seiten zu den Widerlagern. Das Wasser wird auf die aus der Abb. 770 b zu ersehende Weise über die Widerlager geführt. Um die Schutzschicht aus Asphaltfilz vor Beschädigungen beim Stopfen oder auch durch spitze Steine im Schotter zu schützen, empfiehlt sich die Abdeckung dieser Schicht mit einem Rost aus flachgelegten Ziegelsteinen oder aus 2 bis 3 cm starken, mit Drahtnetzeinlage versehenen Betonplatten, die mit 2 cm Zwischenraum verlegt werden. Damit sich die Isolierschicht nicht im Laufe des Betriebes in die Fugen der Ziegelsteine oder Betonplatten eindrückt und so den Wasserabfluß hindert, werden die Ziegelsteine oder Betonplatten auch in Zementmörtel verlegt. Die Entwässerung über die Widerlager, die vor der Einzelentwässerung den Vorzug größerer Einfachheit hat, erhöht das Eigengewicht der Fahrbahn erheblich. Sie hat sich gut bewährt. Für Überbauten mit größeren Stützweiten als von 15 m und mit wagerecht liegenden Hauptträgern ist ihre Anwendung aber deshalb nicht zu empfehlen, weil infolge der Längsneigung der Fahrbahnoberfläche das Gewicht der Fahrbahn und die erforderliche Bauhöhe zu große Werte annehmen. Um das über die Widerlager strömende Wasser schnell zum Versickern zu bringen, sind die Widerlagsmauern in ausreichender Stärke mit einer Hinterpackung aus Gerölle, Ziegelbrocken oder grobem Steinschlag zu versehen. Von der Anordnung der Packung kann nur in solchen Fällen abgesehen werden, wo der Hinterfüllungsboden und der Untergrund aus so durchlässigen Stoffen bestehen, daß die Bildung

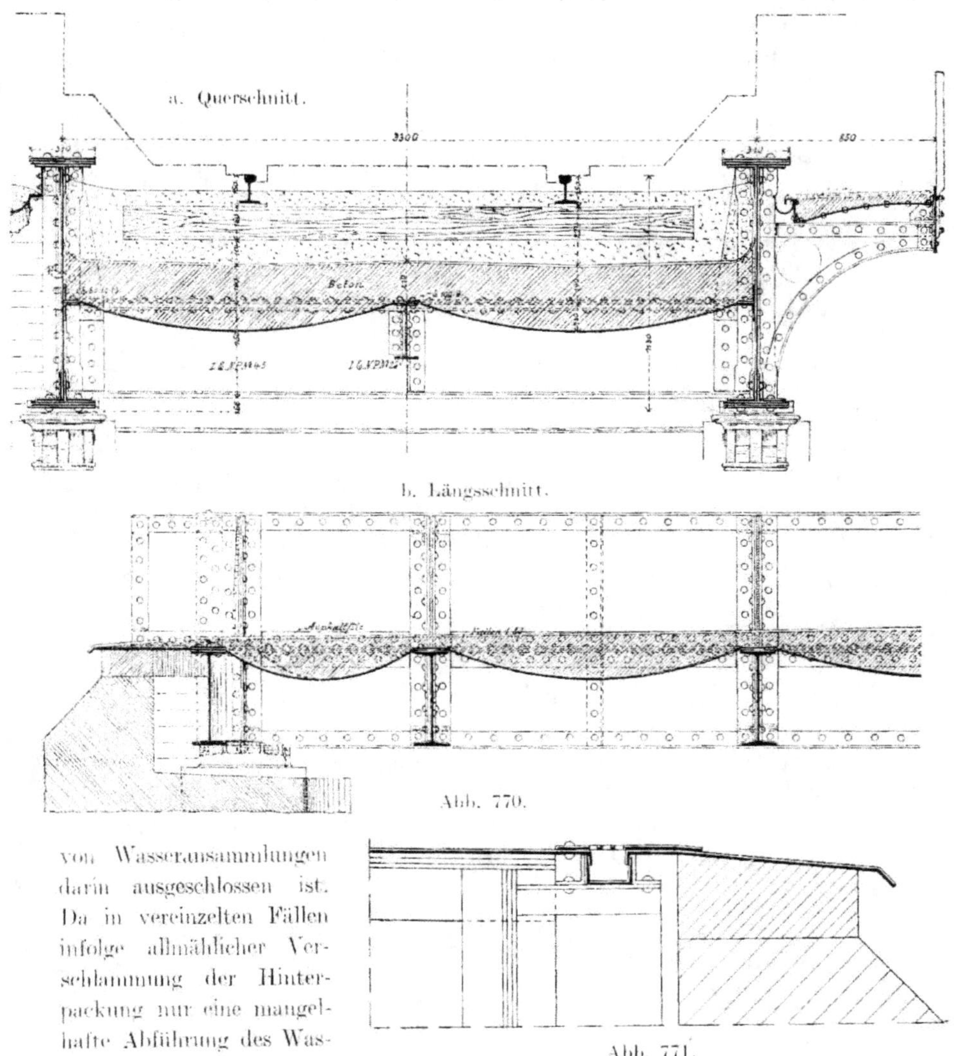

Abb. 770.

von Wasseransammlungen darin ausgeschlossen ist. Da in vereinzelten Fällen infolge allmählicher Verschlammung der Hinterpackung nur eine mangelhafte Abführung des Wassers erzielt worden ist, hat man auch das den Widerlagern zuströmende Wasser kurz vor diesen durch eine Querrinne abgefangen (Abb. 771).

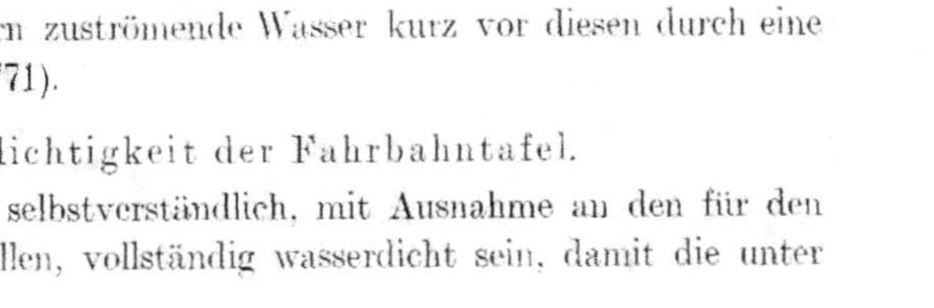

Abb. 771.

Die Wasserdichtigkeit der Fahrbahntafel.

Die Fahrbahntafel muß selbstverständlich, mit Ausnahme an den für den Wasserabfluß bestimmten Stellen, vollständig wasserdicht sein, damit die unter ihr liegenden Fahrbahnträger vor dem Wasser geschützt sind. Man kann bei der Einzelentwässerung der Buckelplatten die Wasserdichtigkeit dadurch erreichen, daß man die Befestigungsniete der Buckelplatten sehr eng setzt und verstemmt. Da aber die Gefahr vorliegt, daß einzelne Niete im Laufe des Betriebes lose werden, so verzichtet man besser ganz auf die teure, enge Nietteilung und stellt die Wasserdichtigkeit dadurch her, daß man die Ränder der Buckelplatten mit einem Asphaltbeton, einer Masse aus Asphalt und feinem Kies, überklebt (Abb. 772). Zum Schutz gegen Beschädigung beim Stopfen und Richten der Gleise wird zweckmäßig oben in die noch weiche Asphaltbetonmasse ein Drahtgeflecht oder Streckmetall eingedrückt. Die ganze Oberfläche der Fahrbahntafel wird schließlich mit heißem Steinkohlenteer oder Asphalt gestrichen. Die Befestigungsniete der Buckelplatten können einen Abstand von dem fünf- bis sechsfachen des Durchmessers voneinander erhalten.

Abb. 772.

Bei der Entwässerung über die Widerlager wird die Wasserdichtigkeit der Fahrbahn durch die abdeckende Schicht aus Asphaltfilz, Pachytekt oder dergleichen erzielt.

Liegt die Fahrbahn über den Haupttträgern, wie bei der in Abb. 762 dargestellten Anordnung, so wird der Fußsteig in der Regel in die benachbarten Buckelplatten entwässert. Zu diesem Zweck wird die Ecke, die vom Obergurt des Hauptträgers und dem Tragblech des Fußsteiges gebildet wird, am besten mit Asphaltbeton ausgefüllt. Von der Entwässerung der Fußsteige, die von der Fahrbahn getrennt liegen, ist später die Rede.

2. Fahrbahntafeln aus Tonnen- oder Hängeblechen.

Die Tonnenbleche bilden Teile von Zylinderflächen mit ebenen Rändern zur Auflagerung und Befestigung. Sie lassen sich im kalten Zustande biegen; nur die Ränder müssen im warmen Zustande gepreßt werden. Ihre Herstellungsweise ist daher billiger als die der Buckelplatten. Die Tonnenbleche fassen aber mehr Füllstoff und geben daher eine schwerere Fahrbahn als die Buckelplatten. Die Pfeilhöhe f beträgt $^1/_8$ bis $^1/_{15}$, in der Regel $^1/_{10}$ der Stützweite l (Abb. 773), die bis zu 2,2 m ausgeführt werden kann. Hinsichtlich ihrer Befestigung und ihrer Randbreite gilt dasselbe wie bei den Buckelplatten. Sie werden mit ihrer Längsachse entweder parallel zur Längsrichtung der Brücke oder senkrecht dazu verlegt. Im ersten Fall liegen sie mit ihren Rändern auf den Hauptträgern oder Fahrbahnlängsträgern (Abb. 774), im zweiten Fall auf den Querträgern auf (Abb. 775)[1]. Ihre offenen Seiten werden durch angenietete halbe Buckelplatten (Abb. 774 und 775) abgeschlossen. Die Tonnenbleche werden aber auch nach Art der Buckelplatten mit einem angepreßten Abschluß hergestellt. Zwei solcher Tonnenbleche

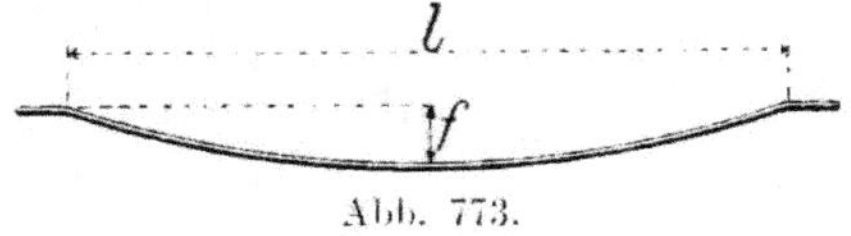

Abb. 773.

[1]) Querschnitt durch den Viadukt der Berliner Hochbahn in der Bülowstraße.

bilden dann die Abdeckung eines Feldes, wie z. B. bei der in Abb. 776[1]) dargestellten Anordnung. Der Stoß wird durch eine auf der unteren Seite liegende, gebogene Lasche gedeckt. Der Horizontalzug der Tonnenbleche wird in der Mitte der Querträger durch zwei auf die oberen Flansche der letzteren genietete Winkeleisen und seitlich durch die Abschlußträger aufgenommen. Die Winkeleisensteifen liegen in der Bettung und sind daher Beschädigungen beim Stopfen der Gleise und dem Rostangriff ausgesetzt. Die Versteifungen zur Aufnahme des Horizontalzuges werden zweckmäßiger unter den Tonnenblechen angeordnet, wie z. B. bei den in den Abb. 777 und 778 dargestellten Anordnungen. Die Stärke der

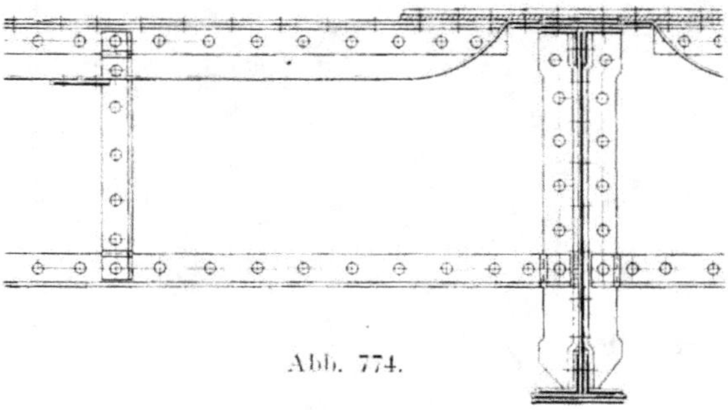

Abb. 774.

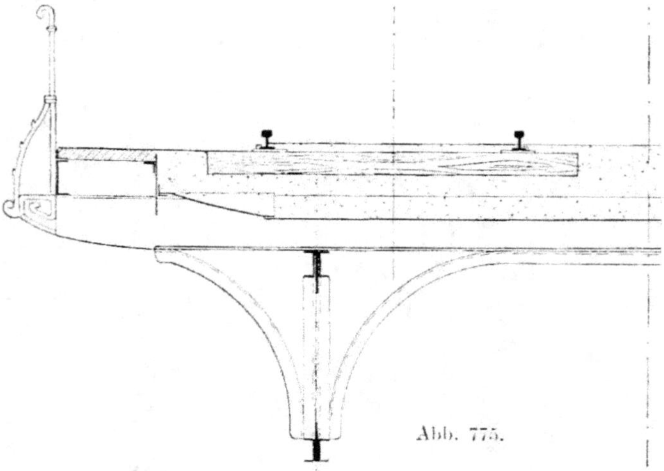

Abb. 775.

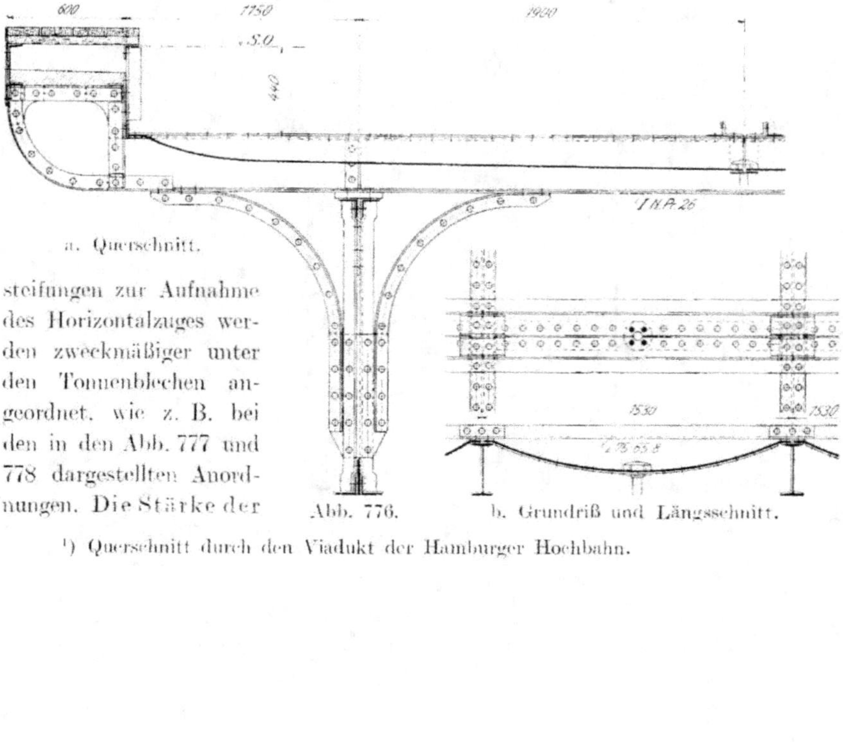

a. Querschnitt.

Abb. 776.

b. Grundriß und Längsschnitt.

[1]) Querschnitt durch den Viadukt der Hamburger Hochbahn.

Tonnenbleche ist nicht unter 7 mm zu wählen. Die Entwässerung wird durch Vergrößerung der Pfeilhöhe von den Enden des Tonnenbleches zur Mitte oder

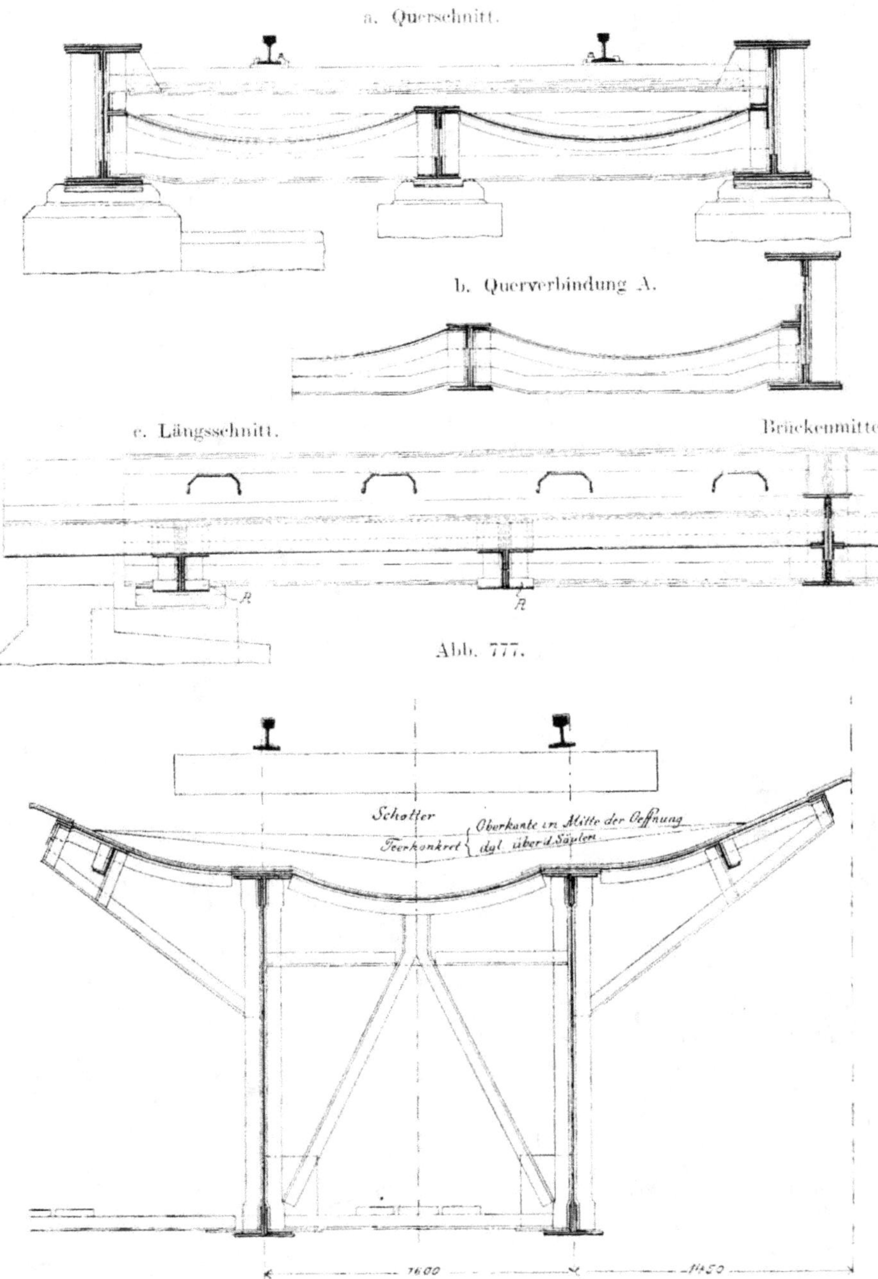

Abb. 777.

Abb. 778.

umgekehrt von der Mitte zu den Enden und durch Anordnung von Löchern in den tiefsten Punkten erzielt. Das Gefälle muß mindestens 1 : 100 betragen. Über die Entwässerungstüllen und Sickerhauben gilt das bei den Buckelplatten hierüber Gesagte.

Mit Vorteil werden die Tonnenbleche bei kleineren Brücken mit oben liegender Fahrbahn verwendet, bei denen sie unmittelbar auf den im Abstande von 1.5 bis 2.2 m liegenden Hauptträgern befestigt werden. Hierbei wird die Fahrbahntafel in einfachster Weise über die Widerlager dadurch entwässert, daß durch Vergrößerung der Pfeilhöhe der Tonnenbleche oder durch Verringerung der Trägerhöhe von der Mitte zu den Enden ein zweiseitiges Längsgefälle hergestellt wird.

Eine Entwässerung der Tonnenbleche über die Widerlager zeigen auch die Musterentwürfe für Bahnsteigtunnel der früheren preußischen Staatseisenbahnen (Abb. 777). Die Tonnenbleche haben bei gleichbleibender Pfeilhöhe von der Brückenmitte ein Längsgefälle von 1 : 100 nach beiden Seiten; sie ruhen auf einem mittleren Längsträger und an den Hauptträgern auf. Der Längsträger ist in der Brückenmitte durch einen Querträger und an den Enden durch je ein Lager unterstützt. Die Hauptträger sind außer in der Mitte durch den Querträger noch an vier Stellen durch niedrige, unter den Tonnenblechen liegende Querverbindungen zur Aufnahme des Horizontalzuges gegeneinander ausgesteift. Die Schwellenlage ist insofern keine beliebige, als über dem Querträger in Brückenmitte keine Schwelle liegen kann.

Die Fahrbahntafel kann auch bei wagerechter Lage der Tonnenbleche durch Betonausfüllung, die von der Mitte nach den Widerlagern an Stärke abnimmt, über die Widerlager entwässert werden. Eine solche Anordnung zeigt eine in der Abb. 778 dargestellte Ausführung der früheren sächsischen Staatseisenbahnen.

Die Abb. 779 gibt eine vom Ingenieur Johann im Zentralblatt der Bauverwaltung, Jahrgang 1907, S. 491, angegebene, zwischen den Hauptträgern liegende Fahrbahntafel mit Hängeblechen wieder, bei der Längs- und Querträger ganz vermieden werden und eine sehr geringe Bauhöhe erzielt wird. Die Hängebleche werden an den Stegblechen der Hauptträger befestigt. Der durch die Hängebleche ausgeübte Horizontalzug wird durch die Steifen *b* und zwischen zwei Steifen durch [-Eisen *c* aufgenommen. Das Wasser wird der Mittelachse der Brücke durch die Wölbung des Hängebleches und durch ein zweiseitiges Längsgefälle des Hängebleches von der Mitte den beiden Widerlagern zugeführt, wo es in Abfallrohre, die an der Vorderseite der Widerlager liegen, stürzt. Bei ungenügendem Abfluß durch die Abfallrohre fließt das Wasser über die Widerlager. Wenn auch die Vorteile eines geringen Gewichts, einer guten Entwässerung und namentlich einer kleinen Bauhöhe nicht zu verkennen sind, so haften dieser Fahrbahnausbildung doch Nachteile an, die ihre Verwendung auf Ausnahmefälle beschränken. Die Steifen *b*, die sehr wichtige Glieder der Tragkonstruktion bilden, liegen in der Bettung und sind daher dem Verrosten ausgesetzt, um so mehr, als Beschädigungen des schützenden Anstrichs bei dem Stopfen der Schwellen nicht zu vermeiden sind. Das Stopfen ist außerdem durch die Steifen *b* sehr erschwert und läßt sich wohl kaum sachgemäß ausführen.

Fahrbahntafeln aus Tonnenblechen, die nach oben gewölbt sind, und aus ebenen Seitenblechen verwendet die frühere sächsische

Staatseisenbahn sehr häufig bei ihren Brücken (Abb. 780). Die 8 mm starken Bleche werden durch die entsprechend gestalteten Querträger und die radial gestellten Längsträger gestützt. Das gewölbte Blech ist mit den Seitenblechen durch Winkel 100 · 100 · 10 verbunden. Das Wasser wird den von den Seitenblechen und dem gebogenen Blech gebildeten Ecken und weiter durch ein Längsgefälle den Widerlagern zugeführt. Zur Erleichterung des Wasserabflusses sind in den Ecken eiserne, durchlöcherte Rohre verlegt. Die Bleche werden mit Leinölfirnis grundiert und mit zwei Lagen je 4 mm starken Asphaltfilzes überklebt. Darüber kommt eine 3 cm starke Schutzschicht aus Sandbeton. In diese wird gleich nach dem Aufbringen eine Lage rundlicher Oberbaukiesel eingedrückt.

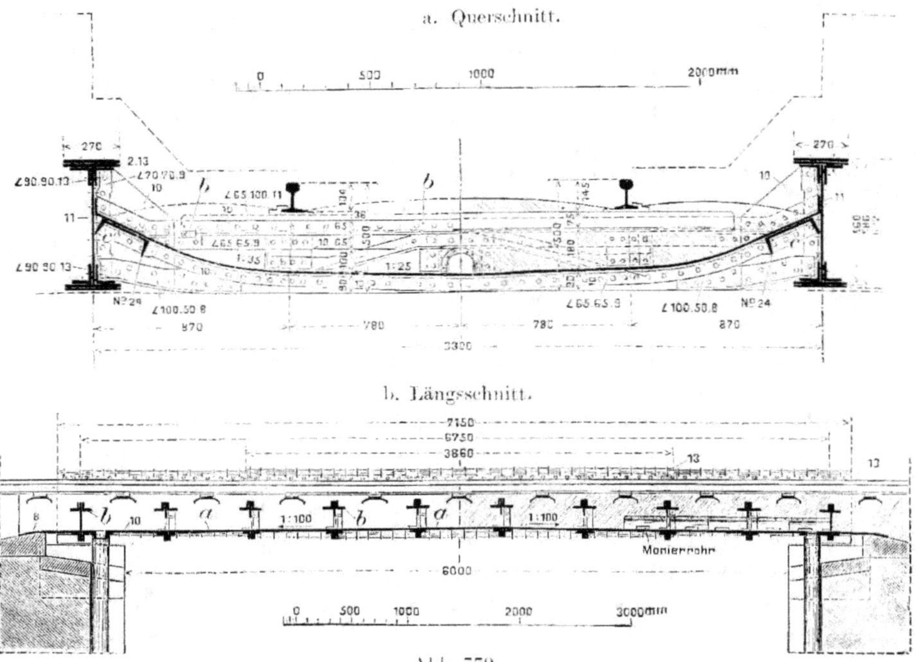

Abb. 779.

Die Asphaltfilzabdeckung wird an den Seitenblechen hochgezogen und mit Vierkanthölzern und Schrauben fest gegen die Hauptträger gedrückt. Diese Vorkehrungsmaßregeln gegen den Rostangriff und zur Erzielung der Wasserdichtigkeit sind zwar sehr weitgehend und kostspielig, aber zweckmäßig.

Zu den Fahrbahntafeln aus Tonnenblechen gehören auch die beim Bau der Berliner Stadtbahn vielfach verwendeten Längströger (Abb. 781), in denen je eine Schiene auf einer in Schotter oder Kies gebetteten Langschwelle ruht und die in der dargestellten Weise auf den Querträgern gelagert sind. Diese Längströge haben sich nicht bewährt. Ihre geringen Abmessungen gestatten kein sorgfältiges Unterstopfen der Schwellen, was schlechte Spurhaltung und teilweises Hohlliegen der Schwellen zur Folge hat. Außerdem ist die Masse der Bettung zu gering, um das Geräusch und die Stoßwirkung der Fahrzeuge auf den Überbau erfolgreich zu mildern.

3. Fahrbahntafeln aus Flachblechen.

Nach ähnlichen Gesichtspunkten wie die in der Abb. 780 dargestellte Fahrbahntafel ist die vom Ingenieur Johann erfundene und von der Eisenbahndirektion Altona noch verbesserte Fahrbahntafel aus Flachblechen ausgebildet (Abb. 782). Die Flachbleche sind dachförmig mit einer Querneigung von 1 : 30 angeordnet und werden von den Querträgern und den Längsträgern gestützt. Die Querträger sind so gestaltet, daß an beiden Seiten die aus ⊏-Eisen gebildeten Entwässerungsrinnen Platz finden, in die das Wasser infolge der zweiseitigen Querneigung der Fahrbahntafel einströmt. Durch ein Längsgefälle wird es den Widerlagern zugeführt. Als Vorteile dieser Fahrbahnanordnung sind gute Entwässerung und frostfreie Lage der Wasserrinnen zu nennen.

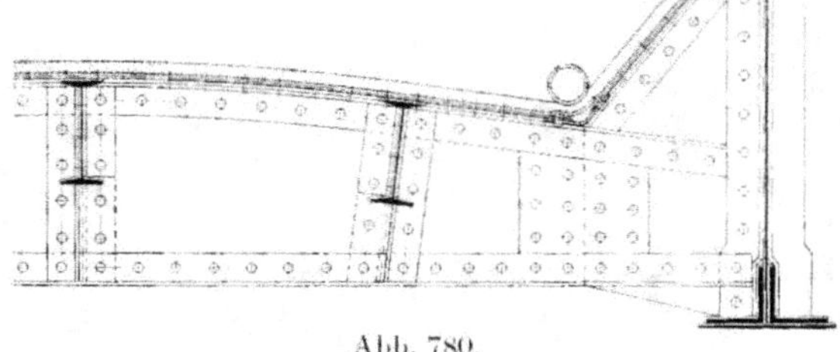

Abb. 780.

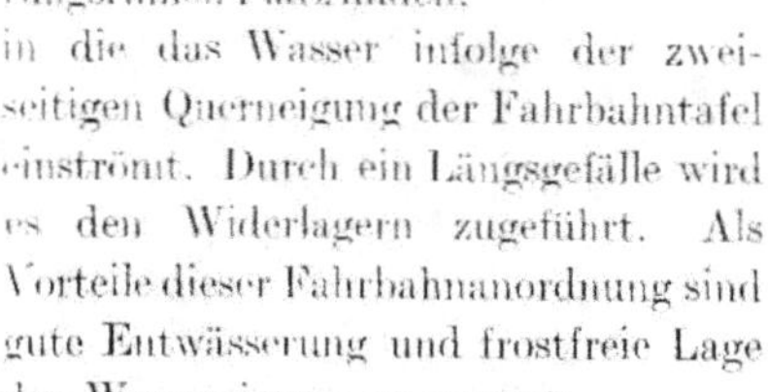

Abb. 781.

Dachförmige Flachblechfahrbahntafeln, jedoch mit anderer Entwässerung als bei der eben erläuterten Anordnung sind in Süddeutschland vielfach ausgeführt worden. Die Brückenbauanstalt Gustavsburg hat eine solche Fahrbahntafel auch bei Überführungen der Hamburger Hochbahn ausgeführt (Abb. 783). Die Flachbleche werden von den Querträgern und den Längsträgern, die in einem Abstand von 0,74 m voneinander liegen, gestützt. Die seitlichen Abschlußbleche sind nicht dicht auf die Bleche der Fahrbahntafel genietet, sondern unter Vermittlung einzelner Futterstücke mit ihnen verbunden. Zwischen den einzelnen Futterblechen läuft das Wasser durch und wird auf einem schrägen Blech in eine Längsrinne geführt, die die Querträger durchdringt.

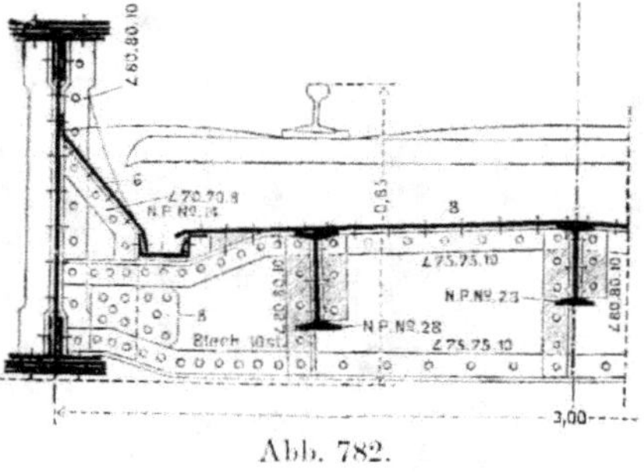

Abb. 782.

Die Überbauten mit Fahrbahntafeln aus Flachblechen werden trotz des niedrigen Preises für Flachbleche teurer als die mit Buckelplattenfahrbahntafeln, weil die geringe Tragfähigkeit der Flachbleche eine bedeutend engere Stellung der Fahrbahnträger als für Buckelplatten erfordert.

4. Fahrbahntafeln aus Belageisen und I-Eisen auf Quer- oder Längsträgern mit Betonausfüllung.

Die Fahrbahntafeln aus Belageisen sind namentlich in früheren Jahren auf der Schweizerischen Nordostbahn ausgeführt worden. Die Abb. 784 u. 785 zeigen solche Fahrbahntafeln. Bei dem in der Abb. 784 dargestellten Überbau sind die Belageisen auf den 1,62 m voneinander entfernt liegenden Querträgern mit einem 50 · 19 mm starken Druckstück, das mit der obersten Gurtplatte versenkt vernietet ist, zentrisch gelagert. Die Belageisen sind mit dem Druckstück durch Stiftschrauben verbunden. Eine dachförmig gestaltete Betonschicht mit wasserdichter Abdeckung aus Asphalt überdeckt die Belageisen. Ein seitliches Abschlußblech und eine Blechhaube halten

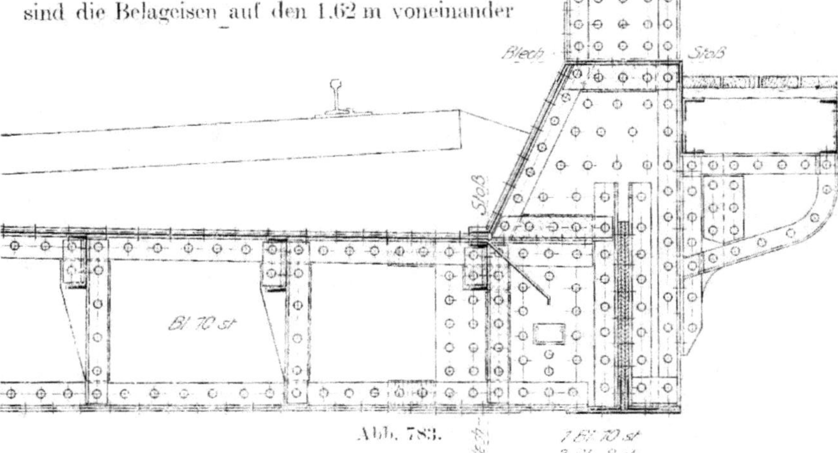

Abb. 783.

a. Querschnitt.

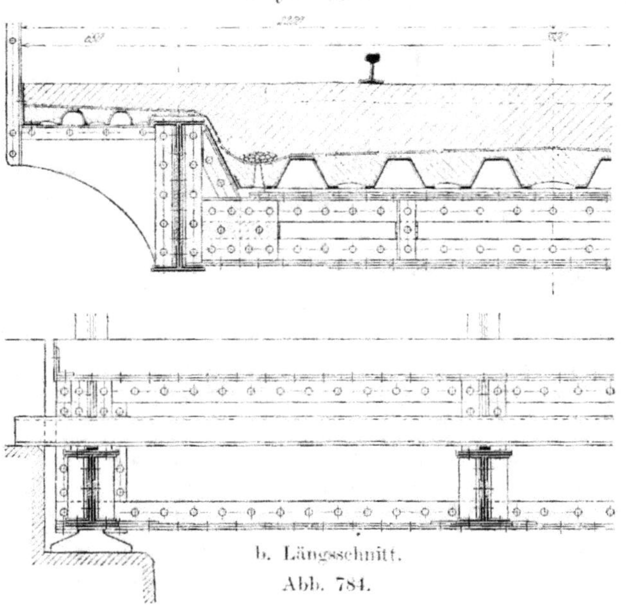

b. Längsschnitt.

Abb. 784.

den Beton und die Bettung von dem Hauptträger fern. Sämtliche Teile der Tragkonstruktion sind somit gegen die Bettung abgeschlossen. Das Wasser strömt den seitlichen Vertiefungen in der Betonschicht zu und wird hier durch Aussparungen im Beton abgeführt. Bei der großen Rheinbrücke bei Eglisau (Abb. 785) ist die Fahrbahntafel aus quergelegten Belageisen gebildet worden. Jedes Belageisen ist mit zwei über seinen Fuß reichenden Druckstücken vernietet und mit diesen auf die Längsträger lose aufgelegt worden, während es an den Seiten mit den seitlichen Abschlußträgern fest vernietet worden ist. Die Betonabdeckung zeigt wieder die Dachform und hat von jedem Querträger nach beiden Seiten Längsgefälle. In der Mitte zwischen je zwei Querträgern wird das Wasser durch eine Aussparung im Beton nach unten abgeführt.

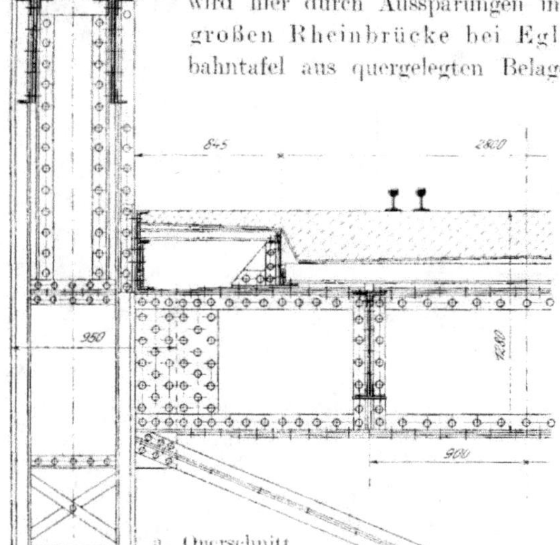

a. Querschnitt.

b. Längsschnitt.

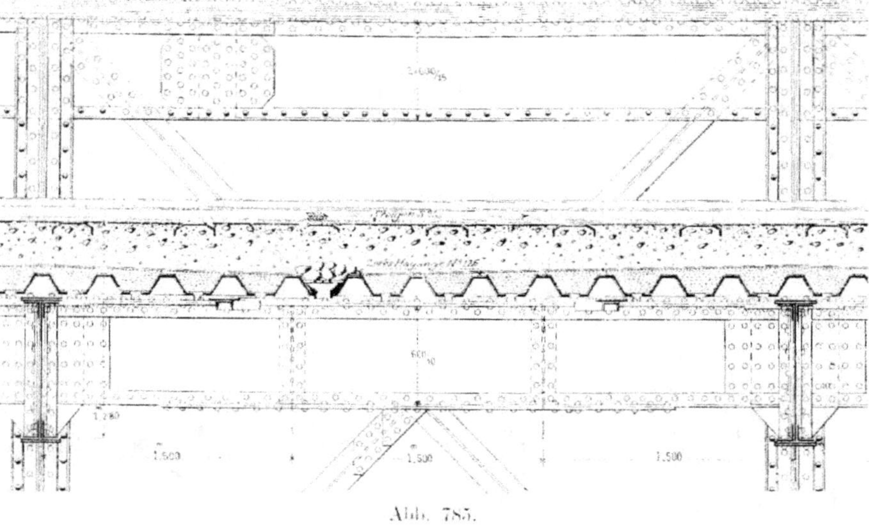

Abb. 785.

Diese Fahrbahntafeln aus Belageisen haben sich nicht besonders gut bewährt. Die Belageisen waren im Verhältnis zu ihrer Stützweite zu niedrig und daher zu biegsam. Es bildeten sich Risse im Beton, die sich auch auf die wasserdichte

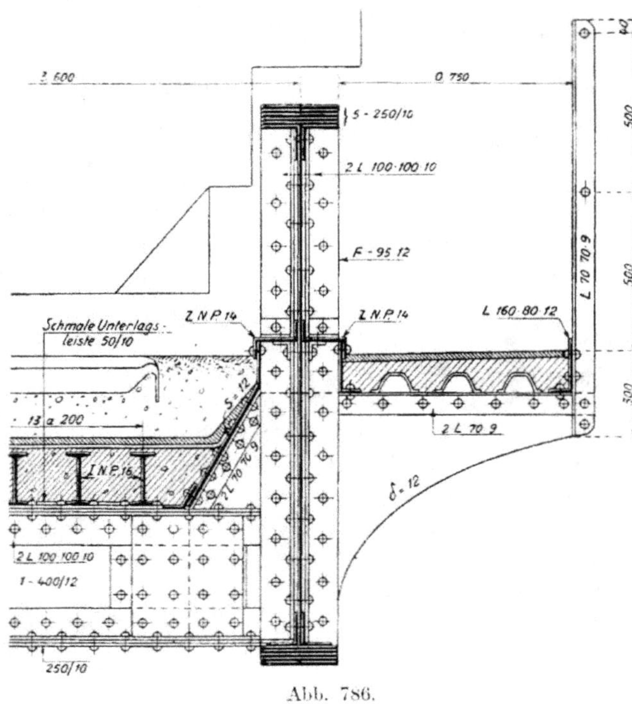

Abb. 786.

Abdeckung erstreckten und daher die Fahrbahntafel wasserdurchlässig machten. Bei den neueren Ausführungen der Schweizerischen Bundesbahnen sind daher die Belageisen durch I-Eisen ersetzt worden (Abb. 786)[1]).

5. Amerikanische Trogfahrbahntafeln.

In Amerika wird die die Bettung tragende Fahrbahntafel vielfach aus Trögen gebildet, die aus Formeisen (Abb. 787 u. 789) oder aus Winkel- und Flacheisen (Abb. 788 u. 790) zusammengenietet werden. Die Anordnung von Längs- und Querträgern ist in diesem

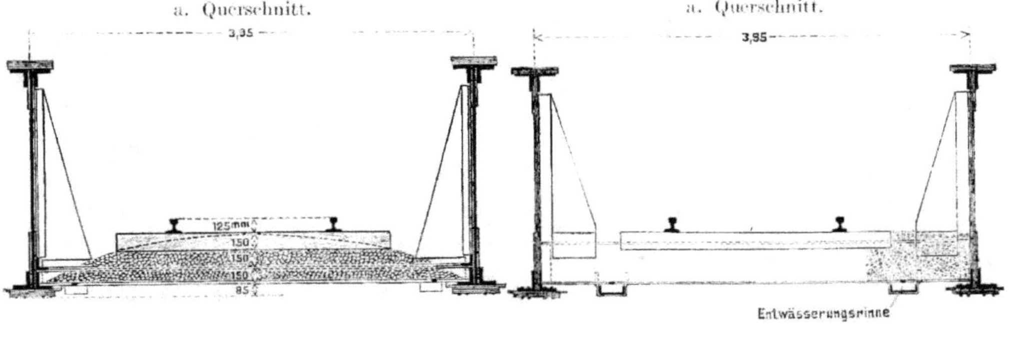

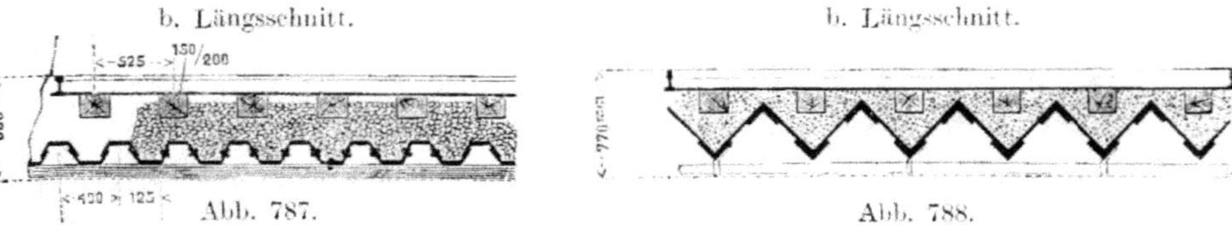

Abb. 787. Abb. 788.

Falle entbehrlich. Die Schwellen werden entweder über die Oberkante der Tröge (Abb. 787) oder in die Tröge hinein (Abb. 788) gelegt. Jeder Trog muß einzeln

[1]) Vgl. „Der Brückenbau", 1912, S. 336 u. f.

entwässert werden, was dadurch geschehen kann, daß jeder Trog mit einseitigem oder zweiseitigem Gefälle ausgeführt wird oder in jedem Trog eine mit Neigungen versehene Betonausfüllung eingebracht wird. Werden die Schwellen in die Tröge hineingelegt, so wird das Stopfen sehr erschwert. Eine tadellose Gleislage wird sich bei dieser Anordnung auf der Brücke nicht erhalten lassen. Auch sind die Tröge selbst der Beschädigung durch die Stopfhacken ausgesetzt. Wegen dieser Mängel und der Schwierigkeit der Entwässerung wird die amerikanische Trogfahrbahntafel bei uns nicht verwendet.

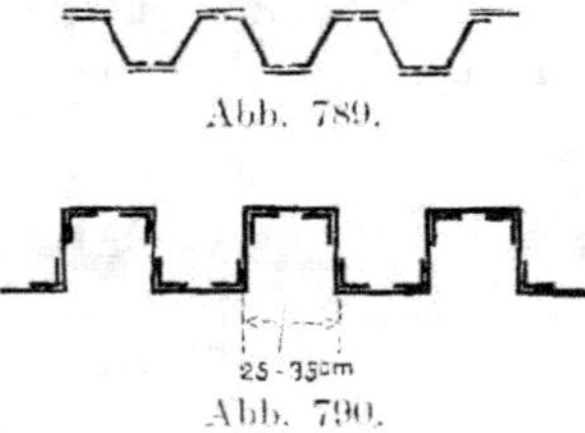

Abb. 789.

Abb. 790.

δ. Fahrbahntafeln aus Beton und Eisenbeton.

Fahrbahntafeln aus Beton oder Eisenbeton sind etwa 300 kg/m² schwerer als die eisernen Fahrbahntafeln mit Ausnahme der in der Abb. 786 dargestellten, die auch zu den Betonfahrbahntafeln gezählt werden kann. Sie mildern aber im Verein mit der Bettung das Geräusch und die Stoßwirkung der Betriebsmittel noch wirksamer als die eisernen Fahrbahntafeln. Sie lassen sich leicht entwässern und sind in der Herstellung und in der Unterhaltung billiger als die eisernen Fahrbahntafeln. Bis zu etwa 35 m Stützweite werden Überbauten mit Fahrbahntafeln aus Beton oder Eisenbeton im allgemeinen nicht teurer als Überbauten mit eisernen Fahrbahntafeln. Beton- oder Eisenbetonfahrbahntafeln sind besonders auch bei Überführungen über Eisenbahngleise, namentlich auf Bahnhöfen, wo sie den Rauchgasen der Lokomotiven stark ausgesetzt sind, am Platze. Die Erfahrung hat gezeigt, daß hier eiserne Fahrbahntafeln trotz sorgfältiger Unterhaltung in kurzer Zeit zerstört werden. Es empfiehlt sich, bei Überbauten, deren Fahrbahn den Rauchgasen der Lokomotiven stark ausgesetzt ist, auch alle aus der Fahrbahntafel nach unten hervorragenden Teile der Fahrbahnträger in Beton einzuhüllen. Am besten liegen die Beton- oder Eisenbetonfahrbahntafeln in der Nähe der neutralen Linie der Hauptträger, weil sie hier keine Zusatzspannungen aus den Beanspruchungen der Hauptträger erfahren, und wegen der Festigkeitseigenschaften des Betons besser im Druckteil als im Zugteil der Hauptträger. Sind sie im Zugteil angeordnet, so ist es zur Vermeidung von Rissen sehr zu empfehlen, die Zusatzzugspannungen durch durchgehende Längseisen aufzunehmen. Die Eisenbetonfahrbahntafeln können als Platten oder als Plattenbalken auf den Querträgern gelagert werden oder auch als Plattenbalken so an den Querträgern anschließen, daß die Platte etwa in halber Stärke über sie hinwegstreicht, oder auch als Gewölbe zwischen die Querträger oder die Längsträger gespannt oder schließlich auch als Vouten zwischen den Längsträgern angeordnet werden (vgl. die entsprechende Abhandlung bei den Straßenbrücken). Hinsichtlich der Einzelheiten von Eisenbetonfahrbahntafeln kann auf die reichhaltige Fachliteratur verwiesen werden. Die Betonfahrbahntafeln werden zwischen die Längsträger oder die Querträger gespannt. Die Fahrbahnträger werden im allgemeinen nicht als Verbundträger berechnet, sondern so stark bemessen, daß sie die Lasten allein ohne den Beton aufnehmen können. Über die Entwässerung und die wasserdichte Abdeckung der Eisenbeton- und Betonfahrbahntafeln gilt das auf S. 454 bei der Beschreibung der Abb. 770 Gesagte.

Die Abb. 791 stellt eine amerikanische Ausführung einer Eisenbetonfahrbahntafel dar, die als Platte über die Querträger gespannt ist. In der Abb. 792 ist eine beim Umbau des Kölner Bahnhof-Empfangsgebäudes ausgeführte Fahrbahntafel aus Beton zwischen Querträgern, die aus I-Eisen bestehen, veranschaulicht[1]). Der Abstand der Querträger beträgt rund 74 cm. Die oberen Flansche benachbarter Querträger sind durch Rundeisenklammern miteinander verbunden. Der Beton ist mit zwei Lagen Asphaltjute, die auch an den Hauptträgerwänden in die Höhe gezogen ist, abgedeckt. Diese Isolierschicht wird im wagerechten Teile durch in Sand verlegte Ziegelsteine und im senkrechten Teile mit einer $^1/_2$ Stein starken, in Zementmörtel verlegten Klinkermauer gegen Beschädigung geschützt. Das Wasser wird durch ein Längsgefälle von $1:33^1/_3$ zu einer Vertiefung im Beton zwischen zwei Querträgern geleitet und hier durch eine Entwässerungstülle in ein Wasserrohr geführt.

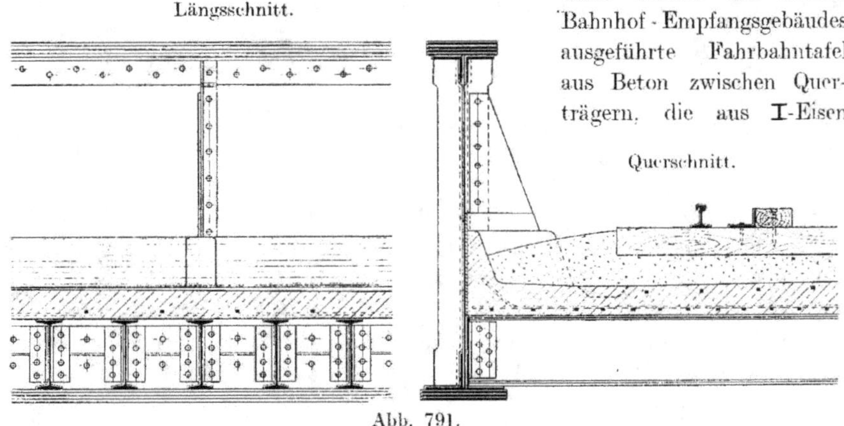

Abb. 791.

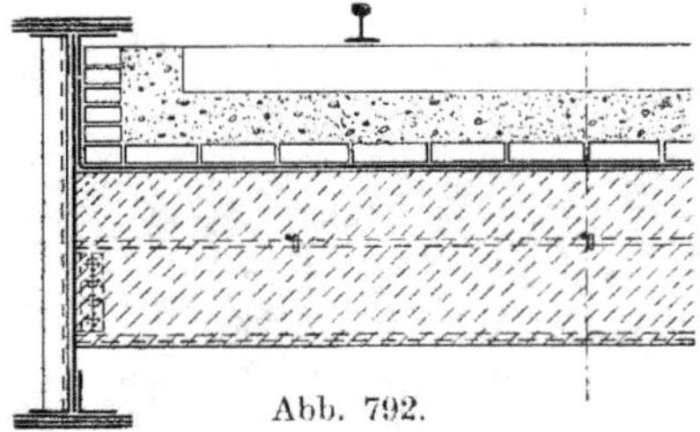
Abb. 792.

ε. Fahrbahntafeln aus Beton zwischen Hauptträgern, die aus Walzträgern bestehen.

Bei kleineren Bauwerken bis etwa zu 13 m Stützweite wird mit wirtschaftlichem Vorteil der ganze Überbau aus parallel zur Längsachse liegenden Walzträgern mit dazwischen gestampften Betonkappen hergestellt (Abb. 793). Der Beton wird bei der Bemessung der I-Träger nicht als mittragender Teil angesehen. Als Vorteile dieser Bauweise gegenüber reinen Eisenbauten sind zu nennen: einfaches Entwerfen, einfache Herstellung ohne Inanspruchnahme einer Brückenbauanstalt, geringere Baukosten bis etwa 13 m Stützweite und ganz geringe Unterhaltungskosten. Das Betonmischungsverhältnis ist in der Regel 1 : 4 : 6.

[1]) Entwurfsverfasser: Regierungsbaumeister Kraft.

Um das erhebliche Eigengewicht herabzumindern, wird auch vorgeschlagen, ein Mischungsverhältnis von zwei Teilen Zement : fünf Teilen Sand : fünf Teilen Bimskies im Zugteil / Basaltsplitt im Druckteil zu verwenden. Die Fahrbahntafel wird in der Regel über die Widerlager entwässert, sie erhält hierzu ein zweiseitiges Längsgefälle von 1 : 20 bis 1 : 100 (Abb. 793 u. 795), bei sehr beschränkter Bauhöhe unter Zuhilfenahme von Mulden, die zwischen den Trägern angeordnet werden und sich nach den Widerlagern zu vertiefen (Abb. 794). Hinsichtlich der Herstellung der Wasserdichtigkeit der Fahrbahntafel und des Schutzes der Isolierschicht gilt das bei der Beschreibung der Abb. 770 auf S. 454 Gesagte. Eine gerade untere Begrenzung der Decke (Abb. 796) ist in der

a. Querschnitt.

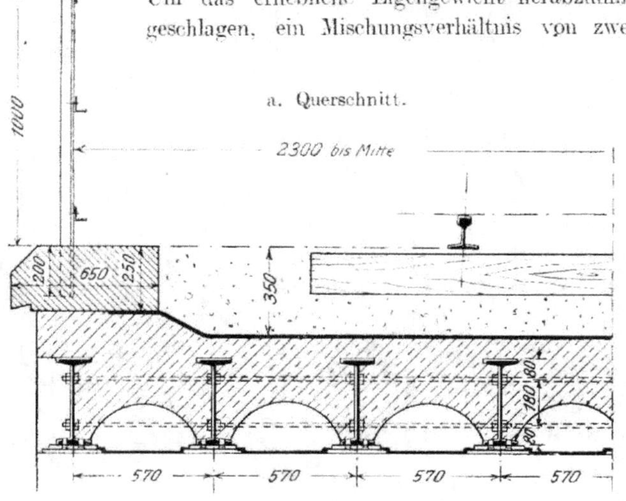

b. Längsschnitt.

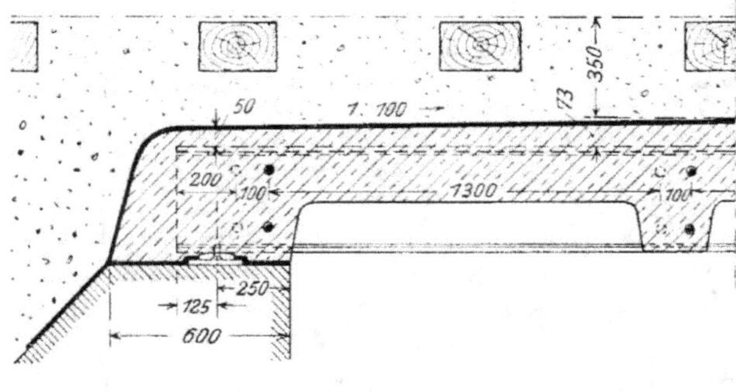

c. Grundriß.

d. Lager im größeren Maßstabe.

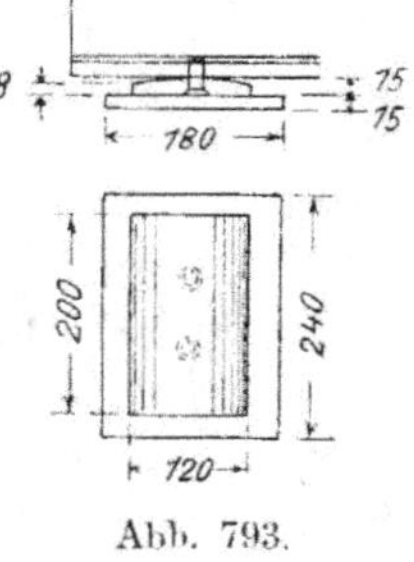

Abb. 793.

Herstellung einfacher als die Aussparung von Kappen (Abb. 793), erhöht allerdings das Gewicht. Um die Stärke und das Gewicht der Decke und damit die Bauhöhe des Überbaues herabzumindern, empfiehlt sich die Verwendung von breitflanschigen I-Trägern. Die Brückendecke wird zweckmäßig durch eine starke Fuge, die mit Asphaltpappe ausgefüllt wird, vom Widerlagerkopf getrennt (Abb. 793 u. 795), um die Entstehung von Rissen im Widerlagerkopf bei der Durchbiegung der Brückendecke unter den Betriebslasten zu verhindern. Falls die Widerlager nicht gegen die Brückendecke abgestützt werden sollen, wird die Trennungsfuge wagerecht angeordnet (Abb. 793). Falls aber die Widerlager zur Verringerung ihrer Abmessungen gegen die Brückendecke abgestützt werden, muß die Trennungsfuge im oberen Teil senkrecht angeordnet werden (Abb. 795). Die Walzträger werden auf einzelnen kleinen Lagerplatten oder auf einbetonierten Schienen gelagert. Ein bewegliches Lager der ersten Art zeigt die Abb. 793. Mit den unteren Flanschen der Walzträger

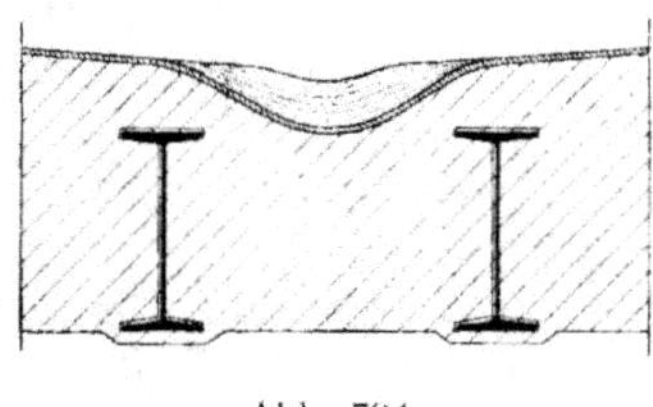

Abb. 794.

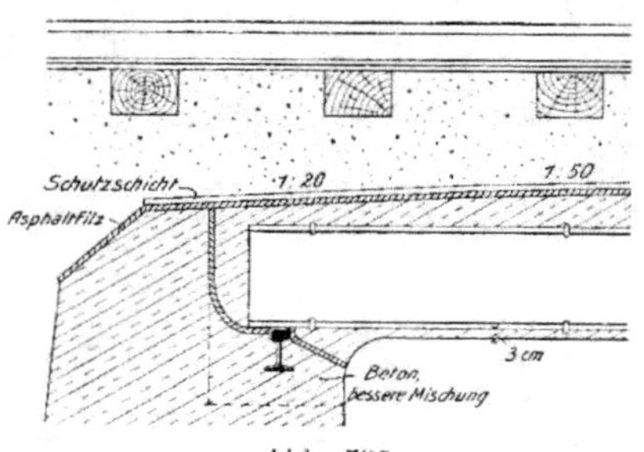

Abb. 795.

sind durch versenkte Stiftschrauben kleine, nach oben gewölbte Lagerplatten verbunden, die auf etwas größeren, auf dem Widerlagerkopf ruhenden Platten schleifen. Die Asphaltpappe der Trennungsfuge faßt rings auf die unteren Platten hinauf. Beim festen Lager treten an Stelle der versenkten Stiftschrauben Stahldorne, die durch die Flansche der Walzträger und die beiden Platten fassen und in den Widerlagerkopf hineingreifen. Ein Lager der zweiten Art stellt die Abb. 795 dar. Wenn die Widerlager wie bei der in dieser Abbildung wiedergegebenen Anordnung gegen die Brückendecke abgestützt sind, werden die Walzträger beiderseits lose auf die Schienen aufgelegt. Wenn dagegen die Widerlager nicht gegen die Brückendecke abgestützt sind, also wagerechte Trennungsfugen angeordnet sind, muß das eine der beiden Schienenlager zur Aufnahme der wagerechten, der Brückenachse gleichgerichteten Kräfte als festes Lager ausgebildet werden. Dies geschieht dadurch, daß man Dorne, die in den Schienenkopf geschraubt werden, in die Flansche der Walzträger ragen läßt, oder dadurch, daß man zu beiden Seiten des Schienenkopfes kleine Flacheisen unter die Trägerflansche nietet.

Bei Wegeunterführungen brauchen die unteren Flächen der Walzträger nicht in Beton gehüllt zu werden (Abb. 793 u. 797). Bei Eisenbahnunterführungen, bei denen die unteren Flächen den Rauchgasen der Lokomotiven ausgesetzt sind, empfiehlt es sich dringend, auch die unteren Trägerflächen mit Beton zu umgeben. Am zweckmäßigsten ist es, die Schalung 4 bis 5 cm unter die unteren Flansche der Träger zu legen, die Trägerflansche mit Drahtnetz oder Streckmetall zu umgeben und die untere Betonlage ohne gröbere Zuschlagstoffe und in flüssigem Zustande einzubringen. Bei einer so hergestellten Betondecke steht der unter den Trägern liegende Teil in festem Zusammenhang mit dem zwischen den Trägern und über ihnen liegenden Teile. Die Schalung in Höhe der Unterkanten der Träger zu legen und die unteren Flächen nachträglich mit einem Putz zu versehen, ist nicht zu empfehlen. Die Erfahrung hat gezeigt, daß der Putz, auch wenn er auf Drahtnetz oder Streckmetall aufgebracht wird, nicht lange hält.

In den Überbauten mit Walzträgern und Betoneinhüllung bilden sich erfahrungsgemäß weniger Querrisse als Längsrisse, die in der Regel unmittelbar an den Trägern verlaufen. Diese Längsrisse sind auf die Querverbiegung der Überbauten infolge der ungleichmäßigen Beanspruchung der Walzträger durch die Betriebslasten zurückzuführen. Zur Vermeidung der Längsrisse ist eine kräftige, den Zugspannungen der Querverbiegung gewachsene Querverbindung der Walzträger und die Trennung der Brückendecke in der Mitte zwischen nebeneinander liegenden Gleisen durch eine durchgehende senkrechte Asphaltfuge notwendig. Die Querverbindungen der Walzträger sind möglichst nahe an deren Außenkanten anzuordnen. Im unteren Zugteil sind sie notwendiger als im oberen Druckteil. Sehr gebräuchlich sind Querverbindungen aus Schraubenbolzen, die im oberen

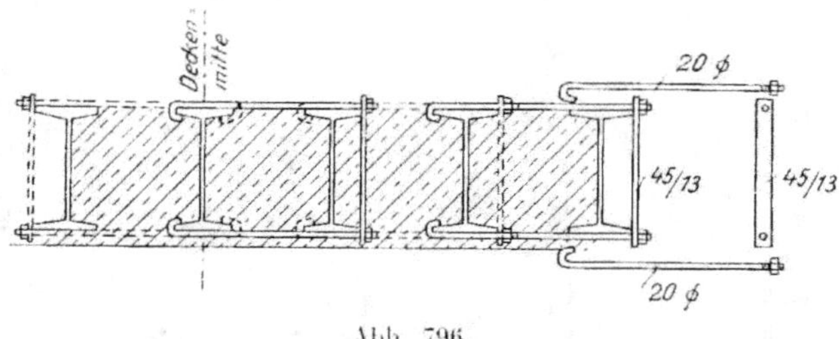

Abb. 796.

und unteren Drittel durch den Steg der Träger greifen (Abb. 793 u. 797). Die Schraubenbolzen, deren Durchmesser nicht schwächer als 20 mm sein soll, werden mit Muttern auf beiden Seiten des Steges mit letzterem fest verbunden, um die Träger nach beiden Querrichtungen unverrücklich gegeneinander festzulegen. Die Verbindungen eines Trägers mit seinen beiden Nachbarträgern werden gegeneinander versetzt (Abb. 793 c). Der Abstand der Querverbindungen soll namentlich im unteren Zugteil im allgemeinen nicht mehr als 1 m betragen. Eine sehr zweckmäßige und wirksame Querverbindung ist die folgende: Je zwei benachbarte Träger werden am oberen und unteren Flansch in Abständen von 50 cm durch 20 mm starke Rundeisenbolzen miteinander verbunden, die nach der der Überbaumitte zugekehrten Seite mit einem Haken hinter den Trägerflansch fassen und am anderen Ende durch eine Mutter und ein über die ganze Trägerhöhe reichendes Flacheisen 45 · 13 gegen den Nachbarträger festgelegt werden (Abb. 796). Die Decke wird von der Mitte aus nach beiden Seiten betoniert. Ist ein Trägerfeld ausbetoniert, so werden die Verbindungen dieses Feldes durch scharfes Anziehen der Muttern in Spannung versetzt. Infolge dieser Vorspannung der Rundeisenbolzen wird der Beton auch nach dem Schwinden fest an den Trägern anliegen.

Bei Querverbiegungen der Brückendecke treten die unteren Querverbindungen in Kraft, ohne daß sich durch das Schwinden des Betons Längsrisse zwischen

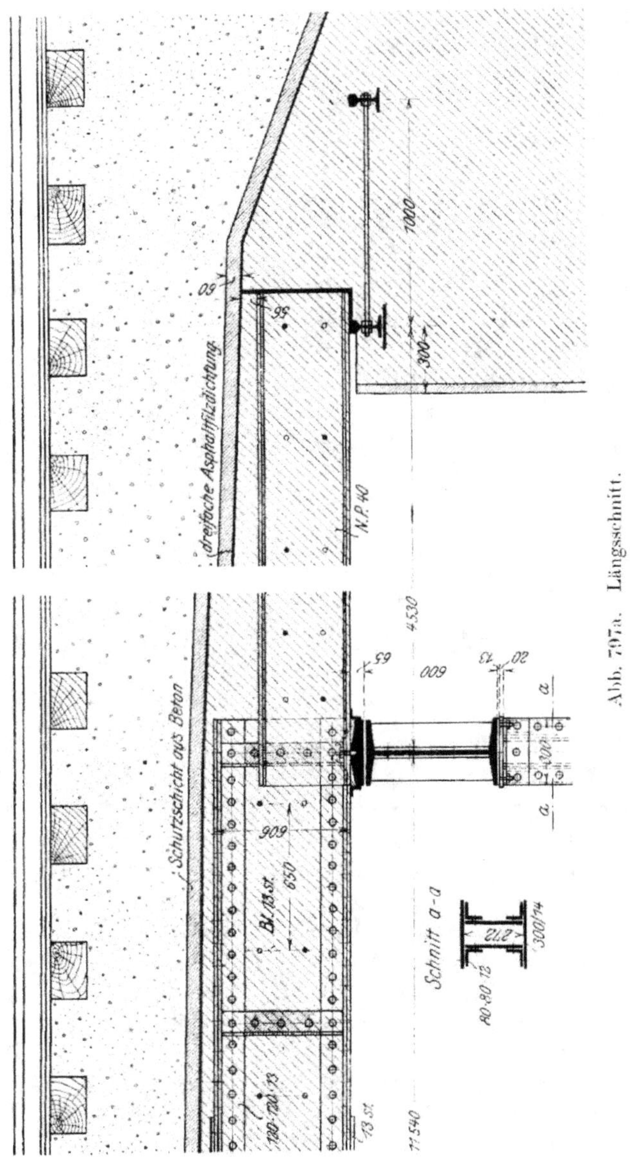

Abb. 797a. Längsschnitt.

Beton und Trägern bilden konnten. Die Schalung wird so tief unter die unteren Trägerflansche gelegt, daß die Bolzen, Muttern und Flacheisen satt von Beton umhüllt werden. So hergestellte Decken haben sich sehr gut bewährt.

Es ist auch vorgeschlagen worden, Querverbindungen anzuordnen, die diagonal vom unteren zum oberen Flansch benachbarter Träger verlaufen. Solche Verbindungen können aber der Bildung von Längsrissen im Beton nicht wirksam entgegentreten und sind für die Kraftübertragung in Richtung der Diagonale überflüssig, da hierfür die Betonausfüllung vollständig genügt.

Bei der Berechnung der Walzträger kann angenommen werden, daß sich die Belastung eines Gleises auf eine Breite von 3.50 m gleichmäßig auf die Träger verteilt.

Die Bauweise der Walzträger mit Betoneinhüllung wird auch bei Überbauten mit Zwischenstützen verwendet. Eine gute derartige Ausführung zeigt z. B. die Unterführung der Windscheidstraße unter dem Bahnhof Charlottenburg (Abb. 797).

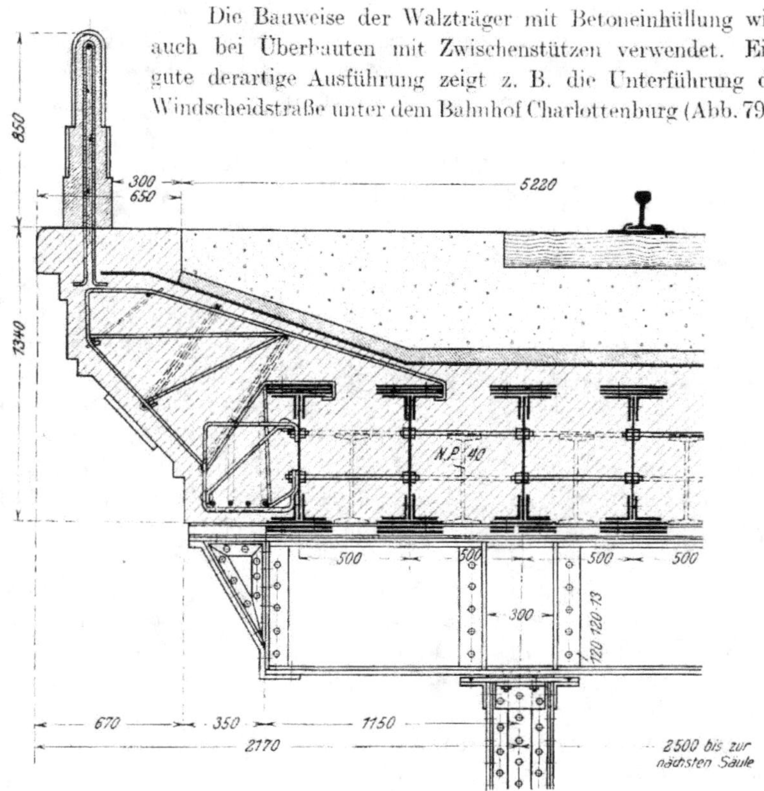

Abb. 797b. Querschnitt.

Die Entfernung der Mittelstützen beträgt hier 11.54 m und der Abstand der Mittelstützen von den seitlichen Lagern 4.53 m. Die Mittelöffnung ist bei dieser Ausführung nicht von Walzträgern, sondern von genieteten Trägern, die Seitenöffnungen aber von I 40 überbrückt. Der Mittenabstand der Träger beträgt 50 cm. Über den Mittelstützen liegen die genieteten Träger und die I 40 mit einer nach oben gewölbten Platte zentrisch auf einem Unterzuge I 60. Stiftschrauben, die durch die unteren Flansche der Träger in die gewölbte Unterlagsplatte fassen, stellen die feste Verbindung zwischen den Trägern und dem Unterzuge her. Die kleinen zu beiden Seiten der gewölbten Unterlagsplatte angeordneten Winkel sind nicht an den Trägern befestigt, sondern greifen nur mit kleinen Haken in den Beton hinein, sie dienen zur Begrenzung des Betons an der Lagerplatte. Die I 40 liegen über dem Unterzuge zwischen den genieteten Trägern. Die unteren Flächen der Träger sind nicht mit Beton umhüllt, sondern freigelassen und mit einem Ölfarbenanstrich versehen. Der Fußsteig wird von einer auskragenden Eisenbetonkonstruktion getragen. Die Träger sind in wagerechten Abständen von 50 bis 65 cm abwechselnd im unteren und oberen Drittel des Steges durch 20 mm starke Schraubenbolzen miteinander verbunden. Über den Widerlagern ruhen die I 40 auf einer Schiene, die durch Schraubenbolzen und eine zweite Schiene im Widerlager verankert ist. Der Überbau ist vom Widerlagerkopf durch eine wagerechte und senkrechte, mit Rohpappe ausgefüllte Fuge getrennt. Das Aussehen des ganzen Bauwerkes ist außerordentlich befriedigend.

ç. Entgleisungsschutzvorrichtungen.

Da eine Zugentgleisung auf einer Brücke von verhängnisvollen Folgen für den Bestand der Brücke und für die Fahrzeuge sein kann, so werden vielfach besondere Vorkehrungen zur Beschränkung dieser Gefahr für erforderlich erachtet. Bei Brücken mit obenliegender Fahrbahn besteht die Gefahr des Abstürzens der entgleisten Fahrzeuge, und bei Brücken mit tiefliegender Fahrbahn wird ein Gegenprallen der Fahrzeuge, namentlich gegen die Glieder von Fachwerkbrücken, oft eine derartige Beschädigung herbeiführen, daß die Brücke einstürzt.

Die Gefahr, daß die Räder entgleister Fahrzeuge sich weit von den Schienen entfernen, liegt namentlich bei der Fahrbahnausbildung ohne Durchführung der Bettung vor, und zwar infolge der Stöße, denen hier die entgleisten Fahrzeuge ausgesetzt sind. Man hat daher im allgemeinen die Verwendung von Entgleisungsschutzvorrichtungen auf diesen Fall beschränkt. Man sollte überhaupt hinsichtlich der Verwendung von Entgleisungsschutzvorrichtungen auf Brücken in Anbetracht des Umstandes, daß auf allen hohen Dämmen für die Züge die Gefahr des Abstürzens vorliegt und hier von derartigen Schutzvorrichtungen Abstand genommen wird, nicht zu ängstlich sein. Die Schutzvorrichtungen erhöhen das Eigengewicht der Fahrbahn beträchtlich und erschweren das Auswechseln von schadhaft gewordenen Brückenbalken.

Die Entgleisungsschutzvorrichtungen bestehen entweder aus Zwangsschienen oder aus Leitschienen. Die ersteren liegen sehr nahe an den Laufschienen und sollen durch die Führung des Radflansches eine Entgleisung verhindern. Die Anordnung von Zwangsschienen hat jedoch insofern Bedenken, als in den engen Zwischenraum zwischen Zwangs- und Laufschiene Gegenstände hineingeraten und unter Umständen eine Entgleisung herbeiführen können. In diesem Falle verfehlen die Zwangsschienen nicht nur ihren Zweck, sondern werden sogar die Ursache der Entgleisung. Die Leitschienen dienen lediglich den Rädern entgleister Fahrzeuge zur Führung und hindern sie, sich weit von den Schienen zu entfernen. Sie sollen so weit von den Laufschienen abliegen, daß die Räder der Fahrzeuge in dem Zwischenraum Platz haben.

Nach den Vorschriften der früheren preußischen Staatsbahnen brauchen Entgleisungsschutzvorrichtungen nur auf den Brücken in Krümmungen von weniger als 500 m Halbmesser und auf größeren Brücken mit obenliegender Fahrbahn, auf denen die Bettung nicht durchgeführt wird, angeordnet zu werden. Bis zum Jahre 1913 war die in Abb. 798 dargestellte Vorrichtung bei den preußischen Staatsbahnen im Gebrauch, die recht zweckmäßig ist. Zu beiden Seiten jeder Schiene ist eine Leitschiene angebracht, die äußere besteht aus einem Balken, die innere aus einem ⊥-Eisen, das neben der Führung durch den Steg dem entgleisten Fahrzeug eine gute Lauffläche bietet. Der Balken wird mit einzelnen Winkeleisen, die mit den Querschwellen verschraubt sind, durch wagerechte Bolzen und mit den Querschwellen durch senkrechte Holzschrauben verbunden. Das ⊥-Eisen wird auf der der Schiene zugekehrten Seite durch Holzschrauben, deren Köpfe versenkt sind, um die glatte Lauffläche nicht zu unterbrechen, und auf der anderen Seite durch Bolzen mit den Querschwellen verbunden. Seit dem Jahre 1913 ist im Bereich der früheren preußischen Staatsbahnen die in der Abb. 799 dargestellte, aus einer Zwangsschiene bestehende Entgleisungsschutzvorrichtung vorgeschrieben. In Abb. 800 ist die Entgleisungsschutzvorrichtung der früheren Reichseisenbahnen von Elsaß-Lothringen wiedergegeben. Bei dieser ist an jeder Schiene eine innere, aus einem mit einem ⊏-Eisen bewehrten Balken bestehende Zwangsschiene vorgesehen. Die Abb. 801 veranschaulicht die bei den österreichischen Staatsbahnen gebräuchliche Ausbildung der Leitschienen. In der Abb. 802 ist eine zweckmäßige, nur aus einem Leitbalken an der inneren Schienenseite bestehende Entgleisungsschutzvorrichtung dargestellt.

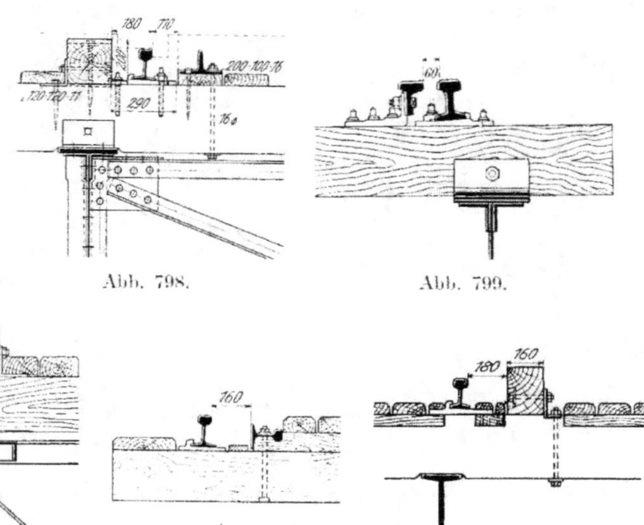

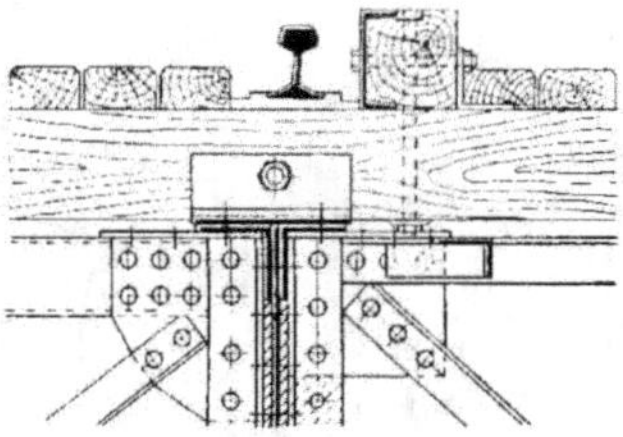

Abb. 798. Abb. 799.

Abb. 800. Abb. 801. Abb. 802.

Es empfiehlt sich, auf dem angrenzenden Bahnkörper die äußeren Leitschienen nach außen abzubiegen, damit die Räder etwa schon vor der Brücke entgleister Fahrzeuge wieder in die Nähe der Schienen geführt werden (Abb. 803). Vielfach sind auch die inneren Leitschienen zu einer Spitze vor der Brücke zusammengeführt worden. Doch ist dies deshalb bedenklich, weil die Spitze eine Gefahr für herabhängende Ketten oder Kupplungen bildet.

d. Schienenauszugsvorrichtungen.

Die Balkenbrücken und die wie die Balkenbrücken gelagerten anderen Trägerarten erleiden an ihren beweglichen Auflagern infolge von Wärmeschwankungen und in dem Falle, daß die Lager nicht in der Nullinie der Träger liegen, auch infolge der Formänderung durch die Verkehrslasten Verschiebungen, an denen auch die Fahrbahnträger teilnehmen. Sind nun die Schwellen unverschieblich gegen die Fahrbahnträger festgelegt, was z. B. bei der Befestigungsart nach Abb. 729 u. 731 und auch bei Durchführung der Bettung der Fall ist, so nehmen alle Schienenstoßlaschen, die mit den Schwellen in fester Verbindung stehen, an der Bewegung des Überbaues teil. Die Schienen können sich gegen die Laschen nur um das Maß verschieben, das der Ausdehnung einer Schiene entspricht. Bis auf dies Maß müssen also die Schienen am beweglichen Ende der Brücke die Bewegungen des Überbaues voll mitmachen. Bei allen größeren Brücken, bei denen die Verschiebung infolge der Wärmeschwankungen und der Formänderung durch die Verkehrslasten einen großen Wert annimmt, müssen also Vorrichtungen zwischen den Schienen der Brücke und den Schienen des anschließenden Bahnkörpers oder zwischen den Schienen zweier aneinander grenzenden Überbauten, die sich gegenseitig bewegen, angeordnet werden, die eine Verschiebung der Schienen gestatten, dabei aber die Räder ohne erheblichen Stoß und sicher über diese Stelle führen. Beim Fehlen solcher Vorrichtungen besteht die Gefahr von Gleisverwerfungen.

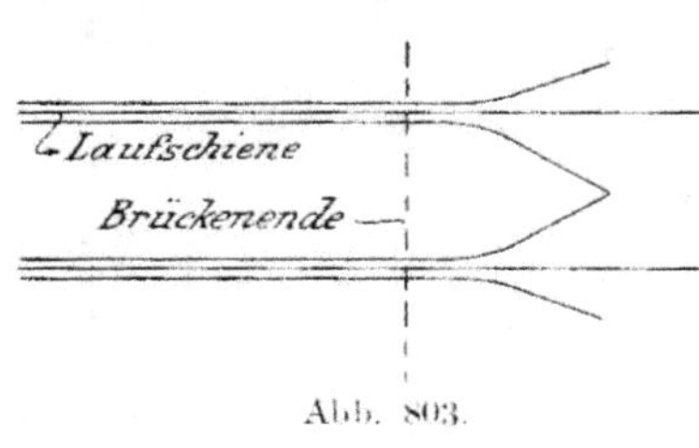

Abb. 803.

Sind die Schwellen nur durch Hakenschrauben (Abb. 728), die eine Verschiebung der Schwellen gegen die Fahrbahnträger gestatten, oder dergleichen an die Fahrbahnträger geklemmt, so sind Auszugsvorrichtungen entbehrlich. Bei verschiedenen größeren Brücken, deren Schwellen in der genannten Weise befestigt sind und bei denen keine Schienenauszugsvorrichtungen vorgesehen sind, haben sich keine Anstände gezeigt.

Das Maß der Verschiebung infolge Wärmeschwankung berechnet sich nach der Gleichung:

$$\varDelta l = \beta \cdot \varDelta \tau \cdot l,$$

worin β die Wärmeausdehnungszahl, $\varDelta \tau$ den Wärmeunterschied und l die Stützweite des Überbaues bedeutet. Rechnet man mit einer mittleren Aufstellungstemperatur von + 10° C, so sind Wärmeschwankungen von 35° nach oben und unten mit Sicherheit zu erwarten. Nachstehende Zusammenstellung gibt die Werte der Verschiebung für $\varDelta \tau = 35°$, $\beta = 0{,}000012$ für Flußeisen und verschiedene Längen an.

l m	10	20	40	60	100	200	300
$\varDelta l$ cm	0,4	0,8	1,7	2,5	4,2	8,4	12,6

Zu diesen Größen treten noch die Verschiebungen, die sich aus der Formänderung infolge der Belastung des Überbaues durch den Verkehr ergeben, hinzu.

Die Auszugsvorrichtungen werden hauptsächlich in drei Arten ausgeführt:

Abb. 804.

α. Mit Überblattung der Schienen, entsprechend der bekannten Ausbildung der Schienenstöße.

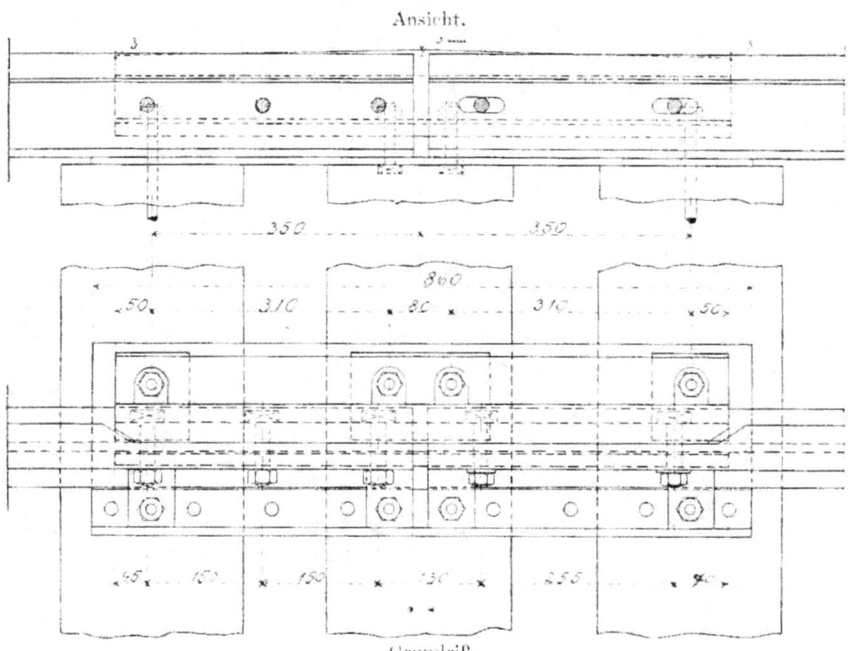

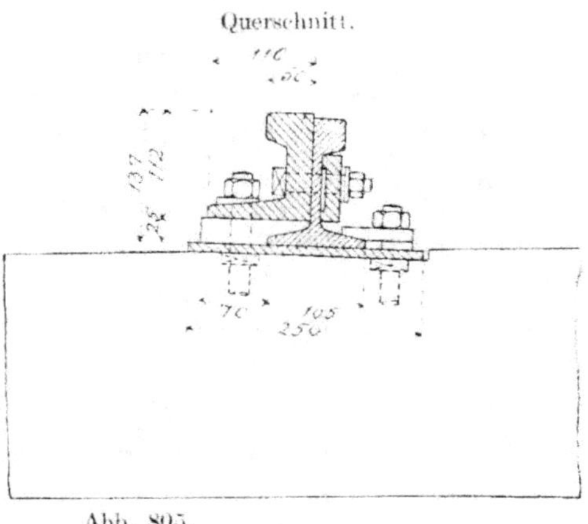

Abb. 805.

Bei den Schienen mit schwachem Steg wird zur Vermeidung der Halbierung des Steges die Überblattung zweckmäßig so gestaltet, daß sich die Schienen mit vollem Steg nach Abb. 804 aneinanderlegen. Die nach innen verschobene der beiden Schienen muß hierbei am Kopf um ein Maß gleich der Stärke des Steges abgehobelt werden. Bei den Schienen mit 18 mm Stegstärke kann die Überblattung mit Halbierung des Steges ausgeführt werden. Im übrigen wird die Auszugsvorrichtung ebenso wie die Schienenstöße ausgebildet und mit Laschen usw. ausgerüstet. Die Langlöcher im Steg der einen Schiene müssen der errechneten Verschiebung entsprechend groß sein. Bei einer solchen Vorrichtung ist ein hinüberrollendes Rad wenigstens von einem Teil eines Schienenkopfes unterstützt.

β. Mit außenliegenden Auflauflaschen.

Ganz ähnlich wie bei der bekannten Stoßausbildung mit der sogenannten Stoßfangschiene wird an die Außenseite der Schienen eine Lasche gelegt, die beiderseits mit einem schwachen Anlauf versehen ist, über den Kopf der Schienen in der Mitte etwas hinausragt und so in der Lücke zwischen beiden Schienen die Räder der Fahrzeuge unterstützt (Abb. 805). Außer der Auflauflasche an der

Grundriß.

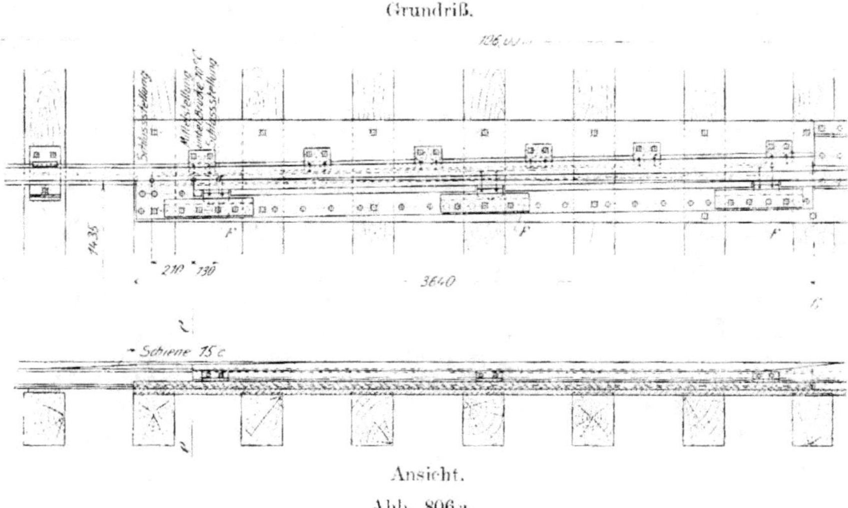

Ansicht.

Abb. 806 a.

Außenseite wird an der Innenseite eine Stoßlasche vorgesehen. Beide Laschen sind mit der einen Schiene fest, mit der anderen dagegen beweglich durch Anordnung von entsprechend großen Langlöchern verbunden. Eine gemeinsame Grundplatte dient den Schienen zur Unterstützung. Die Auflauflasche ruht auf Lagerstühlen, die über den äußeren Teil des Schienenfußes fassen. Die Schrauben, die die Auflauflasche und die Schienen in senkrechter Richtung festlegen, fassen auf der Mittelschwelle nur durch die gemeinsame Grundplatte, auf den beiden benachbarten Schwellen auch durch die Schwellen hindurch. Die Verwendung von Zwangsschienen ist bei dieser Art der Auszugsvorrichtung stets zu empfehlen, da ohne diese die Radflansche in der Lücke leicht gegen den Schienenkopf stoßen und die Fahrzeuge so zum Entgleisen gebracht werden können.

γ. Mit zungenförmiger Ausbildung der Schienen (Abb. 806 a—f).

Diese Art der Schienenauszugsvorrichtung ist bei richtiger Ausbildung entschieden die beste, weil die Fahrfläche nirgends unterbrochen ist und an keiner

Stelle eine Veranlassung zu Stößen gegeben wird. In den Abb. 806 a—f ist eine zweckmäßige Anordnung solcher Schienenauszugsvorrichtung dargestellt. Sie ist bei der zweigleisigen Eisenbahnbrücke über den Rhein unterhalb Ruhrort ausgeführt worden und liegt über einem Pfeiler, auf dem ein Überbau von 106 m und ein Überbau von 186 m Stützweite ihre beweglichen Auflager haben. Die Verbindung zwischen den beiden Endquerträgern ist durch besondere Schleppträger hergestellt. Auf dem 106 m-Überbau ist die Schiene aus ihrer Richtung unter einem sehr spitzen Winkel abgebogen; gegen sie legt sich eine nach Art der Weichenzungen zugespitzte Schiene, die parallel der abgebogenen Schiene durch die drei Führungen F (siehe den Grundriß und den Schnitt $e-e$) geführt ist und sich gegen die abgebogene Schiene verschieben kann. Die abgebogene Schiene steht mit dem 106 m-Überbau, die Zunge dagegen mit dem 186 m-

Grundriß.

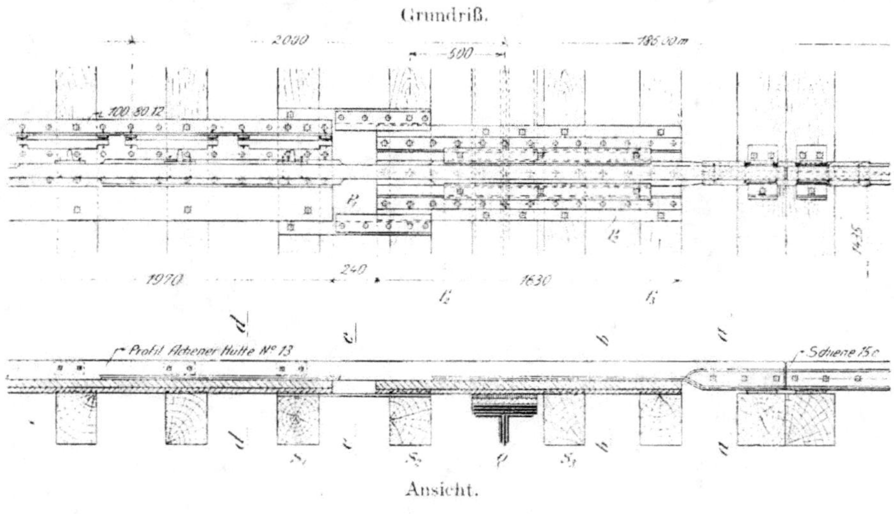

Ansicht.

Abb. 806a.

Überbau in fester Verbindung. Die Führung der Zunge parallel der abgebogenen Schiene ist außerordentlich wichtig, weil durch sie die feste Anlage der Zunge an der abgebogenen Schiene in jeder Lage gewährleistet wird. Bei verschiedenen Ausführungen von zungenförmigen Auszugsvorrichtungen verschiebt sich die Zunge in ihrer Richtung, d. h. gleichlaufend zu der nicht abgebogenen Schiene, und kommt daher in der einen Schlußstellung in einen Abstand von der abgebogenen Schiene, der für Fahrzeuge, die gegen die Zungenspitze fahren, gefährlich werden kann. Diese Art der Zungenführung ist als verfehlt zu bezeichnen. Über dem Endquerträger des 186 m-Überbaues und rechts von diesem ist die Zunge auf der Strecke von f_2 bis f_3 fest eingespannt (siehe Schnitt $b-b$). Zwischen dieser Einspannung und der am weitesten rechts liegenden Führung F muß sich die Zunge bei Verschiebungen in einer **S**-förmigen Kurve verbiegen. Zwischen f_1 und f_2 ist zur Erhöhung der Biegsamkeit der Zunge der Fuß an zwei Stellen fortgenommen; die Führung wird hier dadurch hergestellt, daß drei mit der Zunge verbundene Zapfen sich gegen Druckstücke legen, die durch Winkeleisen mit der Grundplatte in Verbindung stehen. Die Druckstücke müssen so gerichtet sein, daß die Zapfen bei der Bewegung der Zunge stets anliegen. Zu diesem Zwecke

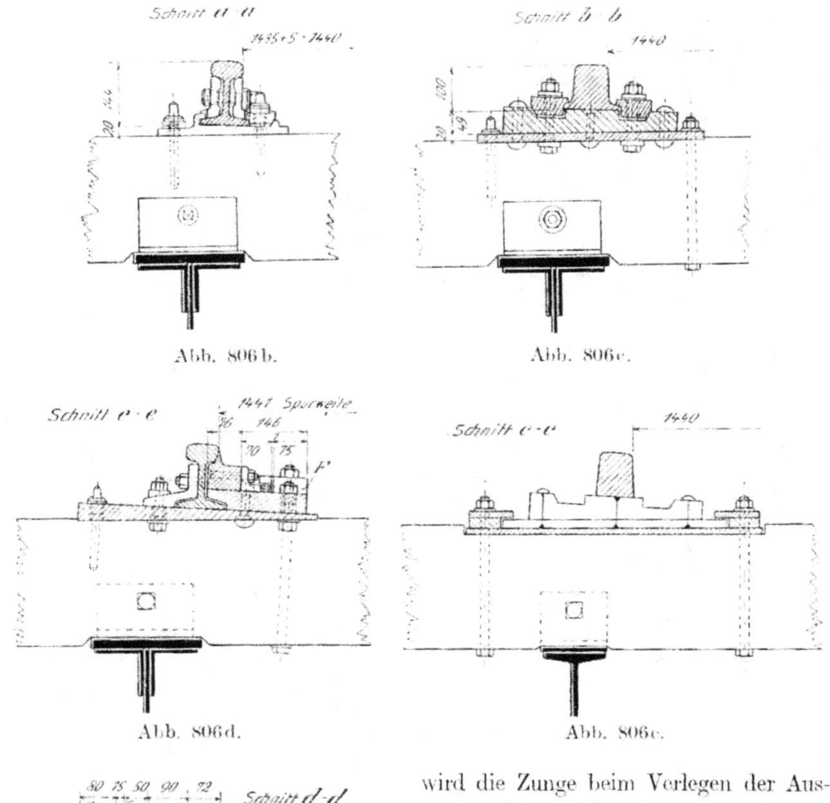

Abb. 806b. Abb. 806c.

Abb. 806d. Abb. 806e.

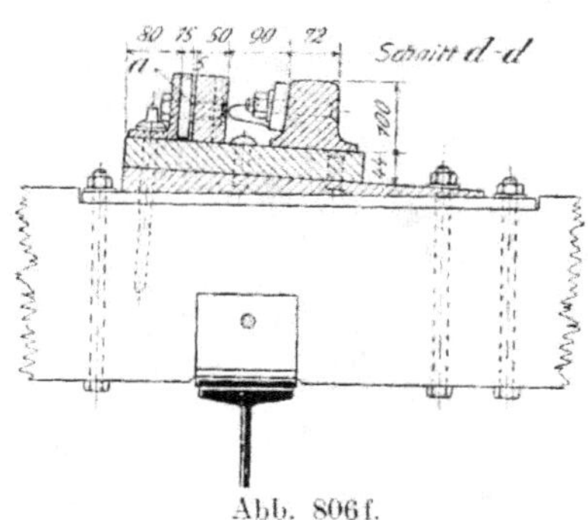

Abb. 806f.

wird die Zunge beim Verlegen der Auszugsvorrichtung durch einen Flaschenzug verschoben und der Weg, den die Zapfen hierbei beschreiben, aufgezeichnet. Dementsprechend werden dann die Druckstücke durch kleine Platten, die zwischen die Druckstücke und die Winkeleisen eingeschaltet werden, eingestellt. Der zum 186 m-Überbau gehörige Endquerträger Q und alle von ihm rechts liegenden Schwellen verschieben sich bei der Bewegung der Überbauten gegen die links vom Querträger Q liegenden, vom 106 m-Überbau und von den Schleppträgern gestützten Schwellen. Wegen des erforderlichen Spielraumes für die Bewegung nimmt der Abstand zwischen den dem Querträger Q benachbarten Schwellen S_2 und S_3 eine solche Größe an, daß der Querträger Q

zur Unterstützung der Grundplatte P_2 mit herangezogen werden muß. Die Grundplatte P_2 verschiebt sich auf der Platte P_1, die mit der langen, der Unterstützung der abgebogenen Schiene dienenden Grundplatte fest verbunden ist. Alle weiteren Einzelheiten und ihre Zweckbestimmungen gehen aus den Abbildungen hervor.

e) Endabschluß über den Widerlagern.

α. Wird die Bettung nicht über die Brücke geführt, so muß sie über den Widerlagern gegen die Brücke abgeschlossen werden. Hierzu sind besonders zwei Anordnungen geeignet, die im Bereich der früheren preußischen Staatsbahnen gebräuchlich sind (Abb. 807 u. 808).

Bei dem in der Abb. 807 dargestellten Endabschluß begrenzt ein [30 die Bettung. Winkeleisen, die nach der Form des oberen Teiles des Widerlagers gebogen sind, sind mit dem [-Eisen in Abständen von rd. 2 m vernietet. An dem unteren Ende dieser Winkeleisen befinden sich Druckplatten von 50 · 50 cm Größe, die durch den Erddruck fest gegen das Widerlager gepreßt werden und dadurch den Bettungsabschluß festhalten. Jede weitere Befestigung, z. B. durch Steinschrauben, ist überflüssig und zu vermeiden, da sie nur zu Zerstörungen des oberen Teiles des Widerlagers Veranlassung gibt. Diese Art des Bettungsabschlusses ist sehr zweckmäßig, weil sie bei den geringen Abmessungen gestattet, die letzte in der Bettung liegende Schwelle in dem vorgeschriebenen Abstand von der ersten Schwelle der Brücke derartig anzuordnen, daß sie noch bequem von beiden Seiten gestopft werden kann. Der Abstand zwischen der Oberkante des [-Eisens und der Schienenunterkante braucht nicht mehr als 4 cm groß zu sein.

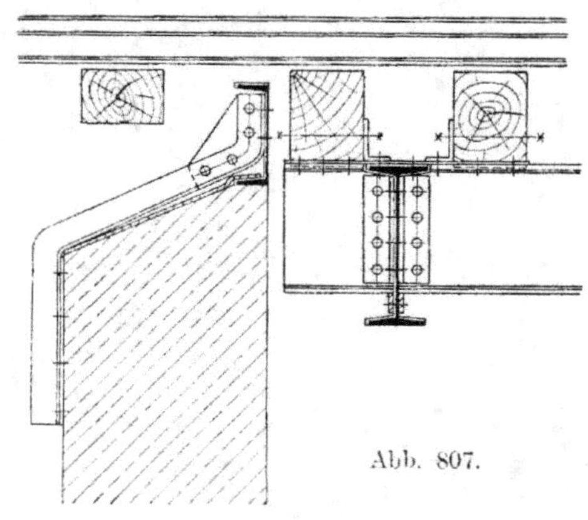

Abb. 807.

Dieselben Vorteile für die letzte in der Bettung liegende Schwelle bietet der in der Abb. 808 wiedergegebene Endabschluß aus Eisenbeton. Er besitzt außerdem noch den für die Unterhaltung sehr wichtigen Vorteil, daß keine äußeren Eisenteile vorhanden sind. Zum Schutze der Mauer gegen Beschädigungen beim Stopfen und Richten der Gleise sind über ihr Winkeleisen 80 · 40 · 6 an die Schienen geklemmt.

Der früher sehr häufig ausgeführte Endabschluß, bei dem sich die letzte Schwelle, die Bettung abschließend, auf das Widerlager unmittelbar auflegte (Abb. 809), hat sich wegen der aus der Art der Lagerung entstehenden Stöße beim Befahren sehr schlecht bewährt und wird nicht mehr angewendet.

β. Wird die Bettung auf der Brücke durchgeführt, so müssen zwischen dem Widerlager und dem Überbau die Bettung nach unten und seitlich abschließende Bleche eingefügt werden (Abb. 810), und zwar an dem beweglichen

Lager derart, daß sie die Bewegungen des Überbaues ungehindert mitmachen können. Das untere Abschlußblech, das sogenannte Schleppblech, legt sich auf den Kopf des Widerlagers. Die seitlichen Abschlußbleche, die entsprechend den seitlichen Begrenzungsblechen des Überbaues senkrecht oder geneigt sind und deren Oberkante in Höhe der Schienenoberkante angeordnet wird, legen sich gegen kleine Seitenmauern. Es empfiehlt sich, das Schleppblech am beweglichen Lager wagerecht oder doch nur schwach geneigt anzuordnen.

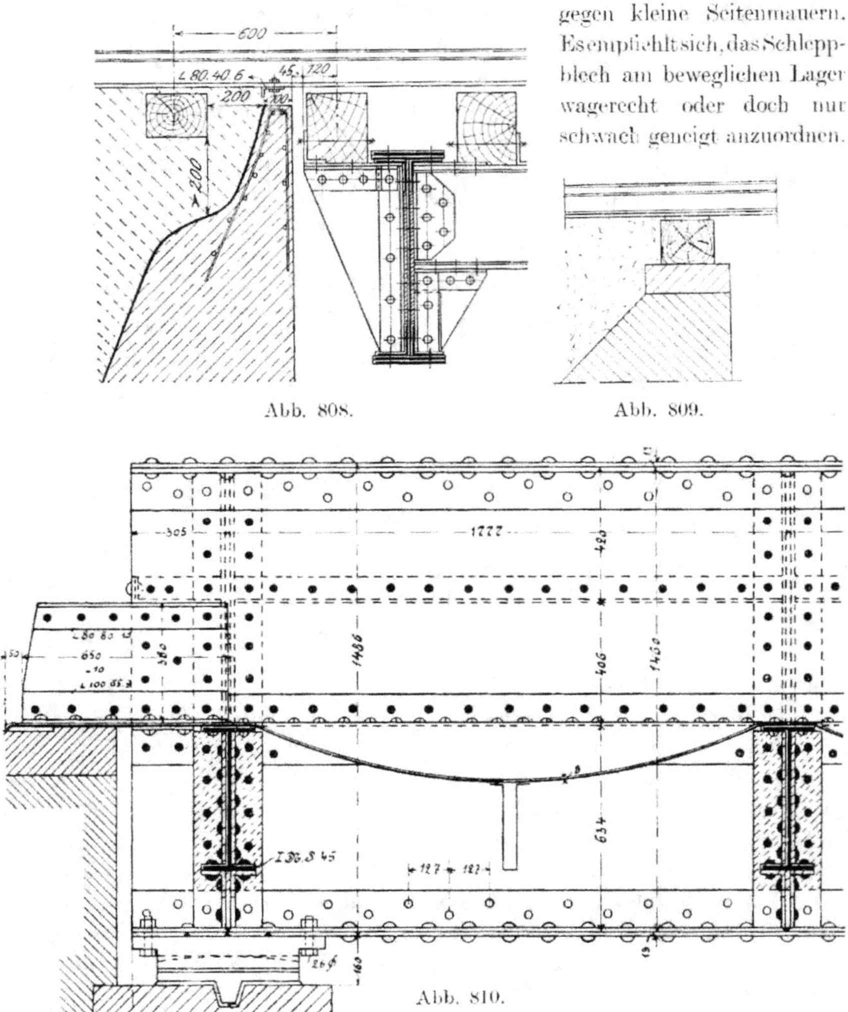

Abb. 808. Abb. 809.

Abb. 810.

Bei stark geneigter Lage des Schleppbleches (Abb. 811) entstehen bei Bewegungen am verschieblichen Auflager im Schleppblech und seinen Befestigungsnieten ungünstige Spannungen. Das Schleppblech ist nicht lang, und es werden sich deshalb aus seiner wagerechten Lage keine Anstände für die Entwässerung der über ihm liegenden Bettung ergeben. Man pflegt das Schleppblech am Ende nach unten umzubiegen, um seine Steifigkeit in senkrechter Richtung zu erhöhen und zu verhindern, daß Kies zwischen das Schleppblech und den Widerlagerkopf gelangt und dem Wasser den Weg über das Widerlager bahnt. Man stellt in der Regel den Kopf des Widerlagers erst fertig, wenn das Schleppblech aufgenietet ist, weil es nicht möglich ist, den Überbau so zu montieren, daß das Schleppblech sich auf den bereits fertigen Widerlagerkopf genau auflegt. Der späteren Fertigstellung des Kopfes steht die Umbiegung des Schleppbleches hindernd im Wege. Es ist deshalb zu empfehlen, die Umbiegung durch ein Winkeleisen zu ersetzen, das erst nach Vollendung des Widerlagerkopfes mit dem Schleppblech verschraubt wird (Abb. 812).

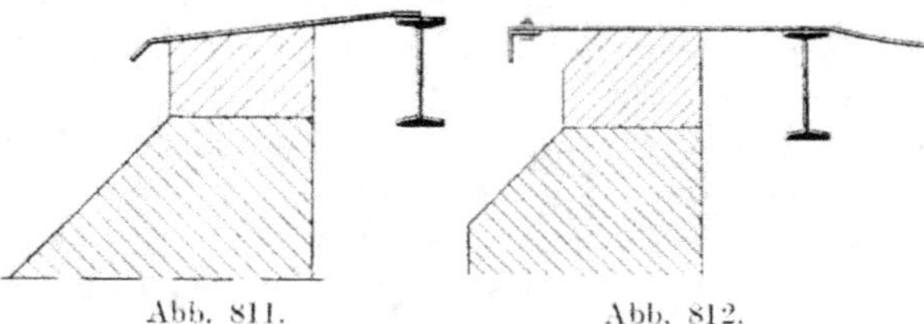

Abb. 811. Abb. 812.

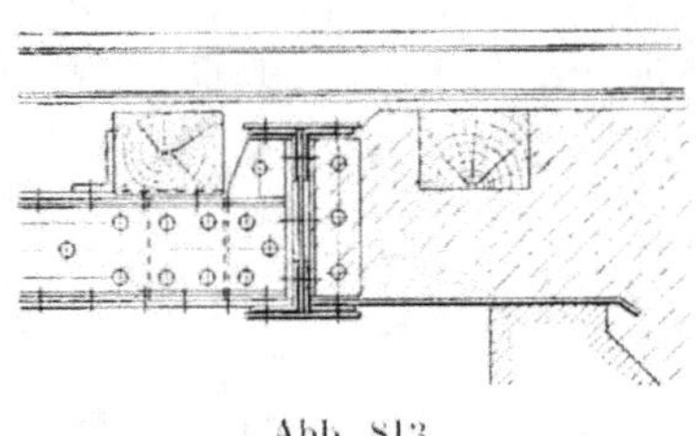

Abb. 813.

γ. Wird die Bettung auf der Brücke nicht durchgeführt und ist die Bauhöhe so beschränkt, daß der Anschluß von Konsolen an den Endquerträgern (Abb. 807 u. 808) Schwierigkeiten macht, so führt man die Bettung am besten bis zu den Endquerträgern auf Schleppblechen durch (Abb. 813 u. 830b bis d).

2. Das Fahrbahnträgergerippe der Eisenbahnbrücken.

a. Allgemeine Anordnung.

α. Konstruktionen ohne Fahrbahnträgergerippe.

Bei genügend großer Bauhöhe und bei Stützweiten der Hauptträger bis zu 22 m legt man die Querschwellen in dem Falle, daß auf die Durchführung der Bettung auf der Brücke kein Gewicht gelegt wird, unmittelbar auf die in einem Abstand von 1,9 bis 2,0 m voneinander angeordneten vollwandigen Hauptträger (Abb. 814 u. 205 auf S. 167). Die Ersparung eines besonderen Fahrbahnträgergerippes macht diese Anordnung sehr billig. Man kann die Querschwellen über

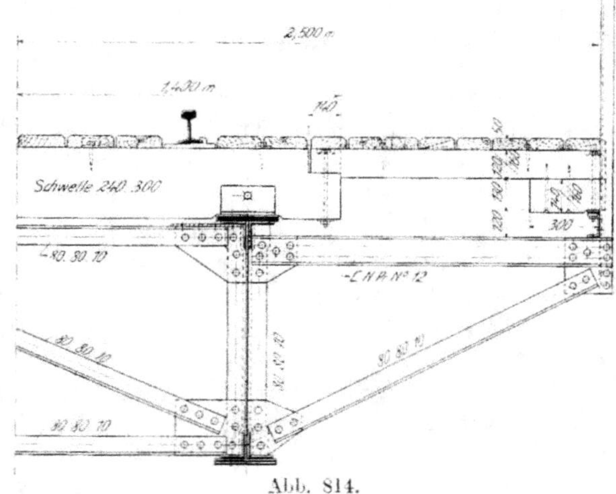

Abb. 814.

die Hauptträger verlängern und auf den verlängerten und nicht weiter unterstützten Querschwellen die Fußsteige anordnen (vgl. Abb. 836). Man muß aber dabei darauf verzichten, einzelne schadhafte Schwellen ohne Aufnehmen der Schienen auszuwechseln. Zweckmäßiger ist die in der Abb. 814 veranschaulichte Anordnung. Die Bohlenabdeckung des Fußsteiges wird hier von besonderen kleinen Querbalken getragen, die sich auf jede zweite Schwelle und unter Vermittlung eines Futterholzes auf ein an der Konsolspitze gelagertes [-Eisen stützen. Soll eine schadhafte Schwelle ausgewechselt werden, so wird die aus einzelnen Tafeln (vgl. S. 440) bestehende Bohlenabdeckung des Fußsteiges aufgenommen und nach Entfernung der Querbalken auf die Obergurte der Konsole gelegt. Von hier aus können die schadhaften Schwellen durch Hervorziehen unter den Schienen in einfachster Weise ausgewechselt werden. In der Ebene der Obergurte liegt ein Windverband; der Untergurt ist durch Queraussteifungen an diesem angeschlossen.

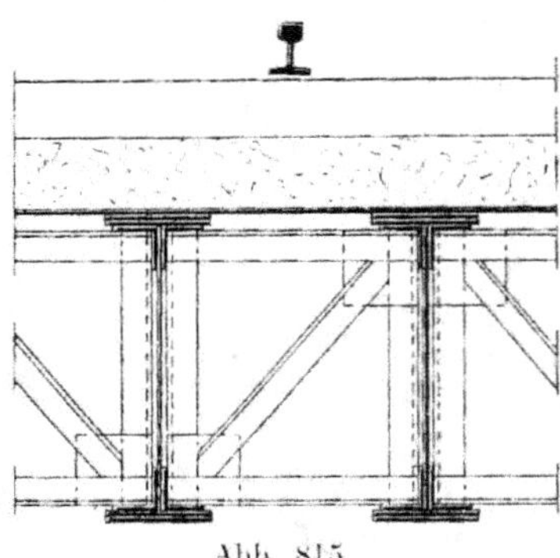

Abb. 815.

Soll die Bettung bei reichlicher Bauhöhe auf kleineren Brücken durchgeführt werden, so kann man ein besonderes Fahrbahnträgergerippe dadurch ersparen, daß man Tonnenbleche (Abb. 778) oder Flachbleche (Abb. 815) unmittelbar auf die Obergurte der Hauptträger legt. Die in der Abb. 778 dargestellten, unter den Tonnenblechen angeordneten Querträger dienen weniger zur Stützung der Tonnenbleche, als zur Aufnahme des wagerechten Zuges, den die Tonnenbleche auf die Hauptträger ausüben, und zur Querversteifung der zugleich als Windverband dienenden Fahrbahntafel. Der auf die unteren Hauptträgerteile entfallende Winddruck wird durch einen Dreieckverband auf die Fahrbahntafel übertragen. Bei Anwendung von Tonnenblechen kann der Abstand der Hauptträger voneinander bis zu 2,2 m betragen, bei Anwendung von Flachblechen wegen ihrer geringen Tragfähigkeit dagegen nur bis zu 1,0 m.

β. Das Fahrbahnträgergerippe besteht außer den Hauptträgern nur aus Querträgern.

Treten in dem unter *α.* erwähnten Falle an die Stelle von Tonnenblechen Buckelplatten, so werden nur noch Querträger zur Unterstützung der quer zur Brückenachse liegenden Ränder der Buckelplatten erforderlich (Abb. 816).

Bei einem Teil des Viaduktes der Hamburger Hochbahn besteht das Fahrbahnträgergerippe ebenfalls nur aus Querträgern, die auf den Hauptträgern liegen und zwischen die Tonnenbleche gespannt sind (Abb. 776 auf S. 457).

Auch bei tiefliegender Fahrbahn kann man besondere Längsträger durch entsprechende Gestaltung der Buckelplatten ersparen. Eine solche Anordnung ist in der Abb. 817 dargestellt[1]). Die Hauptträger liegen in einem Abstand von 3,8 m, die Querträger in einem Abstand von 1,407 m voneinander. Die Ränder der Buckelplatten sind an den Längsseiten zwischen zwei an den Hauptträger-

[1]) Ausgeführt von der Gesellschaft Harkort-Duisburg.

wänden befestigte Winkeleisen und an den Querseiten zwischen die Gurtwinkel und Gurtplatten der Querträger eingeschoben (Schnitt $a-a$). (Über einen zweckmäßigeren Anschluß der Buckelplatten an den Hauptträgern vergleiche die zu den Abb. 824 bis 827 gehörige Beschreibung auf S. 488 u. 489).

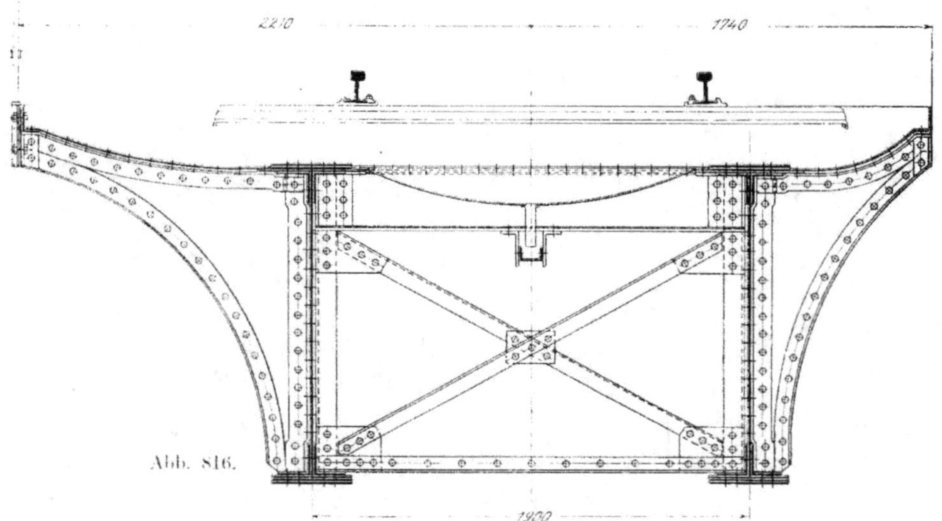

Abb. 816.

Auch bei der aus längsgelegten Belageisen gebildeten Fahrbahntafel nach Abb. 784 und bei den Fahrbahntafeln aus Eisenbeton (Abb. 791) und aus Beton (Abb. 792) besteht das Fahrbahnträgergerippe nur aus Querträgern.

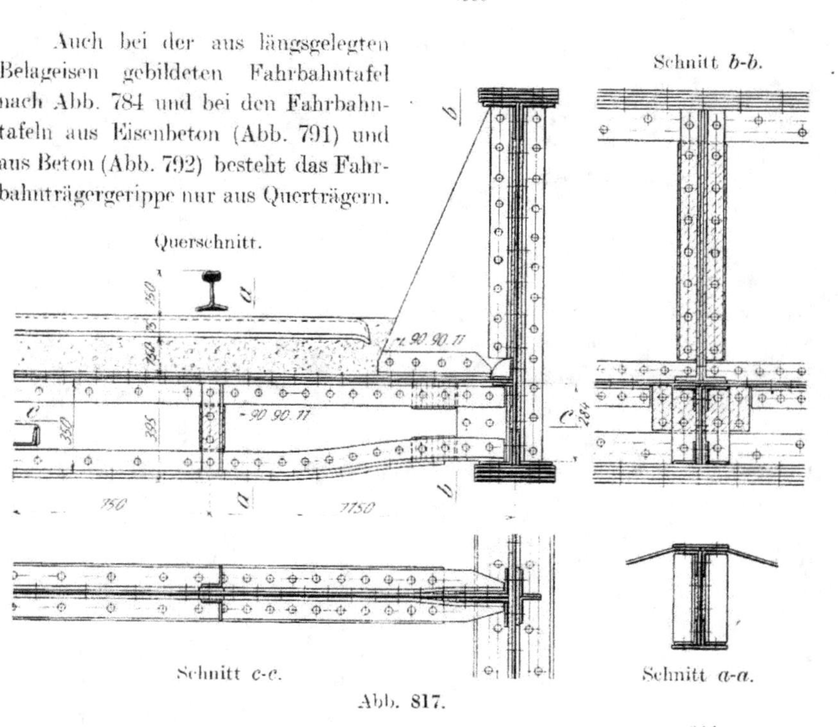

Abb. 817.

γ. Das Fahrbahnträgergerippe besteht aus Querträgern und besonderen Längsträgern.

Bei versenkter Fahrbahn und bei größerem Hauptträgerabstand auch bei hochliegender Fahrbahn wird das Fahrbahnträgergerippe in der Regel sowohl bei Durchführung der Bettung, als auch ohne diese aus Längs- und Querträgern gebildet. Im ersten Falle werden die Buckel- oder Flachbleche von den Längs- und Querträgern gemeinsam unterstützt. Im zweiten Falle werden die Querschwellen auf den Längsträgern gelagert, die dann auch wegen ihrer Bestimmung Schwellenträger genannt werden. Die Längsträger werden an den Querträgern, diese an den Hauptträgern angeschlossen (Abb. 818).

Bevor auf die Ausbildung und die Befestigung der Fahrbahnträger für die verschiedenen Fahrbahnanordnungen eingegangen werden kann, ist es nötig, einiges über die Beanspruchung dieser Träger durch senkrechte und wagerechte Kräfte und über die an diese Träger zu stellenden Anforderungen zu sagen.

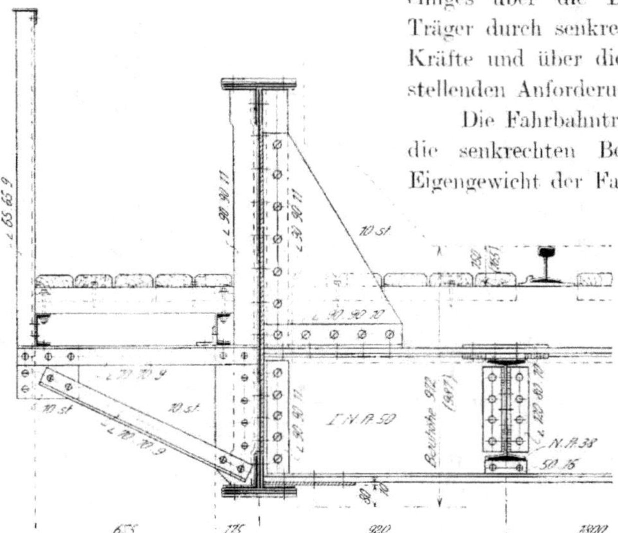

Abb. 818.

Die Fahrbahnträger haben vor allem die senkrechten Belastungen aus dem Eigengewicht der Fahrbahn und aus dem Verkehr aufzunehmen. Sie müssen hierfür genügend stark bemessen und sachgemäß gelagert oder befestigt sein. Sie werden aber auch durch wagerechte Kräfte, durch die Bremskraft und durch den beim Anfahren der Lokomotiven entstehenden Widerstand in der Längsrichtung der Brücke und durch die seitlichen Stöße der Fahrzeuge, namentlich der Lokomotiven, und durch den auf sie selbst und die Fahrzeuge wirkenden Winddruck in der Querrichtung der Brücke beansprucht. Weiter ist zu beachten, daß jeder auf Biegung beanspruchte Träger das Bestreben zum Ausknicken zeigt, daß also die Druckgurtung auf ihre ganze Länge knicksicher sein oder durch Einfügung von wagerechten Verbänden oder durch Absteifung gegen solche gesichert werden muß.

In dem Falle, daß die Querträger fest mit den Hauptträgern und die Längsträger fest mit den Querträgern verbunden sind und die Fahrbahn nicht in der Nullinie der Hauptträger liegt, werden sich die Formänderungen der Hauptträger auf die Fahrbahnträger übertragen. Bei Lage der Fahrbahn in der Nähe der gedrückten Gurtung der Hauptträger werden die Querträger bei eintretenden Formänderungen der Hauptträger, von der Mitte gerechnet, nach außen durchgebogen, wie dies in der Abb. 819 dargestellt ist, und hierdurch in wagerechter

Richtung auf Biegung beansprucht. Da sie in dieser Richtung eine gewisse Biegungsfestigkeit besitzen, d. h. ihrer Durchbiegung einen Widerstand entgegensetzen, so werden die Längsträger einen Längsdruck erfahren. Bei Lage der Fahrbahn in der Nähe der gezogenen Gurtung werden die Querträger in umgekehrter Richtung durchgebogen und die Längsträger samt ihren Anschlüssen auf Zug beansprucht. Um einer zu großen Beanspruchung der Querträger infolge ihrer durch die Formänderung der Hauptträger hervorgerufenen Durchbiegung, die durch die Bremskraft oder den Anfahrwiderstand noch vergrößert werden kann, vorzubeugen, hat man vielfach an beiden Brückenenden wagerechte Verbände, sogenannte Bremsverbände, eingelegt (Abb. 820), die eine Durchbiegung der Endquerträger und damit auch der übrigen Querträger, die durch die Längsträger gegen die Endquerträger abgesteift sind, verhindern. Natürlich müssen in diesem Falle die Längsträger die Formänderungen der Hauptträger annähernd ganz mitmachen und erleiden hierdurch samt ihren Anschlüssen erhebliche Beanspruchungen. Der Vorteil für die Querträger ist also gleichbedeutend mit einem Nachteil für die Längsträger. Näheres hierüber enthält der Abschnitt XII.

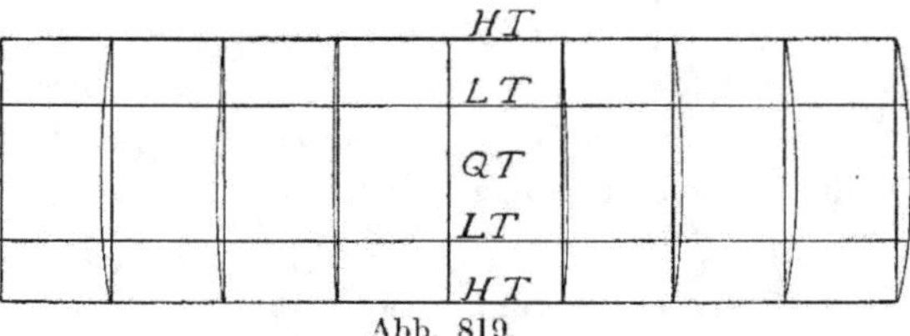

Abb. 819.

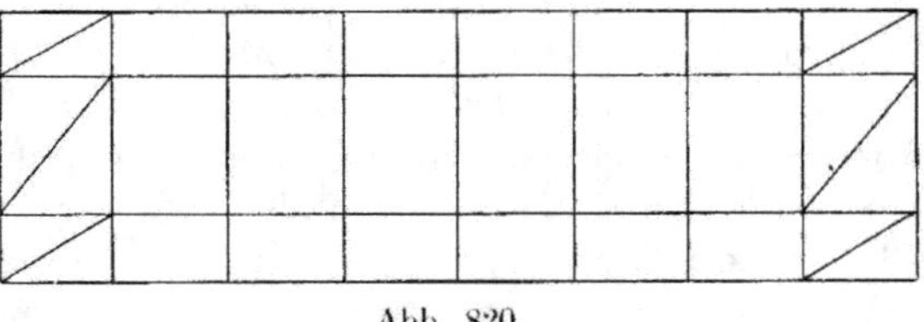
Abb. 820.

Um die Beeinflussung der Fahrbahnträger durch die Formänderung der Hauptträger ganz zu vermeiden, braucht man die Fahrbahn nur so zu lagern, daß sich ihre Bewegungen und die der Hauptträger unabhängig voneinander vollziehen können, was man z. B. bei hochliegender Fahrbahn dadurch erreichen

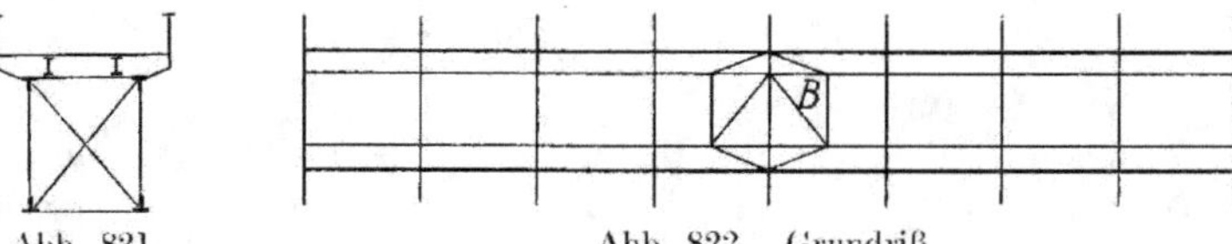

Abb. 821. Abb. 822. Grundriß.

kann, daß man sämtliche Querträger mit Ausnahme des mittelsten in der Längsrichtung beweglich auf den Hauptträgern anordnet (Abb. 821 u. 822). Die Längsträger werden fest an den Querträgern angeschlossen. Die Hauptträger können unter den Fahrbahnträgern ihre Form ändern, ohne diese zu beeinflussen. Die Längskräfte der Fahrbahn werden bei kleineren Überbauten durch den mit den Hauptträgern fest vernieteten mittelsten Querträger und bei größeren Überbauten durch einen Bremsträger B (Abb. 822) in die Hauptträger geleitet.

In allen den Fällen, in denen nur ein wagerechter Verband angeordnet werden kann und die außerhalb der Ebene dieses Verbandes liegenden Gurtungen nicht durch senkrechte Dreieckverbände, wie in Abb. 821, an diesem angeschlossen werden können, haben die Querträger noch eine weitere Aufgabe zu erfüllen. Sie müssen nämlich bei Blechträgern im Verein mit den Blechaussteifungen (Abb. 818) und bei Fachwerkträgern im Verein mit den Pfosten (Abb. 823) steife Halbrahmen bilden, um auf diese Weise die nicht mit einem wagerechten Verband versehenen Gurtungen gegen den Verband der anderen Gurtungen festzulegen. Zu diesem Zwecke werden die Querträger fest an den Stegblechaussteifungen oder an den Pfosten angeschlossen und zwischen diesen Bauteilen noch steife Ecken eingefügt.

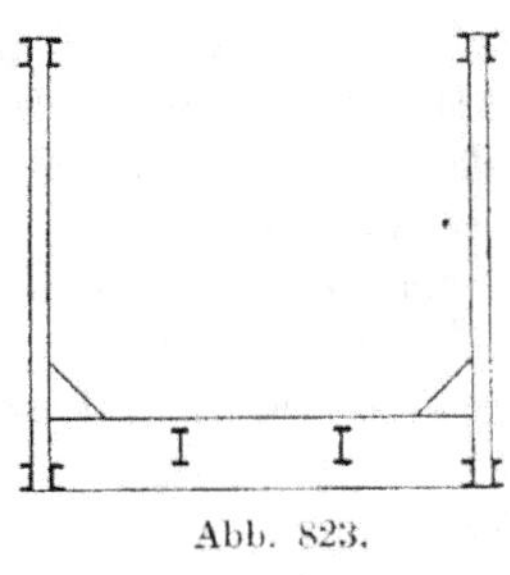

Abb. 823.

Nach diesen einleitenden Betrachtungen soll nun das Fahrbahnträgergerippe für die verschiedenen Fahrbahnanordnungen durchgesprochen werden.

1. Anordnung des Fahrbahnträgergerippes bei Fahrbahnen ohne Durchführung der Bettung.

Schwellenträgerabstand.

Die Schwellenträger werden in der Regel in einem Abstand von 1,5 bis 1,9 m voneinander symmetrisch zur Brückenmitte angeordnet (Abb. 818). Der gebräuchlichste Abstand ist 1,8 m. Bei ihm ist die Schiene von ihrem benachbarten Schwellenträger nur 0,15 m entfernt und infolgedessen das Moment für die Schwelle gering. Anderseits liegt die Schiene so weit vom Schwellenträger ab, daß infolge der Durchbiegungen der Schwelle ein elastisches Fahren gewährleistet wird. Bei sehr beschränkter Bauhöhe, bei der es darauf ankommt, die Höhe der Schwelle nach Möglichkeit einzuschränken, legt man wohl die Schwellenträger unmittelbar unter die Schienen (vgl. das auf S. 434 und 435 hierüber Gesagte). Hiermit ist der Übelstand eines weniger elastischen Fahrens und weiter für die Querträger eingleisiger Brücken das Auftreten eines dem vergrößerten Abstand des Schwellenträgers vom Hauptträger entsprechend erhöhten Momentes verbunden. Auch aus dem Zusammentreffen der Befestigungsmittel für Schienen und Schwellen können Schwierigkeiten entstehen.

Querträgerabstand.

Gestattet die Ausbildung der Hauptträger die freie Wahl des Querträgerabstandes, was in der Regel nur bei Blechträgern der Fall ist, so ist im allgemeinen wohl derjenige Abstand zu wählen, der die geringsten Kosten für das Fahrbahnträgergerippe ergibt. Für die preußischen Lastenzüge *A* und *B*, die Radstände von 1,5 m besitzen, ergibt ein geringerer Querträgerabstand als 1,5 m keine nennenswert geringeren Abmessungen für die Querträger als ein Abstand von 1,5 m, während die Abmessungen für die Längsträger mit Verringerung der Querträgerabstände unter 1,5 m noch abnehmen. Bei größeren Abständen nehmen die Abmessungen für beide Trägergattungen zu. Der Gewichtszunahme der einzelnen Träger kann jedoch wegen des größeren Abstandes und der damit verbundenen kleineren Anzahl der Querträger eine solche Abnahme des Gewichtes der Gesamtheit der Querträger und der Kosten für die Anschlüsse der Längs- und Querträger gegenüberstehen, daß die Kosten für das laufende Meter der Brücke abnehmen. Es wird sich also für jede Brückenbreite eine bestimmte Querträgerentfernung ermitteln lassen, die einen geringsten Aufwand für das Fahrbahnträgergerippe liefert. Für jeden Lastenzug lassen sich diese Werte allgemein rechnerisch festlegen, wie dies auch schon oft geschehen ist. Da jedoch diese Ergebnisse durch praktische Erwägungen in Frage gestellt werden, so soll von einer solchen Betrachtung hier abgesehen werden. Man wird z. B. die Walzträger wegen ihrer entschiedenen Vorteile für die Unterhaltung den genieteten Trägern auch dann noch vorziehen, wenn die letzteren weniger Anschaffungskosten verursachen. Es empfiehlt sich, bei Blechträgern in jedem besonderen Falle eine kurze Rechnung zur Ermittlung des günstigsten Querträgerabstandes anzustellen, wozu für die Brücken, die nach den preußischen Lastenzügen *A* und *B* berechnet werden, die „Hilfswerte für das Entwerfen und die Berechnung von Brücken mit eisernem Überbau von F. Dircksen“[1]) wertvollen Anhalt bieten.

Bei Fachwerkträgern beeinflußt der Querträgerabstand die Form und damit auch das Gewicht der Hauptträger. Zur Ermittlung des günstigsten Querträgerabstandes müssen die Fahrbahn und die Hauptträger bei einer Vergleichsrechnung berücksichtigt werden. Mit Verringerung des Querträgerabstandes ergeben sich geringere Gewichte für die Quer- und Längsträger und infolge der steileren Neigungen der Hauptträgerstreben für diese kleinere Abmessungen. Dafür nimmt aber die Zahl der Streben, Pfosten, Knotenbleche und Querträger zu. Theoretische Ableitungen für die günstigste Querträgerentfernung bei Fachwerkträgern stoßen demnach auf recht erhebliche Schwierigkeiten und liefern wenig befriedigende Ergebnisse, da sie mannigfache bauliche Einzelheiten nicht berücksichtigen können. Vergleiche hierzu die Abhandlung über die zweckmäßigste Feldweite bei Fachwerkbrücken auf S. 188.

2. Anordnung des Fahrbahnträgergerippes bei Fahrbahnen mit Durchführung der Bettung.

Bei Verwendung von Buckelplatten.

Der Abstand der Längs- und Querträger voneinander richtet sich hier nach der Größe der Buckelplatten, für deren Längen- und Breitenabmessungen 1.5 bis 2.0 m günstige Werte sind.

Bei vollwandigen Hauptträgern mit tiefliegender Fahrbahn legt man die Querträger in 1.5 bis 2.0 m Abstand voneinander. Je nachdem die Bettung bis an die Hauptträger herangeführt oder gegen die Hauptträger durch seitliche Bleche abgeschlossen wird (Abb. 766 u. 765), ordnet man bei eingleisigen Überbauten nur einen Längsträger in der Mitte oder außer diesem noch zwei seitliche Längsträger zur Stützung der Buckelplatten und seitlichen Abschlußbleche an. Diese seitlichen Längsträger müssen einen solchen Abstand von den Hauptträgern

[1]) Erschienen im Verlag von Wilhelm Ernst & Sohn, Berlin. 4. Aufl., 1913 bearbeitet vom Verfasser dieses Buches.

haben, daß letztere noch bequem nachgesehen werden können. Als kleinste Größe für diesen Abstand ist das Maß von 0,35 m anzusehen. Auf einige beim unmittelbaren Anschluß der Buckelplatten an den Stegblechen der Hauptträger zu beachtende Gesichtspunkte soll gleich an dieser Stelle aufmerksam gemacht werden. Es empfiehlt sich, den Anschluß nach einer der in Abb. 824a und b dargestellten Anordnungen auszubilden. Dabei ist der eine der senkrechten Winkelschenkel so lang zu wählen (13 cm), daß zwei versetzte Nietreihen in ihm Platz finden. Die beiden Winkel werden in der Werkstatt fest mit dem Hauptträger verbunden und die Buckelplatten auf der Baustelle aufgenietet. In der Abb. 825 ist der nach Abb. 824a ausgebildete Anschluß der Winkel an dem Hauptträger in der Ansicht dargestellt (zum Querschnitt in Abb. 766 gehörig). Die Aussteifungswinkel der Blechwand des Hauptträgers liegen nur auf der Außenseite, der obere der beiden Anschlußwinkel kann infolgedessen über die Querträger hinweggeführt werden, der untere endet in den einzelnen Feldern an den Querträgern. Häufig

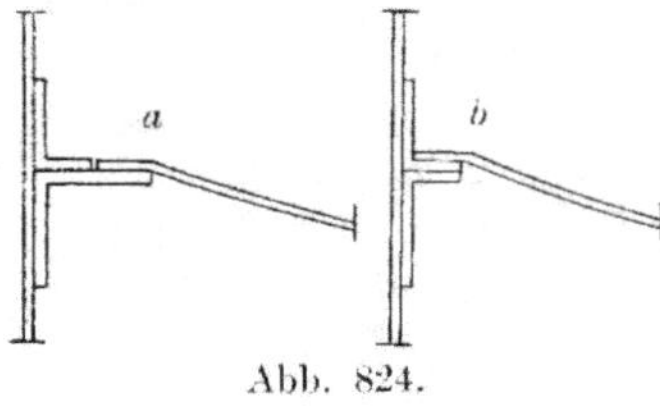

Abb. 824.

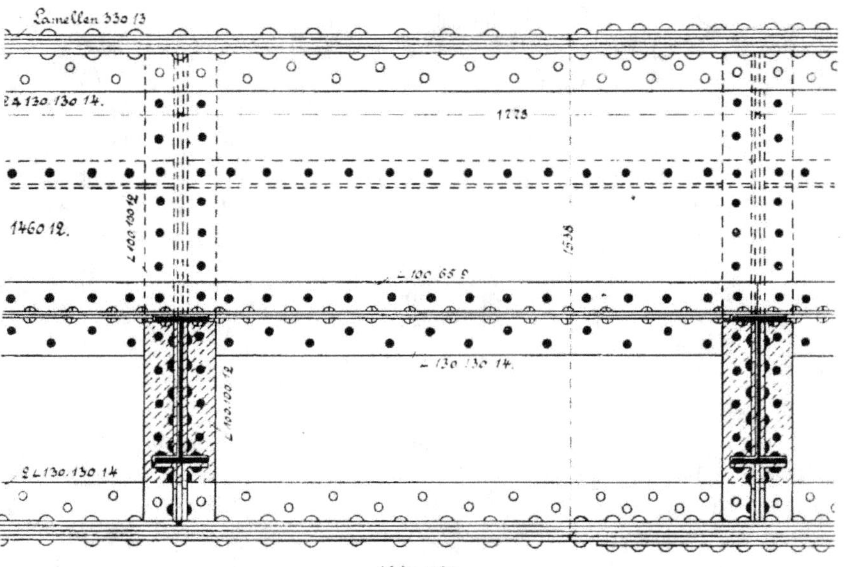

Abb. 825.

ist der Anschluß auch nach Abb. 826 ausgeführt worden, der jedoch zu Bedenken Anlaß gibt. Werden nämlich beide Winkel in der Werkstatt mit dem Hauptträger verbunden, so ist es nicht zu vermeiden, daß die zwischen beiden Winkeln verbleibende Fuge ungleichmäßig, also an einigen Stellen größer als die Stärke der Buckelplattenränder ausfällt. Die Folgen davon sind Schwierigkeiten beim Nieten und Undichtigkeit in der Fuge. Diesem Übelstand könnte man dadurch begegnen, daß nur der untere Winkel in der Werkstatt mit dem Hauptträger vernietet wird, alsdann auf der Baustelle die Buckelplatten und der obere Winkel aufgenietet werden und schließlich der senkrechte Schenkel des oberen Winkels mit dem Hauptträger verbunden wird. Hierbei nimmt aber die Anzahl der auf der Baustelle zu schlagenden Niete erheblich zu. Nur einen Winkel als Auflager der Buckelplatten zu verwenden, empfiehlt sich wegen des Bestrebens der Buckelplatten, diesen von dem Hauptträger abzubiegen (Abb. 827). nicht.

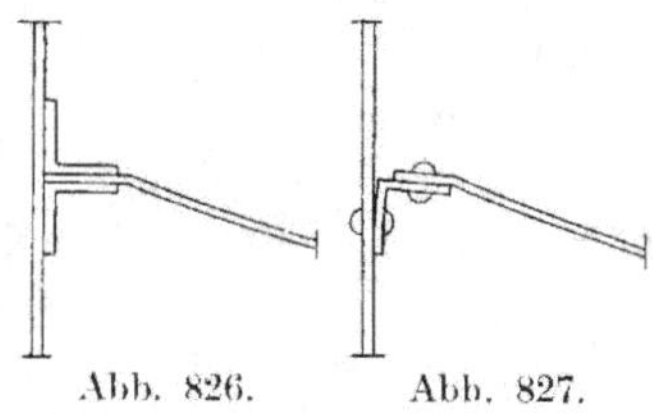
Abb. 826. Abb. 827.

Liegt die Fahrbahn über vollwandigen Hauptträgern und ergibt eine Vergleichsrechnung, daß die Kosten für 1 qm der Brücke sich bei einem Hauptträgerabstand bis 2,2 m (Abb. 816) höher stellen als bei einem größeren Abstande, so wählt man den größeren Abstand und ordnet in der Mitte zwischen zwei Hauptträgern einen besonderen, an den Querträgern angeschlossenen Längsträger an (Abb. 762) und lagert die Buckelplatten auf den Obergurten der Hauptträger, den Längs- und Querträgern.

Bei Fachwerkträgern bestimmt die günstigste Feldweite den Abstand der Hauptquerträger (vgl. S. 188). Da im allgemeinen die Länge der Buckelplatten das Maß von 2,2 m nicht übersteigt, so werden beim Fachwerkträger in der Regel zur Unterstützung der Buckelplatten Zwischenquerträger erforderlich, die zwischen den Hauptquerträgern an den Längsträgern angeschlossen werden, wie dies die Abb. 828 zeigt, in der mit A der Hauptquerträger und mit B der Zwischenquerträger bezeichnet ist.

Bei eingleisigen Fachwerküberbauten mit zwischen den Hauptträgern liegender Fahrbahn empfiehlt sich die Anwendung eines mittleren Längsträgers

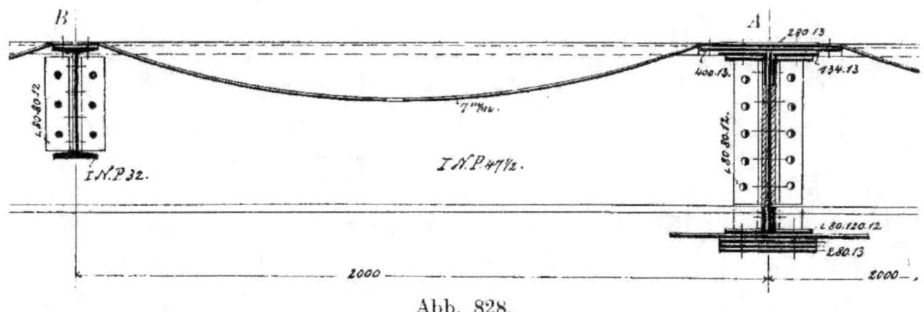

Abb. 828.

und zweier seitlicher Längsträger. Letztere werden zweckmäßig auf die Querträger gelegt und dienen zugleich zum Abschluß der Bettung (Abb. 763).

Bei Verwendung von Flachblechen.

Zur Unterstützung der Fahrbahntafel aus Flachblechen werden die Querträger bei vollwandigen Hauptträgern in einem Abstand von 1,5 bis 2,0 m angeordnet. Bei Fachwerkbrücken richtet sich die Entfernung der Querträger nach dem Abstand der Knotenpunkte. Die Anordnung von Zwischenquerträgern erübrigt sich hier. Der Längsträgerabstand darf wegen der geringen Tragkraft der Flachbleche nicht größer als 1.0 m sein (siehe Abb. 782 u. 783).

b. Ausbildung der Fahrbahnträger.

α. Ausbildung der Längsträger.

Die Längsträger werden, soweit das erforderliche Trägheitsmoment es zuläßt, aus Walzträgern gebildet, weil diese den genieteten Trägern infolge ihres niedrigen Einheitspreises und ihrer geringen Kosten in der Unterhaltung selbst bei höherem Gewicht wirtschaftlich überlegen sind. Wird die Bettung nicht durchgeführt, so werden für die Schwellenträger meist I-Eisen verwendet, und zwar bei ausreichender Bauhöhe Normalprofile und bei sehr beschränkter Bauhöhe mit Vorteil die breitflanschigen I-Träger. Bei Durchführung der Bettung und Verwendung von Buckelplatten werden die Längsträger aus I- und ⊏-Eisen gebildet, und zwar die seitlichen Längsträger (Abb. 764), auf denen nur der Rand einer Buckelplatte liegt, aus ⊏-Eisen, der mittlere Längsträger aus I- oder ⊏-Eisen (vgl. hierzu die Erörterungen auf S. 449 bis 451).

Reichen die Widerstandsmomente der Walzträger allein nicht mehr aus, so kann man diese Träger durch Aufnieten von Platten verstärken. In den meisten Fällen empfiehlt sich dies jedoch nicht, da sich aus Stegblechen, Winkeln und Kopfplatten günstigere Querschnitte bilden lassen und auch der Vorteil für die Unterhaltung dann nicht mehr so ins Gewicht fällt. Die genieteten Träger erhalten wenigstens im Obergurt eine durchgehende Kopfplatte, damit die auflagernden Querschwellen oder Buckelplatten die Winkel nicht ungünstig beanspruchen (vgl. S. 160). Es ist nicht nötig, den Querschnitt symmetrisch anzuordnen; man kann zur Ersparung von Nietarbeit den Untergurt ohne Kopfplatte ausbilden, muß aber dann hier viel kräftigere und größere Winkel verwenden als im Obergurt, damit zum Zweck günstiger Trägerausnutzung der Schwerpunkt annähernd in die Mitte des Stegbleches fällt (Abb. 829). Über die Lagerung der Querschwellen und der Buckelplatten auf den Längsträgern mit mehreren Kopfplatten ist auf Seite 436 u. 448 schon das Nötige gesagt worden. Die Höhe der Längsträger soll, wo die zur Verfügung stehende Bauhöhe dies zuläßt, nicht unter $^1/_6$ der Feldweite gewählt werden, damit die Durchbiegungen dieser Träger klein bleiben. Bei großen Durchbiegungen werden die festen Anschlüsse der Längsträger an den Querträgern sehr ungünstig beansprucht. Beide Gurtungen der Längsträger werden in der Regel wagerecht über die ganze Länge durchgeführt, da sich eine Verminderung der Höhe nach den Trägerenden zu zur Ersparnis an Gewicht nicht lohnt und auch wegen des Anschlusses nicht erwünscht ist. Bei der Bestimmung der Nietteilung in den senkrechten Winkelschenkeln des Obergurtes solcher Längsträger, auf denen die Querschwellen unmittelbar aufruhen, ist darauf Rücksicht zu nehmen, daß diese Niete nicht allein den Unterschied in den Normalspannungen der Gurtquerschnitte, sondern auch den Auflagerdruck der Querschwellen aufzunehmen haben (vgl. hierzu die Abhandlung auf S. 166).

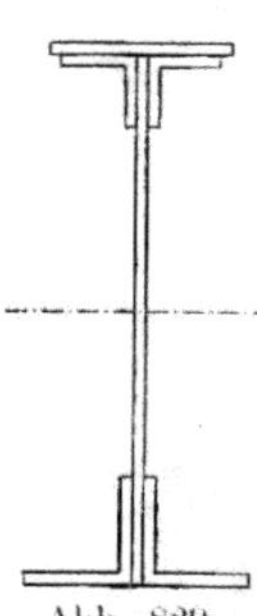

Abb. 829.

In den Abb. 830a bis d ist ein Blechträgerüberbau mit offener Fahrbahn und sehr beschränkter Bauhöhe veranschaulicht. Die Längsträger sind aus Differdinger I 22 *B* gebildet. Über ihren Anschluß und über weitere Einzelheiten des Überbaues ist an späteren Stellen die Rede. Der Abstand der Querträger beträgt 1.667 m.

Größere Längsträger, von 2.5 m Stützweite an, sind wie die vollwandigen Hauptträger zu behandeln und mit senkrechten Aussteifungen zu versehen (vgl.

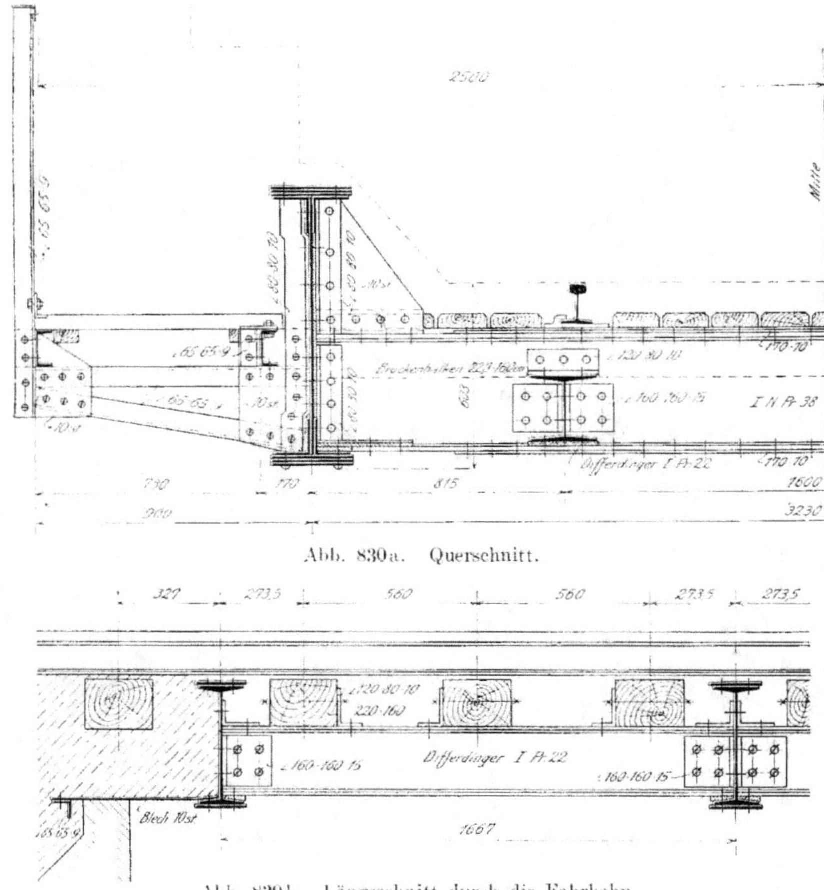

Abb. 830a. Querschnitt.

Abb. 830b. Längsschnitt durch die Fahrbahn.

die Abhandlung über die Ausbildung der vollwandigen Hauptträger auf den Seiten 152 bis 177). Auch ist für den Fall, daß die Längsträger nicht durch eine aus Buckelplatten, Flachblechen usw. gebildete Fahrbahntafel in wagerechter Richtung ausgesteift sind, und bei Längen von 2.5 m an aufwärts die Anordnung eines wagerechten Verbandes zwischen den Längsträgern notwendig, um den Obergurt gegen Ausknicken zu sichern und zu verhindern, daß die Seitenstöße der Lokomotiven und der Winddruck auf die Fahrzeuge die Längsträger in der

Querrichtung der Brücke zu ungünstig beanspruchen. Man kommt hierbei für gewöhnliche Längen der Längsträger mit zwei Diagonalen und einer Absteifung der Mitte des einen Längsträgers gegen die Dreieckspitze aus (Abb. 831). Für die Berechnung dieses Verbandes genügen einfache Annahmen. Den Winddruck

Abb. 830c. Längsschnitt und Hauptträgeransicht.

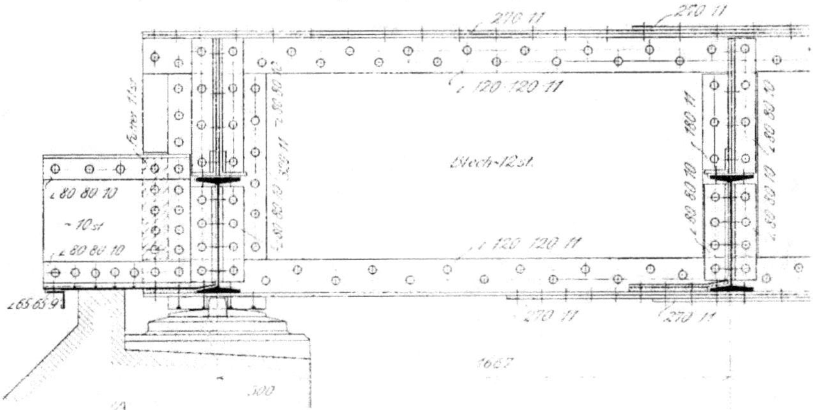

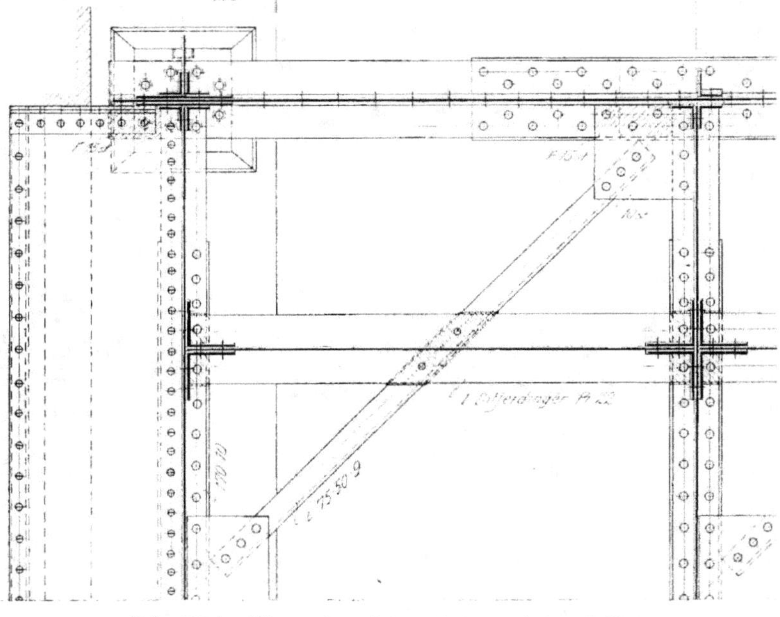

Abb. 830d. Wagerechter Längsschnitt und Grundriß.

lasse man außer acht, nehme an der schwersten Lokomotivachse eine wagerechte und quer zur Gleisachse wirkende Seitenstoßkraft $H_s = {}^1/_4$ der Achslast an und lasse diese Kraft in der Mitte des Verbandes angreifen. Dann erhält man für V den Wert $\pm H_s$ und für D den Wert $\pm \frac{H_s}{2 \sin \alpha}$. Der Anschluß der Diagonalen macht bei der in der Abb. 831 dargestellten Anordnung in den Ecken wegen der Anschlußwinkel der Längsträger geringe Schwierigkeiten. Man bildet deshalb den Verband auch in der in der Abb. 832 dargestellten Weise aus. Die Anschlüsse liegen hier in den Mitten der Längs- und Querträger. Damit die Schwellen sich nicht auf den Verband aufsetzen und die Unterhaltung des Verbandes durch die Schwellen nicht behindert wird, legt man den Verband ungefähr 12 cm unter die Oberkante der Längsträger (Abb. 832). Die Querversteifung in der Mitte des Verbandes muß in diesem Falle natürlich so kräftig ausgebildet und angeschlossen werden, daß sie imstande ist, das aus den Seitenstößen herrührende, auf die Längsträger wirkende Torsionsmoment aufzunehmen.

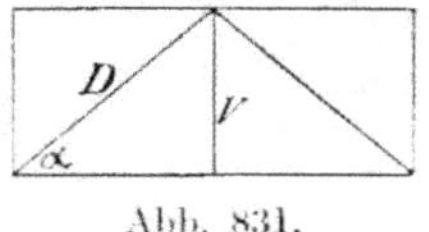

Abb. 831.

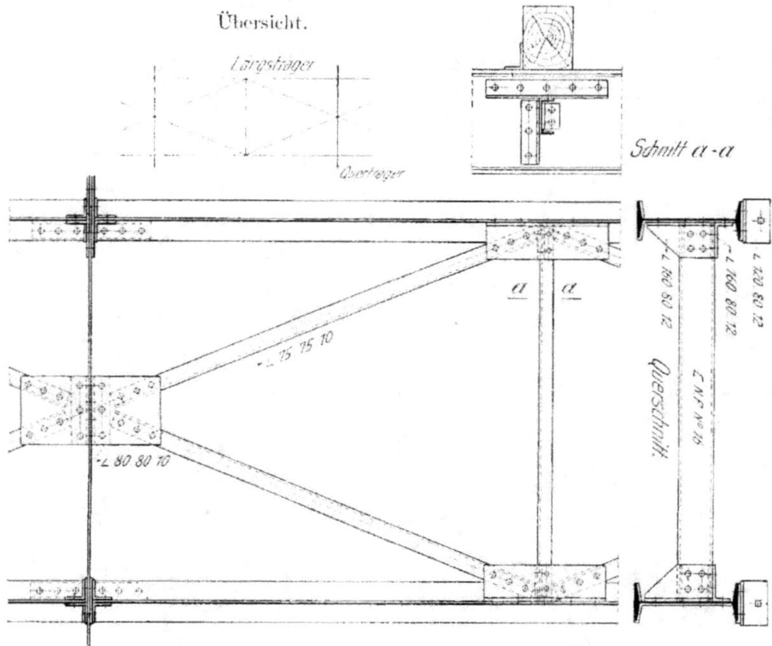

Abb. 832. Grundriß.

In dem Falle, daß der Windverband in geringem Abstande unter den Längsträgern liegt, kann man einen besonderen wagerechten Verband zwischen den Längsträgern dadurch ersparen, daß man die Mitten der sich gegenüberliegenden Längsträger verbindet und das Verbindungsglied gegen den Kreuzungspunkt der Diagonalen des Windverbandes festlegt, wie dies in den Abb. 833a und b veranschaulicht ist. Die aus I 38 bestehenden Längsträger sind durch ein [18, das durch ein wagerechtes und ein senkrechtes Winkeleisen an jedem der Längsträger angeschlossen ist, miteinander verbunden. In der Mitte des Verbindungsstabes ist ein 10 mm starkes Flacheisen angenietet, das durch ein Winkeleisen mit dem Knotenblech des Kreuzungspunktes der Windverbanddiagonalen verbunden ist.

Wagerechter Längsschnitt durch die Hauptträger.

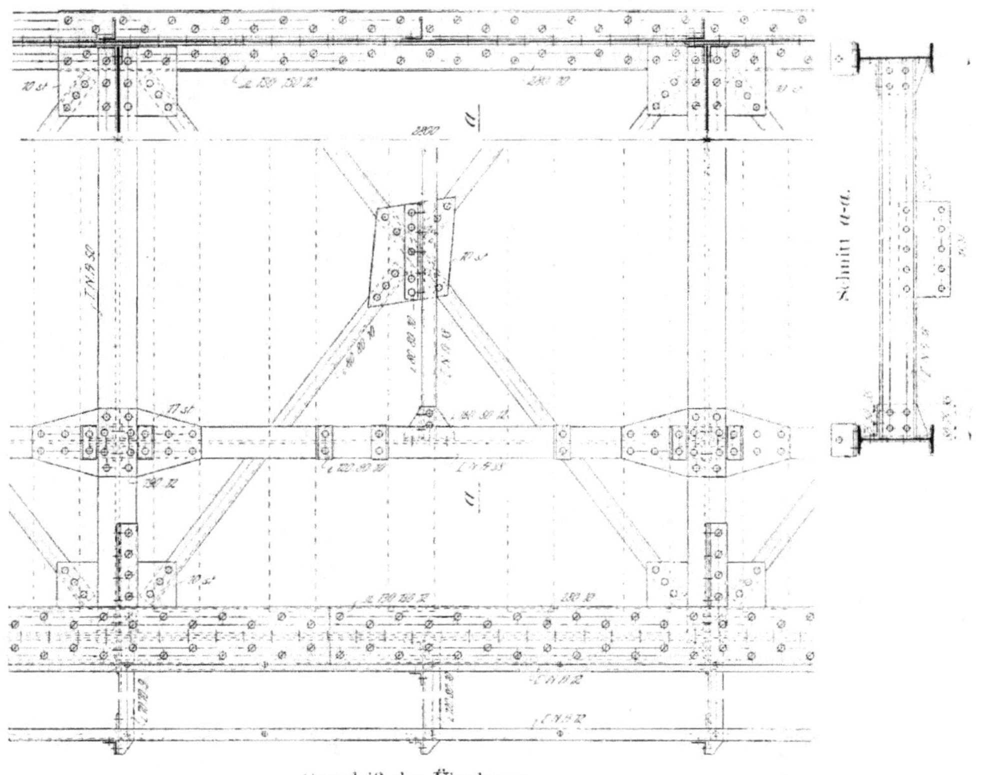

Grundriß des Überbaues.
Abb. 833a.

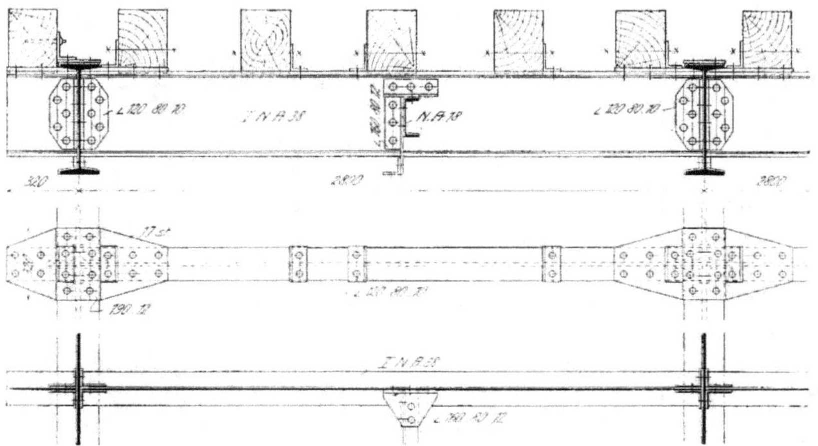

Abb. 833b. Senkrechter Längsschnitt durch die Fahrbahn.
Draufsicht auf die Längsträger und wagerechter Längsschnitt durch die Längsträger.

β. Ausbildung der Querträger.

Auch für die Querträger wählt man aus den bei der Erörterung über die Ausbildung der Längsträger angeführten Gründen, soweit es geht, Walzträger. Sie sind jedoch wegen ihres verhältnismäßig kleinen Trägheitsmomentes nur in beschränktem Maße bei geringer Brückenbreite und kleiner Feldweite verwendbar. Für die Querträger wird deshalb häufiger als für die Längsträger der vollwandige genietete Blechträger ausgeführt. Die Gurtungen läßt man auch hier gern wagerecht über die ganze Länge (Abb. 763) durchgehen. Bei hochliegender Fahrbahn kann aber die zur Verfügung stehende Bauhöhe oft die Verminderung der Stegblechhöhe über den Auflagern der Querträger auf den Hauptträgern erfordern (Abb. 834). Ebenso bedingt die gelenkige Lagerung der Querträger

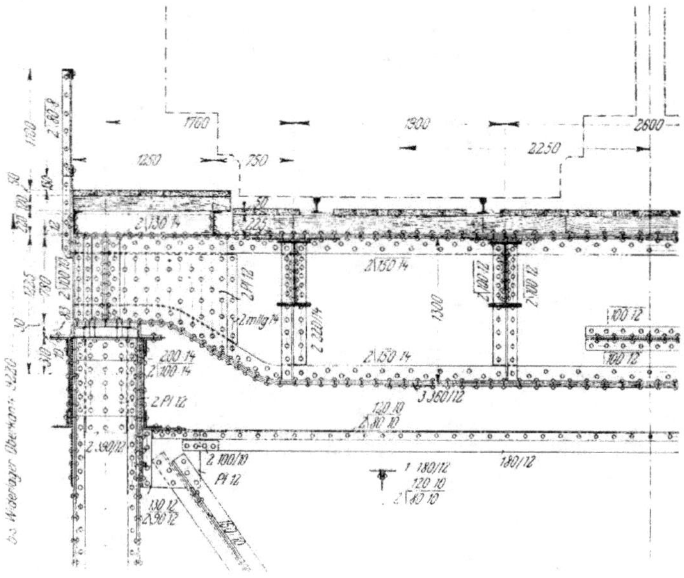

Abb. 834.

an den Hauptträgern und der Anschluß der Querträger an den Hängestangen der Zweigelenkbogen mit Zugband für den Fall, daß die Fahrbahn beweglich gegen das Zugband angeordnet wird, die Verringerung der Stegblechhöhe an den Lager- oder Anschlußstellen. Hiervon ist unter B 2 c β und B 2 e α dieses Abschnittes noch die Rede. Die Stegblechhöhe ist auch bei den Querträgern nicht zu gering zu wählen, um große Durchbiegungen zu vermeiden. Sie wird allerdings in sehr vielen Fällen durch eine geringe zur Verfügung stehende Bauhöhe beschränkt sein, jedenfalls sollte sie nicht unter $^1/_{10}$ der Stützweite der Querträger gewählt werden. Ist man durch die Bauhöhe nicht an bestimmte Grenzen gebunden, so gibt man bei eingleisigen Eisenbahnbrücken dem Stegblech mit Vorteil eine Höhe von $^1/_{5,5}$ bis $^1/_{6,5}$ der Querträgerstützweite, bei zweigleisigen Eisenbahnbrücken von $^1/_{6,5}$ bis $^1/_8$ der Querträgerstützweite, namentlich bei oben offenen Fachwerkbrücken, wo die Querträger einen wesentlichen Bestandteil der steifen Halbrahmen bilden, durch die der Obergurt gegen Ausknicken gesichert wird. Näheres hierüber findet sich unter B 2 c β dieses Abschnitts und im Abschnitt XI. Liegen die Längsträger auf den Querträgern (Abb. 836), so werden die Stegbleche der letz-

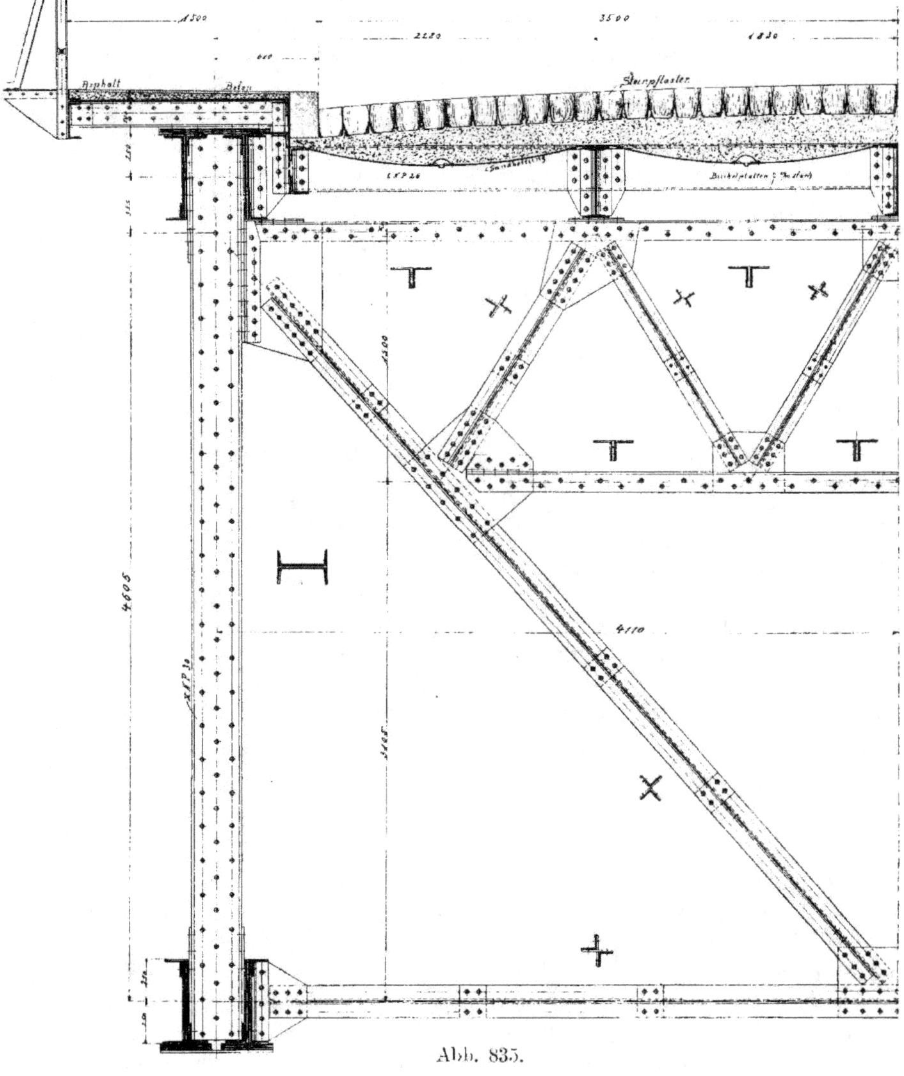

Abb. 835.

teren unter den Auflagerstellen durch Winkeleisen ausgesteift. Liegen die Längsträger zwischen den Querträgern (Abb. 834), so dienen die Anschlußwinkel der Längsträger zur Aussteifung des Stegbleches der Querträger. Bei Fahrbahnen mit Durchführung der Bettung sichert die Fahrbahntafel den Obergurt der Querträger gegen Ausknicken, bei Fahrbahnen ohne Durchführung der Bettung muß bei breiteren Überbauten der Obergurt der Querträger durch die Längsträger gegen einen Bremsverband festgelegt und dadurch gegen Ausknicken gesichert werden.

Zuweilen sind die Querträger bei großer Brückenbreite auch als Fachwerkträger ausgebildet worden (Abb. 835)[1]). Jedoch gehört diese Bauweise zu den Seltenheiten. Der Baustoffersparnis steht die schwierige Herstellung gegenüber.

c. Befestigungen und Lagerungen der Fahrbahnträger.

α. Befestigungen und Lagerungen der Längsträger.

Die Längsträger werden entweder zwischen den Querträgern (Abb. 834) oder auf den Querträgern (Abb. 836) angeordnet. Die erste Bauweise findet sich

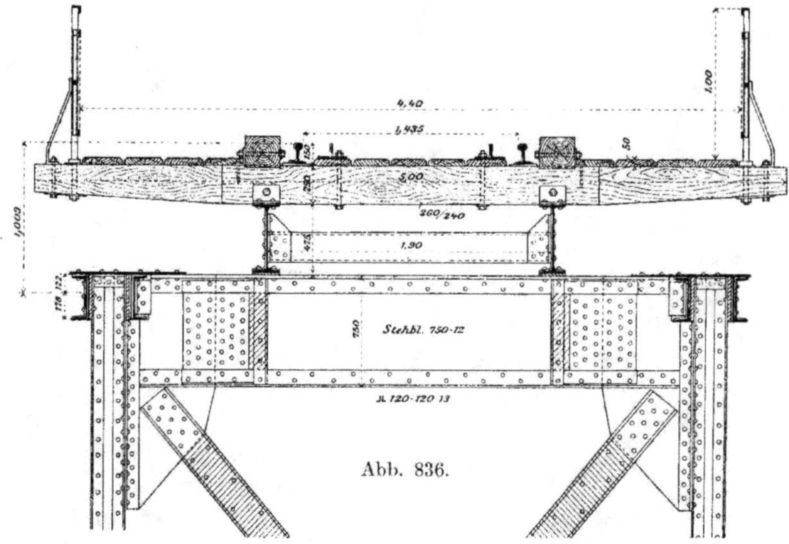

Abb. 836.

bei Fahrbahnen mit und ohne Durchführung der Bettung, die letztere dagegen im allgemeinen nur bei unmittelbarer Auflagerung der Querschwellen auf den Längsträgern.

Die auf den Querträgern gelagerten Längsträger läßt man in der Regel kontinuierlich durchlaufen und verbindet sie oft fest mit den Querträgern durch Niete. Über den Querträgern werden sie gegeneinander ausgesteift, wodurch erreicht wird, daß nicht jeder Längsträger für sich, sondern beide Längsträger zusammen als eine einheitliche Verbindung durch die seitlichen Kräfte auf Umkippen beansprucht werden (Abb. 836). An dieser Queraussteifung können auch die Diagonalen eines etwa erforderlichen Längsträgerverbandes nach Abb. 832 angeschlossen werden.

[1]) Dieser Querträger ist zwar bei einer Straßenbrücke (auf Bahnhof Vohwinkel von der Union-Dortmund ausgeführt) angeordnet worden, er eignet sich aber in dieser Form auch für Eisenbahnbrücken.

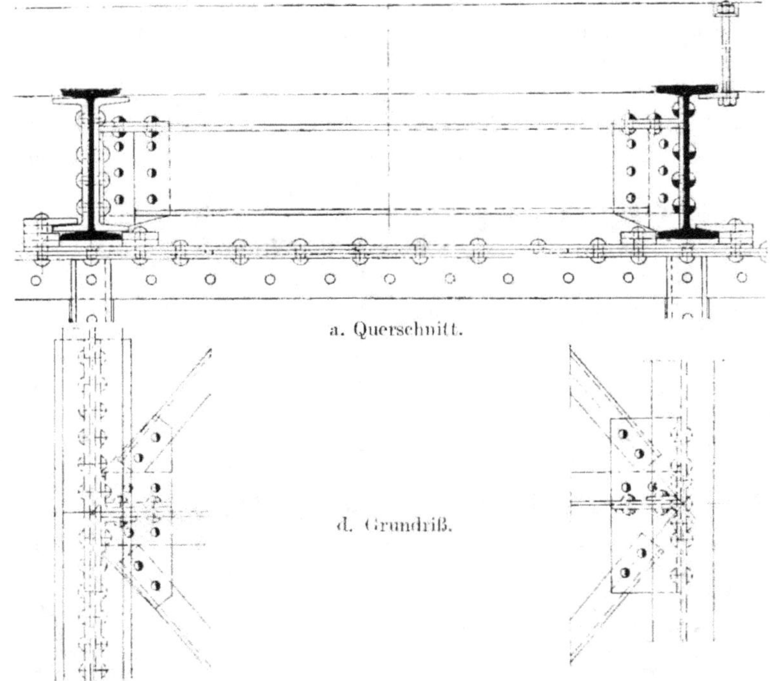

a. Querschnitt.

d. Grundriß.

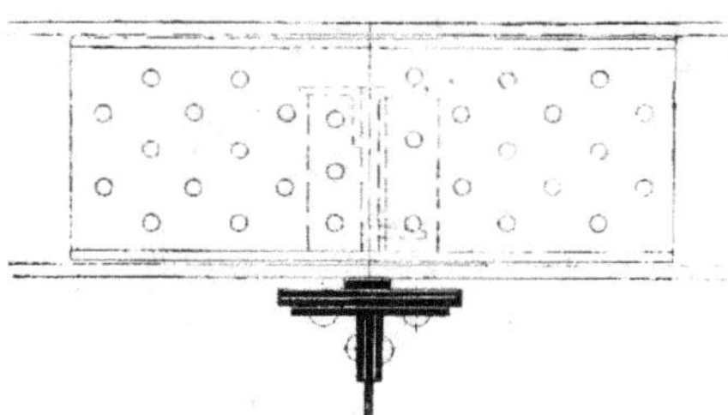

b. Stoß der Schwellenträger.

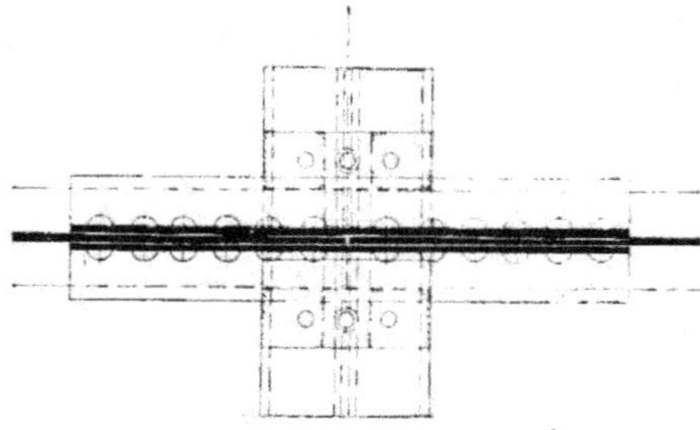

c. Wagerechter Längsschnitt durch den Stoß der Schwellenträger.

Abb. 837.

Bei der Lage der Längsträger über den Querträgern läßt sich die Beeinflussung der Fahrbahn durch die Formänderung der Hauptträger leicht dadurch vermeiden, daß die Längsträger beweglich auf den Querträgern gelagert werden. Diese Art der Lagerung ist in mustergültiger Weise bei der Rheinbrücke der Albulabahn bei Thusis ausgeführt worden (Abb. 837). Die Längsträger sind zentrisch und längsbeweglich auf den Querträgern gelagert. Knaggen, die beiderseits über die äußeren Seiten der unteren Flansche der Längsträger greifen, verhindern Aufwärtsbewegungen, zu denen das Bestreben infolge der negativen Auflagerdrucke der durchlaufenden Längsträger vorhanden ist. Über jedem Querträger sind die Längsträger durch ein [20 gegenseitig ausgesteift, das die seitlichen Stöße zum Fuß der Längsträger und weiter durch die zu beiden Seiten der Flansche auf den Querträger genieteten Flacheisen zu dem Querträger führt. An den Queraussteifungen sind die Diagonalen des Längsträgerverbandes angeschlossen. Die Längsträger bestehen aus I 34 und sind in gewissen Abständen über den Querträgern gestoßen; der Stoß ist durch zwei ⊏-Eisen B. N. P. $^{30}/_{8,9}$ gedeckt. In der Mitte der Brücke ist ein Bremsverband eingefügt, mit dem die der Mitte benachbarten Längsträger fest verbunden sind. Als Vorteile dieser Fahrbahnanordnung werden bei der Beschreibung in der Schweizerischen Bauzeitung auf S. 159 des Jahrgangs 1902 folgende angeführt: „Zwängungsspannungen zwischen Hauptträgerobergurt, Querträger und Längsträger, die bei der großen Stützweite der Brücke, infolge der Längenänderungen der Hauptträgergurtungen bei Belastung der Brücke, eine beträchtliche Größe annehmen, werden wesentlich vermindert. Die Querträger werden durch die punktförmige Lagerung der Längsträger zentrisch belastet. Sofern von den Reibungskräften abgesehen wird, haben sie nur die in die Querträgerebene fallende Lastkomponente aufzunehmen, während die in der Fahrbahnebene wirkenden Kräfte (Zug- und Bremskräfte) durch einen besonderen Bremskraftträger in Brückenmitte direkt auf die Hauptträger übertragen werden. Lockerungen von Anschlußnieten, wie sie bei zwischen den Querträgern liegenden Längsträgern so häufig vorkommen, sind ausgeschlossen. Die Durchbiegung der kontinuierlichen, über die Querträger laufenden Längsträger ist verhältnismäßig geringer, und der wellenförmige Verlauf der elastischen Linie der belasteten Längsträger gibt weniger Veranlassung zu Stoßwirkungen, als dies bei zwischen die Querträger eingelegten Einzelträgern der Fall ist.“

Bei der Lage zwischen den Querträgern werden die Längsträger in der Regel stumpf gegen die Querträger gestoßen und an den Stegen der letzteren durch Winkeleisen fest angeschlossen. Ist der Längsträger ein genieteter Träger (Abb. 838), so führt man die Anschlußwinkel, die das Stegblech des Längsträgers zwischen sich fassen, über die ganze Höhe des Querträgers durch, um diesen an der Anschlußstelle gut auszusteifen und das bei der Durchbiegung des Längsträgers entstehende Torsionsmoment auf die Gurtungen des Querträgers zu übertragen. Die Gurtwinkel des Längsträgers werden über die abstehenden Schenkel der Anschlußwinkel gekröpft (Abb. 838) oder auch vor diesen abgeschnitten. Das zweite Verfahren, das die Herstellung sehr erleichtert, gibt einen weniger einwandfreien Anschluß als das erste Verfahren. In dem Falle, daß am Anschluß unter dem Längsträger eine kleine Konsole angeordnet wird, ist das Abschneiden

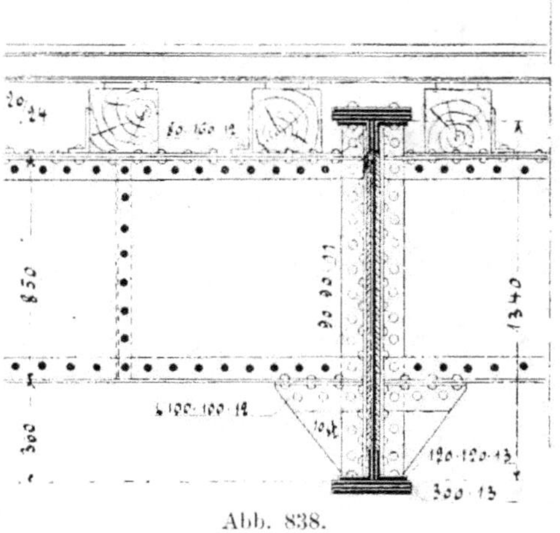

Abb. 838.

des Untergurtwinkels vor dem Anschlußwinkel unbedenklich. Ist der Längsträger ein **I**-Eisen, so wird von vielen Konstrukteuren der in der Abb. 839 dargestellte Anschluß gewählt, bei dem man den einen Anschlußwinkel unter Fortnahme der Flansche des Längsträgers auf der einen Seite über die ganze Höhe des Querträgers zum Zweck der Aussteifung und der Übertragung des Torsionsmomentes auf die Gurtungen reichen läßt, den anderen Anschlußwinkel dagegen nicht über die Flansche hinausführt, um den Längsträger nicht zu sehr zu schwächen. Genügt zur Unterbringung der Niete im Steg des Längsträgers nicht eine Nietreihe (Abbild. 839), so wählt man für den nicht durchgehenden Winkel ein Profil mit langen Schenkeln, die die Anordnung zweier versetzter Nietreihen gestatten, und für den durchgehenden Winkel ein ungleichschenkliges Profil, an dessen langem Schenkel der Längsträger befestigt wird (Abb. 840).

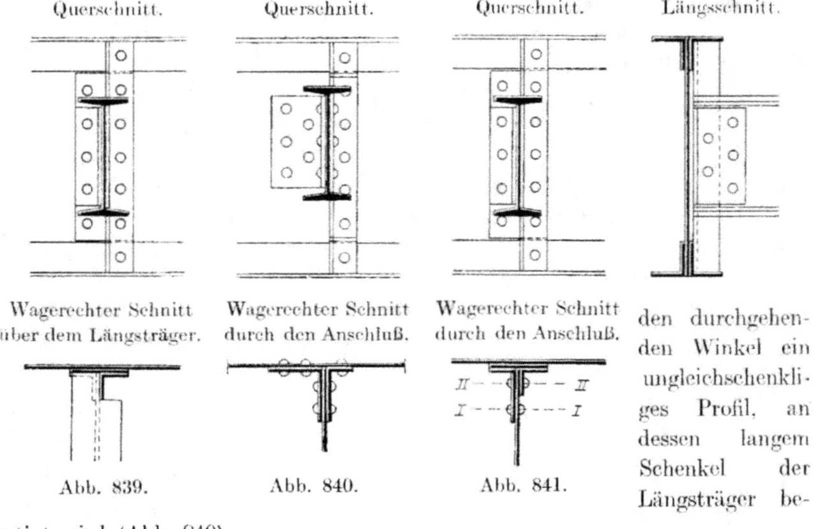

Abb. 839. Abb. 840. Abb. 841.

Es sei noch auf einen an vielen Bauwerken ausgeführten Anschluß hingewiesen, der ebenso wie seine Berechnung nicht einwandfrei ist (Abb. 841). Der Längsträger ist durch einen durchgehenden gleichschenkligen und einen kurzen ungleichschenkligen Winkel in der aus Abb. 841 zu ersehenden Weise angeschlossen. Der Lochleibungsdruck in dem Steg des Längsträgers wurde nach der Gleichung $\sigma_1 = \frac{A}{5d \cdot t}$, in der A den Auflagerdruck, d den Nietdurchmesser und t die Stegstärke bedeutet, die Scherbeanspruchung der im Steg des Längsträgers sitzenden Niete nach der Gleichung $\tau = \frac{A}{\frac{7\pi d^2}{4}}$ und schließlich die Scherbeanspruchung der Niete im Querträger nach der Gleichung $\tau = \frac{A}{\frac{6\pi d^2}{4}}$ errechnet. Diese Berechnungsweise ist ganz willkürlich und zusammenhanglos. Die erste Gleichung kann als richtig angesehen werden, da der Längsträger sich mit gleichem Druck auf alle fünf Niete aufsetzen wird. Entsprechend dieser Verteilung kommt auf die Schnitte der Niete I (Abb. 841) je $\frac{A}{5}$ und auf die Schnitte der Niete II je $\frac{A}{10}$. Infolgedessen überträgt der ungleichschenklige Winkel $\frac{3}{5}A + \frac{2}{10}A$ und der gleichschenklige Winkel nur $\frac{2}{10}A$. Hiernach errechnet sich die Scherbeanspruchung der Niete, die den kurzen Schenkel des ungleichschenkligen Winkels mit dem Querträgersteg verbinden, zu $\tau = \frac{{}^4/_5\,A}{3\,\frac{\pi\,d^2}{4}}$ und der entsprechenden Niete im durchgehenden Winkel $= \frac{{}^1/_5\,A}{7\,\frac{\pi\,d^2}{4}}$. Diese Anordnung der Anschlußwinkel ist also als ganz unzweckmäßig zu bezeichnen und daher grundsätzlich zu vermeiden.

Durch Fortnahme der Flansche von I-Trägern entstehen leicht, wie die Erfahrung gezeigt hat, Risse im Steg an der Stelle, wo der Steg mit dem stehengebliebenen Flansch zusammenstößt. Dies ist der Grund, weshalb von vielen Konstrukteuren die in der Abb. 839 dargestellte Art des Anschlusses für nicht zweckmäßig gehalten und dem in der Abb. 842 veranschaulichten Anschluß der Vorzug gegeben wird. Die Anschlußwinkel reichen hier nicht über die Flansche der Längsträger hinaus. Die oberen Flansche der Längsträger sind durch wagerecht liegende Winkel mit dem Steg der Querträger verbunden; unter die unteren Flansche sind Flacheisen genietet, die einerseits der Aussteifung des unteren Teiles des Querträgers dienen und anderseits die Montage insofern erleichtern, als die Längsträger bei der Montage auf sie abgesetzt werden können. Die Flacheisen können auch durch Winkel ersetzt werden. Bei höheren Querträgern wird man zweckmäßig unter die unteren Flansche kleine Konsolen nieten, ähnlich wie bei der in der Abb. 838 dargestellten Anordnung. Nach denselben Grundsätzen ist auch der Anschluß der Längsträger des in der Abb. 830 dargestellten Überbaues ausgebildet worden. Nur ruhen hier die Längsträger unter Vermittlung keilförmiger Futterstücke auf den unteren Flanschen der Querträger. Dem Vorteil, daß die Flansche der Längsträger unversehrt bleiben, steht der Nachteil gegenüber, daß das bei der Durchbiegung der Längsträger entstehende Torsionsmoment nicht so gut wie bei dem in der Abb. 839 dargestellten Anschluß übertragen wird.

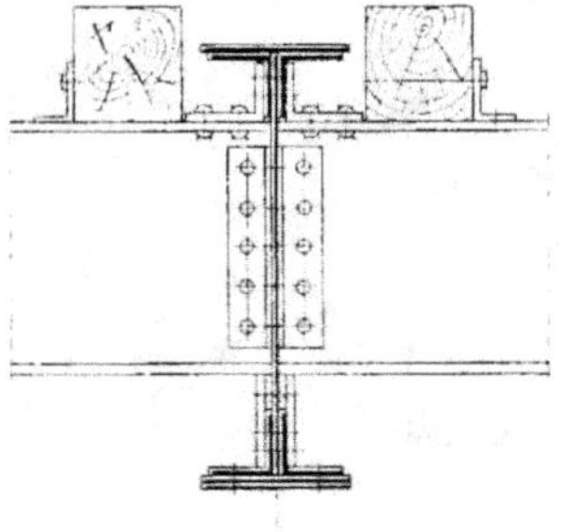

Abb. 842.

Der bisher geschilderte feste Anschluß der stumpf gegen die Querträger stoßenden Längsträger hat nun folgenden Nachteil: Am Anschluß sind die Längsträger zweier benachbarter Felder durch die Anschlußwinkel fest miteinander verbunden. Hierdurch und durch die Quersteifigkeit der Querträger werden die Längsträger zu durchlaufenden Trägern mit Einspannungsmomenten über den

Stützen. Neben den Auflagerdrucken rufen diese Stützenmomente in den Anschlußnieten Spannungen hervor und beanspruchen die Anschlußwinkel in ungünstiger Weise auf Abbiegen. Liegt nun z. B. die Fahrbahn am Untergurt eines Balkenträgers (Abb. 823), so wird die bei einer Belastung eintretende Ausdehnung des Untergurtes eine Zugspannung in den Längsträgern (vgl. hierzu die Ausführungen auf Seite 485) hervorrufen, die einen weiteren Spannungszuwachs in den Anschlußnieten und eine weitere ungünstige Inanspruchnahme der Anschlußwinkel verursacht. Die Berechnung der Stützenmomente stößt auf Schwierigkeiten, weil sie von den Durchbiegungen der Haupt- und Querträger, von der Quersteifigkeit der letzteren und bei der bisher erörterten Anschlußart der Längsträger von dem Abbiegen der Anschlußwinkel beeinflußt werden. Man bemißt daher die Anzahl der Anschlußniete bei der bisher geschilderten Anschlußart der Längsträger in der Regel allein nach dem Auflagerdruck, muß sich hierbei aber darüber klar sein, daß die Anschlußniete durch die Stützenmomente und gegebenenfalls auch durch Zugkräfte nicht unerhebliche Zusatzbeanspruchungen erfahren. Es empfiehlt sich, die Anzahl der Anschlußniete gleich dem 1,2fachen der Zahl zu wählen, die der Auflagerdruck allein erfordert.

Am wirksamsten tritt man der ungüstigen Beanspruchung der Anschlußwinkel auf Abbiegen dadurch entgegen, daß die Längsträger ganz durch den Querträger gesteckt oder doch Teile der Längsträger benachbarter Felder so miteinander

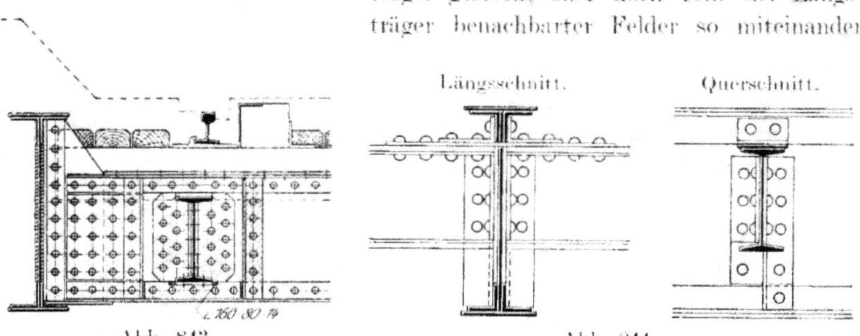

Abb. 843. Abb. 844.

in Verbindung gebracht werden, daß die Zugkräfte von Nieten aufgenommen werden, die auf Abscheren beansprucht werden. Bei den früheren Reichs-Eisenbahnen von Elsaß-Lothringen findet man vielfach die in der Abb. 843 dargestellte Anordnung. Der Querträger ist mit einem dem Profil des Längsträgers entsprechenden Ausschnitt versehen, durch den der Längsträger durchgesteckt ist. Der untere Flansch des Längsträgers ruht auf den abstehenden Schenkeln zweier Winkel. Außerdem ist der Längsträger auf jeder Seite durch zwei Winkel 160 · 80 · 14 an dem Steg des Querträgers festgenietet, welche zugleich zur Verstärkung des durch den Ausschnitt geschwächten Querträgers dienen. Diese Art der Längsträgerlagerung ist recht zweckmäßig, verursacht aber bei der Herstellung erhebliche Kosten und Schwierigkeiten. Einfacher und auch recht zweckentsprechend ist die in der Abb. 844 dargestellte Anordnung. Die Längsträger stoßen stumpf gegen das Stegblech des Querträgers. Die oberen Flansche der Längsträger werden aber miteinander durch ein Flacheisen verbunden, das den Querträger durchdringt und so stark bemessen und angeschlossen wird, daß es die Zugkraft des Biegungsmomentes allein aufzunehmen vermag. Im übrigen ist der Anschluß im oberen Teil wie der in Abb. 842 und sonst wie der in Abb. 839 dargestellte durchgebildet.

Erlaubt die zur Verfügung stehende Bauhöhe, die Längsträger- und Querträgeroberkante in gleiche oder annähernd gleiche Höhe zu legen, so läßt sich das die oberen Flansche der Längsträger verbindende Zugband ohne Schwierigkeit anordnen. Werden die Längsträger- und Querträgeroberkanten in gleicher Höhe angeordnet (Abb. 845), so läßt sich das die benachbarten Längsträger verbindende Zugband ohne Futter auf die Längsträgerflansche nieten. Diese müssen aber in diesem Falle auf ein dem Flansch des Querträgers entsprechendes Stück weggearbeitet werden. Will man dies vermeiden, so legt man die Flansche der Längsträger mit ihrer Oberkante unter die Flansche der Querträger und schaltet zwischen dem die benachbarten Längsträger verbindenden Zugband und den

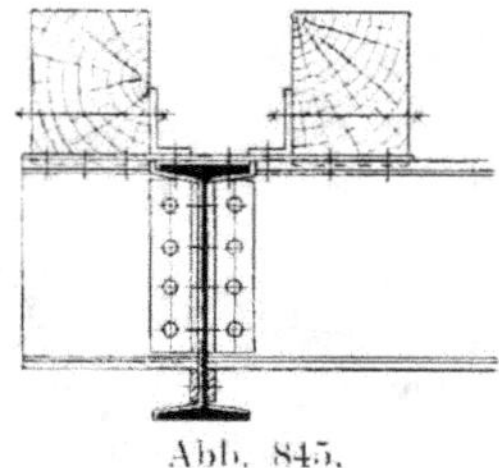
Abb. 845.

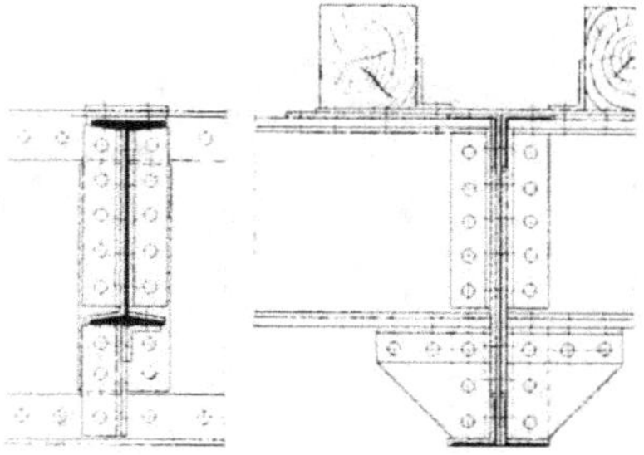
Querschnitt. Abb. 846. Längsschnitt.

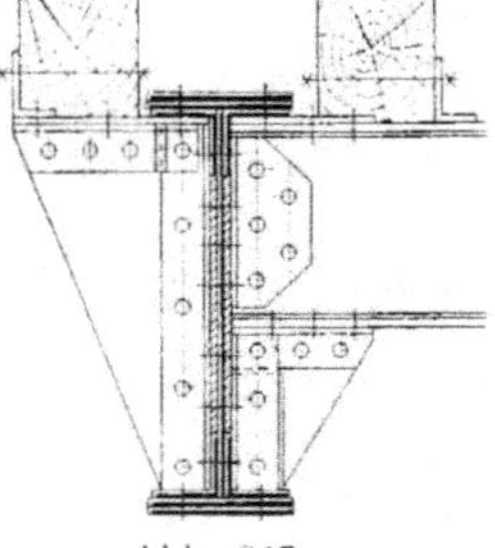
Abb. 847.

Längsträgerflanschen Futterstücke ein (Abb. 846) oder verbindet die beiden Längsträger unter Vermittlung des oberen Flansches des Querträgers durch zwei getrennte Zugbänder, die sich im Grundriß unter dem Querträgerflansch so erweitern, daß hier genügend Niete Platz finden (Abb. 847 u. Abb. 833 auf S. 494). Bei der in der Abb. 833 dargestellten Anordnung ist der obere Flansch des Querträgers an der Anschlußstelle der Zugbänder des Längsträgers zweckentsprechend durch ein Flacheisen verstärkt. Die Verbindung der oberen Flansche durch Zugbänder empfiehlt sich auch namentlich am Brückenende zum Anschluß der Endkonsolen, auf denen die letzte Schwelle des Überbaues ruht (Abb. 845 u. 847).

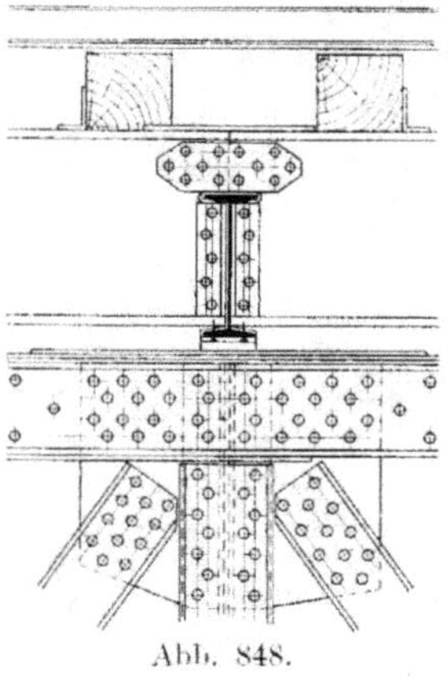
Abb. 848.

Sind die Längsträger höher als die Querträger, so können die ersteren oberhalb der letzteren miteinander verbunden werden (Abb. 848).

Sind die Querträger als Fachwerkträger ausgebildet und können die Längsträger wesentlich niedriger als die Querträger gehalten werden, so ist es möglich, die Längsträger nach Abb. 849 durch die Querträger durchzuführen. Zu beachten ist hierbei, daß der Querträgerobergurt auf seine ganze Länge knicksicher sein muß, falls er nicht gegen die Längsträger irgendwie festgelegt ist. Bei einer solchen Anordnung läßt sich die Beeinflussung der Fahrbahnträger durch die Hauptträger leicht durch eine bewegliche Auflagerung der Längsträger vermeiden.

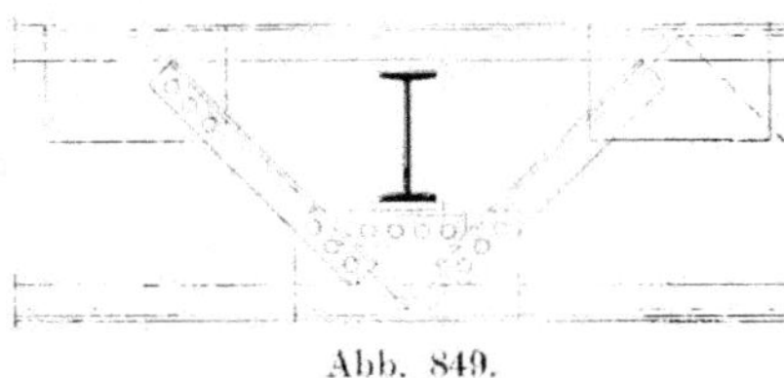

Abb. 849.

Erwähnt sei hier auch die Lagerung der Längsträger, die bei der Straßenbrücke über den Rhein bei Worms ausgeführt ist und die auch bei Eisenbahnbrücken verwendet werden kann (Abb. 850). Die als durchlaufende Fachwerkträger ausgebildeten Längsträger sind mit ihrem Obergurt längsbeweglich und zentrisch in der dargestellten Weise auf den Querträgern gelagert. Der Untergurt durchdringt die vollwandigen Querträger. Bei dieser Art der Lagerung der Längsträger vollziehen sich die Formänderungen der Hauptträger unabhängig von denen der Fahrbahnträger.

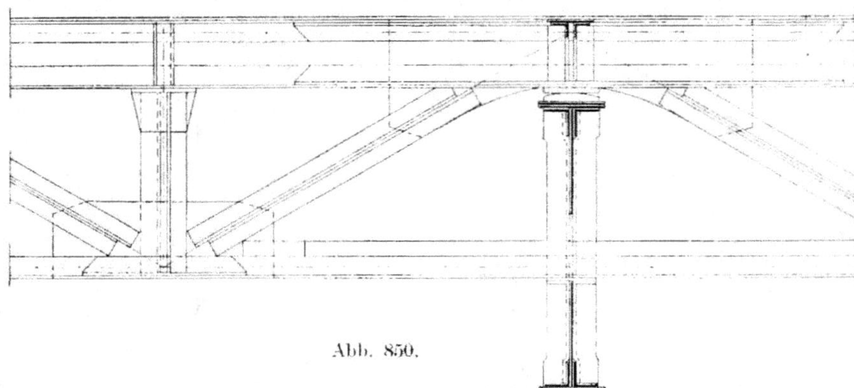

Abb. 850.

Die „Grundlagen für das Berechnen und Entwerfen eiserner Eisenbahnbrücken“ der deutschen Reichsbahn enthalten über die Längsträger und ihre Anschlüsse folgende Bestimmung: „Werden die Fahrbahnlängsträger nur mit zwei Winkeleisen ohne durchschießende Platten an den Querträgern angeschlossen, so sind sie als auf zwei Stützen frei aufliegende Träger zu berechnen. Als Stützweite ist dabei die Entfernung der Querträgerachsen anzunehmen. Zur Ermittlung der erforderlichen Anzahl der Anschlußniete so angeschlossener Träger ist der unter Berücksichtigung der Stoßzahl errechnete Auflagerdruck um 20% zu erhöhen. Im Falle, daß die Kontinuität der Längsträger durch entsprechende Lagerung oder durch Verbindung der Nachbarträger mit durchschießenden Platten gewahrt ist, ist das Auflagermoment mit $^3/_4$ und das Moment in Trägermitte mit

$^4/_5$ des größten Momentes des auf zwei Stützen frei aufliegenden Trägers in Rechnung zu stellen. Der lotrechte Auflagerdruck eines Längsträgers ist in diesem Falle gleich dem eines auf zwei Stützen frei aufliegenden Trägers anzunehmen. Hiernach und nach dem Auflagermoment ist der Anschluß zu bemessen."

Bei den Fahrbahnen mit Durchführung der Bettung und mit Buckelplatten müssen die Längs- und Querträger mit ihren die Fahrbahntafel unterstützenden Flächen gleich hoch liegen. Bestehen die Längsträger aus I-Eisen, so müssen deren obere Flansche am Anschluß um ein entsprechendes Stück ausgeschnitten werden. Es empfiehlt sich aus den oben erörterten Gründen, die oberen Flansche benachbarter Längsträger durch Flacheisen miteinander zu verbinden (Abb. 851). Diese Zugbänder treten außerdem der Entstehung von Rissen in den Ecken der Ausschnitte wirksam entgegen.

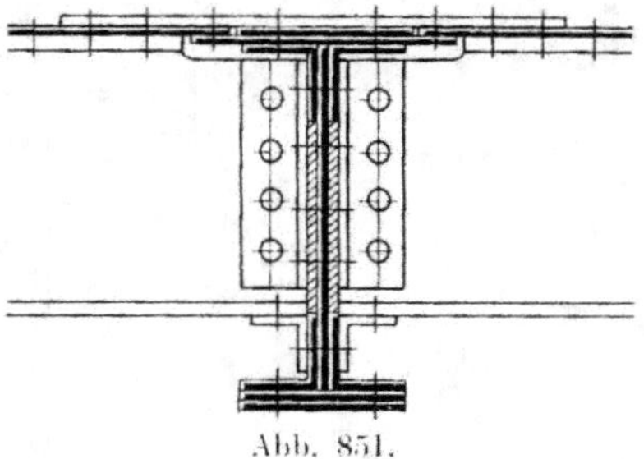
Abb. 851.

Bewegliche und gelenkförmige Lagerung der Längsträger.

Bewegliche Lagerungen der Längsträger an den Querträgern sind überall da erforderlich, wo die Fahrbahn unterbrochen werden muß. Unterbrechungen des Fahrbahnträgergerippes werden in der Regel bei Gerber-Trägern an den Gelenkstellen notwendig, weil ein durchgehendes Fahrbahnträgergerippe die Wirkung der Hauptträgergelenke in Frage stellen würde. Auch empfehlen sich Unterbrechungen des Fahrbahnträgergerippes auf allen Überbauten mit großen Stützweiten und fest an den Hauptträgern angeschlossenen Querträgern, um den Einfluß der Formänderung der Hauptträger auf die Fahrbahnträger einzuschränken. In der Abb. 852 ist der Grundriß eines langen zweigleisigen Überbaues dargestellt,

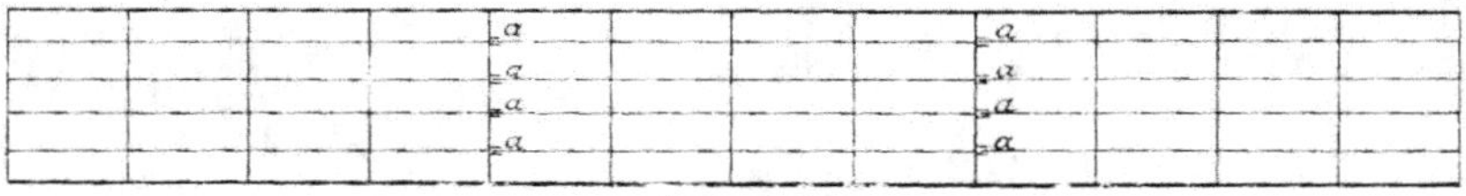

Abb. 852.

dessen Fahrbahnträgergerippe an den mit a bezeichneten Stellen durch längsbeweglichen Anschluß der Längsträger unterbrochen ist. Durch die zweimalige Unterbrechung des Fahrbahnträgergerippes wird der Einfluß der Formänderung der Hauptträger auf die Fahrbahnträger etwa auf $^1/_3$ der Größe eingeschränkt, die er bei ununterbrochenem Fahrbahnträgergerippe annehmen würde. Im allgemeinen empfiehlt es sich, bei Überbauten von 80 m Stützweite an schon eine Unterbrechung des Fahrbahnträgergerippes eintreten zu lassen. Bei kurzen Längsträgern ist es ratsam, mit der beweglichen Lagerung auf der einen Seite eine gelenkige Lagerung auf der anderen Seite zu verbinden, da sonst die unbelasteten Längsträger bei der Durchbiegung des von der anderen Seite her belasteten Querträgers leicht von den beweglichen Lagern abgehoben werden können, oder aber

Vorrichtungen gegen das Abheben vorzusehen. Bei sehr langen und schweren Längsträgern ist ein Abheben nicht zu befürchten.

In der Abb. 853 ist der gelenkige Anschluß eines Längsträgers an einem Querträger veranschaulicht. Der durch Laschen verstärkte Steg des Längsträgers ist zwischen die abstehenden Schenkel der Anschlußwinkel gesteckt und wird von einem

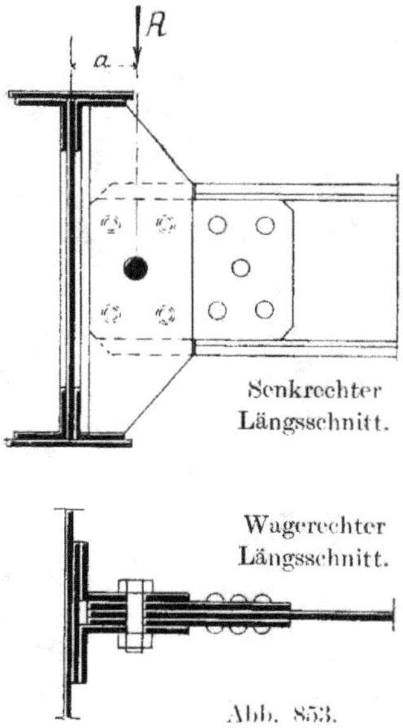

A
a
Senkrechter Längsschnitt.
Wagerechter Längsschnitt.

Abb. 853.

Querschnitt.
Längsschnitt.

Abb. 854.

Gelenkbolzen, der durch den Steg des Längsträgers und die Anschlußwinkel faßt, getragen. Zu beachten ist, daß der Anschluß außer durch die Auflagerkraft A durch ein Moment $A \cdot a$ (siehe die Abbildung) beansprucht wird und dementsprechend zu bemessen ist. Die Abb. 854 zeigt eine bewegliche Längsträgerlagerung. Der verschmälerte Trägerfuß wird zwischen den

Schnitt c - d
L 110. 80. 12
410
300
300
a
b
c
d
I D 36
Schnitt a - b

Abb. 855.

beiden Anschlußwinkeln von einem nach oben gewölbten, an die Anschlußwinkel angenieteten Schmiedestück getragen. Der Längsträgersteg ist an der Auflagerstelle beiderseits durch Laschen verstärkt. Bei der in der Abb. 855 dargestellten beweglichen Lagerung legt sich der verstärkte Längsträgersteg in halber Höhe auf den Vorsprung eines an den Querträger genieteten Schmiedestückes. Die Seitenkräfte

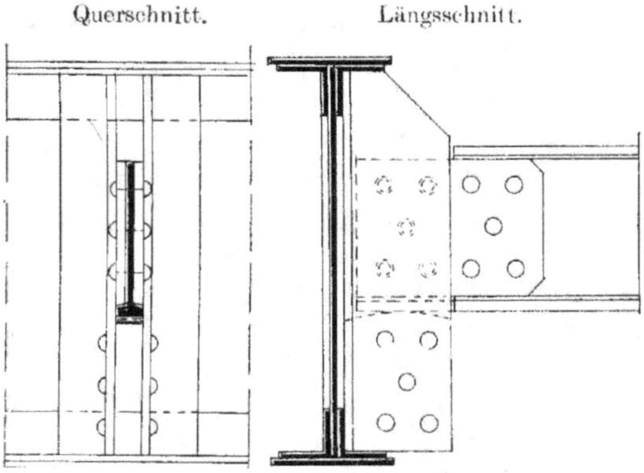

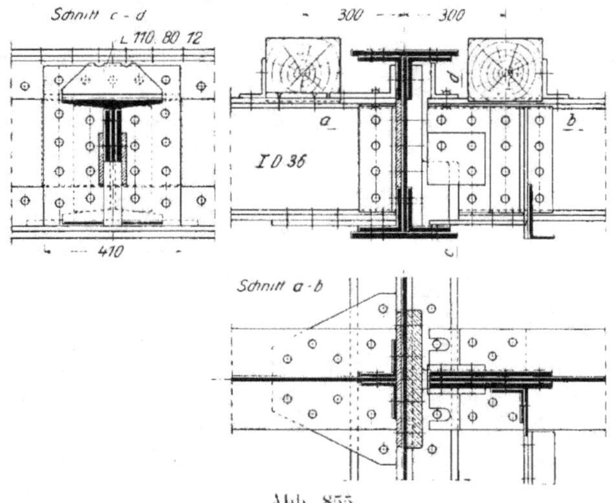

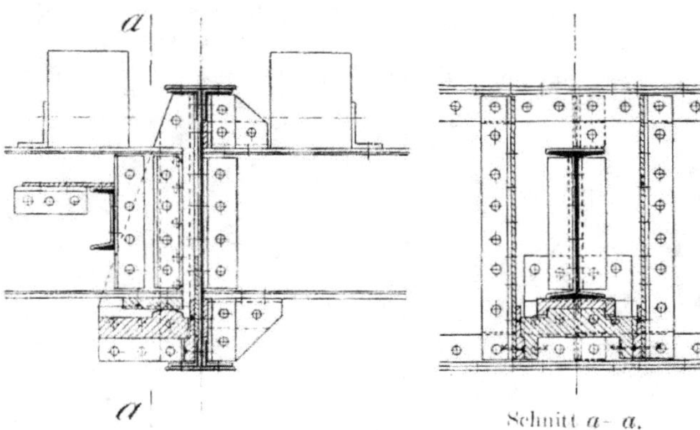

Abb. 856.

werden durch zwei auf den Längsträgersteg genietete Laschen und durch ein am unteren Flansch des Längsträgers angenietetes Flacheisen, welche den Vorsprung des Schmiedestückes umfassen, auf den Querträger übertragen. Das Abheben des Längsträgers vom Auflager wird durch ein Winkeleisen verhindert, das auf den Längsträger genietet ist und unter den Obergurt des Querträgers faßt. In der Abb. 856 ist eine bewegliche Lagerung dargestellt, bei der der Längsträger unverschwächt bis zum Auflager durchgeführt ist. Das Lager, dessen Berührung mit dem Längsträger zur Verminderung des Momentes $A \cdot a$ (siehe die Abb. 853) dicht am Querträger liegt, wird von zwei Konsolen getragen. Die Einzelheiten sind aus der Abbildung zu ersehen. Die Beweglichkeit läßt sich auch dadurch erzielen, daß man den Längsträger auf ein Pendel stützt, wie dies in der Abb. 857 veranschaulicht ist. Das Pendel besteht aus zwei Winkeleisen, zwischen denen das verstärkte Stegblech des Längsträgers mit einem Gelenkbolzen aufgehängt ist. Unten stützt sich das Pendel zwischen den Anschlußwinkeln ebenfalls auf einen Gelenkbolzen.

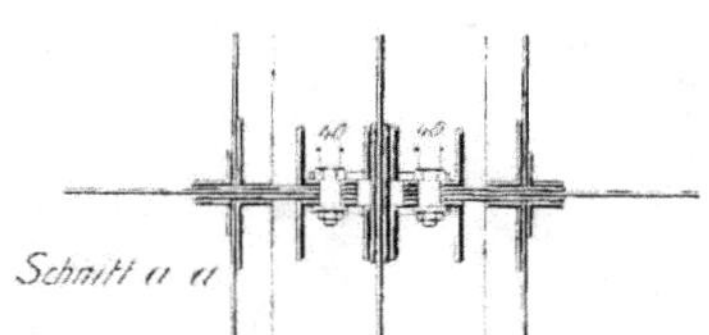

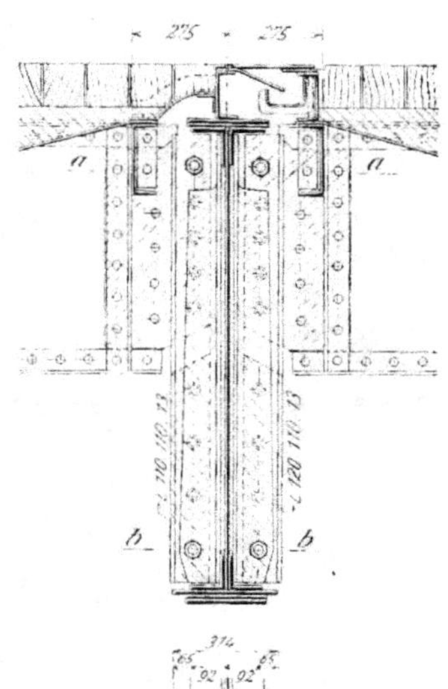

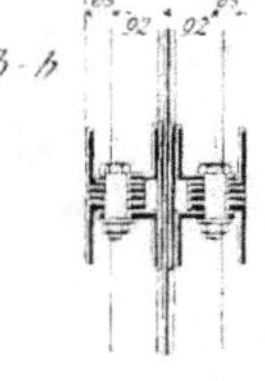

Abb. 857.

Eine Fahrbahnunterbrechung eines großen Überbaues gibt die Abb. 858 wieder. Auf der einen Seite ist der Längsträger am Querträger fest angeschlossen, auf der anderen Seite auf einer Konsole beweglich gelagert. Die Konsole ist durch eine das Stegblech des Querträgers durchgreifende Platte (siehe Ansicht von *a*—*c*) mit dem benachbarten Längsträger verbunden. Die auf die Konsolen entfallenden

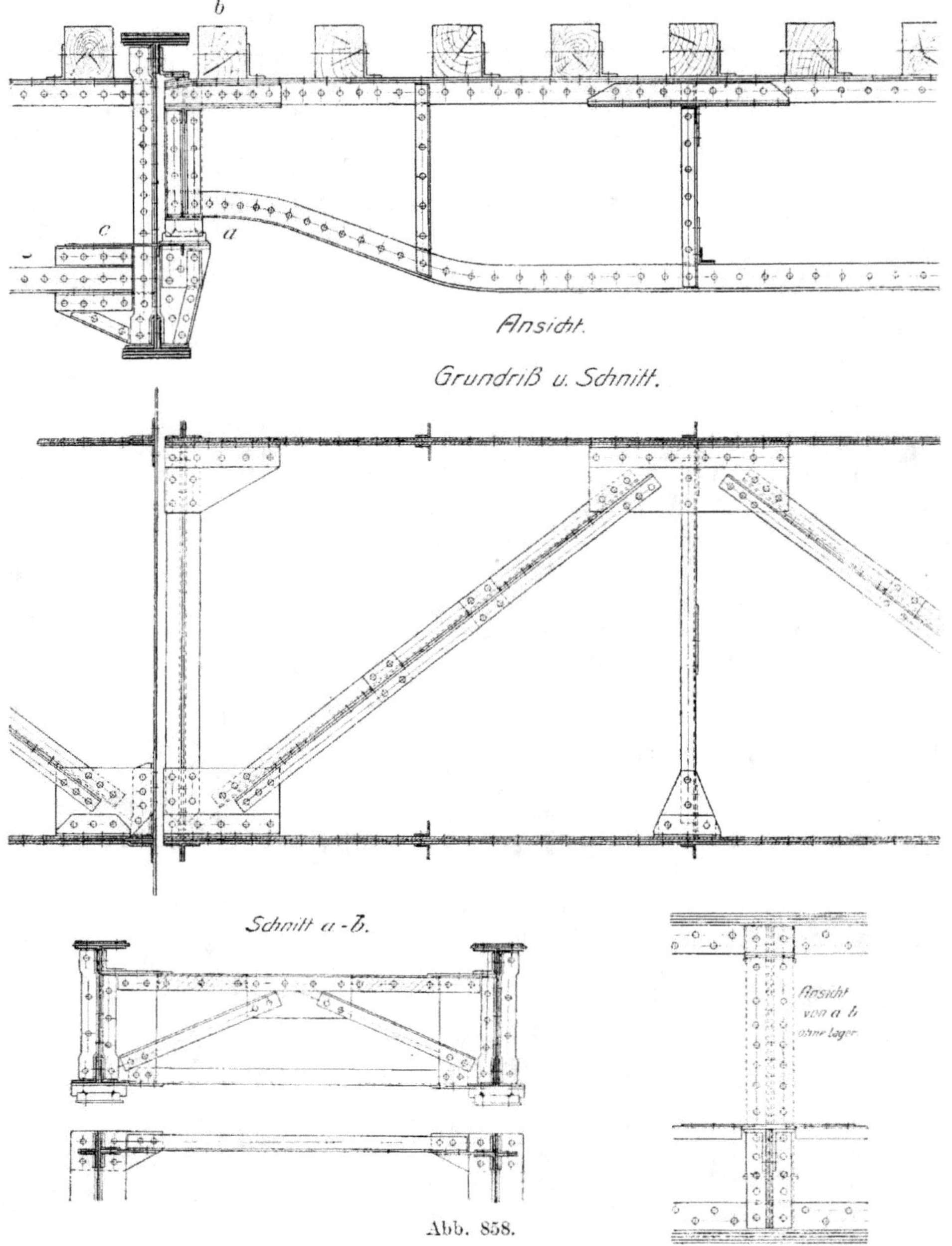

Abb. 858.

Seitenstöße werden durch ein [-Eisen, das an dem Stegblech des Querträgers festgenietet ist und mit den Konsolen in Verbindung steht (siehe Ansicht von $a-b$ und von $a-c$), auf den Querträger und von diesem auf den Windverband

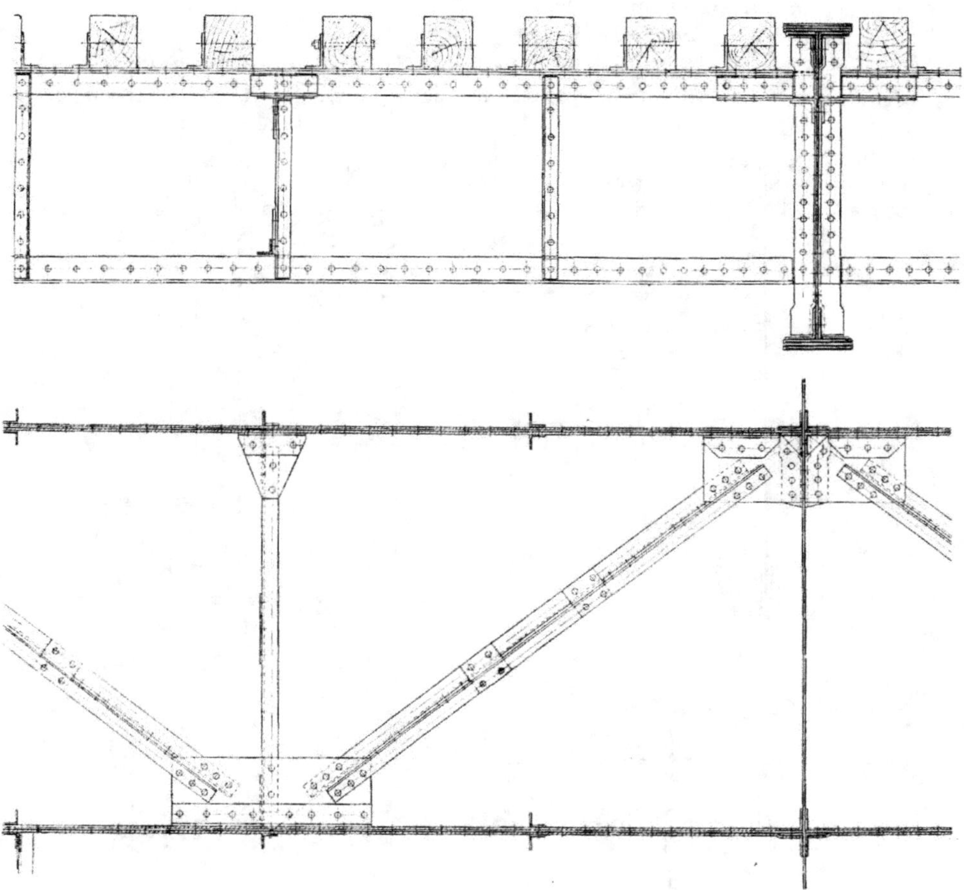

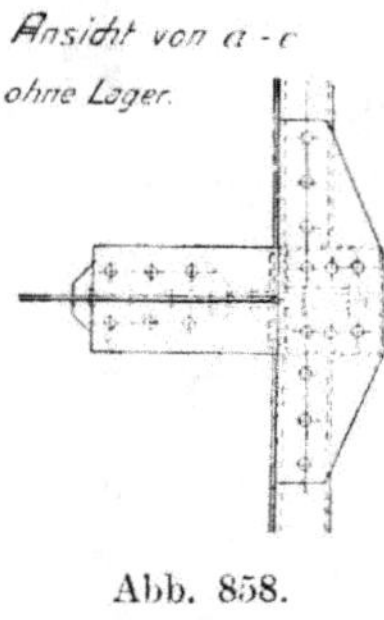

Abb. 858.

übertragen. Die Längsträger sind bei ihrer Größe ebenso wie vollwandige Hauptträger ausgebildet, d. h. mit Aussteifungswinkeln und mit einem regelrechten Windverband versehen, der hier deshalb in Höhe der Unterkanten der Obergurtwinkel angeordnet ist, damit die Querschwellen sich nicht auf ihn auflagern und seine Unterhaltung erschweren. Trotz der Länge und Schwere der Längsträger ist hier doch eine Vorrichtung gegen das Abheben der Längsträger von den Auflagern vorgesehen, und zwar in Gestalt eines Winkeleisens, das mit dem Obergurt des Querträgers vernietet ist und sich berührend auf das etwas nach abwärts gekrümmte Ende des Obergurtes der Längsträger aufsetzt.

In der Abb. 859 ist einer der im Zuge der Schwellenträger zwischen den beweglichen Enden des 186 m und des 106 m weit gestützten Überbaues der zweigleisigen Eisenbahnbrücke über den Rhein unterhalb Ruhrort liegenden Schleppträger dargestellt. Die beiden zu einem Gleise gehörigen Schleppträger sind durch einen wagerechten Verband zu einem kleinen Überbau vereinigt. Auf der einen Seite sind sie auf kurzen Konsolen, die an dem Endquerträger des 106 m-

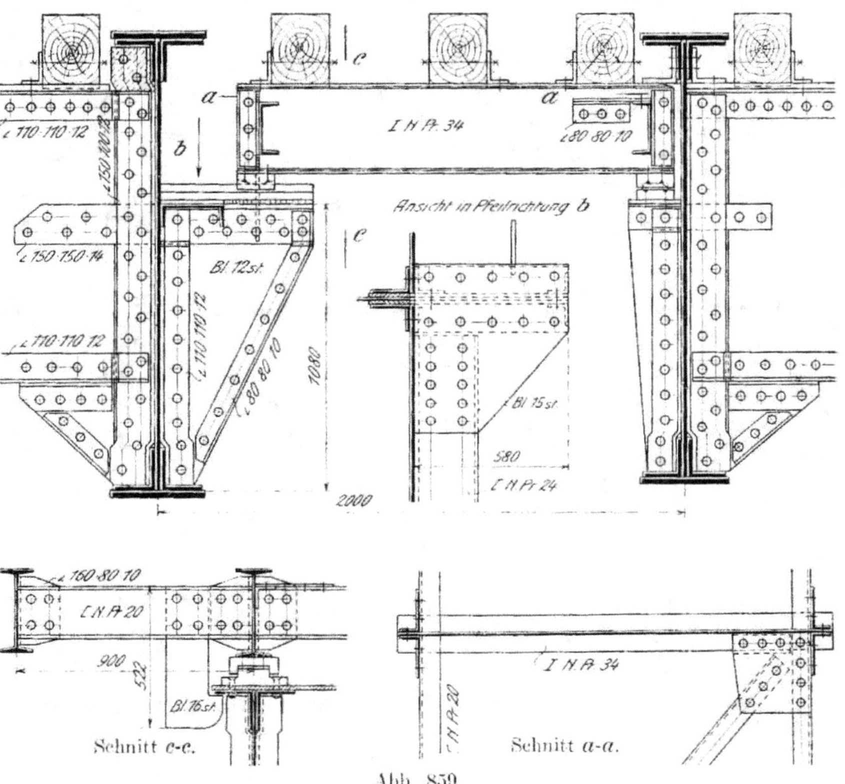

Abb. 859.

Überbaues befestigt sind und mit den benachbarten Längsträgern durch den Querträger durchfassende Flacheisen in Verbindung stehen, fest, aber drehbar gelagert. Auf der anderen Seite stützen sie sich längsbeweglich auf weit auskragende Konsolen, die mit dem Endquerträger des 186 m-Überbaues vernietet und durch die senkrechten, den Querträgersteg durchgreifenden Schenkel der Winkeleisen 150 · 150 · 14 mit den benachbarten Längsträgern verbunden sind. Zwischen je zwei der weit ausladenden Konsolen ist ein wagerecht liegendes ⊏-Eisen mit dem Querträgersteg und mit Eckblechen, die auf den Konsolen liegen, (siehe die Ansicht in der Pfeilrichtung *b*), vernietet. Die ⊏-Eisen übertragen die auf die Konsolen wirkenden Seitenstöße der Betriebsmittel auf den Querträger.

der sie an die Hauptträgerlager abgibt. Damit die Schleppträger sich nicht mit den Schienen, die als durchlaufende Träger wirken, von ihren Lagern abheben, sind sie auf der einen Seite durch wagerecht liegende Winkel, die mit dem Querträger vernietet sind, und auf der anderen Seite durch hakenförmige Bleche (siehe Schnitt *c—c*), die unter die oberen Flansche der Konsolen fassen, hiergegen gesichert. Die hakenförmigen Bleche greifen an Verbindungsträgern an, die an den Hauptschleppträgern und an die Fahrbahnabdeckung stützenden Nebenschleppträgern angeschlossen sind.

Im übrigen ist über die gelenkige und bewegliche Lagerung der Längsträger auch unter c. 8. dieses Abschnittes nachzulesen.

β. Befestigungen und Lagerungen der Querträger.

Die verschiedenen Befestigungs- und Lagerungsarten der Querträger sind hauptsächlich durch die Lage der Querträger zu den Hauptträgern bedingt und sollen nach diesem Gesichtspunkt besprochen werden.

1. Die Querträger liegen auf den Hauptträgern.

Die Untergurte der Querträger werden entweder fest durch Niete mit der

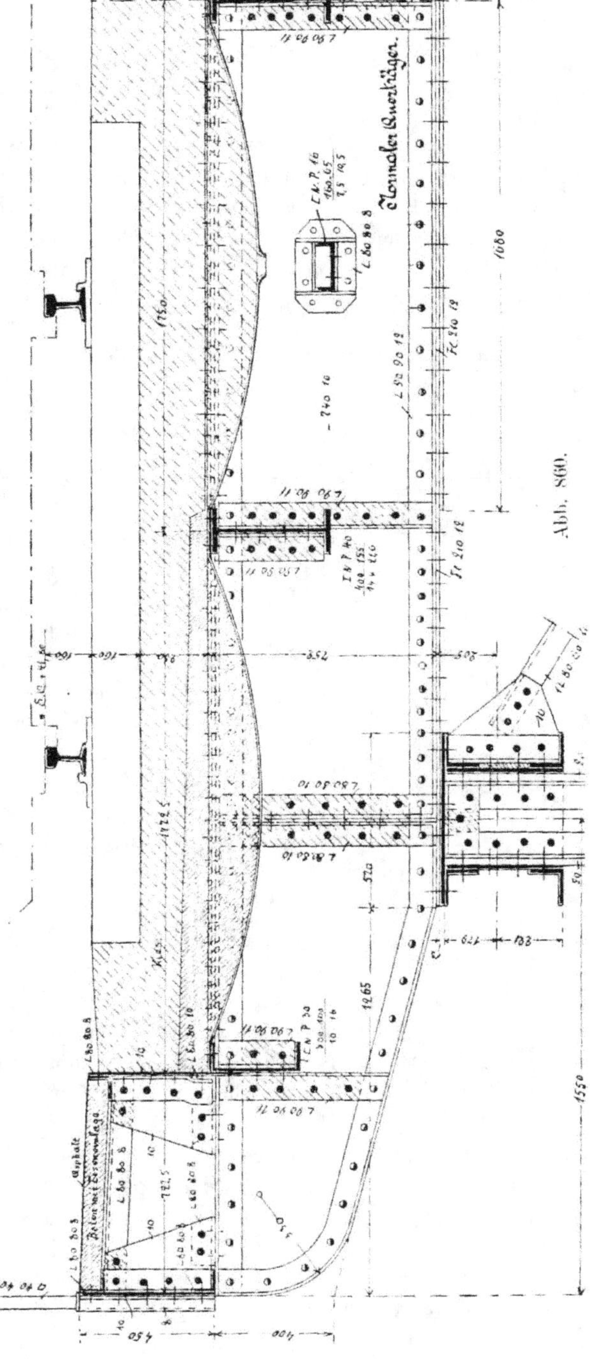

Abb. 860.

ganzen Oberfläche der Obergurtungen der Hauptträger verbunden oder auf diesen zentrisch gelagert.

Die Abb. 860 zeigt die erste Art dieser Anordnungen. Über dem Auflager erhält der Querträger eine kräftige Aussteifung. Es sei noch bei der in dieser Abbildung dargestellten Ausführung auf eine Besonderheit der Fahrbahntafelentwässerung aufmerksam gemacht. Die Querträgeraussteifung über dem Auflager macht die Durchführung einer Entwässerungsrinne durch den Querträger unter der äußersten Buckelplatte unmöglich. Diese Buckelplatte ist daher nach der benachbarten durch eine Betonausfüllung entwässert worden.

Bei dieser Art der Querträgerlagerung werden die Hauptträgerobergurte infolge der Durchbiegung der Querträger unter der Belastung auf Drehung und ihre inneren Seiten stärker als die äußeren beansprucht. Von vielen Konstrukteuren wird daher die zentrische Lagerung der Querträger bevorzugt. Die Abb. 861 stellt eine zweckmäßige Ausbildung dieser Lagerung dar. Die Querträger ruhen auf kleinen nach oben gewölbten Lagerplatten, die mit den Kopfplatten der Obergurte der Hauptträger verschraubt sind, — besser aber mit diesen vernietet werden. Eine Bewegung der Querträger in der Brückenlängsrichtung gegen die Hauptträger ist ermöglicht und dadurch erreicht, daß die Formänderungen der Hauptträger die Fahrbahn nicht beeinflussen können (vgl. die Ausführungen auf S. 485). Seitliche Verschiebungen und Aufwärtsbewegungen der Querträger werden durch die Knaggen K verhindert. Das Bestreben zu Aufwärtsbewegungen ist infolge der Kontinuität der Längsträger vorhanden. Gegen Kippen in der Längsrichtung der Brücke werden die Querträger durch die fest angeschlossenen Längsträger gesichert.

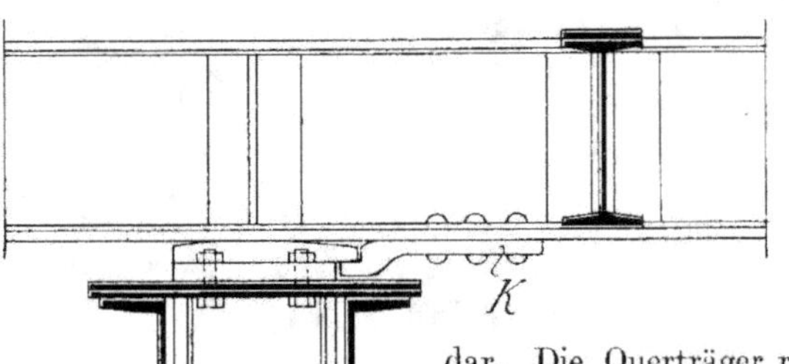

Abb. 861.

Bei dem in der Abb. 862 wiedergegebenen Überbau sind die Querträger ebenfalls mit schwach nach oben gewölbten, mit den Obergurten vernieteten kleinen Lagerkörpern zentrisch auf den Hauptträgern gelagert. _⌐-förmig gestaltete Klammern, die von beiden Seiten über den unteren Flansch des Querträgers fassen und mit Ausschnitten die abstehenden Schenkel der Aussteifungswinkel des Querträgers umschließen, sichern den Querträger gegen Bewegungen in der Querrichtung der Brücke und gegen Abheben. Längsbewegungen können durch entsprechende Spielräume in den Ausschnitten der Klammern ermöglicht werden.

Ganz ähnlich ist die in der Abb. 834 in der Gesamtanordnung und in der Abb. 863 in den Einzelheiten dargestellte Querträgerlagerung[1]). Unter dem

[1]) Ausgeführt von der Brückenbauanstalt Gustavsburg.

gewölbten, 30 mm starken Lagerkörper liegt eine Platte F, deren Stärke sich nach der Zahl der Lamellen des Hauptträgerobergurtes richtet. Ein im Auflagerpunkt unter den Querträger genietetes Flacheisen stößt beiderseits gegen Winkeleisen, die mit dem Hauptträgerobergurt vernietet sind, die Seitenkräfte des Querträgers aufnehmen und diese an den Windverband abgeben. Unter Vermittlung von Futterstücken sind zwei Flacheisen a mit dem Lagerkörper verbunden, die mit Ausschnitten die abstehenden Schenkel der Aussteifungswinkel des Querträgers umschließen und auf die wagerechten Schenkel der Untergurtwinkel des Querträgers fassen, um Aufwärtsbewegungen entgegenzutreten. Die Spielräume S zwischen Querträgeruntergurt und den Futterstücken und zwischen den abstehenden Schenkeln der Aussteifungswinkel des Querträgers und den inneren Rundungen der Ausschnitte der Flacheisen a ermöglichen Längsbewegungen der Querträger gegen die Hauptträger.

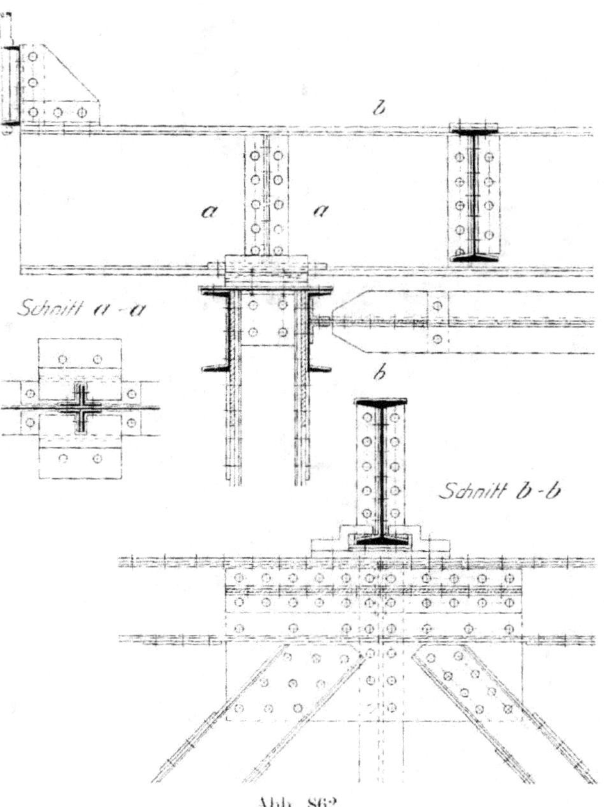

Abb. 862.

2. Die Querträger liegen oben zwischen den Hauptträgern.

Bei Fachwerkträgern mit Pfosten werden die Querträger an diesen angeschlossen. Bestehen die Querträger oder die Pfosten oder beide aus I-Eisen, so läßt man die Querträger stumpf gegen die Pfosten stoßen und befestigt sie mit zwei Winkeleisen an diesen (Abb. 864). Bei dieser Art der Befestigung werden die Anschlußwinkel ebenso wie bei dem entsprechenden Längsträgeranschluß im oberen Teile in ungünstiger Weise auf Abbiegen beansprucht. Bestehen die Pfosten aus Stegblech und Winkeleisen und sind die Querträger genietete Träger und liegen diese unterhalb der Knotenbleche der Hauptträger, so kann die eben erwähnte ungünstige Beanspruchung dadurch vermieden werden, daß man in der Ecke des Anschlusses ein gemeinschaftliches Blech an die Stelle des Stegbleches des Pfostens und des Querträgers treten läßt und die Stoßstellen genügend stark verlascht (Abb. 865).

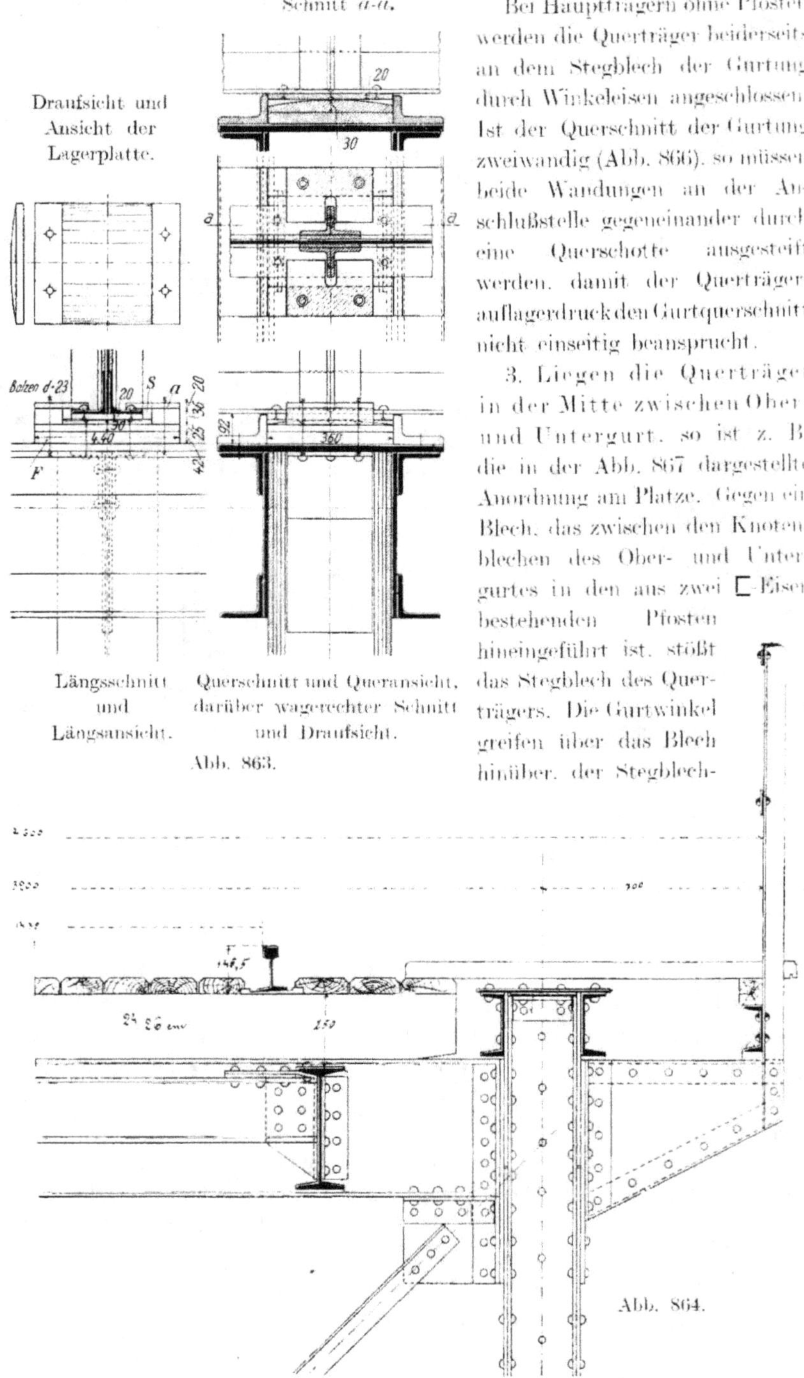

Längsschnitt und Längsansicht.

Querschnitt und Queransicht, darüber wagerechter Schnitt und Draufsicht.

Abb. 863.

Abb. 864.

Bei Hauptträgern ohne Pfosten werden die Querträger beiderseits an dem Stegblech der Gurtung durch Winkeleisen angeschlossen. Ist der Querschnitt der Gurtung zweiwandig (Abb. 866), so müssen beide Wandungen an der Anschlußstelle gegeneinander durch eine Querschotte ausgesteift werden, damit der Querträgerauflagerdruck den Gurtquerschnitt nicht einseitig beansprucht.

3. Liegen die Querträger in der Mitte zwischen Ober- und Untergurt, so ist z. B. die in der Abb. 867 dargestellte Anordnung am Platze. Gegen ein Blech, das zwischen den Knotenblechen des Ober- und Untergurtes in den aus zwei [-Eisen bestehenden Pfosten hineingeführt ist, stößt das Stegblech des Querträgers. Die Gurtwinkel greifen über das Blech hinüber, der Stegblech-

stoß ist durch Laschen gedeckt. Der Obergurt der Hauptträger ist durch den nach oben geöffneten Halbrahmen gegen den Querträger und dieser wieder durch den nach unten geöffneten Halbrahmen gegen den unteren Windverband festgelegt.

In der Abb. 868 ist der Anschluß des oberen Querträgers der zweigeschossigen, noch nicht vollendeten Niedernfelder Brücke[1]) in Hamburg dargestellt. Ein Blech von der Stärke und Höhe des Stegbleches des Querträgers ist durch einen Schlitz im inneren Seitenblech des Pfostens in diesen hineingeführt, die Entfernung seiner inneren Kante von der Achse des Pfostens mißt 750 mm. Die Stöße dieses Bleches mit dem Stegblech des Querträgers und dem Steg des Pfostens sind in der dargestellten Weise sehr kräftig durch Laschen gedeckt. Die Bleche der oberen und unteren Eckaussteifung hängen nicht mit dem in den Pfosten hineingeführten Blech zusammen; alle drei Bleche sind aber durch zwei Winkeleisen, die an der Innenseite des Pfostens angeschlossen sind, miteinander verbunden. Die Gurtwinkel und Lamellen des Querträgers sind über das Anschlußblech bis zu den

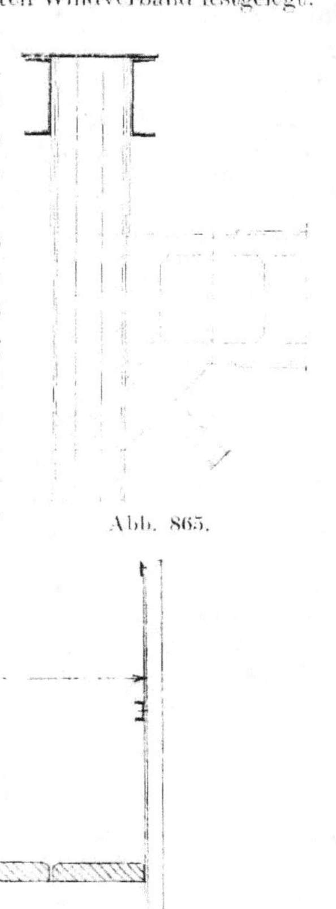

Abb. 865.

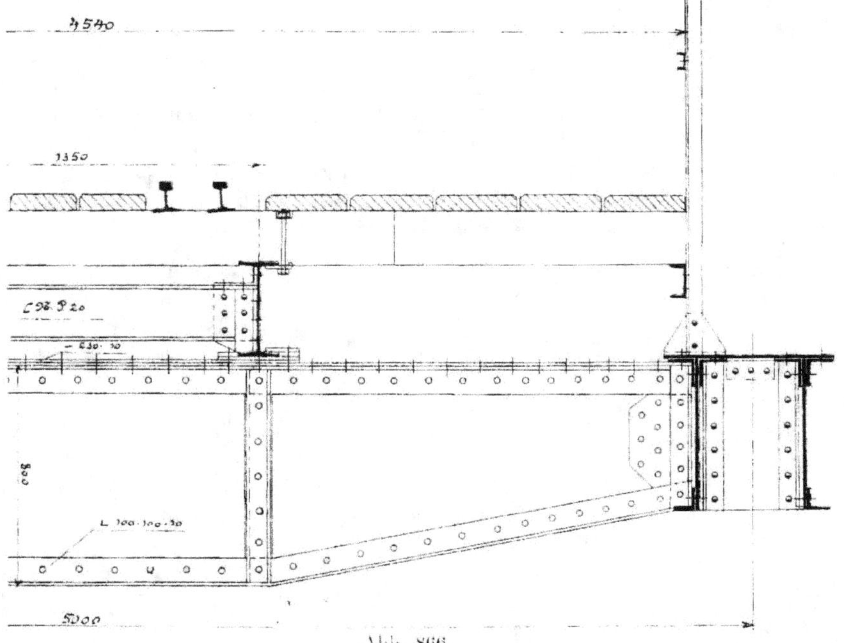

Abb. 866.

[1]) Ausführende Eisenbauanstalt: Hein. Lehmann & Co. in Düsseldorf-Oberbilk. Das untere Geschoß dient der Eisenbahn, das obere der Hochbahn zur Überführung.

eben erwähnten Winkeleisen geführt. Der Zusammenschluß von Pfosten und Querträger auf der Baustelle vollzieht sich folgendermaßen: Die Pfosten kommen mit eingenietetem Anschlußblech, mit angenieteter vollständiger unterer Eckaussteifung und mit angenieteter oberer Eckaussteifung, der aber zunächst die wagerechten und schrägen Winkeleisen noch fehlen, zur Baustelle und werden so in die Hauptträger eingebaut. Dann wird der Querträger, dessen Gurtlamellen an den Enden zum Einfädeln über die mit den Pfosten verbundenen Bleche der oberen Eckaussteifung und des Anschlusses mit Schlitzen versehen sind, von oben her eingebaut. Schließlich werden die Stoßlaschen des Querträgers und die wagerechten und schrägen Winkeleisen der oberen Eckaussteifung aufgenietet.

4. Die Querträger liegen unten zwischen den Hauptträgern. Für den Anschluß der Querträger ist hier der Umstand entscheidend, ob ein unterer und oberer Windverband oder nur ein unterer Windverband vorhanden ist. Nach den Ausführungen auf S. 486 müssen im zweiten Falle, wenn man nicht besondere Konstruktionsglieder für die Quersteifigkeit anordnen will, die Querträger mit den Stegblechaussteifungen der Blechträger oder mit den Pfosten der Fachwerkträger so steif verbunden werden, daß sie mit diesen steife Halbrahmen bilden, durch welche die Obergurte gegen Ausknicken gesichert werden können. Im Falle des Vorhandenseins zweier Windverbände können die Querträger auch gelenkförmig an den Hauptträgern angeschlossen werden.

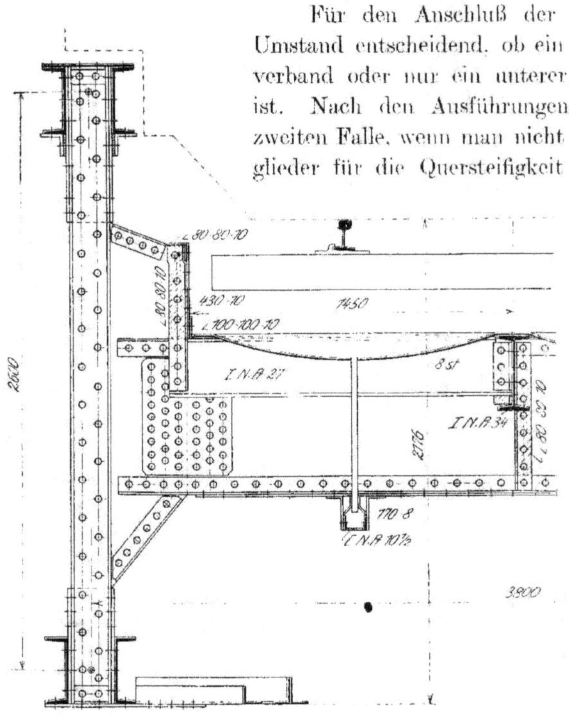

Abb. 867.

Im folgenden sollen an einer Reihe von ausgeführten Beispielen die gebräuchlichen Querträgeranschlüsse besprochen werden.

Abb. 765 (Seite 451).

Der aus einem Walzträger I D 34 bestehende Querträger ist mit einem über die ganze Höhe des Hauptträgers reichenden Winkeleisen, das zugleich das Stegblech des Hauptträgers aussteift, und einem Winkel, der zwischen den Flanschen des Walzträgers liegt, an dem Hauptträger angeschlossen. An den durchgehenden Anschlußwinkel und auf den Flansch des Querträgers ist ein Eckblech genietet, das an der freien Seite mit einem Winkel gesäumt ist. Durch diese Eckversteifung wird der Obergurt des Hauptträgers gegen den Querträger und durch diesen gegen den wagerechten Verband festgelegt und damit die freie Knicklänge des Obergurtes in wagerechter Richtung auf die Länge des Querträgerabstandes beschränkt. Für die Anschlußwinkel nehme man nicht zu kleine Profile, jedenfalls nicht unter 90 · 90 · 11.

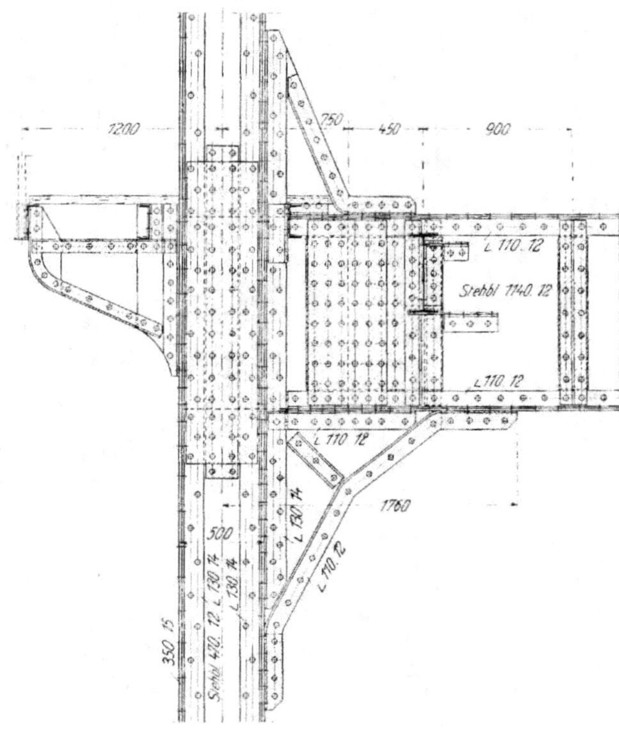

Abb. 868.

Der durchgehende Anschlußwinkel erfordert die Wegnahme eines Teiles des oberen Querträgerflansches. Die Beseitigung des Flansches gibt oft, wie schon auf Seite 501 erwähnt wurde, Veranlassung zu Rissebildungen im Steg. Von vielen Konstrukteuren wird daher der in der Abb. 818 dargestellte Anschluß vorgezogen, bei dem beide Anschlußwinkel nicht über die Flansche hinausragen. Das Eckblech ist hier mit je einem besonderen Winkeleisen am Haupt- und Querträger angeschlossen. Saumwinkel an der Innenseite der Eckversteifung erschweren die Nietarbeit und können bei kleineren Eckblechen ohne Schaden für die Wirksamkeit der Eckversteifung fortgelassen werden, wie bei der in Abb. 818 wiedergegebenen Anordnung.

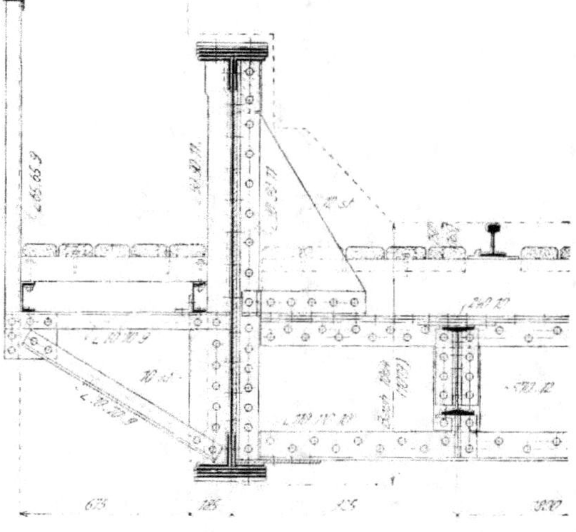

Abb. 869.

Abb. 869. Ist der Querträger ein genieteter Träger, so führt man beide Anschlußwinkel über die ganze Höhe des Hauptträgers. Im Gegensatz zu dem Anschluß der Längsträger (vgl. die Beschreibung der Abb. 838 auf S. 499) kann man beim Querträgeranschluß beide Gurtwinkel des Querträgers zur Erleichterung der Ausführung vor den Anschlußwinkeln enden lassen. Den Ersatz der oberen Gurtwinkel bilden die über die Anschlußwinkel gekröpften Winkel der Eckaussteifung und den Ersatz der unteren Gurtwinkel das Windverbandknotenblech.

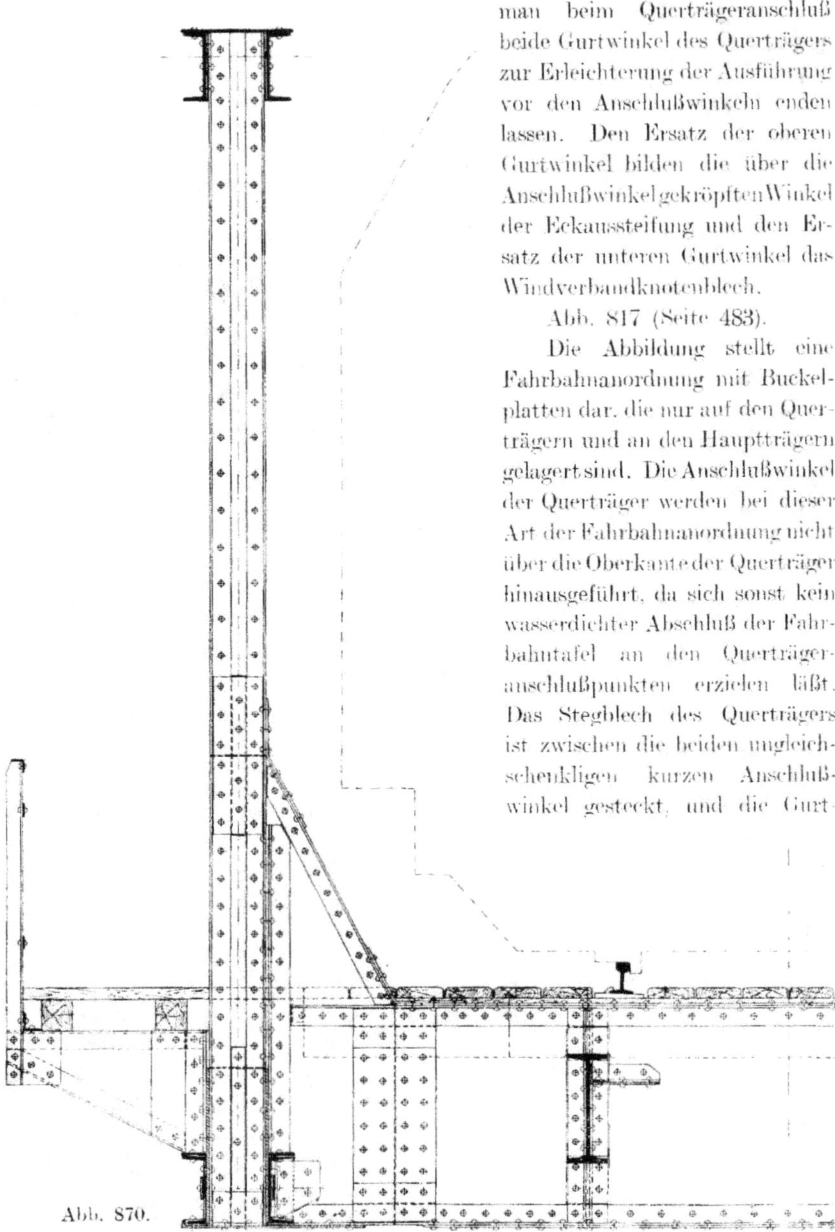

Abb. 870.

Abb. 817 (Seite 483).

Die Abbildung stellt eine Fahrbahnanordnung mit Buckelplatten dar, die nur auf den Querträgern und an den Hauptträgern gelagert sind. Die Anschlußwinkel der Querträger werden bei dieser Art der Fahrbahnanordnung nicht über die Oberkante der Querträger hinausgeführt, da sich sonst kein wasserdichter Abschluß der Fahrbahntafel an den Querträgeranschlußpunkten erzielen läßt. Das Stegblech des Querträgers ist zwischen die beiden ungleichschenkligen kurzen Anschlußwinkel gesteckt, und die Gurtwinkel sind mit Keilfuttern über die langen Schenkel der Anschlußwinkel geführt. Eine Eckaussteifung ist auch hier wegen der geringen Höhe des Querträgers erforderlich. Für die Querträger ist ein genieteter Querschnitt verwendet worden, um durch Herunterziehen des Untergurtes bis zur Unterkante des Hauptträgers die zur Verfügung stehende Bauhöhe nach Möglichkeit ausnutzen zu können.

Abb. 766 und 810 (Seite 452 und 480).

Die Anschlußwinkel des Querträgers reichen auch hier aus dem eben angegebenen Grunde nur bis zum oberen Flansch des Querträgers. Der untere Flansch ist weggenommen. Wegen der Höhe des Querträgers ist eine Eckaussteifung entbehrlich. Die nur an der Außenseite des Hauptträgers liegenden Aussteifungswinkel sind stark genug, um den Obergurt gegen die zugleich als Windverband dienende steife Fahrbahntafel festzulegen.

Abb. 764 (Seite 450).

An der Anschlußstelle des äußeren Längsträgers stößt das Stegblech des Querträgers gegen das über die ganze Höhe des Hauptträgers reichende Eckblech. Der Stoß ist durch Laschen gedeckt. Die Gurtwinkel des Querträgers sind über die Anschlußwinkel des Eckbleches gekröpft.

In der Abb. 870 ist ein zweckmäßiger Anschluß eines Querträgers an dem Hauptträger einer oben offenen Fachwerkbrücke dargestellt. Die Höhenlage des Querträgers ist so gewählt, daß die Winkel seines Untergurtes, die am Flansch des zum Hauptträgeruntergurt gehörigen ⊏-Eisens enden, auf dem Windverbandknotenblech liegen. Das in den Querträger hineingreifende Eckblech reicht in Höhe des Hauptträgeruntergurtes nur bis zu dessen Außenkante, im weiteren Verlauf bis an das Knotenblech und greift oberhalb des Knotenbleches in den Pfosten hinein, dessen Stegblech es ersetzt. Die Stöße des Eckbleches mit dem Stegblech des Querträgers und dem oberen Teil des Pfostensteges sind durch Laschen gedeckt. Der untere Stoß mit dem Pfostensteg ist nicht besonders gedeckt, weil die Winkel allein zur Übertragung der Pfostenkraft genügen und der Steg auch für das Moment an dieser Stelle entbehrt werden kann. Sehr wichtig ist die Säumung des Eckbleches durch einen Winkel und auch die Laschung der Ecken, die das Eckblech mit dem Pfosten und dem Querträger bildet. Die starken Momente, die an diesen Ecken auftreten, erfordern genügend Querschnitt an den Kanten. So ausgebildete Querträgeranschlüsse werden in allen Teilen sehr günstig beansprucht und steifen die Ecken sehr wirksam aus.

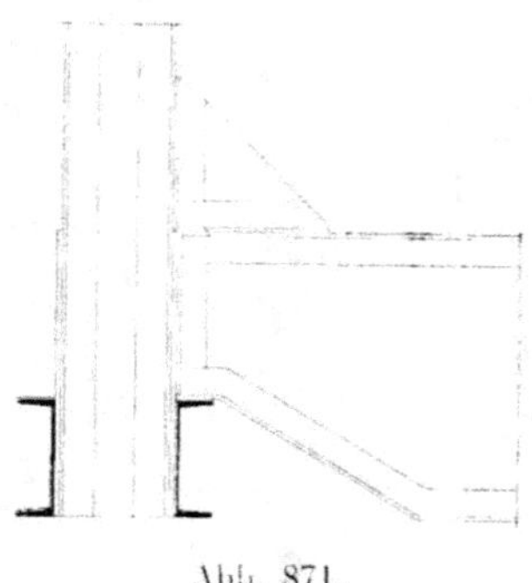

Abb. 871.

Die eben geschilderte Höhenlage des unteren Teiles des Querträgers ist stets zu empfehlen, da sie für die Montage und die Herstellung keine Schwierigkeit bietet und gestattet, den Querträger, der fast in allen Fällen zugleich Pfosten des Windverbandes ist, unmittelbar an dem Windverbandknotenblech anzuschließen. Das häufig ausgeführte Hochziehen des Querträgeruntergurtes nach Abb. 871 verursacht Schwierigkeiten in der Herstellung und ist hinsichtlich der Kräfteübertragung im Windverband als ungünstig zu bezeichnen.

Besteht der Pfosten aus einem I-Eisen, so muß das Eckblech und das Querträgerstegblech an dem Pfosten endigen (Abb. 872).

Bei dem in der Abb. 783 auf Seite 462 wiedergegebenen, oben offenen Überbau greift ein Eckblech von 10 mm Stärke mit einem Schlitz über die Knotenbleche des Untergurtes; es stößt am Anschluß des äußersten Längsträgers gegen das Stegblech des Querträgers und etwa in der Höhe der Fußwegabdeckung gegen den Steg des Pfostens. Diese Stöße werden durch zwei 8 mm starke, auf beiden Seiten des Eckbleches liegende, auch über das ganze Eckblech reichende Bleche gedeckt. Auf diese Weise entsteht eine äußerst steife Ecke, die im Verein mit dem steifen Pfosten die Obergurte gegen Ausknicken sichert.

Bei einer oben offenen Brücke mit gedrücktem Obergurt tritt im Falle der Belastung eines Querträgers die in der Abb. 873 dargestellte Formänderung des oben offenen Halbrahmens ein. Die Druckkräfte der benachbarten Obergurtstäbe ergeben hierbei nach innen gerichtete Teilkräfte. Zur Aufnahme dieser Teilkräfte müssen die Pfosten in der Querrichtung des Überbaues eine genügend große Biegungsfestigkeit besitzen, die durch Einfügung von Eckversteifungen zwischen Pfosten und Querträger wesentlich erhöht wird (Abb. 870, 872 u. 783). Unter der Belastung des Querträgers und den an den Pfostenköpfen angreifenden und nach innen gerichteten Teilkräften der Obergurtstäbe entstehen überall positive Momente, die an den Außenseiten des Halbrahmens Zugspannungen hervorrufen und infolgedessen die unteren Anschlußniete des Querträgers auf Abreißen und

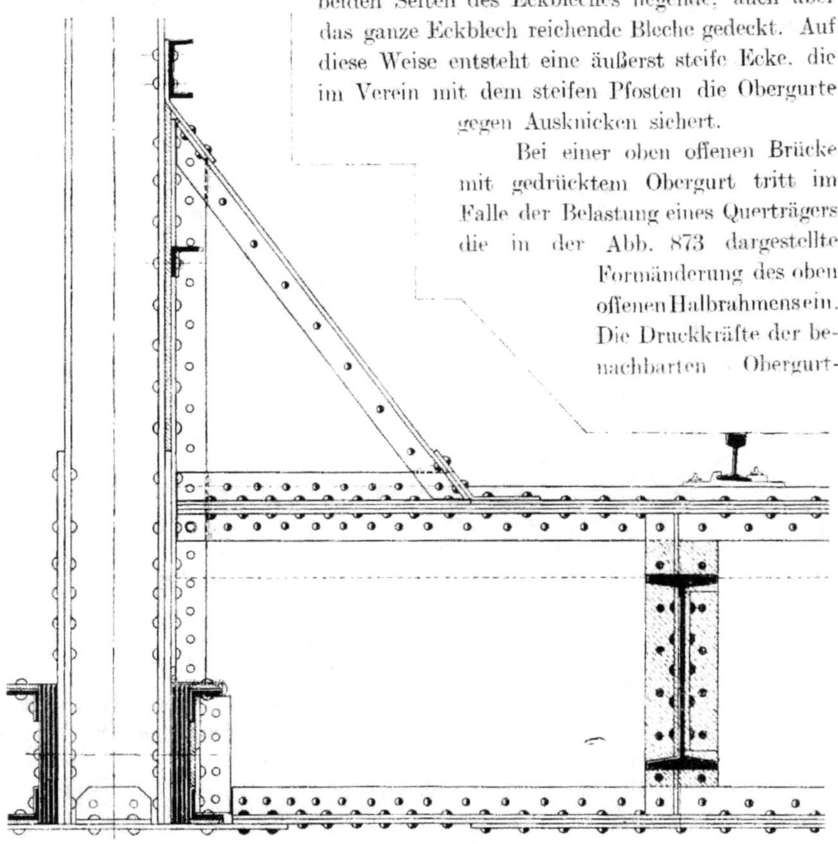

Abb. 872.

die unteren Teile der Anschlußwinkel auf Abbiegen beanspruchen. Dadurch, daß man den Querträger und den Pfosten durch das Windverbandknotenblech wie bei den in den Abb. 870 u. 872 dargestellten Überbauten miteinander verbindet, werden diese Anschlußniete und die Anschlußwinkel von dieser ungünstigen Beanspruchung sehr entlastet. Auch aus diesem Grunde ist also der unmittelbare Anschluß des Querträgeruntergurtes am Windverbandknotenblech sehr zu empfehlen. Ist einer der beiden dem belasteten Querträger benachbarten Querträger unbelastet, so entsteht aus der schrägen Lage des Obergurtstabes, der die Köpfe des unbelasteten und belasteten Halbrahmens verbindet, für den unbelasteten Halbrahmen eine nach außen gerichtete Teilkraft, die überall negative Momente erzeugt und daher bei einem nach Abb. 872 ausgeführten Anschluß die oberen Anschlußniete auf Abreißen und die oberen Teile der Anschlußwinkel auf Abbiegen beansprucht. Um diese Beanspruchungen in mäßigen Grenzen zu halten, ist die Anzahl der Anschlußniete möglichst groß zu wählen, was durch die Anordnung der Eckbleche erreicht wird. Die ungünstige Beanspruchung der oberen Anschlußniete und der oberen Teile der Anschlußwinkel wird bei der in der Abb. 870 dargestellten Art des Anschlusses ganz vermieden.

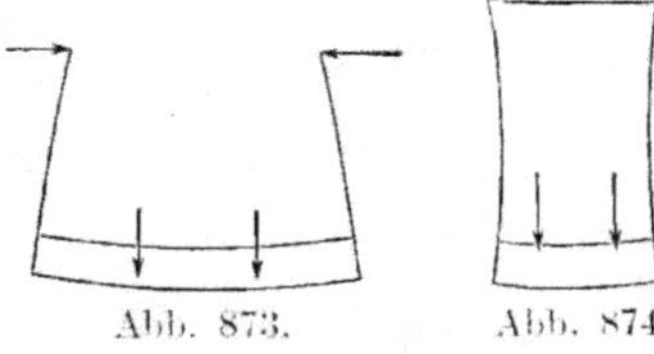

Abb. 873. Abb. 874.

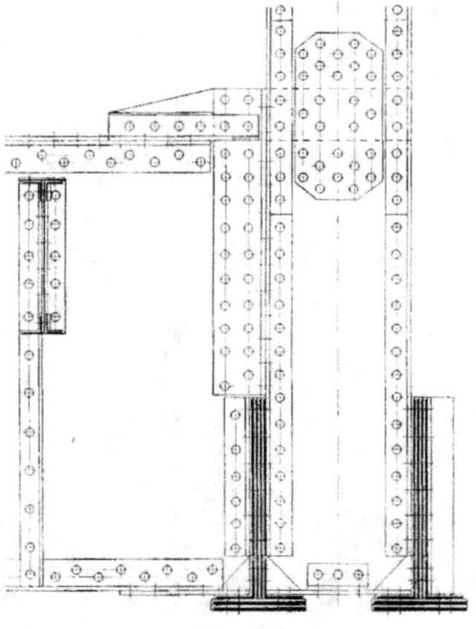

Abb. 875.

Bei einer oben durch einen Windverband geschlossenen Brücke tritt im Falle der Belastung eines Querträgers die in der Abb. 874 wiedergegebene Formänderung des zugehörigen Rahmens ein, die am Querträgeranschluß dieselben Beanspruchungen wie der zuletzt behandelte Fall hervorruft. Bei oben geschlossenen Brücken, die nicht in dem Maße wie oben offene Brücken die Anordnung von Eckversteifungen erfordern, können die oberen Anschlußniete von der Beanspruchung auf Abreißen und die oberen Teile der Anschlußwinkel von der Beanspruchung auf Abbiegen in sehr einfacher, aber zweckentsprechender Weise dadurch entlastet werden, daß man in den Pfosten ein schmales Blech eingreifen läßt, das mit den Gurtwinkeln des Querträgers fest vernietet wird (Abb. 875)[1]. Dieser einfachen Anordnung ist im allgemeinen aber ein mit einer Eckaussteifung verbundener Querträgeranschluß wie in Abb. 870 vorzuziehen, da die Eckaus-

[1]) Vereinigte Eisenbahn- und Straßenbrücke bei Münsterwalde. Entwurf der Gesellschaft Harkort in Duisburg.

steifungen zugleich die Aufgabe erfüllen, entgleiste Fahrzeuge von den Hauptträgern abzuweisen.

Abb. 876.

Anschluß des Querträgers an dem Pfosten V_3 des 186 m weit gestützten Überbaues der zweigleisigen Eisenbahnbrücke über den Rhein unterhalb Ruhrort (Abb. 336 auf S. 209). Ein 20 mm starkes Eckblech greift in den Querträger und mit einem Schlitz für den Durchtritt der inneren Gurtwandung in den Pfosten bis zur Unterkante des Untergurtes hinein. Die Blechstöße sind in der aus der Abbildung deutlich zu ersehenden Weise durch Laschen gedeckt. Da Zweifel bestanden, ob nicht die Anschlußniete bei der Überleitung der Kräfte von den Anschlußwinkeln durch die starke Gurtwandung hindurch auf die Winkel des Pfostens in ungünstiger Weise auf Biegung beansprucht werden würden, so wurden seinerzeit in der Werkstatt der die Stromüberbauten ausführenden Firma Hein. Lehmann & Co. in Düsseldorf-Oberbilk zwei Versuche mit derartig beanspruchten Nieten durchgeführt. Diese erwiesen zweifelsfrei, daß solche Niete keine ungünstigen Spannungen erleiden. Daß die Versuchsergebnisse auch mit rein rechnerischen Erwägungen in Einklang gebracht werden können, hat Dr.-Ing. Gaede in der Zeitschrift „Der Eisenbau" (Jahrg. 1911, S. 289 u. f.) nachgewiesen. Zur Verstärkung der Stelle, an der der Schlitz im Eckblech endet, sind die Anschlußwinkel über die Oberkante des Untergurtes hinaus nach oben verlängert. Da bei Bedarf später an den Außenseiten der Hauptträger größere Fußsteige angebracht werden sollen, so sind die Anschlußkonsolen von vornherein in zweckentsprechender Weise im oberen Teile durch Zugbänder mit dem Steg der Pfosten verbunden.

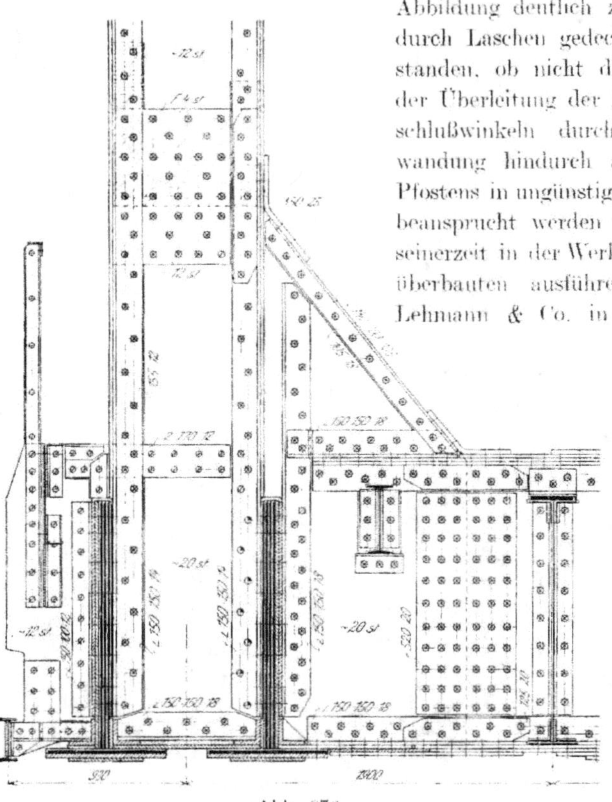

Abb. 876.

Abb. 877.

Anschluß des Querträgers an dem Untergurtknotenpunkt (D_2—D_3) des 186 m weit gestützten Überbaues der zweigleisigen Eisenbahnbrücke über den

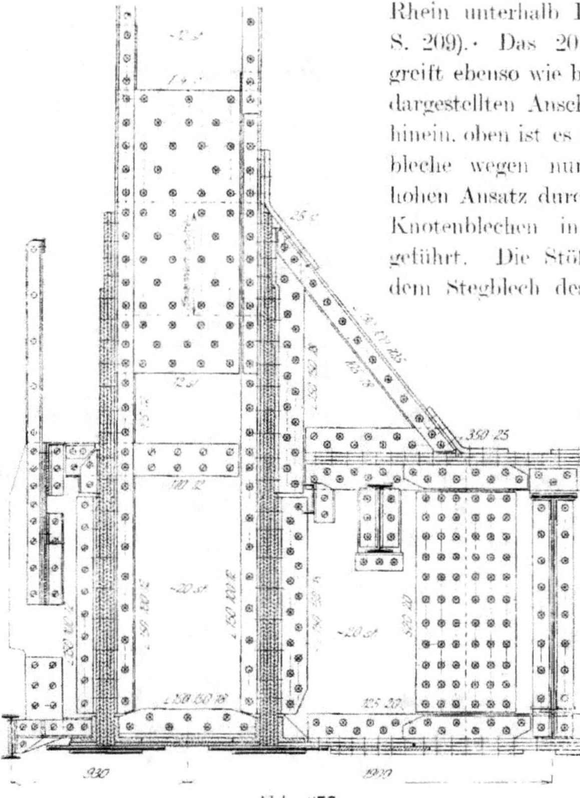

Abb. 877.

Rhein unterhalb Ruhrort (Abb. 336 auf S. 209). Das 20 mm starke Eckblech greift ebenso wie bei dem in der Abb. 876 dargestellten Anschluß in den Querträger hinein, oben ist es aber der hohen Knotenbleche wegen nur mit einem 530 mm hohen Ansatz durch einen Schlitz in den Knotenblechen in den Pfosten hineingeführt. Die Stöße dieses Ansatzes mit dem Stegblech des Pfostens sind durch beiderseitige Laschen gedeckt.

Bei beiden in den Abb. 876 u. 877 veranschaulichten Anschlüssen sind die Eckbleche auf der freien Seite mit Winkeleisen gesäumt und die einspringenden Ecken, die die Eckbleche mit den Pfosten und Querträgern bilden, mit 25 mm starken Flacheisen zur Überleitung der Kräfte aus den Saumwinkeln in die Winkeleisen der Pfosten und in die oberen Gurtungen der Querträger verstärkt.

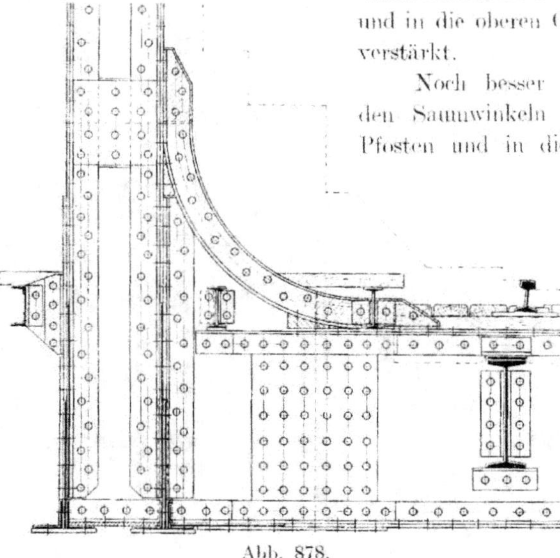

Abb. 878.

Noch besser werden die Kräfte aus den Saumwinkeln in die Winkeleisen der Pfosten und in die oberen Gurtungen der Querträger durch die in der Abb. 878[1]) dargestellte Gestaltung der Saumwinkel übergeleitet. Diese sind hier gekrümmt, über die Stöße des Eckbleches mit den Stegblechen des Pfostens und des Querträgers hinausgeführt und mit den

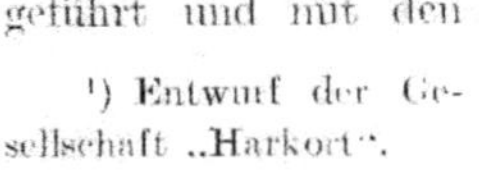

[1]) Entwurf der Gesellschaft „Harkort“.

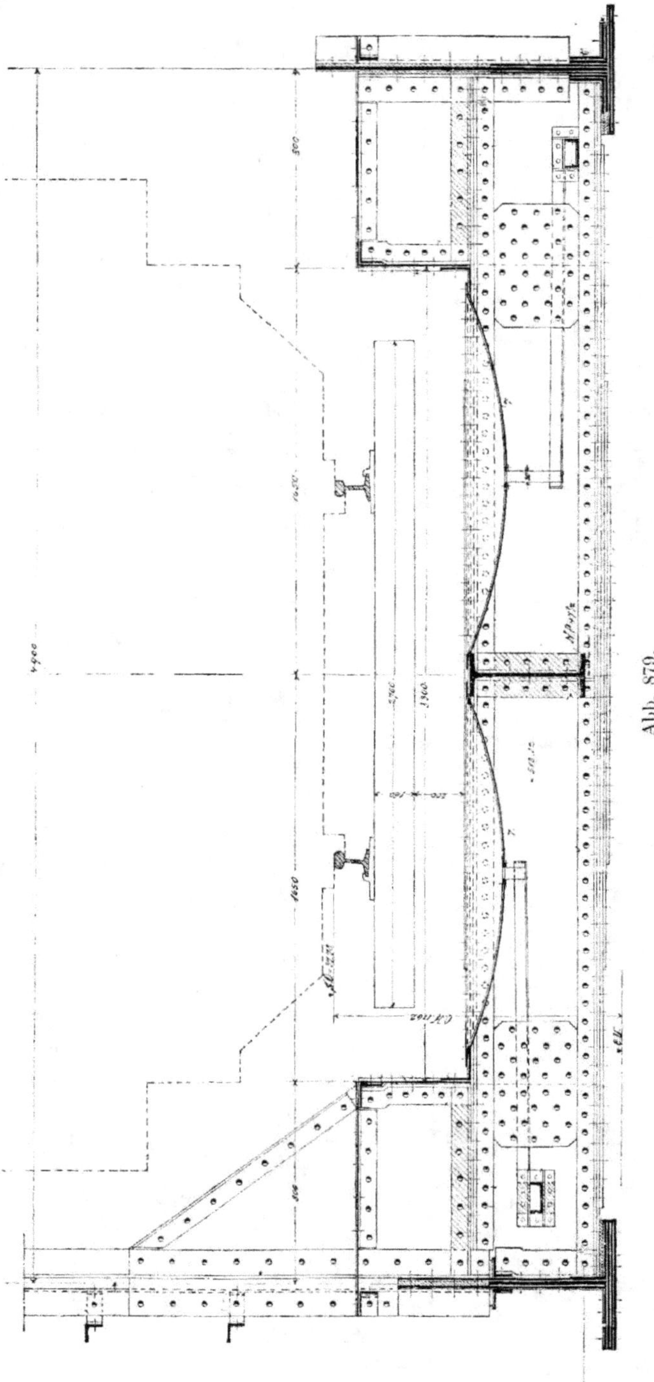

Abb. 879.

Winkeln des Pfostens und dem Obergurt des Querträgers unmittelbar verbunden. Das innere Knotenblech ist für den Durchtritt des Eckbleches bis auf die Oberkante des Untergurtes geschlitzt. Infolgedessen brauchte das Eckblech, das bis zur Unterkante des Untergurtes reicht, nur auf Gurthöhe geschlitzt zu werden.

Die Abb. 879 zeigt den Querschnitt eines Überbaues, dessen Hauptträger die in der Abb. 880 wiedergegebene Form haben. Links ist der Querträgeranschluß an dem Pfosten V und rechts an dem Knotenblech im Punkte A dargestellt. Links greift ein Eckblech in den Pfosten und in den Querträger hinein, rechts stößt das Stegblech des Querträgers gegen ein Anschlußblech, das eine rechteckige Form hat, bis zur Oberkante des Fußsteiges reicht und an dem Knotenblech des Hauptträgers angeschlossen ist. Die seitlichen Längsträger, die das Kiesbett begrenzen, liegen auf dem Querträger. Die zweite Obergurtkopfplatte des Querträgers (vgl. auch Abb. 828) ist ebenso stark wie die unteren Winkel der Längsträger, gegen die sie stößt, gehalten. Auf diese Weise ist eine überall gleich hohe Unterlage für die Buckelplatten erzielt worden. Die Zwischenquerträger sind, wie aus der Abb. 881 zu ersehen ist, an dem mittleren Längsträger in hergebrachter Weise angeschlossen und an den äußeren Längsträgern durch zwei Winkel angehängt.

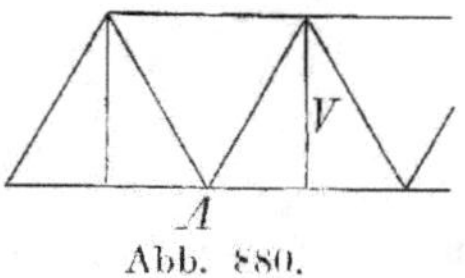

Abb. 880.

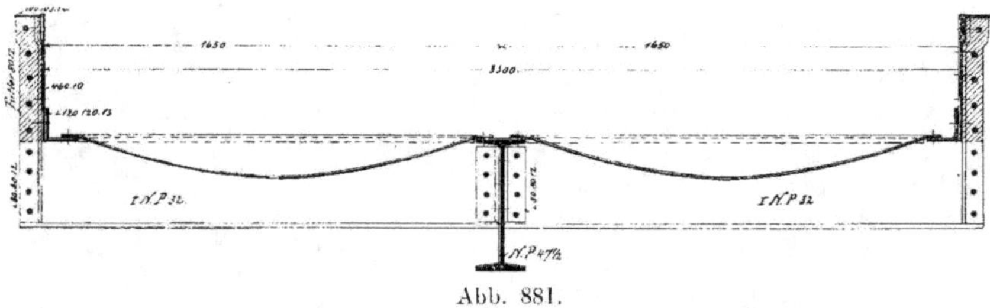

Abb. 881.

5. Gelenkförmige Lagerung der Querträger bei tiefliegender Fahrbahn.

Mit dem festen Anschluß der Querträger an den Hauptträgern ist der Nachteil verbunden, daß sich die Formänderungen der Querträger auf die Hauptträger übertragen, die Pfosten, an denen die Querträger befestigt sind, also auf Biegung und die Gurtungen auf Verdrehung beansprucht werden. Die Biegungsbeanspruchung der Pfosten kann jedoch durch ausreichende Bemessung unschädlich gemacht und die Verdrehungsbeanspruchung der Gurtungen durch steife Ausbildung der Querträger in unbedenklichen Grenzen gehalten werden. Als weiterer Nachteil wird oft gegen den festen Anschluß der Querträger ins Feld geführt, daß bei zweiwandigen Gurtquerschnitten die innere Wandung jedes Hauptträgers durch die Auflagerkraft des Querträgers mehr beansprucht werde als die äußere. Doch wird dies bei Ausbildung der Anschlüsse, wie sie in den vorstehenden Abbildungen vorgeführt ist, nur in sehr beschränktem Maße der Fall sein. Die aufgeführten Nachteile lassen sich durch gelenkige Lagerung der Querträger ver-

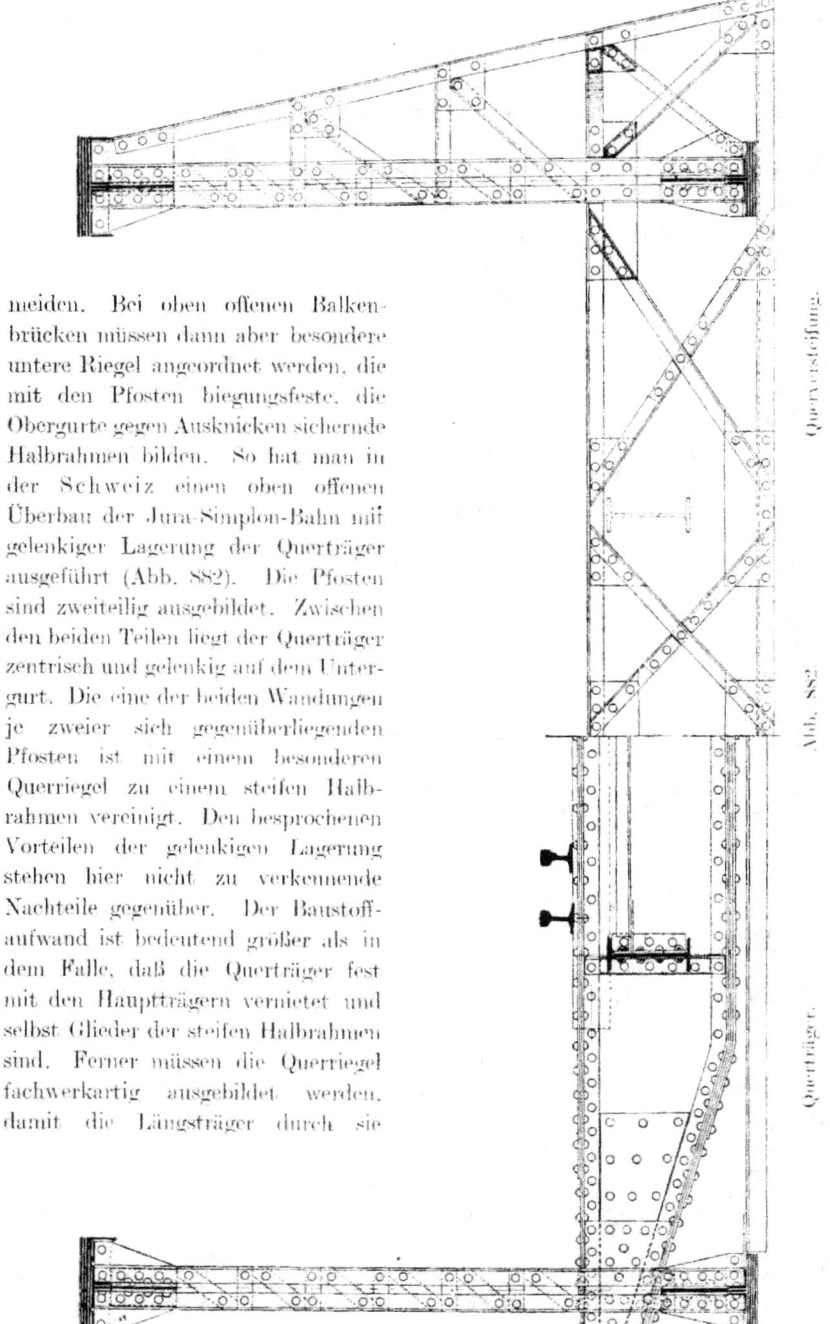

Abb. 882. Querversteifung. Querträger.

meiden. Bei oben offenen Balkenbrücken müssen dann aber besondere untere Riegel angeordnet werden, die mit den Pfosten biegungsfeste, die Obergurte gegen Ausknicken sichernde Halbrahmen bilden. So hat man in der Schweiz einen oben offenen Überbau der Jura-Simplon-Bahn mit gelenkiger Lagerung der Querträger ausgeführt (Abb. 882). Die Pfosten sind zweiteilig ausgebildet. Zwischen den beiden Teilen liegt der Querträger zentrisch und gelenkig auf dem Untergurt. Die eine der beiden Wandungen je zweier sich gegenüberliegenden Pfosten ist mit einem besonderen Querriegel zu einem steifen Halbrahmen vereinigt. Den besprochenen Vorteilen der gelenkigen Lagerung stehen hier nicht zu verkennende Nachteile gegenüber. Der Baustoffaufwand ist bedeutend größer als in dem Falle, daß die Querträger fest mit den Hauptträgern vernietet und selbst Glieder der steifen Halbrahmen sind. Ferner müssen die Querriegel fachwerkartig ausgebildet werden, damit die Längsträger durch sie hindurch zum Querträger geführt und die Querträger bequem nachgesehen werden können. Die fachwerkartigen Riegel sind aber sicher nicht so steif, wie die vollwandigen Querträger, namentlich auch deshalb, weil sie auf die ganze Brückenbreite in der Längsrichtung nicht versteift sind. Man hätte allerdings den Obergurt des Querriegels durch Winkeleisen so mit dem Obergut der Längsträger verbinden können, daß beide Bauteile in der Längsrichtung unverschieblich, in senkrechter Richtung aber verschieblich gegeneinander festgelegt wären.

In Rußland hat man vielfach der gelenkigen Lagerung der Querträger vor dem festen Anschluß durch Vernietung den Vorzug gegeben. Abb. 883 stellt die gelenkige Querträgerlagerung eines oben geschlossenen Überbaues der Moskauer Ringbahn dar. Der Querträger liegt gelenkig auf einem die beiden Wandungen des Untergurtes verbindenden Querstück innerhalb des aus vier Winkeleisen bestehenden Pfostens. Die Querriegel des unteren Windverbandes sind der Gestaltung der Pfosten entsprechend auch aus vier Winkeleisen gebildet. Die vier Winkeleisen des Pfostens und Querriegels sind durch Gitterwerk miteinander verbunden. Die Einzelheiten sind deutlich aus der Abbildung zu ersehen. Die auf die Querträger wirkenden Seitenkräfte werden durch die Lagerkörper an den Gurtungen aufgenommen und durch sie dem Windverband zugeführt.

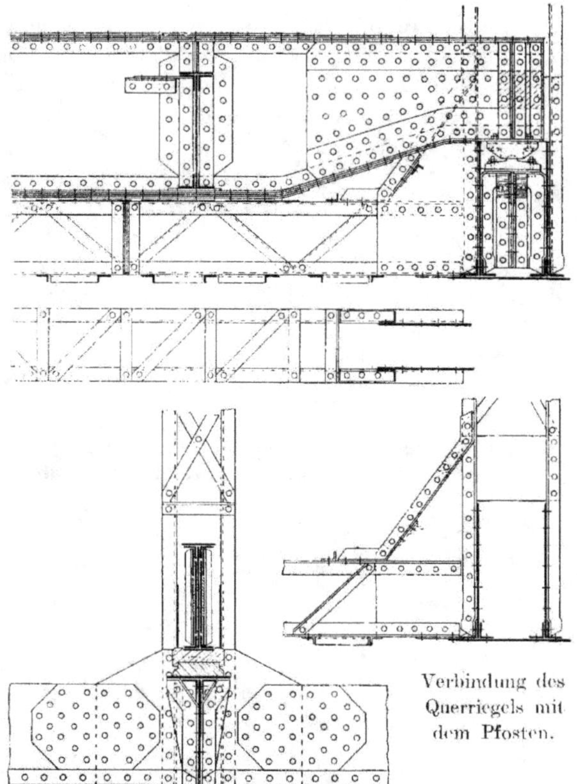

Abb. 883.

6. Anschluß der Endquerträger.

Sind Endpfosten vorhanden, so unterscheidet sich der Anschluß des Endquerträgers im allgemeinen nicht von dem Anschluß der übrigen Querträger. Bei Überbauten mit abgeschrägten Enden wird der Endquerträger an den Knotenblechen der Auflagerknotenpunkte angeschlossen (Abb. 401 auf S. 247). Bei zweiwandigen Gurtquerschnitten müssen in diesem Falle an der Anschlußstelle in der Verlängerung des Endquerträgers kräftige Querschotten zwischen den Knotenblechen eingenietet werden.

Bei Überbauten mit senkrechten Endabschlüssen, tiefliegender Fahrbahn und oberem Windverband bilden die Endquerträger die unteren Riegel geschlossener Rahmen, welche die Auflagerkräfte des oberen Windverbandes zu den Lagern des Überbaues leiten. Über die Ausbildung solcher Rahmen ist im Abschnitt XI nachzulesen.

Die Querträger werden in der Regel als auf zwei Stützen frei aufliegende Träger berechnet, wobei als Stützweite die Achsenentfernung der Hauptträger anzunehmen ist und die Längsträger als gelenkig an den Querträgern angeschlossen zu betrachten sind. Die durch den festen Anschluß der Querträger an den Hauptträgern entstehenden Einspannungsmomente sind in den meisten Fällen nur gering, bei oben offenen Brücken mit tiefliegender Fahrbahn sogar gleich Null. Da aber bei den oben offenen Brücken aus den oben angeführten Gründen eine reichliche Zahl von Anschlußnieten und bei den anderen Brücken die Berücksichtigung des Einspannungsmomentes für den Anschluß erwünscht ist, so empfiehlt es sich, die sich aus dem Auflagerdruck des als auf zwei Stützen frei aufliegend angenommenen Trägers ergebende Anzahl der Anschlußniete um 20% zu erhöhen. Treten am Anschluß der Querträger wie z. B. bei den geschlossenen Endrahmen größere Einspannungsmomente auf, so sind diese zu ermitteln und bei der Berechnung der Querträger und ihrer Anschlüsse zu berücksichtigen.

d. Besonderheiten und Stützung des Fahrbahnträgergerippes bei Bogenträgern mit hochliegender Fahrbahn.

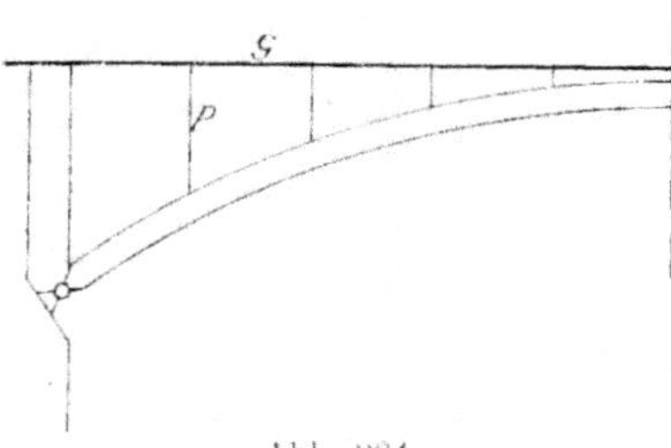

Abb. 884.

Die Lasten aus dem Verkehr und dem Eigengewicht der Fahrbahn und des Fahrbahnträgergerippes werden durch Pfosten P (Abb. 884) auf die Bogenträger übertragen. Der Abstand dieser Pfosten, auf denen in der Regel die Querträger ruhen, ist beim vollwandigen Bogen unabhängig vom Bogen selbst, beim gegliederten Bogenträger (Abb. 885) dagegen abhängig von der Gliederung des Bogens. Der dem Widerlager benachbarte Pfosten wird möglichst nahe dem Auflagergelenk, wenn angängig sogar senkrecht über diesem (vgl. den Abschnitt XIII: Die Lager und Gelenke) angeordnet, damit die quer zur Brückenlängsachse auf die Fahrbahn wirkenden Kräfte, die in der Regel durch in den Ebenen der Endpfosten liegende Querversteifungen nach unten geführt werden, unmittelbar in die Auflager geleitet werden. Für den Abstand der Pfosten gelten

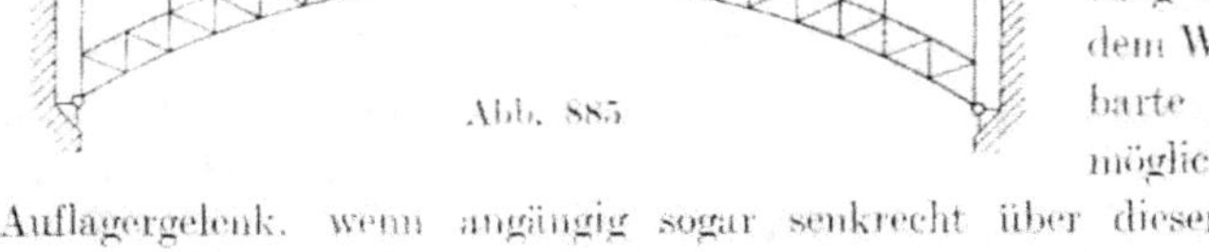
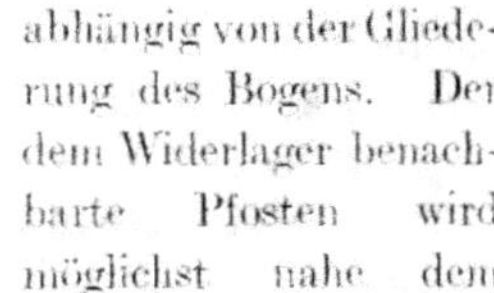
Abb. 885

sinngemäß die auf den Seiten 486 u. 487 für die Querträgerentfernung beim vollwandigen und gegliederten Träger gegebenen Regeln. Da man im allgemeinen mit großen Feldweiten einen geringeren Baustoffaufwand als mit kleinen Feldweiten erzielt, so wird man bei gegliederten Bogenträgern häufig den Abstand der Pfosten gleich der doppelten Feldweite des Bogenträgers wählen (Abb. 885).

In der Mitte des Bogens sind in der Regel keine Pfosten erforderlich, weil die Fahrbahn am zweckmäßigsten auch in dem Falle, daß die Bauhöhe nicht beschränkt ist, hier unmittelbar mit dem Bogen zur Übertragung der Längskräfte verbunden wird. Man könnte bei reichlicher Bauhöhe auch in der Mitte des Bogens Pfosten anordnen und die Längskräfte durch feste Lagerung der Fahrbahnlängsträger auf einem der Widerlager an das letztere abgeben. Die festen Lager müßten dann aber mit dem Widerlager kräftig verankert werden, da sie von Bremskräften in unbelastetem Zustande beansprucht werden könnten. Außerdem würden bei Wärmeschwankungen die kurzen Pfosten über der Bogenmitte recht erheblich auf Biegung beansprucht werden, weil sich die Längenausdehnungen vom festen Lager auf dem einen Widerlager bis zum anderen Widerlager erstrecken, während sich bei der festen Verbindung von Fahrbahn und Bogen in Brückenmitte die Längenausdehnungen von der Mitte nach beiden Seiten erstrecken und infolgedessen nur die längsten Pfosten von den größten Ausbiegungen getroffen werden. Man zieht deshalb die unmittelbare Verbindung der Fahrbahn mit der Mitte des Bogens vor.

Wird die Bettung nicht über die Brücke durchgeführt, ist also keine zusammenhängende Fahrbahntafel vorhanden, so muß zur Aufnahme der quer zur Fahrbahn gerichteten Kräfte ein besonderer Windverband in der Nähe der Fahrbahn angeordnet werden. Die Gurtungen dieses Verbandes werden von den sogenannten Streckgurtungen G (Abb. 884), die meist senkrecht über den Hauptträgern liegen, gebildet. Der Querschnitt dieser Streckgurte besteht aus einem Stegblech und Winkeleisen oder auch aus [-Eisen.

In den Abb. 887 bis 891 sind die Einzelheiten der Fahrbahn und des Fahrbahnträgergerippes des in der Abb. 886 in der Übersicht wiedergegebenen vollwandigen Zweigelenkbogens[1]) dargestellt. Die Abb. 887 zeigt die Verbindung des Streckgurtes mit dem Bogenträger, auf dem der mittelste Querträger unmittelbar aufliegt. Vom Endpunkt des Streckgurtes bildet die obere Bogengurtung den Gurt des Windverbandes. Die Einzelheiten des mittelsten Querträgers und der Konsolauskragung für einen öffentlichen Fußsteig sind aus der Abb. 888 zu ersehen. Hier ist auch der vollwandige Bremsträger veranschaulicht, der die Längskräfte aufzunehmen und an die Bogen abzugeben hat und zu diesem Zweck mit den beiden Bogenträgern und den Längsträgern in der dargestellten Weise verbunden ist. Von den Bremsträgern ist später im Abschnitt XII noch ausführlich die Rede. Die Lagerung eines Querträgers über einem Pfosten auf dem Streckgurt ist in der Abb. 889 wiedergegeben. Der Querträger ist mit dem Windverbandknotenblech und dem Streckgurt fest vernietet und gegen Umkippen durch zwei Eckversteifungen gesichert. Der Streckgurt besteht aus Stegblech und Winkel-

[1]) Flutüberbauten der Südbrücke in Köln. Entwurf und Ausführung der Gesellschaft Harkort.

eisen, der Pfosten aus vier Winkeln. In den Ebenen der Endpfosten werden die quer zur Brücke auf die Fahrbahn wirkenden Kräfte durch Querversteifungen in die Lager geleitet (Abb. 890).

Lagert man zwischen zwei in der Längsrichtung benachbarten Überbauten die Fahrbahnträger auf dem Mittelpfeiler auf, so erleiden die Fahrzeuge beim Übergang von der elastischen Lagerung der Fahrbahnträger auf den eisernen Überbauten zur unelastischen

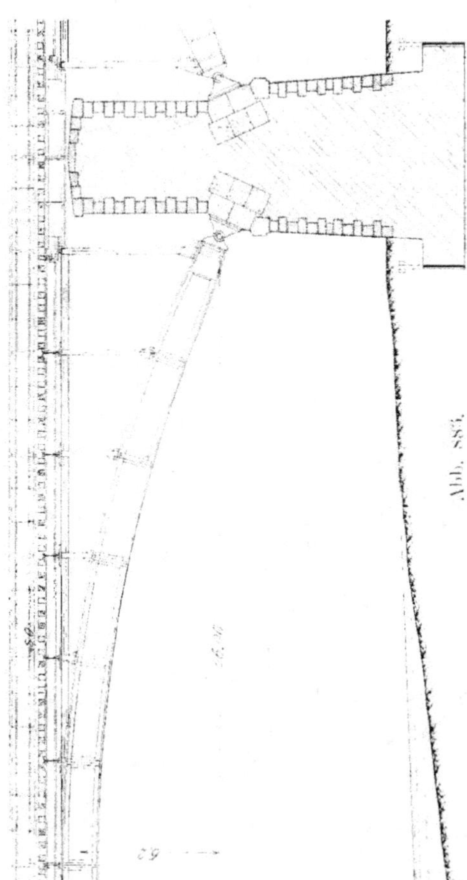

Abb. 888.

Abb. 887.

Lagerung auf Stein unerwünschte Stöße. Es ist deshalb sehr zweckmäßig, den Mittelpfeiler mit besonderen kleinen Blechträgern zu überbrücken, wie es bei der in der Abb. 886 dargestellten Ausführung geschehen ist. Die Einzelheiten sind aus der Abb. 891 zu ersehen.

Die Blechträger ruhen auf den Endquerträgern auf, die zu diesem Zweck tiefer als die übrigen angeordnet sind (Abb. 890). Sie sind über die Endquerträger vorgekragt und dienen hier den benachbarten Längsträgern der Bogenträger zur Unter-

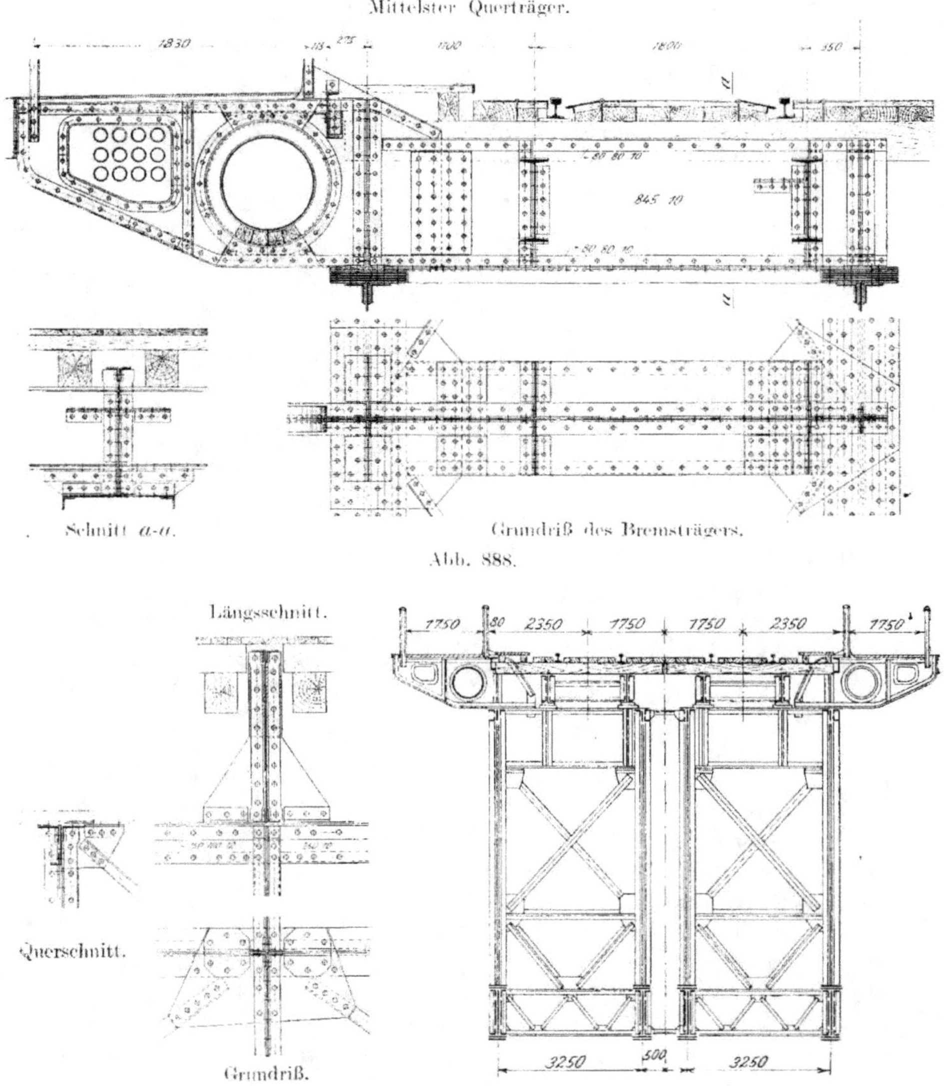

Abb. 888.

Abb. 889.

Abb. 890.

stützung. Gegen Abheben sind diese Längsträger dadurch gesichert, daß eine Knagge unter den Kragarm des Blechträgers greift. Um die Längskräfte, die auf die über dem Widerlager liegenden Träger wirken, aufnehmen zu können, ist der Obergurt der Endquerträger durch ein wagerecht liegendes [-Eisen ausgesteift.

Beim Übergang von der Brücke zum Widerlager kann in der Regel wegen des beträchtlichen Abstandes des Endpfostens von der hochgehenden Mauer eine Konstruktion nach der Abb. 807 oder 808 nicht unmittelbar an dem über den Endpfosten liegenden Endquerträger angeschlossen werden. Es müssen vielmehr meist von der Brücke zum Widerlager in der Verlängerung der Längsträger kleine Schleppträger hinübergestreckt werden, die am Querträger gelenkig anzuschließen sind, damit die Höhenänderungen der Endpfosten infolge Wärmeschwankungen sich ohne schädlichen Einfluß auf die Anschlüsse der Schleppträger vollziehen können (Abb. 894 u. 895).

In den Abb. 892 bis 894 sind die wichtigsten Einzelheiten der Fahrbahn und des Fahrbahnträgergerippes eines vollwandigen Zweigelenkbogens aus dem Entwurf „Simplicitas"[1]) der Maschinenfabrik Augsburg-Nürnberg, Werk Gustavsburg, dargestellt. Der Mittenabstand der beiden Bogenträger, die schon auf Seite 293 beschrieben und in der Abb. 500 wiedergegeben sind, beträgt 5,2 m. Die Pfosten, deren Mittenabstand in der Brückenlängsrichtung 7,2 m mißt, bestehen aus Breitflanschträgern mit Kopfplatten und sind in der dargestellten Weise fest mit den Bogen und den Querträgern verbunden. Die aus zwei [-Eisen gebildeten Streckgurte, die Gurtungen des Fahrbahnwindverbandes sind, verbinden die Pfostenköpfe und streichen in der Brückenmitte in solcher Höhe über die Bogen hinweg, daß sie hier samt den an ihnen angeschlossenen Bremsträgern durch vollwandige Aufsattelungen mit den Bogenträgern verbunden werden können. Das Fahrbahnträgergerippe besteht aus genieteten vollwandigen Querträgern, die über den Pfosten angeordnet sind, und aus vier aus Breitflanschträgern gebildeten, zwischen die Querträger genieteten Schwellenträgern, deren äußere Stränge um das Maß von 60 cm außerhalb der Hauptträgerachsen liegen. In Brückenmitte sind die Schwellenträger an den Bremsträger (Abb. 893) angeschlossen, der die Längskräfte durch die schon erwähnten Aufsattelungen an die Bogenträger abgibt. Unmittelbar neben den Auflagergelenken sind keine Pfosten angeordnet (Abb. 500); es sind vielmehr größere, 7,2 m lange Schleppträger im Zuge der Schwellenträger vom letzten Querträger zum Widerlager hinüberge-

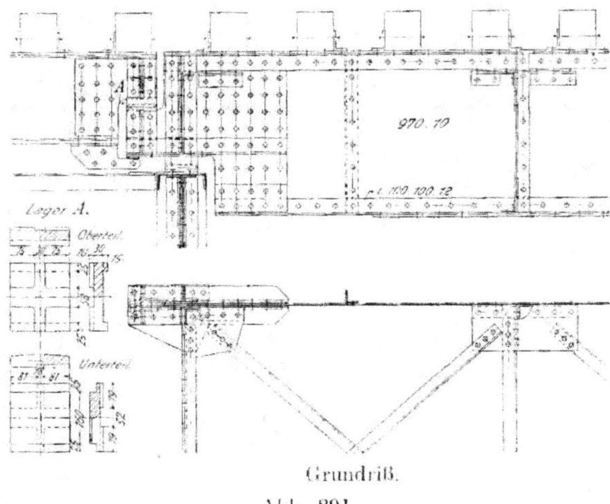

Grundriß.
Abb. 891.

[1]) Vergl. „Bauingenieur" 1920, S. 88 u. 287 dieses Buches.

streckt und dort auf kleinen, stählernen Kipplagern gelagert (Abb. 894). Aus dem oben schon genannten Grunde sind die Schleppträger auch auf den am letzten Querträger angenieteten Konsolen gelenkig mit kleinen Kipplagern gelagert und auch die letzten Streckgurtglieder neben dem letzten Querträger mit Gelenken versehen worden. Der Fahrbahnwindverband ist an den Enden schnabelförmig zusammengeführt und mit dem Schnabel längsbeweglich zwischen zwei Aufsattelungen auf einem einbetonierten I-Eisen gelagert. Die gelenkig angeschlossenen Streckgurtstäbe in den Endfeldern sind zur Aufnahme des Eigengewichts des letzten Windverbandfeldes bis zu dem Widerlager durchgeführt und hier längsbeweglich gelagert.

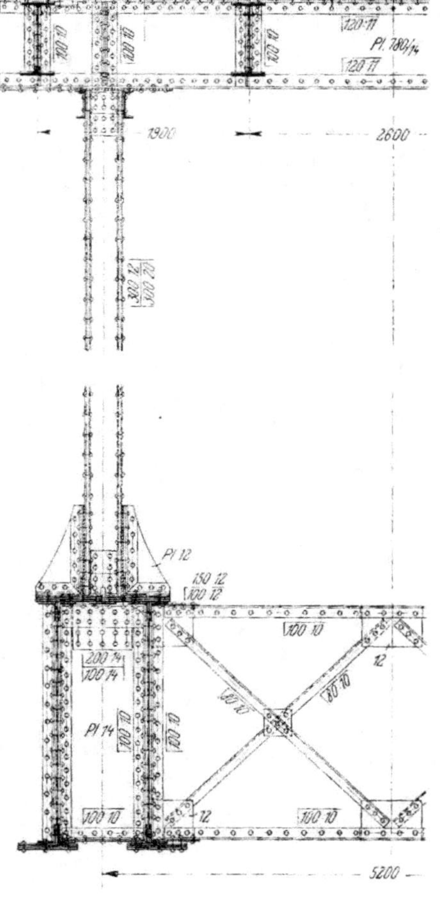

Abb. 892. Querschnitt.

Bei Durchführung der Bettung über die Brücke ist die Anordnung eines besonderen Windverbandes mit Streckgurt deshalb entbehrlich, weil die zusammenhängende Fahrbahntafel den Windverband bildet. Man ordnet in diesem Falle in der Regel die äußeren, die Fahrbahntafel mittragenden Längsträger senkrecht über den Bogenträgern an. Bei der in der Abb. 895 dargestellten Ausführung sind die äußeren durchgehenden Längsträger auf den Pfosten gelagert. An diesen Längsträgern sind die Querträger, die in den Querebenen der Pfosten und in der Mitte zwischen je zwei Pfosten liegen, angeschlossen. Die aus Buckelplatten bestehende Fahrbahntafel wird von den äußeren Längsträgern, den Querträgern und einem mittleren, an den Querträgern angeschlossenen Längsträger gestützt. Beide Lager des Schleppträgers sind beweglich; die feste Verbindung mit dem Überbau wird durch die Fahrbahntafel hergestellt. Um die Wirkung des Schleppträgergelenkes nicht in Frage zu stellen, ist zu beiden Seiten des Gelenkes je ein Querträger angeordnet und der Raum zwischen diesen beiden Querträgern mit einem Flachblech überspannt. (Näheres hierüber enthält der Abschnitt XIII: Die Lager und Gelenke).

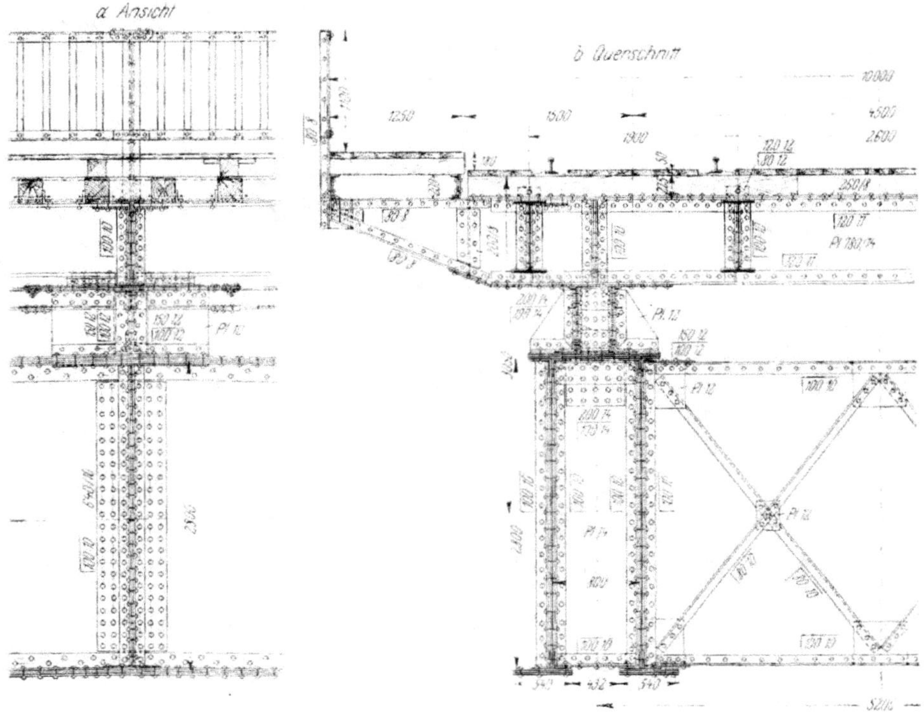

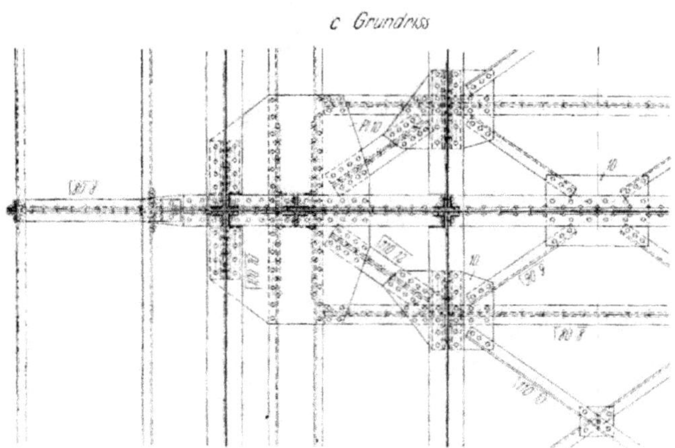

Ausbildung des eisernen Überbaues in Brückenmitte.

Abb. 893.

Bei der in Abb. 896 dargestellten Ausführung liegen die äußeren Längsträger ebenfalls senkrecht über dem Bogenträger. Sie gehen aber nicht durch, sondern sind an den Querträgern angeschlossen: Der mittelste Querträger ruht unmittelbar auf dem Bogen, die ihm benachbarten Querträger übertragen ihren Druck mit einem Lagerkörper auf den Bogenträger, und erst die nächsten Querträger sind durch Pfosten gestützt. Die Querträger sind mit diesen und den Bogen zu steifen, nach unten geöffneten Querrahmen vereinigt, die die auf die

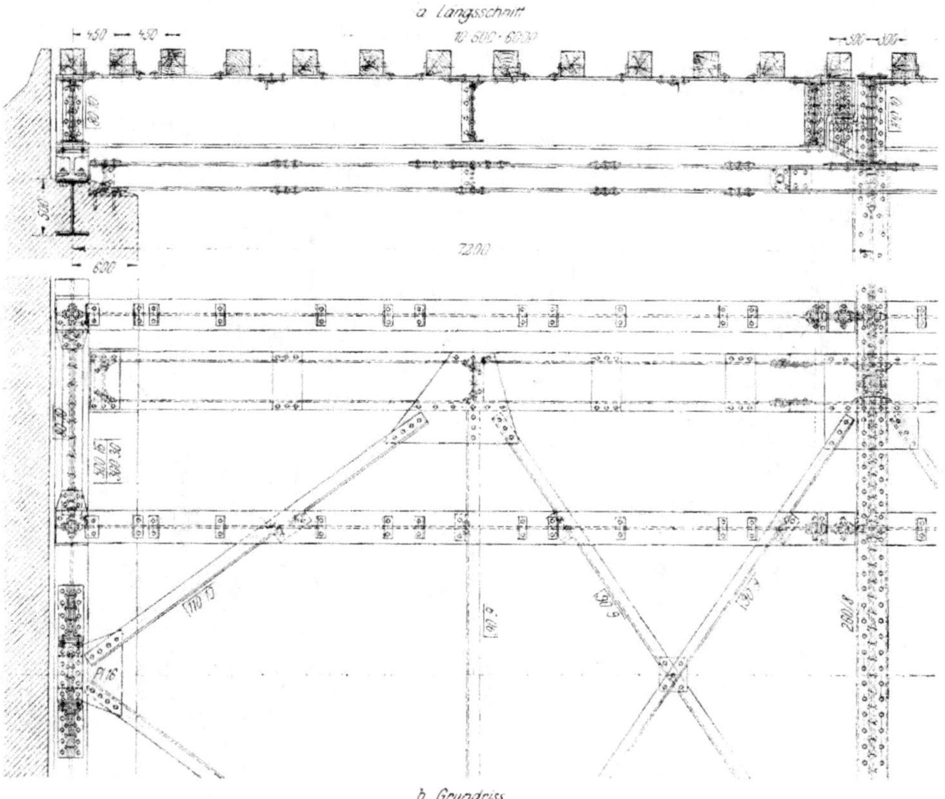

Abb. 894. Anordnung der Fahrbahn und des Fahrbahnträgergerippes über den Kämpfern.

Bogen wirkenden, quer zur Brücke gerichteten Kräfte auf die als Windverband dienende Fahrbahntafel übertragen. Die Einzelheiten der Querschnitte und der Anschlüsse sind deutlich aus den Abbildungen zu ersehen. Im Bogenscheitel stehen die äußeren Längsträger durch Winkeleisen in unmittelbarer Verbindung mit den Bogenträgern und geben hier die Längskräfte an sie ab.

Abb. 897 zeigt eine Ausführung mit durchgehenden äußeren Längsträgern. Diese sind ebenso wie die Querträger unter Wegnahme der unteren Flansche mit vier Winkeleisen an den aus I-Eisen bestehenden Pfosten angeschlossen. In den drei mittelsten Feldern sind die I-Eisen der Längsträger durch niedrige

Blechträger ersetzt worden, deren untere Winkel unmittelbar mit dem Bogen vernietet sind. Diese Konstruktion wendet man zweckmäßig auch in dem Falle an, daß die Bauhöhe noch etwas größer als in der vorliegenden Ausführung ist und die Längsträger berührend über den Bogen durchgeführt werden könnten, und zwar deshalb, weil sich bei Durchführung der I-Träger zwischen ihrer Unterkante und dem Bogenscheitel schwer zugängliche Stellen bilden würden. Man kann auch die auf S. 292 schon näher beschriebene Konstruktion wählen (Abb. 898), bei der der Bogenscheitel mit gerader oberer Gurtung ausgebildet wird.

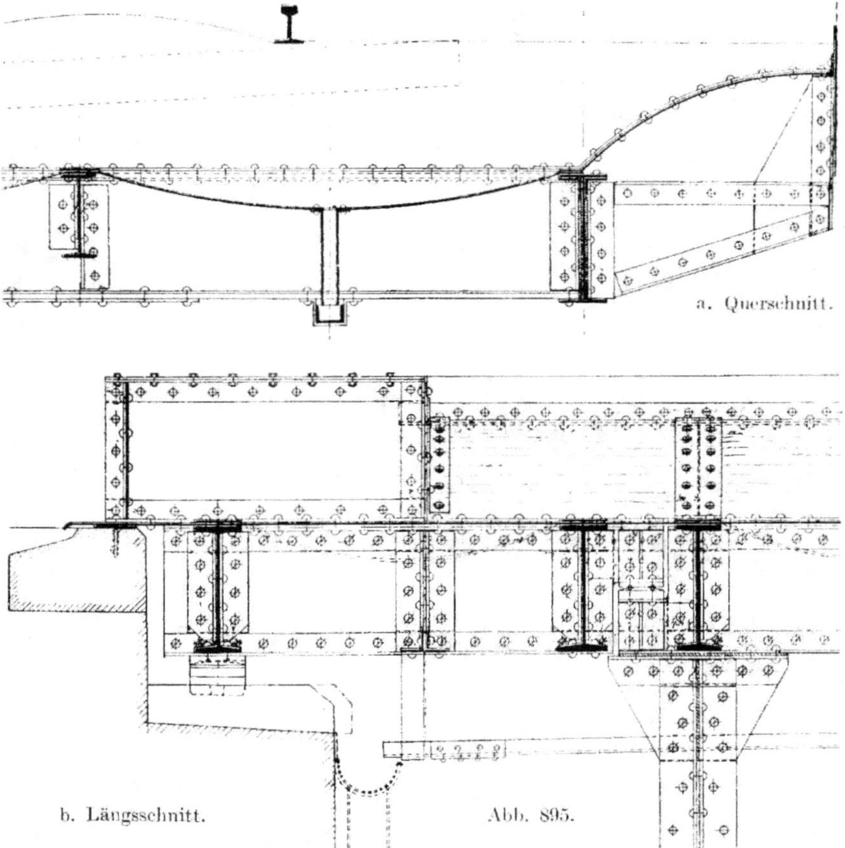

Abb. 895.

Bei der in der Abb. 897 veranschaulichten Ausbildung der Längsträger über dem Bogenscheitel muß diesen eine solche Höhe gegeben werden, daß die Befestigungsniete der Buckelplatten noch geschlagen werden können. Ist die Bauhöhe so beschränkt, daß man die Oberkante der Fahrbahntafel in gleiche Höhe mit der Oberkante des Bogenscheitels legen muß, so sind Anordnungen am Platze, wie sie die Abb. 899 u. 900 darstellen. Bei der in der Abb. 899 veranschaulichten Ausführung werden die Buckelplatten in der Bogenmitte von den

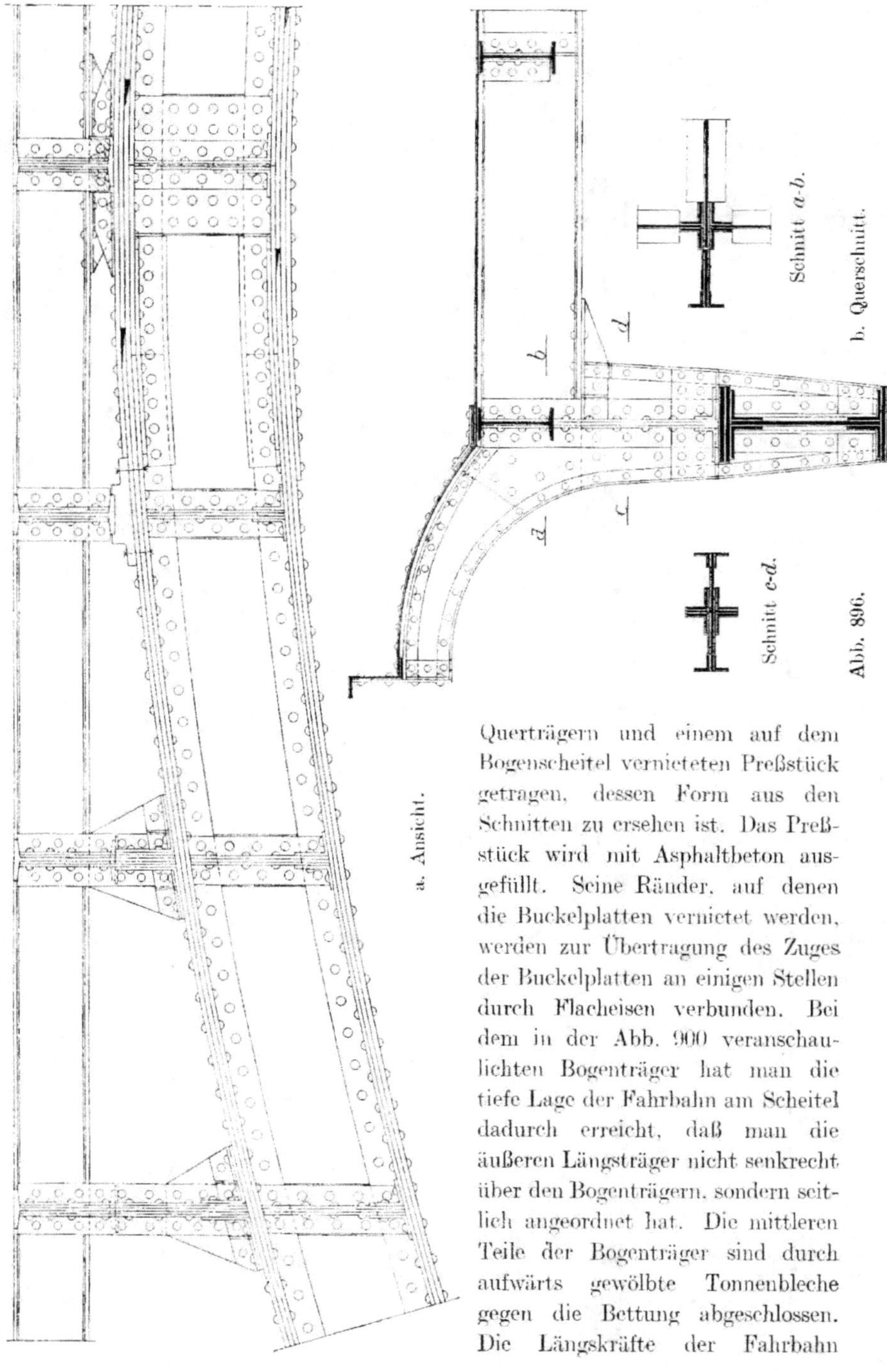

a. Ansicht. b. Querschnitt.

Abb. 896.

Querträgern und einem auf dem Bogenscheitel vernieteten Preßstück getragen, dessen Form aus den Schnitten zu ersehen ist. Das Preßstück wird mit Asphaltbeton ausgefüllt. Seine Ränder, auf denen die Buckelplatten vernietet werden, werden zur Übertragung des Zuges der Buckelplatten an einigen Stellen durch Flacheisen verbunden. Bei dem in der Abb. 900 veranschaulichten Bogenträger hat man die tiefe Lage der Fahrbahn am Scheitel dadurch erreicht, daß man die äußeren Längsträger nicht senkrecht über den Bogenträgern, sondern seitlich angeordnet hat. Die mittleren Teile der Bogenträger sind durch aufwärts gewölbte Tonnenbleche gegen die Bettung abgeschlossen. Die Längskräfte der Fahrbahn

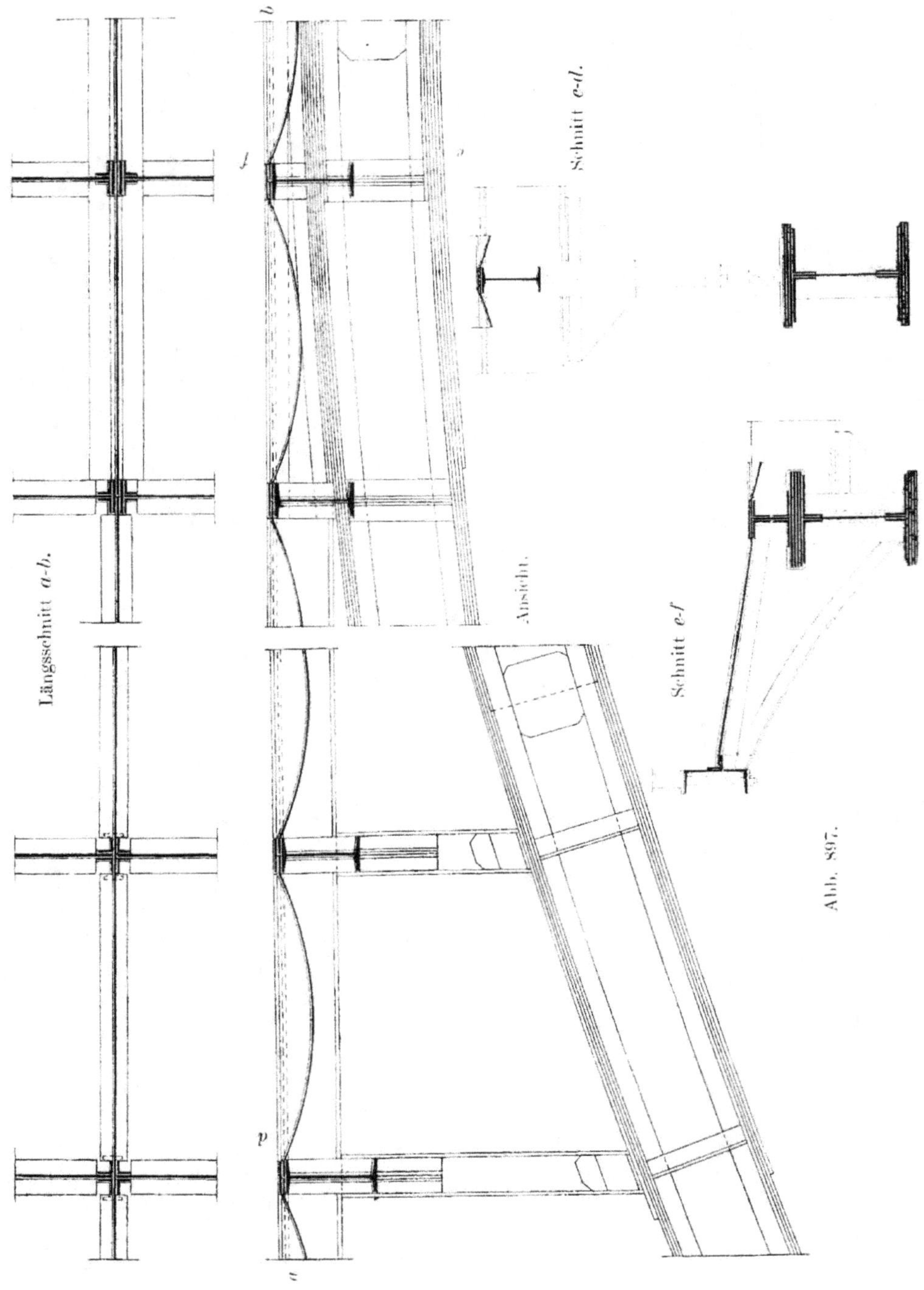

Abb. 897.

werden durch eine Verbindung der Tonnenbleche mit dem Scheitel der äußeren Bogenträger auf diese übertragen.

Die Abb. 901[1]) zeigt eine Fahrbahntafel aus Tonnenblechen. Das Fahrbahnträgergerippe besteht nur aus Längsträgern, die sich auf die aus zwei Winkeleisen bestehenden Pfosten (Schnitt a—a) und im Bogenscheitel auf den Bogen selbst stützen. Die Bogen sind durch gegliederte und vollwandige Querversteifungen gegen die als Windverband dienende Fahrbahntafel festgelegt.

Die übliche Art der Abstützung der Fahrbahnträger auf den Pfosten und dieser auf den Bogenträgern ist aus den vorstehenden Abbildungen dieses Unterabschnitts zu ersehen (vgl. auch Abb. 498 auf S. 292 und Abb. 500 auf S. 294).

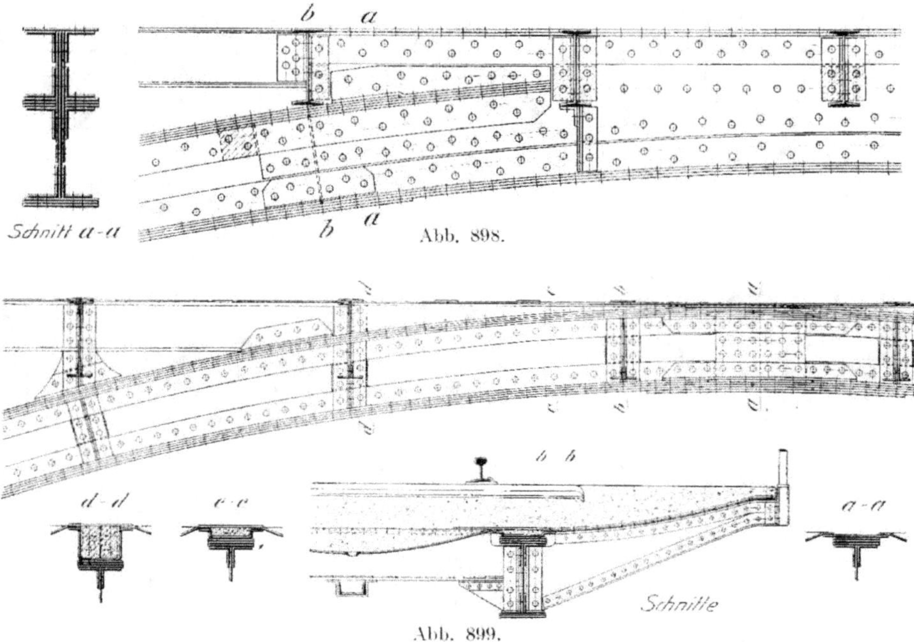

Abb. 898.

Abb. 899.

Die Fahrbahnträger und die Pfosten sind in den vorgeführten Beispielen fest miteinander vernietet, ebenso die Pfosten und die Bogenträger.

Die Fahrbahn wird, wie bereits erwähnt wurde, meist in der Mitte mit dem *Bogen zur Übertragung der Längskräfte fest verbunden. Bei größeren Spannweiten* und bei fester Vernietung der Pfosten mit den Fahrbahnträgern und den Bogen werden infolgedessen die von der Brückenmitte entfernteren Pfosten bei durch Wärmeschwankungen verursachten Längenänderungen der Fahrbahn samt ihren Anschlüssen nicht unerheblich auf Biegung beansprucht. Will man dies vermeiden, so ist es erforderlich, die Fahrbahnträger gelenkig auf den Pfosten zu lagern und die Pfosten unten durch Gelenke an den Bogen derart anzuschließen, daß sie in

[1]) Unterführung der Offenbacher Landstraße in km 8,6 + 60 der Strecke Frankfurt—Bebra. Entwurf und Ausführung von Klönne-Dortmund.

der Längsrichtung der Brücke pendeln können. Eine solche Anordnung ist bei dem Entwurf der Brückenbauanstalt Gustavsburg für eine feste Straßenbrücke

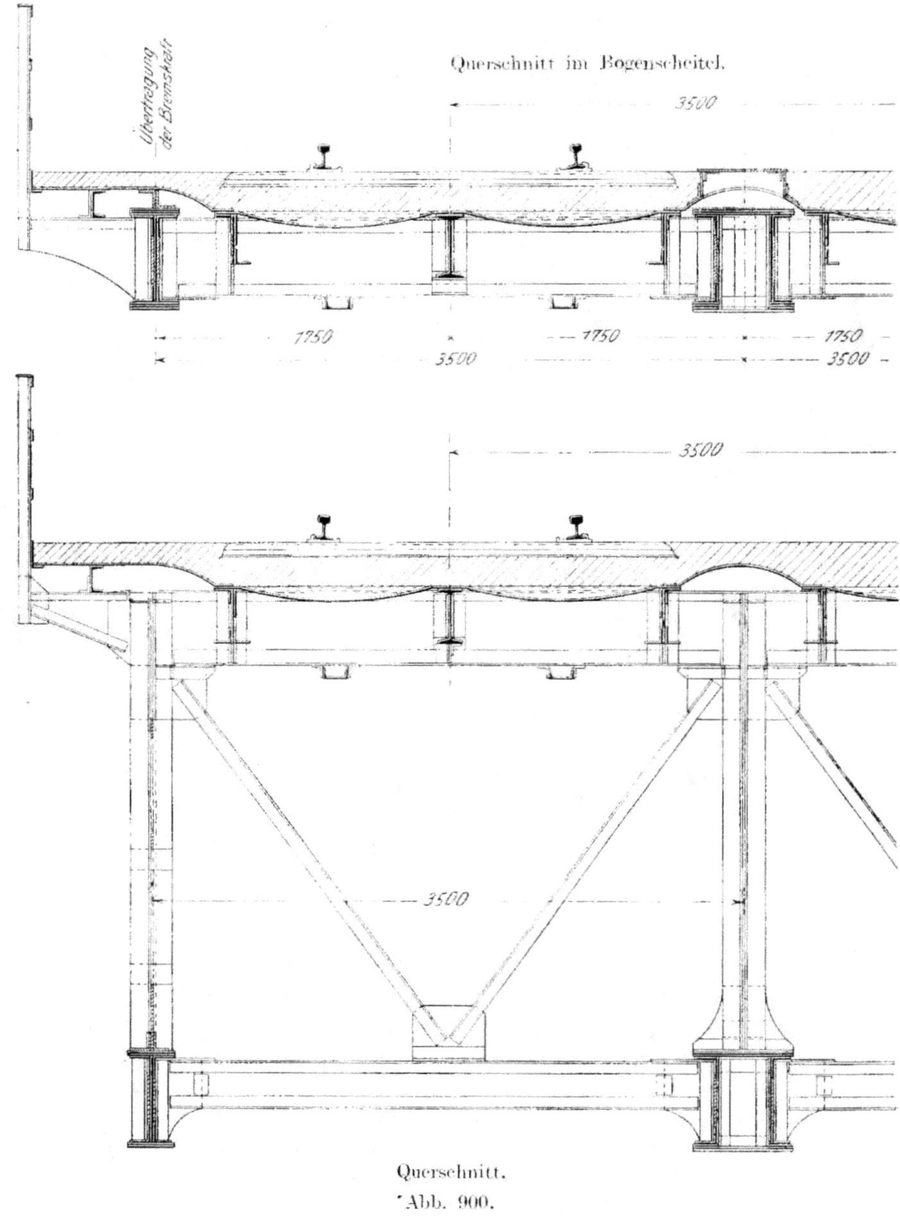

Querschnitt.

Abb. 900.

über den Neckar bei Mannheim gewählt worden (Abb. 902 a und b). Die Querträger ruhen mit Kugellagern auf den Pfosten. Diese sind mit Blattfedergelenken an dem Bogen angeschlossen. Zwei mit dem Bogen vernietete Winkeleisen fassen ein Knotenblech zwischen sich, an dem die Winkeleisen des Pfostens angeschlossen sind, jedoch derart, daß zwischen ihnen und den auf den Bogen genieteten Winkeleisen ein genügender Spielraum zur Erzielung der Gelenkwirkung bleibt. Die aus der Abb. 902 b zu ersehenden, an die Winkeleisen der Pfosten genieteten Flacheisen dienen nur aus Schönheitsrücksichten zur Verdeckung der schwachen Gelenkstelle und haben solche Ausschnitte erhalten, daß sie die Gelenkwirkung nicht beeinträchtigen.

Querschnitt.

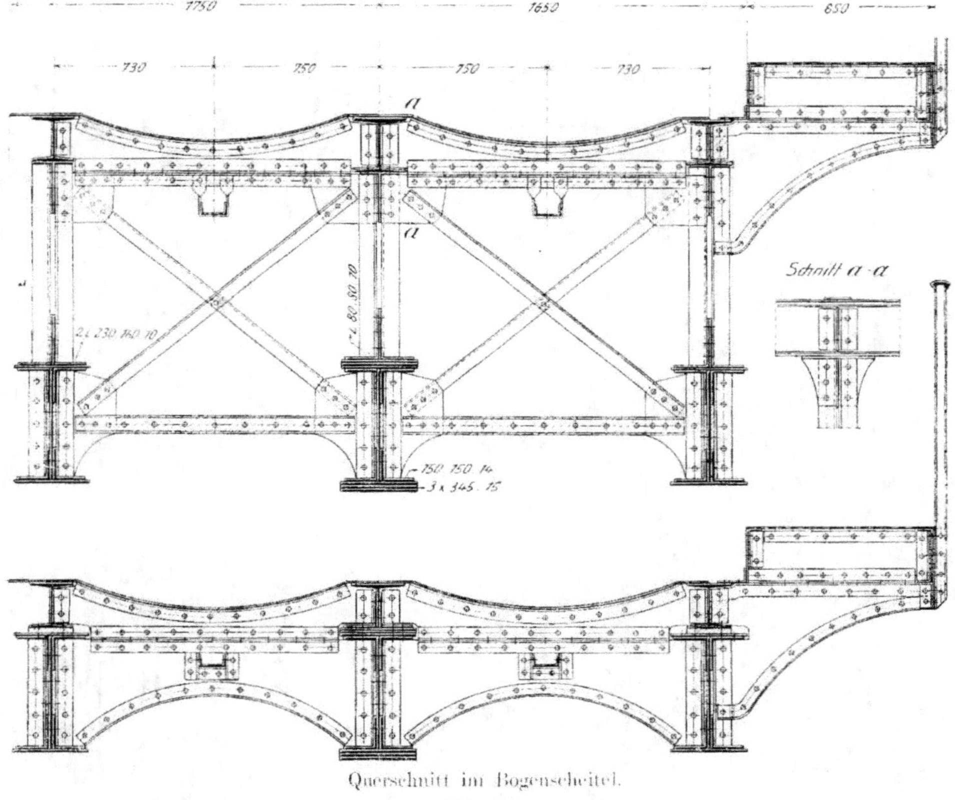

Querschnitt im Bogenscheitel.

Abb. 901.

e. Besonderheiten und Stützung des Fahrbahnträgergerippes bei Bogenträgern mit tiefliegender Fahrbahn.

α. Beim Zweigelenkbogen mit Zugband.

Bei größeren Stützweiten beeinflußt das Zugband die Fahrbahnträger und wird von diesen ebenso in nicht unerheblichem Maße beeinflußt wie der Untergurt eines Balkenträgers, falls nicht besondere Vorkehrungen getroffen werden, um diesen Beeinflussungen vorzubeugen. Über den Einfluß der Formänderungen der Gurtungen von Balkenträgern auf die Fahrbahnträger ist auf der S. 484 nachzulesen. Wie schon auf der S. 505 näher ausgeführt wurde, wird die Größe dieses Einflusses in zweckmäßiger Weise dadurch herabgemindert, daß man das Fahrbahnträgergerippe an mehreren Stellen unterbricht. Dies Verfahren hat selbstverständlich auch beim Bogenträger mit Zugband den gewünschten Erfolg. Man kann also die Querträger mit den Hängestangen und dem Zugband ebenso wie mit den Pfosten und dem Untergurt eines Balkenträgers fest verbinden und das

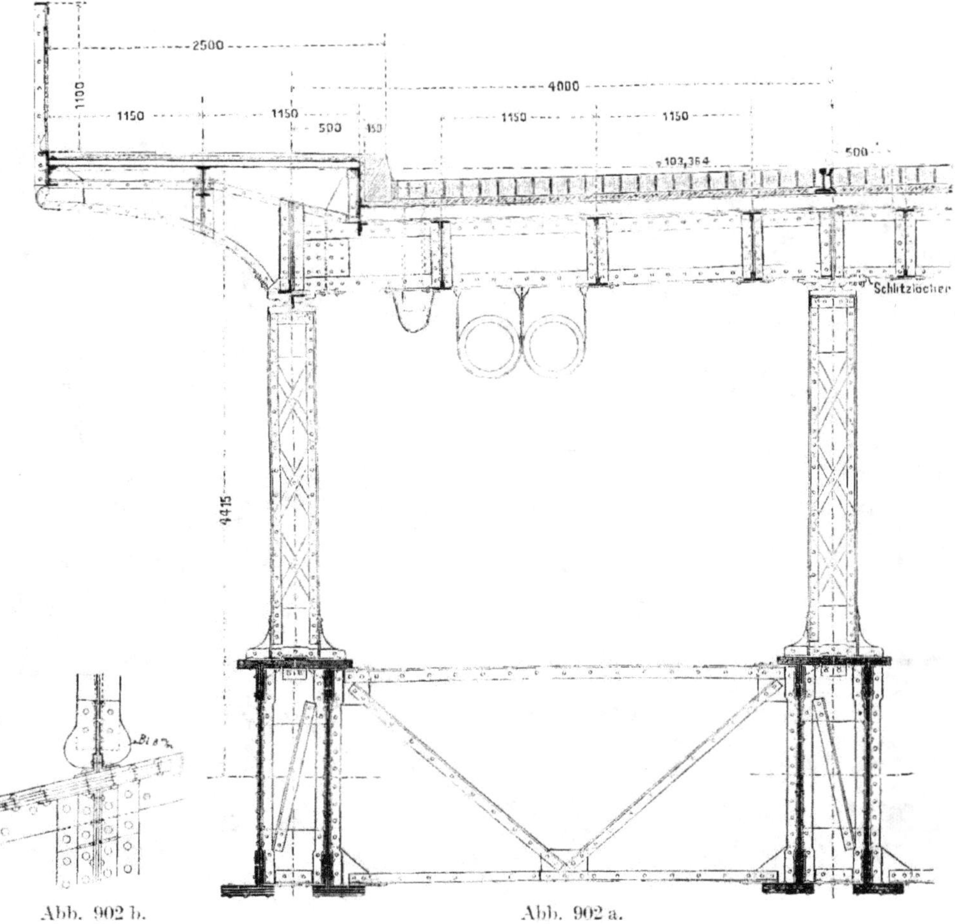

Abb. 902 b. Abb. 902 a.

Fahrbahnträgergerippe an mehreren Stellen unterbrechen. Der feste Anschluß der Querträger am Hängestab und Zugband ist entschieden der einfachste und kann zu keinen nennenswerten gegenseitigen Beeinflussungen des Zugbandes und der Fahrbahnträger Veranlassung geben, falls das Fahrbahnträgergerippe in genügend kleinen Abständen unterbrochen wird. Der festen Verbindung zwischen Querträger, Hängestab und Zugband im Verein mit Unterbrechungen des Fahrbahnträgergerippes wird daher auch neuerdings wieder gegenüber der beweglichen

Aufhängung der Fahrbahn, die bis vor kurzem sehr beliebt war, der Vorzug gegeben. Sie ist z. B. auch bei der Nordbrücke in Köln (Abb. 903)[1]) ausgeführt worden. Der Anschluß des Querträgers zeigt hier keine Besonderheiten gegenüber den bereits besprochenen Querträgeranschlüssen. Zu erwähnen ist nur, daß das Eckblech in den Querträger und den Hängestab bis zur Unterkante des Zugbandes hineingreift. Die bewegliche Aufhängung der Fahrbahn beim Zweigelenkbogen mit Zugband, die zuerst von den verdienstvollen Direktoren der Gesellschaft Harkort Seifert[2]) und Backhaus[3]) angegeben worden ist, läßt sich in einfachster Weise dadurch herstellen, daß man die Querträger nur mit den Hängestangen fest verbindet, das Zugband aber nur in einen losen Zusammenhang mit ihnen bringt (Abb. 905). In diesem Falle können sich die Formänderungen des Zugbandes nicht

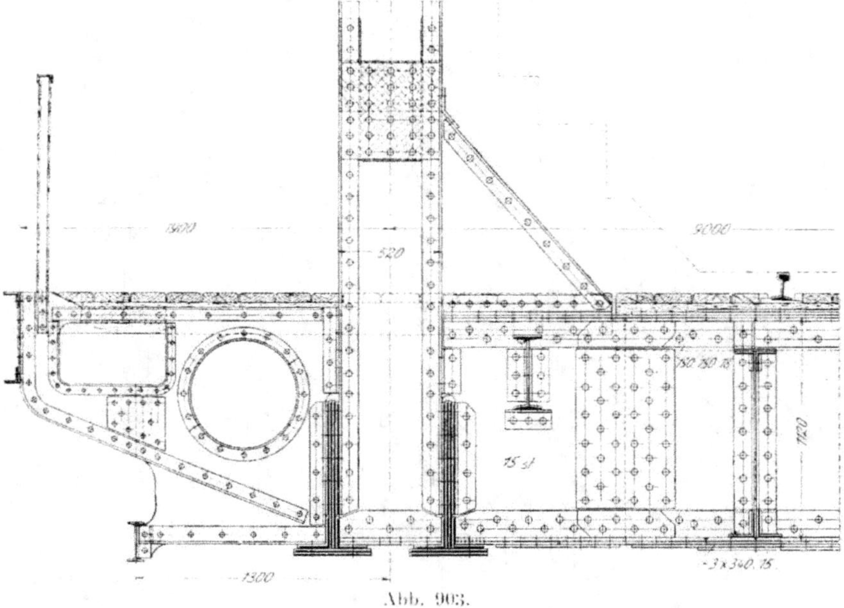

Abb. 903.

auf die Fahrbahnträger übertragen und die letzteren nicht den Spannungszustand des Zugbandes beeinflussen. Die Endquerträger sind als Glieder der Endportale natürlich fest mit den Endpfosten zu verbinden. Die Endlängsträger müssen deshalb, falls die Fahrbahn wie in der Regel in der Mitte des Überbaues mit den Zugbändern fest verbunden wird, beweglich an diesen Querträgern gelagert sein, damit die Wirkung der beweglichen Aufhängung nicht aufgehoben wird. Der untere Windverband wird meist von den beiden Endquerträgern und einem doppelten Diagonalenzug und den Zugbändern als Gurtungen gebildet (Abb. 904). Die Querträger gehören mit Ausnahme der Endquerträger nicht zum Wind-

[1]) Entwurf und Ausführung der Gesellschaft Harkort-Duisburg.

[2]) Gestorben 1913.

[3]) Gestorben 1911.

verbande. Damit aber die quer zur Brückenachse auf die Fahrbahn wirkenden Kräfte an den Windverband abgegeben werden können, werden die Querträger gegen das Zugband abgestützt (Abb. 905). Die auf die Fahrbahn wirkenden Längskräfte werden in dem Falle, daß keine zusammenhängende Fahrbahntafel vor-

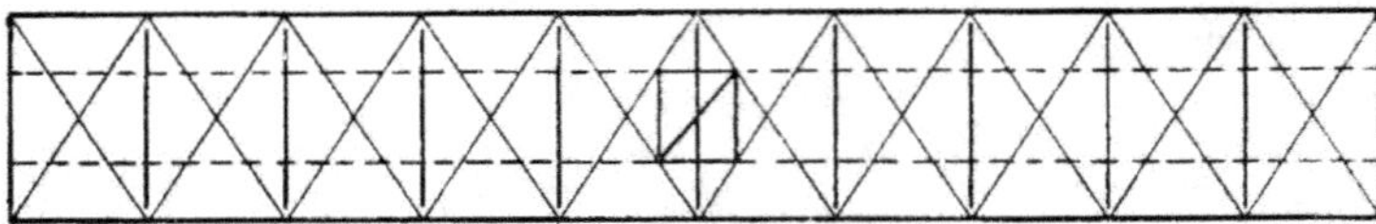

Abb. 904. Grundriß des Windverbandes.

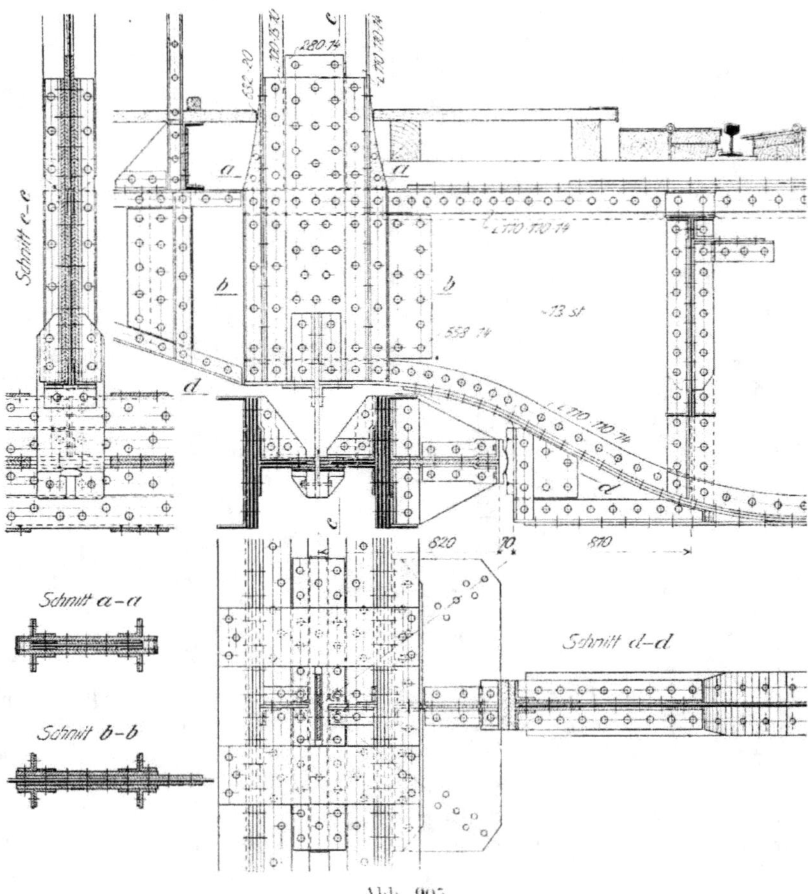

Abb. 905.

handen ist, meist in der Brückenmitte von den Längsträgern an einen Bremsträger abgegeben und von diesem den Zugbändern zugeführt, die sie zu den festen Lagern weiterleiten (Abb. 904). Bei einer steifen Fahrbahntafel, z. B. bei Anwendung von Buckelplatten, genügt es, zur Übertragung der Längskräfte den mittelsten Querträger mit den Zugbändern fest zu verbinden. In der Abb. 905[1]) ist eine Ausführung mit beweglicher Aufhängung der Fahrbahn dargestellt. Die Unterkanten des Zugbandes und des Querträgers liegen in gleicher Höhe, um die zur Verfügung stehende Bauhöhe auszunutzen. Am Anschluß an dem Hängestab ist die Höhe des Querträgers in dem Maße vermindert, daß das Zugband unter ihm Platz findet. Das Stegblech des Querträgers ist bis zum Abstützpunkt gegen das Zugband in ganzer Höhe durchgeführt und von hier ab der Höhe des Querträgers entsprechend ausgeschnitten. Die Winkel des Querträgeruntergurtes sind bis zur Fußwegkonsole geführt, von den Obergurtwinkeln dagegen nur die anliegenden Schenkel. Zwischen Ober- und Untergurtwinkel ist beiderseits auf das Stegblech ein Futter gelegt. Das Stegblech der Hängestange stößt gegen das Stegblech des Querträgers. Die Winkeleisen der Hängestange enden an der Oberkante des Querträgers. Auf den anliegenden Schenkeln dieser Winkeleisen und auf dem eingeschalteten Futterblech 280 · 14 liegt beiderseits je ein Blech. Diese durchdringen die abstehenden Schenkel der Winkeleisen der Hängestange und umfassen den verstärkten Querträgersteg. Zur Erzielung ausreichender Biegungsfestigkeit des Anschlusses sind auf jeder Querträgerseite noch vier Winkeleisen aufgenietet, von denen die beiden inneren an den Winkeleisen der Hängestangen angeschlossen sind. Die Einzelheiten sind aus den Abbildungen, namentlich aus den Schnitten a—a und b—b, deutlich zu ersehen. Der Querträger ist mit einem Berührungslager gegen das Zugband und somit gegen den Windverband abgestützt. Das Zugband ist zur Verhütung großer Durchbiegungen infolge seines Eigengewichtes an dem Querträger aufgehängt, und zwar derart, daß Bewegungen zwischen Querträger und Zugband möglich sind. Zu diesem Zweck setzt sich das Zugband frei beweglich auf einen Lagerkörper auf, der mit einem Flacheisen an dem Querträger hängt.

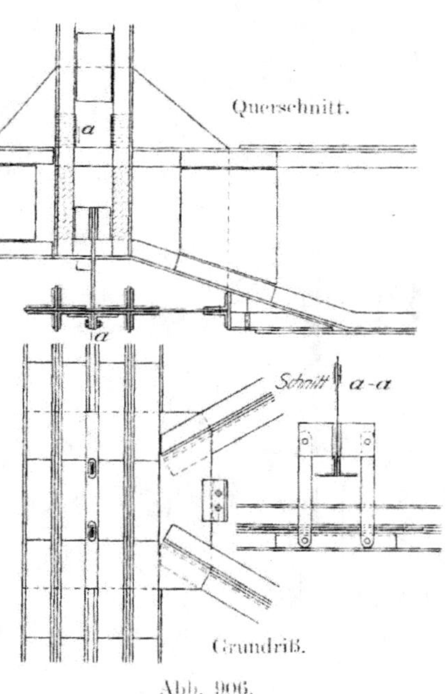

Abb. 906.

Eine der eben beschriebenen Aufhängung ähnliche ist in der Abb. 906 veranschaulicht. Ein in die Hängestange, den Querträger und die Konsole hineinfassendes Blech stößt gegen die einzelnen Stegbleche. Die Stöße sind durch Laschen gedeckt. Die Winkel des Querträgers sind ebenso wie bei der vorstehend geschilderten Anordnung geführt. Das Zugband ist durch zwei Flacheisen, die oben am

[1]) Rheinbrücke bei Mainz.

Querträger und unten an zwei mit dem Zugband vernieteten Winkeleisen gelenkig angeschlossen sind, aufgehängt. Der Querträger ist mit einem zwischen zwei Winkeln liegenden, an der Außenkante abgerundeten Flacheisen gegen das Windverbandknotenblech abgestützt, das am Knotenpunkt an die Stelle der beiden wagerechten Flacheisen des Zugbandquerschnittes getreten ist.

Wie bereits erwähnt wurde, wird die Fahrbahn bei der beweglichen Aufhängung in der Regel in der Brückenmitte mit dem Zugbande fest verbunden. Bei einer Formänderung der Hauptträger infolge einer Belastung müssen also die Hängestangen, an denen die Querträger befestigt sind, mit Ausnahme der mittelsten, um ihre Aufhängepunkte Drehungen ausführen, die um so größer sind, je weiter die Hängestangen von der Brückenmitte abliegen. Die mittleren Hängestangen, die bei ihrer großen Länge genügende Biegsamkeit besitzen, kann man ohne Bedenken fest an den Bogen anschließen (vgl. die Abb. 537 bis 542). Die kürzeren, an den Enden des Überbaues liegenden Hängestangen werden dagegen auch zweckmäßig gelenkig an den Knotenpunkten der Bogenträger angeschlossen. Gute derartige Anschlüsse sind bereits in den Abb. 545 u. 546 dargestellt worden. Meist begnügt man sich mit der Anordnung eines Gelenkes am Knotenpunkt des Bogens und schließt die Hängestange fest am Querträger an; an dieser Stelle treten dann im Falle der Bewegung der Hauptträger gegen die Fahrbahn fraglos Zwängungsspannungen auf. Will man auch diese vermeiden, so muß der Querträger ebenfalls gelenkförmig mit der Hängestange verbunden werden. Dies ist bei der in Abb. 907[1]) dargestellten Ausführung geschehen. Die Fahrbahn kann in der Längsrichtung der Brücke ausschwingen, ohne daß irgendwelche Zwängungen entstehen.

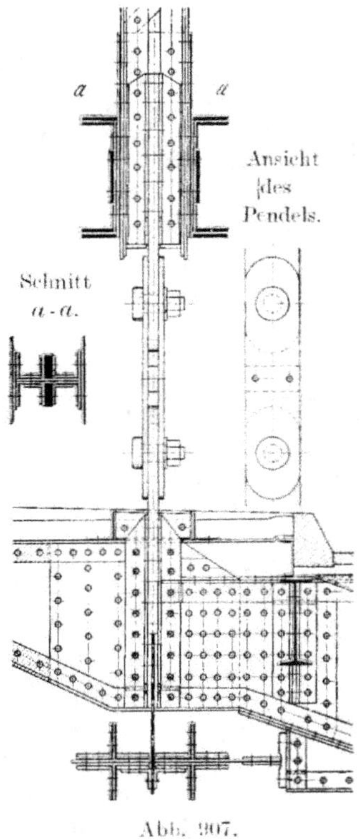

Abb. 907.

Zu beachten ist, daß bei Anordnung von Gelenken der Hängestab und der über ihm liegende Pfosten des Bogens nicht mehr, wie z. B. bei der in der Abb. 540 dargestellten Ausführung, als ein einheitlicher, durch seine Quersteifigkeit den Bogenuntergurt gegen Ausknicken sichernder Stab betrachtet werden kann.

Den gelenkigen Anschluß der Hängestäbe kann man auch bei beweglicher Aufhängung der Fahrbahn dadurch vermeiden, daß man das Fahrbahnträgergerippe nicht an den Endquerträgern, sondern in der Brückenmitte unterbricht und die Längskräfte durch an den beiden Enden angeordnete Bremsträger aufnimmt. In diesem Falle sind die Bewegungen der Fahrbahn in der Brückenmitte am größten.

[1]) Straßenüberführung im Zuge der Linie Straßburg—Vendenheim.

Hier können die langen Hängestäbe infolge ihrer großen Biegsamkeit diesen Bewegungen ohne schädliche Inanspruchnahme folgen.

Ebenso wie beim Balkenträger kann man auch beim Zweigelenkbogen mit Zugband durch gelenkigen Anschluß der Querträger in der Querrichtung die Übertragung der Formänderungen der Querträger auf die Anschlußglieder verhindern. Bei der Rheinbrücke bei Worms[1]) z. B. (Abb. 908) sind die Querträger gelenkig an den Hängestangen aufgehängt worden. Durch zwei Schlitze in den wagerechten Schenkeln der Obergurtwinkel des Querträgers und über das durch zwei Futter verstärkte Stegblech fassen zwei Flacheisen, die mit der Hängestange fest vernietet sind. Durch diese Flacheisen und das Stegblech des Querträgers mit seinen Futterstücken greift ein Gelenkbolzen. Das Zugband hängt pendelnd an einem Lagerkörper, der durch zwei über die Bolzenmuttern geführte Bügel gegen den Untergurt des Querträgers gepreßt wird.

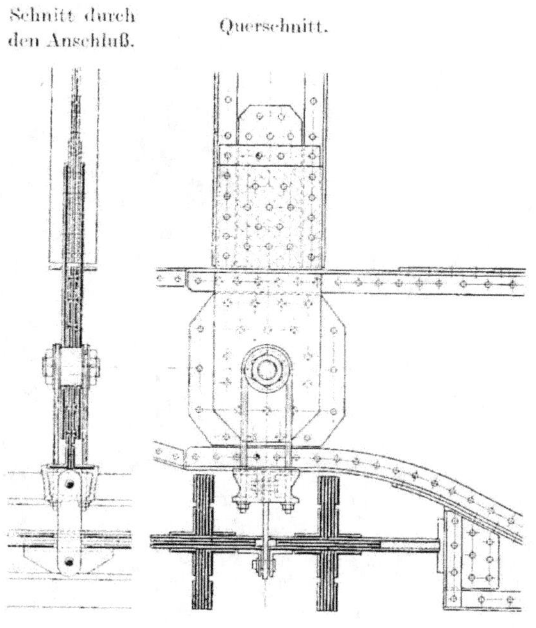

Abb. 908.

Selbstverständlich ist die gelenkförmige Aufhängung des Querträgers an der Hängestange nur beim Vorhandensein eines oberen Windverbandes angängig. Es gelten hier dieselben Regeln wie beim Balkenträger (s. S. 525 u. f.).

β. Beim Bogenträger ohne Zugband.

Beim Zweigelenkbogen mit Zugband kann bei Längenänderungen infolge Wärmeschwankungen, wenigstens in dem Falle, daß Hauptträger und Fahrbahnträger gleiche Wärmegrade aufweisen, keine gegenseitige Beeinflussung zwischen Zugband und Fahrbahnträgergerippe stattfinden, weil der Bogenträger wie der einfache Balken gelagert ist, wohl aber bei einer Ausdehnung des Zugbandes infolge einer Belastung. Dagegen kann umgekehrt wegen der unverschieblichen Lagerung beim eigentlichen Bogenträger bei Belastungen keine nennenswerte Beeinflussung zwischen den Spannungszuständen im Bogen und in der Fahrbahn eintreten, wohl aber bei Wärmeschwankungen. Das Fahrbahnträgergerippe muß deshalb bei den eigentlichen Bogenträgern so angeordnet werden, daß es bei Wärmeschwankungen keinen schädlichen Einfluß auf den Spannungszustand der Bogenträger ausüben kann.

[1]) Entworfen und ausgeführt von der Gesellschaft Harkort, Duisburg.

Für den Windverband der Fahrbahn müssen besondere Bauglieder als Gurtungen eingefügt werden. Sie dürfen aber nicht an beiden Enden mit den Bogenträgern in fester Verbindung stehen, da sie sonst den Bogenschub bei Wärmeschwankungen oder Windbelastungen beeinflussen würden.

Abb. 909.

Man hat also bei größeren Stützweiten Vorkehrungen zu treffen, durch welche die gegenseitige Beeinflussung zwischen Bogen, Fahrbahnträger und Windgurtungen ausgeschaltet wird. Wie dies geschieht, kann nur im Zusammenhange mit dem Windverbande erörtert werden und soll daher erst in dem Abschnitt XI über den Windverband behandelt werden. Bemerkt sei hier nur, daß diese Vorkehrungen oft gelenkige Anschlüsse der kürzeren Hängestangen an den Knotenpunkten der Bogen bedingen. Ein derartiger Anschluß ist bei dem in der Abb. 909 dargestellten Querschnitt[1]) verwendet. Er ist dem in der Abb. 546 in der Wirkung ganz ähnlich (vgl. die Beschreibung auf S. 321). Die Winkeleisen, die die Winkel des Hängestabes mit den unteren Winkeln des Bogenuntergurtes verbinden, sind nur zur Verdeckung der schwachen Gelenkstelle aus Schönheitsgründen angeordnet. Sie hindern die Gelenkwirkung nicht, weil die Schrauben, die in den Winkeln des

[1]) Entwurf der Brückenbauanstalt Gustavsburg für den Bau einer zweiten Neckarbrücke in Mannheim.

Hängestabes sitzen, in Langlöchern geführt sind. Die Gurtung des Fahrbahnwindverbandes liegt in der Verlängerung der Netzlinie des Hängestabes unter dem Querträger. Ein Eckblech greift in den Hängestab, den Querträger und die Fußwegkonsole hinein. Die Gurtungen des Querträgers sind in nicht zu scharfer Krümmung in die Winkel des Hängestabes übergeführt. Die Querträger und die Hängestäbe vereinigen sich auf diese Weise zu wirksamen steifen Rahmen, die die Bogenuntergurte gegen Ausknicken sichern. Wegen des gelenkigen Anschlusses der Hängestäbe an den Bogen bilden die Hängestäbe mit den Bogenpfosten keine zusammenhängenden, biegungsfesten Stäbe, die den Bogenuntergurt gegen Ausknicken sichern können.

3. Anordnung der Fahrbahn und des Fahrbahnträgergerippes in Gleiskrümmungen.

Sind mehrere Öffnungen mit Überbauten zu überbrücken, auf denen die Gleise in der Krümmung liegen, so ist es vom schönheitlichen Standpunkte am

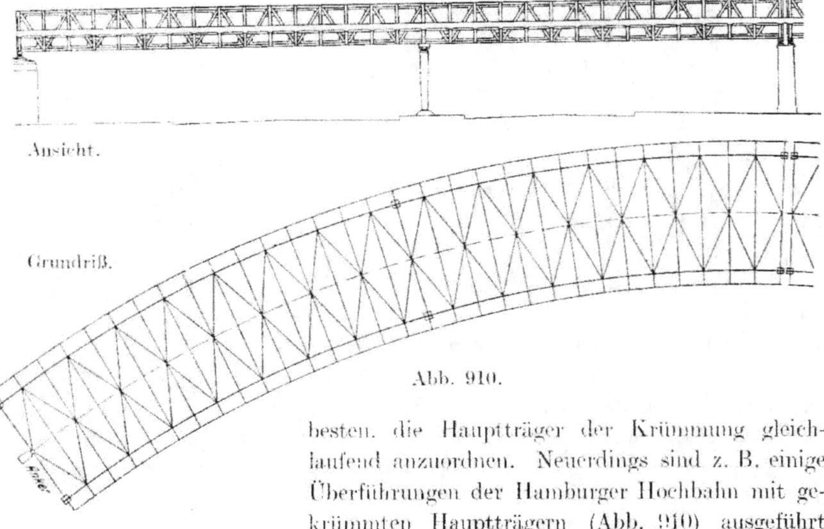

Abb. 910.

besten, die Hauptträger der Krümmung gleichlaufend anzuordnen. Neuerdings sind z. B. einige Überführungen der Hamburger Hochbahn mit gekrümmten Hauptträgern (Abb. 910) ausgeführt worden. Die gekrümmten Hauptträger sind aber teuer und schwer zu bearbeiten. Man wählt sie deshalb nur dort, wo auf das gute Aussehen besonderer Wert gelegt wird. In der Regel werden die Hauptträger gerade ausgeführt. Bei mehreren Öffnungen werden die Pfeiler so gestellt, daß ihre Mittelachsen nach dem Krümmungsmittelpunkt zeigen. Zwischen den einzelnen Pfeilern werden die Hauptträger gleichlaufend zu den entsprechenden Sehnen angeordnet. Bei schwachen Krümmungen können beide Hauptträger jedes Überbaues gleich lang ausgebildet werden, bei scharfen Krümmungen wird der innere Hauptträger kürzer als der äußere gemacht.

Bei Überbauten mit über den Hauptträgern liegender Fahrbahn und gekrümmtem Gleise braucht im allgemeinen der Abstand der Hauptträger nicht größer zu sein als bei Überbauten, auf denen das Gleis in der Geraden liegt. Bei starker Krümmung wird man aber auch bei Lage der Fahrbahn über den Hauptträgern den Abstand der letzteren größer wählen, um ungünstigen Beanspruchungen einzelner Glieder der Hauptträger und der Querträger vorzubeugen. Das gekrümmte Gleis ist so zu legen, daß beide Hauptträger — der äußere für die größte zulässige, der innere für eine mittlere Geschwindigkeit (vgl. S. 105 u. 106) — annähernd gleich beansprucht werden[1]).

Bei tiefliegender Fahrbahn muß der Abstand der Hauptträger mit Rücksicht auf die Pfeilhöhe des auf dem Überbau liegenden Gleisbogens, auf die Spurerweiterung und auf die Neigung der Fahrzeuge größer gewählt werden als bei Überbauten, auf denen das Gleis in der Geraden liegt. Legt man den Mittelpunkt der Überbauachse in das Innere der gekrümmten Gleisachse, und zwar so, daß er um die Hälfte der Pfeilhöhe des Bogens und um die Hälfte des sich aus der Neigung der Fahrzeuge ergebenden Maßes vom Bogenscheitel abliegt, so erhält man den geringsten Hauptträgerabstand, der gegen den regelrechten Abstand um die Pfeilhöhe des Bogens, die Spurerweiterung und um das sich aus der Neigung der Fahrzeuge ergebende Maß vergrößert ist. Hierbei werden aber beide Hauptträger für die beiden oben angegebenen Belastungsfälle ungleich belastet. Gibt man der Überbauachse eine Entfernung = $1/3$ der Pfeilhöhe vom Bogenscheitel, so sind die Belastungen beider Hauptträger nicht mehr sehr voneinander verschieden, und der Hauptträgerabstand wird nicht zu groß. Würde man das Gleis so legen, daß beide Hauptträger gleich belastet werden, so würde meist ihr Abstand so groß werden, daß die Querträger zu schwer ausfallen. Man gibt in der Regel beiden Hauptträgern die Abmessungen des am stärksten belasteten Hauptträgers.

Die Überhöhung, die die äußere Schiene eines Eisenbahngleises in einer Krümmung erfordert, wird auf der freien Strecke durch Anheben der Schwellen auf der Außenseite erzielt. Genau so wird auf Brücken mit Durchführung der Bettung verfahren. Dabei wird im allgemeinen die Fahrbahntafel wagerecht wie bei geraden Gleisen angeordnet. Nur bei sehr großer Überhöhung ist es vorteilhaft, auch der Fahrbahntafel eine geneigte Lage zu geben, um das Mehrgewicht an Bettung, das durch ihre größere Höhe an der Außenseite bei wagerechter Lage der Fahrbahntafel entsteht, zu vermeiden.

Wird die Bettung auf der Brücke nicht durchgeführt, so kann die Überhöhung der äußeren Schiene auf verschiedene Arten erzielt werden:

a. Liegen die Schienen unmittelbar auf den Querträgern, so ordnet man die letzteren geneigt an (Abb. 721).

b. Liegen die Schienen auf Querschwellen, so wird die Überhöhung dadurch hergestellt, daß

1. die Schwellen an der äußeren und inneren Schiene verschiedene Stärke erhalten (Abb. 911),
2. die Schwellen über dem äußeren Längsträger unterklotzt werden.

[1]) Vgl. z. B. das im Zentralblatt der Bauverwaltung 1922, S. 84, angegebene Rechnungsverfahren.

3. an der äußeren Seite ein gußstählerner, sogenannter Überhöhungsstuhl zwischen der Schwelle und dem äußeren Längsträger eingeschaltet wird (Abb. 912).

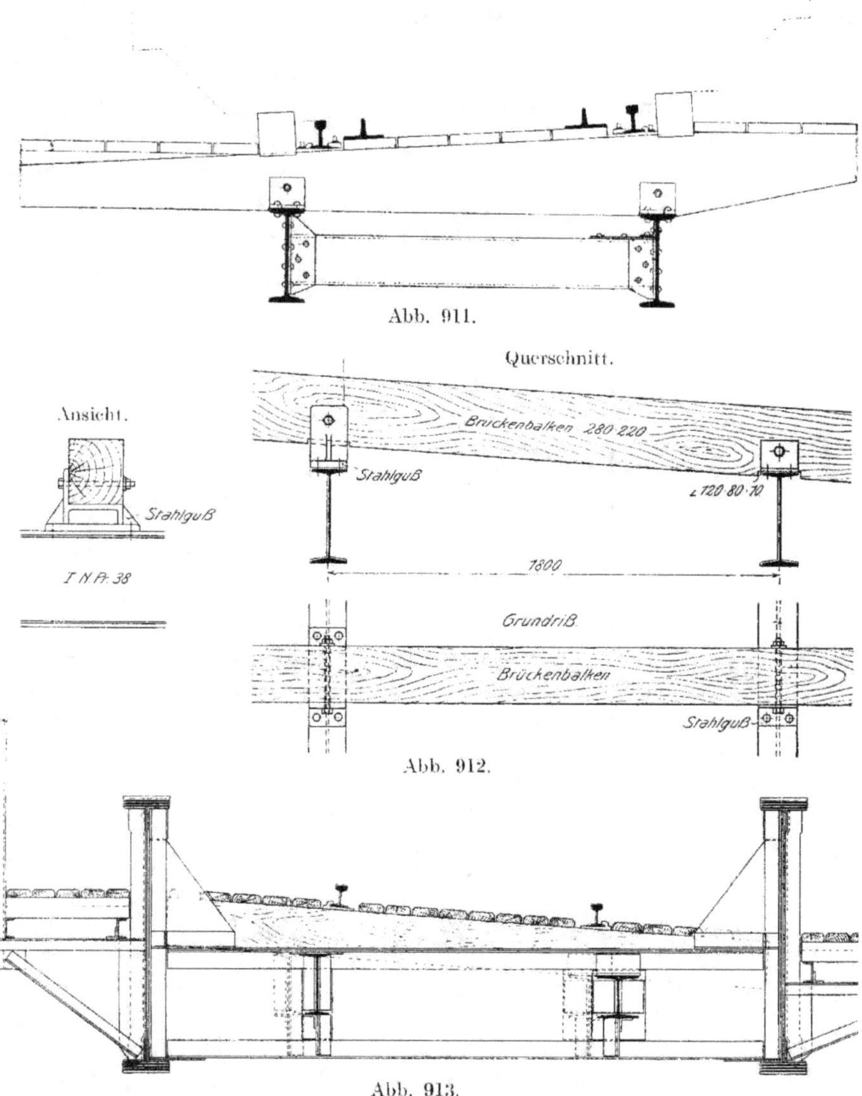

Abb. 911.

Abb. 912.

Abb. 913.

4. die Längsträger in verschiedener Höhe an den Querträgern angeschlossen werden,
5. für die Längsträger verschieden hohe Profile, die aber annähernd gleiche Widerstandsmomente besitzen, verwendet werden, z. B. für den äußeren

Längsträger ein N. P. I und für den inneren Längsträger ein breitflanschiger I-Träger (Abb. 913),

6. bei Lage der Schwellen unmittelbar auf den Hauptträgern die letzteren verschieden hoch, aber senkrecht gelegt werden (Abb. 914) oder aber der ganze Überbau samt den Hauptträgern geneigt angeordnet wird. Die letztere Art ist nur bei kleineren Überbauten ausführbar.

Bei Durchführung der Bettung auf der Brücke hat die Lage des Gleises in einer Krümmung in der Regel keinen Einfluß auf die Grundrißgestaltung des Fahrbahnträgergerippes, wohl aber bei starken Krümmungen in dem Falle, daß die Bettung nicht durchgeführt wird. Bei schwachen Krümmungen können auch hier die Längsträger ebenso wie bei geradem Gleis angeordnet werden. Bei Krümmungen mit kleinem Halbmesser

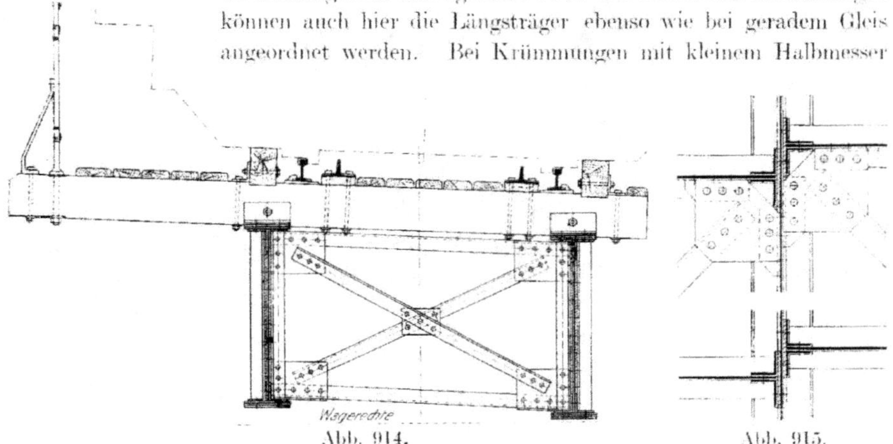

Abb. 914. Abb. 915.

würde jedoch die regelrechte Ausbildung des Fahrbahnträgergerippes entweder einen sehr großen Schwellenträgerabstand oder eine sehr ungleiche Belastung der Schwellenträger und in beiden Fällen sehr starke Querschwellen bedingen. Es empfiehlt sich daher, die Längsträger, der Gleiskrümmung folgend, gegeneinander zu versetzen. Dabei ist es wegen des Anschlusses nötig, die Längsträger mindestens um das doppelte Wurzelmaß eines Anschlußwinkels + der Stegstärke des Längsträgers gegeneinander zu verschieben (Abb. 915). In der Mitte des Überbaues erübrigt sich auch bei scharfen Krümmungen in der Regel eine Versetzung der Längsträger.

4. Fußwege.

Die Fußwege spielen bei Eisenbahnbrücken nur eine untergeordnete Rolle, da sie in der Regel nicht dem öffentlichen Verkehr dienen, sondern lediglich den Zweck haben, Beamten und Arbeitern der Eisenbahnverwaltung das Überschreiten der Brücke ohne Gefährdung durch vorüberfahrende Züge zu gestatten. Zur Berechnung der tragenden Teile der Fußsteige, die nur Bahnzwecken dienen, ist mit Rücksicht darauf, daß solche Fußsteige auch zum Ablegen schwerer Teile, wie z. B. ausgewechselter Schienen, benutzt werden, keine geringere Belastung als 400 kg/m² anzunehmen. Eine gleichzeitige Belastung solcher Fußsteige und der Gleise braucht nicht in Rechnung gestellt zu werden.

Im allgemeinen deckt man die Fußsteige der Brücken, die keine wasserdichte Fahrbahn besitzen, auch nicht wasserdicht ab, sondern bildet den Belag aus 5 cm starken Bohlen, die ebenso wie der Bohlenbelag der Fahrbahn (vgl. S. 440) durch Querleisten zu aufnehmbaren Tafeln vereinigt werden. Die Längslage der Bohlen (Abb. 818) wird der Querlage (Abb. 830 a) deshalb vorgezogen, weil bei quergelegten Bohlen Schirme und Stöcke leicht in den Querfugen stecken bleiben und abbrechen. Bei längsgelegten Bohlen ruhen die Tafeln auf Querhölzern (Abb. 818), auf denen sie ebenso wie die Bohlentafeln der Fahrbahn befestigt werden (vgl. S. 440). Bei sehr beschränkter Bauhöhe läßt sich die Querlage der Bohlen nicht vermeiden (Abb. 830 a). Die Tafeln ruhen in diesem Falle meist auf ⊏-Eisen und werden zweckmäßig auf die in der Abb. 830 a dargestellte Weise befestigt, und zwar an der Außenseite durch kleine an die Geländerpfosten geschraubte Winkelstücke und an der Innenseite durch Flacheisen, die mit dem oberen Flansch des ⊏-Eisens verschraubt sind und in einer Aussparung zwischen zwei Bohlen auf die Längsleiste fassen. Die Tafeln können bei dieser Befestigungsart leicht aufgenommen werden.

Der Abstand von Gleismitte bis zur Innenkante des Geländers wird zweckmäßig zu 2.50 m gewählt, bei welchem Maße ein Mann noch bequem zwischen dem Geländer und einem fahrenden Zuge gehen kann (Abb. 830 a und 814). Die Eisenbahn-Bau- und Betriebs-Ordnung für das Deutsche Reich schreibt nur einen Abstand von 2 m bis zur Höhe von 1 m über Schienenoberkante und über diese Höhe hinaus einen Abstand von 2.20 m zwischen der Gleismitte und der Innenkante des Geländers vor.

Ragt die Fahrbahn über die Hauptträger hinaus (Abb. 836), so werden die Brückenbalken unmittelbar zum Tragen der Fußsteige verwendet. Ist eine Entgleisungsschutzvorrichtung vorhanden, wie im vorliegenden Falle, so braucht nur jede zweite Schwelle zur Unterstützung des Fußsteiges über die Schwellenträger verlängert zu werden (vgl. S. 441).

Liegen die Querschwellen unmittelbar auf den Hauptträgern, so werden aus den auf S. 482 erörterten Gründen zweckmäßig besondere Konsolen zur Unterstützung der Fußsteige angeordnet (Abb. 814).

Ebenso werden besondere, meist im Querträgerabstand liegende Konsolen außerhalb der Hauptträger in dem Falle vorgesehen, daß die Fahrbahn zwischen den Hauptträgern liegt und die Hauptträger nicht so weit voneinander entfernt sind, daß die Fußsteige zwischen ihnen angeordnet werden können (vgl. Abb. 743, 818 u. 830 a). Die Konsolen brauchen in der Regel nur so weit auszuladen, daß zwischen der Innenkante des Geländers und der Außenkante des Hauptträgers ein Abstand von 80 cm bleibt. In der Nähe von Bahnhöfen, wo ein starker dienstlicher Verkehr über die Brücke stattfinden kann, ist es angezeigt, breitere Fußsteige auszuführen. So ist bei der Nordbrücke in Köln (Abb. 903) ein 1.5 m breiter Fußsteig vorgesehen. Die die Längsbohlen tragenden Querbalken liegen hier außen auf dem Fußwegrandträger und innen auf einem an den Querträgern angeschlossenen I-Eisen.

Ist die Fahrbahn wasserdicht ausgebildet, so sieht man meist auch wasserdichte Fußsteige vor. Liegen bei einer Fahrbahn mit Durchführung der Bettung die Buckelplatten oder Tonnenbleche unmittelbar auf den Hauptträgern, so ordnet man zur Unterstützung der Gehwege außerhalb der Hauptträger Konsolen an und läßt die Bettung meist bis zu den Geländern reichen (Abb. 762). Die Fußsteige entwässert man in diesem Falle nach der Mitte der nächsten Buckelplatten. Zu dem Zwecke werden die Ecken zwischen den Tonnenblechen der Fußsteige und den Hauptträgern mit Beton ausgefüllt. Bei der in Abb. 860 dargestellten, über den Hauptträgern liegenden Fahrbahn ist die Bettung nicht bis zu den Geländern geführt, sondern in einem solchen Abstande von den Schwellenköpfen seitlich begrenzt, daß die Schwellen noch gut vor Kopf gestopft werden können. Die Fußsteigdecke ist aus Eisenbetonplatten gebildet.

Wird die Fahrbahn zwischen den Hauptträgern angeordnet, so werden die Fußsteige ebenso wie bei der offenen Fahrbahn meist außerhalb der Hauptträger auf besonderen Konsolen gelagert, aber in diesem Falle wasserdicht abgedeckt. Zur wasserdichten Abdeckung eignet sich Beton mit Gußasphaltdecke (Abb. 764). Früher hat man die zur Entwässerung solcher Fußsteige notwendige Längsrinne meist unmittelbar neben dem Hauptträger angeordnet (Abb. 770). Da aber bei Verstopfungen der Rinne das überlaufende Wasser vielfach den Hauptträger verschmutzt hat, ist man dazu übergegangen, die Rinnen am Geländer anzuordnen (Abb. 764). Die aus einem ⊏-Eisen bestehende Rinne ist mit Längsgefälle an einem ⌐-Eisen angenietet. Obwohl noch keine Klagen über diese Art der Rinnenanordnung laut geworden sind, so liegt doch das Bedenken gegen ihre Anwendung vor, daß man leicht mit dem Hacken in der Rinne stecken bleiben und sich den Fuß verletzen kann. Es empfiehlt sich daher, die Rinne außerhalb des Geländers nach Abb. 916 anzubringen. Der Geländerpfosten wird an einem Knotenblech angeschlossen und einbetoniert. Ein außen liegendes Blech, das zur Verzierung oben mit einem kleinen Winkel und unten mit einem kleinen Flacheisen gesäumt ist, verdeckt die Rinne.

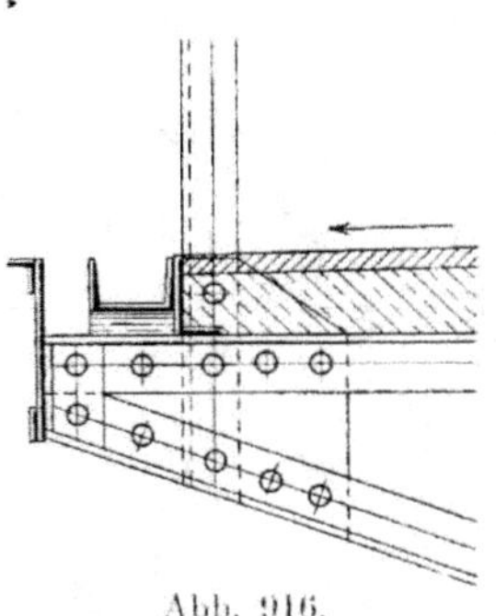

Abb. 916.

Bei dem in Abb. 879 dargestellten Überbau hat man den Hauptträgerabstand für groß genug gehalten, um von der Anordnung besonderer Fußsteige außerhalb der Hauptträger Abstand nehmen zu können. Die Fußsteigabdeckung wird hier von einem Riffelblech gebildet, das auf dem seitlichen Längsträger und außen auf einem Winkel gelagert ist. Der Fußsteig ist durch die Eckbleche unterbrochen und kann daher nur als Austritt bei der Durchfahrt von Zügen benutzt werden.

Dienen Eisenbahnbrücken zugleich zur Überführung von öffentlichen Fußwegen, so müssen diese durch ein kräftiges Geländer von der Fahrbahn getrennt sein. Die Abb. 917 und 918 veranschaulichen den über die Eisenbahnbrücke über den Rhein bei Mainz geführten öffentlichen Fußsteig. Bei den Überbauten, bei denen die Fahrbahn zwischen den Hauptträgern liegt (Abb. 917), wird er von besonderen, außerhalb der Hauptträger liegenden Konsolen getragen. Bei den Überbauten, bei denen die Fahrbahn über den Hauptträgern liegt, sind die aus I-Eisen bestehenden Querträger zur Unterstützung des Fußsteiges konsolartig verlängert. Die Einzelheiten sind aus den Abbildungen zu ersehen. Neben dem öffentlichen Fußsteig ist für das Bahnpersonal noch ein besonderer schmaler Fußweg vorgesehen, der gegen die Fahrbahn etwas erhöht ist. Die tragenden Teile der öffentlichen Fußsteige sind nach den Angaben auf S. 117 u. f. zu berechnen.

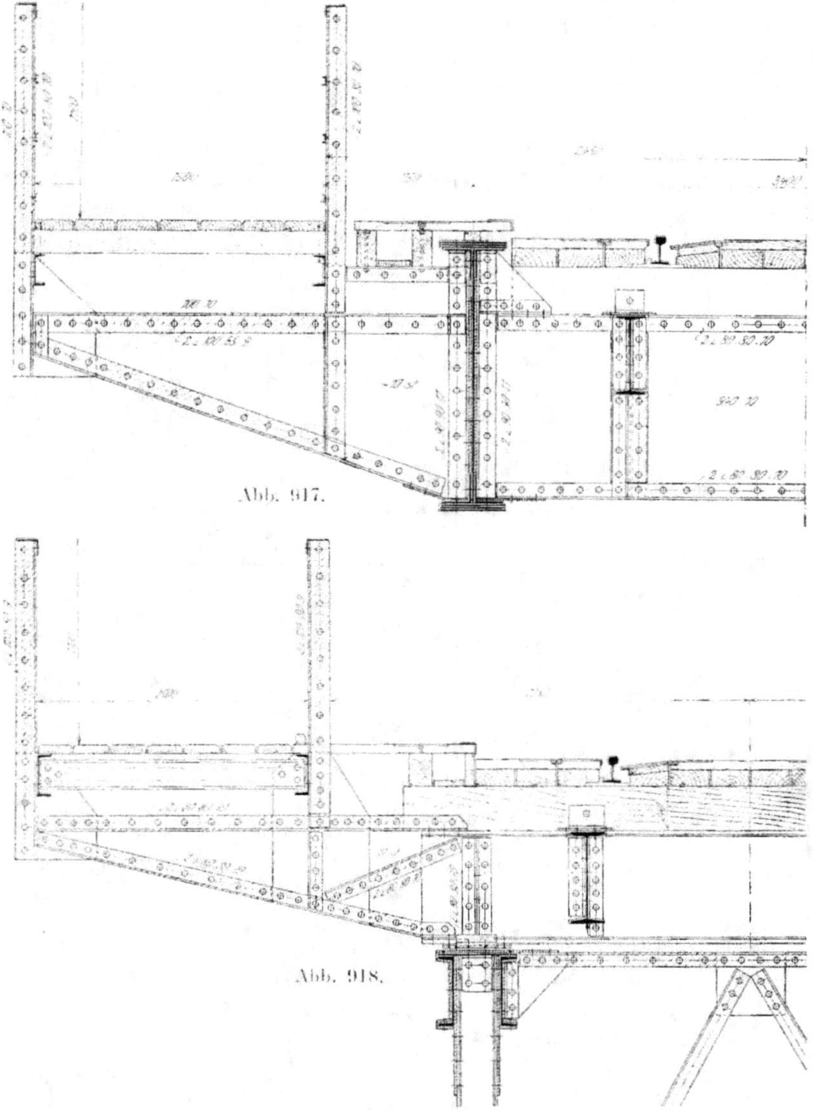

Abb. 917.

Abb. 918.

5. Geländer.

Die Geländer der Eisenbahnbrücken werden in der Regel sehr einfach gehalten; auch bei Überführungen über städtische Straßen beschränkt man sich auf einfache Formen, mit denen sich im übrigen auch ein recht gutes Aussehen erzielen läßt. Die Hauptglieder eines Geländers sind die Pfosten, durch die das Geländer an dem Überbau angeschlossen wird, und die oberen Leisten. Zum Schutz und zur Verzierung werden noch weitere senkrechte und wagerechte oder auch gebogene Glieder eingeschaltet. Die Pfosten werden meist aus Quadrateisen oder Winkeleisen, die oberen Leisten aus Winkeleisen oder Handleisten, die übrigen Glieder aus Hespeneisen und Flacheisen gebildet. Die Abmessungen können, soweit kein öffentlicher Fußgängerverkehr in Frage kommt, bedeutend geringer sein als bei Straßenbrücken, da keine großen Seitenkräfte auftreten. Die Geländer der Fußsteige, die nur Bahnzwecken dienen, werden für eine wagerechte, am Geländerholm angreifende Kraft von 50 kg/m und die Geländer öffentlicher Fußsteige meist für eine solche Kraft von 100 kg/m bemessen.

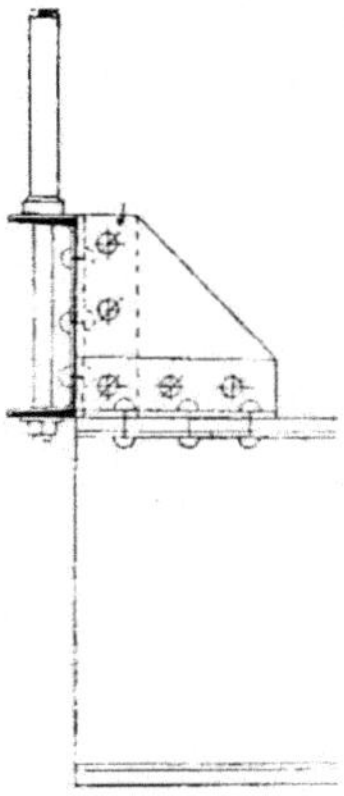

Abb. 919.

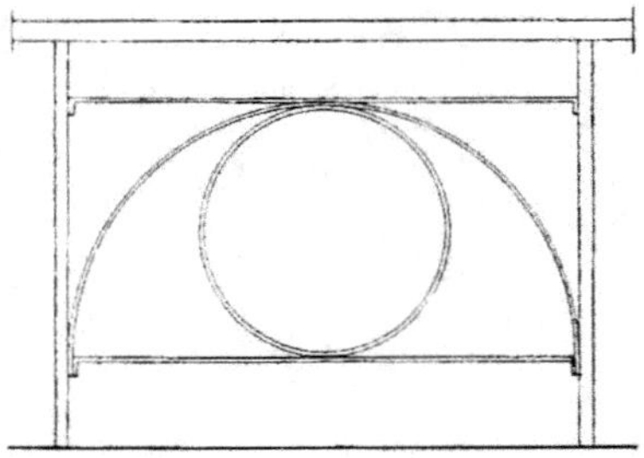

Abb. 920

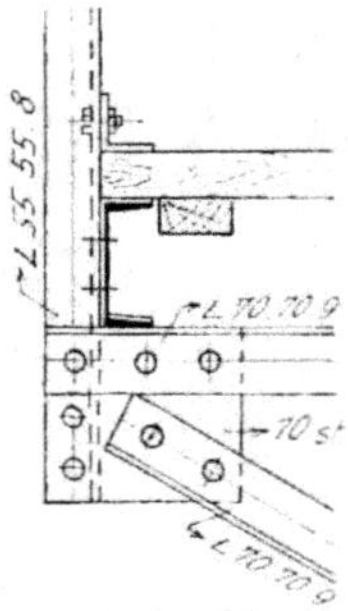

Abb. 921.

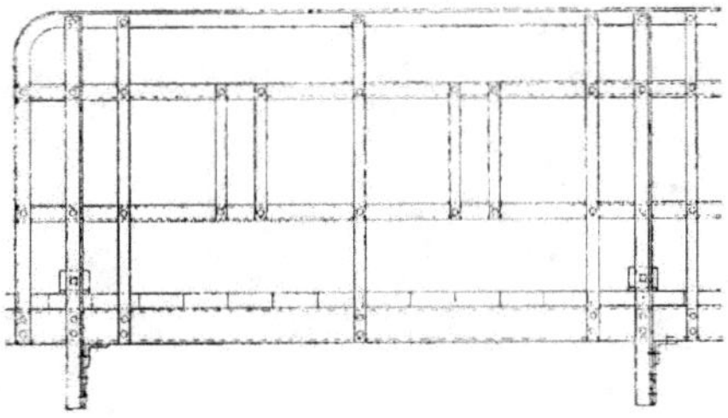

Abb. 922.

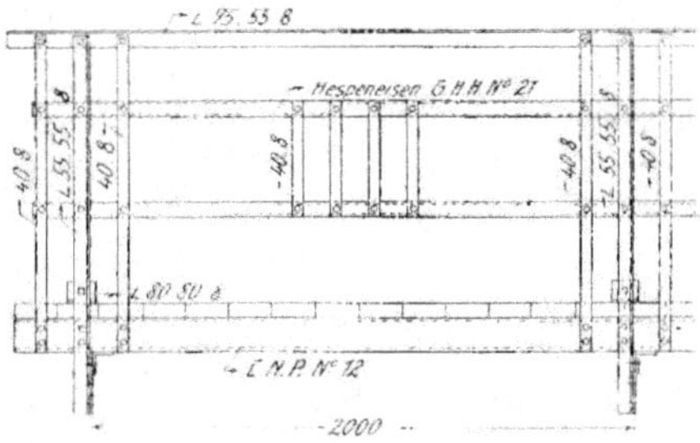

Abb. 923.

Geländer mit Pfosten aus Quadrateisen zeigen die Abb. 764, 836 und 919. Bei der in der Abb. 836 dargestellten Ausführung sind 3 cm starke Quadrateisen auf den Schwellen verschraubt und durch Flacheisen 30 · 20 abgesteift. Die Längsverbindungen bestehen aus einem Winkeleisen 50 · 50 · 7 und zwei Flacheisen 40 · 8. Bei dem in der Abb. 764 veranschaulichten Überbau sind die Quadrateisen mit Schellen an die Konsole und den durchgehenden Winkel geschraubt. Die oberste Längsverbindung besteht aus einer Handleiste, die anderen Längsverbindungen sind aus Hespeneisen gebildet. Bei dem in der Abb. 919 dargestellten Geländer ist der Pfosten mit einem [-Eisen verschraubt. Die Füllung des in der Abb. 920 wiedergegebenen Geländers ist aus wagerechten und kreisförmig gebogenen Flacheisen gebildet.

Die Befestigung der aus Winkeleisen bestehenden Pfosten ist sehr einfach. In der Abb. 921 ist eine solche Befestigung dargestellt.

In den Abb. 922 bis 924 sind einfache, aus Winkel-, Hespen- und Flacheisen gebildete, dabei aber recht wirkungsvolle Geländer veranschaulicht. Die Abmessungen der einzelnen Glieder sind eingeschrieben.

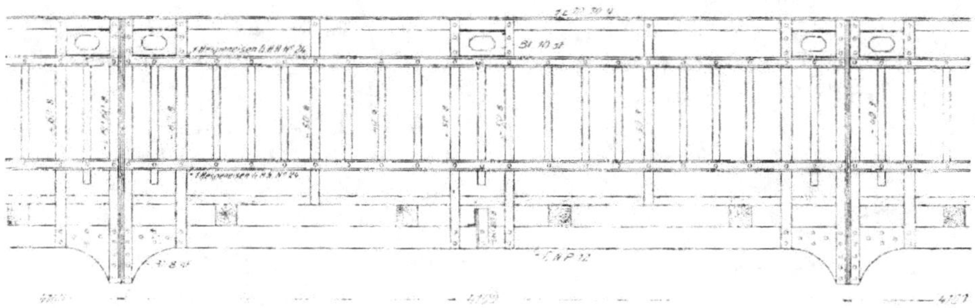

Abb. 924.

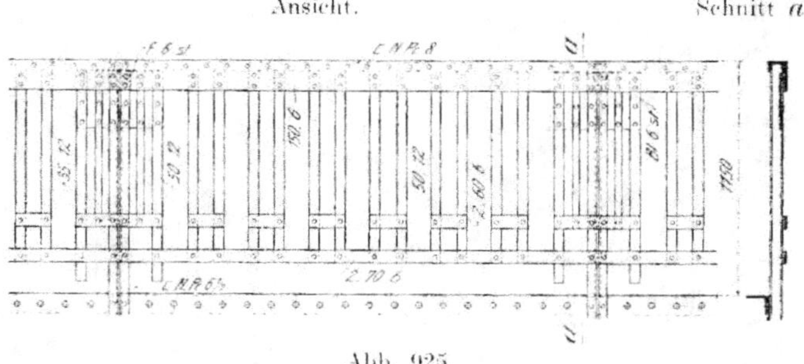

Ansicht. Schnitt *a-a*.

Abb. 925.

Schwache obere Leisten geben, aus der Entfernung gesehen, keinen guten oberen Abschluß des Geländers. Legt man auf einen solchen Abschluß Wert, so muß die obere Leiste recht hoch, etwa nach Abb. 925[1]) aus einem hochkantig gestellten Flacheisen und einem wagerecht liegenden ⊏-Eisen ausgebildet werden. Die Höhe der Geländer über der Oberkante der Fußsteige soll 1,10 m betragen.

C. Die Fahrbahn und die Fahrbahnträger der Straßenbrücken und der Gehweg und die Gehwegträger der Straßenbrückenfußsteige und der Fußgängerbrücken.

1. Allgemeines.

Unter der Fahrbahn und dem Gehweg sollen auch hier diejenigen Bauteile verstanden werden, die die Verkehrslasten unmittelbar unterstützen und die Lasten auf das Gerippe der Fahrbahnträger und der Gehwegträger übertragen. Die oberste Schicht dieser Bauteile heißt die Fahrbahndecke und die Gehwegdecke. Die erstere muß so beschaffen sein, daß sie sich gut, d. h. möglichst stoß- und geräuschlos

[1]) Geländer der Eisenbahnbrücke über den Rhein bei Mainz.

befahren läßt. Die Decke der Fußsteige der Straßenbrücken und der Fußgängerbrücken muß den Anforderungen gerecht werden, die man an die Bürgersteige der Straßen stellt, d. h. sie muß möglichst eben, aber bei feuchtem Wetter nicht schlüpfrig sein. Beide müssen ferner genügende Härte und Haltbarkeit gegen den zerstörenden Einfluß der Verkehrslasten und der Witterung besitzen und dem Wasser schnellen Abfluß bieten. Die unter der Decke liegenden Teile dienen teils nur dieser zur Unterstützung und zur Druckverteilung, teils zur Übertragung der Kräfte auf das Fahrbahnträger- und Gehwegträgergerippe. Die den zuletzt genannten Zweck erfüllenden Teile werden Fahrbahntafel und Gehwegtafel genannt.

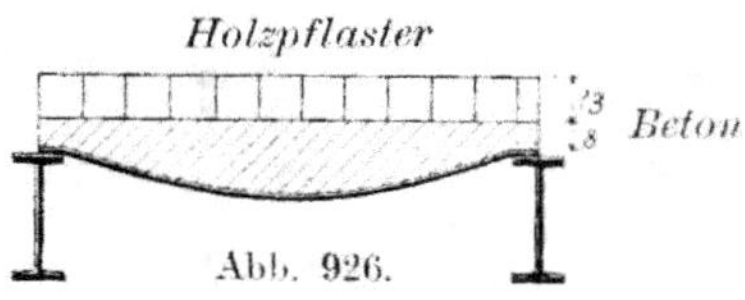

Abb. 926.

Beispiel. Bei dem in der Abb. 926 dargestellten Fahrbahnquerschnitt bildet das Holzpflaster die Fahrbahndecke. Der Beton ist der Teil, der das Holzpflaster unterstützt und den Druck der Lasten verteilt, und die Buckelplatten übertragen die Kräfte auf das Fahrbahnträgergerippe, müssen also als Fahrbahntafel angesprochen werden.

Die Oberfläche der Fahrbahn erhält zur Abführung des Wassers, je nach der Rauhigkeit der Fahrbahn, ein Quergefälle von 1 : 150 bis 1 : 30 von der Mitte nach beiden Seiten und in der Mitte eine Ausrundung des Gefällwechsels. Das nach den Seiten abströmende Wasser wird in der Regel bei Brücken mit kleineren Stützweiten durch ein Längsgefälle der ganzen Fahrbahn oder bei wagerechter Oberfläche des Fahrbahnlängsschnittes durch ein Längsgefälle der Seitenrinnen den angrenzenden Straßen zugeführt und bei längeren Brücken auf diesen selbst durch Abfallrohre abgeführt, denen es durch das Längsgefälle der ganzen Fahrbahn oder bei wagerechter Oberfläche des Fahrbahnlängsschnittes durch das Längsgefälle der Seitenrinnen zugeleitet wird. Liegt die Brücke in einem geneigten Straßenzuge, so ergibt sich hieraus ohne weiteres ein einseitiges Längsgefälle der ganzen Fahrbahn, das man dadurch erzielt, daß man entweder bei wagerecht liegenden Hauptträgern nur die Fahrbahn in der Neigung anordnet (Abb. 927) oder den ganzen Überbau ins Gefälle legt (Abb. 928). Im allgemeinen wird man wohl, namentlich bei schwächerem Gefälle, des besseren Aussehens wegen den ganzen Überbau ins Gefälle legen. Dabei können die Pfosten der Hauptträger rechtwinklig zu den Gurtungen angeordnet werden, ohne dem guten Aussehen zu schaden. Liegt die Brücke in einem wagerechten Straßenzuge, so führt man entweder die Oberfläche des Fahrbalmlängsschnittes wagerecht aus und gibt nur den Seitenrinnen das nötige Längsgefälle oder sieht ein zweiseitiges Längsgefälle der ganzen Fahrbahn vor

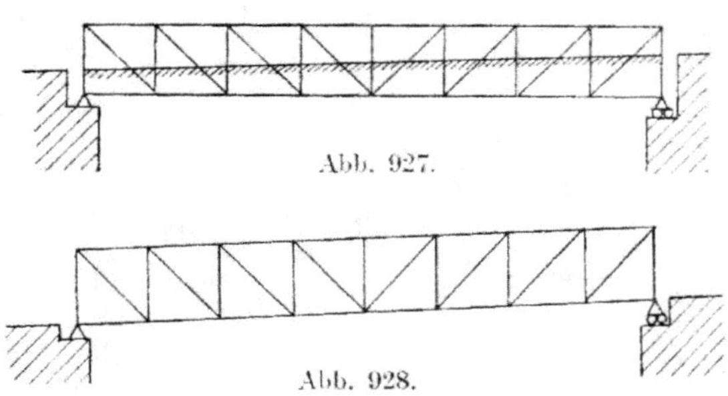
Abb. 927.

Abb. 928.

(Abb. 929). Der Wechsel dieses Längsgefälles wird meist nach einer Parabel ausgerundet, die höchstens $^1/_3$ der Länge der Brücke einnehmen soll. Liegt eine Hauptträgergurtung in der Nähe der Fahrbahn, so läßt man diese nach Möglichkeit dem Längsgefälle der ganzen Fahrbahn folgen (Abb. 929). Das Längsgefälle der ganzen Fahrbahn und der Seitenrinnen muß bei Fahrbahndecken aus Asphalt und Holzpflaster mindestens 1 : 200 und bei Fahrbahndecken aus Bohlen, Schotter und Steinpflaster mindestens 1 : 100 betragen, da sonst die Entwässerung unwirksam wird. Da die Bordsteinhöhe nur zwischen 6 und 18 cm Höhe schwanken darf, so ergibt sich bei wagerechter Oberfläche des Fahrbahnlängsschnittes im ersten Falle eine größte Entfernung der Abflußrohre von 48 m und im zweiten Falle eine solche von 24 m. Die Wölbung der Fahrbahndecke in der Querrichtung stellt man entweder dadurch her, daß man bei wagerecht liegender Fahrbahntafel die Stärke der Fahrbahn nach der Mitte zu anwachsen läßt, oder dadurch, daß man bei gleicher Stärke der Fahrbahn die Fahrbahntafel mit zweiseitigem Gefälle anordnet. Die

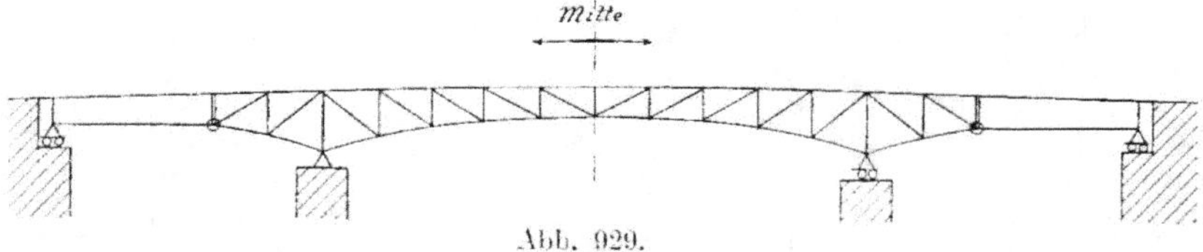

Abb. 929.

letztere Anordnung ist in den meisten Fällen entschieden vorzuziehen, weil bei ihr das Gewicht der Fahrbahn erheblich geringer ausfällt als im anderen Falle. Die Decke der Fußsteige erhält zur Abführung des Wassers ein Quergefälle von 1 : 80 bis 1 : 40. Das Wasser wird in der Regel über die Bordsteine der Fahrbahn zugeführt. In der Längsrichtung folgen die Fußsteige dem Längsgefälle der ganzen Fahrbahn.

Das Fahrbahnträger- und Gehwegträgergerippe zeigt keine wesentlichen Verschiedenheiten von dem der Eisenbahnbrücken. Soweit sie vorhanden sind, wird gleich bei der Besprechung der Fahrbahn und des Gehweges darauf hingewiesen werden.

Im folgenden soll zunächst die Fahrbahntafel erörtert werden, weil bei der Abhandlung über die Fahrbahndecke und ihre unterstützenden Teile oft auf die Fahrbahntafel Bezug genommen werden muß.

2. Die Fahrbahntafel der Straßenbrücken.

a. Fahrbahntafeln aus Holz.

Die hölzerne, aus starken Bohlen bestehende Fahrbahntafel wird in der Regel nur in Verbindung mit einem schützenden Belage aus schwächeren Bohlen verwendet. Die obere Bohlenlage ist die eigentliche Fahrbahndecke, die der Abnutzung durch die Hufe der Pferde und die Räder der Fahrzeuge ausgesetzt ist, die untere die tragende Fahrbahntafel. Die oberen Bohlen werden nicht als tragende, sondern als lediglich der Abnutzung ausgesetzte Teile angesehen, sie werden je nach der Stärke des Verkehrs 5 bis 8 cm stark gemacht und quer zur Fahrrichtung dicht nebeneinander gelegt. Bei der Längslage der Bohlen haben die Pferde schlechten Halt, auch bilden sich leicht für jede Fahrrichtung in je zwei Bohlenreihen Spurrinnen aus, die das Ausweichen der Fahrzeuge erschweren. Für die oberen Bohlen wird hauptsächlich Eichen-, Buchen- und Kiefernholz verwendet. Eichen- und Buchenholz sind fest und hart, daher für starken Verkehr geeignet; Buchenholz reißt aber leicht, ist sehr empfindlich gegen Wechsel von Trockenheit und Feuchtigkeit und wird leicht glatt. Kiefernholz splittert und ist nur bei schwachem Verkehr anzuwenden. Für die unteren Bohlen eignet sich Kiefern- und Eichenholz. Die oberen Bohlen werden auf den unteren durch Nägel befestigt. Die Stärke der unteren Bohlen wird nach den Ergebnissen der Festigkeitsberechnung bemessen. Sie werden entweder dicht nebeneinander oder auch zur besseren Trockenhaltung in 1 bis 2 cm Abstand voneinander verlegt und auf den Fahrbahnlängsträgern gelagert. Es empfiehlt sich, den unteren wie den oberen Bohlenbelag in der Mitte der Fahrbahn zu stoßen, um Auswechslungen schadhafter Bohlen bequem vornehmen zu können, ohne den Verkehr auf beiden Seiten der Fahrbahn unterbrechen zu müssen (Abb. 931). Die Abb. 930 zeigt den Querschnitt durch die Fahrbahn einer Chausseeüberführung des Dortmund-Ems-Kanals. Die unteren Bohlen sind durch Hakennägel mit den Flanschen der Längsträger verbunden. Der Obergurt der Querträger und die Höhenlage der Längsträger folgt dem Quergefälle der Fahrbahndecke. Das Wasser der Fahrbahn fließt durch die Öffnungen unter den Fußsteigen ab. Bei der in der Abb. 931 dargestellten Fahrbahn der Oderbrücke bei Beuthen[1]) sind die unteren Bohlen auf Längsbalken gelagert, die auf den aus ⊏-Eisen bestehenden Längsträgern ruhen und mit den oberen Flanschen verschraubt sind. Die Längsbalken nehmen zur Herstellung des Quergefälles nach

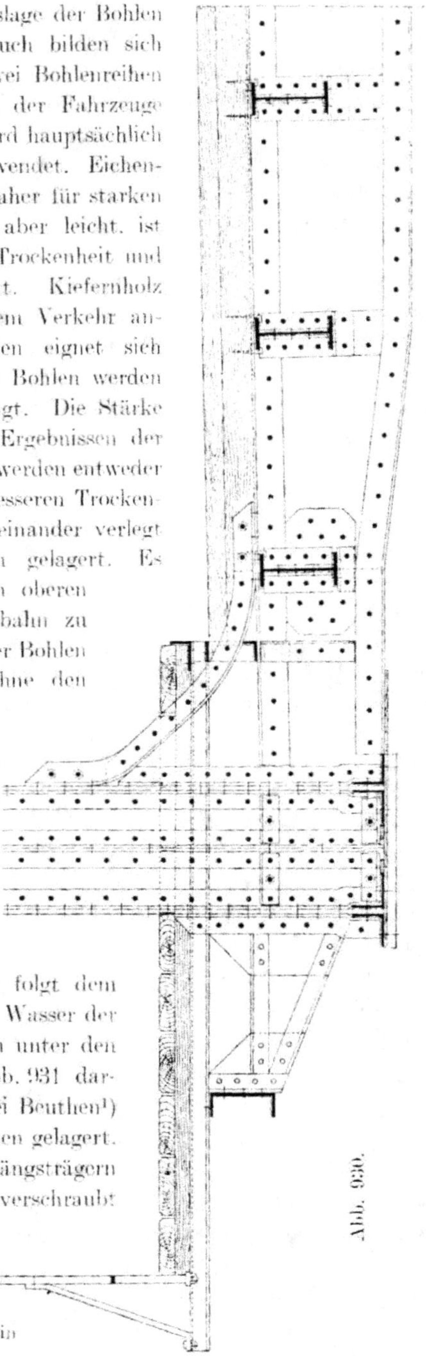

Abb. 930.

[1]) Ausgeführt von Beuchelt & Co. in Grünberg in Schlesien.

der Mitte an Höhe zu und sind zum Schutz gegen das durch den Bohlenbelag dringende Wasser mit Dachpappe abgedeckt. Das Wasser der Fahrbahn fließt durch Öffnungen unter dem nur 55 cm breiten Fußsteig ab. Eine Eigentümlichkeit des Fahrbahnträgergerippes dieser Brücke besteht darin, daß die Längsträger zwischen den in 6,36 m Abstand voneinander liegenden Querträgern an zwei Stellen durch untergenietete, über die ganze Brückenbreite sich erstreckende ⊏-Eisen verbunden sind, die den Zweck haben, die Lasten auf mehrere Längsträger zu verteilen. Bei der Auflagerung des Bohlenbelages auf Holzbalken empfiehlt sich auch zur Trockenhaltung der letzteren die Einschaltung von Luftklötzen und Deckbrettern (Abb. 932). Das Quergefälle des Bohlenbelages muß mindestens 1 : 70 betragen. Das größte zulässige Längsgefälle für diese Fahrbahndecke ist 1 : 25. Der Bohlenbelag eignet sich im allgemeinen als

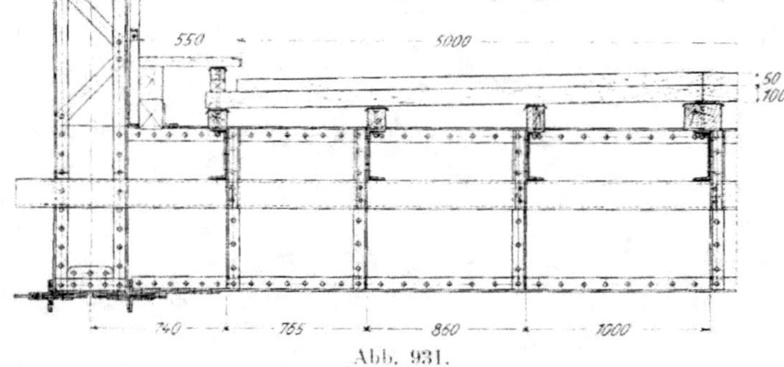

Abb. 931.

Fahrbahndecke von Straßenbrücken nur für leichteren Verkehr und für stärkeren Verkehr nur in sehr holzreichen Gegenden.

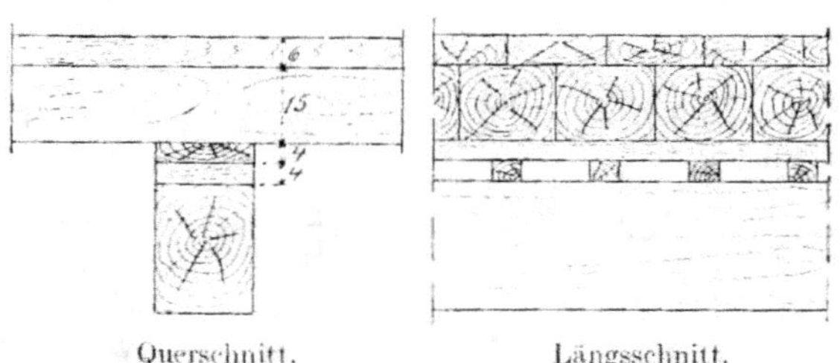

Querschnitt. Längsschnitt.

Abb. 932.

Bisweilen dient ein kräftiger Belag aus hölzernen, eng aneinander gelegten Querbohlen auch als Unterlage für Holzpflaster, so z. B. bei der Straßenbrücke über die Iller bei Kempten[1]). Hier wurde zunächst auf die 10 cm starken, gespundeten und an der Oberfläche gut gehobelten Querbohlen eine Lage ungesandeter Dachpappe aufgenagelt und auf diese eine 2 mm starke Rohpappe aufgeklebt. Hierauf wurde eine 20 mm starke Schicht besten Gußasphaltes mit 30 % Sandzusatz als eigentliche Unterlage für das Holzpflaster heiß aufgebracht. Die Rohpappe diente der Dachpappe zum Schutz gegen die Hitze der Gußasphaltschicht. Alle drei Schichten schützen die Querbohlen und Längsbalken vor dem Wasser der Fahrbahn. Von der Herstellung des Holzpflasters ist weiter unten allgemein die Rede.

[1]) Vergl. „Der Brückenbau", 1916, S. 183 u. f.

b. Fahrbahntafeln aus Belageisen.

Die Belageisen (vgl. S. 15) werden entweder parallel zur Brückenachse oder senkrecht zu dieser gelegt. Im ersten Falle werden sie auf den Querträgern, im zweiten auf den Längsträgern gelagert. Sie werden selten mit den Fahrbahnträgern vernietet, sondern meist mit diesen verschraubt (Abb. 933 bis 935). Bei der in der Abb. 933 dargestellten Befestigungsart ist die Schraube, die mit einer Klemmplatte die Belageisen gegen den Fahrbahnträger drückt, durch den oberen Flansch des Fahrbahnträgers gesteckt. Bei der in der Abb. 934 wiedergegebenen Anordnung sind Hakenschrauben verwendet, die doppelt und mit durchgehender Klemmplatte angeordnet werden müssen, da sonst wegen der Neigung der unteren Seite des Flansches erfahrungsgemäß leicht eine Lockerung der Verbindung eintritt. Die in Abb. 935 veranschaulichte Befestigungsart mit nur einer Schraube, aber mit einer unteren und einer oberen Klemmplatte hat sich auch recht gut bewährt. Die beiden zuletzt genannten Befestigungsarten sind der in der Abb. 933 dargestellten deshalb vorzuziehen, weil bei ihnen der Flansch der Fahrbahnträger nicht angebohrt zu werden braucht. Sind die Fahrbahnträger, auf denen die Belageisen aufliegen, genietete Träger und bestehen deren Obergurte aus Winkeleisen und Kopfplatten, so bereiten die Köpfe der senkrechten Niete der unmittelbaren Auflagerung der Belageisen Schwierigkeiten. Man lagert deshalb in diesem Falle die Belageisen zweckmäßig zentrisch auf kleinen Druckstücken, die mit der obersten Kopfplatte durch versenkte Niete verbunden werden (vgl. Abb. 734).

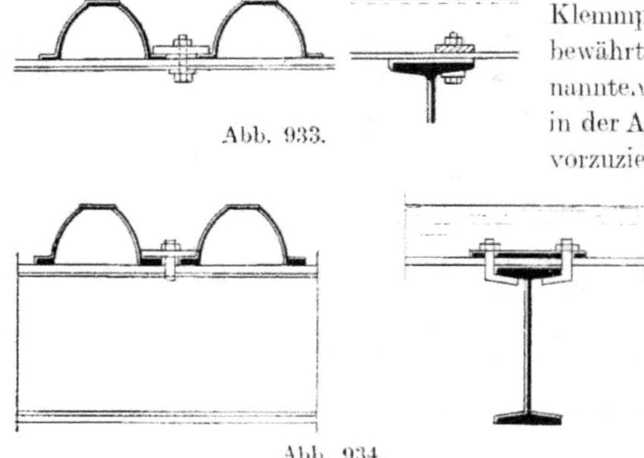

Abb. 933.

Abb. 934.

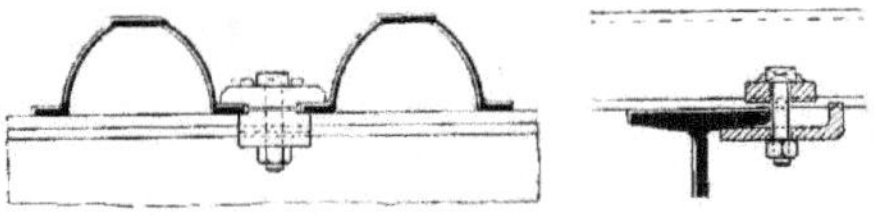

Abb. 935.

Die Belageisen werden in einem Abstand von 2 bis 3 oder von 10 bis 13 cm verlegt. Da sie in der Regel eine Betonüberdeckung erhalten, muß der Zwischenraum mit kleinen Betonstücken oder mit Ziegeln oder leichten Betonsteinen abgedeckt werden, um bei der Betonierung die Schalung zu ersparen.

Die Abb. 936 stellt einen Fahrbahnquerschnitt der König-Karls-Brücke über den Neckar zwischen Stuttgart und Kannstatt dar, bei der die Belageisen längs gelegt sind. Die Querneigung der Fahrbahndecke ist durch entsprechende Neigung des Querträgerobergurtes erzielt worden. Die Querträger liegen in rd. 1,25 m Abstand voneinander.

Eine Anordnung mit quergelegten Belageisen ist aus der Abb. 937 zu ersehen, die einen Querschnitt durch die Straßenbrücke über die Memel in Tilsit darstellt[1]). Die Belageisen (Burbacher Hütte Nr. 10) der Fahrbahn werden von den im Abstand von 1 m liegenden Längsträgern gestützt, auf denen sie mit Klemmplatten befestigt sind. Die Fahrbahntafel ist gegen die Querträger durch Winkeleisen

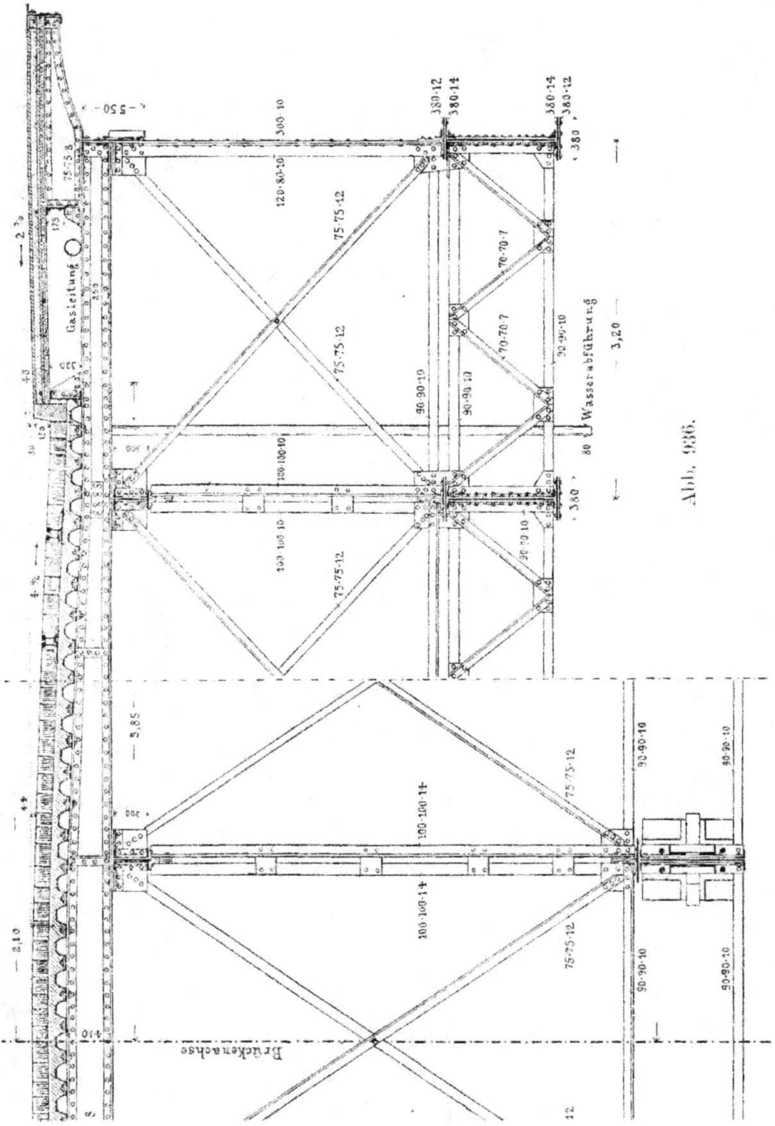

Abb. 936.

50·50·7 abgeschlossen (siehe den Längsschnitt). Der Obergurt der Querträger und die Höhenlage der Längsträger folgt dem Quergefälle der Fahrbahndecke.

[1]) Ausgeführt und entworfen von Beuchelt u. Co. in Grünberg in Schlesien.

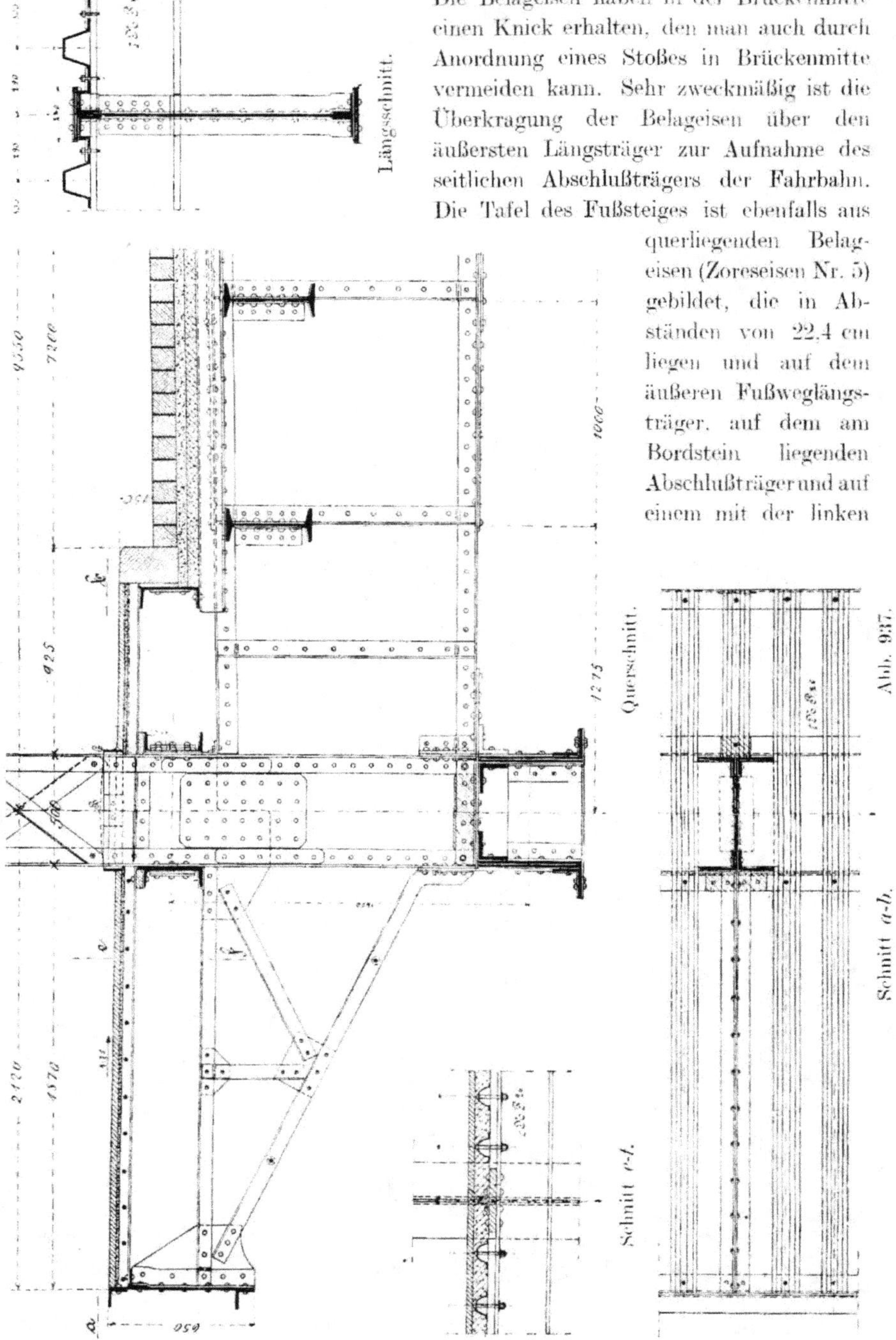

Die Belageisen haben in der Brückenmitte einen Knick erhalten, den man auch durch Anordnung eines Stoßes in Brückenmitte vermeiden kann. Sehr zweckmäßig ist die Überkragung der Belageisen über den äußersten Längsträger zur Aufnahme des seitlichen Abschlußträgers der Fahrbahn. Die Tafel des Fußsteiges ist ebenfalls aus querliegenden Belageisen (Zoreseisen Nr. 5) gebildet, die in Abständen von 22,4 cm liegen und auf dem äußeren Fußweglängsträger, auf dem am Bordstein liegenden Abschlußträger und auf einem mit der linken

Gurtquerschnitthälfte vernieteten Flacheisen gelagert sind. Sie sind an diesen Stellen durch Schrauben, welche durch ihren Kopf und den Trägerflansch greifen (siehe Schnitt $e-f$), befestigt. Der Hauptträger ist ein versteifter Stabbogen mit aufgehobenem Horizontalschub (Abb. 13 auf S. 5).

Liegen die Oberkanten der Längs- und Querträger gleich hoch, so wird zweckmäßig ein Belageisen auf den Querträger gelegt, um auf diese Weise den Querträgerobergurt gegen den Beton oder die Schotterung abzuschließen (Abb. 938).

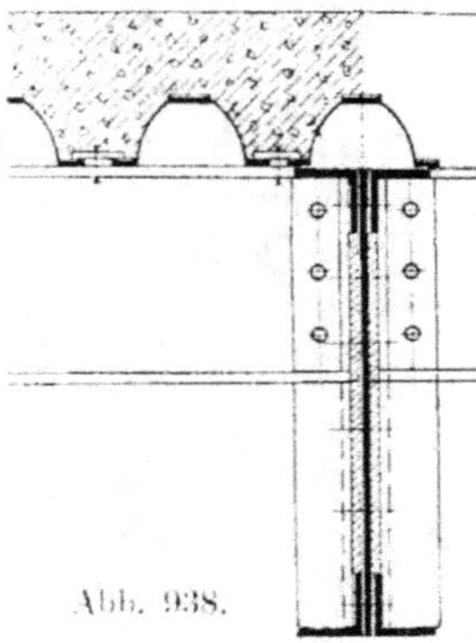

Abb. 938.

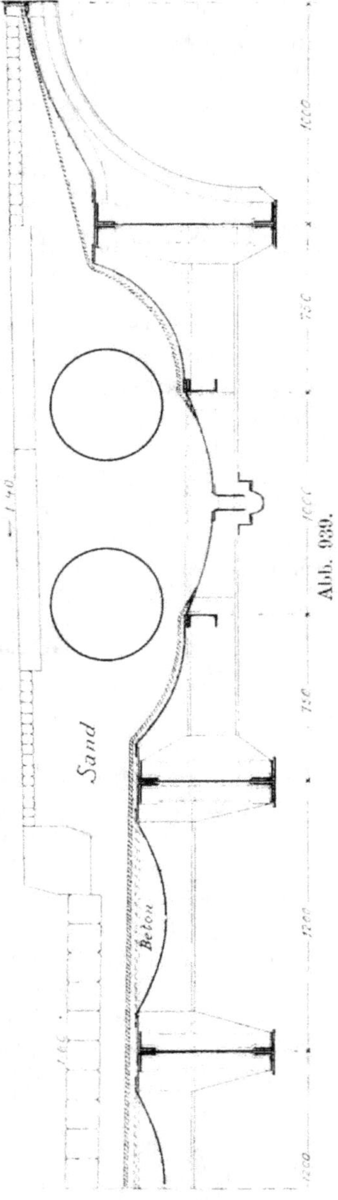

Abb. 939.

c. Fahrbahntafeln aus Buckelplatten und Tonnenblechen.

Diese Fahrbahntafeln werden nach denselben Grundsätzen wie bei den Eisenbahnbrücken ausgebildet. Auch die Mittel zur Entwässerung und zur Erzielung der Wasserdichtigkeit sind dieselben (vgl. S. 452 u. f.). Die Buckelplatten werden ebenso wie bei den Eisenbahnbrücken entweder unmittelbar auf den Hauptträgern und den Querträgern oder auf besonderen Längsträgern und den Querträgern gelagert. Auch die Lagerung der aus Tonnenblechen gebildeten Fahrbahntafel bietet nichts Neues.

Die Abb. 939 veranschaulicht den Querschnitt einer in Berlin ausgeführten Straßenbrücke mit einer Fahrbahntafel aus Buckelplatten, die unmittelbar auf die in 1,2 m Abstand voneinander liegenden Hauptträger und auf die Querträger genietet sind. Die Tafel unter dem Fußsteig ist außerhalb der Hauptträger aus

Tonnenblechen und innerhalb der Hauptträger aus Hängeblechen und Buckelplatten gebildet. Nach letzteren entwässert die ganze Fahrbahntafel. Die Betonausfüllung der Buckelplatten der Fahrbahntafel ist ebenso wie die Betonausfüllung der von den äußeren Tonnenblechen und der oberen Gurtung des äußersten Hauptträgers gebildeten Ecke mit einer wasserdichten Asphaltfilzschicht, die über die Hängebleche bis in die Buckelplatten unter dem Fußweg geführt ist, abgedeckt. Die in der Bettung des Fußsteiges liegenden Wasserrohre sind gut gegen den Frost geschützt.

d. Fahrbahntafeln aus Flachblechen.

Auch aus Flachblechen kann die Fahrbahntafel der Straßenbrücken ebenso wie die Fahrbahntafel der Eisenbahnbrücken (vgl. S. 461) gebildet werden. Eine Fahrbahntafel aus 13 mm starken, von Zwischenquerträgern getragenen Flachblechen besitzt z. B. der mittlere Überbau der Hochbrücke bei Holtenau (Abb. 458 auf S. 274). Auf den Flachblechen ist eine Asphaltfilzschicht aufgeklebt und über dieser eine rund 5 cm starke Asphaltbetonschicht (vgl. S. 571) aufgebracht, welche ein 10 cm hohes Holzpflaster trägt. Auch die Fahrbahntafel der Straßenbrücke über den Rhein bei Worms besteht aus 8 mm starken Flachblechen, die von den in 1,25 m Abstand liegenden Längsträgern (Abb. 850) getragen werden. Die Flachblechtafel ist hier durch aufgenietete, querliegende, 6 cm hohe ⅂L-Eisen mit 55 cm Mittenabstand verstärkt. Über der Flachblechtafel liegt eine 10 cm starke Betonschicht, auf welcher die Fahrbahndecke aufgebracht ist. Flachblechfahrbahntafeln dienen auch zur Unterstützung der Fahrbahndecken aus Seilgurten, von denen weiter unten noch die Rede ist.

e. Fahrbahntafeln aus Eisenbeton.

Hinsichtlich der Fahrbahntafeln aus Eisenbeton gilt sinngemäß das auf S. 465 unter δ über die Fahrbahntafeln aus Beton und Eisenbeton der Eisenbahnbrücken Gesagte. Bei der Bemessung der Fahrbahntafeln aus Eisenbeton empfiehlt es sich dringend, nur solche Zugspannungen im Beton zuzulassen, die keine Veranlassung zu Rissebildungen geben können, da sonst zu befürchten ist, daß durch die Risse die Feuchtigkeit und die Rauchgase zu den Eiseneinlagen gelangen und sie allmählich zerstören. Vor allem sollen auch bei der Berechnung nur solche Annahmen gemacht werden, die sich mit der Ausführung tatsächlich decken.

In der Abb. 940 ist die aus Eisenbetongewölben gebildete Fahrbahntafel der Swinemünder Brücke über den Bahnhof Gesundbrunnen in Berlin dargestellt. Die 6 m weit von Querträger zu Querträger gespannten, aus einer Kiesbetonmischung 1 : 4 gestampften Gewölbe sind nur 17 cm stark. In der oberen Leibung kommen auf das laufende Meter der Brückenquerrichtung 10 Stück Rundeisen von 7 mm Durchmesser, in der unteren 14 Stück von 8,2 mm Durchmesser. Die Stärke des Gewölbes von 17 cm ist auffallend gering, hat sich aber dem starken Verkehr als durchaus gewachsen gezeigt. Die Bogenzwickel sind mit Bimsbeton 1 : 3 ausgefüllt. Über die Fahrbahndecke ist weiter unten die Rede.

In der Abb. 941 ist ein Querschnitt durch den Überbau der Putlitzbrücke in Berlin veranschaulicht. Die Fahrbahntafel besteht bei dieser Brücke aus Eisenbetongewölben, die 20 cm stark sind und sich auf die Untergurte der in 3,88 m

Abstand voneinander liegenden Hauptträger stützen. Der Horizontalzug der Gewölbe in den einzelnen Feldern wird von eisernen Ankern aufgenommen, die an den Hauptträgeruntergurten angeschlossen und mit Beton ummantelt sind. Zum Schutz gegen die Rauchgase der Lokomotiven sind auch die Untergurte der Hauptträger vollständig in Beton eingehüllt und die unter den Bürgersteigen liegenden Räume, die wegen der dort befindlichen Leitungen von oben zugänglich sein müssen, durch eine Eisenbetondecke vollständig dicht nach unten abgeschlossen. Die neben der Fahrbahn unter den Bürgersteigen liegenden Gasrohre sind mit Bimskies umhüllt, um der Bildung von Knallgas unter den Bürgersteigen bei Undichtigkeiten der Rohre vorzubeugen. Auf der der Fahrbahn abgekehrten Seite wird der Bimskies durch eine senkrechte, schwache Eisenbetonwand gestützt. Die Bogenzwickel der Gewölbe sind mit Bimsbeton 1 : 8 ausgefüllt. Über die Fahrbahndecke ist weiter unten noch die Rede.

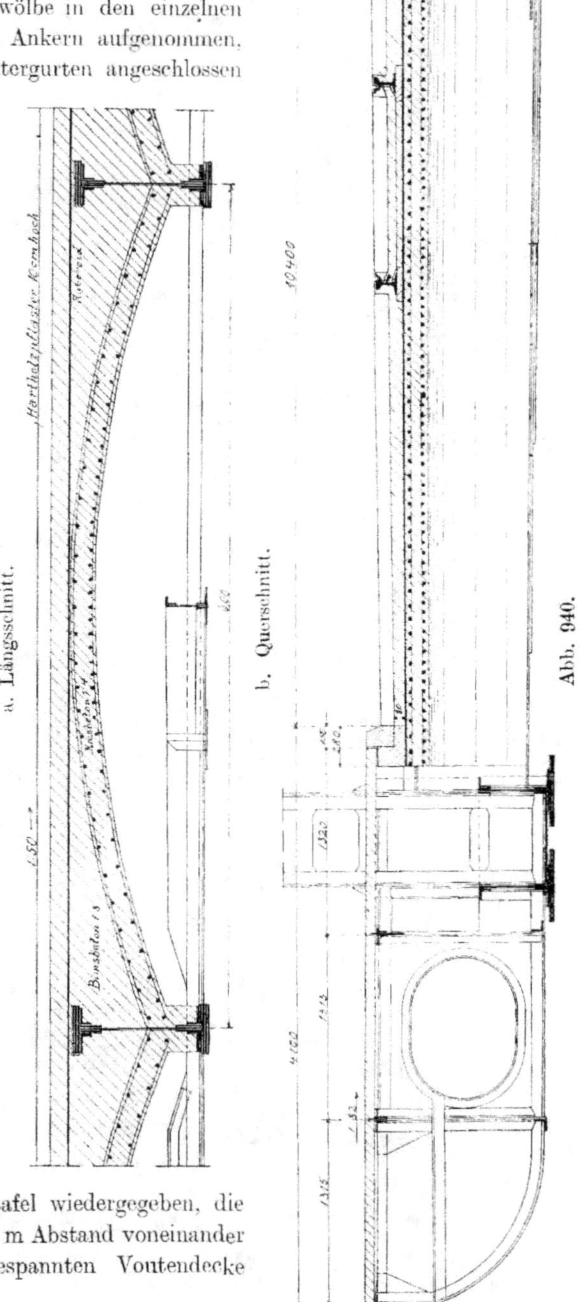

a. Längsschnitt. b. Querschnitt.

Abb. 940.

In der Abb. 942 ist eine Eisenbeton-Fahrbahntafel wiedergegeben, die aus einer über die in 1,25 m Abstand voneinander liegenden Längsträger gespannten Voutendecke besteht.

Der eisenbewehrte Beton eignet sich in Form von Platten auch sehr gut zur Unterstützung der Fußsteigdecken. Man kommt hier bei Stützweiten bis zu 1,3 m mit Stärken von 9 cm aus. Diese Platten werden entweder aus einzelnen, in fertigem Zustande verlegten Tafeln (Abb. 940 und 941) gebildet oder auch auf Schalung an Ort und Stelle eingestampft (Abb. 942). Bei der Putlitzbrücke (Abb. 941) werden die beiden mittleren Unterstützungspunkte der Eisenbetonplatten der Bürgersteige von je 2 [14 gebildet, die mit Ständern auf die aus I 26 bestehenden, tiefliegenden Querträger abgestützt sind. Die untere Eisenbetonschutzdecke stützt sich auf die Untergurte der beiden äußersten Hauptträger und auf einen Zwischenlängsträger I 23, der an den ebenerwähnten Querträgern angeschlossen ist.

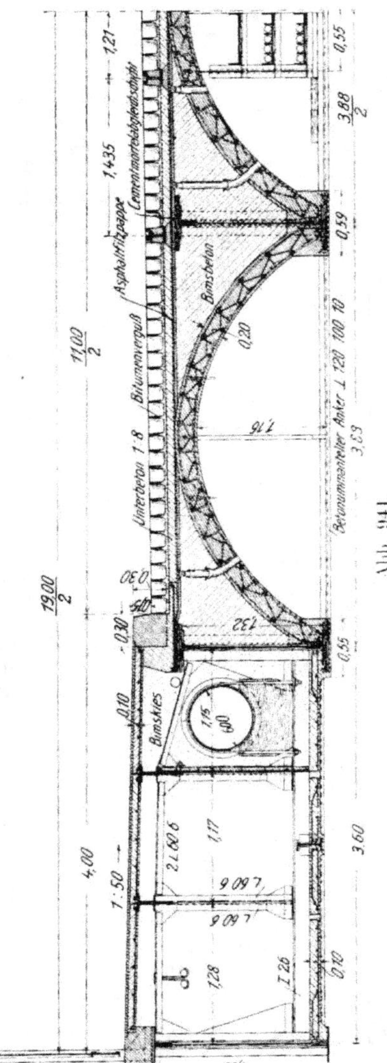

Abb. 941.

f. Fahrbahntafeln aus Beton zwischen Hauptträgern, die aus Walzträgern bestehen.

Hinsichtlich dieser Fahrbahntafeln gilt sinngemäß das auf S. 466 unter e Gesagte. Die Abb. 943 stellt einen Überbau mit solch einer Fahrbahntafel dar.

3. Die Fahrbahndecke und ihre Unterstützung.

a. Fahrbahndecken aus Holz.

Die aus Bohlen gebildete Fahrbahndecke ist bereits bei der Abhandlung über die Fahrbahntafel aus Holz besprochen worden.

Das Holzpflaster.

Geringes Gewicht und die Ebenheit der Oberfläche, die die Vorbedingung für ein geräuschloses und stoßfreies Befahren ist, machen das Holzpflaster als Fahrbahndecke geeignet. Es nutzt sich aber bei starkem Verkehr leicht ab und besitzt den Nachteil, daß es bei Regen Wasser aufsaugt und sich ausdehnt und bei Trockenheit sich zusammenzieht. Die Holzklötze sind in der Regel 13 cm hoch, 18 bis 25 cm lang und 8 bis 9 cm breit. Besonders geeignet ist schwedisches Kiefernholz, das zur Erhöhung der Haltbarkeit und zur Verminderung des Quellens und

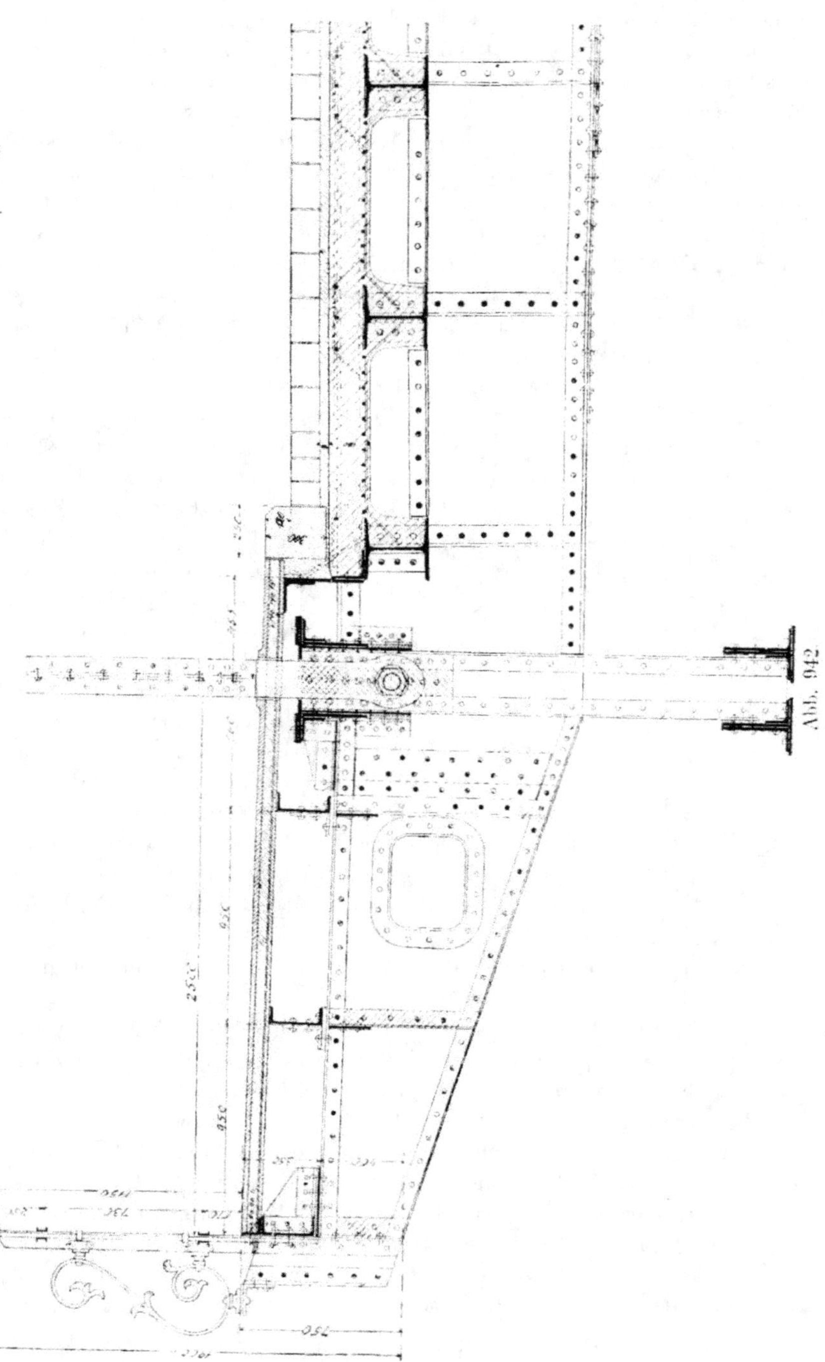

Abb. 942

Schwindens zu tränken ist, und australisches Hartholz. Die Pflasterklötze werden mit ihrer Längenrichtung rechtwinklig oder unter 45° zur Brückenachse ohne Zwischenraum in den Längs- und Querfugen verlegt und mit einer Asphaltmasse aneinander geklebt. Neben der Bordschwelle werden in der Regel zwei Längsreihen von Pflasterklötzen angeordnet. Um bei Regenwetter Verwerfungen des Holzpflasters vorzubeugen, muß dem Holzpflaster die Möglichkeit gegeben werden, sich seitlich auszudehnen. Dies geschieht dadurch, daß man zwischen der äußersten Längsreihe des Pflasters und dem Bordstein eine Fuge von 4 bis 5 cm Stärke anordnet, die am besten nach den Ausführungen der Stadt Berlin im unteren Teil durch ein zwischen Pflaster und Bordstein gespanntes Faltblech (Abb. 944) hohl gehalten und im oberen Teil mit Ton ausgefüllt wird. Fugen mit Sand im unteren und mit Ton im oberen Teil (Abb. 945) sind nicht so wirksam. Das fertiggestellte Pflaster wird mit Porphyrgrus bedeckt, der durch die Wagen in das Pflaster eingedrückt wird und so dem Pflaster eine harte und widerstandsfähige Oberfläche verleiht. Die Klötze werden meist auf eine mit Zementmörtel 1 : 2 genau abgeglichene Kiesbetonschicht mit einer Asphaltmasse aufgeklebt. Namentlich nach längerer Trockenheit ist das Holzpflaster sehr wasserdurchlässig. Da auch die tragende Betonschicht nicht wasserdicht hergestellt werden kann, so würde, wenn man keine Isolierschicht einfügen würde, das Wasser bis zu der Fahrbahntafel dringen. Besteht diese aus Beton oder Belageisen, so würde das Wasser durch sie hindurch zu den Fahrbahnträgern gelangen. Ist sie aus Buckelplatten gebildet, so wäre sie dem den Beton durchfeuchtenden und von ihm festgehaltenen Wasser ausgesetzt. Hieran würden auch Abflußlöcher an den tiefsten Punkten der Buckelplatten nicht viel ändern. Aus diesen Gründen fügt man zwischen dem Holzpflaster und der Fahrbahntafel eine Isolierschicht aus Pachytekt, Asphaltfilz oder dergleichen ein. Es empfiehlt sich, die Isolierschicht in den Beton hineinzulegen, damit sie bei Ausbesserungsarbeiten am Pflaster nicht beschädigt wird.

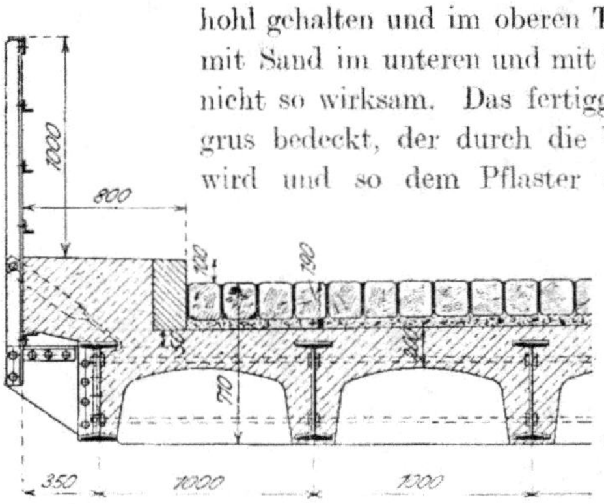

Abb. 943.

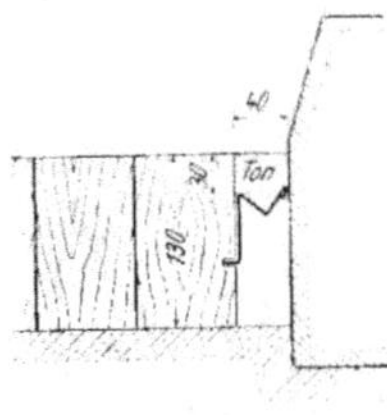

Abb. 944.

Bei der in der Abb. 940 dargestellten Fahrbahn der Swinemünder Brücke in Berlin liegt über den Eisenbetongewölben und den Zwickelausfüllungen aus Bimsbeton eine Isolierschicht aus Ruberoid. Hierüber liegt die das Holzpflaster tragende Kiesbetonschicht, die in der Brückenmitte 13 cm und an den Bordschwellen 8 cm hoch ist. Diese Schicht ist so stark gewählt worden, weil die Isolierschicht unter den Straßenbahnschienen durchgeführt werden muß. Sind keine Straßenbahngleise vorhanden, so braucht die tragende Betonschicht nur 4 bis 5 cm stark gemacht zu werden. So ist z. B. bei der in der Abb. 942 dargestellten Fahrbahnanordnung die über der Schutzschicht liegende Betonschicht nur 4 cm stark. Die

Isolierschicht ist hier an den Randträgern etwas heruntergezogen, und letztere sind mit einzelnen kleinen Löchern versehen, damit das auf der Schutzschicht sich sammelnde Wasser hier abfließen kann. Es empfiehlt sich, in diese Löcher kleine Abflußrohre zu stecken und das aus ihnen fließende Wasser in einer Längsrinne aufzufangen, damit die Fahrbahnträger nicht beschmutzt werden. Zur Verstärkung der schwachen oberen Betondecke kann man diese mit einer Drahtnetzeinlage mit einer Maschenweite von 1 cm und einer Drahtstärke von 1,5 bis 2,0 mm versehen. Jedoch empfiehlt sich dies nur, wenn man sich auf die unbedingte Zuverlässigkeit der wasserdichten Schicht verlassen kann, also Ausbesserungen an ihr so gut wie ausgeschlossen sind.

Eine besondere Isolierschicht kann man entbehren, wenn man die das Pflaster tragende Kiesbetonschicht durch wasserdichten Asphaltbeton unterstützt, wie dies z. B. bei der neuen Oderbrücke bei Krossen[1]) (Abb. 945) geschehen ist. Die das Pflaster unterstützende Kiesbetonschicht ist hier 6 cm stark. Die Asphaltbetonausfüllung der Buckelplatten überragt die Oberkante der Fahrbahntafel um 4 cm. Der Asphaltbeton wurde aus 3 Gewichtsteilen Goudron, 10 Gewichtsteilen Asphaltmastix, 14 Gewichtsteilen Schotter von höchstens 4 cm Kantenlänge und 2 Gewichtsteilen Sand derart hergestellt, daß erst der Goudron, dann der Asphaltmastix in einem Kessel geschmolzen wurde, schließlich der Schotter und der Sand

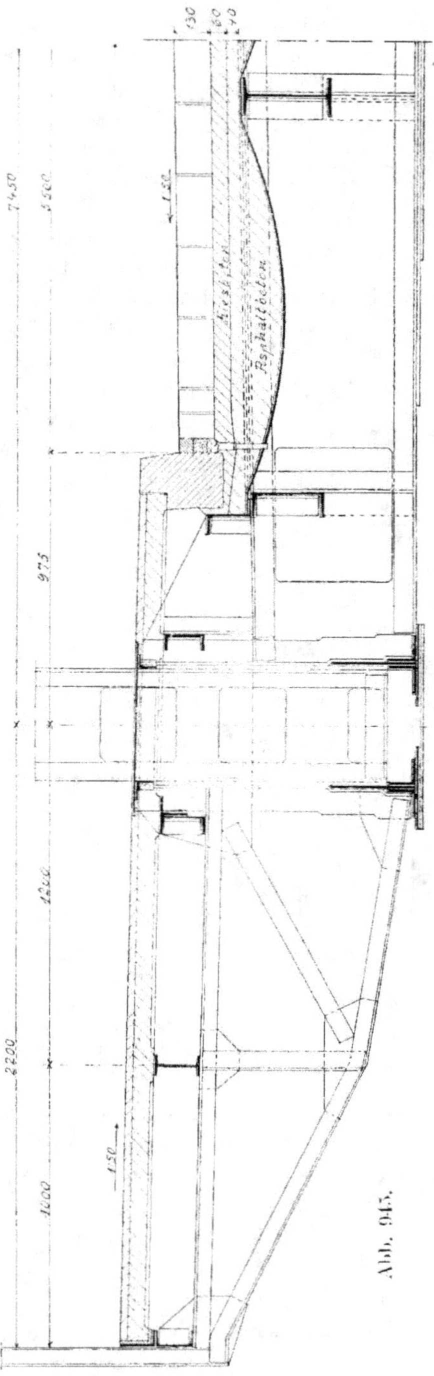

Abb. 945.

[1]) Entwurfverfasser: Regierungsbaumeister Ziegler.

zugesetzt wurden und diese Masse so lange gerührt wurde, bis sich eine gleichmäßige Mischung ergab. Unter der Sandfuge neben dem Bordstein durchdringen in Abständen von 7 m Gasrohre die Asphaltbetonschicht und die Buckelplatten, um das Wasser, das auf der im Quergefälle von 1 : 50 liegenden Oberfläche der Asphaltbetonschicht dem Bordstein zuströmt, abzuführen. Über den Gasrohren sind im Kiesbeton Aussparungen vorgesehen, um die Rohre reinigen zu können und um das in der Sandfuge sich sammelnde Wasser abzuführen. Da der Asphaltbeton teuer und nur bei peinlicher Herstellung wasserdicht ist, so wird im allgemeinen der Ausführung mit Kiesbeton und besonderer Isolierschicht der Vorzug zu geben sein.

Das größte zulässige Längsgefälle des Holzpflasters ist 1 : 25. Sein Quergefälle soll tunlichst nicht unter 1 : 80 betragen. Da sich das Holzpflaster in der Mitte der Fahrbahn im allgemeinen stärker als an den Seiten abnutzt, so empfiehlt es sich, an den Seiten ein stärkeres Quergefälle als in der Mitte anzuordnen, um auch bei starker Abnutzung des Pflasters den Wasserabfluß sicherzustellen.

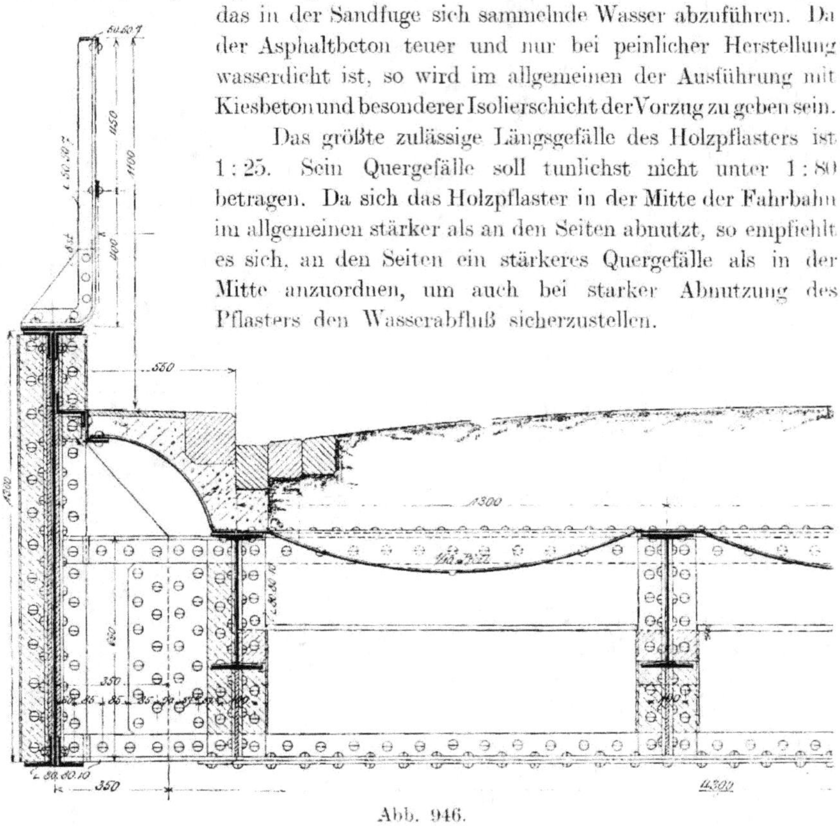

Abb. 946.

b. Fahrbahndecken aus Stein.

Schotterdecken.

Auf Brücken, die in Chausseen liegen, wird wegen der Einfachheit in der Unterhaltung gern dieselbe Decke gewählt, die auf der Chaussee selbst ausgeführt ist, das ist in der Regel die Schotterdecke. Diese wird entweder unmittelbar auf die tragende Fahrbahntafel oder auf eine die Fahrbahntafel überdeckende Betonschicht gelegt. Die erste Art ist in Abb. 946[1]) dargestellt. Die Buckelplatten werden in diesem Falle in der auf S. 452 bis 454 beschriebenen Weise einzeln entwässert. Die Stärke der Schotterdecke ist im vorliegenden Falle mit 35 cm sehr reichlich bemessen, ein Maß von 25 cm an der stärksten Stelle dürfte ausreichen.

[1]) Ausführung der früheren Reichseisenbahnen von Elsaß-Lothringen.

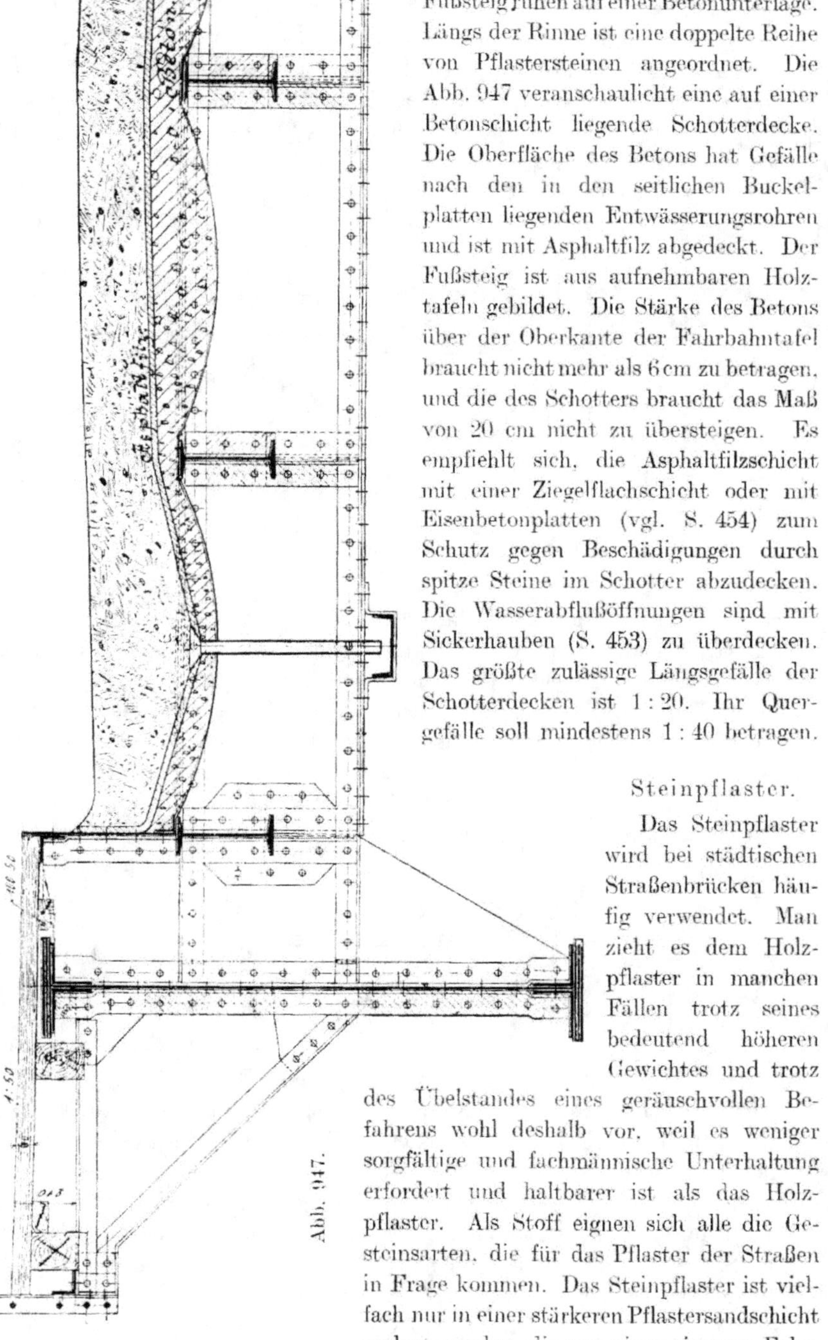

Abb. 947.

Die Rinne, der Bordstein und der Fußsteig ruhen auf einer Betonunterlage. Längs der Rinne ist eine doppelte Reihe von Pflastersteinen angeordnet. Die Abb. 947 veranschaulicht eine auf einer Betonschicht liegende Schotterdecke. Die Oberfläche des Betons hat Gefälle nach den in den seitlichen Buckelplatten liegenden Entwässerungsrohren und ist mit Asphaltfilz abgedeckt. Der Fußsteig ist aus aufnehmbaren Holztafeln gebildet. Die Stärke des Betons über der Oberkante der Fahrbahntafel braucht nicht mehr als 6 cm zu betragen, und die des Schotters braucht das Maß von 20 cm nicht zu übersteigen. Es empfiehlt sich, die Asphaltfilzschicht mit einer Ziegelflachschicht oder mit Eisenbetonplatten (vgl. S. 454) zum Schutz gegen Beschädigungen durch spitze Steine im Schotter abzudecken. Die Wasserabflußöffnungen sind mit Sickerhauben (S. 453) zu überdecken. Das größte zulässige Längsgefälle der Schotterdecken ist 1 : 20. Ihr Quergefälle soll mindestens 1 : 40 betragen.

Steinpflaster.

Das Steinpflaster wird bei städtischen Straßenbrücken häufig verwendet. Man zieht es dem Holzpflaster in manchen Fällen trotz seines bedeutend höheren Gewichtes und trotz des Übelstandes eines geräuschvollen Befahrens wohl deshalb vor, weil es weniger sorgfältige und fachmännische Unterhaltung erfordert und haltbarer ist als das Holzpflaster. Als Stoff eignen sich alle die Gesteinsarten, die für das Pflaster der Straßen in Frage kommen. Das Steinpflaster ist vielfach nur in einer stärkeren Pflastersandschicht verlegt worden, die von einer eisernen Fahrbahntafel, z. B. von Buckelplatten, getragen wird (Abb. 948). Ein so unterstütztes Pflaster hält sich aber erfahrungsgemäß nicht gut. Entschieden am zweckmäßigsten ist es, das Steinpflaster auf einer Betonunterlage unter Einschaltung einer nur 3 cm starken Sandschicht, die zum Ausgleich der verschiedenen Höhe der Steine und der Unebenheit der Unterflächen dient, zu verlegen. Es wird sogenanntes Vollpflaster und neuerdings mit Vorliebe auch sogenanntes Kleinpflaster verwendet. Die einzelnen Steine des Vollpflasters sind 13 bis 16 cm hoch, 12 bis 18 cm breit und 18 bis 25 cm lang, die des Kleinpflasters 8 bis 10 cm hoch, 6 bis 8 cm breit und 8 bis 10 cm lang. Sie werden in Querreihen versetzt. Zur Gewinnung des Ver-

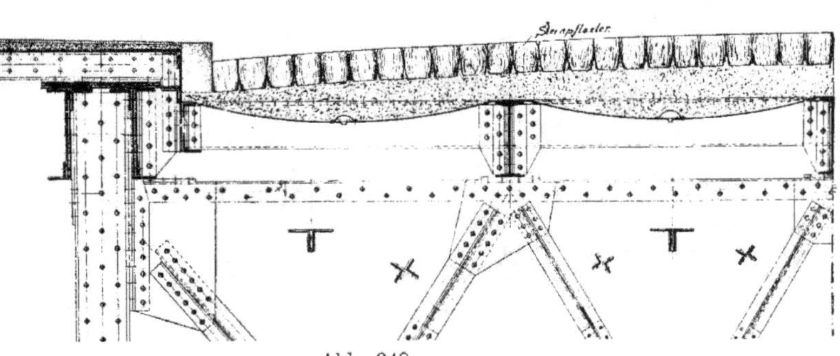

Abb. 948.

bandes werden an den Bordsteinen längere Steine verwendet. Das Steinpflaster läßt sich an und für sich nicht wasserdicht ausführen; es muß daher durch geeignete Maßnahmen aus denselben Gründen, die bei der Besprechung des Holzpflasters erörtert wurden, dafür gesorgt werden, daß das Wasser nicht zur Fahrbahntafel gelangt. Zu diesem Zwecke schaltet man zwischen die Sandschicht und die Fahrbahntafel eine wasserdichte Isolierschicht ein oder macht die Sandschicht nachträglich selbst wasserdicht. Die Isolierschicht aus Pachytekt, Asphaltfilz oder dergleichen wird nicht unmittelbar unter der Sandschicht, sondern zum Schutz gegen Beschädigungen entweder unter einer zusammenhängenden, 5 bis 6 cm starken Betonschicht (Abb. 941) oder unter 2 bis 3 cm starken, in Zementmörtel verlegten einzelnen Betonplatten mit Drahtnetzeinlagen (Abb. 949) angeordnet. Unter der Isolierschicht liegt die die Fahrbahntafel überdeckende Kiesbetonschicht. Das auf der mit Quergefälle verlegten Isolierschicht sich sammelnde Wasser fließt entweder den Randträgern zu und wird hier durch kleine Öffnungen und Abflußröhrchen abgeführt (Abb. 949) und in Querrinnen aufgefangen oder wird an einzelnen Stellen durch kleine Abflußrohre durch die Fahrbahntafel abgeleitet (Abb. 941). Die Steine werden mit 6 bis 7 mm starken Quer- und Längsfugen in die Sandschicht gesetzt. Durch Rammen mit nicht zu leichten Pflasterrammen wird eine möglichst glatte Oberfläche hergestellt. Die Fugen werden mit

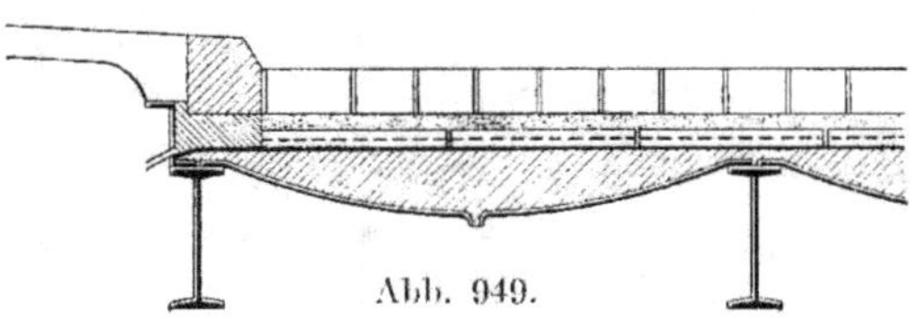

Abb. 949.

Zementmörtel 1 : 1 oder Bitumen vergossen, wodurch die Steine fest untereinander verbunden werden und die Pflasterdecke, wenn auch nicht vollständig, so doch ziemlich wasserdicht gemacht wird. Bei der zweiten Ausführungsart[1]) wird keine eigentliche Isolierschicht angeordnet, sondern die Wasserdichtigkeit dadurch hergestellt, daß man die die Fahrbahntafel ausfüllende Betonschicht aufrauht, auf ihr eine 3 cm starke trockene Mischung aus 2 Teilen Sand, 1 Teil Zement und 0.4 Teilen Traß ausbreitet, in dieser die Steine mit 6 bis 7 mm starken Längs- und Querfugen versetzt und mit schweren Pflasterrammen abrammt und dann die Fahrbahndecke reichlich durchnäßt, wodurch die trockene Unterlage in einen feuchten Mörtel verwandelt wird, der die Betonschicht und die Steine fest verbindet. Schließlich werden die Fugen mit einem Zementmörtel 1 : 1 ausgegossen. Diese Art der Fahrbahndecke hat sich trotz der fehlenden Isolierschicht als wasserdicht erwiesen. Es empfiehlt sich, dem Zementmörtel, mit dem die Fugen ausgefüllt werden, und dem Mörtel, in dem die Steine versetzt werden, ein Dichtungsmittel, z. B. Zeresit oder Kaliseife[2]), zuzusetzen. Die die Fahrbahntafel überdeckende Betonschicht muß in beiden Fällen die Oberfläche der Fahrbahntafel an der schwächsten Stelle mindestens 5 cm überragen. Das Quergefälle der Fahrbahnoberfläche muß wenigstens 1 : 50 betragen. Das größte zulässige Längsgefälle des Steinpflasters ist 1 : 30.

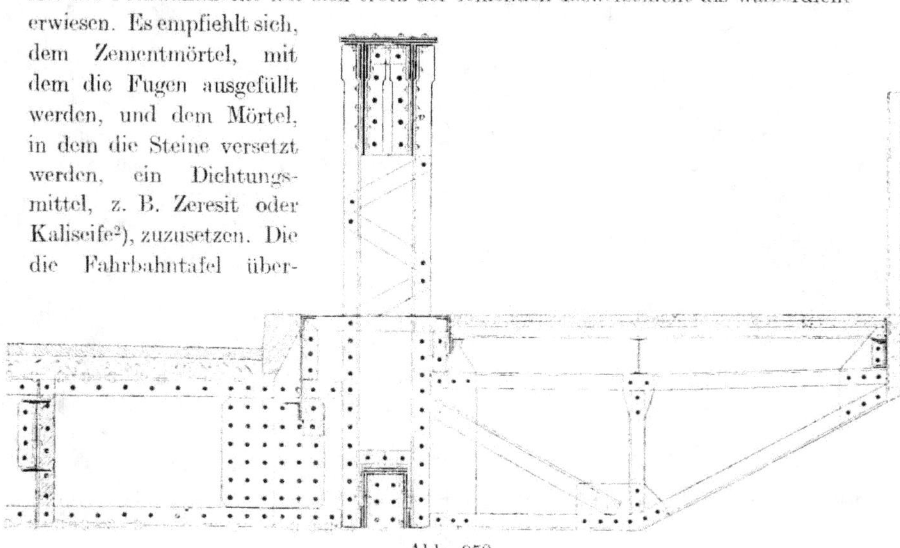

Abb. 950.

c. Fahrbahndecken aus Stampfasphalt.

Auch aus Stampfasphalt werden die Fahrbahndecken städtischer Brücken hergestellt, jedoch nur in dem Falle, daß die Längsneigung der Decke nicht mehr als $^1/_{70}$ beträgt. Die Stampfasphaltschicht erhält eine Stärke von 5 cm und wird unmittelbar auf einer genau abgeglichenen Kiesbetonschicht hergestellt. Diese

[1]) Zentralblatt der Bauverwaltung 1911, S. 439 u. f. Gerhardt, Kleinpflaster auf Straßenbrücken.

[2]) Zentralblatt der Bauverwaltung 1915, S. 459. Auf 1 cbm Mörtel kommen 3,5 kg Kaliseife.

Betonschicht wird wegen der geringen Dicke des Asphaltes zur Erzielung einer guten Druckverteilung zweckmäßig etwas stärker als bei den anderen Fahrbahndecken ausgeführt. Sie soll die Fahrbahntafeloberkante an der schwächsten Stelle mindestens um 9 cm überragen. Die Einschaltung einer besonderen wasserdichten Schicht ist nicht erforderlich, weil der Stampfasphalt vollkommen wasserundurchlässig ist. Die Stampfasphaltdecken sind staub- und schmutzfrei und befahren sich geräuschlos. Ihr Quergefälle soll mindestens 1 : 150 betragen. Abb. 950 zeigt eine Fahrbahndecke aus Stampfasphalt.

d. Fahrbahndecken aus Seilgurten.

Fahrbahndecken aus Seilgurten sind bis jetzt meist nur bei beweglichen Brücken verwendet worden, sie eignen sich aber ebenso für feste Brücken. In Deutschland sind diese Fahrbahndecken erstmalig bei den beweglichen Brücken der Duisburg-Ruhrorter Häfen ausgeführt worden und haben sich dort vorzüglich bewährt; sie sind fest, sehr haltbar, wasserdicht und leicht und befahren sich geräuschlos. Bei den Duisburg-Ruhrorter Brücken wurden alte belgische Bergwerkhanfseile von 32 mm Stärke verwendet, die zu 250 mm breiten Gurten zusammengepreßt und zusammengenäht wurden. Diese Gurte wurden auf 60 mm starke, gespundete Hartholzbohlen, die auf einer 13 mm starken Flachblechtafel verschraubt sind, mit breitköpfigen geschmiedeten Nägeln in rund 200 mm Abstand aufgenagelt (Abb. 951). Die Bohlen wurden vor dem Verlegen der Seile und die letzteren nach ihrem Verlegen mit einem heißen Gemisch aus gleichen Teilen Holz- und Steinkohlenteer satt getränkt. Die Oberfläche der Gurte wurde mit scharfkörnigem Sand bestreut, der durch die Fahrzeuge in die Gurte eingedrückt wurde und diesen eine sehr widerstandsfähige Oberfläche verlieh. Die Gurte können längs- und quergelegt werden. Sind Straßenbahnschienen vorhanden (Abb. 951), so müssen sie längs verlegt werden. Die Enden der Gurte müssen durch Flacheisen oder die wagerechten Schenkel von Winkeleisen gegen Zerstörung geschützt werden. Im Jahre 1912 wurden Brückendecken aus Seilgurten, die von der A.-G. für Seilindustrie in Mannheim aus 60 mm starken deutschen Sisalhanfseilen gefertigt wurden, bei den beiden Vorbrücken der Kettenbrücke über die Lahn bei Nassau ausgeführt[1]). Die Seile wurden in der Fabrik in heißem Holzteer getränkt und zu Gurten von 300 mm Breite zusammengepreßt und -genäht. Die Unterlage wurde vor dem Verlegen der Seile mit heißem Rohteer gestrichen; darauf wurden die Gurte mit 90 mm langen, geschmiedeten Nägeln befestigt. Dann wurden die Gurte mit einer Mischung aus 70 % Pech und 30 % Anthrazenöl übergossen, mit einem trockenen Gemisch von $^2/_3$ Basaltgrus und $^1/_3$ Pyknoton-Bindestoff leicht überdeckt und mit der Handramme bearbeitet. Die Tränkung und Dichtung wurden noch zweimal wiederholt. Die Oberfläche wurde schließlich mit einer Handwalze gut geglättet. Das Quergefälle der Seilgurtdecken soll

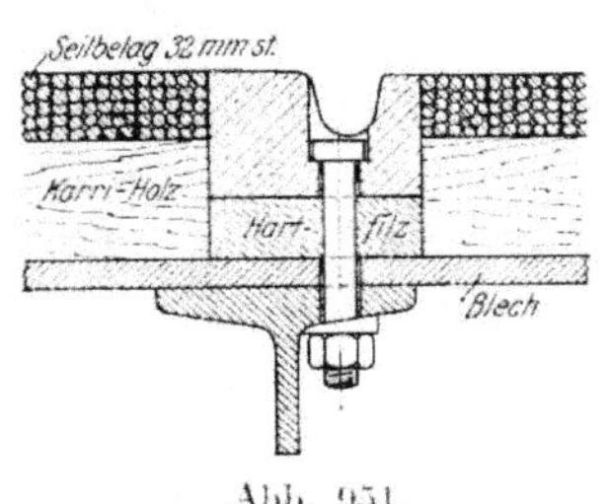

Abb. 951.

[1]) Vgl. „Der Brückenbau", 1914, S. 15 u. f.

mindestens 1 : 80 betragen. Das größte zulässige Längsgefälle solcher Brückendecken ist 1 : 25.

4. Die Decke der Fußsteige.

Die Fußsteige liegen zur Bildung der seitlichen Wasserrinnen und zur Abweisung der Fahrzeuge höher als die Fahrbahn. Wird das Wasser in den Rinnen bei wagerechter Lage der Oberfläche des Fahrbahnlängsschnittes allein durch das Längsgefälle der Rinnen abgeführt, so schwankt die Bordsteinhöhe zwischen 6 und 18 cm (vgl. S. 559). Wird das Wasser durch das Längsgefälle der ganzen Fahrbahn abgeführt, so ist die Bordsteinhöhe auf der ganzen Brücke die gleiche. Die gebräuchlichste Höhe ist 15 cm, es kommen aber auch Höhen zwischen 10 und 18 cm vor. Über die Fußwegtafeln ist bei der Besprechung der Fahrbahntafeln schon das Nötige gesagt worden. Die Fußsteigdecken werden aus Holz, Gußasphalt, Zementestrich oder Granitplatten hergestellt. Fußsteigdecken aus Holz zeigen die Abb. 930 und 947. Die Bohlen erhalten meist eine Stärke von 5 bis 7 cm, sie sollen nicht quer wie in Abb. 947, sondern längs wie in Abb. 930 gelegt werden, weil Schirme und Stöcke leicht in den Fugen der quergelegten Bohlen steckenbleiben und abbrechen. Es empfiehlt sich, die Bohlen zu aufnehmbaren Tafeln zu vereinigen (vgl. die Abhandlung auf S. 440 u. 441). Decken aus Gußasphalt, die nicht stärker als 2,5 cm ausgeführt zu werden brauchen, und Decken aus Zementestrich, deren Stärke nur 2,0 cm zu bemessen ist, werden

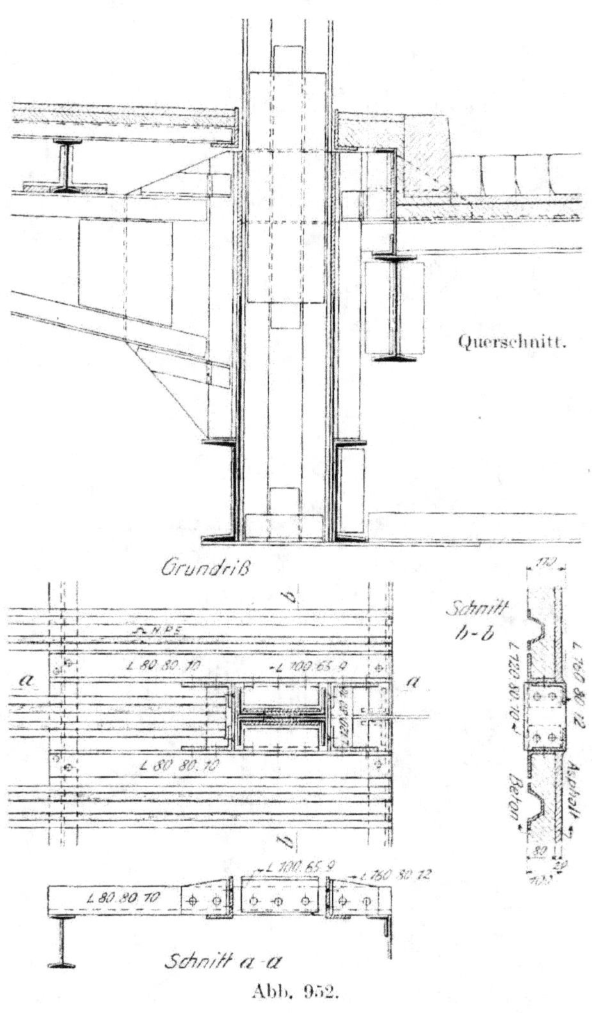

Abb. 952.

durch Kiesbeton unterstützt. Die Kiesbetonschicht ist entweder selbst tragend, wie bei den Ausführungen in Abb. 941, 942 und 945 (vgl. auch S. 568), oder wird von Belageisen getragen, wie bei den Ausführungen in den Abb. 937 u. 950. Die Zementestrichdecken werden aus einem Gemisch von 1 Teil Zement und 2 Teilen Sand hergestellt und zur Erhöhung der Haltbarkeit zweckmäßig mit einer feinen Drahtnetzeinlage versehen. Bei den Berliner eisernen Straßenbrücken sind die Fußsteigdecken vielfach aus rd. 13 cm starken, 1,3 m freiliegenden Granitplatten gebildet worden.

5. Unterbrechung der Fußsteige durch die Füllungsstäbe gegliederter Hauptträger.

Bei der Durchdringung der Füllungsglieder von fachwerkartigen Hauptträgern durch die Fußsteige entstehen konstruktive Schwierigkeiten. Wie diese gelöst werden können, ist für eine aus Belageisen bestehende Fußwegtafel in der Abb. 952 für einen Pfosten und in der Abb. 953 für einen Schrägstab gezeigt. Grundsätzlich soll die aus Gußasphalt oder Zementestrich bestehende Decke der Fußsteige und ihre aus Beton bestehende Unterstützung nicht bis unmittelbar an die Füllungsglieder herangeführt werden, da die Erfahrung gezeigt hat, daß an den Berührungsstellen das Tagwasser eindringt und die Eisenteile an diesen Stellen sehr stark rosten. Die Füllungsglieder sind vielmehr an den Durchdringungsstellen mit einem aus Winkel- und Flacheisen gebildeten Rahmen zu umgeben, der von den Füllungsgliedern so weit abstehen muß, daß man mit einem feinen Pinsel zur Erneuerung des Anstrichs in den Zwischenraum gelangen kann. Damit das auf dem Fußsteig abfließende Wasser nicht in die Durchdringung hineinströmt, läßt man den Rahmen 1 bis 2 cm über die Oberkante des Fußsteiges hinausragen. Der Raum innerhalb des Rahmens wird nach oben durch Flach- und Winkeleisen, die an dem Rahmen oder an dem Füllungsstab befestigt werden, abgeschlossen. Die Einzelheiten sind aus den Abbildungen deutlich zu erkennen.

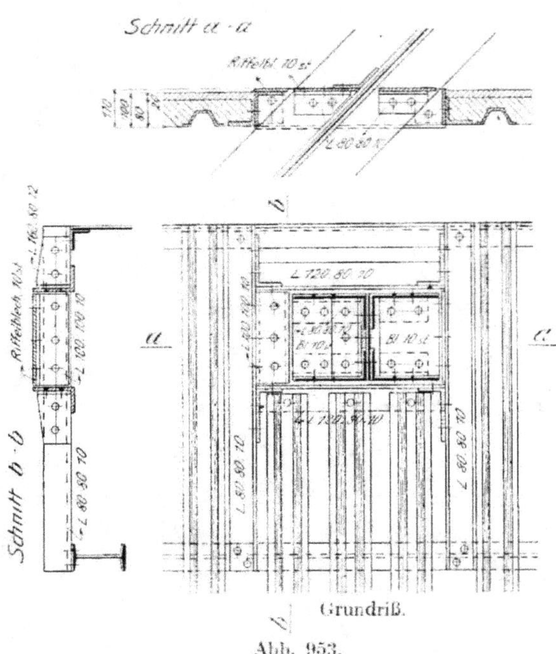

Abb. 953.

6. Lagerung der Straßenbahnschienen auf eisernen Brücken.

Der Lagerung der Straßenbahnschienen muß große Aufmerksamkeit geschenkt werden, da erfahrungsgemäß bei nicht sachgemäßer Ausführung leicht Lockerungen in der Unterstützung eintreten und dann beim Befahren heftige Stöße entstehen. Bei stärkeren Fahrbahnen werden die gewöhnlichen Straßenbahnschienen (Abb. 954), bei schwächeren Fahrbahnen die Block-Rillenschienen (Abb. 951) verwendet. Dient zur Unterstützung der Fahrbahndecke eine Betonschicht, so werden die Straßenbahnschienen — wenn auch nicht unmittelbar — auf dem Beton gelagert. Ist zwischen Fahrbahndecke und Fahrbahntafel eine Isolierschicht eingeschaltet, so muß diese unter allen Umständen unter den Schienen durchgeführt werden. Wird die Isolierschicht, wie dies leider häufig geschieht, an den Schienen unterbrochen und nur auf die Schienenfüße hinaufgeführt, so entstehen an den Unterbrechungen sehr leicht wasserdurchlässige Stellen. Die Schienen dürfen nicht unmittelbar auf der Isolierschicht gelagert werden, da letztere durch die Stöße der Straßenbahnbetriebsmittel bald beschädigt werden würde. Die Schienen müssen vielmehr auf kleinen Erhöhungen aus besonders gutem Beton (Abb. 941) oder auf Eisenbetonplatten (Abb. 954) gelagert werden. Zwischen die Eisenbetonplatten und die Isolierschicht wird zweckmäßig zum weiteren Schutz der letzteren eine Filzlage eingeschaltet. Da bei unmittelbarer Auflagerung der Schienen auf den Eisenbetonplatten oder dem Beton kein dichter Schluß zwischen Schiene und Unterlage zu erzielen ist, so empfiehlt es sich, zwischen Schiene und Unterlage einen kleinen Spielraum zu lassen und diesen mit Gußasphalt auszugießen. Bei Fahrbahntafeln aus Flachblechen mit schwacher Überdeckung werden die Schienen auf der Fahrbahntafel gelagert. Zur Milderung der Stöße und des beim Befahren entstehenden Geräusches wird zweckmäßig zwischen Schiene und Fahrbahntafel eine kräftige Hartfilzlage eingeschaltet. Eine derartige Schienenlagerung zeigt die Abb. 951, welche die Ausführung bei den Brücken der Duisburg-Ruhrorter Häfen darstellt. Die Schienen liegen hier unmittelbar über den Längsträgern, mit deren oberen Flanschen sie verschraubt sind. Die Schienen können aber auch unbedenklich zwischen den Längsträgern auf der Fahrbahntafel gelagert werden, weil für die Räder der Straßenbahn keine ungünstigeren Verhältnisse als für die Räder der anderen Fahrzeuge vorliegen.

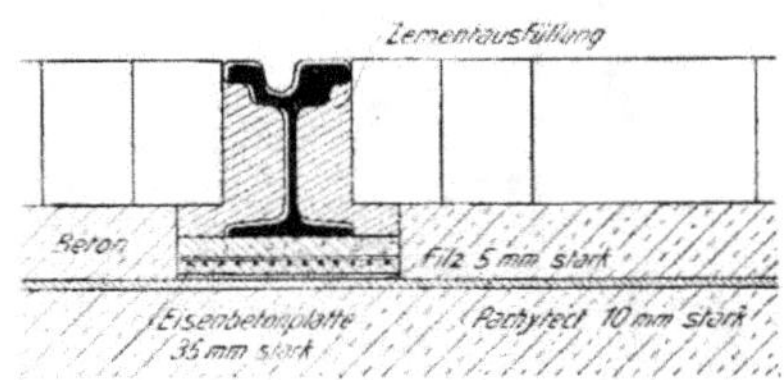

Abb. 954.

7. Entwässerung der Oberfläche der Fahrbahndecke.

Über die allgemeinen Maßnahmen zur Entwässerung der Straßenbrücken ist schon auf S. 558 das Nötige gesagt worden, auch darüber, in welchen Fällen besondere Abfallrohre an den Bordsteinen eingebaut werden. In der Abb. 955 ist eine zweckmäßige Anordnung und Lagerung eines Abfallrohres für Fahrbahntafeln aus Buckelplatten veranschaulicht. Das Abfallrohr hat genau dieselben Abmessungen an der Oberkante und Vorderseite wie der Bordstein (Abb. 956) erhalten und ist auf dem äußersten Längsträger und dem seitlichen Abschlußträger gelagert. Das die Fahrbahn zwischen diesen beiden Trägern stützende Flachblech greift beiderseits unter den Abflußkörper. Die Abb. 957 gibt ein Abflußrohr wieder, das ebenfalls in den Bordstein eingebaut und für Fahrbahntafeln aus Belageisen geeignet ist. Es stützt sich auf zwei Belageisen und den äußersten Längsträger, der zugleich Abschlußträger ist. Ein den gebräuchlichen Straßengullys ähnliches Abfallrohr ist in der Abb. 958 dargestellt. Der Fußsteig ist hier nicht durch einen Bordstein, sondern durch den Abschlußträger selbst seitlich begrenzt. In geeigneten Fällen kann das Wasser auch durch durchlaufende Schlitze zwischen den Fußsteigen und der Fahrbahn abgeleitet werden. In den Abb. 930 u. 931 sind solche Ausführungen für hölzerne Fußsteig- und Fahrbahndecken bereits veranschaulicht worden.

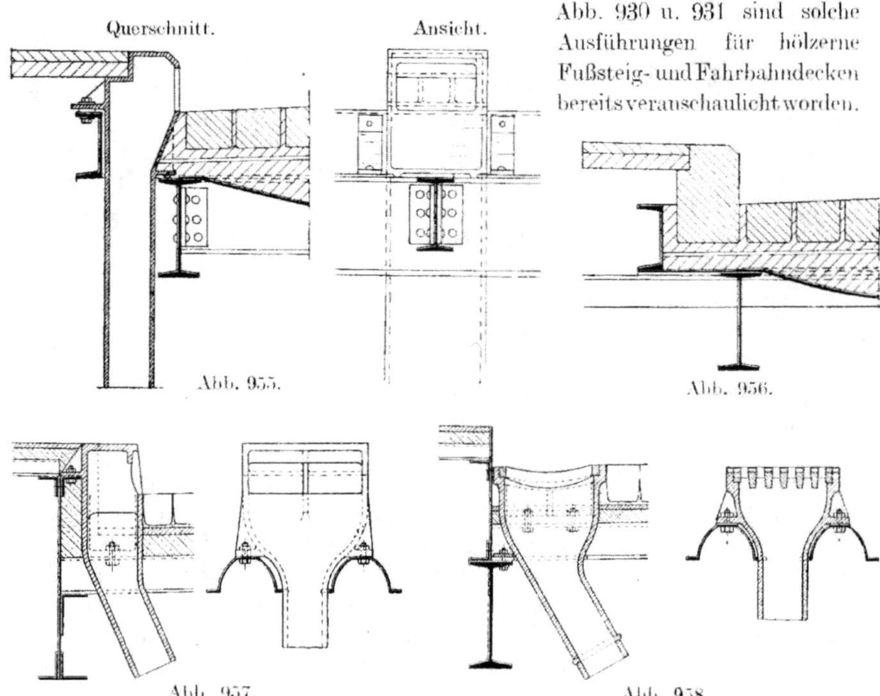

Abb. 955. Abb. 956.

Abb. 957. Abb. 958.

In der Abb. 975 c u. d ist eine derartige Anordnung für eine andere Fahrbahndecke wiedergegeben. Durch geeignete Vorkehrungen muß dafür gesorgt werden, daß die Fahrbahnträger durch das abströmende Wasser nicht verschmutzt werden. Geht unter der Brücke ein Verkehr hindurch, dem das abströmende Wasser lästig werden kann, so muß es in Längsrinnen unterhalb der Schlitze aufgefangen werden.

8. Unterbrechungen in der Fahrbahn.

Ebenso wie bei den Eisenbahnbrücken werden auch bei den Straßenbrücken aus den auf den S. 505 u. 506 erörterten Gründen Unterbrechungen des Fahrbahnträgergerippes und der Fahrbahntafel notwendig. Steht die Fahrbahndecke samt ihrer Unterstützung nicht in starrer Verbindung mit der Fahrbahntafel, besteht sie beispielsweise aus Steinpflaster, das in einer stärkeren Sandschicht gelagert ist (Abb. 948), so braucht man die Unterbrechung nicht auf die Fahrbahndecke auszudehnen, weil sich die Fahrbahntafel unter der Fahrbahndecke verschieben kann. Ist die Fahrbahndecke starr mit der Fahrbahntafel verbunden, besteht sie beispielsweise aus Holzpflaster auf Betonunterlage, so muß die Unterbrechung auch auf die Fahrbahndecke ausgedehnt werden. In den Abb. 959 u. 960 sind zwei derartige Unterbrechungen dargestellt. Im Anschluß an die unterbrochenen Fahrbahntafeln begrenzen kleine Abschlußträger in ⊏- oder ⅂-Form die Fahrbahndecke und ihre Unterstützung. Ein Schleppblech, das mit dem einen dieser Träger fest vernietet ist und auf dem anderen sich lose auflegt, deckt den Zwischenraum zwischen den beiden Trägern ab. Bei dem Beispiel in Abb. 959 besteht die Fahrbahntafel aus Buckelplatten, bei dem in Abb. 960 aus Belageisen. Bei der in der Abb. 960 veranschaulichten Unterbrechung ist der Auflagerpunkt des beweglichen Längsträgers in zweckmäßiger Weise sehr nahe an den Querträger herangerückt.

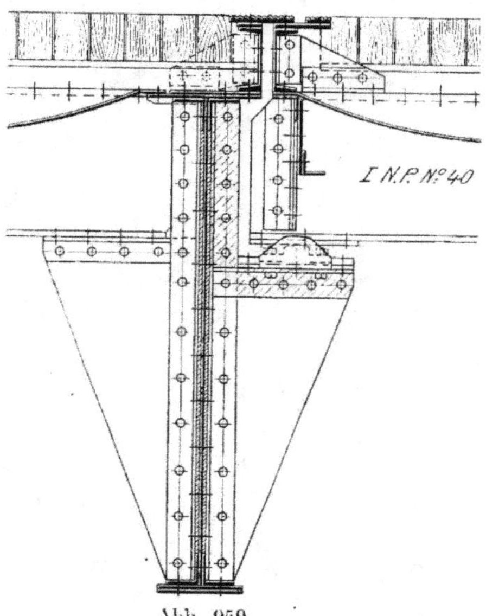

Abb. 959.

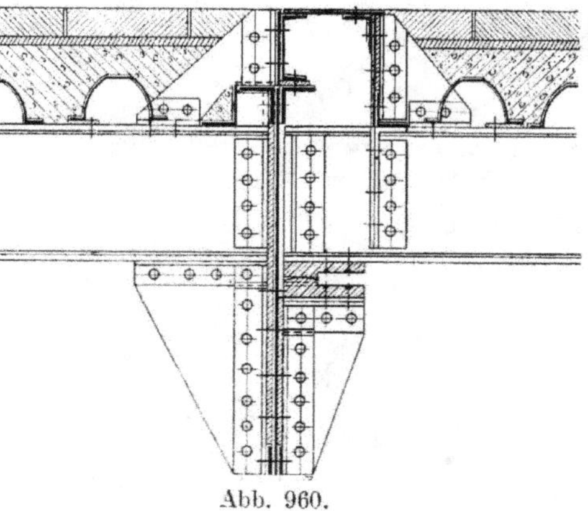
Abb. 960.

In der Abb. 961 ist eine ähnliche Fahrbahnunterbrechung wiedergegeben. Beide dem Querträger benachbarten Längsträger sind mit Pendeln, die schon auf S. 507 näher beschrieben sind, beweglich gelagert. Zur Einschränkung des die Fahrbahn unterbrechenden Raumes ist der eine Abschlußträger nicht auf dem linken Nebenquerträger, sondern beweglich auf dem Hauptquerträger gelagert. Um das unter dem Abdeckblech durchsickernde Wasser von dem Querträger und den Längsträgern fernzuhalten, ist eine Wasserrinne in dem Raum unter dem Abdeckblech angeordnet.

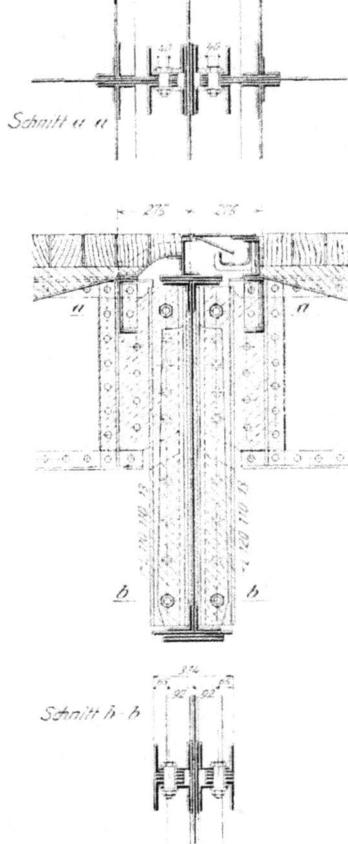

Abb. 961.

Die Abb. 962[1]) stellt eine nach anderen Grundsätzen durchgebildete Unterbrechung der Fahrbahn dar. Von der Anordnung von Schleppblechen ist hier Abstand genommen. Beiderseits der Unterbrechung ist die Fahrbahndecke und die unterstützende Betonschicht durch senkrechte Bleche, die oben durch kleine Flacheisen verstärkt sind, begrenzt. Wenn sich bei einer Formänderung der Hauptträger die der Unterbrechung benachbarten Längsträger voneinander entfernen, so öffnet sich die Fuge in der Fahrbahndecke. Einströmendes Wasser wird in einer kleinen Querrinne aufgefangen. Diese Art der Fahrbahnunterbrechung eignet sich nur für den Fall, daß ganz geringe Bewegungen an der Unterbrechung eintreten können.

Über die bewegliche und gelenkige Lagerung der Längsträger an der Unterbrechung ist auch auf den S. 505 bis 511 nachzulesen.

Die Unterbrechung einer Fußsteigdecke, die aus Gußasphalt auf tragender Betonplatte besteht, ist in der Abb. 963 veranschaulicht. Kleine ⅂-Eisen begrenzen beiderseits die Unterbrechung der Decke. Ein Schleppblech ist mit einem dieser ⅂-Eisen fest vernietet und auf dem anderen lose gelagert. Der links von dem Querträger liegende, die Betonplatte unterstützende Längsträger stützt sich längsbeweglich auf den über den Querträger vorkragenden Längsträger.

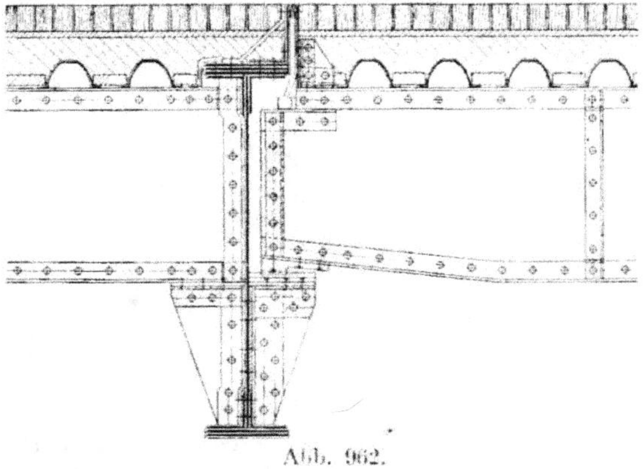

Abb. 962.

Über Mittelpfeilern, auf denen die beweglichen Auflager benachbarter Überbauten liegen, muß die Fahrbahn ebenfalls unterbrochen werden. Dies kann bei

[1]) Aus dem Entwurf „Alaaf Colonia" der Gutehoffnungshütte im Wettbewerb 1910/11 um den Bau einer festen Straßenbrücke über den Rhein in Köln.

Überbauten mit kleineren Stützweiten nach den gleichen Gesichtspunkten wie auf den Überbauten selbst geschehen. In der Abb. 964 ist eine derartige Unterbrechung veranschaulicht. Die die Fahrbahndecke beiderseits der Unterbrechung begrenzenden Abschlußträger werden in der Regel auf Konsolen, die an den Endquerträgern befestigt sind, gelagert. Natürlich muß eine Unterbrechung über den beweglichen Lagern benachbarter Überbauten eine größere Bewegungsfreiheit ermöglichen als eine Unterbrechung auf dem Überbau selbst.

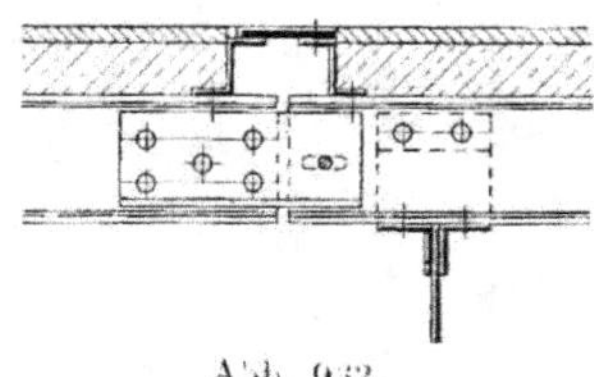
Abb. 963.

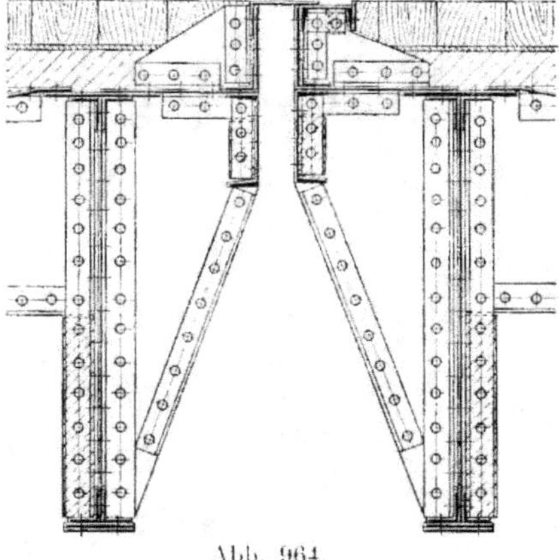
Abb. 964.

9. Fahrbahnabschluß über den Widerlagern.

Am festen Lager genügt in jedem Falle die Anordnung eines einfachen Schleppbleches, das die Fahrbahntafel mit dem Widerlager verbindet, wie dies in der Abb. 965 veranschaulicht ist. (Über die Ausbildung dieser Schleppbleche vgl. S. 481.) Auch beim beweglichen Lager kann man sich mit einem solchen Schleppblech in dem Falle begnügen, daß das Fahrbahnträgergerippe und die Fahrbahntafel sich unter der Fahrbahn verschieben können, z. B. bei Steinpflaster in stärkerer Sandbettung. Bei starrer Unterstützung der Fahrbahndecke muß diese jedoch samt ihrer Unterstützung von der Fahrbahn der angrenzenden Straße getrennt werden. Dies geschieht durch Anordnung von Abschlußträgern, die einerseits von kleinen, an den Endquerträgern des eisernen Überbaues angeschlossenen Konsolen und anderseits vom Widerlagerkopf unterstützt werden (Abb. 966). Bei Überbauten mit kleineren Stützweiten, bei denen der Zwischenraum zwischen beiden Abschlußträgern auch im ungünstigsten Falle nicht groß wird, genügt es, diesen Zwischenraum mit einem Flachblech nach den Abb. 960 u. 964 zu überspannen. Bei Überbauten mit großen Stützweiten würde dies Flachblech sehr stark ausgeführt werden müssen, und dadurch würden beim Übergang große

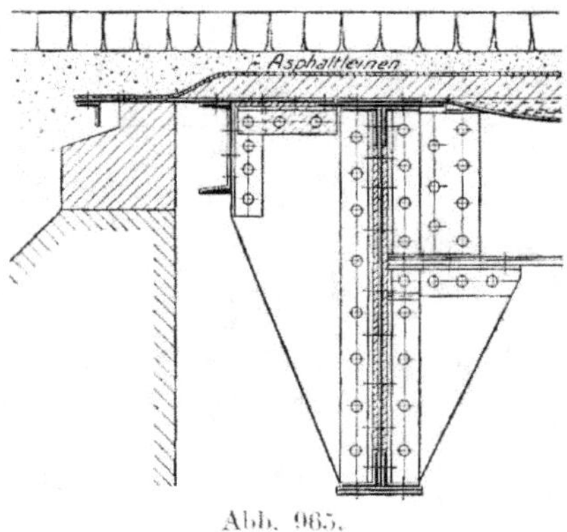

Abb. 965.

Höhenunterschiede in der Fahrbahnoberfläche entstehen, die zu unliebsamen Stößen Veranlassung geben würden. Man ordnet deshalb am beweglichen Lager

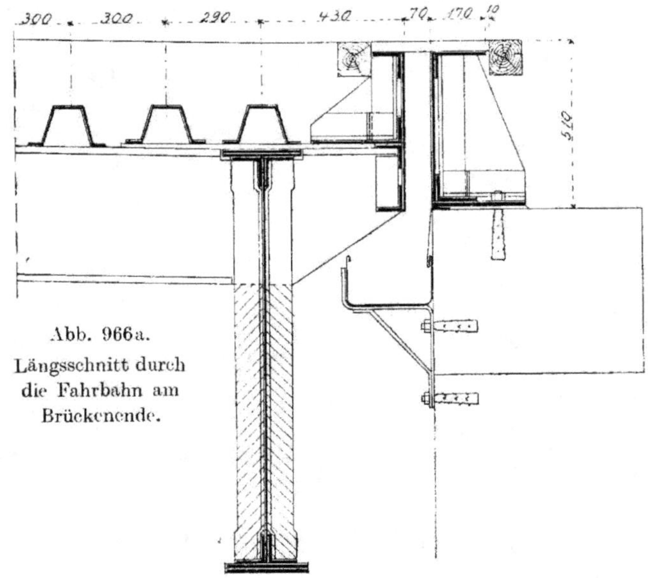

Abb. 966a. Längsschnitt durch die Fahrbahn am Brückenende.

weitgestützter Überbauten als Übergang von der Brücke zum Widerlager eine sogenannte Finger- oder Kammkonstruktion an, die den Rädern der Fahrzeuge unter allen Umständen eine stoßfreie Unterstützung bietet. Die Abb. 966a bis c veranschaulichen eine solche Fingerkonstruktion[1]). Auf jedem der beiden Abschlußträger ist ein Rost von sogenannten Fingern fest vernietet. Diese Roste greifen ineinander, und zwar so, daß die langen Finger, die an der Längsbewegung des Überbaues teilnehmen, in jeder Lage von dem auf dem Widerlager liegenden Abschlußträger unterstützt und so gegen starkes Federn und gegen Abbrechen geschützt sind. Die Finger müssen natürlich erheblich schmaler als eine Radbreite sein, damit die Räder überall eine Unterstützung finden; sie erhalten in der Regel eine Breite von 30 bis 33 mm.

b. Ansicht der Finger.

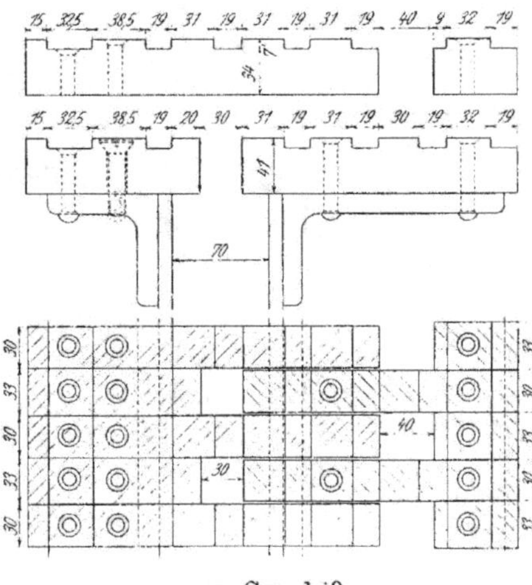

c. Grundriß.

Abb. 966b u. c. Einzelheiten der Finger.

[1]) Bei der Straßenbrücke über die Memel in Tilsit von der Firma Beuchelt u. Co. in Grünberg in Schlesien ausgeführt.

Eine untergehängte Rinne fängt das durch die Finger dringende Wasser auf. Einfacher ist die in der Abb. 967 dargestellte Fingerkonstruktion, bei der die Finger an den gußstählernen Abschlußkörpern angegossen sind. Die aus mehreren Teilen bestehenden Abschlußkörper sind auf dem Widerlager im Beton verankert und auf dem Überbau mit den Endkonsolen verschraubt. Bei weitgespannten Überbauten werden diese Fingerkonstruktionen auch bei der Fahrbahnunterbrechung über einem Pfeiler, auf dem die beweglichen Lager benachbarter Überbauten liegen, verwendet.

Längsschnitt.

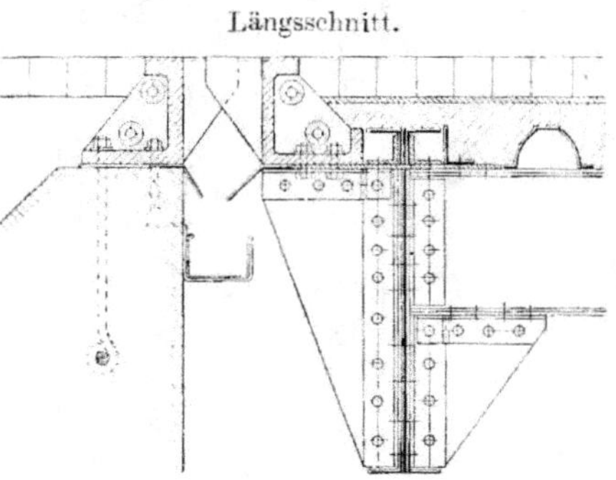

Grundriß.

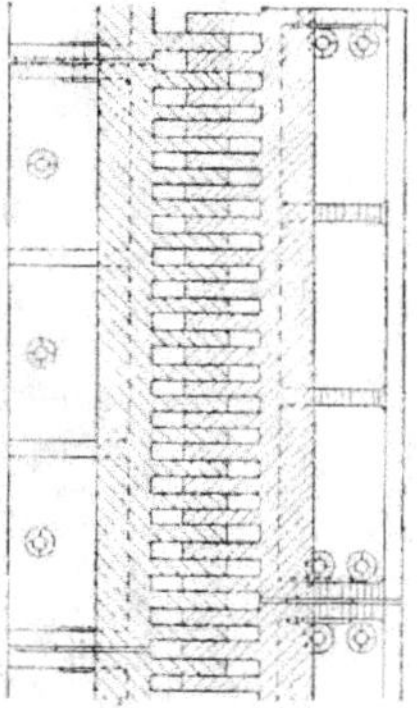

Abb. 967.

Der Fingerkonstruktion haftet der Nachteil an, daß die Zwischenräume zwischen den Fingern leicht verschmutzen und sich verstopfen. Auch ist es nicht ausgeschlossen, daß Pferde, namentlich im Winter, mit spitz beschlagenen Hufen in den Zwischenräumen steckenbleiben. Man deckt deshalb auch zweckmäßig die Finger mit einem dünnen Flachblech ab, das mit dem einen Teil der Fingerkonstruktion fest vernietet wird und auf dem anderen Teil sich lose auflegt. Das Flachblech muß solche Abmessungen erhalten, daß es die Zwischenräume der Finger in allen Lagen überdeckt. Bei sehr weit gestützten Überbauten ist auch eine Auszugsvorrichtung am Platze, wie sie in der Abb. 968[1]) dargestellt ist. Auf den Flächen der beiderseitigen Abschlußträger der Fahrbahn liegen verschiebliche Stahlgußstücke von 90 · 60 mm Querschnitt und 660 mm Länge. Diese Stahlgußstücke sind durch Rillen in ihrem unteren Teil und durch Köpfe von Schrauben, die in den Abschlußträgern sitzen, geführt. Je zwei solche Stahlgußstücke sind durch Flacheisen 60 · 10 mm miteinander und durch eine Schraube, die durch das Flacheisen faßt, mit der oberen Riffelblechplatte verbunden. Diese Riffelblechplatte stützt sich in der Mitte durch ein Flacheisen 80 · 25 mm auf die Stahlgußstücke und an den Seiten verschieblich auf Riffelbleche, die einerseits mit den Abschlußträgern fest verbunden sind und anderseits sich auf die Stahlgußstücke lose auflegen. Die obere Riffelblechplatte und die an den Enden auf die unteren Riffelbleche genieteten Flacheisen 90 · 25 mm sind abgeschrägt, um den Fahrzeugen einen möglichst stoßfreien Übergang zu sichern. Das durch die Auszugsvorrichtung dringende Wasser wird durch drehbare Leitbleche einer Querrinne zugeführt.

Der Übergang von den Fußsteigen zu dem Widerlager wird beim festen und beweglichen Lager meist durch Schleppbleche, die mit dem Abschlußträger des

[1]) Entwurf der Gesellschaft Harkort.

Überbaues fest vernietet sind und sich auf den Abschlußträger über dem Widerlager lose auflegen, gebildet.

Längsschnitt durch die Fahrbahn am Brückenende im ausgezogenen Zustande.

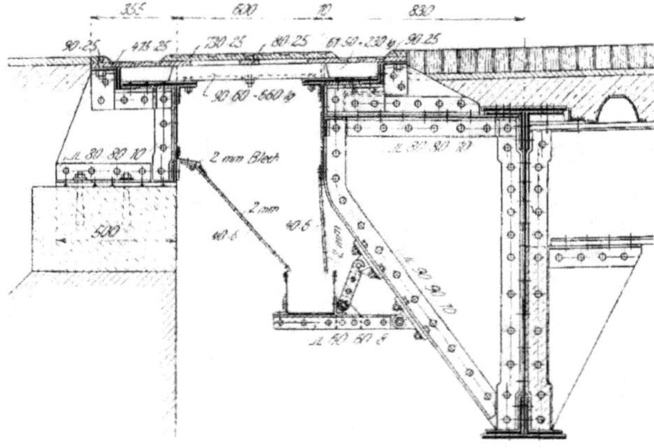

Grundriß ohne Riffelbleche.

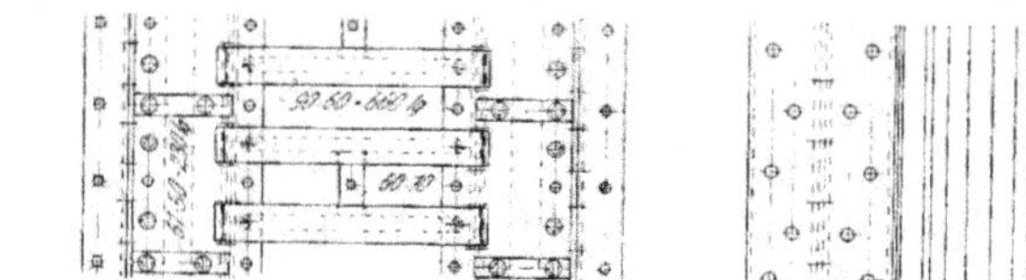

Längsschnitt durch die Fahrbahn am Brückenende im zusammengerückten Zustande.

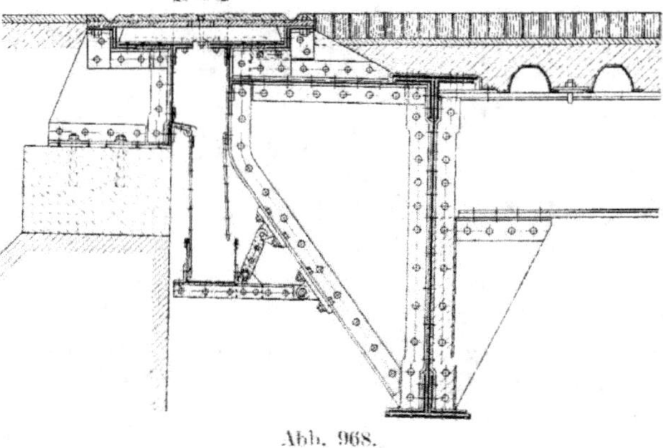

Abb. 968.

Liegen auf den Überbauten Straßenbahnschienen, so müssen bei größeren Stützweiten der Überbauten über den beweglichen Lagern besondere Vorrichtungen angeordnet werden, die die Räder der Fahrzeuge stoßfrei und sicher über die Lücke führen und dabei die Bewegung der auf dem Überbau liegenden Schienen gegen die Schienen der angrenzenden Straße nicht behindern. Eine zweckmäßige, von Prof. Kayser angegebene derartige Vorrichtung ist in der Abb. 969[1]) wiedergegeben. Die Schienen enden beiderseits an den gußstählernen Abschlußkörpern mit den Fingervorsprüngen *e*. An den Enden sind die Schienen aus den beiden Teilen *b* und *c* gebildet. Die Spurrille ist durch die Fingerkonstruktion durchgeführt. In dieser und zwischen den Teilen *b* und *c* liegt die Stoßfangschiene *a*. Diese ist mit den Teilen *b* und *c* der Rillenschiene beiderseits durch Schrauben *d* in länglichen Löchern verbunden. Die Länge der Löcher muß der Größe der Bewegung

[1]) Aus „Eisenbau" 1911, S. 515. D. R.-G.-M. 483262.

des Brückenendes angepaßt werden. Damit das Rad r mit seinem Spurkranz stoßfrei auf die Fangschiene aufläuft, ist letztere an den Enden abgeschrägt. Ihre Höhenlage in der Mitte ist so gewählt, daß der Laufkranz des Rades etwa 1.5 cm von der Schienenoberfläche abgehoben und dadurch stoßfrei über den Schlitz s geführt wird.

10. Besonderheiten des Fahrbahnträgergerippes der Straßenbrücken.

a. Anordnung von Haupt- und Zwischenquerträgern und von Haupt- und Zwischenlängsträgern.

Eine Besonderheit des Fahrbahnträgergerippes zeigt beim Entwurf „Dannebroge"[1]) der Gutehoffnungshütte für eine Brücke über den Limfjord zwischen Aalborg und Nörresundby in Dänemark der große, 140.4 m weit gestützte Überbau, dessen Hauptträger vollwandige Bogenträger mit Zugband sind (Abb. 503). Das Fahrbahnträgergerippe (Abb. 970) besteht hier aus den Hauptquerträgern a, die im Abstand von 10.8 m von den Hängestangen getragen werden, aus hohen, kräftigen, an den Hauptquerträgern angeschlossenen und neben den Bordsteinen der innerhalb der Hauptträger angeordneten Fußsteige liegenden Hauptlängsträgern b, aus Zwischenquerträgern c, die an den Hauptlängsträgern ihre Unterstützung finden und von denen je 2 zwischen je 2 Hauptquerträgern angeordnet sind, und schließlich aus den in 1.30 m Entfernung voneinander liegenden, aus I-Eisen bestehenden Nebenlängsträgern d, die an den Hauptquerträgern angeschlossen und auf den Zwischenquerträgern gelagert sind. Die Fahrbahntafel besteht aus Belageisen, die mit Beton überdeckt werden. Gegen das Eindringen von Wasser wird der Beton durch eine Asphaltschicht geschützt. Auf dieser Schicht wird Holzpflaster verlegt. Die Fußwegtafel wird von eisenbewehrten Betonplatten gebildet, die von den Hauptlängsträgern b, an der Außenseite von Fußwegrandträgern e und in der Mitte von kleinen, aus I-Eisen bestehenden Längsträgern f gestützt werden. Diese kleinen Längsträger werden von den Fahrbahnhauptquerträgern a und von kleinen, aus [-Eisen gebildeten Fußwegquerträgern g getragen, die in den Ebenen der Fahrbahnzwischenquerträger liegen und an den Fahrbahnhauptlängsträgern b und den Randträgern e angeschlossen sind. Durch die geschilderte Art des Fahrbahn- und Fußwegträgergerippes sollen wirtschaftliche Vorteile gegenüber der üblichen Anordnung erzielt werden.

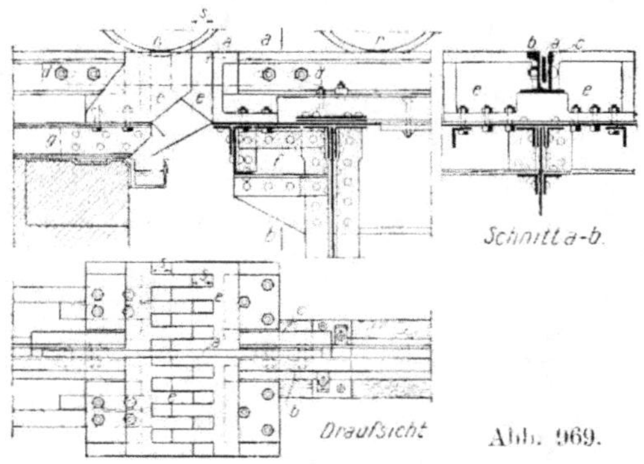

Abb. 969.

b. Fachwerkartige Querträger mit biegungsfestem Obergurt.

Bei großem Abstand der Hauptträger kann es vorteilhaft sein, die Querträger fachwerkartig auszubilden. Eine Anordnung mit solchen Querträgern ist

[1]) Vgl. „Der Bauingenieur" 1921, S. 350 u. f.

90·90·9
150·90·9
120·80·10
600
e
f
g
J.N.P.26
b
c
d
100·100·10
80·80·8
a
160·160·17
160·160·15
100·75·9
400·10
400·12
90·90·9
100·100·10
150·100·14
3000
300
8500
3200

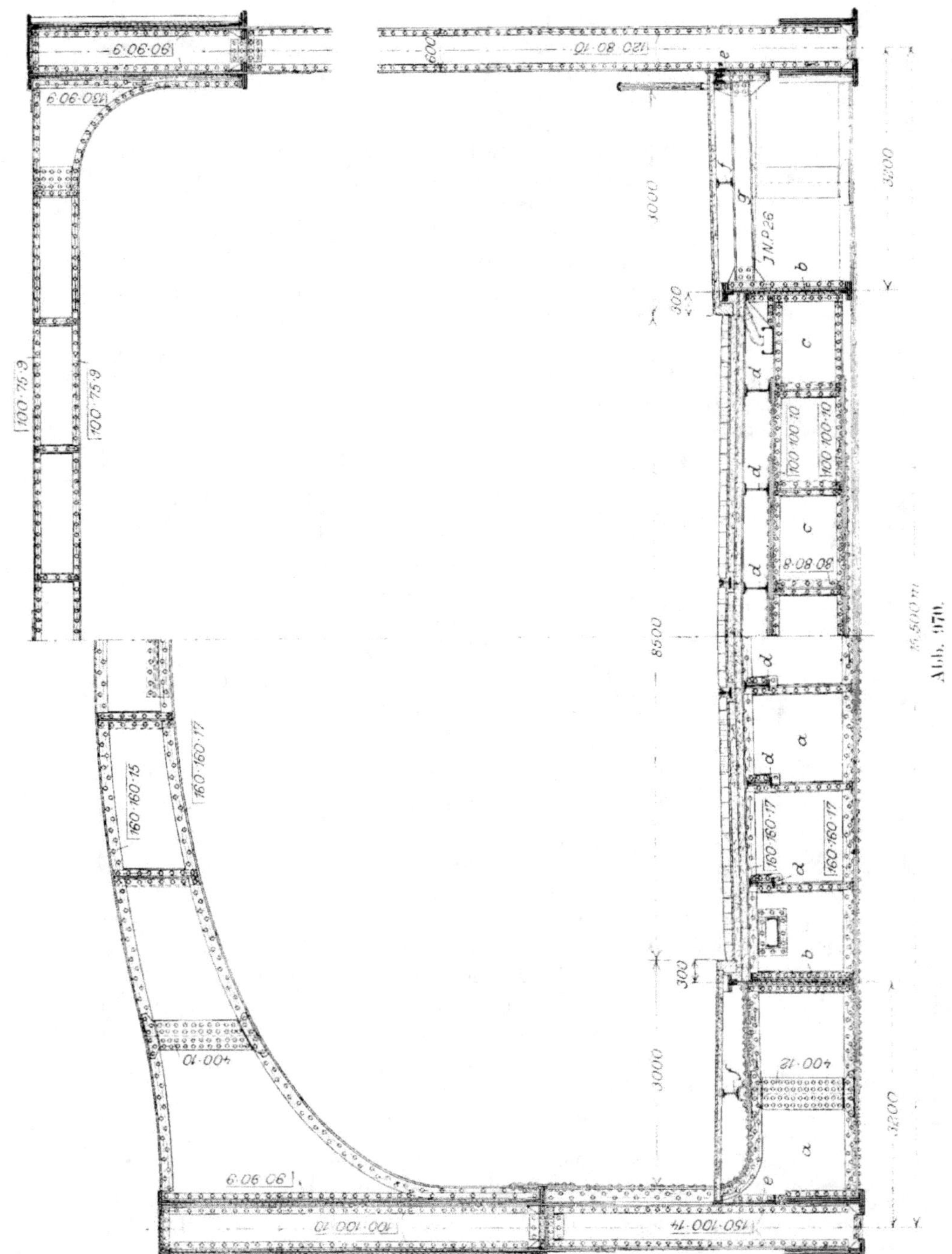

Abb. 970.

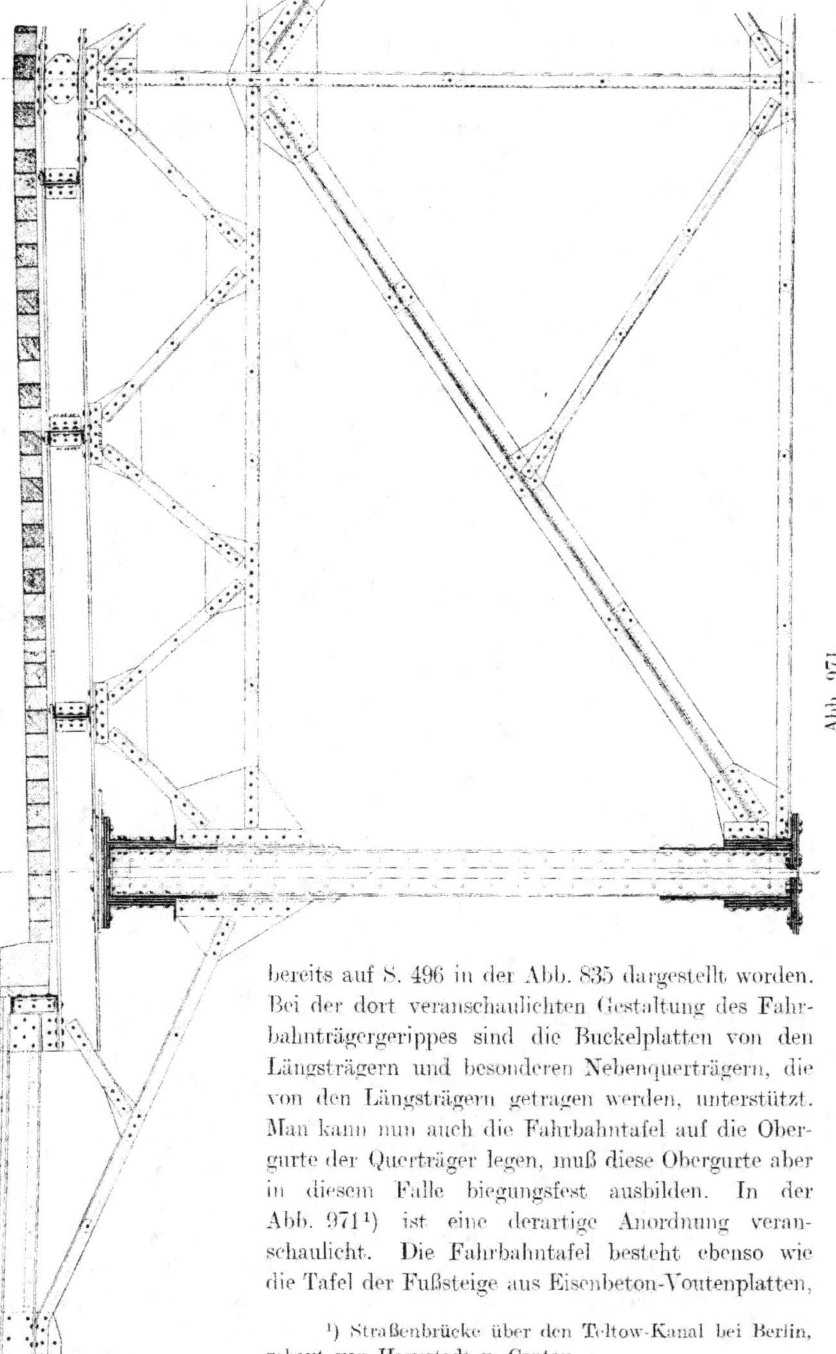

Abb. 971.

bereits auf S. 496 in der Abb. 835 dargestellt worden. Bei der dort veranschaulichten Gestaltung des Fahrbahnträgergerippes sind die Buckelplatten von den Längsträgern und besonderen Nebenquerträgern, die von den Längsträgern getragen werden, unterstützt. Man kann nun auch die Fahrbahntafel auf die Obergurte der Querträger legen, muß diese Obergurte aber in diesem Falle biegungsfest ausbilden. In der Abb. 971[1]) ist eine derartige Anordnung veranschaulicht. Die Fahrbahntafel besteht ebenso wie die Tafel der Fußsteige aus Eisenbeton-Voutenplatten,

[1]) Straßenbrücke über den Teltow-Kanal bei Berlin, gebaut von Havestadt u. Contag.

die sich auf die unteren Flansche der aus Walzträgern bestehenden Obergurte der Querträger und der Fußsteigkonsolen stützen. Der wagerechte Schub dieser Voutenplatten wird von den Längsträgern aufgenommen.

c. Statisch bestimmte Lagerung der Querträger bei Anordnung von mehr als zwei Hauptträgern.

Für Straßenbrücken ordnet man bei hochliegender Fahrbahn zwei oder auch mehr Hauptträger an. Ausschlaggebend für die Wahl der einen oder der anderen Anordnung ist im allgemeinen die Kostenfrage, wie bereits auf S. 429 erwähnt wurde. Bei zwei Hauptträgern (Abb. 972) ist die Lagerung der Querträger statisch bestimmt und daher die Lastverteilung auf die beiden Hauptträger nach dem Hebelgesetz zu ermitteln. Bei Anordnung von mehr als zwei Hauptträgern ist die Lagerung der Querträger im allgemeinen statisch unbestimmt und daher die genaue Lastverteilung auf die einzelnen Hauptträger nicht einfach zu bestimmen. In der Abb. 973 ist ein Querschnitt einer Straßenbrücke mit vier Hauptträgern veranschaulicht. Die einzelnen Querträger sind fest an den Hauptträgern angeschlossen, stehen also miteinander in fester Verbindung und sind in ihrer Wirkung daher einem durchlaufenden Träger auf elastischen Stützen ähnlich. Im allgemeinen wird man aber für die Berechnung annehmen, daß jeder einzelne Querträger zwischen je zwei Hauptträgern ein Träger auf zwei Stützen ist. Ordnet man die Querträger auf den Hauptträgern an, so kann man die statisch bestimmte Lagerung der Querträger und die Verteilung der Lasten auf die Hauptträger nach dem Hebelgesetz in einfacher Weise durch Einschaltung von Gelenken er-

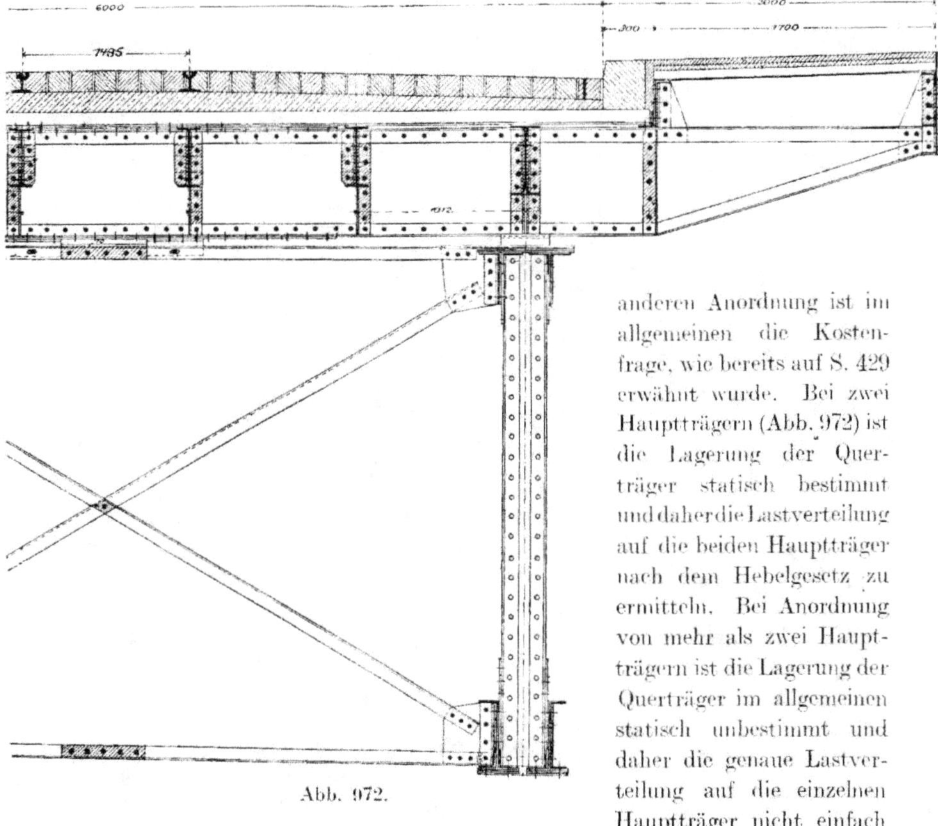

Abb. 972.

zielen. Sind vier Hauptträger vorhanden, so können die über jedem äußeren Trägerpaar liegenden Querträger über die beiden inneren Hauptträger vorgekragt und mit dem mittleren Querträger gelenkig verbunden werden. Eine solche Anordnung

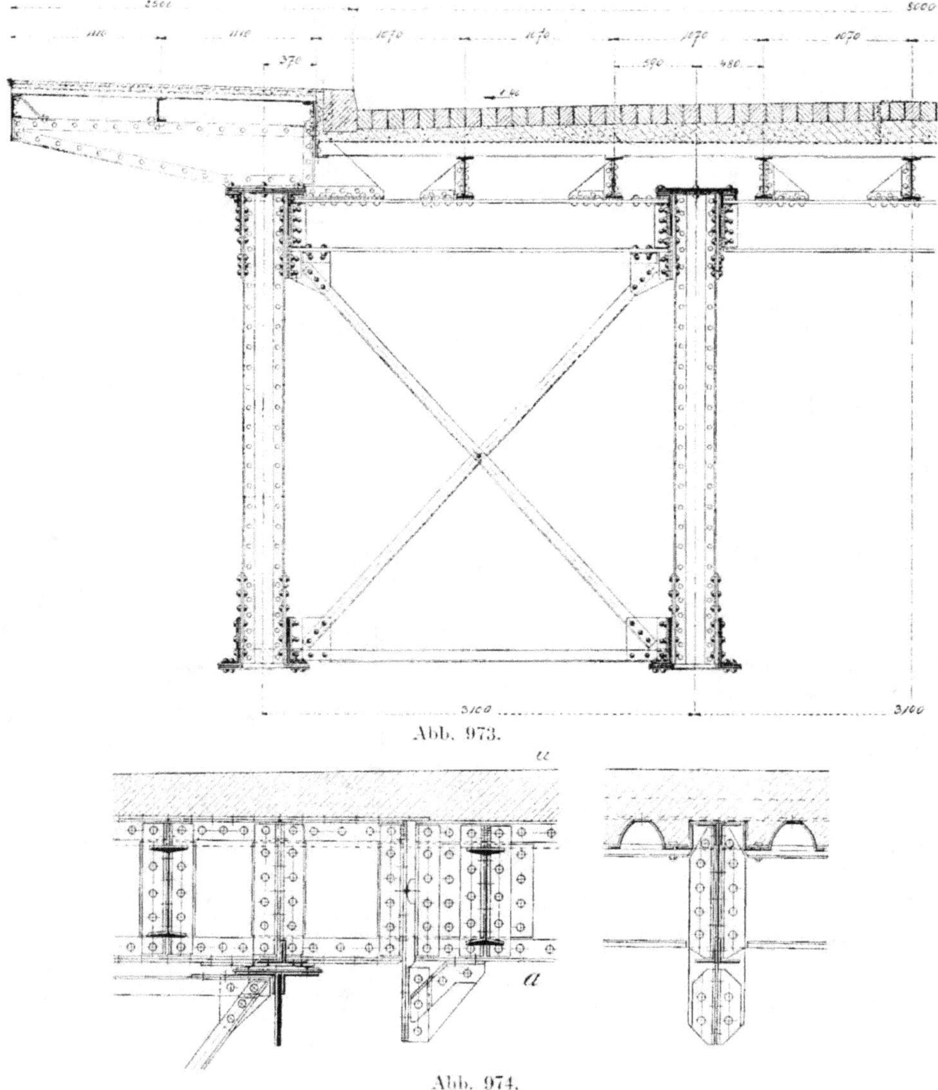

Abb. 973.

Abb. 974.

ist in der Abb. 974 wiedergegeben. An dem Ende jedes der beiden Kragträger ist mit Winkeleisen ein Flacheisen angeschlossen, an dem der Schwebeträger mit Winkeleisen angehängt ist. Kontakte, die in halber Höhe der Querträger zwischen dem Schwebeträger und den Kragträgern eingefügt sind, legen den Schwebeträger in der Querrichtung fest.

d. Besonderheiten bei den Bogenträgern.

α. Bei Bogenträgern mit hochliegender Fahrbahn.

Hier gelten die bei der Abhandlung über die Eisenbahnbrücken auf den S. 528 bis 541 gegebenen Regeln.

In den Abb. 975a bis d[1]) ist eine Bogenbrücke mit sehr beschränkter Bau-

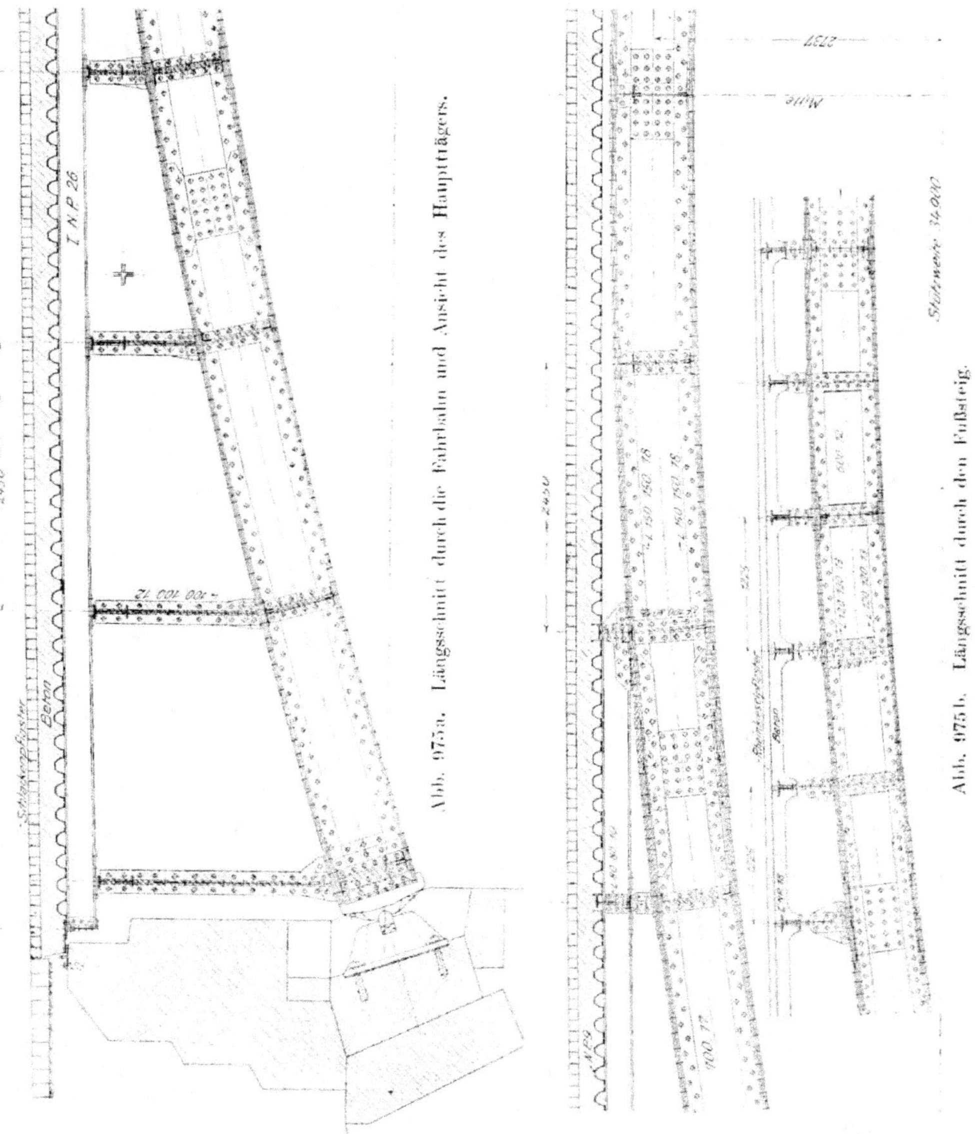

Abb. 975a. Längsschnitt durch die Fahrbahn und Ansicht des Hauptträgers.

Abb. 975b. Längsschnitt durch den Fußsteig.

[1]) Straßenbrücke über die Dreisam in Freiburg i. Br., ausgeführt vom „Eisenwerk Kaiserslautern“.

höhe dargestellt, die in bezug auf die Lage der Fahrbahntafel zu den Bogenträgern im Scheitel der in der Abb. 900 auf S. 540 wiedergegebenen sehr ähnlich ist. Es kann daher auf die dort gegebene Beschreibung verwiesen werden.

β. Bei Bogenträgern mit tiefliegender Fahrbahn.

Bei Bogenträgern mit tiefliegender Fahrbahn treten für die Straßenbrücken dieselben Besonderheiten wie für die Eisenbahnbrücken auf (vgl. die Abhandlung

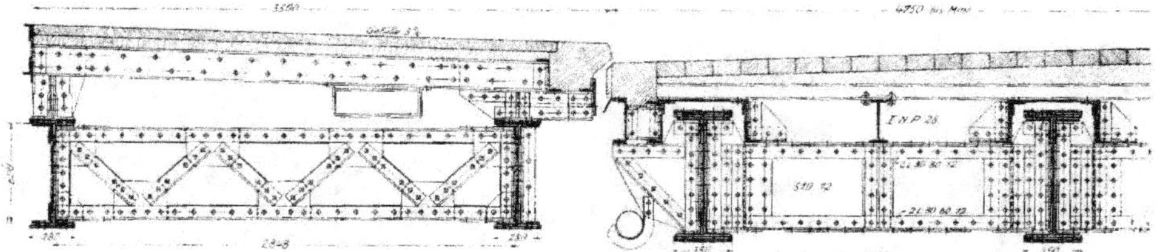

Abb. 975c. Querschnitt in Brückenmitte.

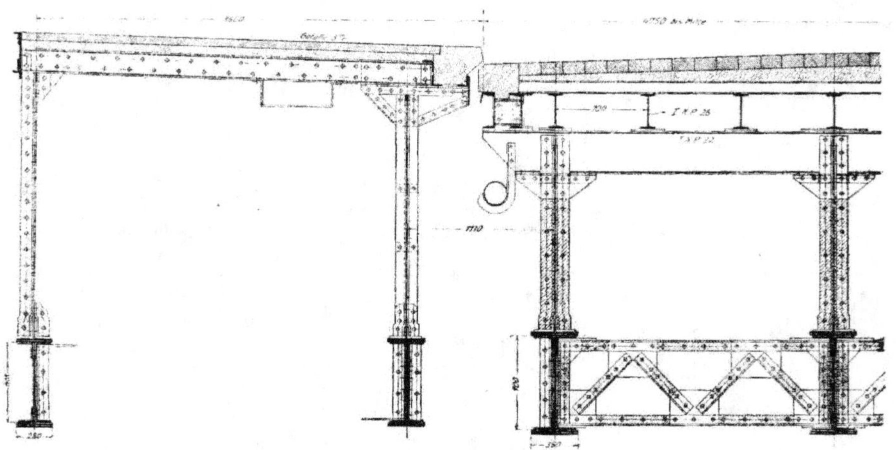

Abb. 975d. Querschnitt.

auf den S. 541 u. f.). Nur in dem Falle, daß die Bogenträger von der Fahrbahn oder von den Fußsteigen geschnitten werden, ergeben sich an den in der Nähe der Durchschneidung liegenden Anschlüssen der Querträger und der Fußsteigkonsolen besondere Schwierigkeiten, deren konstruktive Lösung an dem nachstehenden Beispiel gezeigt werden soll. In der Abb. 976[1]) ist die Ansicht und der Grundriß eines Bogensichelträgers, der von der Fahrbahn durchschnitten wird, veranschaulicht. Die Anschlüsse der Querträger und Konsolen in den Punkten 29, 3, 27 und 1 sind in den Abb. 977 bis 980 dargestellt. Wegen der weiten Ausladung der Fuß-

[1]) Röntgen-Brücke in Charlottenburg, nach dem Entwurf des Stadtbaumeisters Künzel ausgeführt von Beuchelt u. Co. in Grünberg in Schlesien.

steige müssen die aus dem Moment herrührenden großen Zugkräfte der Konsolanschlüsse durch unmittelbare Verbindung mit dem Querträger in diesen geleitet werden. Beim Punkt 29 (Abb. 977) kann diese Verbindung oberhalb des Bogenträgers hergestellt werden. Zwei Bleche von 20 mm Stärke, die den Umrißlinien der Gurtquerschnitte entsprechend ausgeschnitten sind und in den Querträger und die Konsole hineingreifen, stoßen über dem Obergurt in der Hauptträgerachse zusammen. Ihr Stoß wird durch beiderseitige Laschen von 12 mm Stärke gedeckt. Beim Punkt 3 (Abb. 978) wird die unmittelbare Verbindung zwischen dem Konsoloberteil und dem Querträger zwischen den beiden Bogengurtungen durch zwei Flacheisen von 10 mm Stärke hergestellt. Beim Punkt 27 (Abb. 979) liegt die Fahrbahn schon so tief, daß unterhalb des Untergurtes ein gemeinsames, in den Querträger und die Konsole hineingreifendes Blech angeordnet werden kann. Da, wo die Zugkraft der Konsole angreift, ist dies Blech durch zwei Flacheisen 300 · 10 verstärkt. Im

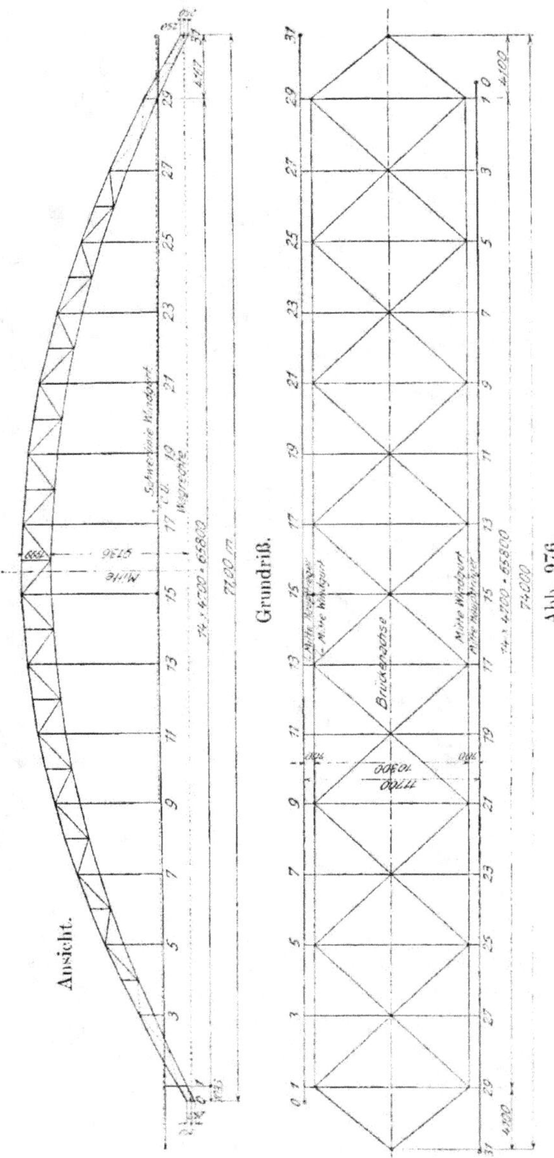

Abb. 976.

Punkt 1 (Abb. 980) ist der Querträger mit einem Kugelgelenk auf dem Bogenträger abgestützt. Alle anderen Einzelheiten der Anschlüsse bedürfen nach den eingehenden Abhandlungen auf den S. 497 u. f. keiner weiteren Erläuterung.

Querschnitt.

Abb. 977. 29.

Längsschnitt. 29.

11. Unterstützung der Fußsteige.

a. Bei hochliegender Fahrbahn.

Sind nur zwei Hauptträger vorhanden, so werden die Fußsteige in der Regel zur Verringerung der Stützweite der Querträger

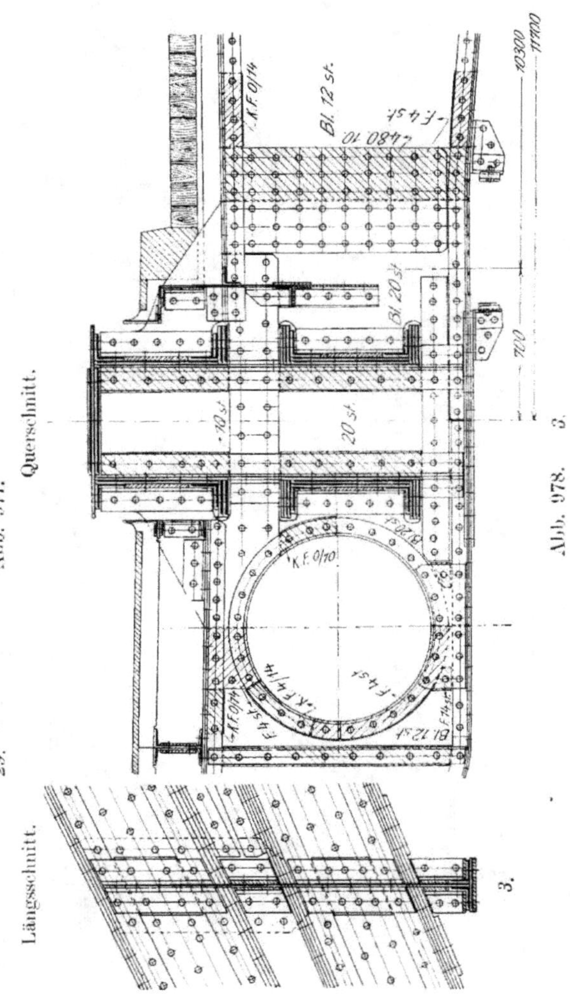

Querschnitt.

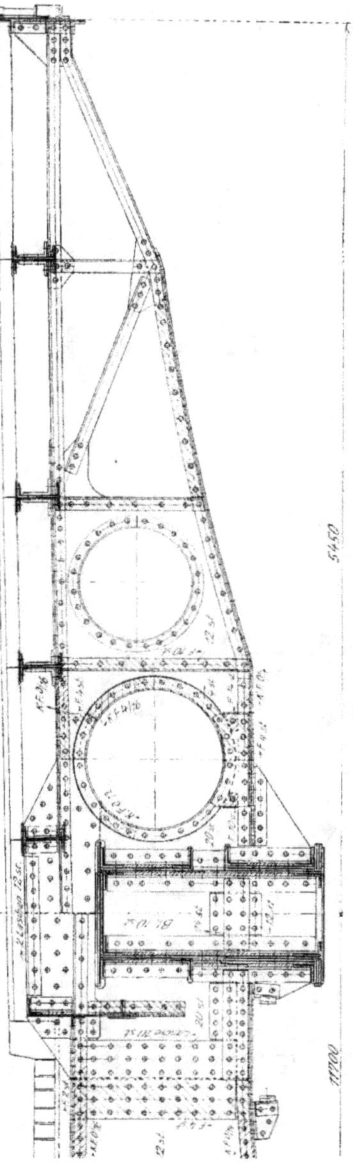

Abb. 978. 3.

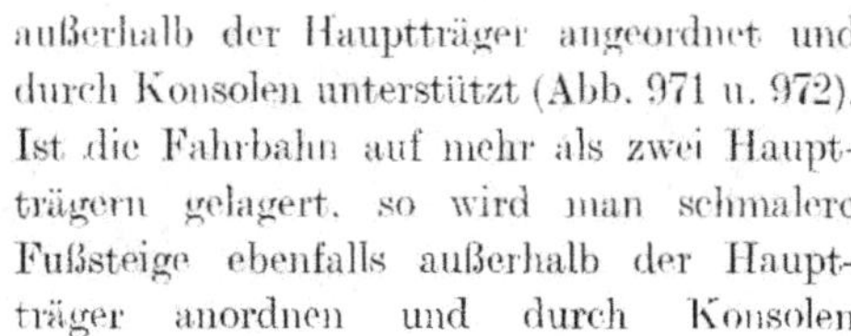

Längsschnitt. 3.

außerhalb der Hauptträger angeordnet und durch Konsolen unterstützt (Abb. 971 u. 972). Ist die Fahrbahn auf mehr als zwei Hauptträgern gelagert, so wird man schmalere Fußsteige ebenfalls außerhalb der Hauptträger anordnen und durch Konsolen unterstützen (Abb. 973). Bei breiteren Fußsteigen empfiehlt sich in diesem Falle, namentlich wenn die die Fahrbahn stützenden Hauptträger in ge-

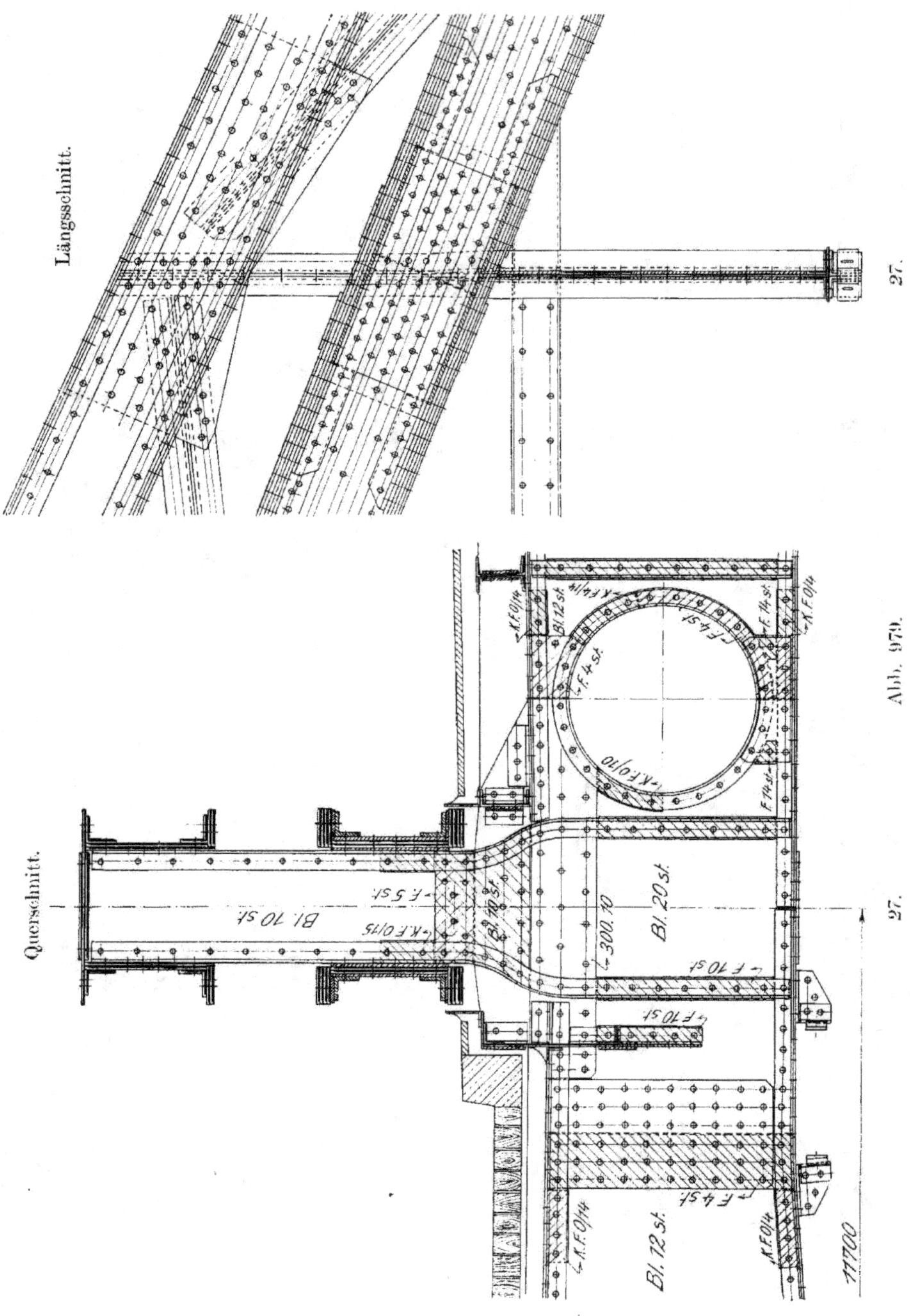

Abb. 979.

ringem Abstand voneinander liegen, die Anordnung besonderer Hauptträger für die Fußsteige. Konsolen würden sich schlecht anschließen lassen und den benachbarten Hauptträger zu sehr belasten. Bei den in den Abb. 975 c und d dargestellten Querschnitten ist der Fußsteig von besonderen Hauptträgern

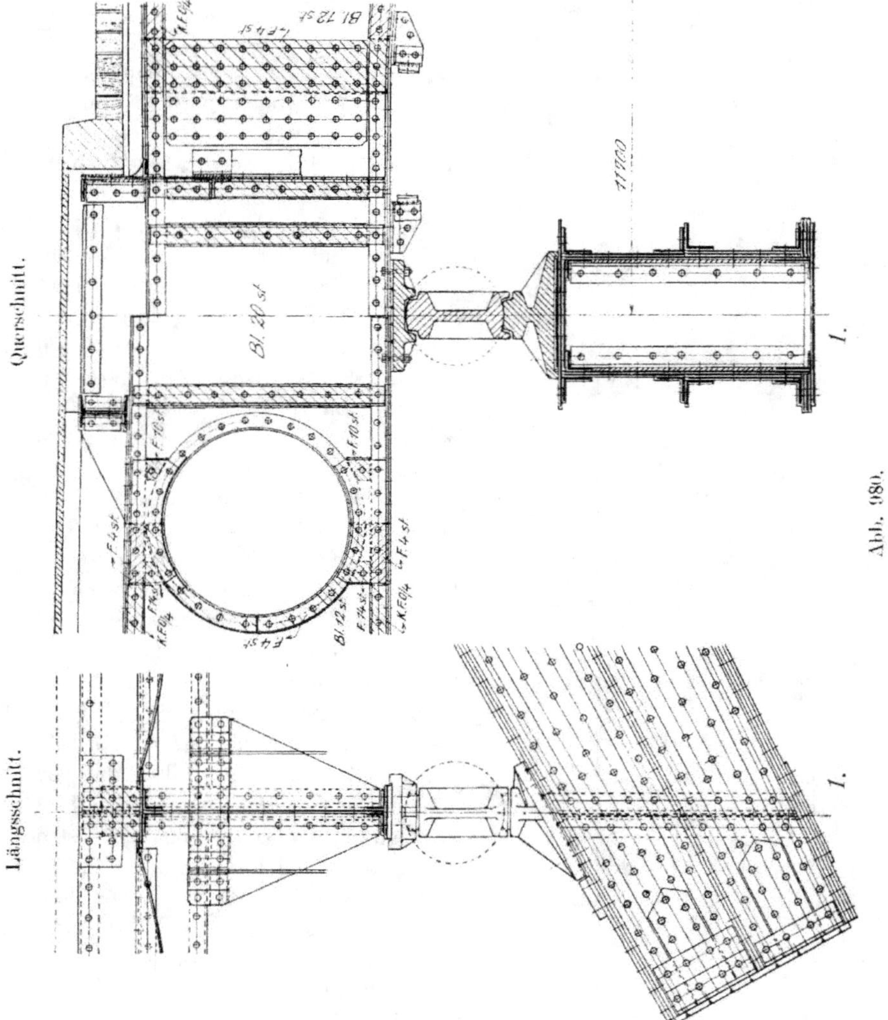

Abb. 980.

gestützt. Hier hat sogar eine vollständige Trennung zwischen Fußsteigen und Fahrbahn stattgefunden, um die Beeinflussung der Hauptträger des Fußsteiges durch die Hauptträger der Fahrbahn auszuschalten. Bei der in der Abb. 981[1])

[1]) Brücke im Zuge der Artillerie- und Glogauer Straße in Posen; ausgeführt von Breest u. Co., Berlin.

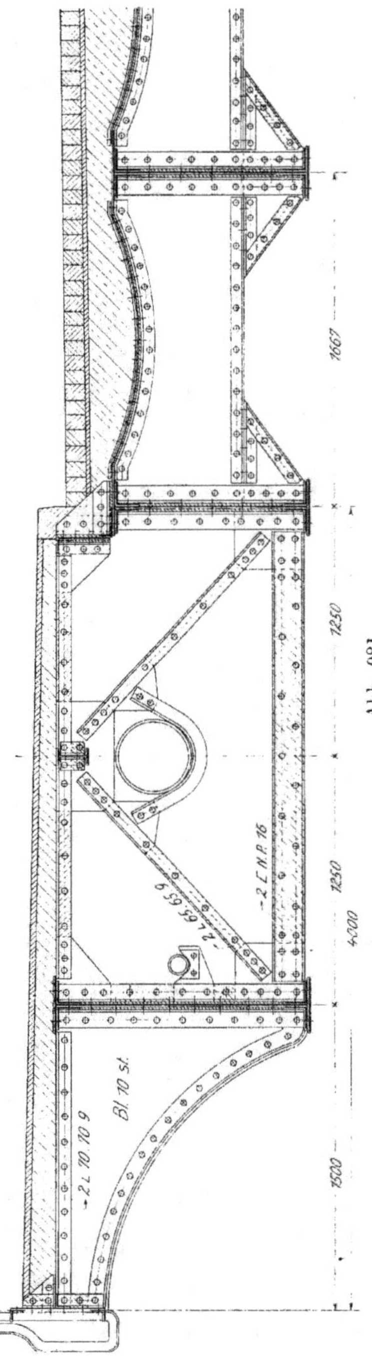

Abb. 981.

wiedergegebenen Anordnung ist der Fußsteig durch eine Konsole und durch einen besonderen Hauptträger unterstützt.

b. Bei tiefliegender Fahrbahn.

Bei tiefliegender Fahrbahn werden in der Regel nur zwei Hauptträger vorgesehen, und die Fußsteige werden meist außerhalb der Hauptträger angeordnet, um die Stützweite der Querträger einzuschränken. Nur dort, wo auf freien Durchblick in der ganzen Breite der Straße und auf ungehinderten Querverkehr von den Fußsteigen zu der Fahrbahn großer Wert gelegt wird, werden die Fußsteige in den Raum zwischen beiden Hauptträgern gelegt (Abb. 982, Abb. 970 auf S. 588, Abb. 620 auf S. 369 und Abb. 682 auf S. 404). Liegen die Fußsteige außerhalb der Hauptträger, so werden sie von Konsolen gestützt. Besondere Aufmerksamkeit ist dem Anschluß dieser Konsolen zu schenken. Die aus dem Moment herrührenden Zugkräfte der Konsolanschlüsse müssen durch unmittelbare Verbindung mit den Querträgern in diese geleitet werden, wie bereits bei der Besprechung der Abb. 977 u. 978 betont wurde. Zweckentsprechende Konsolanschlüsse zeigen auch die Abb. 937, 945, 950 u. 983. Bei dem in der Abb. 937 dargestellten Querschnitt ist das obere Knotenblech der Konsole in den Pfosten hineingeführt und hier mit dem ebenfalls in den Pfosten hineinfassenden Stegblech des Querträgers durch Laschen verbunden. Bei dem in der Abb. 945 veranschaulichten Brückenquerschnitt ist die Konsole oben an einem Blech angeschlossen, das durch den Pfosten und in den Querträger greift. Dasselbe ist bei der in der Abb. 950 wiedergegebenen Anordnung der Fall. Die Abb. 983[1]) stellt den Quer-

[1]) Nordbrücke über die Stromelbe bei Magdeburg, ausgeführt von der Union-Dortmund.

schnitt durch die Fahrbahn eines Bogenträgers ohne Zugband mit tiefliegender Fahrbahn dar. Die Konsole ist hier an einem Blech angeschlossen, das durch den Hängestab in den Querträger hineingreift. Der äußere Fußweglängsträger ist nicht an der Konsolspitze, sondern fast in der Konsolmitte angeschlossen. Die den Belageisen zur Unterstützung dienenden ⊏-Eisen lagern auf diesen Längsträgern und auf den Fahrbahnrandträgern. Der Untergurt des Fußweglängsträgers ist zugleich Gurtung des unteren Windverbandes.

Unter den Fußsteigen werden in der Regel die Gas- und Wasserrohre und die Kabel angeordnet. Ihre Durchführung durch fachwerkartige Konsolen bereitet keine Schwierigkeiten (Abb. 983). In vollwandigen Konsolen müssen besondere Aussparungen vorgesehen werden, deren Ränder zweckmäßig mit Winkeleisen gesäumt werden (Abb. 940 u. 942).

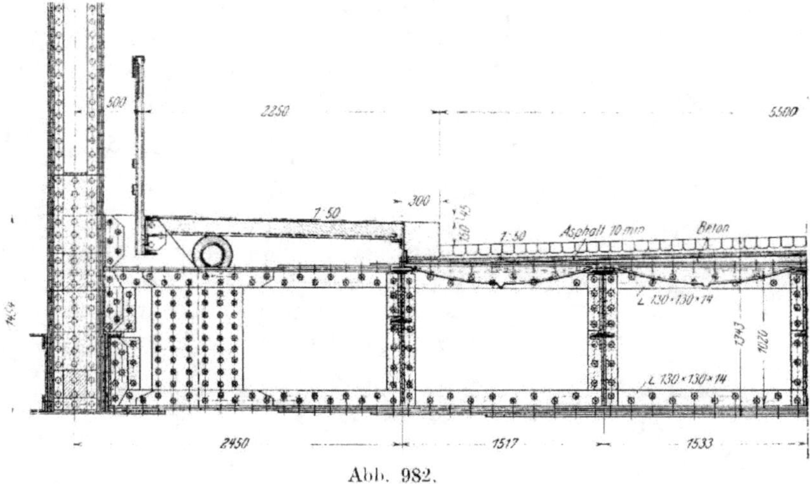

Abb. 982.

Der Untergurt der Konsolen erhält Druck und wird daher auf Knicken beansprucht. Es muß deshalb vor allem dafür gesorgt werden, daß die Konsolspitze nicht ausweichen kann. Dies geschieht am besten dadurch, daß man einzelne Paare benachbarter Konsolen im Obergurt mit wagerechten Dreieckverbänden versieht. Durch die Längsträger werden die anderen Konsolen gegen diese Verbände festgelegt. Bei Fußwegtafeln aus Buckelblechen, Tonnenblechen oder Flachblechen oder aus Belageisen mit darüber gestampfter Betondecke oder aus Eisenbeton, der an Ort und Stelle im ganzen auf Schalung hergestellt ist, können die wagerechten Dreieckverbände entbehrt werden, da diese Fußwegtafeln die Aufgabe der letzteren übernehmen.

12. Die Geländer der Straßenbrücken.

Die Geländer der Straßenbrücken können bei einem Menschengedränge erheblichen Seitenkräften ausgesetzt sein. Die Geländerstiele und die Längs-

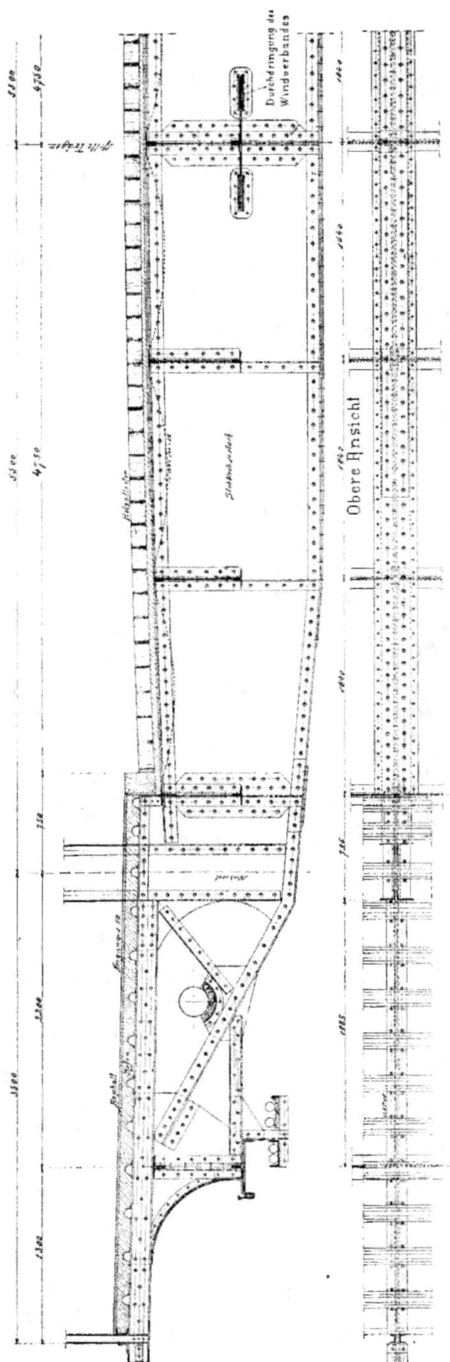

Abb. 983.

verbindungen müssen daher genügend stark bemessen und angeschlossen sein. Es ist üblich, mit einer am Geländerholm angreifenden wagerechten und quer zur Längsrichtung wirkenden Kraft von 100 kg/m zu rechnen. Die Höhe der Geländer über der Oberkante der Fußsteige soll nicht unter 1,10 m betragen. Die Stiele werden jetzt meist aus Walzprofilen, weniger aus gußeisernen Pfosten gebildet, weil die ersteren bedeutend besser angeschlossen werden können. Zum oberen Abschluß des Geländers dient in den meisten Fällen eine oben abgerundete Handleiste (Normalprofile und Mannstaedt-Eisen). Die tiefer liegenden Längsverbindungen werden aus Flach-, L-, ⊏-Eisen oder Hespeneisen, die senkrechten Füllungsstäbe meist aus Quadrat- oder Flacheisen hergestellt. Der Abstand zwischen den einzelnen senkrechten Füllungsgliedern und zwischen der Fußsteigoberkante und der untersten Längsverbindung soll nicht größer als 16 cm sein, damit kleine Kinder sich nicht durchzwängen können. An den Stellen, an denen die Fahrbahn unterbrochen ist, müssen auch die Geländer unterbrochen werden.

In der Abb. 984 ist die Ansicht des in der Abb. 942, im Querschnitt wiedergegebenen Geländers veranschaulicht. Die Hauptpfosten, die aus zwei L 75 · 10 bestehen, sind an den im Abstand von 5 m angeordneten Konsolen angeschlossen. Die Art des kräftigen Anschlusses ist aus der Abb. 942 zu ersehen. Die Nebenpfosten (40 · 30) sind in Abständen von 1 m an dem äußersten Fußweglängsträger befestigt. Die obere Längsverbindung ist eine Handleiste N. P. 8, die beiden anderen sind aus je zwei ⊏-Eisen N. P. 4 gebildet. Die zwischen den Haupt- und Nebenpfosten angeordneten senkrechten Stäbe sind Eisen 30 · 20. Die übrigen Verzierungen sind Flacheisen 30 · 10. Die Handleiste wird durch Schrauben, die durch ihren Kopf in die Nebenpfosten greifen, befestigt.

Bei dem eben beschriebenen Geländer sind die Hauptpfosten, d. h. die Anschlußpunkte, zu wenig betont. Die Hauptbedingung einer guten Wirkung eines Geländers ist eine gute Gliederung, die vor allem durch eine kräftige Betonung der wichtigen Punkte, das sind die Hauptpfosten und oberen Holme, erzielt wird.

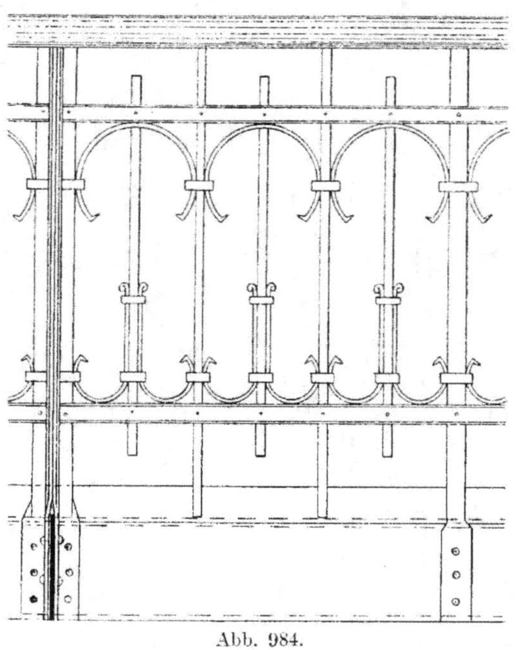

Abb. 984.

Eine gute Gliederung zeigt das in der Abb. 985 dargestellte Geländer der Rheinbrücke zwischen Ruhrort und Homberg[1]). Der aus zwei ⊏-Eisen gebildete Hauptpfosten ist an einem aus der Konsole hervorragenden Knotenblech sehr kräftig befestigt. Die obere Längsverbindung besteht aus einem ⊏-Eisen und einer aufgenieteten Handleiste. Alle anderen Verbindungen und Verzierungen sind aus L- und Flacheisen hergestellt. Zwischen je zwei Hauptpfosten sind noch zwei Nebenpfosten angeordnet, die ebenso wie die Hauptpfosten betont sind. Die ästhetische Wirkung ist sehr gut.

Die Abb. 986a u. b veranschaulichen das Geländer der Nordstraßenbrücke über den Rhein in Köln. Die Hauptpfosten sind sehr gut betont; die Wirkung des Geländers ist ausgezeichnet. Die Hauptpfosten, durch die das Geländer an den Konsolen angeschlossen ist, sind aus zwei ⊏-Eisen gebildet. Die Handleiste ist aus drei Mannstaedt-Eisen hergestellt und durch Stiftschrauben mit Winkeleisen verschraubt, die an den Stegen der ⊏-Eisen der Pfosten angeschlossen sind. Da die Handleiste allein aus der Entfernung zu schwach aussehen würde, sind unter der Handleiste zwei Flacheisen 50 · 7,5 angeordnet worden, die mit den Flanschen der ⊏-Eisen der Pfosten verschraubt sind. Aus den Einzelheiten ist auch der Anschluß der aus je zwei Flacheisen 50 · 10 bestehenden Längsverbindungen zu

[1]) Ausgeführt von der Brückenbauanstalt Gustavsburg und veröffentlicht in einem erweiterten Sonderabdruck aus der Zeitschrift des Vereins deutscher Ingenieure.

ersehen. Auf die Flansche der ⊏-Eisen der Pfosten sind beiderseits Flacheisen 126 · 7,5 geschraubt, um eine glatte breite Fläche zu erhalten.

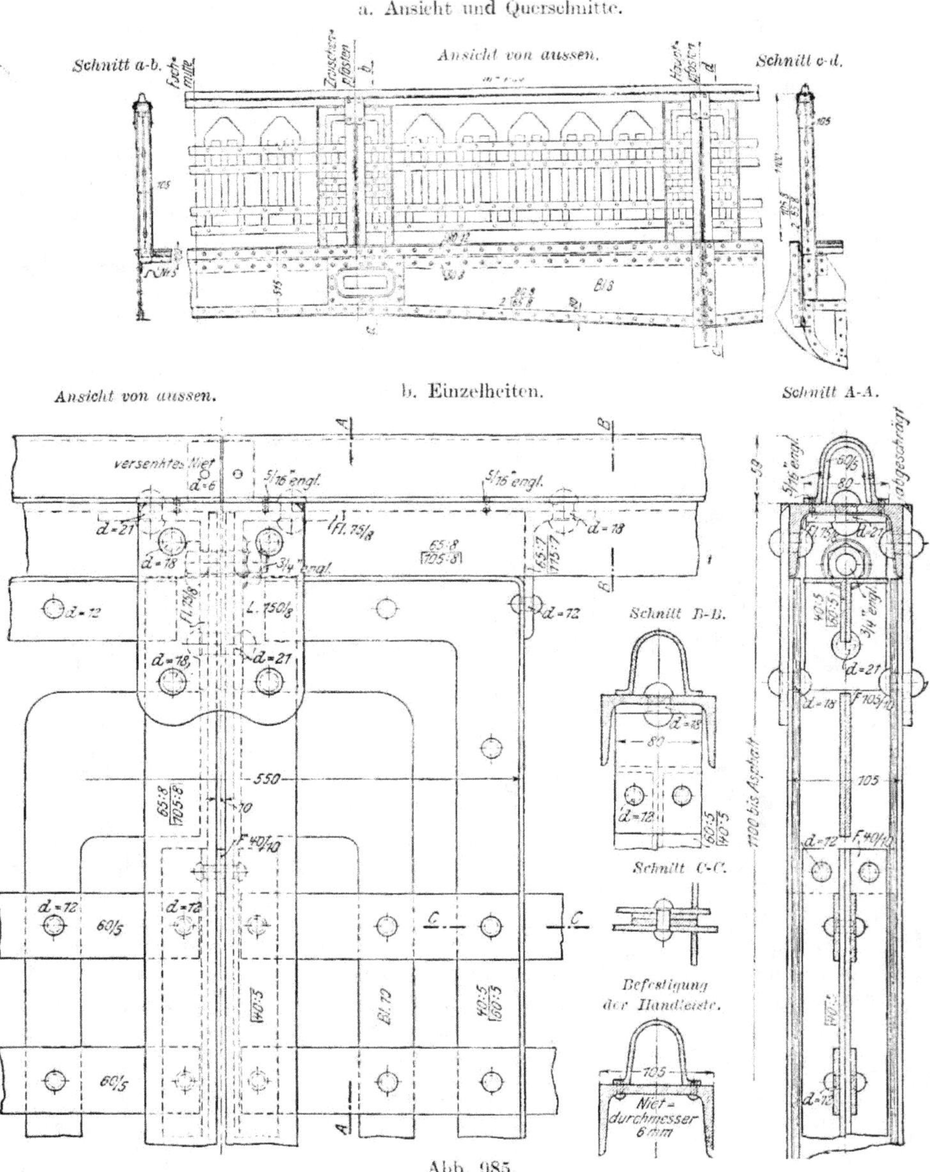

Abb. 985.

In den Abb. 987a u. b ist das wirkungsvolle Geländer der Hafenbrücke[1]) in Ruhrort dargestellt. Die Hauptpfosten sind durch dreieckige schmiedeeiserne

[1]) Entwurf und Ausführung der „Gutehoffnungshütte".

Ausfachungen betont. Der Raum zwischen der Handleiste und der oberen Längsverbindung ist durch ein geschmiedetes und verziertes Blech ausgefüllt, wodurch dem Geländer ein guter oberer Abschluß gegeben ist. Die Pfosten bestehen aus

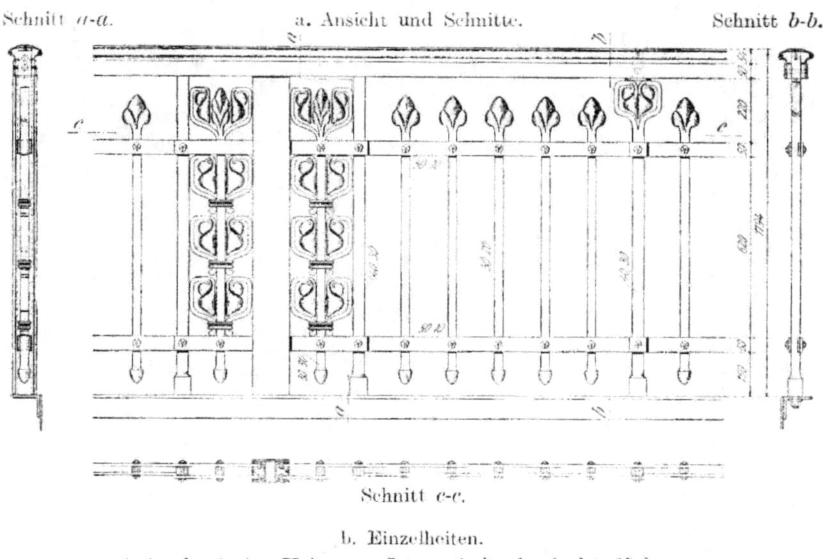

b. Einzelheiten.

Querschnitt durch den Holm. Längsschnitt durch den Holm.

Befestigung der Längsverbindungen. Schnitt A-A.

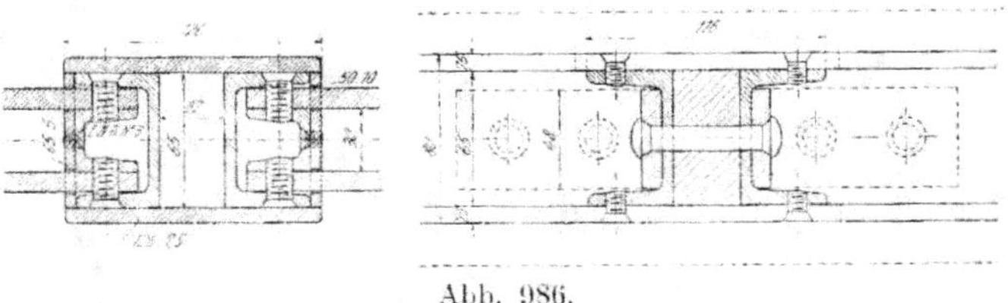

Abb. 986.

zwei [-Eisen, der Holm aus einem Mannstaedt-Eisen und zwei Winkeleisen. Die Ausbildung der Anschlüsse des Holmes und der Längsverbindungen ist aus der Abb. 987b zu ersehen.

In der Abb. 988[1]) ist das Geländer der Überführung der Berliner Straße

[1]) Aus „Der Eisenbau", 1916, S. 238.

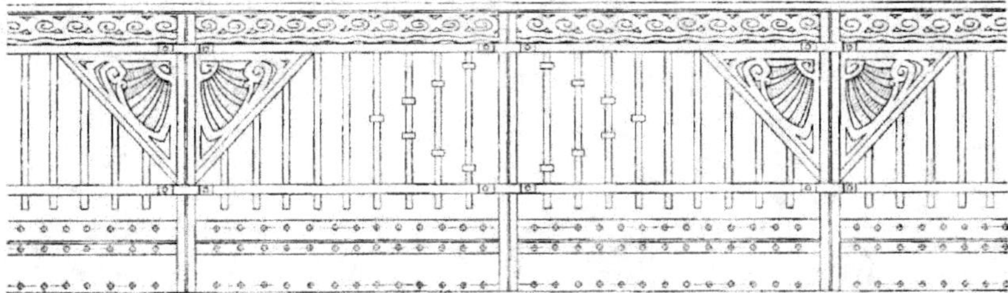

Abb. 987a. Ansicht.

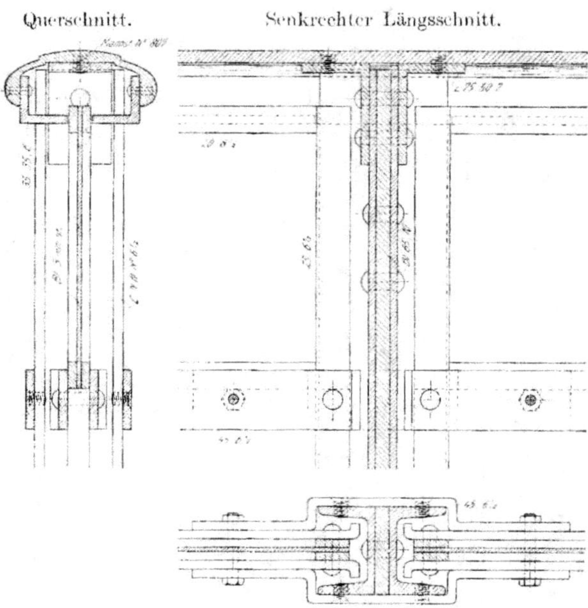

Abb. 987b. Einzelheiten.

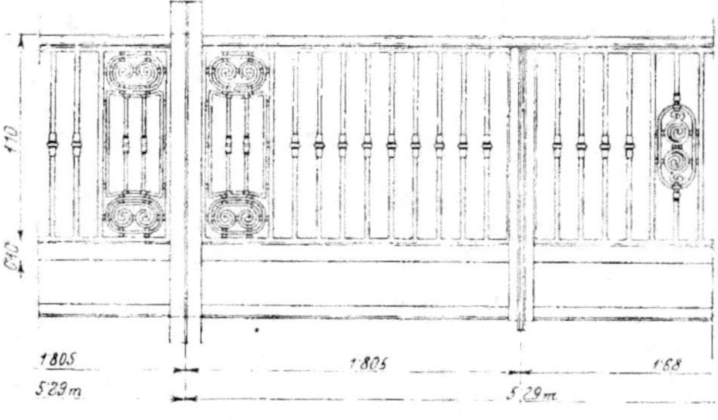

Abb. 988.

auf Bahnhof Halle in der Ansicht wiedergegeben. Es ist gut gegliedert und besitzt ansprechende Schmuckformen.

13. Die Decken der Fußgängerbrücken.

Die Decken der Fußgängerbrücken werden entweder aus Holz oder aus einer 2 bis 2,5 cm starken Gußasphalt- oder Zementestrichschicht auf Eisenbeton oder auf Beton, der von Belageisen getragen wird, hergestellt.

In der Abb. 989 ist eine Decke aus Holz veranschaulicht. Die 5 cm starken und an den oberen Kanten gefasten Bohlen liegen mit 1 cm großen Zwischenräumen quer auf den Längsschwellen, die mit L-Eisen auf den aus [18 gebildeten

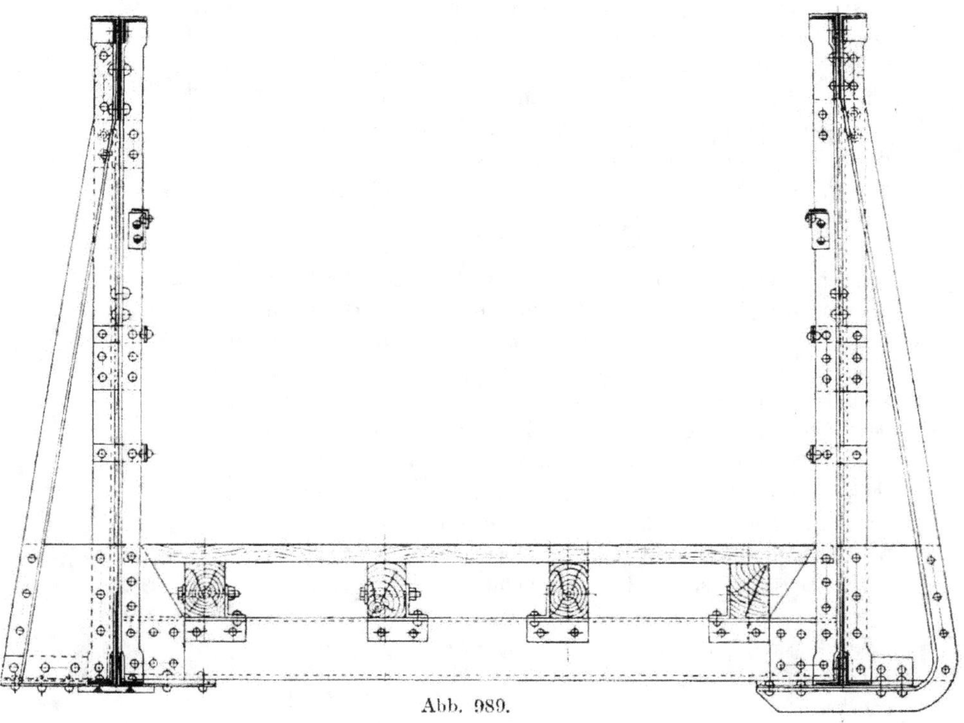

Abb. 989.

Querträgern befestigt sind. Aus den schon bei der Besprechung der Fußsteige von Eisenbahn- und Straßenbrücken angegebenen Gründen ist die Querlage der Bohlen nicht sehr zu empfehlen. Es ist zweckmäßiger, auf den Querträgern seitlich zwei I-Eisen anzuordnen, auf ihnen Querschwellen zu lagern und auf letztere Längsbohlen zu legen. Die oberen Kanten der Längsbohlen werden nur schwach gefast, und der Zwischenraum zwischen den einzelnen Bohlen wird nicht größer als 0,5 cm gewählt, da man in breiten Längsfugen leicht mit dem Fuß umknickt. Eine eisenbewehrte Betondecke, deren oberer Teil in fettem Zementestrich hergestellt ist, zeigt die Abb. 990. Die Decke hat von der Mitte nach beiden Seiten ein Quergefälle von 1 : 50. Das den Seiten zuströmende Wasser wird durch einbetonierte Rohre abgeführt.

D. Tröge von eisernen Kanalbrücken und ihre Unterstützung.

Eine zweckmäßige Anordnung und Lagerung eines solchen Troges zeigt die Überführung des Ems-Weser-Kanals über die Leine bei Hannover (Abb. 991)[1]. 16 über vier Stützen durchlaufende vollwandige Hauptträger mit 23,5 m, 30 m und 23,5 m Stützweite liegen nebeneinander. Die 14 mittleren, in 1,775 m Abstand voneinander angeordneten Hauptträger stützen den Wassertrog. Die äußersten, von ihren Nachbarträgern in 3,312 m Abstand liegenden Hauptträger tragen den Treidelsteg und übernehmen die aus dem wagerechten Wasserdruck und den seitlichen Schiffstößen herrührenden senkrechten Kräfte. Der Boden des Troges besteht aus Tonnenblechen, die Seitenwände sind aus ebenen Blechen gebildet. Die Tonnenbleche ruhen mit ihren Rändern auf [-Eisen, die zu beiden Seiten der Obergurte der Hauptträger auf Querträgern [16 aufliegen. Die Tonnenbleche sind mit einer 3 cm starken Asphaltschicht überdeckt und darüber mit Zementbeton ausgefüllt, dessen Oberfläche zweimal mit heißem Trinidad-Asphalt-Teer gestrichen wurde. Der Zwischenraum zwischen dem Trogboden und den Obergurten der Hauptträger wurde zum Schutz gegen Rost mit Asphalt ausgefüllt. Die 10 mm starken Bleche der Seitenwände sind in Abständen von 1,50 m durch senkrechte L 100 · 65 · 11 ausgesteift und stützen sich gegen wagerecht liegende I-Eisen, welche an vollwandigen, in rd. 6 m Abstand voneinander angeordneten Böcken angeschlossen sind. Diese Böcke werden von vollwandigen Querträgern getragen, die zwischen die äußersten Hauptträgerpaare eingespannt sind. In der Ebene der Obergurte jedes der beiden äußersten Hauptträgerpaare ist je ein wagerechter Verband angeordnet, ebenso in der Ebene der Untergurte jedes zweiten Paares der 14 mittleren Hauptträger. Die ersteren dienen zur Auf-

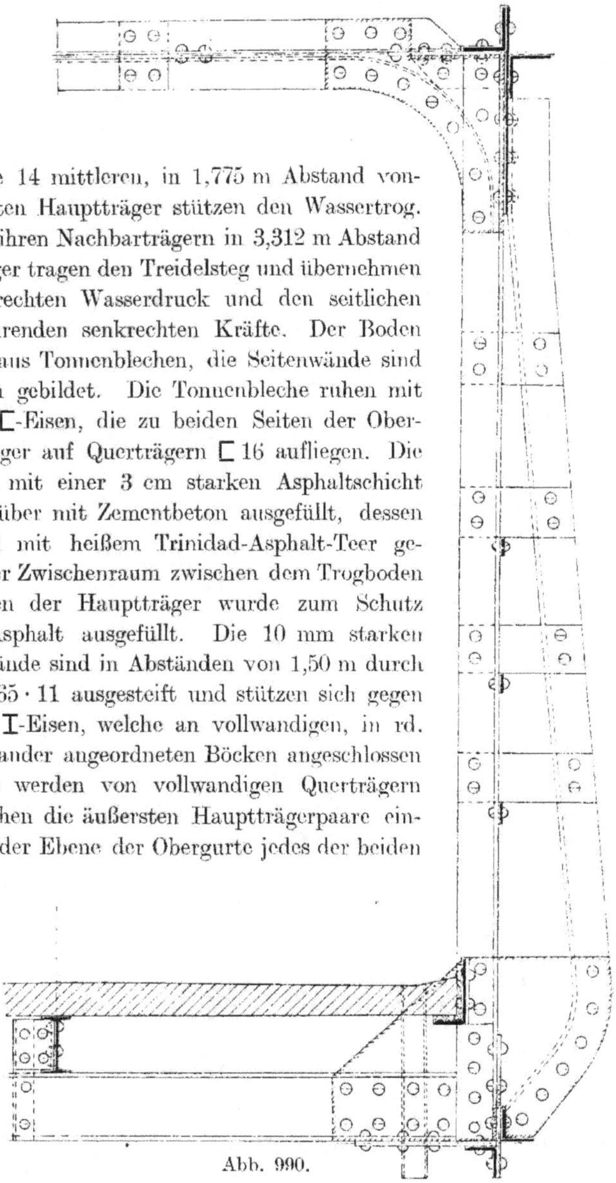

Abb. 990.

[1]) Ausführung von Louis Eilers in Hannover. Näheres enthält der Jahrgang 1917 der „Zeitschrift für Bauwesen", S. 341 u. f.

nahme des Winddruckes und einseitiger Stöße von Schiffen gegen die Seitenwand, die letzteren sind Aufstellungsverbände. Durch den wagerechten Wasserdruck werden die Verbände zwischen den äußersten Hauptträgern nicht beansprucht, da der Wasserdruck auf beiden Seiten auftritt und diese Drucke durch Vermittlung der Querverbindungen zwischen den Hauptträgern sich gegenseitig aufheben. Die Reibehölzer stützen sich gegen 2 I-Eisen (I 45 u. $47^1/_2$), die ebenso wie die anderen

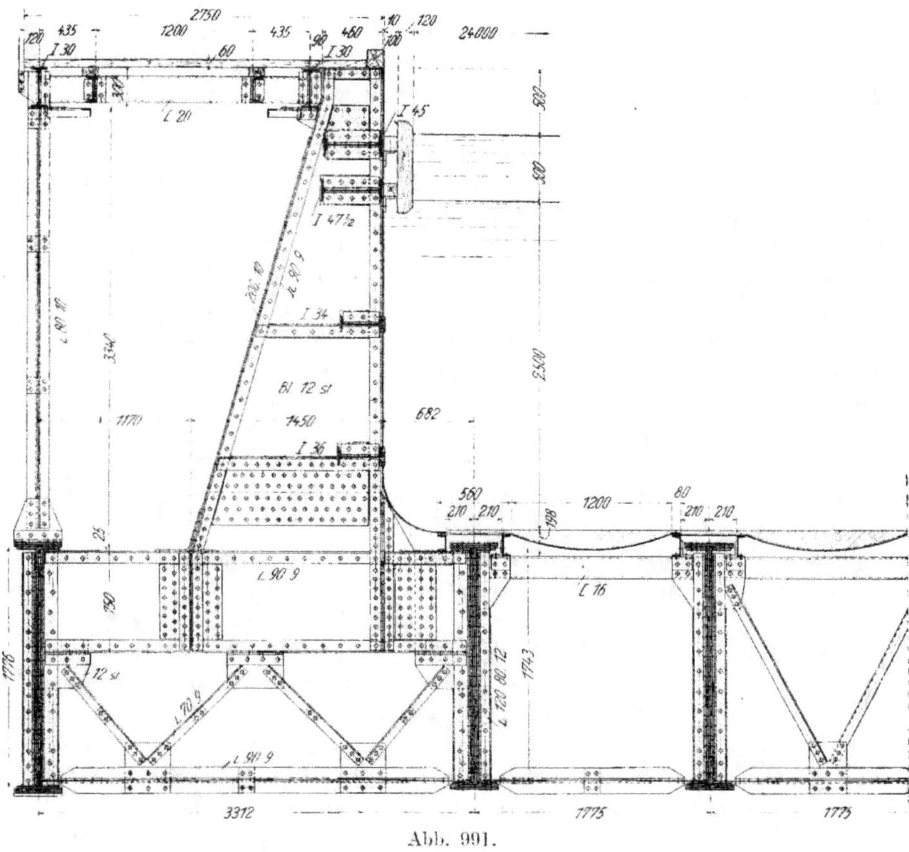

Abb. 991.

wagerecht liegenden I-Eisen an den Böcken angeschlossen sind. Die Fahrbahn des Treidelweges wird seitlich von 2 I 30 getragen, von denen das innere an den Böcken befestigt und das äußere durch Ständer auf die äußersten Hauptträger abgestützt ist.

Abschnitt XI.
Die wagerechten Verbände und die Querversteifungen.

A. Allgemeines.

Die bisher ausführlich behandelten Teile der eisernen Brücken dienen mit Ausnahme der zusammenhängenden Fahrbahntafeln hauptsächlich zur Aufnahme senkrechter Kräfte, nicht aber zur Aufnahme wagerechter, quer zur Brückenachse gerichteter Kräfte.

Auch wenn keine äußeren wagerechten, quer zur Brückenachse wirkenden Kräfte, wie der Winddruck, die Fliehkraft und die Seitenstöße der Fahrzeuge, auftreten würden, wäre eine nur aus den Hauptträgern und Fahrbahnträgern bestehende Brücke im allgemeinen nicht imstande, ihre Verkehrsbelastung aufzunehmen, weil die gedrückten Gurtungen, die ohne übermäßigen Baustoffaufwand auf die ganze Länge nicht knicksicher gemacht werden können, ausknicken würden. Dieser Umstand und die wagerechten, quer zur Brückenlängsachse wirkenden Kräfte, wie der Wind, die Fliehkraft und die Seitenstöße der Fahrzeuge, erfordern die Anordnung von wagerechten Verbänden und Querverbindungen.

Anmerkung: Unter wagerechten Verbänden — auch Windverbände genannt — sollen nicht allein Verbände verstanden werden, die in einer wagerechten Ebene liegen, sondern überhaupt solche, die von einem senkrechten Querschnitt in einer wagerechten Linie getroffen werden.

Über die Größe des Winddrucks, der Seitenstöße der Fahrzeuge und der Fliehkraft ist bereits im Abschnitt VI das Nötige gesagt worden.

Für die Anordnung der wagerechten Verbände und der Querverbindungen läßt sich ganz allgemein folgende Regel aufstellen: Jeder Fachwerkträgerknotenpunkt, der wagerechten, quer zur Brückenachse wirkenden Kräften ausgesetzt ist oder der einer gedrückten Gurtung angehört, ferner jeder Fahrbahnträger muß unmittelbar oder mittelbar gegen einen wagerechten Verband festgelegt werden. Ist der Hauptträger ein Blechträger, so müssen Punkte der oberen und unteren Gurtung in bestimmten Abständen mit einem wagerechten Verband unmittelbar oder mittelbar verbunden werden.

Die wagerechten Verbände sind genau wie die senkrechten Hauptträger zu behandeln, sie können ebenso wie diese vollwandig oder fachwerkartig ausgebildet werden. Weiter müssen sie gleich den Hauptträgern gestützt sein, damit die wagerechten Auflagerkräfte einwandfrei den Widerlagern und Pfeilern zugeführt werden. Untere Verbände stützen sich in der Regel unmittelbar gegen die Lager der Hauptträger. Zur Stützung oberer Verbände dienen meist Querverbindungen in Gestalt von Dreieckverbänden, falls die Fahrbahn oben liegt, und von steifen Rahmen in dem Falle, daß die Fahrbahn durch die Querverbindung durchgeführt werden muß. Die größten wagerechten Kräfte werden durch die Seitenstöße der Fahrzeuge, die Fliehkraft und den Winddruck auf die Fahrzeuge erzeugt. Da diese auf die Fahrbahn übertragen werden, ist es angezeigt, nach Möglichkeit in der Höhe der Fahrbahn einen wagerechten Verband anzuordnen. Die Gurtungen der Hauptträger und die Querträger sind in den meisten Fällen zugleich Glieder des wagerechten Verbandes, und zwar bilden die ersten die Gurtungen und die letzteren die Pfosten dieses Verbandes.

Zusammenhängende Fahrbahntafeln aus Buckelplatten, Flachblechen, Beton oder Eisenbeton wirken wie wagerecht liegende vollwandige Träger und machen meist die Einfügung eines besonderen wagerechten Verbandes in der Höhe der Fahrbahn unnötig. Fahrbahntafeln aus Zoreseisen werden im allgemeinen, auch wenn sie mit Beton überdeckt sind, nicht als zusammenhängend angesehen, weil die Zoreseisen unter sich nicht verbunden und an den Fahrbahnträgern nur durch Klemmen befestigt werden (Abb. 934 u. 935).

Ausschlaggebend für die Anordnung der wagerechten Verbände und der Querverbindungen ist neben der Hauptträgerausbildung namentlich die Lage der Fahrbahn.

Am klarsten wird dem Leser die allgemeine Beurteilung der Frage nach der Notwendigkeit und Zweckmäßigkeit der Einschaltung von Windverbänden wohl bei Besprechung einzelner Beispiele werden.

B. Beispiele für die allgemeine Anordnung der Windverbände und Querversteifungen.

1. Bei einfachen Balkenbrücken.

a. Bei vollwandigen Trägern.

α. Die Fahrbahn liegt über den Hauptträgern.

Ist keine zusammenhängende Fahrbahntafel vorhanden, liegen z. B. die Querschwellen unmittelbar auf den Hauptträgern, so sind zwei Anordnungen üblich:

1. Sowohl in der Ebene der Obergurte als auch in der Ebene der Untergurte wird je ein wagerechter Verband vorgesehen, und zwar unter Benutzung der Gurtungen der Hauptträger als Gurtungen der Windverbände. Besondere Pfosten V und Streben D (Abb. 992 b) bilden die Füllungsglieder dieser Verbände. Der untere Windverband stützt sich unmittelbar gegen die Hauptträgerlager, die so gestaltet sein müssen, daß sie die Windkräfte aufnehmen können, aber auch so, daß sie die Lagerung des Windverbandes nicht vielfach statisch unbestimmt

a. Querschnitt

am Ende. in der Mitte.

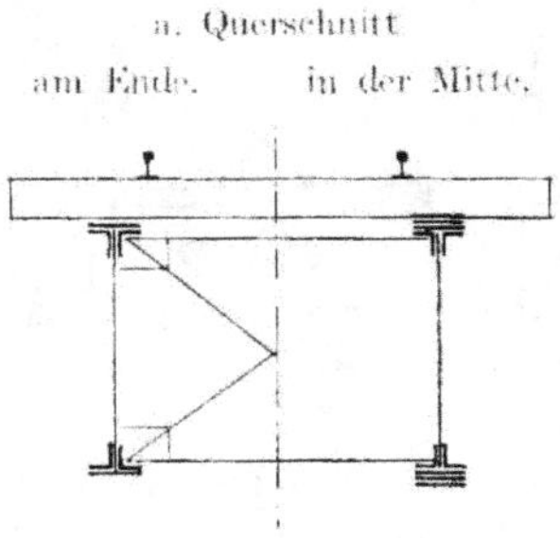

b. Grundriß.

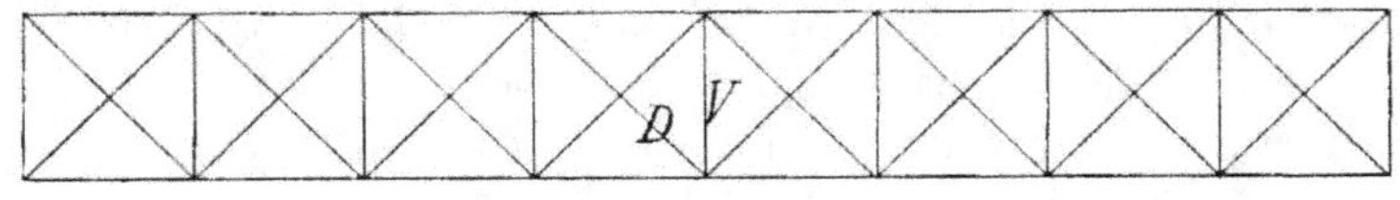

Abb. 992.

machen. Hiervon ist später die Rede. Um die Kräfte des oberen Windverbandes zu den Lagern zu führen, müssen zwei die Hauptträger verbindende Querversteifungen über den Lagern eingefügt werden (Abb. 992 a). Diese werden oft vollwandig ausgebildet, meistens aber aus einem oberen und unteren Querriegel, zwei Streben und zwei Pfosten hergestellt. Die Pfosten sind zugleich die Aussteifungen der Stegbleche der Hauptträger über den Auflagern.

2. Nur in der Ebene der Obergurte wird ein Windverband vorgesehen. Die Untergurte werden gegen diesen Verband durch in Abständen von 1,5 bis 2,5 m angeordnete Querverbindungen festgelegt. Die letzteren erfordern nur geringe Abmessungen, da sie einzeln lediglich den auf die untere Trägerhälfte eines Feldes entfallenden Wind aufzunehmen haben. Die Endversteifungen müssen ebenso wie im ersten Falle für die Übertragung der Auflagerkräfte des oberen Verbandes aufkommen.

Nur einen Windverband in der Ebene der Untergurte anzuordnen und die Obergurte durch senkrechte Versteifungen an diesem anzuschließen, ist nicht zu empfehlen, weil in diesem Falle die senkrechten Zusatzbelastungen für die Hauptträger größer ausfallen und die Querverbindungen bedeutend stärker gehalten werden müssen als bei der Lage des wagerechten Verbandes in der Ebene der Obergurte.

Ist eine zusammenhängende Fahrbahntafel vorhanden, liegen z. B. Buckelplatten unmittelbar auf den Hauptträgern, so übernimmt die Fahrbahntafel die Aufgabe des oberen Windverbandes.

Über die Verbände zwischen den Fahrbahnlängsträgern ist bereits auf den S. 491 bis 494 u. 509 die Rede gewesen.

β. Die Fahrbahn liegt unten zwischen den Hauptträgern.

Die Höhe der Fahrzeuge verbietet bei den Höhen, bis zu denen vollwandige Hauptträger ausgeführt werden, die Herstellung eines oberen wagerechten Verbandes.

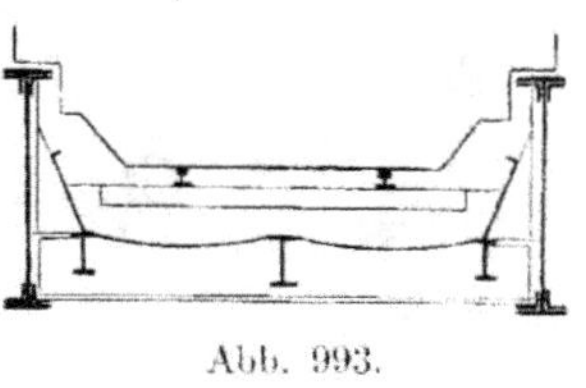

Abb. 993.

Ist keine zusammenhängende Fahrbahntafel vorhanden, so muß in der Ebene der Untergurte ein Windverband angeordnet werden, dessen Gurtungen die Untergurte der Hauptträger und dessen Pfosten die Querträger sind. Für den Fall, daß eine zusammenhängende Fahrbahntafel vorhanden ist (Abb. 993), ist die Anordnung eines besonderen wagerechten Verbandes überflüssig.

Die oberen Gurtungen der Hauptträger werden durch die Stegblech- und Eckaussteifungen gegen die Querträger festgelegt. Die wagerechten, quer zur Brückenachse auf die Hauptträger wirkenden Windkräfte und die Knickkräfte der oberen Gurtungen werden durch die oben offenen, steifen Rahmen, die von den Querträgern und den Stegblech- und Eckversteifungen gebildet werden, als wagerechte Kräfte dem unteren Windverbande bzw. der Fahrbahntafel und als senkrechte Kräfte den Hauptträgern zugeführt.

b. Bei Fachwerkträgern.

α. Die Fahrbahn liegt über den Hauptträgern.

Ist keine zusammenhängende Fahrbahntafel vorhanden (Abb. 994), so gelten in bezug auf die Anordnung der Windverbände und Querversteifungen im allgemeinen die unter B. 1. a. *α* gegebenen Regeln. Als Pfosten (*V* in Abb. 992 b) des oberen Verbandes können die Querträger nur in dem Falle verwendet werden, daß sie fest an den Hauptträgern angeschlossen sind. Ist eine zusammenhängende Fahrbahntafel vorhanden (Abb. 995), so kann diese die Aufgabe eines oberen Windverbandes auch in dem Falle übernehmen, daß die Querträger in der Längsrichtung der Hauptträger beweglich gelagert sind. Es muß nur dafür gesorgt werden, daß die Obergurte der Hauptträger in beiden Richtungen senkrecht zur Brückenachse gegen die Querträger festgelegt und so an dem wagerechten Verband angeschlossen werden. Durch Querverbindungen im Dreieckverband in den Ebenen der Endpfosten werden die auf den oberen Verband entfallenden Seitenkräfte zu den Hauptträgerlagern geleitet. Die Untergurte erhalten einen besonderen wagerechten Verband oder werden durch Querverbindungen im Dreieckverband in den Ebenen der sich gegenüberliegenden Hauptträgerpfosten an dem oberen Verband angeschlossen. Diese Dreieckverbindungen geben in der Schrägansicht ein Stabgewirr und machen das Trägerbild unklar. Vom Schönheitsstandpunkt ist es daher besser, die Untergurte durch einen besonderen wagerechten Verband zu verbinden und die Querverbindungen, natürlich mit Ausnahme derjenigen in den Ebenen der Endpfosten, fortzulassen.

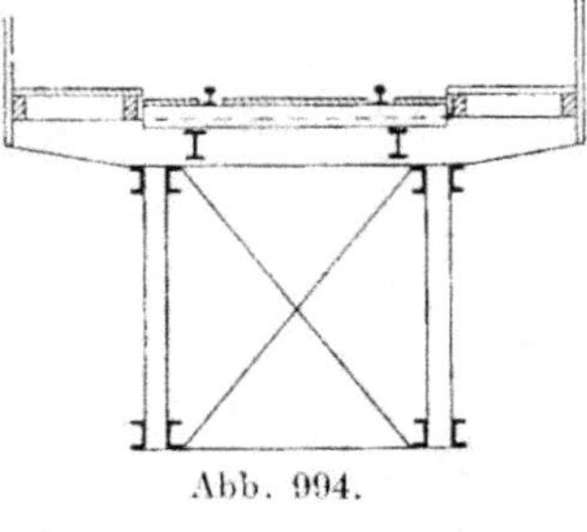

Abb. 994.

Querschnitt
am Ende. in der Mitte.

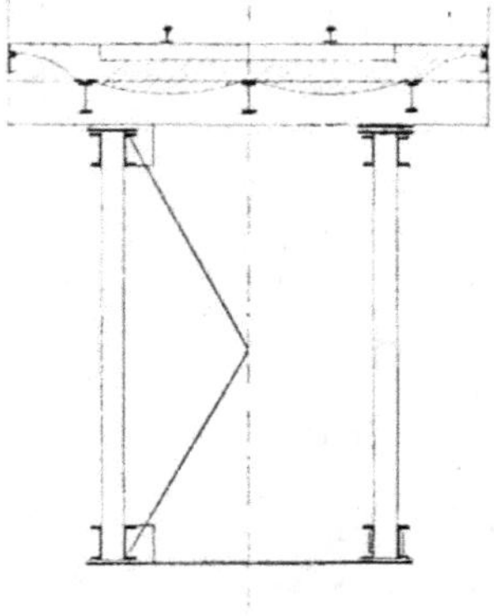

Abb. 995.

β. Die Fahrbahn ist halbversenkt.

Ist keine zusammenhängende Fahrbahntafel vorhanden und liegen die Querträger mit ihren oberen Flanschen unmittelbar unter den Obergurten der Hauptträger und die Längsträger auf den Querträgern (Abb. 996), so kann ein oberer Windverband derart eingefügt werden, daß seine Streben an Knotenblechen, die zwischen den Unterkanten der Obergurte und den oberen Flanschen der Querträger vernietet werden, angeschlossen werden. Die Obergurte der Hauptträger bilden die Gurtungen und die Querträger die Pfosten dieses Verbandes. Hinsichtlich des Verbandes der unteren Gurtungen gilt das unter *α*. Gesagte. Liegen die Längsträger bei der eben erörterten Anordnung der Querträger zwischen diesen (Abb. 997), oder liegen die Querträger tiefer als bei dem in Abb. 996 dargestellten Querschnitt, so verbietet sich aus dieser Lage die Anordnung eines oberen wagerechten Verbandes, wenigstens wenn man keine besonderen Windverbandgurtungen einfügen will. Die Obergurte der Hauptträger und die Fahrbahnträger müssen in diesem Falle durch Querversteifungen im Dreieckverband in den Ebenen der sich gegenüberliegenden Hauptträgerpfosten gegen den in der Ebene der Untergurtungen der Hauptträger anzuordnenden Windverband festgelegt werden.

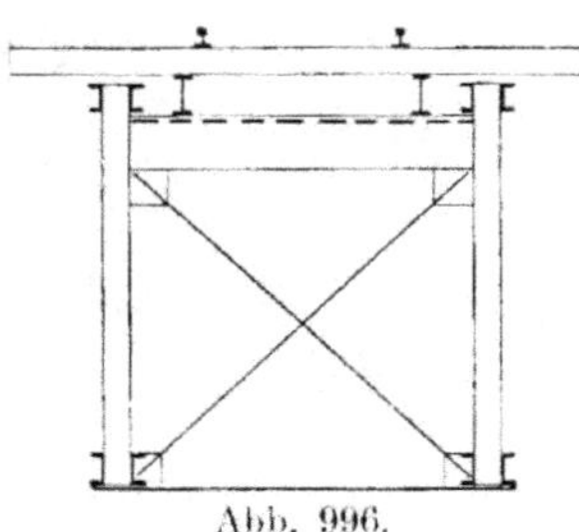

Abb. 996.

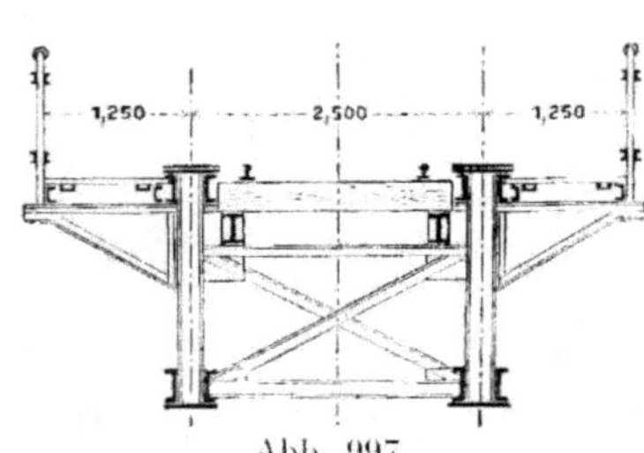

Abb. 997.

Ist eine zusammenhängende Fahrbahntafel vorhanden, besteht sie beispielsweise aus Buckelplatten wie bei der in Abb. 867 auf S. 516 dargestellten Anordnung, so kann diese die Aufgabe eines Windverbandes erfüllen, und es könnte der dort vorgesehene untere wagerechte Verband fortfallen, da die Untergurte ebenso wie die Obergurte durch steife Halbrahmen gesichert sind.

γ. Die Fahrbahn liegt unten zwischen den Hauptträgern[1]).

1. Fall. Die Obergurte der Hauptträger liegen in ihrer ganzen Ausdehnung tiefer als die obere Begrenzungslinie des Durchfahrtprofils.

In diesem Falle kann nur in der Ebene der Untergurtungen ein Windverband angeordnet werden. Die Obergurte müssen durch kräftige Ausbildung der Pfosten und durch Eckbleche, die mit den Pfosten und den Querträgern fest vernietet werden, gesichert werden.

2. Fall. Die Obergurte liegen in dem mittleren Teile des Überbaues so hoch, daß ein sich über einige Felder erstreckender oberer Windverband vorgesehen werden kann.

Gestattet z. B. die Höhe des in der Abb. 998 in Ansicht, Grundrissen und Schnitt veranschaulichten Überbaues die Anordnung eines oberen Windverbandes zwischen den Punkten A_1 und A_2, so wird entweder ein oberer wagerechter Verband zwischen diesen Punkten vorgesehen und bei A_1 und A_2 durch steife Portalrahmen P (Abb. 998 d) an dem unteren Windverband angeschlossen, oder der obere wagerechte Verband wird fortgelassen. Im letzteren Falle werden die sich gegenüberliegenden Obergurtknotenpunkte in dem Teil A_1 A_2 ebenso wie in den außerhalb A_1 A_2 liegenden Teilen durch oben offene, steife Halbrahmen gegen den in der Ebene der Untergurte liegenden Windverband festgelegt oder auch durch Querriegel miteinander verbunden, wodurch einzelne, oben geschlossene Rahmen entstehen. Kann der obere Verband nur auf ein kurzes Stück durchgeführt werden, so wird er am besten fortgelassen; kann er auf den größten Teil des Überbaues durchgeführt

[1]) Die Windverbände und Querverbindungen sind in den folgenden Abbildungen in der Hauptträgeransicht durch gestrichelte Linien angegeben.

werden, so ordnet man ihn bei Eisenbahnbrücken im allgemeinen wohl an. Bei Straßenbrücken läßt man ihn auch im letzten Falle meist fort.

3. **Fall.** Die Trägerhöhe gestattet die Anordnung eines vollständigen oberen Windverbandes.

In diesem Falle wird in der Regel ein oberer und unterer Verband vorgesehen. Bei Straßenbrücken wird allerdings von einigen Ingenieuren aus Schönheitsgründen

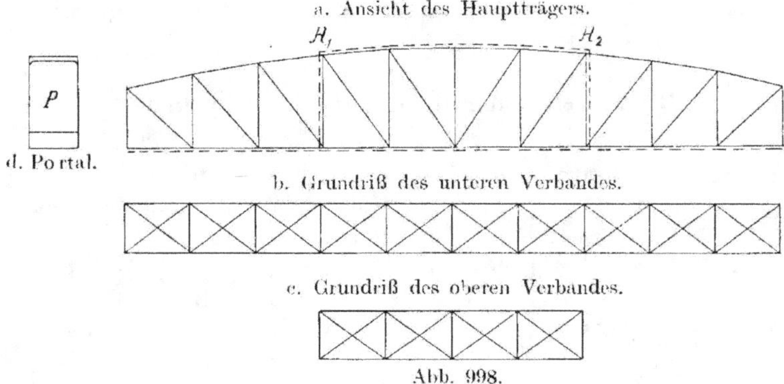

Abb. 998.

auch in diesem Falle von der Anordnung eines oberen Verbandes abgesehen und der Sicherung der Obergurte durch oben offene, steife Halbrahmen der Vorzug gegeben. Die gute Regel, daß man die Kräfte da aufnehmen soll, wo sie auftreten, spricht aber auch bei Straßenbrücken für die Anordnung eines oberen Windverbandes. Fürchtet man, daß Schrägstäbe im oberen Verband dem guten Aussehen schaden, so kann man sich durch Anordnung von strebenlosen Rahmenverbänden (vgl. Abb. 521 auf S. 306) helfen.

Der obere Windverband stützt sich gegen zwei Portale, welche seine Auflagerkräfte den Lagern der Hauptträger zuführen. Bei Trägern mit senkrechten Endabschlüssen (Abb. 999) liegen die Portale in den Ebenen der sich gegenüberliegenden

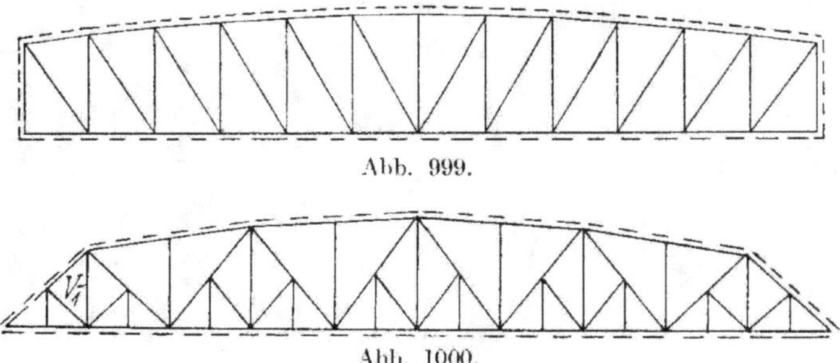

Abb. 999.

Abb. 1000.

Endpfosten. Bei Trägern mit abgeschrägten Enden (Abb. 1000) werden die Endportale meist in die Ebenen der Endschrägen gelegt. Sie können aber auch in den Ebenen der ersten Pfosten V_1 angeordnet werden, stören aber den geschlossenen Eindruck der Brücke, weil die Endschrägen gewissermaßen aus dem Verband ausgeschaltet sind. Bei großen Brücken entstehen in den Endschrägen (Abb. 1000) durch die senkrechten Lasten bereits derartige Kräfte, daß es erwünscht ist, sie von den Windkräften zu entlasten. Man ordnet dann besondere Endpfosten an, die durch die senkrechten Lasten keine Beanspruchungen erfahren und in deren Ebene die Endportale gelegt werden (Abb. 1001). Die Endportale werden nach Möglichkeit als geschlossene steife Rahmen, von deren Einzelausbildung später die Rede ist, ausgeführt.

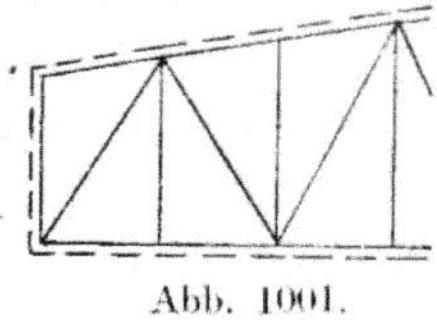
Abb. 1001.

2. Bei Trägern auf mehreren Stützen ohne Gelenke.

Man muß bei diesen Trägern aus Gründen der Wirtschaftlichkeit danach streben, die Stützweite der Windverbände auf die der Hauptträger zu beschränken, d. h. alle Lager der Hauptträger zur Aufnahme der Windkräfte heranzuziehen. Im übrigen gelten sinngemäß alle beim einfachen Balken gegebenen Regeln. Liegt beispielsweise bei dem in Abb. 1002 dargestellten Überbau die Fahrbahn über den Hauptträgern, so wird man einen oberen und unteren Windverband anordnen und den ersten über den vier Auflagern durch Querverbindungen im Dreieckverband gegen die Lager festlegen. Liegt ein Überbau von der umgekehrten Trägerform vor, so wird sich auch das Bild für die Windverbände umkehren, falls die Höhe der Träger durchweg die Anordnung eines oberen Windverbandes gestattet. Die vier Querverbindungen werden in diesem Falle durch steife Portale hergestellt.

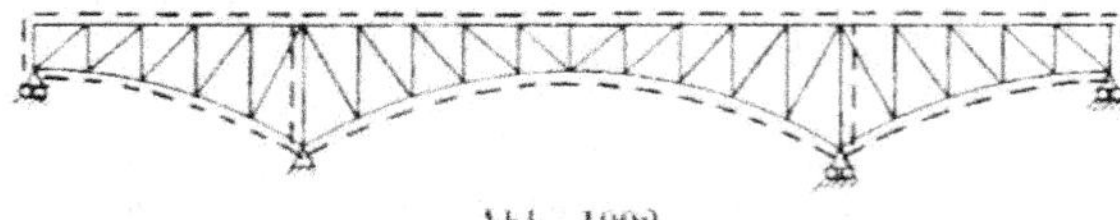
Abb. 1002.

3. Bei Gerberträgern.

Die Anordnung der Windverbände bietet auch bei dieser Trägerart keine Schwierigkeiten. Man hat nur darauf zu achten, daß die beabsichtigte Wirkung der in die Hauptträger eingeschalteten Gelenke nicht aufgehoben wird. Wollte man z. B. bei dem in der Abb. 1003 wiedergegebenen Überbau, dessen Hauptträger in den oberen Gurtungen der Mittelöffnung je zwei feste Gelenke erhalten haben, einen durchgehenden unteren Windverband vorsehen, so würde man die Gelenk-

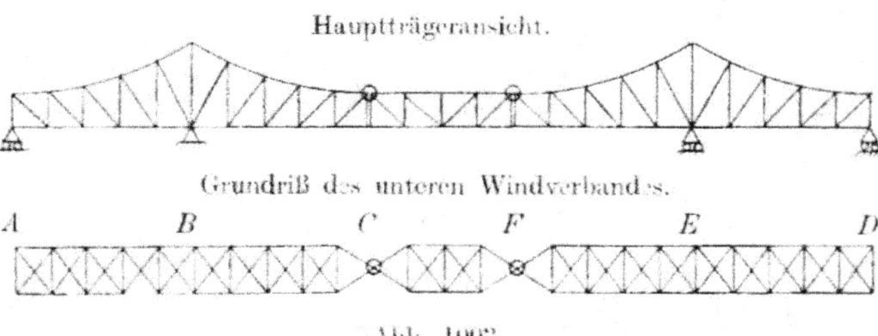

Abb. 1003.

wirkung vernichten. Man muß vielmehr den unteren Windverband derart ausbilden, daß er unterhalb der Gelenkpunkte den Bewegungen der Hauptträger folgen kann. Dies wird durch Einschaltung beweglicher Gelenke in den Windverband bei C und F erreicht. Man führt zweckmäßig den Verband des eingehängten Trägers an den Enden schnabelförmig zusammen und lagert diese Schnäbel längsbeweglich an den beiden Windkragträgern ABC und DEF, die bei C und F ebenfalls spitz zusammengeführt werden.

Anders liegt der Fall bei der in Abb. 1004 dargestellten Anordnung eines Gerberträgers. Hier kann in der von den Obergurten der Kragträger und den

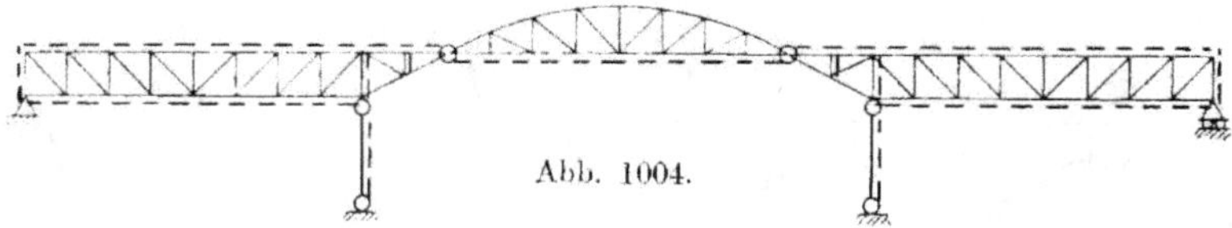
Abb. 1004.

Untergurten des eingehängten Trägers gebildeten Ebene ein durchgehender Windverband ohne Gelenke vorgesehen werden, sofern nur dafür gesorgt wird, daß die Mittelpunkte der Hauptträgergelenke genau in der Windverbandebene liegen.

Im übrigen gelten die für die Anordnung der Windverbände und Querverbindungen bei den einfachen Balkenträgern und bei den Trägern auf mehreren Stützen ohne Gelenke gegebenen Regeln.

4. Bei Bogenträgern.

a. Bei Bogenträgern mit hochliegender Fahrbahn.

Ist keine zusammenhängende Fahrbahntafel vorhanden, so muß die Fahrbahn (Abb. 1005) einen besonderen wagerechten Verband erhalten, dessen Gurtungen von den sogenannten Streckgurten G (vgl. die Abhandlung auf S. 528 u. f.) gebildet werden und dessen Pfosten die Querträger bei geeigneter Lagerung sein können. In der Regel werden die Kräfte des Fahrbahnwindverbandes in den Ebenen der Endpfosten durch Querversteifungen im Dreieckverband zu den Bogenlagern geführt; es können aber auch besondere Windlager in der Verlängerung des Fahrbahnwindverbandes auf den Widerlagern geschaffen werden (Abb. 1006). Diese Windlager müssen so gestaltet sein, daß sie dem Windverband gestatten, bei Wärmeschwankungen seine Länge zu ändern. Über die Festlegung der Fahrbahn und damit auch des Fahrbahnwindverbandes in der Längsrichtung ist auf S. 529 nachzulesen. Die Bogen erhalten im Ober- oder Untergurt einen Windverband, an dem die Knotenpunkte der anderen Gurtung durch Quer-

Abb. 1005.

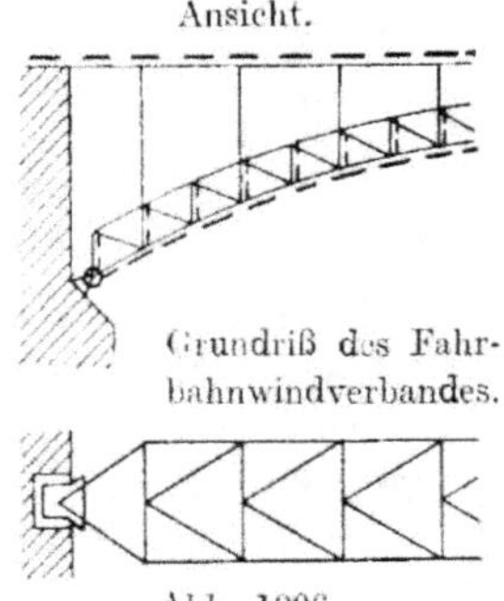

Abb. 1006.

versteifungen angeschlossen werden. Damit sind alle Knotenpunkte und die Fahrbahn gegen wagerechte, quer zur Brückenachse wirkende Kräfte gesichert.

Eine Fahrbahntafel aus Buckelplatten, Flachblechen, Eisenbeton oder Beton macht auch hier einen besonderen Fahrbahnwindverband überflüssig.

Bei dem in Abb. 896 auf S. 537 dargestellten Überbau ist die Anordnung eines Windverbandes für die Bogen dadurch erspart worden, daß diese durch unten offene Steifrahmen an der zusammenhängenden Fahrbahntafel angeschlossen sind.

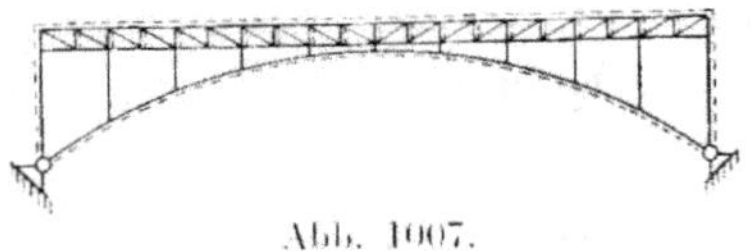
Abb. 1007.

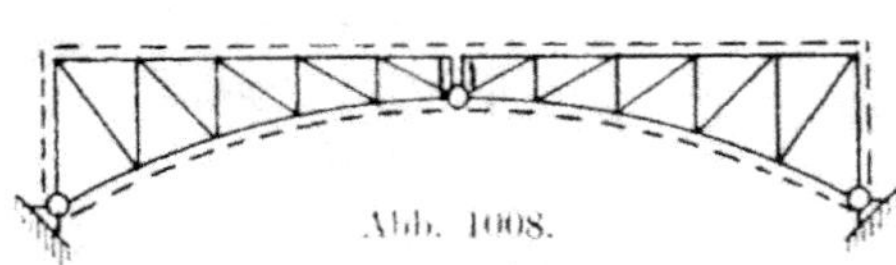
Abb. 1008.

Beim Bogenzwickelträger mit zwei Gelenken (Abb. 505 auf S. 297) werden die wagerechten, quer zur Brücke gerichteten Kräfte ganz ähnlich wie beim einfachen Balken mit obenliegender Fahrbahn aufgenommen.

Der versteifte Stabbogen wird den allgemeinen Regeln entsprechend z. B. mit den in der Abb. 1007 gestrichelt angedeuteten wagerechten Verbänden und Querverbindungen versehen.

Gelenke in Bogenträgern müssen bei der Ausbildung der Windverbände ebenso wie die Gelenke in Gerberträgern berücksichtigt werden. Z. B. muß der obere Windverband des in der Abb. 1008 veranschaulichten Bogenzwickelträgers mit drei Gelenken über dem Scheitelgelenk unterbrochen werden. Jede dieser beiden Windverbandhälften stützt sich auf eine über dem Bogenlager und eine unmittelbar neben dem Gelenk angeordnete Querversteifung. Der untere Windverband geht durch die Ebene der Scheitelgelenke und kann deshalb ununterbrochen ohne Gelenk durchgeführt werden.

b. Bei Bogenträgern mit tiefliegender Fahrbahn.

α. Bei Bogenträgern ohne Zugband.

Die Fahrbahn ist hier in der Regel so angeordnet, daß sie den Bogen an zwei Stellen durchschneidet, d. h. also außerhalb der Durchschneidungspunkte über dem Bogen und innerhalb dieser Punkte unter dem Bogen liegt. Ist keine zusammenhängende Fahrbahntafel vorhanden, so muß ein besonderer Fahrbahnwindverband angeordnet werden, der besondere Gurtungen erhalten muß, weil keine, noch anderen Zwecken dienenden Glieder hierfür zur Verfügung stehen. Im übrigen sind verschiedene, auch wohl gleichwertige Anordnungen der Windverbände möglich, von denen drei an den folgenden Beispielen erläutert werden sollen.

1. Sichelbogenträger (Abb. 1009). Eisenbahnbrücke. Im ganzen sind sechs verschiedene Windverbände vorgesehen, ein oberer, die Obergurte sichernder Verband I, an dem die Untergurte durch Querversteifungen (vgl. hierzu S. 624) angeschlossen sind, drei Fahrbahnwindverbände II, III *r* und III *l* und schließlich zwei in der Ebene der Bogenuntergurte unter der Fahrbahn liegende Verbände IV *r* und IV *l*. Die Gurtungen des Fahrbahnwindverbandes II, dessen

Pfosten die Querträger bilden, dürfen nicht an beiden Punkten *a* und *b* mit den Hauptträgern oder den dort liegenden Querträgern fest verbunden werden, um zu verhindern, daß sie als Zugbänder wirken, wodurch eine weitere statische Unbestimmtheit in den Hauptträger gelangen würde. Vgl. hierzu die Abhandlung auf S. 547 u. 548. Aus demselben Grunde müssen die Längsträger an irgendeiner Stelle in geeigneter Weise unterbrochen werden. Würde man z. B. die Längsträger ohne jede Unterbrechung durchführen und sie mit den bei *a* und *b* liegenden Querträgern fest verbinden, so würden sie ebenfalls die Wirkung von Zugbändern auf die Hauptträger ausüben. Zu dem Zwecke ist der Fahrbahnwindverband II ebenso wie die Längsträger bei *b* längsbeweglich an dem dort liegenden Querträger gelagert. In den Punkten *a* ist er fest mit den Hauptträgern verbunden. Hier ist auch der Bremsträger angeordnet, durch den die Längskräfte den Hauptträgern zugeführt werden. Im Punkt *a* stützen sich die zwei Fahrbahnwindverbände II und III*l* gegen den als Konsolträger wirkenden Windverband IV*l*, ebenso im Punkt *b* die Verbände II

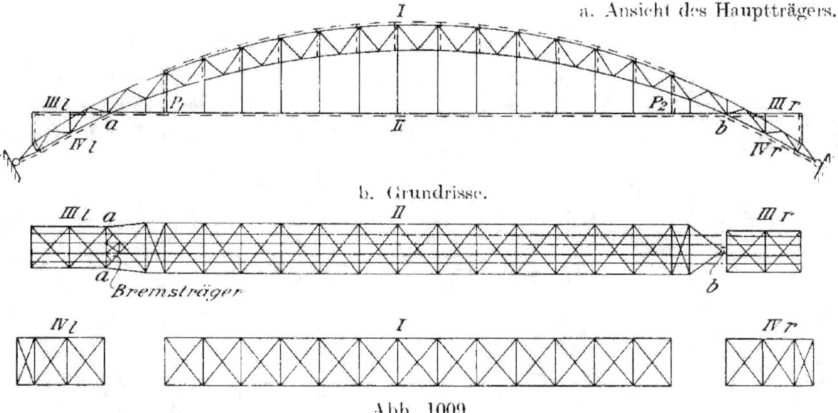

Abb. 1009.

und III*r* gegen IV*r*. An der freien Seite ist III*l* durch eine Querversteifung mit IV*l*, ebenso III*r* mit IV*r* verbunden. Der obere Windverband I kann wegen der Durchschneidung von Bogen und Fahrbahn nicht durchgeführt werden, sondern muß durch die Portale P_1 und P_2 an dem unteren Windverband II angeschlossen werden.

Man könnte auch die beiden Verbände IV*l* und IV*r* über *a* und *b* hinaus bis zu den Punkten P_1 und P_2 vorkragen und den Verband II bei P_1 mit einem festen Gelenk und bei P_2 mit einem längsbeweglichen Gelenk lagern.

Bei der in der Abb. 1009 dargestellten Anordnung des Fahrbahnwindverbandes und der Lagerung der Längsträger finden bei Wärmeschwankungen recht erhebliche Bewegungen des Windverbandes und der Fahrbahnträger bei *b* statt. Es empfiehlt sich daher sehr, die in der Nähe von *b* gelegenen kurzen Hängestangen gelenkig an den Hauptträgern anzuschließen. (Vgl. die Abhandlung auf S. 548.)

Ordnet man trotz der festen Kämpfergelenke in den Verbindungslinien *a*—*b* Zugbänder an, so bilden diese die Gurtungen des Fahrbahnwindverbandes. Es gelten dann die für die Windverbände des Zweigelenkbogens mit Zugband auf S. 622 gegebenen Regeln.

2. Sichelbogenträger (Abb. 1010). Straßenbrücke[1]). Hier ist nur ein Windverband vorgesehen, der unter der Fahrbahn liegt, wagerecht von Widerlager zu Widerlager durchgeht und hier gelagert ist (siehe den Grundriß). Er ist trotz der aus Buckelplatten gebildeten zusammenhängenden Fahrbahntafel hier erforderlich, weil die Fahrbahntafel samt dem Fahrbahnträgergerippe in Brückenmitte unterbrochen ist. Die Windverbandgurtungen liegen innerhalb der beiden Hauptträgerachsen (Abb. 1010, Grundriß). Die Bogenträger sind durch steife Halbrahmen, die sich gegen den Fahrbahnwindverband stützen, gesichert. Der Windverband ist nur am Querträger 15 fest vernietet, im übrigen kann er sich gegen die Fahrbahnträger frei bewegen. Zu diesem Zwecke sind die Windverbandgurte an den Punkten 1, 3, 5, 7 usw. mit Flacheisen und Konsolen gelenkig an den Enden der Querträger (Abb. 1011 b, vgl. auch die Abb. 977 bis 980) und die Kreuzungspunkte der Diagonalen in ähnlicher Weise an den Mitten der Querträger (Abb. 1012) aufgehängt. Die Querträger geben die auf sie in der Querrichtung der Brücke wirkenden Kräfte

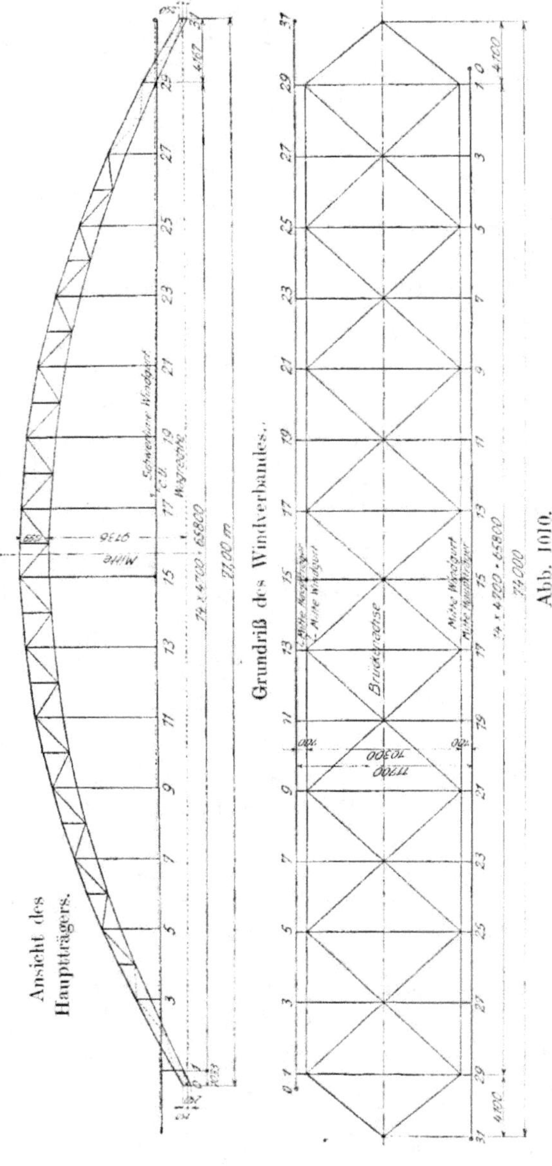

[1]) Röntgen-Brücke in Charlottenburg. Nach dem Entwurf des Stadtbaumeisters Künzel ausgeführt von Beuchelt u. Co. in Grünberg in Schlesien.

in Kontaktpunkten (Abb. 1011) an den Windverband ab. Der doppelte Diagonalenzug des Windverbandes ist für sich nicht stabil, er wird aber durch die dazwischen gespannten Querträger, deren Kontaktpunkte nach beiden Richtungen wirken, zu einem starren Gebilde. Das Fahrbahnträgergerippe und die aus Buckelplatten bestehende Fahrbahntafel sind am Querträger 15 unterbrochen. Die größten, durch Wärmeschwankungen hervorgerufenen Bewegungen der Fahrbahnträger und der Fahrbahntafel liegen also in der Brückenmitte, wo

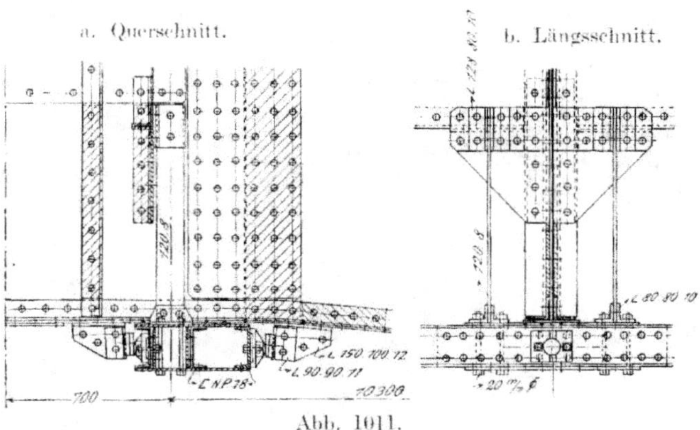

Abb. 1011.

die Hängestäbe eine beträchtliche Länge besitzen. Auf gelenkigen Anschluß der Hängestäbe an den Hauptträgern konnte daher verzichtet werden. Die Längskräfte, die bei einer Straßenbrücke nur gering sind, werden durch die Fahrbahntafel an die Endquerträger und von diesen an die Hauptträger abgegeben. Der Windverband ändert seine Länge vom Querträger 15 aus nach beiden Seiten, er muß daher an beiden Widerlagern beweglich gelagert sein. Diese Lagerung ist in der Abb. 1013 veranschaulicht. Das Widerlager liegt schief zur Brückenachse und bietet in der einen Richtung zu wenig Mauerwerk zur Aufnahme der Windauflagerkraft. Diese wird deshalb an einen wagerechten, aus zwei ⊏ $23^1/_2$ bestehenden, in das Widerlager hineingreifenden Anker abgegeben. Durch die beiden ⊏-Eisen ist ein runder Bolzen gesteckt, um den ein quadratisches Stück K greift. Dies Stück K sitzt in einem Ausschnitt des die Enddiagonalen des Windverbandes vereinigenden Knotenbleches. Der Ausschnitt ist in der Querrichtung ebenso groß wie K, in der Längsrichtung dagegen so groß, daß sich das Knotenblech nach beiden Richtungen auch bei den größten Wärmeschwankungen frei gegen K bewegen kann. Die Einschaltung

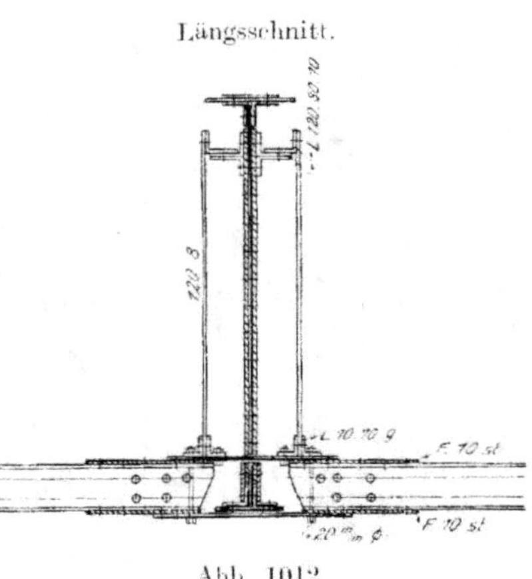

Abb. 1012.

des Zwischenstückes K ist recht zweckmäßig. Würde es fehlen, so würde das Knotenblech nur in einem Punkte am Bolzen anliegen, und beide würden durch die Drehungen und Längsbewegungen bald abgenutzt werden. So liegt das Knotenblech in einer Fläche an K, und K umfaßt den Bolzen.

Die vorstehend geschilderte Windverbandanordnung ist recht zweckmäßig und läßt sich in derselben Weise auch bei Eisenbahnbrücken anwenden. Beim Fehlen einer zusammenhängenden Fahrbahntafel müßten an den Durchschneidungspunkten der Fahrbahn und der Bogenträger besondere Bremsträger eingeschaltet werden.

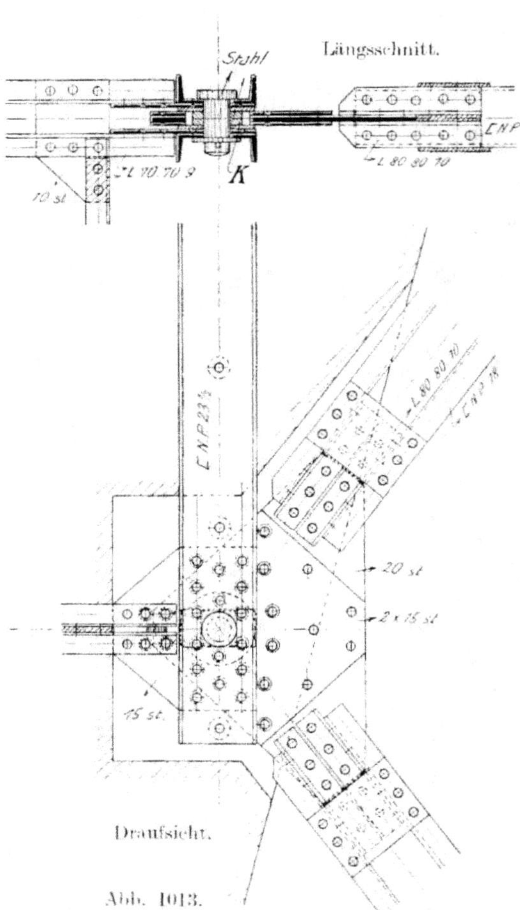

Abb. 1013.

3. Bogenträger mit abgestumpften Enden (Abb. 1014). Straßenbrücke[1]). Die Bogenobergurte sind durch einen besonderen Windverband verbunden, dessen Kräfte durch die in den Ebenen der Endpfosten liegenden Portale den Lagern zugeführt werden. Die unteren Bogengurtungen sind durch Querversteifungen im Dreieckverband an diesem Verband angeschlossen. Unter der Fahrbahn liegt ein wagerechter, von Widerlager zu Widerlager reichender und hier gelagerter Windverband. Der Grundriß dieses Verbandes ist in der Abb. 1014 veranschaulicht. Die Gurtungen liegen außerhalb der Ebenen der Hauptträger und sind hier, mit Ausnahme an den Punkten A, mit den in der Verlängerung der Querträger liegenden Fußsteigkonsolen fest verbunden (vgl. die Abb. 983 auf S. 600). An den Kreuzungspunkten der Diagonalen durchdringt ein aus zwei verlaschten Teilen bestehendes Knotenblech den Steg des Querträgers (Abb. 1015). An den bei A an beiden Enden der Brücke liegenden Querträgern ist das Fahrbahnträgergerippe und die Fahrbahn

[1]) Nordbrücke über die Stromelbe bei Magdeburg. Entworfen und ausgeführt von der Union-Dortmund.

unterbrochen (Abb. 961 auf S. 582). Hierhin bewegt sich also die Fahrbahn bei Wärmeschwankungen, und es wäre deshalb ratsam gewesen, die kurzen Hängestäbe gelenkig an den Hauptträgern anzuschließen. Bei A darf die Windverbandgurtung

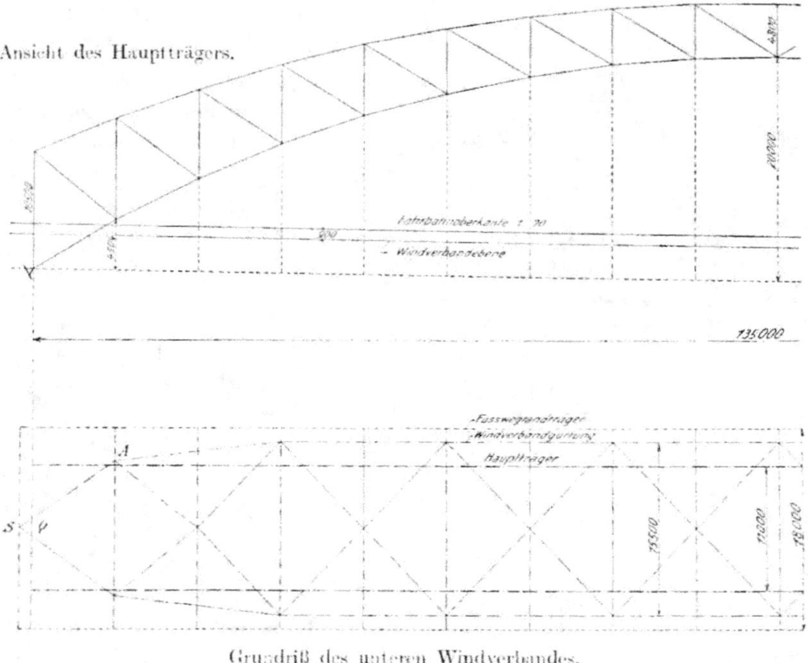

Grundriß des unteren Windverbandes.

Abb. 1014.

nicht fest mit dem Querträger verbunden werden, damit sie nicht als Zugband wirkt. Sie stützt sich deshalb hier, wie aus der Abb. 1016 zu ersehen ist, freibeweglich gegen den Querträger. Aus demselben Grunde durchdringen die Endstreben freibeweglich den Querträger des Endportals (Abb. 1017). Die Lagerung des Windverbandes, der mit den Fußsteigkonsolen in fester Verbindung steht, mußte wegen der beiderseitigen Unterbrechung der Fahrbahn auch auf beiden Widerlagern in der Längsrichtung beweglich ausgeführt werden, wie dies in der Abb. 1018 dargestellt ist. Das die Endstreben vereinigende Knotenblech durchdringt einen in das Widerlager eingelassenen und mit diesem verankerten Träger und legt sich mit seinen, durch Flacheisen verstärkten Seiten gegen schwach gewölbte, mit dem Träger verschraubte Gußstahllager.

Draufsicht.

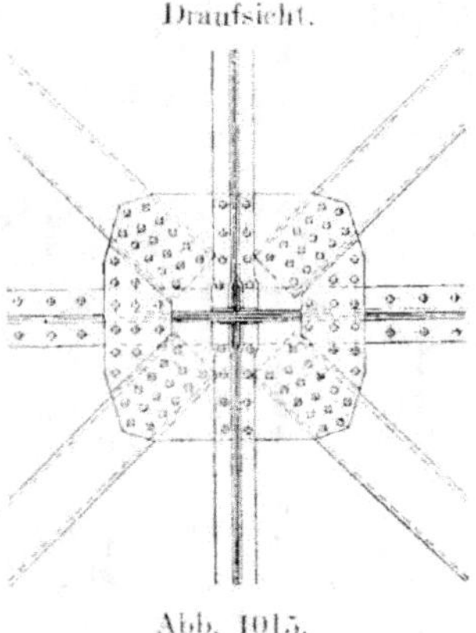

Abb. 1015.

β. Bei Bogenträgern mit Zugband.

1. Das Zugband verbindet die Auflagerknotenpunkte (Abb. 1019). Ist keine zusammenhängende Fahrbahntafel vorhanden, so muß ein besonderer Fahrbahnwindverband angeordnet werden. Wie bereits auf den Seiten 541 u. f. ausgeführt ist, bilden die Zugbänder die Gurtungen dieses Verbandes. Wird die Fahrbahn freibeweglich gegen die Hauptträger angeordnet (S. 541 u. f.), so sind nur die Endquerträger und ein doppelter Diagonalenzug die Füllungsglieder dieses Verbandes, während die anderen Querträger nicht zum System des Verbandes gehören, weil sie sich frei gegen die Zugbänder bewegen können müssen. Sie werden vielmehr nur derart gegen den Windverband abgestützt, daß die wagerechten, quer zur Brückenachse wirkenden Kräfte, welche die Fahrbahn beanspruchen, an ihn abgegeben werden können. Sind die Querträger fest mit den Zugbändern und den Hängestangen verbunden, so bilden die Querträger die Pfosten des Fahrbahnwind-

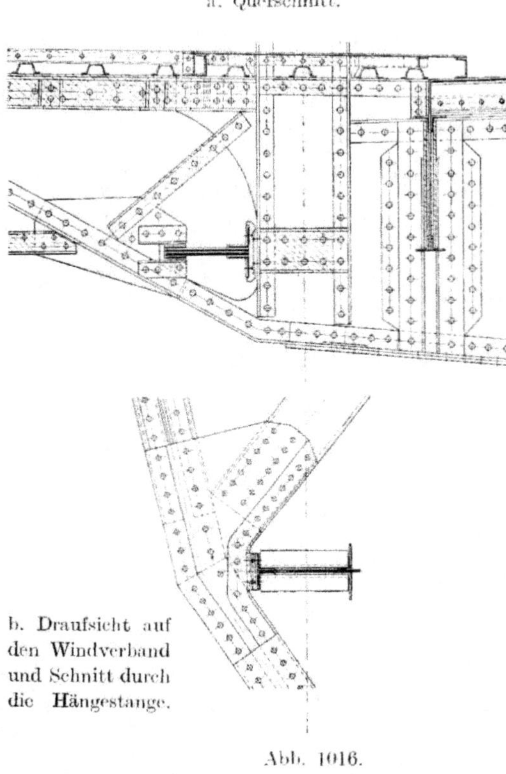

Abb. 1016.

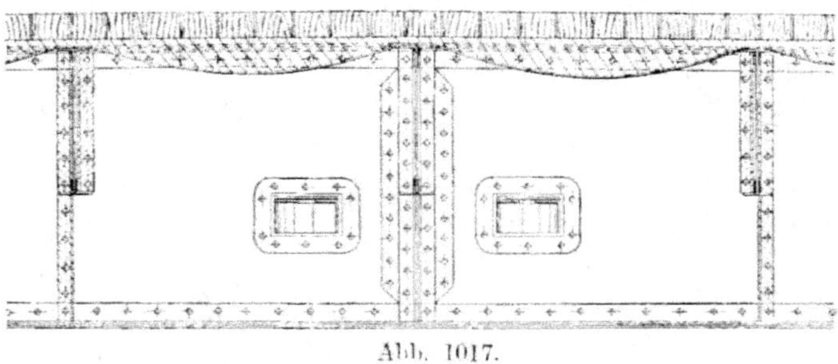
Abb. 1017.

verbandes. Ist eine zusammenhängende Fahrbahntafel vorhanden, so erfüllt diese die Aufgabe des Fahrbahnwindverbandes, wenn sie nicht in der Brückenmitte unterbrochen ist (vgl. die Beschreibung der Abb. 1010). Falls die Höhenverhältnisse nicht die Anordnung eines oberen Windverbandes gestatten, so sind die Ober- und Untergurte der Bogen durch steife Halbrahmen zu sichern. Im anderen Falle ist im allgemeinen (vgl. das auf S. 613 Gesagte) in der Fläche der

a. Ansicht.

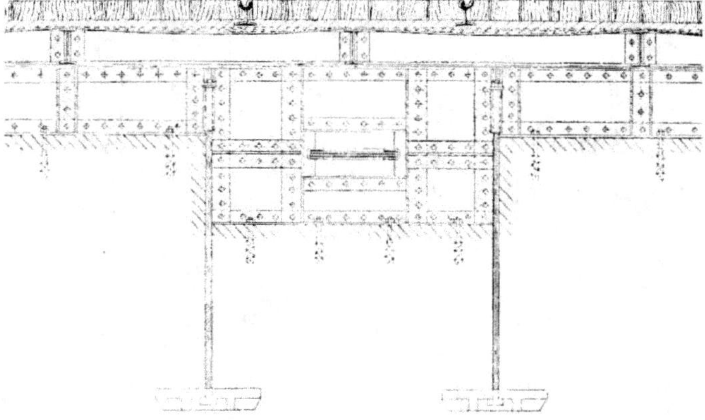

b. Wagerechter Querschnitt.

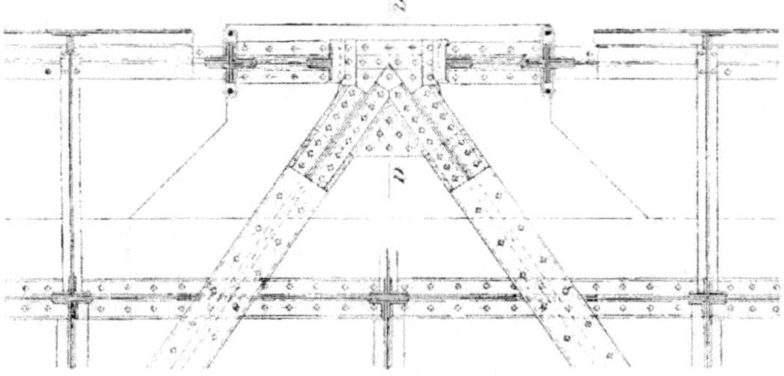

Obergurte ein oberer Verband vorzusehen, der nach Möglichkeit bis zu den Endpfosten durchzuführen und hier durch geschlossene Steifrahmen mit den Auflagern zu verbinden ist. Bei beschränkter Höhe läßt sich durch je ein in den beiden ersten Obergurtfeldern liegendes Portal, das sich mit seinen Fußpunkten gegen den in der Ebene der Endpfosten angeordneten steifen Halbrahmen stützt, die Verbindung des oberen Windverbandes mit den Auflagern herstellen. Abb. 1020 stellt den Grundriß eines solchen liegenden Portals und des oberen Windverbandes in den ersten Feldern dar.

c. Schnitt *a-a*.

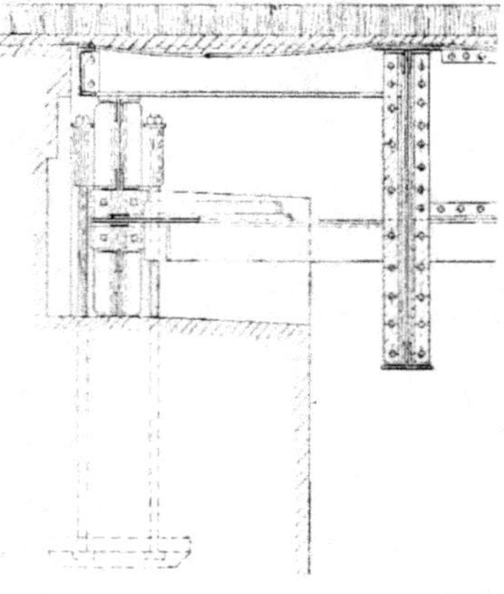

Abb. 1018.

Bei kleineren Überbauten brauchen die unteren Bogengurtungen in dem Falle nicht durch Querversteifungen gesichert zu werden, daß die Hängestangen und die Pfosten der Bogenträger durch den Anschluß in den Knotenpunkten als einheitliche Glieder angesehen werden können, die die Wind- und Knickkräfte der Untergurtungen auf den oberen und den Fahrbahnwindverband

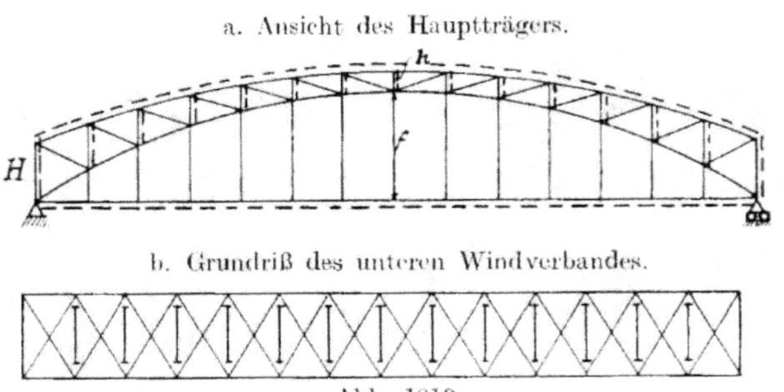

Abb. 1019.

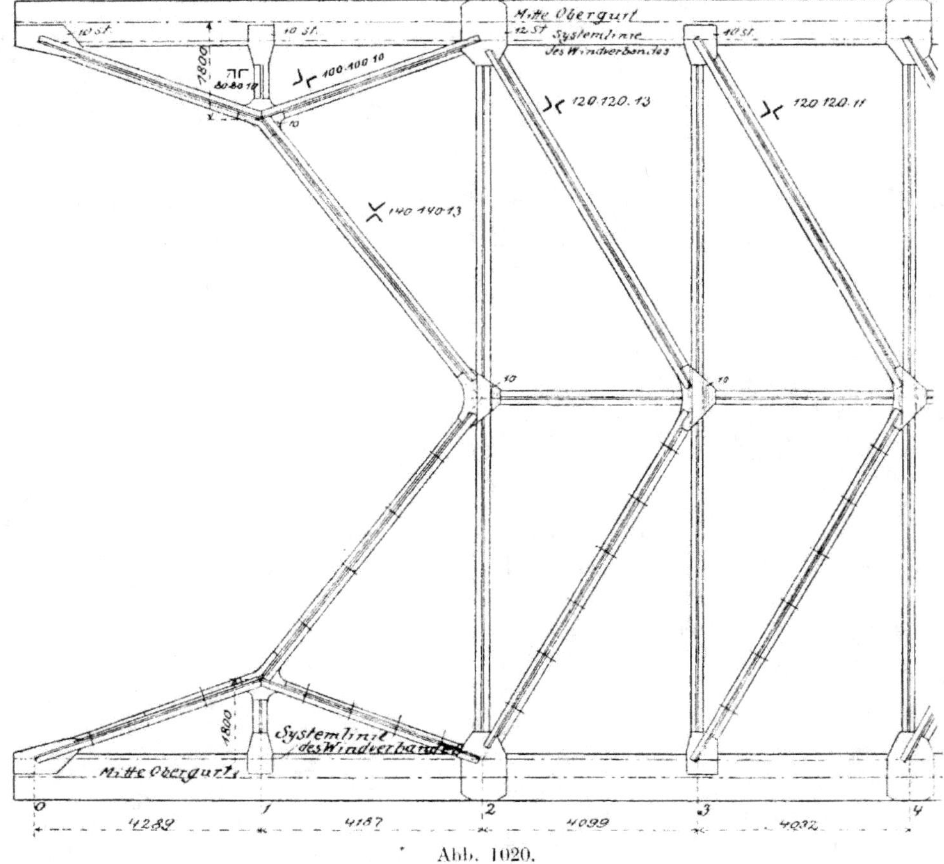

Abb. 1020.

übertragen. Bei sehr hohen Überbauten ist es dagegen auch bei gutem Zusammenschluß von Hängestäben und Bogenpfosten dringend anzuraten, die unteren Gurtungen durch Querversteifungen an dem oberen Verband anzuschließen.

2. Verbinden die Zugbänder höher als die Auflagerpunkte gelegene Knotenpunkte (Abb. 1021), so wird der Windverband der Fahrbahn zwischen den Anschlußpunkten der Zugbänder genau so ausgebildet wie im ersten Falle. Dieser Verband kann entweder außerhalb dieser Anschlußpunkte in derselben Ebene weitergeführt und an den beiderseitigen Endquerträgern, die Glieder der steifen Endrahmen sind, gelagert werden, oder auch unterhalb dieser Anschlußpunkte durch Verbände, welche in den Ebenen der unteren Gurtungen der Bogen liegen, an den Auflagern angeschlossen werden. Für den Windverband des Bogens gilt dasselbe wie beim ersten Fall.

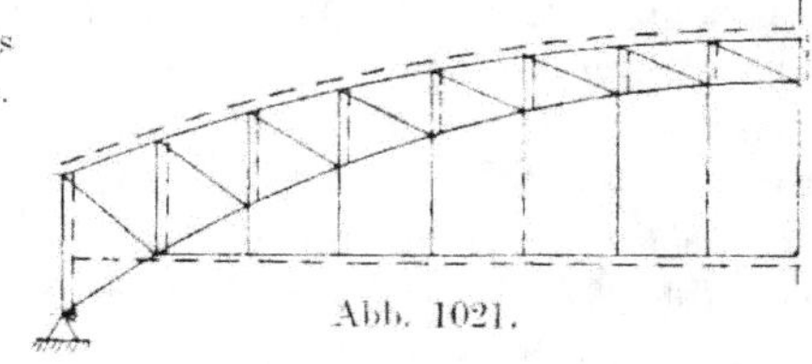

Abb. 1021.

5. Bei einem Gerberträger mit zwei Kragträgern in Balkenform und mit eingehängtem Zweigelenkbogen mit Zugband (Abb. 1022).

Nach den vorstehenden Erörterungen wird es auch dem weniger erfahrenen Leser nicht schwer fallen, die Zweckmäßigkeit der für diese Trägeranordnung vorgesehenen Windverbände zu beurteilen. Aus den gestrichelten Eintragungen

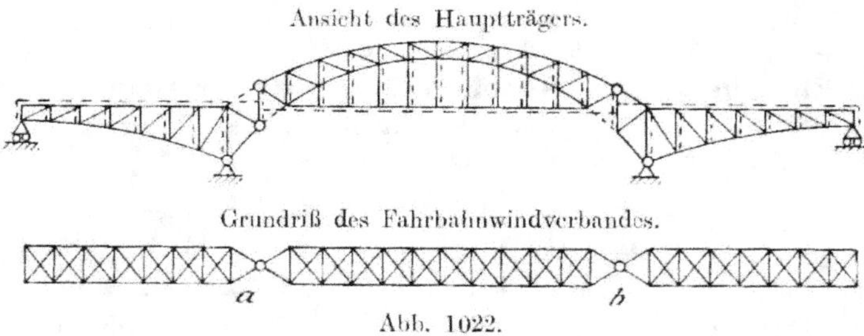

Abb. 1022.

in der Abb. 1022 geht die Lage der einzelnen Windverbände und Querverbindungen klar hervor. Der Fahrbahnwindverband des eingehängten Trägers muß an den Stellen a und b mit den Windverbänden der Kragträger derartig längsbeweglich verbunden werden, daß die Wirkung der Pendelsäulen und der Gelenke nicht aufgehoben wird. Auch muß sich der Querträger, der die sich gegenüberliegenden Pendelsäulen verbindet, in der Längsrichtung gegen den Windverband des angrenzenden Kragträgers und des Bogenträgers verschieben können, um die Wirkung der Pendelsäulen nicht zu beeinträchtigen. Die Gurtungen des Bogenträgers haben wegen mangelnder Höhe keinen wagerechten Windverband erhalten, sondern sind durch Halbrahmen gegen den Windverband der Fahrbahn festgelegt.

6. Bei Hängebrücken.

Über die Anordnung der Windverbände bei Hängebrücken ist bereits unter „Hängebrücken" auf den Seiten 336 f. u. die Rede gewesen. Bei tiefliegenden Versteifungsträgern (Abb. 578 u. 583) wird in der Fläche der Ketten oder Kabel in der Regel kein Windverband angeordnet, weil die Ketten oder Kabel nur auf Zug beansprucht werden und an ihnen nur gezogene Glieder angreifen. Man sieht vielmehr nur in der Ebene der unter der Fahrbahn gelegenen Gurtungen der Versteifungsträger einen Windverband vor, für den ebenso wie für die Querversteifungen die unter 1 und 2 besprochenen Regeln gelten. Die auf die Ketten oder Kabel wirkenden Windkräfte rufen nur unerhebliche und unschädliche Seitenbewegungen dieser Glieder hervor; sie werden durch die Lager auf den Pylonen aufgenommen und bei großen Stützweiten auch noch durch geeignete Vorrichtungen (vgl. Abb. 637 auf S. 378 und die dazugehörige Beschreibung) in der Brückenmitte an den Fahrbahnwindverband abgegeben. Die Hängebrücken mit hochliegenden Versteifungsträgern (Abb. 585) erfordern wegen der großen, hoch über der Fahrbahn dem Winde ausgesetzten Flächen der Versteifungsträger und wegen des Umstandes, daß auch gedrückte Glieder an den Ketten oder Kabeln angreifen, in den meisten Fällen in der Fläche der Ketten oder Kabel besondere Windverbände und außerdem auch noch Querversteifungen, die die Untergurte der Versteifungsträger gegen den oberen Verband festlegen. Diese Verbände sind neben dem Fahrbahnwindverband, der als einziger bei den Hängebrücken mit tiefliegenden Versteifungsträgern in Frage kommt, notwendig. Bei den Hängefachwerken (Abb. 581) kann man die Hauptträgerpfosten und die Querträger zu biegungsfesten Halbrahmen vereinigen und auf diese Weise die auf den oberen Teil des Fachwerks wirkenden Windkräfte auf den Fahrbahnwindverband übertragen.

C. Einzelheiten der Ausbildung der Windverbände und Querversteifungen.

1. Windverbände.

Die Windverbände erhalten in der Regel parallele Gurtungen, ihre Füllungsstäbe werden verschiedenartig angeordnet, wie es die Abb. 1023 a bis d u. Abb. 1024 a u. b veranschaulichen (vgl. hierzu die Beschreibung der Fachwerke auf den S. 178 bis 182). Die Streben der in den Abb. 1023 b und 1024 b dargestellten Verbände brauchen eigentlich nur auf Zug berechnet und bemessen zu werden. Zur Verhütung des Durchhängens werden aber auch diese druckfest ausgebildet. Jede der beiden sich kreuzenden Streben erhält dann eine Stabkraft $= \pm \frac{T}{2 \cos \alpha}$, wo T die größte Querkraft in dem entsprechenden Felde und α der Neigungswinkel der Streben gegen die Pfosten ist. Bei ausreichender Verbindung der Streben im Kreuzungspunkt ist für das Ausknicken in der Ebene des Verbandes als Knicklänge die halbe Stablänge und für das Ausknicken senkrecht zur Ebene des Verbandes in dem Falle, daß der Verband einer gezogenen Hauptträgergurtung angehört, ebenfalls die halbe Stablänge anzunehmen. Gehört der Verband aber einer gedrückten Hauptträgergurtung an, so empfiehlt es sich, als freie Knicklänge für das Ausknicken senkrecht zur Ebene des Verbandes die ganze Stablänge anzunehmen, weil infolge der durch die Druckkraft in den Hauptträgergurtungen hervorgerufenen Zusatzspannungen in beiden Streben Druck auftreten kann.

Die in der Abb. 1023 a dargestellte Windverbandanordnung wird für kleinere Überbauten verwendet.

Bei sehr breiten Brücken und verhältnismäßig kleinen Feldweiten werden die Streben zur Vermeidung zu spitzer Winkel an den Anschlüssen und zu ungünstiger Beanspruchung in der **K**-Form angeordnet oder unter Unterstützung der Kreuzungspunkte durch zwei Felder gelegt (Abb. 1024 a und b). Im allgemeinen fallen die Knotenpunkte der Windverbände mit denen der Hauptträger zusammen. Doch kommen auch Ausnahmen vor (vgl. die Abb. 297 auf S. 198 und die dazugehörige Beschreibung). Für die oberen Windverbände von Straßenbrücken werden aus Schönheitsgründen, wie bereits auf S. 613 erwähnt wurde, auch strebenlose Rahmenträger verwendet (Abb. 521 auf S. 306).

Die Windverbände werden nach Möglichkeit so gelegt, daß die Gurtungen der Hauptträger zugleich Gurtungen dieser Verbände sind. An der Gestaltung der Querschnitte für die Gurtungen der Hauptträger wird hierdurch nichts geändert, nur muß in der Regel bei der Bemessung der Querschnitte auf die Zusatzspannungen durch die wagerechten, quer zur Brückenachse wirkenden Kräfte Rücksicht genommen werden. In vielen Fällen werden die Füllungsstäbe des Windverbandes an den Gurtungen der Hauptträger so angeschlossen, daß die Ebene des Windverbandes nicht mit den Schwerlinien der Gurtungen zusammenfällt. Die hierdurch entstehenden Nebenspannungen werden jedoch gern mit in Kauf genommen, wenn sich ein besserer Anschluß der Füllungsglieder des Windverbandes an den Gurtungen durch die Abweichung von den Schwerlinien der letzteren erzielen läßt.

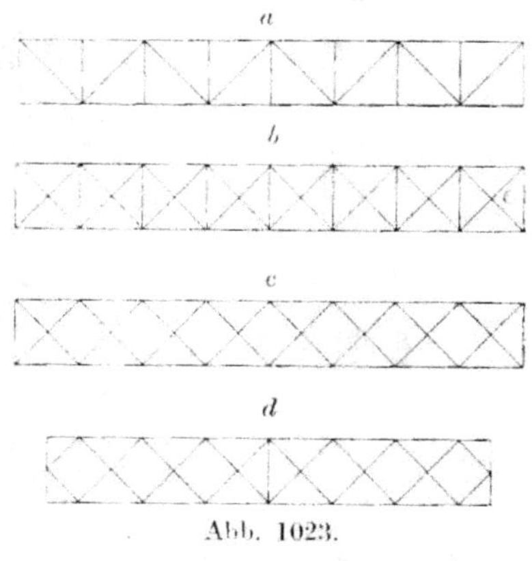

Abb. 1023.

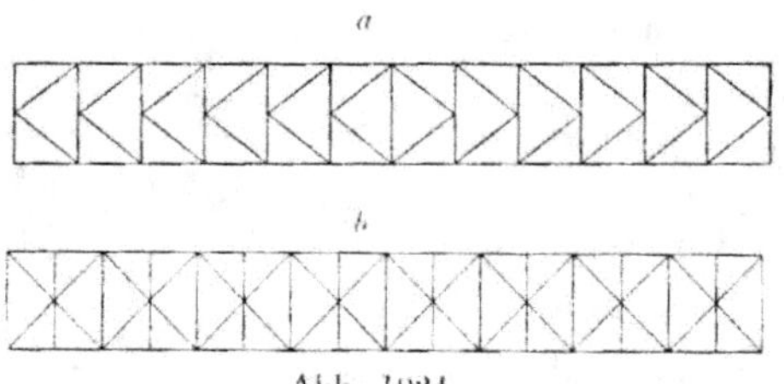

Abb. 1024.

Die Querträger der Fahrbahn werden, soweit es ihr Anschluß und ihre Lage gestattet, als Pfosten der Fahrbahnwindverbände verwendet. Als Pfostenquerschnitt wird in der Regel nur der Querträgergurt angesehen, der an dem Windverband unmittelbar angeschlossen ist. Die in dem betreffenden Gurt entstehenden Nebenspannungen sind zu berechnen.

Die Füllungsglieder werden an den Gurtungen in den meisten Fällen durch Knotenbleche angeschlossen; jedoch stehen auch dem unmittelbaren Anschluß keine Bedenken entgegen. Bei Blechträgern werden die Knotenbleche in der Regel an den abstehenden Schenkeln der Gurtwinkel angeschlossen (Abb. 1025), weil hierbei sämtliche Knotenbleche in einer Ebene angeordnet werden können. Der Anschluß an den Gurtungen von Fachwerkträgern wird meist so ausgeführt, daß die Knotenbleche mit den Obergurten in den Oberkanten und mit den Untergurten in den Unterkanten vernietet werden. Es empfiehlt sich dabei, die Füllungsglieder so anzuschließen, daß sich ihre Schwerlinien mit der Projektion der Gurtschwerlinie in einem Punkte schneiden (Abb. 1026). Da aber der zentrische Anschluß bei großen und breiten Gurtungen große Knotenbleche erfordert, so verzichtet man häufig hierauf und schließt die Füllungsstäbe exzentrisch an (Abb. 1027). Bei Obergurtstäben mit durchgehenden Kopfplatten braucht man die Windverbandknotenbleche mit anschließenden schwachen Stäben nicht über die ganze Gurtbreite zu führen (Abb. 1028), da die Kopfplatten für die Überleitung der Kräfte in den ganzen Gurtquerschnitt aufkommen. Häufig werden die Windverbandknotenbleche zur Deckung des Stoßes der Obergurtkopfplatten herangezogen; in diesem Falle müssen sie natürlich über die ganze Gurtbreite reichen (Abb. 391 auf S. 240). Bei Untergurtstäben mit geteiltem Querschnitt läßt man die Windverbandknotenbleche nach Möglichkeit über die ganze Gurtbreite reichen, wie bei der in der Abb. 1026 dargestellten Anordnung. Ist dies nicht möglich, wie z. B. bei dem in der Abb. 390 auf S. 239 veranschaulichten Knotenpunkt, so muß man für Überleitung der Kräfte der Windverbandstäbe in den ganzen Gurtquerschnitt Sorge tragen. Bei dem zuletzt genannten Knotenpunkt konnte das Windverbandknotenblech nicht durchgeführt werden, da es zwischen dem Deckwinkel und den Fußplatten liegt und gegen die innere Stegwand stößt. Beide Querschnittshälften sind aber durch ein Blech von der Länge des Windverbandknotenbleches gut miteinander verbunden.

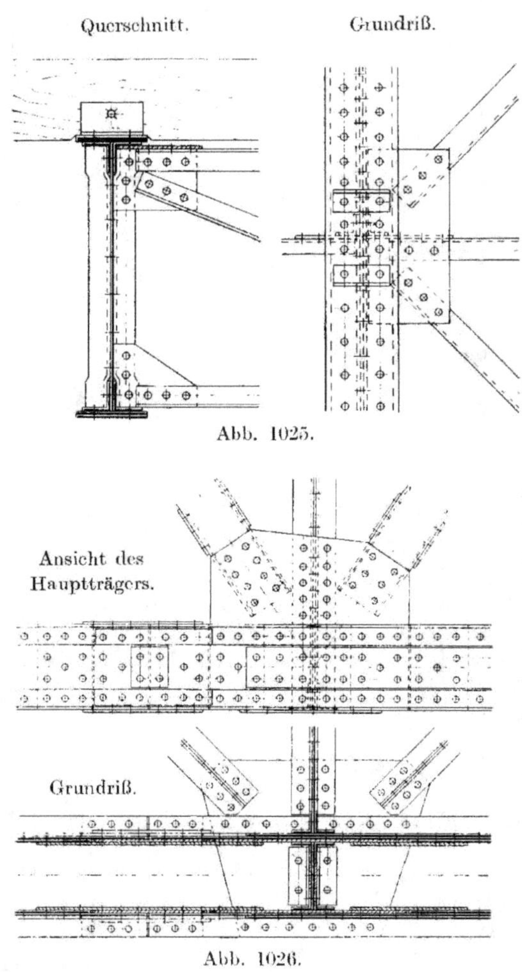

Abb. 1025.

Abb. 1026.

In den Knickpunkten der Gurtungen werden gebogene Knotenbleche verwendet (Abb. 1028).

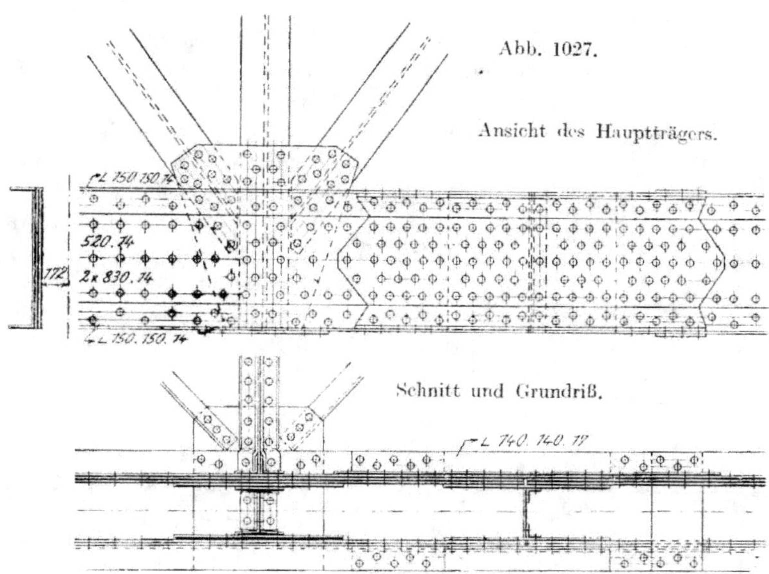

Abb. 1027.

Ansicht des Hauptträgers.

Schnitt und Grundriß.

Bei breiten Überbauten mit großer Feldweite werden häufig die Füllungsglieder des Windverbandes der oberen Gurtungen aus Querriegeln und doppelten Streben gebildet und zur Aufnahme des Eigengewichts der langen Streben besondere Längsriegel, die an den Querriegeln angeschlossen werden, eingefügt (Abb. 1029). Die Abb. 1030 veranschaulicht einen Querriegel (*Q R* in Abb. 1029), die Abb. 1031 einen Längsriegel (*L R* in Abb. 1029) und die Abb. 1032 den Kreuzungspunkt der Streben.

Grundriß des oberen Windverbandes.

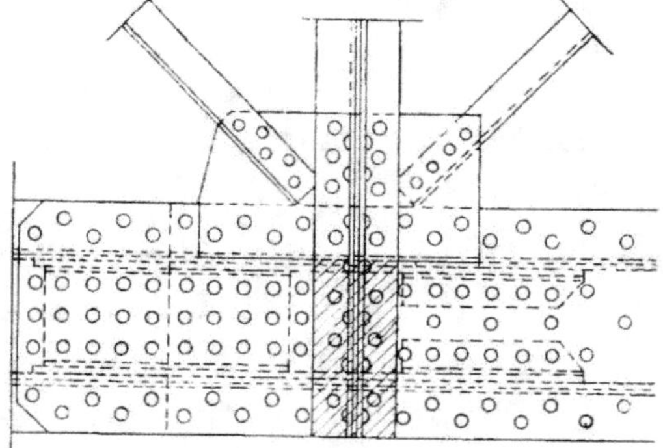

Ansicht des Hauptträgers.

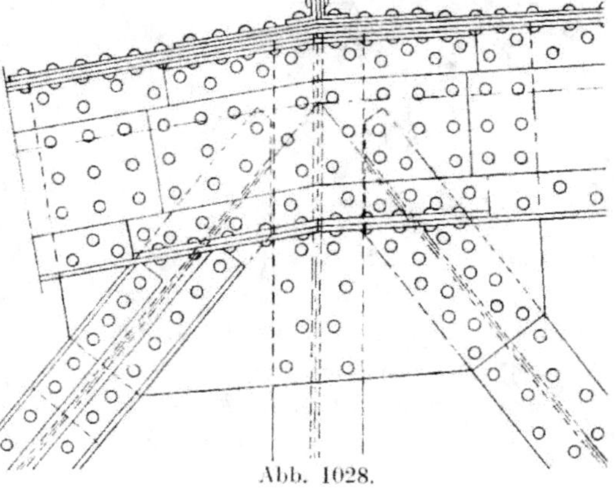

Abb. 1028.

Bei dem in der Abb. 862 auf S. 513 dargestellten Überbau ist der obere Windverband derart angeschlossen, daß seine Ebene mit den Schwerlinien der Obergurte zusammenfällt. Die Knotenbleche des Windverbandes sind mit zwei Winkeln an den Stegen der inneren ⊏-Eisen der Obergurte befestigt. Durch den Hauptträgerpfosten wird die Windverbandkraft auf den ganzen Gurtquerschnitt verteilt.

Die Abb. 1033 veranschaulicht den oberen Windverband der Eisenbahnbrücke über den Rhein bei Worms. Die Knotenbleche sind auch hier mit zwei Winkeln mit den inneren Stegen der Obergurte verbunden. Die Pfosten und Streben des Windverbandes sind aus zwei ⊏-Eisen mit senkrecht liegenden Flanschen gebildet. Das erforderliche Trägheitsmoment ist dadurch erzielt worden, daß die beiden ⊏-Eisen nach der Mitte auf einen gewissen Abstand,

Grundriß.

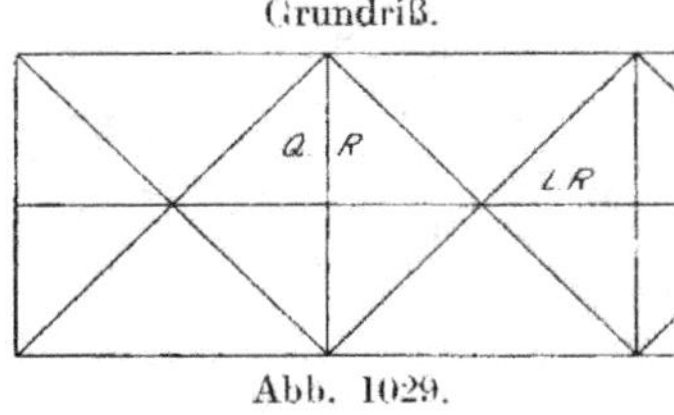

Abb. 1029.

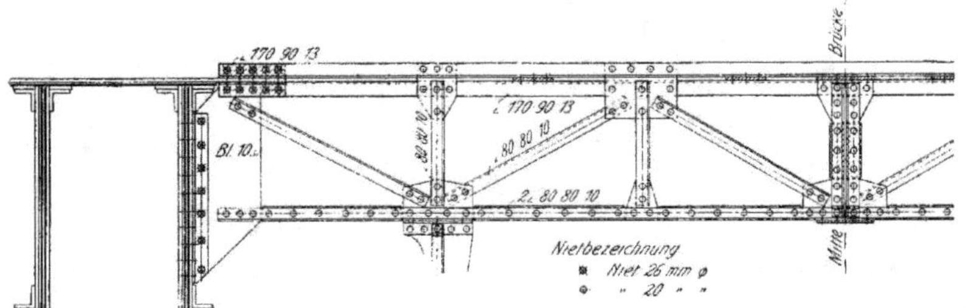

Abb. 1030. Ansicht des Querriegels.

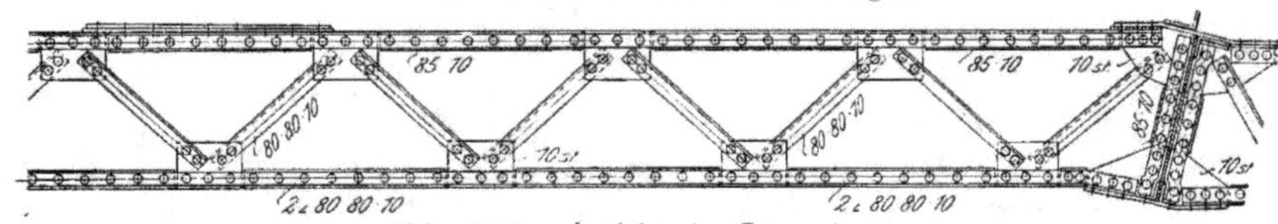

Abb. 1031. Ansicht des Längsriegels.

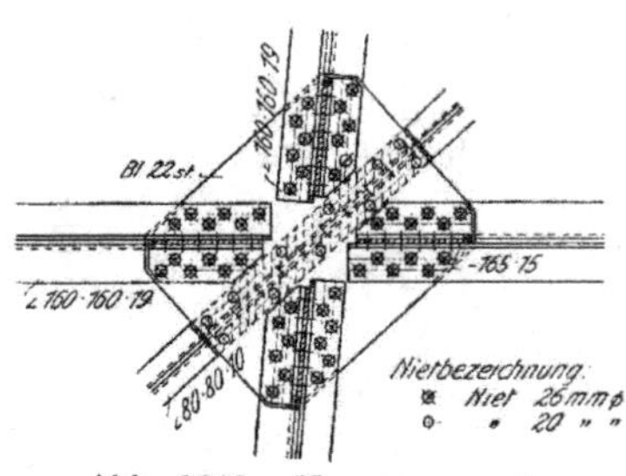

Abb. 1032. Kreuzungspunkt.

der durch eine Vergitterung festgelegt ist, auseinandergezogen sind. Diese Art der Ausbildung der Füllungsstäbe sieht nicht gut aus und ist auch statisch nicht günstig. Soweit es irgend möglich ist, bilde man die Füllungsglieder aus gleichlaufenden Winkeleisen (Abb. 1032). Das kreisförmig gebogene ⊏-Eisen (Abb. 1033), das den Windverbandpfosten mit dem Bogenuntergurt verbindet, ist so biegsam, daß es keine Querverbindung darstellt. Es ist nur aus Schönheitsrücksichten eingefügt.

Die in den Abb. 862 und 1033 dargestellten Anschlüsse des oberen Windverbandes werden von manchen Konstrukteuren deshalb bevorzugt, weil sich hierbei die Hauptträger bei ungleichmäßiger Belastung ungleich durchbiegen können, ohne die oberen Querverbindungen, wie z. B. bei der in der Abb. 1030 dargestellten Anordnung, ungünstig zu beanspruchen. Dieser Vorteil ist aber deshalb nicht hoch einzuschätzen, weil beim Fahrbahnwindverband, dessen Pfosten in der Regel die an den Hauptträgern fest angeschlossenen Querträger sind, diese ungünstige Beanspruchung doch eintritt.

Der Anschluß der Füllungsglieder des Windverbandes an dem als Gurtung dienenden Zugbande eines Zweigelenkbogens mit aufgehobenem Horizontalschub ist aus der Abb. 549 auf S. 324, aus der Abb. 551 auf S. 326, aus der Abb. 905 auf S. 544 und aus der Abb. 906 auf S. 545 zu ersehen. Bei den in den Abb. 549, 551 und 905 dargestellten Anordnungen steht das Windverbandknotenblech nur mit der inneren Querschnittshälfte in unmittelbarer Verbindung; für eine ausreichende Verbindung beider Querschnittshälften ist aber Sorge getragen. Bei dem in der Abb. 906 wiedergegebenen Knotenpunkt greift das Knotenblech durch beide Querschnittshälften hindurch.

Die Anordnung besonderer Gurtungen für den Fahrbahnwindverband des Zweigelenkbogens ohne

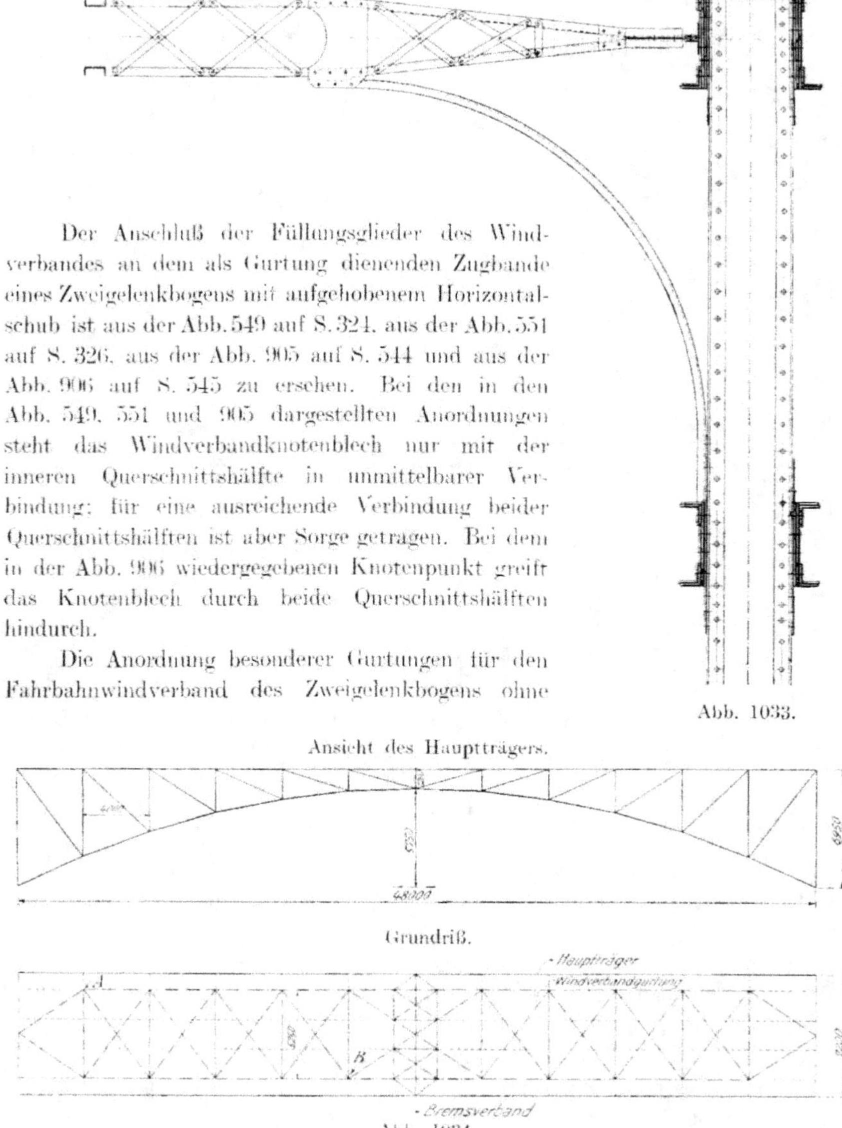

Abb. 1033.

Abb. 1034.

aufgehobenen Horizontalschub ist bereits auf den S. 616 bis 621 besprochen und veranschaulicht worden.

Besondere Gurtungen zeigt auch der Windverband des in der Abb. 1034 in Ansicht und Grundriß dargestellten Überbaues mit Bogenzwickelträgern. Es ist nur ein in der Ebene der Unterkanten der Querträger liegender Windverband vorhanden, gegen den die Obergurte durch die Querträger und die Untergurte durch Querversteifungen festgelegt sind. Aus der Lage dieses Verbandes zu den

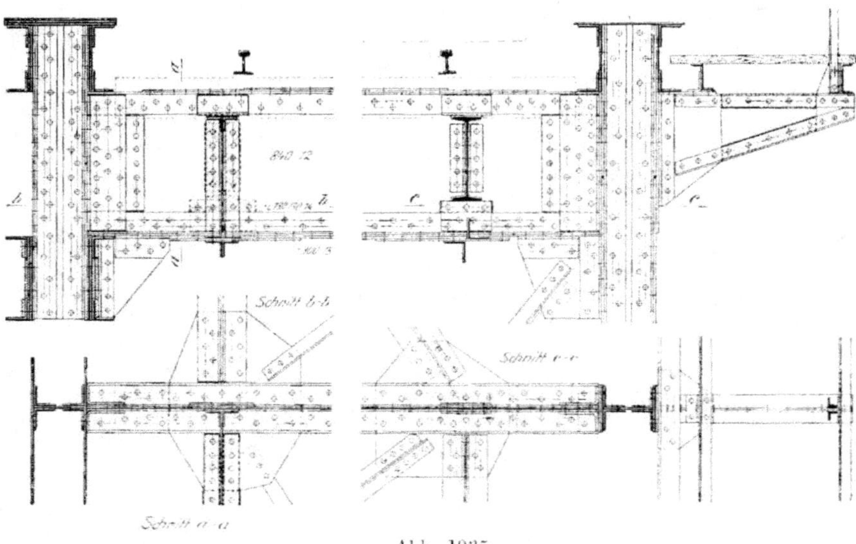

Abb. 1035.

oberen und unteren Bogengurtungen ergab sich die Notwendigkeit, besondere Glieder für die Gurtungen des Windverbandes vorzusehen. Sie bestehen aus Winkeleisen, die an den Querträgern unterbrochen und durch Knotenbleche verbunden sind, wie aus Abb. 1035 zu ersehen ist.

Die längsbeweglichen Gelenke der Windverbände.

Stoßen zwei Verbände unter oder über Gelenken von Hauptträgern (vgl. Abb. 1003 und die dazugehörige Beschreibung) unter einem Querträger zusammen, so läßt sich das längsbewegliche Gelenk sehr einfach in Verbindung mit diesem herstellen (Abb. 1036). Die Endstreben beider Verbände werden unter dem Querträger durch Knotenbleche zusammengeführt. Das Knotenblech K_1 des Verbandes, der zu demselben Brückenteil gehört wie der Querträger, wird mit dem letzteren fest vernietet. Zwischen dem Knotenblech K_1 und der Unterkante des Querträgers wird durch Einschaltung der Futter F ein solcher Raum gelassen, daß das Knotenblech K_2 des anderen Verbandes längsbeweglich hineingreifen kann. Es legt sich seitlich gegen die Futter F. Seine Anlagekanten sind zur Erzielung der Gelenkwirkung geschweift. Für größere Verbände eignet sich das in der Abb. 1037 dargestellte Gelenk, das grundsätzlich dem eben geschilderten ähnlich ist. Das linke

Knotenblech ist mit dem Querträgeruntergurt fest vernietet, das rechte ist freibeweglich durch ein Flacheisen an dem Querträger aufgehängt. Die Einzelheiten sind aus der Abbildung zu ersehen.

Liegt der Windverband über dem Querträgeruntergurt, so läßt sich ein dem in der Abb. 1037 veranschaulichten ähnliches Gelenk in dem entsprechend geschlitzten Querträgersteg einfügen.

Längsbewegliche, an den Widerlagern liegende Gelenke zeigen die Abb. 1013 und 1018.

Die Gelenke G_1 und G_2 des in der Abb. 1038 dargestellten Überbaues[1]) erfordern die Unterbrechung des die Obergurte verbindenden Windverbandes. Zu dem Zwecke sind die Windverbände der beiden Seitenöffnungen schnabelförmig an den oberen Riegeln der über den Mittelpfeilern liegenden Portale zusammenge-

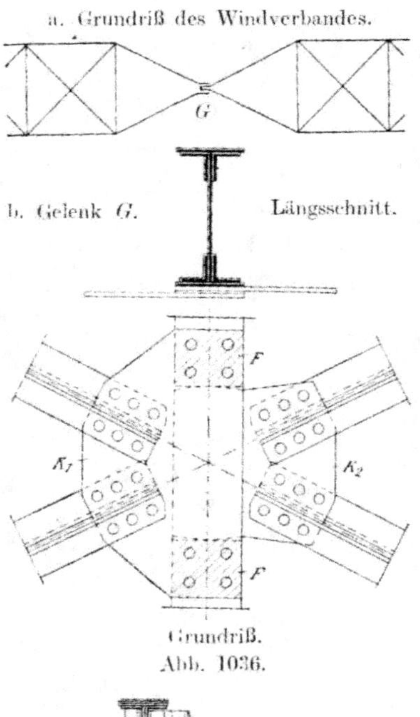

Abb. 1036.

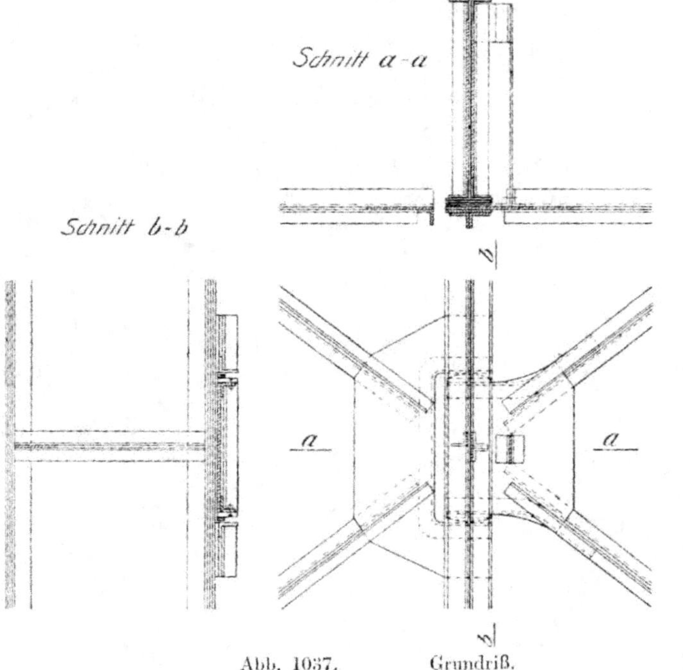

Abb. 1037.

[1]) Brücke über die Havel bei Spandau. Entwurf und Ausführung der Gesellschaft Harkort in Duisburg.

führt und an diesen mit längsbeweglichen Gelenken angeschlossen, deren Einzelheiten aus der Abb. 1039 zu ersehen sind. Über ein festliegendes, durch den Portalriegel gestecktes Knotenblech K_1 greifen zwei Knotenbleche K_2, an denen die Endstreben des Windverbandes der Seitenöffnung angeschlossen sind. Durch diese drei Knotenbleche ist ein Bolzen von der Stärke dieser drei Bleche gesteckt. In der Stärke des mittleren Knotenbleches K_1 ist der Bolzen kreisrund, in der Dicke der äußeren Knotenbleche K_2 aber beiderseits geradlinig begrenzt (siehe die Abb. 1039c). Die äußeren Knotenbleche haben längliche Ausschnitte erhalten, die in ihrer Ausdehnung senkrecht zur Bewegungsrichtung genau dem geradlinig begrenzten Teil des Bolzens entsprechen. Die Knotenbleche K_2 können sich daher in der Längsrichtung verschieben und in der Bewegungsebene um den Bolzenmittelpunkt mit dem Bolzen zusammen Drehungen ausführen. Am Herausfallen wird der Bolzen

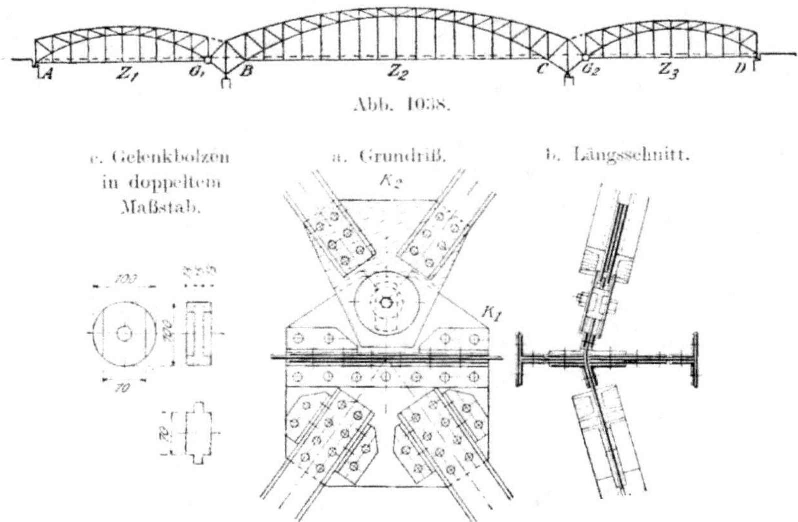

Abb. 1038.

Abb. 1039.

durch zwei Scheiben und eine Schraube gehindert. Grundsätzlich ist diese Ausführung der in der Abb. 1013 dargestellten und auf S. 620 beschriebenen Anordnung ähnlich.

Über die Einzelheiten der zwischen den Längsträgern der Fahrbahn einzuschaltenden wagerechten Verbände ist bereits auf S. 491 bis 494 und 509 das Nötige gesagt worden.

Liegen sehr weitgespannte und sehr hohe Überbauten nebeneinander, so empfiehlt es sich, die Überbauten an den Ober- und Untergurten zu kuppeln, um ihre Standsicherheit gegen Umkippen durch Seitenkräfte zu erhöhen und um die Windverbände der einzelnen nebeneinander liegenden Überbauten gleichmäßig an der Aufnahme der Seitenkräfte zu beteiligen. Die Kupplungen, die an den einander zugekehrten Gurtungen benachbarter Überbauten angreifen, müssen gelenkig angeschlossen werden, damit sie bei ungleichen Durchbiegungen der benachbarten

Überbauten nicht zerstört werden. Die Abb. 1040 stellt die Kupplung an den Obergurten benachbarter Überbauten der Nordbrücke in Köln dar.

2. Querverbindungen.

Wie schon erwähnt wurde, sind die Hauptträgergurtungen, die keinen besonderen Windverband erhalten, durch Querversteifungen an den Windverband der anderen Gurtungen anzuschließen. Weiter sind die Auflagerkräfte eines Windverbandes, der nicht unmittelbar an den Lagern der Hauptträger angreift, mit diesen unmittelbar oder mit dem Windverbande, der an den Lagern der Hauptträger unmittelbar angeschlossen ist, zu verbinden. Die Querversteifungen sind nach Möglichkeit im Dreieckverband auszuführen und nur da, wo es die Durchfahrt von Fahrzeugen erfordert, als oben geschlossene oder offene Steifrahmen auszubilden. In früheren Jahren hat man vielfach bei eisernen Brücken mit hohen Hauptträgern und tiefliegender Fahrbahn, auch in dem Falle, daß in der Fläche der Ober- und Untergurte Windverbände angeordnet waren, in den Ebenen aller

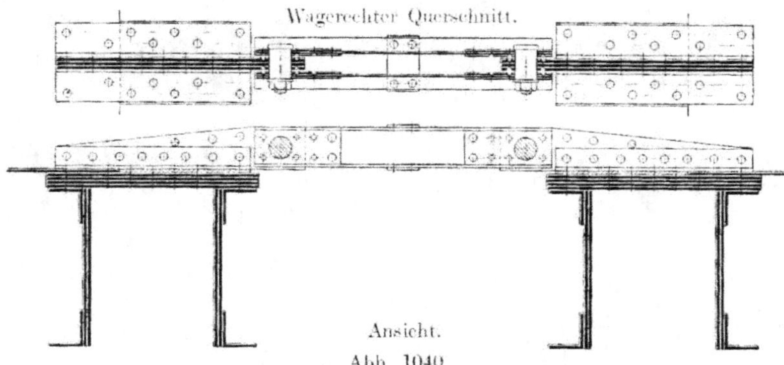

Abb. 1040.

sich gegenüberliegenden Pfosten oder Streben der Hauptträger gegliederte Querversteifungen angebracht, die oft bis zur oberen Begrenzung des frei zu haltenden Durchfahrtquerschnittes herabreichten. Diese Zwischenquerversteifungen erzeugen aber im Verein mit dem oberen Windverband ein sehr unschönes Stabgewirr und verursachen schwer zu ermittelnde Unbestimmtheiten in der Kräfteaufnahme. Allerdings verteilen sie bei einseitiger Belastung der Brücke die Last besser auf beide Hauptträger, als dies beim Fehlen solcher Querverbindungen möglich ist, und vermindern die Knicklänge der verbundenen Glieder senkrecht zur Trägerebene. Diese Zwischenquerversteifungen werden heute in der Regel nicht mehr ausgeführt. Die Anordnung von Querversteifungen wird vielmehr auf die obenerwähnten Fälle beschränkt.

a. Dreieckverbände.

Die Dreieckverbände bestehen aus Pfosten, Riegeln und Streben. Die Pfosten sind die seitlichen, die Riegel die unteren und oberen wagerechten Begrenzungsstäbe, die Streben verbinden diese Stäbe zu einem Dreiecknetz. Die Pfosten werden meist aus den Stegblechaussteifungen der Blechträger oder den Pfosten der Fachwerkträger gebildet. Einer der beiden Riegel ist in der Regel zugleich Querträger der Fahrbahn. Die Streben können als einfache oder sich kreuzende Stäbe, schließlich auch in der **K**-Form (Abb. 1041) angeordnet werden. Es empfiehlt sich, in der Mitte eines Querträgers nicht die Spitze eines **K**-förmigen Verbandes einer Querversteifung angreifen zu lassen, damit die Stützung des Querträgers nicht statisch unbestimmt wird. Hohe Dreieckverbände erfordern eine Stockwerkteilung, wie dies die Abb. 1041 zeigt. Dreieckverbände sind aus den Abb. 778, 814, 815, 816, 835, 836, 864, 865, 900, 901, 902, 918, 971, 972, 973 und 1035 zu ersehen.

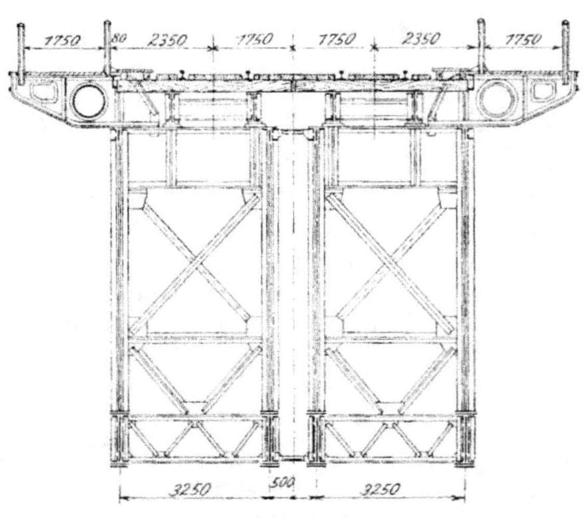

Abb. 1041.

Die Eckknotenbleche sind nicht allein mit den Pfosten, sondern auch mit den Querriegeln zu verbinden (siehe Abb. 864, 865, 971, 972, 973, 1042 und 1043).

Die Abb. 1041 stellt die in der Ebene der Endpfosten liegende Querversteifung der in der Abb. 886 auf S. 530 wiedergegebenen Bogenbrücke dar. Durch sie werden die auf den Fahrbahnwindverband entfallenden Kräfte in die Bogenlager geleitet.

Querschnitt.

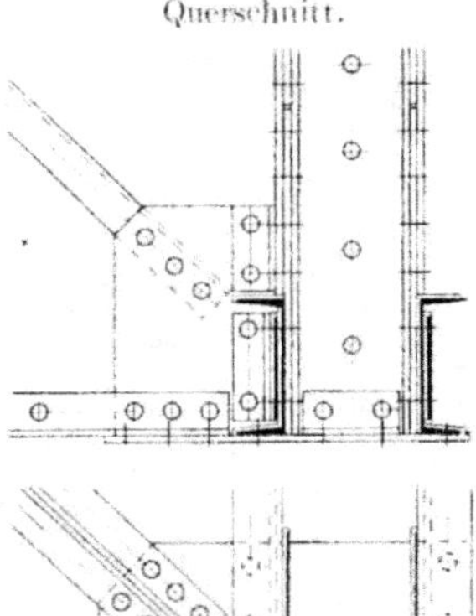

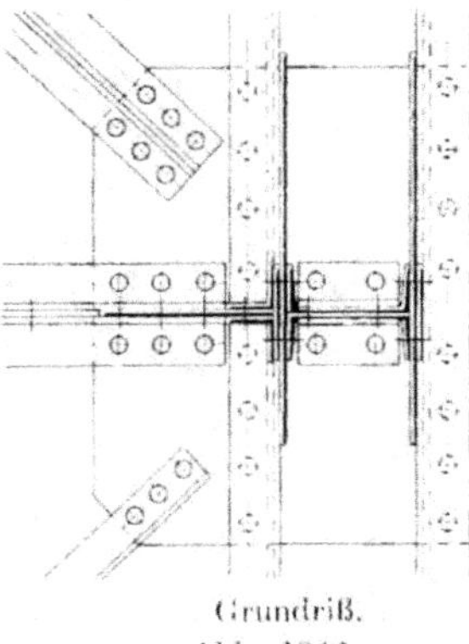

Grundriß.
Abb. 1042.

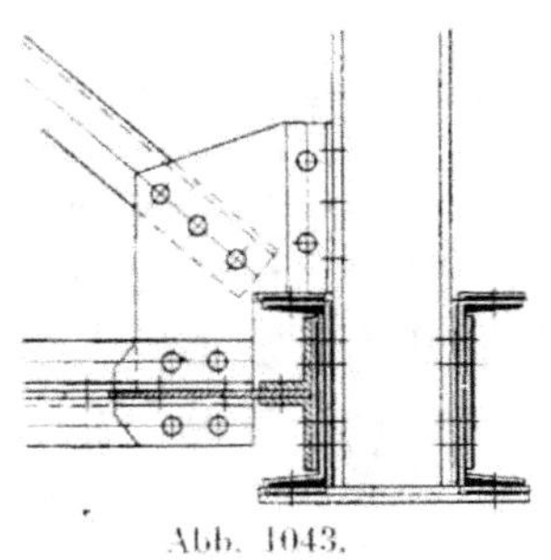

Abb. 1043.

b. Obengeschlossene Steifrahmen.

Die oben geschlossenen Steifrahmen werden meist durch Einbeziehung eines Querträgers der Fahrbahn als allseitig geschlossene, dreifach statisch unbestimmte Gebilde ausgeführt. Bei Anordnung eines schrägen Endportals in der Ebene der Endschrägen (siehe Abb. 1000) kann der Endquerträger wegen seiner senkrechten Lage nicht als

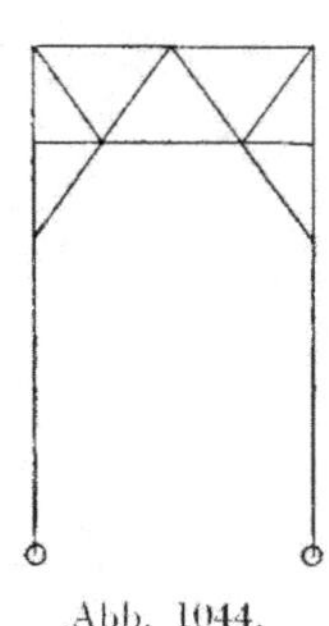

Abb. 1044.

unterer Querriegel des Portals verwendet werden. Das Endportal wird in diesem Falle ein Rahmen mit Fußgelenken (Abb. 1044).

In der Abb. 1045 ist ein allseitig geschlossener Steifrahmen für Überbauten mittlerer Stützweite veranschaulicht. Der untere Riegel ist der Endquerträger; der obere Riegel ist aus einem Stegblech und vier Winkeleisen gebildet. Die wagerechten Schenkel der oberen dieser Winkeleisen sind nach unten gekehrt, damit sie auf den Obergurt der Hauptträger hinaufgeführt werden können. Das obere Eckblech greift nur in den Querriegel und das untere Eckblech nur in den Endpfosten hinein.

Die Abb. 1046[1]) veranschaulicht ein Endportal der Eisenbahnnordbrücke über den Rhein in Köln. Der untere Querriegel wird auch hier vom Endquerträger gebildet; der obere Querriegel ist fachwerkartig gestaltet. Die Endpfosten, die an den Innenseiten der unteren und oberen Knotenbleche der Hauptträger angeschlossen sind. sind an den Innenseiten durch ein Stegblech, vier Winkeleisen und ein Kopfblech verstärkt. Das untere Eckblech greift nur in den Querträger und den Verstärkungsteil des Pfostens, nicht aber in den Pfosten selbst hinein.

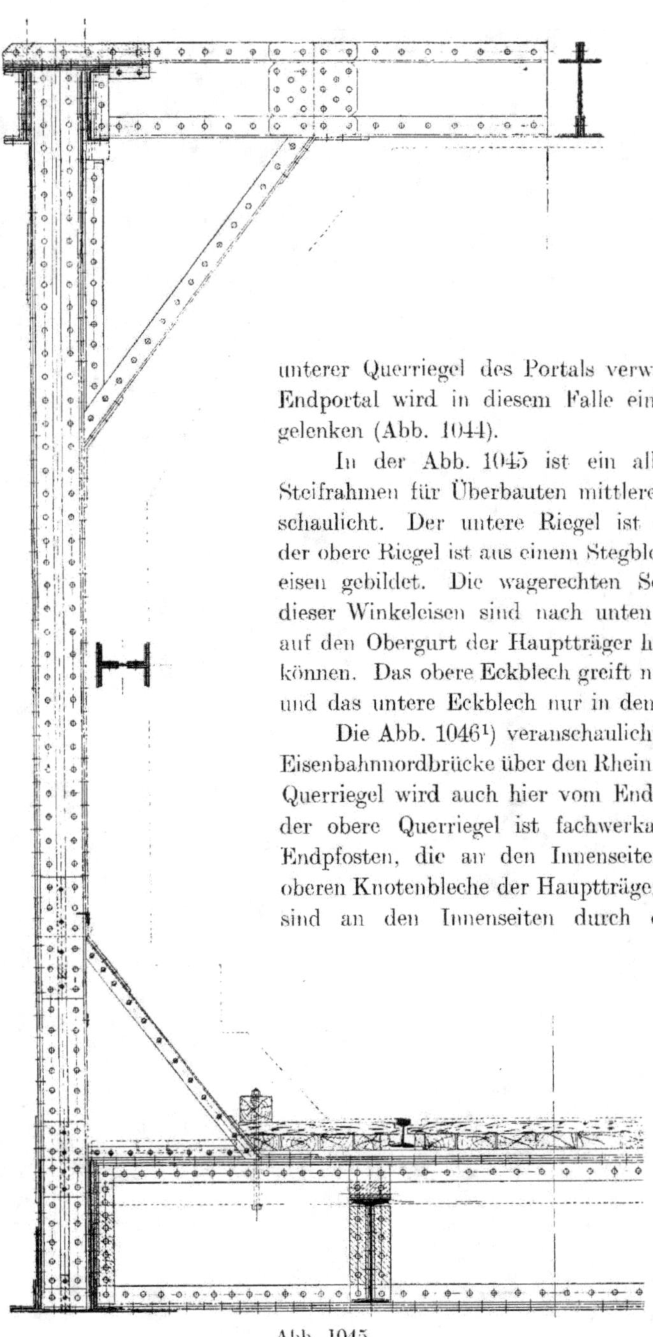

Abb. 1045.

In der Abb. 1047 ist das Endportal des 186 m weit gestützten Überbaues

[1]) Entwurf der Gesellschaft „Harkort“.

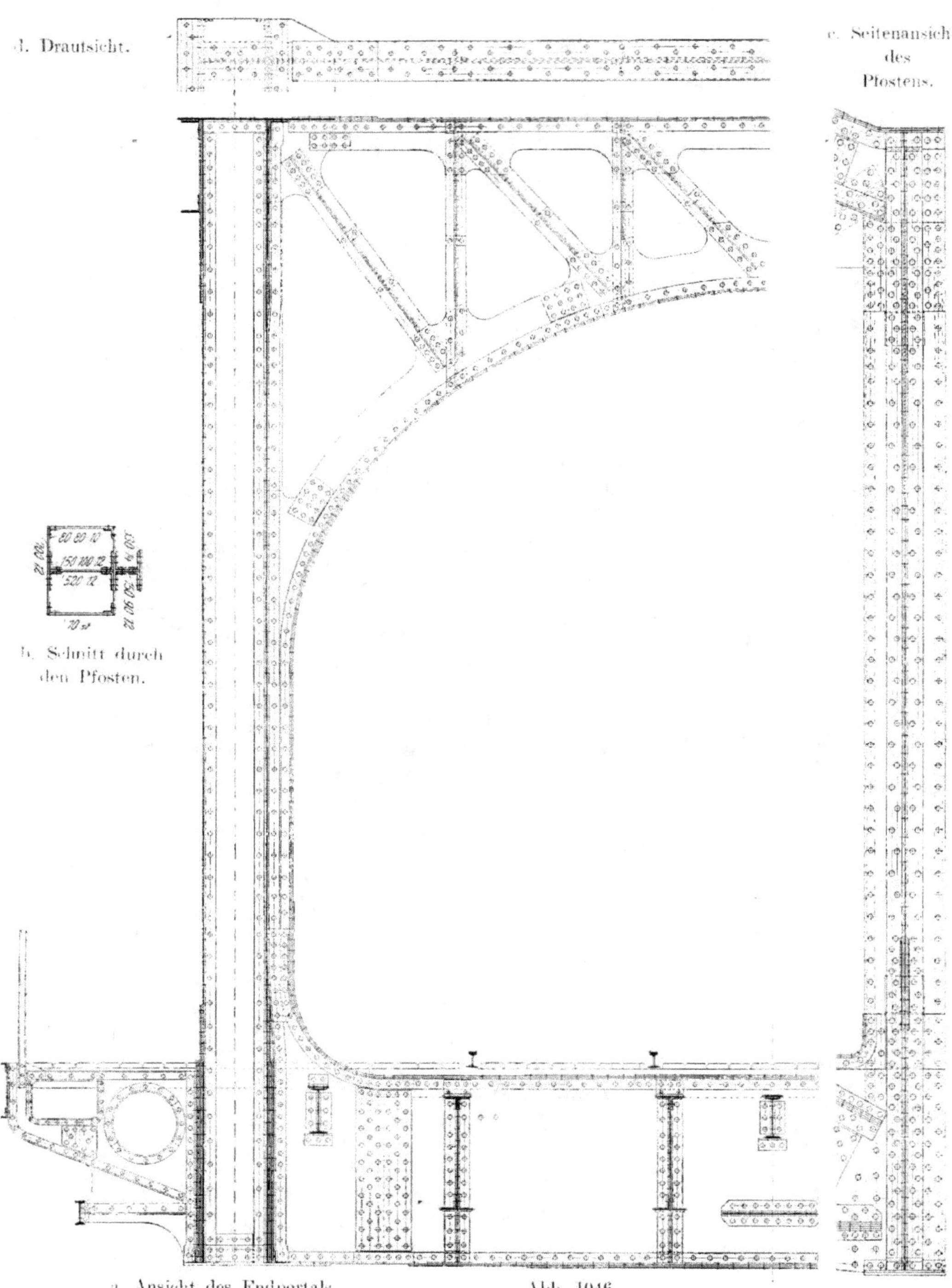

a. Ansicht des Endportals. Abb. 1046.

Oberansicht
Nietbezeichnung
Niet 30 mm ⌀
26
23
20
Querschnitt des Ständers
Seitenansicht
Schnitt d–d
Schnitt a–a
Vorderansicht
Schnitt durch den Querträger

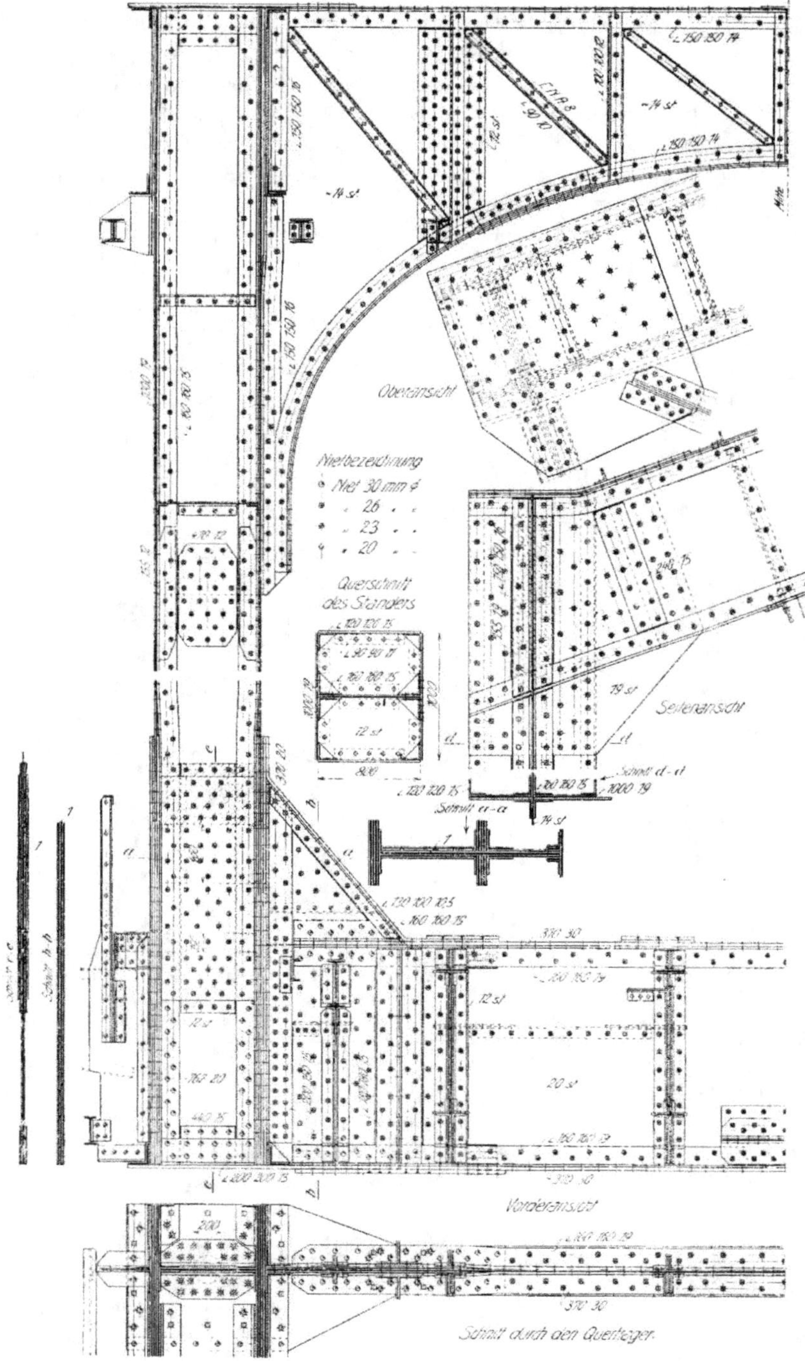

Abb. 1047.

der zweigleisigen Eisenbahnbrücke über den Rhein unterhalb Ruhrort (Abb. 336 auf S. 209) dargestellt, das sehr sorgfältig durchgebildet ist. Zur einwandfreien Aufnahme der Eckmomente sind vom Querträger und vom oberen Riegel Bleche in die Ständer hineingeführt. Das 20 mm starke Stegblech des Querträgers stößt stumpf gegen die Knotenbleche des Auflagerknotenpunktes. In der Ebene dieses Stegbleches liegt über ihm in der Ecke ein gleich starkes Eckblech, das durch einen 460 mm hohen Schlitz in den Knotenblechen in den Ständer hineinfaßt (vgl. die Schnitte *a—a*, *b—b* und *c—c*, in denen das Eckblech mit 1 bezeichnet ist). Das

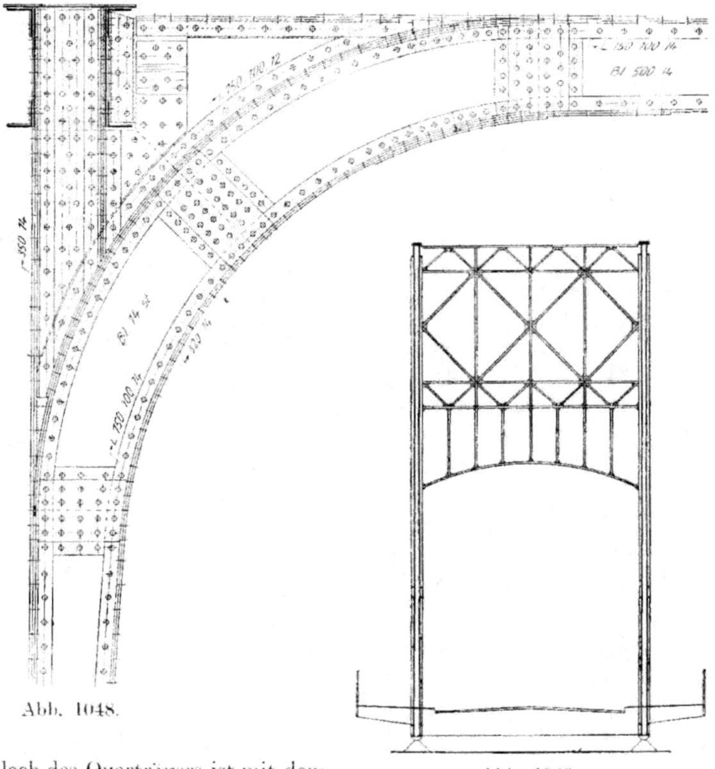

Abb. 1048.

Abb. 1049.

Stegblech des Querträgers ist mit dem Eckblech auf jeder Seite durch ein 12 mm starkes Blech verbunden (vgl. die Schnitte *a—a* und *b—b*). Aus der Ansicht und dem Schnitt *c—c* ist auch zu ersehen, in welcher Weise die Fußsteigkonsole mit dem Pfosten in einwandfreie, den bei einer späteren Fußsteigverbreiterung auftretenden Zugkräften gewachsene Verbindung gebracht ist. Die Stöße, die das Stegblech des Pfostens mit den von der Ecke und der Fußsteigkonsole in den Pfosten hineinfassenden Blechen bildet, sind durch beiderseitige Laschen gedeckt. An der oberen Ecke des Steifrahmens greift das Stegblech des oberen Riegels durch das geschlitzte Seitenblech des Pfostens in ihn hinein (vgl. Schnitt *d—d*). Der Stegblechstoß ist durch beiderseitige Laschen gedeckt. Das innere Knotenblech

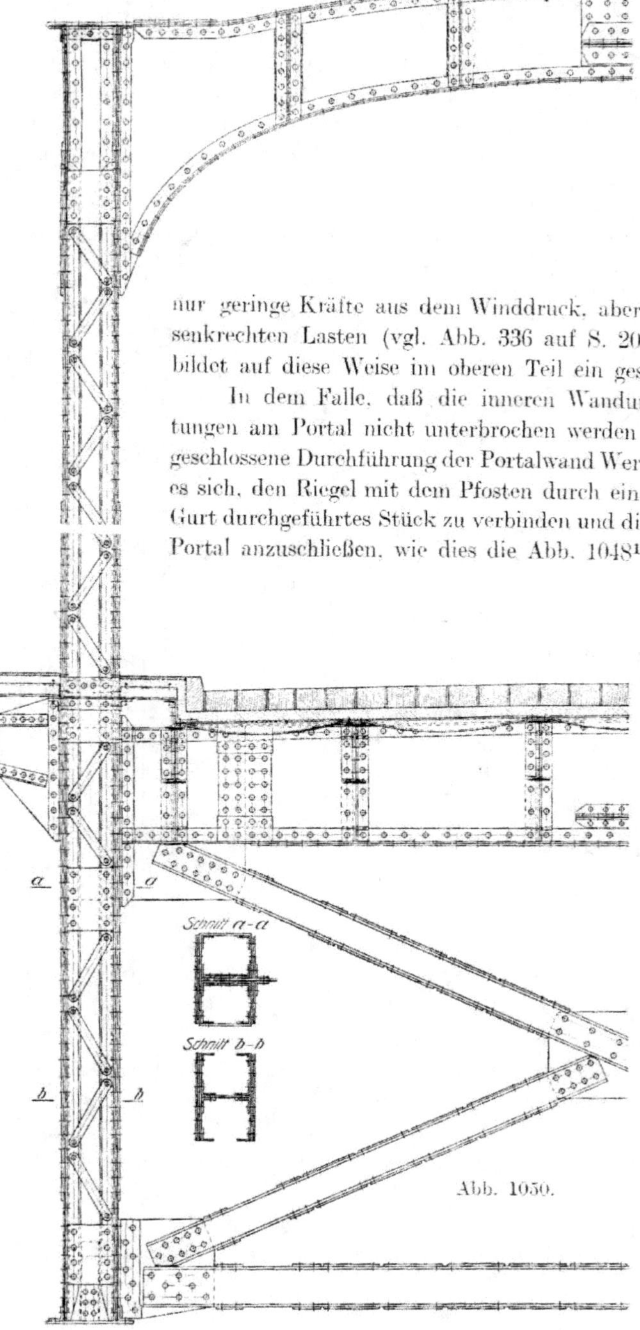

Abb. 1050.

und die innere Wandung des Obergurtes greifen nicht durch das Portal hindurch, sie hören vielmehr am Stegblech des oberen Riegels auf (siehe Schnitt d—d). Dies ist deshalb hier unbedenklich, weil der letzte Obergurtstab nur geringe Kräfte aus dem Winddruck, aber keine Kräfte aus den senkrechten Lasten (vgl. Abb. 336 auf S. 209) erhält. Das Portal bildet auf diese Weise im oberen Teil ein geschlossenes Ganzes.

In dem Falle, daß die inneren Wandungen der oberen Gurtungen am Portal nicht unterbrochen werden können, aber auf eine geschlossene Durchführung der Portalwand Wert gelegt wird, empfiehlt es sich, den Riegel mit dem Pfosten durch ein gebogenes, unter dem Gurt durchgeführtes Stück zu verbinden und die Gurtung nur an dem Portal anzuschließen, wie dies die Abb. 1048[1]) veranschaulicht.

Bei sehr hohen Portalen, die beispielsweise über den Mittelstützen durchgehender Träger oder an den Pylonen der Hängebrücken vorkommen, müssen die oberen Querverbindungen möglichst weit heruntergeführt werden, um die Momente in den Pfosten einzuschränken. Wie dies geschehen kann, zeigen die Abb. 1049 und die Abb. 699 auf S. 414.

Die Einzelheiten eines Portals, wie es in der Abb. 1021 in kleinem Maßstabe

[1]) Entwurf und Ausführung von Jucho-Dortmund.

dargestellt ist, sind in der Abb. 1050[1]) veranschaulicht. Der über der Fahrbahn liegende Teil des Portals ist ein steifer, geschlossener Rahmen, der untere Teil ist durch einen Dreieckverband ausgesteift. Die Bleche, an denen die Streben dieses Dreieckverbandes in ihrem oberen Teile angreifen, fassen in den Querträger und durch die Seitenbleche der Pfosten in diese hinein (siehe Schnitt *a—a*). Der obere Windverband ist in der Mitte des oberen Querriegels, der Fahrbahnwindverband, der trotz der zusammenhängenden Fahrbahntafel angeordnet ist, in der Mitte des Querträgers angeschlossen.

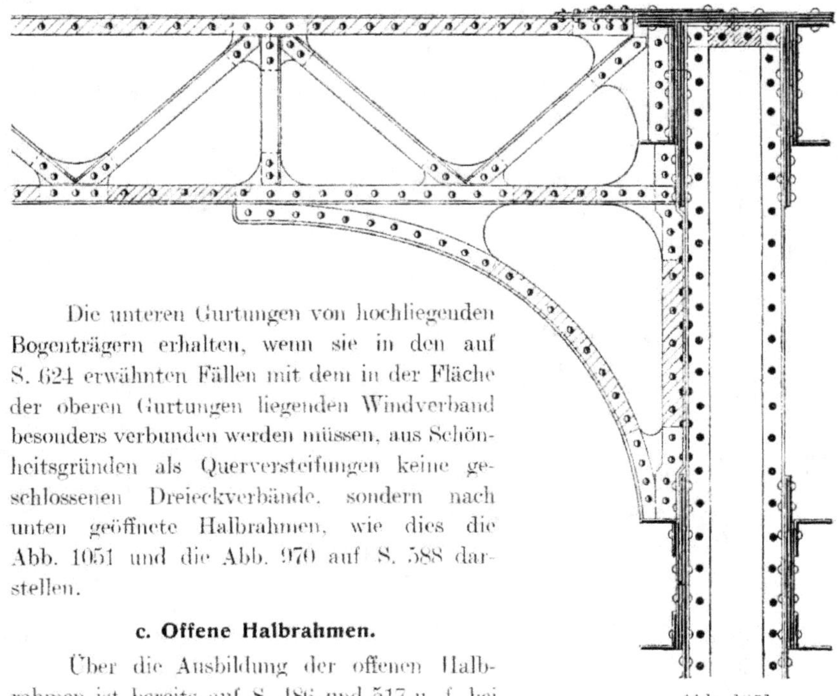

Abb. 1051.

Die unteren Gurtungen von hochliegenden Bogenträgern erhalten, wenn sie in den auf S. 624 erwähnten Fällen mit dem in der Fläche der oberen Gurtungen liegenden Windverband besonders verbunden werden müssen, aus Schönheitsgründen als Querversteifungen keine geschlossenen Dreieckverbände, sondern nach unten geöffnete Halbrahmen, wie dies die Abb. 1051 und die Abb. 970 auf S. 588 darstellen.

c. Offene Halbrahmen.

Über die Ausbildung der offenen Halbrahmen ist bereits auf S. 486 und 517 u. f. bei der Abhandlung über die Querträgeranschlüsse für oben offene Brücken die Rede gewesen (vgl. die Abb. 869, 870, 872, 876, 877 u. 909). Neben dem festen Anschluß des Querträgers, der Verbindung des Querträgeruntergurtes mit dem Windverbandknotenblech (vgl. S. 519 u. 521), der Anordnung von Eckversteifungen und dem Einbinden der Eckversteifungen in die Pfosten ist namentlich auf eine genügend kräftige Ausbildung der Pfosten zu achten. (Vgl. auch die Abb. 334 auf S. 207 und die Abb. 783 auf S. 462). Bei der Aufstellung der oben offenen Brücken ist streng darauf zu halten, daß die Obergurte genau in den Hauptträgerebenen liegen. Schon geringe Abweichungen einzelner Knotenpunkte aus diesen Ebenen ergeben aus den Gurtkräften wagerechte, senkrecht zur Brückenachse gerichtete Teilkräfte, welche die Pfosten

[1]) Portal der von der Gesellschaft Harkort ausgeführten Brücke über die Havel bei Spandau.

auf Biegung beanspruchen und bei Belastung der Querträger noch vergrößert werden.

Die ausreichende Quersteifigkeit oben offener Brücken ist unter allen Umständen rechnerisch nachzuweisen.

Die „Grundlagen für das Entwerfen und Berechnen eiserner Eisenbahnbrücken" der deutschen Reichsbahn enthalten hierüber folgende Bestimmung: „Die aus den Pfosten und Querträgern gebildeten Halbrahmen offener Brücken sind für wagerechte, quer zur Brückenachse gerichtete und an den Köpfen der Pfosten in den Schwerlinien der Obergurte angreifende Kräfte zu berechnen. Es ist anzunehmen, daß der eine von zwei benachbarten Halbrahmen durch die Verkehrslasten und durch zwei an den Köpfen der Pfosten angreifende und nach innen gerichtete wagerechte Kräfte, die $^1/_{100}$ der größten, mit Berücksichtigung der Stoßzahl berechneten Stabkraft der beiden benachbarten Obergurtstäbe betragen,

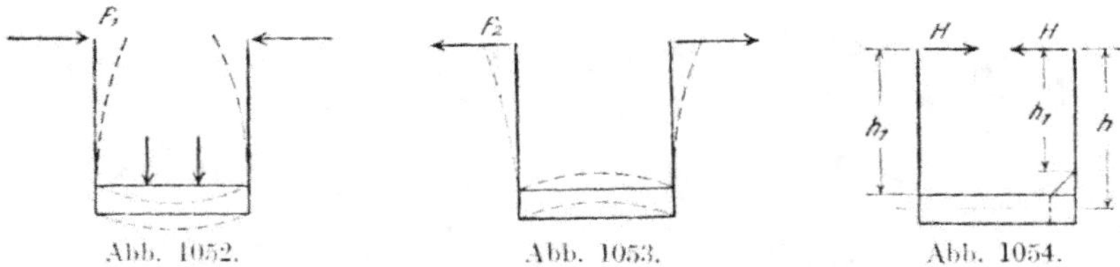

Abb. 1052. Abb. 1053. Abb. 1054.

beansprucht wird (Abb. 1052). Für den anderen Halbrahmen ist vorauszusetzen, daß er vom Verkehr nicht belastet wird, und daß an den Köpfen der Pfosten zwei nach außen gerichtete wagerechte Kräfte, die $^1/_{200}$ der ebengenannten Stabkraft betragen, angreifen (Abb. 1053). Die wagerechten Verschiebungen, welche die Pfostenköpfe beider Halbrahmen aus dieser Beanspruchung erleiden, sind nachzuweisen. Ihre Summe $f_1 + f_2$ (Abb. 1052 u. 1053) darf nicht größer als $^1/_{200}$ der Entfernung beider Rahmen sein. Bei dieser Berechnung ist anzunehmen, daß die Pfosten in die Querträger und bei Vorhandensein von Eckblechen auch in diese fest eingespannt sind, daß also für die Verschiebung des Pfostenkopfes infolge der wagerechten Kräfte die Durchbiegung des Pfostens durch das Moment $H \cdot h_1$ und die Durchbiegung des Querträgers durch das Moment $H \cdot h$ (Abb. 1054) in Rechnung zu stellen ist."

D. Größe der senkrechten Zusatzbelastung der Hauptträger durch den Winddruck und Verteilung des Winddruckes auf die einzelnen Verbände.

1. Fall. Die Fahrbahn liegt über den Hauptträgern. In der Ebene der Ober- und Untergurte ist je ein Windverband angeordnet (Abb. 1055).

Der Winddruck W_T auf den Träger wird je zur Hälfte von den beiden Windverbänden aufgenommen. Alle oberhalb des oberen Windverbandes wirkenden wagerechten Kräfte belasten diesen allein und geben für den im Windschatten liegenden Hauptträger eine senkrechte Zusatzbelastung

$$= \frac{W_v \cdot h_v + W_F \cdot h_F}{b}$$

und für den anderen Hauptträger eine ebenso große Entlastung. W_v bedeutet den Winddruck auf die Fahrzeuge, W_F den Winddruck auf die Fahrbahn, h_v den Abstand der Mittelkraft W_v und h_F den Abstand der Mittelkraft W_F vom oberen Windverband.

2. Fall. Die Fahrbahn liegt über den Hauptträgern. Nur in der Ebene der Obergurte ist ein Windverband vorgesehen. Die Untergurtknotenpunkte sind durch Querversteifungen im Dreieckverband an diesem angeschlossen (Abb. 1056).

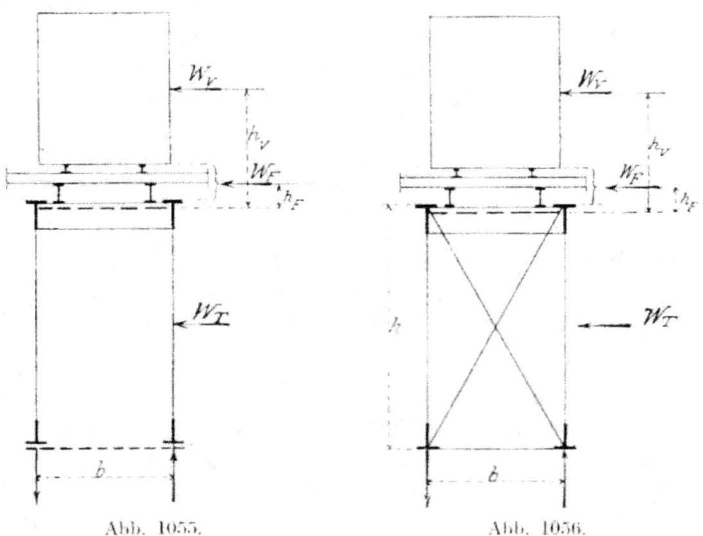

Abb. 1055. Abb. 1056.

Der obere Windverband muß in diesem Falle sämtliche wagerechten Kräfte aufnehmen. Die senkrechte Zusatzbelastung des im Windschatten liegenden Trägers und die Entlastung des anderen Trägers ist

$$= \frac{W_v \cdot h_v + W_F \cdot h_F + W_T \cdot \frac{h}{2}}{b}$$

3. Fall. Die Fahrbahn liegt über den Hauptträgern. Nur in der Ebene der Untergurte ist ein Windverband angeordnet. Die oberen Gurtungen sind durch Querversteifungen gegen den unteren Verband festgelegt (Abb. 1057).

Der untere Windverband wird von sämtlichen wagerechten Kräften belastet. Die senkrechte Zusatzbelastung für den im Windschatten liegenden Träger, die ebensogroß wie die Entlastung des anderen Trägers ist, beträgt in diesem Falle

$$= \frac{W_v \cdot (h_v + h) + W_F \cdot (h_F + h) + W_T \cdot \frac{h}{2}}{b}.$$

4. Fall. Die Fahrbahn liegt unten zwischen den Hauptträgern.

Sowohl in der Ebene der Obergurte als auch der Untergurte ist je ein Windverband angeordnet (Abb. 1058).

Der obere Windverband nimmt $\frac{W_T}{2}$, der untere $\frac{W_T}{2} + W_v + W_F$ auf. Die senkrechte Zusatzbelastung des im Windschatten gelegenen Trägers und die Entlastung des anderen Trägers ist $= \frac{W_v \cdot h_v + W_F \cdot h_F}{b}$.

5. Fall. Die Fahrbahn ist wie im vierten Falle angeordnet. Die oberen Gurtungen sind durch steife Halbrahmen gegen den in der Ebene der Untergurtungen vorgesehenen Windverband festgelegt (Abb. 1059).

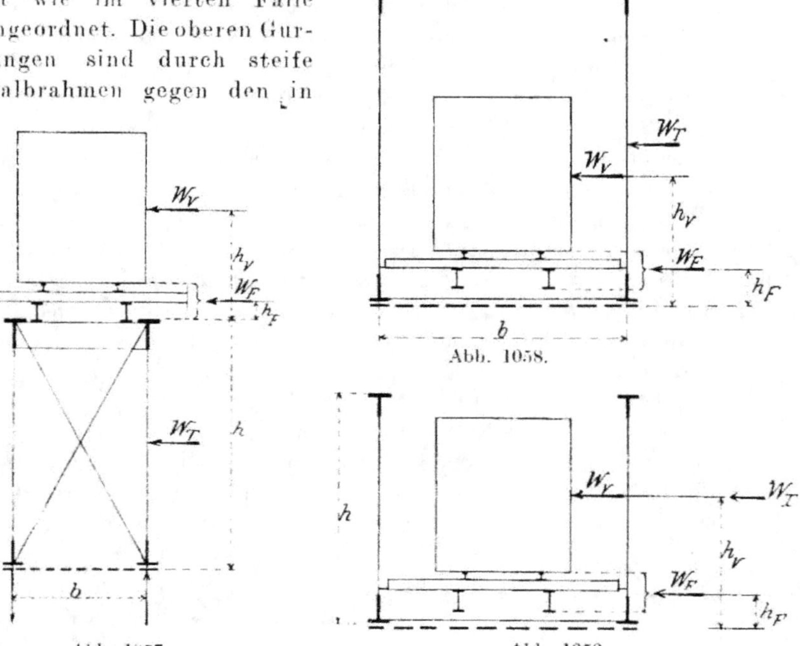

Abb. 1057. Abb. 1058. Abb. 1059.

Dieser Verband muß sämtliche wagerechten Kräfte aufnehmen. Die senkrechte Zusatzbelastung und Entlastung der Hauptträger ist

$$= \frac{W_T \cdot \frac{h}{2} + W_v \cdot h_v + W_F \cdot h_F}{b}.$$

Nach den „Grundlagen für das Entwerfen und Berechnen eiserner Eisenbahnbrücken" der deutschen Reichsbahn braucht die senkrechte Zusatzbelastung der Hauptträger durch den Winddruck im allgemeinen nur im dritten Falle berücksichtigt zu werden.

Abschnitt XII.
Der Bremsverband.

Die im vorigen Abschnitt behandelten Verbände dienen der Aufnahme wagerechter, quer zur Brückenachse gerichteter Kräfte. Für die durch das Bremsen der Fahrzeuge und das Anfahren der Lokomotiven und Motorwagen erzeugten wagerechten, gleichlaufend zur Längsachse der Brücke wirkenden Kräfte sind besondere Verbände in dem Falle nötig, daß diese Kräfte große Werte annehmen und ohne besondere Verbände die Querträger zu ungünstig beansprucht werden. Dieser Fall liegt für alle breiteren und längeren Eisenbahnbrücken ohne zusammenhängende Fahrbahntafel vor. Beim Fehlen besonderer Verbände würden hier die Querträger durch die Brems- und Anfahrkräfte, welche durch die Schienen und Schwellen den Längsträgern und durch diese den Querträgern zugeführt werden, in wagerechter Richtung stark auf Biegung beansprucht werden. Zweigleisige Brücken rüstet man schon von 15 m Stützweite an, eingleisige Brücken erst von 25 m Stützweite an, mit Bremsverbänden aus. Diese werden als wagerecht liegende, vollwandige oder fachwerkartige Träger ausgebildet. Letztere werden zweckmäßig in den Windverband derart eingeschaltet, daß man die Windverbandstreben zugleich als Glieder des Bremsverbandes benutzt. An dem Bremsverband, der mit den Hauptträgern fest zu verbinden ist, werden die Fahrbahnlängsträger fest angeschlossen. Der Bremsverband kann an den beiden Enden eines Überbaues oder auch an Stellen, die zwischen den Enden liegen, angeordnet werden. Die Auflagerkräfte der Bremsverbände, die nicht unmittelbar an den festen Lagern liegen, müssen durch die Hauptträger den festen Lagern und durch diese dem Pfeiler oder Widerlager zugeführt werden. Dies geschieht unmittelbar durch den Ober- oder Untergurt, falls die Fahrbahn in der Nähe des einen oder des anderen liegt. Ist jedoch die Fahrbahn zwischen Ober- und Untergurt angeordnet, so müssen besondere Glieder in den Hauptträger eingeschaltet werden, welche die Bremskräfte ohne ungünstige Inanspruchnahme in die Hauptträger leiten. Dies ist z. B. bei dem in der Abb. 1060 dargestellten Überbau durch die beiden Stäbe B_1 und B_2 geschehen. Über die gegenseitige Beeinflussung der Hauptträger und Fahrbahnträger ist auf S. 484 u. 485 und über die Mittel zur Beseitigung oder Milderung dieses Einflusses ist auf S. 484, 505 u. f. nachzulesen. Sieht man an jedem Ende eines Überbaues einen Bremsverband vor und ist die Fahrbahn nirgends unterbrochen (Abb. 1061),[1]) so sind die Längsträger gezwungen, die Formänderungen der Hauptträger fast vollständig mitzumachen, und erhalten samt ihren Anschlüssen erhebliche Zusatzkräfte; allerdings werden bei dieser

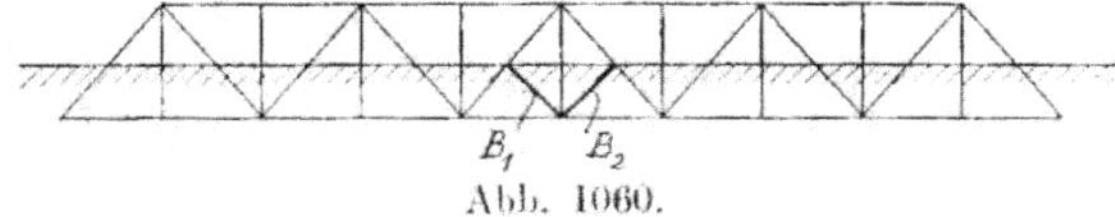

Abb. 1060.

[1]) Die Bremsverbände sind durch starke Linien angedeutet.

Anordnung die Querträger fast ganz von wagerechten Kräften entlastet. In dem Falle, daß die Fahrbahn in der Nähe der gezogenen Gurtung liegt, werden die Längsträger samt ihren Anschlüssen hierbei stark auf Zug beansprucht. Dies ist ein Nachteil, der schwerer wiegt als der Vorteil, daß die Querträger in wagerechter Richtung nicht auf Biegung beansprucht werden. Es ist also in diesem Falle nicht zweckmäßig, an den beiden Enden je einen Bremsträger anzuordnen, ohne das Fahrbahnträgergerippe zu unterbrechen. Sieht man nur an einem Ende einen Bremsträger vor (Abb. 1062), so werden mit Ausnahme des Endquerträgers, an dem der Bremsverband angreift, alle Querträger bei Formänderungen der Hauptträger in wagerechter Richtung auf Biegung beansprucht und durchgebogen, und zwar umso stärker, je weiter sie von dem Bremsverband abliegen. Die Längsträger und ihre Anschlüsse werden auch in diesem Falle infolge der wagerechten Biegungsfestigkeit der Querträger nicht unerheblich auf Zug beansprucht. Die Beanspruchungen der Längs- und Querträger werden bedeutend herabgemindert, wenn man den Bremsverband in der Mitte des Überbaues anordnet (Abb. 1063). Dasselbe kann man dadurch erreichen, daß man je einen Bremsverband an den beiden Enden anordnet und das Fahrbahnträgergerippe in der Mitte unterbricht (Abb. 1064). Noch günstiger wird die Beanspruchung der Längs- und Querträger, wenn man die Bremsträger in die Mitte zwischen Brückenende und Fahrbahnunterbrechung legt. Es kann aber, wie z. B. beim Zweigelenkbogen mit Zugband und mit beweglich angehängter Fahrbahn (S. 546), erwünscht sein, an den Brückenenden keine Bewegungen in der Fahrbahn zu erhalten. In diesem Falle ist die Anordnung der Bremsträger an den Brückenenden vorzuziehen. Sind die Hauptträger einfache Balken und liegt die Fahrbahn in der Nähe der gezogenen Untergurte, so müssen die Untergurte bei der in der Abb. 1063 dargestellten Anordnung den vollen Wert der Bremskräfte, bei der in der Abb. 1064 wiedergegebenen Anordnung dagegen nur die Hälfte dieser Kräfte auf die festen Lager übertragen; die andere Hälfte gibt der an den festen Lagern liegende Bremsverband unmittelbar an diese ab.

a. Grundriß. b. Querschnitt.

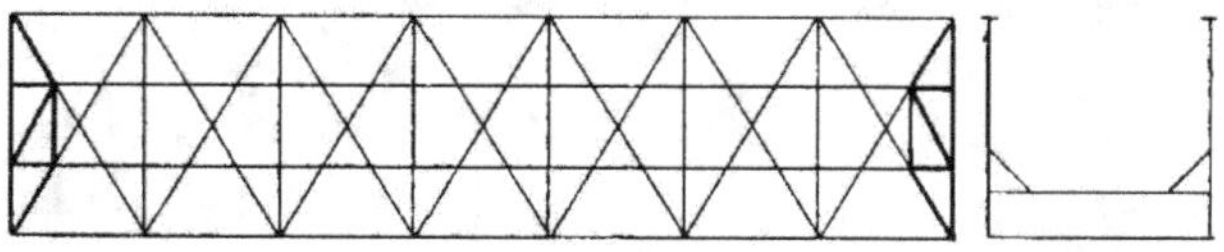

Abb. 1061.

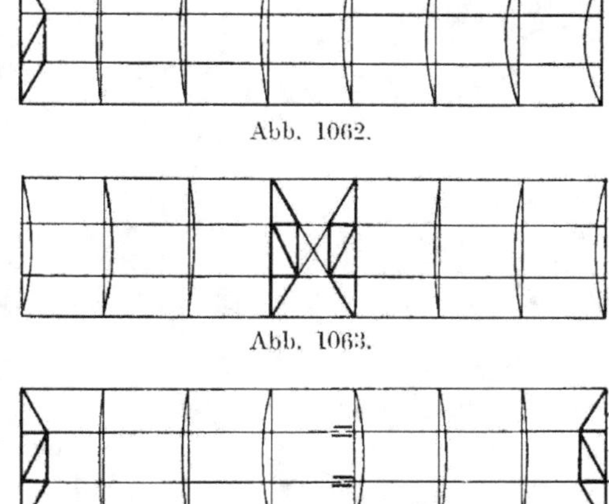

Abb. 1062.

Abb. 1063.

Abb. 1064.

Hiernach kann unter Abwägung der einzelnen Vorteile und Nachteile empfohlen werden, bei Brücken mittlerer Stützweite, die keine Fahrbahnunterbrechung erfordern, den Bremsträger in der Mitte anzuordnen und nur in dem Falle, daß an den Brückenenden Bewegungen in der Fahrbahn vermieden werden sollen, das Fahrbahnträgergerippe in der Mitte zu unterbrechen und an jedem Ende der Brücke einen Bremsträger vorzusehen und bei Brücken größerer Stützweite, die Fahrbahnunterbrechungen erfordern, in der Mitte jedes unterbrochenen Fahrbahnteiles einen Bremsträger einzubauen.

Einen vollwandigen Bremsträger zeigt die Abb. 1065. Er besteht aus Stegblech und zwei Winkeleisen und ist unter dem mittelsten Querträger durch Knotenbleche an den Scheiteln vollwandiger Bogenträger (vgl. Abb. 887 auf S. 530 und

Mittelster Querträger.

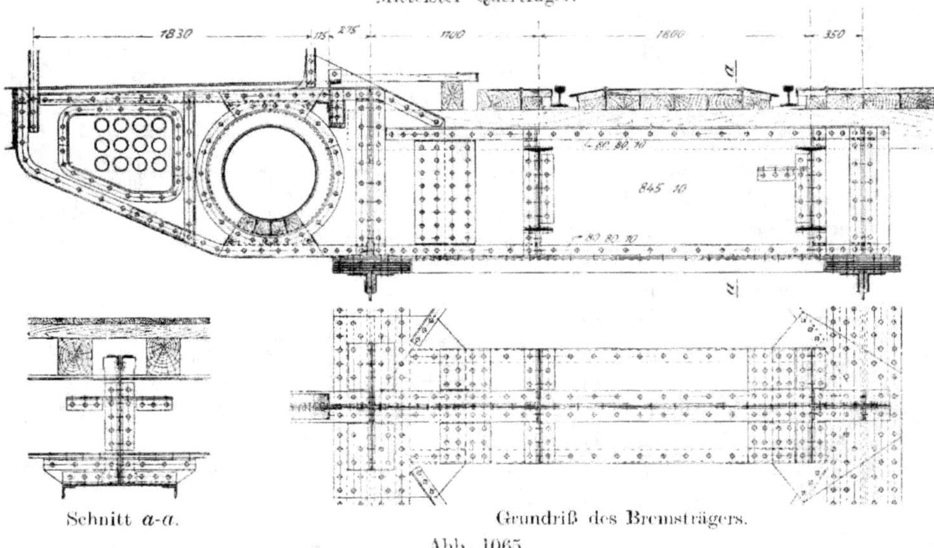

Schnitt a-a. Grundriß des Bremsträgers.

Abb. 1065.

die dort gegebene Erläuterung) angeschlossen. Die Verbindung der Längsträger mit dem Bremsträger ist aus dem Schnitt a—a zu ersehen.

Die fachwerkartige Ausbildung der Bremsträger stößt in der Regel auf keine Schwierigkeiten; unter Benutzung der Windverbandstreben oder auch ohne diese läßt sich leicht ein starres Fachwerk einschalten. In der Abb. 1066 ist ein fachwerkartiger, in den Windverband eingeschalteter Bremsverband dargestellt. Er gehört zu dem auf der S. 632 beschriebenen Bogenzwickelträger. Seine Lage ist aus dem Grundriß (Abb. 1034) zu ersehen. Er ist im Scheitel fest an den Bogenuntergurten angeschlossen.

In der Abb. 893 auf S. 534 ist der Bremsverband einer Bogenbrücke mit vollwandigen Hauptträgern und hochliegender Fahrbahn dargestellt. Er ist in den Fahrbahnwindverband eingeschaltet und durch Aufsattelungen mit den Bogenscheiteln verbunden. Die äußersten, außerhalb der Bogenträger liegenden Längsträger sind an den über die Streckgurte hinausragenden, auf die Aufsattelungen genieteten Knotenblechen mit kleinen [-Eisen angeschlossen, ebenso die anderen Längsträger an den Knotenblechen des Bremsverbandes.

Einen der Bremsträger der Stromüberbauten der zweigleisigen Eisenbahnbrücke über den Rhein unterhalb Ruhrort stellt die Abb. 1067 dar. Der Bremsträger ist in den Fahrbahnwindverband eingeschaltet. Die Windverbandstreben

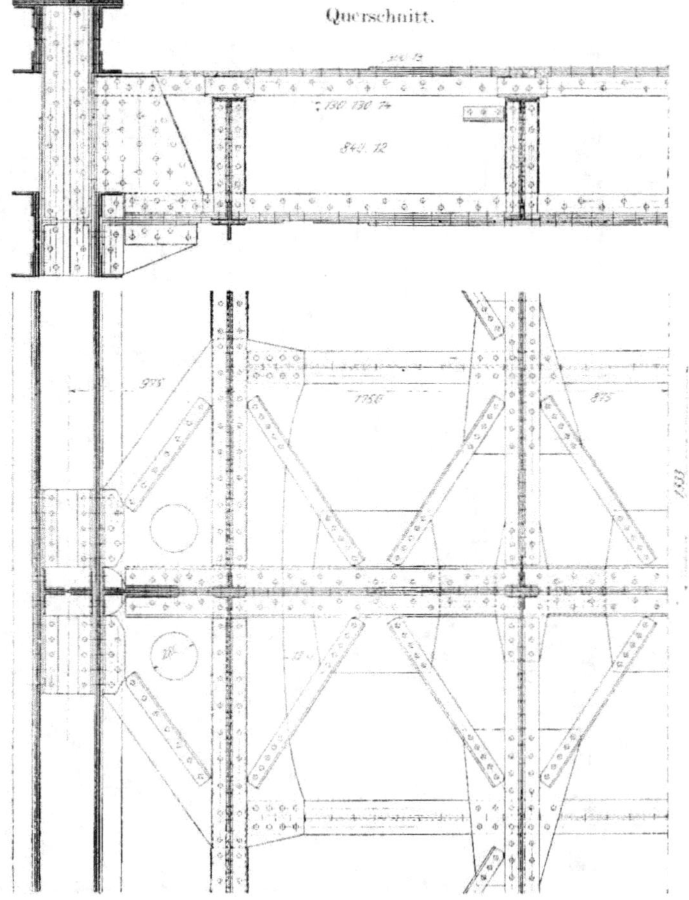

Grundriß des Bremsverbandes.

Abb. 1066.

bilden die Endstreben des Bremsverbandes. Die Längsträger, die in den Bremsverbandfeldern bis auf die Untergurtwinkel der Querträger hinabgeführt sind (vgl. Abb. 1067c), sind die Pfosten des Bremsträgers. Die Knotenbleche sind unter den Untergurten der Längsträger angeordnet und am Querträger in den Untergurt unter die Winkel eingeschaltet. Auf diese Weise liegen alle Knotenbleche in ein und derselben Ebene.

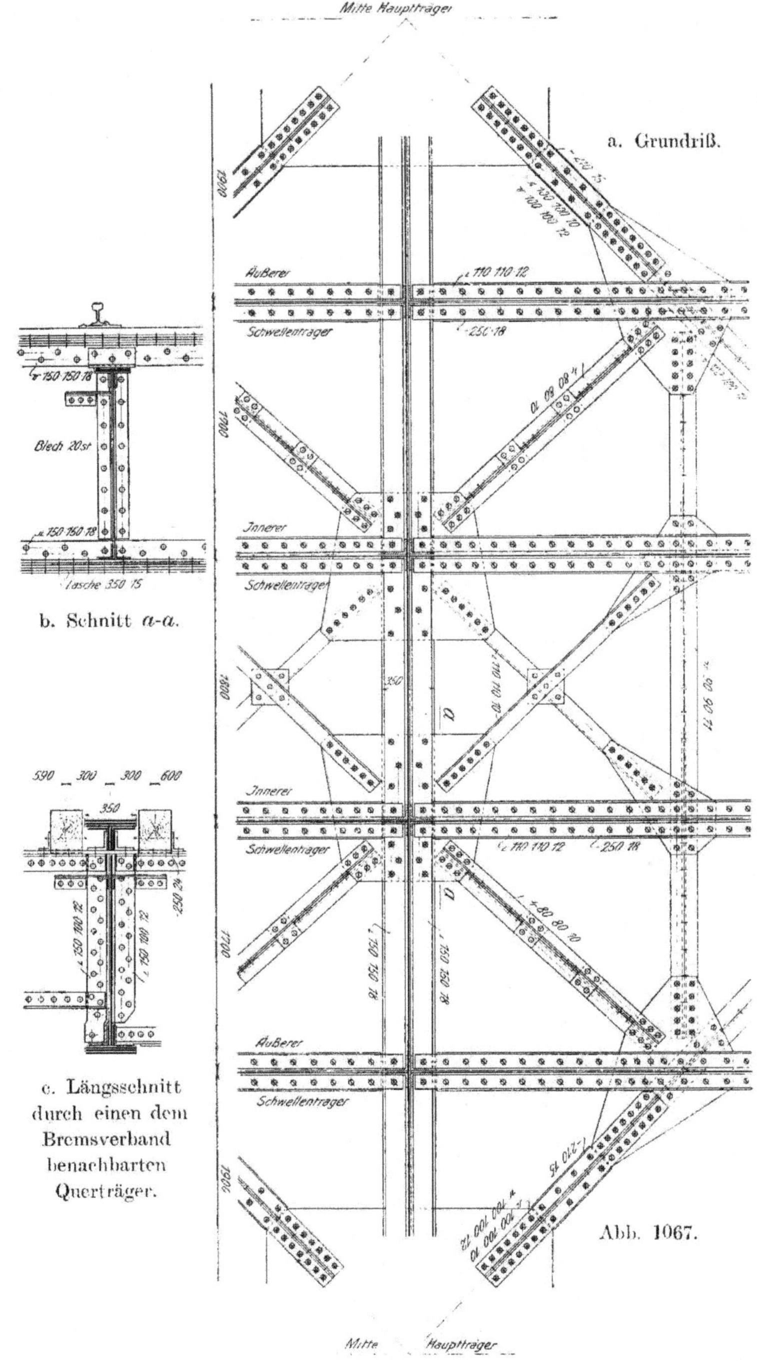

a. Grundriß.

b. Schnitt a-a.

c. Längsschnitt durch einen dem Bremsverband benachbarten Querträger.

Abb. 1067.

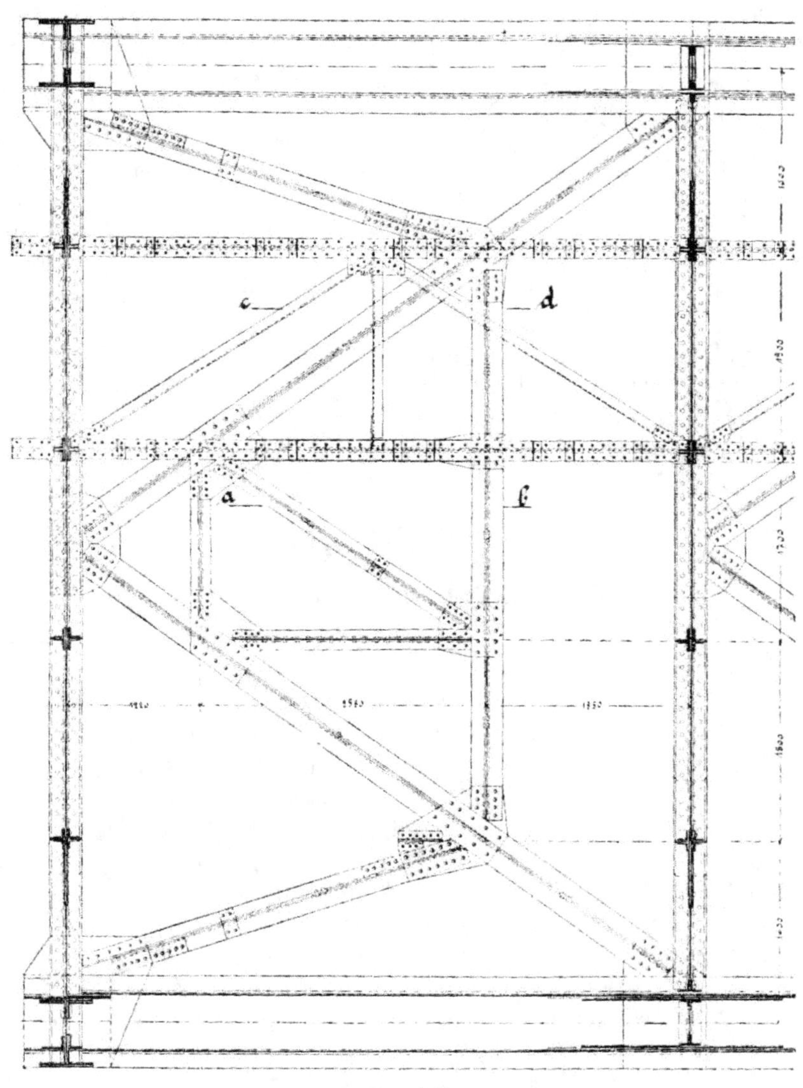

a. Grundriß.

b. Schnitt *a-b*.

c. Schnitt *c-d*.

Abb. 1068.

Einen etwas anders gestalteten, in einen K-förmigen Windverband eingeschalteten Bremsverband einer größeren einfachen Balkenbrücke zeigt die Abb. 1068. In der oberen Hälfte der Abb. 1068 a sind die Längsträger mit ihrem wagerechten Verband eingezeichnet, in der unteren Hälfte aber der Deutlichkeit halber fortgelassen worden. Der Bremsverband liegt hier tiefer als die Unterkante der Längsträger. Sie wurden daher durch vollwandige Aufsattelungen mit diesem verbunden (Abb. 1068 b und c).

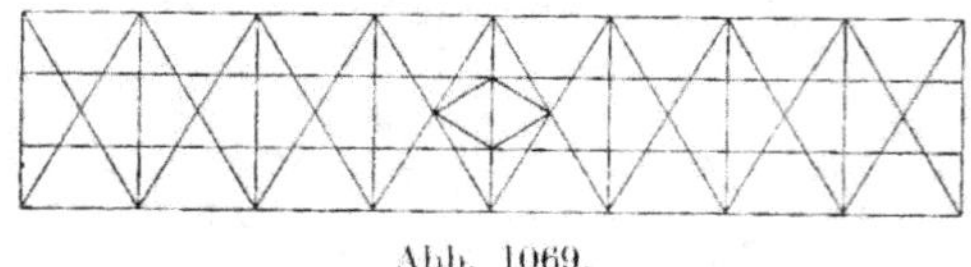

Abb. 1069.

Bei eingleisigen Brücken kann man den Bremsträger dadurch bilden, daß man die Anschlußpunkte der Längsträger an einem Querträger gegen den Kreuzungspunkt der Windverbanddiagonalen festlegt, wie dies die Abb. 1069 zeigt.

Abschnitt XIII.
Die Lager und Gelenke.

A. Die Lager.
1. Allgemeines.

Die Lager haben sämtliche senkrechten und wagerechten Kräfte, die den eisernen Überbau belasten, auf die Widerlager und Pfeiler zu übertragen. Sie müssen daher dem Mauerwerk solche Auflagerflächen darbieten, daß dieses nicht über das zulässige Maß beansprucht wird, und Vorkehrungen besitzen, durch die die wagerechten Kräfte einwandfrei an die Widerlager und Pfeiler abgegeben werden können. Da das Bruchstein- und Ziegelmauerwerk und auch gewöhnlicher Beton nur mäßige Beanspruchungen vertragen, so werden in der Regel zwischen den Auflagerkörper und das Mauerwerk Auflagerquader aus Granit, Basaltlava oder anderem festen Gestein eingeschaltet, deren hohe Festigkeit gestattet, die Längen- und Breitenabmessungen des Auflagerkörpers in mäßigen Grenzen zu halten. Neuerdings sind bei vielen Brücken besondere Auflagerquader dadurch erspart worden, daß die Lagerkörper unmittelbar auf Beton sehr guter Mischung mit oder auch ohne Eiseneinlagen gesetzt sind[1]). Über die Einschaltung einer Zwischenlage zwischen Lager und Lagerstein ist am Schlusse dieses Unterabschnittes A. nachzulesen.

Alle Lager der Balken- und Gelenkbogenbrücken, auch der Hängebrücken, sind den Rechnungsannahmen und dem tatsächlichen Verhalten entsprechend so anzuordnen, daß Drehungen um die Auflagerpunkte, namentlich in den Ebenen der Hauptträger, möglich sind. Sie sind in der Regel in den Ebenen der Hauptträger und bei Fachwerkträgern unter den Endpunkten des Stabnetzes anzuordnen.

[1]) Vergl. Zentralblatt der Bauverwaltung, 1916, S. 79 u. 80.

Die längsbeweglichen Lager der Balkenbrücken und gleichgestützter Trägerarten (vgl. S. 3, 267 und 310) müssen ferner den von ihnen gestützten Hauptträgerpunkten gestatten, sich gegen die in der Längsrichtung festliegenden Auflager um das Maß zu bewegen, das der durch die Belastung und die größte Wärmeschwankung erzeugten Formänderung entspricht. (Vgl. auch S. 116.) Schließlich ist bei der Ausbildung der Auflager auch darauf Rücksicht zu nehmen, daß die Lagerung auch geringe Längenänderungen des eisernen Überbaues senkrecht zur Brückenachse gestattet und für die wagerechten, quer zur Brückenachse wirkenden Kräfte nicht vielfach statisch unbestimmt wird.

Man unterscheidet:

1. Feste Auflager (im Grundriß durch einen Kreis dargestellt, Abb. 1070). Diese können wagerechte Kräfte nach beliebigen Richtungen aufnehmen.
2. Allseitig bewegliche Auflager (im Grundriß durch einen Kreis und vier Pfeile kenntlich gemacht, Abb. 1071). Diese sind nicht imstande, wagerechte Kräfte aufzunehmen.
3. In einer Richtung bewegliche Auflager (im Grundriß durch einen Kreis und zwei Pfeile, welche die Bewegungsrichtung angeben, veranschaulicht, Abb. 1072). Diese können wagerechte Kräfte nur in der zur Bewegungsrichtung rechtwinkligen Richtung aufnehmen.

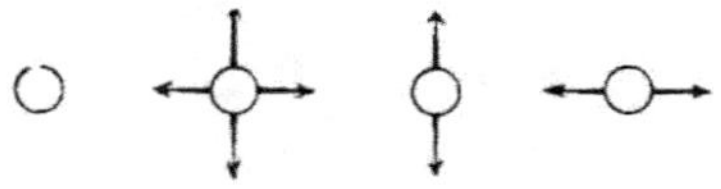

Abb. 1070. Abb. 1071. Abb. 1072.

Für eine einfache Balkenbrücke empfiehlt sich z. B. die in Abb. 1073 im Grundriß wiedergegebene Anordnung. Der Überbau kann in der Längsrichtung gegen die in dieser Richtung festliegenden Auflager 1 und 2 und in der Querrichtung gegen die in dieser Richtung festliegenden Auflager 1 und 3 unbehindert den Formänderungen, denen er unterworfen ist, folgen. Für die wagerechten, quer zur Brückenachse gerichteten Kräfte ist die Lagerung nur einfach statisch unbestimmt. Bei 1 entsteht eine nach Größe und Richtung unbekannte und bei 2 und 3 nur je eine nach der Größe unbekannte wagerechte Auflagerkraft. Will man die Lagerung für die wagerechten, quer zur Brückenachse gerichteten Kräfte statisch bestimmt machen, so muß auch bei 3 oder 2 ein allseitig bewegliches Lager angeordnet werden. Die allseitig bewegliche Lagerung bei 3 ist aber deshalb nicht zu empfehlen, weil in diesem Falle ein bei 1 und 2 gelagerter Konsolträger entsteht, der durch die wagerechten, quer zur Brückenachse gerichteten Kräfte sehr ungünstig beansprucht wird. An Stelle des allseitig beweglichen Lagers bei 4 hat man auch vielfach ein in der Richtung 1—4 bewegliches Auflager verwendet. Dies erfüllt aber nur bei Formänderungen des Überbaues durch Wärmeschwankungen, nicht aber bei Formänderungen des Überbaues infolge der Verkehrsbelastung seinen Zweck, da letztere sich nur in der Längsrichtung vollziehen. Ein solches Lager ist also nicht ganz einwandfrei.

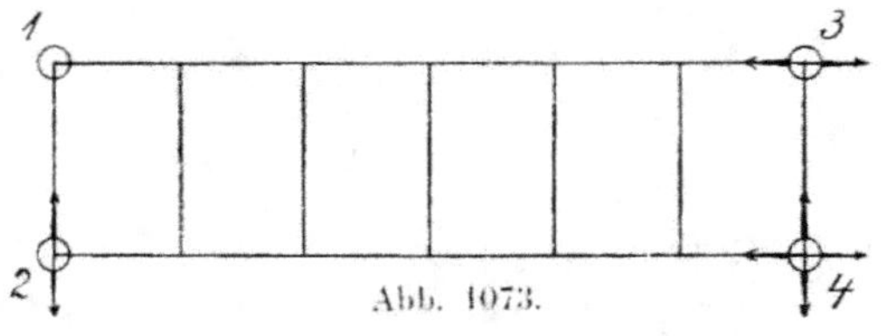

1 3 2 4

Abb. 1073.

Die Lagerteile sollen möglichst einfache, gedrungene Formen aufweisen. Namentlich bei den beweglichen Lagern ist der Ansammlung von Wasser und Schmutz vorzubeugen. Zu diesem Zweck sind die Laufflächen der Rollen und Stelzen stets erhöht anzuordnen und die Vorrichtungen gegen seitliche Verschiebungen sind als Bunde an den Rollen und Stelzen, nicht aber als seitliche Rippen an den Lagerplatten anzubringen. Die Lagersteine läßt man mit ihrer Oberkante zweckmäßig über das anschließende Mauerwerk hinausragen, um den Wasserabfluß vom Lager zu erleichtern.

Nach diesen einleitenden, allgemein gültigen Betrachtungen sollen nun die gebräuchlichsten Lageranordnungen besprochen werden.

2. Die Lager der Balkenbrücken.

a. Flächenlager.

Bei einem Flächenlager berührt sich der Hauptträger oder die mit dem Hauptträger durch versenkte Niete verbundene obere Lagerplatte mit dem unteren

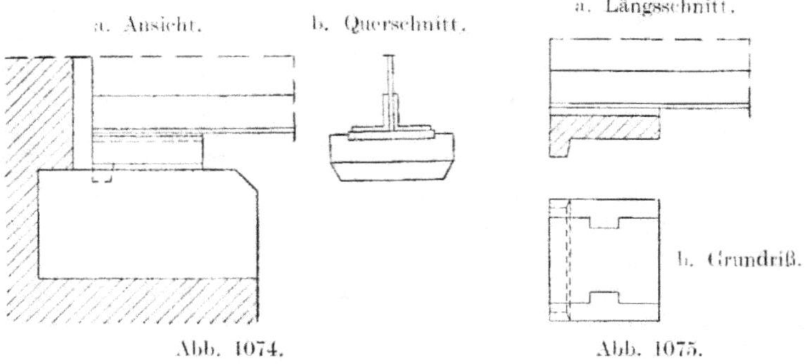

Abb. 1074. Abb. 1075.

Lagerkörper in einer Fläche (Abb. 1074 u. 1075). Das in der Längsrichtung der Brücke bewegliche Lager kann so ausgebildet werden, wie es die Abb. 1074 veranschaulicht. Der Träger kann sich auf der unteren Lagerplatte in der Längsrichtung verschieben. Die wagerechten, quer zur Brücke wirkenden Kräfte werden an der unteren Lagerplatte durch beiderseitige Rippen, gegen die sich die mit dem Träger verbundene obere Platte legt, aufgenommen. Beim festen Lager muß der Träger auch in der Längsrichtung gegen den unteren Lagerkörper festgelegt werden. Dies geschieht am einfachsten dadurch, daß man die seitlichen Rippen in der Mitte mit Vorsprüngen versieht, die in die obere Lagerplatte hineingreifen (Abb. 1075). Indem man diesen festen oder beweglichen Lagern einen Spielraum zwischen dem Träger und den Rippen gibt, erzielt man Lager, die in der Querrichtung oder allseitig beweglich sind.

Die wagerechten, quer und längs der Brückenachse wirkenden Kräfte sind bestrebt, den unteren Lagerkörper auf dem Auflagerstein zu verschieben. Der Lagerkörper muß daher in wagerechter Richtung gegen den Auflagerstein durch geeignete Vorrichtungen festgelegt werden. Er wird zu diesem Zwecke an seiner unteren Fläche mit zwei kreuzförmig gestellten Rippen (Abb. 1076) oder nur mit einer Rippe in der Mitte oder an der dem Widerlager zugekehrten Seite (Abb. 1077 u. 1078) versehen. Die Rippen greifen in den Auflagerstein ein (Abb. 1074). An Stelle solcher über die ganze untere Fläche des Lagerkörpers reichenden Rippen werden auch an den vier Ecken nur einzelne Ansätze (Abb. 1079) angeordnet. Man legt den Lagerkörper auch dadurch fest, daß man ihn an den beiden Längsseiten mit halbkreisförmigen Einschnitten (Abb. 1080) versieht und in diese Stahldorne eingreifen läßt, welche in dem Auflagerstein einzementiert werden.

Berechnung und Abmessungen des Flächenlagers.

Für die Berechnung berücksichtigt man in der Regel nur die senkrechte Teilkraft des Auflagerdruckes und nimmt an, daß diese sich gleichmäßig über die Auflagerfläche verteilt. Die Berechnung beschränkt sich darauf, die Fläche zu bestimmen, bei der die Beanspruchung des Auflagersteines die zulässige Grenze nicht übersteigt. Für die Breite b des Lagerkörpers wählt man nach Winkler = 1,25 bis 1,5 der Gurtbreite b_1 (Abb. 1081). Hieraus und aus der zulässigen Beanspruchung des Lagersteines ergibt sich dann die Länge des Lagerkörpers. Seine Stärke ist nach Winkler = $40 + 0,9\,l$ mm zu wählen. Hierin ist die Stützweite l in m zu messen. Die Rippen erhalten meist trapezförmigen Querschnitt (Abb. 1076). Ihre Höhe macht man in der Regel gleich ihrer oberen Breite, und zwar = 0,6 bis 0,8 der Stärke des Lagerkörpers.

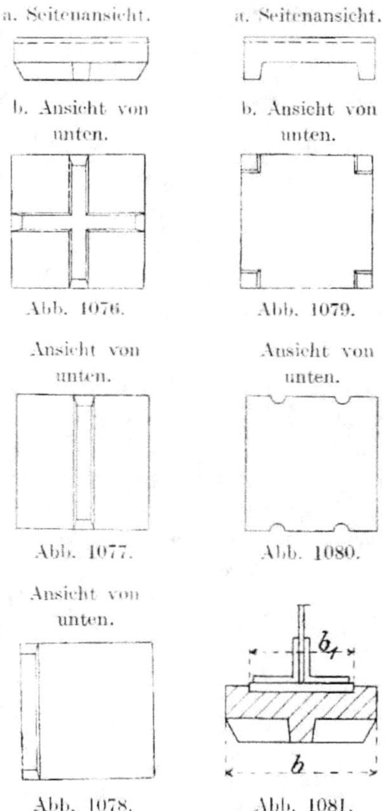

Abb. 1076. Abb. 1079. Abb. 1077. Abb. 1080. Abb. 1078. Abb. 1081.

Die Flächenlager sind deshalb unzweckmäßig, weil die Formänderung des belasteten Trägers eine Drehung um die vorderste Auflagerkante und somit eine ungünstige einseitige Inanspruchnahme des Lagers verursacht, die im Verein mit den Stößen der Fahrzeuge in vielen Fällen zu einer baldigen Zerstörung des Lagersteines und Mauerwerkes Veranlassung gegeben hat. Die Flächenlager werden daher nur für Überbauten kleinster Stützweite angewendet.

b. Kipplager.

Die Kipplager werden so ausgebildet, daß die Drehung der Hauptträger sich über der Lagermitte vollzieht, die Lager also stets annähernd zentrisch belastet werden.

Je nachdem die Berührung des oberen Lagerteiles mit dem unteren in einer Linie, in einem Punkte, in einer Zylinderfläche oder einer Kugelfläche stattfindet, unterscheidet man **Linienkipplager** (Abb. 1082). **Punktkipplager** (Abb. 1093), **Zylinderzapfenkipplager** (Abb. 1083) und **Kugelzapfenkipplager** (Abb. 1084). Die beiden letzteren erfordern besondere obere Lagerkörper, welche die Zapfen umfassen. Die Punktkipplager und Kugelzapfenkipplager bieten gegenüber den Linienkipplagern und Zylinderzapfenkipplagern den nicht zu unterschätzenden Vorteil, daß die oberen Lagerkörper auch Drehungen senkrecht zur Brückenachse ausführen können, wozu das Bestreben infolge der Durchbiegungen der Endquerträger. die über den Lagern liegen und fest an den

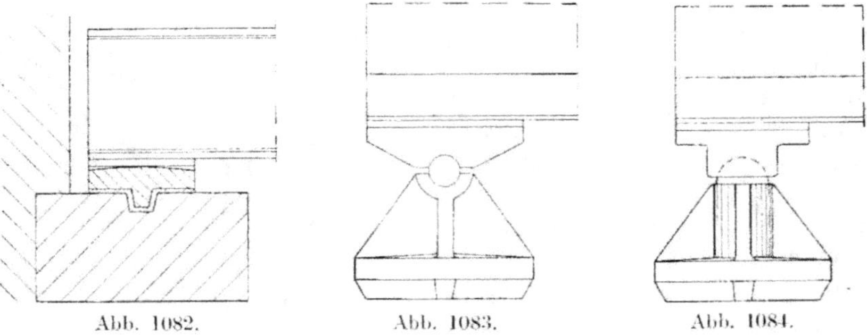

Abb. 1082. Abb. 1083. Abb. 1084.

Hauptträgern angeschlossen sind, vorhanden ist. Auch werden sie durch die wagerechten, quer zur Brückenachse gerichteten Kräfte entschieden günstiger beansprucht als die anderen Kipplager. Trotz ihrer schwierigen Herstellung sollten sie daher recht häufig ausgeführt werden. Die Linien- und Punktkipplager sind den Zapfenkipplagern deshalb überlegen, weil bei den ersteren bei Drehungen der oberen Lagerkörper wälzende Reibung, bei den Zapfenkipplagern dagegen gleitende Reibung zu überwinden ist.

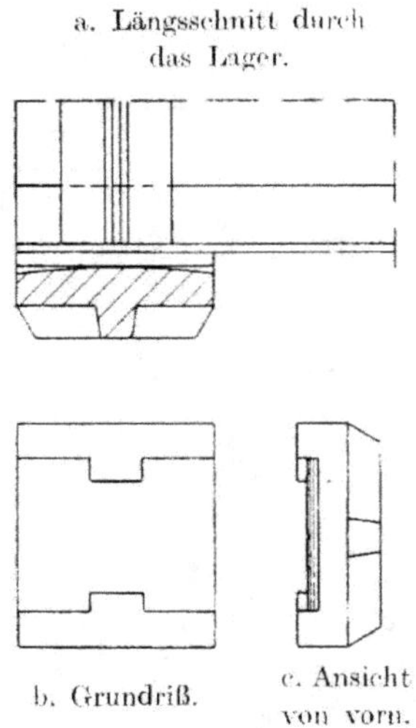

Abb. 1085.

Sowohl die **festen** als auch die **beweglichen** Lager aller Überbauten, deren Stützweite mehr als 6 m beträgt, sind als **Kipplager** auszuführen.

α. Die festen Lager.

Bei Stützweiten der Hauptträger bis zu etwa 25 m werden die festen Lager als **Linienkipplager** in der Weise ausgebildet, daß sich eine mit dem Hauptträger durch versenkte Niete fest verbundene Platte auf einen nach oben gewölbten Körper aus Gußeisen oder Flußstahlguß legt (Abb. 1085). Im übrigen entspricht die Anordnung ganz der des festen Flächenlagers (vgl. S. 654).

Die obere Platte ist in der Regel 2 bis 3 cm stark und besteht meist aus Flußeisen. Für die Berechnung des unteren Lagerkörpers berücksichtigt man in der Regel nur die senkrechte Teilkraft des Auflagerdruckes und nimmt an, daß diese in der

Mitte des Lagerkörpers angreift und sich auf die untere Lagerfläche gleichmäßig verteilt (Abb. 1086). Die Annahme mittigen Kraftangriffes ist berechtigt, wenn der Halbmesser der Wölbung nach den auf S. 665 angegebenen Hertzschen Formeln so klein wie angängig gewählt wird, weil dann die Verlegung des Angriffspunktes aus der Mitte bei der Abwälzung der oberen Lagerplatte auf der unteren infolge der Durchbiegung des Hauptträgers unter den Verkehrslasten sehr klein ist. Die Längen- und Breitenabmessungen des unteren Lagerkörpers werden ebenso wie beim Flächenlager ermittelt. Für die Bestimmung der Stärke t in der Mitte ist das Moment $\frac{A}{2} \cdot \frac{l}{4}$ maßgebend (Abb. 1086). Hierin bedeutet A den Auflagerdruck und l die Länge des Lagers. Für die Breite b errechnet sich die Stärke t aus der Beziehung:

$$\sigma = \frac{\mathfrak{M}}{\mathfrak{W}} = \frac{\frac{A}{2} \cdot \frac{l}{4} \cdot 6}{b \cdot t^2}$$

$$t = \sqrt{\frac{6 \cdot A \cdot l}{8 \cdot b \cdot \sigma}} = \frac{1}{2}\sqrt{\frac{3 \cdot A \cdot l}{b \cdot \sigma}}.$$

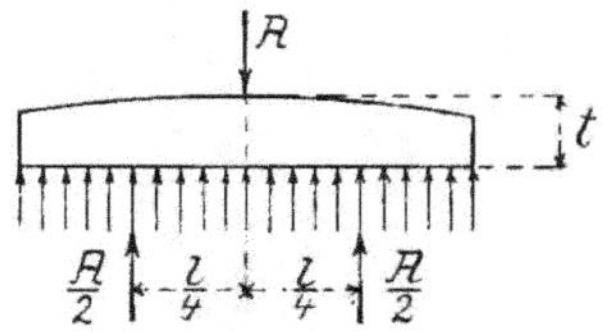

Abb. 1086.

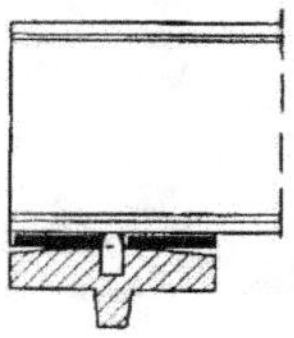

Abb. 1087.

Nimmt man für Flußstahlgußlager die zulässige Biegungsspannung zu 1000 kg/cm² an und mißt A in t, so geht die Gleichung in die Form über:

$$t = \frac{1}{2}\sqrt{\frac{3 \cdot A \cdot l}{b}}.$$

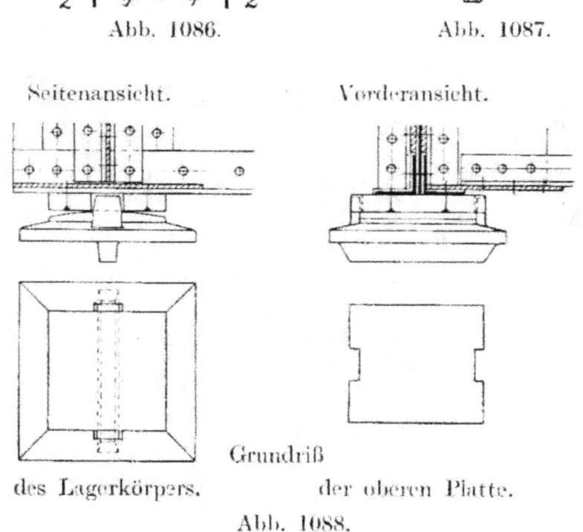

Grundriß des Lagerkörpers. der oberen Platte.
Abb. 1088.

An Stelle der seitlichen Rippen und ihrer Vorsprünge (Abb. 1085) werden zur Aufnahme der wagerechten, quer und längs der Überbauachse wirkenden Kräfte auch Dorne von 2 bis 3 cm Durchmesser angeordnet, die in die untere Lagerplatte eingeschraubt sind und mit ihren Köpfen in die obere Lagerplatte eingreifen (Abb. 1087). Der Kopf der Dorne muß die Form eines Zahnes erhalten, um die Abwälzung des Hauptträgers zu ermöglichen. Gegen die Verwendung dieser Dorne spricht der Umstand, daß man nach dem Verlegen der Hauptträger nicht feststellen kann, ob die Dorne eingesetzt sind oder nicht.

Sehr zweckmäßig ist das in der Abb. 1088 veranschaulichte Linienkipplager. Am unteren Lagerkörper sind zu beiden Seiten zwei Zähne angegossen, die in entsprechende Ausschnitte der mit dem Hauptträger vernieteten flußeisernen Platte hineinfassen. Durch die Zähne werden sowohl die in der Längsrichtung als auch die in der Querrichtung der Brücke wirkenden wagerechten Kräfte aufgenommen.

Hinsichtlich der Festlegung des unteren Lagerkörpers gegen den Auflagerstein gilt das auf S. 654 u. 655 Gesagte.

Für mittlere und große Brücken sind alle vier Arten der Kipplager gebräuchlich. Die unteren Lagerkörper werden aber nicht aus einem vollen Stück wie bei den kleineren Brücken hergestellt, sondern als Rippenkörper ausgebildet (Abb. 1089 u. 1100). Sehr gebräuchlich sind die Zylinderzapfenkipplager. In der Abb. 1089 ist ein Zylinderzapfenkipplager einer zweigleisigen Eisenbahnbrücke von 70 m Stützweite veranschaulicht. Der untere Lagerkörper, auch Lagerbock genannt, besteht aus Grundplatte, Steg und Rippen. Der Steg ist oben erweitert, um den Zapfen aufnehmen zu können. Der Zapfen erhält beiderseits Bunde, durch die die wagerechten, quer zur Brückenachse gerichteten Kräfte vom oberen Lagerkörper an den Lagerbock abgegeben werden. Der Durchmesser der Bunde wird ungefähr gleich dem 1,3 fachen des Zapfendurchmessers gewählt. Die Stärke der Bunde beträgt meist $^1/_4$ bis $^1/_3$ des Zapfendurchmessers. Der obere Lagerkörper, dessen Länge geringer als die des Lagerbocks gehalten werden kann, wird meist aus einem vollen Stück hergestellt. Die Stärke über dem Zapfen ergibt sich aus einer ähnlichen Betrachtung wie auf S. 657 (vgl. Abb. 1086). Zur Übertragung der wagerechten Kräfte vom Hauptträger auf den Lagerkörper wird der Hauptträger mit dem oberen Lagerkörper am besten dadurch verbunden, daß ein runder oder viereckiger, aus dem Lagerkörper hervorragender Zapfen von 2 bis 2,5 cm Höhe von der Lagerplatte umschlossen wird, die mit dem Hauptträger durch versenkte Niete verbunden ist. Der Lagerbock ist gegen den Auflagerstein durch zwei kreuzförmige Rippen festgelegt.

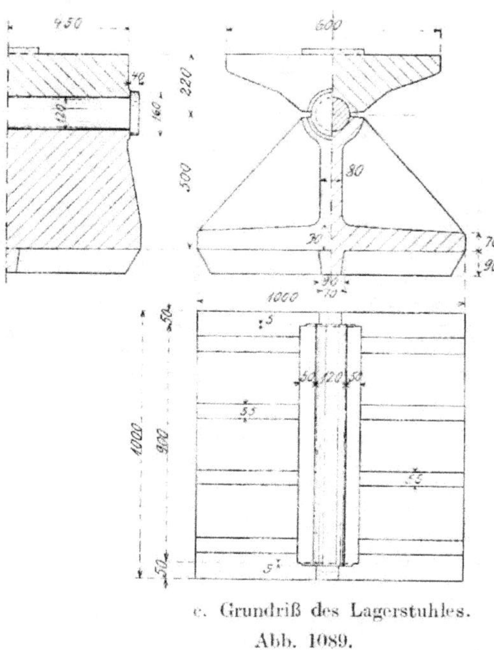

c. Grundriß des Lagerstuhles.
Abb. 1089.

Die Längen- und Breitenabmessungen des Lagerbocks, die zweckmäßig gleich gewählt werden, müssen nach dem für den Auflagerquader als zulässig erachteten Druck bestimmt werden. Die wagerechten Teilkräfte des Auflagerdruckes sind dabei in der Regel zu berücksichtigen. Die Höhe des Lagerbocks und die Stärke der Grundplatte und der Rippen sind so zu wählen, daß der neben dem Steg geführte Querschnitt $a-a$ (Abb. 1090) von dem Moment $\frac{A}{2} \cdot \frac{l}{4}$ nicht zu hoch beansprucht wird. Hierbei ist angenommen, daß die wagerechten Teilkräfte, bei deren Berücksichtigung eine höhere Beanspruchung zugelassen ist als bei Berücksichtigung der senkrechten Teilkraft allein, keinen ausschlaggebenden Einfluß auf die Bemessung des Lagerbocks haben. Ohne weiteren Anhalt werden im allgemeinen mehrere Versuchsrechnungen nötig sein, ehe ein passender Querschnitt gefunden wird. Um diese umständlichen Rechnungen zu vermeiden, empfiehlt es sich, den von Müller-Breslau angegebenen Weg einzuschlagen. Denkt man sich die η Rippen des Querschnittes a—a, welche die Stärke t_1 besitzen, zusammengeschoben, so entsteht die in Abb. 1091 wiedergegebene Form. Der Querschnitt soll nun so bemessen werden, daß die Schwerachse im Abstand $\frac{h}{3}$ von der unteren Kante liegt, eine Festsetzung, durch welche man, wie im folgenden gezeigt wird, in den Stand gesetzt ist, die nötigen Abmessungen ohne Versuchsrechnungen von vornherein richtig zu ermitteln.

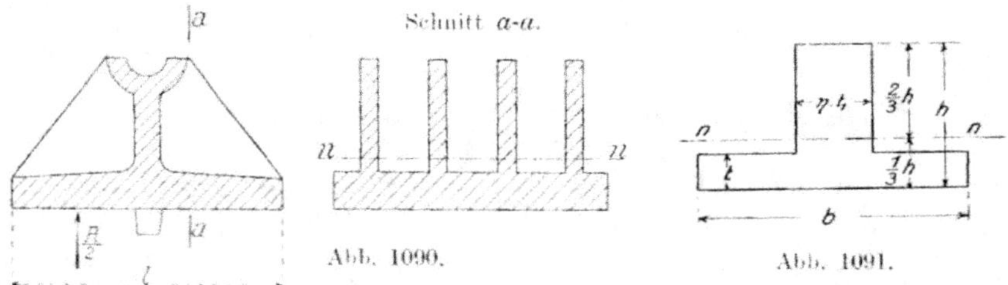

Abb. 1090. Abb. 1091.

Das statische Moment des Querschnitts in bezug auf die Grundlinie ist

$$\eta \cdot t_1 \cdot h \cdot \frac{h}{2} + (b - \eta \cdot t_1) \frac{t \cdot t}{2} = [\eta \cdot t_1 \cdot h + (b - \eta \cdot t_1) \cdot t] \frac{h}{3} \qquad 1)$$

$$(b - \eta \cdot t_1) \frac{t^2}{2} - (b - \eta \cdot t_1) \frac{h}{3} \cdot t = \frac{\eta \cdot t_1 \cdot h^2}{3} - \frac{\eta \cdot t_1 \cdot h^2}{2} = - \frac{\eta \cdot t_1 \cdot h^2}{6} \qquad 2)$$

$$t^2 - \frac{2}{3} \cdot h \cdot t = - \frac{\eta \cdot t_1 \cdot h^2}{3(b - \eta \cdot t_1)}$$

$$t = \frac{h}{3} \pm \sqrt{\frac{h^2}{9} - \frac{1}{3} \frac{\eta \cdot t_1 \cdot h^2}{(b - \eta \cdot t_1)}}. \qquad 3)$$

t soll nicht stärker als $\frac{h}{3}$ werden. Es wird daher das untere Vorzeichen gewählt:

$$t = \frac{h}{3}\left(1 - \sqrt{\frac{b - 4\eta \cdot t_1}{b - \eta \cdot t_1}}\right).$$

Die Bedingung für einen reellen Wert dieser Gleichung ist

$$b \geqq 4\eta \cdot t_1$$

$$\frac{b}{\eta \cdot t_1} \geqq 4.$$

Aus der Gleichung 2) folgt weiter:

$$(b - \eta \cdot t_1)\left(\frac{t^2}{2} - \frac{h \cdot t}{3}\right) = -\frac{\eta \cdot t_1 \cdot h^2}{6}$$

$$b\left(\frac{t^2}{2} - \frac{h \cdot t}{3}\right) = -\frac{\eta \cdot t_1 \cdot h^2}{6} + \eta \cdot t_1\left(\frac{t^2}{2} - \frac{h \cdot t}{3}\right)$$

$$b\left(\frac{t^2}{2} - \frac{h \cdot t}{3}\right) = \eta \cdot t_1\left(\frac{t^2}{2} - \frac{h \cdot t}{3} - \frac{h^2}{6}\right)$$

$$\frac{b}{\eta \cdot t_1} = \frac{\frac{t^2}{2} - \frac{h \cdot t}{3} - \frac{h^2}{6}}{\frac{t^2}{2} - \frac{h \cdot t}{3}} = 1 - \frac{\frac{h^2}{6}}{\frac{t^2}{2} - \frac{h \cdot t}{3}}$$

$$\frac{b}{\eta \cdot t_1} = 1 - \frac{\left(\frac{h}{t}\right)^2}{3 - 2\left(\frac{h}{t}\right)} = 1 + \frac{\left(\frac{h}{t}\right)^2}{2\left(\frac{h}{t}\right) - 3}. \qquad 4)$$

Das Trägheitsmoment des Querschnittes in bezug auf die Schwerachse ist:

$$\Theta = \frac{b \cdot \left(\frac{h}{3}\right)^3 - (b - \eta \cdot t_1)\left(\frac{h}{3} - t\right)^3 + \eta \cdot t_1 \cdot \left(\frac{2}{3} h\right)^3}{3}. \qquad 5)$$

Das auf die obere Kante bezogene Widerstandsmoment ist dann:

$$\mathfrak{W}_0 = \frac{\Theta}{\frac{2}{3} h} = \frac{\eta \cdot t_1 \cdot h^2}{6}\left[1 + \frac{\left(\frac{h}{t}\right)^2 - 3\left(\frac{h}{t}\right) + 3}{2\left(\frac{h}{t}\right)^2 - 3\left(\frac{h}{t}\right)}\right]. \qquad 6)$$

Diese Gleichung wird aus der Gleichung 5) dadurch erhalten, daß man Zähler und Nenner der letzteren durch $\eta \cdot t_1$ dividiert und den Wert für $\frac{b}{\eta \cdot t_1}$ aus Gleichung 4) einsetzt.

Nimmt man nun der Reihe nach für $\frac{h}{t}$ die Werte 3, 4, 5 und 6 an, so ergeben sich für $\frac{b}{\eta \cdot t_1}$ aus der Gleichung 4) und für $\mathfrak{W}_0$ aus der Gleichung 6) folgende Größen:

$\frac{h}{t}$	$\frac{b}{\eta \cdot t_1}$	$\mathfrak{W}_0$
3	4,0	$0,2222 \cdot \eta \cdot t_1 \cdot h^2$
4	4,2	$0,2251 \cdot \eta \cdot t_1 \cdot h^2$
5	4,6	$0,2286 \cdot \eta \cdot t_1 \cdot h^2$
6	5,0	$0,2315 \cdot \eta \cdot t_1 \cdot h^2$

Für $\frac{h}{t}$ sind die Werte zwischen 3 und 5 zu empfehlen; man erhält dann angemessene Größen für die Höhe h. Große Höhen sind zwar für die Druckverteilung der senkrechten Teilkraft günstig, aber deshalb zu vermeiden, weil die wagerechten Teilkräfte hierbei sehr ungünstige Beanspruchungen der Auflagerquader hervorrufen können.

Beispiel.

Für einen Auflagerdruck von 480 t sollen die Abmessungen eines Lagerbockes aus Flußstahl ermittelt werden.

Bei einer quadratischen Grundplatte von 120 cm Seitenlänge beträgt der Druck auf den Auflagerquader bei Außerachtlassung der wagerechten Teilkräfte $= \frac{480\,000}{14\,400} =$ rd. 33,3 kg/cm². $\frac{h}{t}$ wähle man $= 5$. Aus der vorstehenden Zusammenstellung findet man zu $\frac{h}{t} = 5$ für $\frac{b}{\eta \cdot t_1}$ den Wert 4,6 und für $\mathfrak{W}_0$ den Wert $0{,}2286 \cdot \eta \cdot t_1 \cdot h^2$.

Aus der Beziehung:

$$\mathfrak{W} \cdot \sigma = \mathfrak{M} = \frac{A}{2} \cdot \frac{l}{4} \qquad 0{,}2286 \cdot \frac{120}{4{,}6} \cdot h^2 \cdot \sigma = \frac{480 \cdot 120}{8}$$

ergibt sich für $\sigma = 1$ t/cm²

$$h = \sqrt{\frac{480 \cdot 120 \cdot 4{,}6}{8 \cdot 0{,}2286 \cdot 120}} = \text{rd. } 35 \text{ cm}.$$

t wird dann aus der Gleichung $\frac{h}{t} = 5$ zu 7 cm bestimmt. Schließlich bleibt noch die Stärke und Anzahl der Rippen zu errechnen. Man wähle

$$t_1 = \text{rd. } \frac{b}{20} = \frac{120}{20} = 6 \text{ cm}$$

η erhält man dann aus der Beziehung

$$\frac{b}{\eta \cdot t_1} = 4{,}6; \quad \eta = \frac{b}{t_1 \cdot 4{,}6} = \frac{120}{6 \cdot 4{,}6} > 4, \text{ aber } < 5.$$

Man nehme $\eta = 5$ und ändere hiernach t_1 ab:

$$t_1 = \frac{120}{4{,}6 \cdot 5} = \text{rd. } 5{,}5 \text{ cm}.$$

Die Stärke der Grundplatte läßt man in der Regel von der Mitte nach den Seiten mit einer Neigung von $1/20$ abnehmen, damit das Regenwasser nicht auf der Grundplatte stehenbleibt. Die Stärke des Steges wähle man $= \frac{h}{6}$ und lasse ihn mit einer Stärke $= \frac{2}{3}$ dieses Wertes um den Zapfen fassen.

Berechnung des Zylinderzapfens.

Bedeutet σ die Druckbeanspruchung im Scheitel des Zapfens, so erhält man auf Grund der auf S. 17 durchgeführten Betrachtungen für die unter dem Winkel φ

gegen die Senkrechte geneigte, durch den Mittelpunkt des Zapfens gehende Spannung σ_φ den Ausdruck $\sigma \cdot \cos \varphi$ (Abb. 1092). Es besteht dann die Gleichung:

$$A = \int \sigma_\varphi \cdot r \cdot d\,\varphi \cdot l \cdot \cos \varphi,$$

worin A den Auflagerdruck, r den Halbmesser und l die Länge des Zapfens ausschließlich der Bunde bedeutet. Nimmt man an, daß Zapfen und Lager sich beiderseits des Scheitels nur unter einem Winkel $\varphi = 45°$ berühren, so erhält man die Beziehung:

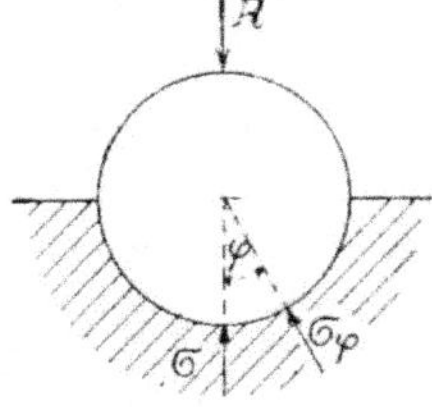

Abb. 1092.

$$A = 2 \cdot \sigma \cdot r \cdot l \cdot \int_0^{45} \cos^2 \varphi \cdot d\varphi.$$

Hieraus wird für r die Formel abgeleitet:

$$\boxed{r = \frac{0{,}8 \cdot A}{\sigma \cdot l}}$$

Für Stahlguß ist σ im allgemeinen $= 1\ \text{t/cm}^2$ und für Schmiedstahl $= 1{,}2\ \text{t/cm}^2$ zu setzen. Für größere Auflagerdrucke kann man in Anbetracht des Umstandes, daß der Baustoff des von allen Seiten umschlossenen Zapfens, namentlich an den stark beanspruchten Stellen, nicht ausweichen kann, unbedenklich Beanspruchungen von 1500 bis 1700 kg/cm² zulassen, um zu große Zapfendurchmesser zu vermeiden. Anderseits mache man den Durchmesser nicht unter 7 cm, da sich Zapfen von kleinerem Durchmesser schwer genau herstellen lassen.

Bei der im vorstehenden durchgeführten Berechnung der Lagerböcke ist angenommen, daß der Auflagerdruck als Einzelkraft in der Mitte des Lagerbockes angreift. Durch den Zylinderzapfen wird aber die Auflagerkraft auf einen Teil der unteren Zylinderfläche verteilt und dadurch ein Gegenmoment erzeugt. Bei Berücksichtigung dieses Gegenmomentes erhält man für den Lagerbock geringere Abmessungen, als bei Vernachlässigung dieses Momentes. Will man an Baustoff für den Lagerbock sparen, so empfiehlt es sich, die druckverteilende Wirkung des Zylinderzapfens in der Rechnung zu berücksichtigen[1]).

In Abb. 1093 ist ein Punktkipplager wiedergegeben, das dem Entwurf für die neue nördliche Eisenbahnbrücke in Köln[2]) entstammt. Der obere, aus Flußstahlguß bestehende Lagerkörper stützt sich mit seiner unteren, nach einer Kugel geformten Fläche auf die Kugelfläche des aus Schmiedstahl gefertigten Kippkörpers, der in den gußeisernen Lagerbock eingelassen ist. Die beiden Kugelflächen besitzen verschiedene Halbmesser und berühren sich daher im unbelasteten Zustande nur in einem Punkte. Die Verbindung des Hauptträgers mit dem oberen Lagerkörper ist hier ebenso wie bei dem in der Abb. 1089 dargestellten Lager durch einen runden Vorsprung am oberen Lagerkörper und einen entsprechenden Ausschnitt in der mit dem Gurt versenkt vernieteten Platte hergestellt. Der obere Lagerkörper umfaßt zur Sicherung gegen Verschiebungen durch wagerechte Kräfte den Kugelzapfen. Der Lagerbock ist gegen den Auflagerstein durch vier Ansätze an den Ecken festgelegt. Zur Berechnung dieses Lagers ist folgendes zu

[1]) Vgl. „Der Eisenbau“, 1917, S. 186 u. f.

[2]) Der Entwurf ist von der Gesellschaft Harkort aufgestellt worden.

bemerken: Die Stärke des oberen Lagerkörpers ist ähnlich wie beim Zylinderzapfenkipplager zu berechnen. Die Größe der unteren Fläche des Kugelzapfens ist nach der für Gußeisen zulässigen Druckbeanspruchung zu ermitteln. Die Höhe

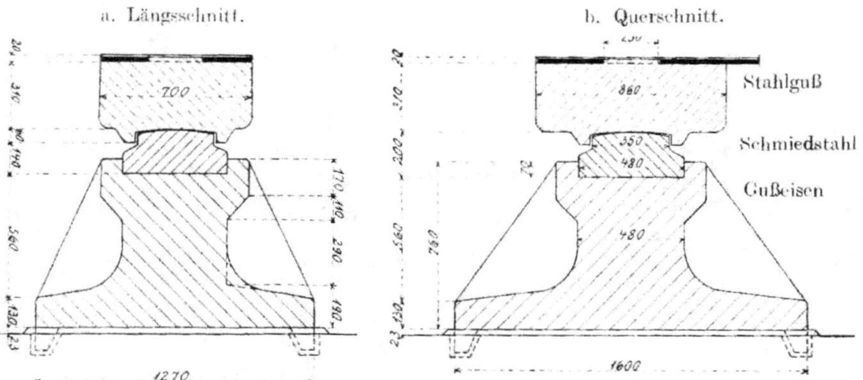

des Zapfens muß so groß sein, daß das Moment in der Mitte (vgl. Abb. 1086) keine zu hohen Beanspruchungen hervorruft. Eine einwandfreie Berechnung der Beanspruchung an der Berührungsstelle von Punktkipplagern oder der erforderlichen Größe der Halbmesser der Berührungsflächen ist nur nach den Hertzschen Formeln[1]) durchzuführen.

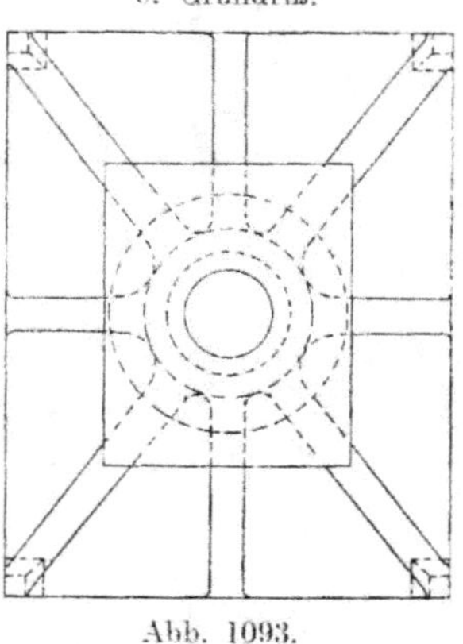
c. Grundriß.

Abb. 1093.

Bezeichnen r_1 und r_2 die Halbmesser der beiden sich berührenden Kugelflächen, ε_1 und ε_2 die Elastizitätszahlen der Baustoffe, aus denen die beiden sich berührenden Körper gefertigt sind, und δ_1 und δ_2 zwei Zahlen, die sich aus den Beziehungen

$$\left.\begin{aligned}\delta_1 &= \frac{4}{\varepsilon_1}(1-\mu_1)(1+\mu_1)\\ \delta_2 &= \frac{4}{\varepsilon_2}(1-\mu_2)(1+\mu_2)\end{aligned}\right|$$

μ_1 und μ_2 = Verhältnis der Querzusammenziehung zur Längsdehnung für gezogene Prismen der Baustoffe, aus denen die beiden sich berührenden Körper bestehen

ergeben, so erhält man den Halbmesser der durch den Auflagerdruck A erzeugten Berührungsfläche durch die Formel

$$r = \sqrt[3]{\frac{3A}{16} \cdot \frac{\delta_1 + \delta_2}{\frac{1}{r_1} + \frac{1}{r_2}}}\ ^{2)}$$

[1]) Vgl. Weyrauch: „Über die Berechnung der Brückenauflager". Zeitschrift des Architekten- und Ingenieur-Vereins zu Hannover 1894, S. 131 u. f.

[2]) Die r sind positiv oder negativ zu rechnen, je nachdem die Mittelpunkte der Krümmungen im Innern der betreffenden Körper liegen oder nicht.

und die größte Druckbeanspruchung unter A

$$\sigma = \frac{3A}{2\pi r^2}.$$

Setzt man μ_1 und $\mu_2 = \frac{1}{3}$, so ergibt sich für σ die Formel

$$\sigma = \frac{3}{2\cdot\pi}\sqrt[3]{A\cdot\left(\frac{3}{2}\cdot\frac{\frac{1}{r_1}+\frac{1}{r_2}}{\frac{1}{\varepsilon_1}+\frac{1}{\varepsilon_2}}\right)^2}.$$

Berührt sich eine ebene Fläche mit einer Kugel, so erhält man unter Beachtung von $r_2 = \infty$ den erforderlichen Halbmesser r_1 der Kugel aus der Gleichung

$$r_1 = \frac{9}{8\cdot\pi\cdot\sigma\cdot\left(\frac{1}{\varepsilon_1}+\frac{1}{\varepsilon_2}\right)}\sqrt{\frac{6\cdot A}{\pi\cdot\sigma}}.$$

Ist $\varepsilon_1 = \varepsilon_2 = \varepsilon$, so geht die Gleichung über in

$$\boxed{r_1 = \frac{\varepsilon}{4\cdot\sigma}\sqrt{\frac{A}{\sigma}}.}$$

An dieser Stelle sollen auch die von Hertz für die Berechnung von Lagern, bei denen sich zwei Zylinderflächen berühren, gegebenen Formeln eingeschaltet werden.

Berühren sich zwei Kreiszylinder mit den Halbmessern r_1 und r_2 im spannungslosen Zustande in einer Linie, so erhält man die halbe Breite der sich unter einem Auflagerdruck a für die Längeneinheit ausbildenden Berührungsfläche nach der Gleichung

$$\frac{b}{2} = \sqrt{\frac{a}{\pi}\cdot\frac{\delta_1+\delta_2}{\frac{1}{r_1}+\frac{1}{r_2}}}$$

und die größe Druckbeanspruchung unmittelbar unter a aus der Gleichung

$$\sigma = \frac{2\cdot a}{\pi\cdot\frac{b}{2}}.$$

Für δ_1, δ_2, r_1 und r_2 gilt das oben Gesagte. Für $\mu_1 = \mu_2 = \frac{1}{3}$ erhält man für die größte Druckbeanspruchung die Formel

$$\sigma = \frac{3}{2}\cdot\sqrt{\frac{a}{2\cdot\pi}\cdot\frac{\frac{1}{r_1}+\frac{1}{r_2}}{\frac{1}{\varepsilon_1}+\frac{1}{\varepsilon_2}}}.$$

Ist A der gesamte Auflagerdruck und l die Länge einer Zylinderfläche, die gegen eine Ebene drückt und den Halbmesser r_1 besitzt, so ist, wenn man beachtet, daß $r_2 = \infty$ ist,

$$l \cdot r_1 = \frac{9}{8 \cdot \pi \cdot \sigma^2} \cdot \frac{A}{\frac{1}{\varepsilon_1} + \frac{1}{\varepsilon_2}}$$

und bei gleichen Elastizitätszahlen

$$l \cdot r_1 = \frac{9}{16 \cdot \pi} \cdot \frac{\varepsilon \cdot A}{\sigma^2} = 0{,}179 \cdot \frac{\varepsilon \cdot A}{\sigma^2}$$

$$\boxed{\sigma = 0{,}42 \cdot \sqrt{\frac{\varepsilon \cdot A}{l \cdot r_1}}.}$$

Die zulässigen Beanspruchungen für die Berührungsflächen solcher Lager, die sich im unbelasteten Zustande nur in einer Linie oder einem Punkte berühren, dürfen weit höhere Werte als die auf S. 77 angegebenen annehmen, weil für die gedrückten Teilchen keine Knickgefahr vorliegt und die stark beanspruchten Teilchen durch den benachbarten, weniger beanspruchten Baustoff am Ausweichen gehindert werden. Für den Fall, daß der in der Berührungsstelle wirkende Druck einwandfrei festgestellt werden kann, ein Fall, der bei den festen Lagern, bei den Gleitlagern und bei den Rollen von Ein- und Zweirollenlagern vorliegt, kann man als zulässige Grenze der Beanspruchung annehmen:

1. für Gußeisen . . . . 4 t/cm²
2. für Flußeisen . . . . 5 „
3. für Flußstahlguß . . . . 6,5 „
4. für Schmiedstahl . . . . 7,5 „

Die Formel

$$l \cdot r_1 = 0{,}179 \cdot \frac{\varepsilon \cdot A}{\sigma^2}$$

nimmt dann für die verschiedenen Eisensorten folgende Werte an:

1. Gußeisen:

$$l \cdot r_1 = 0{,}179 \cdot \frac{1000}{16} \cdot A = 11{,}2 \cdot A$$

oder, wenn man statt des Halbmessers r_1 den Durchmesser d_1 des Wölbkreises einführt

$\boxed{d_1 \cdot l = 23\,A}$ (A in t, d_1 und l in cm).

2. Flußeisen:

$$l \cdot r_1 = 0{,}179 \cdot \frac{2150}{25} \cdot A = 15{,}4 \cdot A$$

oder $\boxed{d_1 \cdot l = 31\,A}$ (A in t, d_1 und l in cm).

3. Flußstahlguß:

$$l \cdot r_1 = 0{,}179 \cdot \frac{2200}{42{,}25} \cdot A = 9{,}3 \cdot A$$

oder $\boxed{d_1 \cdot l = 19\,A}$ (A in t, d_1 und l in cm).

4. Schmiedstahl:

$$l \cdot r_1 = 0{,}179 \cdot \frac{2200}{56{,}25} \cdot A = 7{,}0 \cdot A$$

oder 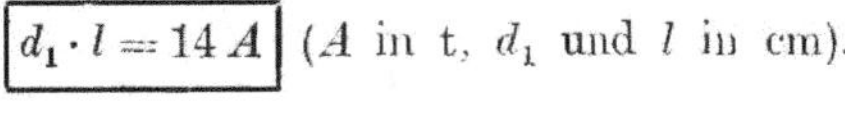 $\boxed{d_1 \cdot l = 14\,A}$ (A in t, d_1 und l in cm).

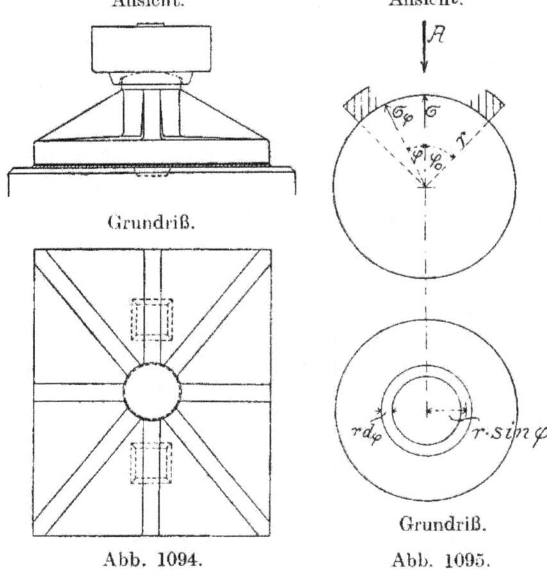

Abb. 1094. Abb. 1095.

Die oben angegebenen Werte für die zulässigen Beanspruchungen sind bei den Rollen beweglicher Lager, die mehr als zwei Rollen aufweisen, um 1 t/cm² zu ermäßigen, falls der auf die einzelnen Rollen entfallende Druck nicht einwandfrei ermittelt werden kann.

Ein Kugelzapfenkipplager, bei dem sich zwei Kugelflächen mit gleichen Halbmessern berühren, ist in Abb. 1094 dargestellt. Die Berechnung des Zapfens ist der des Zylinderkippzapfens ganz ähnlich (S. 662). Es wird wieder die Annahme gemacht $\sigma_\varphi = \sigma \cdot \cos\varphi$ (vgl. Abb. 1095).

$$A = \int_0^{\varphi_0} \sigma \cdot \cos\varphi \cdot 2 \cdot r^2 \cdot \pi \cdot \sin\varphi \cdot d\varphi \cdot \cos\varphi$$

$$A = 2 \cdot \pi \cdot r^2 \cdot \sigma \cdot \frac{(1 - \cos^3\varphi_0)}{3}.$$

Hieraus läßt sich für einen bestimmten Wert von φ_0 und σ die erforderliche Größe von r berechnen. φ_0 wird in der Regel $= \frac{\pi}{4}$ gesetzt. Für σ gelten die auf S. 662 angegebenen Werte.

In der Abb. 1096 ist eins der festen Lager des 186 m weit gestützten Überbaues der zweigleisigen Eisenbahnbrücke über den Rhein unterhalb Ruhrort veranschaulicht. Es ist ein Kugelzapfenkipplager und besteht aus Lagerbock und Kipplatte. Die Größenabmessungen gehen aus der Beschriftung der Abbildung hervor. Der Halbmesser der Kugelfläche des Kippzapfens beträgt 600 mm. Die Kipplatte ist durch eine kreisförmige Erhöhung, die in einen entsprechenden Ausschnitt der unter den Auflagerknotenpunkt genieteten Platte eingreift, mit dem Hauptträger in wagerechter Richtung verbunden. Die Schrauben, die durch die Kipplatte und den Hauptträgeruntergurt fassen, dienen nur zur Verbindung in senkrechter Richtung. Die Kipplatte greift zur Übertragung wagerechter Kräfte auf den Lagerbock mit einem kreisförmigen Vorsprung über den Kippzapfen. Letzterer ist durch verzweigte Rippen gegen die Grundplatte abgesteift. Der Lagerbock greift mit zwei Nocken in den Lagerstein ein. Der Überbau mußte nach der Vernietung samt den Lagern um 1,50 m abgesenkt werden. Hierfür mußten die Lagerkörper zu einem Ganzen zusammengeschlossen werden. Zu diesem Zwecke sind die in der Abbildung dargestellten Klammern vorgesehen, die über Ansätze der Kipplatte greifen und durch Keile mit dem Lagerbock verbunden

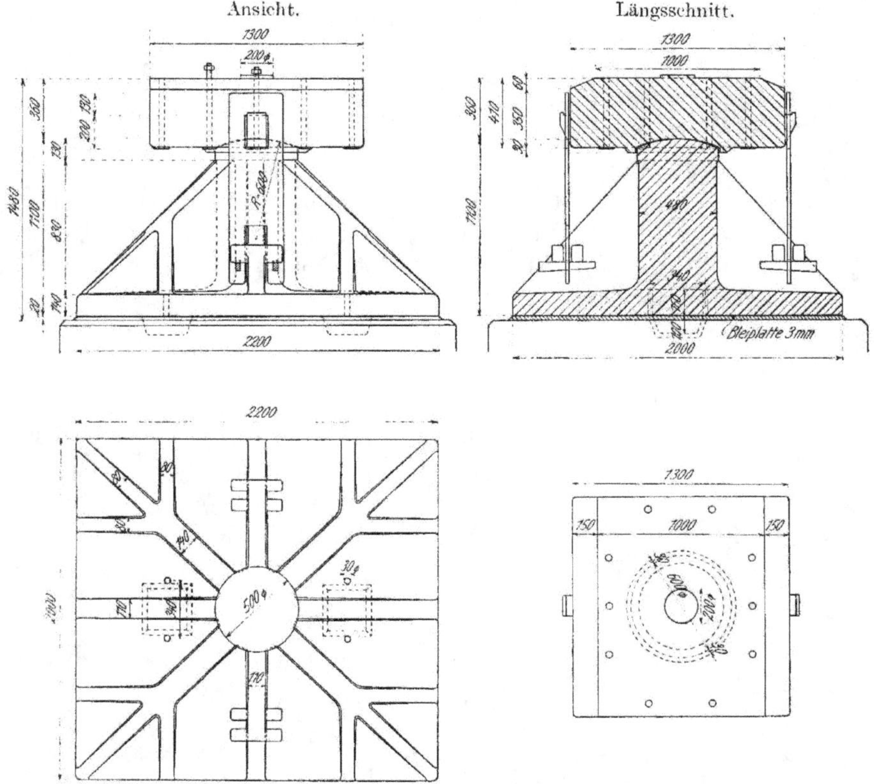

Draufsicht auf den Lagerbock. Draufsicht auf den oberen Lagerteil.

Abb. 1096.

werden. Da wegen des Bergbaues, der in der Nähe der Brücke betrieben wird, mit Senkungen der Pfeiler gerechnet werden muß, so werden die Klammern auch bei einem späteren Anheben des Überbaues gebraucht.

Ein Linienkipplager mit einem aus Grundplatte, Steg und Rippen gebildeten Lagerstuhl, wie es von den früheren bayrischen Staatsbahnen verwendet wird, zeigt die Abb. 1097. Der nach oben gewölbte, aus Schmiedestahl hergestellte Kippkörper, auf dem der Hauptträger mit einer Stahlplatte von 6 cm Stärke unmittelbar aufliegt, ruht auf dem Lagerstuhl, dessen Oberfläche genau gehobelt ist. Stahldorne, die den Kippkörper mit dem Lagerstuhl verbinden, fassen zugleich in die mit dem Hauptträger fest verbundene Stahlplatte. Durch diese Dorne werden alle wagerechten Kräfte von dem Hauptträger auf den Lagerbock übertragen. Der Lagerstuhl hat an den Seiten der Grundplatte halbkreisförmige Aussparungen für die Dorne, die in dem Auflagerstein einzementiert werden und durch die die feste Verbindung zwischen Lagerstuhl und Lagerstein in wagerechter Richtung hergestellt wird. Die Berechnung des Lagerstuhles kann nach den auf S. 659 gegebenen Gesichtspunkten durchgeführt werden. Der Halbmesser der Wölbung des Kippkörpers ist nach der Hertzschen Formel auf S. 665

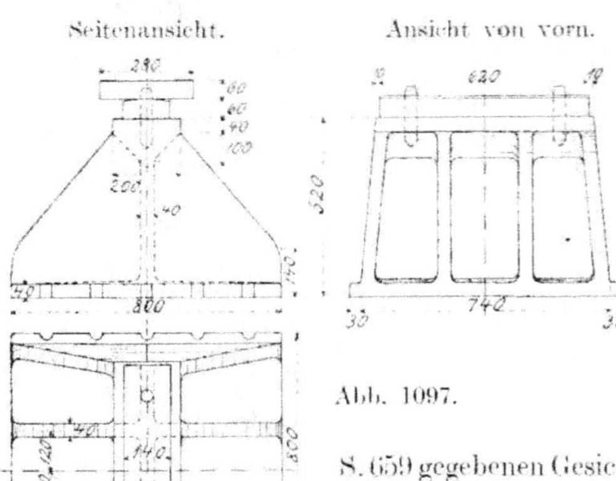

Abb. 1097.

$$l \cdot r_1 = 0{,}179 \frac{\varepsilon \cdot A}{\sigma^2}$$

zu bestimmen. Zur Ermittlung seiner Höhe und Grundfläche sind die bei der Berechnung des Kugelzapfens auf S. 663 gegebenen Bemerkungen zu beachten.

Ein anders gestaltetes Linienkipplager ist in der Abb. 1098 dargestellt. Es besteht nur aus Lagerbock und Kipplatte. Die wagerechten Kräfte werden von dem Hauptträger durch einen viereckigen Vorsprung, der von der Kipplatte in einen entsprechenden Ausschnitt des Hauptträgers ragt, der Kipplatte und von dieser durch zahnförmige Vorsprünge des Lagerbocks dem letzteren zugeführt.

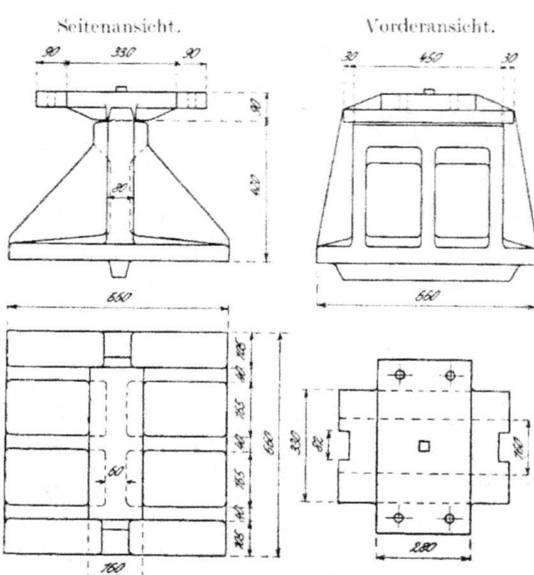

Abb. 1098.

Das ebenfalls als Linienkipplager ausgebildete feste Lager eines 130 m weit gespannten Überbaues der neuen Weichselbrücke bei Münsterwalde ist in Abb. 1099 veranschaulicht. Die Einzelheiten, insbesondere die Vorrichtungen zur Aufnahme der wagerechten Kräfte, sind aus der Abbildung zu ersehen. Der Lagerstuhl besteht aus Gußeisen, die übrigen Teile sind aus Flußstahlguß hergestellt. Die aus dem Querschnitt zu ersehenden kleinen seitlichen Vertiefungen in der unteren Lager-

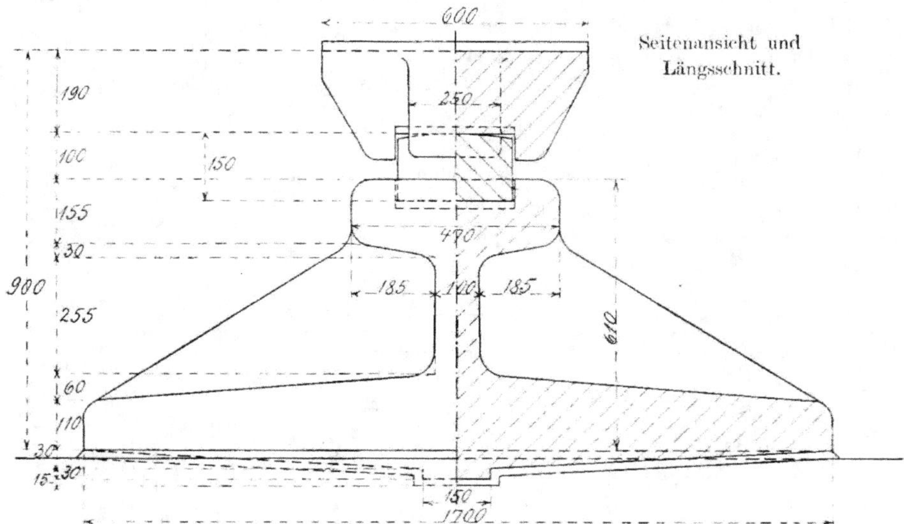

Ansicht von vorn und Querschnitt.

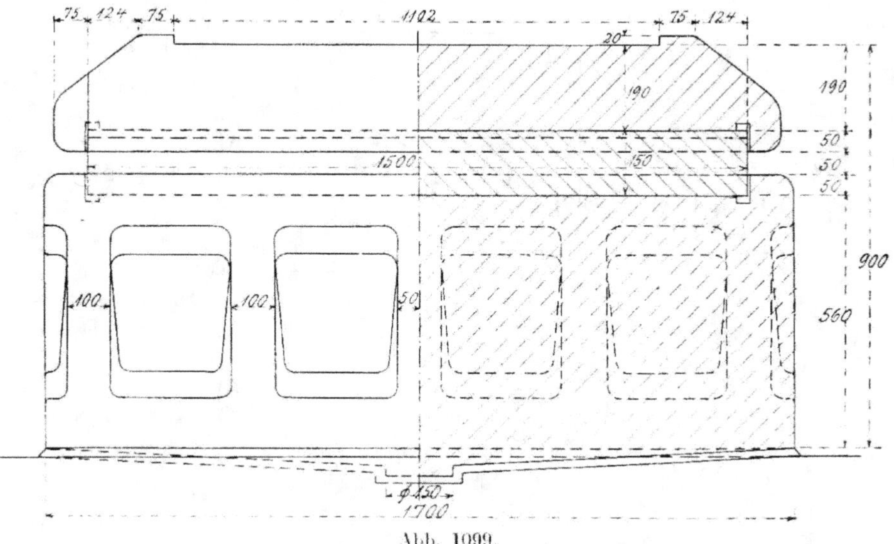

Abb. 1099.

fläche des oberen Lagerkörpers und in der oberen Lagerfläche des Lagerbocks sind vorgesehen, damit der Hobel beim Hobeln dieser Flächen auslaufen kann. Die kreuzförmigen Rippen an der unteren Fläche des Lagerbocks sind sehr niedrig gehalten; ihre unteren Flächen sind geneigt, damit beim Vergießen der Lager der Zementmörtel gut in die Rillen eindringt.

Die Lagerstühle werden auch nach dem Vorschlage der früheren sächsischen Staatsbahnen als Hohlkörper mit zwei unter 60° gegen die Wagerechte geneigten Rippen ausgebildet (Abb. 1100). Die Einzelheiten, namentlich die Vorrichtungen zur Übertragung der wagerechten Kräfte gehen deutlich aus der Abbildung hervor. Diese Lagerstühle erfordern weniger Baustoff als die Lagerstühle mit Steg und Seitenrippen.

β. Die nach einer Richtung beweglichen Lager.

1. Die Gleitlager.

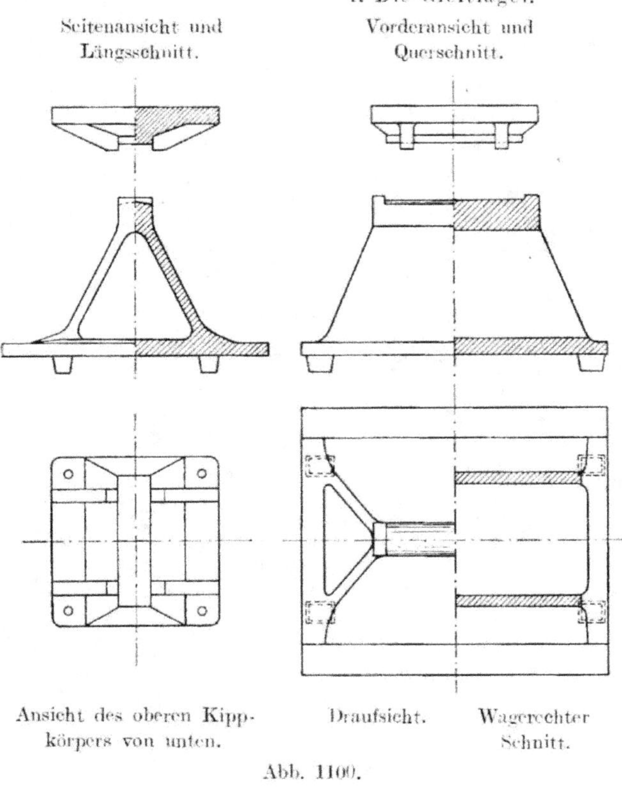

Abb. 1100.

Bei Auflagerdrucken bis zu 12 t aus ständiger Last werden die längsbeweglichen Lager ganz entsprechend den festen Kipplagern für kleinere Brücken, nur unter Fortlassung der zum Festhalten in der Längsrichtung vorgesehenen Teile ausgebildet, also nach der Abb. 1085 unter Fortfall der Vorsprünge und nach Abb. 1088 unter genügend großer Erweiterung der Aussparungen der oberen Platte.

Diese Gleitkipplager können deshalb nur bei kleineren Überbauten verwendet werden, weil bei größeren Auflagerdrucken durch die gleitende Reibung beträchtliche wagerechte Kräfte entstehen, die den Überbau und die Widerlager oder Pfeiler sehr ungünstig beanspruchen können (vgl. S. 117).

2. Die Rollen-, Stelzen- und Pendellager.

Für Überbauten mit Auflagerdrucken über 12 t aus ständiger Last empfiehlt es sich, die gleitende Reibung durch die viel kleinere rollende Reibung zu ersetzen, also statt der Gleitlager Rollen-, Stelzen- oder Pendellager auszuführen. In der

Abb. 1106 ist ein Rollenlager, in der Abb. 1115 ein Stelzenlager und in der Abb. 1117 ein Pendellager veranschaulicht.

Vorgänge bei der Bewegung eines Rollen- oder Stelzenlagers.

Bei Bewegungen legen die Punkte des auf einer Rolle liegenden Körpers doppelt so große Wege zurück wie der Mittelpunkt der Rolle, wie aus der Abb. 1101 hervorgeht. Hat der Mittelpunkt einer Rolle die Strecke 1 bis 2 durchschritten, so ist der Punkt B, in dem in der Anfangslage die Berührung mit der Unterlage stattfand, nach B^1 gekommen. Die Verbindungslinie von B^1 und 2 trifft den

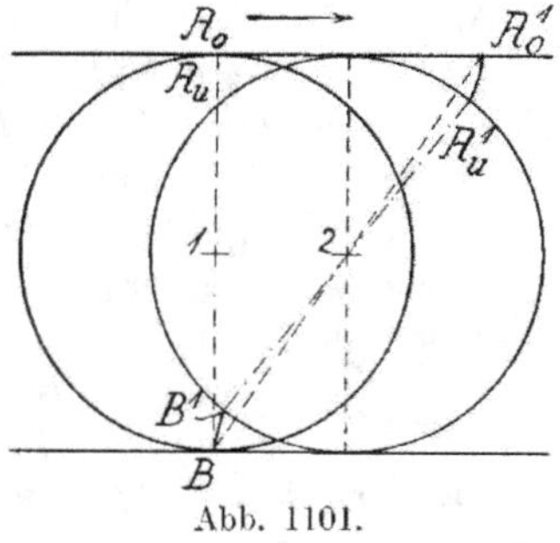

Abb. 1101.

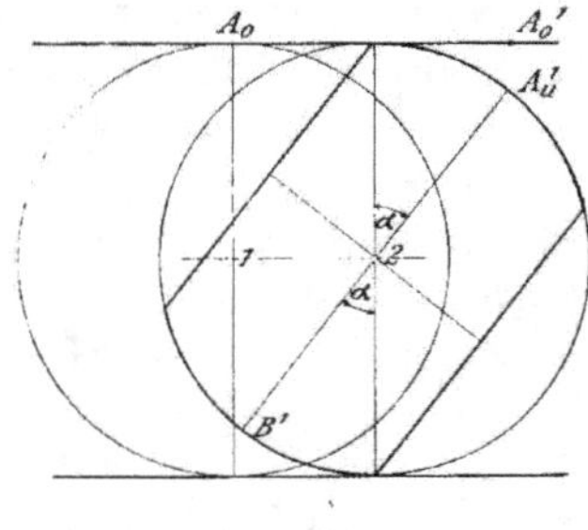

Abb. 1102.

Kreis in A_u^1, der neuen Lage des Punktes A_u, in dem die Rolle sich in der Anfangsstellung mit dem auf ihr ruhenden Körper berührte. Der Punkt A_0 hat die neue Lage A_0^1 eingenommen. $\overline{A_0 A_0^1}$ ist $= 2 \cdot 12$. Die Abb. 1102 zeigt, daß die Rolle beiderseits parallel zum Durchmesser $\overline{B^1 A_u^1}$ in einer Entfernung von diesem begrenzt werden kann, die gleich der Projektion der auf dem Kreisbogen gemessenen Strecke $\frac{A_0 A_0^1}{2}$ auf die Senkrechte zu $B^1 A_u^1$ ist, falls der auf ihr ruhende Körper sich höchstens um eine Strecke $= \overline{A_0 A_0^1}$ nach links und rechts bewegt, ohne daß ein Umfallen eintreten kann. Da sich unter dem Auflagerdruck auf der Rolle eine Abplattung ausbildet, so muß die Entfernung der beiderseitigen Begrenzungen vom Durchmesser $B^1 A_u^1$ um die halbe Breite dieser Abplattung, die nach der auf S. 664 angegebenen Gleichung zu ermitteln ist, vergrößert werden. Aus Gründen der Sicherheit wird aber die sich hiernach ergebende Breite der abgeschnittenen Rollen noch um einige Zentimeter größer gewählt. Liegen zwei oder mehrere solcher abgeschnittenen Rollen (Stelzen) nebeneinander, so müssen ihre Mittelpunkte einen Mindestabstand x voneinander haben, der sich aus folgender Betrachtung ergibt: Die schräg gestellten Stelzen (Abb. 1103) dürfen sich bei den größten Formänderungen des auf ihnen ruhenden Hauptträgers gerade erst berühren. Fände die Berührung schon früher statt, so müßte der Hauptträger auf den Stelzen

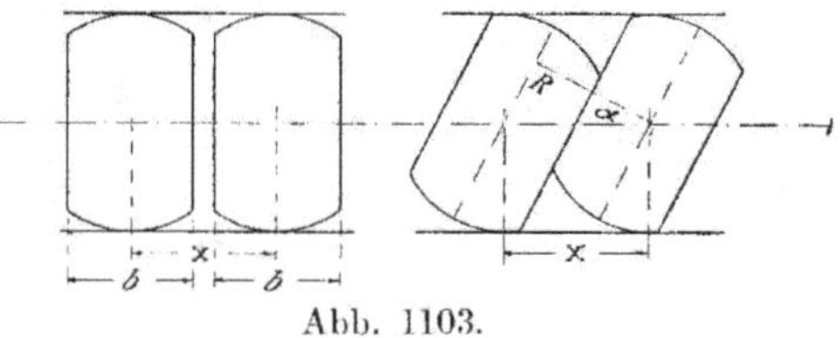

Abb. 1103.

gleiten. Bewegt sich der Hauptträger um $A_0 A_0^1$ nach rechts, so ist nach Abb. 1102 $\frac{2\alpha \cdot 2 r \pi}{360} = A_0 A_0^1$. Hieraus ist α leicht zu berechnen. Der geringste Abstand x der Mittelpunkte ergibt sich dann aus der Beziehung (Abb. 1103) $x = \frac{b}{\cos \alpha}$. Anderseits darf der Abstand der Mittelpunkte nur so groß sein, daß die Stelzen eher zur Anlage kommen, bevor die diagonal sich gegenüberliegenden Ecken der Stelzen senkrecht übereinander liegen, um bei unvorhergesehenen Bewegungen ein Umfallen der Stelzen zu verhüten.

Die beweglichen Lager erleiden durch die Wärmeschwankungen und in dem Falle, daß die Lager nicht in der Nullinie der Hauptträger liegen, auch durch die von der Verkehrslast herrührenden Formänderungen der Hauptträger Verschiebungen. Wie schon auf S. 116 gesagt wurde, ist in unseren Gegenden mit Wärmeschwankungen zwischen $-25°$ C und $+45°$ C zu rechnen. Die Verschiebungen, die durch die von der Verkehrslast herrührenden Formänderungen der Hauptträger hervorgerufen werden, lassen sich leicht aus der durch die Verkehrslast verursachten Spannung der Gurtungen, welche die beiderseitigen Lager verbinden, errechnen. Die Rollen- und Stelzenlager werden nun bei der Montage so eingestellt, daß bei einer Wärme von 10° C und bei halber Verkehrslast der Schwerpunkt der Rollen- und Stelzensätze unter dem Mittelpunkt des Kippkörpers liegt und bei den Stelzenlagern außerdem die Stelzen senkrecht stehen. Bei der Einstellung muß auf die Wärme zur Zeit des Freisetzens des Überbaues und auf die Verschiebung, die durch die Eigengewichtsspannungen der Hauptträger beim Freisetzen hervorgerufen wird, Rücksicht genommen werden. So eingestellte bewegliche Lager erleiden aus dieser Lage nach beiden Richtungen gleichgroße Verschiebungen, die einer Wärmeschwankung von 35° C und den durch die halbe Verkehrslast hervorgerufenen Spannungen der Hauptträger entsprechen.

Rollenlager.

a. Seitenansicht und Längsschnitt. b. Ansicht von vorn und Querschnitt.

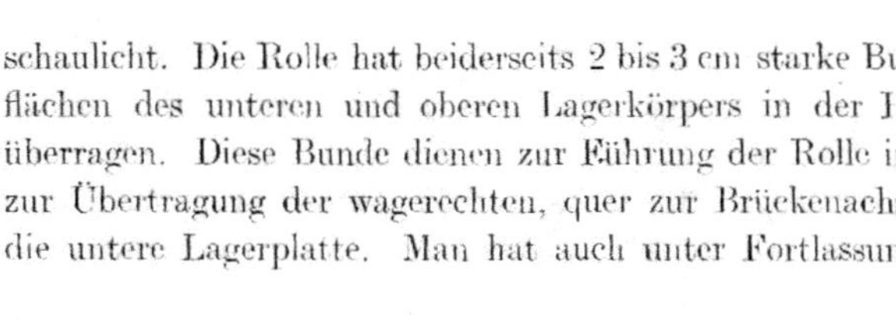

Abb. 1104.

Bei Brücken kleinerer Stützweite führt man die beweglichen Lager als Einrollenlager aus, bei denen Kipp- und Bewegungsvorrichtung vereinigt ist und die daher eine sehr geringe Höhe erfordern. In Abb. 1104 ist ein derartiges Lager veranschaulicht. Die Rolle hat beiderseits 2 bis 3 cm starke Bunde, die die Berührungsflächen des unteren und oberen Lagerkörpers in der Höhenrichtung um 2 cm überragen. Diese Bunde dienen zur Führung der Rolle in der Längsrichtung und zur Übertragung der wagerechten, quer zur Brückenachse wirkenden Kräfte auf die untere Lagerplatte. Man hat auch unter Fortlassung der Bunde die Rollen dadurch geführt, daß der untere und obere Lagerkörper beiderseits mit Führungsleisten versehen wurden. Diese Anordnung empfiehlt sich aber deshalb nicht, weil sich in der von den Leisten und der Lauffläche des unteren Lagerkörpers gebildeten Rinne leicht Schmutz und Wasser ansammeln. Hinsichtlich der Befestigung der unteren Lagerplatte auf dem Lagerstein und der Verbindung des oberen Lagerkörpers mit dem Hauptträger gilt das bereits früher Gesagte. Um die Rolle zu zwingen, der Bewegung der oberen Lagerplatte zu folgen, und um sie zu hindern, bei entlastetem Lager sich zu verschieben, wozu z. B. bei einer nicht genau wagerecht liegenden Lagerplatte das Bestreben vorhanden ist, sind besondere Vorrichtungen notwendig, deren verschiedene Ausführungsmöglichkeiten an den im folgenden einzelnen aufgeführten Lagern beschrieben werden sollen. Hier sind Dorne in die untere Lagerplatte und in den oberen Teil der Rolle eingeschraubt, die mit zahnartigen Köpfen in die Rolle und in die obere Lagerplatte eingreifen. Es wäre falsch, die unteren Dorne auch in die Rolle zu schrauben und in Vertiefungen der unteren Lagerplatte eingreifen zu lassen, weil sich dann in den Löchern das Wasser ansammeln könnte. Die Berechnung des Durchmessers der Rolle ist nach den auf S. 665 angegebenen Hertzschen Formeln durchzuführen. Die Anwendung des Einrollenlagers bei Fachwerkträgern ist durch den Umstand beschränkt, daß bei Längsbewegungen der Stützpunkt des Hauptträgers seine Lage zum Hauptträger ändert (siehe Abb. 1102). Dies ist beim vollwandigen Träger bedeutungslos, kann aber beim Fachwerkträger die Veranlassung zu beträchtlichen Nebenspannungen werden.

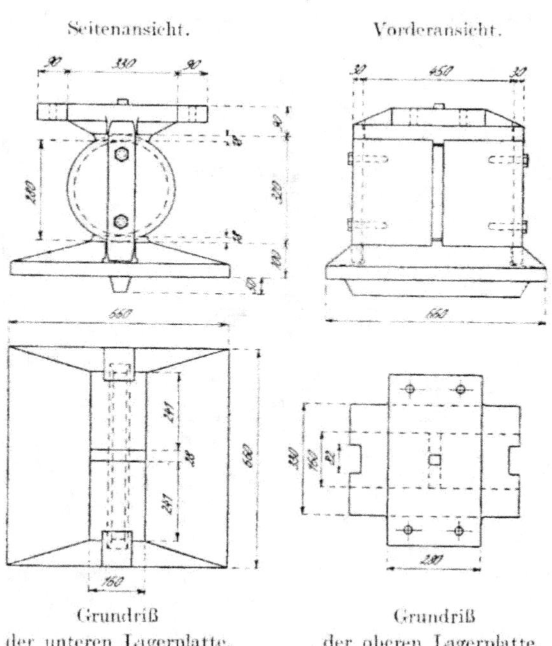

Abb. 1105.

In der Abb. 1105 ist ein etwas anders durchgebildetes Einrollenlager dargestellt. Die Rolle hat zur Führung in der Mitte eine Rille, in die Vorsprünge der oberen und unteren Platte hineingreifen. Hier werden auch die wagerechten, quer zur Brückenlängsachse wirkenden Kräfte aufgenommen. Über die Übertragung dieser Kräfte von dem Hauptträger auf die obere Platte vergleiche die Beschreibung der Abb. 1098. Die zwangsläufige Führung der Rolle wird durch zwei an die Kopfseiten geschraubte, zahnförmig auslaufende Flacheisen, die in entsprechende Ausschnitte der oberen und unteren Lagerplatte fassen, erzielt.

Bei Stützweiten von 25 m an geht man zum Zweirollenlager über. Bei einem solchen Lager ist ebenso wie bei den Lagern mit mehr als zwei Rollen eine besondere Kippvorrichtung erforderlich, die nach denselben Grundsätzen wie bei den festen Lagern ausgebildet wird. Die Abb. 1106 zeigt ein Zweirollenlager, dessen obere Teile dem in der Abb. 1088 dargestellten festen Lager ähnlich sind. Die Rollen sind ebenso wie die Rolle in der Abb. 1105 mit Rillen in der Mitte versehen. Beide Rollen müssen in einem bestimmten Abstand voneinander gehalten werden, erstens, damit sie nicht gegenseitig in Berührung kommen, wodurch bei der Bewegung an der Berührungsstelle eine gleitende Reibung auftreten würde, zweitens, damit der Abstand nicht größer wird als der, für den die Berechnung des auf den Rollen

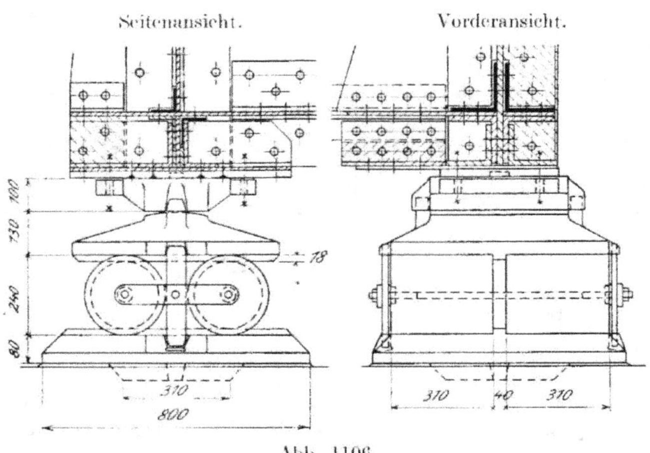

Abb. 1106.

ruhenden Lagerkörpers durchgeführt ist. Dies ist im vorliegenden Falle dadurch erreicht worden, daß die Rollen beiderseits durch je ein Flacheisen verbunden sind, das lose auf in den Rollen befestigte Stiftschrauben geschraubt ist. An diesen Verbindungsflacheisen greift je ein oben und unten zahnförmig auslaufendes stärkeres Flacheisen an, das zwischen entsprechende Vorsprünge des unteren und oberen Lagerkörpers eingreift und die Rollen zwingt, den Bewegungen des Überbaues zu folgen, und sie an unbeabsichtigten Verschiebungen hindert.

Der Abstand der beiden Rollen darf nicht zu klein sein, da sonst bei größeren Formänderungen des Überbaues die eine der beiden Rollen zu stark belastet wird. Der auf jede der Rollen entfallende Druck kann genau festgestellt werden, daher sind auch für die Berührungsstellen der Rollen die auf S. 665 angegebenen hohen Beanspruchungen zulässig. Es gelten also auch hier die auf S. 665 stehenden Formeln, wobei jedoch darauf zu achten ist, daß die eine der beiden Rollen bei Längsbewegungen des Überbaues stärker als die andere belastet wird. Die Dicke der Lagerplatten ist so zu wählen, daß die in ihnen herrschenden Biegungsbeanspruchungen das zulässige Maß nicht überschreiten.

Ein nach ähnlichen Grundsätzen ausgebildetes Zweirollenlager zeigt die Abb. 1107. Die beiderseitige Verbindung der beiden Rollen durch ein wagerechtes Flacheisen könnte hier entbehrt werden, da die zahnförmigen senkrechten Flacheisen allein schon die zwangsläufige Führung und den gegenseitigen Abstand der Rollen gewährleisten. Der obere Teil des Lagers ist ein Kugelzapfenkipplager. Der untere und obere Kippkörper sind durch einen Dorn gegeneinander festgelegt.

Größere Rollen als von 400 mm Durchmesser werden im allgemeinen nicht ausgeführt.

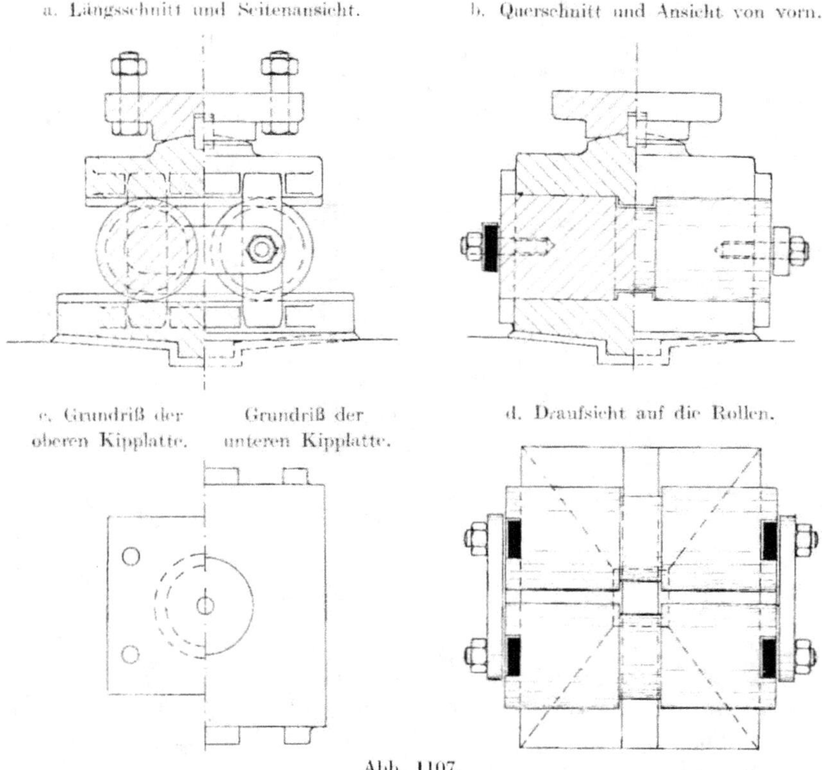

Abb. 1107.

Bei mehr als zwei Rollen verteilt sich der Auflagerdruck auch bei mittiger Belastung des Rollensatzes nicht gleichmäßig auf alle Rollen; die mittleren werden stärker belastet als die äußeren. Die Verteilung des Druckes ist abhängig von den Festigkeitseigenschaften und den Abmessungen der Rollen und des auf den Rollen ruhenden Lagerkörpers und ist nicht vollständig einwandfrei zu bestimmen. Die Unbestimmtheit in der Verteilung des Auflagerdruckes wird durch jede — auch noch so geringe — Verschiedenheit in der Größe des Durchmessers der einzelnen Rollen — wie sie auch bei sorgfältiger Bearbeitung nicht ausbleiben kann — noch vergrößert. Diesen Umständen wird dadurch Rechnung getragen, daß man — wie schon auf S. 666 erwähnt wurde — den zulässigen Druck für Rollen, deren Druck sich einwandfrei feststellen läßt, um 1000 kg/cm² ermäßigt. In dieser Ermäßigung der zulässigen Beanspruchung ist auch der Umstand als berücksichtigt anzusehen, daß bei Längenänderungen des eisernen Überbaues weitere Verschiebungen in der Verteilung des Auflagerdruckes auf die einzelnen Rollen eintreten. Hiernach ergeben sich auf Grund der Hertzschen Formel $l \cdot r_1 = 0{,}179 \cdot \frac{\varepsilon \cdot A}{\sigma^2}$ (S. 665), wenn η die Anzahl, d den Durchmesser und l die Länge der Rollen und A den gesamten Auflagerdruck bedeuten, für die einzelnen Baustoffe folgende Formeln:

1. für Gußeisen . . . . $\eta \cdot d \cdot l = 40\,A$
2. für Flußeisen . . . . $\eta \cdot d \cdot l = 48\,A$
3. für Flußstahlguß . . . . $\eta \cdot d \cdot l = 26\,A$
4. für Schmiedestahl . . . . $\eta \cdot d \cdot l = 19\,A$

(A in t, d und l in cm)

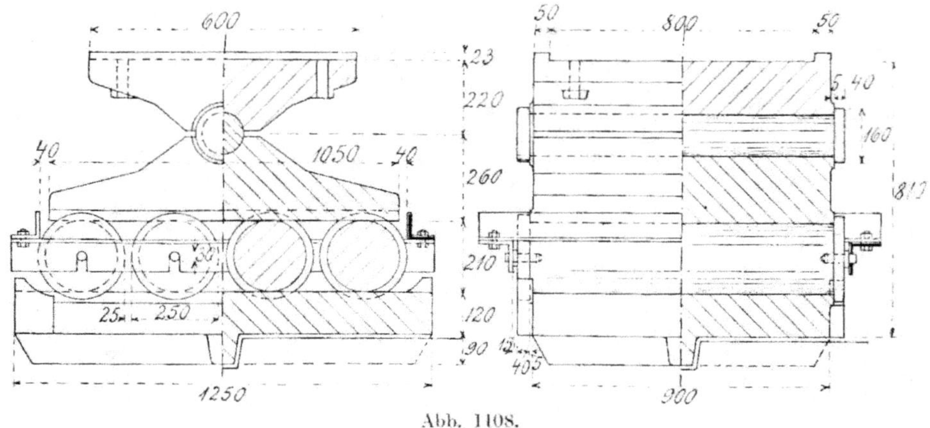

Abb. 1108.

Ein Vierrollenlager einer zweigleisigen Eisenbahnbrücke von 70 m Stützweite zeigt die Abb. 1108. Der den Abstand der Rollen untereinander festlegende Rahmen ist hier abnehmbar eingerichtet worden, eine Anordnung, die zu empfehlen ist, um das Lager gut reinigen zu können. Größere unbeabsichtigte Verschiebungen der Rollen werden durch Vorsprünge an den Seitenflächen der unteren Lagerplatte, an denen die Rollenbunde laufen, verhindert. Zweckmäßiger sind fraglos die bei der Beschreibung der Abb. 1106 u. 1107 geschilderten Vorkehrungen zur Verhinderung unbeabsichtigter Bewegungen und zur Herbeiführung der Zwangsläufigkeit.

In Abb. 1109 ist das bewegliche Lager eines 130 m weit gespannten Überbaues der neuen Weichselbrücke bei Münsterwalde dargestellt. Die Rollen haben zur Führung und Übertragung der quer zur Brückenachse wirkenden Kräfte eine mittlere Rille erhalten und sind zur Wahrung des Abstandes untereinander durch zwei Flacheisen verbunden. In Ausschnitte der äußersten Rollen sind beiderseits oben und unten zahnförmig auslaufende, 3 cm starke Flacheisen eingelassen und verschraubt, durch welche die zwangsläufige Bewegung des Rollensatzes bedingt wird und unbeabsichtigte Verschiebungen verhindert werden. Die aus dem Querschnitt zu ersehenden kleinen seitlichen Vertiefungen in der unteren Fläche des obersten Lagerkörpers sind vorgesehen, damit der Hobel beim Hobeln dieser Fläche auslaufen kann.

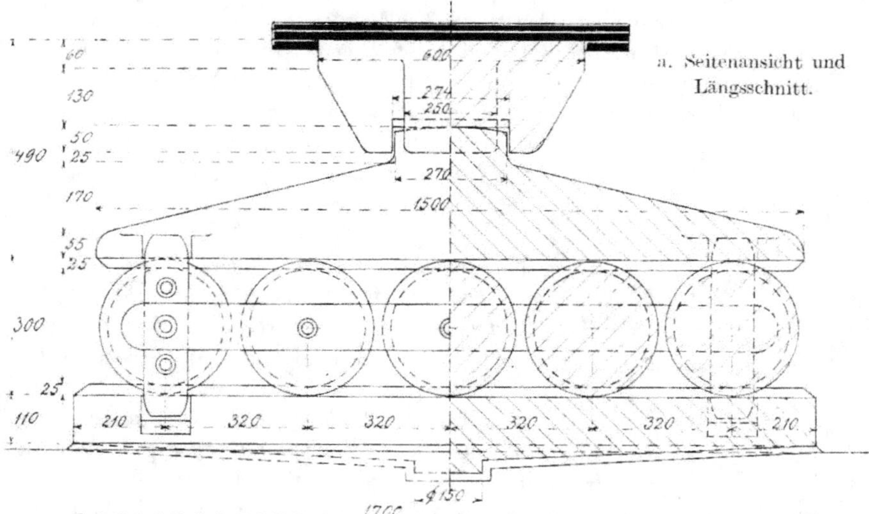

a. Seitenansicht und Längsschnitt.

b. Ansicht von vorn und Querschnitt.

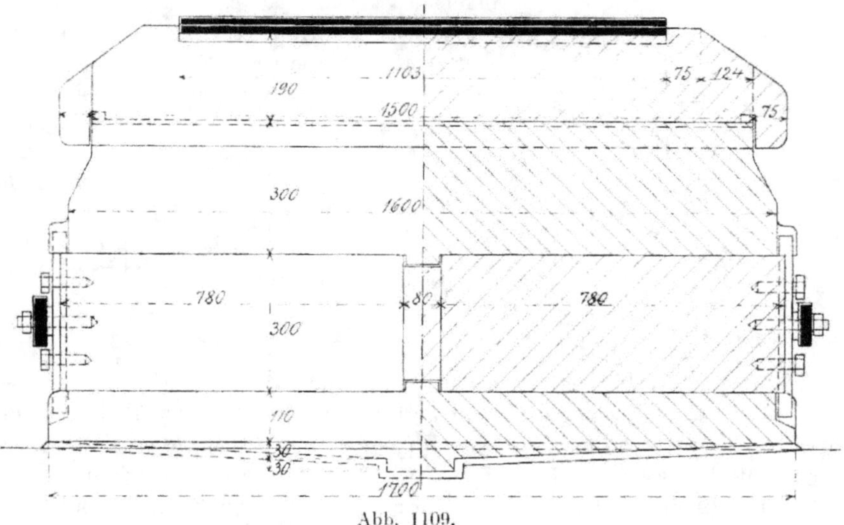

Abb. 1109.

Eine eigenartige Vorrichtung zur Verhinderung unbeabsichtigter Verschiebungen bei einer Entlastung des Lagers und zur Sicherung der zwangsläufigen Bewegung besitzt das in Abb. 1110 wiedergegebene Lager. An den die Flacheisen des Rahmens verbindenden Bolzen sind drehbare Segmente angebracht, die an der Grundplatte und dem auf den Rollen liegenden Körper anliegen und sich bei Bewegungen des letzteren um die unteren Anlagepunkte drehen.

Stelzenlager.

Wie aus der Betrachtung auf den Seiten 671 u. 672 hervorgeht, muß der Rollendurchmesser die nach den Hertzschen Formeln zu bestimmende Größe nur deshalb aufweisen, damit sich an den Berührungsstellen der Rollen genügend große und nicht zu hoch beanspruchte Berührungsflächen bei einer Belastung ausbilden. Die Rollen können daher an beiden Seiten so weit beschnitten werden (Abb. 1111), als es nach den Erörterungen auf S. 671 zulässig ist. Bei größeren Lagern lassen sich durch Anordnung von Stelzen an Stelle von Rollen erhebliche Einschränkungen in den Längenabmessungen des ganzen Lagers und in der Höhe des unteren Kippkörpers und eine gleichmäßigere Verteilung des Auflagerdruckes erzielen.

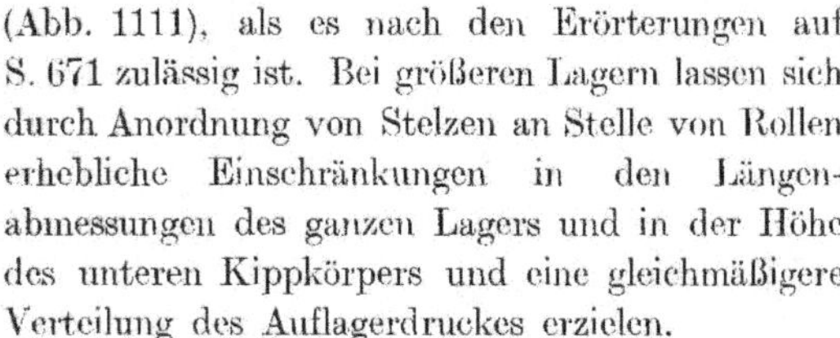

Ansicht.

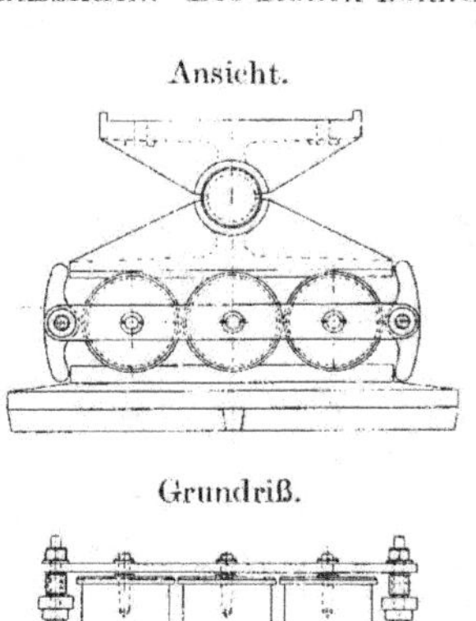

Grundriß.

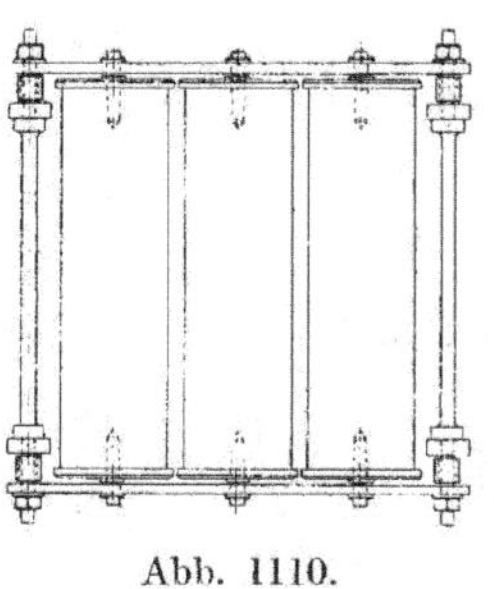

Abb. 1110.

Die Stelzen werden nach den beiden in den Abb. 1112 u. 1113 dargestellten Formen ausgeführt. Hinsichtlich der Vorkehrungen zu ihrer Führung und ihrer zwangsläufigen Bewegung gelten die für die Rollen gegebenen Regeln. Es genügt jedoch nicht, die Stelzen auf beiden Seiten wie die Rollen durch je ein Flacheisen zu verbinden, da es hierbei vorkommen könnte, daß eine oder auch mehrere Stelzen nach erfolgter Drehung die Rückwärtsdrehung nicht mitmachen und so die Parallelstellung aller Stelzen verloren geht (Abb. 1114). Es sind vielmehr auf jeder Seite zwei übereinanderliegende Flacheisen vorzusehen.

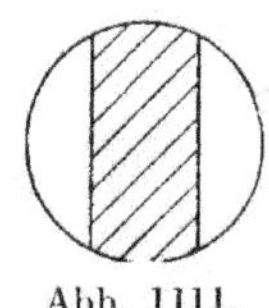

Abb. 1111.

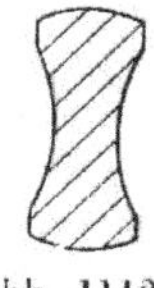

Abb. 1112.

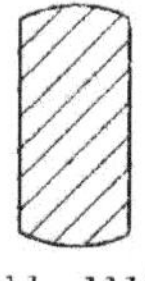

Abb. 1113.

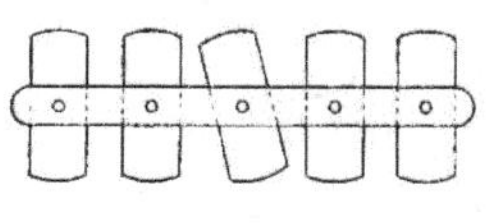

Abb. 1114.

Die Abb. 1115 zeigt eins der beweglichen Lager des 186 m weit gestützten Überbaues der zweigleisigen Eisenbahnbrücke über den Rhein unterhalb Ruhrort. Die Kippvorrichtung und die obere Kipplatte ist ebenso wie beim festen Lager (Abb. 1096) ausgebildet. Die untere Kipplatte ruht auf sieben Stelzen, die 380 mm hoch und 220 mm breit sind und zur Führung in der Mitte eine Spurrille von 102 mm Breite und 30 mm Tiefe besitzen. In die Spurrille greifen Vorsprünge der oberen Kipplatte und der Grundplatte ein. Durch die Vorsprünge werden die wagerechten, quer zur Brückenlängsrichtung wirkenden Kräfte aufgenommen. Der gegenseitige Abstand der einzelnen Stelzen und ihre Parallelstellung wird beiderseits durch je zwei Flacheisen, die lose auf in die Stelzen eingreifende Stiftschrauben geschraubt sind, gewahrt. Die zwangsläufige Führung wird durch zahnförmig auslaufende Flacheisen, die beiderseits in Ausschnitte der äußersten Stelzen eingesetzt sind und in Vorsprünge der oberen Kipplatte und der Grundplatte eingreifen, erzielt. Die Grundplatte hat keine Rippen an der unteren Fläche, da bei dem großen senkrechten Auflagerdruck Bewegungen der Grundplatte ausgeschlossen sind. Aus demselben Grunde, der bei der Beschreibung des festen Lagers (Abb. 1096) besprochen wurde, sind abnehmbare Klammern vorgesehen, durch die alle Lagerteile zu einem Ganzen zusammengeschlossen werden können.

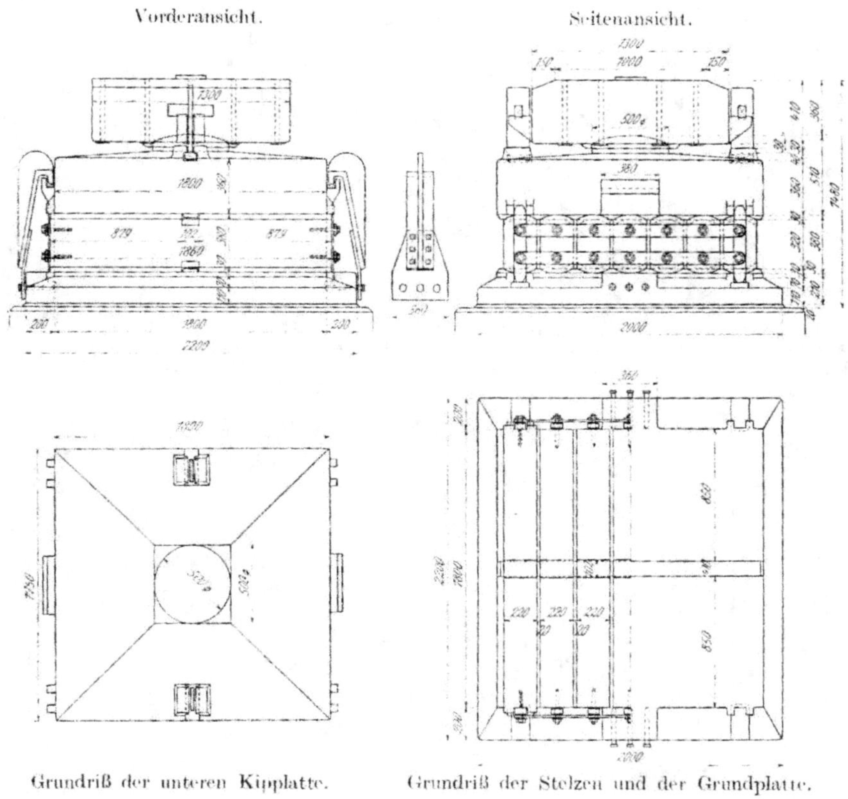

Abb. 1115.

Sind, wie z. B. in Bergbaugebieten, größere Bewegungen der Brückenpfeiler und Widerlager zu befürchten, so empfiehlt es sich, die Stelzen mit so engen Zwischenräumen anzuordnen, daß sie sich bald nach Überschreitung der durch die Formänderung der Hauptträger verursachten größeren Bewegungen aneinander legen. Hierdurch wird ein Umfallen der Pendel, das für den Bestand der Brücke von verhängnisvollen Folgen sein könnte, verhütet. (Vgl. auch S. 671.) Hiernach ist auch das in der Abb. 1115 dargestellte Lager ausgebildet.

Eins der beweglichen Lager des 106 m weit gestützten Überbaues derselben Brücke veranschaulicht die Abb. 1116. Die Kippvorrichtung und die Vorrichtungen zur Aufnahme der wagerechten, quer zur Brückenlängsrichtung gerichteten Kräfte sind dieselben wie bei dem eben beschriebenen Lager, auch die Führung der Stelzen ist grundsätzlich dieselbe. Abnehmbare Klammern, durch die alle Lagerteile zu einem Ganzen zusammengeschlossen werden können, sind auch hier

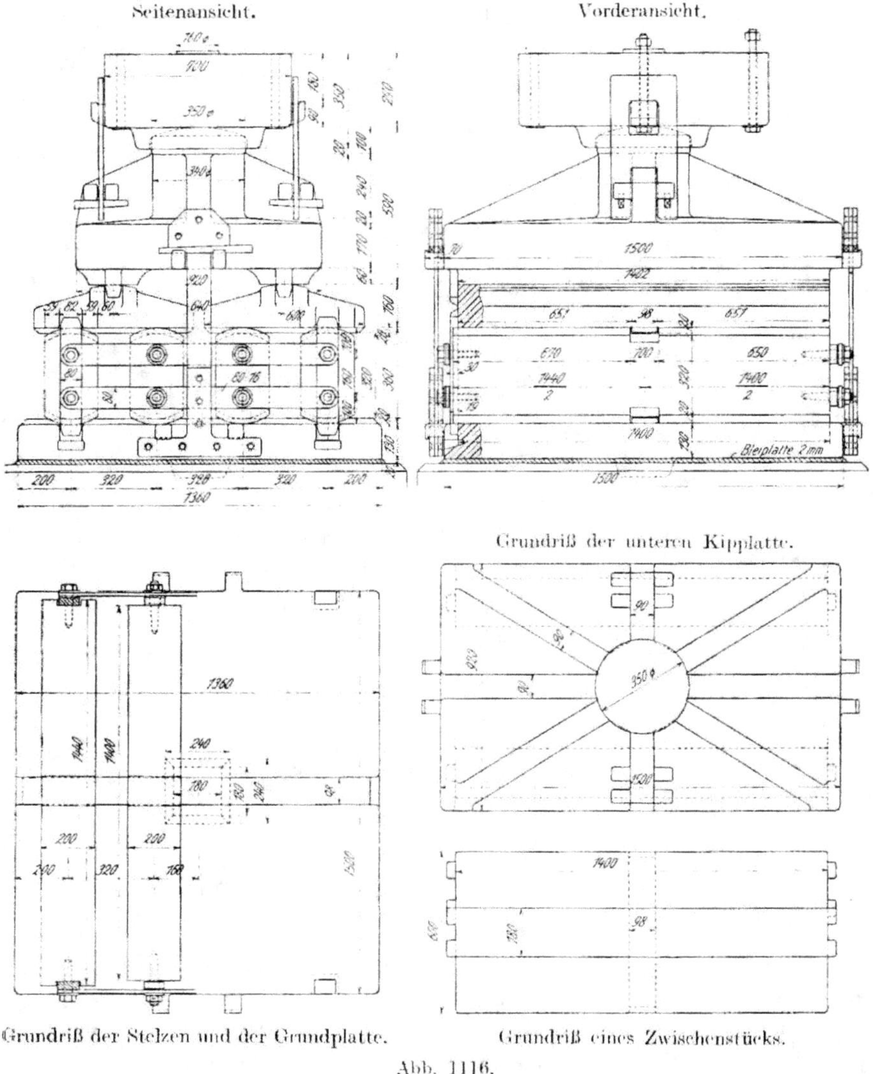

Abb. 1116.

vorgesehen, um bei späteren Senkungen des Pfeilers den Überbau samt den Lagern anheben zu können. Da die beweglichen Lager des 106 m-Überbaues mit denen des 186 m-Überbaues auf ein und demselben Pfeiler liegen, so stand für erstere eine sehr reichliche Höhe zur Verfügung, die zur Einschaltung von zwei auf je zwei

Stelzen ruhenden Lagerkörpern zwischen unterer Kipplatte und Stelzen benutzt wurde. Hierdurch wird erreicht, daß sich der Auflagerdruck in statisch bestimmter Weise auf die vier Stelzen verteilt und daher der auf jede der Stelzen entfallende Druck einwandfrei ermittelt werden kann.

Pendellager.

Für mittlere Stützweiten eignet sich neben dem Zweirollenlager auch ein Pendellager nach Abb. 1117. Der Kippzapfen liegt hierbei im Mittelpunkt des Pendels. Das Pendel wird durch Bunde geführt und gegen unbeabsichtigte Verschiebungen durch zahnförmige Vorsprünge, die an der Grundplatte sitzen und in entsprechende Aussparungen in den Bunden eingreifen, gesichert. Diese Lager-

a. Längsschnitt und Seitenansicht.

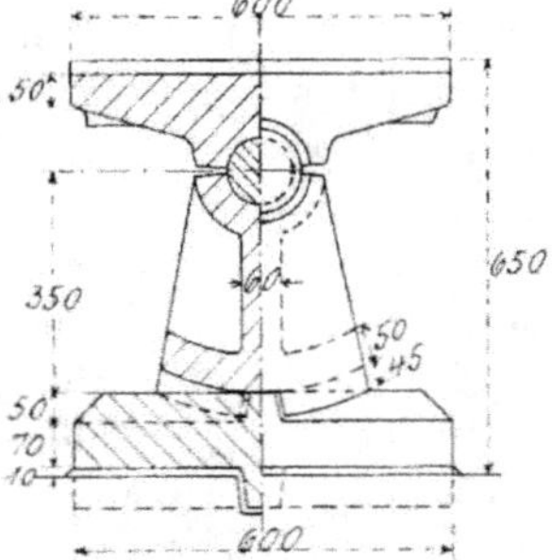

b. Querschnitt und Ansicht von vorn.

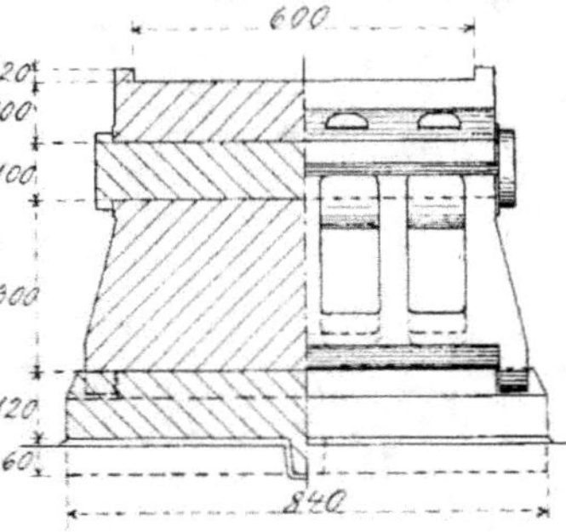

Abb. 1117.

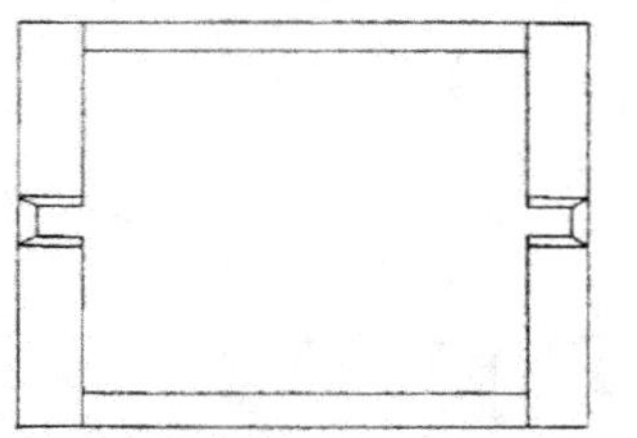

c. Grundriß der unteren Lagerplatte.

ausbildung gestattet die Anwendung großer Halbmesser für das Pendel, ohne daß die Höhe des Lagers zu groß ausfällt.

Durch Ausweichungen von Pfeilern und Widerlagern werden die unteren oder oberen Lagerteile von Rollen-, Stelzen- und Pendellagern häufig so weit in der Längsrichtung verschoben, daß bei den Rollenlagern einzelne Rollen unzulässig hoch beansprucht werden, bei den Stelzenlagern entweder die Bewegungsfreiheit aufgehoben wird oder die Stelzen umkippen, und bei den Pendellagern das Pendel umschlägt. Die Rollen, Stelzen und Pendel müssen in diesen Fällen wieder in die richtige Lage zu den oberen Lagerkörpern gebracht werden. Zu diesem Zwecke müssen die Überbauten, falls nicht besondere Vorkehrungen zum Richten der Rollen, Stelzen oder Pendel vorgesehen sind, angehoben werden, was in der Regel kostspielige und nicht einfache Arbeiten erfordert. Von der Firma Beuchelt u. Co. in Grünberg in Schlesien ist eine sinnreiche Vorrichtung (vgl. auch die Abb. 642 und die dazugehörige Beschreibung auf S. 382) angegeben worden (Abb. 1118), die es gestattet, die Stelzen ohne Anheben des Überbaues wieder in die richtige Lage zu bringen. Die Grundplatte ist durch ein 5 mm starkes Kupferblech, das auf der Oberfläche zur Verminderung der Reibung mit einer Paraffinschicht versehen ist, in zwei Teile geteilt. Die obere Platte kann auf der Kupferplatte durch die vier Keile, von denen zwei auf jeder Seite durch je ein Spannschloß verbunden sind, in der Längsrichtung der Brücke bewegt werden. Die mittelste Stelze greift auf beiden Seiten durch Zähne in den Lagerbock und in die obere Grundplatte ein. Da alle Stelzen außerdem in üblicher Weise durch zwei Längseisen auf jeder Seite miteinander verbunden sind, so können die Stelzen durch Anziehen und Nachlassen der Keile wieder in die richtige Lage gebracht werden.

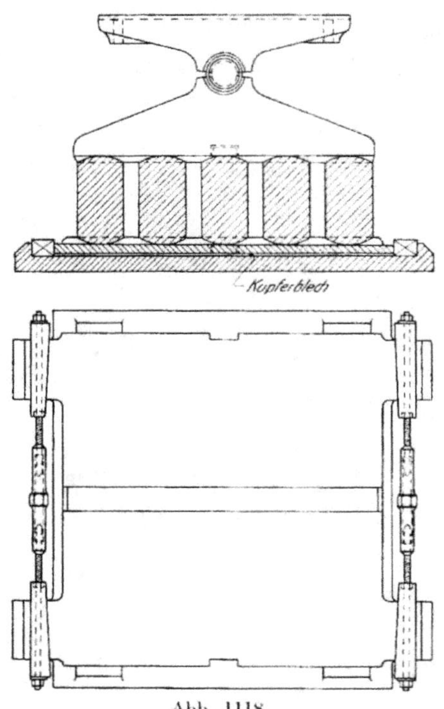

Abb. 1118.

γ. Allseitig bewegliche Lager.

Allseitig bewegliche Lager lassen sich dadurch herstellen, daß man den längsbeweglichen Lagern durch Anordnung von Spielräumen in der Querrichtung zwischen den aufeinanderliegenden Lagerteilen eine Bewegungsmöglichkeit in der Querrichtung gibt. Diese Art der allseitig beweglichen Lager eignet sich aber nur für kleinere Brücken, weil bei der Bewegung quer zur Brückenachse gleitende Reibung auftritt. Ebenso ist die in Abb. 1119 dargestellte Anordnung allseitig beweglicher Lager, bei der eine Kugelfläche sich mit einer Ebene berührt, nur für kleinere Brücken anwendbar.

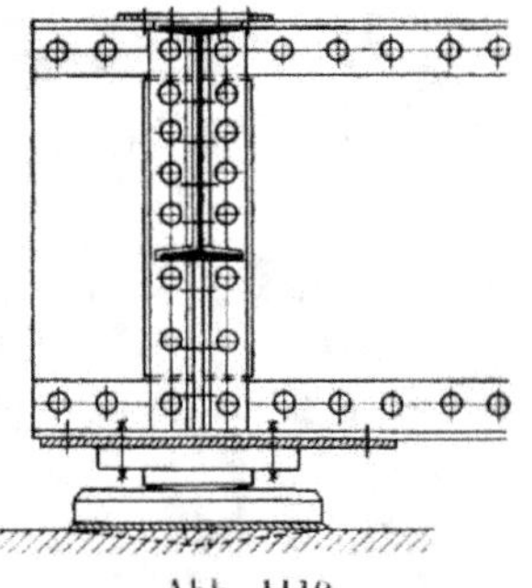
Abb. 1119.

Für größere Brücken werden die allseitig beweglichen Lager entweder als regelrechte Kugellager oder derart ausgebildet, daß man Rollen, Stelzen oder Pendel doppelt übereinander und senkrecht zueinander anordnet.

In der Abb. 1120 ist ein Kugellager nach einem Muster der früheren sächsischen Staatseisenbahnen dargestellt. Hier sind zwischen dem Kippkörper und der Grundplatte sieben Kugeln von 120 mm Durchmesser eingeschaltet. Sie werden unten von einem um den kreisförmigen Vorsprung der Grundplatte gelegten Flacheisenring und oben von einem kreisförmigen Vorsprung des Kippkörpers umschlossen und durch einen flachen Teller geführt, der die einzelnen Kugeln umfaßt und sich auf den unteren Flacheisenring auflegt. Um von den sauber polierten Kugeln und ihren Laufflächen die Feuchtigkeit fernzuhalten, legt sich ein Lederring, der durch einen Bandeisenring auf den Umfang des kreisförmigen Vorsprunges des Kippkörpers gepreßt wird, auf den Führungsteller.

Die Abb. 1121 veranschaulicht ein allseitig bewegliches Lager, bei dem die Längsbeweglichkeit durch ein Pendel und die Querbeweglichkeit durch einen Satz aus vier Rollen geschaffen ist. Der obere Lagerkörper des Pendellagers besteht aus zwei Teilen, zwischen die ein Keil eingeschaltet ist, um die Höhenlage genau regeln zu können. Dies empfiehlt sich namentlich bei durchlaufenden Trägern, um Stützensenkungen unschädlich machen zu können.

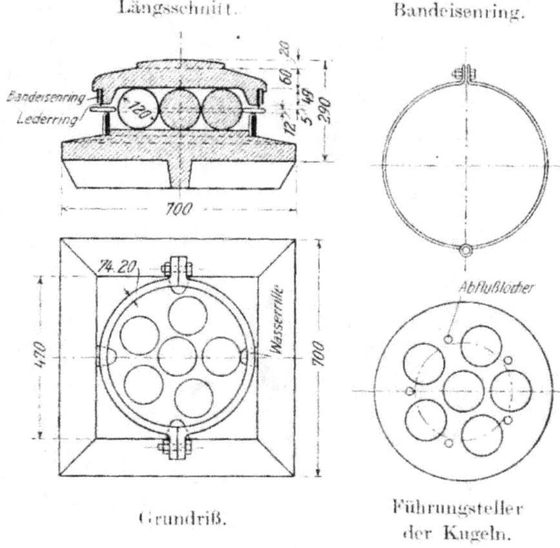

Abb. 1120.

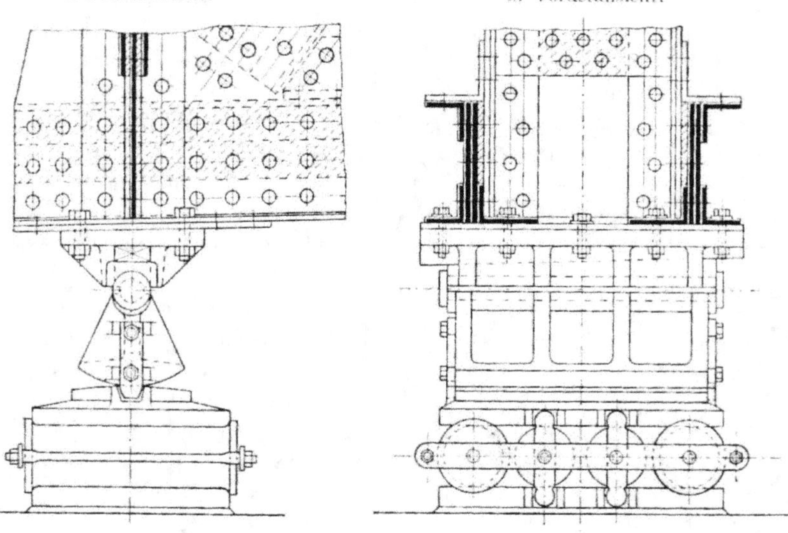

Abb. 1121.

c. Verankerungen.

α. Senkrechte Verankerungen.

Bei durchgehenden Balken (Abb. 1122), Gerberträgern (Abb. 1123) und anderen Trägerarten entstehen aufwärts gerichtete Auflagerkräfte, die durch senkrechte Verankerungen in den Widerlagern oder Pfeilern aufgenommen werden müssen. Die Anker müssen so tief in das Mauerwerk hinabgeführt werden, daß das Gewicht des über der Ankerplatte liegenden, wirksamen Mauerwerkkörpers die aufwärts gerichteten Auflagerkräfte mit Sicherheit aufnehmen kann. Als wirksam kann ein Mauerwerkkörper angesehen werden, der von einem mit der Spitze an der Ankerplatte liegenden Kegel von 45° Seitenneigung aus dem Widerlager herausgeschnitten gedacht wird (Abb. 1124). Am zweckmäßigsten sind die

Abb. 1122.

Abb. 1123.

Verankerungen, die genau in der Ebene der Mittelpunkte der beiden sich in der Querrichtung gegenüberliegenden, den abwärts gerichteten Kräften dienenden Lager liegen. Werden die Anker außerhalb dieser Ebene nach dem Widerlager zu angebracht (Abb. 1126), so tritt für die Belastungsfälle, die an den Auflagern abwärts gerichtete Kräfte hervorrufen, infolge der Verankerung eine elastische Einspannung auf, und für die Belastungsfälle, die aufwärts gerichtete Auflagerkräfte verursachen, ist eine andere Stützweite in die Rechnung einzuführen als für die zuerst erwähnten Belastungsfälle.

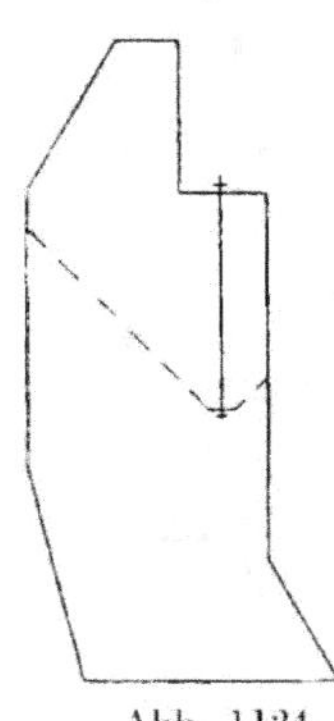
Abb. 1124.

Eine zur Aufnahme kleiner aufwärts gerichteter Auflagerkräfte recht geeignete Vorrichtung für ein festes Zylinderzapfenkipplager ist in Abb. 1125 dargestellt. Zwei Schalen, die beiderseits über die Gewinde eines den Zylinderzapfen durchdringenden Bolzens oder von zwei in den Zylinderzapfen eingeschraubten Stiftschrauben gesteckt sind und durch Muttern festgehalten werden, greifen über entsprechende Vorsprünge des oberen Lagerkörpers und des Lagerstuhles und verbinden auf diese Weise beide Teile miteinander. Der obere Lagerkörper muß mit dem Hauptträger verschraubt und der Lagerstuhl mit dem Widerlager verankert werden.

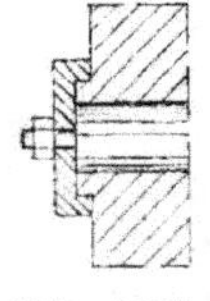
Abb. 1125.

Im übrigen können die Verankerungen fester Lager nach den Gesichtspunkten ausgebildet werden, die für die Verankerungen beweglicher Auflager im folgenden angegeben werden, nur mit dem Unterschied, daß alle zur Ermöglichung der Teilnahme an der Bewegung getroffenen Vorkehrungen fortfallen können.

Die Verankerungen der beweglichen Auflager müssen so ausgebildet werden, daß die Beweglichkeit der Lager nicht beeinträchtigt wird, und daß die Anker durch die Bewegung keine ungünstigen Beanspruchungen erleiden.

In Abb. 1126 ist eine Anordnung dargestellt, bei welcher der Anker hinter dem beweglichen Lager unmittelbar am Hauptträger angreift. Durch Einschaltung eines Pendels, das am Hauptträger und am Anker mit je einem Bolzen befestigt ist, wird eine ungünstige Beanspruchung des Ankers bei Bewegungen des Überbaues verhindert. Durch das Spannschloß kann dem Anker eine Anfangsspannung gegeben werden, die am besten so groß gewählt wird, daß sie erst bei einer Ausdehnung des Ankers infolge der größten Wärmezunahme verschwindet. Andernfalls kann es vorkommen, daß der Anker beim Auftreten einer nach oben gerichteten Auflagerkraft ruckweise gespannt wird[1]).

In der Abb. 1127 ist die Verankerung des Versteifungsträgers des Entwurfes „Freiheit“ der Gutehoffnungshütte aus dem Wettbewerb 1910/11 um den Bau einer festen Straßenbrücke über den Rhein in Köln auf einem der Widerlager wiedergegeben. Der Untergurt des Versteifungsträgers ist über das Auflager nach hinten verlängert und stützt sich hier mit einer Stelze gegen einen gußstählernen rippenförmigen Körper, der in das Mauerwerk eingelassen und durch angenietete Flacheisen an einem eingemauerten, voll- und doppelwandigen Träger verankert ist.

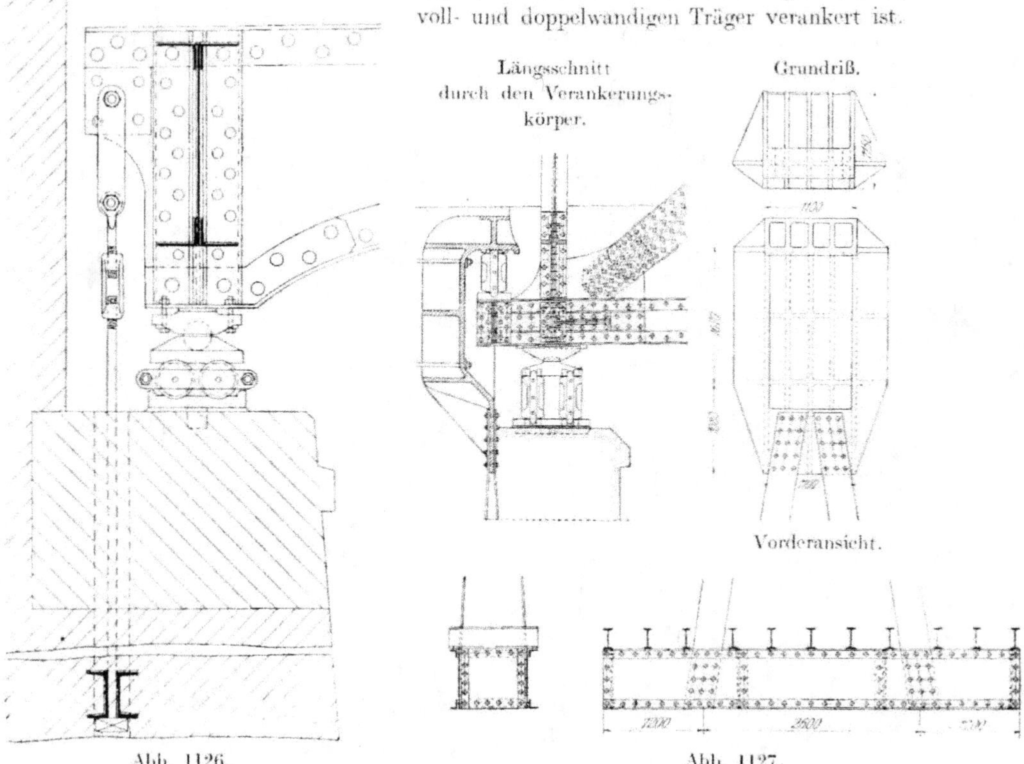

Abb. 1126. Abb. 1127.

Eine zweckmäßige Verankerung eines beweglichen Lagers ist in Abb. 1128 veranschaulicht, die sich ebensogut am Endquerträger (Abb. 1129), als auch am Kreuzungspunkt der Diagonalen der Endquerversteifung anbringen läßt (Abb. 1130). Der Anker, der an seinem oberen Endpunkt durch ein mit einem Winkeleisen versteiftes Flacheisen mit dem Mauerwerk in fester Verbindung steht, ist mit der oberen Lagerplatte eines Zweirollenlagers, das durch Winkeleisen und Konsolen an dem Endquerträger aufgehängt ist, unverschieblich verschraubt. Der mit dem Hauptträger fest verbundene Endquerträger kann sich samt den Konsolen

[1]) Vergl. auch Zentralblatt der Bauverwaltung. 1915, S. 382 u. 383. „Berechnung der Verankerung beweglicher Lager“ von Professor Kayser.

und Winkeleisen und der unteren Lagerplatte des Zweirollenlagers gegen den festliegenden Anker verschieben. Die Einzelheiten der Anordnung gehen aus der Abbildung hervor.

Die Abb. 1131 veranschaulicht die Verankerung des Versteifungsträgers der Kaiserbrücke in Breslau (Abb. 639 auf S. 380). Auf eine nach oben gewölbte Lagerplatte, die über der Mitte des Auflagers auf einem die Wandungen des Endknotenpunktes verbindenden Querstück liegt, greift ein gußstählerner Balken. Dieser ist an seinem hinteren Ende gelenkig an einem eingemauerten Träger angeschlossen und vorn im Mauerwerk beiderseits durch je einen Stahlkörper zur Verhütung seitlicher Verbiegungen bei Querbewegungen des allseitig beweglichen Lagers abgestützt. Der Anker, der sich mit einer unter der Mutter liegenden,

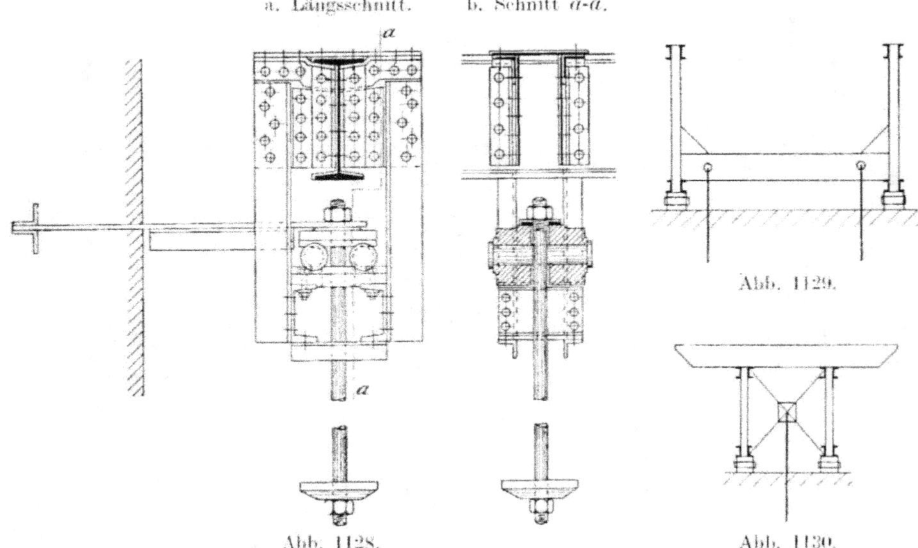

Abb. 1128.

Abb. 1129.

Abb. 1130.

gewölbten Unterlagsplatte im vorderen Fünftelpunkt auf den Balken stützt, gibt die Ankerkraft an eine Platte ab. Durch die Ankerplatte wird die Ankerkraft einem vermauerten Trägerrost zugeführt. Die Ankerplatte wurde samt dem Anker in einer zunächst um 90° gedrehten Lage in dem 80 cm im Geviert breiten Schacht hinuntergelassen, durch den Trägerrost gesteckt und um 90° gedreht. Der Schacht wurde dann ausbetoniert.

In der Abb. 1132 ist die Verankerung des Versteifungsträgers des Entwurfes „Alaaf Colonia" der Gutehoffnungshütte aus dem Wettbewerb 1910/11 um den Bau einer festen Straßenbrücke über den Rhein in Köln auf einem der Zwischenpfeiler wiedergegeben. Der Querträger ist auf beiden Seiten durch die Pfosten hindurch konsolartig nach außen verlängert und hier gegen je ein Pendel abgestützt. Das Pendel umfaßt einen Bolzen, der von einem doppelwandigen, nach unten an einem Trägerrost verankerten Träger gehalten wird.

Vorrichtungen zur Aufnahme nach oben gerichteter Auflagerdrucke der Versteifungsträger von Hängebrücken auf den Zwischenpfeilern sind auch schon in den Abb. 611 auf S. 362, 618 auf S. 367 und 676 auf S. 400 veranschaulicht und in den dazugehörigen Beschreibungen erörtert worden.

Die Verankerung des vollwandigen Versteifungsträgers der Hängebrücke über den Rhein in Köln auf dem einen der Widerlager ist bereits auf S. 370 in der Abb. 621 dargestellt worden. Die nach oben gerichteten Auflagerkräfte werden hier von einem Lager aufgenommen, das ebenso wie ein gewöhnliches längsbewegliches Lager ausgebildet ist. Es besteht aus drei Stelzen

Schnitt *a-a*.

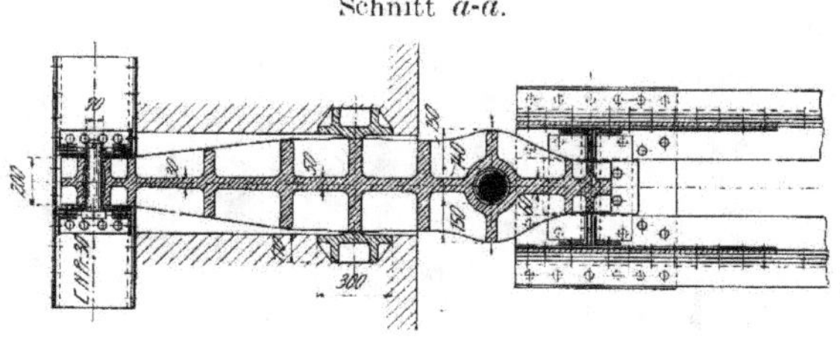

Längsschnitt und Ansicht.

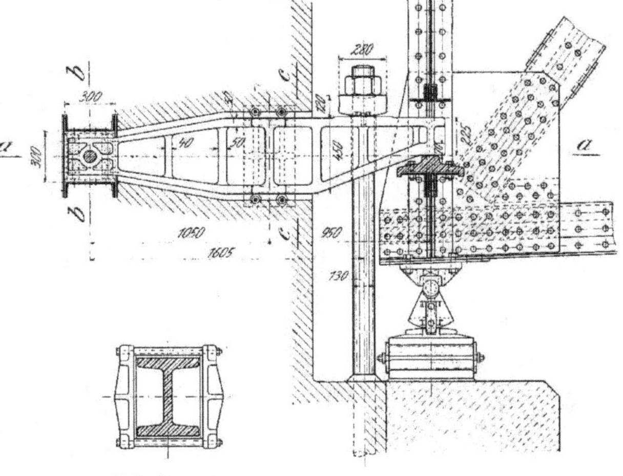

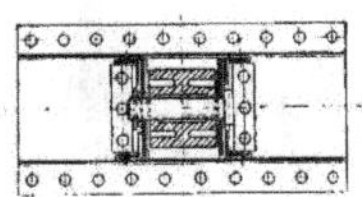

Schnitt *b-b*.

Schnitt *c-c*.

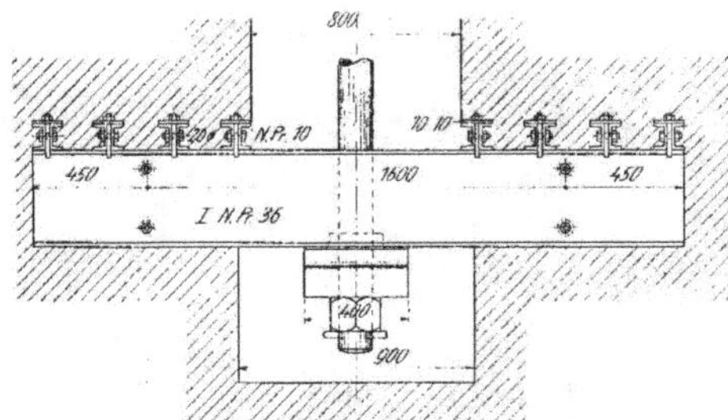

Vorderansicht der Ankerplatte.

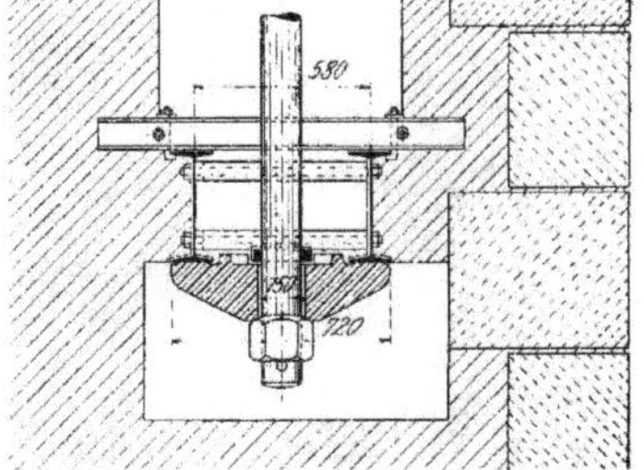

Längsschnitt durch die Ankerplatte.

Abb. 1131.

und zwei über den Stelzen liegenden Kippkörpern und ruht zwischen den Wandungen des doppelwandigen Hauptträgers auf einem Querstück, das mit den Wandungen des Hauptträgers verschraubt ist. An dem oberen Kippkörper greifen auf jeder Seite zwei Flacheisen gelenkig an, die im Mauerwerk verankert sind. Die Kippkörper könnten sich bei der Biegsamkeit dieser Flacheisen leicht verschieben; deshalb sind die hinteren Flacheisen an ihrem oberen Ende durch Winkeleisen mit dem Mauerwerk in der dargestellten Weise verbunden.

In der Abb. 572 auf S. 336 ist die Verankerung des in der Abb. 488 auf S. 288 in der Übersicht dargestellten Auslegerbogenträgers in einem der Widerlager veranschaulicht und auf S. 334 erläutert.

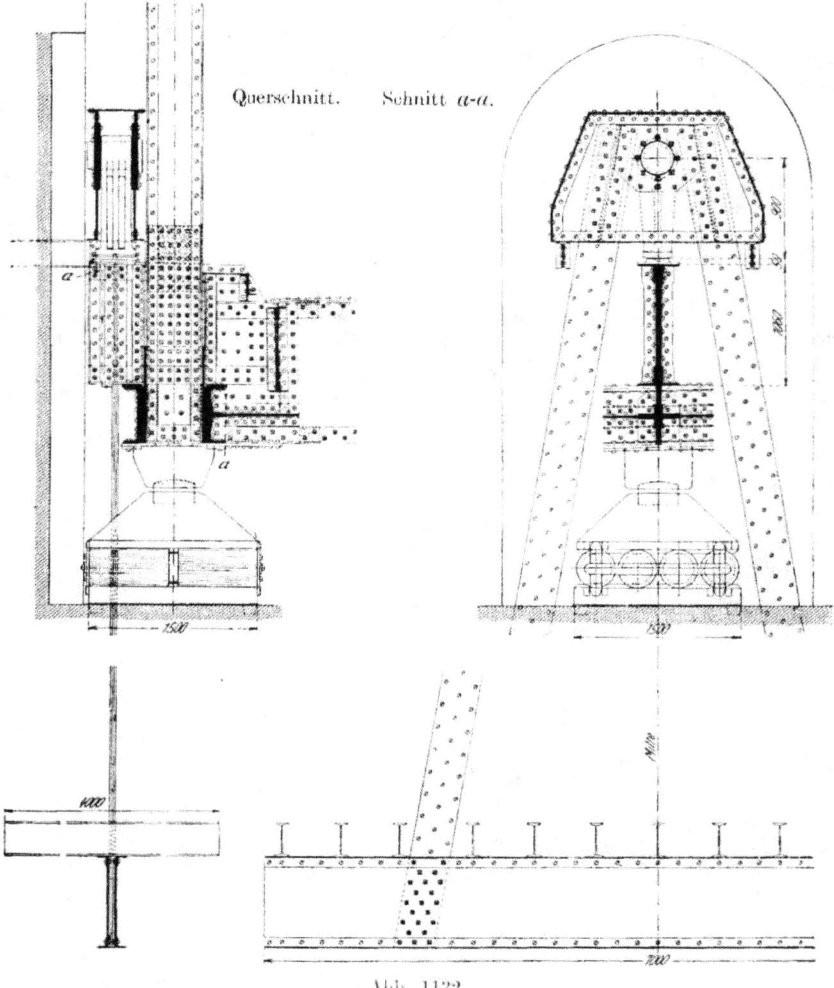

Abb. 1132.

Es lassen sich auch bewegliche Lager ausbilden, die ohne besondere Vorkehrungen aufwärts und abwärts gerichtete Auflagerkräfte aufnehmen können, und zwar in Gestalt von sogenannten Schwingen. Die Abb. 1133 veranschaulicht ein solches Schwingenlager. Ein aus Schmiedstahl hergestelltes Pendel ist oben und unten mit Augen versehen. Durch das obere Auge und die nach unten verlängerten und verstärkten Knotenbleche des Auflagerknotenpunktes, ebenso durch das untere Auge und den unteren Lagerkörper, der mit dem Widerlager verankert ist, greift je ein Schmiedstahlbolzen, der mit Bund und Mutter festgehalten wird. Ein Nachteil der Schwingenlager besteht darin, daß mit den Bewegungen der Hauptträger Senkungen der Auflagerpunkte über den Schwingen verbunden sind und daß der Auflagerdruck bei einem Ausschlag des Pendels nach links oder rechts nicht mehr senkrecht gerichtet ist. Die Schwingen sind außerdem nicht geeignet, wagerechte, quer zur Brückenachse gerichtete Kräfte aufzunehmen. Hierfür müssen besondere Windkraftauflager vorgesehen werden, die in der Regel in der Mitte unter dem Endquerträger angeordnet werden. In der Abb. 1134 ist ein solches Windkraftauflager einfachster Art veranschaulicht. In dem Widerlager ist ein Bock vermauert, der am Kopf einen gußstählernen Körper trägt. Gegen einen Vorsprung dieses Körpers legen sich seitlich Flacheisen, die mit dem Querträger vernietet sind. Auf diese Weise werden die wagerechten, quer zur Längsrichtung gerichteten Kräfte an den Bock abgegeben, ohne daß die Bewegungsfreiheit in der Längsrichtung behindert ist. Die Abb. 1135 veranschaulicht ein von der Gesellschaft Harkort angegebenes Windkraftauflager. An dem Querträgersteg sind zwei Bleche angeschlossen, die den Untergurt durchdringen und unterhalb des Untergurtes durch Winkeleisen verstärkt sind. Sie greifen in einen gußstählernen Lagerkörper hinein, der im Widerlager verankert ist. In der Abb. 1136 ist das Windkraftauflager der Kaiserbrücke

b. Querschnitt.

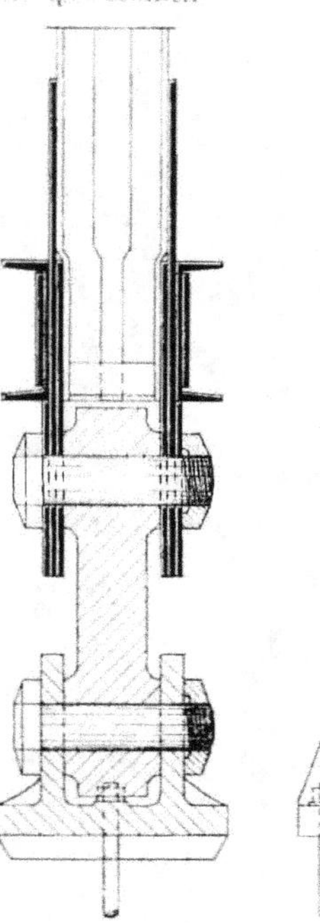

a. Ansicht.

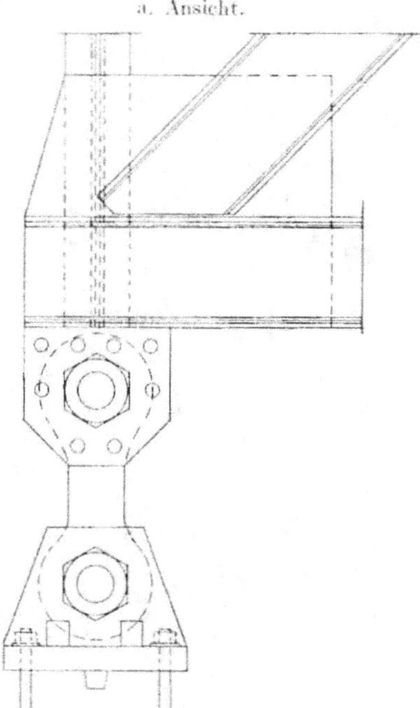

Abb. 1133.

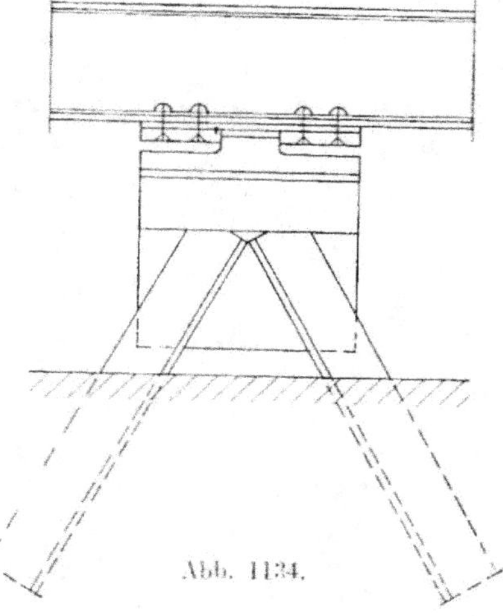

Abb. 1134.

in Breslau (Abb. 639 auf S. 380) wiedergegeben. Im Widerlager sind 2 I 50 eingespannt. Im Inneren ihres aus dem Mauerwerk herausragenden Kopfes sind sie durch zwei Stahlgußbacken bewehrt, die ein viereckiges Stahlstück mit rundem Kopf zwischen sich spannen. Der runde Kopf faßt in ein viereckiges Flacheisen hinein, das sich in der Längsrichtung in einem mit dem Endquerträger verschraubten Lagerkörper bewegen kann. Die Höhenlage des vier-

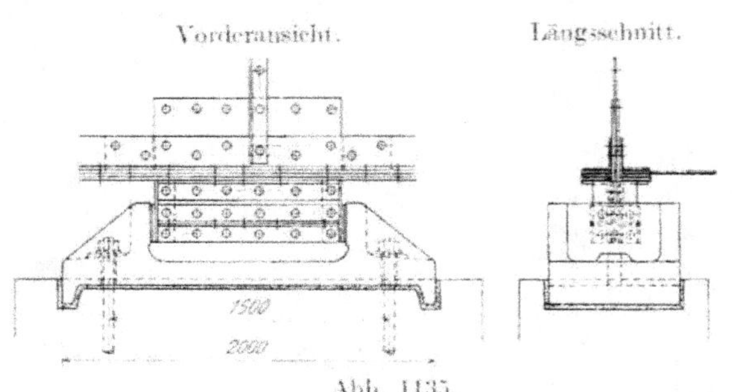

Abb. 1135.

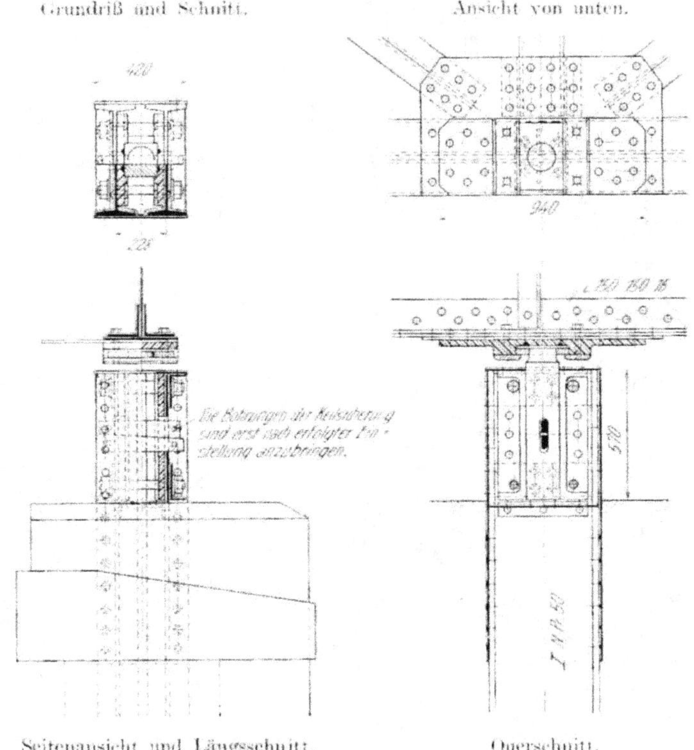

Abb. 1136.

eckigen Stahlstückes kann durch Keile genau geregelt werden. Da bei großen Verschiebungen des Überbauendes der Angriffspunkt des Windkraftlagers nicht mit der Querträgerebene zusammenfällt, ist von der Mitte des Endquerträgers in der Brückenachse ein biegungsfester Stab zum benachbarten

Querträger gestreckt, der ungünstige Beanspruchungen des Endquerträgers verhindert. Windkraftlager sind auch schon in den Abb. 702, 1013 u. 1018 dargestellt und in den dazugehörigen Beschreibungen erläutert. In der Abb. 1137 ist ein von der Gesellschaft Harkort entworfenes Lager dargestellt, das ebenfalls abwärts und aufwärts gerichtete Auflagerkräfte aufnehmen kann. Die über die Unterkante des Untergurtes hinaus verlängerten Endknotenbleche greifen in Einschnitten des oberen Lagerkörpers um einen Bolzen, der in dem oberen Lagerkörper sitzt. Letzterer teilt sich gabelförmig nach unten und greift in entsprechende Aussparungen des unteren Lagerkörpers, der mit dem Widerlager verankert ist. Der untere und der obere Lagerkörper besitzen sauber ausgebohrte Langlöcher, die sich bei mittleren Wärmegraden und bei halber Verkehrslast (vgl. S. 672) decken und einen Satz von vier Rollen aufnehmen. Die Führungsbunde dieser Rollen werden nach dem Einschieben in die Langlöcher aufgeschraubt. Dies Lager besitzt nicht den Nachteil der Schwingenlager, daß mit den Längsbewegungen der Hauptträger Senkungen verbunden sind. Zur Aufnahme von Windkräften ist es aber auch nicht geeignet.

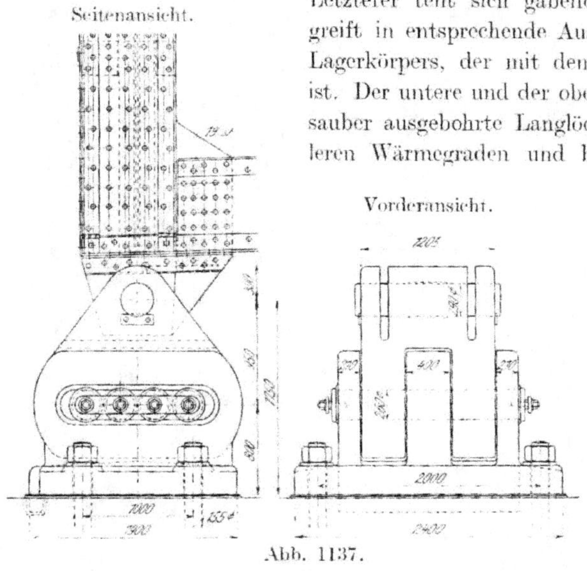

Abb. 1137.

β. Wagerechte Verankerungen.

Die festen Lager sind durch die auf S. 655 behandelten Vorrichtungen, welche sie mit den Auflagersteinen in wagerechter Richtung verbinden, in dem Falle, daß sie durch die Verkehrslasten genügend belastet sind, geeignet, die wagerechten, parallel zur Brückenachse wirkenden Kräfte aufzunehmen. Bei den durchlaufenden Trägern und Gerberbrücken kann nun aber der Fall eintreten, daß auf der Brücke ein Zug scharf bremst, die festen Lager, welche die Bremskräfte aufzunehmen haben, aber von der Verkehrslast keine abwärts gerichteten, sondern sogar aufwärts gerichtete Kräfte erhalten. In diesem Falle liegt die Gefahr vor, daß die festen Lager durch die Bremskräfte von den Auflagersteinen abgerissen werden, oder daß die Lagersteine samt dem umgebenden Mauerwerk losgerüttelt werden, wenn nicht besondere Vorkehrungen zur Aufnahme dieser Kräfte getroffen sind. Diese Vorkehrungen bestehen aus wagerechten Verankerungen der Hauptträger oder der Lagerkörper mit dem Widerlager. Bei der in Abb. 1138 veranschaulichten Anordnung ist ein mit dem Hauptträgeruntergurt vernietetes Flacheisen an einem im Widerlager einbetonierten Bock aus Winkeleisen angeschlossen.

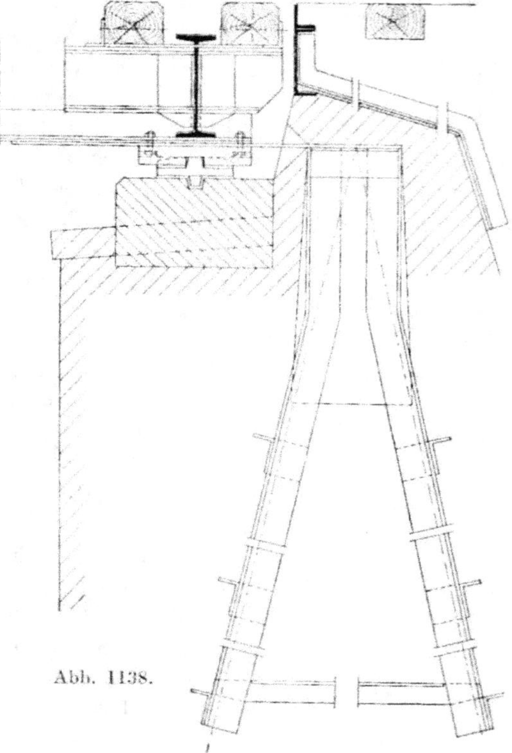

Abb. 1138.

Ansicht und Längsschnitt.

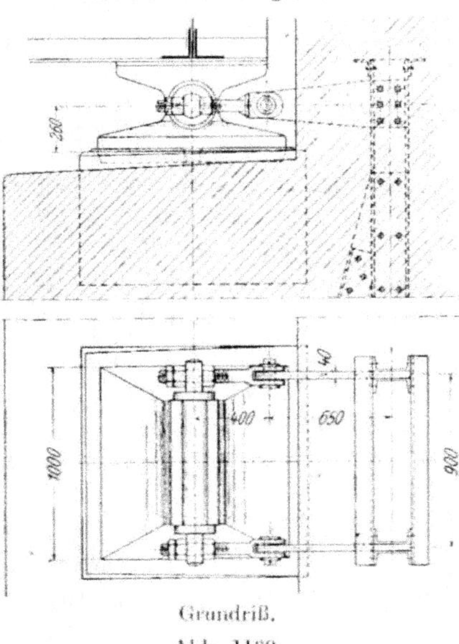

Grundriß.
Abb. 1139.

Das Mauerwerk ist an der Eintrittsstelle des Flacheisens ausgespart, wodurch dem Flacheisen eine freie Länge gesichert wird, die hinreicht, um die Durchbiegungen des Hauptträgers nicht zu behindern. Bei der in Abb. 1139 wiedergegebenen Anordnung greifen die mit dem im Widerlager einbetonierten Bock verbundenen Anker an dem beiderseits verlängerten Kippzapfen des Lagers an. Es empfiehlt sich dringend, die Widerlager, in denen Böcke angeordnet werden müssen, aus Stampfbeton herzustellen, da Ziegel- oder Bruchsteinmauerwerk in seinem Verbande von den Böcken zu sehr unterbrochen wird.

d. Lager von besonderer Eigentümlichkeit.

Überschreitet eine Bahn einen Flußlauf mit flachen Ufern in beträchtlicher Höhe, so eignet sich zur Überführung der Bahn ein Bauwerk, wie es die Abb. 1140 veranschaulicht. Zur Durchführung des Flusses würde die mittelste Öffnung genügen. Die Widerlager würden aber infolge des Erddruckes aus den hohen geschütteten Dämmen solche Abmessungen erhalten, daß es wirtschaftlicher ist, drei Öffnungen nach Abb. 1140 anzuordnen, die Hauptträger über die Pfeiler in die Seitenöffnungen vorzukragen und mit den Dämmen durch kleine Schleppträger zu verbinden und die letzteren auf den Dämmen auf kleinen Widerlagern, die aus Beton oder Eisen hergestellt werden, zu lagern. Da hier wegen des geschütteten Bodens mit Sicherheit Senkungen zu erwarten sind, müssen die Lager verstellbar ausgebildet werden. In der Abb. 1141 ist ein derartiges verstellbares Lager[1]) veranschaulicht. Der Hauptträger liegt längsbeweglich auf einem nach oben gewölbten Lagerkörper auf, der mit dem unteren Lagerkörper durch eine Schraube verbunden ist. Durch Drehen dieser Schraube, die oben Rechts- und unten Links-

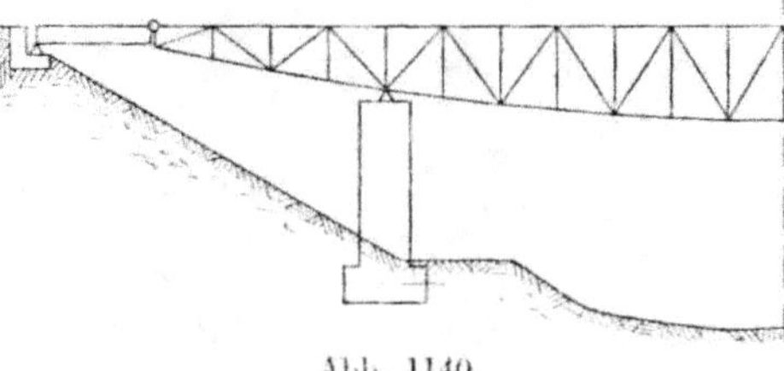

Abb. 1140.

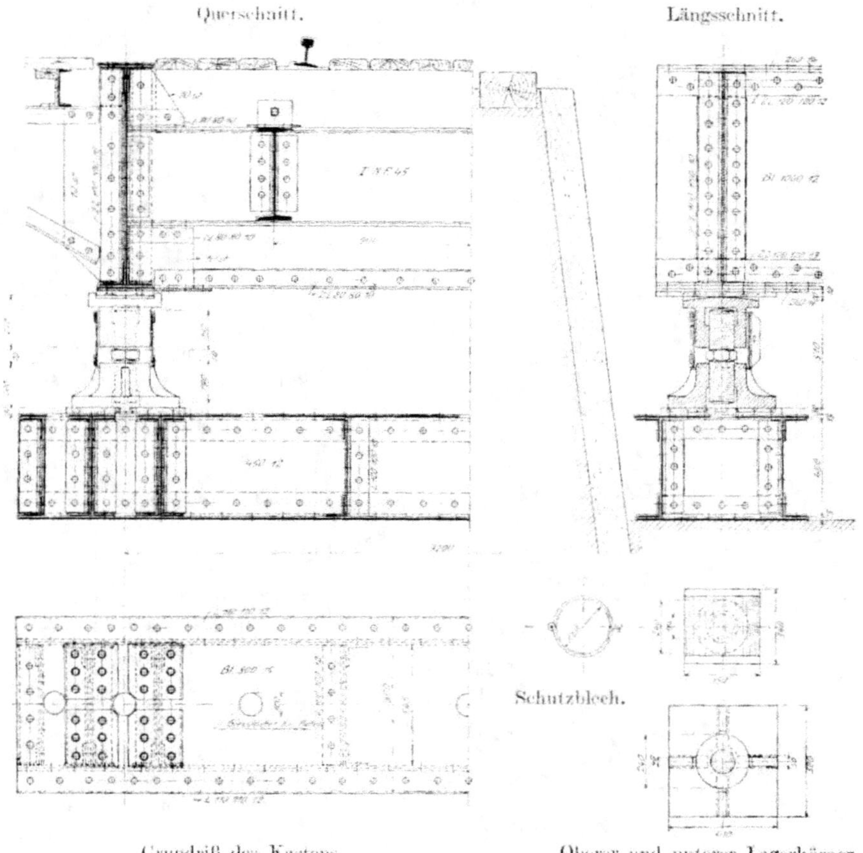

Grundriß des Kastens. Oberer und unterer Lagerkörper.

Abb. 1141.

gewinde besitzt, können kleinere Abwärtsbewegungen ausgeglichen werden. Größere Senkungen des eisernen, mit Zementmörtel ausgegossenen Widerlager-

[1]) Ausgeführt bei der Tribbe-Überbrückung von der Königs- und Laurahütte.

kastens müssen durch Hochstopfen dieses Kastens beseitigt werden. Die auf das Lager wirkenden Reibungskräfte beanspruchen die Schraube wenig günstig; auch ist ein Festrosten der Schraube zu befürchten. Es ist deshalb wohl dem in

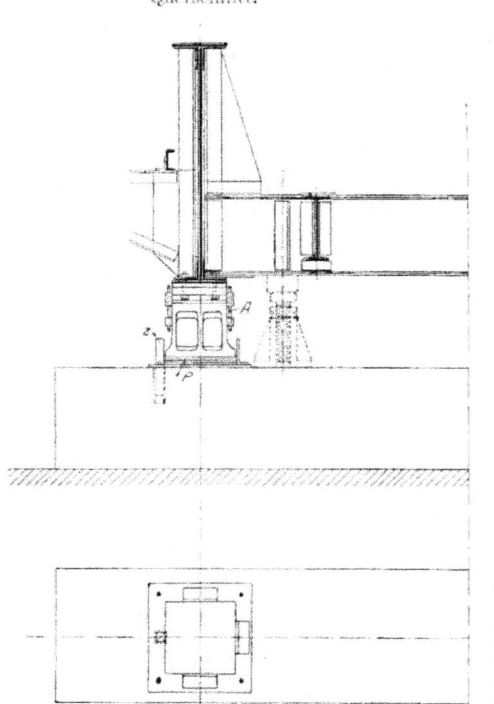

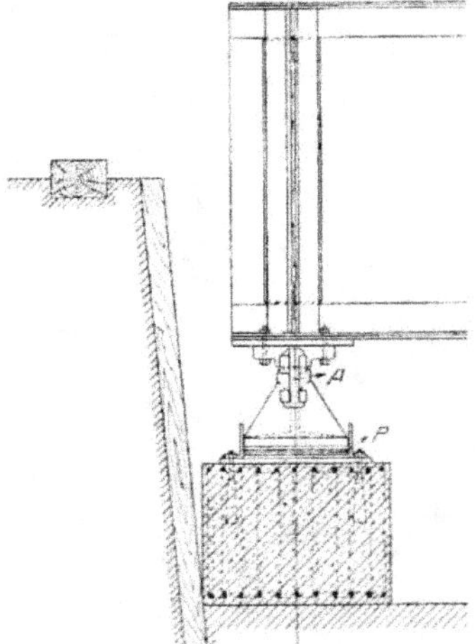

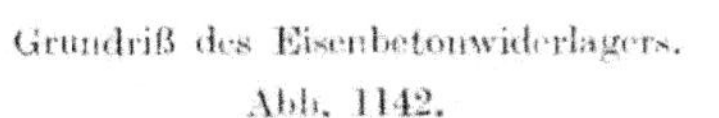

Grundriß des Eisenbetonwiderlagers.

Abb. 1142.

der Abb. 1142 dargestellten verstellbaren Lager der Vorzug zu geben. Kleinere Abwärtsbewegungen werden hier durch eiserne Zwischenlagen zwischen dem Lagerbock und dem Eisenbetonwiderlager ausgeglichen. Sollen Zwischenlagen eingebracht werden, so wird durch die Klammern A die Verbindung zwischen Hauptträger und Lagerbock hergestellt und durch zwei unter den Endquerträger gestellte Winden der Überbau gehoben. Nach Entfernung des Bolzens Z können dann die Zwischenlagen P eingefügt werden.

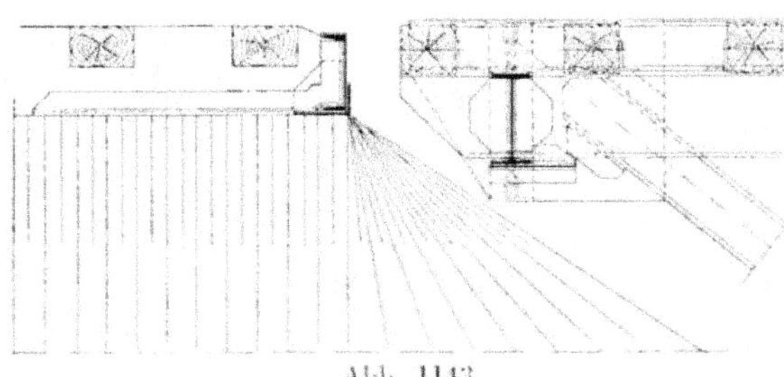

Abb. 1143.

Man kann auch die Schleppträger und die kleinen Widerlager fortlassen und die beiderseitigen Kragarme des Überbaues bis unmittelbar an die Dämme heranführen und hier die Bettung mit einem eisernen Bettungsabschluß begrenzen, der bei Senkungen wieder hochgestopft wird (Abb. 1143). Natürlich ist eine solche

Querschnitt.

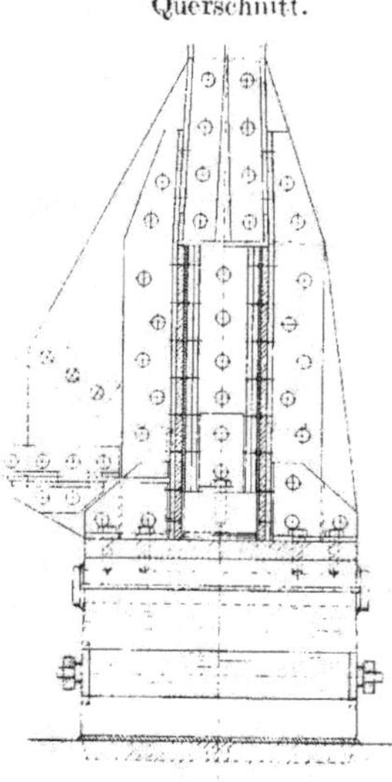

Abb. 1144.

Ansicht.

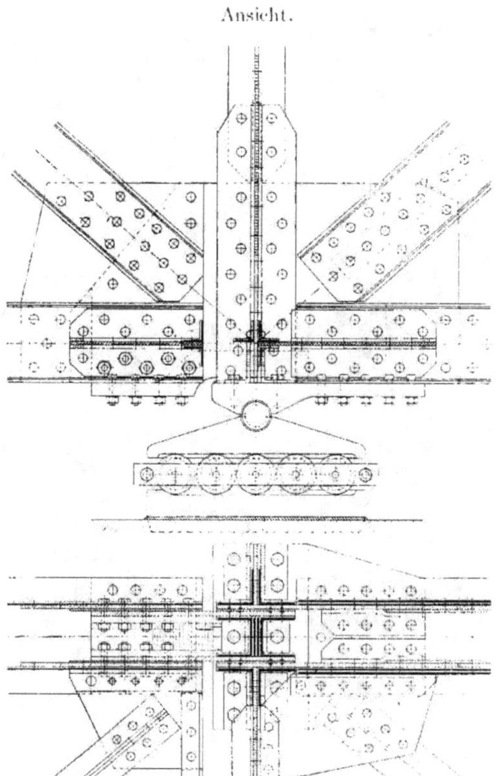

Wagerechter Längsschnitt und Grundriß.

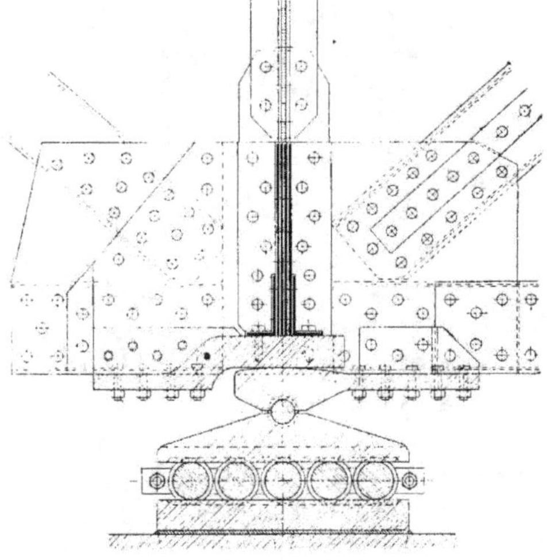

Senkrechter Längsschnitt.

Anordnung nur bei kurzen Kragarmen, die an den Enden nur ganz geringe Durchbiegungen erleiden, ausführbar.

Unter Umständen kann man gezwungen sein, z. B. in dem Falle, daß nur sehr schmale Pfeiler angeordnet werden können, und daß man von der Anordnung von Gerberträgern oder durchlaufenden Trägern Abstand nehmen will, die Hauptträger zweier benachbarter Überbauten durch ein gemeinsames Lager zu stützen. Eine derartige Ausführung ist in der Abb. 1144 wiedergegeben. Die Knotenbleche des Auflagerknotenpunktes des linken Überbaues sind in den von den Knotenblechen des Auflagerknotenpunktes des rechten Überbaues gebildeten Raum hineingeführt und hier über dem Lager kräftig gegeneinander abgesteift. Sie ruhen samt der Aussteifung auf einem Gußstahlkörper, der auf dem in seinem mittleren Teile nach oben gewölbten oberen Lagerkörper des rechten Überbaues aufliegt und den Auflagerdruck des linken Überbaues durch diesen Lagerkörper auf den Zylinderzapfen des gemeinsamen Lagers überträgt. Der Auflagerdruck des rechten Überbaues wird durch die Knotenbleche und außerhalb der Knotenbleche durch seitliche Absteifungen auf den Lagerkörper des rechten Überbaues und weiter auf den Zylinderzapfen übertragen. Die Knotenbleche der beiden Überbauten dürfen selbstverständlich nicht miteinander verbunden sein, da sie sich bei Durchbiegungen der Hauptträger nach verschiedenen Seiten drehen. Die Berührungsflächen der Knotenbleche der beiden Überbauten können nicht unterhalten werden. Es empfiehlt sich, an den Berührungsstellen auf die Knotenbleche 3 bis 5 mm starke Messingplatten aufzuschrauben, die dem Verrosten nicht ausgesetzt sind. Sollen die Lagerpunkte beider Hauptträger sich nach der gleichen Richtung bewegen, so muß der Lagerkörper des linken Überbaues durch Dorne gegen den oberen Lagerkörper des rechten Überbaues festgelegt werden. In der dargestellten Anordnung fehlt eine solche Verbindung.

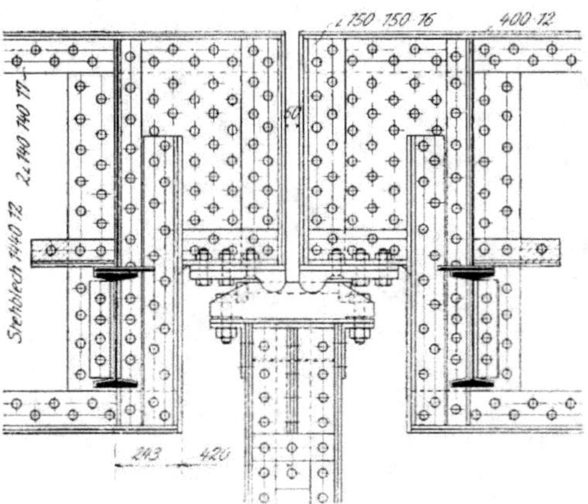

Abb. 1145 a. Ansicht.

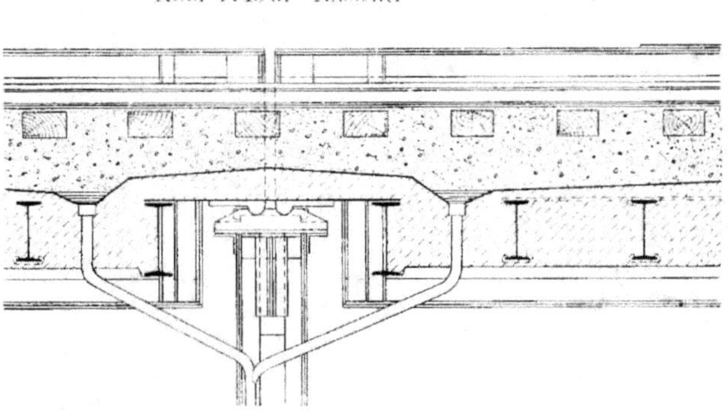
Abb. 1145 b. Längsschnitt.

Die beiden Lagerpunkte haben hier entgegengesetzte Bewegungsrichtung. Der Lagerkörper des linken Überbaues gleitet auf dem oberen Lagerkörper des rechten Überbaues. Ein solches Gleitlager ist natürlich nur bei einer geringen Stützweite des zugehörigen Überbaues ausführbar. Der gemeinsame Lagerkörper erhält den Auflagerdruck beider benachbarter Überbauten und muß daher auch bei kleineren Stützweiten durch ein Rollenlager unterstützt werden.

Ebenso wie auf schmalen Pfeilern kann auch auf eisernen Säulen die Anordnung eines gemeinschaftlichen Lagerkörpers für die Lager von zwei benachbarten Trägern notwendig werden. In diesem Falle eignen sich die in den beiden nächsten Abbildungen wiedergegebenen Anordnungen. Die Abb. 1145[1]) gibt ein bei dem Umbau des Empfangsgebäudes in Köln ausgeführtes gemeinschaftliches Lager wieder. Jeder der Hauptträger legt sich mit einem halben Zylinderzapfen eines gußstählernen Lagers in eine entsprechende, sauber abgedrehte Vertiefung eines auf dem Säulenkopf befestigten gemeinsamen Lagerkörpers. Da die Säule unten gelenkig gelagert ist, so ist bei verschieden großen Auflagerdrucken nur durch Hinzutreten einer an den Zapfen wirkenden wagerechten Kraft Gleichgewicht

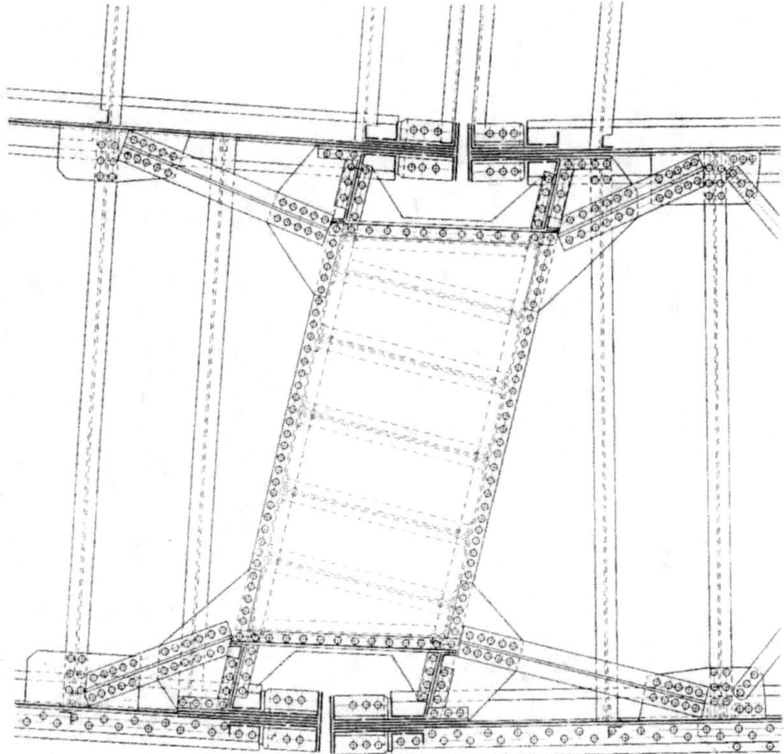

Abb. 1145 c. Grundriß.

möglich. Zu beiden Seiten der Säulen liegen die Endquerträger; der Raum zwischen diesen ist mit einem wagerechten, durch untergenietete I-Eisen verstärkten Flachblech (Abb. 1145 b u. c) überspannt, das in der Ebene der Lagerkörper liegt und daher eine Drehung der Hauptträger um die Lagerpunkte bei Durchbiegungen nicht behindert. Durch Schrägstäbe ist das Flachblech mit den Hauptträgern verbunden. Die wagerechten, in der Längs- und Querrichtung der Überbauten auftretenden Kräfte werden auf diese Weise über die Trennungsfugen an den Lagern hinweg bis zu den Widerlagern geführt. Die Bettung wird von den

[1]) Entwurfsverfasser: Regierungsbaumeister Kraft.

Trennungsfugen der Hauptträger durch Kasten aus senkrecht stehenden Blechen und Winkeleisen (siehe den Grundriß) ferngehalten. Über die Ausbildung der Fahrbahn war schon auf S. 466 (Abb. 792) die Rede.

In der Abb. 1146 ist eine von Dr.-Ing. Thieme angegebene gemeinsame Lagerung aneinanderstoßender eiserner Träger veranschaulicht. Wie aus der Übersicht hervorgeht, werden die beiden Träger I und II über der Mittelstütze M durch einen einfachen Balken K gestützt und über M durch ein Gelenk F zusammengeschlossen. Die anderen Abbildungen zeigen, wie diese Lagerung bei Blechträgern durchgebildet werden kann. Der Balken K ist hier der Kopf einer Pendelsäule. In G und H legen sich die Träger I und II auf K. Das Gelenk F ist ein sogenanntes „Schwedlergelenk" aus winkligen Stahlblechen, deren kurze Schenkel mit den Enden der Hauptträger fest vernietet sind und deren lange Schenkel sich aneinanderlegen, aber nur unten durch konische Schraubenbolzen miteinander verbunden sind, so daß Querkräfte, aber keine Biegungsmomente übertragen werden können. Zur Übertragung von Längskräften über den Balken K hinweg, z. B. zur Übertragung von Bremskräften, die in der Öffnung II wirken, auf das feste Lager f, ist eine besondere wagerechte Platte L angeordnet. Weder diese noch das Schwedlergelenk behindern die Formänderungen der Träger I und II unter den bewegten Lasten. Die Mittelstütze M wird unter allen Umständen in der Mitte belastet. Es empfiehlt sich, zur Verhütung von Verschiebungen des Balkens K in den Punkten G und H Dorne anzuordnen, die in L und K hineinfassen.

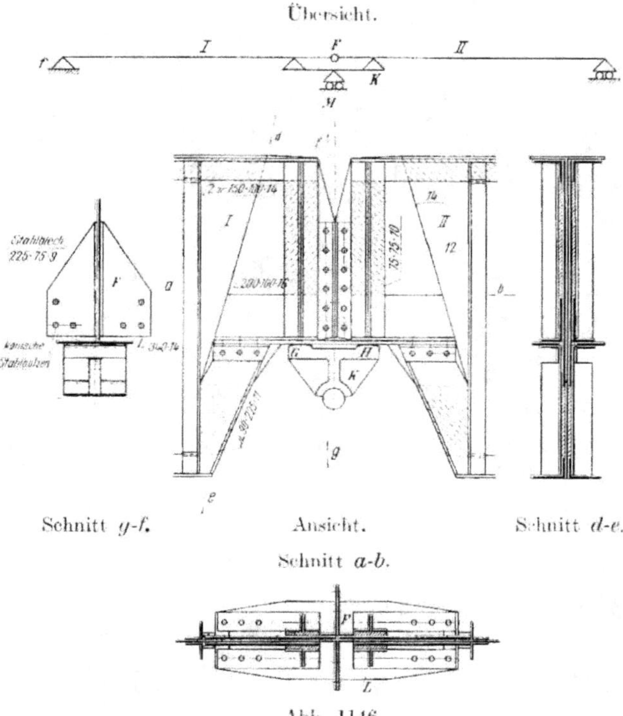

Abb. 1146.

3. Die Lager der Bogenbrücken.

Die Zweigelenk- und Dreigelenkbogen (Abb. 9 u. 8) und die versteiften Stabbogen (Abb. 11) müssen den Rechnungsannahmen entsprechend feste Auflagergelenke besitzen, um welche die Bogenträger bei Belastungen und Wärmeschwankungen Drehungen in ihrer Ebene ausführen können. Die Lager der Bogenbrücken müssen also ebenso wie die vorstehend behandelten Auflager der Balkenbrücken Kippvorrichtungen aufweisen, welche nach einer der bei den Lagern der Balkenbrücken besprochenen Arten ausgebildet werden können. Sie müssen ferner ebenso wie die Lager der Balkenbrücken die wagerechten, quer zur Brückenachse gerichteten Kräfte aufzunehmen imstande sein, also, falls die Reibung nicht für ausreichend zur Aufnahme dieser Kräfte angesehen wird, mit Vorkehrungen ausgerüstet sein, welche bei den Lagern der Balkenbrücken schon eingehend besprochen sind. Sie unterscheiden sich von den festen Lagern der Balkenbrücken dadurch, daß sie nicht senkrecht, sondern in Richtung der Halbierenden des Winkels stehen, der von den äußersten Lagen des Kämpferdruckes gebildet wird. Sie müssen mit den Bogenträgern so verbunden und so ausgebildet werden, daß sie bei Abweichungen des Kämpferdruckes von der Mittellage die zur Auflagerachse rechtwinklige Teilkraft des Auflagerdruckes aufnehmen können. Die Lager von sehr hohen Bogenträgern müssen zur Aufnahme des von den wagerechten, quer zur Brücke gerichteten Kräften hervorgerufenen Kippmomentes verankert werden, wenn man es nicht vorzieht, die Trägerebenen geneigt anzuordnen oder den Fahrbahnwindverband auf den Widerlagern abzustützen. Bei den Lagern der Bogenbrücken muß schon vor dem Ausrüsten der Bogenträger der feste Schluß zwischen den einzelnen Lagerteilen einerseits und den obersten Lagerteilen und den Bogen anderseits hergestellt werden, weil die Bogen sonst beim Absenken auch in der Nähe der Lager sich senkrecht nach unten bewegen und in eine falsche Lage zu den Lagerkörpern kommen würden. Zur Herstellung des festen Schlusses genügen bei Punktkipplagern und Kugelzapfenkipplagern Vorrichtungen zum gleichmäßigen Anheben der Lagerkörper; bei Linienkipplagern und Zylinderzapfenkipplagern sind dagegen Vorrichtungen notwendig, welche gestatten, die Höhenlage der Lagerteile auch in der Querrichtung der Brücke zu regeln. Zum gleichmäßigen Anheben der Lagerteile dienen Keilstellvorrichtungen, welche irgendwie zwischen zwei Teilen des eisernen Lagers eingefügt werden (Abb. 1148, 1149, 1152, 1154 u. 1155). Zum gleichmäßigen Anheben und zur Regelung der Höhenlage in der Querrichtung dienen bei kleinen Bogenträgern eiserne Keile, die zwischen Lager und steinerne Unterstützung eingetrieben und nach dem Ausgießen der Fuge und nach dem Erhärten dieser Zwischenlage wieder herausgeschlagen werden. Bei größeren Bogenträgern werden zum gleichmäßigen Anheben und zur Regelung der Höhenlage in der Querrichtung Schraubenstellvorrichtungen verwendet, bei denen drei oder vier Schrauben den untersten Lagerkörper durchdringen und sich auf die steinerne Unterstützung aufsetzen (Abb. 1150 u. 1154). Nachdem durch Drehen der Schrauben der feste Schluß zwischen den Lagerteilen und dem Bogen hergestellt ist, wird die Fuge unter dem Lager ausgegossen. Nach dem Erhärten der Zwischenlage werden die Schrauben zurückgedreht, damit sich der Auflagerdruck gleichmäßig auf die ganze Zwischenlage verteilt. Bei Bogenträgern mit sehr großen Stützweiten genügt eine Schraubenstellvorrichtung allein nicht, neben dieser muß noch eine Keilstellvorrichtung nach den Abb. 1152 oder 1155 eingefügt werden. Es kann nämlich der Fall eintreten, daß der Bogen bei niedrigeren Wärmegraden ausgerüstet werden muß, als sie der Berechnung der Längenabmessungen zugrunde gelegt sind. Die Folge davon wäre, daß beim Fehlen einer Keilstellvorrichtung, der verkürzten Länge des Bogens entsprechend, zwischen dem Lager und der steinernen Unterstützung eine sehr starke Mörtelfuge eingefügt werden müßte, was aber deshalb nicht erwünscht ist, weil die Festigkeit der Mörtelfuge mit ihrer Stärke abnimmt.

Bei Bogenzwickelträgern (Abb. 505 auf S. 297) mit Untergurten, deren Querschnitt hauptsächlich im unteren Teil vereinigt ist, findet man häufig eine in der Abb. 1147 veranschaulichte Lagerausbildung, bei der sich die genau behobelten **Fußplatten** des Untergurtes **flach** auf ein flußstählernes **Druckstück** aufsetzen, das von einem Lagerstuhl getragen wird. Diese Art der Kippvorrichtung eignet sich jedoch nur für Brücken kleiner Spannweite. Bei größeren Stützweiten rufen die Formänderungen der Hauptträger an der unteren Kante der Fußplatten zu ungünstige Beanspruchungen hervor. Der Lagerstützpunkt fällt bei der dargestellten Anordnung nicht in die Schwerlinie der Gurtung, was als ein weiterer Mangel bezeichnet werden muß. Gegen Abrutschen ist der Bogen durch einen Vorsprung am Lagerstuhl gesichert. Der Lagerstuhl ist mit dem Auflagerquader durch Steinschrauben verbunden. Zweckmäßiger ist es, diese Verbindung durch Rippen wie bei den Lagern der Balkenbrücken herzustellen. Besondere Vorkehrungen zur Übertragung wagerechter, quer zur Brückenachse gerichteter Kräfte vom Bogenträger auf das Lager sind nicht vorhanden.

a. Ansicht.

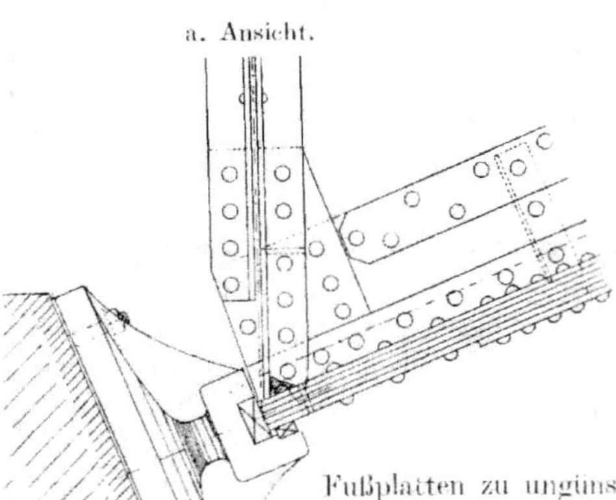

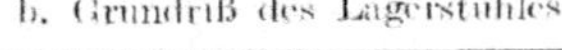

b. Grundriß des Lagerstuhles.

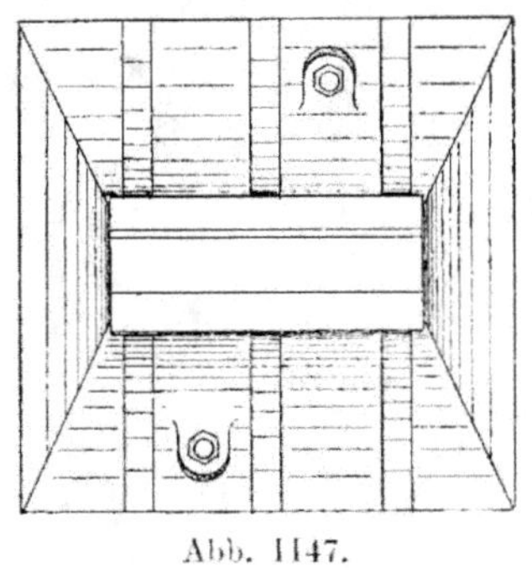

Abb. 1147.

In der Abb. 1148 ist ein besser durchgebildetes Lager eines Bogenzwickelträgers dargestellt. Der Untergurt ruht mit seinem ganzen Querschnitt auf einem besonderen Lageroberteil, der sich mit einem Vorsprung in der Verlängerung der Schwerlinie der Gurtung auf die Kippvorrichtung, einem Keil mit gewölbter Oberfläche, aufsetzt. Der Keil ruht in einem entsprechenden Ausschnitt des Lagerstuhles, er dient außer als Kippvorrichtung zugleich als Keilstellvorrichtung. Die wagerechten, quer zur Brücke gerichteten Kräfte werden von dem Endquerverband auf die seitlichen Ansätze der Lageroberteile und von diesen durch Vorsprünge, welche in gabelförmige Erhöhungen der Lagerstühle fassen, auf letztere übertragen. Gegen Abrutschen ist der Bogen durch einen Vorsprung am oberen Lagerteil und dieser wieder durch einen Vorsprung am Lagerstuhl gesichert.

In Abb. 1149 ist das Lager eines vollwandigen Bogenträgers veranschaulicht. Zwischen dem unteren und oberen Lagerkörper liegt ein Kippzapfen, der im oberen Teil des Querschnittes halbkreisförmig, unten rechteckig gestaltet ist. Als Keil-

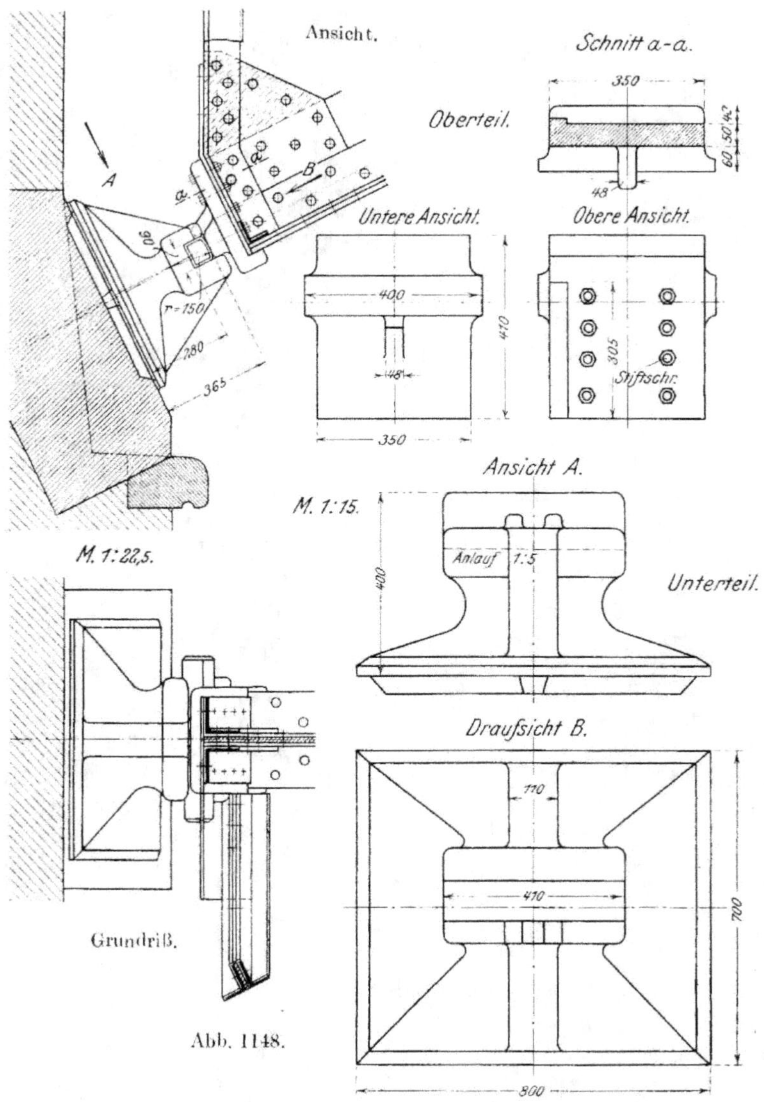

Abb. 1148.

stellvorrichtung ist zwischen dem Kippzapfen und dem Lagerstuhl ein besonderer Keil eingeschaltet, der zur Sicherung der Lage des Kippzapfens mit einem Winkeleisen und einer Schraube versehen ist. Zur genauen Einstellung des Kippzapfens in der Seitenrichtung dienen zwei seitliche Keile. Der Bogen ist in zweckmäßiger

Weise mit dem oberen Lagerkörper dadurch unverrückbar verbunden, daß ein dem Querschnitt des Bogens entsprechendes I-förmiges Stück aus dem Lagerkörper ausgehobelt ist, in dem sich der Bogen auf das Lager stützt. Die Schrauben dienen nur zum Schluß der Fuge zwischen den abstehenden Schenkeln der am Fuß des Bogens zur besseren Druckverteilung befestigten Winkeleisen und dem Lagerkörper. Zur Übertragung der wagerechten, quer zur Brückenachse wirkenden Kräfte vom oberen Lagerkörper auf den Kippzapfen und von diesem auf den unteren Lagerkörper ist hier die Reibung als ausreichend erachtet worden. Besondere Vorkehrungen zur Aufnahme dieser Kräfte sind aber bei allen größeren Brücken durchaus zu empfehlen. Sie sind im allgemeinen nach denselben Gesichtspunkten wie bei den Balkenbrücken auszuführen. So hat z. B. bei dem in der Abb. 1150 dargestellten Lager eines vollwandigen Zweigelenkbogens[1]) (vgl. Abb. 886 auf S. 530) der Zylinderkippzapfen in der Mitte einen Ausschnitt erhalten, in den entsprechende Vorsprünge des unteren und oberen Lagerkörpers eingreifen. Dies Lager ist überhaupt als sehr zweckmäßig zu bezeichnen. Beide Lagerkörper besitzen in den Anlageflächen keine Vorsprünge, um das Lager unter dem fertig aufgestellten, aber noch auf dem Gerüst ruhenden Bogen einschieben zu können. Nach dem Einschieben wird es durch die bereits auf S. 699 erwähnte Schraubenstellvorrichtung zur Anlage an den Bogen gebracht und untergossen. Alsdann wird der obere Lagerkörper durch Stiftschrauben mit dem Bogen und der untere Lagerkörper durch Stahldollen.

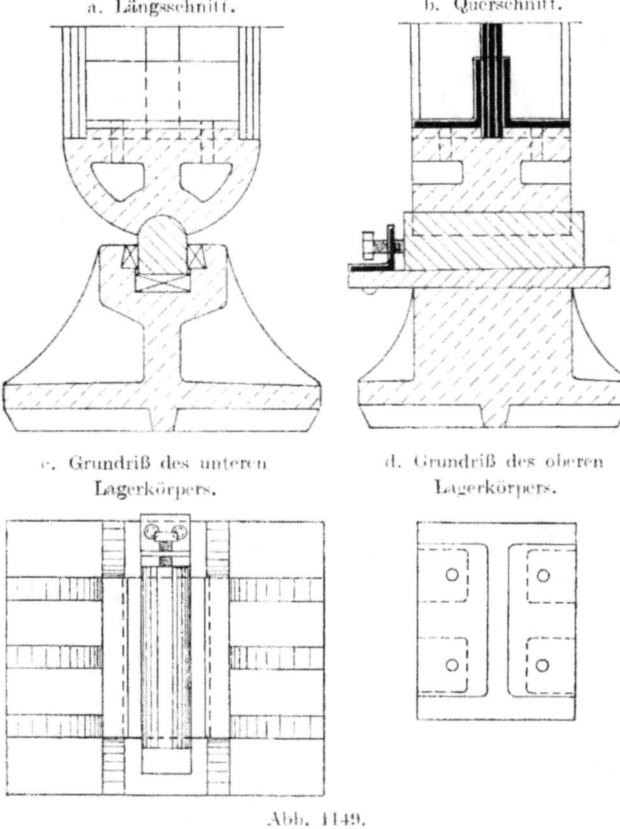

Abb. 1149.

[1]) Südbrücke in Köln. Entworfen und ausgeführt von der Gesellschaft Harkort in Duisburg.

die in Vorsprünge an beiden Seiten des Lagerbockes und in den Auflagerstein eingreifen und in letzterem einzementiert werden, mit dem Widerlager verbunden. In der Ebene der Endpfosten werden die auf den Fahrbahnwindverband entfallenden Seitenkräfte durch einen Querverband zu den Lagern

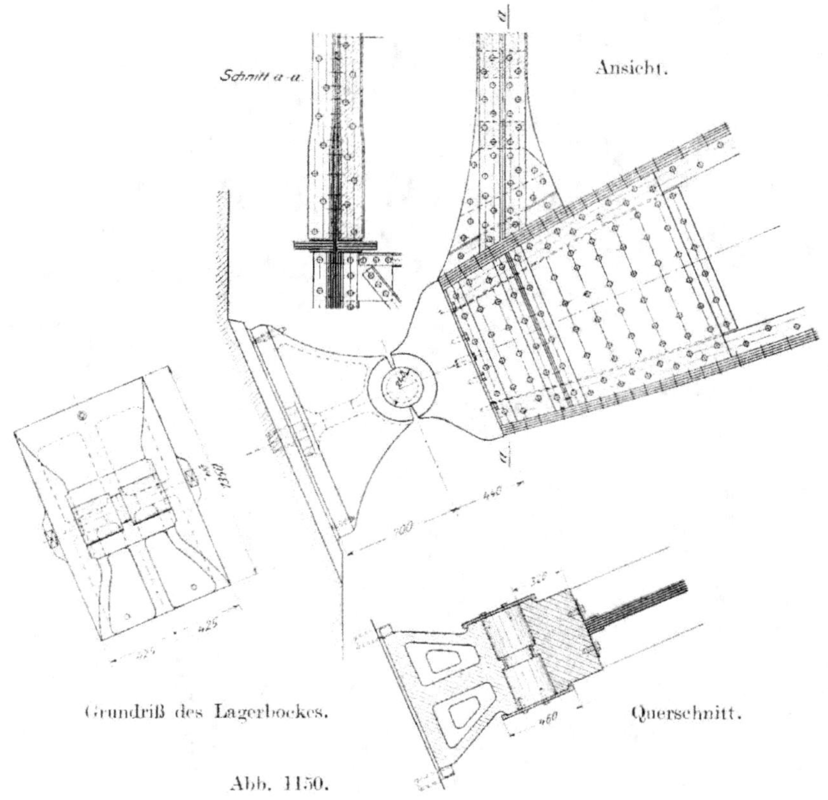

Abb. 1150.

geleitet (vgl. Abb. 890 auf S. 531). Der der Windrichtung zugekehrte Endpfosten erhält daher Zugkräfte, die dadurch einwandfrei in den Bogen geleitet werden, daß der Endpfosten an dem die Gurtung durchdringenden Stegblech des Bogens unmittelbar angreift (siehe Schnitt a—a). Die Höhe des Stegbleches des Bogens ist am Lager verringert, und es konnte deshalb der über die

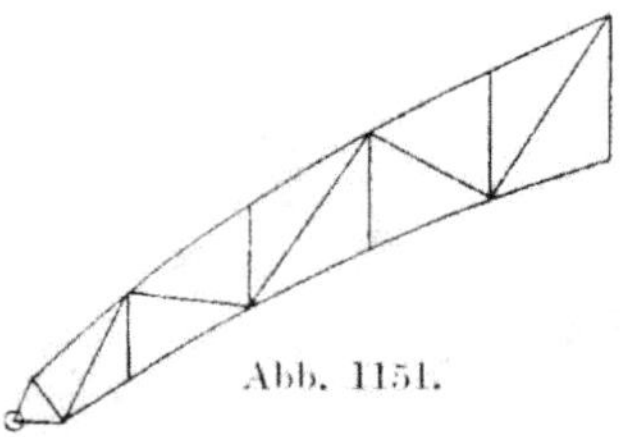

Abb. 1151.

obere Gurtung hinausragende Teil des Stegbleches am Endpfosten sehr einfach durch entsprechendes Ausschneiden aus dem vollen Blech ohne großen Baustoffverlust gewonnen werden. Durch die Verringerung der Stegblechhöhe am Auflager werden außerdem die Abmessungen des oberen Lagerkörpers in erwünschter Weise vermindert. Am Auflager strahlt die Auflagerkraft in den Bogen hinein.

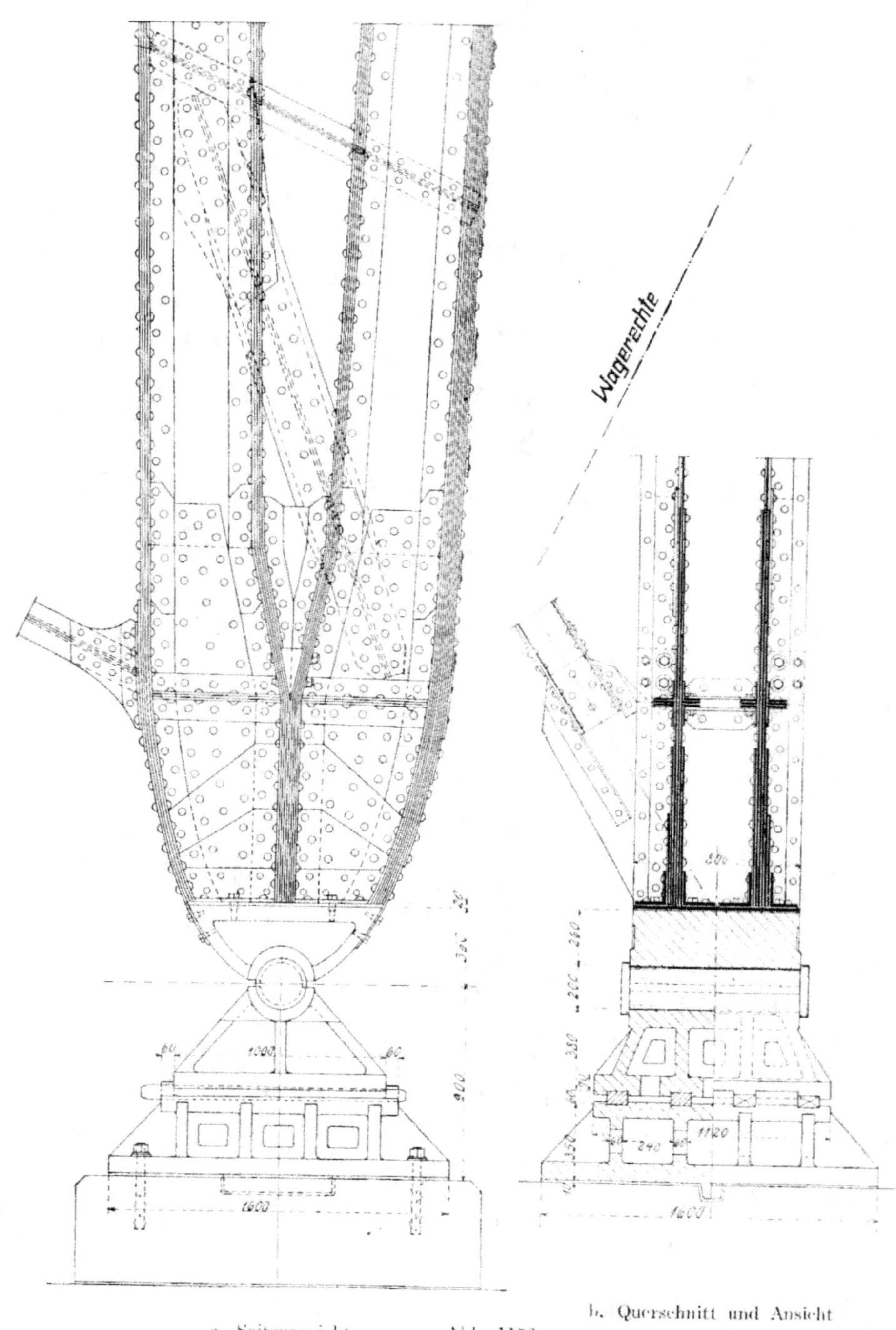

a. Seitenansicht. Abb. 1152. b. Querschnitt und Ansicht von unten.

Dieser muß daher hier durch aufgelegte Bleche und Winkeleisen kräftig ausgesteift werden, wie dies aus der Abbildung zu ersehen ist. Die Endpfosten sind so nahe wie möglich an das Lager herangerückt, damit die Windkräfte möglichst unmittelbar auf die Lager übertragen werden. Der Lagerbock ist ein Rippenkörper, dessen nach oben gekehrte Seite voll ist, damit sich hier kein Wasser ansammeln kann, wie dies z. B. bei dem in der Abb. 1147 dargestellten Lager möglich ist.

Das Lager eines großen Sichelbogenträgers[1]) von der in der Abb. 1151 dargestellten Form ist in der Abb. 1152 wiedergegeben. Es besteht außer dem Zylinderkippzapfen aus drei Teilen, dem oberen Lagerkörper, auf den sich die beiden zusammengeführten Bogengurtungen stützen, einem mittleren und unteren Lagerkörper. Zwischen dem oberen und dem mittleren Körper ist die Kippvorrichtung, der zylindrische Zapfen, und zwischen dem mittleren und unteren Körper die aus vier Keilen bestehende Stellvorrichtung eingeschaltet worden. Der Bogenfuß ist durch Auflegen von Blechen, die teilweise über beide Gurtungen durchgehen, kräftig verstärkt und auf die ebene Fläche des oberen Lagerkörpers aufgesetzt. Unten und oben greift je eine Gurtplatte auf die Rundung dieses Körpers über. Diese Platten und die mit den Gurtwandungen vernieteten Winkel sind an dem oberen Lagerkörper durch Stiftschrauben befestigt.

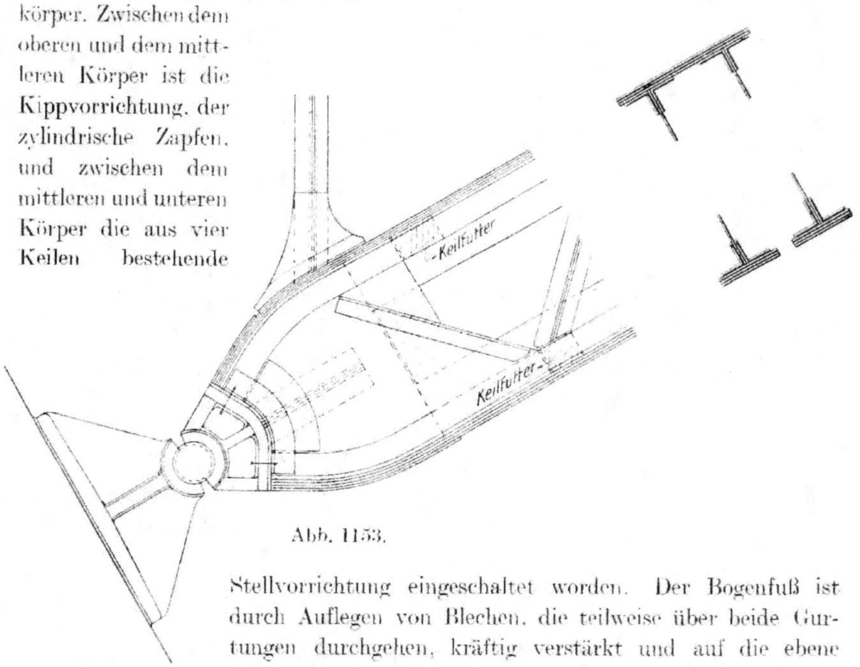

Abb. 1153.

In der Abb. 1153 ist das Lager eines gegliederten Bogenträgers mit parallelen Gurtungen veranschaulicht. Die beiden Gurtungen sind am Auflager durch drei gemeinschaftliche Stegbleche zusammengefaßt und in schlanker Krümmung auf den oberen sattelförmigen Auflagerkörper geführt.

Man muß bestrebt sein, den wirklichen Gelenkpunkt mit dem rechnerischen zusammenfallen zu lassen. Dies macht bei den vollwandigen Bogen, den Sichelbogenträgern und den gegliederten Bogenträgern mit parallelen Gurtungen keine Schwierigkeiten, wie aus den Abb. 1149 bis 1153 zu ersehen

[1]) Weserbrücke bei Nienburg, ausgeführt von der Brückenbauanstalt Gustavsburg.

ist, wohl aber bei den Bogenzwickelträgern (Abb. 505) und den abgestumpften Bogenträgern ohne Zugband (Abb. 1014). Bei diesen Trägern erfordern die oberen Lagerkörper eine eigenartige Ausbildung, um den wirklichen mit dem rechnerischen Gelenkpunkt zusammenfallen zu lassen. In der Abb. 1154

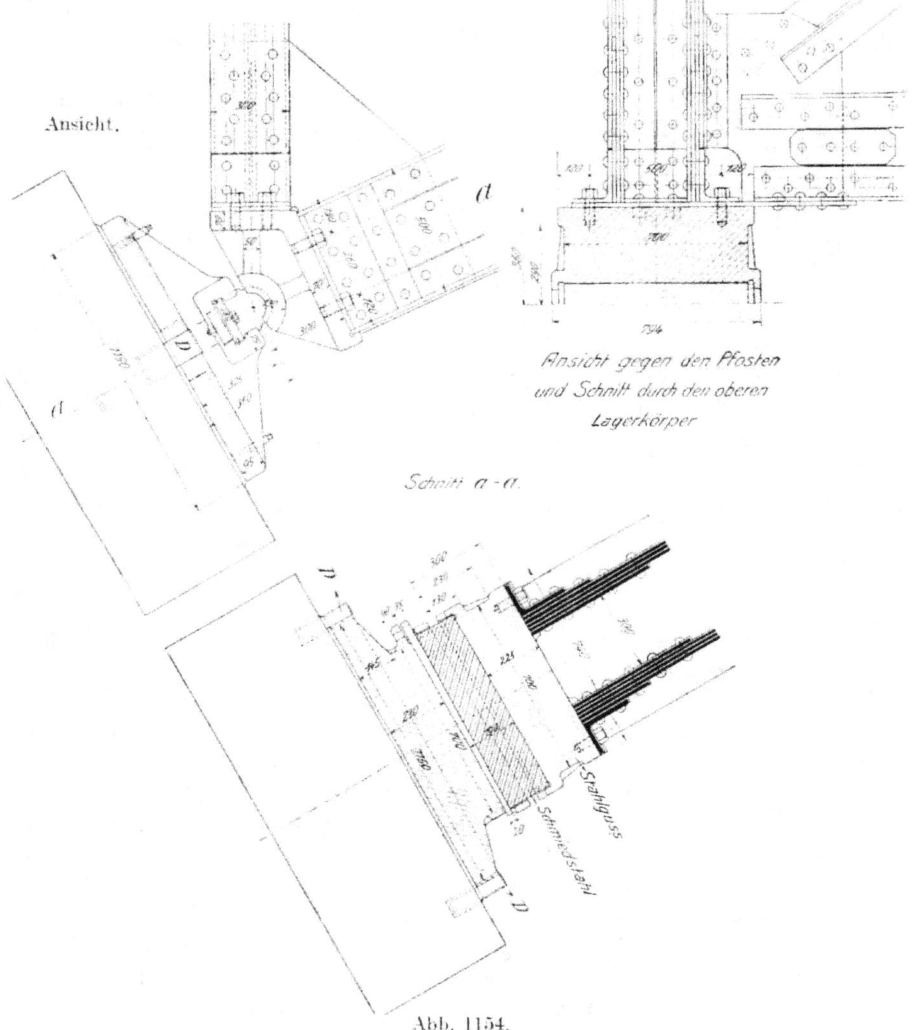

Abb. 1154.

ist das Lager eines Bogenzwickelträgers[1]) und in der Abb. 1155 das Lager eines abgestumpften Bogenträgers[2]) dargestellt. Die Einzelheiten bedürfen nach den

[1]) Ruhrbrücke bei Block Düssern. Entworfen und ausgeführt von der Gesellschaft Harkort in Duisburg.

[2]) Nordbrücke über die Stromelbe in Magdeburg. Entworfen und ausgeführt von der Union-Dortmund.

Beschreibungen der Abb. 1150 u. 1152 und dem über die Keilstellvorrichtungen Gesagten keiner weiteren Erläuterungen.

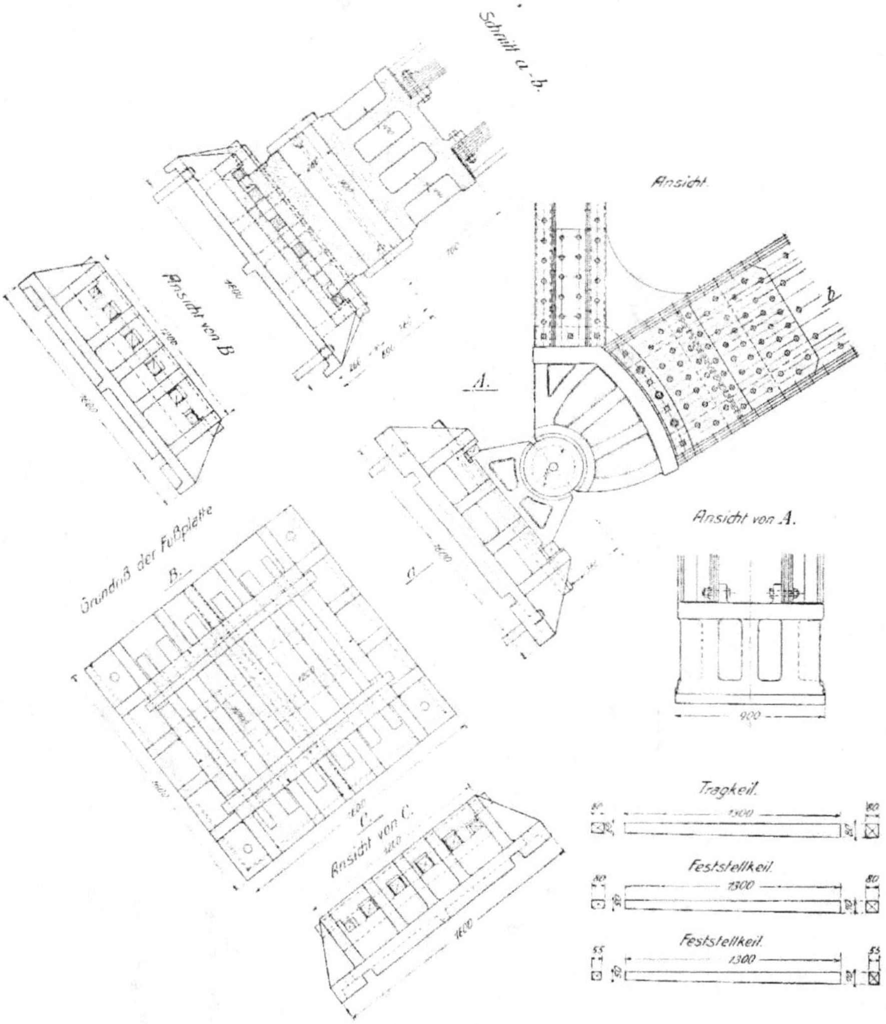

Abb. 1155.

Lager der Auslegerbogenbrücken.

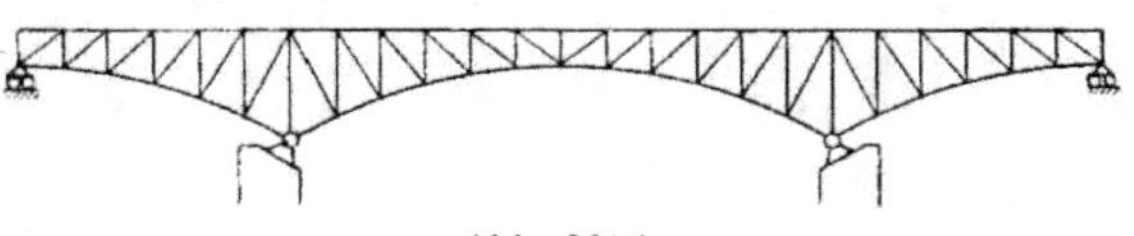

Abb. 1156.

Die seitlichen Lager einer Auslegerbogenbrücke nach Abb. 1156 werden ebenso wie die beweglichen Lager der Balkenbrücken, die mittleren nach den für die Bogenlager gegebenen Grundsätzen ausgebildet. Hinsichtlich der Stellung der letzteren gegen die Senkrechte gilt das auf S. 699 Gesagte. Will man eine Exzentrizität des Lagergelenkes, das rechnungsgemäß mit dem Schnittpunkt der drei am Auflager

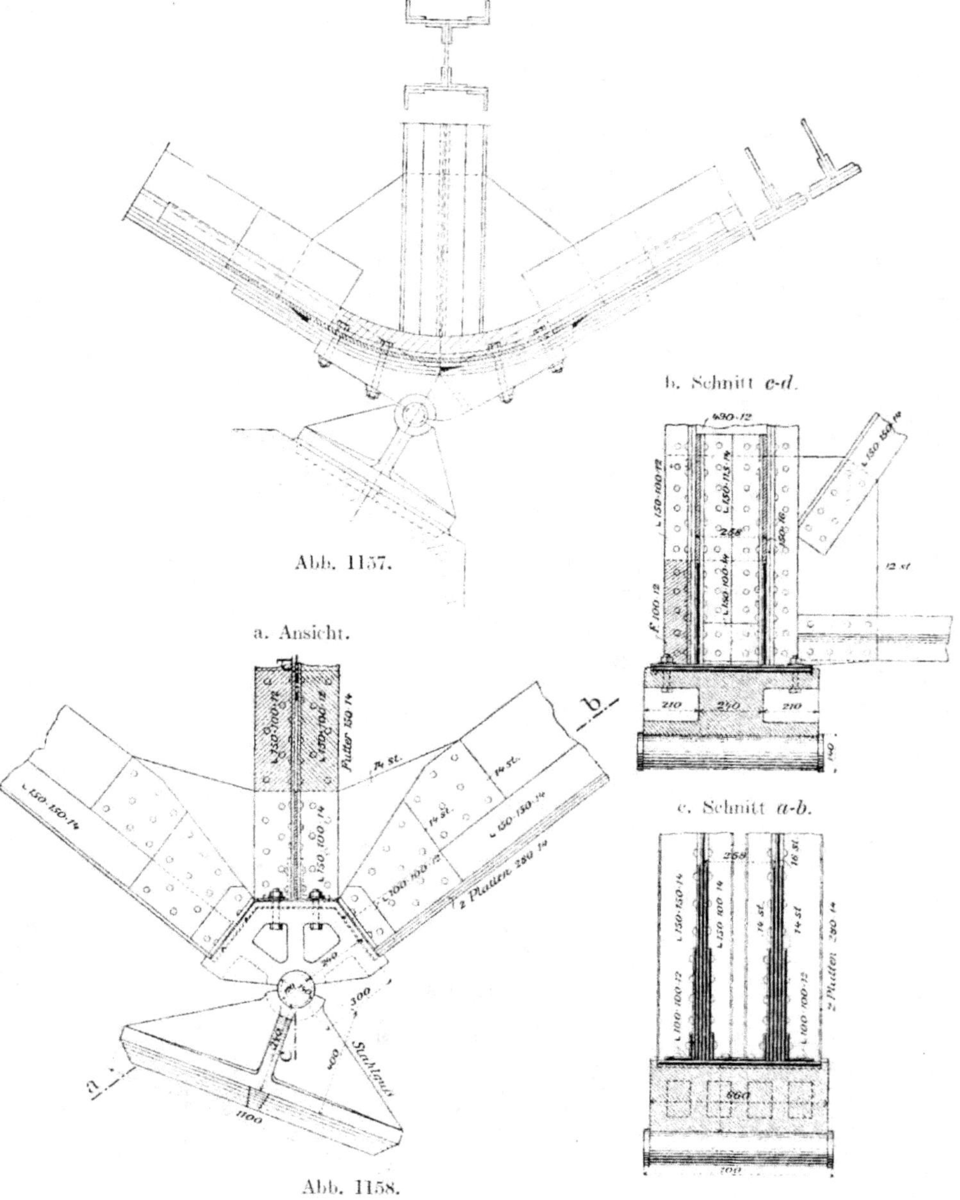

Abb. 1157.

a. Ansicht. b. Schnitt c-d. c. Schnitt a-b.

Abb. 1158.

zusammenlaufenden Stäbe zusammenfallen muß, in Kauf nehmen, so eignet sich eine in Abb. 1157 wiedergegebene Anordnung. Als zweckmäßiger sind jedoch solche Lager zu bezeichnen, bei denen der Schnittpunkt der drei vom Lager ausgehenden Stäbe mit dem Gelenkpunkt zusammenfällt. Ein solches Lager zeigen die Abb. 1158a bis c[1]). Bei den Mittellagern der Auslegerbogenbrücken weichen die äußersten Lagen des Kämpferdruckes oft sehr erheblich von der Mittellage ab und erfordern dann bei der bisher erörterten Ausbildung solcher Lager sehr große Lagerflächen, um die Kantenpressungen in angemessenen Grenzen zu halten. Man bildet daher diese Lager mit Vorteil als Zweipendellager[2]) nach Abb. 1159 aus, bei denen die Lagerstühle nur senkrecht zu ihrer Grundfläche gerichtete Drucke aufzunehmen haben und daher keine großen Abmessungen erfordern. Das eine der beiden Pendel stellt man in der Regel senkrecht, das andere ordnet man meist unter demselben Winkel gegen die Mittellage des Kämpferdruckes geneigt an, wie das erstere. Die äußersten Lagen des Kämpferdruckes müssen hierbei noch innerhalb des durch die Achsen der Pendel gebildeten Raumes liegen, da die Pendel keine Zugkräfte übertragen können.

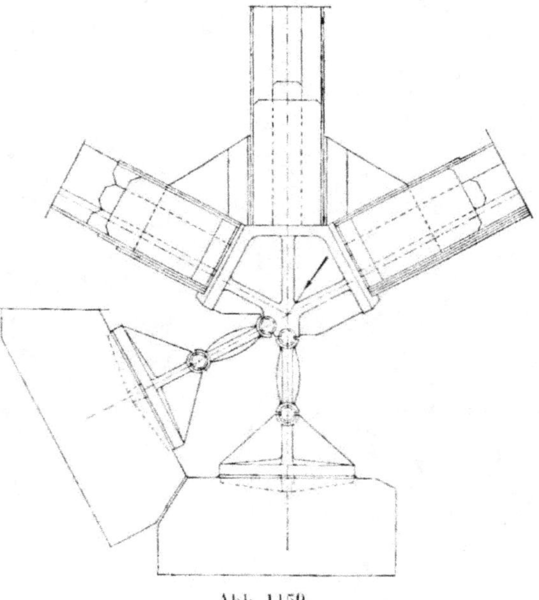

Abb. 1159.

Sowohl die Lagergelenke der Auslegerbogenbrücken als auch die Lager eines durch einen durchlaufenden Träger versteiften Stabbogens (Abb. 553 auf S. 328) haben unter Umständen aufwärts gerichtete Auflagerkräfte aufzunehmen. Hierzu eignet sich eine Ausbildung der Lagergelenke, wie sie in Abb. 1160 dargestellt ist. Die Druckkräfte werden durch den oberen, mit den Stäben des Hauptträgers verschraubten Kippkörper an den Kippzapfen und durch diesen an den Lagerstuhl abgegeben, während die Zugkräfte durch die Knotenbleche auf den Kippzapfen übertragen werden, der durch die Knotenbleche und die seitlichen Rippen des verankerten Lagerstuhles faßt.

4. Der Baustoff der Lagerkörper.

Die Lagerkörper werden aus Gußeisen, Stahlguß und Schmiedstahl hergestellt, und zwar diejenigen Teile, die einer weiteren Bearbeitung bedürfen und sehr hohen Beanspruchungen ausgesetzt sind, wie die Rollen, Stelzen und Zapfen aus

[1]) Bei der Überführung der Köpenicker Landstraße über den Teltow-Kanal bei Berlin ausgeführt. Zeitschrift für Bauwesen 1906, Bl. 67.

[2]) Diese Anordnung der Lager ist zuerst von Müller-Breslau angegeben worden.

Schmiedstahl, die anderen aus Stahlguß und Gußeisen (vgl. das auf S. 60 hierüber Gesagte). Der Stahlguß ist dem Gußeisen entschieden vorzuziehen.

5. Einschaltung einer Zwischenlage zwischen dem untersten Lagerkörper und der steinernen Unterstützung.

Da die steinerne Unterstützung der eisernen Lager namentlich in den Vertiefungen, in welche die Rippen des Lagers eingreifen, nicht so genau bearbeitet werden kann, daß der Auflagerkörper überall gleichmäßig aufliegt, so wird zum Ausgleich der Unebenheiten zwischen der steinernen Unterstützung und dem Auflagerkörper eine Zwischenlage eingeschaltet, die genügende Druckfestigkeit besitzen muß. Hierzu eignet sich vor allem ein guter Zementmörtel, allein oder in

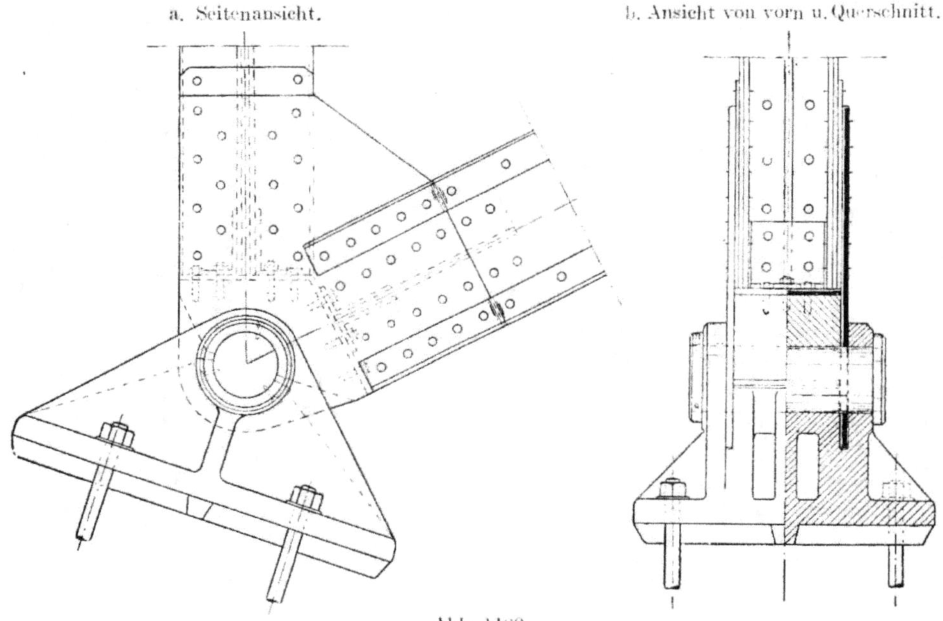

Abb. 1160.

Verbindung mit Hartbleiplatten. Beim Einbau von Lagerkörpern im Betriebe und in allen den Fällen, in denen die Zwischenlage schnell erhärten muß, verwendet man statt des Zementmörtels geschmolzenes Hartblei. Bei Linienkipplagern und Zylinderzapfenkipplagern ist die Einschaltung einer Zwischenlage in der Regel außerdem deshalb notwendig, weil sie das Mittel bietet, um den Schluß zwischen den einzelnen Lagerteilen einerseits und den obersten Lagerteilen und den Hauptträgern anderseits herzustellen.

Bei Punktkipplagern oder Kugelzapfenkipplagern großer Balkenbrücken oder gleichgelagerten Trägerarten empfiehlt es sich, die untersten Lagerkörper nicht mit Zementmörtel zu untergießen, weil dies bei großen Lagerflächen oft nur unvollkommen gelingt, sondern sie unter Einschaltung einer 3 mm starken Hartbleieinlage auf ein fertiges, abgebundenes, 2 cm starkes Mörtelbett zu versetzen, das innerhalb eines eisernen oder hölzernen Rahmens hergestellt und genau abgeglichen ist. Für die Rippen sind natürlich Aussparungen zu lassen, die entweder beim Versetzen der Lager mit Mörtel in richtig bemessener Menge zu füllen oder nach dem Versetzen der Lager durch kleine, in den Lagerkörpern vorzusehende Löcher zu vergießen sind. Man erhält auf diese Weise eine einwandfreie Unterstützung der Lagerkörper. Bei Linienkipplagern oder Zylinderzapfenkipplagern ist dies Verfahren deshalb nicht anwendbar, weil es hierbei vorkommen könnte, daß die Berührungslinien der Kippvorrichtungen oder die Zylinderzapfen nicht gleichmäßig an den oberen Lagerkörpern oder diese nicht gleichmäßig an den Hauptträgern anliegen. Bei solchen Lagern sind die untersten Lagerkörper entweder mit Schraubenstellvorrichtungen nach Abb. 1150 oder 1154 (vgl. S. 699) auszurüsten oder zunächst auf eisernen Keilen zu versetzen und die Schrauben so einzustellen oder die Keile so anzutreiben, daß die einzelnen Lagerkörper untereinander und die obersten Lagerkörper an den Hauptträgern gleichmäßig anliegen. Der Hohlraum unter den Lagern ist alsdann mit einem dünnflüssigen Zementmörtel (Mischung: 1 Teil Zement: $^1/_2$ bis 1 Teil Sand) zu vergießen. Zu diesem Zwecke ist der Lagerkörper mit einem Holzrahmen, der mit Lehm wasserdicht zu verschmieren ist, zu umgeben. Bei wagerechten Lagerflächen ist zwischen dem Rahmen und dem Lagerkörper ein Spielraum von einigen Zentimetern zu lassen, um zur guten Verteilung des Mörtels und zur Entfernung von Luftblasen mit einem rechtwinklig gebogenen Spachtel beim Vergießen unter den Lagerkörper fassen zu können. Man läßt den Mörtel im Rahmen einen Tag abbinden und entfernt dann den Rahmen und den überflüssigen Mörtel. Nach vollständigem Erhärten des Mörtelbettes werden die Schrauben zurückgedreht oder die eisernen Keile herausgeschlagen. Da die tadellose Unterstützung der Lagerkörper außerordentlich wichtig ist, so prüfe man den für die Unterlage bestimmten Zement, für den keine gewöhnliche Handelsware, sondern nur ein anerkannt vorzügliches Erzeugnis zu verwenden ist, früh genug und ganz besonders für sich auf seine Eigenschaften. Dem Mörtel darf nur reiner, scharfkantiger Sand zugesetzt werden.

Bei Bogenträgern kommt wegen der schrägen Lage der Lagerfläche bei allen Lagerarten nur das Untergießen der Lager in Frage. Bei der schrägen Lage der Lagerfläche entstehen beim Vergießen nicht die Schwierigkeiten, welche die wagerechte Lage der Lagerfläche bietet.

B. Die Gelenke.

1. Die Scheitelgelenke der Bogenbrücken.

Die Scheitelgelenke der Bogenbrücken müssen imstande sein, Kräfte aufzunehmen, die eine wagerechte und lotrechte Teilkraft besitzen; denn die Bogenkraft ist nur bei symmetrischer Belastung des Bogens im Scheitel wagerecht, bei jeder andern Belastung weicht ihre Richtung im Scheitel von der Wagerechten ab. Beim einfachen Dreigelenkbogen (Abb. 23) ist die wagerechte, durch die senkrechten Lasten hervorgerufene Teilkraft so gerichtet, daß die eine Bogenhälfte gegen die andere gedrückt wird. Die Brems- und Windkräfte sind im allgemeinen nicht so groß, daß sie die Richtung der aus den senkrechten Lasten herrührenden wagerechten Teilkraft umkehren können. Dagegen kann die wagerechte Teilkraft eines Dreigelenkbogens mit Auslegern so gerichtet sein, daß sie die eine Bogenhälfte von der anderen zu entfernen sucht. Die Gelenke sind dann dementsprechend auszubilden.

Die Abb. 1161 zeigt das Scheitelgelenk eines Bogenzwickelträgers. Zwei mit den mittelsten Untergurtstäben verschraubte Gußkörper fassen einen mit Bunden versehenen Zapfen zwischen sich. Die beiden Untergurtstäbe sind unten, wohl aus Gründen des guten Aussehens, durch ein Flacheisen verbunden, das aber an dem linken Untergurtstab mit Schrauben in Langlöchern angeschlossen ist, um die Gelenkwirkung nicht aufzuheben. Der Zapfen muß von den Gußkörpern so weit umfaßt werden, daß auch die lotrechte Teilkraft mit Sicherheit aufgenommen werden kann. Die beiden dem Gelenk benachbarten Untergurtstäbe sind auf beiden Seiten des Bolzens durch je eine genau die Gelenkmitte schneidende und die Gelenkwirkung nicht beeinträchtigende Blattfeder verbunden. Diese Blattfedern treten bei wagerechten Kräften, die die beiden Bogenhälften zu trennen suchen, in Wirkung und dienen außerdem zum Anschluß für den Windverband, der am zweckmäßigsten in der den Gelenkpunkt schneidenden Tonnenfläche der Untergurte angeordnet wird. Über die Gesamtanordnung des Windverbandes ist auf S. 616 (Abb. 1008) nachzulesen. Die Fahrbahntafel und das Fahrbahnträgergerippe müssen über dem Gelenk so angeordnet sein, daß die Gelenkwirkung nicht aufgehoben wird. Zu dem Zwecke ist zu beiden Seiten des Gelenkes je ein Querträger vorgesehen und der Raum zwischen beiden mit einem Flachblech überspannt, das an dem linken Querträger längsbeweglich mit Schrauben in Langlöchern befestigt ist. Dies Gelenk eignet sich in Verbindung mit den Blattfedern auch für Auslegerbogenbrücken mit Scheitelgelenk.

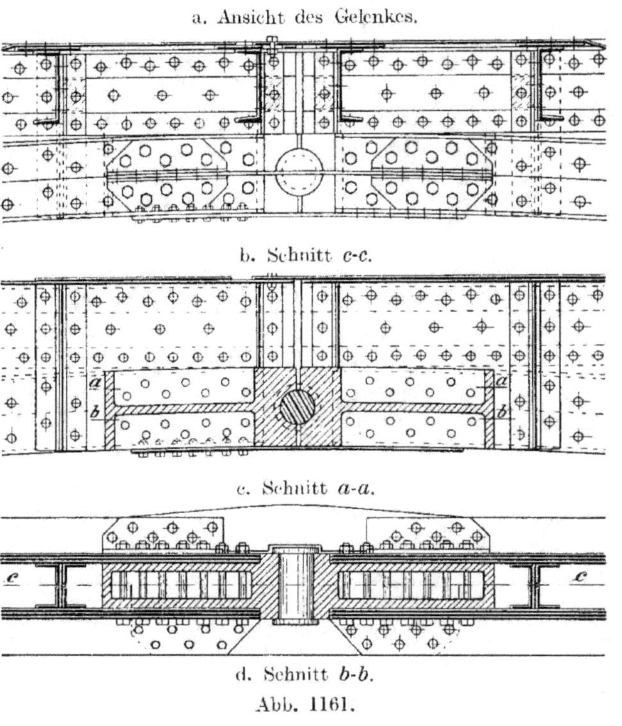

Abb. 1161.

Ein einstweiliges, Aufstellungszwecken dienendes Scheitelgelenk eines großen vollwandigen Bogenträgers ist in der Abb. 503 auf S. 296 dargestellt. Es eignet sich in der dort veranschaulichten Form auch für dauernde Zwecke.

2. Die Gelenke in Gerberträgern.

a. Allgemeines.

Über die allgemeine Anordnung der Gelenke in Gerberträgern ist auf S. 266ff. nachzulesen. Die Gesamtanordnung der Lager und Gelenke, die nach den Ausführungen auf S. 267 in feste und bewegliche Gelenke eingeteilt werden, muß so sein, daß auch alle den Überbau beanspruchenden wagerechten Längs- und Seitenkräfte einwandfrei den Pfeilern und Widerlagern zugeführt werden. Das Fahrbahnträgergerippe, die Fahrbahntafel und der Windverband müssen an den Gelenkstellen der Hauptträger so ausgebildet werden, daß sie die Gelenkwirkung nicht aufheben. Die hierzu notwendigen Vorkehrungen sind für das Fahrbahnträgergerippe und die Fahrbahntafel auf den S. 505 bis 511 und 580 bis 583 und für die Windverbände im Abschnitt XI schon eingehend erörtert worden. Bei den folgenden Beschreibungen einzelner Ausführungen wird auf sie weiter hingewiesen werden.

b. Die Gelenke in Blechträgern.

Die Gelenke kleinerer vollwandiger Gerberbrücken, die häufig zur Überführung von Eisenbahnen über städtische Straßen ausgeführt werden und deren mittlere Stützpunkte in der Regel Pendelsäulen sind, werden meist dicht neben die Säulen gelegt (Abb. 1162). Sie müssen als feste Gelenke angeordnet werden, da die Pendelsäulen längsbewegliche Lager darstellen. Für ihre Ausbildung lassen sich zwei grundsätzlich verschiedene Anordnungen wählen.

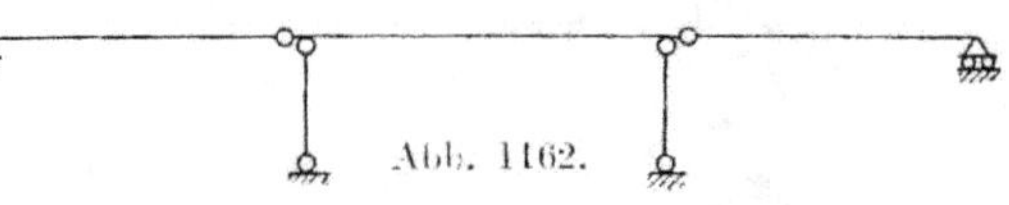
Abb. 1162.

α. Man verbindet den Krag- und Schwebeträger durch einen Gelenkbolzen miteinander. Die Fahrbahntafel oder der Windverband dürfen hierbei nur in dem Falle ununterbrochen durchgehen, daß sie in derselben Ebene wie das Gelenk liegen. Das Fahrbahnträgergerippe muß unter allen Umständen an der Gelenkstelle unterbrochen werden. Muß der Windverband unterbrochen werden, so müssen in den Ebenen der Pendelsäulen Windportale angeordnet werden. Die Längskräfte können durch die Bolzengelenke auf die festen Lager übertragen werden.

β. Man lagert den Schwebeträger mit einem Gleitlager auf dem Kragträger und läßt die Fahrbahntafel oder den Windverband ununterbrochen durchgehen. Der Drehpunkt liegt dann in diesem durchgehenden Teil, der auch die Längskräfte auf die festen Lager überträgt. Den Stützpunkt bildet das Gleitlager.

Die erste Art der Ausbildung zeigt die Abb. 1163. Das Gelenk liegt hier dicht neben der Säule. Die Fahrbahnanordnung ist aus dem in Abb. 765 auf S. 451 dargestellten zugehörigen Querschnitt zu ersehen. Die Ebene der aus Buckelplatten bestehenden Fahrbahntafel schneidet den Mittelpunkt des Gelenkbolzens. Die Fahrbahntafel, die zugleich Windverband ist, beeinträchtigt daher die Gelenkwirkung nicht und braucht nicht unterbrochen zu werden. Es ist aber dringend notwendig, die an den Gelenken liegenden Längsträger beweglich und gelenkig anzuschließen, da ein fester Anschluß die Wirkung der Hauptträgergelenke in Frage stellen würde. Tatsächlich zeigte es sich bei einer solchen Gelenkbrücke, bei der die Längsträger in den Gelenkfeldern fest angeschlossen waren, daß der seitliche Träger bei Belastung des mittleren Teiles der Brücke von den Lagern auf dem Widerlager abgehoben und beim weiteren Vorrücken der Lasten mit heftigem Stoß auf die Lager niedergeschlagen wurde.

Mehr zu empfehlen ist die in Abb. 1164 veranschaulichte Gestaltung des Fahrbahnträgergerippes, bei der links und rechts der Gelenke in einer Entfernung von 64 cm voneinander zwei Querträger angeordnet sind. Zwischen diesen Querträgern befinden sich keine Fahrbahnlängsträger, der Raum zwischen ihnen wird

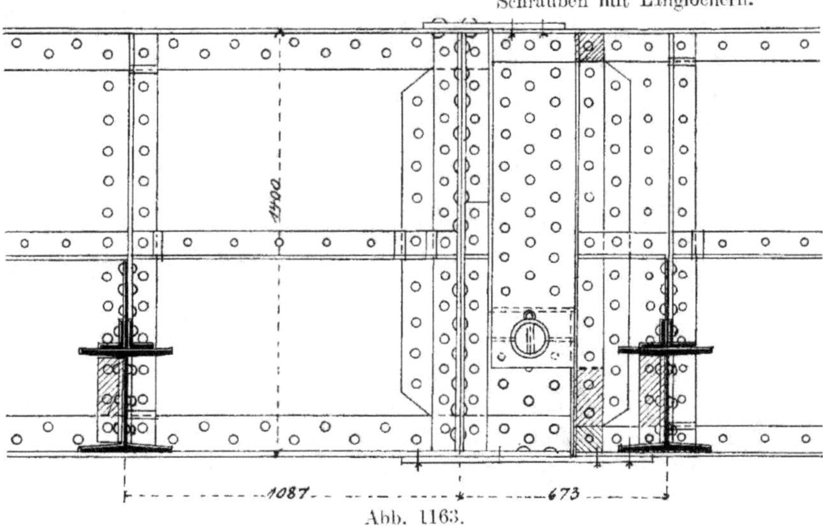

Abb. 1163.

vielmehr nur von einem Flachblech überspannt, das genau in der Höhe des Gelenkmittelpunktes liegt und daher trotz des festen Anschlusses die Wirkung der Gelenke nicht beeinträchtigt. Die Anordnung der Fahrbahn ist aus dem in Abb. 766 auf S. 452 dargestellten zugehörigen Querschnitt zu ersehen. Die zugleich als Windverband dienende Fahrbahntafel geht also ununterbrochen von Widerlager zu Widerlager durch. Die Säule liegt unmittelbar unter dem linken Querträger. Das Gelenk selbst ist folgendermaßen durchgebildet worden. Auf das 10 mm starke und 1300 mm hohe Stegblech des Kragträgers ist beiderseits je ein 12 mm starkes, von Gurtwinkel zu Gurtwinkel reichendes Blech aufgelegt worden, das aber den Bolzen nicht umfaßt, sondern in Bolzenmitte endigt (Abb. 1164 c). Auf das Stegblech des Schwebeträgers sind beiderseits je zwei Bleche genietet worden. Die unmittelbar auf dem Stegblech liegenden Bleche enden in Bolzenmitte, die äußeren umfassen den Bolzen. Die inneren Bleche sind im schraffierten Teil um 1 mm abgehobelt, damit sie sich bei der Drehung nicht am Stegblech des Kragträgers reiben. Der Bolzen besitzt auf der einen Seite einen Bund, auf der anderen wird er durch einen Splint gehalten. Sehr wichtig ist die zweckentsprechende Ausbildung des Abschlusses der Gelenkfuge gegen die Bettung. Der Abschluß muß so gestaltet sein, daß die Gelenkwirkung nicht beeinträchtigt wird. Im vorliegenden Falle ist der Abschluß durch ein senkrechtes, das Gelenk kastenförmig umschließendes und an den Hauptträgern und auf dem wagerechten Flachblech vernietetes Eisen hergestellt, in das in der Mitte ein trichterförmiges, nur 5 mm starkes Blech eingeschaltet ist (siehe Abb. 1164 f und g). Der Trichter, dessen Spitze in der durch die Gelenkmitten gehenden Ebene liegt, kann den Bewegungen der Hauptträger bei ihrer Drehung um die Gelenkbolzen folgen. An den Gelenken ist der Fußsteig, dessen Ausbildung aus der Abb. 766 auf S. 452 hervorgeht, unterbrochen. Dies war nötig, weil er höher als die Gelenke liegt. Die Einzelheiten dieser Unterbrechung sind aus den Abb. 1164 d und e zu ersehen.

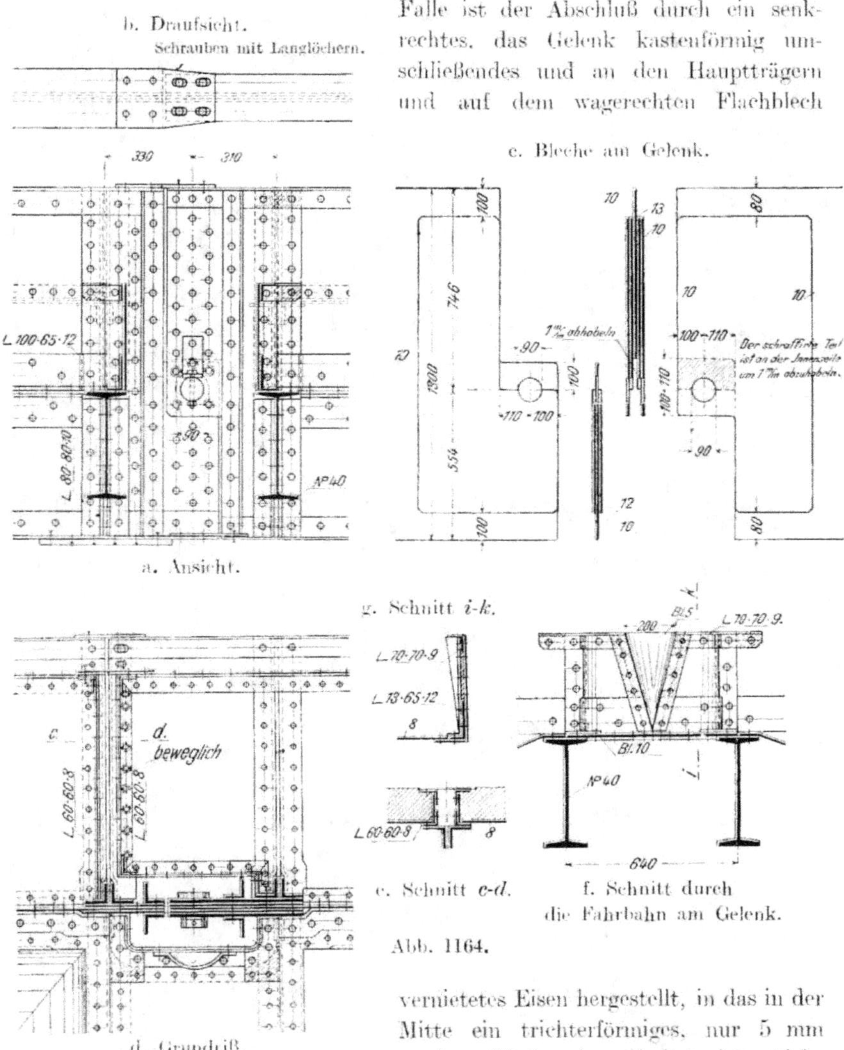

Abb. 1164.

Bei den eben beschriebenen Bolzengelenken entstehen in den Flächen, in denen sich die übereinander greifenden Bleche berühren, nicht zu unterhaltende Stellen. Dieser Nachteil wird bei dem in der Abb. 1165 dargestellten Bolzengelenk vermieden. Hier ist in die gehörig verstärkte Wand des Krag- und Schwebeträgers je ein viereckiger Gußstahlkörper eingebaut. Der obere Gußstahlkörper besitzt an der unteren und der untere an der oberen Seite eine Ausdrehung für den Gelenkbolzen. Beide Gußstahlkörper umfassen zur Verhinderung von Verschiebungen in der Querrichtung an den drei geraden Seiten mit Vorsprüngen die Wand der Hauptträger. Sie haben ebenso wie die Wände der Hauptträger einen geringen der Drehung der Hauptträger entsprechenden Abstand voneinander. Der Gelenkbolzen ist auf der einen Seite mit einem Bund und auf der anderen mit Scheibe und Splint versehen. Die Säule liegt unter dem Gelenk. Die Obergurte der Hauptträger sind an der Gelenkstelle durch ein Flacheisen verbunden, das am Kragträger fest, an dem Schwebeträger aber längsbeweglich durch Schrauben in Lang-

Ansicht.

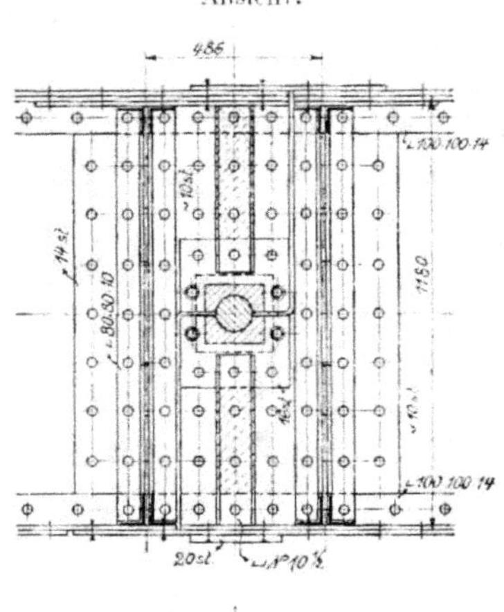

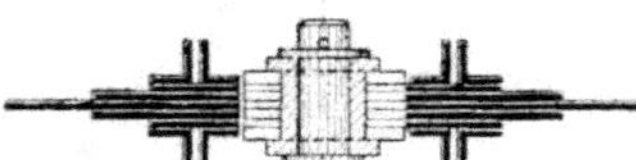

Wagerechter Längsschnitt.
Abb. 1165.

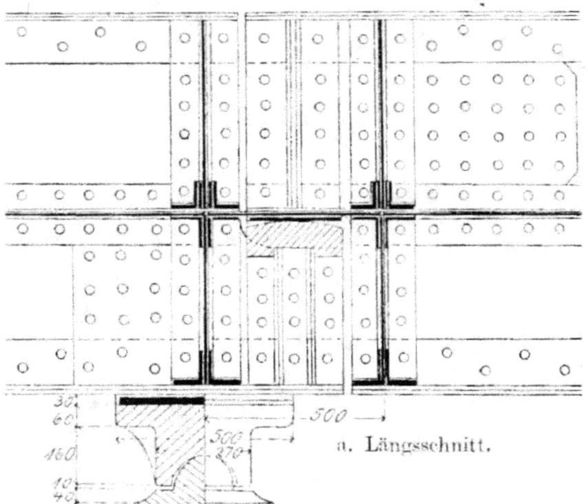

a. Längsschnitt.

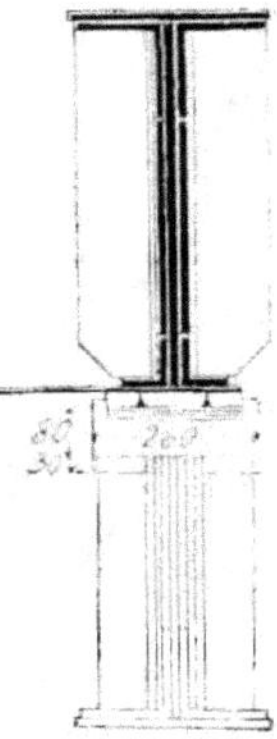

b. Querschnitt in der rechten Fuge.

Abb. 1166.

löchern angeschlossen ist. Der Nachteil übereinandergreifender Bleche wird auch bei der unter β genannten Art der Gelenke vermieden. In den Abb. 1166 und 1167 sind solche Gelenke dargestellt. Bei der in der Abb. 1166 wiedergegebenen Anordnung legt sich der Schwebeträger mit einer Unterlagsplatte auf einen nach oben gewölbten Gußstahlkörper, der in der dargestellten Weise auf den Kragarm unverschieblich aufgesetzt ist. Die Ausbildung des Fahrbahnträgergerippes und der Fahrbahntafel an der Gelenkstelle ist grundsätzlich dieselbe wie bei der in der Abb. 1164 dargestellten Ausführung. Auch der Abschluß der Gelenkfuge

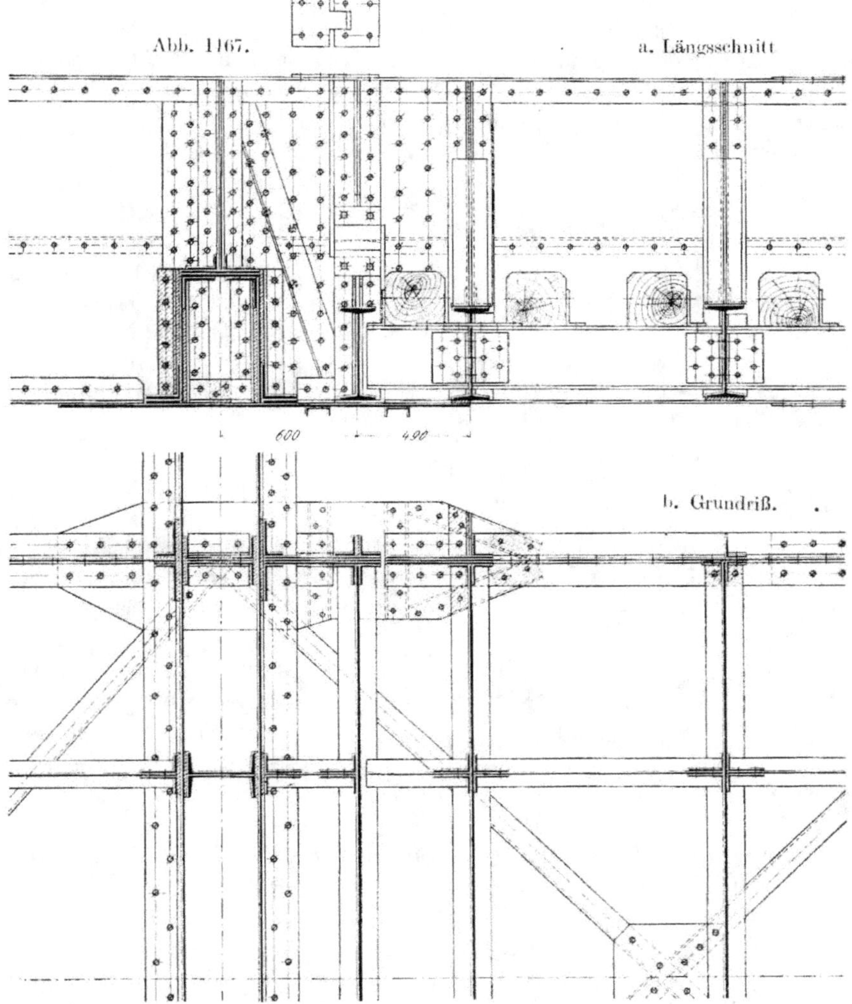

gegen die Bettung kann ebenso angeordnet werden. Die wagerechten Längs- und Seitenkräfte werden durch die durchgehende Fahrbahntafel übertragen. Bei dem in der Abb. 1167 veranschaulichten Gerbergelenk legt sich der Schwebeträger mit einem Gußstahlkörper, der mit seiner Wand verschraubt ist, auf einen nach oben gewölbten zweiten Gußstahlkörper, der mit der Wand des Kragträgers verschraubt ist. Die Bettung ist auf der Brücke nicht durchgeführt. Der Kragträger wird von einem Unterzug getragen, der in ihn eingeschachtelt ist. An der Gelenkfuge sind die Untergurte der benachbarten Hauptträger durch eine Platte miteinander verbunden, die die Längskräfte überträgt und Gurtung des durchgehenden Windverbandes ist. Das Fahrbahnträgergerippe ist rechts von dem unter dem Gelenk liegenden Querträger in der dargestellten Weise unterbrochen.

Bei den bisher behandelten Gerbergelenken ist der Schwebeträger mit einem rechteckigen Vorsprung im oberen Teil seiner Wand über einen rechteckigen Vorsprung im unteren Teil der Wand des Kragträgers geführt. Die von der einspringenden Ecke des Kragträgers senkrecht und unter 45°[1]) nach unten und von der des Schwebeträgers senkrecht und unter 45° nach oben verlaufenden Querschnitte sind besonders gefährdet. Die Wände sind an diesen Stellen durch Bleche und Winkeleisen gehörig zu verstärken. Die einspringenden Ecken der Bleche sind — wie es z. B. bei der in der Abb. 1166 dargestellten Ausführung geschehen ist — gut abzurunden, um der Entstehung von Rissen an diesen Stellen vorzubeugen. Sehr zu empfehlen ist auch die Säumung der abgerundeten, einspringenden Ecke mit Winkeleisen nach Abb. 1178 oder Abb. 1205a. Die Winkeleisen müssen links und rechts der Ecke mit so vielen Nieten angeschlossen sein, daß ihr Querschnitt für die Aufnahme des in der Ecke wirksamen Momentes — wenigstens annähernd — voll ausgenutzt werden kann.

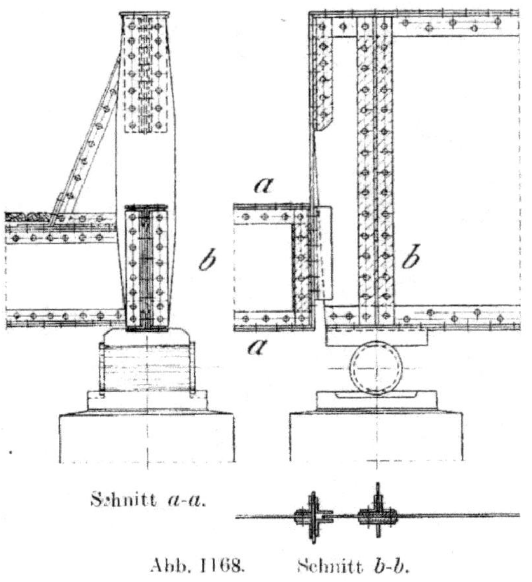

Abb. 1168.

Ein bewegliches, sogenanntes Blattfeder-Gerbergelenk zeigt die Abb. 1168. Hier ist der Schwebeträger mit einem Flacheisen an dem Kragträger aufgehängt. Die Einzelheiten sind aus der Abbildung deutlich zu ersehen. Quer zur Brückenachse auf den Schwebeträger wirkende Kräfte werden durch Winkeleisen, die das Stegblech des Kragträgers umfassen, auf den Kragträger (siehe Schnitt *b—b*) und von diesem auf das Lager übertragen. Diese Art der Übertragung der Seitenkräfte ist natürlich nur für kleine Schwebeträger geeignet.

Gerberträger werden häufig auf Unterzügen gelagert, die mit den Stützpfosten zu Portalen vereinigt sind. Sind nun mehr als zwei solcher Pfosten vorhanden, so wird die Berechnung dieser Portale verwickelt. Auch kann bei schlechtem

[1]) Vergl. „Zeitschrift des Vereins deutscher Ingenieure“, 1901, S. 1567.

Baugrund durch ungleiche Stützensenkungen eine sehr ungünstige Beanspruchung der Portale hervorgerufen werden. Diesen Übelständen kann durch Einschaltung von Gelenken in den Unterzug abgeholfen werden. Ein solches Gelenk ist in der Abb. 1169[1]) veranschaulicht. Die senkrechten Querkräfte werden durch Knaggen, die in der Portalachse wirkenden Längskräfte durch wagerecht liegende Blattfedern aufgenommen.

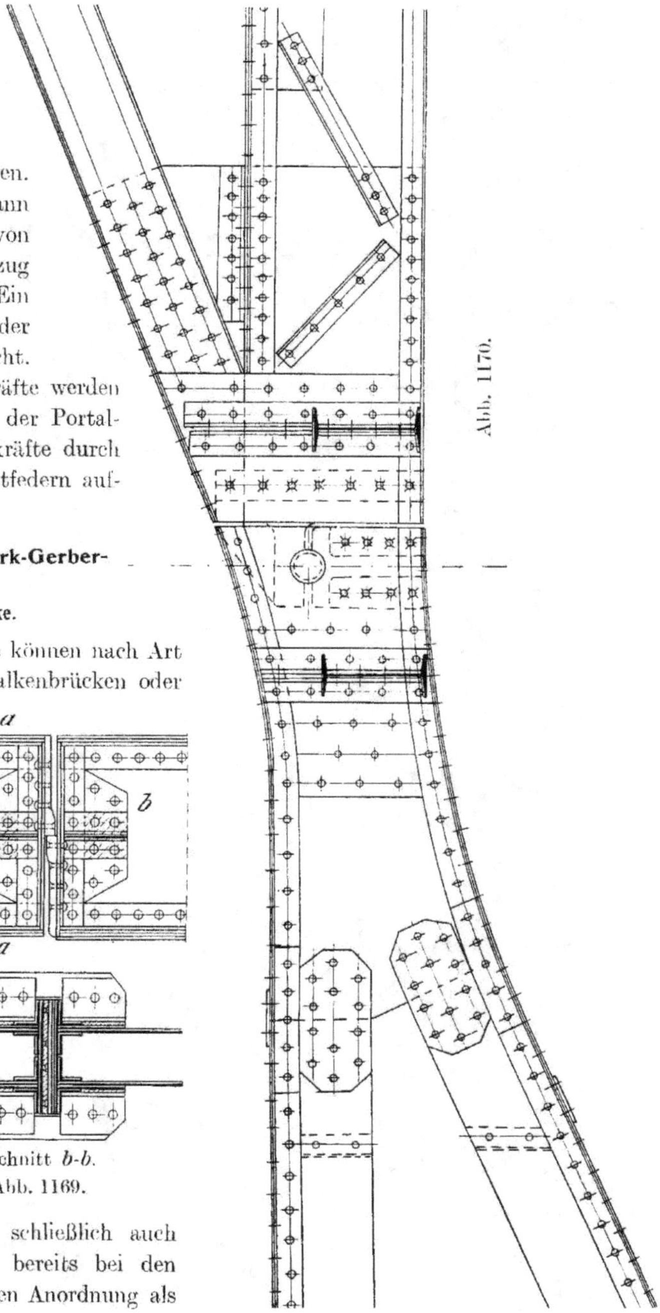

Abb. 1170.

c. Gelenke in Fachwerk-Gerberbrücken.

α. Feste Gelenke.

Die festen Gelenke können nach Art der festen Lager der Balkenbrücken oder

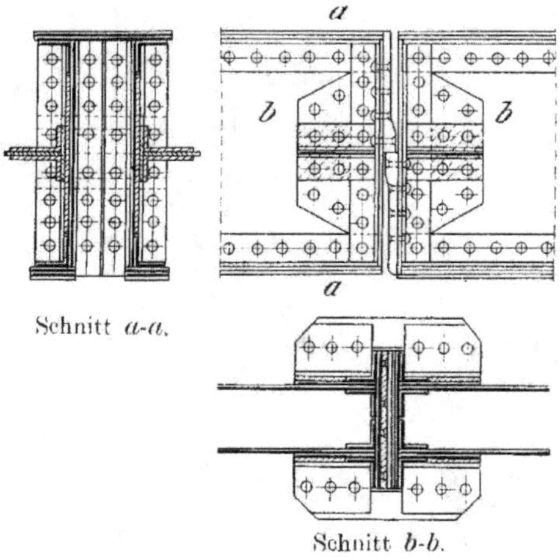

Schnitt *a-a*.

Schnitt *b-b*.

Abb. 1169.

als Bolzengelenke oder schließlich auch ganz entsprechend der bereits bei den Blechträgern besprochenen Anordnung als

[1]) Brücke im Zuge der Artillerie- und Glogauer Straße in Posen. Ausgeführt von Breest & Co., Berlin.

bewegliche Gelenke in Verbindung mit durchgehendem Windverband oder durchgehender Fahrbahntafel ausgebildet werden. Bei der letzten Anordnung dienen die beweglichen Gelenke der Aufnahme der senkrechten Kräfte, die durchgehende Fahrbahntafel oder der durchgehende Windverband der Übertragung der wagerechten Längs- und Seitenkräfte.

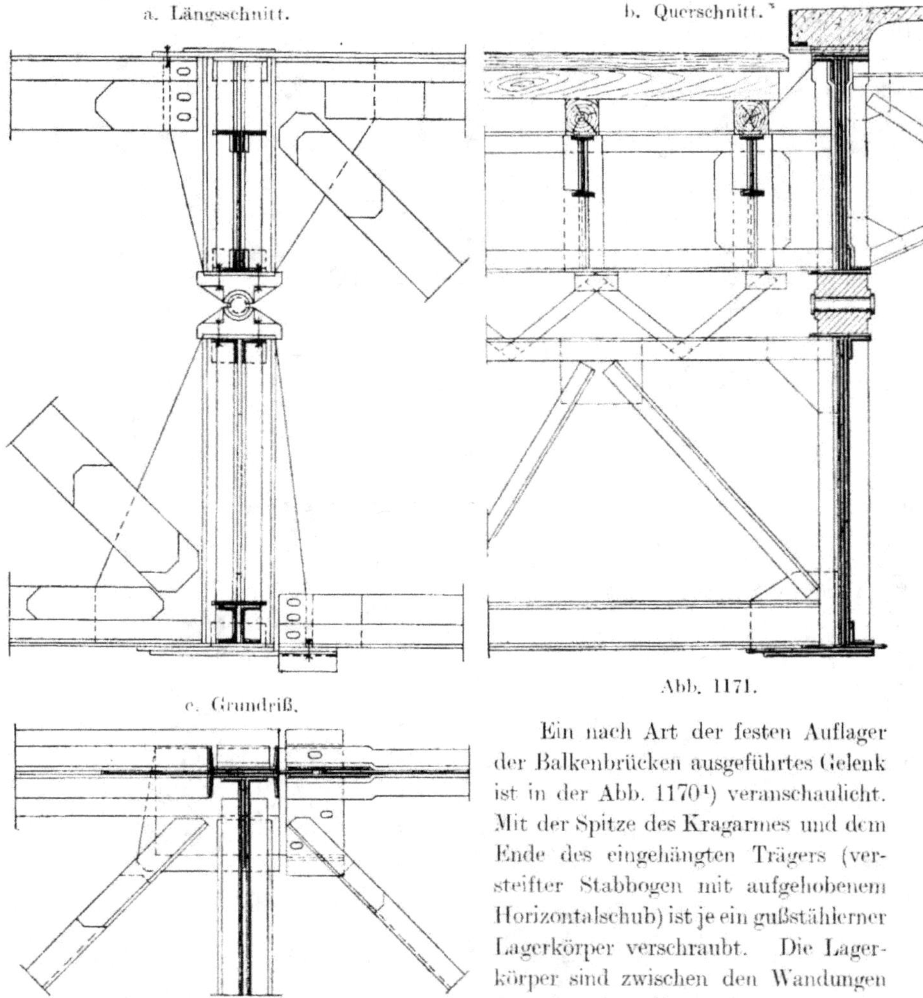

Abb. 1171.

Ein nach Art der festen Auflager der Balkenbrücken ausgeführtes Gelenk ist in der Abb. 1170[1]) veranschaulicht. Mit der Spitze des Kragarmes und dem Ende des eingehängten Trägers (versteifter Stabbogen mit aufgehobenem Horizontalschub) ist je ein gußstählerner Lagerkörper verschraubt. Die Lagerkörper sind zwischen den Wandungen der doppelwandigen Gurtungen eingebaut und fassen zwischen sich einen Zapfen.

Nach der für die festen Lager von Balkenbrücken gebräuchlichen Anordnung ist auch das Gelenk der Straßenbrücke über die Oder bei Steinau[2]) ausgeführt worden (Abb. 1171). Der obere Lagerkörper ist mit dem eingehängten Träger,

[1]) Von der Union-Dortmund ausgeführt.

[2]) Entwurf und Ausführung der Firma Beuchelt u. Co. in Grünberg in Schlesien.

der untere Lagerkörper mit dem Kragträger fest verbunden. Der erste Untergurtstab des eingehängten Trägers und der erste Obergurtstab des Kragträgers sind an den unter und über dem Gelenkpunkt liegenden Knotenblechen mit Schrauben in Langlöchern angeschlossen und hindern so die Drehung der Hauptträger um den Gelenkpunkt nicht. Über dem Gelenk liegt ein die Hauptträger verbindender Querträger; unter dem Gelenk ist eine Querversteifung eingefügt. Querträger und Querversteifung sind miteinander durch eine die Gelenkwirkung nicht beeinträchtigende Flacheisenvergitterung verbunden, welche die wagerechten, quer zur Brücke wirkenden Kräfte vom Querträger der Querversteifung zuführt. Von dieser werden sie an den in der Ebene der Untergurte liegenden Windverband abgegeben, der unter dem Gelenkpunkt unterbrochen sein muß, um die Gelenkwirkung nicht zu beeinträchtigen. Der Windverband des eingehängten Trägers

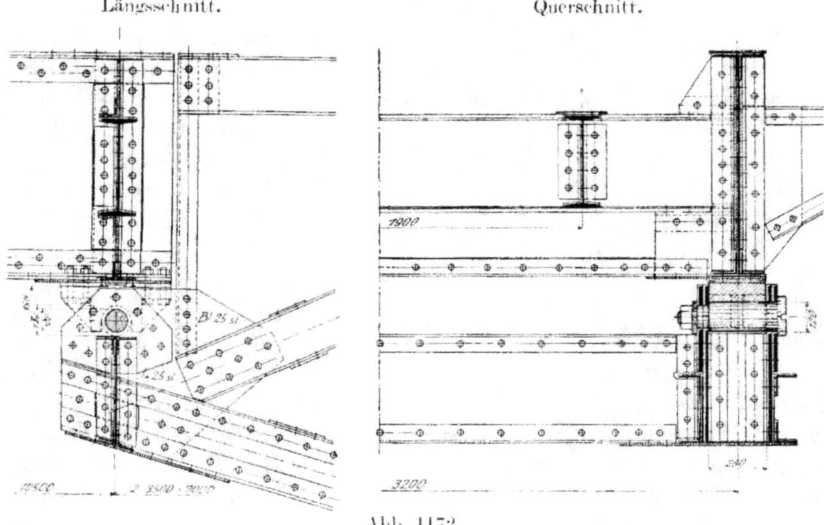

Abb. 1172.

ist daher längsverschieblich am Ende des Windverbandes des Kragträgers gelagert (Abb. 1171 a und e). Vom Kragträger ragt ein wagerechtes Blech zum Schwebeträger hinüber, gegen das sich zwei mit dem wagerechten Knotenblech des letzteren vernietete Winkel legen. Diese übertragen die Windauflagerkraft des Schwebeträgers auf den Kragträger. Einige durch Langlöcher gesteckte Schrauben verbinden die Knotenbleche in senkrechter Richtung.

Die Abb. 1172[1]) zeigt eine Zwischenart zwischen einem festen Lager einer Balkenbrücke und einem Bolzengelenk. Der vollwandige Schwebeträger umfaßt mit seinem Lagerkörper einen durch den Endknotenpunkt des gegliederten Kragträgers gesteckten Bolzen.

Ein regelrechtes Bolzengelenk ist in der Abb. 1173[2]) wiedergegeben. Die Knotenbleche des Schwebeträgers (rechter Träger) greifen über die Knotenbleche

[1]) Tribbe-Überbrückung. Ausgeführt von der Königs- und Laurahütte.

[2]) Baumgartenbrücke. Ausgeführt von C. H. Jucho-Dortmund.

des Kragträgers (linker Träger). Zu dem Zwecke mußten die Wandungen der Gurtung des Kragträgers vor dem Gelenkpunkt etwas zusammengezogen werden. In den Berührungsflächen der Knotenbleche sind selbstverständlich alle Nietköpfe zu versenken. Ein Bolzen, der die Knotenbleche beider Träger durchdringt, stellt die Verbindung her.

Die Abb. 1175[1]) zeigt, wie die Gelenke in den Seitenöffnungen des in der Abb. 1174 wiedergegebenen Gerberbogenträgers ausgebildet werden können. Die zum Kragträger gehörigen Teile sind rot, die zum Schwebeträger gehörigen Teile schwarz gedruckt. Die am Gelenkpunkt zusammenlaufenden Stäbe beider Träger sind beiderseits an je einem aus vier Knotenblechen bestehenden Bündel angeschlossen. Die Knotenblechbündel des Kragarmes und des Schwebeträgers greifen übereinander. In den Berührungsflächen sind alle Niete versenkt. Die Verbindung wird durch einen schmiedstählernen Bolzen hergestellt, der in seiner Lage durch Muttern und Druckscheiben festgehalten wird. Rings um das Gelenk sind die Knotenbleche beider Wandungen des Kragarmes durch radial gestellte Schotten kräftig gegeneinander ausgesteift. Zum Schutz gegen Regen ist der Bolzen durch eine Kappe abgedeckt. Oberhalb des Gelenkes ist die Fußsteigkonsole an dem Pfosten angeschlossen, unterhalb des Gelenkes wird der aus dem

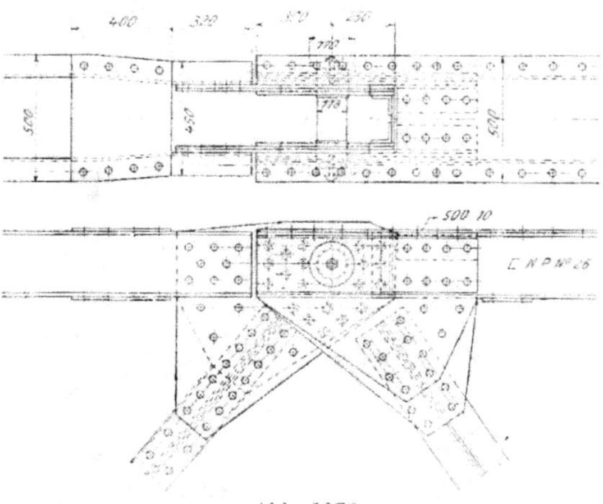

Abb. 1175.

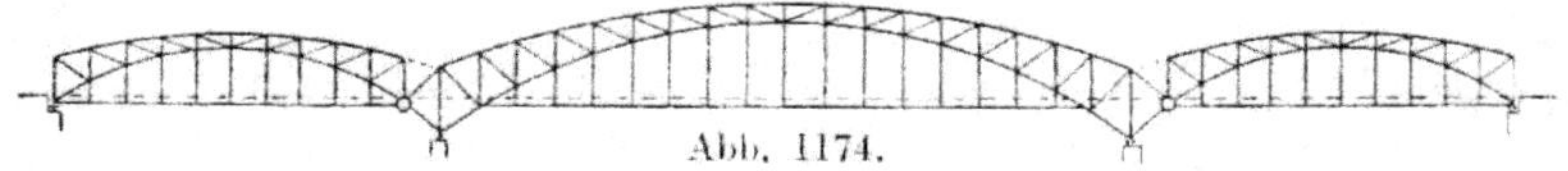
Abb. 1174.

Moment herrührende Druck des Konsolanschlusses durch die an dieser Stelle liegende Aussteifung der Knotenbleche des Kragarmes auf den Querträger übertragen. Die Berührungsstellen der Knotenblechbündel sind unzugänglich und daher nicht zu unterhalten. Es ist deshalb dringend zu empfehlen, auf die Berührungsflächen mit versenkten Schrauben 5 mm starke Messingbleche aufzuschrauben, die vom Rost nicht angegriffen werden.

Eine Bolzengelenkverbindung zwischen einem gegliederten Kragträger mit zweiwandigen Gurtungen und einem gegliederten Schwebeträger mit einwandigen

[1]) Ausgeführt von der Union-Dortmund bei der Südbrücke in Köln.

Gurtungen zeigt die Abb. 1176[1]). Durch den doppelwandigen Endknotenpunkt des Kragträgers (rechter Träger) und den in der Mitte zwischen beiden Wandungen dieses Knotenpunktes liegenden einwandigen Endknotenpunkt des Schwebe-

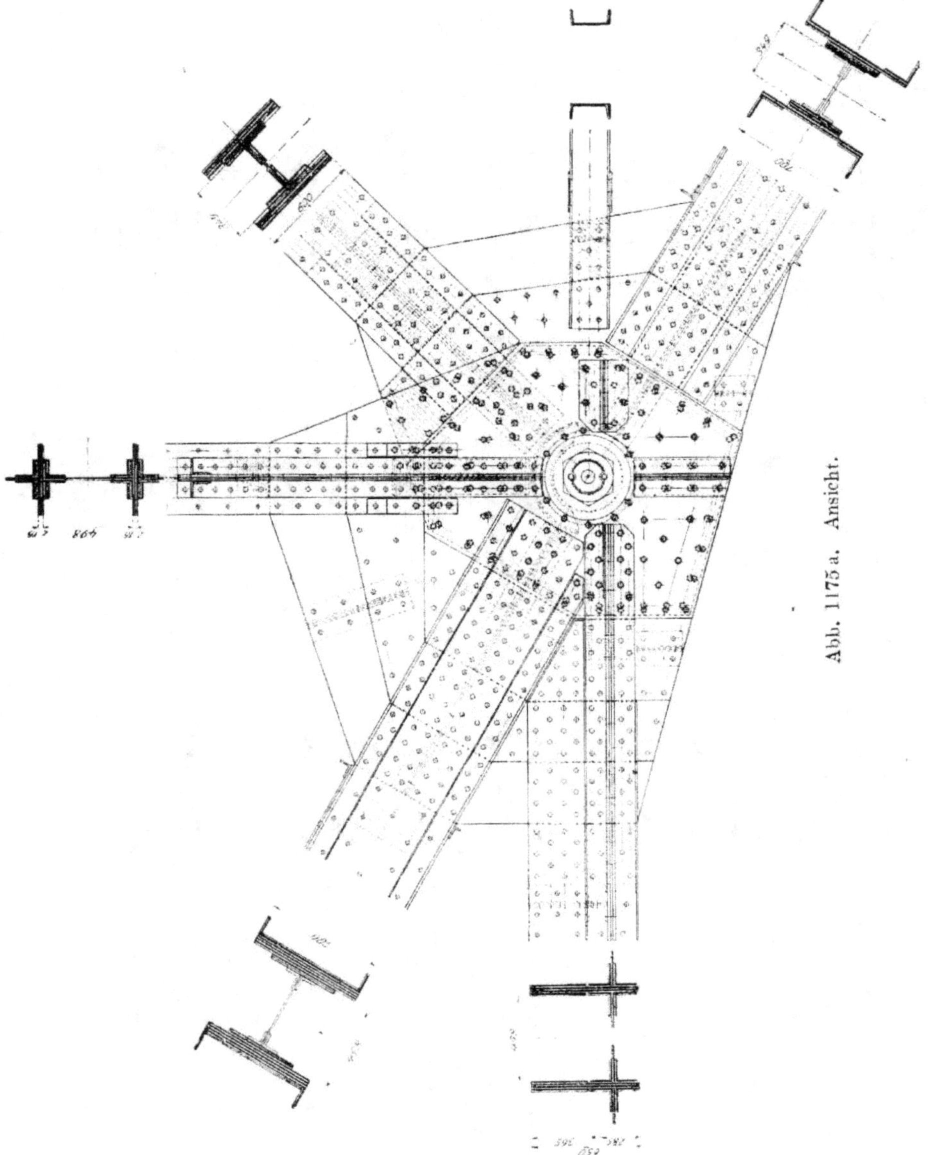

Abb. 1175 a. Ansicht.

[1]) Ausführung der Gesellschaft Harkort in Duisburg. Die Ansichten des Endknotenpunktes des Kragträgers und des Schwebeträgers sind der Deutlichkeit halber untereinander dargestellt.

trägers (linker Träger) greift ein Gelenkbolzen. Zwei mit den Knotenblechen des Schwebeträgers verschraubte und den Gelenkbolzen umfassende Lagerringe

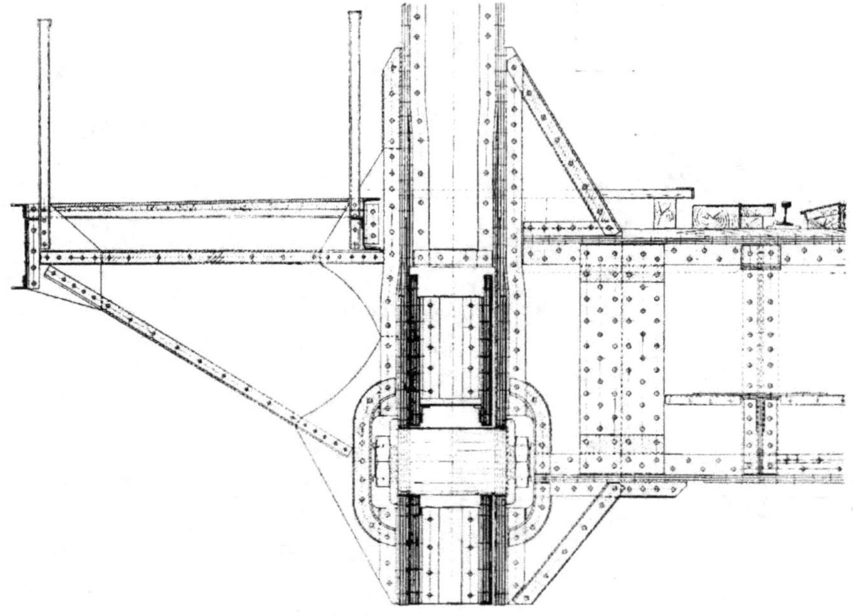

Abb. 1175 b. Querschnitt.

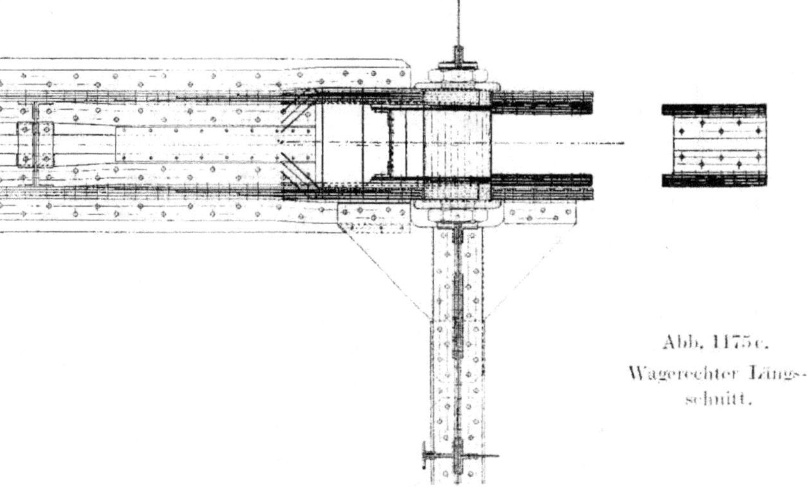

Abb. 1175 c. Wagerechter Längsschnitt.

legen den Endknotenpunkt des Schwebeträgers in der Querrichtung gegen den Endknotenpunkt des Kragträgers fest.

Gelenke der letzten der drei eingangs genannten Arten sind in den Abb. 1178 bis 1180 wiedergegeben. Die Abb. 1178 veranschaulicht das Gelenk des in der

Abb. 1177 in Ansicht und Grundriß dargestellten Gerberträgers. Der voll- und einwandige Schwebeträger legt sich zwischen den beiden Wandungen des Endknotenpunktes des gegliederten Kragträgers mit einer Lagerplatte auf ein nach oben gewölbtes Gleitlager, das auf einer an den Knotenblechen des Kragträgers angeschlossenen Querschotte ruht. Der Windverband besitzt in der Mitte der Querträger, welche an den Hauptträgergelenken liegen, auch Gelenke (siehe den Grundriß der Abb. 1177), die aber als feste Gelenke ausgebildet und daher imstande sind, die auf die Schwebeträger wirkenden wagerechten Längskräfte in die auf dem linken Pfeiler liegenden festen Lager zu leiten.

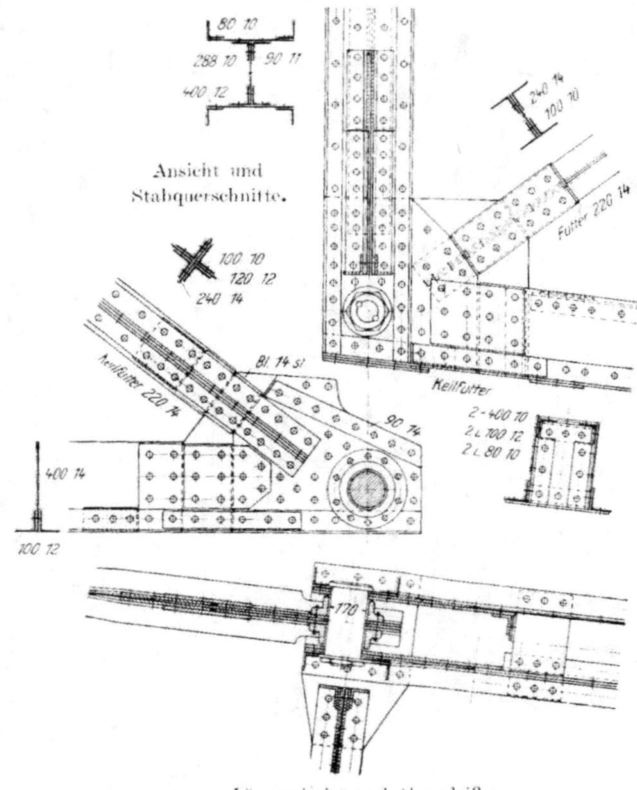

Abb. 1176.

Bei dem in der Abb. 1179[1]) dargestellten Gelenk werden die senkrechten Querkräfte oben an den Pfosten durch Schrauben, die in Langlöchern sitzen und daher eine gegenseitige Drehung der Hauptträger um den in der Ebene der Untergurte liegenden Drehpunkt nicht hindern, von einem Hauptträger auf den andern übertragen. Zur Überleitung der wagerechten Längskräfte dient die die Untergurte verbindende Blattfeder, um deren Mittelpunkt sich die Hauptträger bei Formänderungen drehen.

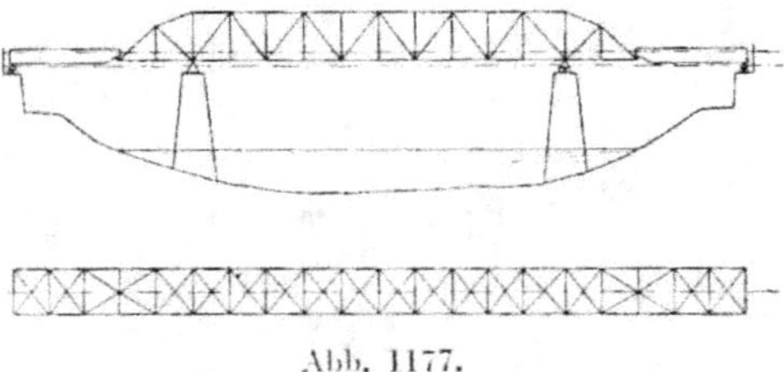

Abb. 1177.

[1]) Kaisersteg bei Niederschöneweide. Entworfen von Müller-Breslau, ausgeführt von Klönne in Dortmund.

Die Abb. 1180 gibt ein festes Gelenk der dritten Art wieder, das bei den Viadukten der Hamburger Hochbahn ausgeführt worden ist. Die Auflagerknoten-

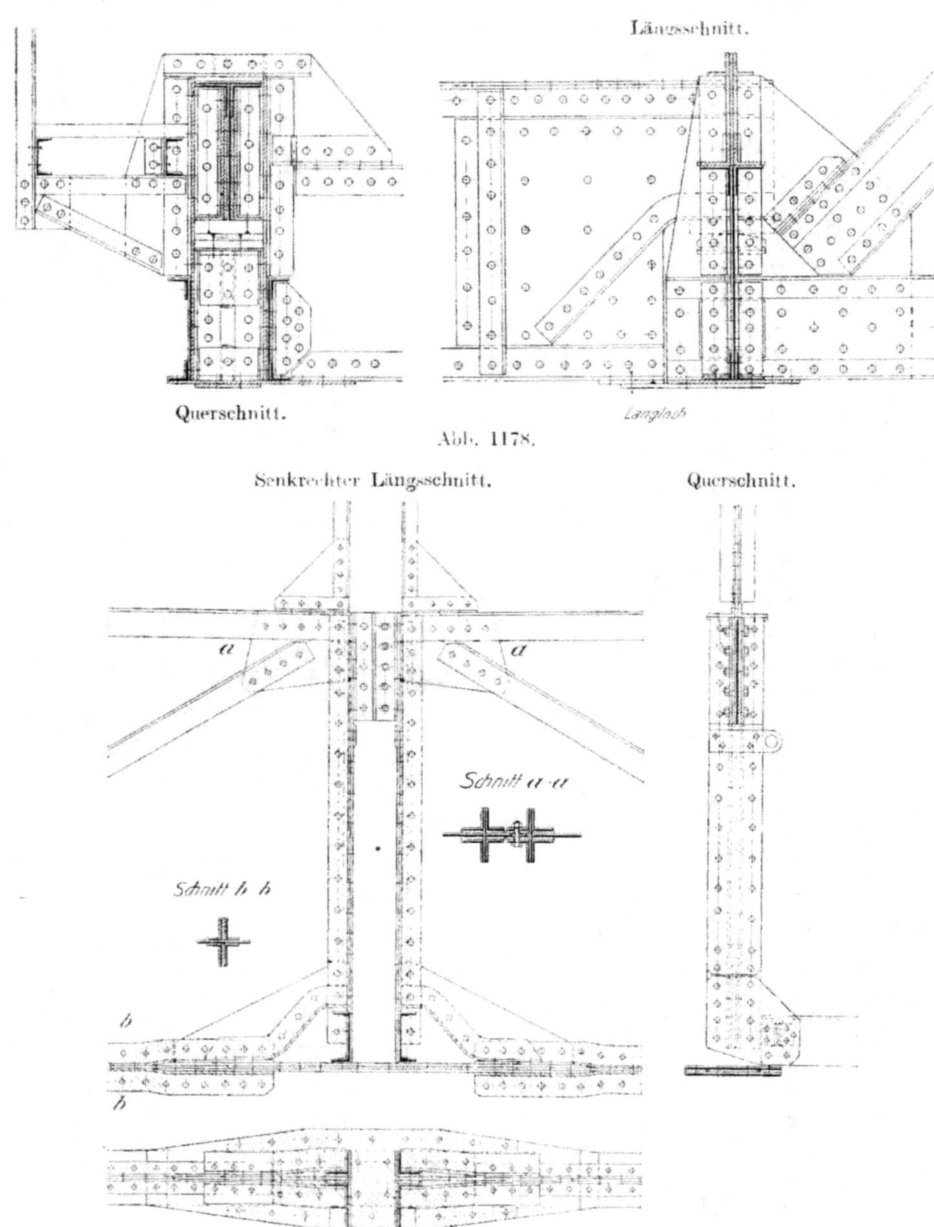

Abb. 1178.

Abb. 1179.

bleche des Schwebeträgers (linker Träger) fassen einen unten gewölbten Lagerkörper von der aus den Abb. 1180 c und d zu ersehenden Form zwischen sich. Dieser Lagerkörper stützt sich längsbeweglich zwischen den Winkeleisen des Endpfostens des Kragträgers auf einen mit dem Endpfosten verschraubten Lagerkörper. Ein auf die Obergurte genietetes Flacheisen, das den Drehpunkt des Gelenkes darstellt, dient zur Aufnahme der Längskräfte. Die aus Tonnenblechen bestehende Fahrbahntafel (vgl. Abb. 776 auf S. 457) liegt zwar etwas über diesem Drehpunkt, sie beeinträchtigt aber infolge der Biegsamkeit der Tonnenbleche die Gelenkwirkung nicht. Die Winkeleisen des Endpfostens stehen nur mit dem Untergurt des Kragträgers (rechter Träger) in fester Verbindung.

c. Stützpunkt des Schwebeträgers.

e. Schnitt *a-a*.

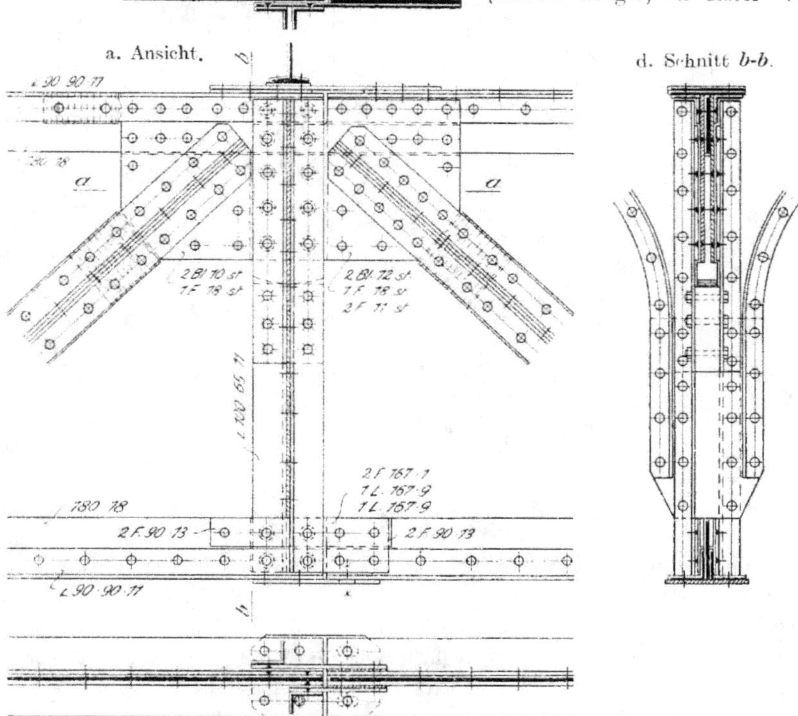

a. Ansicht.

d. Schnitt *b-b*.

b. Wagerechter Längsschnitt durch den Untergurt. Abb. 1180.

Die Untergurtstäbe des Krag- und des Schwebeträgers sind durch ein wagerechtes Flacheisen verbunden, das aber am rechten Gurtstab durch in Langlöchern geführte Schrauben angeschlossen ist, so daß die Bewegungsfreiheit nicht behindert ist.

β. Bewegliche Gelenke.

Die beweglichen Gelenke der gegliederten Auslegerträger stellt man dadurch her, daß man den Schwebeträger entweder nach Art der Balkenbrücken mit einem Gleit-, Rollen-, Stelzen- oder Pendellager auf dem Kragträger lagert oder mit einer Pendelsäule auf dem Kragträger abstützt, oder auch dadurch, daß man den eingehängten Träger mit einem Hängependel am Kragträger aufhängt.

In der Abb. 1181 ist ein Gleitlager wiedergegeben. Es ist dem in der Abb. 1180 dargestellten und auf S. 727 beschriebenen ganz ähnlich. Der linke Träger ist aber hier nicht wie dort mit dem rechten Träger fest verbunden. Das vom Untergurt des rechten Trägers zum Untergurt des linken Trägers hinübergreifende wagerechte Blech ist am letzteren nur durch eine in einem Langloch sitzende Schraube angeschlossen. Das Fahrbahnträgergerippe ist über dem Gelenk unterbrochen. Links und rechts vom Gelenk ist je ein Querträger angeordnet, auf die (in der Abb. nicht dargestellte) ⊏-förmige Träger genietet sind. Diese sind mit einem Flachblech überspannt, das mit dem einen dieser Träger fest vernietet ist und auf dem anderen sich lose auflegt. Das Gelenk liegt nicht am Ende eines Kragarmes, sondern über dem Auflager selbst. Der unmittelbar über dem Auflager angeordnete Pfosten ist Endpfosten des rechten Trägers und der links von ihm liegende schwache Pfosten ist Endpfosten des linken Trägers. Der rechte schwache Pfosten ist aus Gründen des guten Aussehens eingefügt.

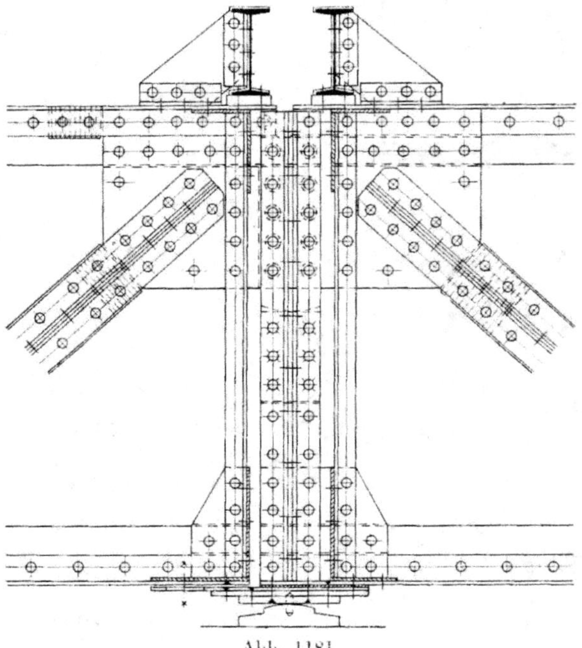

Abb. 1181.

Die Abb. 1182 zeigt die bewegliche Lagerung eines vollwandigen Schwebeträgers auf einem fachwerkartigen Kragarm mit einem Rollenlager, das nach den in der Abhandlung über die beweglichen Lager der Balkenbrücken gegebenen Gesichtspunkten ausgebildet ist.

In der Abb. 1184[1]) ist das nach Art der Rollenlager durchgebildete, bewegliche Gelenk des in der Abb. 1183 in der Übersicht wiedergegebenen Gerberträgers dar-

[1]) Warthebrücke bei Stobnica. Ausgeführt von der „Vereinigten Königs- und Laurahütte in Königshütte".

gestellt. Hier ruht der vollwandige Schwebeträger nicht unmittelbar auf dem fachwerkartigen Kragträger, sondern auf einem Unterzug, der an den nach unten verlängerten Knotenblechen des Kragträgers angeschlossen ist. Der Schwebeträger stützt unmittelbar die Querschwellen und liegt in der Verlängerung der Fahrbahnlängsträger des Kragträgers. Die tiefe Lage des Unterzuges ergab sich aus dem Umstande, daß die Oberkanten des Schwebeträgers und der Fahrbahnlängsträger des Kragträgers in gleicher Höhe liegen. Der Schwebeträger ist vorn schnabelartig verlängert und durch den Endquerträger gesteckt, wo er auch bei starken Senkungen und Verschiebungen des benachbarten Pfeilers ein Notauflager findet.

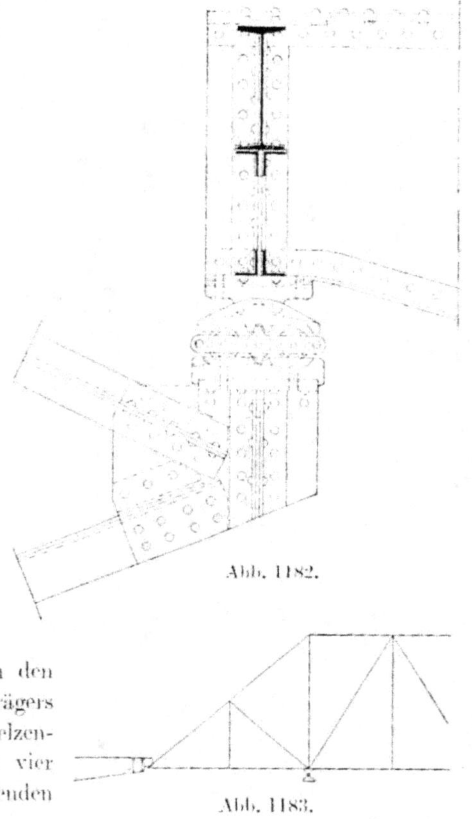

Abb. 1182.

Abb. 1183.

Die Abb. 1185[1]) zeigt ein in den Obergurt eines Gerberfachwerkträgers eingeschaltetes, nach Art eines Stelzenlagers ausgebildetes Gelenk. Die vier am Gelenkpunkt zusammenlaufenden

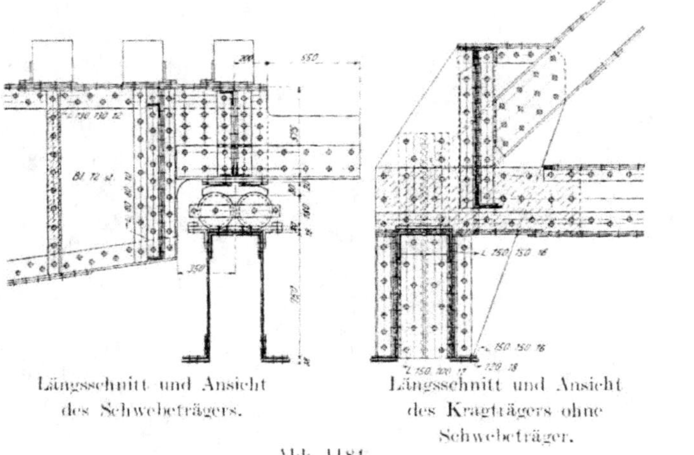

Längsschnitt und Ansicht des Schwebeträgers.

Längsschnitt und Ansicht des Kragträgers ohne Schwebeträger.

Abb. 1184.

[1]) Aus dem Entwurf der „Vereinigten Königs- und Laurahütte in Königshütte" für eine Eisenbahn- und Straßenbrücke über die Oder bei Neusalz. Sonderabdruck aus der Zeitschrift des Vereins deutscher Ingenieure, Jahrgang 1905.

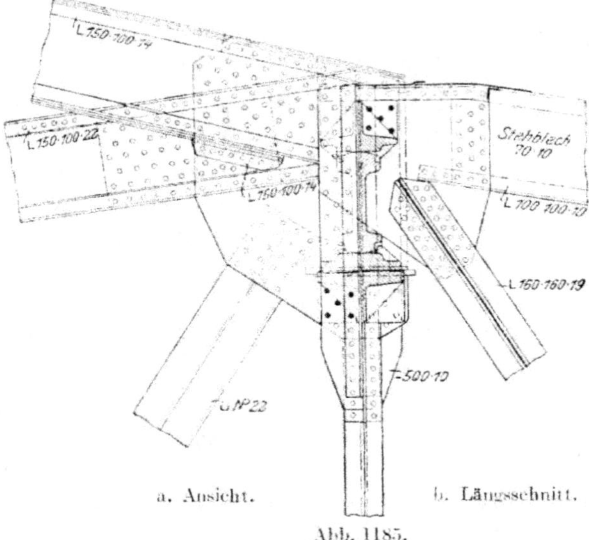

a. Ansicht. b. Längsschnitt.

Abb. 1185.

Stäbe des Kragträgers (linker Träger) sind in jeder Wandung an einem großen, kräftigen Knotenblech angeschlossen. Die den ersten Obergurtstab und die erste Strebe des Schwebeträgers verbindenden Knotenbleche legen sich berührend an die inneren Flächen der Knotenbleche des Kragträgers. Mit den Knotenblechen beider Träger ist je ein gußstählerner Körper verschraubt, und zwar mit den Knotenblechen des Schwebeträgers der obere, mit denen des Kragträgers der untere. Der obere Lagerkörper stützt sich mit einer Stelze auf den unteren. Zwischen der Stelze und dem unteren Lagerkörper ist noch ein durch Keile verstellbares Gußstück eingeschaltet, um die Höhenlage genau regeln zu können. Die Stelze ist gegen unbeabsichtigte Verschiebungen durch vorstehende Rippen, die von den Lagerkörpern in Ausschnitte der Stelze fassen, gesichert.

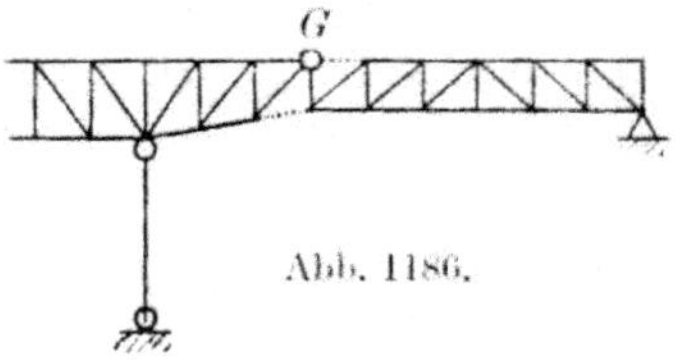

Abb. 1186.

Die Aufhängung eines gegliederten Schwebeträgers an einem gegliederten Kragträger mit einem Hängependel ist in Abb. 1186 in der Übersicht und in der Abb. 1187 in den Einzelheiten wiedergegeben. Der nutzbare Querschnitt des Pendels

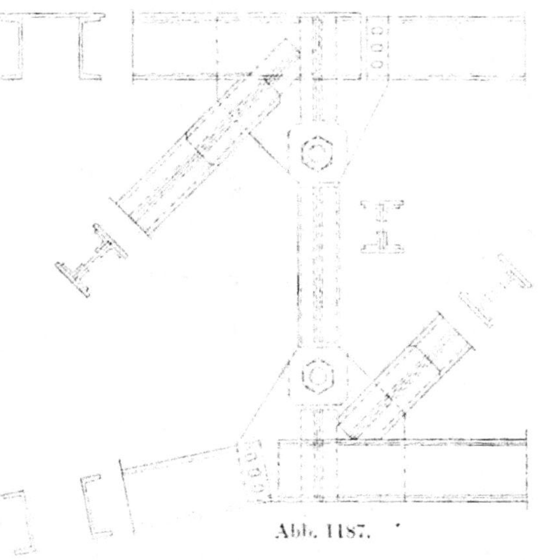

Abb. 1187.

besteht aus zwei Flacheisen. Diese sind durch Winkel- und Flacheisen miteinander verbunden und an den Knotenblechen der Endknotenpunkte des Krag- und Schwebeträgers durch Bolzen angeschlossen. Die Wandungen der Knotenpunkte sind in der Verlängerung des Pendels gegenseitig ausgesteift. Der erste Obergurtstab des Schwebeträgers und der erste Untergurtstab des Kragträgers sind durch Schrauben in Langlöchern an den Knotenblechen angeschlossen, damit die Gelenkwirkung nicht beeinträchtigt wird.

Bei dem eben beschriebenen Gelenk haben die dem Gelenk benachbarten Streben gleiche Neigung. Haben diese Streben entgegengesetzte Neigung, so sind für die Anordnung der Hängependel andere Lösungen zu suchen, von denen in den nächsten beiden Abbildungen zwei wiedergegeben sind.

Bei dem in der Abb. 1188 wiedergegebenen Gelenk, das bei den Viadukten der Hamburger Hochbahn ausgeführt ist, ruht auf dem Ende des Obergurtes des zweiwandigen, gegliederten Kragträgers (rechter Träger) ein Gußstahlkörper, durch den ein Bolzen gesteckt ist. An diesen Bolzen sind zwei Flacheisen gehängt, an denen unten der Endknotenpunkt des einwandigen, gegliederten Schwebeträgers ebenfalls mit einem Gelenkbolzen angeschlossen ist. Zwischen den beiden Flacheisen sitzt auf dem oberen Bolzen ein Lagerring, der ebenso stark ist wie der Endknotenpunkt des Schwebeträgers und den Abstand zwischen den Flacheisen wahrt. Das die Untergurte beider Träger verbindende wagerechte Blech ist am linken Träger mit Schrauben angeschlossen, die in Langlöchern sitzen und daher Längsbewegungen nicht hindern.

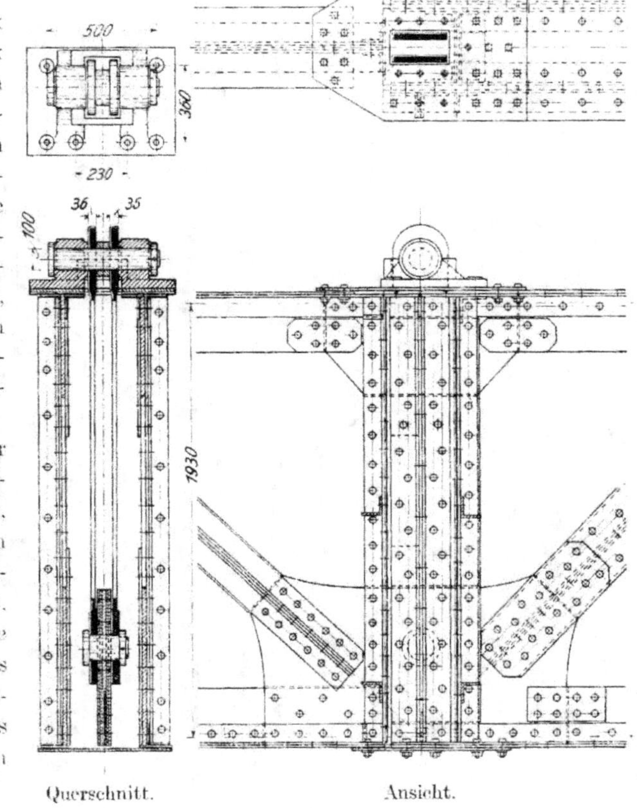

Abb. 1188.

Hinsichtlich des unmittelbar unter dem Gelenkkörper liegenden Hauptpfostens und der beiden Nebenpfosten gilt das hierüber bei der Beschreibung der Abb. 1181 Gesagte.

Bei der in der Abb. 1189 dargestellten Pendelaufhängung sind die drei Stäbe des Kragträgers (linker Träger) an den Knotenblechen K_4 und K_5 (siehe Schnitt b—b) und die beiden Stäbe des Schwebeträgers (rechter Träger) an den Knotenblechen K_1, K_2 und K_3 angeschlossen. In den Flächen, in denen die Knotenbleche K_3 und K_4 übereinandergreifen, sind auf die Knotenbleche 5 mm starke Messingbleche aus dem schon früher besprochenen Grunde mit versenkten Stiftschrauben

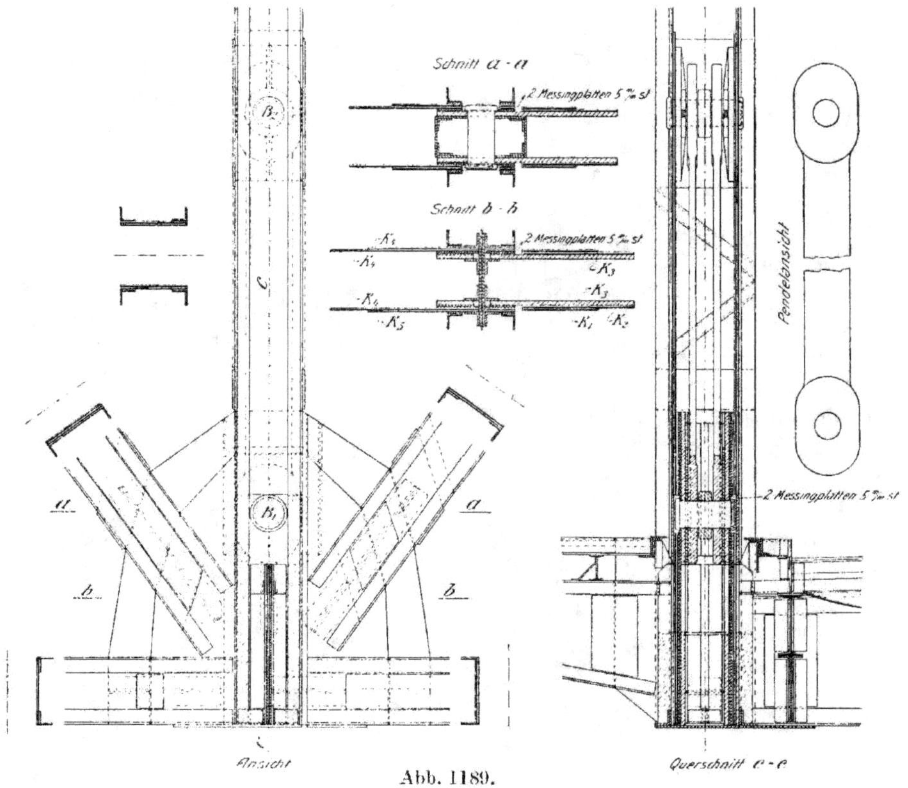

Abb. 1189.

verschraubt. Durch die Knotenbleche K_3 faßt ein Bolzen B_1, dessen beiderseitige Köpfe (Schnitt a—a) in solch großen Aussparungen in den Knotenblechen K_4 und K_5 und in dem Pfosten des Kragträgers sitzen, daß sie den Drehungen des Doppelpendels um den oberen Bolzen B_2 bei Bewegungen des Schwebeträgers folgen können. Der Bolzen B_2 lagert in den Wandungen des Pfostens und in Lagern, die zur Verminderung der Biegungsbeanspruchung des Bolzens angeordnet und an den Wandungen des Pfostens verschraubt sind. Der Querträger und die Fußsteigkonsole sind an dem Pfosten angeschlossen. Die aus dem Moment des Konsolanschlusses herrührende Druckkraft wird durch die Aussteifung der Knotenbleche des Schwebeträgers auf den Querträger übertragen. Zur Aufnahme der Zugkraft durchdringt ein in die Konsole und den Querträger fassendes Blech die Knotenbleche K_5 und K_1, die Wandungen des Pfostens und unter dem nötigen Spielraum für die Bewegung des Schwebeträgers die Knotenbleche K_3 (siehe Schnitt $b—b$).

Die beiden nächsten Abbildungen veranschaulichen bewegliche Gelenke, die durch Abstützung des Schwebeträgers mit einer Pendelsäule auf dem Kragträger hergestellt sind. Bei der in der Abb. 1190 wiedergegebenen Anordnung haben die dem Gelenk benachbarten Streben gleiche Neigung. Hierbei kann die Pendelsäule als ein überall freiliegendes Bauglied ausgebildet werden. Der dem Gelenk benachbarte Obergurtstab des Kragträgers (rechter Träger) ist an dem Knotenpunkt des Schwebeträgers (linker Träger) und der dem Gelenk benachbarte Untergurtstab des Schwebe-

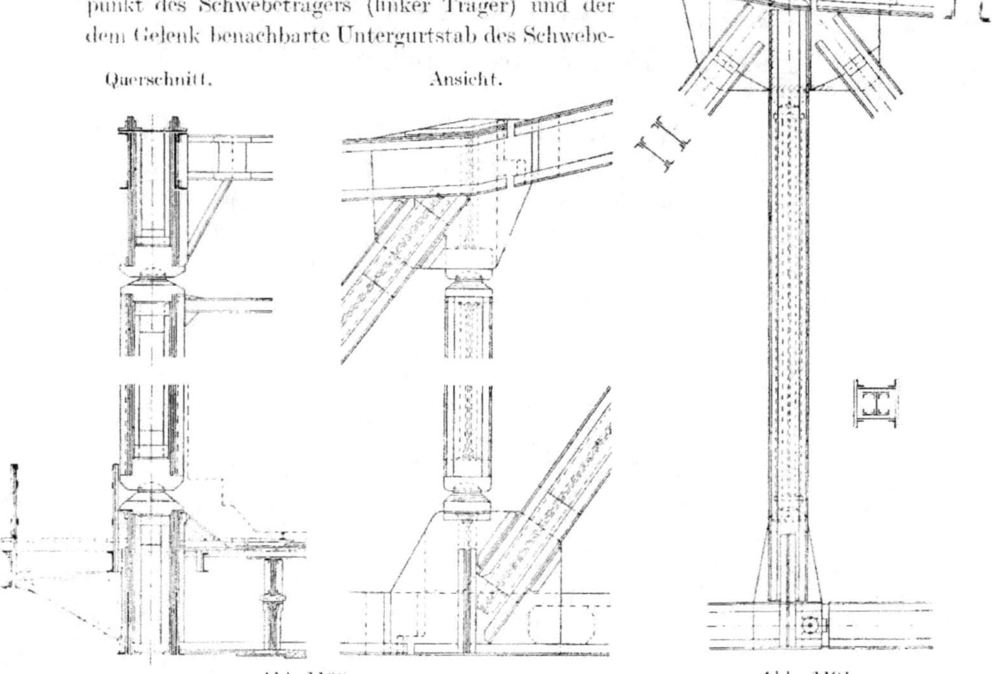

Abb. 1190. Abb. 1191.

trägers an dem Knotenpunkt des Kragträgers längsbeweglich angeschlossen. Das Stützpendel ist oben und unten mit Kugelgelenken ausgerüstet, es besitzt daher allseitige Beweglichkeit. Sind die dem Gelenk benachbarten Streben entgegengesetzt geneigt, so muß das Stützpendel in den Endpfosten des Kragträgers eingeschaltet werden. Die Abb. 1191[1]) stellt eine derartige Anordnung dar. Hier ist im unteren Teil des Endpfostens des Kragträgers (linker Träger) eine Querschotte eingenietet. Auf dieser ruht mit einem Kugellager das Stützpendel. Auf seinen Kopf stützt sich ebenfalls mit einem Kugelgelenk der obere

[1]) Dem Gelenk der vom Werk Gustavsburg ausgeführten Hoangho-Brücke in China nachgebildet.

Endknotenpunkt des Schwebeträgers (rechter Träger). Die Knotenbleche (in der Abbildung durch Schraffierung hervorgehoben) dieses Knotenpunktes sind in den oberen Endknotenpunkt des Kragträgers hineingeführt und über dem Stützpendel durch eine kräftige Querschotte verbunden. Zwischen den Wandungen des Stützpendels und denen des Endpfostens ist ein für die Unterhaltung ausreichender Spielraum vorhanden. Der dem Gelenk benachbarte Untergurtstab des Schwebeträgers ist am Kragträger längsbeweglich gelagert.

Abschnitt XIV.

Eiserne Säulen und eiserne Pfeiler.

A. Eiserne Säulen.

Die Balkenträger auf mehreren Stützen mit Gelenken und ohne Gelenke werden in allen den Fällen, wo es, wie z. B. bei Überführungen über städtische Straßen oder über Bahnhöfe, darauf ankommt, möglichst wenig Raum durch die Zwischenstützen wegzunehmen, in den Stützpunkten zwischen den Widerlagern

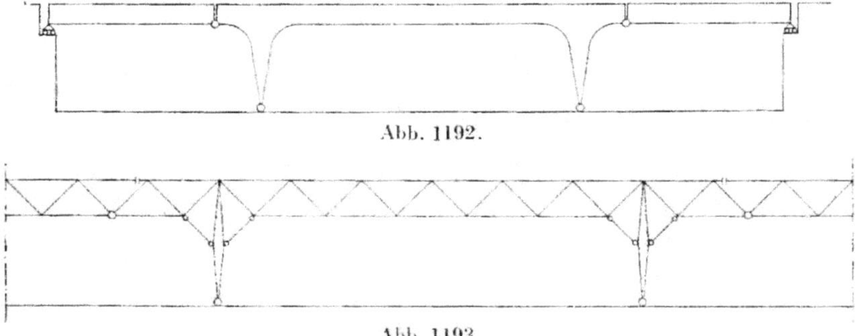

Abb. 1192.

Abb. 1193.

auf eisernen Säulen gelagert. Werden auf dem einen Widerlager die festen und auf dem anderen die beweglichen Lager angeordnet (Abb. 1162 auf S. 713), so müssen die Säulen als Pendelsäulen ausgebildet werden, damit sie den Längsbewegungen des Überbaues bei Wärmeschwankungen ungehindert folgen können. Die Säulen müssen also in diesem Falle unten und oben mit Gelenken ausgerüstet werden. Werden Überbauten mit kleinen Stützweiten nach den Ausführungen auf S. 468 u. f. zwischen den Widerlagerköpfen eingespannt, so können die Hauptträger ohne Nachteil für die Säulen ohne Gelenke flach auf ihnen gelagert und die Säulen ohne Gelenke flach auf die Auflagersteine gesetzt werden (vgl. Abb. 797 a und b auf den S. 470 und 471). Neuerdings werden bei Überführungen über städtische Straßen und über Eisenbahnen die eisernen Zwischenstützen auch mit Vorliebe mit den Hauptträgern zu einem einheitlichen Gebilde zusammengeschlossen.

Werden dabei die Zwischenstützen mit dem zwischen ihnen liegenden Hauptträgerteil zu einem Stück vereinigt und die Füße der Zwischenstützen mit festen Gelenken versehen (Abb. 1192 und 1193), so entsteht ein Rahmenträger mit zwei Gelenken, der die Anwendung viel kleinerer Hauptträgerhöhen gestattet als die Lagerung der Hauptträger auf Pendelsäulen. In den Seitenöffnungen werden in der Regel Gerbergelenke in den Hauptträgern eingefügt (Abb. 1192 u. 1193). Werden die Gelenke des in der Abb. 1192 dargestellten Trägergebildes nicht in den Seitenöffnungen, sondern in der Mittelöffnung angeordnet, so entsteht ein statisch bestimmtes Gebilde mit zwei seitlichen Kragträgern, die auf den Widerlagern beweglich und mit den Säulenfüßen in Geländehöhe fest gelagert sind, und mit einem eingehängten Mittelträger (vgl. Abb. 1205 a).

Die Säulen werden aus Gußeisen mit ringförmigem Querschnitt oder aus Walzeisen mit ringförmigem, I-förmigem, kreuzförmigem, kastenförmigem oder auch zweiwandigem, offenem Querschnitt gebildet. Die Gelenke der Pendelsäulen werden stets aus Stahlguß hergestellt.

Bei allen Säulen müssen die Köpfe mit den Haupt-

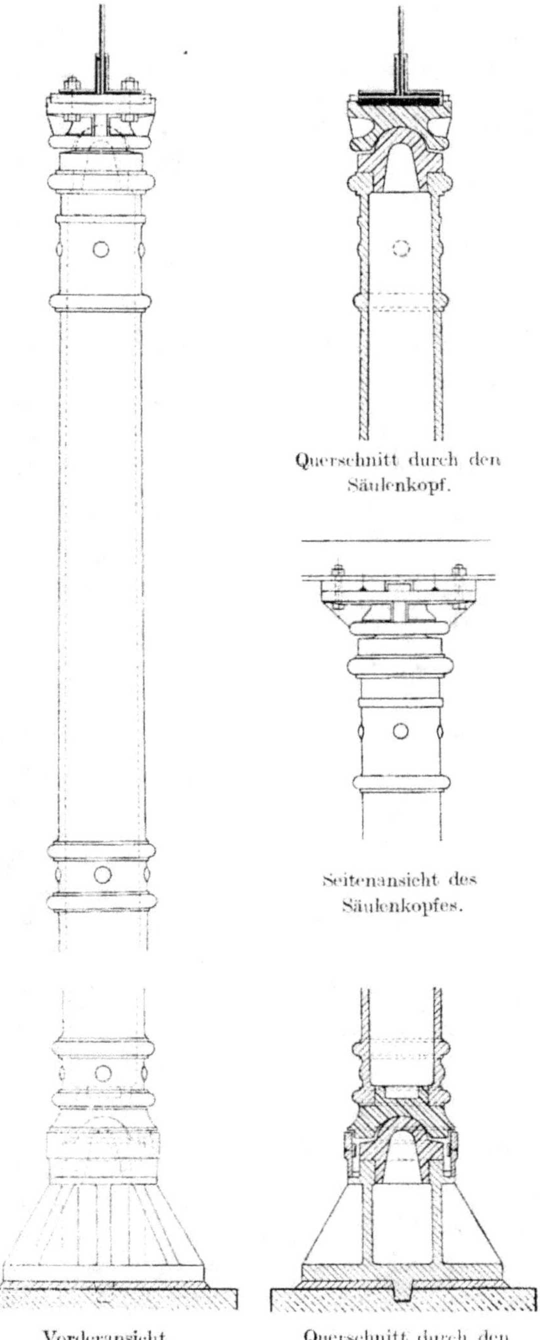

Abb. 1194.

trägern so verbunden und die Füße so gelagert sein und bei den Pendelsäulen außerdem die einzelnen Teile der Kopf- und Fußgelenke so übereinander greifen, daß die Säulen durch Seitenstöße nicht umgeworfen werden können.

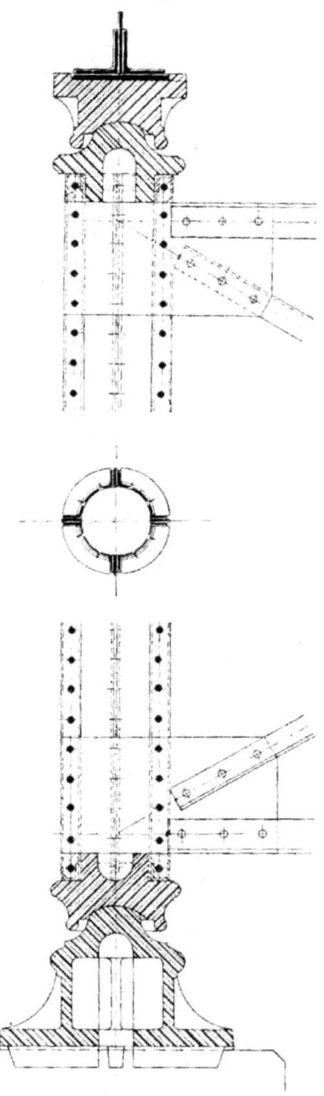

Abb. 1195.

In der Abb. 1194 ist eine gußeiserne Pendelsäule dargestellt. In einen gußeisernen, rippenförmigen Lagerkörper faßt ein stählernes Kugellager, auf das sich mit einem stählernen Gußkörper die hohle Säule aufsetzt. Aus Schönheitsgründen ist die untere Gelenkstelle durch einen Ring verdeckt. In den gehörig verstärkten Kopf der Säule faßt ebenfalls ein stählernes Kugellager hinein. Auf diesem ruht mit einem stählernen Lager der Hauptträger. Die Kugelpfannen beider Gelenke besitzen einen etwas größeren Halbmesser als die Kugelzapfen. Alle einzelnen Teile fassen in senkrechter Richtung so weit ineinander, daß die Säule gegen Umstoßen durch gegenprallende leichtere Fahrzeuge gesichert ist. Der Hauptträger und der oberste Lagerkörper sind in wagerechter Richtung außer den Schrauben dadurch verbunden, daß seitliche Vorsprünge auf der oberen Fläche des Lagerkörpers in die mit dem Hauptträger vernietete Lagerplatte hineingreifen.

Die Erfahrung hat gezeigt, daß die gußeisernen Säulen nicht fehlerfrei hergestellt werden können. Es ist daher dringend zu empfehlen, die Säulen stets aus Walzeisen zu bilden. Geschlossene Querschnitte können unbedenklich verwendet werden, wenn nur dafür gesorgt wird, daß die inneren Flächen nach tadelloser Reinigung mit Bleimennige und Bleiweiß oder einem anderen guten Rostschutzmittel gestrichen werden; denn der Hohlraum wird oben und unten gut abgeschlossen und ist den Einflüssen der Witterung und dem Angriff der Gase entzogen.

In der Abb. 1195[1]) ist eine aus Quadranteisen zusammengesetzte Pendelsäule dargestellt. Ihre Kugelgelenke sind ähnlich wie bei der eben beschriebenen Säule ausgebildet. Kugelzapfen und -pfannen haben aber gleichen Halbmesser. Zur Sicherung der Säule gegen Umstoßen empfiehlt es sich, ebenso wie bei der in der Abb. 1194 veranschaulichten Säule Vorsprünge des oberen Lagerkörpers in

[1]) Bei einer Wegeüberführung auf Bahnhof Lossen von der Brückenbauanstalt von Braß und Hertslet (Berlin-Marienfelde) ausgeführt.

die Fußplatte des Hauptträgers eingreifen zu lassen. Der aus vier Quadranteisen zusammengesetzte Querschnitt besitzt eine für die Knicksicherheit sehr günstige Baustoffverteilung und bietet die Möglichkeit, Querversteifungen bequem anzuschließen. Eine aus Quadranteisen zusammengesetzte Säule zeigt auch die Abb. 1196[1]). Die Gelenke sind aber hier als Zylinderzapfengelenke ausgebildet. Das untere Gelenk ist aus Schönheitsrücksichten durch einen Blechmantel verdeckt. Zwischen der Grundplatte und dem unteren Lagerbock sind Keile zur Regelung der Höhenlage eingeschaltet, was sich bei Säulen für durchgehende Träger ohne Gelenke empfiehlt, um Stützensenkungen, die von empfindlichem Einfluß auf den Spannungszustand solcher Träger sind, beseitigen zu können.

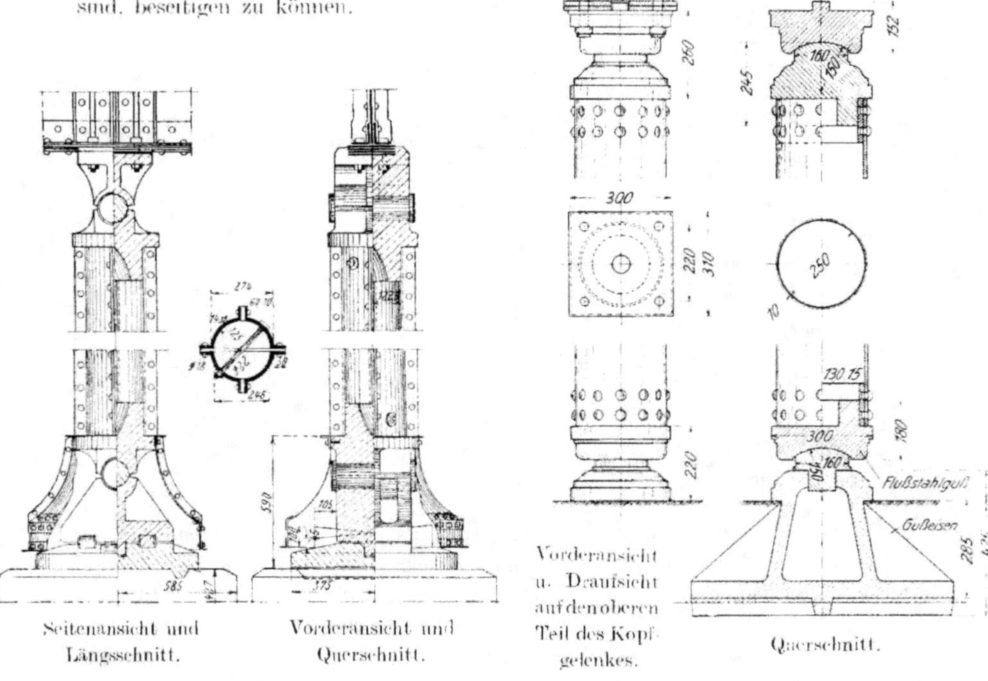

Seitenansicht und Längsschnitt. Vorderansicht und Querschnitt.

Abb. 1196.

Vorderansicht u. Draufsicht auf den oberen Teil des Kopfgelenkes. Querschnitt.

Abb. 1197.

In der Abb. 1197 ist eine Pendelsäule veranschaulicht, deren Schaft aus einem gewalzten, nahtlosen Mannesmannrohr besteht und deren Gelenke Kugelzapfengelenke sind. Der oberste Lagerkörper ist in wagerechter Richtung mit dem Hauptträger außer den Schrauben durch einen kreisförmigen Zapfen verbunden, der in die Gurtplatten hineinragt. Der flußstählerne Kugelzapfen des unteren Gelenkes sitzt auf einem gußeisernen Lagerbock, der auf dem 30 cm unter dem Gelände liegenden Auflagerstein ruht. Alle weiteren Einzelheiten sind aus der Abbildung deutlich zu ersehen.

[1]) Aus Eisenbau 1911, S. 346.

In der Abb. 1198 ist das Fußgelenk einer Pendelsäule mit kreuzförmigem Querschnitt wiedergegeben. Das Gelenk selbst ist ein regelrechtes Kugelzapfengelenk. Der obere Lagerkörper besitzt Vorsprünge, die den kreuzförmigen Säulenquerschnitt zwischen sich fassen.

Die Abb. 1199 zeigt das Fußgelenk für eine Säule mit I-förmigem Querschnitt. Das Gelenk ist ein Punktkipplager mit gewölbter unterer und ebener oberer Fläche. Der obere Lagerkörper faßt mit zwei Vorsprüngen den gehörig verstärkten Steg des I-förmigen Säulenquerschnittes zwischen sich und greift mit vier Ansätzen an seiner Unterfläche über den unteren Lagerkörper.

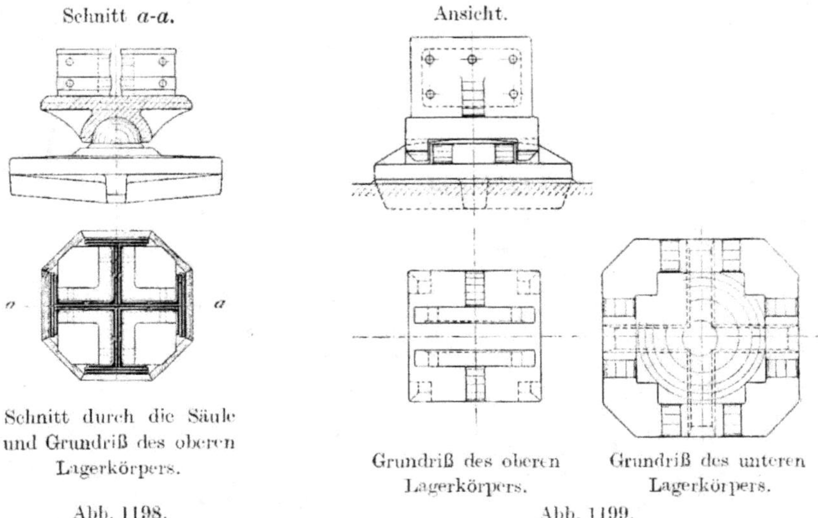

Schnitt durch die Säule und Grundriß des oberen Lagerkörpers.

Abb. 1198.

Grundriß des oberen Lagerkörpers.

Grundriß des unteren Lagerkörpers.

Abb. 1199.

Die Form der in den beiden letzten Abbildungen dargestellten oberen Lagerkörper der Fußgelenke ist teuer. Man erreicht denselben Zweck, die Säule gegen Umstoßen zu sichern, dadurch, daß man, wie es in der Abb. 1149 auf S. 702 dargestellt ist, Vertiefungen von der Form des Säulenquerschnittes in die Oberfläche des Kippkörpers einhobelt und in diese Vertiefungen die Säule eingreifen läßt.

In der Abb. 1200 ist eine Säule veranschaulicht, die in offenener, zweiwandiger Querschnittsform aus zwei [-Eisen und zwei Flacheisen zusammengesetzt ist. Die beiden Querschnittshälften sind am Kopf und Fuß durch kräftige Bleche und Winkel und im übrigen Teil durch eine Vergitterung aus Hespeneisen miteinander verbunden. Über die Grundsätze, die bei der Verbindung der einzelnen Teile eines mehrteiligen Querschnittes zu beachten sind, ist auf den Seiten 190 bis 193 nachzulesen. Die Gelenke sind Kugelzapfengelenke. Zur Sicherung der Säule gegen Umstoßen empfiehlt es sich, von dem oberen Kippkörper des unteren Gelenkes eine Erhöhung in einen Ausschnitt der mit der Säule vernieteten Fußplatte oder ebenso wie beim unteren Kippkörper des oberen Gelenkes Ansätze in die Säule selbst hineingreifen zu lassen. Der obere Kippkörper des oberen Gelenkes wird zweckmäßig wie bei der in der Abb. 1197 dargestellten Säule mit dem Hauptträger verbunden.

Liegt eine größere Anzahl Hauptträger in geringerem Abstande nebeneinander, so unterstützt man nicht jeden Träger einzeln durch eine Säule, sondern lagert die Träger auf einem Unterzug und diesen auf einzelnen Säulen. Müssen die Zwischenstützpunkte der Hauptträger den Längenänderungen der letzteren ungehindert folgen können (vgl. S. 734), so verbindet man in dem Falle, daß an den Zwischenstützpunkten keine seitlichen Kräfte aufgenommen werden müssen, die Hauptträger in der Regel fest mit dem Unterzuge und unterstützt diesen mit einzelnen Pendelsäulen. Sind die Hauptträger kleinerer Überbauten zwischen den Widerlagerköpfen eingespannt (vgl. S. 734), so können die Unterzüge flach auf den Säulen und diese flach auf den Auflagersteinen gelagert werden (Abb. 797 a und b auf S. 470 und 471). Müssen an den Zwischenstützpunkten seitliche Kräfte aufgenommen werden, so verbindet man den Unterzug mit den Säulen zu fachwerkartigen (Abb. 1201) oder rahmenartigen (Abb. 1202) Portalen, lagert die Hauptträger mit festen Gelenken auf den oberen Portalriegeln und die Portale mit festen Fußgelenken auf den in Geländehöhe liegenden Lagersteinen. Bei dem in der Abb. 1201 dargestellten Portal sind die Fußgelenke als Zylinderzapfenkipplager ausgebildet. Die Hauptträger, die nicht wiedergegeben sind, ruhen mit festen Linienkipplagern auf dem Querriegel. Die Knicklänge der Portalständer in Richtung der Portalebene ist durch Abstützung ihrer Mitten durch wagerechte Stäbe gegen die Kreuzungspunkte der Streben auf die Hälfte der ganzen Stablänge verringert. Der Grad der statischen Unbestimmtheit des in der Abb. 1202 veranschaulichten Portals, dessen Fußgelenke feste Kugelzapfengelenke sind, ist durch Einschaltung von Gelenken in den Riegel verringert worden (vgl. Abb. 1169 auf S. 719).

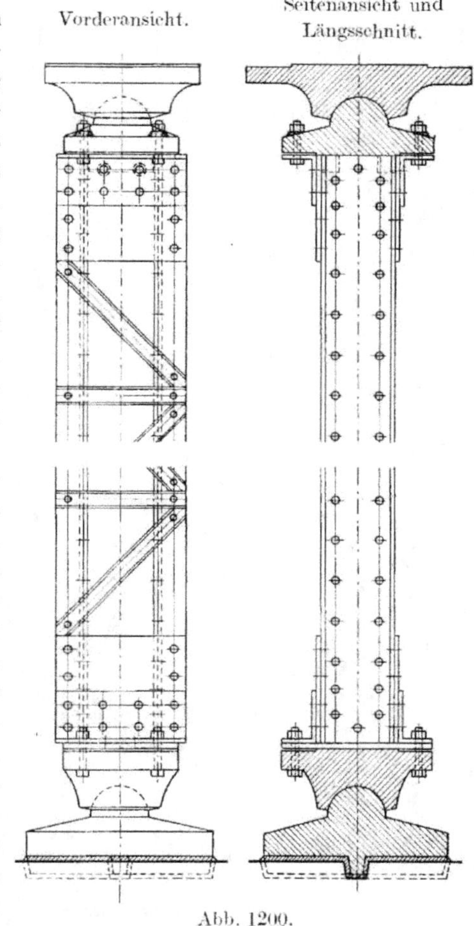

Abb. 1200.

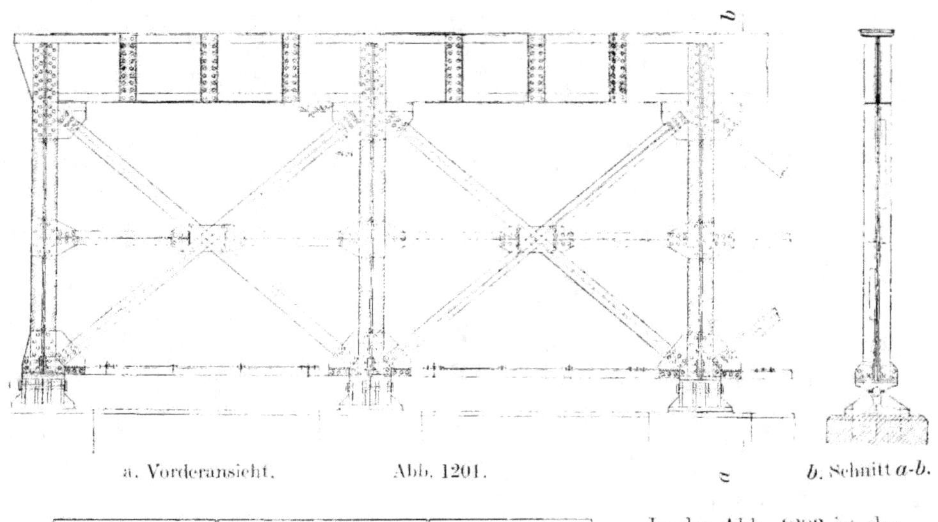

a. Vorderansicht. Abb. 1201. b. Schnitt a-b.

Abb. 1202.

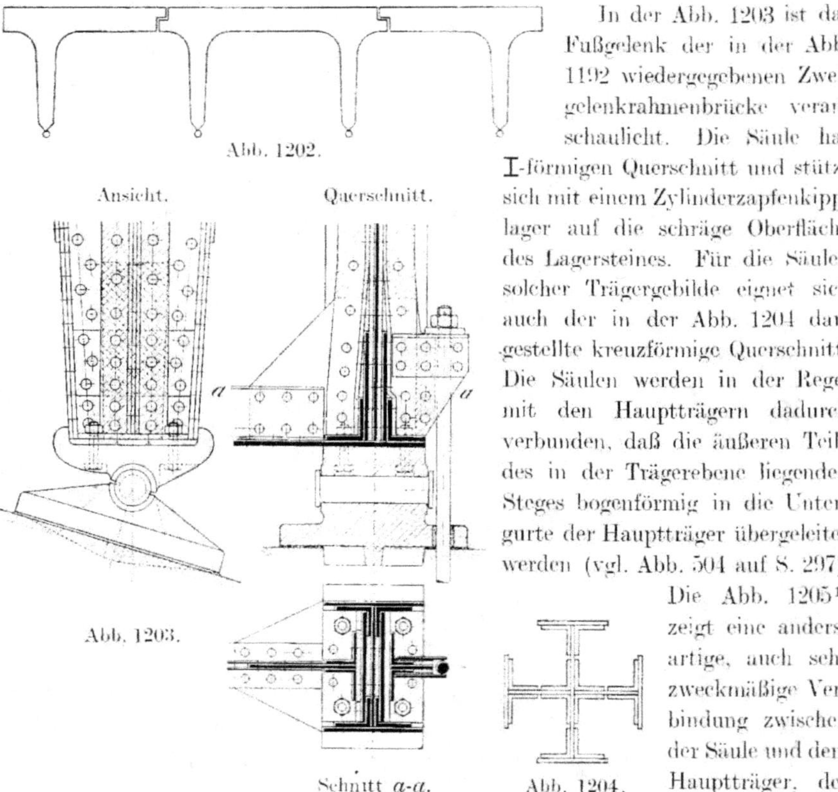

Abb. 1203.

Abb. 1204.

In der Abb. 1203 ist das Fußgelenk der in der Abb. 1192 wiedergegebenen Zweigelenkrahmenbrücke veranschaulicht. Die Säule hat I-förmigen Querschnitt und stützt sich mit einem Zylinderzapfenkipplager auf die schräge Oberfläche des Lagersteines. Für die Säulen solcher Trägergebilde eignet sich auch der in der Abb. 1204 dargestellte kreuzförmige Querschnitt. Die Säulen werden in der Regel mit den Hauptträgern dadurch verbunden, daß die äußeren Teile des in der Trägerebene liegenden Steges bogenförmig in die Untergurte der Hauptträger übergeleitet werden (vgl. Abb. 504 auf S. 297). Die Abb. 1205[1]) zeigt eine andersartige, auch sehr zweckmäßige Verbindung zwischen der Säule und dem Hauptträger, der

[1]) Dunkerbrücke in Berlin. Entwurfsverfasser: Magistratsbaurat Fritz Hedde und Dipl.-Ing. Usinger.

bei dieser Brücke in der Mittelöffnung mit Gerbergelenken ausgerüstet ist. Der Untergurt des Hauptträgers ist mit einer schwachen Senkung über der Säule durchgeführt. Unterhalb des Stegbleches des Hauptträgers und in gleicher Ebene mit ihm liegen die Bleche 1 und 2, deren Ausdehnung durch Schraffur kenntlich gemacht ist. Die Stöße des Bleches 1 mit dem Hauptträgerstegblech

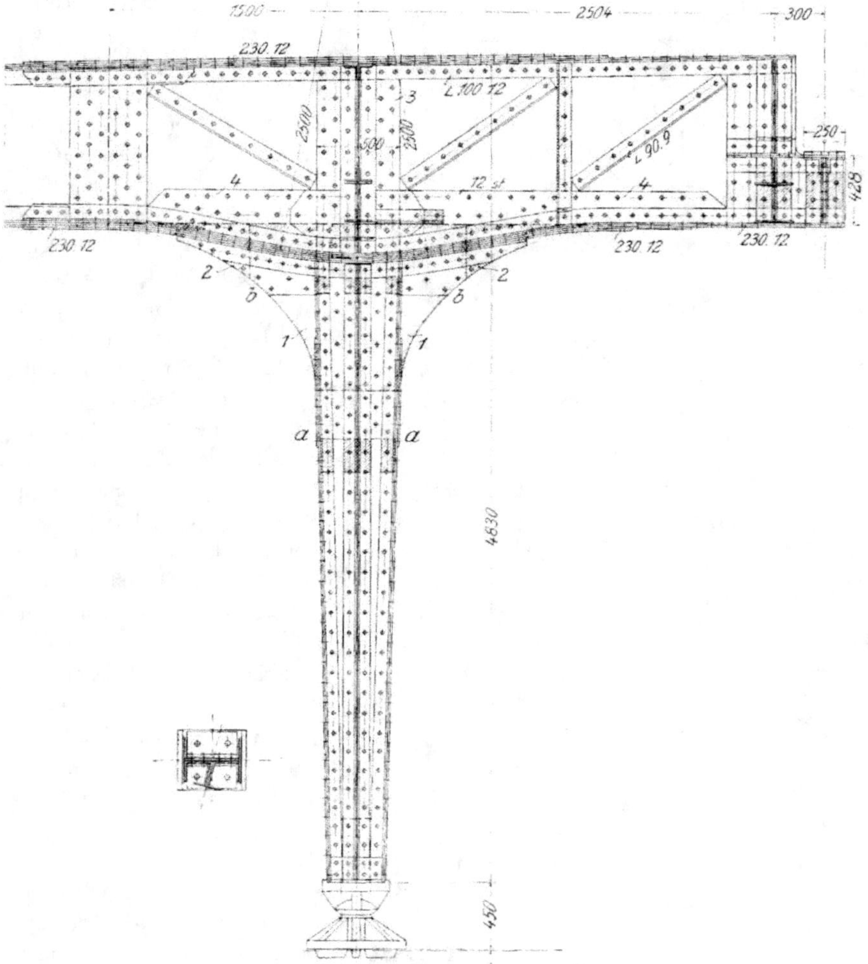

Abb. 1205 a. Ansicht und Querschnitt durch die Säule.

und dem Säulenstegblech werden durch die beiderseits liegenden Bleche 3 gedeckt, die von der Unterkante der Obergurtwinkel des Hauptträgers bis zur Linie *a—a* reichen. Der außerhalb der Bleche 3 liegende Stoß des Bleches 1 mit dem Hauptträgerstegblech und der Stoß der Bleche 2 mit dem letzteren werden durch die beiderseitigen Bleche 4 gedeckt, die unten in der Linie *b—b* begrenzt sind und sich gegen die Bleche 3 totlaufen. Links von der Säule liegt ein sich über alle Teile des Hauptträgers erstreckender Stoß. Das Fußgelenk ist ein Kugelzapfengelenk.

Wird der Windverband ununterbrochen über die ganze Brückenlänge durchgeführt, und steht die Breite der Brücke zur Stützweite des Windverbandes von Widerlager zu Widerlager in keinem zu ungünstigen Verhältnis, so brauchen die nebeneinander stehenden Säulen nicht unter sich verbunden zu werden. Andernfalls ist aber durch eine Querversteifung, die zwischen den nebeneinander stehenden Säulen eingefügt wird, dafür zu sorgen, daß die wagerechten, quer zur Brückenachse gerichteten Kräfte auch an den Säulenstützpunkten dem Boden zugeführt werden. Wo Dreieckverbindungen (Abb. 1195, 1201, 1203) wegen der Behinderung des Fußgängerverkehrs nicht am Platze sind, müssen die Säulen mit einem oberen Querriegel zu einem steifen Rahmen vereinigt werden (Abb. 1202, 1205 u. 1206).

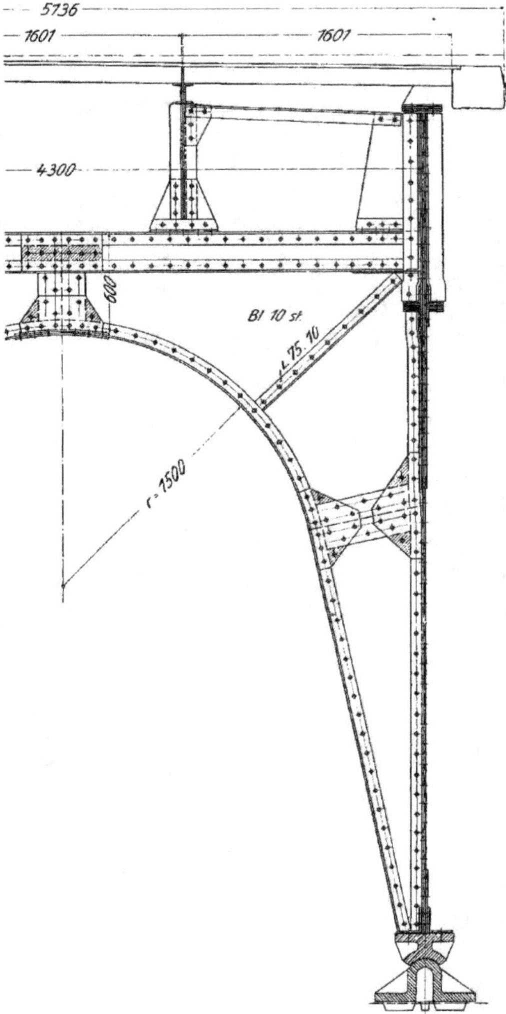

Abb. 1205 b. Querschnitt und Ansicht des Portals.

Die Abb. 1205 b stellt einen solchen bei der Dunkerbrücke in Berlin ausgeführten Rahmen dar. Die Säule hat einen I-förmigen Querschnitt (Abb. 1205 a), dessen Steg in der Richtung des Hauptträgers liegt. An dem Steg ist die Rahmenwand durch Winkeleisen angeschlossen. Die Lage der Blechstöße und die Art ihrer Deckung ist aus der Abbildung zu ersehen. In den Ecken ist die Wand durch Winkeleisen ausgesteift.

Die Abb. 1206 zeigt einen bei den Brücken der Hamburger Hochbahn von der Brückenbauanstalt Gustavsburg ausgeführten Rahmen. Die beiden Säulen und der Querriegel haben I-förmigen Querschnitt. Die Lage der Stöße der Stegbleche, der Winkeleisen und der Kopfplatten ist aus der Abbildung zu ersehen.

Die auf die Stegbleche oberhalb der Linie *a—a* genieteten Bleche sind nur aus Schönheitsrücksichten angeordnet. Die Fußgelenke sind Kugelzapfengelenke. Die Hauptträger liegen mit festen Kipplagern auf den Säulen.

Bei großen Auflagerdrucken und starken Seitenkräften werden die Ständer und Riegel der Rahmen auch zweiwandig mit kastenförmigem, ganz geschlossenem oder einseitig offenem Querschnitt ausgeführt.

Treten an den Portalfüßen nach oben gerichtete Auflagerkräfte auf, so müssen die Füße verankert werden. Die Abb. 1203 zeigt eine solche Verankerung.

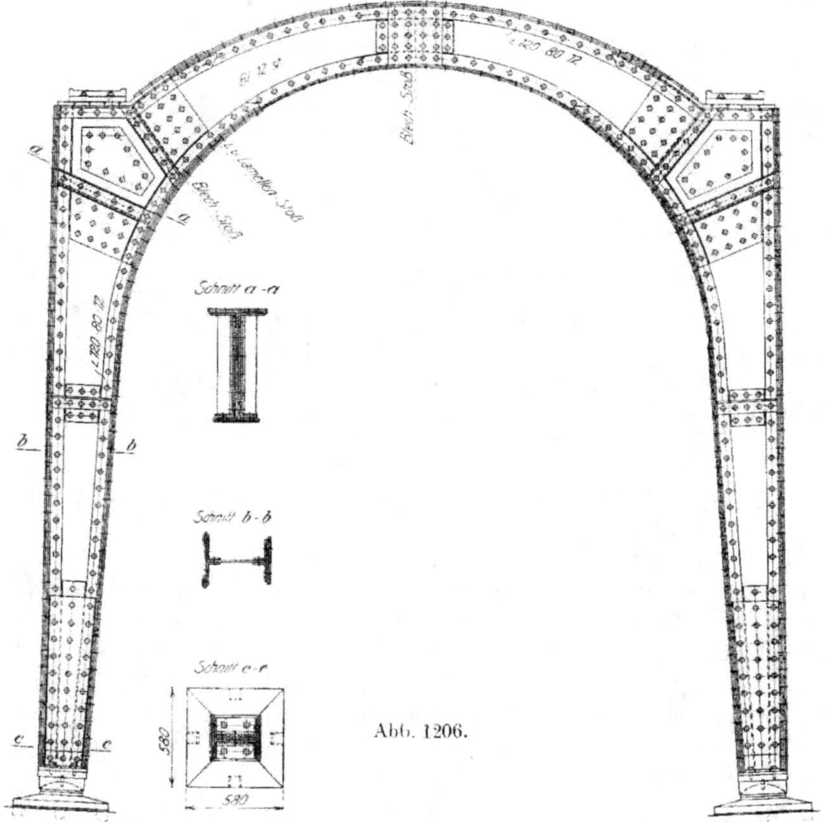

Abb. 1206.

In städtischen Straßen müssen die Säulen auf den Bürgersteigen, und zwar mit einem Abstand von mindestens 60 cm zwischen ihrer Vorderkante und der Außenkante des Bordsteines bis zu einer Höhe von 3,85 m über dem Bordstein, angeordnet werden, um sie selbst und die Fahrzeuge vor gegenseitigen Beschädigungen zu schützen. Außerdem ist bei den Pendelsäulen durch die bereits erörterten Vorkehrungen dafür zu sorgen, daß ein über den Bordstein gelangender Wagen die Säulen nicht aus den Lagern werfen kann.

Bei Überführungen über Eisenbahngleise empfiehlt es sich, die Säulen auf einen gemauerten Sockel zu stellen, welcher derartige Abmessungen besitzen muß, daß er entgleiste Fahrzeuge mit Sicherheit von den Säulen abhält. Für die Wagen der früheren preußischen Staatseisenbahnen muß der Sockel die in der Abb. 1207 dargestellten Breiten- und Höhenabmessungen haben. Für die Länge der Wagenachsen wird das kleinste vorkommende Maß von 2.156 m angenommen, und die widerstandsfähigen Teile oberhalb des Punktes A werden bis an die Umgrenzungslinie des Wagenbauprofils hinausgerückt. In dem schraffierten Teil F liegen keine widerstandsfähigen Teile. Bei einem Abstand der Gleismitte von 2.3 m von der Außenkante der Säule ist der Punkt P der entgleisten Achse allein für die Breitenabmessung des Sockels maßgebend. Bei einem Abstand des Punktes P von 0.7 m von der Außenkante der Säule beträgt das Sicherheitsmaß s mindestens 700 — 497

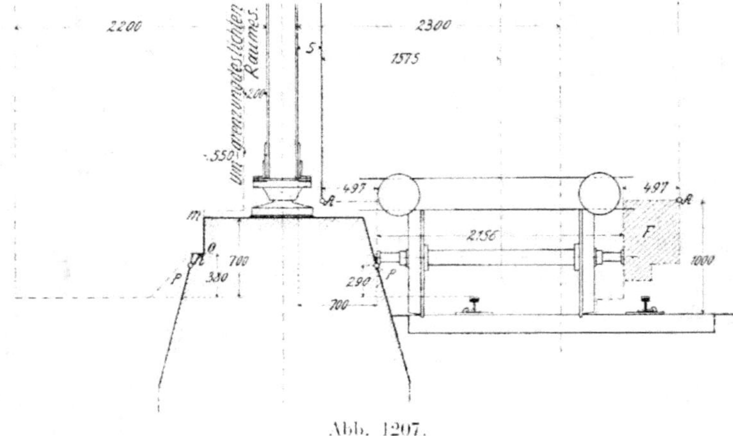

Abb. 1207.

= 203 mm. Beträgt der Abstand der Gleismitte von der Außenkante der Säule 2.2 m, so ist außer dem Punkt P die Umgrenzung des lichten Raumes für die Breitenabmessungen des Sockels maßgebend; es ist das Dreieck mno im Sockel auszusparen. Der Punkt P der entgleisten Achse kann in diesem Falle leicht auf den Absatz n-o aufklettern, und das Sicherheitsmaß s kann dadurch auf 550 — 497 = 53 mm herabgesetzt werden. Der Gleisabstand von 2.3 m ist daher dem Abstand von 2.2 m vorzuziehen. Für die Höhe des Sockels ist die Umgrenzung des lichten Raumes maßgebend. Ist der Säulenfuß sehr kräftig ausgebildet und bei der angegebenen Höhe des Sockels nicht genügend Spielraum vorhanden, so ist der Sockel niedriger zu halten. Es empfiehlt sich, den Sockel über die äußersten Säulen 2.0 m vorzuziehen und in eine Spitze auslaufen zu lassen.

B. Eiserne Pfeiler.

Zur Überbrückung breiter Täler und als Rampen für Hochbrücken (Abb. 459 und 460 auf S. 276) werden vielfach eiserne Viadukte mit eisernen Stützen ausgeführt. Man wählt die eisernen Stützen an Stelle von Mauerwerkspfeilern mit Rücksicht auf die geringeren Kosten und einen schnelleren Baufortschritt. Sie werden als Pendelpfeiler (Abb. 1208), Turmpfeiler (Abb. 1213) oder Gerüstpfeiler (Abb. 1214) ausgebildet.

Die Pendelpfeiler besitzen nur eine in der Querrichtung der Brücke stehende Wand, die unten gelenkig gelagert ist und auf die sich der Überbau mit Auflagergelenken stützt. Die Pendelpfeiler können demnach ebenso wie die unter A. behandelten Pendelportale, von denen sie sich nicht im Wesen, sondern eigentlich nur durch größere Höhenabmessungen unterscheiden, in der Längsrichtung der Brücke ausschwingen und sind nicht imstande, wagerechte, in der Längsrichtung der Brücke wirkende Kräfte aufzunehmen. Wohl aber vermögen sie, wagerechten, quer zur Brückenachse gerichteten Kräften zu widerstehen. Bei größerer Höhe müssen sie hierzu an den Fußpunkten verankert werden. Zur Verringerung der aufwärts gerichteten Auflagerkräfte an den Fußpunkten führt man die Wand unten breiter als oben aus. Die Hauptträger, die meist unmittelbar über den seitlichen Ständern der Pfeiler gelagert werden, werden bei vorzüglichem Baugrund als durchlaufende Träger, bei weniger gutem Baugrund als Gerberträger (Abb. 1208) ausgebildet. Bei kürzeren Viadukten kann man auf dem einen Widerlager feste und auf dem anderen bewegliche Lager anordnen und alle

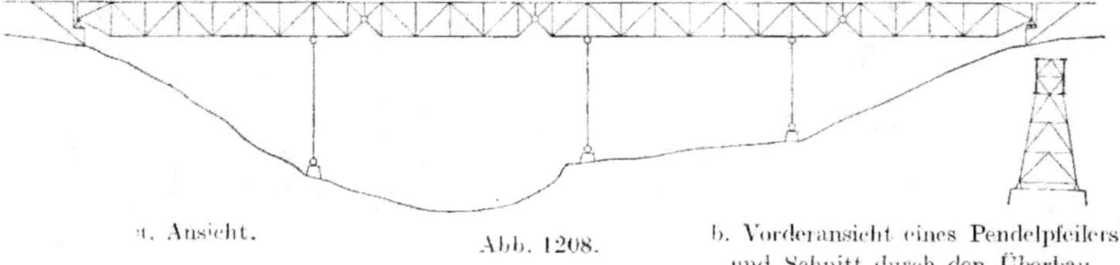

a. Ansicht. Abb. 1208. b. Vorderansicht eines Pendelpfeilers und Schnitt durch den Überbau.

Zwischenstützen als Pendelpfeiler ausbilden, da die Verschiebungen auf dem Widerlager, auf dem die beweglichen Lager liegen, keine großen Werte annehmen können. Die festen Lager müssen aus dem auf S. 691 angegebenen Grunde sehr kräftig in wagerechter Richtung verankert werden (Abb. 1138 u. 1139). Bei langen Viadukten müssen zwischen den Pendelpfeilern einzelne Turmpfeiler eingeschaltet werden, die auch wagerechte, längs der Brückenachse wirkende Kräfte aufnehmen können und über denen die Überbauten in der Längsrichtung unterbrochen werden. Solche Viadukte sind teurer als solche mit lauter Pendelpfeilern und nicht billiger als Brücken mit Gerüstpfeilern.

In den Abb. 1209 und 1210 sind die Einzelheiten eines der Pendelpfeiler des Talüberganges bei Westerburg[1]) veranschaulicht. Die Gesamtanordnung des Pendelpfeilers zeigt die Abb. 1211. Aus der Abb. 1209 ist die gelenkige Auflagerung des eisernen Überbaues auf dem Pfeiler und aus der Abb. 1210 das Kugelzapfenlager des Fußes mit der Verankerung zu ersehen. In der Mitte des Pfeilers ist zwischen dem Überbau und dem Pfeiler durch ein gemeinsames Knotenblech eine Verbindung hergestellt, durch welche die wagerechten, quer zur Brücken-

[1]) Im Auftrage der Eisenbahndirektion Frankfurt a. M. vom Regierungsbaumeister a. D. Bruno Schulz entworfen. Veröffentlicht in der Zeitschrift für Bauwesen 1907.

achse gerichteten Kräfte ebenso wie etwa auftretende, nach oben gerichtete Auflagerkräfte in den Pendelpfeiler geleitet werden. Das Knotenblech besitzt zwischen dem Querriegel des Überbaues und den Streben des Pfeilers solche freie Fläche, daß die gelenkige Wirkung der Kugelzapfenauflager des Überbaues nicht beeinträchtigt wird. Der doppelwandige, aus Stegblechen und Winkeleisen bestehende Querschnitt der Ständer ist an den Auflagerpunkten oben und unten zusammengezogen.

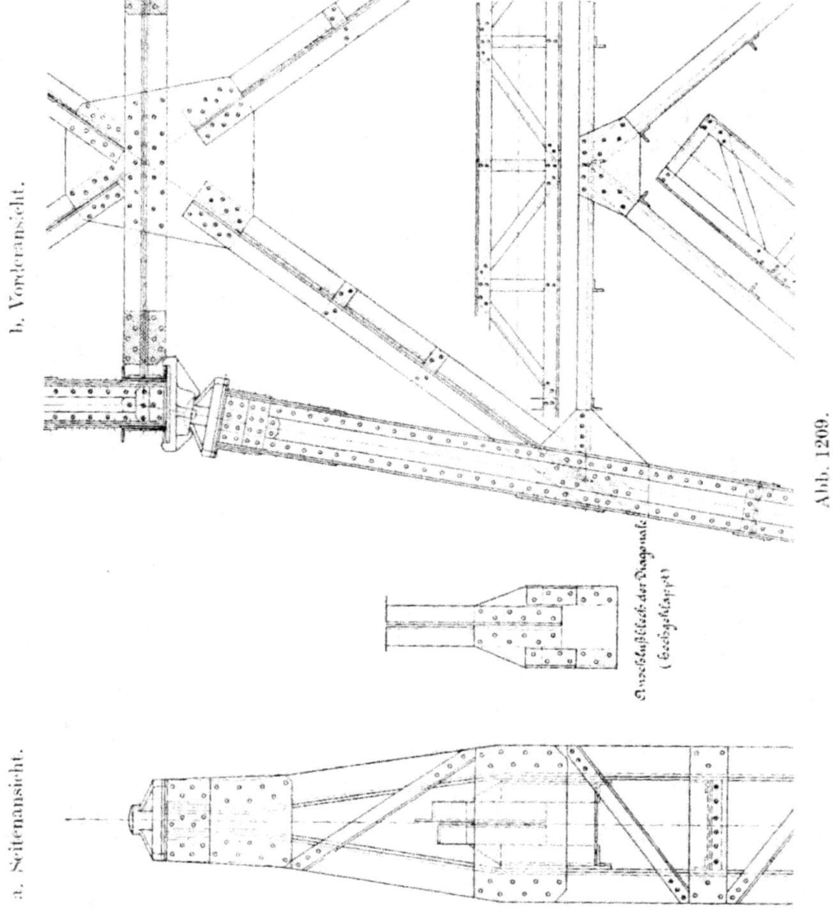

Abb. 1209.

Beide Wandungen sind zur Erzielung ausreichender Knicksicherheit durch Winkeleisen und Bleche vergittert und durch Querschotten verbunden. Die Ausfachungsglieder des Pfeilers sind mit Ausnahme des obersten Strebenpaares und des untersten Querriegels ebenfalls doppelwandig gestaltet und vergittert. Die Anschlußbleche der Ausfachungsglieder liegen an den Innenseiten der Wandungen der Ständer. Die weiteren Einzelheiten sind deutlich aus den Abbildungen zu ersehen.

Für die Ständer eignet sich auch der in Abb. 1212 veranschaulichte Querschnitt. Der in dieser Abbildung wiedergegebene Pfeilerfuß[1]) ist dadurch verankert, daß der Pfeiler in der dargestellten Weise mit dem oberen Lagerkörper verschraubt und der letztere mit dem unteren Lagerkörper, der mit dem Widerlager verankert ist, durch Scheiben (vgl. Abb. 1125 und die dazu gehörige Beschreibung) verbunden ist.

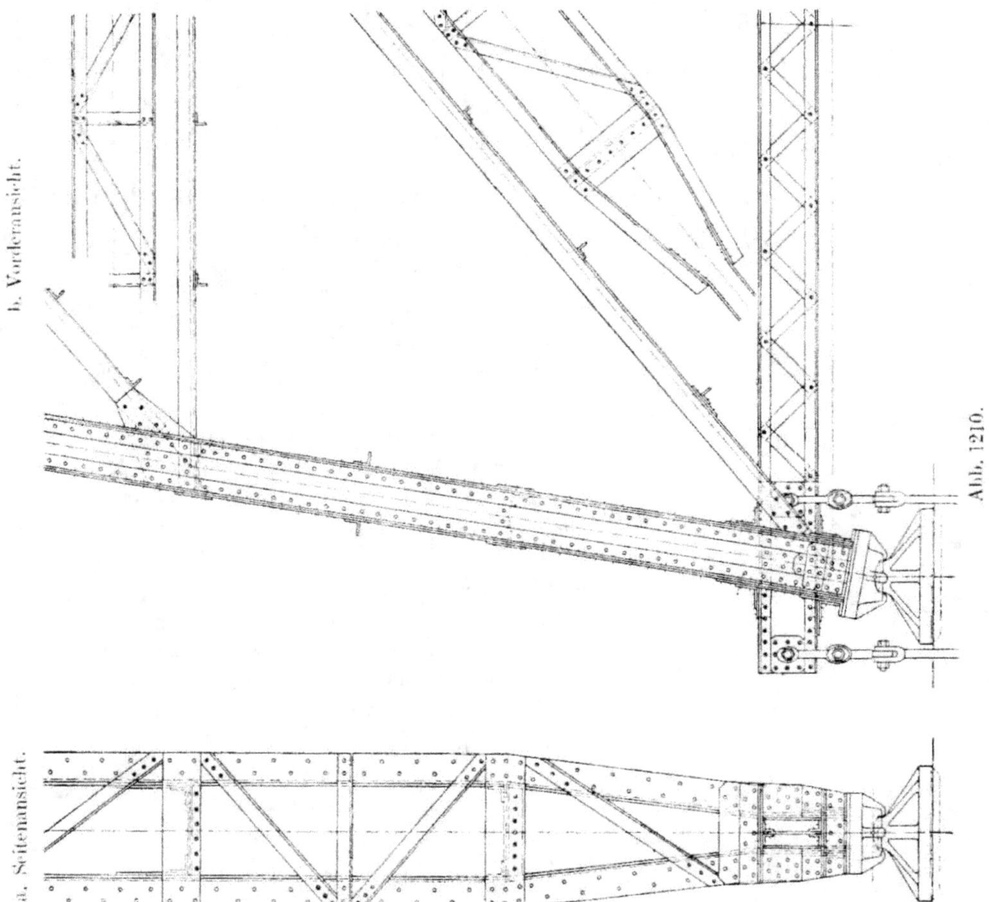

Abb. 1210.

Die Abb. 1213 stellt einen Viadukt mit Turmpfeilern dar. Diese können wagerechte Kräfte in beiden Richtungen aufnehmen. Sie besitzen zwei Längs- und zwei Querwände, die in ihren Ebenen mit Ausfachungen versehen und außerdem in jedem Stockwerk durch einen wagerechten Verband verbunden werden. Sowohl die Längs- als auch die Querwände werden geneigt angeordnet (1 : 8 bis

[1]) Viadukt über den Gottebach. Ausgeführt von Beuchelt & Co. in Grünberg in Schlesien.

1 : 6), und zwar in der Regel die Querwände stärker als die Längswände, weil die Seitenkräfte größer als die Längskräfte sind. Die Pfeilerfüße müssen in der Regel verankert werden. Der Überbau kann aus einzelnen einfachen Balkenträgern oder aus durchlaufenden Trägern oder schließlich auch aus Gerberträgern bestehen. Die Lager der einfachen Balken werden entweder unmittelbar über den Ständern oder auf den die Ständer verbindenden oberen Riegeln der Längswände angeordnet. Die Lager der durchlaufenden Balken und der Gerberträger liegen stets in der Mitte des oberen Riegels der Längswände.

Die Gerüstpfeiler (Abb. 1214) unterscheiden sich von den Turmpfeilern dadurch, daß ihre Längswände ohne Anzug und bedeutend länger ausgeführt werden als bei den letzteren. Die Überbauten der Viadukte mit Gerüstpfeilern bestehen aus einzelnen einfachen Balken, die die Pfeiler selbst und ihre Zwischenräume überbrücken (Abb. 1214). Über die Ausfachung und die wagerechten Verbände der Pfeiler gilt das bei den Turmpfeilern Gesagte. Die Füße müssen so gelagert sein, daß senkrechte Kräfte und wagerechte Kräfte in der Längs- und Querrichtung aufgenommen werden können. Sind die Füße, wie bei der in der Abb. 1214 dargestellten Ausführung, durch Querriegel miteinander verbunden, so empfiehlt es sich, zwei oder sogar drei Füße beweglich zu lagern, um ungünstigen Beanspruchungen in den Lagern durch Wärmeschwankungen vorzubeugen, und die Lager als Kipplager auszubilden. Besitzen die Pfeiler in der Ebene der Füße kleine Querseiten und große Längsseiten, so können die Auflagergelenke der einen Querseite fest und die der anderen längsbeweglich angeordnet werden. Bei längeren Querseiten ist es zweckmäßig, daß nur ein Lager fest, die anderen in Richtung auf dieses beweglich sind (Abb. 1214). Sind die Füße nicht durch Querriegel verbunden wie bei dem in der Abb. 1221 veranschaulichten Pfeiler, so kann ohne Bedenken von der beweglichen Lagerung der Füße Abstand genommen werden.

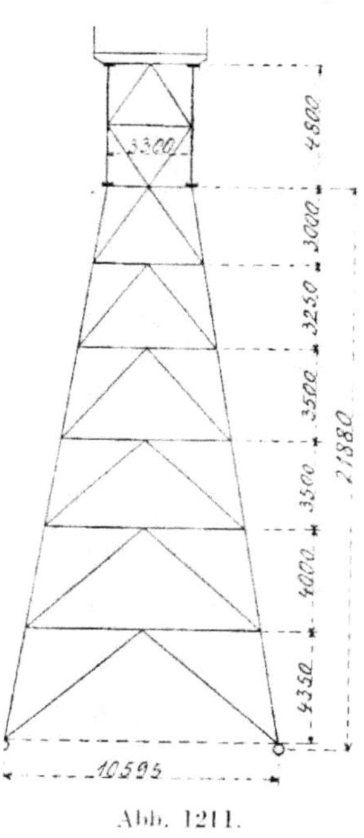

Abb. 1214.

Bei dem in Abb. 1214 dargestellten Viadukt sind die beiden eingleisigen Überbauten nebeneinander auf den Querseiten der Pfeiler gelagert, und zwar die äußeren Hauptträger unmittelbar auf den Ständern und die inneren auf den oberen Querriegeln, die in den Auflagerpunkten gegen den Kreuzungspunkt der Streben der Querseiten durch besondere Stäbe abgestützt sind. In jedem Stockwerk der Pfeiler befindet sich ein wagerechter Verband; in der Ebene der obersten Querriegel ist dieser so gestaltet, daß die Auflagerpunkte der Überbauten Knotenpunkte dieses Verbandes sind, wodurch die wagerechten Kräfte einwandfrei aufgenommen werden.

In den Abb. 1215 bis 1220 sind die Einzelheiten eines Gerüstpfeilers und die

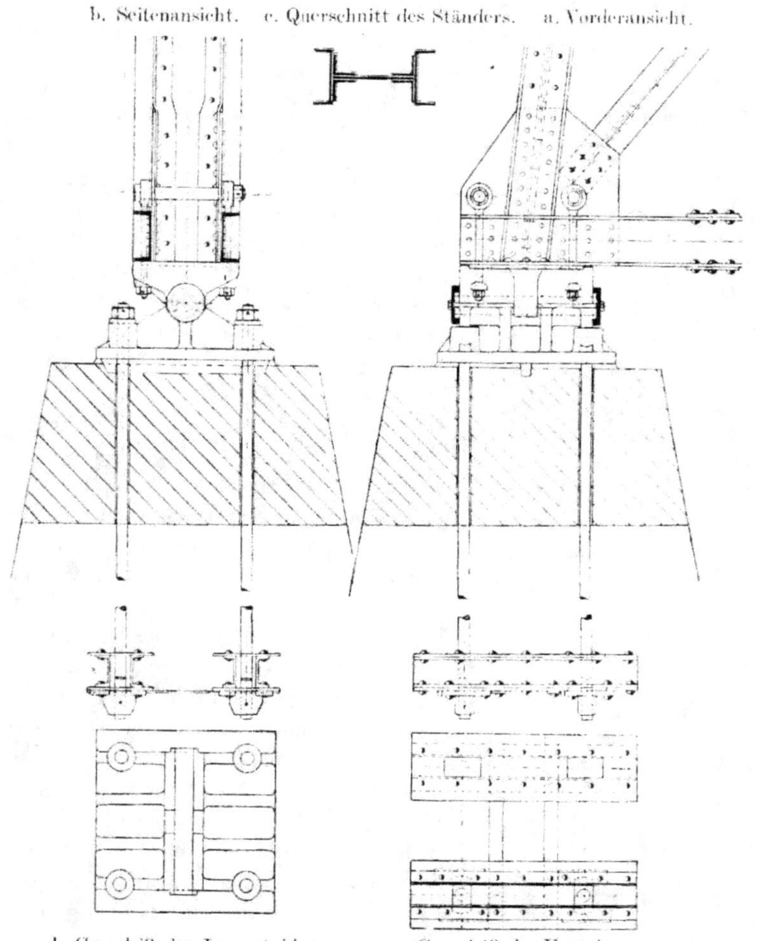

Abb. 1212.

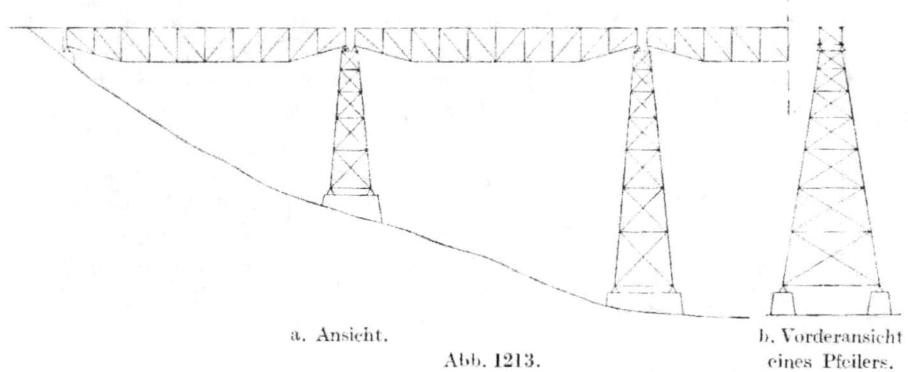

Abb. 1213.

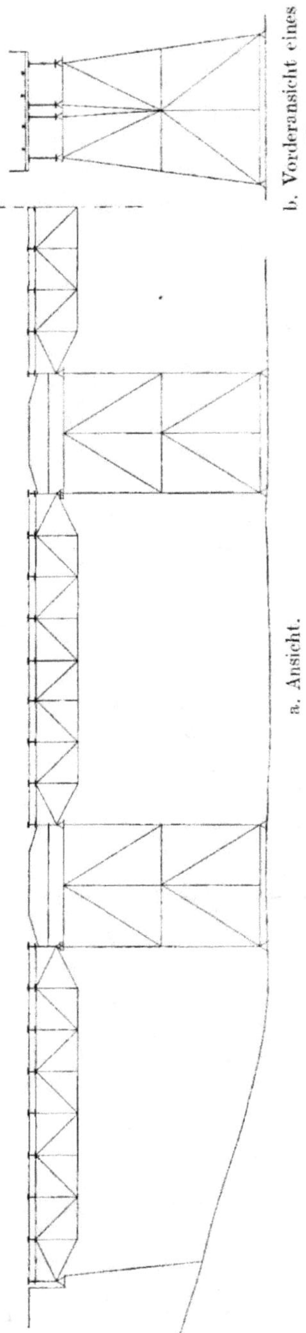

a. Ansicht.
b. Vorderansicht eines Pfeilers.
c. Grundriß eines Pfeilers.
Abb. 1214.

Auflagerung der Überbauten des Faillytal-Viaduktes, dem die in Abb. 1214 dargestellte Anordnung nachgebildet ist, im Zuge der Linie Metz—Vigy—Anzelingen (frühere Reichseisenbahnen)[1]) wiedergegeben. Die Abb. 1215 veranschaulicht die Endquerversteifung eines den Zwischenraum zwischen zwei Pfeilern überbrückenden Überbaues mit der Auflagerung auf dem Pfeiler. Die Querträger sind auf den im Abstand von 2,7 m liegenden Hauptträgern zentrisch gelagert. Durch einen tiefer liegenden, an den Endpfosten angeschlossenen Querträger sind die den Pfeiler überspannenden Blechträger, welche nur 1,6 m voneinander entfernt sind und auf denen die Querschwellen unmittelbar aufruhen, unterstützt. Diese Blechträger sind aus der Abb. 1216 in der Ansicht mit ihrer Lagerung zu ersehen. Die Abb. 1217 und 1218 veranschaulichen die Einzelheiten des obersten Stockwerkes der Quer- und Längswand eines Pfeilers, dessen Gesamtanordnung dieselbe wie in Abb. 1214 ist. Die Ständer sind zweiwandig aus Stegblechen und Winkeleisen gebildet, auch die Ausfachungsglieder der Längs- und Querwände sind zweiwandig. Beide Wandungen der einzelnen Glieder sind durch beiderseitige Vergitterungen miteinander verbunden. Die Lage der Anschlußbleche der einzelnen Stäbe und die übrigen Einzelheiten der Anschlüsse sind aus den Abbildungen zu ersehen. An der schrägen Seite eines Ständers jedes Pfeilers führt eine Leiter zum Kopf des Pfeilers (Abb. 1217). Von den vier Lagern jedes Pfeilers ist, wie schon erwähnt, eins fest; die andern sind beweglich in der Richtung auf das feste Lager. Alle Lager sind Kugelzapfenlager und zur Aufnahme der negativen Auflagerkräfte mit der Grundmauer verankert. Die Abb. 1219 und 1220 stellen ein in der Richtung einer Querwand bewegliches Lager dar.

[1]) Ausgeführt von der Brückenbauanstalt Gustavsburg.

Die Abb. 1221 gibt die Gesamtanordnung eines Gerüstpfeilers des Rampenviaduktes der Hochbrücke[1]) bei Rendsburg (Abb. 459 auf S. 276) wieder. Der Pfeiler ist 29,5 m hoch, seine Längswand ist 11,5 m lang und seine Querwand oben 5,86 m und unten 15,693 m breit. Die Abb. 1222 bis 1226 stellen die Einzelheiten der Punkte K und F der Längs- und Querwand (Abb. 1221) und des Punktes M der Längswand dar. Der Pfeilerkopf wird von zwei eingleisigen vollwandigen Überbauten von 11,5 m Stützweite und der Zwischenraum zwischen zwei Pfeilern von zwei eingleisigen vollwandigen Überbauten von 28,5 m Stützweite überbrückt. Die Überbauten lagern auf den zweiwandigen, oben geschlossenen Querriegeln der Querwand (Abb. 1222), sie sind in der Mitte ihrer

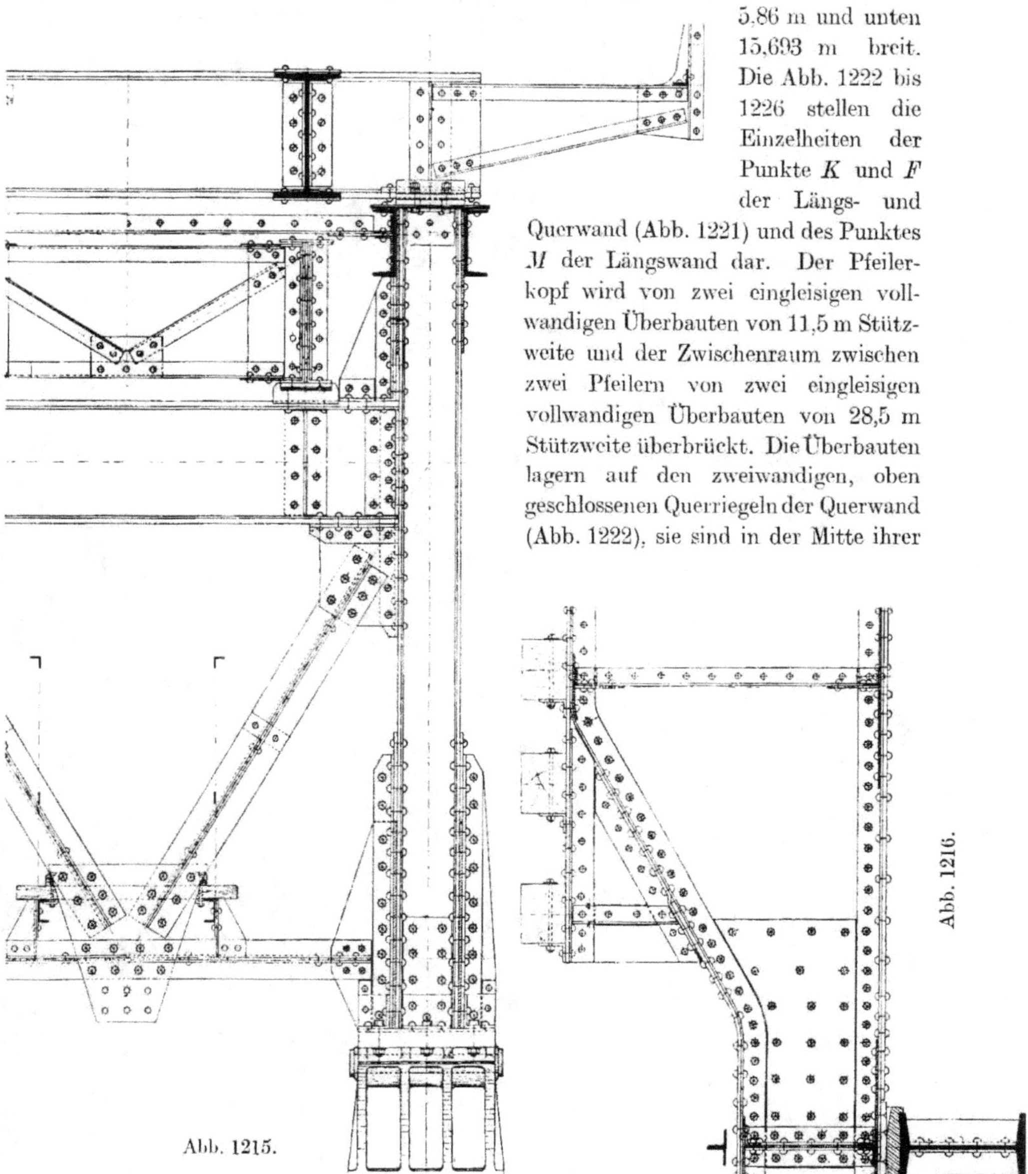

Abb. 1215.

Abb. 1216.

[1]) Entwurfsverfasser: Regierungsbaurat Fr. Voß. Die Rampenbrücken wurden von C. H. Jucho in Dortmund ausgeführt.

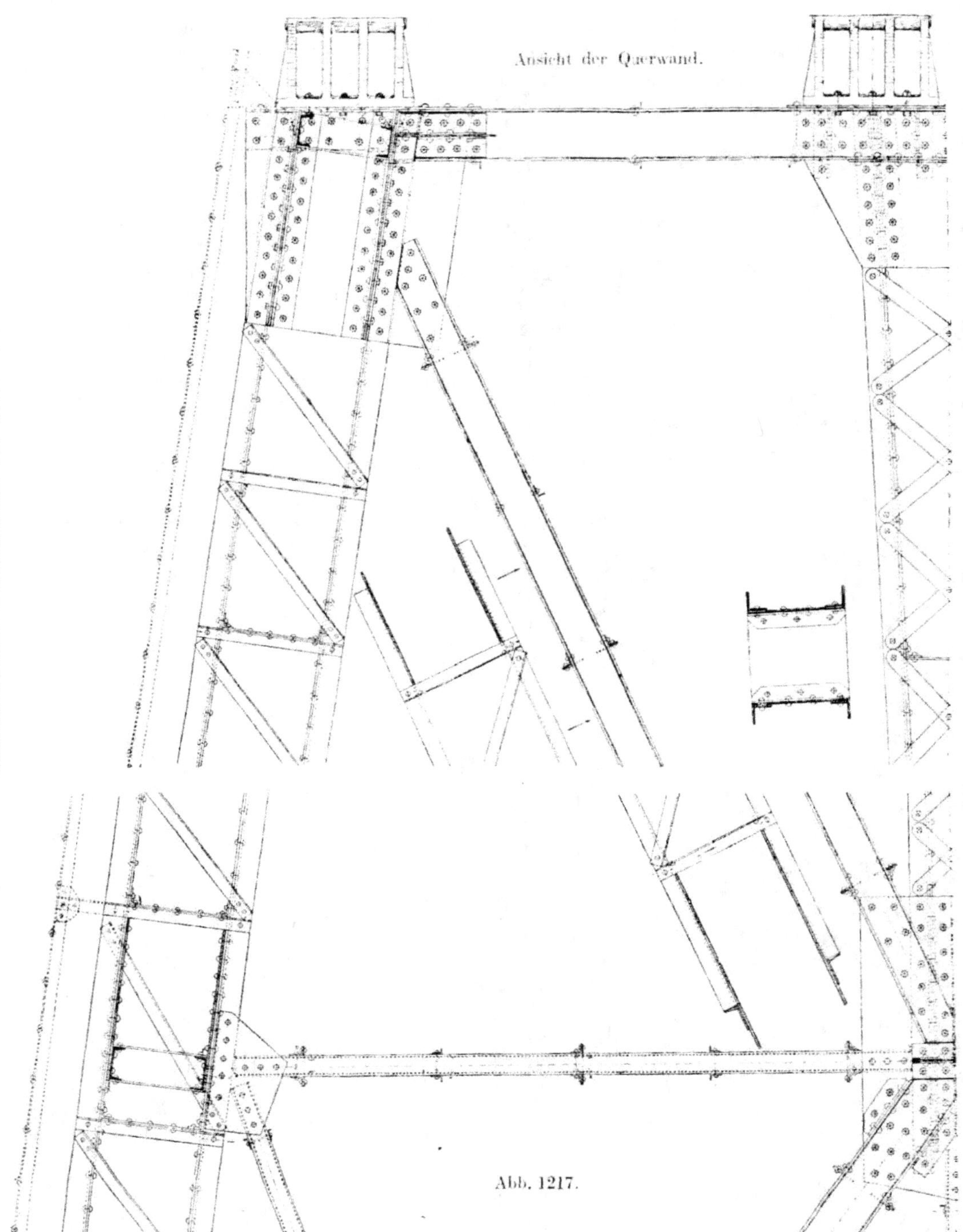

Abb. 1217.

Ansicht der Längswand.

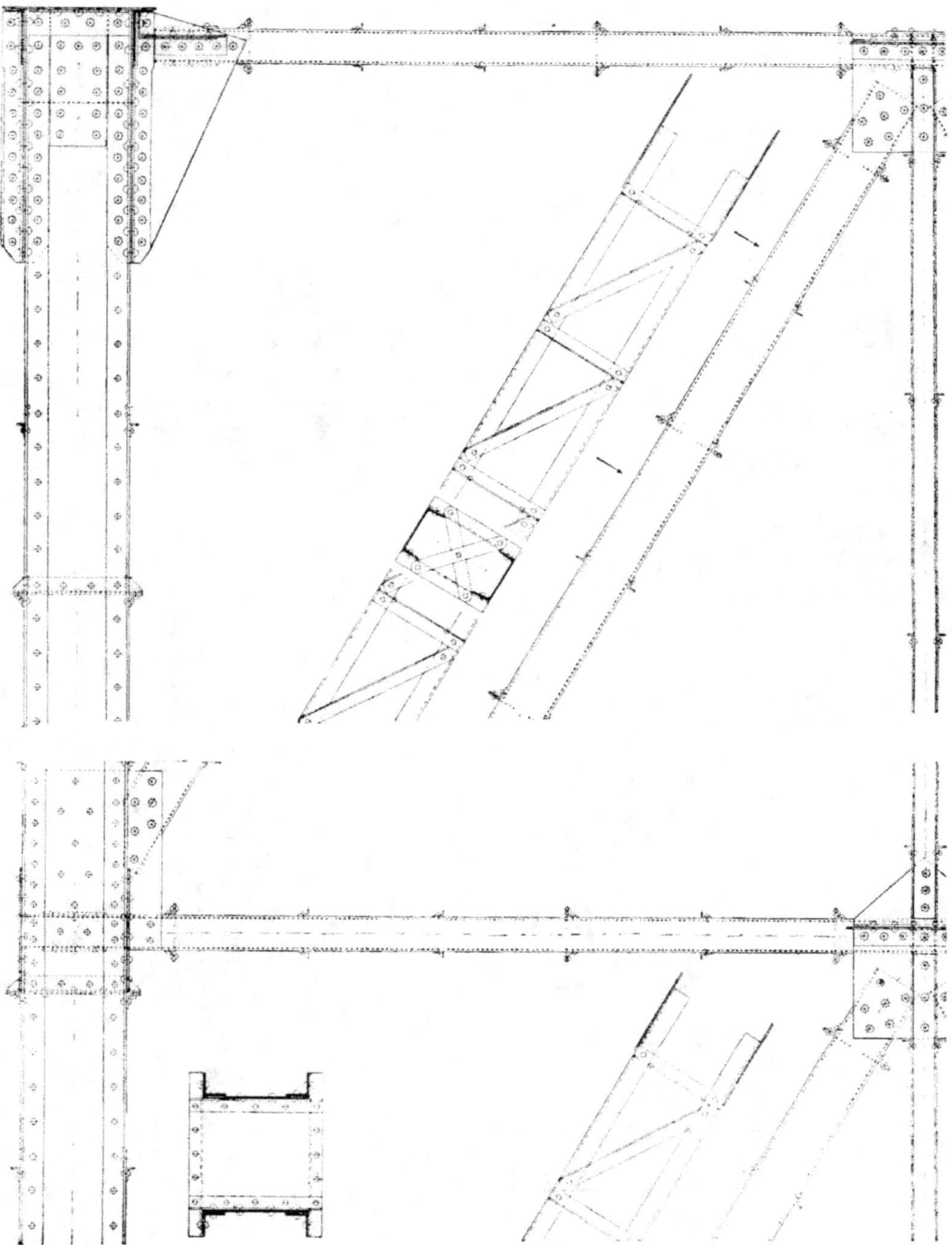

Abb. 1218.

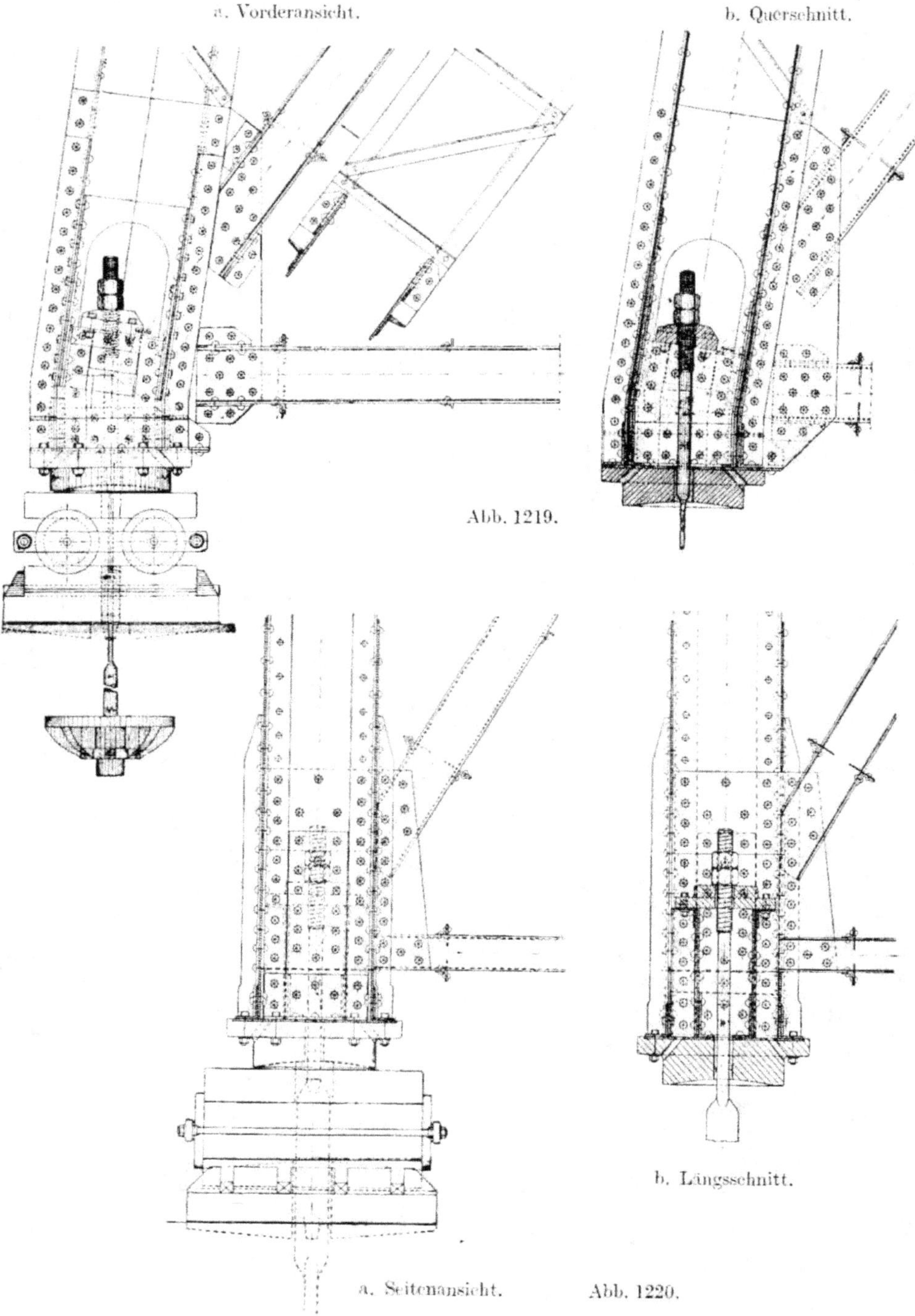

Abb. 1219.

Abb. 1220.

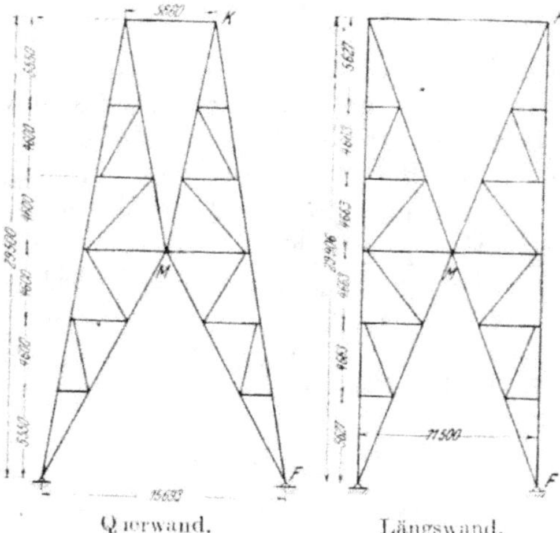

Abb. 1221.

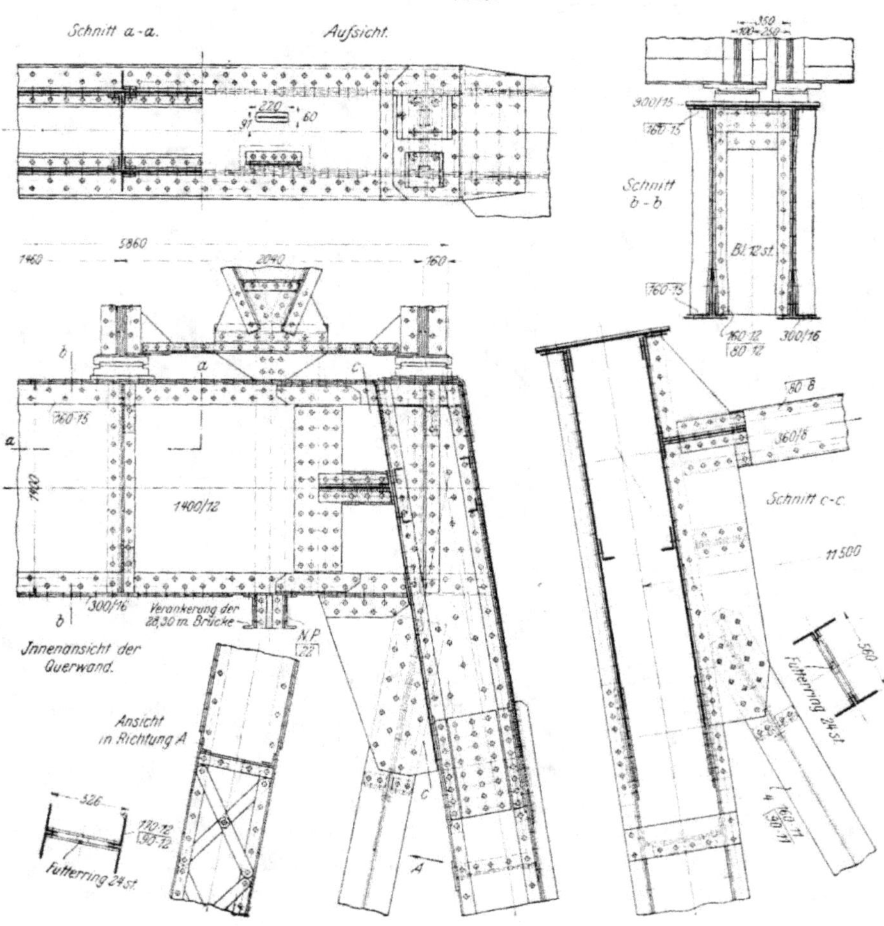

Abb. 1222. Punkt K der Quer- und Längswand.

Endquerversteifungen mit dem Querriegel in der dargestellten Weise verankert, um das Kippmoment aus den wagerechten, quer zur Brücke wirkenden Kräften aufzunehmen. Die Ständer haben hutförmigen, nach der Mitte der Querwand offenen Querschnitt (Abb. 1224), der durch Querschotten gut ausgesteift ist. Die oberen Querriegel der Längswand (Abb. 1223) sind aus zwei [-förmigen Wänden gebildet, die oben und unten durch Flacheisenvergitterung verbunden sind. Die Hauptstreben und die mittleren Riegel beider Wände bestehen aus vier Winkeleisen, die mit Flacheisen vergittert sind. Die anderen Ausfachungsglieder sind aus zwei, durch Bindebleche miteinander verbundenen Winkeleisen gebildet. Beide Eckbleche des Punktes K der Querwand (Abb. 1222) greifen in den Quer-

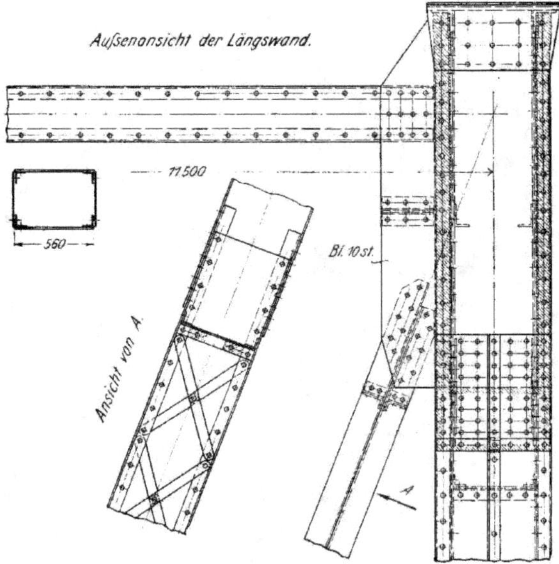

Punkt K der Längswand.

Abb. 1223.

riegel und den Ständer hinein. Bei dem Querriegel treten sie an die Stelle seiner beiderseitigen Stegbleche, beim Ständer legen sie sich an die Innenseiten der Wände. An der Stelle, wo die Eckbleche unten enden, liegt ein Baustoß des Ständers. Das äußere Eckblech am Punkt K der Längswand reicht über die ganze Außenwand des Ständers (Abb. 1223), dessen Kopfblech es ersetzt, das innere Eckblech (Abb. 1222) stößt gegen das Eckblech der Querwand. Beide Eckbleche am Punkt F der Querwand greifen auf den Innenseiten der Wände des Ständers in diesen hinein (Abb. 1224). Das äußere Eckblech am Punkt F der Längswand greift über die ganze Außenwand des Ständers (Abb. 1225), das innere Eckblech stößt gegen das Eckblech der Querwand (Abb. 1224). In den Ebenen der oberen und mittleren Querriegel des Pfeilers sind wagerechte Verbände angeordnet. Die Füße sind flach auf Stahlgußplatten aufgesetzt, die mit vier Ansätzen an den

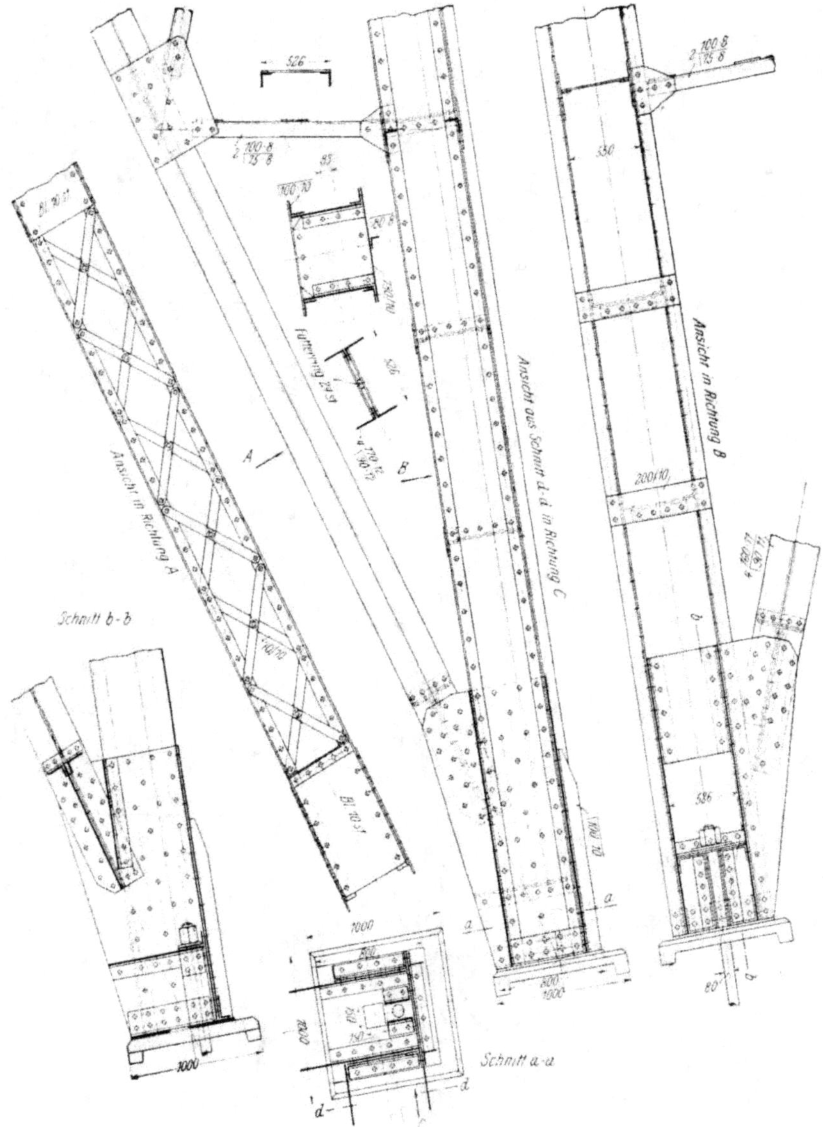

Abb. 1224. Punkt F der Quer- und Längswand.

Ecken in die Lagersteine eingreifen, und in der dargestellten Weise mit dem Grundmauerwerk verankert.

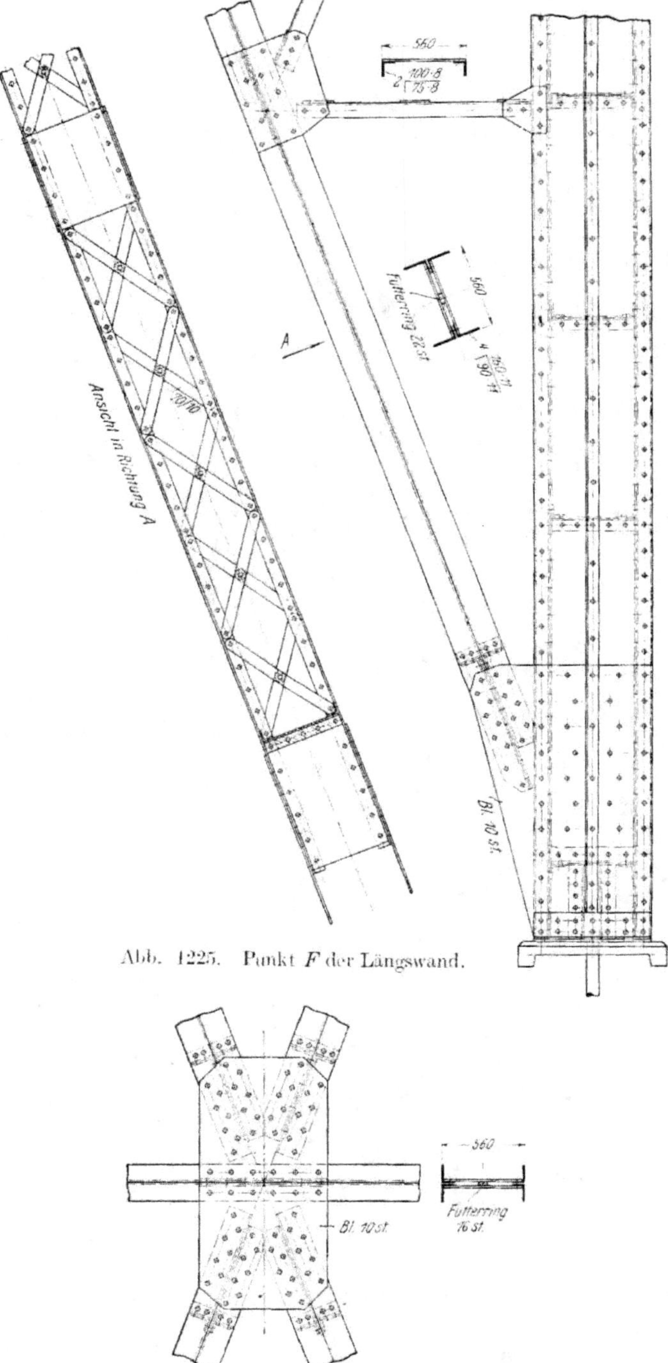

Abb. 1225. Punkt F der Längswand.

Abb. 1226. Punkt M der Längswand.

Abschnitt XV.
Die schiefen Brücken.

A. Allgemeine Anordnung.

Unter schiefen Brücken sind solche Brücken zu verstehen, bei denen die Verbindungslinien der beiderseitigen Lager der Hauptträger mit der Brückenachse einen schiefen Winkel bilden (Abb. 1227). Eine Brücke heißt rechts schief, wenn der rechte Hauptträger gegen den linken nach vorwärts verschoben ist. Eine Brücke heißt links schief, wenn der linke Hauptträger gegen den rechten nach vorwärts verschoben ist. Schiefe Brücken werden durch schiefwinklige Kreuzung zweier übereinander liegender Verkehrswege bedingt. Sind auch die Endabschlüsse der Fahrbahn über den Widerlagern schiefwinklig zur Brückenachse, so entsteht eine schiefe Brücke mit schiefen Endabschlüssen (Abb. 1228), sind dagegen die Endabschlüsse rechtwinklig zur Brückenachse, so entsteht eine schiefe Brücke mit rechtwinkligen Endabschlüssen (Abb. 1233). Die schiefen Brücken verursachen stets bauliche Schwierigkeiten und sind daher nach Möglichkeit zu vermeiden. Sie lassen sich jedoch meist aus Rücksicht auf die Kosten in dem Falle nicht umgehen, daß die Achse der Brücke mit dem unter ihr liegenden Wasserlauf oder Verkehrsweg einen sehr spitzen Winkel bildet. Bei den schiefen Brücken mit schiefen Endabschlüssen gehören zu den baulichen Schwierigkeiten die Anschlüsse der schiefen Endquerträger an den Hauptträgern und der Längsträger an den Endquerträgern und bei Fahrbahntafeln aus Buckelplatten die dreieckige oder trapezförmige Gestaltung der letzteren, für deren Herstellung besondere Preßstempel beschafft werden müssen. Bei Eisenbahnbrücken ohne Durchführung der Bettung entstehen in dem Falle, daß nur die Endquerträger schiefwinklig zur Brückenachse angeordnet sind und die Schwellenträger zwischen den Querträgern liegen, Schwierigkeiten für die Lagerung der Schwellen an den Widerlagern (Abb. 1228). Die Schwellen müssen, da es nicht angängig ist, die Schwellen teilweise auf dem eisernen Überbau und teilweise auf dem Widerlager oder in der angrenzenden Bettung zu lagern, aus der der Stirnmauer parallelen Lage nach beiden Seiten hin in die zur Gleisachse senkrechte Lage übergeführt werden, ohne daß der Schwellenabstand unter den Schienen die vorgeschriebene Größe überschreiten darf. An der Stelle b (Abb. 1228) werden die Schwellen

Grundriß einer schiefen Brücke.

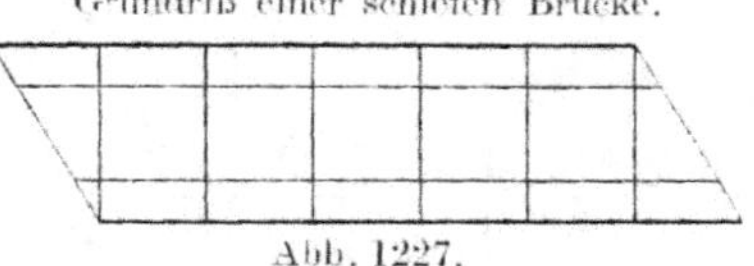

Abb. 1227.

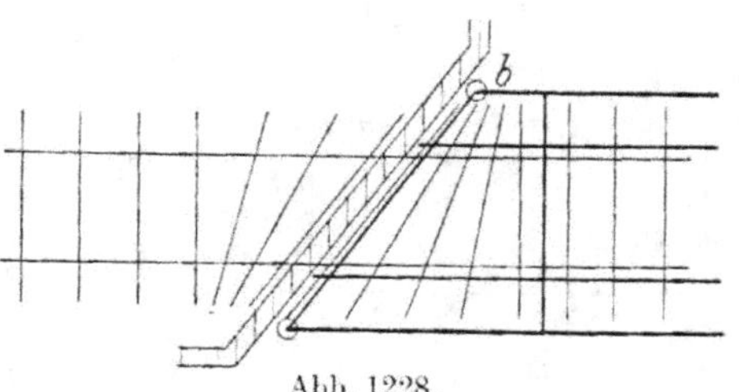

Abb. 1228.

infolgedessen derart zusammengedrängt, daß Schwierigkeiten für die Schwellenbefestigung auf den Längsträgern entstehen. Sind alle Querträger schiefwinklig zur Brückenachse angeordnet, was nur bei der Lage der Querträger auf den Hauptträgern ohne Schwierigkeiten ausführbar ist, oder liegen die Schwellenträger auf den Querträgern, so ist es möglich, alle Schwellen parallel zu den Stirnmauern zu legen und die geschilderte Schwierigkeit für die Schwellenlage in der Nähe der Stirnmauern zu vermeiden. Bei den schiefen Brücken mit senkrechten Endabschlüssen müssen die Fahrbahnträger auf den Widerlagern besonders gelagert und an den wagerechten Verband angeschlossen werden. Sind die oberen Gurtungen der Hauptträger schiefer Brücken gekrümmt (Abb. 1229), und muß wegen der Höhe der Hauptträger ein oberer Windverband angeordnet werden, so liegt dieser in einer windschiefen Fläche, woraus sich sehr unangenehme Anschlüsse der Glieder des Windverbandes an den Obergurten der Hauptträger ergeben. Dasselbe gilt auch für Bogenträger, die über oder unter der Fahrbahn liegen.

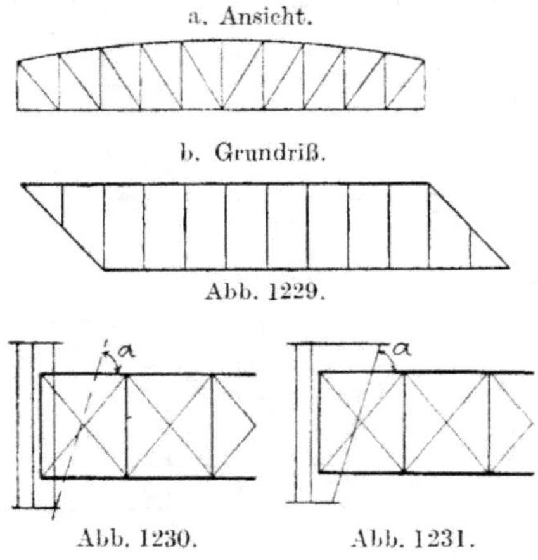

Abb. 1229.

Abb. 1230. Abb. 1231.

Ist der Winkel α, den die Brückenachse mit der Achse des unter der Brücke liegenden Wasserlaufes oder Verkehrsweges bildet, nur wenig von 90° verschieden, so ist bei allen schmalen Brücken, namentlich also bei eingleisigen Eisenbahnbrücken, unter allen Umständen die Ausführung gerader Brücken zu empfehlen. Dabei werden die Widerlager entweder senkrecht zur Brückenachse (Abb. 1230) oder, wo dies aus Gründen eines guten Aussehens nicht ratsam ist, gleichlaufend zur Achse des unter der Brücke liegenden Verkehrsweges gestellt (Abb. 1231). Bei sehr breiten Brücken nimmt die Stützweite der Hauptträger durch die gerade Ausbildung auch bei nur geringem Abweichen des Winkels α von 90° erheblich zu. Bei breiten Brücken wird man daher meist und bei schmalen Brücken in dem Fall, daß der Winkel α stark von 90° abweicht, um an Kosten zu sparen, die Lager der Hauptträger in eine Parallele zur Achse des unter der Brücke liegenden Verkehrsweges legen, bei Eisenbahnbrücken ohne Durchführung der Bettung aber in den oben genannten Fällen wegen der geschilderten Schwierigkeiten für die Schwellenlage an den Widerlagern nach Möglichkeit senkrechte Endabschlüsse ausführen. Dies kann in einfacher Weise nach der in Abb. 1232 wiedergegebenen Anordnung geschehen. In der Verbindungslinie der Lager ist kein Querträger, sondern nur eine Querverbindung vorgesehen. Vom letzten die Hauptträger verbindenden Querträger Q ist in Verlängerung des einen der beiden Fahrbahnlängsträger der Träger 1 zum Widerlager hinübergestreckt und hier auf dem Lager a gelagert. Am Ende des Trägers 1 und des bei A_2 gelagerten Hauptträgers ist der Träger 2 angeschlossen. Dieser dient dem Schwellenträger 3 zur Unterstützung. Bei sehr spitzen Winkeln α empfiehlt es sich, auf dem Widerlager, an das die Längskräfte abgegeben werden sollen, nur das Lager A_1 als festes auszubilden, dem Lager A_2 eine Beweglichkeit in der Richtung A_1—A_2 zu geben oder es ebenso wie das Lager a allseitig beweglich zu machen. Auf diese Weise werden schädliche Beanspruchungen des Widerlagerkopfes bei Ausdehnungen des Überbaues vermieden. Die Punkte A_2 und a sind durch die Stäbe b_1 und b_2 an den Endknotenpunkten des Windverbandes angeschlossen. Der Stab b_1 dient im Verein mit dem von A_2 ausgehenden Gurtstabe zur Aufnahme wagerechter, quer zur Brückenachse auf die Endlängsträger wirkender Kräfte und der Stab b_2 im Verein mit dem Endträger 2 zur Aufnahme wagerechter, in Richtung des Längs-

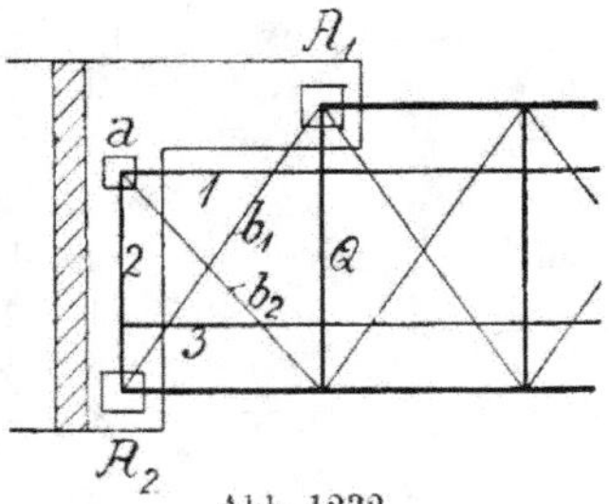

Abb. 1232.

Abb. 1233.

trägers 1 wirkender Kräfte. Bei Führung des Lagers A_2 in der Richtung A_1—A_2 kann der Stab b_1 auch fehlen.

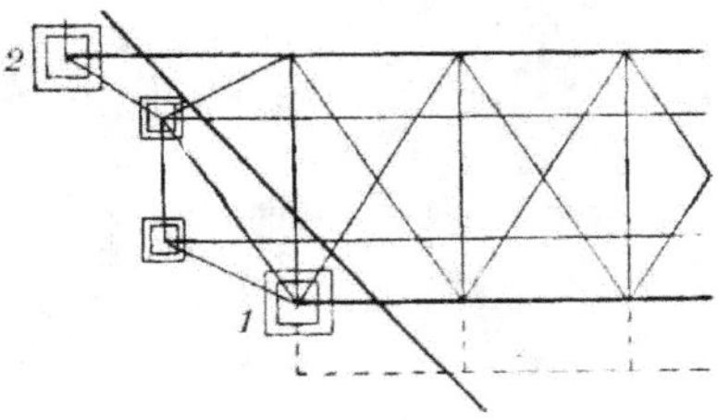

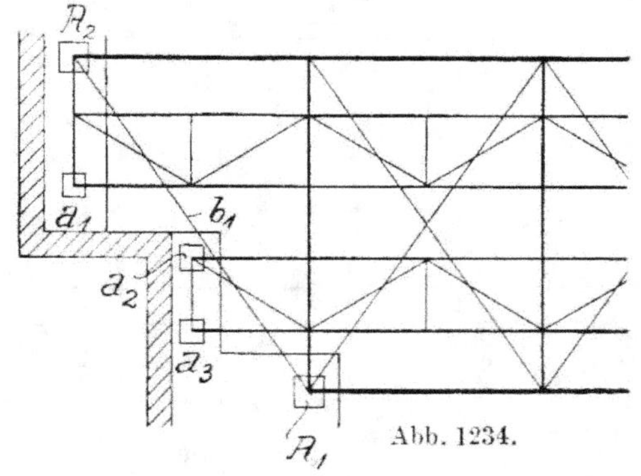

Abb. 1234.

Einen etwas anders gestalteten rechtwinkligen Abschluß einer schiefen Brücke zeigt die Abb. 1233. Hier sind beide Endlängsträger besonders gelagert. Bei sehr spitzen Winkeln ist auf dem Widerlager, an das die Längskräfte abgegeben werden sollen, das Hauptträgerlager 1 fest und das andere Hauptträgerlager 2 in der Richtung 1—2 beweglich oder ebenso wie die Lager der Längsträger allseitig beweglich auszubilden. Die über den Lagern der Längsträger und dem Lager 2 liegenden Punkte sind durch Stäbe an den Endknotenpunkten des Windverbandes gehörig anzuschließen.

Für zweigleisige Eisenbahnbrücken läßt sich der rechtwinklige Endabschluß der Fahrbahn der Brücke in der in Abb. 1234 veranschaulichten Weise durchbilden. Auf dem Widerlager, das die Längskräfte aufzunehmen hat, wird das Lager A_1 fest und A_2 in Richtung A_1—A_2 beweglich oder ebenso wie die Lager a_1 bis a_3 allseitig beweglich angeordnet. Das Lager A_2 ist bei allseitiger Beweglichkeit durch den Stab b_1 an dem Lager A_1 anzuschließen; bei Führung des Lagers A_2 in Richtung A_1—A_2 kann der Stab b_1 auch fehlen.

Man kann auch den einen der beiden Hauptträger rückwärts über das Lager so weit überkragen lassen, daß ein rechtwinkliger Abschluß entsteht (Abb. 1235). Im übrigen unterscheidet sich diese Anordnung in nichts von der einer geraden Brücke. Das überkragende Ende muß so kräftig ausgebildet werden, daß es sich unter den bewegten Lasten nur wenig durchbiegt, da sonst hier eine schräge Lage der Fahrbahn entsteht.

Die vorstehenden und folgenden Abhandlungen beziehen sich unmittelbar nur auf Brücken mit tiefliegender Fahrbahn. Sie lassen sich aber sinngemäß auch auf Brücken mit hochliegender Fahrbahn anwenden.

Bei sehr schiefen Brücken erfordert natürlich die Ausbildung senkrechter Endabschlüsse erhöhte Kosten für den Überbau und das Widerlager, die so erheblich sein können, daß es vorteilhafter ist, die Enden der Überbauten mit einer Fahrbahn auszurüsten, auf der die Bettung durchgeführt wird, und schiefe Endquerträger anzuordnen (Abb. 1236). Hierbei entstehen keinerlei Schwierigkeiten für die Schwellenlage über den Widerlagern, da die Schwellen hier überall von der Bettung gestützt werden. Bei dem in der Abb. 1236 im Grundriß wiedergegebenen Überbau ist in der Mitte eine offene Fahrbahn und an den Enden eine geschlossene Fahrbahn mit Buckelplatten angeordnet.

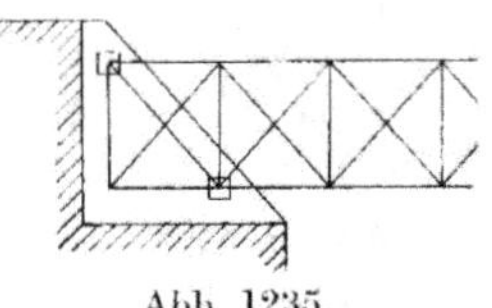

Abb. 1235.

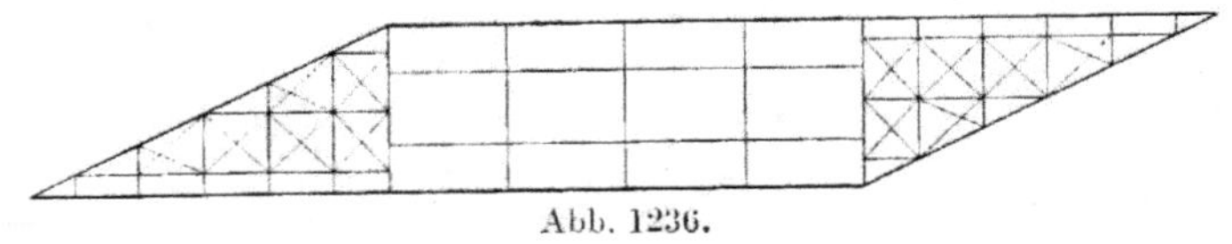

Abb. 1236.

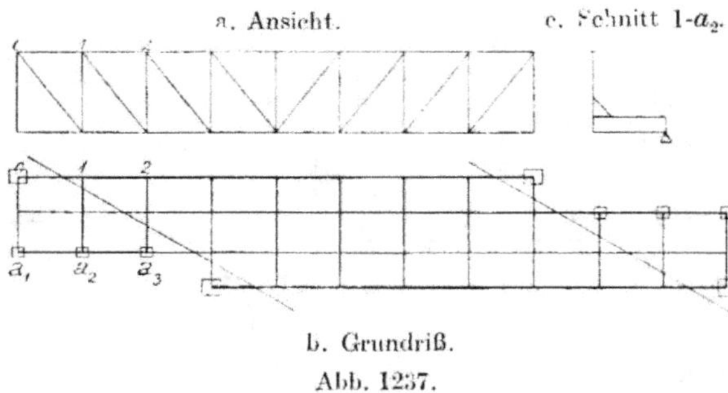

b. Grundriß.
Abb. 1237.

Will man jedoch bei sehr schiefen Brücken von der Anordnung schiefer Endquerträger aus den bereits angeführten Gründen Abstand nehmen, so ist für oben offene Brücken bei der Ausbildung der senkrechten Abschlüsse der Fahrbahn große Vorsicht geboten. Die Knotenpunkte des Obergurtteiles, der den Obergurt des anderen Hauptträgers in der Längsrichtung der Brücke überragt, sind nicht durch steife Halbrahmen wie die übrigen in wagerechter Richtung festgelegt und müssen daher durch besondere Vorrichtungen gesichert werden. Man kann das Ende der Brücke nach Abb. 1237 ausbilden und die drei letzten Querträger am freien Ende durch die drei Lager a_1, a_2 und a_3 stützen, muß diese aber dann verankern, um die drei Obergurtknotenpunkte 0, 1 und 2 nach beiden wagerechten Richtungen quer zur Brückenachse festzulegen. Diese Verankerungen vermeidet man aber namentlich am beweglichen Ende der Brücke gern wegen der Schwierigkeit in der Ausführung und Unterhaltung. Zweckmäßiger ist folgende Ausbildung des Endabschlusses (Abb. 1238). Man ordnet in der Verlängerung der beiden Hauptträger je einen besonderen Träger H_3 an, den man an dme einen Ende (bei A_2) mit dem zugehörigen Hauptträger H_2 gemeinsam lagert. Die drei letzten Querträger werden an H_3 und den Hauptträger H_1 angeschlossen. Der Träger H_3 ist durch sein Eigengewicht imstande, die drei Obergurtpunkte, mit denen er durch Viertelrahmen verbunden ist (Abb. 1238c), auch für nach außen

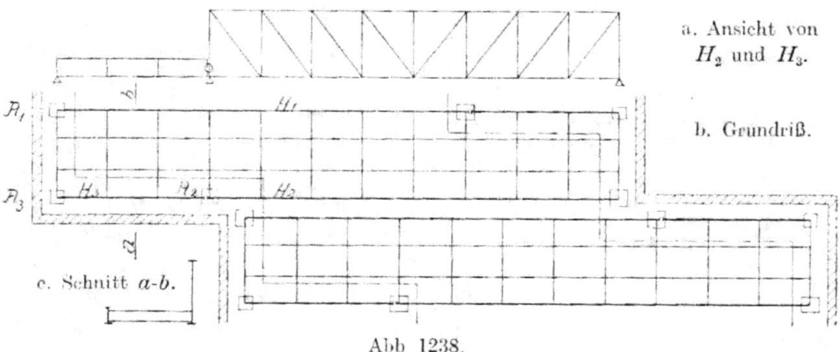

Abb 1238.

gerichtete wagerechte Kräfte und für den Fall, daß der Teil A_1—A_2 der Brücke nicht belastet ist, zu sichern. Sollte das Eigengewicht nicht groß genug sein, so muß der Träger H_3 bei A_3 verankert und bei A_2 derart mit dem Träger H_2 verbunden werden, daß er hier nicht abgehoben werden kann. Die Abb. 1238 zeigt eine Anordnung für zwei eingleisige, nebeneinander liegende Eisenbahnbrücken. Zur

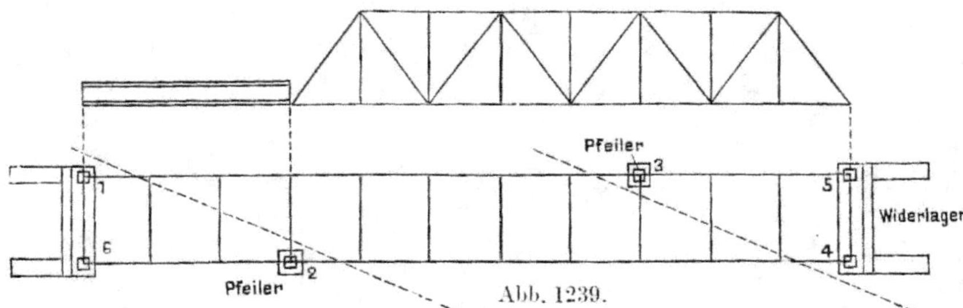

Abb. 1239.

Ersparung an Kosten für die Widerlager wird man die gemeinsamen Lager der äußeren Hauptträger der beiden nebeneinander liegenden Überbauten ebenso wie die gemeinsamen Lager eingleisiger Überbauten auf einem besonderen Pfeiler anordnen. Für eingleisige Überbauten entsteht dann die in Abb. 1239 dargestellte Anordnung. Es empfiehlt sich, Lager 1 und 6 fest und alle anderen längsbeweglich auszubilden. Den Schleppträger H_3 legt man statt in die Verlängerung von H_2, wie bei der in der Abb. 1238 dargestellten Anordnung, auch in die Verlängerung der diesem Träger benachbarten Längsträger, schließt ihn an den bei A_2 liegenden

Querträger an und lagert ihn bei A_3 (Abb. 1240). Mitunter wird es nicht nötig sein, den Träger H_3 bis zum Endpunkt des Trägers H_1 reichen zu lassen, um einen rechtwinkligen Endabschluß zu erhalten. Z. B. hören die Träger H_3 bei der in Abb. 1241 veranschaulichten Anordnung schon am Ende des vorletzten Feldes auf. Man wird jedoch nur in dem Falle zu dieser Anordnung greifen, daß das Eigengewicht des Trägers H_3 auch bei dieser Länge zur Sicherung der Viertelrahmen groß genug ist und die Verankerung erspart werden kann. Statt einen niedrigen Schleppträger H_3 anzuordnen (Abb. 1242 b), kann man auch aus Gründen des guten Aussehens den Träger H_2 in derselben Höhe weiterführen und durch Einschaltung eines Gelenkes G die statische Bestimmtheit wahren (Abb. 1242 c).

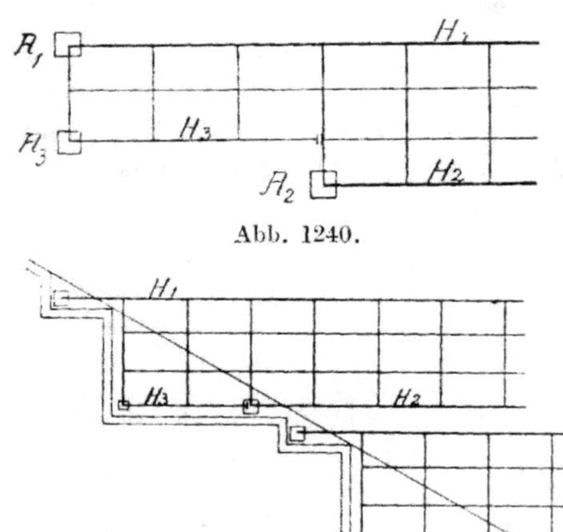

Abb. 1240.

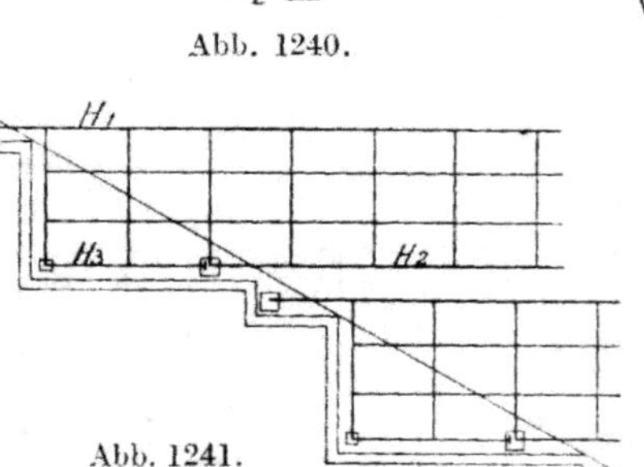

Abb. 1241.

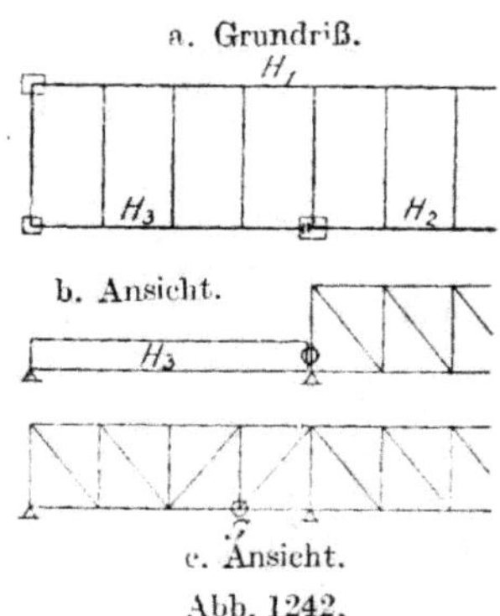

a. Grundriß.
b. Ansicht.
c. Ansicht.
Abb. 1242.

Schneiden sich die Achsen der beiden sich kreuzenden Verkehrswege unter einem sehr spitzen Winkel und können die Hauptträger unter der Fahrbahn angeordnet werden, so ist unter Umständen die in Abb. 1243 dargestellte Gestaltung des Grundrisses recht zweckmäßig. Zwischen A und B werden die Träger senkrecht zu der Achse des unter der Brücke liegenden Verkehrsweges angeordnet. An den äußersten

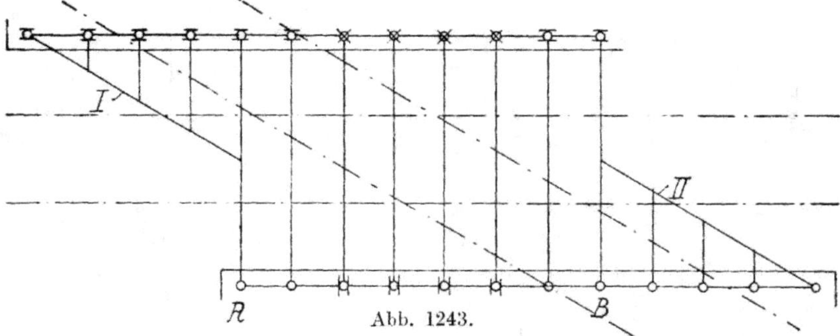

Abb. 1243.

dieser Träger werden die der Achse der Brücke parallel laufenden Träger I und II angeschlossen, die an ihrem anderen Ende auf den Widerlagern gelagert werden und kleineren Trägern zur Unterstützung dienen. Besondere

Aufmerksamkeit muß der Gesamtanordnung der Lagerung geschenkt werden. Die vier mit einem Kreuz bezeichneten Lager sind fest, die mit zwei Strichen gekennzeichneten in der Richtung der Striche beweglich und schließlich die nur durch einen Kreis hervorgehobenen allseitig beweglich auszubilden. Bei dieser Lageranordnung werden die senkrechten und wagerechten Kräfte mit Sicherheit aufgenommen, und die Ausdehnungsfreiheit des ganzen Überbaues ist nur so wenig beschränkt, daß sich der Überbau fast ungehindert ausdehnen kann. Bei dieser Gestaltung des Grundrisses ist selbstverständlich die Bettung auf der Brücke durchzuführen. Bei weniger spitzem Kreuzungswinkel ist es auch zweckmäßig, die äußersten, der Achse des überführten Verkehrsweges gleichlaufenden Hauptträger von Widerlager zu Widerlager reichen zu lassen.

Sollen bei schiefwinkliger Kreuzung zweier übereinander liegender Verkehrswege unter der Fahrbahn liegende Bogenträger ausgeführt werden, so wird man in dem Falle, daß die Bettung auf der Brücke nicht durchgeführt wird, und auch in dem Falle, daß der Kreuzungswinkel sehr spitz ist und die Bettung durchgeführt wird, die Hauptträger paarweise zusammenfassen und jedes Hauptträgerpaar für sich als geraden Überbau ausbilden. Es entsteht dann die bekannte sägeförmige Gestaltung der Widerlager. Ist der Kreuzungswinkel nicht sehr spitz, und wird die Bettung auf der Fahrbahn durchgeführt, so legt man zweckmäßig die mittleren Bogenträger rechtwinklig zur Achse des unteren Verkehrsweges und nur die äußersten Hauptträger in die Richtung der Brückenachse (Abb. 1244)[1]. Es entstehen hier nur an den äußersten Trägern schiefwinklige Anschlüsse. Weicht der Kreuzungswinkel nur wenig von einem Rechten ab und muß nicht, wie es z. B. in städtischen Straßen nötig ist, aus Gründen des guten Aussehens darauf Wert gelegt werden, daß der Überbau parallel der Brückenachse begrenzt ist, so wird man auch die äußersten Hauptträger unter entsprechender Verbreiterung des ganzen Überbaues rechtwinklig zur Achse des unteren Verkehrsweges anordnen.

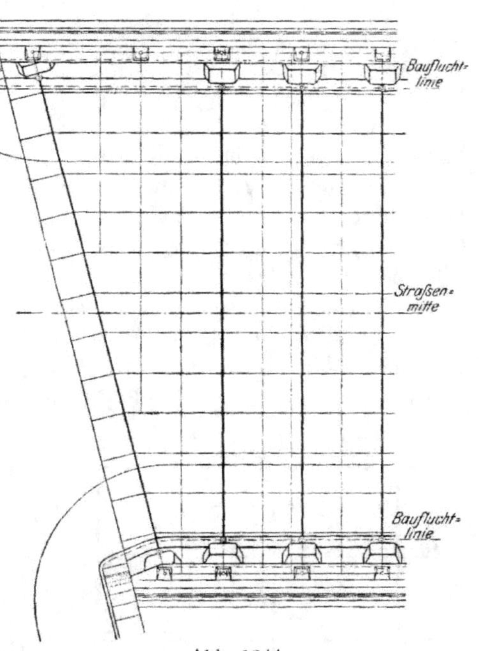

Abb. 1244.

[1]) Aus Brabandt: Der vollwandige Zweigelenkbogen. Erschienen im Verlage von Wilhelm Ernst u. Sohn.

Ausbildung der schiefen Brücken über Mittelpfeilern.

Von der Anordnung schiefer Endquerträger wird auch über den Mittelpfeilern aus den bereits angeführten Gründen sehr oft abgesehen.

Überragt der eine der beiden Hauptträger eines Überbaues den anderen nur um ein Feld, so empfiehlt sich die in Abb. 1245 dargestellte Anordnung. Die über dem Pfeiler liegenden Längsträger sind an dem Querträger Q_1 gelenkig, aber fest und am Querträger Q_2 beweglich angeschlossen; sie können sich daher den Bewegungen der Überbauten in wagerechter und senkrechter Richtung ohne irgendwelche Zwängungsspannungen anpassen. In der Verbindungslinie der Lager jedes der beiden Überbauten ist kein Querträger, sondern nur eine Querverbindung vorgesehen.

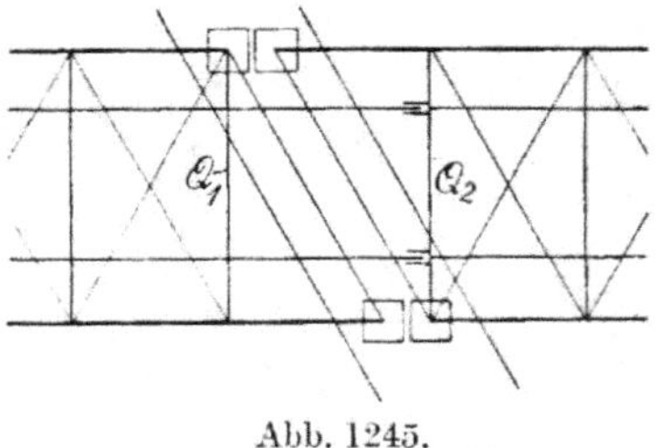

Abb. 1245.

Überragt der eine der beiden Hauptträger den anderen um ein beträchtliches Stück, beispielsweise um drei Felder, und liegen auf dem Zwischenpfeiler die beweglichen Lager der Hauptträger, so empfiehlt sich folgende Ausbildung des Fahrbahnträgergerippes und der Fahrbahn über dem Mittelpfeiler (Abb. 1246). Die Querträger Q_1 und Q_2 werden mit den Lagern a_1 und a_2 auf dem Pfeiler allseitig beweglich gelagert. Um sie bei oben offenen Brücken zur Sicherung der freien Obergurtpunkte 1 und 2 nicht verankern zu müssen, werden zwei Unterzüge U_1 und U_2 vorgesehen, die an den Lagern A_1 und A_2 mit den Hauptträgern fest verbunden, mit den Querträgern Q_1 und Q_2 vernietet sind und diese vor Aufwärtsbewegungen schützen. Die Punkte, in denen die Querträger Q mit den Unter-

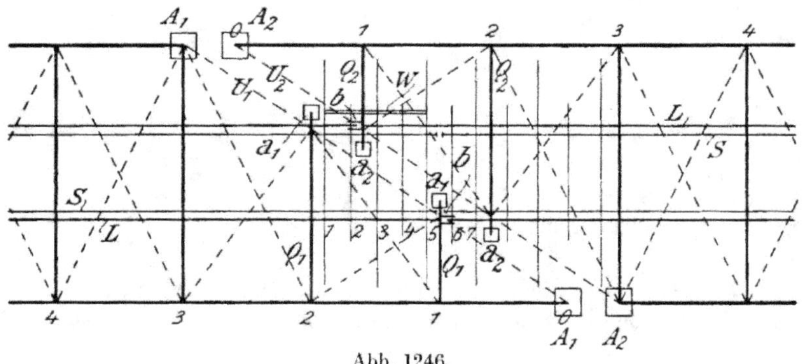

Abb. 1246.

zügen zusammentreffen, sind an dem Windverband angeschlossen. Die Längsträger sind an den Punkten b beweglich gelagert. Die Schienenstöße liegen zwischen den Schwellen 5 und 6. Die Schwellen 1, 2, 6 und 7 sind auf beiden Schwellenträgern fest gelagert, die Schwellen 3, 4 und 5 dagegen nur auf dem zum linken Überbau gehörigen Schwellenträger, während sie auf dem anderen Längsträger beweglich aufliegen. Sie werden gegen die Schwellen 1 und 2 durch einen Winkel W unverschieblich festgelegt. Die Überbauten können sich auf die Weise ungehindert durch die Fahrbahnträger und die Fahrbahn gegenseitig bewegen. Bei längeren Überbauten müssen an den Schienenstößen zwischen den Schwellen 5 und 6 Schienenauszugvorrichtungen (vgl. S. 474 u. f.) eingeschaltet werden. Es empfiehlt sich, die Lager A_1 und A_2 auf der einen Seite der Überbauten längsbeweglich und auf der anderen Seite der Überbauten allseitig beweglich auszubilden. Die Lagerung ist zwar unsymmetrisch, empfiehlt sich aber deshalb, weil bei symmetrischer Anordnung die Überbauten sich über dem Mittelpfeiler bei Längen- und Breitenänderungen in der Querrichtung gegeneinander verschieben und das Gleis verwürgen würden.

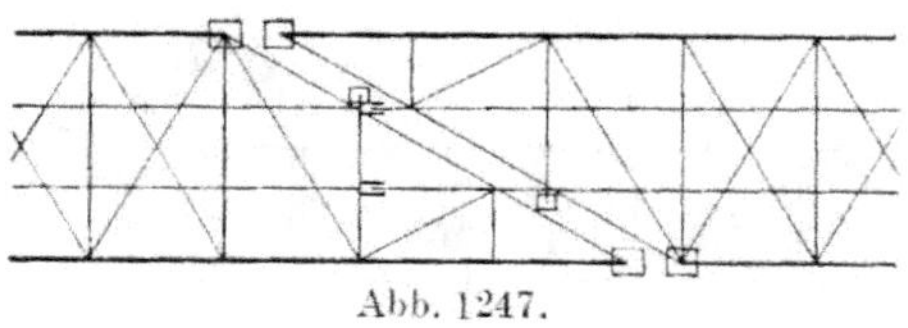

Abb. 1247.

Im Falle, daß man den Obergurt offener Brücken auf die Länge vom Auflager bis zum Knotenpunkt 2 (Abb. 1246) für sich knicksicher ausführt, kann man von der Anordnung der kürzeren der Querträger Q_1 und Q_2 absehen und gelangt zu einer einfacheren, in Abb. 1247 dargestellten Grundrißgestaltung.

Einteilung der Feldweiten schiefer Brücken.

Als Grundregel ist zu betrachten, daß alle Querträger mit Ausnahme der Endquerträger rechtwinklig zur Brückenachse angeordnet werden, um mit Ausnahme an den Endquerträgern überall rechtwinklige Quer- und Längsträgeranschlüsse zu erhalten. Man versuche zunächst stets den Überbau in eine solche Zahl gleicher Feldweiten zu teilen, daß jeder der beiden Hauptträger den anderen um eine oder mehrere Feldweiten überragt (Abb. 1246, 1247 und 1248). Hierbei wird eine geringe Abweichung der Verbindungslinie der sich quer gegenüberliegenden Lager von einer Parallelen zur Achse des unter der Brücke liegenden Verkehrsweges gern mit in Kauf genommen. Natürlich dürfen für die Feldweiten keine Größen gewählt werden, die von den bei den einzelnen Trägergattungen hierfür gegebenen Regeln wesentlich abweichen. Gelingt eine solche Einteilung der Felder nicht, so kann man die Projektion der Strecke A_2-B_1 (Abb. 1249) zwischen den inneren Lagerpunkten auf die Brückenachse in eine Anzahl gleicher Felder und die überstehenden Enden für sich teilen. Bei weniger schiefen Brücken kann man auch die Projektion der Strecke A_1-B_2 (Abb. 1250) zwischen den äußeren Lagerpunkten auf die Brückenachse in eine gleiche Anzahl solcher Teile,

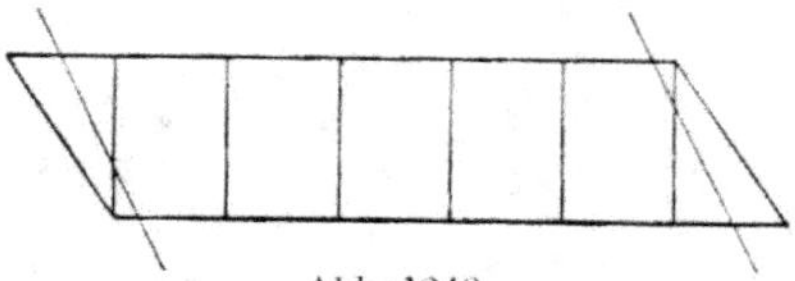

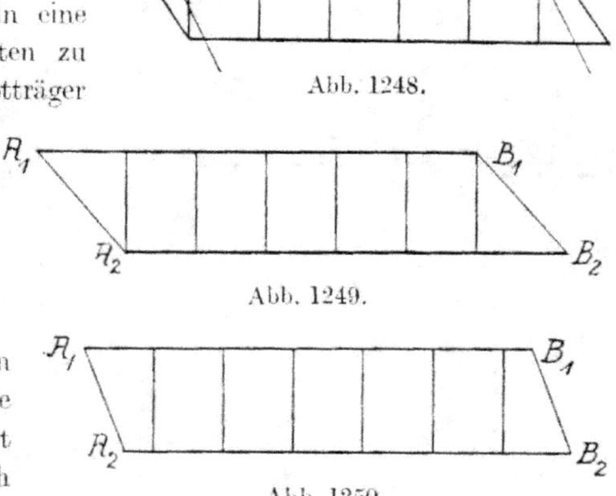

Abb. 1248.

Abb. 1249.

Abb. 1250.

deren Größe der gebräuchlichen Feldweite nahekommt, einteilen. In der Abb. 1251 ist in Grundriß und Ansicht eine derartig entstandene Felderteilung veranschaulicht.

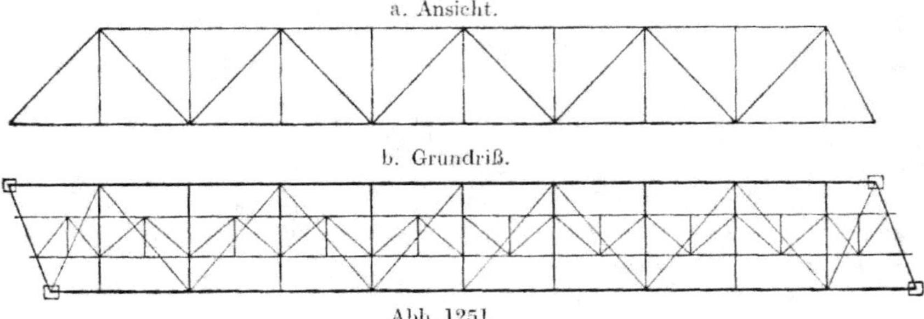

Abb. 1251.

B. Einzelheiten der Anschlüsse schiefer Endquerträger an den Hauptträgern und der Längsträger an den schiefen Endquerträgern.

Die schiefen Endquerträger werden vielfach derart angeschlossen, daß das Stegblech kurz vor dem Anschluß aus seiner Richtung abgebogen und senkrecht

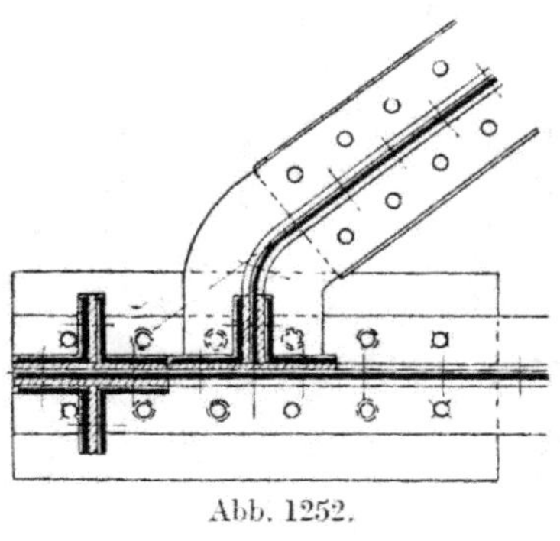

Abb. 1252.

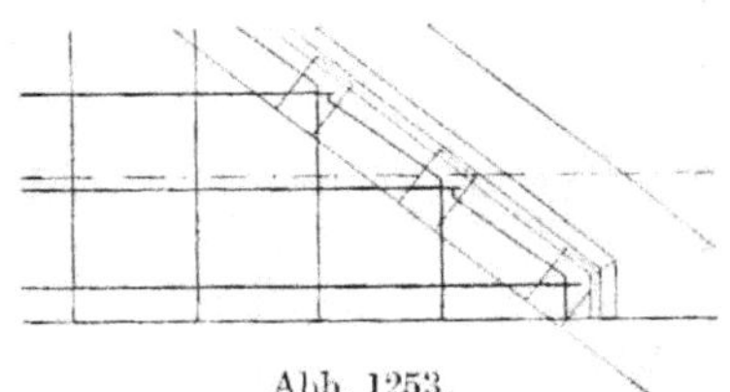

Abb. 1253.

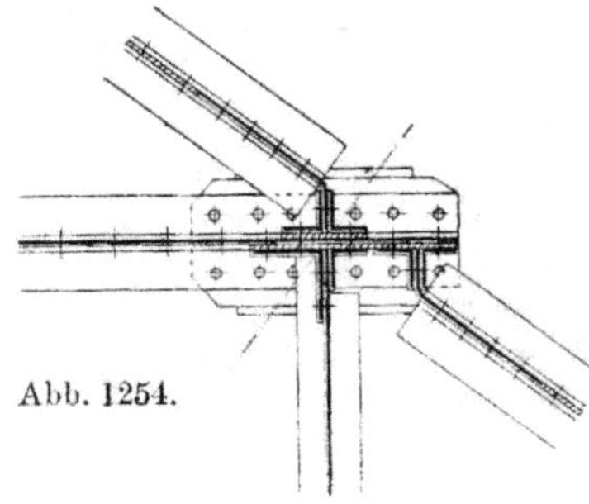

Abb. 1254.

gegen den Hauptträger geführt wird (Abb. 1252). Der Anschluß selbst ist in diesem Falle sehr einfach, aber deshalb nicht ganz einwandfrei, weil ein Torsionsmoment entsteht. Es empfiehlt sich, kurz vor solchem Anschluß das Stegblech des Querträgers zu stoßen, da sich das kurze Anschlußblech viel leichter biegen läßt als das lange Stegblech. In der Abb. 1254 ist der Endpunkt eines Hauptträgers des in der Abb. 1253 im Grundriß dargestellten Überbaues veranschaulicht. Hier sind zwei schiefe Endquerträger in der eben geschilderten Weise und ein rechtwinklig gegen den Hauptträger stoßender Querträger angeschlossen. Schwieriger in der Ausführung, aber besser in der Wirkung ist der in Abb. 1255 dargestellte Anschluß. Mit dem Stegblech des Querträgers ist an jedem Ende eine kräftige

Lasche verbunden, die an dem anliegenden Schenkel eines der Aussteifungswinkel des Hauptträgers angeschlossen wird. Außerdem wird das Stegblech noch durch Schrauben, die durch ein keilförmiges Futter hindurchgreifen, an dem Hauptträgerstegblech befestigt. Einen gemeinsamen Anschluß eines schiefen Endquerträgers und eines rechtwinklig gegen den Hauptträger stoßenden Querträgers zeigt die Abb. 1256. Einen ebensolchen Anschluß bei einer größeren Fachwerkbrücke veranschaulicht auch die Abb. 1257. Das Stegblech des schiefen Endquerträgers endet vor dem Anschluß (siehe Abb. 1257 b) und stößt gegen ein Eckblech, das oberhalb des Querträgerobergurtes durch einen Schlitz in den Endpfosten hineingeführt ist. Der Stegblechstoß wird auf der einen Seite durch eine nur von Winkel zu Winkel

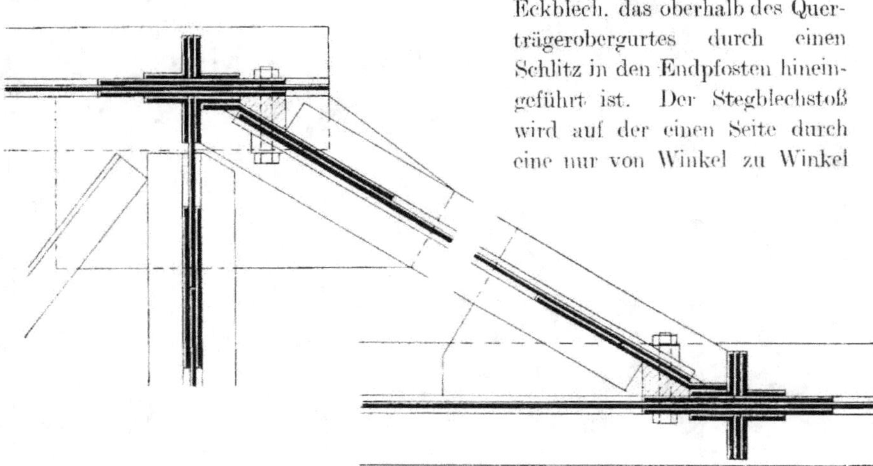

Abb. 1255.

reichende Lasche und auf der anderen Seite durch eine große Lasche, deren Form durch Schraffur kenntlich gemacht ist, gedeckt. Die große Lasche greift ebenso wie das Eckblech durch einen Schlitz in den Pfosten hinein. Das Stegblech des anderen Querträgers stößt stumpf gegen den Endpfosten. Der Hauptträger und die beiden Querträger sind unten durch ein gemeinsames Knotenblech miteinander verbunden. Oben sind die beiden Querträger durch ein die Obergurte verbindendes Blech zusammengeschlossen.

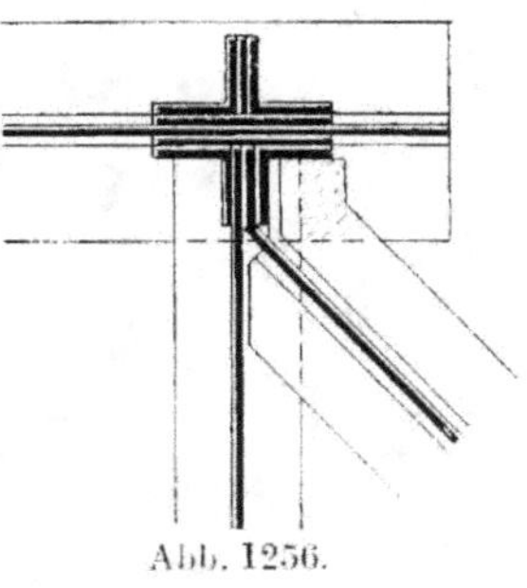

Abb. 1256.

Die Anschlüsse von Längsträgern an den schiefen Endquerträgern werden meist durch gebogene Flacheisen oder Winkel hergestellt, wie es die Abb. 1258 und 1259 veranschaulichen. Hohlräume sind hierbei auszufuttern (Abb. 1258).

C. Überführung eines Gleises über zwei oder mehrere Gleise unter sehr spitzem Winkel.

Die Gleisentwicklung in der Nähe von Bahnhöfen erfordert oft die Lösung der Aufgabe, ein Gleis über zwei oder mehrere Gleise unter sehr spitzem Winkel zu überführen. Solche Überschneidungsbauwerke werden meist mit geradem

Überbau oder mit schiefem Überbau, aber mit senkrechten Endabschlüssen ausgeführt. Zur Einschränkung der Stützweite muß man versuchen, zwischen den beiden Endwiderlagern Zwischenstützen einzuschalten. Dies wird auch meist bei genügendem Abstand der unter der Brücke liegenden Gleise gelingen (Abb. 1260). Die Lager auf dem einen der beiden Widerlager werden dann fest, alle anderen Stützpunkte längsbeweglich angeordnet. Als Zwischenstützen können in der Regel nicht unmittelbar unter den Hauptträgern Säulen angeordnet werden. Die Hauptträger müssen vielmehr meist auf steifen Zweigelenkrahmen (Abb. 1261) gelenkig gelagert oder mit einem Unterzug, der von zwei Pendelsäulen getragen wird, steif verbunden werden (Abb. 1262). In der Regel werden auch wegen der Länge des Überbaues an den Zwischenstützen Stützpunkte für den Windverband geschaffen.

a. Wagerechter Schnitt oberhalb der Obergurte der Querträger.

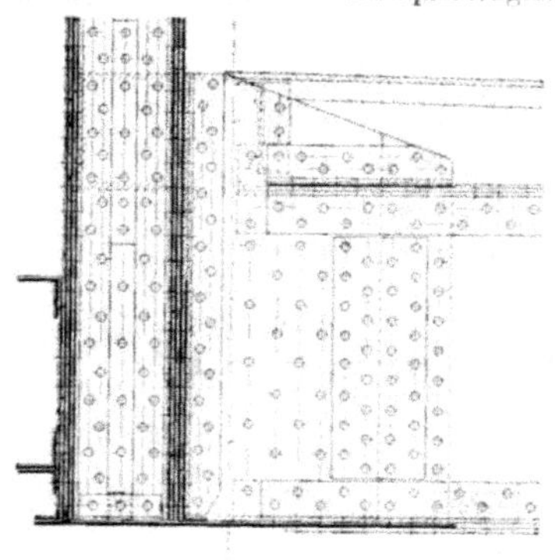

b. Senkrechter Querschnitt und Ansicht des schiefen Endquerträgers.

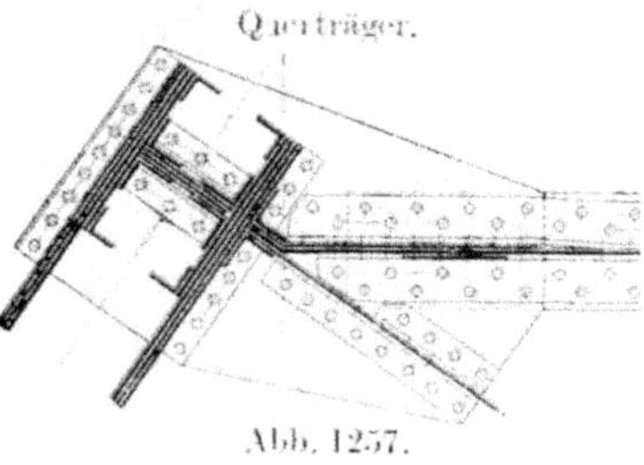

c. Wagerechter Schnitt durch die Querträger.

Abb. 1257.

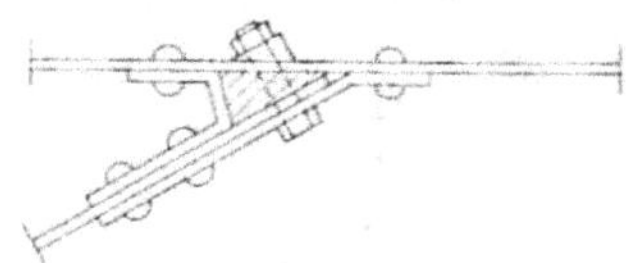

Abb. 1258.

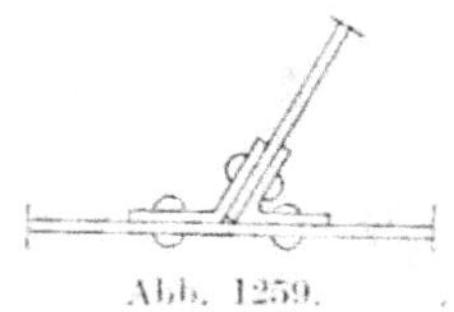

Abb. 1259.

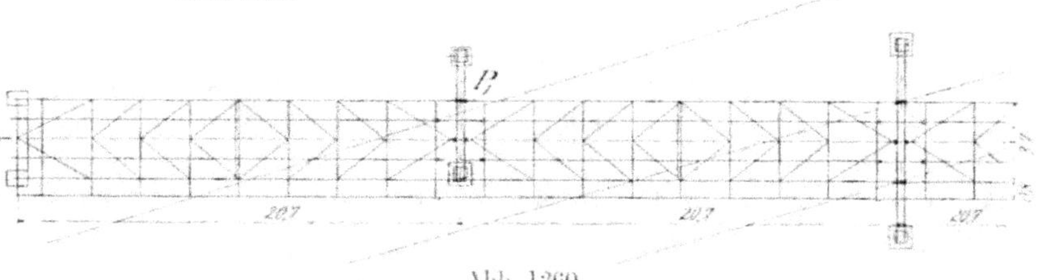

Abb. 1260.

Der Rahmen (Abb. 1261) ist imstande, Windkräfte aufzunehmen, während zwei Pendelsäulen allein keine wagerechten Kräfte nach dem Boden leiten können

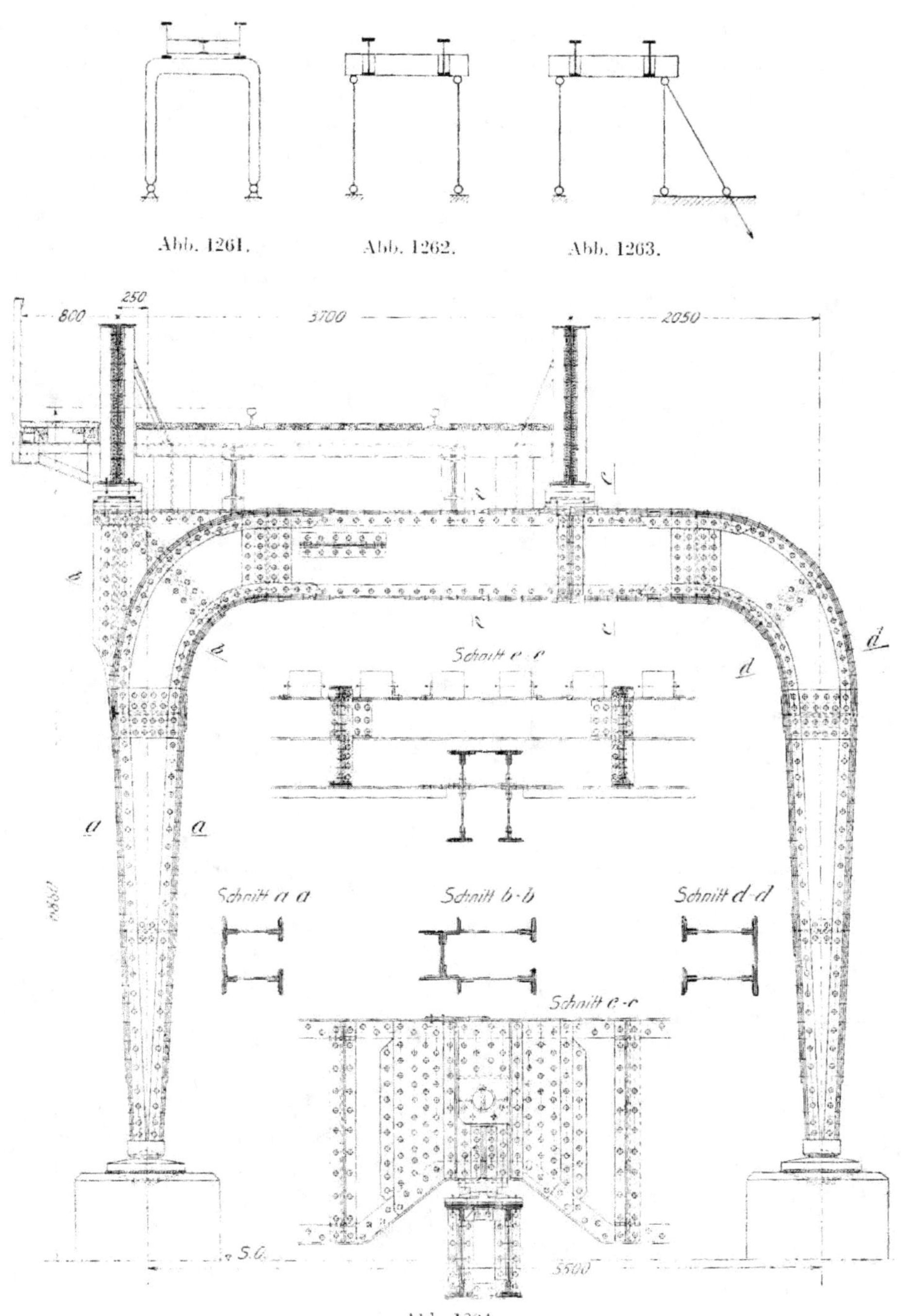

Abb. 1261. Abb. 1262. Abb. 1263.

Abb. 1264.

Hier muß wenigstens die eine der Säulen mit einem Schrägstab zu einem sogenannten Pendelbock vereinigt werden (Abb. 1263), der, falls er verankert ist, nach beiden Richtungen wagerechte, quer zur Brückenachse wirkende Kräfte aufnehmen kann. In der Abb. 1264 ist das Portal P_1 der in der Abb. 1260 veranschaulichten Überführung in den Einzelheiten wiedergegeben. Die benachbarten Hauptträger sind über dem Portal gelenkig zusammengeschlossen und mit einem festen Lager auf dem Portal gelagert. (Über die Ausbildung des Gelenkes ist auf S. 714 nachzulesen.) Die Bauhöhe gestattet die Durchführung des Fahrbahnträgergerippes über dem Portal. Die über dem Portal liegenden Fahrbahnlängsträger sind beiderseitig gelenkig und längsbeweglich gelagert, um die Wirkung der Hauptträgergelenke nicht zu beeinträchtigen. Der Windverband ist aus demselben Grunde beiderseits an den Portalen längsbeweglich angeschlossen. Die Lage der Gleise erforderte die Anordnung des einen der Hauptträger außerhalb der Achse des einen Portalständers.

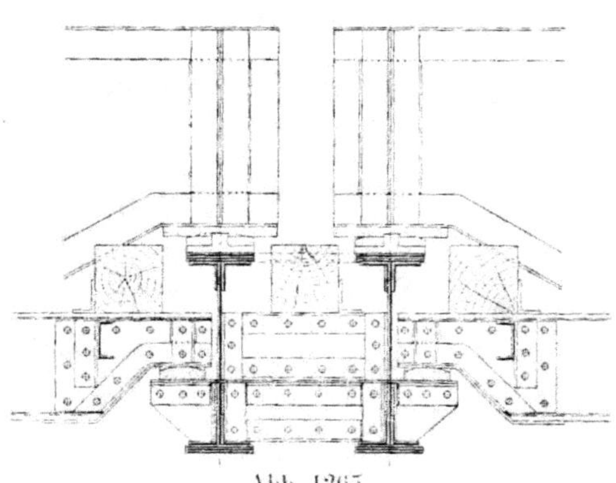

Abb. 1265.

Die zur Verfügung stehende Bauhöhe wird in den wenigsten Fällen gestatten, das Fahrbahnträgergerippe über dem Rahmen, wie bei der in Abb. 1264 dargestellten Ausführung, anzuordnen. Man wird vielmehr oft gezwungen sein, die Fahrbahn so tief wie möglich zu legen. Die Abb. 1265 stellt eine zweckmäßige Anordnung mit tiefliegender Fahrbahn dar. Die Fahrbahnlängsträger sind an das Portal herangeführt und hier auf kleinen, am Portal angeschlossenen Konsolen beweglich gelagert. Der Abstand der unmittelbar an beiden Seiten des Portales liegenden Schwellen würde die vorgeschriebene Größe überschreiten; es ist deshalb zwischen den beiden Portalwandungen eine weitere Querschwelle auf besonderen kleinen Längsverbindungen angeordnet. Außerhalb des für die Schwelle erforderlichen Raumes sind die Wandungen des Portales oben miteinander durch eine Platte verbunden. Jeder der benachbarten Hauptträger ist getrennt auf je einer Wandung des Portales gelagert. Hierdurch entsteht bei einseitiger Verkehrsbelastung eine einseitige Beanspruchung des Portales und in bezug auf das Fußgelenk ein Moment, das durch die Hauptträger selbst und die auf dem einen der Endwiderlager liegenden festen Lager aufgenommen werden muß. Zweckmäßiger ist wohl die in der Abb. 1264 dargestellte Lagerung der Hauptträger.

Eine andersartig ausgebildete, ebenfalls sehr zweckentsprechende Anordnung[1]) mit tiefliegender Fahrbahn ist in Abb. 1266 veranschaulicht. Hier ist ein Unterzug in den Hauptträger eingeschachtelt; rechts vom Unterzug liegt ein

[1]) Vom Geheimen Oberbaurat Labes (gestorben am 25. X. 19) zuerst bei Brücken im Direktionsbezirk Berlin angewendet.

Gelenk, das auf S. 717 näher beschrieben ist. Der Querschnitt des Hauptträgers ist auch über dem Unterzug den hier auftretenden negativen Momenten gewachsen, da durch die kräftige Aussteifung des Unterzuges hindurch Druckspannungen übertragen werden können. Die Fahrbahn ist nur am Gelenk unterbrochen: unmittelbar unter dem Gelenk und rechts davon in 50 cm Entfernung ist je ein

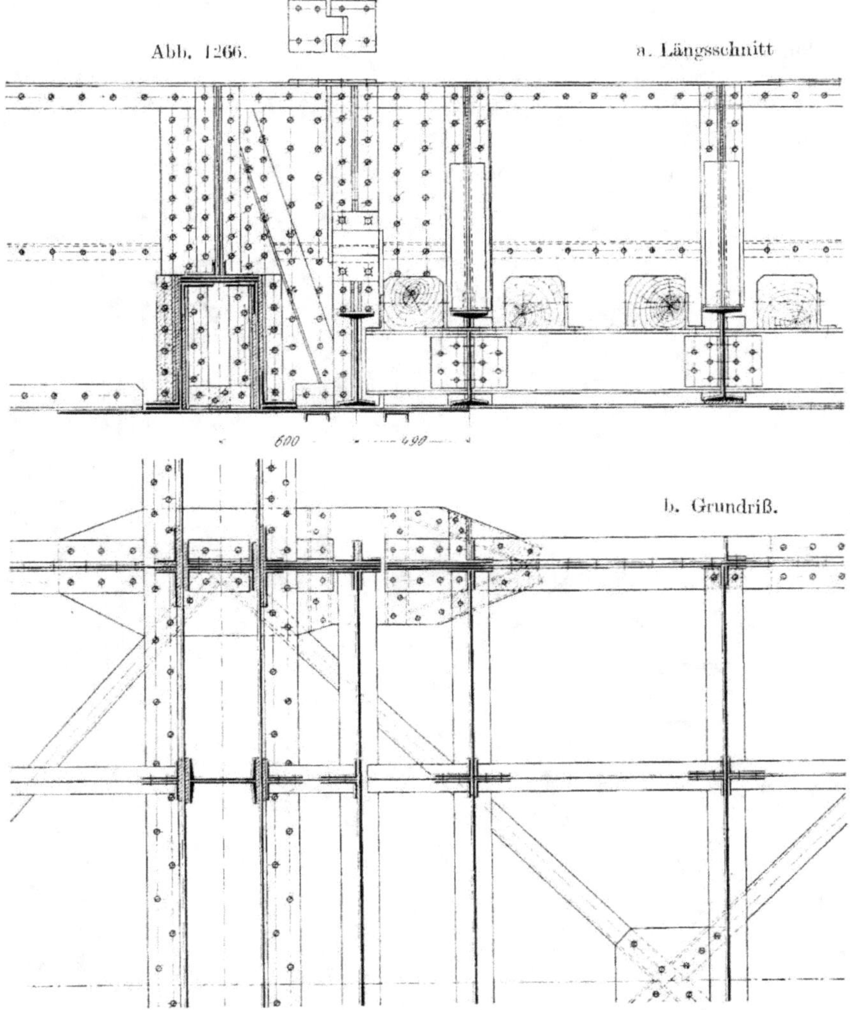

Abb. 1266. a. Längsschnitt b. Grundriß.

Querträger angeordnet. Diese sind nicht miteinander durch die Längsträger verbunden; vom rechten Querträger sind vielmehr zwei Konsolen vorgestreckt, auf welchen eine Querschwelle ruht. Zwischen dem Unterzug und dem rechts benachbarten Querträger liegen in der Richtung der Fahrbahnlängsträger kleine Längsverbindungen, die eine Querschwelle tragen und beiderseits fest angeschlossen sind. Die von links gegen den Unterzug stoßenden Längsträger sind ebenfalls an ihm fest angeschlossen. Die Untergurte der Hauptträger sind unterhalb des Gelenkes durch kräftige Platten verbunden, welche imstande sind, die Windkräfte weiterzuleiten. Man kann auf diese Weise den Windverband von Widerlager zu Widerlager ohne Anordnung von Pendelböcken (Abb. 1263) an den Zwischenstützen durchführen.

Bei größerer Entfernung der Widerlager wird man natürlich, wie schon erwähnt, auch an den Zwischenstützen die Windkräfte durch Pendelböcke aufnehmen, um die Stützweite des Windverbandes zu beschränken. Aus der Abb. 1267 ist die Ausbildung eines Pendelbockes nebst den Verankerungen zu ersehen.

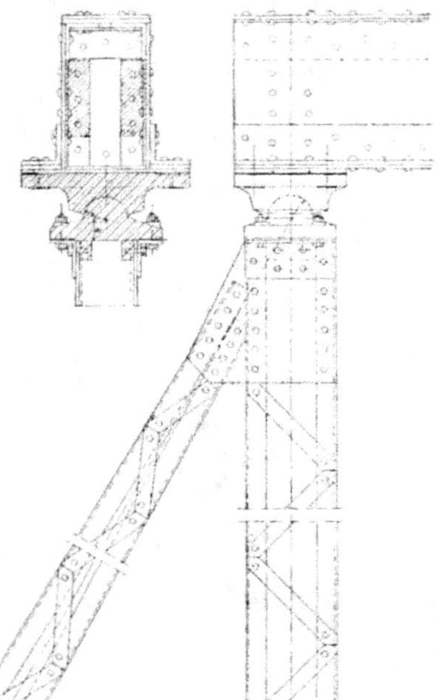

b. Längsschnitt durch das Gelenk.

a. Ansicht des Bockes.

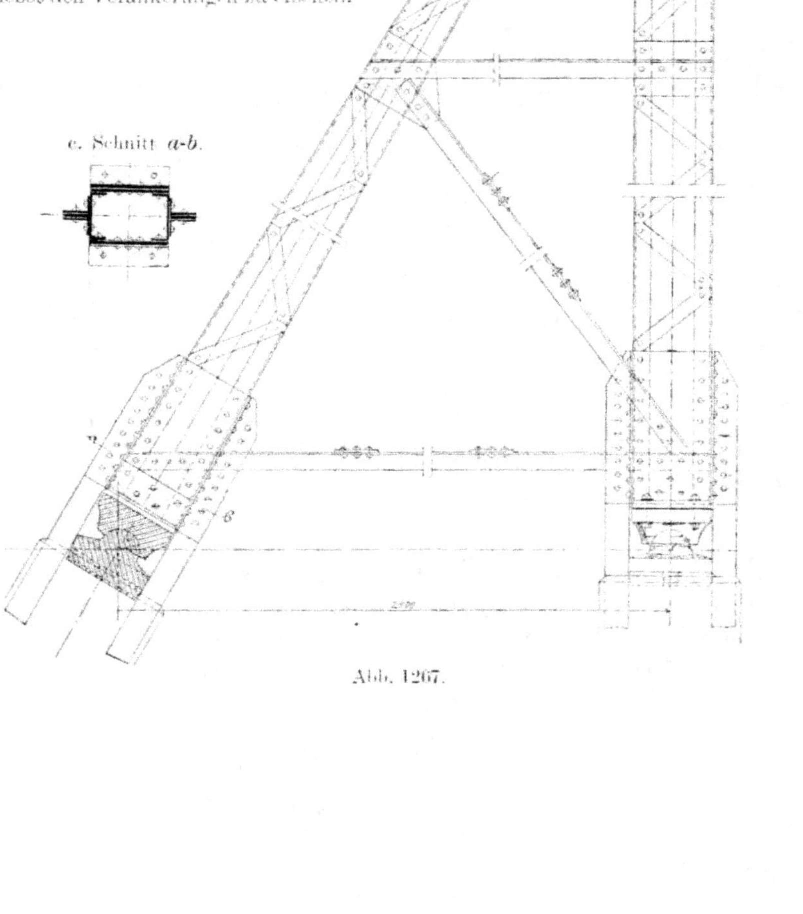

c. Schnitt *a-b*.

Abb. 1267.

Abschnitt XVI.

Anwendungsgebiet der eisernen Brücken. Wahl des Querschnittes, der Hauptträgerform und der Stützweite der eisernen Brücken. Die Durchfahrthöhe unter den eisernen Brücken. Die Bauhöhen der eisernen Brücken.

Nachdem die einzelnen Bestandteile der eisernen Brücken eingehend behandelt sind, sollen einige Angaben über das Anwendungsgebiet der eisernen Brücken, über die Wahl des Querschnittes, der Hauptträgerform und der Stützweite, über die Durchfahrthöhe unter den eisernen Brücken und über die Bauhöhen angefügt werden.

A. Anwendungsgebiet.

Stein und Beton und bei wirklich sorgfältigem Entwurf und bei gewissenhaftester Ausführung auch Eisenbeton sind diejenigen Baustoffe, welche in erster Linie für den Bau von Brücken in Frage kommen. Das Eisen tritt erst dann an die Stelle dieser Baustoffe, wenn technische oder wirtschaftliche Gründe gegen ihre Verwendung sprechen. Diese Regel hat ihren Grund darin, daß die Brücken aus Stein, Beton und Eisenbeton, wenn die Schutzschicht gegen das Eindringen von Wasser unter der Fahrbahn einwandfrei ausgeführt ist, im Gegensatz zu eisernen Brücken nur geringer Überwachung und Unterhaltung bedürfen. Weitere Vorzüge der steinernen Brücken gegenüber solchen aus Eisen sind unbedingte Feuersicherheit, gute Schalldämpfung und geringere Empfindlichkeit gegen die dynamischen Einflüsse der Verkehrslasten. Wegen der mangelnden Zugfestigkeit des Mörtels, des Betons und auch der Steine können Brücken aus Stein oder Beton aber nur als Bogenbrücken ausgeführt werden. Sie bedingen daher guten Baugrund und eine reichliche Bauhöhe. Auch die Eisenbetonbrücken erfordern große Bauhöhen. Diese stehen aber ebenso wie guter Baugrund oft nicht zur Verfügung. Weiter sind Brücken aus Stein, Beton und Eisenbeton bei größeren Spannweiten erheblich teurer als eiserne. Es liegen also sehr häufig technische und wirtschaftliche Hinderungsgründe für den Bau von Brücken aus Stein, Beton oder Eisenbeton vor. Hieraus erklärt sich das überaus große Anwendungsgebiet des Eisenbrückenbaues.

B. Wahl des Querschnittes.

1. Eisenbahnbrücken.

a. Die Fahrbahn kann über den Hauptträgern angeordnet werden.

Nach Möglichkeit legt man die Hauptträger unter die Fahrbahn, weil hierdurch das Fahrbahnträgergerippe ganz erspart oder doch durch die enge Lage der Hauptträger sein Gewicht sehr eingeschränkt werden kann. Mit Vorteil wird bis etwa zu 13 m Stützweite eine Bauweise mit I-Trägern und Betonkappen (siehe Abb. 793 auf S. 467) aus den auf S. 466 angegebenen Gründen verwendet. Bei Stützweiten über 13 m geht man, falls die Bettung durchgeführt werden soll, zu einer Bauweise mit Buckelplatten (Abb. 816 auf S. 483), mit Tonnenblechen (Abb. 778 auf S. 458) oder Flachblechen (Abb. 815 auf S. 482) über. Bei Anwendung von Flachblechen darf der Abstand der Hauptträger voneinander nur 1,0 m, bei Anwendung von Tonnen- oder Buckelblechen bis zu 2,2 m betragen, falls zwischen ihnen keine besonderen Längsträger angeordnet werden sollen. In der Nähe von Bahnhöfen, wo mehrere Gleise nebeneinander liegen und diese durch Weichen verbunden sind oder die Möglichkeit der Gleisverschiebung und der Einlegung von Weichen gewahrt werden soll, reiht man Hauptträger an Hauptträger und erhält so eine zusammenhängende Brückentafel, die eine beliebige Verschiebung der Gleise und die Einlegung neuer Weichen gestattet. Unter Umständen kann man auch durch Einschalten besonderer kleiner Längsträger zwischen je zwei Hauptträgern (Abb. 762 auf S. 449) eine leichtere Bauart erzielen.

Auf der freien Strecke werden bei Brücken, auf denen die Bettung nicht durchgeführt wird, bis zu 20 m Stützweite mit Vorteil die Querschwellen unmittelbar auf den Hauptträgern, die als Blechträger ausgebildet und in einem Abstand von 1,6 bis 2,2 m angeordnet werden, gelagert (vgl. Abb. 814 auf S. 481). Der Vorteil dieser Bauweise liegt darin, daß das Fahrbahnträgergerippe vollständig fortfällt.

Bei größeren Stützweiten wird ein besonderes Fahrbahnträgergerippe sowohl bei Durchführung der Bettung, als auch ohne diese notwendig (vgl. hierzu die Abb. 836 auf S. 497 und Abb. 860 auf S. 511). Für ein Gleis wählt man einen Überbau mit zwei Hauptträgern und für zwei Gleise einen Überbau mit zwei Hauptträgern, zwei getrennte eingleisige Überbauten oder unter Umständen auch zwei eingleisige Überbauten, die zur Erhöhung der Standsicherheit gegen Umkippen durch seitliche Kräfte miteinander durch Dreieckverbände oder auch durch Gelenkstangen (Abb. 1040 auf S. 635) gekuppelt sind. Etwa bis zu 35 m Stützweite werden zwei eingleisige Überbauten nicht teurer als ein zweigleisiger und können, auch wenn sie getrennt sind, so schmal gehalten und in einen solchen Abstand voneinander gelegt werden, daß die Gleismitten die regelrechte Entfernung voneinander behalten können. Bei größeren Stützweiten werden zwei eingleisige Überbauten teurer als ein zweigleisiger Überbau, der außerdem den Vorteil bietet, daß auf ihm der regelrechte Gleisabstand stets durchgeführt werden kann. Für eingleisige, nicht gekuppelte Überbauten wählt man den Abstand der Hauptträger mit Rücksicht auf die Standsicherheit des ganzen Überbaues gegen Umkippen durch Winddruck oder durch Winddruck und Fliehkraft, wobei man sich mit einer 1,3fachen Sicherheit begnügen kann (vgl. S. 90). Man erhält hiernach bei 22 m Stützweite ungefähr 2,2 m und bei 40 m Stützweite ungefähr 3,2 m Hauptträgerabstand. Außerdem ist darauf zu achten, daß die wagerecht zu messende Höhe des Windverbandes mindestens $^1/_{20}$ der Stützweite beträgt. Bei zweigleisigen Überbauten ist für die Breite der Brücken der Umstand entscheidend, daß man die Schienen ungern weit außerhalb der Hauptträger (siehe Abb. 892 auf S. 533) anordnet, und zwar wohl aus dem Grunde, um verhältnismäßig große Zusatzbelastungen für die Hauptträger durch Winddruck auf den Zug zu vermeiden.

Im übrigen ist auch hier die Standsicherheit des Überbaues und das Verhältnis $^1/_{20}$ der Breite zur Stützweite maßgebend. Die Innenkanten der Geländer sind zweckmäßig 2,50 m von der Mitte des benachbarten Gleises anzuordnen (vgl. S. 553). Im übrigen gelten für die Wahl des Querschnittes die Ausführungen auf S. 429 und sinngemäß auch die unter b. folgenden Erörterungen.

b. Die Fahrbahn muß zwischen den Hauptträgern angeordnet werden.

Gestattet es die zur Verfügung stehende Bauhöhe und die erforderliche Höhe der Hauptträger nicht, die Hauptträger unter der Fahrbahn anzuordnen, so wird die Fahrbahn zwischen die Hauptträger gelegt. Hierbei ist der Überstand der Hauptträger über die Fahrbahn ohne weiteres aus der zur Verfügung stehenden Bauhöhe und aus der für die Hauptträger erforderlichen Höhe zu bestimmen. Durch Einzeichnung der Umgrenzung des lichten Raumes, die für das Deutsche Reich durch die Eisenbahn-Bau- und Betriebs-Ordnung in ihren Abmessungen festgelegt ist, ergibt sich alsdann der Abstand der Hauptträger, falls nicht die Rücksicht auf genügende Systemhöhe des Windträgers und auf ausreichende Standsicherheit des Überbaues gegen Umkippen durch Seitenkräfte einen größeren Abstand erfordert. Eingleisige Eisenbahnbrücken, deren Hauptträger mehr als 1 m über Schienenoberkante hervorragen, erfordern nach der Eisenbahn-Bau- und Betriebs-Ordnung eine von Hauptträgermitte zu Hauptträgermitte gemessene Breite von 4,40 + eine Hauptträgerbreite = rd. 4,90 m. Bei weitgespannten eingleisigen Überbauten muß durch Vergleichsrechnungen festgestellt werden, ob nicht mit Rücksicht auf den Windverband größere Breiten als 4,90 m günstigere Abmessungen ergeben. So ist z. B. für die eingleisige, 100 m weit gespannte Eisenbahnbrücke bei Caputh eine Breite von 5,40 m als die günstigste ermittelt worden. Für zweigleisige Brücken ist die Breite um das Maß des Abstandes der beiden Gleismitten zu vermehren, also im allgemeinen zu 5,00 + 3,50 = 8,50 m anzunehmen. Bei kräftigen Endportalen, die bei großen Stützweiten notwendig werden, ist dieses Maß noch zu vergrößern. Ein Spielraum von 5 cm zwischen der Umgrenzung des lichten Raumes und den Bauteilen ist namentlich bei größeren Überbauten mit Rücksicht auf Montageungenauigkeiten sehr erwünscht. Bei Brücken, auf denen die Gleise in einer Krümmung liegen, ist der Abstand entsprechend zu vergrößern (vgl. S. 550).

Handelt es sich um die Überführung eines Eisenbahngleises, so sieht man nur zwei Hauptträger vor. In ganz vereinzelten Fällen ordnet man bei kleinen Stützweiten und bei sehr geringer Bauhöhe auch wohl für jede Schiene zwei Hauptträger, sogenannte Zwillingsträger, an (siehe S. 432). Bei zwei Gleisen kann man einen Überbau mit zwei Hauptträgern oder auch einen Überbau mit drei Hauptträgern, von denen der mittelste zwischen beiden Gleisen liegt, oder schließlich auch zwei getrennte Überbauten mit je zwei Hauptträgern wählen. Der zweigleisige Überbau mit nur zwei Hauptträgern erfordert wegen des großen Abstandes der Hauptträger eine größere Bauhöhe als der zweigleisige Überbau mit drei Hauptträgern und der eingleisige Überbau; er ist aber den beiden anderen dadurch überlegen, daß die Mitten der beiden Gleise unter allen Umständen den regelrechten Abstand von 3,5 m erhalten können, was auf der freien Strecke für den Betrieb von Wichtigkeit ist. Beim eingleisigen Überbau werden die Hauptträger durch die Zugbelastung gleichmäßig beansprucht. Beim zweigleisigen Überbau mit zwei Hauptträgern werden dagegen die Hauptträger beim Befahren nur eines Gleises ungleichmäßig beansprucht und erleiden daher verschieden große Durchbiegungen. Beim zweigleisigen Überbau mit drei Hauptträgern, von denen der mittelste natürlich stärker als die beiden äußeren ausgebildet werden muß, wird sich bei Belastung nur eines Gleises der äußere Hauptträger stärker durchbiegen als der mittelste. Sind nun die Querverbindungen mit den Hauptträgern fest vernietet, so werden diese Verbindungen durch die ungleichen Durchbiegungen erheblich beansprucht. Ein großer Nachteil ist jedoch in diesem Umstande nicht zu erblicken, da erfahrungsgemäß zweckmäßige Anschlüsse der Querverbindungen an den Hauptträgern diesen Beanspruchungen durchaus gewachsen sind. Steht eine genügend große Bauhöhe zur Verfügung und wird auf Durchführung des regelrechten Abstandes der Gleismitten Wert gelegt, so wird man stets den zweigleisigen Überbau mit zwei Hauptträgern wählen. Bei sehr geringer Bauhöhe wird man zu einem zweigleisigen Überbau mit drei Hauptträgern oder zu zwei getrennten Überbauten greifen; man muß dann aber schon bei kleinen Stützweiten auf die Durchführung des regelrechten Gleisabstandes verzichten. Zwei getrennte Überbauten besitzen den nicht zu unterschätzenden Vorteil, daß sie später einzeln außerhalb des Betriebes verstärkt oder ausgewechselt werden können, falls es möglich ist, den Betrieb vorübergehend auf einem Gleise zu bewältigen. Mehr als zwei Gleise werden in der Regel nicht auf einem Überbau vereinigt.

Werden zwei getrennte Überbauten angeordnet, so genügt bei Blechträgern und Fachwerkträgern mit einwandigen Gurtquerschnitten für die Unterhaltung in Anbetracht des Umstandes, daß die Niete von der Brücke aus geschlagen werden können, ein Abstand von 0.55 m von Wand zu Wand der inneren Hauptträger. Zweiwandige Gurtquerschnitte erfordern dagegen einen Abstand von Außenwand zu Außenwand der mittleren Hauptträger von rd. 0.75 m, weil die Ersatzniete in den Außenwandungen nur von dem Zwischenraum zwischen den mittleren Hauptträgern geschlagen werden können.

Über die Lage der Fußsteige zum Querschnitt der Brücke ist auf S. 552 u. f. nachzulesen.

2. Straßenbrücken.

Auch bei Straßenbrücken ist für kleinere Stützweiten bis 13 m die Bauweise mit Walzträgern und Betonkappen (Abb. 181 auf S. 154 und Abb. 943 auf S. 570) zu empfehlen. Bei Stützweiten über 13 m eignen sich auch hier Bauweisen, bei denen die aus Buckelplatten, Tonnenblechen oder Flachblechen bestehende Fahrbahntafel unmittelbar auf den Hauptträgern gelagert wird. Dabei werden die Hauptträger ebenso wie bei den Eisenbahnbrücken in einen solchen Abstand voneinander (vgl. S. 776) gelegt, daß er von einer Buckelplatte, von einem Tonnenblech oder von Flachblechen ohne Anordnung weiterer Längsträger überspannt werden kann (Abb. 939 auf S. 565). Ebenso wie bei den Eisenbahnbrücken ist auch für größere Stützweiten bei den Straßenbrücken danach zu streben, die Hauptträger unter die Fahrbahn zu legen, weil hierbei der Abstand der Hauptträger kleiner als bei tiefliegender Fahrbahn gehalten werden kann und infolgedessen die Länge und damit das Gewicht der Querträger geringer ausfällt. Auch vom schönheitlichen Standpunkte ist die Lage der Hauptträger unter der Fahrbahn entschieden die beste. Hierbei können zwei oder mehr Hauptträger angeordnet werden. Bei zwei Hauptträgern ist die Lastverteilung auf diese einfach nach dem Hebelgesetz zu bestimmen, während die genaue Ermittlung der Lastverteilung bei mehr als zwei Hauptträgern, falls nicht durch Einfügung von Gelenken in den Querträgern für statisch bestimmte Lagerung der letzteren gesorgt ist, auf Schwierigkeiten stößt. Für die Wahl der einen oder der anderen Anordnung ist die Kostenfrage ausschlaggebend, die bei großen Stützweiten im allgemeinen wohl zugunsten der Anordnung von nur zwei Hauptträgern ausfällt, weil bei großen Stützweiten die Kosten für die Bearbeitung der Hauptträger mehr ins Gewicht fallen als die Kosten für die Bearbeitung des Fahrbahnträgergerippes. Bei kleinen Stützweiten tritt der umgekehrte Fall ein. Der Abstand der äußersten Hauptträger ist in beiden Fällen meist dadurch gegeben, daß man die den Fahrdamm begrenzenden Bordsteine nicht weit außerhalb der Mittellinien dieser Hauptträger anordnet. Natürlich ist unter Umständen auch die Standsicherheit gegen Umkippen durch seitliche Kräfte für den Abstand maßgebend. Bei einer Anordnung von mehr als zwei Hauptträgern schwankt der Abstand der einzelnen Hauptträger voneinander zwischen 2 und 4 m.

Für größere Stützweiten wird die zur Verfügung stehende Bauhöhe in vielen Fällen nicht gestatten, die Fahrbahn auf den Hauptträgern zu lagern. Man wird vielmehr gezwungen sein, die Hauptträger über die Fahrbahn hervorragen zu lassen. In diesem Falle wird man nur sehr selten bei ungewöhnlich breiten Überführungen mehr als zwei Hauptträger anordnen.

Die Breite der Fahrbahn und der Fußsteige der Straßenbrücken richtet sich nach der Art und der Größe des bestehenden oder zu erwartenden Verkehrs, und insofern auch nach der Querschnittsanordnung, als Hauptträger, die über der Fahrbahn liegen und die Fußwege von der Fahrbahn trennen, einen Teil der nutzbaren Brückenbreite fortnehmen. Der Verkehr zerfällt in der Hauptsache in Wagenverkehr und Fußgängerverkehr. Der Reit- und Fahrradverkehr ist von untergeordneter Bedeutung. Der Wagenverkehr ist entweder ein freier — ohne feste Spur — oder er ist an eine feste Spur (Gleis) gebunden. Ein Fußgänger braucht zum bequemen Gehen eine Breite von 0,75 m. Eingängige Fußsteige von Deckbrücken und eingängige, innerhalb der Hauptträger von Trogbrücken liegende Fußsteige werden jedoch mit Rücksicht auf die über den Bordstein ragenden Fahrzeuge besser 1,0 m breit ausgeführt. Die Breite mehrgängiger Fußsteige wählt man gleich einem Vielfachen von 0,75 m. Die Bespannung nimmt bei leichten Fuhrwerken eine Breite von 1,55 m, bei schweren Lastfuhrwerken bis zu 2,3 m ein. Die Spurweite von Wagen, die an keine feste Spur gebunden sind, beträgt vielfach 1,52 m; schwere Lastfuhrwerke haben eine Spurweite bis zu 2,0 m. Die Straßenbahnen weisen meist die Regelspur der Vollspurbahnen von 1,435 m auf. Die größte Breite von Personenfuhrwerken beträgt 2,2 m, von Straßenbahnwagen ebenfalls 2,2 m und von Lastfuhrwerken 2,50 m. Die Ladungsbreite der Fuhrwerke ist im allgemeinen nicht breiter als die Breite der Fuhrwerke selbst, nur bei Heuwagen kommen Ladungsbreiten von 3,20 m vor.

Die über die Fahrbahn erhöhte und von den Bordsteinen gebildete Schrammkante hat den Zweck, die Fuhrwerke von den Fußsteigen fernzuhalten und bei Brücken mit Hauptträgern, die über der Fahrbahn und zwischen der Fahrbahn und den Fußsteigen liegen, das Tragwerk der Hauptträger vor Beschädigungen durch Fuhrwerke und umgekehrt zu schützen. Bei einer größten Ladungsbreite von 2,50 m für feste Gegenstände, 1,52 m Spur und 8 cm Felgenbreite erhält man eine Ausladung von $\frac{2{,}50 - (1{,}52 + 0{,}08)}{2} = 0{,}45$ m über die Außenkante der Räder hinaus. Rechnet man hierzu einen Spielraum von 5 cm, so erhält man als Abstand der Schrammkante von Hauptträgern, die über die Fahrbahn hinausragen und zwischen dieser und den Gehwegen liegen, das Maß von 0,50 m, das bei einspurigen Brücken wegen der geringen Geschwindigkeit des maßgebenden Verkehrs in der Regel auf 0,40 m zugunsten der Fahrbahn eingeschränkt werden kann. Zwischen Wagen, die in festen Gleisen fahren, muß nach den „Bau- und Betriebsvorschriften für Straßenbahnen mit Maschinenbetrieb" ein Abstand von 0,40 m vorhanden sein. Der Abstand der Mitte von Straßenbahngleisen von den Randsteinen der Fußsteige muß nach denselben Vorschriften mindestens die Hälfte der größten Breite der Betriebsmittel betragen. Zwischen Fuhrwerken, die nicht an eine feste Spur gebunden sind, unter sich und zwischen solchen und Straßenbahnwagen ist bei der Bemessung der Fahrbahnbreite ein Spielraum von mindestens 0,30 m anzunehmen.

Die Brückenbreite ist, wie schon gesagt, dem vorhandenen und zu erwartenden Verkehr anzupassen. Im übrigen ist es nicht nötig, daß die Brücke die Breite der Straße, in deren Zuge sie liegt, erhält; denn auf städtischen Brücken halten an den Bürgersteigen nicht, wie in den Straßen selbst, Fuhrwerke, Räder und Karren, und auf Brücken in Landstraßen und Feldwegen braucht auf die Überholung von Fuhrwerken im allgemeinen keine Rücksicht genommen zu werden.

Die Festsetzung einheitlicher Breitenabmessungen von Straßenbrücken für die verschiedenen Verkehrsgattungen ist für den Verkehr und die Wirtschaftlichkeit der Straßenbrücken außerordentlich wichtig. Bisher fehlte es an solchen einheitlichen Abmachungen. Diesem Mangel wird hoffentlich recht bald durch die Arbeiten des Arbeitsausschusses für Straßenbrücken des Normenausschusses der Deutschen Industrie abgeholfen. Die im Benehmen mit den zuständigen Behörden durchgeführten Arbeiten dieses Ausschusses sind in dem folgenden Normenentwurf niedergelegt, der voraussichtlich bald genehmigt wird.

a. Breiten.

Für einspurige Brücken ohne den Regelverkehr der Feldwege und für mehr als dreispurige (großstädtische) Brücken sind mit Rücksicht auf die großen Verschiedenheiten der jeweils maßgebenden Verhältnisse keine besonderen Normen aufgestellt worden.

Einspurige Brücken.

Norm I.

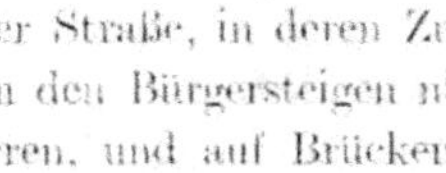

Abb. 1268.

Für Feldwege, unterhaltene Fahrwege und untergeordnete Straßen, wenn der Verkehr größter landwirtschaftlicher Maschinen nicht in Frage kommt oder über eine benachbarte breitere Brucke geleitet werden kann. Die Schrammborde können auf Kosten der Fahrbahn um je 0,10 m verbreitert werden.

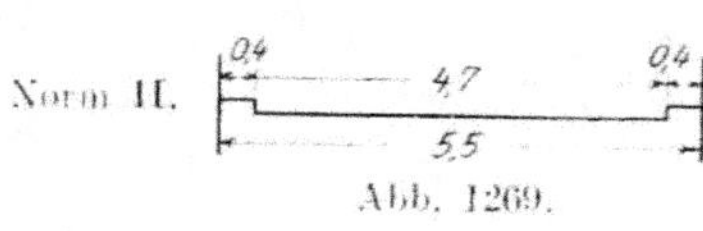

Abb. 1269.

Für Feldwege, unterhaltene Fahrwege und Straßen, geeignet für den Verkehr der größten landwirtschaftlichen Maschinen. (Ist für gewöhnliches ländliches Fuhrwerk zweispurig.) Die Schrammborde können auf Kosten der Fahrbahn um je 0,10 m verbreitert werden.

Zweispurige Brücken.

Norm III.

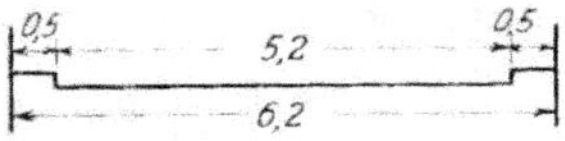

Abb. 1270.

Für Land- und Stadtstraßen mit geringem Fußgängerverkehr.

Norm IV.

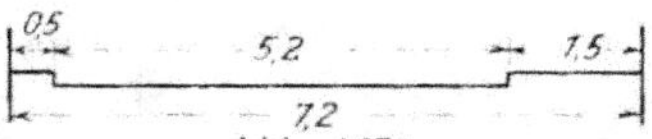

Abb. 1271.

Für Land- und Stadtstraßen mit erheblichem einseitigen Fußgängerverkehr. Ist auch mit je 1 m breiten Fußwegen für beiderseitigen Fußgängerverkehr ausführbar.

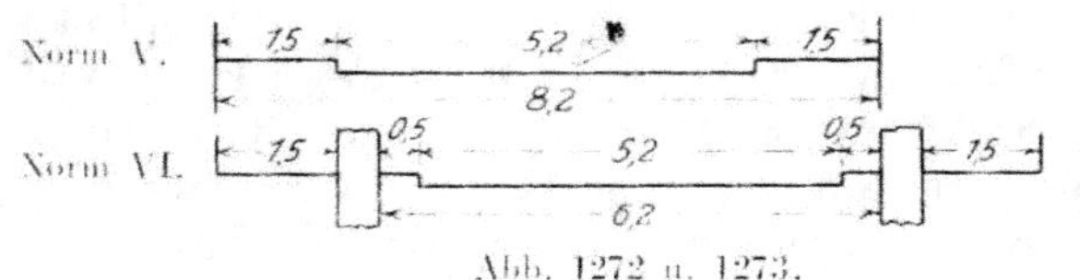

Abb. 1272 u. 1273.

Für Land- und Stadtstraßen mit erheblichem Fußgängerverkehr.

Dreispurige Brücken.

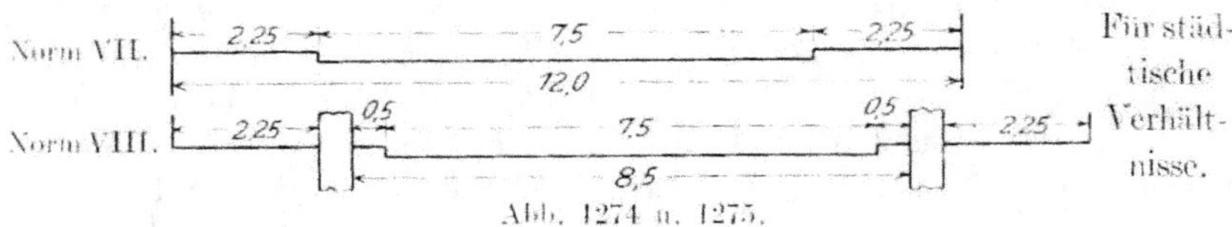

Abb. 1274 u. 1275.

Für städtische Verhältnisse.

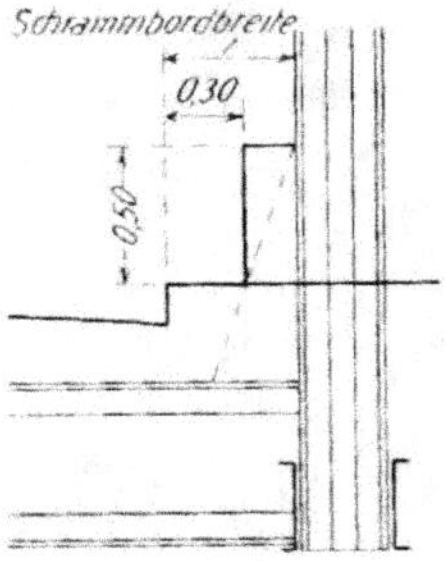

Für noch breitere Fahrbahnen empfiehlt sich ein Vielfaches von 2,5 m.

Die Schrammbordbreite rechnet von den Füllungsstäben der Hauptträger (bzw. vom Geländer) an, wenn die Gurtungen den lichten Raum über dem Schrammbord bis zu einer Höhe von 3,50 m nicht einschränken; sonst sind die Gurtungen maßgebend. An den Endpfosten ist eine Einschränkung der Schrammbordbreite auf 0,35 m zulässig.

Abb. 1276.

Die Fußwegbreite rechnet von den Füllungsstäben der Hauptträger (bzw. vom Geländer) an, wenn die Gurtungen den lichten Raum über den Fußwegen bis zu einer Höhe von 2,5 m nicht oder höchstens auf eine Länge von $^1/_{10}$ der Brückenspannweite einschränken, sonst sind die Gurtungen maßgebend. An den Endpfosten ist eine Einschränkung der Fußwegbreiten um 0,15 m zulässig.

Der lichte Raum über dem Schrammbord braucht nur in einer Breite von 0,30 m von der Schrammkante an in ganzer Höhe freigehalten zu werden (Abb. 1276). Weiterhin sind bis zu einer Höhe von 0,50 m über dem Schrammbord Einbauten zulässig.

b. Lichte Höhe.

Die lichte Höhe über der Fahrbahn soll in der Regel mindestens 4,5 m betragen. An beiden Seiten der Fahrbahn ist auf eine Breite von je 0,5 m eine geringe Einschränkung der lichten Höhe zulässig. Die lichte Höhe über den Fußwegen soll mindestens 2,5 m betragen.

Maßgebend für die Fahrbahnbreite der einspurigen Brücken sind letzten Endes die landwirtschaftlichen Maschinen. Norm I ist nach der Spurweite der gebräuchlichsten, Norm II nach der Spurweite der größten Geräte bemessen. Norm I wird in der Regel auch im Bereiche von landwirtschaftlichen Großbetrieben genügen, da die breitesten Maschinen vielfach eine Langfahrvorrichtung besitzen oder über eine benachbarte breitere Brücke geleitet werden können. Auf Brücken der Norm II können sich ländliche Fuhrwerke, die selten breiter als 1,80 m sind, mit 1,10 m Spielraum begegnen. Ein solches Fahrzeug kann ferner gerade noch neben einem 3,20 m breit beladenen Heuwagen verkehren. Obwohl also diese Norm für ländlichen Verkehr zweispurig ist, zählt sie mit Rücksicht auf den maßgebenden Verkehr der landwirtschaftlichen Maschinen zu den einspurigen Brücken. Derartige Brücken werden auch nur für einen einspurigen Lastenzug zu berechnen sein, so daß sie sich von den nur wenig breiteren Brücken der Norm III wesentlich unterscheiden. Zweispurige Brücken liegen im Zuge der Land- und Stadtstraßen, für die der Lastwagenverkehr maßgebend ist. Die Fahrbahnbreite von 5,20 m gestattet das Begegnen zweier Lastkraftwagen von 2,50 m Breite mit 0,40 m Spielraum, wenn die Fahrzeuge je 0,20 m über die Schrammborde neigen. Bei geringem Fußgängerverkehr sind besondere Fußwege entbehrlich: Norm III. Außerhalb der Ortschaften bewegt sich der Fußgängerverkehr in der Regel nur auf einer Straßenseite; dem entspricht Norm IV mit einem einseitigen zweigängigen Gehweg von 1,50 m Breite. Ergibt sich bei Trogbrücken infolge der einseitigen Lage des Fußweges für den einen Hauptträger eine ungünstigere Belastung als für den andern, so wird es sich in der Regel empfehlen, nur den ungünstiger belasteten Hauptträger zu berechnen und dem anderen die gleichen Abmessungen zu geben. Aus Norm IV kann ohne erhebliche Änderungen für Brücken mit beiderseitigem, mäßigem Fußgängerverkehr eine Bauweise mit zwei je 1,0 m breiten Fußwegen geschaffen werden. Erheblicher Fußgängerverkehr erfordert beiderseitige zweispurige Fußwege. Je nachdem diese innerhalb oder außerhalb der Hauptträger liegen, ergibt sich Norm V oder VI. Letztere muß u. U. nachts beleuchtet werden, ist aber wegen der Trennung von Fußwegen und Fahrbahn bei regem Verkehr etwas leistungsfähiger als Norm V. Die Fahrbahn der dreispurigen Brücken ist zu 7,50 m bemessen. Dieses Maß genügt zwar nicht für drei schwerste Lastkraftwagen; aber das Überholen zweier sehr breiter Fahrzeuge bei gleichzeitiger Begegnung eines ebensolchen dritten Fahrzeuges auf der Brücke ist so unwahrscheinlich, daß man damit nicht zu rechnen braucht. Da dreispurige Brücken nur für städtische Verhältnisse in Frage kommen, ist im Regelfalle starker Fußgängerverkehr zu berücksichtigen. In den Normen VII und VIII sind daher dreigängige Fußwege mit je 2,25 m Breite vorgesehen. Erstere Norm gilt für Deck-, letztere für Trogbrücken. Für mehr als dreispurige Brücken sind mit Rücksicht auf die großen Verschiedenheiten des jeweils maßgebenden Verkehrs und der sonst zu stellenden Anforderungen keine besonderen Normen aufgestellt worden. Das geeignetste Maß für die Fahrbahnen solcher Brücken ist das ihrer Spurenzahl entsprechende Vielfache von 2,50 m.

Die Gurtungen der Hauptträger dürfen den lichten Raum über der Schrammbordbreite bis zu einer Höhe von 3,50 m und über der nutzbaren Fußwegbreite bis zu einer Höhe von 2,5 m nicht einschränken. Wird die Brückenbahn von Gurtungen durchschnitten, die breiter als die Füllungsstäbe sind, so soll indes mit Rücksicht auf die Anpassungsfähigkeit des Fußgängerverkehrs die nutzbare Fußwegbreite gleichwohl von den Füllungsstäben ab gerechnet werden, sofern die Einschränkung der Fußwege sich nur auf eine Länge von höchstens $^1/_{10}$ der Brückenspannweite erstreckt. Die Endpfosten der Hauptträger dürfen die Schrammbordbreite und die nutzbare Fußwegbreite um ein geringes Maß einschränken. Der lichte Raum über dem Schrammbord wird bis zu einer Höhe von 0,50 m vom Verkehr nur in geringer Breite benötigt, da der für die Bemessung des Schrammbordes maßgebende Fahrzeugkasten nur ganz ausnahmsweise niedriger als 0,70 m über der Straßendecke und der Schrammbord nicht höher als 0,20 m über der Fahrbahn liegt. Der 0,30 m überschreitende Teil der Schrammbordbreite ist daher bis zur angegebenen Höhe für die Konstruktion, z. B. für die Anordnung von Eckblechen beim Anschluß der Querträger an den Hauptträgern, benutzbar. Eine Einschränkung des lichten Profils über den Fußwegen durch Eckbleche ist nicht vorgesehen. Für die lichte Höhe über den Fußwegen sind lasttragende Menschen, für die Mindestdurchfahrthöhe über der Fahrbahn insbesondere Heuwagen und elektrische Bahnen mit Oberleitung maßgebend. Die freie Durchfahrthöhe ist indes erst in einem Abstand von 0,50 m von der Schrammkante in vollem Umfange erforderlich. Bei innenliegenden Fußwegen ist innerhalb der einem Schrammbord entsprechenden Breite von 0,50 m sinngemäß eine Lichthöhe von 3,50 m freizuhalten.

Zweigleisige Straßenbahnen erfordern die Anordnung von drei- und mehrspurigen Brücken. Überwiegt bei dreispurigen Brücken ein schwerer Lastverkehr in der einen Richtung, so sieht man für diesen den rechts — in seiner Richtung — gesehenen Teil der Fahrbahn vor und ordnet die beiden Straßenbahngleise nebeneinander auf der anderen Seite an. Bei mehr als dreispurigen Brücken legt man die beiden Straßenbahngleise an die beiden Seiten oder auch in die Mitte.

Wie schon auf S. 598 gesagt ist, werden bei Trogbrücken die Fußsteige auch bei großer Brückenbreite in dem Falle innerhalb der Hauptträger angeordnet, daß auf freien Durchblick in der ganzen Breite der Straße und auf ungehinderten Querverkehr von den Fußsteigen zur Fahrbahn großer Wert gelegt wird.

3. Vereinigte Eisenbahn- und Straßenbrücken.

Soll eine Eisenbahn und eine Straße gemeinsam überführt werden, so ordnet man in dem Falle, daß es sich um eine eingleisige Eisenbahn und um eine schmalere Straße handelt, auch bei Trogbrücken, Eisenbahn- und Straßenfahrbahn nebeneinander auf einem gemeinschaftlichen Überbau an. Auf Nebenbahnstrecken mit geringem Verkehr sieht man auch für die Straße keinen besonderen Teil der Brücke vor, sondern läßt die freien Fahrzeuge die besonders herzurichtende (Abb. 745, 746 u. 747 auf S. 442 u. 443) Eisenbahnfahrbahn mitbenutzen. Für die Überfahrt der Eisenbahnzüge wird die Brücke für den Fuhrwerkverkehr gesperrt.

Zweigleisige Eisenbahnen und breitere Straßen überführt man bei Trogbrücken nicht nebeneinander auf einem gemeinschaftlichen Überbau mit zwei Hauptträgern, weil in diesem Falle wegen des großen Hauptträgerabstandes die Querträger zu schwer ausfallen würden. Man ordnet vielmehr aus wirtschaftlichen Gründen besser zwei getrennte Überbauten an und lagert diese auf gemeinsamen

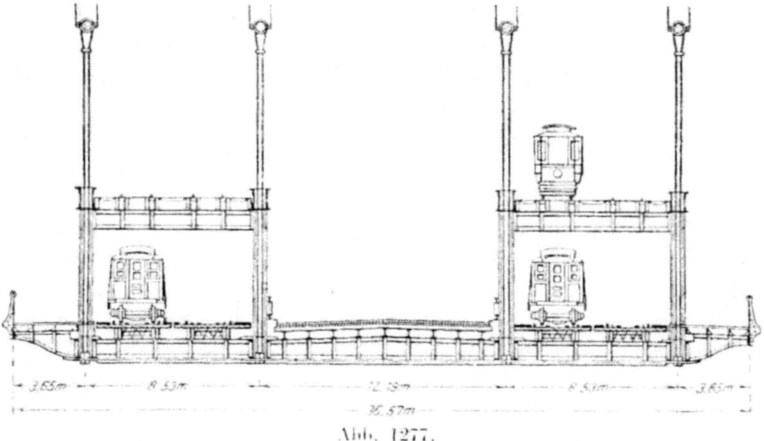

Abb. 1277.

Pfeilern. Noch größere wirtschaftliche Vorteile erzielt man, wenn man die Eisenbahnfahrbahn und Straßenfahrbahn auf gemeinsamem Überbau übereinander anordnet. Jedoch wird diese Anordnung wegen der Steigungsverhältnisse nur in wenigen Fällen ausführbar sein. Liegt die Straßenfahrbahn über der Eisenbahnfahrbahn, und wird die Eisenbahn mit Dampf betrieben, so muß die Straßenfahrbahn durch Beton gegen den zerstörenden Einfluß der Rauchgase geschützt werden.

Bei großem, weltstädtischem Verkehr werden auch zuweilen die verschiedenen Fahrbahnen zugleich nebeneinander und übereinander angeordnet. So zeigt z. B. die Manhattan-Brücke über den East River in New York den in der Abb. 1277[1]) dargestellten Querschnitt mit vier Hauptträgern. Zwischen den mittleren Hauptträgern liegt die Straßenfahrbahn; rechts und links von den mittleren Hauptträgern sind je zwei Gleise für elektrische Straßenbahnen, über diesen je zwei Gleise für Vorortbahnen und außerhalb der äußersten Hauptträger zwei Fußsteige angeordnet. Die Breitenabmessungen sind aus der Abbildung zu ersehen.

[1]) Aus „Eisenbau“ 1911, S. 161.

C. Wahl der Hauptträgerform.

Wie bereits in der Abhandlung über die Ausbildung der Hauptträger eingehend erörtert ist, ist der gegliederte Träger an Stelle des vollwandigen Trägers erst dann auszuführen, wenn er dem letzteren wirtschaftlich überlegen ist.

Ob man für eine Brücke nur eine oder mehrere Öffnungen wählt, und welche Lichtweite den einzelnen Öffnungen zu geben ist, hängt erstens von den Kosten[1]), dann aber auch von manchen anderen Rücksichten ab. Z. B. wird man bei der Überbrückung eines Flusses die Anzahl der Öffnungen nicht allein durch die Kostenfrage bestimmen können, sondern es sprechen hier die Rücksichten auf das Durchflußprofil und die Schiffahrt mit. Bei Überführungen über Eisenbahngleise in der Nähe von Bahnhöfen, wo eine große Übersichtlichkeit notwendig ist und die Möglichkeit, die Gleisanlage verändern zu können, gewahrt werden muß, sind Mittelstützen tunlichst zu vermeiden oder wenigstens in ihrer Anzahl zu beschränken. Anderseits wird man bei Überführungen von Straßen die Mittelstützen gern in dem Falle anordnen, daß durch sie die Möglichkeit geschaffen wird, die Hauptträger unter die Fahrbahn zu legen. Eine Straßenbrücke mit Hauptträgern, die nicht über die Fahrbahn hinausragen, ist fraglos vom Schönheitsstandpunkte aus die beste. Auch bei Eisenbahnüberführungen über städtische Straßen wird man häufig die Mittelstützen nicht entbehren können, um die Hauptträger niedrig halten und ihre Oberkante möglichst noch unter dem untersten Absatz der Umgrenzung des lichten Raumes anordnen zu können, da sich sonst große, für die Gleisentwicklung unbequeme Gleisabstände ergeben. In Straßenzügen und auch zwischen Eisenbahngleisen wird man die Mittelstützen gern aus Eisen herstellen, um sie recht schmal halten zu können. Die Träger werden in diesem Falle als Gerber- oder durchlaufende Träger ausgebildet. Die letzteren sind mit Vorteil überall dort anzuwenden, wo ein fester Baugrund die unveränderte Höhenlage der Stützen gewährleistet. In Berlin, wo man in dem gut abgelagerten Sande einen geeigneten Baugrund vor sich zu haben glaubte, hat man mit den durchlaufenden Trägern sehr schlechte Erfahrungen gemacht. Die eisernen Mittelstützen der Eisenbahnüberführungen haben sich im Laufe des Betriebes durchweg gesenkt. Der Grund zu dieser Erscheinung liegt darin, daß die eisernen Mittelstützen mit ihren kleinen Grundmauern den Lasten und Stößen des Betriebes im Gegensatz zu den Widerlagern zu wenig Masse entgegensetzen und allmählich *in den Baugrund eingehämmert werden. Man sollte daher die durchlaufenden* Träger mit eisernen Mittelstützen nur da anwenden, wo die Fundamente auf Fels gesetzt werden können. Der Gerberträger ist gegen Nachgiebigkeit der Stützen unempfindlich, steht dem durchlaufenden Träger aber deshalb nach, weil die Ausbildung der Gelenke und die Unterbrechung der Fahrbahn Schwierigkeiten bereiten. In dem Falle, daß die Mittelstützen als Steinpfeiler ausgebildet werden und Balkenträger angeordnet werden sollen, werden die Hauptträger der Überbauten als durchlaufende Träger ohne Gelenke, als Gerberträger oder als einfache Balkenträger über den einzelnen Öffnungen ausgeführt. Die durchlaufenden Träger sind stets,

[1]) Vgl. „Die wirtschaftlich günstigste Anordnung einer Brückenanlage" von Professor Dr. techn. Schönhöfer. Verlag von Wilhelm Ernst und Sohn.

die Gerberträger aber nur bei großen Stützweiten billiger als einfache Balken über den einzelnen Öffnungen. Die durchlaufenden Träger sind aber sehr empfindlich gegen Stützensenkungen, und die Gerberträger bieten in der Durchbildung der Gelenkpunkte bauliche Schwierigkeiten. Beide Trägerarten sind außerdem nicht so einfach zu berechnen wie der einfache Balken. Dieser wird daher am meisten ausgeführt. Auch bei der Überbrückung einer Öffnung ist er die gebräuchlichste Trägerart. Der gegliederte einfache Balkenträger wird bis zu Stützweiten von 55 m meist als Parallelträger ausgeführt (Abb. 1278). Er ist zwar schwerer als der Parabelträger (Abb. 1279), bietet aber viel weniger Schwierigkeiten in der Herstellung als dieser. Auch gestaltet sich seine Berechnung einfacher. Ferner kann man bei Stützweiten über 40 m einen durchgehenden oberen Windverband anordnen. Für größere Stützweiten eignet sich der abgestumpfte Parabelträger (Abb. 1280). Bei tiefliegender Fahrbahn wirken die senkrechten Endabschlüsse der Träger (Abb. 1278 u. 1280) sehr hart; abgeschrägte Enden (Abb. 1281 u. 1282) leiten in einer für das Auge gefälligeren Form von dem hochliegenden Obergurt zur Fahrbahn über. Die Formen mit abgeschrägten Enden sind daher sehr beliebt. Das Strebenfachwerk ist wegen der geringeren Anzahl der Knotenpunkte billiger

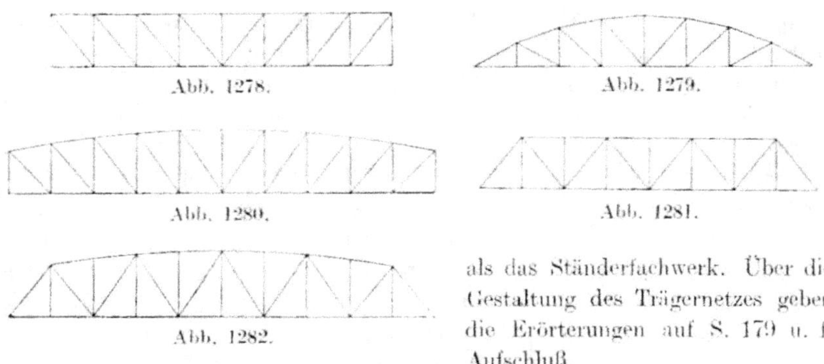

Abb. 1278.

Abb. 1279.

Abb. 1280.

Abb. 1281.

Abb. 1282.

als das Ständerfachwerk. Über die Gestaltung des Trägernetzes geben die Erörterungen auf S. 179 u. f. Aufschluß.

Über Straßen und schiffbaren Wasserläufen ist die Bauhöhe oft nur im mittleren Teil beschränkt, während an den beiden Seiten die Konstruktion der Überführung tiefer herunterreichen kann. In diesem Falle werden Bogenträger deshalb mit Vorteil verwendet, weil sie unter der Fahrbahn angeordnet werden können. Denn die Lage unter der Fahrbahn ist vom schönheitlichen Standpunkte die beste, und sie verbindet mit diesem Vorzuge für das Fahrbahnträgergerippe so erhebliche wirtschaftliche Vorteile, daß das ganze Bauwerk billiger als ein Bauwerk mit Balkenträgern, die über der Fahrbahn liegen, werden kann. Unter der Fahrbahn wird man Bogenträger an der Stelle von Balkenträgern auch bei unbeschränkter Bauhöhe dann ausführen, wenn die Rücksicht auf ein gutes Aussehen dies erfordert oder wenn das Bauwerk sich billiger als ein Bauwerk mit tiefliegenden Balkenträgern stellt, was wohl nur bei unmittelbar zutage tretendem, vorzüglichem Baugrund der Fall ist. Über der Fahrbahn werden die Bogenträger an der Stelle von Balkenträgern nur dort verwendet, wo auf ein gutes Aussehen besonderer Wert gelegt wird, und zwar als eigentliche Bogenträger wohl nur in dem Falle, daß in geringer Tiefe ein vorzüglicher Baugrund ansteht und die Kämpferpunkte unter der Fahrbahn angeordnet werden können, und als Bogenträger mit aufgehobenem Horizontalschub in dem Falle, daß der gute Baugrund erst in größerer Tiefe liegt oder die Träger ganz über der Fahrbahn angeordnet werden müssen.

Der versteifte Stabbogen mit aufgehobenem Horizontalschub (Abb. 560 u. 561) sieht sehr gut aus und ist dort am Platze, wo zwischen außenliegenden Fußsteigen und dem Fahrdamm ein ungehinderter Querverkehr verlangt werden muß, z. B. in dem Falle, daß auf der Brücke die Haltestelle einer Straßenbahn liegt. Der versteifende Träger muß hierbei natürlich ganz unter der Fahrbahn liegen.

Die Hängebrücken übertreffen fraglos durch gutes Aussehen alle anderen Brückenformen, auch die Bogenbrücken. Sie sind aber bei Spannweiten, die in Deutschland und den Nachbarländern vorkommen, bedeutend teurer als andere Überbauarten und kommen daher nur dort in Frage, wo auf ein gutes Aussehen besonderes Gewicht gelegt wird.

Im übrigen ist über die Wahl der Hauptträgerform im Abschnitt IX nachzulesen.

D. Wahl der Stützweite.

Über die Lichtweiten lassen sich, wie schon auf S. 785 betont wurde, keine bestimmten Angaben machen. Nachdem die Lichtweiten festgelegt sind, handelt es sich beim Vorentwurf darum, die Stützweiten und bei Überbrückung mehrerer Öffnungen die Pfeilerstärken zu ermitteln. Sollen mehrere Öffnungen durch einfache Balkenträger überbrückt werden, so müssen auf den Mittelpfeilern die Lager zweier Überbauten angeordnet werden. Als Anhalt für die Bemessung der Entfernung der Lagermitten auf den Mittelpfeilern in der Brückenlängsrichtung möge die Angabe dienen, daß bei 50 m Stützweite hierfür das Maß von 1.2 m und bei 200 m Stützweite das Maß von 2.5 m genügt und daß für dazwischenliegende Werte geradlinig eingeschaltet werden kann. Die Pfeiler müssen nun beiderseits in der Brückenlängsrichtung so weit über die Auflagermitten hervorragen, daß sie nicht ungünstig beansprucht werden. Die Stützweite muß also die Lichtweite um ein bestimmtes Maß übertreffen. Diese ist bei Lichtweiten bis zu 20 m aus der Formel

$$l = 1.01\,\mathrm{w} + 0.45$$

und bei Lichtweiten über 20 m aus der Formel

$$l = \mathrm{w} + 0.017\,\mathrm{w} + \frac{5}{\mathrm{w}}$$

zu ermitteln. Hierin bedeutet l die Stützweite und w die Lichtweite. Beide sind in Metern zu messen[1]). Somit stehen die Stützweiten und die Pfeilerstärken annähernd fest. Sollen die Öffnungen mit durchlaufenden Trägern ohne Gelenke oder mit Gerberträgern überbrückt werden, so nehme man für den Vorentwurf dieselben Pfeilerstärken wie für einfache Balkenträger an. Die nähere Durch-

[1]) Wertvolle Angaben über die zweckmäßige Bemessung der Stützweite findet man in der Abhandlung: „Die sparsame Bemessung der Stützweite von eisernen Balkenbrücken" von Professor Dr. techn. Schönhöfer im „Eisenbau" 1918, S. 81 u. f.

arbeitung wird für beide Fälle die genauen Abmessungen ergeben. Ist nur eine Öffnung zu überbrücken, so ist aus den angegebenen Formeln und der Lichtweite ohne weiteres die Stützweite zu ermitteln.

Es empfiehlt sich, die Stützweite auf ganze m abzurunden, wenn dies neben der Abrundung der Feldweite auf ganze cm möglich ist. Nach den „Grundlagen für das Entwerfen und Berechnen eiserner Eisenbahnbrücken" der deutschen Reichsbahn sind die Feldweiten auf ganze cm und daneben die Stützweiten nach Möglichkeit auf ganze m abzurunden.

E. Durchfahrthöhen unter eisernen Brücken.

Für die lichte Höhe eiserner Brücken über nicht schiffbaren Wasserläufen ist die Abführung der größten Hochwassermenge, über schiffbaren Wasserläufen die erforderliche Durchfahrthöhe über dem höchsten schiffbaren Wasserstande (auf dem Rhein z. B. 9,10 m) maßgebend. Bestimmend sind die Vorschriften der Strombauverwaltungen und der Landespolizeibehörden. Über Wegen und Straßen richtet sich die Durchfahrthöhe nach der Höhe der unter der Überführung verkehrenden Fuhrwerke. Es empfiehlt sich, die Durchfahrthöhe allgemein zu 4,5 m anzunehmen. Die Durchfahrthöhe über Eisenbahnen muß nach der „Umgrenzung des lichten Raumes" mindestens 4,80 m über Schienenoberkante betragen. Es empfiehlt sich aber, diese Höhe zum Einbau von Gerüsten bei der Errichtung des Bauwerks und bei späteren Ausbesserungsarbeiten größer als 4,80 m anzunehmen. Bei der früheren Bayerischen Staatseisenbahnverwaltung war als lichte Höhe zwischen Schienenoberkante und der Unterkante von Straßen- oder Fußgängerbrücken das Maß von 5,1 m vorgeschrieben.

Zu den angegebenen lichten Höhen ist noch das Maß hinzuzurechnen, um das sich die eisernen Überbauten durchbiegen.

F. Bauhöhen der eisernen Brücken.

Unter der Bauhöhe ist bei Straßenbrücken das Maß von Fahrbahnoberkante bis zur Unterkante des eisernen Überbaues und bei Eisenbahnbrücken der Abstand von der Schienenoberkante bis zur Unterkante des eisernen Überbaues zu verstehen. Nach den eingehenden Erörterungen in der Abhandlung über die Fahrbahn und die Fahrbahnträger wird es dem Konstrukteur leicht sein, für die Höhe der Fahrbahn und der Fahrbahnträger das erwünschte Maß zu wählen und nötigenfalls dieses Maß bis an die erlaubte Grenze einzuschränken. Da nun ferner aus der Abhandlung über die Ausbildung der Hauptträger die erwünschten und mindestens erforderlichen Höhen für die Hauptträger feststehen, so wird sich für jeden Fall ohne Schwierigkeit eine zweckmäßige Bauhöhe bestimmen lassen. Es ist aber in den meisten Fällen durchaus erforderlich, schon vor der Ausarbeitung des Sonderentwurfes des eisernen Überbaues die Höhenlage der Straßenkrone oder der Schienenoberkante über dem zu überbrückenden Wasserlauf oder Verkehrsweg festzusetzen und hierdurch auch die Bauhöhe des eisernen Überbaues festzulegen. Sehr oft erfordern die örtlichen Verhältnisse eine möglichst geringe Bauhöhe, um die Steigungsverhältnisse günstig gestalten zu können. Der eine Linienführung entwerfende Ingenieur wird dann häufig ohne Kenntnis der erwünschten und kleinsten zulässigen Bauhöhen der eisernen Brücken, zum Schaden der eisernen Überbauten, die Bauhöhe durch die Wahl der Linienführung zu sehr beschränken. Die folgenden Angaben[1]) dürften daher besonders bei der Ausarbeitung der Vorarbeiten für eine neue Linie wertvoll sein. Dabei ist nach Möglichkeit die als erwünscht bezeichnete Bauhöhe einzuhalten und nur in besonderen Fällen auf die kleinste Bauhöhe herabzugehen.

1. Bauhöhen von Eisenbahnbrücken.

Zusammenstellung auf S. 790 u. 791.

Die nachstehenden Angaben beziehen sich, mit Ausnahme der unter b. 3 und 4, nur auf eingleisige, in der Geraden liegende Brücken; bei Lage in einer Krümmung tritt meist eine Erhöhung der angegebenen Maße ein. Die Hauptträger der Bauarten unter a. und b. 1 bis 3 sind einfache Balkenträger.

a. Bauhöhen von Eisenbahnbrücken ohne Durchführung der Bettung.

Zur Erzielung der kleinsten Bauhöhe ist die Schwellenstärke auf 16 cm mit 1 cm Einkämmung über den Schwellenträgern eingeschränkt; für die Schwellenträger sind im allgemeinen breitflanschige I-Eisen vorgesehen, und der Windverband ist, um an Höhe zu sparen, aus Flacheisen gebildet. Bei den Ausführungen mit tiefliegender Fahrbahn ist die Annahme gemacht, daß nur die Fahrbahnausbildung für die Bauhöhe maßgebend ist, also die Entfernung der Hauptträger so bestimmt wird, daß für sie eine ausreichende Höhe zur Verfügung steht. Die Höhe der Hauptträger ist in den Fällen, in denen sie für die Bauhöhe maßgebend ist, so bestimmt, daß die Durchbiegung infolge Verkehrslast etwa $^1/_{1000}$ der Stützweite nicht überschreitet. Sollte ausnahmsweise eine noch weitergehende Einschränkung der Höhe infolge zwingender örtlicher Umstände nicht zu umgehen sein, so empfiehlt es sich, um mit der Durchbiegung und den Schwingungen in angemessenen Grenzen zu bleiben, die zugelassene Beanspruchung entsprechend zu ermäßigen.

Bei mittlerer und unbeschränkter Bauhöhe beträgt die Schwellenstärke 26 cm mit 2 cm Einkämmung über den Schwellenträgern, für die normale I-Eisen verwendet sind, soweit deren Widerstandsmoment ausreicht. Die Querträger sind als genietete Blechträger ausgebildet, und zwar bei mittlerer Bauhöhe mit zwei Gurtplatten, bei unbeschränkter Höhe mit einer Platte, die schon aus baulichen Gründen erwünscht ist. Für den Windverband sind Winkeleisen, deren senkrechte Schenkel nach oben gerichtet sind, vorgesehen. Das als günstigste Trägerhöhe für Fachwerkträger angenommene Maß setzt Parallelträger voraus; bei Parabelträgern ist es auf $^1/_6$ bis $^1/_7$ der Stützweite zu erhöhen.

Zwischen Überbau und Umgrenzung des lichten Raumes und zwischen Querträger und Schienenfuß ist, mit Ausnahme der Bauarten unter 1 und 2, ein Spielraum von etwa 5 cm gewahrt.

---

[1]) Entnommen aus „Hilfswerte für das Entwerfen und die Berechnung von Brücken mit eisernem Überbau“ von F. Dircksen †, in 4. Auflage bearbeitet vom Verfasser dieses Buches. Berlin 1913. Verlag von Wilhelm Ernst u. Sohn.

1. Bauhöhen von Eisenbahnbrücken.

l = Stützweite.

Bauart der Brücke	Stützweite[1]) m	Entfernung der Hauptträger m	Kleinste Bauhöhe cm	Mittlere Bauhöhe cm	Erwünschte Bauhöhe cm
a. Fahrbahnen ohne Bettung:					
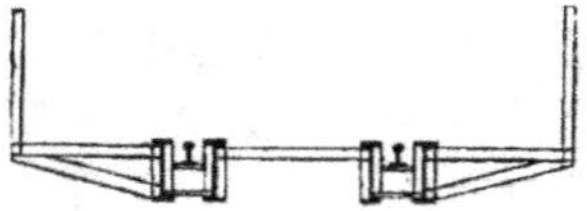 1. Zwillingsträger. Abb. 1283.	1 8	0,36 0,45	$\frac{l}{7+l} > 30$		
2. Blechträger mit unmittelbarer Auflagerung der Schienen auf den Querträgern. Abb. 1284.	≤ 10 $\leq 11,5$ $< 17,5$	1,90 3,20 3,3 3,7	37—48 50 52		
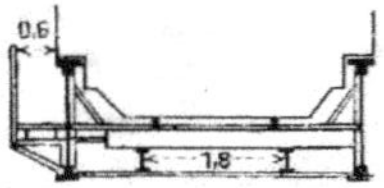 3. Blechträger mit versenkter Fahrbahn und Holzschwellen auf Schwellenträgern. Abb. 1285.	$\leq 15,5$ ≤ 20	3,75 4,80	56 58	86 88	98 100
 4. Blechträger mit unmittelbarer Schwellenauflagerung auf den Hauptträgern. Abb. 1286.	≤ 12 12—26	1,6—1,8 1,6—1,8	$\frac{l}{12} + 37$ $\frac{l}{12} + 39$		$\frac{l}{10} + 46$ $\frac{l}{9} + 49$
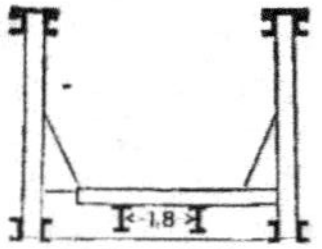 5. Fachwerkträger mit versenkter Fahrbahn. Abb. 1287.	20—30 30—40 40—50 > 50	4,8 4,9 5,0 5,0	61 65 71 76	88 100 115 125	100 112 132 148

6. Fachwerkträger mit halbversenkter Fahrbahn. Abb. 1288.	30	2,3	$\frac{l}{12}+24$		$\frac{l}{8}+25$
	40	3,0	$\frac{l}{12}-10$		$\frac{l}{8}-10$
	50	4,0	$\frac{l}{13}-42$		$\frac{l}{8}-42$
7. Fachwerkträger mit hochliegender Fahrbahn (Querträger auf den Obergurten). Abb. 1289.	30	2,3	$\frac{l}{12}+76$		$\frac{l}{8}+102$
	40	3,0	$\frac{l}{12}+81$		$\frac{l}{8}+116$
	50	4,0	$\frac{l}{13}+89$		$\frac{l}{8}+147$
	60	4,2	$\frac{l}{13}+100$		$\frac{l}{8}+165$
b. Fahrbahnen mit Bettung:					
1. Blechträger mit versenkter Fahrbahn. Abb. 1290. Abb. 1291.	< 13	3,4	72,5		100
	< 16	3,75	75		105
	20	4,8	80		120
2. Fachwerkträger, Fahrbahn versenkt.	30	4,8	80	116	126
	40	5,0	88	132	142
3. Blechträger, Fahrbahn oben. 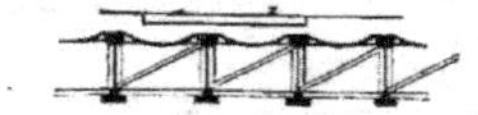 Abb. 1292.	< 26		$\frac{l}{14}+46$		$\frac{l}{9}+58$
4. Blechbogen mit durchgehender, über den Hauptträgern liegender Fahrbahn.			Im Scheitel $\frac{l}{40}+48$	Im Scheitel $\frac{l}{40}+77$	
			In $\frac{1}{3}$ der Stützweite $\frac{l}{19}+48$	In $\frac{1}{3}$ der Stützweite $\frac{l}{17}+77$	

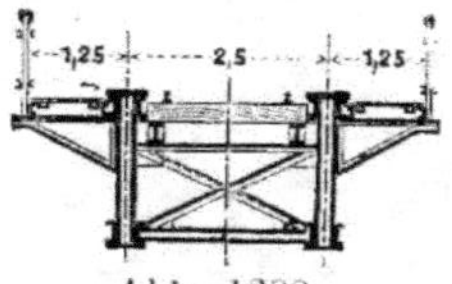

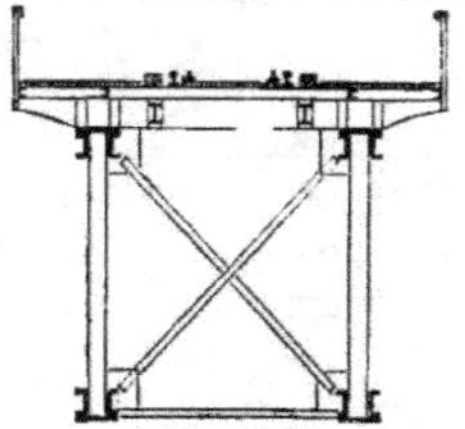

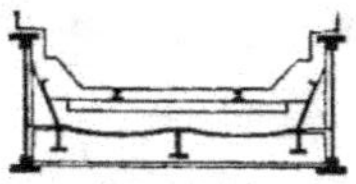

[1]) Die angegebenen Stützweiten sollen nur als Anhalt dienen.

2. Bauhöhen von Straßenbrücken.

l = Stützweite. **a. Balkenbrücken.** b = Breite des Fahrdammes.

Bauart	Entfernung der Hauptträger m	Stützweite m	Kleinste Bauhöhe in cm, Fahrbahndecke: Doppelter Bohlenbelag	Chaussierung	Holz- oder Steinpflaster	Asphalt	Erwünschte Bauhöhe in cm, Fahrbahndecke: Doppelter Bohlenbelag	Chaussierung	Holz- oder Steinpflaster	Asphalt
1. Blechträger mit hochliegender Fahrbahn	etwa	10	$\frac{l}{16}+25+\frac{b}{100}$	$\frac{l}{16}+20+\frac{b}{60}$	$\frac{l}{16}+27+\frac{b}{80}$	$\frac{l}{16}+17+\frac{b}{120}$	$\frac{l}{11}+23+\frac{b}{100}$	$\frac{l}{11}+18+\frac{b}{60}$	$\frac{l}{11}+25+\frac{b}{80}$	$\frac{l}{11}+15+\frac{b}{120}$
	1,5	15	$\frac{l}{18}+27+\frac{b}{100}$	$\frac{l}{18}+22+\frac{b}{60}$	$\frac{l}{18}+29+\frac{b}{80}$	$\frac{l}{18}+19+\frac{b}{120}$	$\frac{l}{10}+24+\frac{b}{100}$	$\frac{l}{10}+19+\frac{b}{60}$	$\frac{l}{10}+26+\frac{b}{80}$	$\frac{l}{10}+16+\frac{b}{120}$
		20	$\frac{l}{20}+28+\frac{b}{100}$	$\frac{l}{20}+23+\frac{b}{60}$	$\frac{l}{20}+30+\frac{b}{80}$	$\frac{l}{20}+20+\frac{b}{120}$	$\frac{l}{9}+25+\frac{b}{100}$	$\frac{l}{9}+20+\frac{b}{60}$	$\frac{l}{9}+27+\frac{b}{80}$	$\frac{l}{9}+17+\frac{b}{120}$
2. Fahrbahn versenkt		Feldweite in m								
	6,4	2,5	66	64	69	57	100	98	103	91
		3,5	69	67	72	60	110	108	113	101
		4,5	75	73	78	66	125	122	128	116
	9,5	2,5	87	85	90	78	130	128	133	121
		3,5	94	92	97	85	155	153	158	146
		4,5	105	103	108	96	168	166	171	159

b. Bogenbrücken (Blechträger).

Stützweite m	Kleinste Bauhöhe cm	Fahrbahndecke: Chaussierung	Pflaster	Asphalt
10	Im Scheitel...... =	$\frac{l}{60}+27+\frac{b}{60}$	$\frac{l}{60}+22+\frac{b}{80}$	$\frac{l}{60}+29+\frac{b}{120}$
	In $\frac{1}{3}$ der Stützweite =	$\frac{l}{17}+27+\frac{b}{60}$	$\frac{l}{17}+22+\frac{b}{80}$	$\frac{l}{17}+29+\frac{b}{120}$
20	Im Scheitel...... =	$\frac{l}{60}+28+\frac{b}{60}$	$\frac{l}{60}+23+\frac{b}{80}$	$\frac{l}{60}+30+\frac{b}{120}$
	In $\frac{1}{3}$ der Stützweite =	$\frac{l}{17}+28+\frac{b}{60}$	$\frac{l}{17}+23+\frac{b}{80}$	$\frac{l}{17}+30+\frac{b}{120}$
30	Im Scheitel...... =	$\frac{l}{60}+28+\frac{b}{60}$	$\frac{l}{60}+23+\frac{b}{80}$	$\frac{l}{60}+30+\frac{b}{120}$
	In $\frac{1}{3}$ der Stützweite =	$\frac{l}{17}+28+\frac{b}{60}$	$\frac{l}{17}+23+\frac{b}{80}$	$\frac{l}{17}+30+\frac{b}{120}$
40	Im Scheitel...... =	$\frac{l}{60}+29+\frac{b}{60}$	$\frac{l}{60}+24+\frac{b}{80}$	$\frac{l}{60}+31+\frac{b}{120}$
	In $\frac{1}{3}$ der Stützweite =	$\frac{l}{17}+29+\frac{b}{60}$	$\frac{l}{17}+24+\frac{b}{80}$	$\frac{l}{17}+31+\frac{b}{120}$

Zu den verschiedenen Bauarten ist im einzelnen noch folgendes zu bemerken:

Zu 1. Hauptträger aus normalen I-Eisen. Höhe des Querträgers zur zweckmäßigen Ausbildung des Anschlusses nicht unter 15 cm. Des harten Fahrens und der hohen Unterhaltungskosten wegen nur im Notfalle bei aufs äußerste beschränkter Bauhöhe zu verwenden. Bei Stützweiten über 8 m gibt Bauart 3 keine größere Höhe, ist daher vorzuziehen.

Zu 2. Querträger aus breitflanschigen I-Eisen oder zwei Steg an Steg genieteten [-Eisen mit Kopfplatten. Des harten Fahrens und der hohen Unterhaltungskosten wegen nur im Notfalle bei aufs äußerste beschränkter Bauhöhe zu verwenden.

Zu 3. Feldweite bei beschränkter Bauhöhe nicht über 1,8 m, so daß der Peiner Breitflanschträger 22 ausreicht.

Zu 4. Bei größerer Stützweite empfiehlt es sich, die Trägerhöhe nach den Auflagern zu abnehmen zu lassen, da sonst die Standfestigkeit gegen Winddruck sehr gering wird.

Zu 5. Bei mittlerer und unbeschränkter Bauhöhe ist die Feldweite zu etwa $^1/_8$ der Stützweite, entsprechend der günstigsten Strebenneigung von 1 : 1, angenommen worden; bei beschränkter Bauhöhe ist sie, um geringer belastete und somit niedrigere Quer- und Schwellenträger zu erhalten, auf etwa $^1/_{14}$ der Stützweite, einer Strebenneigung von 2 : 3 entsprechend, verringert. Bei Stützweiten über 60 m tritt im allgemeinen eine weitere Zunahme der Bauhöhe nicht mehr ein, da dann eine Zwischenteilung der Feldweite in Frage kommt.

Zu 6. Maßgebend ist nur die gesamte Hauptträgerhöhe, von der bei Lage des Obergurtes in der ersten oder zweiten Stufe der Umgrenzung des lichten Raumes das Maß abzuziehen ist, um das der Gurt die Schienenoberkante überragen kann. Ungünstig bei dieser Anordnung ist, daß ein oberer Windverband meist nicht durchgeführt werden kann, die Hauptträger daher durch den Wind eine erhebliche lotrechte Zusatzbelastung erfahren.

Zu 7. Feldweite wie unter 5, bei beschränktester Bauhöhe $^1/_{14}$, bei mittlerer und unbeschränkter $^1/_8$ der Stützweite.

b. Bauhöhen von Eisenbahnbrücken mit Durchführung der Bettung.

Zur Erzielung der kleinsten Bauhöhe sind eiserne Schwellen mit der geringsten zulässigen Bettungsstärke von 15 cm unter Schwellenunterkante vorgesehen; die Fahrbahnträger sind im allgemeinen aus breitflanschigen I-Eisen gebildet.

Bei mittlerer und unbeschränkter Bauhöhe sind normale Holzschwellen mit 20 cm Bettungsstärke unter Schwellenunterkante vorgesehen. Bei untenliegender Fahrbahn werden die für die Höhe maßgebenden Querträger aus Blechträgern gebildet, die bei mittlerer Bauhöhe zwei, bei unbeschränkter eine Gurtplatte erhalten.

Es ist angenommen, daß die Entwässerungsrinnen durch Aussparungen in den Stegblechen der Querträger geführt werden. Sollen sie an die Untergurte der Querträger angehängt werden, so erhöhen sich die angegebenen Werte um 10 bis 20 cm.

Zu den verschiedenen Bauarten ist im einzelnen noch folgendes zu bemerken:

Zu 1. Feldweite etwa 1,5 m.

Zu 2. Bei mittlerer und unbeschränkter Bauhöhe ist die Feldweite zu etwa $^1/_{10}$ der Stützweite angenommen, bei beschränkter Bauhöhe ist sie, um geringer belastete und damit niedrigere Quer- und Schwellenträger zu erhalten, auf $^1/_{11}$ der Stützweite beschränkt.

Zu 3. Während bei unbeschränkter Bauhöhe für die Stegblechhöhe der Hauptträger die Erzielung eines möglichst geringen Eisengewichtes maßgebend ist, ist die Stegblechhöhe bei beschränkter Bauhöhe so weit verringert, daß die Durchbiegung infolge Verkehrslast etwa $^1/_{1000}$ der Stützweite nicht überschreitet. Sollte ausnahmsweise eine noch weitergehende Einschränkung der Höhe infolge zwingender örtlicher Umstände nicht zu umgehen sein, so empfiehlt es sich, um mit der Durchbiegung und den Schwingungen in angemessenen Grenzen zu bleiben, die zugelassene Beanspruchung entsprechend zu ermäßigen.

Zu 4. Die Stegblechhöhe des Bogens ist zu $^1/_{40}$ der Stützweite angenommen. Zur Erzielung der kleinsten Bauhöhe ist auf die Durchführung des Streckgurtes im Scheitel verzichtet, und die Pfeilhöhe des Bogens ist zu $^1/_{12}$ gewählt worden. Bei mittlerer Bauhöhe ist der Streckgurt durchgeführt, und die Pfeilhöhe beträgt vielen Ausführungen entsprechend $^1/_{10}$ der Stützweite. Durch weitere Vergrößerung der Pfeilhöhe läßt sich noch besonders am Widerlagsmauerwerk sparen. Da die geforderte Durchfahrthöhe meist auf eine bestimmte Breite gewahrt werden muß und dieses Maß bei Straßenunterführungen häufig etwa einem Drittel der ganzen Lichtweite entspricht, so ist die Bauhöhe außer im Scheitel noch in ein Drittel der Lichtweite angegeben. Es ist dabei noch zu beachten, daß bei Straßen die obere Begrenzung des freizuhaltenden Durchfahrtraumes die gleiche Querneigung zeigt wie der Fahrdamm.

2. Bauhöhen von Straßenbrücken.

Zusammenstellung auf S. 792.

Die Bauhöhen sind bei Balkenbrücken für vier und bei Bogenbrücken für drei verschiedene Fahrbahndecken angegeben:

1. Doppelter Bohlenbelag von 5 und 10 cm Stärke auf mindestens 5 cm starken Futterhölzern mit einem Quergefälle von $^1/_{50}$.

2. Chaussierung mit einer Mindeststärke von 15 cm über Oberkante Fahrbahnträger und einem Quergefälle von $^1/_{30}$.

3. 13 cm starkes Stein- oder Holzpflaster auf mindestens 5 cm starkem Beton mit einer Zwischenlage von 4 cm Höhe (siehe S. 568 u. f.), Quergefälle $^1/_{40}$.

4. 5 cm starker Asphalt auf einer Betonunterlage von mindestens 8 cm Höhe, Quergefälle $^1/_{60}$.

Als Belastung ist die für städtische Straßen vielfach übliche angenommen, nämlich ein schwerer Wagen von 9 Tonnen Achsdruck und 4,5 m Radstand und beliebig viele Wagen mit 2,5 Tonnen Achsdruck und 3,5 m Radstand.

Zu den verschiedenen Bauarten ist im einzelnen noch folgendes zu bemerken:

Zu a. 1. Die geringste zulässige Stegblechhöhe ist so bestimmt, daß die durch die Verkehrslast hervorgerufene Durchbiegung etwa $^1/_{1000}$ der Stützweite nicht überschreitet. Die als erwünscht bezeichnete Höhe ist so bemessen, daß der Baustoffaufwand unter Berücksichtigung der baulichen Ausbildung (genügende Seitensteifigkeit der Gurte, Durchführung einer Gurtplatte usw.) möglichst gering wird.

Zu a. 2. Die angenommene Entfernung der Hauptträger genügt bei außenliegenden Fußwegen für die Begegnung von zwei oder drei Fuhrwerken. Bei abweichenden Breiten können die Werte unter entsprechender Änderung immer noch als Anhalt dienen. Maßgebend für die Bauhöhe sind nur die als Blechträger ausgebildeten Querträger, die bei beschränktester Bauhöhe drei Gurtplatten erhalten müssen, und deren Höhe so bestimmt ist, daß die Durchbiegung infolge der Verkehrslast $^1/_{1100}$ der Stützweite nicht überschreitet.

Zu b. Die Ausbildung ist die gleiche wie bei den Eisenbahnbrücken (siehe b. 4), die Stegblechhöhe der Hauptträger beträgt jedoch nur $^1/_{60}$ der Stützweite.

Anhang.

Tabellen.

Die nachstehenden Zusammenstellungen[1]) enthalten die Abmessungen, Querschnittsinhalte, Gewichte[2]), Schwerpunktlagen, Trägheits- und Widerstandsmomente der deutschen Normalprofile, der parallelflanschigen Breitflanschträger des Peiner Walzwerkes und einiger anderer Profile.

[1]) Mit Ausnahme der letzten Zusammenstellung dem bekannten Tabellenwerk von Franz Boerner, siebente Auflage 1920 (Verlag von Wilhelm Ernst u. Sohn) entnommen.

[2]) Die Gewichte sind auf Flußeisen vom spez. Gewicht 7,85 bezogen.

I-Eisen. Normalprofile[1]).

Normallängen 4 bis 12 m.
Neigung der inneren Flanschflächen = 14 vH.
Abrundungshalbmesser zwischen Steg und Flansch $R = d$.
Abrundungshalbmesser der inneren Flanschkanten $r = 0{,}6d$.

t ist in der Entfernung $\frac{b}{4}$ von der Außenkante gemessen.

a ist der Abstand zweier I-Eisen, für welchen die Hauptträgheitsmomente gleich groß sind ($= 2 J_x$).

Profil-Nr.	Höhe h	Breite b	Dicke: Steg d	Dicke: Flansch t	Querschnitt	Gewicht für 1 m	Trägheitsmomente J_x	Trägheitsmomente J_y	Trägheitshalbmesser i_x	Trägheitshalbmesser i_y	Widerstandsmomente W_x	Widerstandsmomente W_y	$\frac{W_x}{W_y} = u$	a
	mm	mm	mm	mm	cm²	kg	cm⁴	cm⁴	cm	cm	cm³	cm³		cm
8	80	42	3,9	5,9	7,58	5,95	77,8	6,29	3,20	0,91	19,5	3,00	6,50	6,14
9	90	46	4,2	6,3	9,00	7,07	117	8,78	3,61	0,99	26,0	3,82	6,81	6,94
10	100	50	4,5	6,8	10,6	8,32	171	12,2	4,01	1,07	34,2	4,88	7,01	7,74
11	110	54	4,8	7,2	12,3	9,66	239	16,2	4,41	1,15	43,5	6,00	7,25	8,52
12	120	58	5,1	7,7	14,2	11,15	328	21,5	4,81	1,23	54,7	7,41	7,38	9,29
13	130	62	5,4	8,1	16,1	12,64	436	27,5	5,20	1,31	67,1	8,87	7,56	10,1
14	140	66	5,7	8,6	18,3	14,37	573	35,2	5,61	1,39	81,9	10,7	7,65	10,8
15	150	70	6,0	9,0	20,4	16,01	735	43,9	6,00	1,47	98,0	12,5	7,84	11,6
16	160	74	6,3	9,5	22,8	17,90	935	54,7	6,40	1,55	117	14,8	7,91	12,4
17	170	78	6,6	9,9	25,2	19,78	1166	66,6	6,80	1,63	137	17,1	8,01	13,2
18	180	82	6,9	10,4	27,9	21,90	1446	81,3	7,20	1,71	161	19,8	8,13	14,0
19	190	86	7,2	10,8	30,6	24,02	1763	97,4	7,60	1,79	186	22,7	8,19	14,8
20	200	90	7,5	11,3	33,5	26,30	2142	117	7,99	1,87	214	26,0	8,23	15,6
21	210	94	7,8	11,7	36,4	28,57	2563	138	8,40	1,95	244	29,4	8,30	16,3
22	220	98	8,1	12,2	39,6	31,09	3060	162	8,80	2,02	278	33,1	8,40	17,1
23	230	102	8,4	12,6	42,7	33,52	3607	189	9,21	2,10	314	37,1	8,46	17,0
24	240	106	8,7	13,1	46,1	36,19	4246	221	9,59	2,19	354	41,7	8,49	18,7
25	250	110	9,0	13,6	49,7	39,01	4966	256	10,0	2,27	397	46,5	8,54	19,5
26	260	113	9,4	14,1	53,4	41,92	5744	288	10,4	2,32	442	51,0	8,67	20,2
27	270	116	9,7	14,7	57,2	44,90	6626	326	10,8	2,39	491	56,2	8,74	21,0
28	280	119	10,1	15,2	61,1	47,96	7587	364	11,1	2,41	542	61,2	8,86	21,8
29	290	122	10,4	15,7	64,9	50,95	8636	406	11,6	2,50	596	66,6	8,95	22,5
30	300	125	10,8	16,2	69,1	54,24	9800	451	11,9	2,56	653	72,2	9,04	23,3
32	320	131	11,5	17,3	77,8	61,07	12510	555	12,7	2,67	782	84,7	9,23	24,8
34	340	137	12,2	18,3	86,8	68,14	15695	674	13,5	2,79	923	98,4	9,38	26,3
36	360	143	13,0	19,5	97,1	76,22	19605	818	14,2	2,90	1089	114	9,55	27,8
38	380	149	13,7	20,5	107	84,00	24012	975	15,0	3,02	1264	131	9,65	29,4
40	400	155	14,4	21,6	118	92,63	29213	1158	15,7	3,13	1461	149	9,81	30,8
42½	425	163	15,3	23,0	132	103,62	36973	1437	16,7	3,30	1740	176	9,89	32,8
45	450	170	16,2	24,3	147	115,40	45852	1725	17,7	3,43	2037	203	10,0	34,7
47½	475	178	17,1	25,6	163	127,96	56481	2088	18,6	3,58	2378	235	10,1	36,5
50	500	185	18,0	27,0	180	141,30	68738	2478	19,6	3,72	2750	268	10,3	38,4
55	550	200	19,0	30,0	213	167,21	99184	3488	21,4	4,02	3607	349	10,3	42,4
60	600	215	21,6	32,4	254	199,0	138957	4668	23,2	4,29	4632	434	10,7	46,0

[1]) Die Normalprofile sind dem Deutschen Normalprofilbuch. 7. Auflage, Aachen 1908, Jos. La Ruelle, entnommen.

C-Eisen. Normalprofile.

Normallängen 4 bis 10 m.
Neigung der inneren Flanschflächen 8 vH.

Abrundungshalbmesser $r = t$, $r_1 = \frac{t}{2}$.

a_1 und a_2 sind die Abstände zweier C-Eisen, bei denen die Hauptträgheitsmomente gleich groß sind ($= 2 J_x$).

t ist in der Entfernung $\frac{b}{2}$ gemessen.

$$W_x = \frac{J_x}{\frac{1}{2}h} \qquad W_y = \frac{J_y}{w}.$$

Profil-Nr.	Höhe h	Breite b	Dicke: Steg d	Dicke: Flansch t	Querschnitt	Gewicht für 1 m	Abstand des Schwerpunktes w	Abstand des Schwerpunktes $b - w$	J_x	W_x	J_y	W_y	$\frac{W_x}{W_y} = u$	Trägheitshalbmesser i_x	Trägheitshalbmesser i_y	a_1	a_2
	mm	mm	mm	mm	cm²	kg	cm	cm	cm⁴	cm³	cm⁴	cm³		cm	cm	cm	cm
3	30	33	5	7	5,44	4,27	1,00	1,01	6,39	4,26	5,33	2,68	1,59	1,08	0,99	—	—
4	40	35	5	7	6,21	4,87	2,17	1,83	14,1	7,05	6,68	3,03	2,29	1,50	1,04	—	—
5	50	38	5	7	7,12	5,59	2,43	2,57	26,4	10,6	9,12	3,75	2,83	1,92	1,13	0,38	—
6½	65	42	5,5	7,5	9,03	7,09	2,78	3,72	57,5	17,7	14,1	5,07	3,49	2,52	1,25	1,54	—
8	80	45	6	8	11,0	8,64	3,05	4,95	106	26,5	19,4	6,36	4,17	3,10	1,33	2,71	—
10	100	50	6	8,5	13,5	10,6	3,45	6,55	206	41,2	29,3	8,49	4,85	3,91	1,47	4,14	10,3
12	120	55	7	9	17,0	13,35	3,90	8,10	364	60,7	43,2	11,1	5,48	4,62	1,59	5,49	11,9
14	140	60	7	10	20,4	16,01	4,25	9,75	605	86,4	62,7	14,8	5,84	5,45	1,75	6,81	13,8
16	160	65	7,5	10,5	24,0	18,84	4,66	11,3	925	116	85,3	18,3	6,32	6,21	1,89	8,15	15,5
18	180	70	8	11	28,0	21,98	5,08	12,9	1354	150	114	22,4	6,71	6,95	2,02	9,47	17,2
20	200	75	8,5	11,5	32,2	25,28	5,40	14,5	1911	191	148	27,0	7,09	7,70	2,14	10,8	18,8
22	220	80	9	12,5	37,4	29,36	5,86	16,1	2690	245	197	33,6	7,29	8,48	2,26	12,1	20,6
24	240	85	9,5	13	42,3	33,21	6,27	17,7	3598	300	248	39,6	7,57	9,22	2,42	13,3	22,3
26	260	90	10	14	48,3	37,92	6,64	19,4	4823	371	317	47,7	7,78	9,83	2,56	14,6	24,0
28	280	95	10	15	53,3	41,84	6,97	21,0	6276	448	399	57,2	7,84	10,9	2,74	15,9	26,1
30	300	100	10	16	58,8	46,16	7,30	22,7	8026	535	495	67,8	7,89	11,7	2,90	17,2	28,0

C-Eisen für den Eisenbahnwagenbau.

Profil-Nr.	Höhe h	Breite b	Dicke: Steg d	Dicke: Flansch t	Querschnitt	Gewicht für 1 m	Abstand des Schwerpunktes w	Abstand des Schwerpunktes $b - w$	J_x	W_x	J_y	W_y	$\frac{W_x}{W_y} = u$	Trägheitshalbmesser i_x	Trägheitshalbmesser i_y	a_1	a_2
	mm	mm	mm	mm	cm²	kg	cm	cm	cm⁴	cm³	cm⁴	cm³		cm	cm	cm	cm
10½	105	65	8	8	17,3	13,52	4,62	5,88	287	54,7	61,2	13,2	4,33	4,07	1,88	3,46	—
11¾	117,5	65	10	10	22,6	17,74	4,50	7,16	447	76,1	77,1	16,7	4,75	4,45	1,85	4,28	—
14½	145	60	8	8	19,8	15,54	4,50	10,0	585	80,7	53,6	11,9	7,08	5,44	1,65	7,36	13,3
23½	235	90	10	12	42,4	33,28	6,72	16,8	3429	292	272	40,5	7,50	8,99	2,54	12,7	21,8
26	260	90	10	10	41,9	32,66	7,03	19,0	3900	300	237	33,7	9,31	9,68	2,39	14,8	22,7
30	300	75	10	10	47,8	37,60	6,00	21,0	4925	328	145	24,2	14,1	10,7	1,84	18,1	24,1

Dünnwandige Mannstaedt I- und [-Eisen für Fachwände, Treppen, Rahmen usw.

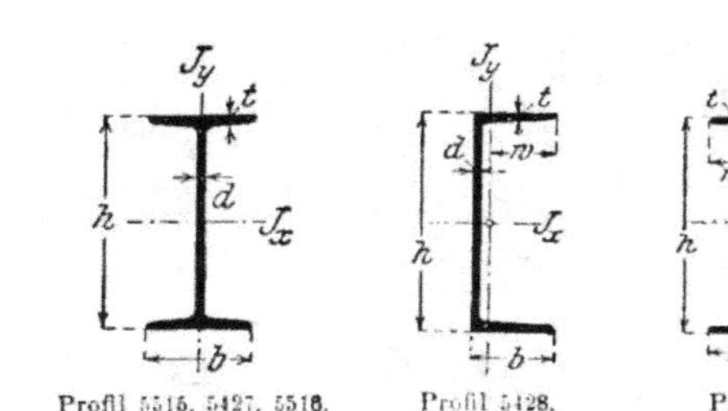

Profil-Nr.	Höhe h	Breite b	Dicke Steg d	Dicke Flansch t	Querschnitt	Gewicht für 1 m	J_x	W_x	J_y	W_y	$\frac{W_x}{W_y} = u$	Trägheitshalbmesser i_x	Trägheitshalbmesser i_y
	mm	mm	mm	mm	cm²	kg	cm⁴	cm³	cm⁴	cm³		cm	cm
I-Profile.													
5515	120	60	4	4	9,32	7,33	205,04	34,17	13,03	4,36	7,85	4,68	1,18
5427	140	60	4	4	10,12	7,95	303,00	43,30	14,20	4,74	9,15	5,47	1,18
5516	160	60	4	4	10,92	8,59	414,96	51,87	15,30	5,10	10,15	6,16	1,18
[-Profile.													
5428	140	50	4	4	9,28	7,28	261,00	37,30	18,56	4,76	7,85	5,32	1,42

Schwerpunktabstand $w = 3{,}9$ cm.

[-Profile mit Anschlag.

Profil-Nr.	Höhe h	Breite b	Dicke Steg d	Dicke Flansch t	Querschnitt	Gewicht für 1 m	J_x	W_x	J_y	W_y	$\frac{W_x}{W_y} = u$	i_x	i_y
5097	140	b_1 40, b_2 35	5	5	12,72	10,00	272,84	38,43	28,62	7,31	5,26	4,63	1,50

Schwerpunktabstände $w_1 = 3{,}925$ cm, $w_2 = 3{,}575$ cm.

T-Eisen. Normalprofile.

Normallängen 4 bis 12 m.
Abrundungen in den Winkelecken $r = d$,
am Fuß $r_1 = 0{,}5\,d$,
„ Steg $r_2 = 0{,}25\,d$.
Neigungen bei breitfüßigen T-Eisen: Steg je 4 vH.; Fuß je 2 vH.
Neigungen bei hochstegigen T-Eisen: Steg und Fuß je 2 vH.
d in der Entfernung $\frac{b}{2}$ bzw. $\frac{h}{2}$ von den Außenkanten gemessen.

$W_x = \frac{J_x}{w}$ $W_y = \frac{J_y}{\frac{1}{2}b}$ $W_b = \frac{J_b}{h}$

Profil-Nr.	Breite b	Höhe h	Dicke d	Querschnitt	Gewicht für 1 m	Abstand des Schwerp. w	J_x	W_x	J_y	W_y	J_b	W_b	i_x	i_y	Profil-Nr.
	mm	mm	mm	cm²	kg	cm	cm⁴	cm³	cm⁴	cm³	cm⁴	cm³	cm	cm	
Breitfüßige T-Eisen. $b : h = 2 : 1$.															
6/3	60	30	5,5	4,64	3,64	2,33	2,58	1,11	8,62	2,87	4,66	1,55	0,75	1,36	6/3
7/3½	70	35	6	5,94	4,66	2,73	4,49	1,65	15,1	4,31	8,01	2,29	0,87	1,50	7/3½
8/4	80	40	7	7,01	6,21	3,12	7,81	2,50	28,5	7,13	13,9	3,48	0,90	1,60	8/4
9/4½	90	45	8	10,2	8,01	3,50	12,7	3,63	46,1	10,2	22,9	5,09	1,11	2,12	9/4½
10/5	100	50	8,5	12,0	9,42	3,91	18,7	4,78	67,7	13,5	33,0	6,60	1,25	2,38	10/5
12/6	120	60	10	17,0	13,35	4,70	38,0	8,09	137	22,8	66,7	11,1	1,49	2,84	12/6
14/7	140	70	11,5	22,8	17,90	5,49	68,9	12,6	258	36,9	121	17,3	1,74	3,36	14/7
16/8	160	80	13	29,5	23,16	6,28	117	18,6	422	52,8	204	25,5	1,99	3,78	16/8
18/9	180	90	14,5	37,0	29,05	7,07	185	26,2	670	74,4	323	35,8	2,24	4,25	18/9
20/10	200	100	16	45,4	35,64	7,86	277	35,2	1000	100	485	48,5	2,47	4,69	20/10
Hochstegige T-Eisen. $b : h = 1 : 1$.															
2/2	20	20	3	1,12	0,88	1,42	0,38	0,27	0,20	0,20	0,76	0,38	0,58	0,42	2/2
2½/2½	25	25	3,5	1,64	1,29	1,77	0,87	0,49	0,43	0,34	1,74	0,70	0,73	0,51	2½/2½
3/3	30	30	4	2,26	1,77	2,15	1,72	0,80	0,87	0,58	3,35	1,12	0,87	0,62	3/3
3½/3½	35	35	4,5	2,97	2,33	2,51	3,10	1,23	1,57	0,90	6,01	1,72	1,04	0,73	3½/3½
4/4	40	40	5	3,77	2,96	2,88	5,28	1,84	2,58	1,29	10,0	2,50	1,18	0,83	4/4
4½/4½	45	45	5,5	4,67	3,67	3,24	8,13	2,51	4,01	1,78	15,5	3,44	1,32	0,93	4½/4½
5/5	50	50	6	5,66	4,44	3,61	12,1	3,36	6,06	2,42	23,0	4,60	1,46	1,03	5/5
6/6	60	60	7	7,94	6,23	4,34	23,8	5,48	12,2	4,07	45,7	7,62	1,73	1,24	6/6
7/7	70	70	8	10,6	8,32	5,06	44,5	8,79	22,1	6,32	84,4	12,1	2,05	1,44	7/7
8/8	80	80	9	13,6	10,68	5,78	73,7	12,8	37,0	9,25	141	17,6	2,33	1,65	8/8
9/9	90	90	10	17,1	13,42	6,52	119	18,2	58,5	13,0	224	24,9	2,64	1,85	9/9
10/10	100	100	11	20,9	16,41	7,26	179	24,6	88,3	17,7	336	33,6	2,92	2,05	10/10
12/12	120	120	13	29,6	23,24	8,72	366	42,0	178	29,7	684	57,0	3,51	2,45	12/12
14/14	140	140	15	39,9	31,32	10,2	660	64,7	330	47,2	1236	88,3	4,07	2,88	14/14

Gleichschenklige Winkeleisen. Normalprofile.

Normallängen 4 bis 12 m. $l_{max} = 16$ m.

Abrundungshalbmesser

$$r = \frac{d_{min} + d_{max}}{2}; \quad r_1 = \frac{r}{2}.$$

Die Hauptachsen sind
xx als Winkelhalbierende
$yy \perp xx$.

$$W_x = \frac{J_x}{w} \qquad W_y = \frac{J_y}{e} \qquad W_\xi = \frac{J_\xi}{b - \xi}$$

Profil-Nr.	Breite b	Dicke d	Quer-schnitt	Gewicht für 1 m	Abstände der Hauptachsen und des Schwerp. S: w	e	$b-\xi$	ξ	J_x = max	J_y = min	J_ξ	W_ξ	i_x	i_y (min)	Profil-Nr.
	mm	mm	cm²	kg	cm	cm	cm	cm	cm⁴	cm⁴	cm⁴	cm³	cm	cm	
1½	15	3	0,82	0,64	1,06	0,67	1,02	0,48	0,24	0,06	0,15	0,15	0,54	0,27	1½
		4	1,05	0,82		0,73	0,99	0,51	0,29	0,08	0,19	0,19	0,53	0,28	
2	20	3	1,12	0,88	1,41	0,85	1,40	0,60	0,62	0,15	0,39	0,28	0,74	0,37	2
		4	1,45	1,14		0,90	1,36	0,64	0,77	0,19	0,48	0,35	0,73	0,36	
2½	25	3	1,42	1,12	1,77	1,03	1,77	0,73	1,27	0,31	0,79	0,45	0,95	0,47	2½
		4	1,85	1,45		1,08	1,74	0,76	1,61	0,40	1,01	0,58	0,93	0,47	
3	30	4	2,27	1,78	2,12	1,24	2,11	0,89	2,85	0,76	1,81	0,86	1,12	0,58	3
		6	3,27	2,57		1,36	2,04	0,96	3,91	1,06	2,49	1,22	1,09	0,57	
3½	35	4	2,67	2,10	2,47	1,41	2,50	1,00	4,68	1,24	2,96	1,18	1,33	0,68	3½
		6	3,87	3,04		1,53	2,42	1,08	6,50	1,77	4,14	1,71	1,30	0,68	
4	40	4	3,08	2,42	2,83	1,58	2,88	1,12	7,09	1,86	4,48	1,56	1,52	0,78	4
		6	4,48	3,52		1,70	2,80	1,20	9,98	2,67	6,33	2,26	1,49	0,77	
		8	5,80	4,55		1,81	2,72	1,28	12,4	3,38	7,89	2,90	1,46	0,76	
4½	45	5	4,30	3,38	3,18	1,81	3,22	1,28	12,4	3,25	7,83	2,43	1,70	0,87	4½
		7	5,86	4,60		1,92	3,14	1,36	16,4	4,39	10,4	3,31	1,67	0,87	
		9	7,34	5,76		2,04	3,06	1,44	19,8	5,40	12,6	4,12	1,64	0,86	
5	50	5	4,80	3,77	3,54	1,98	3,60	1,40	17,4	4,59	11,0	3,05	1,90	0,98	5
		7	6,56	5,15		2,11	3,51	1,49	23,1	6,02	14,6	4,15	1,88	0,96	
		9	8,24	6,47		2,21	3,44	1,56	28,1	7,67	17,9	5,20	1,85	0,97	
5½	55	6	6,31	4,95	3,89	2,21	3,94	1,56	27,4	7,24	17,3	4,40	2,08	1,07	5½
		8	8,23	6,46		2,32	3,86	1,64	34,8	9,35	22,1	5,72	2,06	1,07	
		10	10,07	7,90		2,43	3,78	1,72	41,4	11,27	26,3	6,97	2,02	1,06	

Profil-Nr.	Breite b	Dicke d	Quer-schnitt	Gewicht für 1 m	Abstände der Hauptachsen und des Schwerp. S: w	e	$b-\xi$	ξ	J_x = max	J_y = min	J_ξ	W_ξ	i_x	i_y (min)	Profil-Nr.
	mm	mm	cm²	kg	cm	cm	cm	cm	cm⁴	cm⁴	cm⁴	cm³	cm	cm	
6	60	6	6,91	5,42	4,24	2,39	4,31	1,69	36,1	9,43	22,8	5,29	2,29	1,17	6
		8	9,03	7,09		2,50	4,23	1,77	46,1	12,1	29,1	6,88	2,26	1,16	
		10	11,07	8,69		2,62	4,15	1,85	55,1	14,6	34,9	8,41	2,23	1,15	
6½	65	7	8,70	6,83	4,60	2,62	4,65	1,85	53,0	13,8	33,4	7,18	2,47	1,26	6½
		9	10,98	8,62		2,73	4,57	1,93	65,4	17,2	41,3	9,04	2,44	1,25	
		11	13,17	10,34		2,83	4,50	2,00	76,8	20,7	48,8	10,8	2,42	1,25	
7	70	7	9,4	7,38	4,95	2,79	5,03	1,97	67,1	17,6	42,4	8,43	2,67	1,37	7
		9	11,9	9,34		2,90	4,95	2,05	83,1	22,0	52,6	10,6	2,64	1,36	
		11	14,3	11,23		3,01	4,87	2,13	97,6	26,0	61,8	12,7	2,61	1,35	
7½	75	8	11,5	9,03	5,30	3,01	5,37	2,13	93,3	24,4	58,9	11,0	2,85	1,46	7½
		10	14,1	11,07		3,12	5,29	2,21	113	29,8	71,4	13,5	2,83	1,45	
		12	16,7	13,11		3,24	5,21	2,29	130	34,7	82,4	15,8	2,79	1,44	
8	80	8	12,3	9,66	5,66	3,20	5,74	2,26	115	29,6	72,3	12,6	3,06	1,55	8
		10	15,1	11,85		3,31	5,66	2,34	139	35,9	87,5	15,5	3,03	1,54	
		12	17,9	14,05		3,41	5,59	2,41	161	43,0	102	18,2	3,00	1,55	
9	90	9	15,5	12,17	6,36	3,59	6,46	2,54	184	47,8	116	18,0	3,45	1,76	9
		11	18,7	14,68		3,70	6,38	2,62	218	57,1	138	21,6	3,41	1,75	
		13	21,8	17,11		3,81	6,30	2,70	250	65,9	158	25,1	3,39	1,74	
10	100	10	19,2	15,07	7,07	3,99	7,18	2,82	280	73,3	177	24,7	3,82	1,95	10
		12	22,7	17,82		4,10	7,10	2,90	328	86,2	207	29,2	3,80	1,95	
		14	26,2	20,57		4,21	7,02	2,98	372	98,3	235	33,5	3,77	1,94	
11	110	10	21,2	16,64	7,78	4,34	7,93	3,07	379	98,6	239	30,1	4,23	2,16	11
		12	25,1	19,7		4,45	7,85	3,15	444	116	280	35,7	4,21	2,15	
		14	29,0	22,77		4,54	7,79	3,21	505	133	319	41,0	4,18	2,14	
12	120	11	25,4	19,94	8,49	4,75	8,64	3,36	541	140	341	39,5	4,62	2,35	12
		13	29,7	23,31		4,86	8,56	3,44	625	162	394	46,0	4,59	2,34	
		15	33,9	26,61		4,96	8,49	3,51	705	186	446	52,5	4,56	2,34	
13	130	12	30,0	23,55	9,19	5,15	9,36	3,64	750	194	472	50,4	5,00	2,54	13
		14	34,7	27,24		5,26	9,28	3,72	857	223	540	58,2	4,97	2,54	
		16	39,3	30,85		5,37	9,20	3,80	959	251	605	65,8	4,94	2,52	
14	140	13	35,0	27,48	9,90	5,54	10,08	3,92	1014	262	638	63,3	5,38	2,74	14
		15	40,0	31,40		5,66	10,00	4,00	1148	298	723	72,3	5,36	2,73	
		17	45,0	35,33		5,77	9,92	4,08	1276	334	805	81,2	5,33	2,72	
15	150	14	40,3	31,64	10,6	5,95	10,8	4,20	1343	347	845	78,2	5,77	2,94	15
		16	45,7	35,87		6,07	10,7	4,30	1507	391	949	88,7	5,74	2,92	
		18	51,0	40,04		6,17	10,6	4,40	1665	438	1052	99,3	5,70	2,93	
16	160	15	46,1	36,19	11,3	6,35	11,5	4,50	1745	453	1099	95,6	6,15	3,14	16
		17	51,8	40,66		6,46	11,4	4,60	1945	506	1226	108	6,13	3,13	
		19	57,5	45,14		6,58	11,4	4,60	2137	558	1348	118	6,10	3,12	

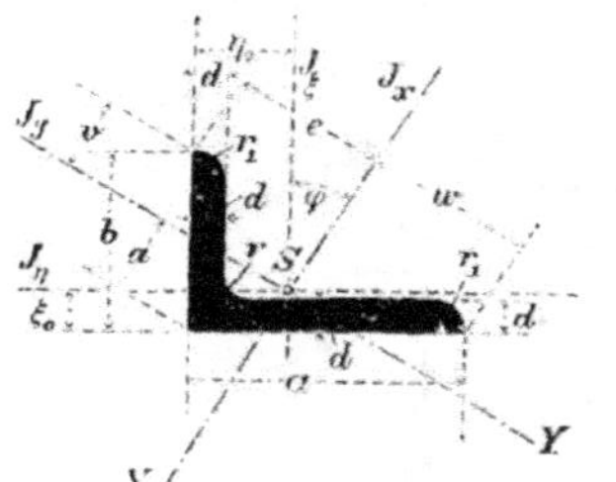

Ungleichschenklige Winkeleisen. Normalprofile.

Normallänge 4 bis 12 m l_{max} 14 m

$r = \frac{d_{min} + d_{max}}{2}$; $r_1 = \frac{r}{2}$ (auf halbe mm abgerundet).

α ist der lichte Abstand zweier Winkeleisen, bei dem die Hauptträgheitsmomente gleich groß sind ($= 2 J_\xi$).

$W_x = \frac{J_x}{w}$ $W_y = \frac{J_y}{v}$ $W_\xi = \frac{J_\xi}{a - \eta_0}$ $W_\zeta = \frac{J_\zeta}{b - \xi_0}$

Profil-Nr.	Abmessungen in mm b	a	d	Querschnitt cm²	Gewicht für 1 m kg	tg φ	φ °	φ '	Abstände von den Hauptachsen X–X und Y–Y w	e	v	u	Abstand des Schwerpunktes ξ_0 cm	η_0 cm	J_x = max cm⁴	J_y = min cm⁴	J_ξ cm⁴	W_ξ cm³	J_ζ cm⁴	W_ζ cm³	i_x cm	i_y (min) cm	i_ξ cm	i_ζ cm	a cm	Profil-Nr.
Schenkelverhältnis 2 : 3.																										
2/3	20	30	3	1,42	1,11	0,4216	22	52	2,05	1,50	1,07	0,83	0,40	0,99	1,42	0,28	1,25	0,62	0,45	0,30	1,00	0,44	0,94	0,56	0,52	2/3
			4	[illegible]	1,45	0,4214	22	51	2,03	1,51	1,05	0,89	0,54	1,03	1,82	0,33	1,60	0,81	0,56	0,38	0,99	0,42	0,93	0,55	0,43	
3/4½	30	45	4	2,87	2,25	0,4334	23	26	3,07	2,25	1,50	1,27	0,74	1,48	6,63	1,19	5,77	1,01	2,05	0,91	1,52	0,64	1,42	0,84	0,80	3/4½
			5	3,55	2,77	0,4288	23	13	3,05	2,27	1,59	1,31	0,78	1,52	8,01	1,44	6,99	2,35	2,46	1,11	1,50	0,64	1,41	0,83	0,71	
4/6	40	60	5	4,79	3,76	0,4319	23	22	4,10	2,99	2,12	1,66	0,97	1,95	19,8	3,66	17,3	4,27	6,21	2,05	2,03	0,87	1,90	1,14	1,10	4/6
			7	6,55	5,14	0,4275	23	09	4,05	3,04	2,10	1,73	1,05	2,04	26,3	4,63	22,9	5,78	7,99	2,71	2,00	0,84	1,87	1,10	0,93	
5/7½	50	75	7	8,33	6,54	0,4304	23	17	5,11	3,76	2,64	2,11	1,24	2,47	53,1	9,58	46,3	9,20	16,4	4,36	2,53	1,07	2,36	1,40	1,31	5/7½
			9	10,5	8,24	0,4272	23	08	5,06	3,80	2,61	2,22	1,32	2,56	65,4	11,9	57,2	11,6	20,1	5,46	2,50	1,06	2,33	1,38	1,12	
6½/10	65	100	9	14,2	11,15	0,4101	22	13	6,79	4,01	3,51	2,72	1,59	3,31	160	26,8	141	21,1	46,0	9,37	3,36	1,37	3,15	1,80	1,95	6½/10
			11	17,1	13,42	0,4074	22	10	6,74	4,07	3,46	2,84	1,67	3,40	189	32,9	167	25,3	55,1	11,4	3,32	1,38	3,12	1,79	1,77	
8/12	80	120	10	19,1	14,99	0,4348	23	30	8,19	6,00	[illegible]	[illegible]	1,95	3,92	317	56,8	276	34,2	98,2	16,2	4,07	1,72	3,80	2,27	2,21	8/12
			12	22,7	17,82	0,4304	23	17	8,13	6,04	[illegible]	3,41	2,02	4,00	370	67,5	323	40,4	115	19,2	4,04	1,72	3,77	2,25	2,01	
10/15	100	150	12	28,7	22,53	0,4361	23	34	10,2	7,33	5,28	4,18	2,42	4,89	747	131	649	64,2	232	30,6	5,10	2,16	4,75	2,84	2,78	10/15
			14	[illegible]	[illegible]	0,4330	23	27	10,2	7,37	5,26	[illegible]	2,50	4,97	854	153	743	74,1	264	35,2	5,07	2,15	4,73	2,82	2,61	
Schenkelverhältnis 1 : 2.																										
2/4	20	40	3	1,72	1,35	0,2575	14	26	2,80	1,78	1,10	0,78	0,44	1,43	2,96	0,31	2,80	1,09	0,48	0,31	1,31	0,42	1,27	0,53	1,46	2/4
			4	2,25	1,77	0,2528	14	11	2,77	1,80	1,17	0,82	0,48	1,47	3,78	0,40	3,58	1,41	0,60	0,39	1,30	0,42	1,26	0,52	1,34	
3/6	30	60	5	4,29	3,37	0,2544	14	16	3,90	2,65	1,78	1,10	0,68	2,15	16,5	1,71	15,6	4,03	2,61	1,17	1,96	0,63	1,91	0,73	2,12	3/6
			7	5,85	4,59	0,2479	13	55	3,83	2,71	1,74	1,28	0,76	2,24	21,8	2,28	20,7	5,50	3,41	1,05	1,93	0,62	1,88	0,76	1,91	
4/8	40	80	6	6,89	5,41	0,2568	14	24	5,20	3,53	2,39	1,56	0,88	2,85	47,6	4,09	45,0	8,74	7,05	2,45	2,63	0,85	2,55	1,05	2,80	4/8
			8	9,01	7,07	0,2518	14	08	5,14	3,60	2,35	1,65	0,96	2,94	60,8	6,41	57,6	11,4	9,02	3,10	2,60	0,84	2,53	1,03	2,60	
5/10	50	100	8	11,5	9,03	0,2665	14	55	6,48	4,14	2,98	1,97	1,12	3,59	123	12,8	116	18,1	10,6	5,05	3,27	1,05	3,18	1,30	3,55	5/10
			10	14,1	11,07	0,2658	14	53	6,43	4,32	2,89	2,20	1,20	3,67	150	14,6	141	22,3	13,5	6,18	3,26	1,02	3,16	1,29	3,37	
6½/13	65	130	10	18,6	14,60	0,2569	14	24	8,44	5,77	3,87	2,56	1,45	4,65	339	35,4	320	38,3	34,2	10,7	4,30	1,38	4,15	1,71	4,66	6½/13
			12	22,1	17,35	0,2549	14	18	8,37	5,84	3,81	2,66	1,53	4,75	395	41,3	373	45,2	62,9	12,7	[illegible]	1,37	4,12	1,69	4,44	
8/16	80	160	12	27,5	21,59	0,2686	15	02	10,4	7,00	4,78	3,14	1,77	5,72	762	70,4	719	60,9	122	19,6	5,26	1,70	5,11	2,11	5,78	8/16
			14	31,8	24,96	0,2679	15	00	10,3	7,21	4,68	3,26	1,85	5,81	875	80,0	822	80,7	[illegible]	22,6	5,24	1,64	5,08	2,09	5,57	
10/20	100	200	14	40,3	31,64	0,2603	14	37	13,0	8,87	5,96	3,91	2,18	7,12	1734	182	1653	128	[illegible]	36,2	6,60	2,12	6,40	2,65	7,31	10/20
			16	45,7	35,87	0,2586	14	30	13,0	8,90	5,92	4,00	2,26	7,20	1973	205	1862	145	[illegible]	40,8	6,57	2,12	6,58	2,65	7,12	

Ungleichschenklige Winkeleisen zu Schiffbauzwecken.

Normallängen 4 bis 12 m.
Größte Länge = 14 m.
$r = 0,5\ R$ (auf halbe mm abgerundet)

Vorprofile mit gleichen Schenkellängen und 1 mm größerer Schenkeldicke sind erhältlich.

Profil-Nr.	Abmessungen in mm b	a	d	R	Querschnitt cm²	Gewicht für 1 m kg	Abstände des Schwerpunktes ξ_0 mm	η_0 mm	tg φ	Trägheitsmomente J_ξ cm⁴	J_η cm⁴	J_x = max cm⁴	J_y = min cm⁴
2/3	20	30	3	3,5	1.42	1.11	5,0	9,9	0.418	1,26	0,45	1.43	0.28
2/4	20	40	3	3,5	1.72	1.35	4.4	14,3	0.255	2,80	0.48	2.96	0.39
3/4	30	40	3	3,5	2.02	1.59	7,4	12,4	0.556	3.22	1.56	3.92	0.86
3/4½	30	45	3	3,5	2.17	1.70	7.0	14,4	0.430	4.46	1.62	4.62	1.46
3/6	30	60	3	4	2.63	2.06	6,1	20,9	0.261	9.93	1.73	10.5	1.15
3½/4½	35	45	3	4	2.33	1.83	8,6	12,6	0.565	4.68	2.33	5.87	1.34
4/5	40	50	3	4	2.63	2.06	9,9	14,8	0.626	6.63	3.77	8.42	1,98
4/6	40	60	4	5	3.87	3.04	9,4	19,2	0.434	14,27	5,08	16.3	3.05
4/8	40	80	4	5,5	4.67	3.67	8,1	27,8	0,262	31.23	5.44	33.0	3.67
4½/5½	45	55	4	5	3.87	3,04	11,4	16,4	0.651	11.63	7.02	15.0	3.65
4½/6½	45	65	4	5	4.27	3.35	10,6	20,4	0,520	18.49	7.30	21.0	4.79
5/6	50	60	5	6,5	5.20	4.15	13,0	17,9	0.670	18.58	11,71	24.1	6,19
5/6½	50	65	5	6,5	5.54	4.35	12,5	19,9	0,584	23.22	11.99	20.0	6.21
5/7½	50	75	5	6,5	6.04	4.74	11.7	24,0	0.415	35.40	12.43	40.0	7.83
5/10	50	100	5	7	7.28	5.71	10,1	31,8	0.261	76.31	13.42	80.9	8.83
			7		10.64	7.88	10,9	35,7	0,261	103,7	17.97	110	11.7
5½/6½	55	65	5	7	5.78	4.54	14,2	19,2	0.696	23.93	15,85	31.7	8.08
			7		7.04	6.23	15,0	19,9	0.692	32.22	21,13	42.6	10.7
5½/7½	55	75	5	7	6.98	4.93	13.3	23,2	0.514	35.72	16,39	42.6	9.51
			7		8.64	6.73	14,1	24,0	0,521	48.03	21.97	57.7	12.3
5½/8½	55	85	5	7	6.78	5.32	12,5	27,3	0.412	50.34	16.96	57.2	10.1
			7		9.34	7.33	13,3	28,2	0.410	68,37	22.73	77.4	13.7
6½/7½	65	75	6	8	8.11	6.37	17,0	21,9	0.732	44.4	31.1	59.9	15.6
			8		10,63	8.34	17,9	22,8	0,721	57.3	39.4	76.1	20.6
6½/8½	65	85	6	8	8.71	6.84	16,0	25,9	0.564	63.1	32.2	77.2	18.1
			8		11.43	8.97	16,9	26,7	0.563	81,7	40.9	99,6	23.0
6½/10	65	100	6	8	9.61	7.54	14,8	32,1	0.410	98,7	33.5	112	20.2
			8		12,6	9,89	15,6	32,9	0.413	127.4	43.3	145	25.7
6½/11½	65	115	6	8	10.5	8.24	13.8	38,5	0.323	144.5	35,0	158	21.5
			8		13.8	10.83	14.6	39,7	0.324	186.7	44.6	204	27.3
6½/13	65	130	6	8,5	11.4	8.05	12,0	45,0	0,264	202.2	35.5	214	23.7
			8		15.0	11.78	13,8	45,9	0.261	264.1	45.4	280	29.5
7½/9	75	90	6	8,5	9.61	7.54	18,9	26,0	0.661	78.4	48.7	171	26.1
			8		12,6	9.89	19,7	26,8	0.657	101.5	63.1	131	33.6
7½/10	75	100	7	10	11.0	0.34	13,1	30,6	0.543	119.3	58.5	144	33.8
			10		16.6	13.03	19,5	31,9	0.539	162,2	78.9	197	44.1
7½/11	75	110	7	10	12.6	9.89	17.5	34,7	0.452	154.6	59.4	179	35.0
			10		17.6	13.8	18,7	36,0	0.456	209.9	81.0	244	46.0
7½/12	75	120	8	10,5	13.1	11.85	17,1	39,3	0.382	221.6	68.3	248	41.9
			10		18.6	14.6	19,9	40,2	0.320	270.5	82.9	303	50.4

Profil-Nr.	Abmessungen in mm b	a	d	R	Querschnitt cm²	Gewicht für 1 m kg	Abstände des Schwerpunktes ξ_0 mm	η_0 mm	tg φ	Trägheitsmomente J_ξ cm⁴	J_η cm⁴	J_x = max cm⁴	J_y = min cm⁴
7½/13	75	130	9	10,5	17,7	13,9	16,9	44,0	0,334	310,7	76,9	338	49,6
			11		21,4	16,8	17,7	44,9	0,329	367,8	91,0	401	57,8
7½/14	75	140	9	10,5	18,6	14,6	16,3	48,4	0,293	377,7	78,1	406	49,8
			11		22,5	17,7	17,1	49,4	0,291	451,6	92,7	484	60,3
7½/15	75	150	9	10,5	19,5	15,3	15,7	52,8	0,270	456,3	79,9	485	51,2
			11		23,6	18,5	16,5	53,8	0,257	545,7	94,8	578	62,5
7½/17	75	170	9	11,5	21,4	16,8	14,8	62,1	0,217	632,4	82,1	660	54,5
			11		25,9	20,3	15,6	62,7	0,209	767,9	102,0	803	66,9
8/12	80	120	9	11	17,3	13,6	19,1	38,8	0,436	251,0	90,4	289	52,4
			12		23,0	18,1	20,2	40,0	0,432	331,0	116,2	368	79,2
8/16	80	160	9	13	21,0	16,5	16,5	55,8	0,262	554,3	94,8	588	61,1
			12		27,5	21,6	17,7	57,2	0,256	718,9	132	760	90,9
9/10	90	100	9	12	16,4	12,9	24,2	29,1	0,797	145,6	119,0	219	55,6
			12		21,5	16,9	25,4	30,3	0,793	199,8	152,3	280	72,1
9/11	90	110	9	12	17,3	13,6	23,2	33,0	0,654	204,3	122,4	265	61,7
			12		22,7	17,8	24,4	34,2	0,649	262,8	156,4	339	80,2
9/12	90	120	9	12	18,2	14,3	22,2	37,0	0,524	261,0	125,8	318	68,8
			12		23,9	18,8	23,4	38,3	0,520	334,6	161,6	409	87,2
9/13	90	130	9	12	19,1	15,0	21,4	41,1	0,467	325,7	128,5	381	73,2
			12		25,1	19,7	22,6	42,4	0,465	419,7	164,8	491	93,5
9/14	90	140	9	12	20,0	15,7	20,6	45,3	0,409	399,1	131,1	454	76,2
			12		26,3	20,6	21,9	46,6	0,406	517,1	167,4	586	98,5
9/15	90	150	9	12,5	20,9	16,4	19,9	49,4	0,359	482,9	132,7	535	80,6
			11		25,3	19,9	20,7	50,3	0,358	579,4	158,6	642	96,0
			13		29,7	23,3	21,5	51,2	0,357	671,1	182,2	743	110
9/16	90	160	9	12,5	21,8	17,1	19,3	53,7	0,322	578,0	134,3	629	83,3
			11		26,4	20,7	20,1	54,7	0,320	693,1	160,8	754	99,9
			13		31,0	24,3	20,9	55,5	0,319	804,4	184,6	874	115
9/17	90	170	9	12,5	22,7	17,8	18,7	58,1	0,291	683,2	136,7	734	85,9
			11		27,5	21,6	19,5	59,0	0,288	819,6	163,4	880	103
			13		32,3	25,4	20,3	59,9	0,300	952,1	187,9	1021	119
9/20	90	200	9	12,5	25,4	19,9	17,2	71,4	0,227	1068,9	141,4	1119	91,3
			11		30,8	24,2	18,0	72,4	0,220	1285,8	169,2	1342	113
			13		36,2	28,4	18,8	73,3	0,219	1494,9	195,1	1561	129
9/22½	90	225	9	12,5	27,7	21,7	16,3	82,8	0,186	1476,4	143,4	1523	96,8
			11		33,6	26,4	17,0	83,8	0,181	1775,1	172,9	1830	118
			13		39,4	30,9	17,8	84,7	0,181	2066,8	200,2	2131	136
9/25	90	250	9	12,5	29,0	23,5	15,3	94,4	0,156	1966,0	148,0	2011	103
			11		36,3	28,5	16,1	95,4	0,154	2371,6	177,4	2424	125
			13		42,7	33,5	17,0	96,3	0,154	2759,4	203,6	2821	142
10/12	100	120	9	12	19,1	15,0	25,6	35,5	0,681	270,8	170,3	354	87,1
			12		25,1	19,7	26,8	36,7	0,678	342,3	218,7	452	109
10/13	100	130	10	13	22,1	17,3	25,0	39,7	0,577	367,0	187,9	456	98,9
			13		28,3	22,2	26,2	41,0	0,574	462,3	236,7	574	125
10/14	100	140	10	13	23,1	18,1	24,1	43,8	0,499	451,7	192,3	538	106
			13		29,6	23,2	25,3	45,1	0,495	571,0	242,0	678	135
10/15	100	150	10	13	24,1	18,9	23,3	47,9	0,437	546,8	196,2	631	112
			13		30,9	24,3	24,5	49,2	0,435	692,0	247,0	798	141
10/16	100	160	10	13	25,1	19,7	22,6	52,2	0,390	656,2	198,8	738	117
			13		32,2	25,3	23,8	53,3	0,382	836,4	250,6	937	150
10/20	100	200	10	15	29,2	22,9	20,1	69,3	0,263	1202,5	210,5	1279	134
			12		34,8	27,3	21,0	70,3	0,261	1443,5	246,5	1530	160
			14		40,3	31,6	21,8	71,2	0,296	1631,6	304,4	1759	177
11½/17	115	170	10	13,5	27,7	21,7	26,5	53,6	0,451	817,0	305,0	948	174
			12		32,9	25,8	27,3	54,5	0,448	964,7	359,3	1117	207
			14		38,1	29,9	28,1	55,3	0,447	1106,8	410,2	1230	237

Z-Eisen. Normalprofile.

Normallängen 4 bis 10 m. Größte Länge = 12 m.

Abrundungshalbmesser am Stege $R = t$.

Abrundungshalbmesser an den Flanschen $r = 0{,}5\,t$.

Für lotrechte Belastung V (in der Richtung des Steges) ist bei freier Ausbiegung zur Seite das Widerstandsmoment W_x, bei Verhinderung seitlicher Ausweichung durch die Horizontalkraft H, W_ξ maßgebend.

$$W_x = \frac{J_x}{w} \qquad W_y = \frac{J_y}{v} \qquad W_\xi = \frac{J_\xi}{\frac{h}{2}} \qquad W_\eta = \frac{J_\eta}{b - \frac{d}{2}}$$

Profil-Nr.	Höhe h	Breite b	Dicke Steg d	Dicke Flansch t	Querschnitt	Gewicht für 1 m	tg φ	φ °	φ ′	Abstände von den Hauptachsen XX und YY: w	e	c	v	a	i	J_x = max
	mm	mm	mm	mm	cm²	kg				cm	cm	cm	cm	cm	cm	cm⁴
3	30	38	4	4,5	4,32	3,39	1,655	58	52	3,86	0,61	3,54	1,59	0,87	0,58	18,1
4	40	40	4,5	5	5,43	4,26	1,181	49	45	4,17	1,12	3,82	1,67	1,19	0,91	28,0
5	50	43	5	5,5	6,77	5,31	0,939	43	12	4,60	1,65	4,21	1,39	1,49	1,24	44,9
6	60	45	5	6	7,91	6,21	0,779	37	55	4,98	2,21	4,56	2,04	1,76	1,51	67,2
8	80	50	6	7	11,1	8,71	0,588	30	27	5,83	3,30	5,35	2,29	2,25	2,02	142
10	100	55	6,5	8	14,5	11,38	0,492	26	12	6,77	4,34	6,24	2,50	2,65	2,43	270
12	120	60	7	9	18,2	14,29	0,433	23	25	7,75	5,37	7,16	2,70	3,02	2,80	470
14	140	65	8	10	22,9	17,98	0,385	21	3	8,72	6,39	8,08	2,89	3,39	3,18	768
16	160	70	8,5	11	27,5	21,59	0,357	19	39	9,74	7,39	9,04	3,09	3,72	3,51	1184
18	180	75	9,5	12	33,3	26,14	0,329	18	13	10,7	8,40	9,99	3,27	4,08	3,86	1759
20	200	80	10	13	38,7	30,38	0,313	17	23	11,8	9,39	11,0	3,47	4,39	4,17	2509

Profil-Nr.	W_x	J_y = min	W_y	J_ξ	W_ξ	J_η	W_η	$J_{\xi\eta}$	i_x	i_y (min)	i_ξ	i_η	W_z	$\frac{H}{v} = \operatorname{tg}\gamma$
	cm³	cm⁴	cm³	cm⁴	cm³	cm⁴	cm³	cm⁴	cm	cm	cm	cm	cm³	
3	4,69	1,54	1,11	5,96	3,97	13,7	3,80	7,35	2,04	0,60	1,17	1,78	1,26	1,227
4	6,72	3,05	1,83	23,5	6,75	17,6	4,66	12,2	2,27	0,75	1,38	1,80	2,26	0,913
5	9,76	5,23	2,76	26,3	10,5	23,8	5,88	19,6	2,57	0,88	1,97	1,87	3,64	0,752
6	13,5	7,60	3,73	44,7	14,9	30,1	7,09	28,8	2,81	0,98	2,38	1,93	5,24	0,647
8	24,4	14,7	6,44	109,3	27,3	47,4	10,1	55,6	3,58	1,15	3,13	2,07	10,1	0,509
10	39,5	24,6	9,26	222	44,4	72,5	14,0	97,2	4,31	1,30	3,91	2,24	16,8	0,438
12	60,6	37,7	12,5	402	67,0	106	18,8	158	5,08	1,44	4,70	2,41	25,6	0,392
14	88,0	56,4	16,6	676	96,6	148	24,3	239	5,79	1,57	5,43	2,51	38,0	0,355
16	121	79,5	21,4	1053	132	211	32,1	338	6,57	1,70	6,20	2,77	52,9	0,330
18	164	110	27,0	1599	178	270	38,4	490	7,26	1,82	6,92	2,85	72,4	0,307
20	213	147	33,4	2299	230	357	47,6	674	8,06	1,95	7,71	3,04	94,1	0,293

Z-Eisen zu Schiffbauzwecken.

Profil-Nr.	Höhe h	Breite b	Dicke Steg d	Dicke Flansch t	Querschnitt	Gewicht für 1 m	tg φ	φ °	φ ′	w	e	c	v	a	i	J_x = max
9	90	70	8	9,5	19,2	15,1	0,827	39	35	7,67	3,21	7,06	3,17	2,66	2,22	379
10	100	70	8	9,5	20,0	15,7	0,705	35	11	7,89	3,86	7,21	3,21	2,90	2,51	442
11	110	75	9	11	24,7	19,4	0,684	34	22	8,52	4,29	7,73	3,48	3,16	2,71	645
12	120	75	9	11	25,6	20,1	0,600	30	58	8,77	4,91	7,98	3,47	3,36	2,96	745
13	130	80	10	12	30,1	23,6	0,583	30	14	9,39	5,36	8,54	3,71	3,62	3,20	1003
14	140	80	10	12	31,1	24,4	0,522	27	34	9,68	5,93	8,82	3,68	3,79	3,41	1151
15	150	85	11	13,5	36,9	29,0	0,519	27	26	10,3	6,40	9,36	3,94	4,01	3,60	1555
16½	165	85	11	13,5	38,5	30,2	0,450	24	14	10,8	7,30	9,83	3,88	4,24	3,86	1865
18	180	90	12	15	45,5	35,7	0,433	23	25	11,6	8,02	10,5	4,13	4,34	4,15	2579
20	200	90	12	15	47,9	37,6	0,371	20	21	12,3	9,17	11,2	4,04	4,75	4,40	3196

Profil-Nr.	W_x	J_y = min	W_y	J_ξ	W_ξ	J_η	W_η	$J_{\xi\eta}$	i_x	i_y (min)	i_ξ	i_η	W_z	$\frac{H}{v} = \operatorname{tg}\gamma$
9	49,4	43,2	13,6	243	53,9	180	27,2	165	4,44	1,50	3,36	3,06	13,8	0,680
10	62,0	46,9	15,3	312	62,3	180	27,2	185	4,70	1,56	3,95	3,00	22,3	0,594
11	75,7	70,2	20,2	461	83,9	254	36,0	268	5,11	1,68	4,32	3,21	29,0	0,530
12	84,9	76,6	22,1	563	94,6	254	36,0	295	5,39	1,73	4,71	3,15	34,3	0,519
13	107	103	27,8	778	120	333	44,1	394	5,79	1,83	5,05	3,33	44,0	0,506
14	119	110	29,0	928	133	333	44,4	427	6,08	1,88	5,46	3,27	40,3	0,460
15	151	147	36,7	1256	167	446	56,1	576	6,49	1,99	5,83	3,48	62,5	0,458
16½	173	159	37,4	1578	191	446	56,1	639	6,96	2,03	6,49	3,4[illegible]	73,5	0,405
18	222	211	46,5	2204	245	585	69,6	863	7,53	2,15	6,96	3,38	94,1	0,392
20	260	227	47,6	2837	284	585	69,7	967	8,17	2,18	7,69	3,49	113	0,341

Belageisen. Normalprofile.

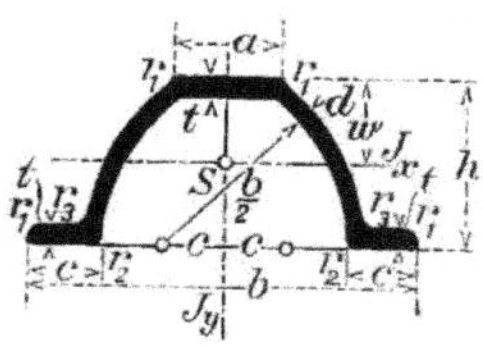

Normallängen 4 bis 8 m. $l_{max} = 12$ m.

$r_1 = d$; $r_2 = d - 0{,}5$ mm; $r_3 = t$; $r_4 = 0{,}6\,d + 1{,}5$ mm.

$$W_x = \frac{J_x}{w}; \quad W_y = \frac{J_y}{\frac{1}{2}b}; \quad W_b = \frac{J_b}{h}.$$

Profil-Nr.	Höhe h	Breite: untere b	Breite: obere a	Breite: am Fuße c	Dicke: Steg d	Dicke: Fuß und Kopf t	Querschnitt	Gewicht für 1 m	Abstand des Schwerp. w	J_x	W_x	J_y	W_y	$\frac{W_x}{W_y} = u$	J_b	W_b	Profil-Nr.
	mm	mm	mm	mm	mm	mm	cm²	kg	cm	cm⁴	cm³	cm⁴	cm³		cm⁴	cm³	
5	50	120	33	21	3	5	6,74	5,29	2,53	23,3	9,21	86,4	14,4	0,64	64,4	12,9	5
6	60	140	38	24	3,5	6	9,33	7,32	3,04	47,3	15,6	164	23,4	0,67	129	21,5	6
7½	75	170	45,5	28,5	4	7	13,2	10,36	3,81	107	28,1	347	40,8	0,69	287	38,3	7½
9	90	200	53	33	4,5	8	17,9	14,05	4,50	207	46,1	651	65,1	0,71	571	63,4	9
11	110	240	63	39	5	9	24,2	19,00	5,53	420	75,9	1272	106	0,72	1144	104	11

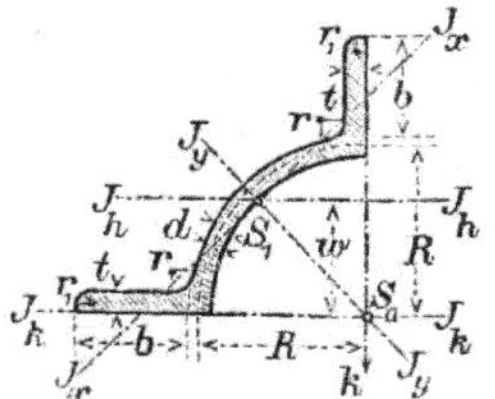

Quadrant-Eisen. Normalprofile.

Normallängen 1 bis 10 m.

$l_{max} = 14$ m.

$r = 0{,}12\,R$.

$r_1 = 0{,}06\,R$.

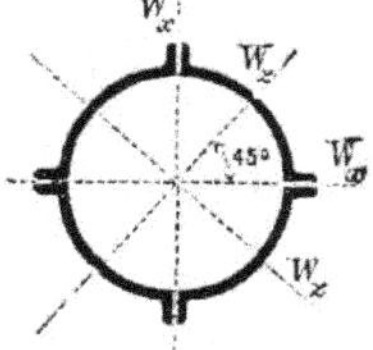

Profil-Nr.	Abmessungen in mm: R	b	d	t	Für das einzelne Eisen: Querschnitt	Gewicht für 1 m	Abstand des Schwerp. w	J_h	J_k	J_x	J_y	Für die volle Röhre: Querschnitt	Gewicht für 1 m	J	Trägheits-halbmesser i	W_z	W_x
					cm²	kg	cm	cm⁴	cm⁴	cm⁴	cm⁴	cm²	kg	cm⁴	cm	cm³	cm³
5	50	35	4	6	7,44	5,84	3,46	56,8	144	3,59	110	29,8	23,39	576	4,40	89,6	66,2
5	50	35	8	8	12,0	9,42	3,47	82,7	227	6,37	159	48,0	37,68	908	4,35	135	102
7½	75	40	6	8	13,7	10,75	4,95	184	517	7,69	360	54,8	43,10	2068	6,14	237	175
7½	75	40	10	10	20,0	15,70	4,97	246	745	13,3	479	80,0	62,96	2980	6,10	331	248
10	100	45	8	10	22,0	17,27	6,43	463	1366	16,5	909	88,0	69,16	5464	7,88	497	367
10	100	45	12	12	30,0	23,55	6,49	585	1870	25,1	1144	120,0	94,20	7480	7,89	664	495
12½	125	50	10	12	32,2	25,28	8,02	957	3039	37,5	1876	128,8	101,27	12156	9,72	917	675
12½	125	50	14	14	42,2	33,13	8,00	1218	3945	49,2	2386	168,8	132,67	15780	9,67	1165	867
15	150	55	12	14	44,6	35,01	9,51	1811	5909	73,2	3549	178,4	140,52	23636	11,5	1522	1120
15	150	55	18	17	62,6	49,14	9,54	2369	8079	104	4633	250,4	195,47	32316	11,4	2029	1510

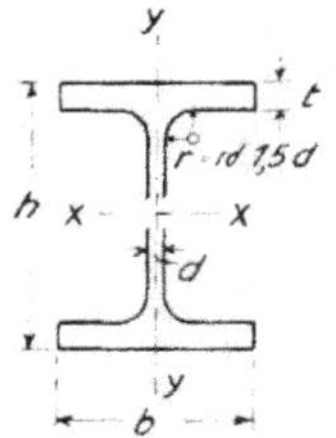

Parallelflanschige Breitflanschträger des Peiner Walzwerkes.

Profil-Nr.	Abmessungen Höhe h mm	Breite b mm	Flanschdicke t mm	Stegdicke d mm	Halbmesser r mm	Querschnitt F cm²	Gewicht G kg/m	Trägheitsmomente J_x cm⁴	J_y cm⁴	Widerstandsmomente W_x cm³	W_y cm³	$\frac{W_x}{G}$	Profil-Nr.
16	160	160	14	9	14	58,4	45,81	2634	958	329	120	7,2	**16**
18	180	180	14	9	14	65,8	51,62	3833	1363	426	151	8,3	**18**
20	200	200	16	10	15	82,7	64,94	5952	2136	595	214	9,2	**20**
22	220	220	16	10	15	91,1	71,54	8052	2843	732	258	10,2	**22**
24	240	240	18	11	17	111,3	87,39	11686	4152	974	346	11,2	**24**
25	250	250	18	11	17	116	91,08	13298	4692	1064	375	11,6	**25**
26	260	260	18	11	17	120,7	94,77	15050	5278	1158	406	12,2	**26**
28	280	280	20	12	18	143,6	112,71	20722	7324	1480	523	13,1	**28**
30	300	300	20	12	18	154	120,87	25759	9007	1717	600	14,2	**30**
32	320	300	22	13	20	171,3	134,48	32249	9910	2016	661	15	**32**
34	340	300	22	13	20	173,9	136,52	36942	9910	2173	661	15,9	**34**
36	360	300	24	14	21	191,5	150,30	45122	10813	2507	721	16,7	**36**
38	380	300	24	14	21	194,3	152,50	50949	10813	2682	721	17,6	**38**
40	400	300	26	14	21	208,5	163,68	60642	11714	3032	781	18,5	**40**
42½	425	300	26	14	21	212	166,43	69483	11714	3270	781	19,6	**42½**
45	450	300	28	15	23	231,6	181,84	84223	12619	3743	841	20,6	**45**
47½	475	300	28	15	23	225,4	184,78	95122	12620	4005	841	21,7	**47½**
50	500	300	30	16	24	255,3	200,44	113177	13525	4527	902	22,6	**50**
55	550	300	30	16	24	263,3	206,72	140342	13527	5103	902	24,7	**55**
60	600	300	32	17	26	288,9	226,80	180829	14425	6028	962	26,6	**60**

Sachverzeichnis.

Die Ziffern bedeuten die Seitenzahlen.

Ernst Siegfried Mittler und Sohn, Buchdruckerei G. m. b. H., Berlin SW 68, Kochstr. 68—71.

www.ingramcontent.com/pod-product-compliance
Lightning Source LLC
Chambersburg PA
CBHW081139300726
48982CB00006B/1014

* 9 7 8 3 8 6 3 4 7 9 8 9 3 *